조세법입문

租 稅 法 入 門

增井良啓 원저
안좌진 번역·각주

박영사

제2판 머리말

　2014년 초판을 간행한지 벌써 4년이 흘렀습니다. 그 사이에 몇 가지 세제개정이 이루어지고 흥미로운 판례가 등장했습니다. 또 주목할 만한 연구가 대내외로 공표되고 있습니다. 그래서 이러한 것들을 포함시켜 서술을 갱신하여 제2판을 만들었습니다. 소득과세를 중심으로 조세법의 조감도를 간결하게 그려내고, 조세정책을 의식하는 것을 중요시한다는 방침에는 변경이 없습니다.

　제2판에서는 「Part 04 전개」에 3개의 장을 신설했습니다. Chapter 19는 소득세에서 자주 문제가 되곤 하는 소득구분에 대해 실천적인 힌트를 제공합니다. Chapter 20은 의제배당을 단순한 예시를 통하여 해설함으로써 기업법무에 관심이 있는 분들의 요청을 반영하고 있습니다. Chapter 21은 소득세에 있어서의 상속에 대한 취급을 판례에 입각하여 검토합니다. 이러한 확충에 따라 본서는 한발 더 나아간 학습에도 도움이 되도록 발전하였습니다. 또 초판 최종장의 사례 문제는 분량 관계로 삭제했으나 그 내용의 일부를 Chapter 19에 담았습니다. 또 조세법의 해석에 관한 장을 「Part 01 서론」의 Chapter 5로 이동시키고, 바로 앞의 Chapter 4 '법 형성과정'과의 연결을 알기 쉽도록 하였습니다. 그 외에 상세 항목과 칼럼 등에 대해서 그간의 수업 경험을 바탕으로 개선을 시도하였습니다. 말미의 판례색인 하나만 보시더라도 교재로서 보다 사용하기 쉬워졌다는 것을 알 수 있으실 것입니다.

　개정을 맞아 많은 분들께 신세를 졌습니다. 특히 도쿄대학, 히토츠바시대학, 홋카이도대학, 세무대학교의 수업 참가자들로부터 귀중한 의견과 질문을 받았습니다. 유비각(有斐閣) 출판사의 고지마 케이지(五島圭司) 씨는 '법학 교실'을 연재할 때부터 계속 주도면밀한 편집을 담당해주셨습니다. 인생의 파트너인 타카스 나오미(高須奈緒美) 씨는 힘들 때마다 만나서 타고난 유머와 밝은 모습으로 필자를 지지해 주었습니다. 깊은 감사의 말씀을 드립니다.

2018년 7월

増井良啓

초판 머리말

　본서는 조세법의 입문서로서 소득과세를 중심으로 조세법의 조감도를 그려낸 것입니다. 전체를 관통하는 목표는 경제거래를 행했을 때에 과세가 어떻게 되는지를 생각하는 힘을 기르는 것입니다. 주요 독자로서는 대학에서 조세법을 학습하는 분을 상정하고 있습니다.

　법과대학원(로스쿨)에서 제가 담당하는 「조세법」 수업에서는 주로 거래를 했을 때에 어떠한 과세문제가 생기는지 구체적인 사안에 입각하여 검토합니다. 수업시간의 거의 대부분을 스스로 법령의 조문을 적용시키고 판례를 독해하는 훈련에 씁니다. 이때 「시간적으로 더 여유가 있으면 현행법의 배경이 되는 기본적인 정책을 자세히 설명할 수 있을 터인데」하는 생각을 하고는 했습니다.

　그래서 본서에서는 조세정책(tax policy)을 의식하여 간결한 서술을 시도하였습니다. 조세정책이란 바람직한 세제의 모습에 관한 정책론으로서, 입법론을 전개하기 위한 기초가 되고 개별규정의 해석론을 뿌리부터 지탱해 줍니다. 본서의 이곳저곳에 연혁과 비교법, 초보적인 경제학이 얼굴을 내비치고 있는 것은 조세정책의 각도에서 현행제도를 일단 상대화하여, 말하자면 「새의 관점」에서 일본의 조세법을 그려보고 싶었기 때문입니다.

　이러한 목표를 가진 본서는 소득과세를 소재로 하면서도 조세법 전체의 입문을 위한 서적으로서 자리매김하고 있습니다. 현행법령을 구석구석 해설하거나 판례를 망라하는 것은 당초의 목표로 하고 있지 않습니다. 큰 줄기를 이해하는 것이야말로 구체적인 장면에 있어서의 문제처리 능력을 습득하는 지름길이라고 확신하고 있기 때문입니다. 그러한 의미에서 법과대학원뿐 아니라 학부에서의 학습과 공공정책대학원의 조세정책 관련 수업에도 도움이 되는 바가 있을 것입니다.

　본서의 원형은 1993년 이루어진 첫 강의 이래 도쿄대학 법학부와 대학원 전수(專修) 코스, 규슈대학 법학부, 와세다대학 법학부, 세무대학교 등에서 담당해온 수업용 노트입니다. 2004년 이후 도쿄대학 법과대학원에서 이루어진 수강자들과의 농밀한 토론이 수업 내용을 더 갈고닦아 주었습니다. 2010년 4월부터는 이 노트의 일부를 『법학교실』에 2년간 연재할 기회가 주어졌습니다. 이를 전면적으로 개정하여 하나의 책으로 정리한 것이 본서입니다.

　간행을 맞아, 지금까지 신세를 진 모든 분들께 진심으로 감사의 말씀 드립니다.

2014년 2월

増井良啓

한국의 독자분들에 대한 인사말

조세법입문의 한국어판이 공식 출간되어 저자로서 매우 기쁘게 생각합니다. 2016년부터 2017년에 걸쳐 안좌진 판사는 도쿄대학에서 연구생활을 하셨고, 이때 둘도 없이 소중한 시간을 함께 보냈습니다. 이때는 마침 제가 도쿄에서 일본어판 제2판의 개정을 위한 준비를 하기 시작했던 시기였습니다. 안좌진 판사는 한국에 귀국하신 후, 몹시 바쁜 와중에도 불구하고 이 한국어판의 공식출판 프로젝트를 훌륭히 완수하셨습니다. 애당초 이 책의 내용 자체가 비교법적 지견에 많이 의거하고 있습니다. 그만큼 이번에 이와 같은 형태로 안좌진 판사가 한국어권으로의 지적인 징검다리를 놓아 주신 것에 대해 깊은 감개를 느끼며, 진심으로 감사의 말씀을 드립니다.

본서가 상정하는 독자는 대학에서 조세법을 배우는 학생 여러분들입니다. 일본에서는 2004년에 법과대학원(로스쿨)이 창설된 뒤에도 법학부가 여전히 남아 있습니다. 도쿄대학에서도 법학부와 법과대학원에 별개의 조세법 수업이 배치되어 있으며, 제각기 내용이나 방식에 차이를 두어 수업을 진행하고 있습니다. 일본 전국에서 조세법을 배우는 학생들은 법학부와 법과대학원 이외에도 공공정책대학원이나 회계직 전문대학원, 상학부, 경영학부 등 다채로운 과정에 속해 있습니다. 이러한 교육환경 아래에서 조세정책을 의식한 범용성 있는 가이드북을 제공하는 것이 본서의 당초의 목표였습니다.

시간이 흐름에 따라 본서의 일본어판은 제가 상정한 바를 넘어 더욱 넓은 독자 분들에게 읽히게 되었습니다. 세리사(稅理士) 선생님들과 연구회에서 만났을 때에, "이 책에는 다른 책에 쓰여 있지 않은 내용이 많이 있어, 연구회에서 회독하고 논의하고 있습니다."라는 이야기를 들은 적이 있습니다. 본서는 또한 공무원의 연수에서도 교재로 쓰이고 있습니다.

이번 한국어판의 출간과 함께 본서의 메시지는 언어의 장벽을 넘게 되었습니다. 참으로 멋진 일이라 하지 않을 수 없습니다. 어떠한 분들이 새로이 읽어주실지 상상하면 가슴이 두근거립니다. 본서가 깊은 의미에서 한일 양국의 학술적 대화를 싹트게 하고, 한국법의 발전에 대한 비교법적 관점으로부터의 공헌으로 이어지는 것을 기대하고 있습니다.

2020년 11월

增井良啓

추천의 글

법 분야에서 일본어로 쓰인 책을 우리말로 번역할 필요성이 예전에는 그다지 크지 않았을 수도 있다. 이는 우리나라의 한자 사용이나 교육의 문제와 관련이 있을 터인데, 일본어에서는 법률용어가 대개 한자로 표기되고 우리가 그 용어들을 대부분 바로 수입해 왔기 때문에, 한자에 익숙한 세대의 법률가들은 약간의 일본어 지식만으로 이 분야의 일본 책을 읽고 대강의 내용을 파악할 수 있었기 때문이다. 하지만 시간이 흘러 지금은 한자에 그만큼 능숙하지 않은 사람들이 늘어난 시대이고, 그런 의미에서 일본법에 관한 저작을 우리말로 번역하는 작업이 가지는 가치는 그만큼 커졌다고 할 수 있다. 긍정적인 의미에서든 부정적인 의미에서든, 두 나라의 법과 제도가 서로 공유하는 것이 퍽이나 많기 때문에 더더구나 그러하다. 그러한 의미에서 일본 세법의 개요를 요령 있게 서술한, 도쿄대학 마스이 요시히로 선생의 세법 입문서를 번역한 이 책의 출간은 크게 환영할 일이다.

마스이 선생은 일본 국내외에서 워낙 정평 있는 세법학자이므로 원저(原著)가 가지는 여러 가지 장점을 여기에 일일이 거론할 필요는 없으리라. 한편 중견 실무가이자 오래 전부터 이론 연구에도 몰두하여 온 안좌진 판사의 이 번역서는, 마스이 선생의 책 내용을 한 단어, 한 글자씩 충실히 옮기는 데에 머무르지 않고, 엄청난 양의 역주(譯註)를 덧붙여 놓은 것이 눈에 뜨인다. 두 나라의 법제가 서로 비슷한 점이 많다 보니, 일본 세법이 다루는 문제가 우리 세법에서는 어떤 식으로 나타나고 그에 대하여 우리나라의 학계와 실무계에 어떠한 움직임이 있는지를 이 주석들은 하나하나 충실하게 소개하고 있다. 필경 옮긴이 본인에게 공부가 되리라 생각하였을 터이고, 또 이 책을 읽는 사람이라면 이미 비교법적 분석에 관심이 많은 사람일 터이므로 그러한 독자들의 수고를 덜어준다는 의미도 틀림없이 있었을 것이다. 부록으로 관련된 일본법의 조문들을 정성들여 번역해 놓은 것도 마찬가지의 뜻에서 나온 결과물이리라 짐작한다. 모두가 옮긴이가 기울인 정성과 수고의 증거이고, 이 책의 가치를 그만큼 높여 주는 요소이다.

이 책의 글쓴이와 옮긴이는 모두 필자와 친분이 있다. 안 판사는 필자의 지도를 받아 서울대학교 대학원에서 세법 전공으로 석사 학위를 받았고 이어서 박사 과정도 수료하는 등 방금 말한 것처럼 이론적 연구에도 욕심이 많은 중견 실무가이다. 그렇기 때문에, 단순히 마스이 선생의 설명과 주장을 우리말로 고스란히 옮겨놓는 데 만족하지 않은 것은 안 판사를 잘 아는 필자에게 별로 놀랍지 않은 일이다. 더구나 국비로 도쿄대학에 유학을 다녀오기도 하면서

틈틈이 쌓은 유창한 일본어 실력을 자랑하기 때문에, 이 책의 번역에 더 이상의 적임(適任)은 없지 않을까 한다.

한편 잠시 언급했듯이 마스이 선생은 평판이 높은 세법학자로서 학문적으로 높은 경지에 올랐을 뿐 아니라, 인간적인 면에서도 잠시의 대화만으로 그 온화하고 겸손한 성품을 금세 알아볼 수 있는, 필자 개인적으로도 무척 존경하는 분이다. 마스이 선생이 미야자와 유코(宮澤裕子) 변호사와 함께 쓴 '국제조세법' 교과서의 우리말 번역이 2017년에 조윤희 변호사 등에 의하여 출간된 데 이어 그의 세법 입문서가 이와 같이 한 번 더 의욕 있고 능력을 갖춘 옮긴이를 만나 우리말로 소개된 것은, 다시 말하거니와 무척이나 기쁘고 반가운 일이 아닐 수 없다. 갈수록 그 수가 늘어나는, 세법을 진지하게 이론적으로 연구하는 사람들에게 여러모로 큰 도움이 되리라 굳게 믿는다.

끝으로, 마스이 선생의 원저 제2판 머리말에, 배우자인 타카스 나오미의 도움에 감사한다는 언급이 나온 것을 읽었다. 안타깝게도 타카스 여사는 이 머리말이 쓰인 후인 2019년에 지병으로 갑작스레 세상을 떠나고 말았다. 2016년 스페인 마드리드에서 열린 국제조세협회의 총회에 참석한 기회에, 서울대학교의 이창희 선생 내외와 함께 마스이 선생 내외를 만나서 관광지로 유명한 중세 도시 톨레도를 함께 관광했던 추억이 필자에게도 남아 있다. 유럽에서 활동하면서 넓은 세상을 늘 마음속에 품고 살았던 타카스 여사도, 평생의 동반자 마스이 선생의 또 다른 책이 가까운 이웃 나라에서 번역되어 읽히게 된 것을 안다면 무척이나 기뻐하였으리라는 생각을 해 본다.

2020년 10월 10일
뮌헨에서
윤지현

추천의 글

저는 이 책의 역자(譯者) 안좌진 판사와 2014년 2월부터 2016년 2월까지 서울행정법원 조세전담 재판부에서 같이 근무하였습니다. 서울행정법원 조세전담 재판부의 사건들은 대부분 당해 과세처분이 과세요건을 충족하는지, 부과의 근거법령이 헌법이나 법률에 부합하는지에 대해 판례나 유시한 사례가 없었으므로 담당 재판부 구성원들은 늘 머리를 맞대고 연구와 토론을 했던 기억이 납니다. 그래서인지 실무를 겸하여 조세관련 대학원 과정을 밟는 법관들이 많았고, 당시 역자도 서울대학교 법과대학 대학원에서 조세법전공 박사과정을 밟고 있는 중이었습니다.

그 후 역자는 서울행정법원 근무를 마치고 교육파견 발령을 받아 일본 도쿄대학으로 연수를 떠났습니다. 역자는 서울행정법원 조세전담 재판부에서 근무하면서 구체적인 사건들을 통해 우리나라의 과세실무와 조세소송에 대해 충분한 경험을 쌓았습니다. 또한 서울대학교 조세법 박사과정과 도쿄대학 연수 과정을 거치면서 양국의 조세정책, 과세관행 및 법조계와 학계가 이를 바라보는 시각에 대해 많은 고찰을 하였을 것으로 생각합니다.

귀국 후 역자는 연수기간 동안 가르침을 받았던 일본의 대표적인 세법학자인 도쿄대학 마스이 요시히로 교수의 책을 번역하여 이번에 출판하게 되었습니다. 그동안 우리 실무가들은 단편적으로 일본의 조세실무와 과세처분의 적법성을 다투는 판례를 접하였을 뿐 일본 세법을 체계적으로 접할 기회는 없었던 것으로 보입니다.

이번에 안좌진 판사가 번역한 이 책을 통해 일본이 근대적 조세제도를 도입한 후, 소득형태의 변동과 이에 대한 과세관청의 대응, 일본 재판소의 법령해석 및 적용 방식이 어떠했는지를 알아보는 것은 우리가 우리나라의 조세제도를 바라보는데도 흥미로운 시사점을 줄 것으로 생각합니다. 역자는 책의 단순 번역에서 나아가 각주로 일본의 조세법령과 이에 해당하는 우리나라 세법 규정 등을 달아 놓아 양국의 법조문과 이를 적용한 판례·법리를 찾아 비교, 분석할 수 있도록 하였으므로 실무와 학계 모두에 큰 도움이 될 것으로 보입니다.

역자와 같이 근무하던 시절의 즐겁고 유쾌한 추억들을 떠올리며 이 책을 추천합니다. 역자의 앞날에 행운과 건강이 늘 함께 하길 기원합니다.

특허법원 부장판사 김경란

1. 원저자 마스이 요시히로(增井良啓 · ますいよしひろ) 교수

이 책의 저자인 마스이 요시히로 교수님은 1987년 도쿄대학 법학부를 졸업하고, 일본 국립대학 특유의 교수양성 과정인 3년의 조수[助手, 현 명칭 조교(助敎)] 과정을 마친 후, 1990년 바로 도쿄대학 법학부 · 대학원 법학정치학연구과 조교수로 임용된 이래 현재에 이르기까지 같은 대학에서 조세법 교수로 봉직하고 계신 분으로, 일본 조세법의 입법론과 해석론 양쪽 모두에 지대한 영향을 미치고 계신 일본을 대표하는 세법학자이다.

마스이 교수님은 조교수 임용 후 미국 하버드(Harvard) 대학교에 유학하시면서 같은 시기에 유학하시던 이창희 교수님(현 서울법대 조세법 교수)과 친분을 쌓으시고, 이후에도 각종 조세법 관련 국제학술대회에 참석하시면서 윤지현 교수님(현 서울법대 조세법 교수)과도 두터운 친분을 쌓으신 바 있다.

역자는 2016년 2월 일본 도쿄대학으로 교육파견 발령을 받았는데, 역자의 박사과정 지도교수님이신 윤지현 교수님께서 역자가 유학을 가기 전에 미리 마스이 교수님께 역자를 잘 부탁한다는 취지의 편지를 써주셨다. 이런 인연으로 인하여 역자는 1년 6개월의 유학기간 동안 마스이 교수님의 법학부, 대학원(학술과정), 로스쿨 및 공공정책대학원(행정대학원)의 각종 조세법수업을 수강하면서 교수님으로부터 일본 조세법을 배울 수 있었다. 또한 마스이 교수님은 역자의 연구과제 및 논문에 관한 방향성과 참고자료에 대해서도 조언을 아끼지 않으셨다. 마스이 교수님의 따뜻한 배려와 깊은 관심에 이 지면을 빌려 감사의 말씀을 드린다.

2. 이 책을 번역하게 된 이유에 관하여

역자는 일본에 유학하면서 한국사회와 한국어에 대한 새로운 이해가 가능해진다는 것을 알게 되었다. 즉 외국과의 비교를 통해서, 한국에 살면서는 알아차리지 못했던 여러 가지 사회현상이라던가, 우리는 당연하게 생각하는 언어적 습관과 그 속에 배어있는 문화적 사고방식의 의미를 깨닫게 되는 순간들이 있었고, 이것은 무척이나 흥미로웠다.

　이것은 법학에 있어서도 마찬가지로 '비교하면 보다 잘 알 수 있다'는 점에는 차이가 없으며, 일본 조세법을 공부하면서 이것을 우리법과 비교하는데서 오는 즐거움과 깨달음을 공유하고 싶어졌다.

　이 번역서의 독자는 우리나라 세법을 이미 공부하였거나 실무에서 적용하고 있는 사람일 것이고, 일본의 소득·법인세제를 다룬 이 책을 읽으면서 한국 세법과의 비교를 통해 우리나라의 제도를 보다 잘 이해하는데 도움이 될 수 있으리라 생각된다. 무엇보다도 조세실무 최전선에서 재판업무를 처리하고 계신 동료 판사님들에게 도움이 되었으면 하는 바람이다.

　이 번역서의 원서에는 본래 각주가 없으나, 이러한 맥락에서 번역서에서는 각주를 통하여 우리나라 세법과의 비교를 통해 독자들의 편의를 도모하고자 하였다.

3. 이 책의 특징

　이 책은 '입문'이라는 제목을 가지고 있지만 그 서술이 압축적이면서도 내용이 세제 전반을 망라하고 있어 실제로는 입문서라고 보기는 힘들다. 저자 머리말에도 서술되어 있듯이 조세정책(Tax Policy)의 관점에서 세법을 바라볼 수 있는 안목을 길러주며, 이미 조세법을 공부한 사람이 읽는 경우 전체의 맥락과 요점을 파악할 수 있도록 사려 깊게 구성되어 있다. 이러한 이유로 이 책은 2014년에 초판이 출간된 이래, 일본 전역의 법학부와 법과대학원(로스쿨)에서 가장 널리 사용되는 조세법 기본교재로 빠르게 자리 잡았다.

　한편 이 책에는 우리나라 세법 교재와 달리 재무성 주세국(財務省 主税局)의 입법단계 의견이나 과세관청의 유권해석도 폭넓게 인용되어 있는데(세제조사회의 답신, 국세청 통달 등), 이것은 조세법을 포함하여 법학을 학습하는 사람들의 진로가 우리나라와는 차이를 보이기 때문으로 생각된다. 즉 우리나라의 5급 공무원 공채시험에 해당하는 일본의 '국가공무원채용 종합직 시험'에서는 법학을 주된 과목으로 하여 선발을 하고, 이로 인하여 재무성 등 경제부처의 관료도 법학전공자 위주로 구성이 이루어진다. 이 점에서 일본은 변호사 기타 법학전공자를 중심으로 경제부처를 비롯한 행정부의 관료구성이 이루어지는 미국·유럽식 모델과 유사하고, 경제학 등 다른 학문에 비중을 두고 행정관료의 채용이 이루어지는 한국과는 다르다고 할 수 있다. 법학교재인 이 책에서 행정부처의 입법의견이나 유권해석이 다루어지고 있는 것도 이러한 맥락에서 이해할 수 있다.

4. 감사의 말씀

이처럼 의미 깊은 책의 번역을 흔쾌히 허락하여 역자에게 좋은 기회를 주신 마스이 교수님께 다시 한 번 감사의 말씀을 드린다. 교수님의 소탈하고 겸손한 인품을 떠올리면 지금도 고개가 저절로 숙여진다.

또한 번역서의 교정을 맡아준 서울대학교 대학원 조세법과정 후배들인 한지혜 양(대전지방법원 국선전담변호사, 조세법 석사과정)과 진지헌 군(법률구조공단 통영출장소 공익법무관, 조세법 박사과정 수료), 국내에서는 바로 구하기 힘든 일본문헌·자료의 검색을 도와준 배재환 군(일본 게이오대학 대학원 법학연구과 석사과정 수료)과 이수민 양(일본 도쿄대학 대학원 총합문화연구과 국제사회과학전공 박사과정), 전산으로 바로 찾기 어려운 입법자료의 리서치를 도와준 조승래 국회사무처 부이사관, 일본어 단어의 미묘한 의미와 어감에 대한 조언을 해주고, 주요 일본 판례들의 법리적·사회적 배경에 대한 이해를 도와준 재일교포 심현치 일본변호사(일본 시티유와 법률사무소), 번역서의 구성과 방향성에 대한 상담에 응해준 동기 황성욱 판사(광주고등법원), 이 책의 출간과 편집에 힘써주신 박영사의 장규식 과장님과 한두희 대리님에게도 감사의 말씀을 드린다.

역자 일러두기

1. 원서

이 책은 『增井良啓, 租稅法入門(제2판), 有斐閣(2018)』을 번역한 것이다(초판의 출판연도는 2014년).

2. 각주

① 원서는 각주를 전혀 사용하지 않았으며, 이 책에서 사용된 모든 각주는 역자가 단 것이다. 역자 머리말에서 쓴 것처럼, 외국의 세법서적을 읽는다면 그 이유는 비교를 통하여 우리나라 세법을 더 잘 이해하는 데에 있다고 생각한다. 따라서 이 책을 읽으면서 대응하는 우리나라의 서적·문헌을 참조할 필요가 있는데, 역자로서는 이처럼 원서를 읽으면서 동시에 우리나라의 서적·문헌을 참고하는 과정에 상당한 시간이 들었던 경험이 있다. 따라서 번역서에서는 독자들의 편의를 최대한 도모하기 위하여, 원저자의 허락을 얻어 본문의 일본 세법의 내용에 해당하는 비교법(우리나라의 법령·판례·문헌 등의 소개)을 각주의 형태로 추가하였다. 이를 통하여 비교를 위해 우리나라 자료를 찾아봐야 하는 독자들의 수고를 최대한 덜고자 노력하였다.

② 각주에서 이러한 비교법을 언급하는 경우 '한국:'의 형태로 표시를 하였고, 본문의 일본 세법의 내용·취지와 큰 틀에서 차이가 없어 우리나라 조문을 참고하는 것으로 본문의 이해를 도울 수 있는 경우에는 우리나라의 조문 번호만을 인용하였다.

③ 특히 본문의 내용과 관계된 우리나라 논문들을 각주에 소개한 이유는, 원저자가 각 Chapter 말미의 '→ 찾아보자'를 통해서 독자들이 찾아봐야 할 일본 문헌을 소개하고 있기 때문이다. 여기에 대응하여 각주에서 우리나라의 문헌을 소개함으로써 한일 양국 조세법 연구자들의 관심사와 연구내용을 비교·가늠할 수 있도록 하고자 하였으며, 각주에서 논문을 인용하는 것에 그치지 않고 간략히 그 내용을 소개하여 비교의 편의를 도모하고자 하였다.

④ 각주에서 언급하는 우리나라와 일본의 조세법령은 모두 2020. 1. 1.을 기준으로

유효하게 시행되고 있는 것을 기준으로 하였다.

3. 일본의 조세법 조문 · 판례

① 법학서적을 읽는 과정에서 인용되는 조문을 찾아보는 것은 이해를 위하여 필수적이다. 그러나 이 책을 읽으면서 일본 조문의 원문을 찾아보고 해독하는 경우 상당한 시간이 소요된다. 따라서 역시 독자들의 편의를 도모하기 위하여, 원저자의 허락을 얻어, 본 번역서의 말미에서 이 책에서 인용되는 주요 조문들을 번역하여 부록의 형태로 첨부하였다. 앞에서 밝힌 바와 같이 2020. 1. 1.을 기준으로 유효하게 시행되고 있는 법률을 기준으로 한다. 이것은 어디까지나 본문의 이해를 돕기 위한 것이므로, 불필요하다고 생각되는 경우에는 해당 조문을 전부 인용하지 않고 특정한 항만을 인용하거나, 세부적인 내용(예컨대 각호 등)은 생략하기도 하였다.

② 또한 원서가 본문에서 일본판례를 언급한 경우에도 위와 같은 취지에서, 원저자의 허락을 얻어, 본문의 이해를 돕기 위하여 필요하다고 생각되는 범위에서 해당 판례의 사실관계 · 판결요지 등을 각주에 소개하였다. 판결이유의 인용으로 충분하다고 생각되는 경우는 판결의 주요 이유만을 인용하였고, 사실관계와 판시내용, 하급심까지 언급할 필요가 있는 경우는 이를 소개하는 등 판례의 중요도에 따라 적절하게 서술하였다.

4. 기타 표기와 인용법 등

(1) 본문에서의 괄호

원서에서 괄호가 사용된 경우에는 역서의 본문에서도 ( ) 괄호와 [ ] 괄호를 적절하게 사용하여 전달하고자 하였다.

원서에서는 괄호가 사용되지 않았으나, 본문의 번역상 필요하다고 생각되는 경우 역자가 { } 괄호를 사용하였다. { } 괄호 안에 한자를 사용하는 경우, 정확한 의미전달이 필요하다고 생각되는 경우는 우리나라식의 한자를, 해당 일본어 단어를 표기할 필요가 있다고 생각되는 경우는 일본식 한자를 그대로 사용하였다.

(2) 본문 내 강조나 직접인용 등의 표시

원서는 본문 내에서 강조를 할 문구를 표시하거나 판례 등을 직접 인용하는 경우에 「 」기호를 사용하였다. 우리말에서는 이런 경우 ' ', " " 따옴표를 사용하나, 역서에서는 원문이 강조하는 어감을 그대로 전달하기 위해서 「 」기호를 그대로 사용하였다. 이 경우「」기호를 정서법상 " 따옴표에 준하여 취급할 것인지, "" 따옴표에 준하여 취급할 것인지가 문제가 되는데, 이는 문맥에 따라서 적절히 경우를 나누어 처리하였다(「」기호의 끝에 마침표 사용 여부는 원서를 그대로 따름).

한편 일본어에는 띄어쓰기가 없는 관계로 언어흐름상의 호흡을 표현하기 위하여 문장 중간에 쉼표를 많이 사용하고, 이러한 쉼표를 통해 강조하고자 하는 단어·어절을 표현하기도 하나, 띄어쓰기가 있는 한국어 문장에서는 상대적으로 쉼표를 많이 사용하지 않는다. 따라서 우리말로 번역하는 과정에서 원서에 있는 쉼표를 많이 생략하게 되는데, 이 경우 원서의 호흡을 적절하게 전달하기 위하여 " 따옴표로 표시를 한 부분들이 있다 (즉 본문의 " 따옴표는 원서에서 본래 사용되지 않은 것으로, 역자가 번역과정에서 추가한 것이다).

(3) 각주에서의 괄호와 인용표기

각주에서는 { } 괄호를 사용하지 않고, [ ] 괄호와 ( ) 괄호를 사용하였다. 각주는 역자가 작성한 것이므로, 본문의 경우처럼 저자가 사용한 각주와 역자가 사용한 각주를 구분할 필요가 없기 때문이다.

한편 비록 통일성이 결여되기는 하나 본문에서 사용된 「」기호는 각주에서는 가능한 사용하지 않는 것으로 하였다(" 따옴표를 사용하기에는 문장이 지나치게 긴 경우나 이중 따옴표가 되는 경우 등에만 사용함).

(4) 연도의 표기

① 원서는 사건의 연도를 표기함에 있어서 일본고유의 연호를 사용하였다. 일본인들은 시대의 감각을 연호에 따라서 인식하려는 경향성이 있기 때문에, 연도를 연호로 표기한 것도 원서의 맥락상 의미를 가진다. 따라서 원서의 의도를 보다 분명히 전달하고 그 어감을 유지하기 위하여, 번역서에서도 연호를 삭제하지 않고 그 표기를 유지한다.

② 그러나 일본의 연호만으로는 그 시기를 알기가 힘들다. 원저자가 연호와 함께 서력을 ( ) 괄호로 병기한 경우는 번역서에서도 그대로 ( ) 괄호를 사용하여 병기하며, 원저자가 서력을 병기하지 않은 경우 번역서에서는 { } 괄호를 사용하여 병기한다.

위 (1)에서도 언급한 것처럼, 이 책에서는 { } 괄호의 용법이 통상적인 경우와 달리 역자가 추가하는 괄호를 의미하므로 주의를 요한다.

③ 이를 예시하면 다음과 같다.

원서 : 昭和23年(1948年)
번역 : 昭和23년(1948년)

원서 : 平成元年
번역 : 平成1{1989}년

원서 : 昭和30年代後半
번역 : 昭和30년대 후반{1960년대 전반}

(5) 일본 판례의 인용

① 본문에서 일본 판례를 인용함에 있어서, 원서는 일본에서 사용되는 연호에 따른 판례표기 이외에 서력을 사용하지 않았으나, 번역서에서는 독자들의 이해를 돕기 위하여 연호에 따른 판례표기 중에 ( )로 서력을 병기하였다.
이를 예시하면 다음과 같다.

원서 : (最大判昭和60 · 3 · 27民集39巻2号247頁[大嶋訴訟])
번역 : [最大判 昭和60(1985). 3. 27. 民集 39권 2호 247면(오오시마{大嶋}소송)]

② 각주에서 일본 판례를 특정함에 있어서는 기존의 방식과 같이 종이로 된 해당 판례집의 면수를 적시하는 방법을 사용하지 않고, 최고재판소 홈페이지 등을 이용한 전산상의 검색이 쉽게 가능하도록 해당 법원, 판결의 선고일자, 사건번호(이른바 '通し'번호)로 특정하는 방법을 취하기로 하였다(다만 본문에서 판례집의 면수를 적시하여 특정한 경우는 같은 방법을 취하기도 하였음).
아울러 각주에서 일본 판례를 소개함에 있어서 '상고인', '피상고인'과 같은 당사자의 표기는 이해를 돕기 위하여 '원고', '피고'로 적절하게 바꾸어 쓴 부분이 있다는 점과, '사실관계'를 소개함에 있어서는 대체로 일본 판례에 나타나 있는 사실관계를 그대로 번역 · 인용하였다는 점을 밝혀 둔다(이 경우 '사실관계' 부분은 "" 따옴표 등으로 별도의 직접인용 표기를 하지 아니한 부분이 있으며, 그대로 인용하는 경우에도 당사자의 실명이나 세무서의 이름과 같은 고유명사 등은 생략한 경우가 있음).
또한 일본 판례를 인용하면서 '' 따옴표를 사용한 경우가 있는데, 이것은 일본 판례에서는 사용되지 않는 따옴표로(일본 판례는 강조 등의 목적으로 「」 기호를 사용), 본문에서 사용한 " 따옴표와 마찬가지로 역자가 가독성을 높이기 위하여 추가한 것이다.

(6) 법령명의 약칭

원서는 일본의 법령을 인용하는 경우 다음과 같은 약칭을 사용하였고, 번역서에서도 이러한 약칭의 사용을 그대로 유지한다.

일본 법령	약칭
국세통칙법	税通
소득세법	所税
소득세법 시행령	所税令
소득세법 시행규칙	所税規
법인세법	法税
법인세법 시행령	法税令
법인세법 시행규칙	法税規
상속세법	相税
지방세법	地税
조세특별조치법	租特
조세특별조치법 시행령	租特令
헌법	憲
민법	民
상법	商
회사법	会社
행정절차법	行手
국가행정조직법	行組
세리사법	税理士

(7) 본문이 인용하는 논문·서적 등

원서가 일본 문헌(논문·서적)을 언급하는 경우, 그 제목을 한국어로 번역하지 않고 일본어 제목을 그대로 두는 것으로 하였다. 이렇게 해야 독자 입장에서 해당 일본 문헌을 찾아보는 것이 더 수월하기 때문이다.

다만 예컨대 '세제조사회의 답신'과 같은 문건들의 경우는 그 제목이 본문 내용의 일부를 이루고 있는 경우가 많아서 이를 일본어로 해 두면 내용의 파악이 어려울 수 있다. 따라서 단순한 문건의 경우는 이를 번역하였다.

(8) 각주 참고문헌

각주를 작성하는데 있어서 참고한 문헌들(서적, 논문, 간행물 등)은 독자들의 편의를 도모하는 차원에서 '각주 참고문헌'으로 따로 밝혀둔다(참조한 인터넷 사이트와 신문기사 등은 참고문헌에는 따로 열거하지 않음).

(9) 원서 표현의 유지

마지막으로, 원서에 쓰인 단어나 표현을 가능하면 그대로 유지하고자 했다는 점을 밝혀두고자 한다. 이로 인하여 한자어의 사용 등에 있어서 한국어 번역으로는 다소 어색해지는 경우가 있을 수도 있으나, 이것은 원서의 표현과 어감을 최대한 살려 원저자의 뜻을 그대로 전달하기 위함이다.[1]

다만 한국어에서는 좀처럼 쓰이지 않는 수동형·사역형·사역수동형 문장 등의 경우, 지나치게 어색해진다고 판단되는 경우에는 문장의 구조를 바꾸어 적절하게 의역하였다. 이 점에서 번역상의 자연스러움보다는 일본 조문과의 정확한 대응과 통일성을 유지하고자 한 부록의 '일본 조세법령' 부분의 번역과는 차이가 난다.

---

1) 예컨대 원서에서 '相当する'라는 표현이 자주 쓰이는데, 이것을 문맥에 따라서 '상응한다, 대응한다, 해당한다'로 번역하는 것이 어법상 보다 자연스럽다고 할 수 있다. 그러나 이 경우 직역하여 '상당한다'라는 번역을 유지하였다. 예) "자본금 등의 금액은 주주로부터 출자 받은 「밑천」의 부분에 상당한다.", "이익적립금액은 법인세를 납부한 후 회사의 내부에 유보해 두고 있는 금액에 상당한다."

본서의 목표와 구성

이 책을 손에 넣으신 분들 중 대다수의 분들께서는 아직까지 조세법의 세계가 친숙하지 않고 이것이 어떤 과목인지 예측하기 어려우실 것으로 생각합니다. 그래서 첫 부분에 서론을 준비하여 조세법의 세계에 초대하고자 합니다(→본서 Part 01). 실은 여러분과 매우 가까운 곳에 조세법이 위치하고 있습니다.

본서에서는 소득과세를 중심으로 찬찬히 조세법에 입문할 것입니다. 그 핵심은 개인의 「소득(income)」이라는 경제적인 프리즘을 사용하여 다양한 사적 거래의 성질을 생각하는 작업입니다(→본서 Part 02). 계약과 불법행위, 물권 등의 학습과 밀접하게 관련될 뿐만 아니라, 시장에서 생기는 거래에 대해 「뭔가 조금 색다른」 관점을 맛볼 것입니다. 「뭔가 조금 색다른」 이유는 금전의 시간적 가치(time value of money)나 리스크(risk), 소비(consumption)와 같은 몇 가지 기초적인 개념을 사용하면서 현실의 경제거래에 접근하기 때문입니다.

조세법은 이론적으로 재미있을 뿐만 아니라 실제로도 큰 의미를 가집니다. 왜냐하면 사람의 경제생활에는 '반드시'라고 말해도 과언이 아닐 정도로 조세가 관련되기 때문입니다. 본서의 후반부에서는 회사가 각종 거래를 행한 경우에 법인세의 과세가 어떻게 되는지를 분석할 것입니다(→본서 Part 03). 이에 따라 「법인화」를 비롯한 폐쇄적인 동족회사 특유의 문제로부터 상장회사의 활동에 수반하여 생기는 문제에 이르기까지, 일본의 경제사회에서 발생하는 일에 대해 과세의 관점에서 접근하게 될 것입니다.

마지막 부분에서는 정리하는 차원에서 그때까지 배운 내용을 횡단적으로 정리하면서 논의를 한 걸음 더 발전시킬 것입니다(→본서 Part 04).

목 차

Part 02 소득세

Chapter 6 **소득의 개념** · 80

Chapter 7 **납세의무자** · 110

Chapter 10　비용공제 ● 176

Chapter 11　시간과 리스크 ● 224

Part 03 법인세

Chapter 12 법인세의 기초 · 242

Chapter 13 납세의무자 · 261

Column 목차

범 례

1. 법령명의 약어

법령명의 약어는 이하를 제외하고는, 본 출판사가 간행한 법령집의 권말에 게재된 「법령명 약어」를 따른다.

所基通　　所得稅基本通達(소득세 기본통달)
法基通　　法人稅基本通達(법인세 기본통달)

2. 판례집, 판례지의 약어

民(刑)集　　最高裁判所民(刑)事判例集
集民　　　最高裁判所裁判集民事
高民集　　高等裁判所民事判例集
行集　　　行政事件裁判例集
訟月　　　訟務月報
家月　　　家庭裁判月報
稅資　　　稅務訴訟資料
裁時　　　裁判所時報
判時　　　判例時報
判タ　　　判例タイムズ

3. 학회지, 법률잡지의 약어

国家　　　国家学会雑誌
法協　　　法学協会雑誌
ジュリ　　ジュリスト
法敎　　　法学教室
法時　　　法律時報

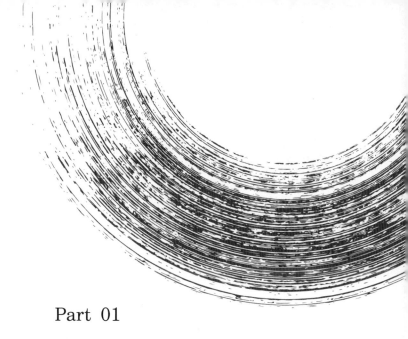

Part 01

서 론

Part 01은 조세법의 세계에 여러분을 초대하고자 하는 본서의 서론이다.

먼저 Chapter 1에서는 조세가 왜 필요한지, 조세를 법으로 규율하는 것이 필요한 이유는 무엇인지를 논한다. 바꿔 말하면 조세법이라는 분야의 존재의의를 보여준다. Chapter 2에서는 조세가 공평해야만 한다는 원칙의 의의를 검토한다. Chapter 3에서는 메이지시대* 이후의 세제사(税制史)를 개관하고 현행법이 어떻게 전개되어 왔는지를 배운다. Chapter 4에서는 조세법이 형성된 과정을 묘사 한다. Chapter 5에서는 조세법의 해석에 대해 판례가 어떠한 태도를 취하고 있는지를 볼 것이다.

---

* 1868년부터 1912년까지의 44년간을 의미한다.

Chapter 1

조세법이란

📋 이 장의 테마

▶ 조세의 현황 ▶ 조세의 필요성 ▶ 조세법률주의

1-1 조세의 현황

현재의 일본에서 조세수입은 어느 정도의 금액인가.

도표 1-1은 2017년도 예산에서의 국세, 지방세의 내역이다. 중앙정부가 부과하는 조세를 국세라고 하고 지방자치단체[1]가 부과하는 조세를 지방세라고 한다. 국세와 지방세는 합쳐서 101조 엔을 넘는다.[2]

내역을 살펴보자.

▶ 최대 세목은 소득세이다. 소득세는 국세이고 이것에 연동하는 형태로 지방자치단체가 개인주민세와 개인사업세를 부과하고 있다. 세수상의 비율은 합쳐서 30.8%에 달한다.

---

1) 원서에서는 일본어의 용례에 따라서 "地方公共団体"(지방공공단체)로 서술되어 있다. 이하 '지방공공단체'는 모두 '지방자치단체'로 번역한다.

2) 한국: 우리나라의 조세규모(Tax Scale)는 본문과 같은 2017년도 기준 국세 265조 3,849억 원, 지방세 80조 4,063억 원이고, 참고로 2018년도 기준 국세 268조 1,947억 원, 지방세 77조 9,525억 원, 2019년도 기준 국세 294조 7,919억 원, 지방세 81조 8,267억 원이다. 2019 행정안전통계연보, 행정안전부(2019), 200면.

▶ 다음으로 큰 것이 법인세(국세) 및 그에 연동하는 법인주민세와 법인사업세(둘 다 지방세)이며 합쳐서 22.1%이다.[3) 법인세와 소득세를 합쳐서 소득과세라고 하는데 소득과세는 전체의 52.9%를 벌어들이고 있다.

▶ 소비세(국세)와 지방소비세(지방세)는 합쳐서 21.4%이다. 소비세가 도입된 것은 1988년의 다케시타 노보루{竹下登} 내각 때이고 도입 시로부터 30년이 지나면서 기간적{基幹的}인 세목으로 성장했다.

▶ 상속세, 증여세가 세수에서 차지하는 비율은 2.1%밖에 안 된다. 이에 비해 고정자산세{固定資産税}는 시정촌{市町村}[4)의 독자 세원으로서 중요한 것으로 전체의 8.9%이다.[5)

1-2 조세의 필요성

그렇다면 조세는 왜 필요한가. 이 물음은 두 가지 요소를 포함하고 있다.

▶ 왜 정부가 필요한가(→ 1-2-1).

▶ 정부가 필요하다면, 정부의 활동을 충당하는 자금원으로서 조세를 사용할 필요는 어디에 있는가(→ 1-2-2).

---

3) 일본의 사업세의 연원에 대해서는 뒤의 Column 3-2를 참조. 이 부분에서 각주를 통하여 사업세에 대한 소개를 한다.

4) 우리나라의 기초지방자치단체에 해당한다. 일본의 '고정자산세'에 대해서는 뒤의 6-3-2 (3) 부분에서 다시 언급되므로 참조.

5) 한국: 우리나라의 2018년도 국세청 소관 세입예산을 기준으로(즉 관세와 지방세는 제외된 것임) 소득세와 법인세의 합계는 그중 53.5%(=소득세 29.0%+법인세 24.5%)이다. 같은 기준으로 부가가치세는 26.1%, 주세는 1.4%, 교통에너지환경세는 6.4%, 상속·증여세는 2.4%의 비율을 보이고 있다. 국세청, "2019년도 국정감사 업무현황보고", 국세청(2019. 10. 10.), 16면[이 자료는 국회 기획재정위원회 홈페이지의 "참고자료" 란(https://finance.na.go.kr:444/finance/inspect/inspect04.do?mode=view&articleNo=661622)에서 확인가능. 접속일: 2020. 8. 28.](이하 이 자료를 인용함에 있어서 '2019년도 국정감사 업무현황보고(국세청)'라 한다).

도표 1-1 ▌ 2017년도 예산에서의 국세 · 지방세 내역

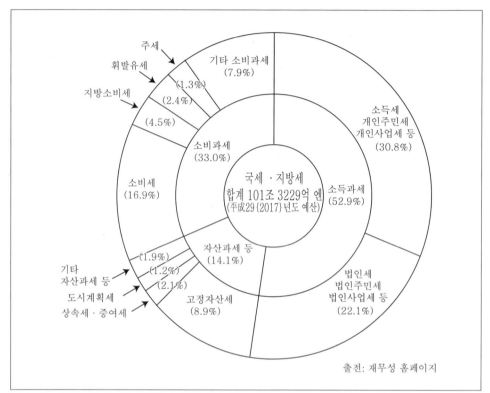

출전: 재무성 홈페이지

1-2-1 왜 정부가 필요한가

(1) 공공재의 제공

왜 정부가 필요한가. 이 물음은 법학·정치학에서의 예로부터의 과제이며, 이에 대해서는 여러 접근방식이 가능하다. 한 가지 기능적인 설명은 「공공재(public goods)」를 제공하기 위함이라는 것이다.

여기에서 말하는 공공재란 경제학의 용어이고 재화뿐만 아니라 서비스도 포함한다. 공공재는 ① 소비가 경합적인지 아닌지, 그리고 ② 소비의 배제성이 있는지 없는지에 의하여 사적재{私的財}와 구분된다.

① 소비가 비경합적이고, ② 소비를 배제할 수 없는 것이 순수공공재이다. 예를 들어 경찰관이 순찰하여 거리의 치안이 유지되고 우리가 밤거리를 걸을 때 범죄에 직면하지 않게 된 상태라고 하자. 이 예에서 ① 순찰에 의한 안전보장의 소비는 사람들 사이에서 경합되지 않는다. 내가 안전보장 서비스의 혜택을 받았다고 해서 당신이 같은 혜택으로

부터 배제되지는 않기 때문이다. 또한 ② 안전이 유지되고 있는 이상 이 서비스의 혜택은 누구나 향수(享受)할 수 있게 되고, 혜택을 배제하려고 하더라도 쉽게 배제할 수 없다. 즉 서비스의 소비는 배제불가능하다.

(2) 공공재의 공급수준

공공재는 이러한 성질을 갖기 때문에 그 공급을 민간의 주체에 맡기면 과소공급된다. 이 점은 순수공공재에 대해서는 직감적으로 이해하기 쉬운 부분이 있어서 상기의 ①이나 ②의 어느 쪽에서나 도출하는 것이 가능하다. 즉,

▶ ① 소비가 비경합적인 재화에 대해 요금을 지불하지 않는 자를 배제하면, 본래는 소비하는 것이 바람직한 사람이 소비하지 못하게 된다. 하지만 요금을 지불하는 자를 선별함으로써 비로소 그 재화를 공급하고자 하는 인센티브가 생기기 때문에, 여기에 과소공급이라는 문제가 발생한다.

▶ ② 소비가 배제불가능한 경우, 요금을 내지 않고 무임승차{free-riding}하는 것이 이득이기 때문에 사람들은 공공재의 제공에 자발적으로 기여하려고 하지 않을 것이다. 민간기업은 이러한 무임승차를 막지 못하고 공공재는 여기에서도 과소공급이 이루어질 것이다.

요약하자면 시장의 실패(market failure)가 발생하는 것이다. 이렇게 시장이 실패할 때가 정부가 나설 때이다. 정부를 만들어서 공공재를 제공하도록 하는 것이다. 정부의 필요성은 이러한 공공재의 성질로부터 설명할 수 있다. 실제로는 현재 일본의 정부부문은 순수공공재를 제공하는 것 이상으로 훨씬 광범위한 활동을 하고 있다.

Column 1-1 로널드 코우즈의 발견

등대는 오래 전부터 공공재의 예라고 생각되어 왔다. 이에 대해 로널드 코우즈 교수는 17세기부터 19세기에 걸쳐 영국에서의 등대의 역사를 실증적으로 검토하여, 많은 학자들의 생각과는 반대로 등대 서비스가 사기업에 의해 공급되어 왔다고 주장했다[ロナルド·H·コース「経済学のなかの燈台」同〔宮沢健一ほか訳〕『企業·市場·法』〔東洋経済新報社, 1992년〕213면].[6] 그러나 그 후의 조사에 따르면, 정부가 요금을 지불하지 않는 선박의 출항을 허가

---

6) 본문의 『企業·市場·法』서적은 코우즈 교수(Ronald H. Coase)의 주요 논문을 엮은 『Ronald H. Coase, The Firm, the Market, and the Law, University of Chicago Press(1988)』를 일본어로 번역한 책이다. 그중에서 본문에 언급된 「経済学のなかの燈台」라는 논문의 영어 원제는 「The Lighthouse in Economics」이다.

하지 않음으로써, 선박에 대하여 이용요금의 지급을 사실상 강제하고 있었다. 즉 민간부문이 통상적인 방법에 의하여 등대서비스를 제공한 것은 아니었다[ハウェル・ジャクソンほか〔神田秀樹＝草野耕一訳〕『数理法務概論』〔有斐閣, 2014년〕 334면].[7)

1-2-2 정부의 자금원으로서의 조세

(1) 공채와 조세

결국 정부가 필요하다면 그 활동을 충당하기 위한 자금원을 어떻게 할지가 문제가 된다. 현대의 시장경제하에서는 민간부문에서 생산활동이 이루어지고 정부는 원칙적으로 스스로 사업활동을 하지 않기 때문에 정부의 재원은 민간부문에 요청할 수밖에 없다. 그 조달방법은 단적으로 말하면 그냥 가져오거나 빌리는 것이다. 빌리는 방법이 공채의 발행인데 이는 이후에 반드시 갚아야 한다. 따라서 결국 그냥 가져오는 것도 필요해진다. 그 수단이 조세이다.

(2) 조세의 특징

그렇다면 정부의 공공지출을 충당하는 수단으로서 조세의 형태를 취하는 것이 어째서 필요한가. 이 점을 생각하기 위해서는 조세의 특징을 이해해야 한다.

조세에는 (가) 강제적이고, 또한 (나) 직접적인 대가가 없다는 특징이 있다. 이러한 특징은 수수료에는 존재하지 않는다. 수수료라면 어떤 서비스를 제공받으려고 생각한 사람만 자발적으로 지불하기 때문에 강제성이 없다. 또한 특정 서비스를 제공받는 것에 대한 대가로서 지불된다.

이러한 수수료 방식이 아니라 조세라는 형태를 취하여 공공지출을 충당하는 이유는 다음에 있다. 공공재의 성질은 소비의 ① 비경합성과 ② 배제불가능성이다.

▶ ① 사람들 사이에서 소비가 경합되지 않으면, 개별적으로 수수료를 징수하는 것보다 사회공통의 비용으로서 통합하여 조세의 형태로 징수하는 편이 낫다.

▶ ② 소비가 배제불가능하다면, 자신이 수수료를 내지 않고서도 혜택이 미치기 때문에 아무도 나서서 수수료를 내려고 하지 않을 것이다. 무임승차가 가능하기 때문이

---

7) 본문의 『数理法務概論』 서적은 하우웰 잭슨 교수(Howell E. Jackson) 외 4인의 저서, 『Howell E. Jackson, Louis Kaplow, Steven Shavell, W. Kip Viscusi and David Cope, Analytical Methods for Lawyers(2nd ed.), Foundation Press/Thomson Reuters(2011)』를 일본어로 번역한 책이다.

다. 강제적이고 대가가 없는 형태로 징수해야 하므로 조세의 형태를 취하는 것이 필요하다.

이렇게 공공재를 제공하기 위한 재원으로서 조세가 필요하다고 설명할 수 있다. 이점에 대해서 일본국 헌법 제30조는 「국민은 법률이 정하는 바에 따라서 납세의 의무를 진다」라고 정하고 있다. 이 규정에는 왜 납세의 의무가 있는 것인지가 쓰여 있지는 않다. 그러나 이상과 같이 생각해 보면, 공공재를 제공하기 위해서는 대가 없이 강제적인 형태로 자금을 조달할 필요가 있기 때문이라고 설명할 수 있을 것이다.

조세의 특징에 관한 위와 같은 설명은 공공재의 성질과의 관계에서 조세개념의 핵심을 파악한 것이다. 일본의 소득세와 법인세가 이것에 해당한다는 것을 이해할 수 있다면 우선은 충분할 것이다.

Column 1-2 금전납부일 것

> 역사적으로는 '노무의 제공'과 '특정산품의 납부(쌀의 연공 등)'를 강제하는 단계로부터 현재와 같이 '금전납부'에 의한 단계로 이행하였다. 일본에서는 메이지 초기의 지조개정{地租改正}(→ Chapter 3)이 이러한 전환을 이룩하였다. 통화제도의 안정이 그 배경에 있다. 이를 반영하여 조세를 학문상 정의함에 있어서는 '금전납부일 것'이 요소가 되어 있다.

(3) 재분배 기능과 경제안정화 기능

조세는 공공재의 제공을 위한 재원을 조달한다는 주요한 기능과 더불어, 재분배 기능과 경제안정화 기능을 수행한다.

재분배란 시장에 의한 부의 분배를 기준으로 했을 때, 그 분배상황에 대하여 국가가 개입해 부유한 사람으로부터 가난한 사람에게 부를 이전하는 것이다. 예를 들어 상속세는 세수상으로는 반드시 큰 존재는 아니지만, 부의 공정한 분배상 중요한 기능을 수행한다.

경제안정화는 경제활동의 극단적인 변동을 피하는 기능이다. 예를 들어 불황기에는 기업 감세를 행하여, 기업의 수중에 자금을 늘리고 투자를 활성화하는 조치가 시도된다.

1-2-3 조세근거론과의 관계

이상으로 공공재의 성질로부터 조세의 필요성을 논증하였다. 이러한 기능적인 설명이 이루어지게 된 것은 꽤 최근의 일이다. 그 이전에 근대 시민혁명기 이후의 유럽에서는 조세의 정당화 근거를 둘러싸고 이익설과 의무설의 흐름이 존재해왔다.

(1) 이익설

이익설이란 17세기부터 18세기의 정치사상가에 의해 넓게 수용되었고 19세기 말부터 다시 떠오른 사고방식으로, 조세의 근거를 정부로부터 받는 이익에서 찾는다. 그 기초에는 사회계약설이 있다. 정부의 목적은 시민의 신체와 재산을 보호하는 것에 있다. 그것을 위해 사회계약에 따라 정부를 만들고 거기에서 일반적인 형태로 이익을 얻게 된다. 그 대가가 조세라는 것이다.

이익설은 나아가서 조세부담의 분배 원리로서 '각자가 국가로부터 받는 이익'에 따라 조세부담을 분배해야 한다고 한다(응익부담). 그러나 이러한 이익의 크기를 각 사람마다 계측하는 것은 불가능하다. J. S. 밀은 '재산을 보호받는다고 하는 이익에 대한 대가로서, 재산에 따른 조세부담이 바람직하다'는 설을 통렬히 비판하고, 10배의 재산을 가지고 있기 때문에 10배의 이익을 받는다고는 말할 수 없으며, 오히려 가장 약한 입장에 있는 사람이야말로 국가로부터 이익을 받는 것이기 때문에 이익설의 사고방식을 밀어붙이면 극단적인 역진과세가 되어버린다고 논한다.

(2) 의무설

의무설은 국가는 당연히 과세권을 가지는 것이며 납세는 국민의 당연한 의무라고 한다. 이 사고방식은 19세기 후반 독일에서 전개된 국가관과 강하게 연결되어 있다. 의무설의 요점은 '공공재의 공급에 관한 결정으로부터 조세를 분리한다'는 점에 있다. 그리고 조세부담의 분배 기준으로서는 능력에 따라 과세한다는 구성을 취한다(능력설·응능부담).

의무설은 조세가 강제적인 것이라는 점을 적확하게 파악하고 있다. 또한 거기에서 도출되는 담세력의 사고방식은 복지국가의 이념에 합치되며 20세기에는 실정 헌법에 수용되는 예도 있었다. 예를 들어 1947년 이탈리아공화국 헌법 제53조는 「누구든지 담세능력에 따라 공공의 비용을 분담해야 한다」라고 정하였다.

그러나 의무설과 연결되어 있는 국가관은 너무나 권위주의적이다. 일본국 헌법 제30조는 「납세의 의무를 진다」라고 정하지만 위와 같은 의미에서의 국가관을 취한다고 보는 것은 헌법 전문의 만듦새와 맞지 않는다. 이 규정은 「법률이 정하는 바에 따라」라는 부분에 역점을 두고 읽음으로써 민주적 조세사상의 발로인 것으로 이해해야 한다. 사람을 위해 정부가 있는 것이지 정부를 위해 사람이 있는 것은 아니다. 우리들 개인의 삶이 좋아지도록 정부를 만들고 공공재를 제공하게 한다. 그리고 공공재를 제공하기 위해서 필요한 자금을 조세라는 형태로 징수한다. 더 나아가 그것을 국민의 대표가 만드는 법률의 규정에 따라 결정한다는 것이다. 이 점에 대해 최고재판소도 「무릇 민주주의 국가에 있어서는 국가의 유지 및 활동에 필요한 경비는 주권자인 국민이 공동의 비용으로서 대표자를 통해 정하는 바에 따라 스스로 부담해야 하는 것」이라고 서술하고 있다[最大判8) 昭和60(1985). 3. 27. 民集 39권 2호 247면(오오시마{大嶋} 소송)]

이토 히로부미의 『헌법의해{憲法義解}』는 메이지{明治} 헌법 제21조의 납세의 의무에 관한 규정의 주석으로 「납세는 일국 공동생존의 필요에 향응하는 자로서,9) 병역과 마찬가지로, 신민의 국가에 대한 의무 중 하나」라고 서술하였다. 더 나아가 정부는 인민의 계약에 근거하여 기초가 지어진다고 하는 「민약{民約}의 설」을 배척하고, 프랑스 학자가 언급한 조세이익설은 「실로 큰 잘못」10)이라고 하며 격렬히 비판하였다.

(3) 조세부담의 배분 기준

조세의 정당화 근거를 묻는 것은 계속해서 중요한 과제에 해당한다. 하지만 공공재를 제공하는 주체로서 국가의 존재를 승인하는 이상, 조세부담을 어떠한 기준으로 사람들 사이에 배분할지의 문제가 상대적으로 더 중요하다. 그것은 복수의 세목을 어떻게 조합해야 할지의 택스 믹스(tax mix)의 문제이기도 하고, 개별 세목의 설계, 예를 들어 '소득세에 대하여 소득개념을 어떻게 구성해야 하는가', '세율 구조를 어떻게 설정해야 하는가'와 같은 문제이기도 하다. 그리고 다음 장에서 배우겠지만, '조세를 법률상 납부하는

---

8) 이 책에서 사용된 '最大判'이라는 약어는 우리나라의 대법원 전원합의체 판결에 해당하는 最高裁判所 大法廷 判決(최고재판소 대법정 판결)을 의미한다. '最判'은 우리나라의 대법원 개별재판부에 해당하는 小法廷(소법정)의 판결을 의미한다.

9) 이 부분 원서의 서술은 "一国共同生存の必要に供応する者にして"이다. 본문에는 직역을 해 놓았으나, '한 나라 안에서 함께 생존해 나갈 필요성을 같이 하는 사람으로서'가 적절한 의역에 해당한다고 보인다.

10) 원서의 서술은 "実に千里の謬たることを免れず"로, '올바른 생각과는 천리(千里)의 거리가 떨어져 있을 정도로 잘못된 것'이라는 의미를 가진 관용구이다. 이를 본문과 같이 '실로 큰 잘못'으로 의역하였다.

주체와 실제로 그것을 부담하는 주체가 어긋날 가능성이 있다는 점'에 바람직한 세제의 형태를 생각하는 데 있어서의 흥미로운 과제가 존재한다.

1-3 조세법률주의

이상으로 일본의 조세의 현황과 조세의 필요성에 대해 대략적인 요점을 확인하였다. 그렇다면 어째서 조세에 대해서 법으로 규율하는 것이 필요한 것일까. 이 물음은 조세 「법」이라는 분야가 성립할 수 있기 위한 정치적 전제조건과 관련된다.

1-3-1 연혁

조세는 법률에 근거하는 것이어야 한다는 원칙을 조세법률주의라고 한다. 조세법률주의는 법치주의의 발로이다. 근대 이전의 국가에서는 종종 군주가 사람들의 자유와 재산에 자의적으로 간섭했다. 그래서 그것을 방지하고 사람들의 자유와 재산을 보호하기 위하여 공권력의 행사는 법률의 근거에 기초해야 한다고 주장되었다. 이 주장은 처음에 정치원리로서 주장되었고 이후에 헌법원리로서 정착되었다.

조세법률주의가 최초로 확립된 것은 영국이다. 1215년의 마그나 카르타는 군주가 각종 부담을 부과하는 데에 봉건귀족의 동의가 필요하다고 정하였다. 그 후 영국에서는 의회제도가 발달한다. 그 반면 군주의 권력은 서서히 제한된다. 그러던 중에 조세를 부과하기 위해서는 의회가 동의해야 한다는 원칙이 만들어진다. 그리고 의회의 구성원도 귀족계급뿐 아니라 시민계급으로 확장되어 간다. 이렇게 하여 조세를 부과하기 위해서는 의회의 승인, 즉 법률이 필요하게 되었다. 이렇게 조세법률주의는 역사적으로 보면 군주에 의한 자의적 과세로부터 사인을 보호하기 위한 목적으로 전개되어 왔다.

조세법률주의는 그 후 다른 나라에서도 헌법원리로서 승인되었다. 일본에서도 메이지 헌법 제62조가 「새롭게 조세를 부과 및 세율을 변경할 때에는 법률로써 정해야 한다」라고 규정하였다. 또한 일본국 헌법 제84조는 「새롭게 조세를 부과하거나, 또는 현행의 조세를 변경함에 있어서는, 법률 또는 법률이 정하는 조건을 따를 필요가 있다」라고 정하고 있다.

1-3-2 민주주의적 측면과 자유주의적 측면

헌법 제84조는 「법률……을 따를 필요가 있다」라고 한다. 이는 군주와 내각이 아니라 의회가 결정한다는 것이다. 의회의 구성원은 국민의 대표이므로, 이를 조세법률주의의 민주주의적 측면이라고 할 수 있다. 이에 대하여 조세법률주의의 또 하나의 중요한 측면으로서 자유주의적 측면이 있다. 이것은 사인의 자유와 재산에 대하여 국가가 부당하게 개입하지 않도록 방호벽을 설치한다는 의미이다.

민주주의적 측면과 자유주의적 측면은 상호 관련되어 있지만 구별할 수 있다. 이를 이해하기 위하여 사고실험{思考實驗}으로서 다음의 소득세법 개정안을 생각해 보자. 이 가상의 법률안에서는 「제1조 소득세에 대해서는 전부 소득세법 시행령으로 정하는 바에 의한다」라고만 정한다. 소득세법 시행령이란 내각이 정하는 정령{政令}[11]을 말한다. 그리고 현행 소득세법에 적힌 것을 전부 그대로 소득세법 시행령에 똑같이 기입했다고 가정한다.

이러한 법률안이 등장하는 것은 현재의 일본에서 전혀 현실적이지 않지만, 가령 이러한 법률이 만들어졌다고 한다면 그것은 명백히 헌법 제84조에 위반될 것이다.

▶ 민주주의적 측면에서 보면 국회가 결정해야 할 사항을 내각에 백지위임하고 있다. 이래서는 민주정의 기본 구조에 합치되지 않고 삼권분립의 균형을 잃는다. 헌법 제84조의 취지에 저촉되기 이를 데 없다. 이에 대하여 제84조의 문언은 「법률 또는 법률이 정하는 조건」에 따를 것을 요구하고 있으니, 「법률로 정하는 조건」 즉 정령으로 정해 두면 된다는 사람이 있을지도 모른다. 그러나 국회가 정한다고 하는 애초의 취지로부터 보아, 법률이 정령에 위임하는 데 있어서는 「법률 자체에서 위임의 목적, 내용, 정도 등이 명확히 밝혀져 있을 것」이 필요하다[大阪高判 昭和43(1968). 6. 28. 行集 19권 6호 1130면(오사카메이반{大阪銘板} 사건)]. 위의 법률안은 이 기준을 도저히 만족시키지 못한다.

▶ 자유주의적 측면에 대해서는 어떠한가. 동일한 내용이라는 것을 사전에 명확히 알고 있는 한 사인에게 있어서는 소득세법에 적혀 있든 소득세법 시행령에 적혀 있든 예측가능성이라는 점에서 동등한 것은 아닌가. 그렇게 말하는 사람이 있을지도 모른다. 이러한 견해가 나올 수 있다는 것을 보더라도, 자유주의적 측면에 관한 문제

---

11) 일본국 헌법 제73조는 내각이 수행하는 일반행정사무 이외에 내각이 행할 수 있는 7가지 사무를 각호로 정하고 있고, 그 제6호에서 헌법 및 법률의 규정을 실시하기 위한 정령(政令) 제정권을 내각에 부여하고 있다. 즉 정령은 내각에 제정권이 있다는 점에서 각성대신(각부장관)이 제정하는 성령(省令)과 구분되며, 우리나라의 대통령령에 대응한다고 할 수 있다.

의 표출방식이 민주주의적 측면에 관한 그것과 조금 다른 것을 이해할 수 있을 것이다. 말할 것도 없이 정령의 경우에는 법률에 비해 룰12)의 변경이 용이하다. 따라서 당시의 정권이 자의적으로 소득세법 시행령을 바꿔버리면 기습적으로13) 예측 가능성을 해칠 가능성이 높아진다. 그것까지 포함하여 생각하면 위의 법률안은 자유주의적 측면에서 보아도 문제가 크다고 해야 할 것이다.

1-3-3 법률로 정해 둔다는 것의 의미

오늘날 조세는 경제활동의 다양한 국면과 관계를 맺고 있다. 합리적인 경제인이라면 그 의사결정에 조세의 문제를 포함시킨다. 그러한 의미에서는 '어떠한 행위와 사실로부터 어떠한 납세의무가 생기는지'를 미리 법률 속에서 명확히 해 두는 것이 법적 안정성과 예측 가능성의 보장으로 이어진다. 그것을 충족함으로써 납세의무가 성립하는 요건을 과세요건이라고 하는데, 과세요건을 법률로 명확히 해 두는 것이 바람직한 것이다.

최고재판소도 헌법 제84조의 해석으로서 「과세요건 및 조세의 부과징수의 절차는 법률로 명확히 해 둘 필요가 있다」라고 서술하고 있다[앞서 언급한 最大判 昭和60(1985). 3. 27. 民集39권 2호 247면(오오시마{大嶋} 소송)]. 또한 헌법 제84조가 과세요건을 법률로 명확히 정해야 한다고 규정한 취지에 대하여 「이에 따라서 과세관계에 있어서의 법적 안정이 유지되어야 한다는 취지를 포함한다」라고 서술한 다음, '역년{曆年} 도중에 조세법률을 변경하는 것과, 새로운 룰을 역년 당초부터 적용하는 것이 위헌인지 아닌지'를 심사하고 있다[最判 平成23(2011). 9. 22. 民集 65권 6호 2756면(토지양도손실손익통산부정 사건)].14)

---

12) 원서의 여러 곳에서 '룰(rule)'이라는 단어가 사용되는데, '규정'으로 의역할 수도 있지만, 본문 Column 5-4 '룰과 스탠다드'에서, 원저자가 전체 '규정' 중에 '룰'에 해당하는 것과 '스탠다드'에 해당하는 것을 구분하고 있으므로, 원서의 취지를 살려 번역서에서도 원칙적으로 '룰'로 직역하기로 한다.

13) 원서에는 "不意打ちにより"(불시의 타격에 의해)로 서술되어 있다.

14) 본문 판결의 이해를 돕기 위하여 주요 부분을 인용해보면 다음과 같다(아래 '사실관계' 부분은 해당 판결문의 사실관계 부분에서 그대로 인용한 것으로 "" 따옴표 등의 인용부호는 생략함).
  사실관계: 본건은, 平成16(2004)년 법률 제14호(이하 '개정법')에 의한 조세특별조치법(이하 '조치법') 제31조의 개정에 의하여, 동조 제1항 소정의 장기양도소득의 금액의 계산상 발생한 손실금액을 다른 각종소득의 금액에서 공제하는 손익통산을 인정하지 않는 것으로 되었는데, 상기 개정 후의 같은 조 규정은 平成16(2004)년 1월 1일 이후에 이루어지는 토지 등 또는 건물 등의 양도에 대해서도 적용되는 것으로 부칙에 규정되었다(개정법 부칙 제27조 제1항). 이에 대하여, 같은 달 30일에 자신이 소유하는 토지의 매매계약을 체결하는 등으로 같은 연도분의 장기양도소득의 금액의 계산상 손실이 발생한 원고(상고인)가, 개정법이 그 시행일인 같은 해 4월 1일보다 이전에 이루어진 토지 등 또는 건물 등의 양도에 대해서도 상기 손익통산을 인정하지 않는 것은 납세자에게 불리한 소급입법으로서 헌법 제84조에

Column 1-4 도요타의 납세

　2017년 3월 말로서 종료된 1개 사업연도에 있어서, 도요타자동차 주식회사의 연결손익계산서상 '세금 등 조정 전 당기순이익'이 2조 1,938억 엔이었고, '법인세 등'이 6,289억 엔이었다. 3할 가까이가 조세납부에 충당되고 있다. 이 숫자로부터 기업경영에서 조세가 차지하는 비중의 크기를 실감할 수 있을 것이다.

☑ 이 장에서 배운 것

▸ 공공재를 제공하기 위해서는 조세가 필요하다.
▸ 조세의 주요한 기능은 재원조달, 재분배, 경제안정화이다.
▸ 조세의 근거에 대하여 이익설과 의무설의 흐름이 있다.
▸ 조세법률주의에는 민주주의적 측면과 자유주의적 측면이 있다.

위반된다는 등의 주장을 하며, 관할 세무서장이 원고에게 발생한 상기 손실에 대해서 상기 손익통산을 인정하지 않고 원고의 같은 연도분의 소득세에 관련된 경정청구에 대하여 경정해야 할 이유가 없다는 취지의 통지처분을 한 것은 위법하다는 이유로, 그 취소를 구하는 사안이다.

본문 최고재판소 판결의 판시: "본건 손익통산 폐지에 관련된 개정 후 조치법의 규정을 역년 당초부터 적용하는 것이 구체적인 공익상의 요청에 기초하는 것인 한편, 이에 따라서 변경의 대상이 되는 것은 상기와 같은 성격 등을 가지는 지위를 가지는 것에 그치는바, 본건 개정부칙(개정법 부칙 제27조 제1항 중 손익통산의 폐지에 관련된 부분)은, 平成16(2004)년 4월 1일에 시행된 개정법에 의한 본건 손익통산 폐지에 관련된 개정 후 조치법의 규정을 같은 해 1월 1일부터 3월 31일까지 사이에 이루어진 장기양도에 대하여 적용하는 것으로, 역년의 초일부터 개정법의 시행일 전날까지의 기간을 그 적용대상에 포함시키는 것에 의하여 역년 전체를 통한 공평이 도모되는 면이 있고, 또한 그 기간도 역년 당초부터 3개월에 한정되어 있다. 납세자로서는 이에 따라서 손익통산에 의한 조세부담의 경감에 관련된 기대에 입각한 결과를 얻지 못하게 되지만, 그 이상으로 일단 성립한 납세의무가 가중되는 불이익을 입는 것은 아니다.", "이러한 여러 사정을 종합적으로 감안하면, 본건 개정부칙이, 본건 손익통산 폐지에 관련된 개정 후 조치법의 규정을 平成16(2004)년 1월 1일 이후에 이루어진 장기양도에 적용하는 것으로 한 것은, 상기와 같은 납세자의 조세법규상의 지위에 대한 합리적인 제약으로서 용인되는 것으로 해석하는 것이 상당하다. 따라서 본건 개정부칙이 헌법 제84조의 취지에 반한다고 할 수는 없다."

　본문 최고재판소 판결은 이와 같이 판시하고, 원고의 상고를 기각하였다. 참고로 위 '개정법'은 2004. 3. 31. 호외 법률 제14호로 개정된 조세특별조치법으로, 그 부칙 제1조 본문에 따라서 원칙적인 시행일이 2004. 4. 1.이었으나, 부칙 제27조(개인 양도소득의 과세특례에 관한 경과조치) 제1항은 2004. 1. 1. 이후에 이루어진 토지 등 또는 건물 등의 양도에 대해서 개정 후 조세특별조치법 제31조가 적용되도록 하고 있었다.

찾아보자

▸ 조세법은 어떠한 연구분야로서 성립한 것일까?
  → 金子宏「市民と租税」『岩波講座現代法(8)』(岩波書店, 1966년) 313면[同『租税法理論 の形成と解明(上)』〔有斐閣, 2010년〕 3면에 수록]
▸ 조세법을 알아두면 좋은 점이 있는가?
  → 法教 425호(2016년)의 특집「租税法の世界」에서 谷口勢津夫 · 佐藤英明 · 渡辺徹也 · 渋谷雅弘 · 増井良啓 논문

Chapter 2

조세법에서의 공평

📖 이 장의 테마

> ▶ 조세공평주의 ▶ 수평적 공평 ▶ 수직적 공평

2-1 조세공평주의

조세부담을 사람들 사이에 공평하게 분배해야 한다는 원칙을 조세공평주의라고 한다. 조세공평주의란 과세에 있어서의 평등원칙의 발현이며 헌법 제14조가 명하는 바이다.

그렇다면 세제를 설계하는 입법자에게 헌법 제14조는 어디까지를 명하고 있는가. 이 점을 검토하기 위해서는 1970년대 이후의 조세론의 진전을 감안하는 것이 유익할 것이다. 시장과 법에 관한 이해가 깊어지고 사물을 보는 관점과 분석방법이 진화하였으며, 그 결과 과세의 공평성에 관한 논의방법이 쇄신되었기 때문이다.

여기에서 말하는 공평이란 영어에서의 equity(형평)[1]이다. 보다 일상적으로는 공정하다(fair)는 것과 거의 같은 의미로 사용되기도 한다. 이하에서는 공평이라는 용어가 다의적인 것에 주의하며 다음 두 가지의 개념을 풀이할 것이다.

▶ 수평적 공평(horizontal equity) 동등한 상황에 있는 사람을 동등하게 취급하는 것을 의미한다.

▶ 수직적 공평(vertical equity) 서로 다른 상황에 있는 사람에 대해 적절히 차이가 있

---

1) 일본어로는 '공평(公平)'과 '형평(衡平)'의 발음(こうへい)이 동일하다.

는 패턴을 만드는 것, 쉽게 말하면 부유한 사람에게 더 무겁게 과세하는 것을 가리 킨다.

1988년 있었던 발본세제개혁[2])의 기본이념으로서, 세제개혁법 제3조는 '조세부담에 있어서의 공평의 확보', '세제의 경제에 대한 중립성의 유지', '세제의 간소화'를 들었다. 2009년의 정권교체 후 민주당 정권하에서의 세제조사회도 「공평·투명·납득」의 3원칙을 들어 공평성을 필두로 내걸었다. 2012년 말의 정권교체 후, 자민당과 공명당의 연립정권하에서도 「공평·중립·간소」의 3원칙을 명시하고 세제조사회에 대한 자문을 해 오고 있다.

2-2 수평적 공평

2-2-1 사후적 개념으로서의 수평적 공평

먼저 수평적 공평의 내용을 이미지화하기 위해 다음의 예를 상정하자. 철수는 야채가게를 경영하는 사업소득자이고 영희[3])는 회사에 다니는 급여소득자이다. 지금 X국{國}의 소득세제가 사업소득에만 과세하고 급여소득을 비과세로 하고 있다고 가정해 보자. 이때 두 사람이 같은 금액의 소득을 벌고 있다(=「동등한 상황에 있다」)고 하더라도, 철수는 영희보다도 무겁게 과세되어(=「동등하게 취급」하지 않고 있다) 수평적 공평이 유지되지 않는다.

수평적 공평은 사후(ex post)의 개념이다. X국에서 직업선택의 자유가 보장되어 있다고 한다면 철수와 영희는 각각 원하는 일을 선택할 수 있었을 것이다. 각자의 직업선택을 고정된 여건으로 간주함으로써 비로소 수평적 공평에 반한다는 결론에 도달한다. 사업소득자로서의 인생을 선택한 철수와 급여소득자로서의 인생을 선택한 영희를 '사후의 관점'에서 비교하고 있는 것이다.

---

2) '발본(拔本)'이라는 단어는 우리말에서 자주 쓰이는 단어는 아니나, 사전적 의미로는 일본어와 동일하다고 보이므로 원서의 표현을 그대로 사용하였다. 이하에서도 동일하다.
3) 원서의 서술은 "太郎"와 "花子"이나, '철수'와 '영희'로 적절히 의역하였다. 이하에서도 원서의 예시에서 '太郎'와 '花子'라는 이름이 사용된 경우 이를 '철수'와 '영희'로 의역한다.

이에 비해 앞으로 선택을 행한다는 사전(ex ante)의 시점에서 보면 X국의 이 세제는 중립성(neutrality)에 반한다고 할 수 있다. 수평적 공평과 중립성은 유사한 개념이지만 시점을 달리 한다. 수평적 공평이 '사람이 선택을 행한 후의 결과'를 비교하는 것이라면, 중립성은 '선택을 행할 때의 의사결정'에 주목한다.

만약 자기책임의 관점을 철저히 강조한다면, 이 예에서 수평적 공평과 같은 것은 애초에 문제가 되지 않는다는 사고방식도 논리적으로는 성립할 수 있다. 철수와 영희는 야채가게를 운영할지 회사에 다닐지를 자유롭게 선택할 수 있었다. 그렇다고 한다면 선택의 결과로서 불이익을 입더라도 부당하다고는 말할 수 없다는 사고방식이다.

그러나 이 생각에는 난점이 있다. 첫 번째로, 자유로운 선택이 가능했다고 하기 위해서는 선택에 있어서 구속이 존재하지 않는다는 전제가 필요하다. 하지만 현실 세계에서 사람은 각종 굴레 속에서 살기도 하고, 관계 속에서 책임을 지게 되는 경우도 있다. 사람은 과거와의 유대 속에서 살고 있는 것이며, 어떠한 구속도 없는 완전하게 새로운 선택이란 것은 현실에서는 있을 수 없다. 두 번째로, 사람은 가능한 선택지에 대해서 충분한 정보를 가지고 있지 않은 경우가 있다. 선택지의 존재가 인식되지 않는다면 선택할 수도 없다. 이렇게 수평적 공평이 전혀 문제가 되지 않는다는 생각은 가상의 자유 선택을 근거로 하고 있는 것이며 설득력이 부족하다.

2-2-2 「시장의 보이지 않는 손」에 의한 조정

(1) 시장에서의 경쟁

수평적 공평이 문제가 되는 국면은, 일정한 조건하에서 자원분배의 효율성의 문제로 바뀌어버린다. 과세가 사람들의 행동에 변화를 유발하면 그 결과로서 수평적 불공평이 소실될 수도 있기 때문이다.

이것을 이해함에 있어서 염두에 두었으면 하는 것은 '시장에서는 경쟁이 작용한다'는 사실이다. 예를 들어 평년보다 따뜻한 겨울이라 야채의 출하가 늘어나면 야채의 가격이 떨어진다. 이는 판매자 사이에 경쟁이 붙어 더 낮은 가격으로 팔려고 하기 때문이다. 경쟁적인 시장에서의 수요와 공급의 관계로부터 재화와 서비스의 가격이 변화한다는 점이 문제의 핵심이다.

(2) 구체적인 예를 이용한 풀이

여기에 '리스크'와 '리턴'[4]이 완전히 동일한 투자 프로젝트가 두 개 있는데, 그중 A는 과세되고 B는 비과세된다고 하자. 철수는 프로젝트 A에 투자하고 영희는 프로젝트 B에 투자한다. 시장에 대한 진입장벽이 없고, 정보가 골고루 퍼져있으며, 거래비용이 들지 않는 상황이라고 한다. 인플레이션이 없다는 조건하에서 과세 전의 수익률이 A와 B 모두 10%이다.

여기에서 세율 50%의 조세를 도입한다면 당초의 상황은 다음과 같아진다. A에서의 수익은 완전히 과세되기 때문에 세금 공제 이후의 수익률은 5%이다. B는 비과세이기 때문에 세금 공제 이후의 수익률은 그대로 10%이다(도표 2-1).

도표 2-1 ▌ 당초의 수익률

	프로젝트 A	프로젝트 B
세금 공제 전	10%	10%
세금 공제 후	5%	10%

이 숫자를 본 투자자는 어떻게 반응할 것인가. 합리적인 투자자라면 A가 아닌 B에 투자할 것이다. 그 결과 B에 대한 투자가 과잉이 된다. 투자가 늘어 경쟁이 격화되면 투자자는 더 작은 리턴으로 만족해야만 하는 상황이 된다. 즉 B의 세전 수익률이 떨어진다. 이 메커니즘은 방금 서술한 수요와 공급의 밸런스에 따른다. 프로젝트 B를 둘러싼 경쟁적 시장에서는 투자가 과잉이 되어 세전 수익률이 내려가는 것이다. 한편, A에 대한 투자는 줄어들어 A의 세전 수익률이 상승한다. 수익률이 높아지지 않으면 A에는 투자하지 않기 때문이다.

이런 식으로 「시장의 보이지 않는 손」에 의한 조정이 작동하여 세금 공제 이전의 수익률이 변화해간다. 이 운동은 A와 B의 세전 수익률이 동등해지는 데까지 계속된다. 어디에서 균형이 이루어지는지는 조건에 따라 다르겠지만, 여기에서는 세금 공제 후의 수익률이 A와 B 모두 8%인 지점에 균형이 위치한다고 하자. 이때 세후 8%의 수익률을 가져오기 위해서는, 프로젝트 A가 세전에 16%의 수익률을 보이고 있었어야 한다. 프로젝트 B는 비과세이기 때문에 세금 공제 전의 수익률은 세금 공제 후의 수익률과 똑같이 8%이다(도표 2-2).

---

4) '리턴(return)'은 그 단어의 의미와 문맥상 '반대급부'로 번역할 수도 있으나, 본문의 다른 부분에서는 '반대급부'라는 번역이 적절하지 않은 부분도 등장하므로, 원서의 표현을 살려 '리턴'이라는 용어를 그대로 사용하기로 한다. 이하 동일하다.

도표 2-2 ▌ 조정 후의 수익률

	프로젝트 A	프로젝트 B
세금 공제 전	16%	8%
세금 공제 후	8%	8%

이 예에서는 투자 프로젝트 A와 B 사이의 선택에 대하여 과세의 중립성이 결여되어 있다. 그 결과 자원배분에 왜곡이 발생한다. 당초의 상태에서는 A와 B 모두 세전의 성적으로 10%의 수익률을 보이고 있었다. 따라서 투자자는 A와 B 사이의 선택에 대해 무차별로 투자하면 되었다. 그러나 비중립적인 과세의 결과, 세금 공제 후의 수익률에 격차가 생기고 사람들의 투자행동이 변화하였다. 그 결과 도표 2-2의 상태에서, 프로젝트 A는 세전에 16%의 수익률이 없으면 프로젝트 B에게 지게 된다. 프로젝트 B는 8%의 수익률밖에 없음에도 불구하고 프로젝트 A와 호각으로 경쟁할 수 있다. 이는 수익성이 낮은 프로젝트를 우대하는 것과 다르지 않다.

주목해야 할 것은 도표 2-2의 상태에서 수평적 공평이 이루어지고 있다는 점이다. 균형 후의 상태에서 철수가 A에 투자했고 영희가 B에 투자했다고 하자. 이 경우 두 사람의 세후 수익률은 동등하다. 철수와 영희는 그런 의미에서「동등하게」취급되고 있고 수평적 공평이 유지되고 있다. 이렇게 과세에 의해 사람들의 행동이 변화한다면, 시장에서의 조정과정이 종료된 후에 선택을 행한 개인에 대하여 수평적 불공평은 존재하지 않는다. 즉 철수와 영희는「동등한 상황」에 있으며 세후의 수익률을 보면「동등하게」취급받고 있는 것이다.

이것을 일반화하면 다음과 같다. 즉 과세에 의해 사람들의 행동이 변화하고, 시장의「보이지 않는 손」이 세후의 수익률을 균등화한다. 따라서 수평적 공평의 문제가 없어진다. 남는 것은 시장에서의 자원배분의 효율성의 문제뿐이다.

(3) 조세재정{租稅裁定}과 내재적 조세

도표 2-2의 프로젝트 B에 해당하는 전형적인 예가 미국에서의 '비과세 지방채'이다. 주 정부가 지방채를 발행하고 투자자가 그것을 산다. 미국의 연방소득세와의 관계에서 투자자는 지방채의 이자를 수취해도 비과세이다. 그래서 비과세 지방채에 대한 투자가 과잉이 된다. 즉 과세채 A에서 비과세채 B로 갈아타는 재정거래{裁定去來, arbitrage}가 일어난다. 이것을 조세재정(tax arbitrage)이라고 한다.

조세재정거래의 결과, 지방채의 세전 이자율은 같은 조건의 다른 과세채{課稅債}보다도 실제로는 낮게 되어 있다. 이 이자율의 저하는 내재적 조세[5](implicit tax)라고 불린다. 명시적인 과세규정상 지방채의 이자는 어디까지나 비과세로 취급되고 있다. 그러나 시장조정이 작동함으로써 세전의 이자율이 10%에서 8%로 감소한다. 투자자는 2%의 분담을 하고 있고 이것이 내재적 조세이다. 이 2%분이 누구의 이득이 되는가 하면 지방채를 발행한 주 정부이다. 2%분만큼 이자지급액을 절약할 수 있기 때문이다. 요약하자면 '지방채의 이자를 비과세로 한 혜택이 투자자가 아닌 주 정부에 주어지고 있다'는 것이 된다.

Column 2-2 택스 클라이언텔

시장조정 후의 상태에서 끝까지 과세채 A에 투자하고 싶어 하는 주체가 존재한다. 바로 '비과세 단체'이다. 비과세 단체는 수익을 얻어도 과세되지 않기 때문에 세전 수익률 16%를 그대로 누릴 수 있기 때문이다. 이렇게 투자 프로젝트 A에는 '특정한 고객(tax clientele)'[6] 이 따른다.

2-2-3 추론 과정의 음미

조세재정이나 내재적 조세와 같은 지견이 왜 중요한가 하면, 수평적 공평의 기초적 개념을 되묻고 조세의 평가기준을 새롭게 하기 때문이다. A를 중과세하고 B를 경과세하는 세제하에서 사람들의 행동이 변화하지 않는다면 사후적으로 보아 수평적 공평을 충족하지 않는 것만을 문제시하면 되었다. 이는 사람들의 행동이 변화하지 않는다고 상정하고 있다는 점에서 정적인 견해라고 할 수 있을 것이다.

이에 비해 더 동적인 견해를 취하여, 과세 룰이 사람들의 행동에 영향을 미치고 세전 수익률에 변동을 가져오는 것까지를 시야에 넣게 되면 이야기는 꽤나 달라진다. 조세의 귀착(incidence)을 분석하고 경제활동에 미치는 효과를 본다. 그렇게 하여 과세가 자원 배분과 소득분배에 미치는 영향을 생각함으로써 비로소 특정한 과세 룰의 바람직함을 논할 수 있다. 수평적 공평이라는 평가기준을 넘어 이야기가 확장되는 것이다.

다만 그렇다고 해서 전통적인 수평적 공평이라는 개념이 나설 자리가 없어진다고 단

---

5) 원서의 표현은 "黙示の税"(묵시적 세금)이나, 본문과 같이 '내재적 조세'로 의역하였다.
6) 택스 클라이언텔(tax clientele)은 문맥상 '특정한 조세·세율 등을 이유로 투자 유인을 가지는 고객군'을 의미한다. 뒤의 22-2-4 참조.

정하는 것은 너무 경솔하다. 여기에서 다시 한 번 앞선 예를 관찰해 보자. 도표 2−1부터 도표 2−2에 이르기까지의 과정을 한 번 더 유심히 보면 이하와 같은 점들이 문제가 된다.

▶ 당초의 수익률에는 격차가 있었다. 수평적 공평이 이루어지는 것은 어디까지나 시장에 의한 조정이 완전히 종료한 후에 투자를 하는 경우였다. 조정에 이르기 전에 투자를 하면 A를 선택하는지 B를 선택하는지에 따라서 차이가 남는다. 차별적인 과세 룰이 새롭게 도입된 도표 2−1의 시점에서는 수평적 불공평이 초래되는 것이다.

▶ 시장조정이 완전히 이루어진다는 보장은 없다. 물론 사람들이 어느 정도의 정보를 가지고 있으며 거래비용이 적당히 저렴한 시장에서는 과세자산에서 비과세자산으로 갈아타는 것이 비교적 원활히 일어날 것이다. 그렇지만 현실세계에서는 그러한 조건이 왕왕 충족되지 않는다. 예를 들어 사람이 과세상의 이익만을 추구하여 직업을 바꾸는 것은 현실에서 거의 생각하기 어렵다. 가령 그러한 조건이 충족되었다고 하더라도 정보의 불균형과 거래비용이 잔존하는 한 시장조정 후에 세후 수익률의 격차가 계속 남는다. 그렇다고 한다면 도표 2−2와 같은 균형 상태에는 도달하지 못하고 수평적 공평이 달성되는 일은 없다.

이상의 두 가지로 보아 수평적 공평의 개념이 나설 자리가 없는 것은 아니다. 그것은 마치 양자역학과 특수상대성이론이 등장한 후의 뉴턴역학과 같이 '더 일반적인 이치의 근사'로서 유효하다. 우리들은 여전히 납세자가 법률상 얼마나 조세를 납부할지에 계속 관심을 가질 것이다. 실제의 납세절차를 고려해 보면, 그 국면에서 취급의 차이를 문제로 삼는 것에는 충분한 이유가 있다.

하지만 조세입법의 합리성을 검증하고 조세법의 바람직한 형태에 대해 논하기 위해서는 그것만으로는 부족하다. 'A를 중과세하고 B를 경과세하는 과세 룰의 존재가 사람들의 행동을 어떻게 변화시키는지' 그리고 '결국 누가 조세를 부담하게 되는지'를 의식하는 것이 중요하다. 「납세」하는 사람이 반드시 「부담」한다고는 할 수 없기 때문이다.

2-3 수직적 공평

2-3-1 담세력에 상응하는 과세

다음으로 조세법에서의 수직적 공평의 의의를 생각해 보자.

수직적 공평의 개념을 지탱하고 있는 것은 '사람들이 그 부담능력(담세력)에 상응하여 과세되어야 한다'는 사고방식이다. 이 사고방식은 1−2−3에서 소개한 의무설의 계보에 이어져 있는 것으로, 시민혁명기 이래 발전을 거듭하여 복지국가화의 진전과 함께 지지를 모아왔다. 법률가들 사이에서는 응능부담의 원칙이라고 부르는 경우가 많다. 담세력이라는 단어는 그 자체만으로는 「세금을 짊어질 힘」이라는 동어반복이다. 그래서 제도 설계에 있어서는 담세력의 표식으로서 보다 구체적으로 '소득·소비·자산'이라는 세 가지의 밸런스를 잘 조합해야 한다고 흔히 이야기된다.

수직적 공평을 중시하는 제도의 예로서 소득세의 누진세율이 있다. 누진세율하에서는 소득이 두 배가 되면 소득세액은 두 배를 초과하게 되어 고소득자는 저소득자보다도 비례적 레벨을 넘어 더 많은 소득세를 납부한다. 이는 소득의 크고 작음에 대하여 「다른 상황」에 있는 사람들 사이에 누진세율을 적용하여 납부세액에 「적절한 차이」를 만드는 것이기 때문에 수직적 공평의 요청에 부합한다.

무엇이 「적절한 차이」인가에 대해서는 사람에 따라 의견이 나뉜다. 자유주의자(libertarian)는 그러한 차이를 만드는 것에 반대하겠지만 평등주의자(egalitarian)는 더 강한 수준의 누진세를 요구할 것이다. 실제로 어느 정도 급진적인 누진세율을 설정하는지는 역사적으로도 변천해왔다. 일본의 소득세율은 明治20{1887}년 창설되었을 당시에 1%~3%밖에 되지 않았지만, 昭和15{1940}년 개정 시에는 10%~65%의 누진세율을 가지게 되었고, 제2차 세계대전 이후의 오랜 기간 동안 최고세율이 70% 이상이었다. 昭和62{1987}년 이후 서서히 누진도가 완화되었다.

Column 2-3 누진세율은 노동의욕을 꺾는가

누진세율의 존재를 사전에 알고 있다면 고소득자가 될 가능성이 있는 사람은 노동을 삼가고 여가를 늘릴지도 모른다(대체효과: substitution effect). 반대로 세후 실수령액을 늘리려고 더 일할지도 모른다(소득효과: income effect). 어느 쪽의 효과가 강한지는 실증의 문제이다.

2-3-2 독립적 조세원칙으로서의 수직적 공평에 대한 비판

수직적 공평(담세력에 상응하는 과세)을 독립적 조세원칙으로서 정립시키는 것에 대해 비판이 있다. 주의해야 할 것은 그 비판의 표적이 평등주의가 아니라는 것이다. 오히려 비판하는 사람의 다수는 소득과 부의 분배에 깊은 관심을 가지고 경제적 평등의 실현에 힘쓴 사람들이다. 그 사람들은 세제가 재분배 기능을 다하는 것에 반대하고 있는 게 아니라, 수직적 공평이라는 틀로 바람직한 세제의 형태를 평가한다는 논의의 틀 자체를 문제로 삼고 있다.

이러한 비판에는 몇 가지의 흐름이 존재한다. '공공정책의 규범적 평가 기준은 오로지 후생(welfare)에 의한 것이어야 한다'고 주장하는 사람들은 애초에 담세력이나 수직적 공평과 같은 평가기준을 사용하지 않는다. 이와 관련하여 여기에서는

정의론의 관점에서 비교적 최근에 전개된 비판을 살펴보도록 하자.

비판의 골자는 이하와 같다. 즉 '분배적 정의에 관한 논의는, 사람들에 대한 납부세액의 할당을 둘러싸고 이루어질 것이 아니라, 어디까지나 세금납부 후 재산권의 분배에 관해서 이루어져야 한다'는 것이다. 국가 없이는 시장 없고, 조세 없이는 국가 없다. 시장이 만들어낸 분배상태가 정의에 맞지 않는다면, 배분적 정의의 정확한 기준이 그 분배상태를 참조하는 일은 있을 수 없다. 또한 정부의 활동에서 받는 편익으로부터 분리하여, 세제만의 공정함을 논하는 것에도 의미가 없다는 것이다.

예를 들어 각각 1만 명으로 구성된 사회 C와 사회 D가 있다고 하자. 사회 C에서는 모든 토지를 300명만이 소유하고 나머지 사람들은 전부 소작인이다. 사회 D에서는 구성원 전원이 균등하게 토지를 소유하고 있다. 부의 분배에 대한 초기 조건이 이렇게 다르면 세제가 갖는 경제적 효과와 사회적 의미도 당연히 달라진다. 형식적으로는 같은 소득세의 누진세율을 도입했다고 하더라도, 사람들 사이에서의 세후 부와 소득의 분배상황은 두 가지의 사회에서 전혀 다르다. 사회 C에서의 경제 격차는 사회 D에서보다도 여전히 훨씬 클 것이다. 일본은 1946년에 전후 개혁의 일환으로서 농지해방을 경험했기 때문에 사회 C와 같은 상황을 상상하는 것이 어려울지도 모른다. 그러나 제2차 세계대전 이전의 일본은 그렇지 않았으며, 현재에도 지극히 소수의 가문이 구 종주국으로부터 플랜테이션 농업을 이어받은 나라에서의 빈부격차를 상상하면 된다. 요컨대 세제만으로는 어찌할 수 없는 거대한 경제적 불평등이 있을 수 있다는 것이다.

이 예에서 알 수 있듯이 부의 분배상황이 정의에 맞는지 아닌지를 평가하는 대상으로서 조세의 부담만을 파악하는 것은 근시안적이다. '세후로 보아 누가 얼마나 부를 보유하고 있는지', 더 나아가 '정부지출과 규제의 효과를 포함시켜 어떻게 되어 있는지'를 관찰해나갈 필요가 있다. 이렇게 정부와 시장의 움직임을 포괄적으로 파악함으로써 조세법을 분배적 정의(distributive justice)의 여러 구상에 접합시켜 나갈 수 있을 것이다.

Column 2-4 정의론과 조세법

> L・マーフィー＝ネーゲル(伊藤恭彦) 『税と正義』 (名古屋大学出版会, 2006年)[7]는 평등주의의 입장에서 본문에 소개된 비판을 전개하는 서적이다. 평등에 관한 요점을 파악하기 좋은 개관서로서 瀧川裕英ほか『法哲学』 (有斐閣, 2014年) 제4장. 또한 일본의 인구 감소 및 고령화와 더불어 세대 간 공평성의 문제가 중요성을 더해가고 있다.

2-3-3 분배상황에 영향을 미치는 것으로서의 세제

궁극적으로는 정부활동의 전체를 종합적으로 파악한 후에 세후 분배상황의 시비를 논하는 것이 가능하다면 일관되게 전체 사태를 조감하는 것이 가능할 것이다. 그러나 일거에 그 상태에 도달하는 것은 현실적으로 곤란하다. 그래서 관찰대상을 분절하여 세입면과 세출면을 별개로 생각하는 사고양식이 생겨난다. 수직적 공평이란 그렇게 분절된 국면에 있어서 세입면에서의 세제상의 조치에 대해서, 말하자면 한쪽 면에 관한 방향성을 보여주려는 개념이다.

참으로 그러한 개별적 관찰 그대로만으로는 근시안적이라는 비판을 면할 수 없다. 또한 개별적인 조각을 겹쳐쌓은 결과로 합성의 오류도 생길 수 있다. 하지만 한계를 갖는 툴이라는 것을 인식한다는 조건부라면, 수직적 공평과 담세력이라는 사고방식을 논의 속에서 완전히 배격할 필요는 없다. 구체적인 제도에 입각하여 내용을 채워 넣어 가는 것이야말로 조세정책(tax policy, 바람직한 세제의 기본적 형태에 관한 입법정책론)의 과제이다. 중요한 것은 조세법이 사유재산제도나 정부규제, 사회보장이나 사적지원과 맞물려 사람들 사이의 분배상황에 영향을 미치고 있다는 시점{視點}이다. 오케스트라의 연주자는 전체를 보면서 자기 파트를 맡기 마련이다.

이 견해는 헌법 제29조의 만듦새와도 걸맞는다. 동조는 제1항에서 「재산권은 이를 침해해서는 아니 된다」라고 하고, 제2항에서 「재산권의 내용은 공공의 복지에 적합하도록 법률로 이를 정한다」라고 하고 있다. 여기에서 말하는 「법률」에는 민법과 회사법뿐 아니라 소득세법과 법인세법도 물론 포함된다. 이로부터, 불가침의 핵심적 부분이 남는다고 하더라도,[8] 기본적으로 '재산권의 내용을 정하는 것은 다른 법률과 조세법률이 협동

---

7) 본문의 『税と正義』 서적은 『L. Murphy & T. Nagel, The Myth of Ownership: Taxes and Justice, Oxford University Press(2002)』를 일본어로 번역한 책이다.
8) 즉 재산권의 내용 중 '불가침의 핵심적 부분'은 헌법 자체에 유보되어 있는 것이라고 하더라도

관계하에 이를 행한다'고 읽어내는 것이 가능하다.

2-4 헌법 제14조의 자리매김

여기까지 논해 온 내용을 바탕으로, 세제를 설계하는 입법자에 대해서 헌법 제14조가 명하고 있는 것은 다음과 같은 사항이라고 풀이된다.

먼저 조세법에서의 수평적 공평이라는 개념에는 과세의 방법에 제한을 두는 것으로서의 의의를 인정할 수 있다. 헌법 제14조 제1항은 「모든 국민은 법 앞에 평등하며, 인종, 신조, 성별, 사회적 신분 또는 가문에 의하여 정치·경제적 또는 사회적 관계에 있어서 차별받지 아니 한다」라고 하고 있다. 따라서 인종과 종교, 성별과 같은 관련성이 없는 특징9)에 관련된 과세는 이 규정에 위반된다. 이것이야말로 다수결로 뒤집을 수 없는 사항이다. 다시 말하면 헌법이 「결정적인 카드」10)로서 보장하는 사항이다.

이것 이상의 사항에 대해서는 헌법 제14조가 광범위한 입법재량을 인정한다고 풀이해야 한다. 즉 담세력을 어떻게 파악할 것인지를 포함한 사항들을 민주적 정치과정에서 논의하도록 위임하는 것이다. 누가 얼마나 세를 납부하고 부담해야 하는가. 그 결과로서 생기는 부의 분배는 바람직한 것인가. 이러한 문제를 논의하여 다수결에 의해 결정하는 것이다. 바로 이 영역에 속하는 것이 조세정책론이다.

최고재판소는 조세입법이 헌법 제14조에 적합한가를 심사하는 기준으로서, 상당히 느슨한 기준을 취해왔다[最大判 昭和60(1985). 3. 27. 民集 39권 2호 247면(오오시마{大嶋} 소송)]. 이르기를,

「조세법의 정립에 대해서는 국가재정, 사회경제, 국민소득, 국민생활 등의 실태에 대한 정확한 자료를 기초로 하는 입법부의 정책적, 기술적 판단에 맡겨야 하고, 법원은 기본적으로 그 재량적 판단을 존중하지 않을 수 없다고 해야 한다. 그렇다고 하면 조세법 분야에서의 소득의 성질 차이 등을 이유로 하는 취급의 구별은 그 입법목적이 정당한 것이고, 또한 해당 입법에서 구체적으로 채용된 구별의 태양{態樣}이 위의 목적과의 관련에서 두드러지게 불합리한 것이 명백하지 않은 한 그 합리성을 부정할 수 없으며, 이것을 헌법 제14조 제1항의 규정에 위반하는 것이라고 할 수 없다.」

---

9) 즉 조세부담의 능력과는 관련성이 없는 특징

10) 원서의 서술은 "切り札"로, 카드놀이에서 다른 패를 모두 패배시킬 수 있는 강력한 패를 의미하고, 관용적으로 다른 존재를 압도할 수 있는 강력한 수단을 의미한다. 본문에서는 「다수결의 원칙'조차도 이겨낼 수 있는 절대적인 가치」를 의미한다.

여기에서 느슨한 심사기준을 채용하는 이유로서는 '입법부의 정책적, 기술적 판단을 존중하지 않을 수 없다'는 점을 들고 있다. 그러나 그 정도로 입법부는 사회경제의 실태를 정확히 속속들이 알고 있고, 현려{賢慮}로 가득 찬 존재인 것일까. 반대로 사법부에는 정말로 그러한 능력이 결여되어 있는 것일까. 오히려 재산권의 분배에 대해서는 결정적인 벤치마크가 없고, 헌법상의 「결정적인 카드」에 해당하는 권리로서 보장되고 있는 것은 아니기 때문에, 조세입법의 실체적 내용이 공평에 부합하는지를 입법부의 다수결로 정해도 되는 것이라고 해석해야 할 것이다. 이렇게 이유를 부여함으로써 최고재판소의 심사기준을 지지할 수 있다. 또한 이렇게 이유 부여를 하는 반면으로, 인종이나 종교, 성별이 문제가 되는 경우에는 더 엄격하게 입법의 합리성을 심사해야 할 것이다.

나아가 다수결원리로 결정해야 하는 바인, 바람직한 세제의 기본적 형태를 둘러싼 입법정책론으로서는 '사람들의 선택에 대해 세제가 중립적이어야 한다'는 논의를 출발점으로 하는 것이 좋다. 그것은 민주적 정치과정에 테두리를 치기 위함이다. 어떤 업계가 자신들을 위해 세제우대조치를 요구하고 또 다른 업계는 자신들에게 유리한 감세조치를 요구하는 등의 로비활동을 반복하는 것이 입법과정의 바자회이다. 내버려두면 무너진다. 여러 이해관계자 사이에서 펼쳐지는 항쟁에 대한 거의 유일한 조정원리가 중립성이라는 기치이다. 이러한 정치과정의 규율을 위해 중립성이라는 중간명제를 사용하는 것은 의미가 있다.

☑️ **이 장에서 배운 것**

▶ 조세재정{租稅裁定}에 의해 세전 수익률이 변화한다.
▶ 분배적 정의에 대한 판단은 '세후의 부의 분포'를 둘러싸고 이루어져야 한다.
▶ 최고재판소는 조세입법이 헌법 제14조에 적합한가를 심사함에 있어서 느슨한 기준을 취하고 있다.

🔍 **찾아보자**

▶ 1970년대 이후 수평적 공평에 관한 사고방식에 어떠한 변화가 생겼는가?
  → 増井良啓 「租税法における水平的公平の意義」 金子宏先生古稀祝賀 『公法学の法と政策 (上)』(有斐閣, 2000년) 171면
▶ 분배적 정의의 관점에서 보았을 때 수직적 공평의 기준과 관련해서 어떠한 시야의 확대가 필요한가?

→ 増井良啓 「租税の公平から分配の公平へ」 江頭憲治郎=碓井光明編 『国家と社会〔法の
再構築(1)〕』(東京大学出版会, 2007년) 63면
▶ 재분배를 위한 각종 방법 중에서 세제는 어떠한 위치를 차지하는가?
→ 増井良啓 「再分配の手法と税制」 租税法研究 44호(2016년) 1면

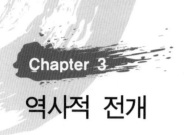

Chapter 3
역사적 전개

연표

明治6년　(1873년)　지조개정조례{地租改正条例}[1]

明治20년　(1887년)　소득세의 도입

明治22년　(1889년)　메이지 헌법의 제정

明治29년　(1896년)　영업세법의 제정

明治32년　(1899년)　법인소득에 대한 과세개시

明治38년　(1905년)　상속세법의 제정

昭和15년　(1940년)　소득세제의 대개정

昭和22년　(1947년)　신고납세제도의 도입

昭和24년　(1949년)　샤우프 권고

昭和25년　(1950년)　샤우프 세제

昭和28년　(1953년)　샤우프 세제의 수정개시{修正開始}

昭和34년　(1959년)　국세징수법의 전면개정

昭和37년　(1962년)　국세통칙법 제정

昭和40년　(1965년)　소득세법과 법인세법의 전문개정

---

1) 일본어에서는 '조례(條例)'의 한자로 '条例'를 사용한다.

昭和63년 (1988년)　발본세제개혁

3-1　지조개정

메이지유신 이후의 일본의 세제사{稅制史}를 간추려보자.

明治1년(1868년) 8월 7일의 포고에 따라 조세에 대해서는 일단 옛 관례에 따라 징수하기로 하여, 도쿠가와 시대의 지조{地租}, 코모노나리{小物成}[2], 과역{課役}이 살아남았다. 그 후 明治4년(1871년) 7월에 '폐번치현'이 단행되고 전국을 모조리 중앙정부의 직접통치하에 귀속시키면서 조세제도의 전국통일이 과제가 되었다. 그리고 마침내 明治6년(1873년) 7월 28일에 지조개정조례가 제정되었다. 이에 동반되는 지조개정 작업은 明治14년(1881년)에 완료된다.

에도시대부터 지조는 존재했다. 그것은 수확량을 대상으로 하여 백성들로부터 농산물의 형태로 징수하는 것이었다. 이에 비하여 새로운 지조는 지가를 대상으로 하여 지주로부터 금전의 형태로 징수한다. 세율은 일률적으로 3%이며 제도가 전국적으로 통일되었다(도표 3-1).

도표 3-1 ▌ 지조개정

【구 지조】	【지조개정】
수확량	지가
농산물로 납부	금전으로 납부
분권적	전국 일률

지조개정의 목적은 구 지조의 총액을 유지하면서 통일된 제도에 의해 부담의 불균형을 평준화하는 것에 있었다. 요즘 말로 하자면 세수중립적 개혁이다. 정부의 입장에서는 풍작과 흉작을 불문하고 지가를 기준으로 매년 정액의 금전수입이 들어온다. 안정적 재원을 확보하여 이에 따라 정부활동에 필요한 비용을 조달하고자 한 것이었다.

---

[2] '小物成(こものなり)'는 토지에 대한 조사를 통한 수확량 측정이 제대로 되어 있지 않은 이른바 '高外地'에서의 그 용익에 대하여 과세가 이루어지는 잡세로서(舟橋明宏, "日本近世の行政事務とその経費", 税大ジャーナル 22호, 税務大学校(2013), 195-196면), 그 농지뿐만 아니라 하천·산·임야 등 여러 토지로부터의 산출물을 대상으로 거두어들였다고 한다. 金子宏, 租税法(제23판), 有斐閣(2019), 43면.

당시 우려된 것은 농민들의 반응이었다. 막말{幕末}[3]부터 유신{維新}[4]에 걸쳐서 농민들은 반세{反稅}운동으로서의 봉기를 반복적으로 일으키고 있었다. 그래서 정부는 장래에 지조를 3분의 1로 하는 것을 목표로 내걸었다. 그리고 지권{地券}에 의해 소유자의 권리를 정하였다. 이것의 적극적 의의는 토지에 대한 개인의 사적 소유권이 확립된 것이다.

다만 현실에서는 농민들이 계속해서 무거운 지조의 부담을 졌다. 이는 정부가 식산흥업·부국강병의 노선을 취하여 이를 위한 재원을 농업부문에 요구했기 때문이다. 이 과정에서 明治9년(1876년)에 이바라키{茨城}와 미에{三重}에서 농민폭동이 일어났다. 그 대책으로서 그 다음 해에 0.5%의 감조{減租}가 이루어졌다.

Column 3-1 칸다 타카히라{神田孝平}와 무츠 무네미츠{陸奧宗光}

지조개정에 있어서의 선구자인 칸다 타카히라는 '입찰에 의해서 교환가치로 지가를 정하자'고 주장하였다. 이에 대해 무츠 무네미츠 등은 '토지수익의 환원이율에 의한 방식'을 주장하였는데 이것이 채용되었다. 그리고 중앙정부의 지조개정 사무국이 지방을 통제하였다.

한편 메이지정부는 외국에서의 상품수입에 대해 관세장벽을 설치하여 국내산업을 보호하는 방식을 중시하지 않았다. 또한 관세수입을 주요한 재원으로 하는 방식도 취하지 않았다.

그 이유로는 몇 가지가 있다. 첫 번째로 안세이 조약{安政條約}[5] 이래의 외압에 의해 불평등 조약을 맺고 있어서 관세자주권을 잃은 상태였다. 두 번째로 국내와 외국의 생산력 격차가 너무 커서 약간의 보호관세로는 이것을 커버할 수 없었다.

그래서 오히려 정부의 원조에 의해 대기업을 설립하고 외부로부터 기술을 도입해서 캐치업{catch up}을 꾀하였다. 이것이 식산흥업 노선으로 그 재원을 농업부문에 의존하였다. 이것이 지조이다. 이렇게 해서 지조가 국세수입의 대부분을 차지하는 시기가 장기화되었다.

---

3) 에도시대(1603년~1867년) 말기를 의미한다.
4) 메이지유신(明治維新)의 변혁기를 의미한다.
5) 1858년 에도막부가 미국, 네덜란드, 러시아, 영국, 프랑스의 5개국과 순차로 체결한 수호통상조약으로, 본문에 언급된 관세자주권의 결여뿐만 아니라 일방적 영사재판권과 편무적 최혜국대우 등을 내용으로 하여 불평등조약으로 평가받았고, 교토의 조정(朝廷)에 의한 정식 인가가 늦어지면서 계약체결을 둘러싼 책임론도 대두되었다. 김용구, 세계외교사, 서울대학교출판부(2006년), 318-326면.

3-2 소득세의 도입과 전개

(1) 소득세의 도입

소득세의 도입은 明治20년(1887년) 3월에 이루어졌다.[6) 연 300엔 이상의 소득이 있는 사람에게 소득세를 부과하는 것으로 하였다. 당시 소득세는 장래의 유력한 재원으로서 기대되었으며 모든 계급·직업을 통틀어 공평한 부담을 가져오는 전반적인 조세라고 생각되었다. 그 배경에는 메이지유신 이래 각종 조세의 신설과 개폐를 행했지만, 지조와 주세{酒稅}에 견줄 만한 유력한 조세가 성장하지 않았던 사정이 있었다.

주의해야 할 것은 이 소득세의 도입이 제국의회의 개설 전에 이루어졌다는 점이다. 정부의 의도는 제국의회의 개설 전에 소득세를 도입하는 것에 있었다.

明治22년(1889년) 2월에 메이지 헌법을 제정한다. 메이지 헌법 제62조 제1항은 「새로이 조세를 부과하거나 세율을 변경하는 것은 법률로써 이를 정한다」라고 하고 있다. 그리고 그 이전의 조세에 대해서는 제63조가 「현행의 조세는……기존에 따라서 이를 징수한다」[7)라고 정하였다. 즉 헌법의 제정 전부터 존재하던 세제를 헌법이 받아들인 것이다. 또한 민법전의 제정은 헌법제정보다도 더 늦다. 明治29년(1896년)이다.

메이지 헌법하에서 조세에 관한 법제를 차례대로 정비·제정해간다.

- ▶ 明治22{1889}년 3월   국세징수법
- ▶ 明治22{1889}년 12월 국세체납처분법
- ▶ 明治23{1890}년 9월   간접국세범칙자처분법
- ▶ 明治23{1890}년 10월 소원법{訴願法}, 행정관청의 위법처분에 관한 행정재판의 건

소득세를 도입한 당시, 산업의 대부분은 영세농업이었고 기업과 가계는 분리되어 있지 않았다. 기업부문도 회계제도가 정비되어 있지 않았고 제대로 된 계산은 바라지 못하는 상황이었다. 소득세라고 해도 현재와 같은 정밀한 것이 아니었으며, 제도만이 조급히 이식되었다. 당시의 세제는 압도적으로 지조가 중심이었던 것이다.

---

6) 일본의 소득세법 제정과정에 관해서 국내에 소개한 문헌으로 황남석, "일본의 소득세법 제정과정에 관한 소고", 세무학연구 30(3), 한국세무학회(2013), 9면 이하 참조. 같은 글 10면은 汐見三郎·柏井象雄·佐伯玄洞·伊藤武夫, 各国所得税制論, 有斐閣(1934), 5면을 인용하여 일본의 소득세법이 세계에서 7번째로 제정된 것이라고 소개한다.

7) 이 부분 구 일본제국 헌법의 문언은 "現行ノ租税ハ更ニ法律ヲ以テ之ヲ改メサル限ハ旧ニ依リ之ヲ徴收ス" 즉 "현행의 조세는 더 나아가 법률로써 이를 개정하지 않는 한 기존(구 제도)에 따라서 이를 징수한다."이다[구 일본제국 헌법의 조문은 일본 국회도서관 홈페이지의 "憲法条文·重要文書"(https://www.ndl.go.jp/constitution/etc/j02.html)에서 확인가능. 접속일: 2020. 8. 28.].

지조 중심의 세제는 제국의회의 구성에 영향을 미쳤다. 당시는 제한선거였기 때문에 선거권을 가지는 것은 고액 납세자뿐이었다. 지조를 납부하는 지주가 고액 납세자로서 선거권을 행사하고 부유한 농민의 대표가 의회를 지배하였다. 이리하여 초기의 제국의회는 지조를 납부하는 부농의 대표{富農代表}라는 성격을 가지고 있었다. 이러한 의회세력이 번벌정부{藩閥政府}와 대치하였다.8)

(2) 청일전쟁과 러일전쟁

明治28년(1895년)에 청일전쟁이 끝난다. 정부는 전후 경영에 관한 재정계획을 세우고 여기에 필요한 항구적 재원을 탐색했다. 그 일환으로서 明治29년(1896년) 3월에 영업세법을 제정하여 24종의 영업에 대해 국세를 부과하기로 하였다. 이에 따라 상공업자가 마찬가지로 국세를 납세하게 되고 참정권을 획득하였다.

이때까지는 국세의 징수를 지방관청이 담당하고 있었지만, 明治29년(1896년) 10월 이후 대장대신{大蔵大臣, 현 재무대신}의 관할하에 각지에 세무관리국과 세무서를 설치하여 국세사무집행을 일원화하였다.9)

明治32년(1899년) 2월 소득세법을 개정하여 법인소득을 제1종 소득으로서 과세하게 되었다. 이것이 법인세의 원형이다.10)

---

8) 의원내각제 국가에서는 의회가 내각(정부)을 구성하게 되므로 의회와 정부가 대립하였다는 것이 선뜻 이해가 되지 않을 수 있다. 그러나 현행 일본국 헌법 제67조(내각총리대신의 지명)는 국회의 의결로 내각총리대신을 지명하도록 하고, 다시 제68조(국무대신의 임면)에 따라서 내각총리대신이 국무대신을 임명하고 파면할 수 있도록 정하고 있으나, 구 일본제국 헌법하에서는 국회(제국의회)에 이러한 내각구성권이 부여되지 않았다. 따라서 국회의 다수파와 내각의 정파가 다를 경우 서로 대립하는 현상이 발생할 수 있었다.

9) 당시 일본 전국에 설치된 세무관리국의 수는 23개, 세무서의 수는 520개로, 본래 부현(府県)의 수세부(収税部)에 속하던 사무는 세무관리국으로, 수세서(収税署)에 속하던 사무는 세무서로 이전함으로써, 종래 대장대신(大蔵大臣)과 부현지사(府県知事)의 양쪽의 지휘·감독하에 있던 징세집행사무의 통일을 꾀하였다고 한다[일본 국세청 홈페이지의 자료 '租税史料ライブラリー' 중 "税務署の創設"(www.nta.go.jp/about/organization/ntc/sozei/shiryou/library/08.htm), 접속일: 2020. 8. 28.]. 대장성(大蔵省, 현 재무성)의 지방지부 역할을 하던 세무관리국은 1902년에 세무감독국(税務監督局)이 되었다가, 1941년에 다시 재무국(財務局)으로 재편성되었다[일본 재무성 홈페이지의 자료 "財務局の歴史"(https://www.mof.go.jp/about_mof/zaimu/zaimuf.htm), 접속일: 2020. 8. 28.].

10) 한국: ① 일제강점기 조선에서는 1916. 8. 1.부터 일본 소득세법 중 법인에 관한 부분이 의용되기 시작하였고(1916. 7. 21. 칙령 제183호. 같은 해 8. 7. 조선총독부령 제65호로 '소득세법 시행규칙'을 제정하여 일본 소득세법의 내용을 일부 보완함), 1920년부터는 조선총독부 제령인 '조선소득세령'이 소득과세의 근거가 되었다. 황남석, 우리 법인세법의 성립과정 연구, 마인드탭(2017), 217−219면.
② 조선소득세령을 살펴보면, 1920. 7. 31. 조선총독부령 제16호로 제정(시행 1920. 8. 1.)된 이후 법인소득에 대해서 과세를 하다가, 1934. 4. 30. 조선총독부령 제6호로 전부개정되면서 개인소득에 대해서도 과세가 이루어진다.

Column 3-2 역사 속의 영업세

영업세는 제2차 세계대전 직후까지 존속되었고, 도도부현{都道府県}의 사업세{事業税}가 되어 오늘날에 이르고 있다. 또한 공익법인 등에 대한 현행 법인세도 구 영업세의 컨셉을 빌려 수익사업을 정의해 왔다. 그러한 의미에서 볼 때 영업세는 세제사 속에서 사라진 것처럼 보이지만 모습을 바꾸어 생존하고 있는 것이다.[11]

---

11) 일본의 '사업세'는 지방자치단체가 부과주체가 되기는 하나, 본문의 설명과 같이 '영업세'에 연원을 두고 있는 것으로 우리나라의 '지방소득세'와는 다른 개념의 세금이다. 본문의 이해를 돕기 위하여 우리나라의 '지방소득세'와 간략하게 비교해본다.
  ① 일본의 '사업세(事業税)'라 함은 일본 지방세법에 의해서 광역자치단체(都道府県)가 과세주체가 되는 지방세의 일종이다(일본 지방세법 제4조, 제1조 제2항).
  ② 개인사업세의 경우, 법정된 종류(제1종 사업 37종류, 제2종 사업 3종류, 제3종 사업 30종류, 총 70종류)의 사업활동을 하는 경우에 한하여 부과되고(일본 지방세법 제72조의2 제3항, 제8항~제10항), 사업에서 발생한 '소득'을 과세표준으로 하여(일본 지방세법 제72조의2 제3항), 업종별로 3~5%의 차등된 세율(제1종 사업: 5%, 제2종 사업: 4%, 제3종 사업: 5% 또는 3%)을 적용하여 과세가 이루어진다(일본 지방세법 제72조의49의17 제1항).
  ③ 법인사업세의 경우, 일반적인 영업을 하는 법인과 특정영업(전기공급업, 가스공급업, 보험업 및 무역보험업)을 하는 법인을 나누어 과세표준을 각각 다르게 정하고(일반적인 영업을 하는 법인에 대해서는 각 사업연도의 '부가가치액', '자본금 등의 금액', '소득'을 기준으로, 특정영업을 하는 법인에 대해서는 각 사업연도의 '수입금액'을 기준으로), 다시 전자와 후자에 대해서 별도로 표준세율을 정하고 있다[일반적인 영업을 하는 법인에 대해서는 부가가치할, 자본할, 소득할을 합산하되, 부가가치할과 자본할에 관해서는 부가가치액과 자본금 등의 금액을 기준으로 하나의 표준세율(각각 1.2%, 0.5%)을 적용하여 산출하고, 소득할액에 관해서는 소득금액을 기준으로 차등된 표준세율을 적용하여(0.4%~1%) 산출하며, 특정영업을 하는 법인에 대해서는 수입금액에 대하여 하나의 표준세율(1%)을 적용하여 산출한다(일본 지방세법 제72조의12, 제72조의24의7 제1항, 제2항)]. 여기서 일본지방세법이 정하고 있는 법인사업세에 대한 세율은 '표준세율'로서, 각 광역자치단체(都道府県)는 일정한 범위 내에서 보다 높은 세율을 적용할 수도 있다(일본 지방세법 제72조의24의7 제7항 참조).
  ④ 개인사업세는 전년도의 사업에 관련된 총수입금액에서 필요경비를 공제한 '소득'을 과세표준으로 하는 것으로, 원칙적으로 소득세법상 부동산소득 및 사업소득의 계산의 예에 따르는 것으로 하고 있다(일본 지방세법 제72조의49의12 제1항 본문). 반면 법인사업세에서는 '소득'과 함께 '부가가치액', '자본금 등의 금액' 등도 과세표준이 되는데, 이것은 2003년 지방세법 개정 시에 "(사업세에 대해서는) 기업이 지방자치단체(都道府県)의 행정서비스로부터 받는 수익의 정도를 보다 잘 나타내 주는 지표를 과세표준으로 하는 것이 바람직하다."라는 사고방식(즉 소득이 아닌 부가가치나 자본금 등을 과세표준으로 하는 것이 바람직하다)과 "적자법인에 과세하는 것은 불황대책에 역행하는 것으로 바람직하지 않다."라는 사고방식(즉 소득을 과세표준으로 하는 것이 바람직하다)이 타협을 이룬 것이라고 한다. 金子宏, 앞의 책(租税法), 660-661면 참조 및 인용. 또한 여기서 '부가가치액'의 개념에 대해서는 뒤의 16-1-2 (3)에서 서술되므로 참조.
  ⑤ 이와는 별도로, 소득개념의 과세표준에 기반을 둔 일본 지방세법상 '개인주민세 소득할'(일본 지방세법 제23조 제1항 제2호, 제292조 제1항 제2호, 본문 8-1-3 참조)과 '법인주민세 법인세할'(일본 지방세법 제23조 제1항 제3호, 제292조 제1항 제3호, Column 12-3 참조)은 여전히 존재한다. 한편 Column 12-3에서 다시 언급되듯이 일본에서는 2014년에 '지방법인세'가 추가로 창설되었으며, 본문

明治37년(1904년) 2월에 러일전쟁이 개시되어 거액의 임시군사비가 필요해졌다. 이를 조달하기 위해서 정부는 의회에 비상특별세법을 제출하여 평화회복 후에 폐지한다는 조건하에 의회의 승인을 얻었다. 비상특별세법은 기존의 내국세·관세를 증징{增徵}함과 동시에 소금·모직물·석유·견직물에 대한 소비세를 신설하는 것이었다. 그러나 군사비는 불어나기만 해서 明治38년(1905년)에는 제2차 비상특별세의 징수가 필요해졌다. 상속세법이 제정된 것은 같은 해의 일이다.

비상특별세는 전시세{戰時稅}로서 평화회복에 이르렀을 때에는 그 다음 해 말일부로 폐지한다는 조항이 붙어 있었다. 그래서 明治38년(1905년) 9월에 러일전쟁이 종결되자 전후의 조세정리가 중요한 정치과제가 되었다. 그런데 전쟁의 결과 육해군의 복구비 등이외에도 공채의 원리금, 은급{恩給}, 연금 등의 경상비가 크게 증가했기 때문에 수년에 걸쳐서 거액의 재원이 필요하였다. 그래서 정부는 비상특별세를 장래에도 계속시키는 안을 의회에 제출했지만, 이에 대해 귀족원·중의원 모두에서 유력한 반대론이 나왔다. 정부는 세법조사회를 조직해서 세제의 정리를 서두를 것을 성명했고, 법안이 겨우 의회를 통과하였다. 여기에 이어 明治39년(1906년) 4월에 대장성{大蔵省, 현 재무성} 내에 세법심사위원회가 설치되고, 같은 해 12월에 정리안을 대장대신에게 보고하였다. 이것을 원안으로 하여 明治40년(1907년) 정부는 관민의 학식경험자로 구성된 세법정리안 심사회를 조직하고 심의를 거듭하였다. 이 검토에 기초한 법안은 더 큰 반대에 부딪혔지만 明治43년(1910년)에는 거의 실현되었다.

(3) 상공업 중심의 세제로

메이지 말기에 가까워지자 지조 중심의 세수구조가 변화를 보인다. 주세의 비중이 커져 마침내 지조를 앞지른다. 明治35년(1902년)에는 주세가 42%, 지조가 30%였다. 더 나아가 大正7년(1918년)이 되자 소득세가 처음으로 국세수입의 1위가 된다. 그때쯤부터 경제의 중심이 농업에서 상공업으로 이행한 것이다. 그 후 주세와 소득세는 서로 국세 수입의 1위를 다툰다. 그리고 昭和10년(1935년) 이후에는 소득세 수입이 항상 1위를 차지

16-1-2 (3)에서도 법인사업세의 과세 베이스가 다시 언급되므로 각각 참조.

한국: ① 우리나라의 '지방소득세'는 기존의 '주민세 소득할(소득세할·법인세할)'이 개편된 것으로, 소득세·법인세에 연동되어 소득세·법인세와 과세표준을 공유하되, 별도의 세율을 적용하고(지방세법 제91조, 제92조, 제103조, 제103조의3, 제103조의19, 제103조의20 등), 세목 구분상 광역자치단체(특별시, 광역시) 또는 기초자치단체(시·군)가 과세주체가 된다(지방세기본법 제8조 제1항, 제4항).

② 일본의 영업세가 '사업세'의 형태로 그 명맥을 유지하고 있는 것과 달리, 우리나라의 영업세는 부가가치세의 도입과 함께 폐지되었다(1976. 12. 22. 법률 제2934호로 부가가치세법이 제정되면서 그 부칙 제2조 제1호에 의하여 폐지됨).

하게 된다.

소득세는 大正2년(1913년)의 개정, 그리고 제1차 세계대전 후인 大正9년(1920년)의 개정에 의해 기간세{基幹稅}로서의 모습을 갖춘다. '다이쇼 데모크라시'가 진전된 시기로서 조세 입법에 사회정책이 가미되었다. 연구도 진전되었다. 大正11년(1922년)에는 임시재정경제조사회가 세제정비안을 정부에 답신{答申}하였다.

大正12년(1923년) 9월 관동대지진을 겪고 또 다시 세제정리가 이루어졌다. 이 시기에는 분명하게 소득세가 세제의 중심이라고 인식되고 있었다. 예를 들어 大正14년(1925년) 8월의 각의결정{閣議決定}은 세제정리 방침으로서 다음과 같이 기술하였다.

「첫째. 직접국세의 체계는 대체로 현재의 제도를 시인하며 소득세를 중심으로 하고, 이것이 보완세로서의 지조·영업세에 적당한 개선을 가하여 이를 존치하게……하도록 한다.」

(4) 소득세의 그 후의 전개

소득세의 그 후의 전개를 크게 조감하면 중요한 분기점은 세 가지가 존재한다.

▶ 昭和15{1940}년   소득세제의 대개정(→ 3-3)
▶ 昭和24{1949}년   샤우프 권고(→ 3-4)
▶ 昭和63{1988}년   발본적 세제개혁(→ 3-5)

3-3 昭和15{1940}년 개정

(1) 전시체제의 구축

昭和6년(1931년)의 만주사변, 昭和8년(1933년)의 국제연맹 탈퇴, 昭和12년(1937년)의 중일전쟁 돌입과 함께 쇼와{昭和}의 초기에는 전쟁이 확대되어 급증하는 전쟁비용의 조달이 과제가 되었다. 昭和11년(1936년)에 바바 에이이치{馬場鍈一} 대장상{大蔵相, '대장대신'의 다른 말}하에서 포괄적인 세제개혁안이 제시되었지만 내각의 교체에 의해 실현되지 않았다. 昭和14년(1939년) 9월 제2차 세계대전이 개시된다.

이러한 가운데, 국세와 지방세를 통틀어 昭和15년(1940년) 개정이 이루어진다. 이것은 전시체제를 구축하기 위한 방도의 하나였다. 이때 세제만이 아니라 금융과 노동, 산업구조 전반에 걸쳐서 일본의 오늘날의 경제체제를 특색 짓는 구조가 만들어졌다. 이른바 '1940년 체제'라고 불리는 것이다.

(2) 소득세제의 대개정

昭和15{1940}년 개정의 목표는 소득세와 법인세를 근간에 위치시키면서 소득을 탄력적으로 포착하는 것에 있었다. 소득세제의 주요한 개정 포인트는 세 가지이다.

▶ 분류소득세와 종합소득세의 병용. 이때까지 소득세는 제1종 소득(법인소득), 제2종 소득(이자배당소득), 제3종 소득(이자배당소득 이외의 개인소득)으로 나누어져 과세되고 있었다. 개정 이후에는 분류소득세와 종합소득세의 두 가지를 축으로 하였다. 분류소득세는 부동산소득·배당이자소득·사업소득·근로소득·산림소득·퇴직소득의 6종으로 소득을 분류하고 각각 세율 등을 다르게 하였다. 이 중 근로소득의 기초공제를 720엔으로 인하함으로써 소득세는 단숨에 대중과세{大衆課稅}가 되었다. 종합소득세는 각종소득을 종합하여 소득액 5,000엔 이상을 넘는 부분에 대해 초과누진세율을 적용하는 것이다.

▶ 법인세의 창설. 종래의 제1종 소득과 법인자본세를 통합하여 새롭게 법인세라고 하였다. 이때를 기점으로 법인세가 소득세로부터 분리되어 독립적인 조세가 되었다.[12][13]

▶ 원천징수의 확충. 원천징수란 소득을 지급함에 있어서 세금을 미리 공제하는 제도이다. 昭和15{1940}년 개정으로 이 원천징수 제도를 급여와 퇴직금의 지급에 대해서까지 적용하게 되었다. 현재까지도 이 구조가 맥맥이 살아있다.

昭和15{1940}년 개정에서 또한 물품세법과 지방세법이 제정되었다. 지조·가옥세·영업세는 국세로서 징수한 후에 도부현{道府県}에 분여하는 것으로 하였다.

---

12) 한국: 1934. 4. 30. 조선총독부령 제6호로 전부개정된 조선소득세령은 제3조에서 소득과세의 종류를 정하면서, 제1종 소득으로 법인소득을, 제2종 소득으로 이자·배당소득 등을, 제3종 소득으로 제2종 소득 이외의 개인소득을 규정하였다. 즉 1940년 개정 이전의 일본 소득세법과 마찬가지로, 조선소득세령에는 개인소득과 법인소득이 함께 규정되어 있었다(다만, 앞서 본 것처럼 1916년의 '소득세법 시행규칙' 제정으로 법인소득이 먼저 과세되었다). 1940년 일본에서 법인세법이 제정된 이후로도 조선에서는 여전히 조선소득세령에 의하여 개인소득과 법인소득이 함께 규율되었으며, 일제강점기가 종료된 이후 1949. 7. 15. 소득세법, 1949. 11. 7. 법인세법이 제정되면서 개인소득과 법인소득이 비로소 별도의 법령으로 다루어지게 되었다(조선소득세령은 소득세법의 제정과 함께 폐지됨).
   한편 조선소득세령(1934. 4. 30. 개정 이후의 것) 역시 제36조에서 제3종 소득(개인소득)에 대한 누진세율을 규정하고 있었다.
13) 한국: 앞 각주들의 법제사적 내용 중 중요사항을 통시적(通時的)으로 다시 정리하면 다음과 같다.
   ① 1916. 8. 1. 일본 소득세법 의용 개시(법인에 관한 부분)
   ② 1920. 7. 31. 조선소득세령 제정(조선총독부령 제16호, 일본 소득세법의 의용 중단), 법인소득 과세
   ③ 1934. 4. 30. 조선총독부령 제6호로 조선소득세령 전부개정, 개인소득 과세(개인소득 누진세율 적용)
   ④ 1949. 7. 15. 법률 제33호 소득세법 제정(부칙으로 조선소득세령 폐지)
   ⑤ 1949. 11. 7. 법률 제62호 법인세법 제정

Column **3-3** 사이토 모키치{斎藤茂吉}가 본 昭和15{1940}년 개정

　昭和15{1940}년 개정 당시, 아라라기파{アララギ派}의 시인 사이토 모키치는 다음의 시를 남겼다. 「새로운 원천과세의 확대를 생각하고 있다 보니 회진 끝나네」

　당시의 모키치는 58세, 아오야마 뇌병원의 원장으로서 병원의 관리책임을 지고 있었다. 따라서 이 해에 시작된 급여소득에 대한 원천징수의 의무를 지게 되었다. 이때의 감상을 시로 표현한 것이다. 참조, 佐藤進 『文学にあらわれた日本人の納税意識』 (東京大学出版会, 1987년) 211면.

3-4 샤우프 세제의 성립과 그 수정

3-4-1 昭和22{1947}년 개정

패전 후 일본은 점령군의 통치 아래에 들어갔다. 일본국 헌법의 제정과 함께 昭和22년(1947년)에 다음과 같은 개정이 있었다.

▶ 신고납세제도의 도입. 신고납세제도란 납세자가 세액을 스스로 계산하여 세무서에 신고하고 확정하는 시스템이다. 그전까지는 부과과세제도여서 세무서가 세액을 결정하였다.

▶ 종합소득세 제도로의 일원화. 昭和15{1940}년 개정 이래로 분류소득세와 종합소득세가 병용되어오던 와중에, 이것을 종합소득세로 일원화 하였다.

▶ 상속세법의 개정. 전통적인 가족제도[14]의 폐지에 동반되는 것이다.

Column **3-4** 제2차 세계대전 직후의 세무행정

　昭和22{1947}년과 23{1948}년에는 극도의 인플레이션이 진행되었고 정부의 예산액이 팽창하여 그 재원조달을 위해 소득세를 중심으로 국민부담이 현저히 높아졌다. 이러한 가운데 과세당국의 징세공세{徵稅攻勢}가 전개되었다. 즉 「세무서별로 '징세목표'가 설정되었고, 대량의 경정, 결정과 압류공매라는 강제징수처분 등에 호소하는 징세가 강행」되어, 「세

---

14) 원서에서 쓰인 표현은 "イエ制度"로 일본 구 민법상의 전통적인 가족제도를 지칭하는 말인데, 번역서에서는 '가족제도'로 번역하였다.

무행정은 미증유의 혼란에 빠졌다」라고 이야기된다[植松守雄 「税務行政」 大蔵省財政史室 編『昭和財政史——終戦から講和まで(8)』 (東洋経済新報社, 1977년) 307면, 334면]. 그 러던 중 昭和24{1949}년 6월의 국세청의 발족15)을 거쳐 昭和25{1950}년에는 겨우 세무 행정이 정상화를 향해 갔다.

3-4-2 샤우프 권고

(1) 샤우프 사절단의 방일

昭和23년(1948년) 12월에 경제안정 9원칙이 발표되었다. 그 목적은 일본경제의 자립을 촉진시키기 위해 조기에 단일환율을 설정하는 것에 있었다. 이를 위해서는 엔화의 가치를 안정시키고 악성 인플레이션을 수습할 필요가 있었다. 그래서 지출을 줄이고 수입을 확보하는 초균형{超均衡} 예산이 취해졌다. 이른바 '닷지라인'이다. 그 일환으로서 「세수계획을 촉진·강화하고, 탈세자에 대해 신속하고 넓은 범위에 걸쳐 철저한 형사소송조치를 취하는 것」이 원칙으로 설정되었다.

이러한 가운데 점령군 총사령부(GHQ)가 조세정책에 정통한 전문가를 사절단으로 초대하였다. 이 사절단은 컬럼비아 대학교의 샤우프 박사16)를 단장으로 하고 있었다. 샤우프 사절단은 昭和24년(1949년) 5월에 방일하여 3개월간 일본의 세제와 조세행정에 대해 정력적인 조사와 연구를 행한 후 보고서를 제출하였다. 이것이 샤우프 권고이다.

(2) 샤우프 권고의 내용

샤우프 권고는 세제 전체에 대한 제언을 하였다. 소득세와 법인세를 중심으로 하는 세제의 설계로서 세 가지의 큰 주안점이 존재한다.

▶ 종합누진소득세. 종합누진소득세의 구조하에서는 개인이 얻는 모든 소득을 합산하

---

15) 일본 '국세청'의 발족은 미국의 '연방 국세청(Internal Revenue Service)'을 참고한 것으로, 국세청의 발족과 함께, 기존에는 대장성(현 재무성)의 지방사무국인 재무국에 속하던 징세업무를 분리하여 국세청의 지방사무국인 국세국(国税局)으로 이관하였고, 이로써 국세청−국세국−세무서로 이어지는 일원적인 형태의 세무행정조직이 수립되었다고 한다[일본 국세청 홈페이지의 자료 '租税史料ライブラリー' 중 "国税庁の創設"(https://www.nta.go.jp/about/organization/ntc/sozei/shiryou/library/18.htm), 접속일: 2020. 8. 28.)]. 한편, 재무성 지방사무국으로서의 재무국은 여전히 별도로 존재한다.

16) Carl Sumner Shoup 교수(1902−2000). 샤우프 교수의 약력과 활동경력에 대해서는 컬럼비아 대학교 경제학부의 홈페이지 "In Memoriam"의 샤우프 교수에 대한 자료(https://econ.columbia.edu/faculty/in−memoriam/carl−sumner−shoup−1902−2000) 참조(접속일: 2020. 8. 28.).

고 누진세율을 적용하여 세액을 계산한다. 샤우프 권고는 이러한 종합누진소득세야 말로 공평한 세제라고 생각하였다. 다만 최고세율 자체는 인하해야 한다고 하였다. 동시에 사회정책적인 측면을 고려하여 기초공제를 확충하고, 의료비공제와 불구자 공제(현재의 장애자공제)의 신설을 권고했다. 또한 소득세 이외에도 과세의 누진성을 높이고자 하는 제언으로서 부유세와 누적적 취득세를 제안했다.

▶ 조세행정의 개선. 특히 혁신적이었던 것이 청색신고제도이다. 개인사업자와 법인이 청색신고서를 사용하여 신고하는 경우에는 회계장부를 갖추어 계산하도록 하여 세무상의 여러 특전을 부여했다.[17] 당근과 채찍을 병용하여 신고납세 환경을 정비하려고 한 것이다.

▶ 지방의 자주재원의 강화. 부가세 중심의 세제를 개선하는 것이다. 지조와 가옥세는 昭和22년(1947년)에 국가로부터 지방으로 이양되었는데, 이들 대신에 새롭게 고정 자산세를 설치할 것을 권고하였다.

3-4-3 샤우프 세제의 수정

샤우프 권고의 많은 부분은 昭和25년(1950년)에 법률화 되었다. 이것을 샤우프 세제라고 한다. 다만 昭和28년(1953년) 이후 샤우프 세제에는 많은 수정이 가해졌다. 이른바 '역코스의 시기'[18]와 겹친다.

예를 들어 종합누진소득세의 경우, 모든 소득을 종합한다는 방침{建前}[19]이 무너져갔다. 이자에 대해 '마루유'라는 구조를 도입하여 개인이 일정한 저축금 이자를 받아도 비과세로 하였다.[20] 개인이 주식을 판 경우의 양도차익에 대해서도 원칙적으로 비과세로

---

17) 일본 세법상 '청색신고서'를 제출한 경우의 혜택에 대해서는 이 책의 본문 여러 곳에서 서술이 이루어지고 있다. 9-5-1, 10-2-2 (3), 10-2-4, 11-2-2 (2) 등 참조.
   한국: 우리나라에서도 과거 일본의 '청색신고' 제도와 유사한 '녹색신고' 제도가 운영된 적이 있으나, 신고납세의 도입과 함께 폐지되었다. 구 법인세법(1980. 12. 13. 법률 제3270호로 개정되기 전의 것) 제26조의2 이하, 구 소득세법(1994. 12. 22. 법률 제4803호로 개정되기 전의 것) 제108조 이하 등 참조.
18) 1952년 미군정의 철수와 함께 일본사회가 다시 구체제로 복귀하려는 경향성을 보인 시기를 의미한다.
19) 원서의 표현은 "建前(たてまえ)"로, '대외적으로 취하는 태도·입장·명분'의 의미를 가지는데, 이를 '방침'으로 번역하였다. 이하에서도 '建前(たてまえ)'를 '방침'으로 번역한다. 다만 이 경우 '방침(方針)'과 구분이 되지 않기 때문에 한자(建前)를 병기하기로 한다.
20) '마루유(マル優)'라 함은 장애인 등이 보유한 일정한 소액예금 등에 대한 이자소득 등(일정한 예금·저금, 합동운용신탁, 공모공사채 등 운용투자신탁, 유가증권 및 공채 등에 대한 것으로, 그 적용대상이 되는 원금액에 한도가 있음)에 비과세하는 '비과세저축 제도'를 통칭하여 부르는 말로써, 그 자체가 법률상의 용어는 아니다(일본 소득세법 제10조, 일본 조세특별조치법 제3조의4, 제4조 참조).
   한국: 대응하는 제도로서 조세특례제한법 제88조의2(비과세종합저축에 대한 과세특례) 참조.

하였다. 이외에도 다양한 예외를 설정하여 모든 소득을 종합하여 누진세율을 매긴다는 시스템에 구멍이 생겨 갔다. 그 밖에도 부유세와 누적적 취득세를 폐지하는 등 차례로 수정을 가하였다.

3-4-4 법제의 정비

昭和30년대 후반{1960년대 전반}의 시기에 조세제도를 지탱하는 중요한 법제를 정비하였다. 현재 우리들이 육법[21]에서 볼 수 있는 법률은 대략 이 시기에 제정된 것(이 수정되어 온 것)이다.

▶ 昭和34{1959}년 국세징수법의 전면개정
▶ 昭和37{1962}년 국세통칙법의 제정
▶ 昭和40{1965}년 소득세법과 법인세법의 전문개정

3-5 昭和63{1988}년 개정

3-5-1 발본적 세제개혁

고도성장기를 거쳐 昭和48년(1973년)의 석유파동 이후 일본의 경제성장률은 저하되었다. 이러한 가운데에 산업·취업구조의 변화, 소득수준의 상승과 평준화, 소비의 다양화·서비스화, 인구구성의 고령화, 경제거래의 국제화 등 사회경제의 정세가 두드러지게 변화하였다. 그러나 이러한 변화에 세제가 제대로 대응하지 못하고 있었기 때문에, 소득세를 비롯한 세제의 전반에 걸쳐서 다양한 왜곡과 뒤틀림이 인식되기에 이르렀다.

이러한 인식을 기초로 정부 세제조사회는 昭和61년(1986년) 10월에 「세제의 발본적 재검토에 대한 답신{答申}」을 제출하여, '소득, 소비, 자산과 같은 과세 베이스를 적절하게 조합하면서 전체적으로 균형이 잡힌 세체계{稅體系}를 구축해야 한다'고 하였다. 이에 따라 昭和62년(1987년)과 昭和63년(1988년)에 발본적 세제개혁을 행하였다. 주요한

---

21) 본래 일본에서 육법(六法)이라 함은 국민생활의 근간이 되는 가장 중요한 6개의 법, 즉 헌법, 민법, 형법, 상법, 민사소송법, 형사소송법의 6개 법률을 말하고, 경우에 따라서는 여러 법률이 망라된 법전(法典)을 의미하기도 한다. 그러나 맥락상 본문에서의 육법은 세법분야에서 중요하다고 볼 수 있는 국세통칙법, 국세징수법, 소득세법, 법인세법, 상속세법, 소비세법(과거 물품세법)의 6개 법률, 또는 세법전을 의미하는 것으로 이해된다.

개혁은 다음과 같다.

▶ 개인소득과세. 먼저 세율구조를 간소화하여 샐러리맨이 취직하고 나서 어느 정도의 지위에 이르기까지 각 단계를 통해서 적용되는 세율이 가능한 바뀌지 않도록 하였다. 최고세율도 인하하였다. 다른 한편으로는 과세 베이스를 확대하였다. 예를 들어 이자에 대해서 '마루유' 비과세 조치를 거의 폐지하고, 개인의 주식 양도차익을 원칙적으로 과세의 대상에 포함시켰다.

▶ 법인과세. 세율 수준을 낮추고 과세 베이스를 확대하였다.

▶ 소비세의 도입. 종래의 물품세를 중심으로 한 개별소비세 제도에서는 소비수준의 상승과 소비형태의 다양화·서비스화에 대응할 수 없었기 때문에, 과세 베이스가 넓은 소비세를 도입하였다. 이때의 세율은 3%였다.

Column 3-5 소비세의 도입

소비세 도입에 이르기까지는 우여곡절이 많았다. 오오히라 마사요시{大平正芳} 내각은 일반 소비세를 도입하려고 했으나 실패했다(1979년). 나카소네 야스히로{中曽根康弘} 내각(제3차)은 매상세{賣上税}를 도입하려다 실패했다(1987년). 무슨 일이든지 3번은 시도해 보아야 하는 법.[22] 타케시타 노보루{竹下登} 내각하에서 소비세가 도입되었다(1988년). 참조, 加藤淳子『税制改革と官僚制』(東京大学出版会, 1997년), 水野勝『税制改正五十年——回顧と展望』(大蔵財務協会, 2006년).

3-5-2 그 후의 세제개정

버블경제가 붕괴된 후, 헤이세이{平成}기에는 세수가 떨어지고 공채발행액이 증대되었다. 이러한 가운데 세제개정이 계속되었다.

이 시기의 주된 세제개정을 살펴보자.

▶ 개인소득과세. 平成6년(1994년)의 개정에서 중견소득층을 중심으로 세율구조의 누진성을 대폭 완화함과 동시에 과세최저한을 인상하였다. 그 후 저소득층의 부담이 늘고 중견소득층의 부담이 줄었으며, 젊은 세대에서 비정규 고용이 늘어 소득격차가 확대되고, 사람들의 일하는 방식이 다양화되고 가족의 안전망 기능이 저하되었

---

22) 원서의 서술은 "三度目の正直"로, '세 번째 시도하면 일이 성사되는 경우가 많다'는 의미의 관용구이다. 이를 본문과 같이 "무슨 일이든지 3번은 시도해 보아야 하는 법"으로 의역하였다.

다. 이러한 환경변화를 바탕으로 平成30년(2018년)의 개정에서 급여소득공제와 공적연금 등 공제를 줄이고, 그만큼을 기초공제의 확충으로 대체하였다.

▶ 법인과세. 平成10년(1998년) 이후, 국제경쟁의 압력 속에서 법인세율을 수시로 인하하였다. 또한 금융상품을 시작으로 과세 베이스의 적정화를 추진하고, 법인사업세의 외형표준과세를 확충하였다. 더 나아가 조직재편세제(2001년)와 연결납세제도(2002년), 그룹법인세제(2010년)를 도입하였다. 이렇게 해서 일본의 법인세법은 매우 복잡한 형태가 되었다.

▶ 소비세. 平成6년{1994}의 개정에서 소비세율을 3%에서 4%로 인상하고, 세율 1%인 지방소비세를 창설하였다. 국가와 지방을 합쳐서 세율은 5%였다. 이 개정은 平成9년(1997년) 4월부터 실시되었다. 平成24년(2012년)에 '사회보장과 세{稅}의 일체개혁을 위한 발본개혁법'이 성립되어, 소비세율을 우선 5%에서 8%로 하고, 이후 10%로 인상하는 것으로 하였다. 이 중 8%로의 인상은 平成26년(2014년) 4월에 실시되었다. 10%로의 인상은 두 번에 걸쳐 연기되었고 平成31년(2019년) 10월부터 실시가 예정되어 있다.[23)]

인구변동·경제성장과의 관계에서 보면 일본의 20세기는 인구증가와 고도성장의 시대이다. 이것에 적합한 세제는 소득세를 중심으로 하는 것이었다. 금후 21세기에서 일본의 인구는 급격하게 감소할 것이고 고령화가 진행될 것이다. 새로운 상황에 대응하는 조세구조로 개혁해 가는 것이 필요하다.

☑ 이 장에서 배운 것

▶ 메이지 초기의 지조개정에 의해서 토지에 대한 사적 소유권이 확립되었다.
▶ 의회개설 전인 明治20{1887}년에 소득세가 도입되었다.
▶ 소득세제의 전개에는 昭和15{1940}년 개정, 샤우프 권고, 昭和63{1988}년 발본적 세제개혁이라는 큰 분기점이 존재한다.

🔍 찾아보자

▶ 샤우프 권고는 일본의 세제에 어떠한 영향을 미쳤는가?

---

23) 소비세율의 인상은 실제로 실시되어 일본의 소비세율은 10%가 되었다. 즉 소비세율이 7.8%이며(일본 소비세법 제29조), 지방소비세율이 2.2%로(일본 지방세법 제72조의 82, 제72조의83) 합쳐서 10%가 된다.

→ 金子宏「シャウプ勧告と所得税」同『所得課税の法と政策──所得課税の基礎理論(下)』[有斐閣, 1996년〔初出 1983년〕] 16면
▸ 昭和63{1988}년 발본적 세제개혁에는 어떠한 의의와 한계가 있었는가?
→ 金子宏「所得税制改革の方向──いわゆる『抜本的税制改革』の意義と限界」同『所得課税の法と政策──所得課税の基礎理論(下)』[有斐閣, 1996년〔初出 1991년〕] 88면

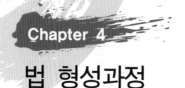

Chapter 4

법 형성과정

📖 이 장의 테마

▶ 세제개정의 프로세스 ▶ 법령해석통달{通達} ▶ 납세절차의 흐름

4-1 입법과정

4-1-1 다이나믹한 법 형성의 과정

조세법은 어떻게 해서 형성되는가. 법 형성과정(legal process)의 각도에서 스케치해 보자. 법 형성과정이란, 법 룰이 만들어지는 프로세스를 표면상의 원칙이 아니라 기능에 입각하여 종합적으로 검토하는 접근법을 말한다.

4-1-2 세제개정의 프로세스

일본열도가 봄을 맞이하면 꽃이 피는 것과 마찬가지로 세제도 거의 틀림없이 개정된다. 3월 말의 세제개정은 이제는 연례행사가 되었다. 현행 소득세법은 昭和40{1965}년 3월 31일에 법률 제33호로서 전문개정된 것인데, 그 후 매년 예외 없이 개정되어 현재에 이르고 있다. 연도 말뿐 아니라 연도의 중순에 개정되는 경우도 많다.

세제개정 법안은 그 대부분이 내각제출 법안의 형태를 취한다. 전형적인 프로세스는 다음과 같은 것이다. 소득세법과 법인세법에 대해 말하자면, 재무성 주세국[1]이 원안을 작성하고 12월 말에 세제개정 대강{大綱}이 제시된다. 다음 해 1월에 내각이 법률안 요강을 각의결정{閣議決定}하고 법안을 국회에 제출한다. 법안의 수정은 드문 일이고, 통례상 3월 말에는 그대로 국회를 통과한다.

또한 지방세법은 총무성 자치세무국[2]의 소관으로, 지방자치단체가 조례를 제정하여 집행을 담당하고 있다. 관세법이나 관세정률법{関税定率法}의 소관은 재무성 관세국[3]이다.

4-1-3 세제조사회의 역할

세제조사회에는 두 가지 종류가 있다. 하나의 세제조사회(「정부세조{政府税調}」)는 내각총리대신의 자문기관으로 세제에 관한 기본적 사항을 조사·심의하여 의견을 진술한다. 또 하나의 세제조사회(「당세조{黨税調}」)는 여당 내부의 조직으로 세제에 정통한 국회의원이 구체적인 사항을 결정한다.

정부세조는 큰 틀을 제시하고 당세조는 특례와 면제를 포함한 세부사항을 결정하는 식으로 양자가 역할을 분담한다. 여기에는 역사적 변천이 있는데, 1960년대까지는 정부세조가 주역이었다. 이 시기의 산물이 국세징수법의 전면개정(1959년), 국세통칙법의 제정(1962), 소득세법·법인세법의 전문개정(1965년)이다(→ 3-4-4). 1970년경 고도성장이 끝나고 세수의 자연 증수{增收}가 없어진 시기부터 여당인 자민당세조의 영향력이 증대되었다.[4]

---

1) 일본의 재무성 주세국(財務省 主税局)은 우리나라의 기획재정부 세제실에 대응하는 조직이다. 참고로 일본 재무성의 내부부국은 '대신관방, 주계국, 주세국, 관세국, 이재국, 국제국'의 1관방 5국으로 이루어져 있다[일본 재무성 홈페이지의 조직도 "財務省の機構"(https://www.mof.go.jp/about_mof/introduction/organization/index.htm) 참조. 접속일: 2020. 8. 28.].

2) 일본의 총무성 자치세무국(總務省 自治税務局)에 대응하는 우리나라의 조직을 살펴보면, 행정안전부 지방재정경제실 지방세정책관이 여기에 해당한다.

3) 일본의 재무성 관세국(財務省 關税局)에 대응하는 우리나라의 조직을 살펴보면, 기획재정부 세제실 관세정책관이 여기에 해당한다. 즉 일본에서는 일반국세를 담당하는 주세국과 관세를 담당하는 관세국이 별개의 국으로 구성되어 있다.

4) 일본에서의 정책주도를 둘러싼 이러한 경향성의 변화는 조세제도 분야에만 한정된 것이 아니다. 즉 제2차 세계대전 이후 1960년대까지는 정책결정과 법안성립에 있어서 관료들이 주도권을 행사하였으나, 자민당 정권이 장기화되면서, 국회의원 당선 횟수가 많은 정치인들이 각 위원회에서 거듭 활동하여 스스로 법안을 성립시킬 수 있을 정도의 전문성을 쌓는 것이 가능해졌다. 이로써 1970년대에 이르러서는 자민당을 중심으로 한 정치인들[특히 특정 분야에서 거듭 활동하면서 관료와 재계에 영향력을 행사하는 이른바 족의원(族議員)들]이 정책결정·예산편성 등의 주도권을 행사하게 되었고, 이를 "정고관저(政高官低)" 또는 "당고관저(党高官低)" 현상이라 칭한다고 한다. 이상 염재호 외 12인(현대일본학회), 일본행정론, 애플트리태일즈(2009), 106-109면(최은봉 집필부분) 참조 및 인용. 본문의 서술은 이와

　이렇게 하여 정부세조는 종래만큼 중요한 역할을 하지는 못하게 되었으나 고비마다 제도설계에 관한 기본적 사고를 제시해왔다. 정부세조에서 심의된 결과가 답신{答申}과 보고서로 정리되어 공포되고 있다. 이러한 답신과 보고서는 그때그때의 세제개정의 기본적 사고방식을 아는 데 있어서 귀중한 입법자료이다.

　2009년 9월에 민주당 정권이 발족되고 종래의 정부세조와 당세조의 기능이 일원화되어, '정치주도의 사고방식'5)하에 정치가만으로 구성된 정부 세제조사회가 새롭게 설치되었다. 2010년에는 당의 정무조사회가 부활하여 일원화라는 목표가 사실상 철회되었다.

　2012년 12월 자민당과 공명당의 연립정권에서는 정부세조와 당세조의 이원적 체제가 부활하였다.

Column　4-1　정부세조의 운영방식

　정부세조의 운영방식은 「일본형 심의회 방식」이라고 불린다[石弘光『現代税制改革史——終戦からバブル崩壊まで』(東洋経済新報社, 2008년) 301면]. 그것은 업계를 대표하는 이해관계자가 심의회의 멤버가 되어 컨센서스를 도출하는 방식이다. 이 방식으로는 심의된 결과가 거의 확실하게 실시된다는 이점이 있다. 이에 비해 소수의 전문가 위원회가 보고서를 제출하는 「태스크 포스 방식」은 세제개정의 목표와 구체안을 명확히 하는 이점이 있으나 실현가능성은 떨어진다.6)

4-1-4 인풋{input}과 아웃풋{output}

　세제개정의 프로세스를 동태적으로 바라보면, 정책제안이 인풋되고 그것이 정치과정을 거쳐 법률의 형태로 아웃풋된다. 사람들의 생생한 이해가 서로 관련되는 과정이며 드라마로 가득 차 있다.

　　같은 맥락의 일환으로 이해할 수 있다.
　5) 관료가 아닌 정치인이 정책을 주도해야 한다는 사고방식을 의미한다.
　6) 이러한 '일본형 심의회'는 "정부와 업계를 연계해주는 중간조직적 성격"을 띠고 있지만, 관료들이 우월한 정보수집력과 의제설정에서의 주도권을 통하여 의도하는 쪽의 답신{答申}이 도출되는 것을 유도할 수 있어서, 관료들의 정책 정당화 수단으로 사용되고 있다는 지적이 있고, 다만 1990년대 이후부터는 나름대로의 역할을 수행하면서 관료집단의 영향에서 벗어나고 있다는 평가가 있다고 한다. 이상 염재호 외 12인(현대일본학회), 앞의 책(일본행정론), 90−92면(김기석 집필부분) 참조 및 인용.

(1) 세제개정 요망{要望}

우선 인풋의 측면에서 보도록 하자. 세제개혁안이 입법과정에서의 어젠더에 오르는 몇 가지 루트가 있는데, 거의 항상적으로 이루어지는 것이 각종 이해관계자로부터의 요망이다. 이것은 다원적인 민주적 정치과정에서는 거의 당연한 현상이다. 세제를 둘러싼 다양한 문제점이 지적되고 「이것을 개혁해주었으면 한다」거나 「이러한 시스템을 만들어주었으면 한다」는 등의 요망이 도출된다. 이러한 요망의 실현을 위해 이익단체가 정당에 로비를 하기도 하고, 각 부처가 각자의 소관사항에 대하여 요망사항을 총괄하기도 한다.

(2) 아웃풋으로서의 조세법령

이러한 프로세스의 아웃풋으로서 만들어지는 것이 세제법률이다. 유일무이한 금과옥조가 법률로서 제정된다기보다는, 가변적인 입법정책을 실시하기 위해 법률을 만든다는 이미지가 알맞을 것이다.

조세입법과정의 아웃풋으로서는 법률만이 아니라 정령에도 주목해야 한다. 예를 들어 소득세법의 개정과 더불어 소득세법 시행령이 개정되어 과세 룰의 세목이 거기에서 구체화된다.

국회제출법안은 매년 1월 말쯤이 되면 재무성과 총무성의 홈페이지에 게재된다. 이에 비해 정령은 국회의 심의를 거치는 것이 아니기 때문에 세제개혁법안의 국회통과와 동시에 3월 말의 관보에 비로소 그 텍스트가 공표된다. 이와 같이 법률과 정령은 헌법상의 자리매김이 크게 다른 것이지만, 내각제출법안의 경우 동일한 사람에 의해 기초된다. 예를 들어 소득세법의 개정법안을 기초한 재무성 주세국의 직원은 동시에 소득세법 시행령의 개정안도 기초한다.

(3) 세제개정의 실시와 새로운 사이클의 개시

세재개정법의 부칙에서 시행일이 정해진다. 예를 들어 소득세법 등의 일부를 개정하는 법률(平成30년{2018년} 법률 제7호)의 부칙 제1조 본문은 「이 법률은 平成30년{2018년} 4월 1일부터 시행한다」라고 정한다. 사항에 따라서는 경과조치를 두어서 시행기일을 연기한다.

신법령이 공포되고 나서 시간이 조금 흐르면 다양한 매체에서 입안 담당자의 해설이 공표된다. 「○○년판 개정세법의 모든 것{○○年版改正稅法のすべて}」이라는 책이나 재

무성의 홈페이지 등에서 매년의 개정에 대한 해설이 이루어진다. 이는 입안담당자의 사고방식을 아는 데 있어서 중요한 정보원이다. 물론 말할 필요도 없는 것이기는 하지만, 법령의 해석에 있어서는 어디까지나 그 문언이 출발점이 되는 것이고(→ 5-1), 입안담당자의 해설내용이 절대적인 해석지침이 되는 것은 아니다. 초여름을 맞이할 즈음에는 복수의 전문지에서 세제개정 특집이 편성된다.

한여름이 되면 다음 연도의 세제개정을 향한 프로세스가 본격화되고 새로운 인풋이 이루어져 간다. 그리고 이 사이클은 매년 반복된다. 이런 식으로 세제개정은 연중행사가 되어 있다.

4-2 행정과정

4-2-1 국세청에 의한 법령해석

국세청은 일본에서 가장 강력한 법집행기관의 하나이다. 내국세의 부과징수를 담당하는 행정조직으로, 1949년에 대장성의 외국{外局}으로서 설치되었다. 국세청 본청 외에 전국에 11개의 국세국, 오키나와 국세사무소, 524개의 세무서가 설치되어 있다. 세무서는 국세청과 국세국의 지도감독하에 국세의 부과징수를 행하는 제일선의 집행기관이다. 2017년도의 국세청 정원은 5만 5,667명이다.[7]

국세청의 임무는 내국세의 적정하고 공평한 부과징수를 실현하는 것에 있다. 그 임무달성을 위해서는 납세자의 이해와 신뢰를 얻는 것이 필요하기 때문에 법령해석과 사무절차 등에 대해서 홍보를 통해 알리고 있다. 즉 ① 법령해석통달, ② 사무운영지침, ③ 사전조회에 대한 문서 회답, ④ 조회에 대한 응답 등을 홈페이지에서 공표하고 있다.

이 중 ① 법령해석통달은 국세청장관{国税庁長官}[8]이 세무직원에게 발하는 명령(行組 제14조 제2항) 중 법령의 해석을 행하는 것이다.[9] 행정조직의 내부에서는 구속력을 갖지만 국민에게 구속력을 갖는 법규는 아니다. 그러나 국세청의 유권해석을 보여줌으로써

---

7) **한국**: 우리나라의 국세청은, 산하 7개의 지방국세청과, 그 아래 125개의 세무서(지서 18개)로 구성되어 있으며, 국세공무원의 정원은 2019. 9. 30.을 기준으로 2만 875명이다. '2019년도 국정감사 업무현황보고(국세청)', 13-14면.

8) 일본에서는 우리나라의 '국세청장'에 대응하는 국세청 조직의 수장을 '국세청장관(国税庁長官)'이라 한다.

9) 법령해석 통달은 일본 국세청 홈페이지의 "法令解釈通達" 란(https://www.nta.go.jp/law/tsutatsu/menu.htm)에서 그 내용이 공개되고 있으며(접속일: 2020. 8. 28.), 그중 '기본통달'은 우리나라의 각 세법 기본통칙에 대응한다고 할 수 있다.

납세자의 행동에 사실상 크게 영향을 미친다. 예를 들어 소득세법의 해석지침으로서 「소득세 기본통달」이 정해져 있어서 소득세의 실무에 종사하는 사람은 반드시라고 해도 좋을 정도로 그것을 참조한다. 법령해석통달은 세제개정에 대응하여 변경되는 경우도 있고, 신판례의 등장과 사회경제 정세의 변화에 따라 변경되는 경우도 있다. 통달의 변경에 있어서는 행정절차법{行政手続法}에 근거한 의견공모절차(퍼블릭 코멘트 절차)를 실시하는 예가 있지만, 법령개정에 동반되는 경우에는 적용이 제외된다(行手 제39조 제4항 제2호·제8호).

② 사무운영지침도 같은 형태의 명령으로, 일하는 방식을 정하는 것이다.10)

③ 사전조회에 대한 문서회답은 거래를 행하는 경우에 과세관계가 어떻게 되는지를 납세자가 세무서에 조회하고 문서에 의한 회답을 얻는 절차이다. 이 절차는 국세청이 납세자 서비스의 일환으로서 사무운영지침에서 정하고 있으며 직접적인 법령상의 근거를 가지는 것은 아니다. 앞으로 행할 예정인 거래에서 개별·구체적인 자료의 제출이 가능한 것이라도 이 절차의 대상이라고 여겨지고 있다. 회답내용은 공표되기 때문에 동일한 거래를 행하려고 생각하고 있는 다른 납세자에게 있어서도 참고가 된다. 사전조회를 한 사람을 특정시키는 정보는 원칙적으로 비공표한다.11)

4-2-2 납세절차의 흐름

급여소득자의 소득세를 염두에 두고 납세절차의 흐름을 소개한다. 절차의 큰 틀을 이해하기 위한 포인트는 '신고납세'라는 라인과 '원천징수'라는 라인의 두 가지가 있다는 것이다.

(1) 납세의무의 성립

소득세의 납세의무는 역년의 종료 시, 즉 그 해의 12월 31일 말에 성립한다(税通 제15

---

10) ① '사무운영지침'은 일본 국세청 홈페이지의 "事務運営指針"란(https://www.nta.go.jp/law/jimu-unei/jimu.htm)에서 그 내용이 공개되고 있다(접속일: 2020. 8. 28.).
② '사무운영지침'이라는 것은 단일의 행정규칙을 말하는 것이 아니라, 일본 국세청 내부에서 업무처리 방식을 명한 일련의 '예규통달'들을 지칭하는 것이다. 우리나라의 국세청 '사무처리규정' 등에 대응한다고 할 수 있다. 일본에서의 국세관련 정령(政令)과 성령(省令), 훈령과 통달(법령해석통달, 사무운영지침) 등의 구별에 대해서는 日本税務大学校, 税大講本 税法入門(2020년도판), 国税庁(2020), 23-26면 참조[税大講本은 일본 국세청 홈페이지의 "税大講本"란(https://www.nta.go.jp/about/organization/ntc/kohon/index.htm)에서 공개되고 있음. 접속일: 2020. 8. 28.].
11) 한국: 국세법령정보시스템의 '사전답변', '질의회신'란 등에서 납세자가 문의한 사항에 대한 국세청의 법령해석을 공개하고 있다.

조 제2항 제1호). 다만 원천징수에 의한 소득세는 원천징수를 해야 하는 것으로 되어 있는 소득의 지급 시에 성립한다(동항 2호).[12]

(2) 신고납세방식

급여의 금액이 2,000만 엔을 넘는 경우나 두 곳 이상으로부터 급여를 지급받는 경우에는 세무서장에게 신고서를 제출해야 한다. 개인사업자와 주식회사도 자신이 납부해야 할 세액이 구체적으로 얼마인지를 신고할 필요가 있다. 이렇게 납부해야 할 세액이 납세자가 하는 신고에 의해 확정되는 방식을 신고납세방식이라고 한다(稅通 제16조 제1항 제1호).

바로 뒤에 서술하겠지만, 원칙적인 루트는 먼저 원천징수된 만큼만 나중에 신고납세할 때에 정산한다는 것이다. 이에 비해 통상의 급여소득자라면 원천징수만으로 절차가 완료되고 나중에 납세신고를 행할 필요가 없다. 이것은 일본의 소득세법이 정밀한 원천징수제도를 갖추고 있기 때문이며, 또한 은행예금의 이자처럼 원천징수만으로 납부가 끝나는 시스템을 다용{多用}하고 있기 때문이다. 이러한 사정이 있기 때문에 많은 근로자가 소득세의 존재를 별로 의식하지 않은 채 일상생활을 보내고 있다. 그러나 납세 프로세스가 일반적인 근로자에게 보이기 어렵게 되어 있는 만큼, 급여와 이자 등을 지급하는 자가 원천징수에 관한 각종 사무를 부담하고 있다. 이러한 자를 원천징수의무자라고 한다(所稅 제6조. → 7-2-2).

(3) 확정신고

소득세의 확정신고는 2월 16일부터 3월 15일 사이에 한다(所稅 제120조 제1항). 이 기한 내에 하는 신고를 기한 내 신고라고 한다(稅通 제17조). 기한 내 신고를 한 사람은 3월 15일까지 소득세를 납부한다(동 제35조).[13] 이렇게 하여 봄은 세제개정의 계절임과 동시에 확정신고의 계절이기도 하다.

앞서 원천징수된 금액이 있으면 확정신고 때에 정산한다(所稅 제120조 제1항 제5호).[14]

---

12) 한국: 국세기본법은, 소득세는 "과세기간이 끝나는 때" 즉 그 해의 12월 31일에 납세의무가 성립하되, 원천징수하는 소득세는 '소득금액 등을 지급하는 때' 성립하는 것으로 규정하고 있다(국세기본법 제21조 제2항 제1호, 제3항 제1호).

13) 한국: 소득세법상 종합소득, 퇴직소득, 양도소득의 과세표준 확정신고기한은 원칙적으로 과세기간의 다음연도 5월 1일부터 5월 31일까지이다(소득세법 제70조 제1항, 제71조 제1항, 110조 제1항). 확정신고 납부기한 역시 과세표준 확정신고기한까지로 규정되어 있다(소득세법 제76조 제1항, 제111조 제1항).

14) 일본 소득세법 제120조는 확정소득신고와 정산에 대하여, 제121조는 확정소득신고가 필요하지 않은 경우에 대하여 규정하고 있으며, 제190조, 제191조는 우리나라의 연말정산에 해당하는 '연말조정(年末調

얼마의 금액이 원천징수되었는지를 알 수 있도록 납세자는 지급을 한 자로부터 원천징수표와 지급통지서를 받는다(동 제225조·제226조). 거기에는 지급액과 원천징수세액이 기재되어 있다. 같은 정보는 지급을 하는 자로부터 세무서에도 제출되기 때문에 세무직원은 정보를 대조하면서 신고내용의 정확성을 조사할 수 있는 것이다.

(4) 경정과 결정

신고납세방식하에서 대부분의 경우 납세자가 확정신고한 바에 따라서 소득세액을 납부함으로써 그 해의 납세절차가 종료된다. 신고한 세액이 법률이 정하는 바와 어긋날 경우 세무서장은 「경정」을 행한다(稅通 제24조). 본래 신고했어야 하는데 납세자가 신고서를 제출하지 않은 경우 세무서장은 「결정」을 행한다(동 제25조). 경정과 결정은 어느 쪽이나 세액을 확정하기 위한 행정처분이다.15) 납세자의 지위를 안정시키기 위해 원칙적으로 5년의 기간제한이 있다(동 제70조).16)

(5) 수정신고와 경정청구

신고에 의해 일단 확정된 세액에 과부족이 있었던 것을 깨달으면 납세자는 어떻게 하는 게 좋을까. 먼저 세액을 증액하는 경우에는 「수정신고」를 행한다(稅通 제19조). 반대로 감액을 요구할 경우에는 「경정청구」를 행한다(동 제23조). 경정청구가 가능한 기간은 원칙적으로 5년으로 제한되어 있다.17) 경정청구가 있었을 경우, 세무서장은 조사한 후

整)'과 '과납부액의 환급'에 대해서 규정하고 있다(부록 일본 조세법령 참조).
　　한국: ① 확정신고 및 납부에 대해서 소득세법 제76조(확정신고납부), 제111조(확정신고납부) 참조. ② 근로소득만 있는 자, 공적연금소득만 있는 자, 일정한 사업소득만 있는 자 등은 과세표준 확정신고를 하지 아니할 수 있다[소득세법 제73조(과세표준확정신고의 예외)]. 이 경우의 연말정산에 대해서는 소득세법 제137조(근로소득세액의 연말정산), 제143조의4(공적연금소득세액의 연말정산), 제144조의2(과세표준확정신고 예외 사업소득세액의 연말정산) 등 참조.

15) 한국: '납세의무자가 과세표준과 세액의 신고를 하지 아니한 경우나, 신고한 과세표준과 세액이 세법이 정하는 바에 맞지 아니한 경우'는 '결정 또는 경정'을 함으로써 세액이 확정되는 것으로 규정되어 있다(국세기본법 제22조 제2항 단서).

16) 본문의 원칙에 대하여, 일본 국세통칙법 제70조 본문(각호 외의 부분)의 괄호는 과세표준신고서의 제출이 필요한 국세에 대하여 신고서가 제출된 경우에 있어서의 부과결정의 경우는 그 제척기간을 3년으로 단축시키고 있고, 같은 법 제70조 제4항은 "거짓 기타 부정한 행위(偽りその他不正の行為)"로 세액의 전부나 일부를 면하거나 환급을 받은 경우 등에 대해서는 그 제척기간을 7년으로 연장시키고 있다.
　　한국: 국세부과의 제척기간은, 통상적으로 국세를 부과할 수 있는 날로부터 5년이나, 납세자가 법정신고기한까지 과세표준신고서를 제출하지 않은 경우에는 7년, 사기 그 밖의 부정한 행위(부정행위)로 국세를 포탈하거나 환급·공제받은 경우 등은 10년이며(상속세·증여세의 경우는 통상적인 경우 10년, 신고서를 제출하지 않거나 거짓신고를 한 경우 등은 15년), 그 외에도 몇 가지 예외들이 있다[국세기본법 제26조의2(국세의 부과제척기간)].

17) 한국: 동일하게, 납세자가 이미 신고한 세액을 증액하고자 하는 경우는 수정신고를, 감액하고자 하는

에, 감액경정을 하거나 경정할 이유가 없다는 뜻을 통지한다. 이렇게 일단 신고에 의해 확정된 세액을 나중에 감액하는 경우에는 세무서장의 판단을 개재시키도록 규정되어 있다.

Column 4-2 경정(更正)과 갱생(更生)

세무서장에 의한 「경정」의 경우, 올바르게 한다는 의미의 글자{正}를 사용하고 있다. 회사 「갱생」이라든지 범죄자의 「갱생」과 같은 경우와 한자가 다르므로 잘못 쓰지 않도록 주의해야 한다. 또한 필요경비에 「산입{算入}」한다고 표기하는 것이 올바른데, 「참입{參入}」이라는 한자를 적는 실수도 많다.18)

4-2-3 신고납세방식의 담보

신고납세방식을 담보하기 위한 시스템으로서 다음과 같은 것이 중요하다.

▶ 질문검사권.19) 세무직원은 소득세나 법인세 등에 관한 조사와 관련해서 필요가 있을 때에는, 납세의무가 있는 자에게 질문하고, 그 자의 사업에 관한 장부서류 기타 물건을 검사하거나, 또는 해당 물건의 제시·제출을 요구하는 것이 가능하다(稅通 제74조의2 제1항). 이 권한은 범죄조사를 위해 인정된 것이라고 해석해서는 안 된다 (동 제74조의8). 조사절차가 법정되어 있다(동 제74조의7~제74조의13).

▶ 가산세. 과소신고가산세는 납세자가 신고한 바가 과소한 경우의 페널티이다. 나중에 수정신고나 경정에 의해 증액된 경우에, 증차세액{增差稅額}의 원칙으로서 10%를 본체 부분(본세)에 더하여 부과한다(稅通 제65조). 과소신고가 가장·은폐에 의한 경우에는 과소신고가산세에 대신하여 35%의 중가산세를 부과한다(동 제68조 제1항).20) 이 밖에 무신고가산세와 불납부가산세가 있으며 각각에 대해 중가산세가 갖추어져 있다(동 제66조·제67조·제68조 제2항, 제3항).21)

경우는 경정청구를 하도록 규정하고 있으며, 감액경정청구의 기간은 역시 원칙적으로 법정신고기한으로부터 5년이다[국세기본법 제45조(수정신고), 제45조의2(경정 등의 청구) 참조].

18) 일본어로는 '경정(更正)'과 '갱생(更生)'의 발음(こうせい)이 동일하고, '산입(算入)'과 '참입(參入)'의 발음(さんにゅう) 역시 동일하다.

19) 한국: 소득세법 제170조(질문·조사), 법인세법 제122조(질문·조사). 조세심판관에 대해서는 국세기본법 제76조(질문검사권), 체납처분의 집행에 관해서는 국세징수법 제27조(질문권·검사권).

20) 한국: 과소신고가산세의 세율은 과소신고분의 10%이고, 부정행위로 인한 과소신고가산세에 대해서는 40%로 규정되어 있다[자세한 내용은 국세기본법 제47조의3(과소신고·초과환급신고가산세) 참조].

21) 한국: 국세기본법 제47조의2(무신고가산세), 제47조의4(납부지연가산세)

▶ 벌칙. 「거짓 기타 부정한 행위」에 의해 소득세를 면한 경우에는 형사처벌의 대상이 될 가능성이 있다(所税 제238조).[22] 범칙사건의 조사는 국세국의 사찰부가 담당한다. 범칙사건을 고발하면(税通 제155조) 검찰이 인계받고, 기소하면 형사소송으로 이행한다.[23][24] 平成28{2016}년도에서의 직접국세 범칙사건에 관한 제1심 판결은 100

---

22) 한국: 각 세법에 처벌규정이 들어 있는 일본과 달리, '조세범 처벌법'이 별도로 마련되어 있다.

23) ① 본문에서 언급된 일본 조세범칙사건에서의 '고발'은 우리나라 조세범 처벌법상의 고발(제21조)과 같은 의미를 가지는 것인가. 일본 조세범칙사건에 있어서의 '고발'의 의미는 '통고처분의 대상이 되는 범칙사건'과 '통고처분의 대상이 아닌 범칙사건'에 있어서 크게 다르므로, 이를 나누어 살펴본다.

② 《통고처분의 대상이 아닌 범칙사건》일본 국세통칙법 제155조는 "간접국세 이외의 국세에 관한 범칙사건"(제1호) 및 "신고납세방식에 의한 간접국세에 관한 범칙사건(주세법 제55조 제1항 또는 제3항의 죄 기타 정령으로 정하는 죄에 관련된 사건에 한함)"(제2호)의 조사를 한 결과 범칙이 있다고 사료되는 때에는 담당 세무공무원은 검사에게 이를 고발해야 한다고 규정하고 있으며, 이 사건들의 경우 일본 국세통칙법 제157조 제1항, 제156조 제1항 본문의 괄호에 의해서 통고처분의 대상에서 제외된다.

위 제1호에서 '간접국세 이외의 국세'라고 하는 것은 '직접국세'와 같은 의미이고[金子宏, 앞의 책(租税法), 1140면. '간접국세'의 의미에 대해서는 일본 국세통칙법 제135조 제1항, 일본 국세통칙법 시행령 제46조 참조], 제2호에서 '신고납세방식의 의한 간접국세에 관한 범칙사건으로서 정령으로 정하는 죄에 관련된 것'이라 함은 '주세, 담배세, 휘발유세, 지방휘발유세, 석유·가스세, 석유석탄세, 수입품에 대한 국내소비세에 관한 포탈죄 등(이들에 관한 모든 죄가 아니고 포탈행위나 환급행위 등에 한정)'을 의미한다(일본 국세통칙법 시행령 제53조).

여기서 중요한 것은 위 일본 국세통칙법 제155조에 따른 세무공무원의 고발은 소송조건으로 해석되지 않는다는 점이다[最判 昭和28(1953). 9. 24. 昭和28年(あ)16号. 이 판결은 원칙적으로 통고처분 절차의 대상이 되는 간접국세에 관한 범칙사건에 대해서는 징세관리의 고발이 소송조건이나, 이러한 경우가 아니라면 징세관리의 고발이 공소제기의 소송조건이 아니라는 취지로 판단함]. 즉 검사는 일본 국세통칙법 제155조 제1호(직접국세에 관한 범칙사건), 제2호(위 ②에서 살펴본 주세 등 간접세의 포탈행위 등에 관한 범칙사건)의 범칙사건에 대해서는(즉 통고처분의 대상이 아닌 범칙사건들) 세무공무원의 고발이 없더라도 유효하게 공소제기를 할 수 있다.

③ 《통고처분의 대상인 범칙사건》한편 일본 국세통칙법 제159조 제1항은 '간접국세에 관한 범칙사건'(일본 국세통칙법 제157조에 의해서 원칙적으로 통고처분 절차의 대상이 되는 것으로, 일본 국세통칙법 제156조 제1항에 의해서 위 제155조 제2호에 규정된 것은 제외됨)에 대해서는 세무공무원의 고발을 공소제기에 있어서의 소송조건으로 정하고 있는데, 이 규정은 간접국세에 관한 범칙사건에 대한 통고처분 절차와 기소 절차가 중첩되는 것을 방지하고자 하는 취지의 규정으로, 통고처분 절차를 거쳐야 하는 간접국세에 관한 범칙사건에 있어서는 세무공무원의 고발이 소송조건이라는 기존의 판례를 명문화한 것이다[金子宏, 앞의 책(租税法), 1142면]. 또한 지방세 포탈의 경우도, 위 국세와 거의 유사한 구조의 규정을 두고 있어서, 간접지방세에 관한 범칙사건에 있어서는 지방자치단체의 징세리원(徵税吏員)의 고발이 소송조건이다(일본 지방세법 제22조의30).

④ 따라서 직접세와 간접세의 구별이 강학상의 구분에 불과한 우리나라와 달리[이창희, 세법강의(제19판), 박영사(2019), 9면], 일본에서는 어느 쪽으로 분류되는가에 따라서 '통고처분 절차의 대상이 되는지 여부'와 '고발이 소송조건인지 여부' 등에서 차이를 보이는 법률적인 의미를 가지게 된다(이상 부록 일본 조세법령 참조).

24) 한국: ① 조세범칙행위에 대해서 조사를 마친 결과 혐의가 있는 경우에는 세무공무원 등은 통고처분을 하거나 고발을 하게 되는데(조세범 처벌절차법 제13조, 지방세기본법 제120조 제1항), 여기서 통고처분의 대상이 되는 범칙행위가 위에서 살펴본 일본의 경우처럼 세금의 종류(직접세, 간접세)에 따라서 한정되어 있지 않으며(조세범 처벌절차법 제15조, 지방세기본법 제121조), 어느 경우나 세무공무원의

건이고 그중 유죄 건수는 100건이다.[25]

이상의 시스템이 신고납세방식을 담보하기 위한 채찍이라고 한다면, 당근에 해당하는 제도도 있다. 예를 들어 소득세법과 법인세법의 청색신고제도는 정확히 회계장부를 갖추고 있는 자에게 각종 특전을 부여한다. 특전을 부여함으로써 적정한 신고납세를 할 인센티브를 주려는 것이다.

원래 사람이 룰을 준수하는 메커니즘은 복잡한 것이다. 납세협력에 대해 이것을 연구하는 것이 세무집행의 이론이다. 이상으로 본 납세 프로세스의 동태를 이해하고 개선책을 제시하려면 이러한 이론면의 검토를 빼놓을 수 없다. 더불어 '사회보장·세{稅} 번호제도(마이넘버)'[26]의 이용과 활용 그리고 납세자 정보의 수집·처리·이전에 관한 절차의 개혁 등 납세환경의 전반적인 정비가 과제이다. 세무행정의 운용면에서도 '일반적인 납세자를 고객(client)으로 인식하여 납세서비스의 충실을 기하는 측면'과 '일탈행동을 반복

고발이 그 소송조건이다(조세범 처벌법 제21조, 지방세기본법 제111조). 즉 직접세라고 하여 세무공무원의 고발 없이 검사가 공소를 제기할 수는 없다.

② 그러나 연간 포탈세액이 5억 원 이상인 경우는 검사가 고발 없이 공소를 제기할 수 있으며(특정범죄 가중처벌 등에 관한 법률 제16조, 제8조), 이 경우는 세무공무원에게 통고처분을 할 권한이 없다고 해석된다(대법원 1988. 11. 8. 선고 87도1059 판결 참조).

③ 즉 일본과 달리 '통고처분 절차의 대상이 되는지 여부'와 '고발이 소송조건인지 여부'가 직접세인지 간접세인지 여부에 따라서 달라지는 것이 아니라, 연간 포탈세액의 다소에 따라서 달라진다.

25) 한국: 같은 2016년을 기준으로 조세형사사건의 제1심 통계를 개괄하면, '조세범처벌법위반'의 경우 접수 1,537건, 처리 1,433건[그중 유죄판결 1274건], '특정범죄가중처벌등에관한법률위반(조세)'의 경우 접수 66건, 처리 64건(그중 유죄판결 50건), '특정범죄가중처벌등에관한법률위반(허위세금계산서교부 등)'의 경우 접수 288건, 처리 293건(그중 유죄판결 259건)이다. 형사절차로 진행되는 조세범 사건의 건수가 월등하게 많다는 것을 알 수 있다[다만 본문의 설명은 일본의 직접국세 범칙사건에 관한 것이나, 우리나라 통계는 직접세에 한정된 것이 아니며, 특정범죄가중처벌등에관한법률위반(조세)은 사법연감에 '조세포탈'로 분류되어 있는 항목으로서, 지방세포탈도 포함한다].

참고로 다음 해인 2017년을 기준으로 같은 통계를 개괄하면, '조세범처벌법위반'의 경우 접수 1,560건, 처리 1,552건(그중 유죄판결 1,392건), '특정범죄가중처벌등에관한법률위반(조세)'의 경우 접수 111건, 처리 99건(그중 유죄판결 88건), '특정범죄가중처벌등에관한법률위반(허위세금계산서교부등)'의 경우 접수 309건, 처리 270건(그중 유죄판결 232건)이다.

이상 2017 사법연감, 대법원(2017), 제5장 제3절 제5항(형사소송); 2018 사법연감, 대법원(2018), 제5장 제3절 제5항(형사소송)의 해당 부분에서 인용함['유죄판결'의 경우 유기징역(실형), 집행유예, 재산형, 선고유예의 건수를 더한 것임].

26) 일본에는 본래 우리나라의 주민등록번호에 해당하는 국민의 고유번호제도가 없었으나, '행정절차에 있어서의 특정개인을 인식하기 위한 번호의 이용 등에 관한 법률(行政手続における特定の個人を識別するための番号の利用等に関する法律)'의 제정으로(2013년), 한국의 주민등록번호에 대응하는 '마이넘버 제도(社会保障·税番号制度)'가 최근 도입되어 시행중에 있다. 다만 2020. 8. 1.을 기준으로 '마이넘버 카드'의 보급률이 인구의 약 18.2%(부여건수는 약 23,246,822건)에 그치고 있는 등[일본 총무성 홈페이지의 'マイナンバー制度とマイナンバーカード' 란에 있는 자료 "マイナンバーカード交付状況(2020. 8. 1. 現在)"(https://www.soumu.go.jp/main_content/000703057.pdf)에서 인용. 접속일: 2020. 8. 28.] 이 제도가 아직 일반화되었다고 평가하기는 힘든 것으로 보인다.

하는 납세자에게 효과적인 법적대응을 하는 측면'을 구별하는 등 고민해 나가야 할 여지가 많다.

Column 4-3 마루사의 여자[27)

1987년에 개봉한 영화 「마루사의 여자」는 마루사라는 약칭으로 사찰부의 이름을 일약 유명하게 만들었다. 주인공인 여성 사찰관을 연기한 미야모토 노부코{宮本信子}는 제11회 일본 아카데미상 주연 여우상을 획득하였다. 다음 해인 1988년에는 「마루사의 여자 2」가 개봉되었다. 마루사가 하는 일에 대해서는 다음을 참조. 上田二郎 『国税局査察部24時』 (講談社, 2017년).

4-3 사법과정

일본국 헌법하에서는 조세에 관한 사건도 통상법원이 관할한다. 조세사건을 담당하는 법관이 반드시 조세법의 전문가인 것은 아니다. 비교법적으로 보면 조세전문의 특별법원을 설치하는 나라도 있다. 재판에서 정부[28)의 대리인을 맡는 것은 법무성 대신관방 조세송무과[29)의 송무검사이다.[30) 조세소송을 전문으로 다루는 변호사의 수는 사건의

---

27) '마루사(マルサ)'는 '국세국 사찰부(国税局 査察部)'를 가리키는 별칭이다. 우리나라의 지방국세청 조사국에 해당한다.

28) 조세소송을 포함한 일본 행정소송에서의 피고는 원칙적으로 '처분 행정청'이 아닌 "해당 처분을 한 행정청이 소속된 국가 또는 공공단체"이다(일본 행정사건소송법 제11조 제1항 제1호). 일본에서도 본래 행정소송에서의 피고를 '행정청'으로 정해왔으나, 행정사건소송법이 2004년 개정되면서 이를 '국가 또는 공공단체(지방자치단체 등)'로 변경하였다. 그 입법연혁과 변경의 경위, 예외 등에 대해서는 南博方 (原編著)·高橋滋·市村陽典·山本隆司(編集), 条解行政事件訴訟法(제4판), 弘文堂(2014), 339-352면 (村田斉志 집필부분) 참조.

29) 현재는 일본 법무성에 '송무국'이 별도로 설치되어 있어서, 조세송무과는 송무국 소속으로 되어 있다[일본 법무성 홈페이지의 "法務省の組織図(법무성의 조직도)"(http://www.moj.go.jp/content/001296193. pdf) 참조. 접속일: 2020. 8. 28.]. 참고로 일본 법무성의 송무국장은 검사 신분으로 전환되어 파견(出向)을 나가 있는 현직 판사이며, 송무국 산하의 5개 과 중 조세송무과의 과장만 검사가 맡고, 그 외의 다른 과(송무기획과, 민사송무과, 행정송무과, 송무지원과)의 과장 역시 검사 신분으로 파견(出向)을 나가 있는 현직 판사가 맡는 것이 통례이다.

30) 일본의 행정재판 실무를 살펴보면, 통상 피고 측 소송수행자가 출석하는 우리나라와 달리, 조세소송을 포함한 행정소송에는 송무검사도 직접 출석한다. 그리고 그 송무검사의 상당수는 본래 판사이나 단기간(통상 2년) 법무성에 검사 신분으로 파견(出向)을 나가 있는 현직 판사이다. 또한 사건의 경중에 따라서 다르지만 역자가 2016년에 도쿄 지방재판소에서 외국법관연수를 받으면서 방청하였던 행정소송(조세소송 포함)에서는 피고 측에서 적어도 6명 내지 9명이 출석을 하고 있었다. 즉 ① 송무검사(상당수가 본래 판사), ② 법무성 송무담당 직원, ③ 해당 행정청의 송무담당 직원이 피고석의 앞줄에 앉고,

고도화, 대형화와 함께 증가 추세에 있다.

조세법 관계의 소송은 행정사건, 민사사건, 형사사건에 이른다. 따라서 조세법에 관한 최고재판소의 중요 판결은 민집{民集}과 형집{刑集} 모두에 게재된다. 이 중 행정사건에 관한 전형적인 분쟁은 다음의 프로세스를 거친다. 우선 사법과정에 들어가기 전 단계로서, 경정이나 결정에 불만이 있는 납세자가 그 취소를 구하여, 세무서장에 대한 재조사의 청구를 거치거나 또는 거치지 않고 직접, 국세불복심판소장에게 심사청구를 한다(税通 제75조 제1항).[31] 그리고 나서 지방재판소에 소를 제기하고,[32] 고등재판소에 대한 항소, 최고재판소에 대한 상고수리신청으로 이어진다.

平成28{2016}년도를 기준으로 정부 측을 피고로 하여 소송을 제기한 건수는 230건이었다. 소송이 종결된 건수는 245건이고 이 중 납세자가 일부 또는 전부 승소한 것은 11건이다. 모두 제1심부터 최고재판소까지를 합친 숫자이다. 최근 몇 년간의 추세를 보면 아무리 많아도 일 년에 400건을 넘지 않는다.[33] 이는 제소 전의 불복신청 단계에서 선

---

④ 그 뒷줄에 3명 내지 6명 정도의 해당 행정청 직원들(소송대상인 행정처분을 직접 담당했던 직원들인 경우도 있고, 그렇지 않은 경우도 있음)이 배석한다(일본 '국가의 이해에 관계가 있는 소송에 대한 법무대신의 권한 등에 관한 법률' 제2조에 따라서, 법무대신은 해당 행정청의 직원 등으로 하여금 소송 수행을 하도록 지정할 수 있다).

31) 국세불복심판소장은 국세청장관이 재무대신의 승인을 얻어 임명하는데(일본 국세통칙법 제78조 제2항), 통상적으로 현직판사가 파견(出向) 형식으로 임용되며, 도쿄 지방재판소 부장판사(부 총괄재판관)를 역임한 경력 30년차 이상의 판사가 2년간 파견되는 것이 보통이다. 참고로 2020년 현재 파견 중인 국세불복심판소장은 東亜由美(ひがしあゆみ) 판사(법조경력 31년차)로, 과거 법무성 대신관방 조세송무과 검사, 도쿄 법무국 송무부 부부장(검사) 등을 역임하였으며, 직전 보직은 도쿄 지방재판소 민사부장(부 총괄재판관)이다.

   또한 일본 국세통칙법 제78조 제3항에 의하여 필요한 지역에 국세불복심판소의 지부(支部)를 설치하도록 규정되어 있는데[현재 12개의 지부(支部)와 7개의 지소(支所)가 설치되어 있음], 그중 도쿄, 오사카와 같은 주요 지부에는 현직 판사 또는 검사가 지부장(수석국세불복심판관)으로 파견(出向)된다[일본 국세청 홈페이지의 심의회 자료 "国税不服審判所の概要等"(https://www.nta.go.jp/about/council/sinsabunkakai/190313/shiryo/pdf/01.pdf) 참조(접속일: 2020. 8. 28.)].

32) 일본에서도 조세소송에는 원칙적으로 행정심판 전치주의가 적용된다(일본 국세통칙법 제115조, 지방세법 제19조의12).

33) 본문의 2016년도를 포함하여 일본 조세소송의 통계에 대해서는, 일본 국세청 홈페이지의 자료 "令和元年度における訴訟の概要"(https://www.nta.go.jp/information/release/kokuzeicho/2019/sosho/index.htm) 참조(접속일: 2020. 8. 28.).

   한국: ○ 본문과 같은 2016년을 기준으로 조세소송의 통계를 개괄하면 다음과 같다.
   제1심 1,926건 접수. 2,393건 처리, 그중 원고 전부승소 450건, 원고 일부승소 157건.
   항소심 1,269건 접수. 1,521건 처리, 그중 원고 전부승소 97건, 원고 일부승소 61건.
   상고심 774건 접수. 751건 처리, 그중 파기자판 40건, 파기환송 50건, 상고기각 635건.
   ○ 참고로 다음 해인 2017년을 기준으로 같은 통계를 개괄하면 다음과 같다.
   제1심 1,819건 접수. 2,027건 처리, 그중 원고 전부승소 359건, 일부승소 141건.
   항소심 1,223건 접수. 1,319건 처리 그중, 원고 전부승소 90건, 원고 일부승소 79건.

별작업이 이루어지기 때문이다. 동일하게 平成28{2016}년도를 기준으로 재조사의 청구는 1,674건이었고 심사청구는 2,488건 있었다.[34] 심사청구에 대하여 국세불복재판소가 재결을 내리면 여기에 불복하는 납세자는 소송을 제기할 수 있지만, 정부 측에서 제소하는 경우는 없다.[35]

Column 4-4 국세청은 왜 이기는가

　납세자의 승소율은 항상 낮다. 그 설명 중 유력한 가설은 정부가 합리적인 계속적 당사자로서 사건을 선택하고, 스스로 유리한 방향으로 선례를 형성할 수 있을 만한 사건을 골라 소송단계까지 다투고 있기 때문이라는 것이다[J・マーク・ラムザイヤー＝エリック・B・ラスムセン[36] [吉村政穂訳]「どうして日本の納税者は勝てないのか?」金子宏先生古稀祝賀『公法学の法と政策(下)』(有斐閣, 2000년) 147면].

　　상고심 693건 접수. 722건 처리, 그중 파기자판 14건, 파기환송 52건, 상고기각 631건.
　　이상 2017 사법연감, 대법원(2017), 제5장 제3절 제3항(행정소송); 2018 사법연감, 대법원(2018), 제5장 제3절 제3항(행정소송)의 해당 부분에서 인용함.
34) 본문의 2016년도를 포함하여 일본 국세불복심판소 심사청구 사건의 통계에 대해서는, 일본 국세불복심판소 홈페이지의 통계자료 "審査請求の状況"(https://www.kfs.go.jp/introduction/demand.html) 참조 (접속일: 2020. 8. 28.). 여기에 따르면 본문에 언급된 2016년도의 인용률(전부 또는 일부)은 12.3%이고, 그 후 2017년도 8.2%, 2018년도의 7.4%, 2019년도 13.2%의 인용률을 보이고 있다.
　　한국: ○ 본문과 같은 2016년을 기준으로 조세심판의 통계를 개괄하면 다음과 같다.
　　6,003건 접수. 6,628건 처리, 그중 취하 163건, 각하 506건, 기각 4,322건, 재조사 299건, 인용 1,338건 (재조사를 포함한 인용률 25.3%, 재조사를 제외한 인용률 21.7%)
　　○ 참고로 다음 해인 2017년을 기준으로 같은 통계를 개괄하면 다음과 같다.
　　6,753건 접수. 6,751건 처리, 그중 취하 127건, 각하 935건, 기각 3,848건, 재조사 501건, 인용 1,340건 (재조사를 포함한 인용률 27.8%, 재조사를 제외한 인용률 21.9%)
　　이상 2019 조세심판통계연보, 조세심판원(2019), 8면에서 인용함.
35) ① 일본에서도 국세불복단계에서 정부가 패소한 경우 법원에 제소를 할 수 없다. 일본 국세통칙법 제102조에 의해서 국세불복심판소의 재결에는 관계행정기관을 구속하는 효력이 부여되기 때문이다. 黒坂昭一, Q&A 国税に関する不服申立制度の実務(2정판), 大蔵財務協会(2015년), 368면.
　　② 다만 일본 국세통칙법 제99조 제1항은 국세불복심판소장으로 하여금, 국세청장관이 발령한 통달에 의한 법령해석과 다른 해석에 의해 재결을 하는 경우, 또는 다른 국세에 관한 처분을 하는 경우에 있어서 법령해석상 중요한 선례라고 인정되는 재결을 하는 경우에는, 미리 국세청장관에게 그 의견을 통지할 것을 규정하고 있고, 같은 조 제2항, 제3항은 청구인의 주장을 인용(認容)하는 의견의 통지가 이루어진 경우 국세청장관이 그 의견이 상당하다고 인정하는 경우 이외에는(즉 국세청장관이 국세불복심판소 측의 청구인용 주장에 반대하는 경우에는), 국세불복심판소장과 국세청장관은 공동으로 해당 사안에 대하여 '국세심의회'에 자문을 구해야 하고, 국세불복심판소장은 국세심의회의 의결에 따라서 재결을 해야 한다는 취지로 규정하고 있다(부록 일본 조세법령 참조).
36) 본문은 저자명 'J. Mark Ramseyer'와 'Eric B. Rasmussen'의 일본어 표기를 그대로 옮긴 것이다.

4-4 총정리

4-4-1 복잡함과의 공존

일본의 조세법 형성과정에는 두 가지 특징이 있다. 첫 번째 특징은 조세에 관한 법령과 통달의 양이 방대하여 룰이 복잡해지고 있다는 것이다. 그에 따라 세제를 간소화해야 한다는 주장이 신문지상 등에 종종 등장한다. 일견 타당한 듯한(그리고 타당한 부분을 포함하고 있는 듯한) 이러한 주장에도 불구하고, 현실의 세제에서는 전혀 간소해질 낌새가 보이지 않는다.

왜일까. 그것은 세제개혁의 목표로서 「간소」라는 관념이 갖는 의미가 한정적인 것에 머무르고 있기 때문이다. 우리들이 공평한 세제를 추구하는 이상, 일정수준 룰이 복잡해지는 것은 불가피하다. 또한 경제거래 자체가 복잡하기 때문에 그것에 대응하기 위해 세세한 과세 룰을 설정해 두지 않으면 과세관계가 어떻게 되는 것인지 알 수 없게 되어버리고, 결국 납세자가 곤란해진다. 어느 정도의 복잡함은 어쩔 수 없는 것이라 해야 할지도 모르겠다.

다만 개선의 여지는 존재한다.

▶ 과세 룰의 명확화. 법령을 읽기 쉽게 해서 납세협력비용을 삭감해야 한다. 모든 내용을 한 문장으로 완결시키려고 괄호가 몇 겹이나 들어가서 조문이 불필요할 정도로 읽기 어렵게 되어 있다.

▶ 조세특별조치의 정리. 경제정책과 사회정책의 수단으로서 세제를 사용하는 것의 적부(適否)를 새롭게 재검토해야 한다. 개별적인 특례를 거듭함으로써 세제가 복잡해지고 있기 때문이다. 조세특별조치를 통제할 수단으로는 「조세특별조치의 적용상황의 투명화 등에 관한 법률」이 있어서, 법인세관계 특별조치에 대한 적용실태 조사와 그 결과의 국회에 대한 보고를 의무화하고 있다.

4-4-2 개정속도에 대한 대응

일본의 조세법 형성과정의 두 번째 특징은 조세법령과 통달이 단기간에 개폐되는 경향이 있다는 것이다. 그 배경이 되고 있는 것은 4-1에서 본 세제개정의 연례행사화이다. 어느 실무가는 이런 센류(川柳)를 읊었다.

「조문을 외우자마자 개폐되네」

그렇게 말하는 기분을 잘 알고 있다. 이 장을 읽은 여러분도 잘 알게 되셨을 것이다.

이렇게까지 빈번하게 조세법령을 개정하는 것은 필연적인 것일까. 생각해 보면 이상하게 생각하지 않을 것도 없다. 속담에 「구세{舊稅}는 양세{良稅}」라는 말이 있다. 새로운 세를 도입하려고 하면 큰 사회적, 정치적 저항에 직면한다. 증세도 마찬가지이다. 민주적 정치과정하에서 승자와 패자를 낳는 세제개정에는 다대{多大}한 곤란과 저항이 일어나고 현상유지를 요구하는 압력이 가해진다.

그런데도 세제개정이 부단히 계속되는 것은 이러한 압력 이상으로 개혁에 대한 사회적 수요가 크기 때문이다. 일본의 재정적자는 주저 없이 새로운 세수원{稅收源}을 요구한다. 저출산·고령화와 글로벌화, 디지털화는 택스 믹스나 개별세목의 구조개혁을 필요로 한다. 대응을 요하는 개별논점은 산적해 있고 세제개혁을 부르짖는 목소리는 끊이지 않는다. 조세법은 수십 년이나 내버려두기에는 너무나 중요한 것이다.

다만 여기에서 한 가지 확인해 두고 싶은 점이 있다. 조세법률이 정하는 내용에는 세제의 기본구조에 관계되는 것부터 그때그때의 사회정책과 경제정책을 반영한 세세한 것까지 몇 가지 정도의 레벨이 존재한다. 나무에 비유해서 말하자면 줄기{幹}에 해당하는 부분과 잎가지{枝葉}에 해당하는 부분이다. 확실히 잎가지의 부분은 수년 만에 전환되는 경우가 많다. 이에 비해 줄기부분은 사실 50년 단위의 계속성·안정성을 갖는다. 조세법률의 기본구조는 좋든 나쁘든 옛 모습을 보유하고 있다. 이것은 별로 알려지지 않은 것이고 더욱 주목해도 좋을 것이다. 본서에서 배워가는 것은 줄기의 부분이다.

4-4-3 법을 이끌어가는 사람의 중요성

이렇게 조세법은 복잡한 영역이고 개정의 템포도 빠르다. 그만큼 그것을 이끌어 가는 담당자의 자질과 깊이에 대해서도 묻게 된다.

이러한 관계로 납세자를 서포트하는 전문가층의 두께가 어느 정도 되는가는 세제에 있어서 매우 중요한 사항이다. 그러한 조세 전문가로서 세리사{稅理士}[37]는 납세자의 세무상담에 응하고 신고서를 시작으로 하는 세무서류를 작성하며 행정불복 신청 시에 납세자를 대리한다(稅理士 제2조 제1항). 또한 조세에 관한 사항에 대해 보좌인으로서, 변호사인 소송대리인과 함께 출두하여 진술할 수 있다(동 제2조의2). 일본세리사회 연합회의 조사에 따르면 2018년 4월 말의 등록자수는 7만 7064명이다. 세리사에는 세리사시

---

37) 일본의 '세리사'는 우리나라의 '세무사'에 해당하는 직역이다.

험에 합격한 사람과 국세청 등의 근무를 경험한 사람이 있다. 공인회계사와 변호사 중
에도 세리사 등록을 하고 세무업무를 행하는 사람이 있다.

이에 비해 변호사의 고유한 직무로서는 납세자의 소송대리인을 맡는 것이 있다. 그뿐
아니라 부동산 판매와 유산상속, 사채발행과 M&A 등 중요한 경제거래의 구축에 있어서
과세 관계가 어떻게 되는가를 법적으로 분석하고 적확한 조언을 주는 것이 요구되고 있
다. 이것이 비즈니스 플래닝의 일환으로서의 조세법의 실무이며, 세리사와 협력하는 경
우도 많다. 또한 변호사가 국세청에 근무하거나 지방자치단체의 소송대리인을 맡거나
하는 예가 늘고 있다.

☑ 이 장에서 배운 것

▶ 매년 '세제개정 요망➜ 각의결정{閣議決定}➜ 법안 국회통과➜ 정성령{政省令}38)의 공포'라
  는 프로세스가 반복된다.
▶ 국세청의 법령해석통달이 납세자의 행동에 사실상 영향을 미친다.
▶ 납세자는 소송에 이르기 전에, '신고➜ 수정신고➜ 경정➜ 재조사의 청구➜ 심사청구'와 같은
  식의 프로세스를 거친다.

🔍 찾아보자

▶ 왜 세제는 간소해지지 않는 것인가?
  → 増井良啓「『簡素』は税制改革の目標か」国家 107권 5 · 6호(1994년) 548면
▶ 조세절차에는 어떠한 장래과제가 있는가?
  → 高橋祐介「租税法の手続的基層──手続 · 執行面の法的統制」金子宏監修『現代租税法
    講座(1)理論 · 歴史』(日本評論社, 2017년) 157면

---

38) 정령(政令)과 성령(省令)

Chapter 5

조세법의 해석

▸ 문리해석 ▸ 차용개념 ▸ 조세회피

5-1 문리해석의 기본

(1) 헌법 구조로부터의 귀결

조세를 부과하려면 국회가 정하는 법률 및 법률의 적법한 위임에 근거한 정성령{政省令}에 따를 필요가 있다(憲 제84조. → 1-3). 과세의 근거가 되는 이들 법령을 본장에서는 조세법령이라고 부른다.

조세법령의 해석에 있어서는 문리해석이 기본이 된다. 이것은 조세법률주의의 민주주의적 측면과 자유주의적 측면에 관계된다(→ 1-3-2).

▸ 민주주의적 측면. 조세에 관한 룰을 결정할 권한은 국회에 있다. 국회가 만든 법령에 대해 해석의 폭을 넓히면, 해석하는 주체 특히 과세관청과 법원이 결정하는 범위가 넓어진다. 그때 문리로부터 너무 동떨어진 자유로운 해석을 인정하면 국회가 정한 것을 개변할 권한을 과세관청과 법원에 부여하는 것이 되어버린다.

▸ 자유주의적 측면. 과세한다고 하는 작용은 사인의 지갑에 공권력이 손을 찔러 넣는 것과 같다. 그러므로 사전에 명확히 룰을 정립해 두지 않으면 경제활동에 악영향을 준다. 악영향을 피하기 위해서는 사전에 주어진 규정의 문리에 입각하여 해석하는

것이 좋다.

이렇게 하여 조세법령의 해석에 있어서는 문리해석을 기본으로 해야 한다. 최고재판소도 「조세법률주의의 원칙에 비추어 보면, 조세법규는 함부로 규정의 문언을 벗어나서 해석해서는 안 된다」라고 판시하고 있다[最判 平成27(2015). 7. 17. 判時 2279호 16면].1) 다만 문리의 내용을 확정하기 위해 법령의 취지·목적을 고려할 필요가 있는 것은 물론이다.

(2) 문리와 취지

최고재판소는 조세법령의 문리를 기본으로 하면서 규정의 취지·목적을 고려한 해석을 하고 있다.

예를 들어 最判 平成22(2010). 3. 2. 民集 64권 2호 420면(호스티스 보수 사건)은 「해당 지급금액의 계산기간의 일수」(所税令 제322조)라는 문언에 대해 원심의 해석을 배척하면서 다음과 같이 판시하였다.

「조세법규는 함부로 규정의 문언을 벗어나서 해석해서는 안 되고, 원심과 같은 해석을 취하는 것은……문언상 곤란할 뿐 아니라, 호스티스 보수에 관련된 원천징수제도에 있어서 기초공제방식이 취해진 취지는, 가능한 한 원천소득세액에 관련된 환급의 수고를 덜기 위한 점에 있었다는 것이 입법담당자의 설명 등으로부터 엿보이는바, 이 점에서 보더라도 원심과 같은 해석은 채용하기 어렵다.」2)

이 판시는 문언에서 벗어난 해석을 경계함과 동시에 입법취지도 고려하면서 해석을 도출하고 있다. 규정의 취지와 문언에 비추어 해석을 한다는 태도는 다른 사건에서도 찾아볼 수 있다[最判 平成18(2006). 6. 19. 判時 1940호 120면(가이악스 사건), 最判 平成24 (2012). 1. 13. 民集 66권 1호 1면(역하프{逆ハーフ} 택스플랜 사건)].

(3) 개념의 확장

확장이 지나치면 해석이라는 이름하에 새로운 입법을 행한 것과 동일한 꼴이 된다. 그러므로 조세법령이 정하는 바를 함부로 확장해석해서는 안 된다. 양도담보에 대한 부

---

1) 한국: 조세법률주의에 관하여 판시한 대법원 2004. 5. 27. 선고 2002두6781 판결을 인용하면 다음과 같다.
"조세법률주의의 원칙상 과세요건이거나 비과세요건 또는 조세감면요건을 막론하고 조세법규의 해석은 특별한 사정이 없는 한 법문대로 해석할 것이고 합리적 이유 없이 확장해석하거나 유추해석하는 것은 허용되지 않는다고 할 것이다."
2) 이 판결은 관련 판례평석이 30편이 넘는 조세법률주의에 관한 '리딩 케이스'이다. 이해를 돕기 위하여 본문 판례의 사실관계와 주요 판시내용을 인용한다. 다만 내용이 다소 길기 때문에 Chapter 5의 말미에 별도로 삽입한다.

동산취득세의 과세가 다투어진 사건에서 최고재판소는 일반론으로서 「조세법의 규정은 함부로 확장적용을 해서는 안 된다」라고 판시한 적이 있다[最判 昭和48(1973). 11. 16. 民集 27권 10호 1333면(도쿄산업신용금고 사건)].

다만 최고재판소는 문언의 의미를 조금 확장하는 쪽으로 해석하는 경우도 있다. 最判 平成9(1997). 11. 11. 訟月 45권 2호 421면(레이싱카 사건)에서는 당시의 물품세법하에서 경주용 자동차가 「소형 보통 승용 사륜자동차」에 해당한다고 보고 과세해야 하는지가 쟁점이 되었다. 법정의견{法廷意見}3)은

「본건 각 자동차도 사람의 이동이라는 승용 목적을 위해 사용되는 것이라는 점에는 변함이 없고, 자동차 경주는 이 승용 기술을 겨루는 것에 지나지 않는다. ……본건 각 자동차는 승용과는 질적으로 다른 목적을 위해 사용하기 위한 특수한 구조, 장치를 가지는 것은 아니다」

라고 하여 「승용 이외의 특수 용도에 이용되는 것은 아니」기 때문에 '보통 승용 자동차'에 해당한다고 판시하였다. 이 법정의견은 「보통」이라는 말의 의미를 상당히 느슨하게 해석하고 있다. 이 판결에는 반대의견이 달려있다.4) 이 분쟁이 생겨난 후 물품세법은 폐지되고 소비세법이 제정되었다. 소비세법은 「과세자산의 양도 등」을 넓게 과세대상으로 하고 있기 때문에 현재는 이러한 해석문제는 생기지 않는다.

(4) 법 형성과정의 일부로서의 법령해석

이제 과세 룰의 형성과정을 다시 한 번 기능에 입각하여 관찰해 보자(→ Chapter 4). 그러면 법원, 국세청, 납세자에 의한 법령해석은 국회가 정립한 법령의 내용을 구체화하는 것이라고 볼 수 있다. 이 경우 법령의 규율밀도가 낮으면 해석에 의해 결정해야 할 범위가 상대적으로 커진다.

昭和40{1965}년 전문개정 전의 소득세법과 법인세법 아래에서는 법률로 정해져 있는 것이 현재보다도 확연히 적었고, 많은 부분을 정령 또는 통달에 맡기고 있었다. 그 후 통달상의 안정적인 처리가 정령으로 「격상」되고, 더 나아가서는 법률의 내용으로 제정된 예도 있다(所税 제64조 제2항, 法税 제64조의2 등).5)

---

3) 이 판결을 한 재판부 즉 최고재판소 제3소법정(最高裁判所 第3小法廷)의 다수의견을 의미한다.
4) 이 판결에 관여한 최고재판소 재판관 5인 중 2인(尾崎行信, 元原利文)이 파기의 취지로 반대의견을 내었고, 다수인 재판관 3인(재판장 山口繁, 園部逸夫, 千種秀夫)의 의견대로 상고기각판결이 이루어졌다. 참고로 일본 재판소법 제10조는 최고재판소 소법정(3개의 개별재판부)의 심판권을 정함에 있어서 소법정 재판관들의 의견이 일치될 것을 요구하고 있지 않고, 동법 제11조는 판결서에 '각 재판관의 의견'을 표시할 것을 정하고 있다. 따라서 우리나라 대법원과 달리 일본 최고재판소는 소법정 역시 의견이 분립된 상태로 판결을 낼 수가 있고, 이 경우 소수의견도 표시된다.

현재에도 법령에 충분한 규정이 없어서 그 「빈틈」을 해석이 메우고 있는 예가 있다. 예를 들면 조합의 형식으로 운영하는 사업에 대한 소득과세 룰(→ Chapter 13)은 그 대부분이 통달의 해석에 의거하고 있다. 또한 상속세 등에서 문제가 되는 재산의 평가에 대해서는, 토지, 가옥, 주식 등의 평가방법을 비롯하여 시가의 인정에 관한 많은 것이 「재산평가 기본통달」에 정해져 있다[增井良啓「租税法の形成における実験──国税庁通達の機能をめぐる一考察」ソフトロ─研究 6호(2006년) 59면].

5-2 조세법과 사법{私法}

5-2-1 차용개념{借用槪念}의 해석

(1) 차용개념이란

우리들의 경제생활에서 거래는 사법{私法}에 의해 규율된다. 소득세제를 실제로 작동시키려면 사법이라는 인프라스트럭처에 의거할 수밖에 없다. 그래서 소득세법과 법인세법은 모든 개념을 자족적으로 다 정의하지 않은 채 민법과 회사법 등에서 사용되는 용어와 동일한 개념을 사용하는 경우가 있다. 사법으로부터 빌려왔다는 의미에서 이것을 차용개념이라고 한다.

(2) 차용개념의 해석

최고재판소는 昭和30년대 후반{1960년대 전반}부터 원칙적으로 차용개념을 사법{私法}상의 개념과 같은 의의로 풀이해야 한다는 판단을 해왔다. 용어의 의의를 통일적으로 이해하는 것이기 때문에 이것을 차용개념의 해석에 관한 통일설이라고 한다.[6]

---

5) 일본 법인세법 제64조는 공사의 도급으로 인한 수익과 비용의 귀속사업연도에 관한 규정이고, 제64조 의2는 리스거래에 관한 소득금액의 계산에 관한 규정이다(부록 일본 조세법령 참조).

6) 한국: 차용개념의 의미와 그 해석방법을 다룬 우리나라 문헌으로 임승순·정종화, "조세회피행위의 부인과 사실인정에 의한 부인", 조세법연구 18(3), 한국세법학회(2012), 708-714면 참조.

　　차용개념에 관하여 통일설을 취한 것으로 이해되는 대표적인 판례인 대법원 1996. 2. 27. 선고 95누 13197 판결의 판결요지를 인용하면 다음과 같다.

　　"토지의 공유자들이 공유토지 위에 공동으로 하나의 건물을 건축하는 경우 그 건물의 소유관계는 건축 비의 출자비율에 따라 정해지며 출자한 토지의 지분비율에 따라 정해지는 것이 아니다. 그리고 건물의 건축비를 장차 신축할 건물의 임대료보증금으로 전액 충당한 경우에는 건축비의 출자비율은 보증금반환채무의 부담비율에 따라 정해진다(토지의 소유지분이 서로 달라 제공하는 토지사용권의 비율이 균등하지 않은 경우에는 토지사용권을 적게 제공한 공유자와 다른 공유자 사이에 그 차이 부분에 대하여 사

▶ 「이익의 배당」最判 昭和35(1960). 10. 7. 民集 14권 12호 2420면(스즈야금융{鈴や金融} 주식회사 사건)

▶ 「익명조합 계약 및 이에 준하는 계약」最判 昭和36(1961). 10. 27. 民集 15권 9호 2357면(칸교케이자이{勧業経済} 주식회사 사건)

▶ 「친족」最判 平成3(1991). 10. 17. 訟月 38권 5호 911면

▶ 「배우자」最判 平成9(1997). 9. 9. 訟月 44권 6호 1009면(사실혼「배우자」소송)

▶ 「주소」最判 平成23(2011). 2. 18. 訟月 59권 3호 864면(타케후지{武富士} 사건)[→ 5-3-2 (3)]

Column 5-1 「외국법인」해당성

最判 平成27(2015). 7. 17. 民集 69권 5호 1253면(델라웨어주 리미티드 파트너십 사건)은 외국법에 기초하여 설립된 조직체가「외국법인」(所税 제2조 제1항 제7호, 法税 제2조 제4호)에 해당하는지 아닌지는, 우선「① 해당 조직체에 관련된 설립 근거법령의 규정 문언과 법제의 구조로부터, 해당 조직체가 해당 외국의 법령에서 일본법상의 법인에 상당하는 법적 지위를 부여받았다는 것 또는 부여받지 않았다는 것이 의심스러운 바가 없을 정도로 명백한지 아닌지」를 검토해서 판단하고, 이러한 판단을 할 수 없는 경우에는「② 해당 조직체가 권리의무의 귀속주체라고 인정할 수 있는지 아닌지를 검토해서 판단해야 하는 것이고, 구체적으로는 해당 조직체의 설립 근거법령의 규정 내용과 취지 등으로부터 '해당 조직체가 스스로 법률행위의 당사자가 될 수 있으며 그 법률효과가 해당조직체에 귀속한다고 인정할 수 있는지 없는지'를 검토해서 판단해야 한다고 판시하였다.

(3) 차용개념의 수정

사법에서 개념을 차용함에 있어서 조세법령이 명문에서 개념을 수정하였을 경우에는 수정된 규정대로 해석해야 하는 것은 당연하다. 이에 비해 명문에 의한 수정이 없어도 해당 조세법령의 규정 취지에서 보아, 차용원{借用元}에서의 의의와는 별개의 의의로 풀

용대차관계가 성립하나, 사용대차로 인한 이익을 증여로 의제하는 규정을 두고 있지 않은 우리 법제하에서 이는 증여세의 과세대상이 아니다)."

즉 토지사용권의 불균등으로 인하여 무상으로 대여한 것으로 보게 되는 부분에 대해서는 민법상 사용대차가 성립한 것이므로 상속세 및 증여세법상의 증여라고 볼 수는 없다는 취지이다. 다만 이 판례는 상속세 및 증여세법에 '포괄주의 과세방식'이 도입(2003. 12. 30. 법률 제7010호로 개정되면서 제2조 제3항으로 신설)되기 전의 것인데, 임승순·정종화, 앞의 글(조세회피행위의 부인과 사실인정에 의한 부인), 711-712면은 그렇다고 하더라도 판례의 태도에는 찬성하기 어렵다고 평가하고 있다.

이해야 하는 경우가 있다.

예를 들어 最判 昭和63(1988). 7. 19. 判時 1290호 56면(하마나코{浜名湖} 모터보트 경기장용지 사건)은 「소득세법 제60조 제1항 제1호에서 말하는 '증여'는 증여자에게 경제적인 이익을 생기도록 하는 부담부증여를 포함하지 않는다」라고 하고 있다. 부담부증여(民 553조)도 「증여」의 일종이다(民法 제3편 제2장 제2절). 민법상으로는 「증여」라고 되어 있는 것을 최고재판소는 소득세법 제60조 제1항 제1호와의 관계에서는 「증여」에 포함시키지 않은 것이다. 나중에 배우겠지만 전주(前主)에 대해 자산의 미실현손익[7])의 과세를 이연하는 것과의 대응관계에서 양수인이 취득비를 이어받는다(→ Column 9-2, 18-3). 이러한 규정의 취지로부터 '과세를 이연하지 않는 경우에는 취득비를 이어받지 않는다'고 하는 것이다. 이 예시에서는 양도소득에 관한 소득세법의 구조로 인하여 「증여」라는 차용개념에 수정이 필요해진 것이다.

(4) 법적 안정성의 확보

차용개념에 대해 통일설을 취하는 것의 이점은 '사법상 의미내용이 확립된 개념을 차용할 경우 그것에 따름으로써 법적 안정성을 확보할 수 있다'는 것에 있다. 거래의 당사자도 분명히 통상 사법상의 의미로 의미내용을 이해하고 있을 것이다.

다만 사법상의 의의 자체가 반드시 일의적이지 않은 경우가 있다. 예를 들면 「인격이 없는 사단 등」(法稅 제2조 제8호)의 의의는 민사법상의 「권리능력 없는 사단」과 똑같이 해석되고 있는바(→ 13-2-2), 그것은 상당히 다의적이다. 「주소」의 개념처럼 사실인정과 포섭에 미묘한 판단을 요하는 것도 있다. 이러한 경우 차용개념에 대해 통일설을 취하는 것만으로는 법적 안정성을 확보할 수 없다.

법적 안정성을 높이기 위해서는, 조세법령 중에 보다 명확하게 사용하기 쉬운 정의를 두거나, 사전조회에 대한 문서회답을 활용하거나(→ 4-2-1) 할 필요가 있다.[8])

---

7) 원서의 서술은 "含み損益"로 직역하면 '포함되어 있는 손익' 정도가 될 것이나(즉 자산의 평가손익을 의미), 본문과 같이 '미실현손익'으로 의역하였다. 이하에서도 '含み損益'는 '미실현손익'으로 번역하며, "含み益"의 경우도 직역하면 '포함되어 있는 이익'이 될 것이나, '미실현이익'으로 번역하기로 한다.

8) 한국: 일본 세법과 비교해 보았을 때, 한국 세법의 규정은 추상적인 구성요건에 대하여 스스로가 한정적 또는 예시적 열거를 통해 구체화하거나, 시행령을 통해 이를 구체화하고 있는 경우가 상대적으로 많다. 대표적인 예로, 소득세법 제94조(양도소득의 범위), 상속세 및 증여세법 제4조(증여세 과세대상). 각각 일본 소득세법 제33조(양도소득), 일본 상속세법 제21조(증여세의 과세)와 비교(부록 일본 조세법령 참조).
그 밖에 통일설의 문제점으로는, 세법의 해석에 있어서는 담세력이 있는 과세대상의 포착이 의미를 가지기 때문에, 민사상 분쟁의 해결을 목적으로 하는 사법으로부터 차용한 용어의 형식에 구속되면 세법이 가진 입법목적과 어긋나는 경우가 생길 수 있다는 점이 지적된다. 임승순, 조세법(제19판), 박영사 (2019), 49-50면 참조.

Column 5-2 위법소득과 사법

수입의 원인이 된 행위가 위법하더라도 소득으로 과세한다(→ 9-4-2). 이것은 절도나 강도 같이 사법상 무효인 경우이건, 사기나 협박처럼 일단 소유권이 이전되는 경우이건 불문한다. 그런 의미에서 사법으로부터 떨어져 있다. 그러나 「수입금액」(所稅 제36조 제1항)은 차용개념이 아니기 때문에 이 결론이 차용개념에 관한 통일설과 모순되는 것은 아니다.

5-2-2 사법상의 거래와 조세법령

사법상의 행위 및 거래와 조세법령의 해석적용은 상호 밀접하게 관련되어 있다. 많은 논점이 존재하지만 여기에서는 두 가지만 짚어두자.

▶ 조세에 관한 당사자의 착각이 사법상의 법률관계에 어떠한 영향을 미치는가. 最判 平成元(1989). 9. 14. 家月 41권 11호 75면(착오에 의한 재산분여계약 사건)에서는 이혼 시 아내에게 재산분여{分與}를 행한 남편이 거액의 양도소득세가 부과되는 것을 알게 되자 분여계약이 착오·무효였다고 주장하였다. 최고재판소는 해당 사안에서 「과세되지 않는 것을 당연한 전제로 하고, 또한 그 뜻을 묵시적으로 표시하고 있었다」라고 하며 착오·무효의 가능성을 인정하였다.[9] 또한 착각이 아니라 절세의 동기가 있는 경우에 대해 最判 平成29(2017). 1. 31. 民集 71권 1호 48면은 오로지 상속세의 절세를 위해 양자 결연을 하는 경우에도 곧바로 「당사자 사이에 입양의 의사가 없는 때」(民 제802조 제1호)[10]에 해당한다고 볼 수는 없다고 하고 있다.

▶ 사법상의 법률관계에 변동이 생기는 경우에 그것이 조세법령의 적용에 어떠한 영향을 갖는가. 예를 들어 어떤 사람이 토지를 팔고 양도소득 신고를 하였는데, 나중에

---

9) 실제로 이 최고재판소 판결은 '동기가 표시되지 않았다'는 이유로 원고(상고인)의 착오 주장을 배척한 원심을 파기·환송하였다. 민사판례이기는 하나, 이해를 돕기 위하여 주요 판시부분을 인용하면 다음과 같다.

"위에서 살펴본 사실관계로부터 보면, 본건 재산분여 계약 시 적어도 원고(남편)로서는 위 점을 오해하고 있던 것이라고 할 수밖에 없으나, 원고는 그 때 재산분여를 받을 피고(아내)에게 과세되는 것을 걱정하여 이를 염려하는 발언을 했다는 것이고, 기록에 의하면, 피고도 자기에게 과세되는 것으로 이해하고 있었음을 엿볼 수 있다. 그렇다면, 원고로서는 재산분여에 따르는 과세의 점을 중시하고 있었을 뿐만 아니라, 다른 특별한 사정이 없는 한, 자기에게 과세되지 않는 것을 당연한 전제로 하고 또한 그 사실을 묵시적으로 표시한 것이라고 하지 않을 수 없다."

10) 한국: 여기에 해당하는 규정은 민법 제883조(입양 무효의 원인) 제1호 "당사자 사이에 입양의 합의가 없는 경우".

매매계약의 기초가 되는 의사표시에 하자가 있다는 것을 알게 되어 계약이 무효가 되고 대금을 반환했다고 하자. 이 경우 그 사람의 양도소득의 금액에 이동{異動}이 생긴다. 그래서 감액경정을 구하는 경정청구를 할 수 있다(所税 제152조, 所税令 제274조 제1호. → 9-4-2). 같은 논점을 다룬 것으로서, 하급심 재판례[11]로는 취득시효의 소급효가 문제가 된 사례[大阪高判 平成14(2002). 7. 25. 訟月 49권 5호 1617면]와 합병무효판결의 효력이 문제가 된 사례[大阪高判 平成14(2002). 12. 26. 訟月 50권 4호 1387면]가 있다.

5-3 조세회피의 부인

5-3-1 조세회피란

(1) 절세 · 탈세 · 조세회피

일반적으로 절세와 탈세는 합법인지 위법인지로 구별된다. '과세요건을 충족하지 않았기 때문에, 원래 납세의무가 생기지 않는 것'이 절세이다. 이에 비해 '과세요건을 충족하고 있음에도 불구하고, 그 사실을 가장하고 은폐하여 납세의무가 생기지 않은 것으로 속이는 것'이 탈세이다. 탈세는 중가산세와 벌칙(→ 4-2-3)의 대상이 될 수 있는 행위이다.

한편 조세회피는 '합법인지 위법인지가 애매한 그레이존'을 가리키는 개념이다. 경계영역에 있는 개념이기에 학설의 정의도 다양하지만, 공통적인 골자를 추출해본다면 '남용에 의해 과세요건의 충족을 면하는 것'을 염두에 둔 것이 많다. 특히 사법상의 선택가능성을 이용하여 납부세액을 감소시키려고 하는 시도가 문제가 된다.

쉽게 면할 수 있는 조세에는 세수조달력이 없고, 본래 납세해야 하는 사람이 납세하지 않게 되면 세제에 대한 신뢰가 없어진다. 따라서 제도설계의 바람직한 형태로서는 조세회피의 시도를 미연에 방지할 수 있을 만한 강인한 세제를 입법하는 것이 좋다.

---

11) 일본에서는 강학상 최고재판소 판결로서 선례적 의미를 가진 것을 '판례', 그렇지 아니한 하급심법원의 판결 등을 '재판례(裁判例)'라고 하여 용어상 구분하는 것이 보통이다. 광의의 판례에는 재판례도 포함된다고 할 수 있으나, 원서가 '판례'와 '재판례'를 구분하여 사용하고 있기 때문에 번역서에서도 이러한 구분을 유지하기로 한다.

Column 5-3 택스 셸터

과세를 회피하고 경감하기 위한 법적 책략{scheme}을 총칭하여 택스 셸터(tax shelter)라고 한다. 셸터란 피난소를 의미하는 말로서, 조세회피뿐 아니라 가장행위와 탈세에 해당하는 행위도 넓게 포함한다. 택스 셸터는 종종 상품화되어 팔리기도 한다. 참조, 中里実 『タックスシェルター』(有斐閣, 2002년).

(2) 조세회피의 부인

'납세자의 조세회피가 문제가 되는 경우에 과세관청이 거래의 내용을 고쳐서 과세요건을 충족한 것으로서 취급하는 것'을 조세회피의 부인이라고 한다.

대상 영역을 한정하지 않고 법률에 의하여 일반적으로 조세회피의 부인을 인정하는 예로서 독일 조세통칙법 제42조가 있다. 2008년 개정 후의 동조 제1항은,

「법적 형성 가능성의 남용에 의하여 조세법률을 회피하는 것은 불가능하다. 조세회피를 저지하기 위한 개별 조세법률의 규정 요건이 충족되는 경우에는 해당 규정에 의해 법 효과가 결정된다. 그 외의 경우로서 제2항에 규정된 남용이 존재할 때에는, 경제적 사상{事象}에 상응하는 법적 형성을 한 경우에 발생하는 것과 동일하게 조세청구권이 생긴다」

라고 정하고 있다[谷口勢津夫 「ドイツにおける租税回避の一般的否認規定の最近の展開」税務大学校論叢40周年記念論文集 (2008년) 237면, 239면의 번역에 따른다].

미국에서는 판례법리에 의하여 조세회피에 대한 대처가 이루어져 왔다. 2010년에 내국세입법전 제7701조(o)가 이때까지의 판례법리였던 '경제적 실질주의'를 명확히 하였다. 그 제1항은,

「경제적 실질주의가 관련되는 어떠한 거래의 경우라도, 이하의 경우에 한하여 해당 거래는 경제적 실질을 가지는 것으로서 취급된다.

(A) 거래가 납세자의 경제적 지위를 (연방소득세의 효과를 제외하고) 의미 있는 형태로 변경할 것, 또한

(B) 납세자가 해당 거래를 행하기 위한 (연방소득세의 효과를 제외하고) 실질적인 목적을 가질 것」

이라고 규정한다[岡村忠生 「米国の新しい包括的濫用防止規定について」 日本租税研究協会 『租税改革の課題と国際課税の潮流』〔日本租税研究協会, 2010년〕 138면].

일본에서는 예전에 국세통칙법 제정 시에 세제조사회가

「세법의 해석 및 과세요건사실의 판단에 대해서는, 각 세법의 목적에 따라, 조세부담의 공평을 꾀하기 위하여, 그것들의 경제적 의의 및 실질에 입각하여 행하는 것으로 한다는 취지의 원칙 규정을 마련한다」

라고 답신{答申}하였다[「국세통칙법의 제정에 관한 답신(세제조사회 제2차 답신) 및 그 설명」(1961년) 4면]. 또한 동족회사 이외의 특수관계자 사이의 행위계산을 부인할 수 있도록 하는 규정을 마련할 것을 답신하였다. 답신의 이러한 내용은 강한 반대를 불러일으켰고 입법화가 보류되었다[吉村政穂 「租税手続法の一環としての一般的否認規定？──国税通則法制定に関する答申をめぐる議論を振り返る」 日税研論集 71호(2017년) 35면].

Column 5-4 룰과 스탠다드

일반적으로, 주로 제정법의 규율밀도를 염두에 두었을 때 '세세한 점까지 규율하는 것'을 '룰(rule)'이라고 하고 '대강의 원칙적인 규정'을 '스탠다드(standard)'라고 한다. 이것을 조세법령과 관련해서 보면 다음과 같은 딜레마가 존재한다. 과세 룰을 사전에 명확하고 정밀하게 설정하면, 법적 안정성과 예측 가능성이 높아지지만 빠져나갈 구멍을 이용하여 조세를 회피하는 행위가 나오게 된다. 반면에 조세법령의 규정을 판단의 여지가 큰 스탠다드에 남겨두면, 문제가 발생했을 때 과세관청이 사후적으로 대처하기는 쉬워지지만 조세효과가 불명확해져 원활한 거래를 저해한다.

5-3-2 조세회피에 대한 대응

(1) 입법적 대응

조세법령이 명문으로 조세회피를 억제하는 조치를 마련하는 경우가 있다. 예를 들어 조합이 선박과 항공기를 리스하여 개인조합원에게 부동산소득의 적자를 이용하게 하는 상품이 조성되었다. 이것을 막기 위해 平成17{2005}년도 세제개정에서 입법적 조치가 강구되어, 조합의 사업에 수동적인 형태로만 관여하는 개인조합원에 대하여, 平成18{2006}년도 이후의 각 연도에서 조합의 사업으로부터 발생하는 부동산소득의 적자는 소득세법의 적용상 발생하지 않은 것으로 간주하는 것으로 규정되었다(租特 제41조의4의2. → 10−5−3).

한발 더 나아가 현행법에는 다소 일반적인 형태로 납세자의 행위계산에도 불구하고 세무서장에게 이를 부인할 권한을 부여하는 규정이 있다. 전형적인 예는 동족회사 등의 행위계산(所稅 제157조, 法稅 제132조, 相稅 제64조), 조직재편성에 관련된 행위계산(法稅 제132조의2), 연결법인 등에 관계된 행위계산(동 제132조의3)에 대하여, 그 행위계산의 부인을 인정하는 규정이다. 이러한 행위계산부인 규정은 「부당하게 감소시켰다」고 하는 요건하에 세액 등을 다시 계산하는 권한을 세무서장에게 부여하고 있다. 무엇을 가지고 「부당」하다고 할 것인지는 다툼이 많은 부분이다[→ 17-4. 最判 平成28(2016). 2. 29. 民集 70권 2호 242면(야후 사건)].

그렇다면 이러한 근거규정이 없는 경우에도 조세회피를 부인하는 권한을 세무서장에게 인정하는 것이 가능한가. 東京高判 平成11(1999). 6. 21. 高民集 52권 1호 26면(이와세{岩瀬} 사건)은 매매인지 교환인지가 문제가 된 사건에서 다음과 같이 판시하며 이것을 소극적으로 해석하였다. 이르기를,

「이른바 조세법률주의하에서는 법률의 근거 없이 당사자가 선택한 법 형식을 통상 이용되는 법 형식으로 재구성하여 그에 대응하는 과세요건이 충족된 것으로서 취급할 수 있는 권한이 과세관청에 인정되고 있는 것은 아니기 때문에, '본건 양도자산 및 본건 취득자산에 대한 별개의 매매계약과 그 각 매매대금의 상계'라는 법 형식을 채용하여 이루어진 본건 거래를 '본건 양도자산과 본건 취득자산의 보충금부 교환계약'이라는 법 형식으로 고쳐서 이러한 법 형식에 대응하는 과세처분을 행하는 것이 허용되지 않는 것은 명백하다.」

이 판시부분은 헌법 제84조의 조세법률주의를 이유로 들고 있다. 최고재판소가 상고불수리를 결정했기 때문에[12] 이 사건은 고등재판소 단계에서 확정되었다.[13]

---

12) 일본 민사소송법상의 상고이유와 상고수리신청 제도에 대해서는 뒤의 17-4-2 (3) 부분의 각주 참조.
13) 본문 판결에 대한 이해를 돕기 위해 이 사건의 사실관계와 제1심 판결의 태도를 살펴보면 다음과 같다('사실관계' 부분은 해당 본문의 판결과 제1심 판결의 사실관계 부분을 정리한 것으로, 쟁점이 되지 않는 부분들은 생략함).
사실관계와 쟁점: 사안의 원고 측(원고들이 복수이고, 피상속인도 존재하므로, 간략하게 '원고 측'이라 칭한다)과 소송 외 甲은, 원고 측이 1989. 3. 23. 甲에게 일련의 부동산과 임차권 등(양도자산)을 7억 3,313만 엔에 매도하는 매매계약을 체결하였고(양도계약), 한편 원고 측과 甲은 같은 날, 甲이 별도의 부동산과 임차권 등(취득자산)을 원고 측에 각각 3억 5,700만 엔, 7,700만 엔에 매도하기로 하는 매매계약을 체결하였다(취득계약). 실제의 대금지급은 위 계약 당일에 각 매매대금액을 상계하고 그 차액인 2억 9,913만 엔을 甲이 원고 측에 지급하는 형태가 되었다. 여기서 원고 측의 양도소득세 계산에 있어서의 '수입금액'(우리나라 소득세법 제95조 제1항의 '양도소득의 총수입금액') 산정이 문제가 되는데, 만약에 위 계약을 당사자들이 취한 사법상의 외형을 존중하여 '2개의 매매계약'으로 해석하게 되면, 원고 측의 수입금액은 양도계약상의 대금액인 7억 3,313만 엔이 되는 것이나(이것이 원고 측의 주장이다), 만약 당사자들이 취한 사법상 거래형식을 부인하고 양도자산과 취득자산의 교환계약으로 해석한

(2) 법령해석에 의한 대응

최고재판소는 조세회피의 부인에 대해 어떠한 사고방식을 취하고 있을까. 택스 셸터 문제를 다룬 다음의 최고재판소 판결은 법령해석에 의해 납세자의 주장을 봉쇄하였다. 위에서 서술한 의미에서의 조세회피를 부인할 권한을 과세관청에 부여한 것은 아니지만, 결과적으로 조세회피를 부인한 것과 동일한 결론을 이끌어내고 있다.

最判 平成17(2005). 12. 19. 民集 59권 10호 2964면(외국세액공제여유분 리소나은행 사건)은 외국세액공제의 여유분[14]을 이용하여 법인세액을 감소시키는 거래가 문제가 된 사안에서, 이하와 같이 판시하여 해당 사안에 있어서의 외국세액공제의 적용을 부인하였다.

「이것은 우리나라{일본}의 외국세액공제 제도를 그 본래의 취지·목적으로부터 현저히 일탈하는 형태로 이용하여 납세를 피하고, 우리나라에서 납부되어야 할 법인세액을 감소시킨 후 그 면한 세액으로부터의 이익을 거래관계자가 누리기 위해, 거래 그 자체에 의할 때에는 외국법인세를 부담하면 손실이 생길뿐인 본건 거래를 일부러 행한 것이며, 우리나라 더 나아가 우리나라 납세자의 부담하에 거래관계자의 이익을 꾀하는 것이라고 할 수밖에 없다. 그렇기에 본건 거래에 기초하여 생긴 소득에 대한 외국법인세를 법인세법 제69조가 정하는 외국세액공제의 대상으로 하는 것은 외국세액공제 제도를 남용하는 것이며, 더 나아가 조세부담의 공평성을 현저히 해치는 것으로서 용납되지 않는다.」

분쟁이 생긴 뒤 平成13{2001}년도 세제개정에서 법인세법 제69조 제1항을 개정하여 '통상적으로 이루어지는 거래라고 인정되지 않는 것으로서 정령으로 정하는 거래에 기인하여 발생한 소득'에 대해 외국세액공제의 대상에서 제외하는 것으로 하였다.

다면, 취득자산의 적정시가와 교환차금의 합계액이 수입금액이 되어, 이 경우 원고 측의 수입금액은 10억 7,733만 엔이 된다(이것이 피고 과세관청의 주장이다).

제1심 판결: 본래 제1심인 東京地判 平成10(1998). 5. 13. 平成7(行ウ)213号는 '양도계약과 취득계약은 불가분의 일체로서 이를 사실상 하나의 계약으로 보아야 한다'는 피고 측의 주장을 받아들여, 원고 측의 수입을 10억 7,733만 엔으로 계산한 쟁점 부과처분을 적법하다고 보았다. 그러나 본문 고등재판소 판결은 원고 측의 주장을 받아들인 것이다.

14) 한국·일본 양국의 법인세법상, 어느 사업연도의 공제대상인 외국납부세액이 그 공제한도액을 초과하는 경우에는 그 초과분을 이월시켜서 장래의 사업연도에 공제하는 것이 가능하다[한국 법인세법 제57조 제2항(5년간), 일본 법인세법 제69조 제3항(3년간)].

더 나아가 일본 법인세법 제69조 제2항에 따르면, 어느 사업연도의 공제대상인 외국법인세의 금액이 해당 사업연도의 공제한도액에 미달하는 경우에도, 이와 같이 남는 공제한도액[법조문상 '이월공제한도액(繰越控除限度額)'이며, 원서는 이를 "余裕枠"라고 표현하여 본문과 같이 '여유분'이라고 번역하였다. 부록 일본 조세법령 참조]을 3년간 이월시키는 것이 가능하다.

最判 平成18(2006). 1. 24. 民集 60권 1호 252면(팔라치나 사건)은 법인조합원이 영화{映畵}에 대한 감가상각비의 손금산입을 요구한 사건에서 손금산입을 부정하였다. 그 이유는 「본건 영화는, 본건 조합의 사업에서 수익을 낳는 원천이라고 볼 수 없고 본건 조합의 사업의 용도에 이용하고 있는 것이라고 볼 수 없기 때문에, 법인세법……제31조 제1항에 말하는 감가상각자산에 해당한다고는 인정할 수 없다」

라는 것이다. 즉, 이 사안에서 본건 영화가 「감가상각자산」에 해당하지 않는다는 이유를 들어 손금산입을 부정한 것이다. 平成17{2005}년도의 세제개정에서는 입법적으로 대응하여, 일정한 법인조합원이 조합사업으로부터 생기는 비용을 손금산입할 수 있는 금액을 출자금액에 한정하였다(租特 제67조의12).

이러한 두 건의 최고재판소 판결은 법령해석의 한계에 접근하고 있다.

(3) 납세자의 조세회피 목적과 사실인정

이에 비해 납세자의 조세회피 목적을 사실인정에 반영시키지 않은 것이 最判 平成23(2011). 2. 18. 訟月 59권 3호 864면[타케후지{武富士} 사건]이다. 쟁점은 증여세와의 관계에서 납세자의 「주소」가 일본국내에 있다고 인정되는지 여부였다. 최고재판소는 이하와 같이 판시하며, 납세자가 증여세 회피의 목적하에 일본에서의 체류일수를 조정하고 있던 것은 일본 국내에 「주소」가 있다고 인정하는 이유가 되지 않는다고 하였다. 즉, 「일정한 장소가 주소에 해당하는지 아닌지는 '객관적으로 생활의 본거로서의 실체를 구비하고 있는지 아닌지'에 의해 결정해야 하는 것이고, 주관적으로 증여세 회피의 목적이 있었다고 하더라도 객관적인 생활의 실체가 소멸되는 것은 아니기 때문에, 상기{上記}의 목적하에 각 체류일수를 조정하고 있었던 것을 가지고, 현재 홍콩에서의 체류일수가 본건 기간 중의 약 3분의 2(일본 국내에서의 체류일수의 약 2.5배)에 달하고 있는 상고인 〔납세자〕에 대하여 전기{前記} 사실관계 등 아래에서 본건 홍콩 거택에 생활의 본거로서의 실체가 있는 것을 부정하는 이유로 보는 것은 불가능하다.」

최고재판소는 더 나아가 「증여세 회피를 가능하게 하는 상황을 갖추기 위해서 일부러 국외에 장기 체류를 하는 행위가 〔사건 당시의〕 과세실무상 상정되고 있지 않았던 사태이고 이러한 방법에 의한 증여세 회피를 용인하는 것이 적당하지 않은 것이라면, 법의 해석으로는 한계가 있으므로 그러한 사태에 대응할 수 있을 만한 입법에 의해 대처해야 하는 것」이라고 하였다. 이는 사법부가 아니라 입법부가 대처해야 한다는 사고방식이다. 실제로 이 분쟁이 생긴 후 세제개정에 의해 증여세의 과세대상을 입법적으로 확대하였다.15)

15) 이해를 돕기 위하여 본문의 판례사안을 조금 더 살펴본다. 사실관계와 판시사항 등을 인용하면 다음과

(4) 종합적 접근법의 중요성

이렇게 조세회피 사건이 생길 때마다 그 뒤를 쫓는 식으로 입법적 대응이 이루어진다. 또한 사건이 생기기 전에 조세회피를 예상하고 입법으로 조처를 취하는 경우도 많다.

조세회피라는 현상에 적절히 대처하기 위해서는 오직 법령해석론의 테두리 안에서만 검토하는 것으로는 충분하지 않다. 문언을 벗어난 법령해석은 안정성이 부족하고 자연히 한계가 존재한다. 우원하게 보여도 과세요건의 입법적 정비야말로 왕도이다. 더 나아가 공격적인 조세회피 책략{scheme}에 대한 의무적 개시제도(MDR: Mandatory Disclosure Rules)나 기업회계상의 정보개시, 조세전문가의 윤리와 규율 등 시장참가자의 인센티브에 착안한 종합적 접근법이 중요하다고 해야 할 것이다.

같다('사실관계와 쟁점' 부분은 본문의 판례가 설시하고 있는 '원심이 확정한 사실관계 등의 개요' 부분을 정리한 것임).

사실관계와 쟁점: 2000년 일본 조세특별조치법 개정 이전에는, '일본정부가 증여세를 부과하기 위해서는, 수증자의 주소나 증여재산의 소재 중 어느 것인가가 일본 국내에 존재해야 한다'는 취지로 규정되어 있었다(당시의 일본 상속세법 제1조의2, 제2조의2). 판례사안의 원고는 증여자들의 장남으로 증여자 甲이 경영하는 A사에 입사하여 약 1개월 후 이사에 취임, 후계자로 주목을 받고 있었는데, A사가 홍콩지사를 설치하자 여기에 이사로 취임하고, 홍콩으로 출국하는 단계에서 그 주민등록의 처리에 있어서 해외(홍콩) 전출신고를 하였으며, 후에 실제로 홍콩에 체류하면서 업무처리를 하는 한편 일본 국내에도 빈번하게 출입국하였다. 이후 문제의 증여시기를 포함하여 원고의 소재가 분명하지 않게 되는 시점에 이르기까지의 약 3년 반의 기간 동안(1997. 6. 29.부터 2000. 12. 17.까지), 원고가 홍콩에 거주한 일수의 비율이 65.8%, 일본 국내에 거주한 일수의 비율은 26.2%였다. 위 기간 동안 증여자들이 원고에게 네덜란드 소재의 비공개유한책임회사의 출자지분을 증여하였는바, 증여재산은 외국에 소재하는 것이 명백하므로, 과연 원고의 주소가 일본 국내에 있는 것인지가 문제가 되었다.

본문 최고재판소 판결의 원심[東京高判 平成20(1998). 1. 23. 平成19年(行コ) 215号]: 주소의 개념을 '생활의 근거'로 보면서도, '원고가 홍콩으로 전출하면서 기존의 일본 내 주택의 가구를 그대로 두었고, 홍콩으로는 의류 정도만을 가져간 점, 원고의 홍콩에서의 거주지는 호텔과 마찬가지의 서비스를 받는 맨션으로 장기의 체류를 전제로 하는 시설이라고는 볼 수 없는 점, 원고가 홍콩에 보유하고 있는 총 자산은 총자산액의 0.1% 미만에 불과한 점' 등을 들어서 원고의 주소는 여전히 국내에 있다고 보았다.

본문 최고재판소 판결: "여기에서 말하는 주소라 함은, 반대의 해석을 해야 할 특별한 사유가 없는 이상, 생활의 본거, 즉 그 자의 생활과 가장 관계가 깊은 일반적 생활, 생활상의 중심을 가리키는 것으로, 일정한 장소가 있는 자의 주소인지 아닌지는, 객관적으로 생활의 본거로서의 실체를 구비하고 있는지 아닌지에 따라서 해석해야 하는 것이 상당하다."라고 판시하고, 또한 본문에 인용된 바와 같이 설시한 다음, '원심이 들고 있는 위와 같은 사정들은, 원고가 홍콩에 생활의 본거로서의 실체를 가지고 있었다는 점을 부인하는 요소가 되는 힘들다'는 취지로 판단하고, 결국 원고는 쟁점 증여 시에 일본 국내에 주소를 가지고 있는 자였다고 볼 수는 없다는 취지로 판시하였다.

☑ 이 장에서 배운 것

▸ 최고재판소는 규정의 문리와 취지를 고려하여 조세법령을 해석하고 있다.

▸ 차용개념은 원칙적으로 사법에서의 의의와 통일적으로 해석한다.

▸ 조세회피에 대한 대처로서는 종합적 접근법이 중요하다.

🔍 찾아보자

▸ 차용개념은 어떻게 해석되어 왔는가?

→ 渋谷雅弘「借用概念解釈の実際」金子宏編『租税法の発展』(有斐閣, 2010년) 39면

▸ 조세회피의 부인에 관한 일본의 논의는 「뒤쳐져 있는 것」인가?

→ 長戸貴之「『分野を限定しない一般的否認規定(GAAR)』と租税法律主義」フィナンシャル·
   レビュー 129호(2017년) 169면

▸ 조세소송에서의 요건사실론에는 어떠한 과제가 있는가?

→ 伊藤滋夫=岩﨑政明編『租税訴訟における要件事実論の展開』(青林書院, 2016년)

最判 平成22(2010). 3. 2. 民集 64권 2호 420면(호스티스 보수 사건)

관계법령

부록의 일본 조세법령을 먼저 참고할 필요가 있는데, 일본 소득세법 제205조 제2호, 소득세법 시행령 제322조는, 사업주가 호스티스로부터 징수해야 할 원천징수세액을 산정함에 있어서, 호스티스에게 지급한 보수액에서 "해당 지급금액의 계산기간의 일수"에 5,000엔을 곱한 금액을 공제한 다음, 그 액수에 100분의 10을 곱하여 이를 산정하도록 규정하고 있다. 이 사건에서는 '해당 지급금액의 계산기간'이 '호스티스들이 실제 출근한 일수'를 가리키는지, 아니면 '출근을 했던 일정한 기간의 전체 일수'를 가리키는 것인지가 문제가 되었다.

사실관계16)

① 원고들은 각자 경영하는 '펍클럽(pub club)'에서 고객에게 접대를 하면서 유흥·음식을 제공하고 있으며, 그 접대행위를 하는 호스티스를 고용하고 있다. 원고들은 연말연시를 제외하고 연중무휴로 펍클럽을 열어 영업하고 있다.

② 원고들은 각 호스티스가 채용 시에 제출한 응모 신청서에 기재된 출근 가능한 요일 및 시간을 기준으로, 각 영업일의 개점 전에 각 호스티스에게 당일 출근 여부를 전화 등으로 확인하는 방법 등으로 필요한 호스티스 인원을 확보하고 있으며, 각 호스티스의 실제 출근 여부에 대해서도 각 사람별로 날마다 관리하고 있다.

③ (i) 원고들은 매월 1일부터 15일까지(단, 매년 1월은 3일부터 15일까지) 및 매월 16일부터 월말까지(단, 매년 12월은 16일부터 30일까지)를 각각 1기간으로 정하고(이하 각각의 기간을 '본건 각 집계기간'이라 한다), 본건 각 집계기간마다 각 호스티스의 보수액을 계산하여, 매월 1일부터 15일까지의 보수를 원칙적으로 그 달의 25일에, 16일부터 월말까지의 보수를 원칙적으로 다음달 10일에, 각 호스티스에 대해 각각 지급하고 있다.

   (ii) 원고들은 각 호스티스에 대해 지급하는 보수액을 정함에 있어서, '1시간당 보수액(본건 각 집계기간에 있어서의 지명횟수 등에 따라 각 호스티스마다 정해지는 금액)'에 '근무한 시간(본건 각 집계기간의 근무시간의 합계)'을 곱하여 계산한 금액에, '수당(본건 각 집계기간에 있어서 고객과의 동반 출근횟수에 따라 지급되는 동반 수당

---

16) 해당 판결의 '원심이 확정한 사실관계의 개요' 부분에서 그대로 인용한 것으로 "" 따옴표 등 인용부호는 생략함.

등)'의 금액을 가산하는 방법으로 산출하고 있다.

(iii) 원고들은 각각 위 (ii)와 같이 산출한 각 호스티스의 보수액에서, '5,000엔에 본 건 각 집계기간의 총 일수를 곱하여 계산한 금액'과 '패널티(각 호스티스가 결근, 지각 등을 한 경우에 「벌금」으로서 보수액에서 공제되는 것)'의 금액을 공제한 잔액에 100분의 10의 세율을 곱하여 각 월분의 원천소득세액을 산출하고, 그 금액에 근사한 금액을 각 법정 납부기한까지 납부하고 있었다.

④ 피고들은 각 호스티스들이 본건 각 집계기간 동안 실제 출근한 일수가 소득세법 시행령 322조에서 규정하는 "해당 지급금액의 계산기간의 일수"에 해당하는 것으로 보아서, (i) 피고 스기나미(杉並) 세무서장은, 2003년 7월 8일자로, 원고 X1에 대해 2000년 2월분부터 2002년 12월분까지의 각 월분의 원천소득세에 대하여 납세고지 및 불납부가산세 부과결정을 하고, (ii) 피고 무사시노(武蔵野) 세무서장은, 2003년 6월 30일자로 원고 X2 대해 2000년 4월분부터 2002년 12월분까지의 각 월분의 원천소득세에 대하여 납세고지 및 불납부가산세 부과결정을 하였다.

본문 최고재판소 판결의 판시

본문 최고재판소 판결은 다음과 같이 원고(상고인)들 승소취지로 판단하면서, 원심판결을 파기·환송하였다(괄호는 역자가 이해를 돕기 위하여 추가한 것임).

"일반적으로 '기간'이라 함은 어느 시점으로부터 다른 시점까지의 시간적 간격과 같이 시적인 연속성을 가진 개념이라고 해석되기 때문에, 소득세법 시행령 제322조에서 말하는 '해당 지급금액의 계산기간'도 해당 지급금액의 기초가 된 기간의 초일부터 말일까지라고 하는 시적인 연속성을 가진 개념이라고 해석하는 것이 자연스럽고, 이와 다른 해석을 취해야 할 근거가 되는 규정은 찾아 볼 수 없다. 원심은 위와 같이 판시하고 있으나(원심은 본건 각 집계기간의 전체 일수가 아니라 '실제 가동일수'라는 취지로 판시), 조세법규는 함부로 규정의 문언을 벗어나서 해석해서는 안 되고, 원심과 같은 해석을 취하는 것은 위와 같이 문언상 곤란할 뿐만 아니라, 호스티스 보수에 관련된 원천징수제도에 있어서 기초공제방식이 취해진 취지는 가능한 한 원천소득세액에 관계되는 환급의 수고를 덜기 위한 점에 있었다는 것이 입법담당자의 설명 등으로부터 엿보이는바, 이 점에서 보더라도 원심과 같은 해석은 채용하기 어렵다.

그렇다면 호스티스 보수액이 일정한 기간마다 계산되어 지급되는 경우에는, 동법 시행령 제322조에서 말하는 '해당 지급금액의 계산기간'은 호스티스의 실제 가동일수가 아닌 '해당 기간에 포함된 모든 일수'를 가리키는 것으로 해석하는 것이 상당하다."

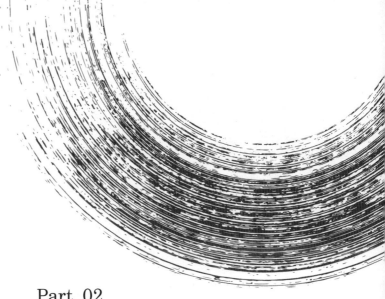

Part 02

소득세

Part 02에서는 개인의 소득세에 대해 배운다. 그 핵심은 개인의 소득(income)이라는 경제적 프리즘을 이용하여 여러 사적 거래를 바라보는 작업이다. 그러한 작업을 위해 필요한 도구를 갖추기 위해, 다음의 순서로 학습해 간다.

먼저 Chapter 6에서 소득이란 어떠한 개념인지를 볼 것이다. 그리고 Chapter 7에서 납세의무자가 어떻게 정의되는지를 알아볼 것이다. 이를 통해 개인의 소득에 과세한다는 것의 의미를 파악한다. 여기에서 한발 더 나아가 Chapter 8에서는 소득세법의 구조가 어떻게 되어 있는지를 실정법에 입각하여 개관할 것이다. 거기에서 배우겠지만 소득세법에서 중심적인 문제는 개인이 행하는 경제활동과의 관계에서 어떻게 소득을 산정하는가 하는 점이다. 이것을 Chapter 9에서는 수입금액의 측면에서, Chapter 10에서는 비용공제의 측면에서 보다 자세하게 검토할 것이다. 마지막으로 Chapter 11에서는 시간과 리스크의 관점에서 소득에 과세한다는 것의 의미를 재확인할 것이다.

Chapter 6

소득의 개념

📖 이 장의 테마

▸ 소득개념의 포괄적 구성 ▸ 현물소득 ▸ 귀속소득 ▸ 원자{原資}[1]의 회수

6-1 소득개념의 포괄적 구성

6-1-1 소득세법에서의 소득의 의의

(1) 공원에서 주운 지갑은 소득인가.

소득의 의의는 소득세법을 이해하는 데 있어서 가장 기본적인 문제이다.

예를 가지고 생각해 보자. ① 내가 공원에서 지갑을 주워서 열어보니 현금 10만 엔이 들어있었다고 하자. 이것은 소득일까. ② 현금이 아니라 오페라의 티켓이 들어있다면 어떨까. 티켓도 소득인 것일까.

이러한 예에서 소득이 있다는 것에 많은 사람이 당혹감을 느낄 것이다. 법률을 공부하고 있는 사람이라면 주운 물건의 취급이 어떻게 될지 궁금해질 것에 틀림없다. 가령

---

1) "原資"(원자)는 '밑천'을 의미하는 것으로, '자본'으로 번역해도 무방하다고 생각되나, 원서에서 '원자'와 '자본'을 구분해서 사용하고 있으므로, 이하 '원자'라는 용어를 그대로 사용하기로 하며 한자(原資)를 병기한다. 다만 뒤에서는 '原資'를 맥락상 '재원'으로 번역하는 경우가 등장한다[14−4−3 (4), 15−3−2 (1), 20−2−1 (2)].

사법{私法}상의 문제없이 나의 것이 되었다고 하더라도 ①은 우연히 획득한 현금이다. 이러한 우발적이고 일시적인 이득을 소득이라고 해도 되는 것인가. 판단을 망설이는 사람이 나오더라도 이상하지 않다. 게다가 ②는 티켓이라는 현물이다. 이 티켓을 획득함으로써 몇 엔만큼의 소득이 있었다고 금전평가가 되는 것일까. 만약 티켓에 프리미엄이 붙어있고 20만 엔에 유통되고 있었다고 한다면, 20만 엔의 현금을 주운 경우와 동일하게 생각해도 좋을 것인가.

이 예에서 알 수 있듯이 소득이라는 개념의 외연은 사실 그렇게 명확하지 않다.

(2) 제한적 구성과 포괄적 구성

우리들이 일상적으로 소득이라고 하는 경우에는 위의 예와 비교해서 조금 더 계속적으로 금전의 형태로 들어오는 것을 막연하게 이미지화하는 경우가 많다. 예를 들어 일하고 급여를 받거나 예금계좌에 이자가 붙거나 하면 거기에서 얻어진 급여와 이자는 소득이다. 그리고 이러한 것들이 소득에 해당한다는 점에는 대부분의 사람들이 의문을 품지 않을 것이다.

여기에서 소득의 개념을 제한적으로 구성하면 급여와 이자 등 계속적이고 반복적으로 얻은 것만이 소득에 해당한다. 이에 비해 포괄적으로 구성하면 일시적·우발적·시혜적 이득도 소득에 해당하며 현물로 얻은 것도 소득에 해당하게 된다. 즉 소득의 개념을 어느 정도로 포괄적으로 구성하는지에 따라 소득세의 과세대상이 되는 범위가 변하는 것이다.

주의해야 할 점은 소득의 개념이 마치 하늘에서 내려온 것처럼 선험적으로 결정되는 것이 아니라는 것이다. 소득세제를 만드는 우리들이 시대와 상황에 따라 목적론적으로 구성해야 하는 것이다.

6-1-2 사이먼즈{Simons}의 소득개념

(1) 사이먼즈의 정식{定式}

과세와의 관계에서 소득의 개념을 어떻게 구성해야 하는지에 대해 19세기 말부터 20세기 초두에 걸쳐서 여러 가지의 학설이 전개되었다. 이러한 학설들은 각국에서 소득세가 기간세{基幹稅}가 되어가는 시대적 상황 속에서 어떠한 과세 베이스가 바람직한지를 논하였다.

포괄적 구성을 주장한 유명한 학자들 중에서 가장 저명한 경제학자가 시카고대학의

헨리 사이먼즈(Henry Simons)이다. 그는 고전적 자유주의의 계보에 스스로를 자리매김
시키고, 자유를 저해하지 않기 위해서는 사적권력의 집중을 경계해야 하는 것으로, 자유
를 파괴하지 않고 부의 재분배를 가능하게 하는 시스템으로서 소득세를 구상하였다.
1938년의 서적인『개인소득과세』는 개인소득을 넓게 「사회의 희소한 자원의 이용에 대
한 지배의 행사」를 의미한다고 한 후에, 그 산정방법을 정식화{定式化}하였다[Henry
Simons, Personal Income Taxation, The Definition of Income as a Problem of Fiscal Policy
(University of Chicago Press, 1938), 49-50]. 이 정식은 소득을 가장 포괄적으로 정의하
는 것으로서 오늘날 널리 알려져 있다(도표 6-1).

도표 6-1 ▌ 사이먼즈에 의한 개인소득의 산정식

$$Y = C + \triangle A$$

C: 「소비에 있어서 행사된 권리의 시장가치」

$\triangle A$: 「그 기간의 시작과 끝 사이에 있어서의 재산권 축적의 가치변화」

이 식의 기호는 편의상 붙인 것이며, 좌변의 Y가 「개인소득」의 금액이다. 우변은 C
「소비(consumption)에 있어서 행사된 권리의 시장가치」와 $\triangle A$ 「그 기간의 시작과 끝
사이에 있어서의 재산권 축적(accumulation)의 가치변화」의 합계를 의미한다. 즉 개인소
득의 금액은 '소비와 축적의 합'과 같다.

식의 우변은 소득의 용도(사용법)이다. 들어있는 것은 소비할지, 축적할지밖에 없다.
그러므로 어떻게 사용했는지를 보면 얼마나 소득이 있었는지를 빠짐없이 알 수 있다.
즉 우변에서 좌변을 도출함으로써 소득을 포괄적으로 구성하고 있다. 이것이 사이먼즈
의 개념구성이 훌륭한 기교를 보이는 부분이었다.

식의 구성요소는 다음과 같은 상호관계에 있다. C가 소비에 상당하고, $\triangle A$가 자산의
증가분에 상당한다. 자산이란 현재 그것을 처분함으로써 소비에 충당할 수 있는 최대액
이다. 다시 말하면 자산은 장래소비의 현재가치이다. 그러므로 이 식의 구조는 '소비를
정의하면 자산이 정의되고, 그에 따라 소득의 금액이 정의된다'는 형태로 되어 있다.

이 정식에 따른 소득을 포괄적 소득(comprehensive income)이라고 한다. 「순자산증가
설」이라고 부르기도 한다. 이는 '개인이 일정기간 동안 전혀 소비를 하지 않았다고 가정
했을 경우에 그 자산에 생겼을 순증가액'으로서 소득을 이해하는 것과 동일하기 때문이

다. 동일한 것을 다른 각도에서 보면 '자산가치를 불변으로 보유하면서 소비할 수 있는 최대액'이 소득이라는 이야기가 된다.

(2) 분석도구로서의 사이먼즈의 정식

이 정식은 1930년대 미국의 사회경제 상황을 바탕으로 사이먼즈가 독일과 미국에서의 선행학설을 참조하면서 자각적으로 구성한 것이다. 미국의 소득세는 19세기 말에 포퓰리스트운동의 성과로서 등장하였으며 20세기 초두에 정착하였다. 자본주의 사회에서 경제적 평등을 실현하는 것으로서 풀뿌리 대중의 지지를 받았다. 이것을 개념장치에 편입시켜 누진적인 과세를 제창하겠다고 하는 배경을 가지고 있다. 그러한 목적을 위한 준비이기 때문에 유일보편의 금과옥조라고 이해하는 것은 금물이다.

이러한 유래에 주의를 기울여야 하지만, 사이먼즈의 정식은 소득세제를 평가하고 검토하기 위한 분석도구로서 상당히 편리하다. 그래서 이하에서도 실정법을 보아나갈 때의 지적(知的)인 「척도」 중 하나로서 이것을 사용하기로 한다. 또한 만약을 위해 부언하자면 이 정식은 개인소득을 정의하는 것이고 법인의 소득에 대해서는 말하고 있지 않다.

(3) 사이먼즈의 정식에 관한 주석

사이먼즈의 정식에 대하여 세 가지만 주석을 달아두고자 한다.

▶ 기간의 구획을 나누고 있다. 어느 기간의 시작과 끝의 사이에서 얼마나 소비와 축적이 있었는지를 문제로 하고 있다. 구체적으로 어느 길이의 기간인지 정식에서는 명시되지 않았지만, 현실의 제도에서는 1년마다 소득을 계산하여 납세한다. 이것과 관련하여 이 정식에서는 어느 기간에 있어서의 자산의 가치상승이익은, 그 자산을 매각하지 않고서도 단지 값이 올랐다는 것만으로 그 기간의 소득으로서 계상된다. 이른바 미실현의 이득(unrealized gains)을 소득에 포함시키는 것이다. 반대로 자산 가격의 감소를 가져오는 것은 그 성질을 불문하고 소득계상에서 공제항목으로서 취급한다. 그중에는 주식의 가치하락손실이나 재해 · 도난에 의한 자산손실 등이 넓게 포함된다. 이러한 취급은 일본의 실정법상의 취급과 다른 점이다.

▶ 개인 한 사람 한 사람의 소득에 착안한다. 각 개인의 소득을 합계해도 국민소득과는 일치하지 않는다. 예를 들어 개인 X로부터 개인 Y에게로 증여에 의해 재산이 이전되었다고 하자. 그때 X의 손실이 Y에게 이득이 되고 있는 것뿐이며 사회전체로 보면 소득은 생기지 않았다. 그러나 사이먼즈는 어디까지나 개인에 착안하여 그 경제력의 크기를 측정하려고 하였다. 따라서 개인이 증여에 의해 재산을 취득한 경

우를 축적부분의 증가(플러스의 △A)로서 소득에 포함시킨다. 이렇게 하여 이 예의 Y에게는 소득이 있는 것이 된다. 그렇다면 X쪽에서는 어떠한가. 증여를 행한 분만큼 X의 축적부분은 감소하였고 소득산정상 공제하는 것이 이 식의 순수한 적용이 될 것으로 보인다. 그러나 사이먼즈는 소비와 대체관계에 있는 지출이라는 이유에 의해 X에 대하여 공제를 인정하지 않는다. 즉 X의 소득계산상의 공제는 인정하지 않고 Y의 소득계산상으로는 가산한다. 이른바 이중계상(double counting)이 생기는 것이다.

▶ '사람'과 '사물'을 엄격히 구별한다. △A 부분은 재산권 축적의 가치변화를 의미하고 있는 것으로, 개인이 가지는 재산의 가치변동이 측정 대상이다. 이에 비해 그 개인 자체의 자질과 건강 등의 인적자본(human capital)에 대해서 그 경제적 가치의 증감은 대상으로 하지 않는다. 철저하게 사물의 세계에서 축적부분을 계측하고 있다고 해석할 수 있다. 다만 현실에서는 우리들이 살아가는 데 있어서 병에 걸리거나 정신적 손해를 입거나 하는 것을 피할 수 없다. 그러한 경우에 대해 실정법이 어떠한 궁리를 하고 있는지는 6-4에서 언급하겠다.

6-1-3 일본 실정법에 있어서의 소득개념의 확대

일본의 실정법은 어떻게 소득개념을 구성해왔을까. 전환의 계기가 된 것이 제2차 세계대전 직후의 몇 가지 세제개정인데, 그때까지의 제한적인 구성에서 더욱 포괄적인 구성으로 전환되면서 현행 소득세법에 이르고 있다.

소득세의 창설은 明治20{1887}년이다(→ Chapter 3). 당시 「영리사업에 속하는 일시적 소득」에는 소득세를 부과하지 않는 것으로 하고(明治20{1887}년 소득세법 제3조 제3호), 일시적·우발적·시혜적 이득을 과세의 대상에서 제외하였다. 반면 「예금의 이자」와 「관사(官私)로부터 받는 봉급」의 소득산정 방법에 대해서는 「곧 그 금액을 가지고 소득으로 한다」라고 정하고 있었기 때문에(제2조 제1호), 예금이자와 급여는 당시부터 소득세의 대상이었다. 그 후 제2차 세계대전까지 소득세는 일시적·우발적·시혜적 이득을 과세의 대상에서 제외하였다.

제2차 세계대전을 거쳐 소득세는 대중이 널리 납부하는 세금이 되었다. 昭和10{1935}년의 시점에서 납세인수는 94만 명에 지나지 않았지만 昭和25{1950}년에는 전소득자의 40%, 1,427만 명을 커버하는 대중세가 되었다.

이 움직임과 병행하여 소득세법은 더 포괄적인 구성으로 전환된다. 昭和22{1947}년

11월의 개정은 새롭게 일시소득이라는 유형을 마련하고 일시적·우발적 소득을 과세의 대상에 추가하였다. 더 나아가 샤우프 권고를 받아들여 昭和25{1950}년의 세제개정에서는 양도소득을 일반적으로 과세의 대상으로 했을 뿐만 아니라, 아니라 잡소득이라는 유형을 마련하여 다른 유형에 해당하지 않는 그 외의 모든 소득을 포함하도록 하였다. 잡소득이라는 캐치 올{catch all} 조항을 설치함으로써 원칙적으로 모든 소득을 과세의 대상으로 한 것이다.[2]

현행 소득세법은 昭和40{1965}년에 전문개정된 것을 기초로 하고 있다. 이 개정에 앞서 昭和38{1963}년 12월에 정부세제조사회는 과세소득의 의의에 대해 이하와 같이 서술하였다[세제조사회「소득세법 및 법인세법의 정비에 관한 답신」(1963년) 5면].

「소득세 및 법인세에서의 소득개념은, 개별경제에 입각한 담세력을 측정하는 견지로부터 시작하여, 기본적으로는 현행세법에 나타나고 있는 이른바 순자산증가설[일정기간 동안의 순자산의 증가(가계비 등 소득의 처분으로서의 성질을 갖는 것에 의한 재산 감소는 고려하지 않는)를 소득이라고 하는 주장]의 사고방식에 서서, 자산, 사업 및 근로에서 생기는 경상적{經常的} 소득 외에 전형적인 소득원천에 의거하지 않는 일시적 소득도 과세소득에 포함시키는 입장을 취하는 것이 적당하다고 생각된다.」

당시의 입안담당자는「경상적인 소득」과「정형적인 소득원천에 의거하지 않는 일시적 소득」을 구별하면서도 모두 과세소득에 포함시키는 것이 적당하다고 생각하고 있었던 것이다. 소득개념의 포괄적 구성을 의식하고 있던 증거라고 할 수 있다. 또한 이 서술은 소득세와 법인세를 동렬에 두고 논하고 있지만, 여기에서 문제로 하고 있는 것은

---

2) 한국: (1) ① 소득세법상 '기타소득(일반소득의 한 구분)'과 '일시소득(특별소득의 한 구분)'의 개념은 제정 소득세법(1949. 7. 15. 법률 제33호)에서부터 등장한다[제정 소득세법 제10조 제5호, 제11조 제7호, 제21조(제1종 을), 제22조 제4호 참조]. ② 이후 소득세법이 1954. 3. 31. 법률 제319호로 폐지·제정되면서 제12조 제8호의 '잡소득' 개념으로 정리되었으며, ③ 다시 소득세법이 1961. 12. 8. 법률 제821호로 폐지·제정되면서 제12조 제1항 제5호의 '기타소득'으로 명칭이 변경되어 현행법에 이르고 있다.
(2) 한편 ① 제정 소득세법상으로는 양도소득 즉 "부동산·어업 및 광업에 관한 권리 및 설비 또는 등록선박의 양도로부터 생하는 이익"이 비과세대상으로 정해져 있었다(제정 소득세법 제7조 제7호). ② 이후 소득세법이 1950. 12. 1. 법률 제163호로 개정될 때에 이것이 비과세대상에서 제외되면서, 양도소득의 존재를 전제로 한 규정(제11조 제7호 단서)이 추가되었고, ③ 소득세법이 1954. 3. 31. 법률 제319호로 폐지·제정되면서 제12조 제7호에서 '양도소득'의 개념이 정식으로 들어가게 되었다(뒤에서 살펴보는 일본 소득세법의 양도소득 규정과 마찬가지로, '양도자산'에 대하여 구체적인 규정을 두지 아니한 채, '생활에 통상적으로 필요한 가구·집기 및 의복 등'의 양도로 인한 소득을 양도소득에서 제외하는 방식을 취하고 있었음. 제6조 제10호 참조).
순자산증가설과 소득원천설의 실질적 차이점으로 중요한 의미를 가지는 것은 경상적이지 않은 소득 중에서도 특히 이러한 자본이득(capital gain) 즉 양도소득의 과세 여부이다. 이태로·한만수, 조세법강의(신정13판), 박영사(2018), 248면; 임승순, 앞의 책(조세법), 400면.

소득세의 개인소득에 관한 부분뿐이다.

이렇게 하여 소득세법은 소득의 범위를 상당히 포괄적으로 구성하게 되었다. 다만 고도성장의 시기를 포함한 꽤 오랜 기간 동안 '예금·저금3)의 이자'에 대해서는 「마루유」라고 통칭되는 비과세조치가 강구되고 있었고, '유가증권의 양도차익'도 원칙적으로 비과세라고 여겨졌다(→ 3-4-3). 그 밖에도 조세특별조치로서 과세대상으로부터 개별적으로 제외되어 온 소득항목은 수없이 많다. 그에 따라 현실의 소득세가 사이먼즈의 정식만큼 포괄적이었던 적은 한 번도 없었다. 특히 사이먼즈의 정식에서 말하는 △A의 많은 부분이 과세대상에서 제외되어 왔기 때문에, 실정 제도상의 소득세는 'C + △A를 과세 베이스로 하는 포괄적 소득세'와 'C를 과세 베이스로 하는 소비세'의 '하이브리드(hybrid)'라고 이야기되어 왔다.

이하에서는 일본의 실정법이 소득을 어떻게 구성하고 있는지를 이해하는 데 있어서 중요한 점을 세 가지 보도록 하겠다.

- ▶ 현물소득(→ 6-2). 종업원 프린지 베니핏{employee fringe benefits}은 각종 이유에 의해 과세대상에서 제외되어 있다.
- ▶ 귀속소득(→ 6-3). 사이먼즈의 정식과의 관계에서 '소비의 측정'에 관한 문제라고 자리매김된다.
- ▶ 원자{原資}의 회수(→ 6-4). '축적부분의 측정'에 관한 문제이다.

6-2 현물소득

6-2-1 소득세법의 방침{建前}

(1) 현물소득의 의의

현물의 형태로 받은 소득을 현물소득이라고 한다. 사이먼즈의 정식에 따르면 어느 기간 동안의 경제력 증가는 소비되거나 재산권의 축적에 충당되는 한 어떠한 형식으로 유입되던지 소득을 구성한다. 금전의 형태로 들어오거나 현물의 형태로 들어오거나 차이를 가져오지 않는다.

---

3) 일본 소득세법 제2조 제10호는 예금과 저금을 합쳐서 '예저금(預貯金)'이라고 칭하고 있고, 이에 따라서 원서에도 '예저금'으로 쓰고 있으나, '예금·저금'으로 번역하기로 한다. 이하 동일하다.

(2) 소득세법의 조문

실정법에서는 어떠한가. 일본의 현행 소득세법도 현물소득을 소득으로서 과세하는 일반적인 규정을 두고 있다. 이를 확인하기 위해 소득세법의 조문을 살펴보자.

먼저 과세소득의 범위는 「모든 소득」이고(所稅 제7조 제1항 제1호),[4] 일정한 비과세소득(동 제9조~제11조)에 해당하지 않는 한 원칙적으로 과세대상이 된다.

다음으로는 구체적으로 어느 정도 금액의 소득이 있었는지를 산정하기 위한 룰로서 소득세법 제22조 이하의 규정이 있다. Chapter 8의 내용을 앞서 보게 되는 것이지만, 이러한 규정에 대해 두 가지를 미리 주의해 두고자 한다.

▶ 10종류의 「각종소득」 별로 계산방법을 정하고 있다는 것
▶ 계산방법의 기본이 수입에서 각종 비용을 공제하는 방식이라는 것

이들은 어느 것도 사이먼즈의 정식과는 다르다. 사이먼즈의 정식에서는 소득은 그 개인에 대해 일원적이고, 내부에서의 구분은 없었다. 또한 소비와 축적이라는 용도로부터 소득금액을 측정하는 것이며, 들어온 것(수입)과 나간 것(비용)의 차액을 파악하는 방식도 아니었다.

(3) 소득세법 제36조 제1항

이러한 「각종소득」의 금액을 계산하는 방법에 관한 통칙이 수입금액에 관한 소득세법 제36조이다. 동조 제1항은 「그 연도분[5]의 각종소득의 금액 계산상 수입금액으로 해야 할 금액 또는 총수입금액에 산입해야 할 금액은, 별도의 규정[6]이 있는 것을 제외하고, 그 해에 있어서 수입{收入}해야 할 금액[괄호 생략]으로 한다」라고 정하고 있다. 여기에 「그 연도분」이란 1월 1일부터 12월 31일까지의 역년이다. 「각종소득」이란 10종류로 구분된 소득이다(所稅 제2조 제1항 제21호). 요약하자면 이 규정은 그 역년의 각종소득의 계산상 「별도의 규정」이 없으면 원칙적으로 「그 해에 있어서 수입해야 할 금액」을 수입{收入}으로서 계상할 것을 명하고 있는 것이다.

여기에서 중요한 것이 「그 해에 있어서 수입해야 할 금액」이라는 문언에 붙은 괄호가

---

4) 한국: 소득세법 제3조 제1항은 거주자의 과세소득의 범위에 대하여 "이 법(소득세법)에서 규정하는 모든 소득"이라고 규정하고 있다. 일본 소득세법의 제7조 제1항 제1호는 단지 '모든 소득'이라고만 규정하고 있고, 우리 소득세법과 같이 '소득세법에서 규정하는'이라는 제한 문구는 없다.
5) 이 부분의 원문은 조문에서 사용되는 용어와 동일하게 "年分" 즉 '연분'이나, 이를 '연도분'으로 번역하였다. 이하에서도 '年分'은 모두 '연도분'으로 번역한다(부록 일본 조세법령에서도 마찬가지로 번역함).
6) 이 부분의 원문은 "別段の定め" 즉 '별단의 정함'이나, 본문과 같이 '별도의 규정'으로 의역하였다. 이하에서도 '別段の定め'를 모두 '별도의 규정'으로 의역한다(부록 일본 조세법령에서도 마찬가지로 번역함).

「(금전 이외의 것 또는 권리 기타 경제적 이익으로서 수입하는 경우에는, 그 금전 이외의 것 또는 권리 기타 경제적 이익의 가액)」이라고 되어 있다는 것이다.[7] 이 괄호로부터 금전 이외의 현물의 형태로 수입하는 경우에는 그 물건의 가액이 수입금액에 산입되는 것이 된다.

이상으로부터 현물을 가지고 수입하는 경우 그 물건의 가액을 수입금액에 산입하는 것이 된다. 즉 소득세법은 현물소득을 과세대상에 포함한다는 방침{建前}을 취하고 있는 것이다. 소득세법 제36조 제1항의 규정은 「각종소득」의 어느 것에나 적용되는 통칙이기 때문에 현물로 급여를 받은 경우나 현물로 배당을 받은 경우 등 다양한 거래 관계에 일반적으로 적용된다. 6-1의 모두{冒頭}의 예에서, 오페라의 티켓을 취득한 경우 가령 그 티켓이 20만 엔에 유통되고 있었다고 하면, 티켓의 가액인 20만 엔의 수입금액이 생긴다는 결론이 된다.

6-2-2 프린지 베니핏의 과세

(1) 프린지 베니핏의 의의

이렇게 소득세법의 방침{建前}으로서는 현물소득도 소득에 포함된다. 그러나 실제로 법률을 운용하는 단계가 되면 현물소득 중에는 과세되지 않는 것도 상당부분 존재한다. 전형적으로 문제시 되어 온 것이 종업원 프린지 베니핏(employee fringe benefits)[8]이다.

종업원 프린지 베니핏이란 '사업자가 피용자에게 본래의 급여에 더하여 부가적으로 주는 급부'를 말한다. 그것은 반드시 현금이 아닌 급부에만 한정되지는 않는다. 예를 들어 종업원이 출장을 갈 때 회사가 실비를 웃도는 숙박비와 일당을 지불하면 실비와의 차액은 현금의 형태를 취한 부가적 급부이다. 그러나 프린지 베니핏으로서 특히 문제가 되어 온 것은 비현금급부였다. 즉 사택 기타 복리후생 서비스라던가 기업연금 부담금이나 의료보험료의 사업주 부담 등이다.

주택서비스와 식사, 여행 등의 현물 형태인 노동보수는 이를 받은 개인에게 있어서 개인소비에 해당하기 때문에, 사이먼즈의 정식에 따르면 당연히 소득에 포함된다. 또 사업주가 부담금과 보험료를 대신 떠맡아주면, 종업원의 입장에서 장래에 받아야 할 연금수급권의 가치가 증가하거나 혹은 장래에 소비할 수 있는 의료서비스에 대한 기대권이 발생하기 때문에 역시 소득에 포함된다.

---

7) 한국: 소득세법 제24조(총수입금액의 계산) 제2항에서 "'금전 외의 것'을 수입할 때에는 그 수입금액을 '그 거래 당시의 가액'에 의하여 계산한다."라고 정하고 있다.

8) 'fringe benefits'는 통상 '부가급여(附加給與)'로 번역된다. 예컨대 이창희, 앞의 책(세법강의), 417-422면 참조.

그리고 소득세법도 제36조 제1항 괄호에서 「그 금전 이외의 물건 또는 권리 기타 경제적 이익의 가액」을 수입금액에 산입할 것을 명하고 있다. 따라서 현행법의 방침{建前}으로서도 이러한 프린지 베니핏을 부여받은 피용자는 소득을 계상해야 함이 분명하다.

하지만 여기에서 현실적인 문제가 생긴다. 프린지 베니핏이라는 「경제적 이익의 가액」을 얼마라고 금전평가해야 하는가. 또 많은 프린지 베니핏은 환금성이 떨어지는데 납세자금을 어떻게 마련할 수 있는가. 게다가 온갖 프린지 베니핏을 망라적으로 소득계상하려고 하면 세제집행이 현저히 곤란해지는 것은 아닌가. 이러한 문제가 있기 때문에 실제로는 프린지 베니핏에 과세되지 않는 것이 많다.

(2) 홍콩 2박 3일 여행 사건

어느 회사가 종업원의 해외여행 비용을 보조한 사건을 살펴보자[大阪高判 昭和63(1988). 3. 31. 判夕675호 147면(홍콩 2박 3일 여행 사건)]. 회사가 종업원위로여행으로 2박 3일 홍콩여행을 실시하고 그 비용 중 일부를 보조하였다. 세무서장이 이를 종업원에 대한 급여라고 인정하여 해당 회사에 원천징수를 해야 했던 소득세의 납부를 명했다. 이것에 불복한 회사가 다툰 사건이다.

오사카 고등재판소는 소득세법 제36조를 인용하여 「본래……개인의 소득으로서 과세되어야 한다」라고 서술하면서도, 비과세로 취급하는 통달의 방식에 합리성이 있다고 설시한 후, 본건 종업원위로여행이 「사회통념상 일반적으로 이루어지고 있다고 인정되는 레크리에이션 행사」에 해당하며, 참가 종업원이 받는 경제적 이익이 한 사람당 2만 9,578엔으로 소액인 점 등을 종합·고려하여, 결론적으로 비과세라고 해야 한다고 판단하였다.

이 사건의 제1심 판결이 내려진 후, 국세청은 昭和63{1988}년에 통달을 변경하였다. 이것이 平成1{1989}년과 平成5{1993}년에 거듭 변경되어 현재는 (1) 4박 5일 이내인 동시에 (2) 참가 종업원이 50% 이상인 경우에는 원칙적으로 「과세하지 않아도 무방한」 것으로 하고 있다(所基通 36−30의 운용에 대해).9)10)

---

9) 한국: 법인세법 기본통칙(해당 부분을 그대로 인용함)

　19−19…22 【해외여비의 손금산입기준】

　　임원 또는 사용인의 해외여행에 관련하여 지급하는 여비는 그 해외여행이 당해 법인의 업무수행상 통상 필요하다고 인정되는 부분의 금액에 한한다. 따라서 법인의 업무수행상 필요하다고 인정되지 아니하는 해외여행의 여비와 법인의 업무수행상 필요하다고 인정되는 금액을 초과하는 부분의 금액은 원칙적으로 당해 임원 또는 사용인에 대한 급여로 한다. 다만, 그 해외여행이 여행기간의 거의 전기간을 통하여 분명히 법인의 업무수행상 필요하다고 인정되는 것인 경우에는 그 해외여행을 위해 지급하는 여비는 사회통념상 합리적인 기준에 의하여 계산하고 있는 등, 부당하게 다액이 아니라고 인정되는 한 전국세청의 법령해석통달은 물론 법원을 구속하지 않는다(→ 4-2-1). 그러나 이 통달에 의거하여 현장의 세무직원이 「과세하지 않는다」는 취급을 할 때 그것을 일부러 다투는 납세자는 없을 것이다. 즉 이 통달에 의한 법령해석은 어디까지나 국세청 내부의 취급지침이지만, 그 해석을 다투는 사람이 없다는 것에 의해 실제로 과세와 비과세를 나누는 기능을 하는 것이 된다.

일본 회사에 근무하는 많은 종업원에게 있어 회사 주최의 종업원위로여행에 참가하는 것은 어쩌면 업무의 일환과 같은 의미가 있을지도 모른다. 그렇다고 하면 통달이 말하듯이 비교적 단기간이고 종업원의 절반 이상이 참가하는 행사에 대해 소득세법 제36조의 수입금액에 포함하지 않는다는 해석을 취하는 것도 기업사회의 실정을 바탕으로 한 상식적인 선일지도 모른다.

하지만 한발 물러서서 이 취급에 의해 누가 득을 보는지를 냉철하게 관찰해 보면 어떨까. 4박 5일 종업원여행의 혜택을 받을 수 있는 것은 어떠한 회사 종업원일까. 같은 회사 안에서도 '프라이빗한 시간에 회사 내의 인적 유대의 증진·강화를 선호하는 사람'과 '휴가에는 회사를 떠나서 개인 여행을 가는 것을 선호하는 사람' 사이에서 전자의 선호를 우선하는 게 되는 것 아닌가. 게다가 조금 회의적인 관점에서 보면, 이 취급은 여행업계에 대한 숨겨진 보조금의 기능을 가지는 것은 아닌가. 실제로 平成5{1993}년에 이 통달이 개정되었을 때 니혼케이자이신문{日本経済新聞}에 일본여행업협회의 광고가 게재되었다. 그 표제는 「비과세 확대, 4박 5일로 직장여행이 바뀐다」는 것이었고 당시의 운수성 정무차관이 사진과 함께 인사문을 실었다[니혼케이자이신문 平成5{1993}년 10

액을 당해 법인의 손금으로 한다.

19-19…23 【업무수행상 필요한 해외여행의 판정】

① 임원 또는 사용인의 해외여행이 법인의 업무수행상 필요한 것인가는 그 여행의 목적, 여행지, 여행기간 등을 참작하여 판정한다. 다만, 다음 각호의 1에 해당하는 여행은 원칙적으로 법인의 업무수행상 필요한 해외여행으로 보지 아니한다.

　　1. 관광여행의 허가를 얻어 행하는 여행

　　2. 여행알선업자 등이 행하는 단체여행에 응모하여 행하는 여행

　　3. 동업자단체, 기타 이에 준하는 단체가 주최하여 행하는 단체여행으로서 주로 관광목적이라고 인정되는 것

② 제1항 단서에 해당하는 경우에도 그 해외여행 기간 중에 있어서의 여행지, 수행한 일의 내용 등으로 보아 법인의 업무와 직접 관련이 있는 것이 있다고 인정될 때에는 법인이 지급하는 그 해외여행에 소요되는 여비 가운데 법인의 업무에 직접 관련이 있는 부분에 직접 소요된 비용(왕복 교통비는 제외한다)은 여비로서 손금에 산입한다.

10) 한국: 앞 각주의 법인세법 기본통칙에 의한다면[소득세법 기본통칙에도 같은 취지의 내용(27-55…23, 27-55…24)이 있음], 본문에서 문제가 된 '종업원위로여행'과 같은 사안에서 종업원에게 지급된 여행경비는 업무의 수행상 필요한 것이 아닌 이상, 복리후생비가 아닌 직원들에 대한 급여로 보아 근로소득세 원천징수의 대상이 된다고 보아야 할 것이다.

월 27일자 조간 36면].

이상과 같은 잠재적인 이해대립이 존재하는 것을 생각하면 '종업원위로여행에 대한 회사의 보조를 어떠한 요건으로 과세대상에 포함시킬지'는, 논의를 충실히 다하고, 그 후에 소득세법과 소득세법 시행령으로 명시하는 것이 바람직하다.

또한 보다 최근의 사건으로, 마카오에 2박 3일간 종업원위로여행을 가는 비용으로 사용자가 한 사람당 약 24만 엔을 지출한 경우에 대해서, 종업원이 여행참가로부터 얻은 경제적 이익을 급여소득으로서 과세대상으로 본 예가 있다[東京高判 平成25(2013). 5. 30. 稅資 263호 순호 12222].

Column 6-1 소득세 기본통달

소득세 기본통달은 소득세법의 해석적용에 관한 국세청 통달이며 소득세법의 조문 번호에 따라 나열되어 있다. 예를 들어 소득세법 36조에 관한 것은 36−1이라든지 36−2처럼 번호가 붙어 있다. 이는 국세청 홈페이지에서 쉽게 검색할 수 있다.

(3) 프린지 베니핏에 관한 소득세 기본통달

그러나 현실에서는 다양한 프린지 베니핏에 대해 일정한 요건하에 「과세하지 않아도 무방하다」는 다수의 통달이 존재한다(所基通 36−21~36−35의2). 이러한 한 무리의 통달이 프린지 베니핏 과세의 실무를 움직이고 있는 것이다. 또 한편으로 보면 종업원의 급여로서 과세대상에 포함시키는 경우에는 그 금전평가를 어떻게 하는지가 문제가 된다. 이 점에 대해서도 통달이 어떻게 취급할지를 정하고 있다(동 36−36~36−50).

(4) 법률에서 비과세라고 여겨지고 있는 경우

프린지 베니핏 중에는 법령에 의해 명시적으로 비과세라고 여겨지고 있는 것이 있다 (所稅 제9조 제1항 제4호~제8호). 이 중 소득세법 제9조 제1항 제6호는 昭和40{1965}년의 전문개정 시에 제정되었다.[11]

예를 들어 어떤 음식점이 가게의 방침으로 주방담당부터 서빙담당까지 모든 종업원에게 제복의 착용을 의무로 하였다고 하자. 이 경우 종업원이 사용자로부터 지급받은 제

---

11) 한국: 소득세법 제12조(비과세소득) 제3호와 그 위임에 따른 소득세법 시행령 규정들이 일정한 부가급여를 비과세소득으로 정하고 있다.

복은 다음의 규정에 의해 비과세라고 여겨질 것이다. 소득세법 제9조 제1항 제6호는
「급여소득을 가지는 자가 그 사용자로부터 받는 금전 이외의 물건(경제적인 이익을 포함
한다)으로 그 직무의 성질상 빠뜨릴 수 없는 것으로서 정령으로 정하는 것」에 소득세를
부과하지 않는다고 하고 있다. 그리고 이를 받은 정령이 「급여소득을 가지는 자로서 그
직무의 성질상 제복을 착용해야 하는 자가 그 사용자로부터 지급받는 제복과 기타 신변
의 일상용품」이라고 정하고 있다(所稅令 제21조 제2호).12) 가게의 방침으로 제복의 착용
을 의무화하고 있는 이상 이 요건에 해당하는 것이라고 해석된다. 국세청 통달도 오로
지 근무장소에서만 착용하는 사무복, 작업복 등을 제복에 준하여 취급한다고 하고 있다
(所基通 9-8).

　　중요한 것은 이러한 비과세규정을 두는 취지이다. 몇 가지의 설명이 가능하다. 첫 번
째로 '근무에 필요한 비용을 현물로 변상하고 있다'고 생각하면 비용 상당액을 지급받은
것에 그치고 종업원에게 있어서 소득이 아니라고 생각할 수 있을 것이다. 이 사고방식
에 의하면 소득세법 제9조 제1항 제6호는 소득의 개념에 비추어 당연한 것을 확인한 규
정이라는 것이 될 것이다. 그러나 제복을 착용하는 것에 따른 개인적 소비의 요소가 얼
마간은 존재할 터이다. 제복이 유명 디자이너·브랜드의 것이었을 경우 등은 특히 그러
할 것이다.

　　여기서 두 번째로, 사업주의 사정상 지급하고 있는 경우에 '본래는 소득에 해당하는
부분을 포함하여 일괄적으로 비과세로 한 것'이라는 사고방식이 등장한다. 제복의 착용
이 직무의 수행을 위해 필요하다고 한다면 그 지급은 사용자의 편의에 따라 이루어지고
있는 것이다. 실제로 가게 안에서 아무리 보기 좋은 제복이라도 하더라도 그것을 입고
데이트에 나가는 사람은 적을 것이다. 이를 다시 말하면 제복은 종업원이 제공하는 노
무의 대가로서 받는 성격이 희박하다는 것이기도 하다.

---

12) 한국: 소득세법 제12조 제3호 자목은 근로소득 중 "대통령령으로 정하는 실비변상적(實費辨償的) 성질의
　　급여"를 비과세소득으로 정하고 있고, 그 위임을 받은 소득세법 시행령 제12조 제4호는 "법령·조례에
　　의하여 제복을 착용하여야 하는 자가 받는 제복·제모 및 제화"를, 같은 조 제8호는 "병원·시험실·금융
　　회사 등·공장·광산에서 근무하는 사람 또는 특수한 작업이나 역무에 종사하는 사람이 받는 작업복이나
　　그 직장에서만 착용하는 피복(被服)"을 각각 비과세대상으로 정하고 있다.

6-3 귀속소득

6-3-1 귀속소득의 의의

(1) 시장이 개재하지 않는 소비

귀속소득(imputed income)이란 '통상의 시장거래 바깥에서 자기의 재산과 노동에 직접 기인하는 소득'이다. 귀속소득의 전형에는 아래와 같은 것들이 있다.

▶ 자산에서 생기는 것(자가에 거주하는 경우의 집세 상당액의 이익 등)

▶ 인적 역무에서 얻어지는 것(의사가 자신의 맥을 짚는 경우 진찰비 상당액 등)

어느 것이나 시장에서의 거래를 개재시키지 않는 점에 특징이 있고, 생산과 소비가 동시에 이루어진다.

(2) 프린지 베니핏과의 관계

귀속소득은 프린지 베니핏과 동일하게 현물의 소비이다. 둘 다 그 시장가치를 측정하기 어렵다. 종업원 프린지 베니핏이 고용주로부터 종업원에게 부여되는 것임에 비해, 귀속소득의 경우에는 자기소유 자산과 자기 스스로의 노동에 의해 생기는 것이다.

예를 들어 좋은 근무조건은 프린지 베니핏이다. 어떤 사람이 사장비서실에서 근무하고 있다. 사장실에 꾸며진 피카소의 명화를 매일 감상한다. 사장과 함께 외출할 때는 전속 리무진으로 외출한다. 이러한 근무조건 자체가 받는 급여와는 별개로 그 사람의 근로만족도를 높이는 것은 확실하다.

소득의 개념을 포괄적으로 구성하면 고용주로부터 받은 이러한 무형의 만족도 종업원의 소득에 해당될 것처럼 보인다. 그러나 실제로 소득으로서 과세하려고 하면 사람들의 납득, 금전평가, 납세자금 등 갖가지 실제적인 곤란이 따라온다. 특히 이 사람이 피카소와 리무진을 혐오하고 있다면 어떨 것인가. 무형적 만족은 주관적으로밖에 측정할 수 없기에, 과세를 위해 그 금전가치에 대한 정확한 견적을 내는 것은 곤란하기 그지없을 것이다.

위의 예시와 달리 귀속소득이라고 하는 경우에는, 예를 들어 명화를 자택에서 보유하여 감상하는 것으로부터 얻는 만족이나 자가용차와 같은 내구소비재로부터 얻는 서비스의 자가소비를 가리킨다. 고용주로부터 받는다고 하는 바깥으로부터의 유입요소 없이도 보유하고 있는 것만으로 발생하는 것이다.

귀속소득의 예로서 특히 문제가 되는 것은 귀속집세(→ 6-3-2)와 자가소비(→ 6-3-3)이다.

6-3-2 귀속집세

(1) 귀속소득의 일종인 귀속집세

귀속집세(imputed rent)[13]는 귀속소득의 일종이며 자기소유의 토지가옥으로부터 생기는 집세 상당분의 소득이다. 자가{自家}에 거주함으로써 어떠한 효용이 생긴다는 것은 직감적으로 알기 쉽다. 하지만 이 직감을 귀속소득이라는 개념에 연결시켜 소득세와의 관계를 생각하려면 몇 가지의 단계를 밟을 필요가 있다. 여기서 어떤 사람이 본인의 자금 1억 엔을 투자하여 주택서비스를 확보한다는 예시에 의거하여, 두 가지 투자 선택을 생각해본다.

(2) 임대와 자가보유 사이에서의 선택

선택 I(임차)에서는 자기자금 1억 엔을 사채{社債}에 투자하여 사채의 이자로 임차한 집세를 지불한다. 어느 해에 이 사채로부터 이자가 300만 엔 생겼다고 하면 이 300만 엔은 포괄적으로 구성된 소득개념하에서 당연히 소득에 해당하고, 현행법하에서도 이자소득으로서 과세된다(所稅 제23조). 가령 20%의 세율을 적용한다면 소득세를 납부한 후의 세후 수취이자는 240만 엔이 된다. 즉 임차를 선택할 경우 세후의 240만 엔이 이 사람이 확보할 수 있는 주택 서비스의 상한이 된다.

선택 II(자가보유)에서는 자기자금 1억 엔으로 자가를 구입한다. 자가에 사는 것으로써 거주 서비스를 소비한다. 이 소비금액의 측정은 용이하지 않지만 논의를 간단하게 하기 위해 300만 엔 상당의 소비액이 있었다고 하자. 사이먼즈의 정식에 따라 소득개념을 포괄적으로 구성하면 이 300만 엔 상당액은 소비에서 행사된 권리의 시장가치 C에 해당하고 소득에 포함된다. 이것이 귀속집세이다. 자가의 감모손실이나 유지관리에 필요한 지출이 있으면 축적의 변동분 △A의 감소 항목이 된다. 그러나 현행법하에서는 이러한 귀속집세에 과세하고 있지 않다. 그 근거로서는 소득세법이 소득을 수입{收入}의 형태로 파악하고 있기 때문에(所稅 제36조) 경제적 가치가 바깥으로부터 유입되지 않았다면 과세대상에서 제외하는 것으로 하였다고 해석되고 있다(→ Chapter 9). 이렇게 자가보유를 선택한 경우에는 300만 엔 상당액의 거주 서비스를 비과세로 소비할 수 있게 된다.

---

13) 원서의 서술은 "帰属家賃"으로, 이를 본문과 같이 '귀속집세'로 번역하였다.

위의 선택Ⅱ에서는 시장을 통하지 않고 집세 상당액의 거주 서비스가 자기에게 귀속되어 소비되고 있다. 이러한 귀속집세가 존재함에도 불구하고 그것을 과세대상에 포함시키지 않는 것은 이하와 같은 폐해를 낳는다.

▶ 선택Ⅰ(임차)과 선택Ⅱ(자가보유) 사이에서 소득세제가 투자행동을 왜곡한다(비중립적이다).

▶ 임차를 선택한 사람과 자가보유를 선택한 사람이 동일한 경제적 상황에 있음에도 불구하고 둘 사이에서의 취급이 달라진다(수평적 공평에 반한다).

▶ 위의 예시에서의 조건 설정과는 약간 달라지지만, 자가거주를 선택하는 사람이 임차거주하는 사람보다도 상대적으로 풍요롭다는 데이터가 있다고 한다면 풍족한 사람에게 비과세라는 혜택을 베푸는 것이 된다(수직적 공평에 반한다).

(3) 귀속집세에 대한 과세

그렇다면 입법론으로서 귀속집세를 과세대상에 포함시킬 수 있는지가 문제가 된다. 예를 들어 소득세법 제36조 제1항의 특칙으로서 귀속집세분의 금액을 수입금액이라고 간주하는 규정을 두는 것이다.

귀속집세도 소득인 이상 그러한 입법은 이론상으로는 가능하며 실제로 그러한 입법정책을 취하는 나라도 있다. 하지만 일본을 포함한 많은 나라들의 소득세제에서는 몇 가지의 이유에 의해 귀속집세를 과세대상에서 제외하고 있다.

▶ 사람들에게 지지받기 어렵다.

▶ 현금수입이 없기 때문에 납세자금의 변통에 어려움을 겪는다.

▶ 거주 서비스의 금액을 정확하게 산출하는 것이 곤란하다.

▶ 정부가 의도적으로 자가보유 촉진정책을 채용하는 경우도 있다. 실제로 자가취득을 위한 주택론(住宅 loan)에 대해 각종 우대조치가 강구되고 있다(租特 제41조~제41조의3).[14]

소득세에서 귀속집세를 과세대상으로 할 수 없더라도 '재산보유에 부과하는 세'로 대체하는 것을 생각해볼 수 있다. 일본에서도 시정촌(市町村)의 고정자산세는 토지와 가옥을 보유하는 자에게 그 재산평가액을 기준으로 하여 매년 부과된다.[15]

---

14) 한국: 소득세법 제52조 제5항, 제6항(특별소득공제 중 장기주택저당차입금에 대한 이자상환액 근로소득공제), 조세특례제한법 제87조(주택청약종합저축 등에 대한 소득공제 등) 참조.

15) 일본 지방세법상의 '고정자산세'는 기초지방자치단체인 시정촌(市町村)이 과세주체가 되어 고정자산(토지·가옥·상각자산)에 대하여 부과하는 세금으로서(일본 지방세법 제341조 이하), 원칙적으로 고정자산의 '가격'('적정한 시가'를 의미함. 일본 지방세법 제341조 제5호)으로서 과세대장(課稅臺帳)에 등록된 것을 과세표준으로 하여(일본 지방세법 제349조, 제349조의2), '고정자산의 소유자'를 납세의무자로 하여 부과된다(일본 지방세법 제343조). '고정자산을 소유하고 있다는 사실'에 기초하여 과세가 이루어

반대로 임차와 자가보유 사이의 취급의 차이를 축소하는 방책으로서 '임차하여 사는 사람에게 집세를 과세소득에서 공제하는 것을 인정하는 것'도 생각해볼 수 있다.[16] 다만 이 조치의 최대 문제는 더 큰 관점에서 봤을 때 세제의 비중립성이 남는다는 것이다. 즉 임차의 경우에 집세공제가 이루어지고 자가보유의 경우에 귀속집세가 여전히 비과세라면 거주 서비스를 그 외 서비스보다도 과세상 우대하는 것이 되어버린다.

Column 6-2 귀속집세에 과세하는 입법례

귀속집세에 대한 과세를 시도한 국가의 경험은 반드시 순조롭지만은 않았다. 네덜란드에서는 오히려 자가보유를 우대하는 조치가 이루어져 있었다. 낮게 금전평가된 '간주순집세상당액'[17]을 계상하면서도 거기에서 주택융자의 이자지급을 공제하는 것을 인정한 결과, 소득계산상 적자가 생겨서 노동과 사업에서 발생하는 소득과 상계되었기 때문이다. 스웨덴에서는 귀속집세를 소득세의 대상으로 하고 있었는데, 1991년 이후 부동산 보유세에 의해 대체되었다.

6-3-3 자가소비{自家消費}

(1) 예외로서의 소득세법 제39조

재화와 서비스의 자가소비는 귀속소득으로, 현행법하에서는 원칙적으로 과세대상으로 되어 있지 않다.

지는 '재산세'에 해당한다. 金子宏, 앞의 책(租税法), 747면. 고정자산세의 '표준세율'은 1.4%이며, 일정한 과세표준액 이하에 대해서는 면세점이 설정되어 있다(일본 지방세법 제350조, 제351조 참조).
한국: 지방세법상의 '재산세'는 토지, 건축물, 주택, 항공기, 선박에 대하여 부과되고(지방세법 제105조), 자동차에 대해서는 '자동차세'라는 별도의 세목으로 지방세가 부과된다(같은 법 제124조 이하). 재산세는 구·시·군이 과세주체가 되고, 자동차세는 특별시·광역시와 시·군이 과세주체가 된다(지방세기본법 제8조). 과세표준과 세율에 대해서는 지방세법 제110조, 제111조, 제127조 참조.
　이처럼 재산과세에 대한 과세주체는 본래 지방자치단체였으나, 종합부동산세법(2005년 제정)에 따라서 재산세 과세대상인 주택과 토지의 경우는 공시가격이 일정금액을 초과하는 경우 별도로 국세인 종합부동산세를 납부해야 하고(종합부동산세법 제7조, 제12조), 별도의 과세표준과 세율이 마련되어 있으며, 주택과 토지에 대하여 부과된 재산세액은 공제가 된다(같은 법 제8조, 제9조, 제13조, 제14조).
16) 한국: 소득세법 제52조 제4항(주택임차자금차입금 원리금상환액 근로소득공제), 조세특례제한법 제95조의2(월세액에 대한 세액공제). 그러나 공제의 요건이 상당히 제약적이고 공제가 이루어지는 범위도 한정적이기 때문에, 분문과 같이 '임차와 자가보유 사이의 취급의 차이를 일반적으로 축소하는 방책'에 해당한다고 보기는 어렵다.
17) 원서의 서술은 "みなし純家賃相当額"로, 본문과 같이 직역하였다.

예외적으로 귀속소득을 과세대상으로 하는 것이 소득세법 제39조이다. 예를 들어 채소가게를 경영하는 사업소득자가 가게의 상품으로 사과를 팔고 있는데 1개 100엔에 팔려고 하고 있다. 너무 맛있어 보여서 그 사과 한 개를 자기가 먹었다고 하자.

이 사람은 사과를 먹은 것에 불과할 뿐 사과를 시장에서 판매한 것은 아니다. 이러한 경우에 대해 소득세법 제39조는 「거주자가 재고자산……을 가사를 위하여 소비한 경우……에는, 그 소비한 때에 있어서의 이들 자산의 가액에 상당하는 금액은, 그 자가 그 소비한 날이 속하는 연도분의 사업소득의 금액……의 계산상 총수입금액에 산입한다」라고 정하고 있다. 즉 이 사람(「거주자」)이 사과(「재고자산」 즉 가게의 상품)를 스스로 먹은(「가사를 위해 소비한」) 경우, 사업소득의 총수입금액에 100엔을 계상하도록 정하고 있는 것이다. 이것이 현행법하에서 자가소비를 과세대상에 포함시키는 예이다.

소득세법 제39조는 '사업을 경영하는 자가, 상품을 가사를 위해 소비하는 경우'를 염두에 두고 있으며, 사람이 시장이 개재하지 않은 채 소비를 하는 경우를 일반적으로 커버하고 있는 것은 아니다. 예를 들어 역무의 제공은 커버하고 있지 않기 때문에, 이발소 주인이 자기 아이의 머리카락을 자르는 경우에는 적용되지 않는다.

(2) 사업영역과 가사영역의 구별

소득세법 제39조는 개인의 활동영역 중에서 사업영역으로부터 가사영역에 유출되는 경제가치(위의 예시에서는 사과의 가치 100엔)를 파악하고, 그것을 사업소득의 총수입금액으로서 계상한다(도표 6 – 2).[18]

도표 6-2 ▮ 사업영역과 가사영역의 구별

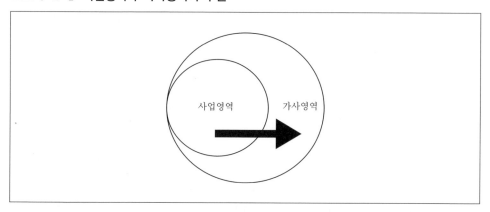

---

18) 한국: 소득세법 제25조(총수입금액 계산의 특례) 제2항

소득세법 제39조에서 말하는 「가사를 위해 소비한다」는 용어는 사이먼즈의 정식에서 말하자면 소비 C의 부분에 상당한다. 하지만 이 규정 자체는 사업영역과 가사영역의 구별을 전제로 하고 있는 것으로, 거기에서 말하는 「사업」이라는 관념 자체는 사이먼즈의 정식에는 나오지 않는다. 사업의 개념을 소득세의 핵심에 두는 현행법의 구조는 더 오래 전의 분류소득세의 계보를 이어받고 있다.

또한 동일하게 사업소득에서 유출된 부분을 수입금액으로 계상하는 규정으로서 소득세법 제40조가 있다.

6-3-4 귀속소득의 외연: 노동과 여가를 둘러싸고

귀속소득의 범위는 넓혀 가다보면 무한정으로 확장되어 버린다. 예를 들어 여가를 좋아하는 「게으름뱅이」는 일하지 않고 여가에서 심리적 만족을 얻고 있을 가능성이 있다.

하지만 여가에서 생기는 금전적 가치를 평가하여 그것을 귀속소득으로 과세해야 한다고 생각하는 사람은 없을 것이다. 여가를 과세대상으로 하기 위해서는 그 사람의 사적인 시간을 기록하고 매일 무엇을 했는지, 그로부터 어떠한 만족을 얻었는지를 세무직원이 하나하나 확인해야 한다. 국가기관이 그러한 사생활에 간섭하게 되면 공과 사를 가르는 중요한 경계를 구둣발로 넘나들어 개인의 사적영역을 침범하는 것이 되어 버린다. 조지 오웰의 『1984년』과 비슷한 디스토피아이다. 그러한 세계를 바라는 사람이 대체 어디에 있을 것인가.

이러한 이유에 의해 여가를 과세대상으로 하지 않는 것은 제도적으로 보아 바람직한 것이다. 다만 이러한 소득세제는 노동과 여가 사이에서 비중립적이다.

6-4 원자{原資}의 회복

6-4-1 순소득에 대한 과세

(1) 순소득

소득의 범위를 포괄적으로 구성하는 경우에도 소득을 얻기 위한 원자{原資}는 과세소득의 범위에서 제외한다. 다시 말하면 경제활동의 「밑천」이 되는 것에는 과세하지 않는다. 원자{原資}의 회복(recovery of capital)에 해당하는 부분은 소득에 포함시키지 않는 것이다.

소득의 범위에서 「밑천」의 부분을 제외해 둠으로써 원자{原資}를 축내는 과세를 피할수 있다. 이는 자본을 투하하여 확대 재생산을 하기 위해 적합하다. 여기에서 「밑천」에 해당하는 부분을 뺀 순수한 「벌이」에 해당하는 부분을 「순소득(net income)」이라고 한다. 이러한 순소득에 과세하는 구조는 경제활동을 전개하는 데에 있어서 유리하다. 순소득을 과세 베이스로 하는 소득세가 20세기에 기간세목{基幹稅目}이 된 이유 중 하나는 여기에 있다.

실제로, 그토록 포괄적인 구성으로 된 사이먼즈의 정식도 순소득을 계산하도록 만들어져 있다. 어느 기간 중에 생긴 축적부분의 증감을 계측하는 부분 △A가 어디까지나 「순자산」의 증감에 주목하고 있기 때문이다. 이 △A의 계산에 있어서 그 기간의 시작시에 보유하고 있던 재산권의 가치는 제외하고 해당기간 중에 감소한 부분이 있으면 감액요소로서 카운트한다.

(2) 필요경비와 취득비

이상의 사고방식은 실정법상으로는 「필요경비」 및 「취득비」의 공제라는 형태를 취한다. 둘 다 Chapter 10에서 자세히 배우게 되겠지만, 이 단계에서는 우선 양쪽을 통일적인 시점에서 이해해 두도록 하자.

「필요경비」란 소득을 얻기 위해 필요한 경비로서 현행규정은 몇 가지 유형의 소득에 대해 이를 조문화하고 있다(所稅 제37조).[19] 예를 들어 라면가게를 운영하는 개인사업자가 어느 해에 라면가게 사업에서 100의 매출금액을 얻었다고 하자. 그리고 그 매출을 벌어들이기 위해 제반경비가 80 들었다고 하자(내역은 재료비 10, 인건비 30, 임차료 30, 광열비 10). 이 경우 「필요경비」는 80이다(동조 제1항). 그러면 100의 「총수입금액」에서 80의 「필요경비」를 공제하여(=빼서) 20의 「사업소득금액」을 얻는다(동 제27조 제2항).[20] 이 20이 필요경비를 뺀 후의 순소득이다.

「취득비」란 자산의 취득에 소요된 금액으로 양도소득의 금액 계산에서 문제가 된다(所稅 제38조). 예를 들어 어떤 사람이 카루이자와{軽井沢}의 별장을 10년 전에 40에 샀고 올해 100에 팔았다고 하자. 이때 10년 전의 이 별장 취득에 소요된 경비 즉 「취득비」는 40이다(동조). 그래서 이 사람에게는 100의 「총수입금액」에서 40의 「취득비」를 공제하여 60의 「양도차익」이 있는 것이 된다(동 제33조 제3항).[21] 그 「자산의 양도에 소요된

---

19) 한국: 소득세법 제27조 이하
20) 한국: 소득세법 제19조(사업소득) 제2항
21) 한국: 소득세법 제95조(양도소득금액) 제1항, 제97조(양도소득의 필요경비 계산)

비용」의 금액이 있다면 그 금액도 공제한다. 이것이 취득비 등의 원자{原資}부분을 뺀 후의 순소득에 상당한다.

이렇게 소득세법에는 수입을 얻기 위한 원자{原資}에 상당하는 부분을 과세대상에서 제외하기 위한 룰이 있다. 유의해야 할 것은 일본의 소득세법이 10종류의「각종소득」별로 계산방법을 정하고 있다는 것이다. 이를 반영하여 필요경비가 제37조, 취득비가 제38조라는 식으로 각각 별개의 규정으로 되어 있다. 더 나아가 제37조는 필요경비의 공제가 가능한 소득유형을「사업소득」과「잡소득」등 몇 가지로 한정하고 있다.[22]

이렇게 실정법의 모습이 그리 단순하지는 않지만, 소득개념이라고 하는 통일적인 척도를 사용하여 관찰하면「필요경비」와「취득비」는 둘 다 '소득을 얻기 위한 원자{原資}를 제외한다'는 사고방식의 발로라고 볼 수 있을 것이다.

(3) 자산손실

자산이 멸실된다든지 훼손된다든지 하는 경우처럼「밑천」에 해당하는 부분의 가치감소에 대한 취급도 중요하다. 사이먼즈의 정식에서는 어느 기간 내의 축적부분의 감소는 예외 없이 소득의 감액요소가 된다. 이에 대하여 소득세법은 일정한 자산손실이 생긴 경우에 대하여 이를 필요경비의 대상으로 하는 규정을 마련하고 있다(所税 제51조).[23] 필요경비가 되지 않는 경우 다른 루트로 소득에서 공제하는 경우가 있지만 그 범위는 상당히 한정되어 있다(동 제72조)(→ 10−5).

6-4-2 투하자본의 회수

(1) 공제의 금액과 타이밍

원자{原資}에 상당하는 부분은 소득의 범위에서 제외한다. 이렇게 한 마디로 말하는 것은 간단하다. 그러나 그 방식을 실제로 어떻게 할지는 상당한 고민과 연구를 필요로 한다. 게다가 어느 정도의 금액을 언제 공제하는지에 따라 과세 룰의 경제효과가 크게

---

22) 한국: 한국 소득세법 제27조 이하(제2장 제3절 제2관) 역시 필요경비공제가 가능한 소득유형을 사업소득과 기타소득 등으로 한정하고 있다. 뒤의 10−1−1 부분의 각주 참조.

23) 한국: 소득세법 제39조 제4항 제2호는 '일정한 사유로 인한 유형자산의 파손 또는 멸실이 있는 경우 대통령령으로 정하는 방법에 따라 그 장부가액을 감액할 수 있다'는 취지로 규정하고 있고, 그 위임에 따른 소득세법 시행령 제96조 제2항은 위 법률조항에서 정하는 '대통령령으로 정하는 사유'에 대하여 "화재, 법령에 따른 수용 등, 채굴 불능으로 인한 폐광"으로 규정하고 있다. 사업소득자의 고정자산에 손실이 발생한 경우에 있어서의 해석문제에 대해서는 뒤의 10−5−2 (2) 부분의 각주에서 자세하게 살펴본다.

달라진다. 이 점에 관한 법기술의 기본을 이해하는 것이 Part 02를 통한 중요한 학습 목표이다.

여기에서는 미리 이미지를 그려놓기 위해 우선 실정법의 취급으로부터 물러나서 수치를 통한 예시를 살펴보도록 한다.

지금 어떤 사람이 첫 번째 해에 보험료를 3만 엔 지불하고, 보험사고의 발생에 의해 두 번째 해에 100만 엔을 한꺼번에 받았다고 하자. 이 경우 받은 100만 엔이 전액 그대로 소득이 되지는 않는다. 왜냐하면 원자{原資}에 상당하는 부분으로서 3만 엔의 보험료를 지불했기 때문이다. 순소득을 과세대상으로 하기 위해서는 이 3만 엔 상당액을 언젠가의 타이밍에 공제해야 한다.

그것에는 몇 가지 방법이 있다(도표 6-3). ① 한 가지 자연스러운 취급은 두 번째 해에서 3만 엔을 공제하여, 이 부분을 뺀 97만 엔의 순소득이 있었다고 하는 것이다. 이와 달리 ② 첫 번째 해에 3만 엔을 공제하는 것도 생각해볼 수 있다. 그렇게 취급한 경우에는 첫 번째 해의 소득산정에 있어서 이미 원자{原資}부분의 회수를 마쳤기 때문에, 두 번째 해에는 100만 엔 전액을 계상해야 하는 것으로 처리해도 무방하게 된다.

도표 6-3 ▎ 일시금 수취 시의 순소득

	제1년도	제2년도
①	0	97
②	-3	100

이 예시를 한 단계 전진시켜보자. 지금, 동일한 사람이 첫 번째 해에 보험료를 3만 엔 지불했을 때 보험사고가 발생하였다. 그리고 두 번째 해 이후 10년간에 걸쳐 매년 10만 엔씩을 받았다고 하자. 이 경우 추가적으로 몇 가지 방법이 있을 수 있다(도표 6-4).

도표 6-4 ▎ 연금 수취의 예

	제1년도	제2년도	제3년도	제4년도	……	제10년도	제11년도
①	0	9.7	9.7	9.7	……	9.7	9.7
②	0	7	10	10	……	10	10
③	-3	10	10	10	……	10	10

① 3만 엔의 원자{原資} 상당분이 10년간에 걸쳐 매년 10만 엔씩 리턴을 가져왔다고 생각하면, 매년 3,000엔씩 공제한다. 그 경우 순소득은 매년 9만 7,000엔씩이 된다. 이와 달리 ② 3만 엔의 원자{原資} 상당분 전액이 두 번째 해의 리턴에 대응하고 있다고 생각하면, 두 번째 해에 3만 엔의 전액을 공제한다. 이상의 두 가지 방법과 달리 ③ 첫 번째 해에 공제하는 방식도 생각해볼 수 있는데, 그 경우에는 두 번째 해 이후에 공제해야 할 금액이 없다.

이렇게 원자{原資}부분을 과세소득의 대상으로부터 제외하려면 공제 금액과 타이밍에 관한 룰을 정해야 한다. 그것을 위한 법기술적인 장치를 소득세법에서 준비해 둘 필요가 있다. 그것이 「취득비」(所税 제38조)와 「감가상각비」(동 제49조) 등에 관한 규정들이다.

(2) 인적자본의 자리매김

원자{原資} 부분이라고 할 때 한 가지 근본적인 문제가 있다. 그것은 인적자본(human capital)을 어떻게 자리매김시킬 것인가와 관련된다. 인간이 소유하는 유형의 물질적 존재를 부(wealth)라고 부르면, 그 범주에 유형물뿐 아니라 자연인도 포함된다고 하는 사고방식이 성립한다. 인적자본이란 이러한 사고방식에 근거하여 사람의 생산력을 자본으로서 파악하는 경제적 개념이다.

예를 들어 어떤 사람이 유소년기부터 피겨 스케이트의 레슨료를 많이 지출해왔다고 하자. 그 결과 오늘날에는 세계적인 무대에서 활약하게 되어 스케이트 쇼의 출연료 수입이 몇 억 엔에 이른다고 한다. 스케이트 레슨료의 지출은 이 사람의 잠재적인 가득{稼得}능력을 높이고 있다. 예술적이고 정확, 신속하게 점프하고 턴하는 능력이 인적자본의 예이다.

소득세와의 관계에서 인적자본을 어떻게 자리매김시킬 것인가는 근본적인 카테고리에 관한 문제인 만큼 전문가 사이에서도 생각하는 방식이 나뉜다. 사이먼즈의 정식은 '사람'과 '사물'을 준별하고 있는 것으로, 개인 자체의 자질과 건강 등의 인적자본에 대해 그 경제적 가치의 증감을 대상으로 하고 있지 않았다(→ 6-1-2). 재분배를 해야 하는 것은 재산에 대해서이고 개인 간의 재능분배 상황에 대해서는 정부가 관여할 사항이 아니라고 생각했던 것일 것이다.

인적자본의 가치증가를 과세대상으로 하는 것까지는 가지 않더라도, 인적자본의 형성을 위해 투하한 지출은 원자{原資}에 해당한다고 보는 것이 가능한가. 위의 예에서 말하자면 과거에 지출한 레슨료는 원자{原資} 상당분으로서 현재에 벌어들인 소득에서 공제해야 하는 것은 아닐까.

현행 소득세법은 물적자산에 대해서 투하자본의 회수를 위한 룰을 두고 있다. 이에 비하여 위의 예와 같은 지출에 대해서는 「취득비」와 「감가상각비」의 대상으로 하고 있지 않다. 인적자산 자체의 가치상승 이익을 과세대상으로 하는 것은 아니기 때문에 취득비의 공제를 애초에 생각하지 않는 것이다.

이렇게 소득세법은 '사람'과 '사물'의 구별을 전제로 한 후에 '사물'의 영역에서 원자{原資}의 회복에 관한 룰을 마련하고 있다. 한편 사람이 건강을 해쳐서 의료비를 지불하는 것과 같은 경우에 대해서는, 필요경비·취득비와 같은 원자{原資}의 회복에 관한 룰과는 별개로, 의료비공제(所稅 제73조)와 같은 특별한 소득공제의 구조를 갖추고 있다(→ Chapter 8). 이 문제는 노동소득의 가득{稼得}에 필요한 경비는 어떠한 것인가 하는 문제와 연결된다. 이것이 급여소득공제(동 제28조 제3항)와 특정지출공제(동 제57조의2)의 제도설계와 관련된다(→ Chapter 10).

Column 6-3 원천이라는 측면에서 이해한 소득

사이먼즈의 정식은 개인소득을 용도의 측면에서 측정하는 것이었다. 한편 원천의 측면에서 이해하자면 개인소득은 그 원천에 따라 노동소득(labor income)과 자본소득(capital income)으로 크게 나눌 수 있다. 양자의 구별은 경제적인 것이며 둘 다 법령상 용어는 아니다. 노동소득은 인적자산의 리턴이고 노동성 소득이라고도 말한다. 자본소득은 물적자산의 리턴이며 자산성 소득이라고 부르는 경우도 많다. 자본소득은 더 나아가 실물자산에서 생기는 소득과 금융자산에서 생기는 소득으로 나뉜다. 실물자산의 전형적인 예는 토지이고 금융자산의 전형적인 예는 사채{社債}와 주식이다. 개인사업에서 발생하는 소득처럼 노동소득과 자본소득이 결합된 경우도 있다.

노동소득	인적자산	
자본소득	물적자산	실물자산
		금융자산

6-4-3 손해의 회복

(1) 문제의 소재

원자{原資}에 상당하는 부분을 과세대상에서 제외한다면, 원자{原資}가 훼손된 경우에 그 손해를 보전하는 금전을 받아도 그것을 소득이라고 하지는 않게 된다. 손해를 본

부분을 벌충하는 것이기 때문에 소득이 되지 않는 것이다. 이 일반론 자체는 이해하기 쉬울 것이다.

하지만 정밀하게 살펴보면 이 논리에는 숨겨진 난문{難問}이 잠재되어 있다. 특히 중요한 점이 인손{人損}과 물손{物損}의 차이를 어떻게 생각하는가이다. 더 나아가 물손{物損}에 관하여, 자산에 가치상승 이익이 발생하고 있어서 '손실이 가해진 시점에서 미실현이익이 존재하는 경우'를 어떻게 취급할지도 주의해야 할 포인트이다.

(2) 사이먼즈의 정식과의 관계

인적손해와 관련해서 사이먼즈의 정식은 잘 매치되지 않는다. 재산권의 축적과 관련된 자산의 증감을 문제로 하고 있는 것으로 인적자본을 생각하고 있지 않기 때문이다.

이에 비하여 물적손해에 대해서는 사이먼즈의 정식이 비교적 잘 들어맞는다. 이때의 문제는 사이먼즈의 정식과 달리 실현원칙24)을 채용하는 현행법하에서 자산의 미실현손익을 어떻게 처리하는가 하는 점이다.

현재 어떤 사람이 시가 3억 엔의 별장을 가지고 있다고 하자. 어느 해에 이 별장이 화재로 불타서 보험금을 3억 엔 받게 되었다. 받은 3억 엔은 소득이 되는 것일까. 사이먼즈의 정식에 따르면 소득은 아닐 것이다. 이 사람의 자산은 기초에 3억 엔으로 시작하여 별장의 소실에 의해 제로가 되지만 보험금 3억 엔을 받음으로써 보전된다. 즉 기초에 3억 엔으로 시작하여 기말에 3억 엔으로 끝나기 때문에 △A는 제로이다.

이 별장을 예전에 1억 엔에 취득했다고 하고, 소실 시점의 시가가 3억 엔이었던 경우는 어떠한가. 사이먼즈의 정식하에서는 자산의 가치상승 이익은 이미 그것이 발생한 해에 소득을 구성하며(바로 그 해의 △A에 해당한다) 과세되었을 것이다. 그러므로 미실현손익이라고 하는 것은 애초에 존재할 수 없다. 이와 달리 실정 소득세법은 값이 오른 것만으로는 과세하지 않기 때문에[→ 6-1-2 (3), Chapter 9에서 배우는 실현원칙], 1억 엔에 취득한 별장의 시가가 3억 엔이 되어 있었다면 2억 엔 만큼의 미실현이익이 생긴 것으로 그것은 아직 과세되지 않는다. 그래서 이러한 미실현의 이득을 어떻게 처리할지가 문제가 되는 것이다(도표 6-5).

---

24) 우리나라에서는 'realization principle'을 통상 '실현주의(實現主義)'로 번역한다. 예컨대 이창희, 앞의 책(세법강의), 291, 352면 등 참조. 그러나 본 번역서에서는 원서의 표현 "実現原則"을 그대로 살려서 '실현원칙'을 사용하기로 한다.

도표 6-5 ┃ 값이 오른 별장의 소실

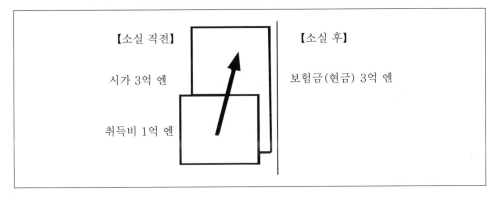

【소실 직전】

시가 3억 엔

취득비 1억 엔

【소실 후】

보험금(현금) 3억 엔

(3) 昭和36{1961}년 답신{答申}과 현행 소득세법의 태도

이러한 점에 대해 소득세법은 어떠한 사고방식을 취하고 있는가. 현행법의 기초가 되는 사고방식을 보여주는 것이 昭和36{1961}년 세제조사회 답신이다[세제조사회 「세제조사회 답신 및 그 심의 내용과 경과의 설명」〔1961년 12월)]. 이 답신은 「이론에만 치우치지 않고, 상식적으로 지지받는 것이어야 한다」는 스탠스를 보여주고 있다. 즉 상식적인 처리를 지향하여 아래와 같이 경우를 나누었다.

▶ 인적손해에 대한 보상(補償)의 경우. 가령 사업소득에 대한 보상이라고 하더라도 비과세로 하는 것이 상식적이라고 한다. 이 사고방식을 받아들여 「심신에 가해진 손해」는 비과세가 되었다(所稅 제9조 제1항 제17호). 정령에서는 더욱 확실하게 '급여에 대한 보상이라고 하더라도 비과세소득에 포함할 것'을 명기하고 있다(所稅令 제30조 제1호 괄호).

▶ 물적손해에 대한 보상의 경우. 한층 더 세세하게 유형화하여 ① 불법행위 기타 돌발적인 사고에 의한 것과 ② 기타 사유에 의한 것으로 나눈다. 그리고 나서 ①은 기본적으로 비과세로 하고 ②는 과세대상에 포함시키는 것으로 하였다. 이 사고방식을 받아들여 「불법행위 기타 돌발적인 사고에 의하여 자산에 가해진 손해에 대하여 지급을 받는 손해배상금」이 비과세가 되었다(所稅 제9조 제1항 제17호, 所稅令 제30조 제2호).

물적손해에 대한 보상의 경우에 관한 룰을 도표 6-5의 별장 소실의 예에 적용시키면, 수취한 3억 엔이 전액 비과세가 된다. 이때 미실현이익 2억 엔 부분을 과세대상으로 하지 않고 3억 엔 전액을 비과세로 하는 것이다. 그 이유로서 답신은 「만약 그 손실이 없었다면 그 평가이익에는 과세가 되지 않았을 것이기 때문」이라고 서술하고 있다. 다

만 이것에는 예외가 있어서, 사업을 운영하는 자가 재고자산에 대한 보상이나 휴업보상
을 받은 때에는 수입금액에 포함시키는 것으로 취급하고 있다(所稅令 제30조 제2호 두 번
째 괄호·제94조).25)

Column 6-4 소득세법 시행령 제30조의 독해 방법

소득세법 제9조 제1항 제17호는 「기타 정령으로 정하는 것」(밑줄에 주의)이라고 정하고
있기 때문에 정령에 무엇이 쓰여 있는지에 비중을 두고 규정을 읽을 필요가 있다.26) 실제

---

25) 이상의 내용과 관련하여, 부록 일본 조세법령의 일본 소득세법 제9조 제1항 제17호, 소득세법 시행령
제30조 제1호, 제2호 참조.
한국: (1) ① 우리 소득세법상으로는 일본 소득세법과 같이 '손해전보를 위하여 지급받은 보험금이나
손해배상금'에 대한 일반적인 비과세규정은 존재하지 않는다. 반면에 이를 과세한다는 규정이 존재하는
것도 아니다. ② 다만 소득세법 제21조 제1항 제10호가 '계약의 위약 또는 해약으로 인하여 받는 위약
금, 배상금 등'을 과세대상으로 정하고 있고, 소득세법 제21조 제4항의 위임에 따른 소득세법 시행령
제41조 제8항은 "(소득세)법 제21조 제1항 제10호에서 '위약금과 배상금'이란 재산권에 관한 계약의 위
약 또는 해약으로 받는 손해배상으로서 그 명목여하에 불구하고 본래의 계약의 내용이 되는 지급 자체
에 대한 손해를 넘는 손해에 대하여 배상하는 금전 또는 그 밖의 물품의 가액을 말한다."라고 규정(이
하 이 각주에서 이 부분 소득세법 및 소득세법 시행령 규정을 '과세규정'이라 한다)하고 있다. '과세규
정'의 입법연혁에 대해서는 윤지현, "소득세법에 따른 손해배상의 과세 방안에 관한 연구", 조세법연구
17(3), 한국세법학회(2011), 246–249면 참조.
(2) 여기서 우리 소득세법이 불법행위에 대한 손해배상채권을 과세한다는 규정을 두지 않고 있는 이상,
'과세규정'에 따른 것 이외에는, 불법행위에 기한 손해배상채권을 일반적으로 소득과세의 대상으로 삼
고 있지 않은 것으로 해석되며, 이 점에서 법인이 취득한 손해배상청구권이 법인세법상 익금에 산입되
는 것과는 구분된다. 송개동, "손해배상과 세법", 조세법연구 10(2), 한국세법학회(2004), 60–63,
65–66, 71, 82–83면; 윤지현, 앞의 글(소득세법에 따른 손해배상의 과세 방안에 관한 연구), 264–
265면.
(3) 이러한 우리 소득세법의 태도에 대해서 ① 송개동, 앞의 글(손해배상과 세법), 96면은 "재산권에
관한 계약으로 인하여 발생한 손해배상"으로 손해배상채권에 대한 과세범위를 한정하고 있는 '과세규
정'은 조세중립성의 입장의 관점에서 볼 때 입법적 누락으로 개정이 필요하다고 평가하고, ② 윤지현,
앞의 글(소득세법에 따른 손해배상의 과세 방안에 관한 연구)은 순자산증가설의 관점에서 '손해 자체를
전보해 주는 적극적 손해에 대한 배상' 부분과 '정신적 고통에 대한 손해를 배상해 주는 위자료' 부분은
과세대상에서 제외하는 것이 타당할 수 있으나(255–259면), 불법행위에 기한 손해배상채권을 일률적
으로 소득과세의 대상에서 제외함으로써 '일실이익 등 소극적 손해에 대한 배상'(본문에 서술되어 있는
일본 소득세법 시행령상의 '사업소득자의 휴업보상' 등) 부분과 '자산가치 중 축적된 미실현이익 부분에
대한 배상'(본문의 사례에서 미실현이익 2억 엔 부분) 부분까지 모두 소득세의 과세대상에서 제외하는
현행 '과세규정'의 태도에는 문제가 있다는 취지로 지적하면서, 다만 '피해자의 보호라고 하는 사회정책
적 고려'의 측면에서 전체적인 타당성에 대판 판단은 보류하고 있다(264–267면).
(4) 그 외에도 소득세법 제12조 제3호 다목은 "근로의 제공으로 인한 부상·질병·사망과 관련하여 근
로자나 그 유족이 받는 배상·보상 또는 위자(慰藉)의 성질이 있는 급여" 등을 비과세소득으로 정하고
있다.
26) 일본 소득세법 제9조 제1항 제17호는 "심신에 가해진 손해 또는 돌발적인 사고에 의하여 자산에 가해

로 소득세법 시행령 제30조 제2호는 「불법행위 기타 돌발적인 사고에 의하여 자산에 가해진 손해」라고 하고 있는바, 법률의 문언에는 존재하지 않는 「불법행위」를 「돌발적인 사고」와 병렬하는 형태로 명기하고 있다. 계속적인 권리침해 행위를 생각해 보면 알 수 있듯이 「돌발적인 사고」 이외에도 「불법행위」에 해당하는 경우는 다종다양할 것이기에 정령은 법률보다도 물적손해의 범위를 넓히고 있는 것이다. 名古屋地判 平成21(2009). 9. 30. 判時 2100호 28면도, 소득세법 시행령 제30조 제2호에서 말하는 「불법행위」는 돌발적인 사고와 동일한 양태에 의한 것으로 제한된다고 해석할 이유가 없다고 하고 있다.

(4) 손해의 객관적 인정

소득세법 제9조 제1항 제17호의 적용에 있어서 손해의 유무는 객관적으로 인정한다. 어느 사건에서 맨션 건설업자가 반대파 주민 X에게 310만 엔을 지불하였다. 납세자는 이를 보상금의 취지로 수령하였다고 주장하며 비과세 처리를 요구하였다. 이에 대해 大阪地判 昭和54(1979). 5. 31. 行集 30권 5호 1077면(맨션건설승낙료 사건)은

「당사자 간에 손해배상을 위해서라고 명확히 합의되어 지급된 경우라고 하더라도 손해가 객관적으로 없다면 그 지급금은 비과세가 되지 않으며, 또한 손해가 객관적으로 있더라도 비과세가 될 지급금의 범위는 당사자가 합의하여 지급한 금액의 전액이 아니라 객관적으로 발생 또는 발생할 것이 예상되는 손해의 한도로 제한된다」

라고 판시하였다. 그리고 해당 사안에서 X가 받은 손해는 기껏해야 30만 엔 이상은 되지 않는다고 인정하고, 나머지는 비과세소득에 해당하지 않는다고 하였다. 손해가 객관적으로 발생하고 있는지를 파악하여 그 범위에서만 비과세로 한 것이다.[27][28]

진 손해에 기인하여 취득하는" 손해배상금 등을 비과세로 한다는 취지로 규정하고 있어, 이 문언에는 '불법행위'가 등장하지 않는다(부록 일본 조세법령 참조).

27) 한국: 비교할 만한 우리나라 판례로 대법원 1991. 6. 14. 선고 90다11813 판결의 판결요지를 인용한다 (괄호는 이해를 돕기 위하여 역자가 추가한 것임).
"해고무효확인 소송의 계속 중 사용자가 근로자에게 일정 금액을 지급하되 근로자는 그 나머지 청구를 포기하기로 하는 내용의 소송상 화해가 이루어졌다면 이러한 화해금의 성질은 근로자가 해고무효확인 청구를 포기하는 대신 받기로 한 분쟁해결금으로 보아야 하고 비록 그 화해금액을 산정함에 있어 근로자의 임금 등을 기초로 삼았다 하더라도 이를 임금 또는 퇴직금 등으로 볼 수는 없으며, 유추해석이나 확장해석을 불허하는 조세법규의 엄격한 해석상 이를 소득세법 제25조 제1항 제9호(현행 소득세법 제21조 제1항 제10호) 소정의 계약의 위약 또는 해약으로 인하여 받는 위약금과 배상금이라고 보기 어려울 뿐더러 이에 관한 소득세법시행령 제49조 제3항(현행 소득세법 시행령 제41조 제8항)의 규정취지에 비추어 위 법조 소정의 계약은 재산권에 관한 계약을 의미하고 근로계약은 이를 포함하지 않는 것으로 보아야 하는 것이므로 결국 위 화해금은 분쟁해결금으로서 소득세법상 과세대상이 되는 근로소득, 퇴직소득, 기타소득 중의 어느 것에도 해당되지 아니한다."

그러나 윤지현, 앞의 글(소득세법에 따른 손해배상의 과세 방안에 관한 연구), 240–241면은 이 판
결의 논리구조 즉 "화해금은 그 성질이 손해배상이 아니다"는 부분과 '재산권에 관한 계약에는 근로계약
이 포함되지 않는다'는 해석론에 대해 의문을 제기한다.

28) ① 이해를 돕기 위하여 본문의 일본 판결을 조금 더 살펴본다. 먼저 사안의 원고 측은 건설회사로부터
받은 310만 엔의 성질이 맨션의 건설과정에서 생기는 "환경권의 침해 기타 예상되는 공해에 대한 보상
금"이라고 주장하였으나(해당 판결의 '원고의 주장' 부분), 본문의 판결은 원고의 주장을 배척하고 그
취지가 "맨션건설에 대하여 원고로부터 승낙을 얻기 위한 대가"라고 보아, 당시 일본 소득세법 제9조
제1항 제21호(현행 일본 소득세법 제9조 제1항 제17호)의 비과세대상인 손해배상금에 해당하지 않는
다고 보았다. 그 판시를 인용하면 다음과 같다.
"여기에서 말하는 '손해배상금, 위문금 및 이와 유사한 것'이라는 것은, 손해를 야기한 원인행위가 불법
행위의 성립에 필요한 고의·과실의 요건을 엄격하게 충족하는 것일 필요는 없지만, 납세자에게 손해가
현실로 발생하거나 발생할 것이 확실히 예상되는 경우, 그러한 손해의 보전을 위해 지급되는 것에 한정
된다고 해석하는 것이 타당하다. 그렇다면 「당사자 간에 손해배상을 위해서라고 명확히 합의되어 지급
된 경우라고 하더라도 손해가 객관적으로 없다면 그 지급금은 비과세가 되지 않으며, 또한 손해가 객관
적으로 있더라도 비과세가 될 지급금의 범위는 당사자가 합의하여 지급한 금액의 전액이 아니라 객관
적으로 발생 또는 발생할 것이 예상되는 손해의 한도로 제한된다.」 원고는 수수된 금액의 전액이 비과
세가 된다고 주장하고 있지만, 이 주장은, 본래 법률에 의해 일의적으로 정해져야만 하는 비과세 범위
를 지급자와 수령자의 합의에 의해 변경하는 것을 인정하는 것으로서 도저히 채용할 수 없다."(「」 인용
표기는 본문의 인용부분을 표시하기 위하여 역자가 추가함)
② 그런데 바로 앞 각주의 우리나라 대법원 판결과 비교해 보았을 때, 위 일본 판결의 사안에서는 어떻
게 과세가 이루어진 것인지 의문이 생길 수 있다. 이 사건에 과세가 이루어진 것은 일본 소득세법 제34
조가 '일시소득' 즉 "영리를 목적으로 하는 계속적 행위로부터 생긴 소득 이외의 일시적 소득"에 대한
과세규정을 두고 있기 때문이다. 위 일본 판결은 결국 원고가 건설회사로부터 받은 310만 엔 중에서,
일조권 침해 등을 이유로 실제 발생하였다고 인정된 손해액 30만 엔과, 일시소득 특별공제액 40만 엔
(현행 일본 소득세법 제34조 제2항, 제3항에 따르면 50만 엔이다)을 공제한 240만 엔이 과세대상인 일
시소득에 해당한다고 판단하였다.
③ 다시 앞 각주의 우리나라 판례사안으로 돌아오면, 문제가 되는 '화해금'은, 구체적인 정황에 비추어
보아 손해배상이라고 판단되는 범위를 넘는 부분이 있다면, 그 부분은 소득세법 제21조(기타소득) 제1
항 제17호의 '사례금'에 해당할 여지도 있다고 보인다[앞 각주의 판례사안에서 화해금의 수령이 이루어
진 1990. 1. 당시 시행되던 구 소득세법(1989. 12. 30. 법률 제4163호로 개정된 것) 제25조 제1항 제15
호는 '대통령령으로 정하는 일시소득'을 기타소득의 하나로 규정하고 있었고, 그 위임을 받은 구 소득세
법 시행령(1990. 1. 3. 대통령령 제12899호로 개정된 것) 제49조의2 제1항 제2호는 '사례금'을 그 일시
소득의 하나로 규정하고 있었다].
④ 건물 점포의 임차인과 임대인 사이에 임대차의 종료시기 및 그에 따른 인도 등과 관련하여 분쟁이
생겼는데, 상호간 분쟁을 종료하기로 합의하면서 임차인이 임대인으로부터 1억 8천만 원을 수령한 사
안에 대하여, 임대인은 임대차계약을 위반한 사실이 없으므로 임대차계약은 적법하게 종료하였다는 전
제하에, 위 수령금액을 '상호간에 분쟁을 원만·조속하게 처리하기 위하여 지급된 것'으로서 소득세법
제21조 제1항 제17호의 사례금으로 본 사례로 서울행정법원 2017. 5. 25. 선고 2016구합76985 판결이
있다[서울고등법원 2017. 10. 17. 2017누54243 판결(해당 부분 그대로 인용 및 원고항소 기각), 대법
원 2018. 1. 31. 선고 2017두67032 판결(심리불속행 기각)로 그대로 확정].

☑ 이 장에서 배운 것

▸ 제2차 세계대전 이후 소득세법은 소득개념을 포괄적으로 구성하게 되었다.

▸ 프린지 베니핏의 다수가 과세대상에서 제외되어 있다.

▸ 귀속소득에 예외적으로 과세하는 예로서 사업소득자의 자가소비가 있다.

▸ 원자{原資}의 회복은 소득에 해당하지 않는다.

🔍 찾아보자

▸ 소득의 개념은 어떠한 경위에서 포괄적으로 구성되게 되었는가?

→ 金子宏「租税法における所得概念の構成」同『所得概念の研究』[有斐閣, 1995년〔初出 1966년~1975년〕] 1면

▸ 소비란 무엇인가?

→ 中里実「所得の構成要素としての消費――市場価格の把握できない消費と課税の中立性」金子宏編『所得課税の研究』(有斐閣, 1991년) 35면

▸ 손해배상금에 대한 비과세는 바람직한 입법정책인가?

→ 高橋裕介「税は自ら助くる消費者を助く？――投資家の受領した損害賠償課税を中心として」NBL 984호(2012년) 90면

Chapter 7

납세의무자

> ▶ 납세의무자 ▶ 소득의 인적귀속 ▶ 과세단위

7-1 소득세법의 구성

우리들 한 사람 한 사람이 개인으로서 소득세의 납세의무를 진다. 이것은 자명한 것으로 생각될지도 모른다. 그러나 납세의무자에 관한 소득세법의 규정은 상당히 복잡하다.

이 장에서 인용하는 소득세법 규정의 다수는 제1편에 있다. 본론에 들어가기 전에 여기에서 소득세법의 구성을 설명해둔다.

소득세법은 여섯 개의 편으로 구성된다(도표 7-1). 이 중 제1편은 총칙으로 전체와 관련되어 있는 만큼 추상도가 높은 규정이 많다. 제2편은 개인소득의 과세에 대해 정하는 기본적인 부분이다. 본서에서 거론하는 규정도 이 제2편에 집중되어 있다. 이에 비해 제3편과 제4편은 국제과세와 원천징수에 관계된다. 제5편은 잡칙으로 과세정보의 교환 등 세제의 집행에 필요한 룰을 두고 있다. 제6편은 벌칙으로 경제형법의 영역이다. 부칙은 시행기일과 경과조치 등을 정하고 있다.

도표 7-1 ┃ 소득세법의 구성[1]

```
제1편 총칙
제2편 거주자의 납세의무
제3편 비거주자 및 법인의 납세의무
제4편 원천징수
제5편 잡칙
제6편 벌칙
부칙
```

7-2 납세의무자와 원천징수의무자

7-2-1 4종류의 납세의무자

(1) 소득세법 제5조

소득세법 제5조는 4종류의 납세의무자를 정하고 있다. 이는 소득세법이 개인거주자의 기본적인 납세의무뿐만 아니라 국제적인 측면과 원천징수 등도 규율하고 있기 때문이다. 게다가 신탁법 개정에 따른 平成19(2007)년도 세제개정 이후, 소득세법 제5조에는 신탁에 관한 룰이 추가되었다. 신탁에 관계된 부분을 우선 생략하면 소득세법 제5조의 내용은 아래와 같이 정리할 수 있다.

▶ 거주자   모든 소득에 과세(다만 비영주자에 대해서는 제한 있음)

▶ 비거주자   국내원천소득에 과세

▶ 내국법인   내국법인 과세소득에 대해 원천징수

▶ 외국법인   외국법인 과세소득에 대해 원천징수

---

1) 한국: 소득세법의 구성

```
제1장 총칙
제2장 거주자의 종합소득 및 퇴직소득에 대한 납세의무
제3장 거주자의 양도소득에 대한 납세의무
제4장 비거주자의 납세의무
제5장 원천징수
제6장 보칙
제7장 벌칙
부칙
```

(2) 거주자와 비거주자

거주자는 「국내에 주소를 가지거나, 또는 현재까지 계속해서 1년 이상 거소를 가진 개인」으로(所税 제2조 제1항 제3호), 소득세를 납부할 의무가 있다(동 제5조 제1항). 거주자는 ① 「비영주자」와 ② 「비영주자 이외의 거주자」로 나뉜다. ①은 거주자이지만 일본 국적을 갖고 있지 않고 과거 10년 이내에 일본국내에 주소 또는 거소를 가진 기간의 합계가 5년 이하의 개인으로(동 제2조 제1항 제4호), 과세의 대상이 제한되어 있다(동 제7조 제1항 제2호). 한편 ②는 「모든 소득」이 과세의 대상이 된다(동항 제1호).

비거주자는 거주자 이외의 개인으로(所税 제2조 제1항 제5호), 일본국내에 원천이 있는 소득을 가지는 경우에 소득세를 납부할 의무가 있다(동 제5조 제2항·제7조 제1항 제3호).

이렇게 비거주자에게는 국내원천소득에 과세하고, 거주자 중 ②에는 지리적 한정을 붙이지 않고 「모든 소득」에 과세한다(전세계소득 과세). 일본국과의 인적 연결의 크고 작음에 따라서 과세소득의 범위를 조절하고 있는 것이다.[2]

(3) 내국법인과 외국법인

내국법인은 「국내에 본점 또는 주된 사무소를 가지는 법인」으로(所税 제2조 제1항 제6호), 국내에서 「내국법인 과세소득」의 지급을 받을 때는 소득세의 납세의무를 진다(동 제5조 제3항). 여기에 「내국법인 과세소득」이란 원천징수의 대상인 이자와 배당 등을 말한다. 법인이 소득세의 납세의무를 지는 것은 원천징수가 소득세법의 소관사항이 되어 있는 가운데, 법인도 원천징수의 대상이 되는 지급을 받는 경우가 있기 때문이다.[3]

외국법인은 내국법인 이외의 법인이고(所税 제2조 제1항 제7호), 「외국법인 과세소득」의 지급을 받을 때는 소득세 납세의무를 진다(동 제5조 제4항). 여기서 「외국법인 과세소득」은 일본국내에 원천이 있는 소득 중 원천징수의 대상인 것을 말한다.

(4) 「비영주자 이외의 거주자」에 대한 주목

본서에서는 이 4종류 중 거주자, 특히 「비영주자 이외의 거주자」를 염두에 둔다. 학

---

2) 한국: 소득세법 제3조 역시 ① '거주자'에게는 "(소득세)법에서 규정하는 모든 소득"에 대해서 과세하되, ② "해당 과세기간 종료일 10년 전부터 국내에 주소나 거소를 둔 기간의 합계가 5년 이하인 외국인 거주자"의 경우 "과세대상 소득 중 국외에서 발생한 소득"에 대해서는 "국내에서 지급되거나 국내로 송금된 소득에 대해서만" 과세하여 통상적인 거주자에 비하여 과세대상을 제한하고, ③ '비거주자'에게는 '국내원천소득'에 대해서 과세하는 것으로 규정하고 있다.

3) 일본 소득세법상 법인이 소득세 납부의무를 지는 경우에 대해서는 뒤(12-2-3)에서 다시 언급이 되므로, 우리나라 제도와의 비교도 그 부분에서 하기로 한다.

습상 이것이 가장 기본적인 유형이다. 실제로도 소득세 납세의무자의 다수가 이 카테고리에 속한다.

예를 들어 일본국적을 가지는 A 씨가 나고야에 주소를 가지고 있다고 하자. A 씨는 일본국내에 주소를 가지기 때문에 「거주자」에 해당하고 더구나 일본국적을 가지고 있기 때문에 「비영주자 이외의 거주자」에 해당한다. 따라서 「모든 소득」에 소득세가 붙는다(所税 제7조 제1항 제1호). 해외에서 강연료를 벌었다고 해도 일본의 소득세와 관련하여 납세의무를 진다. 다시 말하면 전세계소득이 과세의 대상이 된다.

7-2-2 원천징수의무자

(1) 원천징수의 중요성

平成28{2016}년도의 통계데이터를 보면 소득세수 17조 6,110억 엔 중 원천분{源泉分}이 14조 4,859억 엔, 신고분이 3조 1,251억 엔이었다. 소득세 중 무려 80% 이상이 원천징수에 의해 납부되고 있다. 이렇듯이 소득세법 제4편의 원천징수에 관한 룰은 징수 메커니즘으로서 큰 역할을 하고 있다. 이 원천징수를 담당하는 주체가 원천징수의무자이다.

(2) 상위개념으로서의 납세자

법률상은 다음과 같이 개념을 정리할 수 있다(도표 7-2). 국세에 관한 통칙으로서 국세통칙법 제2조 제5호가 「납세자」를 정의하고 있다. 거기에는 「국세(원천징수에 의한 국세를 제외한다)를 납부할 의무가 있는 자」와 「원천징수에 의한 국세를 징수하여 국가에 납부해야 하는 자」가 있다. 이를 소득세와 관련하여 말하자면, 전자가 본래의 납세의무자이고(所税 제5조), 후자가 원천징수의무자이다(동 제6조).

도표 7-2 ▎ 납세의무자와 원천징수의무자

납세자 (税通 제2조 제5호)
납세의무자 (所税 제5조)
원천징수의무자 (所税 제6조)

(3) 원천징수의 두 가지 의미

원천징수에는 나중에 정산하는 것과, 정산하지 않고 납부만으로 끝나게 되는 것이 있다.

▶ 나중에 정산하는 경우의 원천징수. 예를 들어 어느 해 8월에 B 씨가 텔레비전에 출연하여 개런티를 지급받았다고 하자. 이때 보수를 지급하는 방송국이 원천징수의무자가 되어 지급 시에 소정의 금액을 원천징수하여 다음 달 10일까지 국가에 납부한다(所稅 제204조 제1항 제5호). B 씨는 그 다음 해의 2월 16일부터 3월 15일 사이에 확정신고서를 제출하고(동 제120조 제1항), 그 해의 소득세를 정부에 납부한다(동 제128조). 이 확정신고에서 전년도 중에 원천징수된 분을 납부해야 할 소득세액에서 뺀다(동 제120조 제1항 제5호). 확정신고를 할 때에 과부족을 정산하는 것이다. 소득세액에서 원천징수세액을 빼서 마이너스의 금액이 생길 때에는 국가가 B 씨에게 차액을 환급한다(동 제122조·제138조).

▶ 납부만으로 끝나게 되는 경우의 원천징수. 예를 들어 C 씨가 은행예금의 이자를 받았다고 하자. 이자를 지급할 때에 은행이 원천징수하면(所稅 제181조 제1항) 그것으로 과세관계는 종료된다. 왜냐하면 조세특별조치법 제3조에 의해 원천분리과세를 하는 것으로 되어있기 때문이다. 원천분리과세란 다른 소득과 구분하여 지급이 된 원천만으로 징수납부하는 것을 의미한다. C 씨가 받은 이자를 다른 소득으로부터 분리하여 과세하는 결과, 나중에 과부족을 정산할 일이 없다. C 씨에게 본래 적용되어야 할 세율표 여하와 관계없이 20%의 원천세를 납부한 채로 끝나게 된다.[4]

7-2-3 신고납세와 원천징수

자신의 소득세액을 자기신고에 의해 확정시키고 정부에 납부하는 구조가 신고납세제도이다. 신고납세제도하에서는 납세의무자인 개인이 '조세저항감'[5]을 가지기 때문에 정부의 비대화를 감시할 인센티브가 높아진다.[6] 그 반면 신고납세제도의 운영에는 세무

---

4) 한국: 소득세법 제14조 제3항에서 종합소득에 합산되지 않고 분리과세되는 소득을 정하고 있다. 이 규정에 따라서 ① '소득세법 제129조 제2항이 정하는 세율에 따라서 원천징수하는 이자소득 및 배당소득 등'(제3호), ② '법인으로 보는 단체 외의 단체 중 수익을 구성원에게 배분하지 않는 단체로서 단체명을 표기하여 금융거래를 하는 단체가 일정한 금융회사등으로부터 받은 이자소득 및 배당소득'(제4호), ③ '조세특례제한법에 따라서 분리과세가 이루어지는 소득'(제5호), ④ '위 제3호부터 제5호까지에서 규정된 것 외의 이자소득과 배당소득으로서, 그 소득의 합계액이 2천만 원 이하인 것으로서 소득세법 제127조에 따라 원천징수된 소득'(제6호) 등에 대해서는 분리과세가 이루어진다. 분리과세되는 금융소득에 대해서는 통상 14%의 원천징수 소득세율이 적용되나, 예외들도 있다(소득세법 제129조. 또한 조세특례제한법 제89조, 제89조의3 등).
5) 원서의 서술은 "痛稅感"(통세감)으로 직역하면 세금을 내는 개인이 느끼게 되는 고통을 의미하는데, 이를 '조세저항감'으로 의역하였다.
6) 본문은 원서를 직역한 것이다. 조세의 납부로 고통을 느끼는 국민들이 정부 관료기구가 비대해지는 것은 아닌지 의구심을 가지고 이를 견제하려는 경향을 가지게 된다는 취지의 서술이다.

집행비용이 소요된다. 이와 달리 원천징수만으로 과세관계를 종료하는 구조는 '집행비용이 작은 반면, 신고납세와 같은 조세저항감이 나오지 않는다'고 이야기된다.

현재 신고에 의해 소득세를 납부하는 사람은 일본의 총인구 중 일부분에 머무른다. 平成28{2016}년분의 수치를 살펴보면 소득세의 확정신고서를 제출한 사람은 2,139만 6,052명이었다. 이 중 신고납세액이 있는 사람은 625만 5,123명으로 총인구 1억 2,693만 명 중 5%였다. 신고하여 납세한 사람보다도 많았던 경우가 신고하여 정부로부터 소득세의 환급을 받은 사람(환급신고자)으로 1,243만 7,917명이었다. 환급신고수가 납세신고수를 웃도는 상황은 平成6{1994}년부터의 일관된 경향이다[佐藤英明「申告納稅制度の定着と展望――所得を中心として」租稅法研究 45호(2017년) 87면].

Column 7-1 선거와 납세

선거와 납세는 민주주의라는 차의 양쪽 바퀴와 같다. 일본에서는 남성보통선거의 채용(大正14{1925}년)과 여성참정권의 뒤늦은 인정(昭和20{1945}년)에 의하여 이 두 가지의 직접적인 제도적 관계가 단절되었다. 단절에는 충분한 이유가 있었다. 다만 공공재를 제공하기 위해 나라를 만들고, 통치의 형태를 선거에서 뽑힌 대표가 결정하며, 나라의 재원을 조달하기 위해 납세한다는 것에는 변함이 없다(→ Chapter 1).

7-3 소득의 인적귀속

개인이 소득세를 납부할 의무를 지는 전제로서 소득이 그 개인에게 귀속될 필요가 있다. 소득과 납세의무자의 이러한 연결을 소득의 인적귀속이라고 말한다. 소득이 누구에게 귀속되는가는 개인 간, 개인과 회사 간, 신탁을 설정하는 경우의 위탁자·수탁자·수익자 간 등 다양한 주체 사이에서 문제가 된다. 특히 일상적으로 생기는 것이 가족구성원 상호관계에서의 소득의 인적귀속의 문제이다.

소득의 인적귀속에 대해 소득세법은 놀라울 정도로 간단한 규정밖에 갖추고 있지 않다(所稅 제12조~제13조). 이 중 가장 기본적인 규정이 소득세법 제12조이다. 동조는 「자산 또는 사업으로부터 발생하는 수익이 법률상 귀속된다고 보이는 자가 단순한 명의인으로서 그 수익을 향수{享受}하지 않고, 그 자 이외의 자가 수익을 향수하는 경우에는, 그 수익은 이를 향수하는 자에게 귀속되는 것으로 하여 이 법률의 규정을 적용한다」라

고 규정한다.7)

이 규정의 취지에 대해서 ① 법률적 귀속설(사법상의 법률관계에 따라 인적귀속을 결정한다)과, ② 경제적 귀속설(사법상의 법률관계에서 벗어나 경제실질에 따라 인적귀속을 결정한다)의 대립이 존재한다. 학설상으로는 법률관계를 안정시키자는 관점에서 ①이 지지를 얻고 있다. 다만 사법상의 법률관계에 따라 「법률상 귀속되는」 자가 누구인지를 결정하는 것 자체가 쉽지 않고, 개별사안에 따라 주의 깊게 검토할 필요가 있다.

소득세법 제12조는 「자산 또는 사업에서 생기는 수익」에 대해 말하고 있는 것으로, 노동에서 생기는 소득에 대해서는 명시하고 있지 않다. 그러나 사법상의 법률관계를 기초로 판단해 보면 그 노동을 한 사람에게 소득이 귀속된다고 생각해도 괜찮은 경우가 많을 것이다.

협력하여 개인 자영업을 운영하고 있는 부부의 경우에 해당 사업에서 생기는 소득은 누구에게 귀속되는 것일까. 이 점에 대해 국세청에 의한 소득세법 12조의 법령해석통달은 「사업에서 생기는 수익을 향수하는 자가 누구인지는 그 사업을 경영하고 있다고 인정되는 자(이하……「사업주」라고 한다)가 누구인지에 따라 판정하는 것으로 한다」라고 하고 있다(所基通 12-2). 재판례도 부모와 자식이 치과의원을 경영하고 있던 사안에서 사업에 따른 수입은 경영주체에게 귀속된다고 한 것이 있다[東京高判 平成3(1991). 6. 6. 訟月 38권 5호 878면].8) 여기에서는 '가족사업에서 생기는 소득의 인적귀속은, 가족 중 사

---

7) 한국: 국세기본법 제14조(실질과세) 제1항 참조.
8) 이해를 돕기 위하여 이 판결 사안을 간략하게 살펴본다.
　　이 사건의 원고는 개업한 치과의사이고, 문제가 되는 가족은 치과의사시험에 합격한 다음 같은 의원에서 치과의사로서 일을 한 장남이다. 원고는 1982년과 1983년도의 자신이 운영하던 의원의 수입과 비용을 반으로 나누어 자신에게 해당하는 부분에 대한 소득신고를 하였으나, 피고 과세관청은 해당 의원에서 발생한 수입은 모두 원고의 사업소득이라고 보아 경정처분을 한 사안이다(제1심 판결의 '다툼이 없는 사실' 부분).
　　이 판결은 원고의 청구를 기각한 제1심 판결을 일부 수정하면서 원고의 항소를 기각하였는데(그대로 확정), 설시가 보다 자세한 제1심 판결의 주요부분을 인용해보면 다음과 같다[千葉地判 平成2(1990). 10. 31. 昭和62年(行ウ)11号, 번호는 역자가 추가함].
　　"① 장남이 개업하는데 필요한 의료기기나 의원개장(醫院改裝)에 필요한 비용은 원고 명의로 차입을 하였고, 의료기기 등의 매입계약 명의인도 원고였으며, 변제도 원고 명의의 예금계좌에서 이루어지고 있었던 점, ② 이러한 차입을 함에 있어서 원고 명의의 토지·건물(의원의 부지 및 건물)에 근저당권이 설정된 점, ③ 본건 처분이 이루어지기 이전에 의원의 경리상 원고와 장남의 수지(收支)가 나누어져 있지 않았던 점이 인정되고...(중략)... ④ 비록 장남이 해당 의원에서 근무하기 시작하면서 환자 수가 늘어나고 장남 고유의 환자도 내원하게 되기는 하였으나...(중략)... 본건에서 문제가 된 시점의 의원의 실태를 살펴보면 장남은 아직 치과의사로서의 경험이 새롭고 부족한 상태였으므로, 원고의 장기간의 치과의사로서의 경험에 대한 신용과 평판 등에 기반을 두고 의원이 경영되고 있었다고 보는 것이 상당하고, 따라서 의원의 경영에 지배적 영향력을 가지고 있던 것은 원고라고 인정하는 것이 타당하다...(중략)... (따라서) 원고가 의원의 경영주체이고, 의원경영에 의한 수입도 원고에게 귀속하는 것으로 보아야 한다."

업을 주재하는 한명에게 돌아간다'는 사고방식을 읽어낼 수 있다.

가족구성원 간 소득의 인적귀속의 문제는 다음에 서술할 과세단위의 설정과 밀접하게 관계된다.

7-4 과세단위

7-4-1 가족과 소득세

세액을 산정하는 인적단위를 「과세단위(tax unit)」라고 한다. 과세단위의 설정은 다양한 세목에서 문제가 된다. 소득세에서는 과세단위의 설정이 가족의 존재와 관련된다.

말할 것도 없이 사람은 혼자서 살고 있는 것이 아니다. 누구든 반드시 부모로부터 태어난다. 그리고 인생의 많은 시간을 가족과 함께 생활한다. 따라서 소득세에 있어서 가족의 존재를 어떻게 자리매김할 것인지가 각국의 소득세제에서 문제가 되어 왔다. 여기에서는 부부관계를 중심으로 입법정책의 분기점을 개관해 보자.

7-4-2 두 가지 제도적 전제

논의를 전개하는 데 있어서 두 가지 제도적 전제에 유의해 두자.

(1) 생애주기와의 관계

전제 1은 역년별로 일을 처리한다는 것이다. 소득세법은 역년 베이스로 소득을 산정하고 매해분의 소득세를 납부하는 구조를 취하고 있다. 이는 자연스러운 것이다. 계절이 돌아감으로써 우리의 사회생활은 1년마다 단락을 맞이한다. 정부의 예산 사이클도 매년 회전한다.

다만 개인과 가족의 관계는 더 장기적이다. 전체상{全體像}을 파악하기 위해서는 개인의 생애주기{life cycle}와의 관계를 의식하는 것이 필요하다. 생애주기에서 보면 대부분의 사람들의 어린 시절은 부모 세대로부터의 지원에 의해 생활하는 시기에 해당한다. 그 후 성인으로서 노동하여 저축하는 시기에 들어가면 스스로 소득을 벌어들이게 된다. 그리고 노동 연령을 지나가면 저축을 조금씩 찾아서 소비에 충당한다. 이 사이에 결혼과 이혼과 같은 사태가 생길지도 모른다. 사망 시에 남은 유산은 상속된다. 이렇게 하여 개인의 생애주기를 통해 가족관계가 동적으로 변동해간다.

소득세법은 생애 베이스가 아니라 역년 베이스로 되어 있다. 따라서 동적으로 변화해 가는 가족관계의 한 장면을 마치 카메라의 셔터를 누르는 것처럼 처리하게 된다.

(2) 누진구조와의 관계

전제 2는 소득세의 누진구조이다. 누진이라는 의미는 '소득의 증분에 대한 소득세액의 증분의 비율이 체증{遞增}한다'는 것이다. 누진구조를 가져오는 장치로서 ① 소득공제와 ② 누진세율이 있다.

① 소득공제가 있을 경우에는 세율이 완전히 평평한 비례세율이라고 해도 소득세는 누진적이 된다. 예를 들어 10의 소득공제와 20%의 비례세율을 조합해 보자(도표 7-3. 화폐단위는 생략). 이 경우 소득이 30 있으면 소득공제 10을 빼고 나머지 20에 20%의 비례세율을 적용하여 세액은 4가 된다. 소득이 60 있으면 소득공제 10을 빼고 나머지 50에 20%의 비례세율을 적용하여 세액은 10이 된다. 여기의 수치를 통한 예시에서는 소득이 30에서 60으로 2배 늘어나면 세액은 4에서 10으로 2.5배 늘어나고 있다. 누진적이다.

도표 7-3 ▌ 소득공제와 플랫{flat} 세율

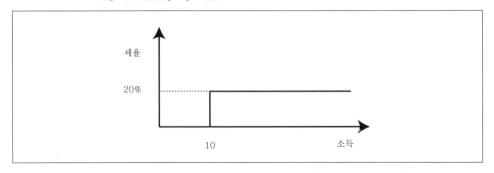

② 누진세율을 채용하는 경우에는 소득공제가 전혀 없다고 해도 소득세는 누진적이 된다. 예를 들어 소득이 0에서 50까지인 경우에 10%의 세율을 적용하고 50을 넘는 경우에 20%의 세율을 적용한다는 세율표를 상정해 보자(도표 7-4). 이렇게 일정 금액을 초과하는 부분에 대해 더 높은 세율을 마련하는 방식을 초과누진세율이라고 한다. 이 세율표하에서는 소득이 50이면 세액은 5가 되고(=50×10%), 소득이 100이라면 세액은 15가 된다(50×10%+50×20%). 여기의 수치를 통한 예시에서는 소득이 2배가 되면 소득세액이 3배로 늘어나고 있다.

도표 7-4 ▮ 초과누진세율의 예

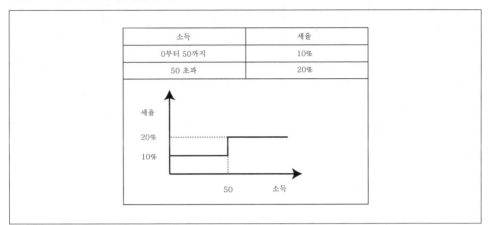

소득	세율
0부터 50까지	10%
50 초과	20%

이상 소득세의 누진구조를 예시를 들어 설명하였다. 잠시 후 서술하듯이 누진구조 아래에서는 부부의 소득을 합산하는지 여부에 따라 세액에 차이가 생긴다. 과세단위의 설정이 큰 차이를 불러오는 것이다.

7-4-3 외벌이 세대{世帶}와 맞벌이 세대의 비교

(1) 비교의 대상

현재 배우자의 한쪽이 급여를 벌어들이고 다른 쪽이 전업으로 가사노동을 하는 부부(이것을 「외벌이 세대」라고 한다)와 부부의 양쪽이 급여를 벌어들이는 부부(이것을 「맞벌이 세대」라고 한다)를 비교해 보자.

이하의 설명에 대해 두 가지만 미리 양해를 구해 두겠다.

▶ 남편과 아내의 표기. 「외벌이 세대」의 수치를 통한 예시는 성별에 따른 역할의 고정화를 의도하는 게 아니다. 남편과 아내는 호환성이 있는 것으로서 읽어주기를 바란다.

▶ 귀속소득의 존재. 가사노동에 의한 서비스는 귀속소득으로 현행법상 과세의 대상이 되지 않고 있다(→ 6-3). 여기에서는 과세대상으로 여겨지는 급여에 주목하여 커플 내의 소득분포의 형태를 관찰한다.

(2) 현행법하에서의 커플 내 소득분포

먼저 외벌이 세대에서 남편이 급여 100을 얻었다고 하자. 이 100을 사용하여 남편과 아내가 각각 50씩 소비한다(도표 7-5). 이 예에서 남편은 100의 급여를 벌어들여, 50을 스스로 소비하고 50을 아내에게 이전하고 있다. 현행법하에서 벌어들인 급여는 100이 그대로 남편에게 인적으로 귀속되는 소득이라고 여겨져 아내의 소득은 0이 된다.

도표 7-5 ▌ 외벌이 세대

	남편	아내
급여	100	0
소비	50	50
소득	100	0

다음으로 맞벌이 세대에서 남편과 아내가 각각 50의 급여를 얻어 서로 50을 소비했다고 하자(도표 7-6). 현행법하에서 남편과 아내의 소득은 각각 50이 된다.

도표 7-6 ▌ 맞벌이 세대

	남편	아내
급여	50	50
소비	50	50
소득	50	50

이 결과는 「급여는 그것을 벌은 자의 소득이 된다」는 것을 서술한 것뿐인 것처럼 보인다(→ 7-3). 그러나 사실 부부간의 세대 내 이전을 어떻게 취급할 것인지의 문제를 빼고 단순화시킨 것이다. 여기에서는 현행법하에서 위와 같이 취급된다는 것을 일단 주어진 조건으로 논의를 전개하자.

Column 7-2 ▌ 부부간 재화와 서비스의 이전

부부간 재화와 서비스의 이전에는 여러 가지가 있다. 부양의무의 이행으로서의 금품급부에 대해 말하자면, 현행 소득세법하에서 부양자는 급부한 금품의 가액을 공제할 수 없고, 피부양자가 받은 금품에는 소득세가 붙지 않는다(所稅 제9조 제1항 제15호). 또한 증여에 대해 말하자면, 증여자는 증여재산의 가액을 소득계산상 공제할 수 없고, 수증자는 소득세가 아니라(동항 제16호) 증여세의 대상이 되는데(相税 제1조의4), 그 증여세의 경우, 부양의무자 상호간에 있어서 생활비에 충당하기 위해서 한 증여에 대해서는 통상 필요하다고 인정되는 범위에서 비과세가 된다(동 제21조의3 제1항 제2호).9)

(3) 커플 간의 불균형 발생

이상의 커플 내 소득분포를 전제로 하여 개인단위로 누진세율을 적용하면, 부부를 합쳐서 본 세액은 외벌이 세대가 맞벌이 세대보다도 커진다.

조금 전 도표 7-4에 쓴 세율표를 떠올려주기 바란다. 이 초과누진세율을 각 개인에게 그대로 적용하면, 세액은 다음과 같이 계산된다.

▶ 외벌이 세대   남편 15   아내 0
▶ 맞벌이 세대   남편 5   아내 5

부부를 합쳐서 본 커플 단위에서의 합계세액은 외벌이 세대가 15가 되고, 이는 맞벌이 세대의 10(=5+5)보다도 크다.

(4) 개인 간의 비교인가 커플 간의 비교인가

이상의 결과를 어떻게 평가해야 하는가.

만약 철저히 개인단위의 시점{視點}에서만 위의 수치 예시를 관찰한다면 부부단위에서 본 커플 간의 불균형은 애초에 문제가 되지 않는다. 각 개인이 버는 금액에 차이가 있기 때문에 그것에 누진세율을 엄격하게 적용시키고, 그 결과로서 외벌이 세대의 남편이 무겁게 과세되고 있는 것이며 맞벌이 세대의 남편과 아내가 각각 가볍게 과세되고 있는 것뿐이다.

그러나 현실 사회에서 많은 부부는 공동생활을 영위하고 있어서 흩어진 개인으로 환원될 수 없는 면이 있다. 경제적으로는 자산과 소비를 풀{pool}하고 정신적으로는 희로애락을 함께 나눈다. 이러한 측면을 중시하면 커플 간의 비교도 의미를 갖는다. 이 견해에서는 외벌이 세대와 맞벌이 세대 사이에 커플단위에서 본 합계소득이 동등함에도 불

---

9) 즉 일본 소득세법 제9조 제1항 제15호는 "부양의무자 상호간에 부양의무의 이행을 위하여 급부되는 금품"에 대하여, 일본 상속세법 제21조의3 제1항 제2호는 "부양의무자 상호간에 있어서 생활비 또는 교육비에 충당하기 위해서 한 증여에 따라 취득한 재산 중 통상 필요하다고 인정되는 것"에 대하여 각각 비과세로 규정하고 있다(부록 일본 조세법령 참조).
한국: 상속세 및 증여세법 제46조 제5호는 사회통념상 인정되는 '피부양자의 생활비' 등을 증여세 비과세대상으로 정하고 있다.

구하고 소득세액에 차이가 생기는 것이 이상하다는 평가가 나온다.

　즉 개인 간의 비교를 중시하는가 아니면 커플 간의 비교를 중시하는가, 이 두 가지의 양립할 수 없는 사고방식이 서로 대립한다.

(5) 2분2승(2分2乘) 제도와 그 문제점

　커플 간의 비교를 중시하는 입장에서 보면, 커플 간의 취급을 동등하게 하기 위한 제도적 수단으로서 '부부를 하나의 과세단위로 하여 부부의 소득을 합산하는 것'을 생각할 수 있다. 합산한 소득에 대해 어떻게 세율표를 적용하는가에 관한 몇 가지 버전이 있는데, 가장 널리 알려진 것이 '합산균등분할방식'이다. '2분2승 제도'라고도 말한다.

　'2분2승 제도'를 외벌이 세대의 수치 예시에 적용시켜보자. 도표 7-5에서의 외벌이 세대의 소득을 합산하면 부부의 합계소득은 100이다(=100+0). 이 100을 균등하게 분할하여 누진세율을 적용하고, 그 결과 얻어진 소득세액을 2배한다(「2분」하여 「2승」한다). 따라서 남편이 50의 소득을 얻은 것으로 하여 누진세율을 적용한 소득세액은 5이고, 이를 2배로 하면 10이 된다. 이렇게 해서 외벌이 세대의 부부단위에서 본 합계 세액이 맞벌이 세대와 동등해진다. 커플 간의 불균형이 해소되는 것이다.

　다만 부부단위로 2분2승하는 방식에는 몇 가지 문제점이 있다. 첫 번째로 독신자가 불리해진다. 이 조치는 독신자가 100의 급료를 벌고 있는 경우에는 물론 적용되지 않는다. 그러므로 독신자에 비하여 외벌이 세대의 기혼자를 우대하는 것이 된다. 가족의 형태가 다양화되고 있는 현재, 외벌이 세대를 표준형으로서 세액산정의 기준으로 두어도 괜찮은 것일까.

　두 번째로 가사노동이 많은 외벌이 세대가 유리해진다. 가사노동은 귀속소득으로서 비과세이기 때문에 외벌이 세대가 유리해지기 쉽다. 예를 들어 외벌이 세대는 의복을 스스로 세탁하고 맞벌이 세대는 대금을 지급하여 세탁소에 내놓을 경우에 외벌이 세대의 가사노동은 과세되지 않는다. 다만 맞벌이 세대라고 해도 얼마간의 가사노동은 존재하고 외벌이 세대 중에는 가사노동을 외주하는 사람들도 있을 것이다. 오히려 양쪽의 차이가 조금 더 명확해 보이는 것은 여가의 크기이다. 외벌이 세대의 경우 시장에서 노동하지 않는 사람이 여가의 형태로 비과세인 귀속소득을 얻을 수 있다는 점에서 유리하게 된다.

　이렇게 '2분2승 제도'는 외벌이 세대라는 특정한 가족형태를 유리하게 취급한다는 점에서 문제가 있다. 더불어 고액소득자에게 큰 이익을 준다.

7-4-4 일본법에 있어서의 개인단위주의의 채용

(1) 입법정책의 분기점

소득세에 있어서 과세단위의 설정은, 일정한 정책목표와 사회적 가치를 중시하여 다른 그것{다른 정책목표, 사회적 가치}을 희생시키는 것을 의미한다. 특히 누진구조를 가지는 소득세제하에서는 ① 기혼 커플 간의 동등한 취급과, ② 결혼하는지 아닌지에 따라 소득세액이 변하지 않는 것(혼인중립성)을 동시에 만족하는 것이 불가능하다. 어느 것을 중시할 것인가에 대해서는 각국의 입법례가 나뉜다.

일본에서는 明治20{1887}년 소득세 창설 시로부터 昭和25{1950}년에 이르기까지 호주와 동거가족의 소득을 합산하여 그 총액에 세율을 적용해왔다. 소득세의 과세단위로서 가족단위주의를 취했던 것이다. 하지만 昭和25{1950}년 개정에서 개인단위로 전환하였다. 이 개인단위주의가 현재까지 이어지고 있다.

나아가 最大判 昭和36(1961). 9. 6. 民集15권 8호 2047면(「2분2승」 소송)[10]은 이하와 같이 판시하였다.

「소득세법이 생계를 같이 하는 부부의 소득계산에 대해서 민법 제762조 제1항에 따른 이른바 별산주의에 의거하고 있다고 하더라도, 동 조항이 헌법 제24조[11])에 위반되

---

10) 이해를 돕기 위하여 본문의 일본 판례사안을 조금 더 살펴보면 다음과 같다['사실관계' 부분은 이 판례의 제1심 판결인 大阪地判 昭和34(1959). 1. 17. 昭和33年(行)63호의 사실관계 부분에서 그대로 인용한 것으로 "" 따옴표 등의 인용부호는 생략함].

사실관계: 원고는 1957년분 소득세를 신고함에 있어서, 자기의 명의로 취득한 같은 해의 총소득금액 중에서 급여소득 16만 5,600엔과 사업소득 45만 9,200엔은 가사노동 등 배우자의 협력에 의해서 얻은 것이므로, 부부 각자에게 평균하여 귀속시켜야 하는 것으로 스스로 파악하고, 그 소득을 자신과 배우자에게 2분의 1씩 나눈 다음에, 여기에 배당소득 11만 9,800엔을 더하여 43만 2,200엔을 원고 자신의 소득으로 기재하여 관할 세무서장에게 같은 연도분에 대한 소득세 확정신고서를 제출하였고, 원고의 배우자도 위 급여 및 사업소득의 절반에 해당하는 금액을 자신의 소득으로 기재하여 소득세 확정신고서를 제출하였다. 이에 대하여 피고 과세관청은 원고 배우자의 소득세 확정신고를 무시하고, 배우자가 신고한 소득금액을 원고의 소득으로 보아 74만 4,600엔을 원고의 1957년도 소득금액으로 하는 경정처분을 함과 동시에, 그 경정의 결과 증가한 소득세액에 대한 과소신고가산세 결정처분을 하였다.

원고의 주장: 이 사안은 위와 같이 원고가 자신에게 개인단위 과세를 해서는 안 되며, 2분2승법에 따른 과세를 해달라고 주장하며 그 처분의 취소를 구한 사안인데, 원고의 상고이유를 살펴보면, 원고는 그 논거로서 부부별산제를 규정하고 있는 일본 민법 제762조 제1항이 위헌이라는 취지로 주장하였고, 따라서 본문에 인용된 것과 같은 판시가 나온 것이다[즉 원고가 벌어들인 모든 소득이, 배우자의 가사노동 등 공로의 존재에도 불구하고 원고의 소유로만 귀속되는 결과 개인단위과세가 이루어지는바, 이러한 결론을 가져오고 있는 소득세법 규정과 그 구조적 기반에 해당하는 민법 제762조 제1항이 위헌이라는 취지로 주장함. 원심(항소심)인 大阪高判 昭和34(1959). 9. 3. 昭和34年(ネ)81号 참조].

하급심 판결: 제1심과 항소심에서 모두 원고패소 취지의 판결이 이루어졌고, 본문과 같은 취지의 상고기각판결로 종결되었다.

는 것이라고는 할 수 없……기 때문에 소득세법도 위헌이라고 할 수는 없다.」

(2) 배우자공제

개인단위주의 아래에서 소득세법은 혼인을 배려하는 구조를 마련하고 있다. 그중 한 가지가 배우자공제(所税 제83조)이다.

昭和25{1950}년 개정에서 개인단위주의를 채용한 단계에서 배우자는 첫 번째 부양친족이 되어 부양공제의 대상이 되었다. 그러나 부부는 상호부조의 관계에 있어서 일방적인 부양관계에 있는 친족과는 다르다. 그래서 昭和36{1961}년 개정에서 부양공제로부터 분리하는 형태로 배우자공제를 창설하였고 일정한 배우자를 가지는 납세의무자에게 법정금액의 공제를 인정하였다.

그 후 가족과 근로방식을 둘러싼 상황이 크게 변화하였다. 1970년대 초를 피크로 혼인건수가 급속하게 감소하였고 초혼연령이 상승하였다. 이를 배경으로 하여 저출산·고령화가 급속하게 진행되었다. 또한 1990년대 이후 경제의 글로벌화와 함께 산업·노동시장이 구조적으로 변화하여 종래의 종신고용·연공임금을 핵심으로 하는 고용시스템이 기능부전에 빠졌다. 남성인 고용자와 무직인 아내로 이루어진 외벌이 세대가 감소하고 맞벌이 세대가 증가하는 등 여성의 라이프스타일이 다양해졌다.

이러한 가운데 배우자공제에 대해서는 다음과 같은 문제점들이 지적되어 왔다.

▶ 외벌이 세대를 일방적으로 우대한다.

▶ 납세자 본인이 배우자공제의 적용을 받음과 동시에 배우자가 기초공제(所税 제86조)의 적용을 받기 때문에 이른바 「이중의 공제」가 생긴다.

▶ 배우자의 수입이 103만 엔을 넘으면 납세의무자 본인이 배우자공제를 받을 수 없게 된다. 배우자의 취업을 억제한다는 의미에서 「103만 엔의 벽」이라고 불린다. 이 점에 대해서는 배우자의 소득 크기에 따라 공제액을 단계적으로 감소시키는 배우자특별공제가 마련되어 있어서(所税 제83조의2), 배우자의 수입이 103만 엔을 넘어도 세

---

11) 해당 일본 민법 조문과 일본국 헌법 조문을 인용한다.
   일본 민법 제762조(부부간에 있어서의 재산의 귀속)
   ① 부부 일방이 혼인 전부터 보유하는 재산 및 혼인 중 자기의 이름으로 취득한 재산은, 그 특유재산(부부 일방이 단독으로 보유하는 재산을 말한다)으로 한다.
   ② 부부의 어느 쪽에 속하는지 분명하지 않은 재산은, 그 공유에 속하는 것으로 추정한다.
   일본국 헌법 제24조(가족관계에 있어서의 개인의 존엄과 양성의 평등)
   ① 혼인은, 양성의 합의에만 기초하여 성립하고, 부부가 동등한 권리를 가지는 것을 기본으로 하여, 상호의 협력에 의하여, 유지되지 않으면 안 된다.
   ② 배우자의 선택, 재산권, 상속, 주거의 선정, 이혼 그리고 혼인 및 가족에 관한 기타의 사항에 관해서는, 법률은, 개인의 존엄과 양성의 본질적 평등에 입각하여, 제정되지 않으면 안 된다.

대의 세후수입이 역전되지 않도록 조치가 이루어지고 있다.

이러한 지적을 바탕으로 세제조사회는 다음과 같은 선택지의 축을 제시하였다[세제조사회 「일하는 방식의 선택에 대해 중립적인 세제의 구축을 비롯한 개인소득과세 개혁에 관한 논점 정리(제1차 레포트)」〔2014년 11월〕 5면].

A 배우자공제의 폐지

B 배우자공제를 대신하여, 배우자의 소득계산에서 공제하지 못한 기초공제를 납세자 본인에게 이전하기 위한 시스템(이른바 이전적 기초공제)의 도입

C 배우자공제를 대신하여, 모든 공제의 형태를 전체적으로 개혁하는 가운데, 부부 세대에 대하여 배우자의 수입과 관계없이 적용되는 새로운 공제의 창설

그러나 실제의 세제개정에서는, 상기의 ABC 중 어느 것도 채용되지 않았다. 平成29(2017년)의 개정은 배우자공제의 구조를 유지하면서 배우자공제의 적용대상이 되는 배우자의 수입 상한을 인상하였다. 동시에 납세의무자 본인에게 소득제한을 설정하고, 고소득자에게는 배우자공제가 단계적으로 감소되도록 하였다.

거주자가 「공제대상 배우자」를 가지는 경우에 종래의 배우자공제는 일률적으로 38만 엔이었다. 개정 후에는 그 거주자의 「합계소득금액」이 900만 엔 이하인 경우에는 38만 엔을 소득에서 공제하지만, 900만 엔을 넘으면 공제할 수 있는 금액이 체감{遞減}하다가, 1,000만 엔을 초과하면 제로가 된다(所税 제83조 제1항).

또한 「공제대상 배우자」는 법령 용어이기 때문에 정의를 도표 7-7에 제시해둔다. 「합계소득금액」의 정의는 약간 테크니컬하며 Chapter 8을 미리 보는 것이 되기 때문에 처음으로 읽는 분은 대략적인 이해만 해도 상관없다.[12]

---

12) ① 이상 본문에 언급된 조문 및 아래 도표에 등장하는 조문에 대해서는 부록 일본 조세법령 참조. 그 중 일본 소득세법 제83조의2(배우자특별공제)는 거주자가 자신과 생계를 함께하는 배우자로서 '공제대상배우자'에 해당하지 않는 배우자를 가지는 경우에 대한 특별공제 허용조항이다. 다만 이 경우도 현행법 기준으로, 그 배우자의 합계소득금액은 133만 엔 이하이어야 하고, 거주자의 합계소득금액은 1,000만 엔 이하이어야 한다(즉 거주자의 배우자의 연간 합계소득금액이 48만 엔을 넘어서 '공제대상배우자'에 해당하지 않는 경우에도, 배우자의 합계소득금액이 133만 엔에 이를 때까지는 특별히 일정한 액수의 공제를 허용하는 조항이다. 또한 부부간 한쪽에만 적용이 가능함).
② 아래 도표 내의 '합계소득금액'의 조문 표기 중 "ㅁ"는, 한글 'ㅁ'이 아니라 일본어 카타카나 'ㅁ(ro)'이다. 우리나라 법령의 '나목'에 해당한다. 이하에서도 'ㅁ'는 여러 번 등장한다.
한국: 배우자 기본공제의 요건으로서, 배우자의 과세기간 소득금액 합계액이 100만 원 이하이거나 총 급여액 500만 원 이하의 근로소득만이 있을 것이 요구되고, 공제액은 정액 150만 원이다[소득세법 제50조(기본공제) 제1항 제2호]. 또한 일본과 달리 납세의무자 본인에 대한 소득제한은 존재하지 않는다.

도표 7-7 ▌「공제대상 배우자」의 정의

공제대상 배우자 (所稅 제2조 제1항 제33호의2)	동일생계 배우자 중, 합계소득금액이 1,000만 엔 이하인 거주자의 배우자
동일생계 배우자 (所稅 제2조 제1항 제33호)	거주자의 배우자로서 그 거주자와 생계를 같이 하는 경우 중, 합계소득금액이 48만 엔 이하인 자
합계소득금액 (所稅 제2조 제1항 제30호 ㅁ)	제70조와 제71조를 적용하지 않고 계산한 총소득금액ㆍ퇴직소득금액ㆍ산림소득금액의 합계액

여기에서 말하는 「배우자」의 의의에 대하여, 最判 平成9(1997). 9. 9. 訟月 44권 6호 1009면(사실혼 「배우자」 소송)은 「납세의무자와 법률상의 혼인관계에 있는 자로 한정된다」고 해석하고 있다.

(3) 부양공제

개인단위주의를 채용하는 일본의 소득세법은 부모자식 관계를 배려하는 조치도 갖추고 있다. 바로 부양공제이다. 거주자가 「공제대상 부양친족」을 가지는 경우에는 공제대상 부양친족 한 사람당 38만 엔을 소득에서 공제한다(所稅 제84조).[13] 공제대상 부양친족은 부양친족(동 제2조 제1항 제34호) 중 연령 16세 이상인 자를 말한다(동항 제34호의2). 15세까지는 아동수당의 대상이 되기 때문이다. 대학에 다니는 아이와 노친을 염두에 두고 공제액이 증액되어 있다(동 제84조 제1항 괄호). 여기에서 말하는 「친족」의 의의에 대해서 最判 平成3(1991). 10. 17. 訟月38권 5호 911면은 '민법상의 친족'을 말하는 것으로, '혼인신고를 하지 않았지만 사실상의 혼인관계에 있는 사람과의 사이에서의 인지되지 않은 자녀 또는 그 사람이 데리고 온 자녀'는 여기에 해당하지 않는다고 하고 있다.

(4) 소득분산에 대한 대응

개인단위주의 아래에서는 가족구성원 사이에 소득을 분산시켜 누진과세의 적용을 면하려는 행위가 생기기 쉽다. 이에 대처하기 위하여 소득세법에는 사업소득자가 가족구성원에게 지급한 대가가 있을 경우 그 금액을 필요경비에 산입하는 것을 부정하는 룰이 있다(所稅 제56조). 昭和63{1988}년 12월 개정 전에는 가족구성원의 자산소득을 주된 소득자의 소득에 합산하여 세액을 계산하는 구조를 갖추고 있었다(자산합산제도).[14][15]

---

13) 한국: 소득세법 제50조 제1항 제3호
14) 일본의 자산소득합산제도는 1957년에 입법되었는데, 위헌소송이 제기되었으나 합헌판결이 이루어진 바

있다. 그 판시가 자세한 제1심 판결[大阪地判 昭和59(1984). 5. 10. 昭和58年(行ウ)34号 등] 이유의 주요부분을 인용하면 다음과 같다.

"우리나라(일본)의 소득세제는 개인을 과세단위로 파악하고 그 소득에 대하여 누진세율을 적용하는 것을 원칙으로 하고 있기 때문에, 한 가구에 한 사람의 소득자가 있는 경우와 두 사람의 소득자가 있는 경우, 그 세대의 소득총액이 동액이라고 하더라도 누진세율의 구조상 소득세 부담의 총액은 후자가 전자보다 상당히 적게 되지만, 실제 경제생활이 가구단위로 이루어지고 있는 현상(現狀)에 비추어보면, 담세력을 개인단위로만 측정하는 것에는 문제가 있고, 특히 세대원 중에 자산소득(이자소득, 배당소득 및 부동산소득)을 가진 자가 있는 경우에는 근로소득(급여소득 및 퇴직소득)이 있는 자 등에 비해 큰 담세력이 있기 때문에, 담세력에 따른 과세를 실현한다는 관점에서 볼 때 이러한 부담의 차이는 공평에 부합하는 것이 아니며, 자산소득에 대해서는 오히려 세대단위로 담세력을 파악하는 것이 생활실태에 부합한다고 생각된다.

또한 자산소득은 특정 자산으로부터 발생하는 소득이므로, 생계를 같이하는 세대원에게 자산을 분할하는 것에 의하여 소득의 분산을 도모하고 세금부담의 경감을 도모하는 것이 쉬운 것에 비하여, 근로소득은 그것이 개인의 노동으로부터 발생하는 소득이므로 이를 분산할 수 없기 때문에, 둘 사이에 조세부담의 불공평을 초래하게 되고, 이러한 의미에서도 자산소득에 대해서는 세대를 과세단위로 하는 것이 과세의 공평을 도모할 수 있다.

나아가 세대원 간 자산분할이 명의뿐만 아니라 실제로도 이루어졌다거나, 처음부터 세대원이 자기의 고유재산으로 당해 자산을 취득한 경우라고 하더라도, 생계를 같이하는 일정 범위의 긴밀한 관계에 있는 친족 간에는 그 성질상 세대주가 세대원의 자산소득을 포함하여 관리·통제하는 것이 용이하다.

이러한 이유로 昭和32(1957)년의 세제개정에 의하여 자산소득에 한하여 예외적으로 가구를 과세단위로 파악하여 동일세대에 속하는 사람의 자산소득에 대해서는 일정 범위에서 합산하여 과세하는 자산소득 합산과세제도가 마련된 것이며, 현행 소득세법은 이를 세액계산의 특례로서 제96조 내지 101조에서 규정하고 있다."

항소심[大阪高判 昭和59(1984). 10. 26. 昭和59年(行コ)28号]도 일부 이유를 추가·정정하는 것 이외에는 위 제1심의 이유를 인용하는 형식으로 항소기각판결을 선고하였고, 상고심[最判 昭和61(1986). 4. 22. 昭和60年(行ツ)40号] 역시 자산소득 합산과세에 관한 규정이 일본국 헌법 제29조, 제84조 등 규정에 위반된다고 볼 수 없다는 취지로 상고기각판결을 하였다.

15) 한국: ① 1974. 12. 24. 전부개정된 소득세법(법률 제2705호, 1975. 1. 1. 시행) 제80조는 개인단위 과세에 대한 예외로서 동거가족(주된 소득자의 배우자, 직계존속 및 직계비속과 그 배우자, 형제자매와 그 배우자)으로부터 발생하는 이자소득, 배당소득, 부동산소득을 그 동거가족의 주된 소득자에게 합산하여 과세하는 '자산소득합산과세' 제도를 규정하였다. ② 이후 1994. 12. 22. 전부개정된 소득세법(법률 제4803호, 1996. 1. 1. 시행) 제61조는 자산소득합산과세 제도의 합산 범위를 동거가족에서 '배우자'로 축소한 바 있으나, ③ 위 소득세법 제61조 규정은 헌법재판소 결정(2002. 8. 29. 2001헌바82 전원재판부)에 의해 위헌으로 선언되어 삭제되었다. 이 헌법재판소 결정의 주요 결정요지를 인용하면 다음과 같다.

"부부간의 인위적인 자산 명의의 분산과 같은 가장행위 등은 상속세및증여세법상 증여의제규정 등을 통해서 방지할 수 있고, 부부의 공동생활에서 얻어지는 절약가능성을 담세력과 결부시켜 조세의 차이를 두는 것은 타당하지 않으며, 자산소득이 있는 모든 납세의무자 중에서 혼인한 부부가 혼인하였다는 이유만으로 혼인하지 않은 자산소득자보다 더 많은 조세부담을 하여 소득을 재분배하도록 강요받는 것은 부당하며, 부부 자산소득 합산과세를 통해서 혼인한 부부에게 가하는 조세부담의 증가라는 불이익이 자산소득합산과세를 통하여 달성하는 사회적 공익보다 크다고 할 것이므로, 소득세법 제61조 제1항이 자산소득합산과세의 대상이 되는 혼인한 부부를 혼인하지 않은 부부나 독신자에 비하여 차별취급하는 것은 헌법상 정당화되지 아니하기 때문에 헌법 제36조 제1항에 위반된다."

(5) 가족을 배려한 그 외 규정

그 밖에도 가족을 배려한 규정이 있다. 일정한 생활용 자산의 양도차익을 비과세로 하는 규정은 납세의무자 본인뿐 아니라 배우자 기타 친족이 생활에 사용하는[16] 자산에 적용된다(所稅 제9조 제1항 제9호).[17] 잡손공제(동 제72조)와 의료비공제(동 제73조), 사회보험료공제(동 제74조)도 친족을 위한 지출을 커버한다.[18] 소득세법은 개인단위주의를

---

16) 이 부분의 원문은 "生活の用に供する"로, 직역하면 '생활에 쓰기 위해 내어놓은', '생활의 용도에 제공한'이 되나, 이를 본문과 같이 '생활에 사용하는'으로 의역하였다. 부록 일본 조세법령에서도 동일하게 번역하였다.

17) 일본 소득세법 제9조 제1항 제9호는 "자기 또는 그 배우자 기타 친족이 생활에 사용하는 가구, 집기(什器), 의복 기타 자산으로서 정령으로 정하는 것의 양도에 의한 소득"을 비과세대상으로 정하고 있다.
한국: 소득세법 제89조(비과세 양도소득)는 위의 일본 소득세법과 같은 취지의 규정은 두지 않고 있다. 그러나 일본 소득세법이 정하는 '생활용 자산'과 같은 것은 애초에 양도소득세의 과세대상이 되는 자산에 포함되지 않는다[소득세법 제94조(양도소득의 범위) 참조].
　　일본 소득세법이 위와 같은 비과세규정을 둔 이유는, 양도소득세의 과세대상이 되는 자산을 우리나라처럼 열거적으로 규정하는 것이 아니라 포괄적으로 '자산'으로만 규정한 다음, 일정한 자산의 양도로 인한 소득을 양도소득에서 제외하는 방식을 취하고 있기 때문이다. 즉 일본 소득세법은 양도소득의 과세대상에 관해서, 먼저 포괄적으로 '자산'으로 규정한 다음(일본 소득세법 제33조 제1항), ① 본래 판매를 목적으로 하는 자산 즉 재고자산 등을 제외하고[일본 소득세법 제33조 제2항, "양도소득의 기인(基因)이 되는 자산의 범위는, 재고자산, 준재고자산, 영리를 목적으로 하는 계속매매에 관련된 자산, 산림 및 금전채권을 제외한 일체의 자산이다. 즉, 토지, 임차권, 건물, 기계 기타 자산으로, 본래 판매를 목적으로 하지 않는 자산이 여기에 해당한다." 日本税務大学校, 税大講本 所得税法(基礎編)(2020년도판), 国税庁(2020), 24면에서 인용], ② 다시 본문과 같이 비과세규정에 따른 생활용 자산을 제외하는(일본 소득세법 제9조 제1항 제9호) 방식을 취하고 있다. 그 이외에는 판례 등 해석론에 맡겨진 문제가 된다.
　　일본 소득세법상 양도소득에 있어서의 '자산'에 관한 일본 판례에 대한 검토 및 미국에서의 양도소득의 과세대상이 되는 '자본자산(capital asset)' 개념과의 비교법적 검토를 한 문헌으로 伊川正樹, "讓渡所得の基因となる「資産」概念—増加益清算課税説の再考—", 名城法学 57권 1, 2호, 名城大学法学会(2007), 141면 이하 참조.

18) 일본 소득세법 제74조(사회보험료공제)는 거주자 본인이나 '거주자와 생계를 같이하는 배우자 기타 친족'이 부담하는 사회보험료(건강보험료, 노동보험료, 국민연금보험료, 후생연금보험료, 국가공무원공제조합법·지방공무원공제조합법의 규정에 의한 부담금 등)를 거주자가 지출한 경우, 일정한 범위에서 '총소득금액, 퇴직소득금액, 산림소득금액'으로부터 '소득공제'를 해주는 규정이다(부록 일본 조세법령 참조).
한국: ① 소득세법 제51조의3(연금보험료공제) 제1항은 종합소득이 있는 거주자가 공적연금 관련법에 따라서 '자신의' 연금보험료(국민연금, 공무원연금, 군인연금, 사학연금 등의 기여금·개인부담금)를 납입한 경우, 해당 과세기간의 종합소득금액에서 그 연금보험료를 공제하도록 규정하고 있고, 소득세법 제52조(특별소득공제) 제1항은 근로소득자가 부담한 '자신의' 국민건강보험료, 고용보험료, 노인장기요양보험료에 대해서 소득공제를 허용한다. 사업소득자에 대해서는 '자신의' 국민건강보험료·노인장기요양보험료를 소득공제의 대상으로 하는 특별한 규정이 없고, 필요경비공제 대상에 해당한다(소득세법 제27조 제3항, 소득세법 시행령 제55조 제1항 제11호의2, 제11호의3).
② 본문과 관련하여 정리하면, 한국 소득세법상으로는 일본 소득세법 제74조와 같이 '생계를 같이하는 배우자 기타 친족'의 이른바 '사회보험료(각종 공적 연금보험료, 국민건강보험료 등)'를 지급한 경우에 대한 소득공제 규정은 존재하지 않는다. 예컨대 근로소득자가 국민연금 임의가입자(국민연금법 제10

취하고 있지만, 여러 방법으로 가족의 존재를 의식한 규정을 마련하고 있는 것이다.

Column 7-3 자녀의 교육비용

부모가 대학생인 자녀에게 생활비 및 학비 등을 위해 금품을 보내는 경우를 생각해 보자. 먼저 「학자금에 충당하기 위하여 급부되는 금품」과 「부양의무를 이행하기 위하여 급부되는 금품」은 그것을 받은 자녀의 소득세에 있어서 비과세가 된다(所税 제9조 제1항 제15호). 마찬가지로 「개인으로부터의 증여에 의하여 취득하는 것」(동항 제16호)도 소득세가 부과되지 않고 증여세의 대상이 되지만, 이 중 「부양의무자 상호간에 있어서 생활비 또는 교육비에 충당하기 위해서 한 증여에 따라 취득한 재산 중 통상 필요하다고 인정되는 것」(相税 제21조의3 제1항 제2호)에는 증여세가 부과되지 않는다. 이렇게 해서 부모로부터 생활비 및 학비 등을 위해 금품을 받은 자녀에게는 과세되지 않는다.[19] 다른 한편 부모는 자신이 보낸 금액을 소득산정상 공제할 수 없다.[20] 이리하여 인적자본의 형성을 위한 비용에 대해서는 실질적으로 가족단위주의와 동일하게 취급되고 있다.

조)인 배우자의 국민연금보험료를 납부했다고 하더라도, 소득공제의 대상에 해당한다고 볼 수 없다.

③ 다만 근로소득이 있는 거주자가 기본공제대상자를 피보험자로 하는 일정한 보장성보험료 등을 지급한 경우에, 그 금액의 일정비율(15% 또는 12%)에 대하여 일정한 금액의 범위 내에서 '세액공제'를 허용하는 규정이 존재한다(소득세법 제59조의4 제1항, 소득세법 시행령 제118조의4 제1항, 제2항 참조).

19) 한국: 상속세 및 증여세법 제46조(비과세되는 증여재산) 제5호는 '사회통념상 인정되는' 피부양자의 생활비, 교육비 등으로 대통령령으로 정하는 것을 증여세 비과세대상으로 정하고 있고, 그 위임에 따른 상속세 및 증여세법 시행령 제35조 제4항 제2호는 "학자금 또는 장학금 기타 이와 유사한 금품"으로서 "해당 용도에 직접 지출한 것"으로 이를 구체화하고 있다. 따라서 본문의 '대학생인 자녀에게 생활비 및 학비 등을 위해 금품을 보내는 경우'에는 우리나라의 경우도 역시 자녀에게는 과세되지 않는다고 보아야 할 것이나 다음의 점이 문제가 될 수 있다.

① 먼저 '사회통념상 인정되는'이라는 제약이 따르므로 예컨대 '해외에 장기간 유학하면서 상당한 수준의 생활비와 학비를 수령한 경우'에는 증여세 과세대상이라고 보아야 할 것인지의 문제가 생길 수 있는데, 해외유학에 일반적으로 필요하다고 인정되는 범위 내에서는 위 규정에 의하여 비과세라고 볼 수 있을 것이다. 이에 대해서는 해외에서 약 5년간(2000. 3.경~2005. 9.경) 박사후 과정(post doctor)을 하면서 부(父)로부터 10회에 걸쳐(2001. 4.부터 2005. 2.까지) 생활비와 자신의 자녀 교육비 등에 쓰기 위하여 약 1억 6,000만 원을 송금받은 경우에 증여세 과세대상이 아니라고 본 국세심판원 심판례가 있다(2007. 8. 31.자 국심2007중1735).

② 또한 '해당 용도로 직접 지출할 것'이 요구되므로 이를 수령한 자녀가 해당 금원을 생활비나 학비가 아니라 다른 용도에 사용한 경우(예컨대 유학생활과 무관한 자산을 구입하여 투자한다거나, 통상적인 수준을 벗어나는 유흥비에 사용한 경우 등)는 증여세 과세대상이라고 보아야 할 것이다.

20) 한국: 소득세법 제59조의4(특별세액공제) 제3항은 자녀 등을 위한 교육비 지출에 대해서도 일정한 범위 내에서 세액공제를 허용한다. 다만 거주자 본인을 위하여 지출한 교육비에 대하여 보다 넓은 세액공제가 허용된다.

☑ 이 장에서 배운 것

▶ 납세자에는 본래의 납세의무자와 원천징수의무자가 있다.

▶ 소득과 납세의무자의 인적 연결을 소득의 인적귀속이라고 한다.

▶ 일본의 소득세법은 개인단위주의를 채용하고 있다.

🔍 찾아보자

▶ 원천징수의무자는 어떠한 역할을 하고 있는가?

→ 渡辺徹也「申告納税・源泉徴収・年末調整と給与所得」日税研論集 57권(2006년) 121면

▶ 과세단위의 설정 방식에는 어떠한 것이 있는가?

→ 金子宏「所得税における課税単位の研究」『課税単位及び譲渡所得の研究』[有斐閣, 1996
년〔初出 1977년〕] 1면

▶ 가족의 다양화에 세제는 어떻게 대응해야 하는가?

→ 加藤友佳「家族のあり方と租税」金子宏監修『現代租税法講座(2)家族・社会』(日本評
論社, 2017년) 3면

Chapter 8

소득세법의 구조

이 장의 테마

▸ 종합소득세 ▸ 소득구분 ▸ 소득공제 ▸ 누진세율

8-1 소득세법 제2편의 구성

8-1-1 소득세법 제2편의 장{章} 구성

이 장에서는 거주자의 납세의무에 관한 소득세법의 구조를 개관한다. 거주자의 납세의무에 대해 정하는 것은 소득세법 제2편이다(도표 8-1).

도표 8-1 ▮ 소득세법 제2편의 장{章} 구성[1]

제1장	통칙
제2장	과세표준 및 계산과 소득공제
제3장	세액의 계산
제4장	세액계산의 특례
제5장	신고, 납부 및 환급
제6장	기한후 신고 및 수정신고 등의 특례
제7장	경정청구의 특례
제8장	경정 및 결정

제1장이 통칙이다. 제2장부터 제4장이 그 해의 소득세액이 얼마가 되는지를 정하는
실체적인 부분이다. 제2장은 「과세표준 및 계산과 소득공제」에 관한 룰을 두고 있다.
「과세표준」이란 과세소득을 수량화한 것을 가리킨다. 제3장은 「세액의 계산」에 관한 룰
이고 제4장에 약간의 특례가 있다. 이상이 소득세의 실체적인 세액산정 룰이다. 그리고
제5장부터 제7장까지는 신고납부와 경정청구 등 절차에 대해 정하고 있다.

8-1-2 소득세법 제2편 제1장부터 제4장의 구성

제1장부터 제4장까지의 구성을 조금 더 자세히 살펴보자(도표 8-2).

도표 8-2 ▍ 소득세법 제2편 제1장부터 제4장의 구성[2]

제1장 통칙 (제21조)
제2장 과세표준 및 계산과 소득공제
　제1절 과세표준 (제22조)
　제2절 각종소득의 금액 계산 (제23조~제68조)
　제3절 손익통산 및 손실이월공제 (제69조~제71조)
　제4절 소득공제 (제72조~제88조)
제3장 세액의 계산
　제1절 세율 (제89조~제91조)
　제2절 세액공제 (제92조~제95조)
제4장 세액계산의 특례 (제96조~제103조)

---

1) 한국: 대응하는 소득세법 제2장의 구성을 살펴보면 다음과 같다.

제1절 비과세
제2절 과세표준과 세액의 계산
제3절 소득금액의 계산
제4절 세액의 계산
제5절 세액계산의 특례
제6절 중간예납·예정신고 및 세액 납부
제7절 과세표준의 확정신고와 납부
제8절 사업장 현황신고와 확인
제9절 결정·경정과 징수 및 환급
제10절 공동사업장에 대한 특례

2) 한국: 대응하는 소득세법 제2장(거주자의 종합소득 및 퇴직소득에 대한 납세의무)의 제1절부터 제5절
까지의 구성을 보다 자세히 살펴보면 다음과 같다(일부 삭제된 조문이 존재함). 일본 소득세법과 달리
양도소득은 제3장에서 별도로 규정되어 있다.

제2장은 4개의 절로 나뉜다. 제1절이 「과세표준」을 정의하고 있다. 제2절에서 「각종 소득의 금액」을 계산하고, 각각에 대해 적자와 흑자가 있었을 경우에 제3절에서 「손익통산」과 「손실이월공제」를 한다. 그러한 계산이 완료된 후에 제4절에서 「소득공제」를 한다.

이러한 세액계산 과정을 요령 있게 설명하고 있는 것이 소득세법 제21조이다. 이 조문을 읽으면 제2장부터 제4장까지를 어떻게 적용하고 어떠한 단계로 세액을 계산해 가는지를 이해할 수 있다(도표 8-3).

도표 8-3 ▌ 소득세법 제21조가 제시하는 세액계산의 단계3)

> * 소득을 각종소득으로 구분하여 각종소득의 금액을 계산한다(제1항 제1호).
> * 이를 기초로 하여 「총소득금액」 등을 계산한다(제1항 제2호).
> * 「소득공제」를 하여 「과세총소득금액」 등을 계산한다(제1항 제3호).
> * 여기에 세율을 적용하여 소득세액을 계산한다(제1항 제4호).
> * 거기에서 「세액공제」를 한 금액을 소득세액으로 한다(제1항 제5호).
> * 세액계산의 특례에 해당할 때에는 제4장에서 정하는 바에 따른다(제2항).

제1절 비과세(제12조~제13조)
제2절 과세표준과 세액의 계산
　제1관 세액계산 통칙(제14조~제15조)
　제2관 소득의 종류와 금액(제16조~제23조)
제3절 소득금액의 계산
　제1관 총수입금액(제24조~제26조)
　제2관 필요경비(제27조~38조)
　제3관 귀속연도 및 취득가액 등(제39조~제40조)
　제4관 소득금액 계산의 특례(제41조~제46조의2)
　제5관 근로소득공제·연금소득공제 및 퇴직소득공제(제47조~제49조)
　제6관 종합소득공제(제50조~제54조의2)
제4절 세액의 계산
　제1관 세율(제55조)
　제2관 세액공제(제56조~제61조)
제5절 세액계산의 특례(제62조~제64조의2)

3) 한국: 소득세법 제14조, 제15조가 제시하는 과세표준의 계산과 세액계산의 순서도 대체로 동일하다.

8-1-3 조세특별조치법과 지방세법

두 가지를 보충·설명한다.

▶ 소득세법의 룰에 대해 조세특별조치법이 많은 수정을 가하고 있다. 수정은 소득계산과 세액계산의 전역에 이른다. 소득세법과 다른 과세방식을 취하고 있는 경우도 잦다. 그 결과 조세특별조치법까지 포함해야만 현행법의 상태를 알 수 있다고 해도 과언이 아니다. 특히 개인이 금융상품에 투자하는 경우와 토지·가옥을 양도하는 경우에 대해서 조세특별조치법을 빼고 정확한 과세관계를 이야기하는 것은 불가능하다.

▶ 소득세법의 과세표준이 지방자치단체의 개인주민세의 계산에 사용된다. 즉 도도부현(都道府県)과 시정촌(市町村)이 부과하는 조세로서 개인주민세가 있는데, 그「소득할」의 과세표준은 전년도의 소득에 대하여 산정한 소득세법상의 과세표준을 사용하고 있다(地稅 제32조·제313조). 개인주민세 소득할에 대한 표준세율은 도도부현이 4%, 시정촌이 6%이며 합쳐서 10%가 된다(동 제35조·제314조의3). 여기에서 표준세율이라는 말을 사용하고 있는 이유는 지방자치단체가 조례에 의하여 다른 세율을 정할 가능성이 있기 때문이다.[4]

8-2 소득구분

8-2-1 종합소득세와 분류소득세

(1) 이념형과 각국의 제도

소득세 제도를 세우는 방법에는 두 가지 형태가 있다. 먼저 종합소득세(global income tax)는 어떤 사람의 소득을 모두 종합하여 과세의 대상으로 한다. 한편 분류소득세(schedular income tax)는 서로 다른 소득유형 각각에 과세한다. 이념형으로서 대비하자

---

4) 한국: 우리나라의 '소득할 주민세'는 2010년부터 명칭이 '지방소득세'로 변경되었다(지방세법 제85조 이하 참조). 지방소득세의 과세표준은 소득세법이 정하는 과세표준에 따르고(지방세법 제91조, 제103조), 그 세율은 누진과세구간에 따라서 소득세법상 세율의 10%로 설정되어 있으며(지방세법 제92조, 제103조의3, 소득세법 제55조, 제104조), 역시 지방자치단체가 가감할 수 있다(지방세법 제92조 제2항, 제103조의3 제4항).
　　지역에 따라서 광역자치단체(특별시, 광역시) 또는 기초자치단체(시·군)가 과세주체가 된다(지방세기본법 제8조 제1항, 제4항 참조).

면 '하나의 소득세'인가 '제세{諸稅}의 집합체'인가 하는 정도의 차이가 있다(도표 8-4).

도표 8-4 ▌ 종합소득세와 분류소득세

	종합소득세	분류소득세
소득산정	소득금액과 공제액은 일괄하여 산정	소득금액과 공제액은 소득 유형별로 산정
소득개념의 구성	포괄적 구성에 친화적	제한적 구성에 친화적
손익통산	인정한다	인정하지 않는다
과세방식	하나의 누진세율을 적용	소득유형별로 제각기 다름

이것은 어디까지나 이념형이다. 각국의 실제 소득세는 종합소득세와 분류소득세의 각 요소를 서로 다른 방식으로 믹스하고 있다. 호주, 캐나다, 미국은 일반적으로 종합소득세의 접근방식을 취하면서 분류소득세적인 규정을 마련하고 있는데, 이자와 배당을 원천징수의 대상으로 한다던가 토지와 주식의 양도차익에 대한 과세를 가볍게 하는 등의 것이다. 영국, 프랑스, 네덜란드는 일반적으로 분류소득세의 접근방식을 취하면서 종합소득세의 요소를 가미하고 있는데, 어느 소득유형에서 생기는 적자를 다른 소득유형의 흑자와 상쇄하는 것을 인정하고 있다.5)

Column 8-1 「스케줄」이라는 용어

분류소득세의 schedular라는 형용사는 schedule이라는 명사에서 유래한다. 영국의 1803년 소득세는 소득을 원천에 따라 6개의 schedule로 분리하고 각각에 과세하는 방식을 취했다. 즉 A 토지·가옥임료, B 차지농{借地農} 이윤, C 공채이자, D 영업수익, E 관직봉급·연금이다. 이 중 A, C, E는 원천징수와 연결되어 있어서, A 토지·가옥에 대해서는 차지농·차

---

5) 한국: 우리 소득세법은 본문에서 후자의 유형에 해당한다고 할 수 있는데, 1949년 제정 시에 분류소득과세에서 출발하여, 1974년에 이르러서는 현행 소득세법상의 종합소득세제에 근접한 모습이 되었다. 이와 같은 변천과정에 대해서는 국회예산정책처(경제분석실 세제분석과), 2017 조세의 이해와 쟁점-② 소득세, 국회예산정책처(2017), 4-6면 참조.

이창희, 앞의 책(세법강의), 344면을 인용하면, 소득원천설에서 출발한 소득세제와 순자산증가설에서 출발한 소득세제의 소득개념이 수렴하는 이유에 대해서 "이런 나라들이 가지고 있는 헌법적 가치에 큰 차이가 없는 까닭"이라고 평가하고 있다. 한국과 일본 소득세법의 변천도, 이러한 세계적인 소득개념 수렴 경향성의 일환으로 볼 수 있을 것이다.

지인이, C 공채이자에 대해서는 잉글랜드은행이, E 봉급에 대해서는 지급자가 각각 납세할 책임을 졌다. 佐藤進 『近代稅制の成立過程』 (東京大学出版会, 1965년) 114면.

(2) 일본의 소득세

일본의 소득세는 어떠한가. 昭和15{1940}년의 소득세법은 분류소득세와 종합소득세를 병용하고 있었다(→ 3-3). 이와 달리 昭和22{1947}년의 세제개정은 '분류소득세와 종합소득세라는 이원적 시스템'을 중지하고 '단일기준의 초과누진세율'로 과세하기로 하였다. 종합소득세의 방향으로 선회한 것이다(→ 3-4-1). 샤우프 권고를 받아들인 昭和25{1950}년 법은 잡소득을 과세대상으로 하는 등 과세소득의 범위를 한층 더 포괄화하였다. 그 후 샤우프 권고의 내용은 상당부분 수정되었지만, 단일기준의 종합소득세 제도는 유지되었다. 소득세법은 昭和40{1965}년에 전문 개정되어 그 골격이 현행 소득세법에 계승되고 있다.

이러한 연혁을 거친 현행 소득세법은 종합소득세의 방침{建前}을 취하고 있다. 즉 거주자의 「모든 소득」에 과세한다(所稅 제5조 제1항·제7조 제1항). 그 소득을 10종류의 「각종소득」으로 구분한다(동 제21조 제1항 제1호). 「각종소득」이란 이자소득·배당소득·부동산소득·사업소득·급여소득·퇴직소득·산림소득·양도소득·일시소득·잡소득을 말한다(동 제2조 제1항 제21호). 그 밖에 어느 유형에도 속하지 않는 소득은 잡소득으로 들어간다(동 제35조 제1항). 소득을 포괄적으로 구성하고 개인단위로 종합해가는 셈이다.

과세표준은 3가지로 '그룹화'된다(所稅 제22조 제1항). 과세표준을 계산하는 과정에서 각종소득의 계산상 적자가 생기면 다른 각종소득의 흑자와의 사이에서 상계한다(동 제69조). 이 조작을 「손익통산」이라고 한다. 손익통산을 한 후에 나오는 과세표준에 초과누진세율을 적용한다(동 제89조). 여기에서도 개인의 소득을 종합하여 과세대상으로 한다는 발상을 읽어낼 수 있다.

그럼에도 불구하고 현행 소득세법에는 분류소득세의 요소가 짙게 남아 있다. 애초에 각종소득별로 소득금액을 계산한다는 점부터가(所稅 제21조 제1항 제1호) 분류소득세적이다. 손익통산의 대상이 되는 적자는 특정한 각종소득에서 생기는 것으로 한정되어 있는데, 예를 들어 잡소득의 계산상 적자가 생겨도 다른 각종소득과의 사이에서 손익통산하는 것이 불가능하다(동 제69조 제1항).[6] 퇴직소득과 산림소득에 이르러서는 다른 소득에

---

6) 즉 일본 소득세법 제69조 제1항은 '총소득금액, 퇴직소득금액, 산림소득금액'을 산정함에 있어서 '부동산소득의 금액, 사업소득의 금액, 산림소득의 금액, 양도소득의 금액을 계산함에 있어서 발생한 손실금

서 분리하여 세율을 적용한다(동 제89조 제1항). 그 결과 종합과세하에서 적용되었을 누
진세율보다 완화되기 때문에 퇴직소득의 과세는 경감된다. 산림소득에 대해서는 더욱
유리한 취급을 마련해 두고 있다. 즉 소득금액을 5로 나눈 것에 누진세율을 적용하고,
그 결과에 5를 곱하는 것이다(5분5승 방식).7)

　조세특별조치법까지 시야에 넣는다면 일본의 소득세제는 대단히 많은 항목에 대해 분
리과세의 조치를 강구하고 있다. 분리과세는 종합과세의 반의어로서 '다른 소득으로부터
분리된 과세'를 의미한다. 예를 들어 예금·저금의 이자에는 과세표준이나 세율에 관한
소득세법의 규정과 상관없이, 다른 소득과 구분하여 국세와 지방세를 합쳐서 20%의 세
율을 일률적으로 적용한다(租特 제3조, 地税 제71조의6). 과세방법으로는 지급자가 이자를
지급할 때에 원천징수한다(所税 제181조 제1항, 地税 제71조의9). 이렇게 해서 다른 소득과
는 분리하여 지급하는 이자금액의 20%를 원천징수함으로써 과세관계가 종료된다(→
7-2-2). 이것은 일례에 불과하다. 분리과세의 구조는 다른 금융상품의 수익이나 토지
와 주식의 양도차익에 대해서도 넓게 적용되고 있다.

액'을 공제한다는 취지로 규정하고 있고, 그 공제가 가능한 세부적 소득분류와 공제의 순서는 소득세법
시행령에 위임하고 있다(그 자세한 내용은 생략하나, 아래에서 살펴보는 우리나라 소득세법과 달리, 부
동산소득, 양도소득을 계산함에 있어서 생긴 손실도 다른 종류의 소득금액 계산에 있어서 공제가 가능
하다는 점을 확인할 수 있다).
　한국: 소득세법 제45조 제1항은 "사업소득금액을 계산할 때 발생한 결손금"을 종합소득 과세표준을 산
정함에 있어서 공제한다고 규정하고 있고, 같은 조 제2항, 제3항은 그중 부동산임대업에서 발생한 결손
금을 종합소득 과세표준 공제대상에서 제외하고 10년간 이월결손금으로서 부동산임대업의 소득금액에
서 공제하는 것만을 허용한다. 같은 법 제102조 제1항은 양도소득금액을 계산할 때 발생한 결손금을
각호에서 정하는 같은 부류의 자산양도로 인한 소득금액에만 합산할 수 있는 것으로 규정하고 있다. 일
본 소득세법에 비하여 소득종류별 상호간 결손금 공제의 허용범위가 좁다. 이는 가공손실을 만드는 방
법으로 다른 종류의 소득금액을 줄이는 것을 막기 위함이다. 이창희, 앞의 책(세법강의), 382면 참조.
7) (1) 일본 소득세법은 소득금액을 ① 종합과세(總合課税)의 대상이 되는 총소득금액(이자소득, 배당소
　 득, 부동산소득, 사업소득, 급여소득, 잡소득, 일시소득, 양도소득을 합한 것), ② 퇴직소득금액, ③ 산
　 림소득금액의 3개 그룹으로 나누고(일본 소득세법 제22조 제1항), 각각 분리되어 누진세율이 적용된다
　 (일본 소득세법 제89조).
　 (2) 다만 위 ①의 종합과세 대상이 되는 양도소득 중에서, 토지·건물·주식 등의 양도에 의한 양도차
　 익에 대해서는 분리과세가 되는 것으로 특별하게 규정되어 있어서(일본 조세특별조치법 제31조, 제32
　 조, 제37조의10, 제37조의11 등, 부록 일본 조세법령 참조), 모든 양도소득이 종합과세 되는 것은 아니
　 라는 점에 주의해야 한다.
　 (3) 일본 소득세법 제89조 제1항에 산림소득의 세율 적용방법이 규정되어 있는데(부록 일본 조세법령
　 참조), 그 표현이 다소 복잡하므로 이를 산식으로 설명하면 다음과 같다.

$$(\text{과세산림소득금액} \times \frac{1}{5} \times \text{세율}) \times 5$$

　한국: ① 종합소득(이자소득, 배당소득, 사업소득, 근로소득, 연금소득, 기타소득), ② 퇴직소득, ③ 양
도소득이 각각 별도의 그룹으로 분리되어(소득세법 제4조 제1항), 여기에 각각 누진세율이 적용된다
(소득세법 제55조, 제104조).

이와 같이 소득세법 자체가 종합소득세와 분류소득세의 요소를 아울러 가지고 있다. 조세특별조치법을 포함해서 살펴본 소득세의 실제 모습은 오히려 '분리과세로 물들어 있다'고 말해도 좋을 것이다.

8-2-2 왜 소득을 구분하는가

(1) 전통적인 사고방식

소득세법이 소득을 구분하는 이유는, 원천과 성질에 따라 담세력이 다르기 때문이라고 설명되어 왔다. 전형적으로 ① 자산성 소득(자본소득)은 담세력이 높아서 무겁게 과세해야 하고, ② 근로성 소득(노동소득)은 담세력이 낮기 때문에 가볍게 과세해야 한다고 생각되어 온 것이다.

이러한 사고방식에는 전통이 있다. 明治39{1906}년에 대장성 내부에 설치된 세법심사위원회는 「자산에서 생기는 소득과 노동에서 생기는 소득 사이에 납세력 차이가 있는 것은 여러 말을 필요로 하지 않는바」라고 서술하였다[「세법심사위원회 심사보고」 110면 〔1906년〕]. 여기에 「납세력」이란 담세력과 같다. 동 위원회는 다음과 같이 논한다.

▶ ① 자산성 소득은 「소득자의 인적사정 바깥에 독립해서 존재하므로 생존 중 끊임없이 소득을 낳아 수입을 확실하게 하는」 것이어서 자산을 보유하고 있는 것만으로도 들어온다. 뿐만 아니라 「사후 이것을 자손이 계승하는 것」이 가능하기 때문에 담세력이 크다.

▶ ② 노동성 소득은 「소득자의 일신에 수종{隨從}하므로 그 수입이 불확실하게 되고 질병·사망에 의해 바로 그 소득이 감손하는」 것이다. 몸을 망가뜨리면 바로 수입이 끊기기 때문에 담세력이 작다는 것이다. 게다가 맨몸으로 급여를 버는 자에게 있어서 「근로소득 외에 다른 소득을 누릴 길이 없다」고 한다. 이것은 자본가는 ①과 ②의 양쪽을 얻을 수 있지만 노동자는 ②밖에 얻을 수 없다는 사회관찰의 결과일 것이다.

이때의 세법심사위원회의 제안 자체는 당시의 세제개정에 연결되지 않았다. 하지만 담세력의 크고 작음에 따라 자본소득과 노동소득을 구분하여 처리한다는 사고방식이 그 후의 논의에 큰 영향을 미쳤다.

(2) 소득에 색{色}이 있는가

이렇게 서술하고 보면 독자들 중에는 다음과 같은 의문을 가지는 사람이 나올지도 모른다. 즉 소득개념에 관한 사이먼즈의 정식에서 보면 어떠한 원천으로부터 생기는 소득이든 같은 1엔은 1엔으로서 카운트해야 하지 않는가. 다시 말하면 '소득에는 원래 색이 없는 것이어서 자본소득과 노동소득으로 구별할 필요는 없는 것이 아닌가' 하는 의문이다.

이 의문은 소박하게 느껴지지만, 그만큼 깊은 것이다. 너무 깊어서 좀처럼 답하기 어려운 부분이 있다. 여기에서는 소득을 구분하는 근거를 세 가지 각도에서 확인해 보자.

첫 번째로 전통적인 사고방식의 틀 내에서 내재적으로 생각한 경우, 자본소득과 노동소득을 구별하여 취급하는 것에 대해서는 아래의 설명이 가능하다.

▸ 일하지 않아도 예금에는 이자가 붙지만 일하지 않으면 급료는 받을 수 없다. 일하고 있는 동안에는 여가의 소비가 불가능하다고 한다면, 자본소득을 얻는 경우에만 비과세인 여가를 소비할 수 있다는 것이 된다.

▸ 물적자본에 대해서는 감가상각을 비롯한 원자(原資)의 회수가 가능한데, 인적자본 (human capital)의 감모 부분은 공제할 수 없다. 그만큼 노동소득은 과대하게 계측된다.

▸ 노동소득에 대한 원천징수제도가 보급되어 있을 경우에, 노동소득은 세무서에 의한 포착률이 높다.

이러한 점을 감안하면 소득이라는 척도는 사람의 담세력을 충분히 계측할 수 없는 경우가 있다. 그 모자라는 부분을 메우기 위하여 자본소득과 노동소득을 구별하고 전자를 후자보다 무겁게 과세해야 한다는 이야기가 된다.

두 번째로 최적과세론에 따르면 위와는 전혀 다른 관점에서 소득구분이 필요하다는 설명이 가능하다. 그에 따르면 자본과 노동이라는 생산요소에 대해 각각의 공급탄력성 {elasticity of supply}에 따라 최적의 과세 룰을 두는 것이 바람직하다. 일례로서 금융자산으로부터 생기는 소득은 탄력성이 크고 아주 조금의 추가적인 과세를 가하는 것만으로도 공급이 크게 저해된다(=「발이 빠르다」). 저해하지 않기 위해서는 이를 가볍게 과세해야 한다는 이야기가 된다. 그 경우 전통적인 사고방식과는 반대로 '노동소득보다도 금융자산에서 생기는 자본소득을 가볍게 과세해야 한다'고 주장하게 되는 점에 주의를 요한다. 다만 똑같이 최적과세론이라고 해도 판단의 틀을 구성하는 사회후생 함수의 정립 방식에 따라서 상이한 귀결을 낳을 수 있다. 예를 들어 풍요로운 사회계층에 주식보유가 치우쳐 있는 경우에는 공정한 소득분배의 관점에서 '주식에 관련된 배당과 양도차익의 과세는 더 무겁게 해야 한다'는 주장이 나오는 경우도 있을 수 있다. 이와 같이 구체적인 결론은 어디까지나 모델과 데이터 그리고 그 해석에 따르는 것이며, 반드시 한결같은 정책지침이 수반되는 것은 아니다.

세 번째로 보다 현실적인 관점에서, 세무집행의 편의를 중시하는 관점에 서게 되는 경우에도 소득구분의 필요성을 설명하는 것이 가능하다.

▶ 원천징수에 의해 확실하게 세금을 징수하기 위해서는 각각의 원천별로 소득을 분류해서 과세방식을 정해놓는 것이 편의상 좋다. 예금·저금의 이자와 같은 특정한 소득유형에 대해 원천분리과세에 따른 납부만으로 끝나게 하는 것은 이러한 사고의 발현이다.

▶ 절세상품의 번창에 제동을 걸기 위해 소득을 구분하여 상호간에 벽을 설치해둔다. 그렇게 함으로써 투자활동으로부터 생긴 손실을 노동소득과의 사이에서 통산하는 인위적인 기도를 미연에 방지할 수 있다.

이상 세 가지 각도에서의 설명은 세제에 대한 서로 다른 견해에 기초하고 있는 것으로 상호 양립할 수 없는 면이 있다. 등장한 시기와 배경도 다르다. 결국 서로 다른 설명이 병존한 채로 昭和15{1940}년 법 이래의 소득구분이 살아남아 있다. 이렇게 관찰하는 것이 현행법의 이해로서 온당한 바일 것이다.

8-2-3 소득구분을 둘러싼 입법론

소득구분에 대하여 기본적인 검토를 가한 것이 세제조사회 기초문제 소위원회 「개인소득과세에 관한 논점정리(2005년 6월)」이다. 이 논점정리는 경제사회의 구조변화를 바탕으로 소득구분이나 소득계산 방법의 형태를 재검토하려고 하였다. 세제개정으로 이어지지는 않은 문서이지만 소득세법의 구조를 배우는 데 있어서 상당히 기본적인 점을 다루고 있다. 다음의 지적들이 흥미롭다.

▶ 현행법하에서의 퇴직소득의 과세는 종신고용을 모델로 하고 있어, 퇴직일시금을 우대하고 있다. 고용형태와 취업구조가 변화하는 가운데 이를 새롭게 고쳐서 다양한 취업선택에 대하여 중립적인 제도로 개혁해야 할 것임.

▶ 부동산소득은 샤우프 권고를 받아들인 昭和25{1950}년 개정에서 도입되었다. 그것은 개인단위주의 아래에서 누진세율을 회피하기 위해 가족구성원 간에 소득을 분산하는 것이 예상되었기 때문에, 그것을 방지하기 위해 이자·배당·부동산과 같은 자산성 소득을 합산하는 조치를 마련한 데에 따른 것이다. 하지만 이 합산조치는 平成1{1989}년에 폐지되었다. 따라서 독립적인 소득구분인 부동산소득을 폐지하고, 사업소득 또는 잡소득으로 정리하는 것을 검토해야 할 것임.[8]

---

8) 한국: 구 소득세법(2009. 12. 31. 법률 제9897호로 개정되기 전의 것) 제18조는 부동산의 임대에서 발

▸ 일시소득을 잡소득으로 통합할 것.[9]

▸ 공적연금 등에 대해 독립적인 소득구분을 설치할 것.[10]

이에 대해 실제로 세제개정의 흐름이 된 것이 금융소득과세의 일체화이다. 조금 전 서술했듯이 개인이 금융상품에 투자하는 경우에 대해서는 소득세법의 방침{建前}을 수정하는 형태로 조세특별조치법이 다양한 금융상품에 분리과세를 도입하고 있다. 금융상품과 소득의 종류별로 과세방식이 각기 흩어져 있고 서로 손익을 통산할 수 없는 경우가 많았다. 이를 일체화하자고 한 것이 세제조사회 금융위원회 「금융소득과세의 일체화에 대한 답신{答申}(2004년 6월)」이다. 이 답신의 방향은 「목하의 『저축에서 투자로』의 정책적 요청을 받아들여, 일반 투자자가 투자하기 쉬운 간소하고 중립적인 세제를 구축한다는 관점에서 현행의 분리과세제도를 재구축」하는 것이다. 과세방식을 균형 잡히게 하고 손익통산의 범위를 넓힘으로써, 개인 투자자의 포트폴리오 선택에 대하여 소득세제를 중립적으로 만들어가자는 구상이었다. 이 답신이 나온 후 주식양도손실과 배당소득 간 등 손익통산의 범위가 서서히 확대되어 왔다.[11]

생하는 소득(부동산임대소득)을 별도로 규정하고 있었으나, 현행 소득세법은 이러한 구분을 폐지하고 사업소득의 하나로 규정하고 있다(소득세법 제19조 제1항 제12호). 다만 뒤에서 다시 살펴보듯이, 통상의 사업소득과 부동산임대소득 사이에는 결손금공제에 있어서의 차이가 존재한다.

9) 한국: 소득세법 제21조(기타소득)

10) 한국: 소득세법 제20조의3(연금소득)

11) ① 일본 조세특별조치법 제37조의10은 일반주식(비상장주식) 등의 양도소득에 관한 과세특례를, 같은 법 제37조의11은 상장주식 등의 양도소득에 관한 과세특례를 각각 규정하고 있고(즉 일본에서는 비상장주식뿐만 아니라 개인투자자의 상장주식 양도차익도 과세대상임), 같은 법 제37조의12의2는 상장주식 등의 양도손실이 발생한 경우 상장주식 등에 관련된 배당소득 등과의 손익통산을 허용한다[이상 부록 일본 조세령전 참조. 한편 현행법상 상장주식과 비상장주식의 양도손익 통산은 허용되지 않음. 塚尾敦嗣(編), 讓渡所得・山林所得・株式等の讓渡所得等関係租税特別措置法通達逐条解説(2020년 1월 개정판), 大蔵財務協会(2020), 1064면].

한편, 일본에서는 주식양도가 있는 경우 차익의 발생과 무관하게 과세가 이루어지는 유가증권거래세(有価証券取引税)는 1999년에 폐지된 상태이다.

② 일본에서의 금융소득과세(주식・배당・주식 양도차익 과세)의 변천 연혁에 대해서는 일본 재무성 홈페이지의 자료 "利子・配当・株式譲渡益課税の沿革"(https://www.mof.go.jp/tax_policy/summary/financial_securities/kabu02.htm) 참조(접속일: 2020. 8. 28.). 이 점에 관한 이해를 돕기 위하여 金子宏, 앞의 책(租税法), 206 – 207면의 서술을 인용한다(" 따옴표는 역자가 추가함).

"이자소득, 배당소득 및 유가증권 양도차익은 금융소득 내지 금융자산소득이라고 불린다. 우리나라(일본)에서는 상술한 바와 같이, 이들 3종의 소득에 대해서는 어떤 형태로의 분리과세가 이루어져 왔으나, 平成10(1998)년대 이후 북유럽의 이원적 소득세의 영향 아래에, 금융소득은 다른 소득과 분리하여 동일하게 낮은 비례세율로 일체로서 과세해야 한다는 견해가 강해져, 平成16(2004)년에 그것이 정부의 정식 방침으로 채용되어 그 방향으로 개정이 이루어져 왔다. 이것을 '금융소득 일체과세'라고 부르는바, 그 목표로 하는 것은 이들 3종의 소득에 대하여, 국가는 15%, 지방자치단체는 5%, 합계 20%의 세율로 과세하여, 이들 소득 사이에서 손익통산을 허용하는 한편, 다른 소득과의 손익통산을 인정하지 않는다는 것이다. 그러나 상장주식의 배당과 주식의 양도소득에 대한 세율이 10%로 그대로 유지되어 왔기 때

Column 8-2 이원적 소득세

노동소득과 자본소득을 분리하여 양자 간의 흑자와 적자의 통산을 인정하지 않으며, 노동소득을 누진세율로 과세하고 자본소득을 비례세율로 과세하는 것이 이원적 소득세(dual income tax)이다. 이원적 소득세는 1990년대에 북유럽 국가들에서 시작되어 네덜란드(2001년)와 독일(2009년)로 파급되었고, 일본에서도 금융소득과세의 형태를 검토할 때에 주목받았다. 참조, 森信茂樹『日本の税制 何が問題か』(岩波書店, 2010년) 43면, 126면.12)

문에 '일체과세'는 좀처럼 실현되지 않았으나, 이들 소득에 대한 세율이 平成25(2013)년 개정에서 平成26(2014)년 1월 1일부터 이자소득과 동일하게 소득세는 15%, 주민세는 5%, 합쳐서 20%의 비례세율이 되어 일체화가 이루어졌고, 또한 유가증권 양도손실과 배당소득의 통산 및 이월공제제도 이미 平成21(2009)년도분 소득세부터 인정되었기 때문에, 금융소득 일체화는 平成26(2014)년 1월 1일부터 실현되었다."

한국: (1) 대주주가 아닌 사람에 대한 상장주식 양도차익에 관한 과세규정이나(소득세법 제94조 제1항 제3호 참조), 주식 양도손실과 배당소득 사이의 손익통산 규정은 존재하지 않는다. 한편, 상장·비상장 주식을 불문하고 양도 시에는 증권거래세의 과세대상이 된다(증권거래세법 제2조).

(2) 한편 정부가 2020. 6. 25. 발표한 '금융세제 선진화 추진 방향'은 ① '채권 양도소득', '소액주주의 상장주식 양도차익', '집합투자기구로부터의 소득', '파생상품 소득' 등을 포함한 '금융투자소득'의 범주를 도입하여 분류과세하고, ② 금융투자소득 내에서 손익통산과 이월공제를 허용하며, ③ 과세표준 3억 원 이하에 대해서는 20%, 3억 원 초과에 대해서는 25%의 2단계 세율구조를 도입하고, ④ 이와 병행하여 증권거래세율은 단계적으로 인하하는 것 등을 내용으로 하고 있다(다만 이자·배당소득에 대해서는 대체로 현행제도를 유지함). 이상 제8차 비상경제 중앙대책본부 회의 보도자료(별첨1), "금융투자 활성화 및 과세합리화를 위한 금융세제 선진화 추진 방향", 관계부처 합동(2020. 6. 25.)[기획재정부 홈페이지의 '보도·참고자료'에서 확인가능(http://www.moef.go.kr/nw/nes/detailNesDtaView.do?menuNo=4010100&search NttId=MOSF_000000000040283&searchBbsId=MOSFBBS_000000000028). 접속일: 2020. 8. 28.)].

12) (1) '이원적 소득세제'의 국내도입 가능성을 검토하고, 전면적인 도입 대신에 이원적 소득세제 이론에 기반하여 금융소득 과세제도를 개편할 것을 제안한 문헌으로 최영렬, "所得税法上 金融所得 課税制度 改善方案에 관한 研究", 한양대학교 법학 박사학위논문(2011) 참조(특히 비교법적 검토 부분으로는 80-83면 참조). 이 논문은 ① 이자소득·배당소득뿐만 아니라 주식·채권·파생금융상품 등의 양도소득도 모두 과세대상으로 포함시키고, ② 이들을 단일세율(근로소득보다 낮은 수준, 14% 제안)로 과세하되, ③ 금융소득 내에서의 손익통산과 이월공제를 허용하며(이자소득은 제외), ④ 장기적으로는 이들을 '금융소득'의 개념에 포함·통합시키고, ⑤ 증권거래세 제도와 배당세액공제 제도는 폐지할 것 등을 제시한다(144-145면).

(2) 또한 이원적 소득세제에 관한 비교적 최근의 문헌으로는 오윤·문성훈, "금융자산거래 과세제도 개선방안-거래세와 소득세의 비교분석-", 조세법연구 21(1), 한국세법학회(2015), 77면 이하(특히 일본을 포함한 비교법적 분석으로는 86-100면) 참조. 이 글에 따르면 이러한 이원적 소득세제에 입각한 과세는 처음에는 북유럽 국가에서 시작되었지만, 2007년 내지 2009년의 시기에 독일과 프랑스 등 서유럽 국가들에도 파급되었고, 이어서 일본도 받아들였다고 한다(96면). 이 논문은 입법론으로서 ① 증권거래세의 폐지, ② 이자소득과 배당소득, 상장주식 양도차익·채권양도차익 등을 포괄하는 '(금융)자본소득'의 범주 도입(다만 소득그룹 자체를 창설하는 것에 대해서는 유보적), ③ 이자소득도 포함한 (금융)자본소득 내에서의 손익통산의 허용(다만 이자소득과 주식양도손익 통산은 단계적으로 접근해야 함을 주장하고, 파생상품의 손익에 대한 통산에 대해서는 부정적임), ④ (금융)자본소득에 대한 단일세율

8-3 소득공제

8-3-1 소득공제란

소득세법 제2편 제2장 제4절에서 말하는 '소득공제'는 법령용어이다. 그것은 소득으로부터의 공제를 막연하게 의미하는 말이 아니다. 각종소득을 계산하는 과정에서 필요경비와 취득비 등의 공제를 마치고(제2장 제2절) 손익통산 등이 끝난 후의 금액에서(제2장 제3절) 더 나아가 소정의 금액을 빼는 것을 의미한다.

소득공제는 인적공제와 그 밖의 소득공제로 크게 구별된다(도표 8-5).

▶ 인적공제는 납세의무자의 인적 지위에 기초한 공제이며, 기초적인 인적공제(所税 제83조~제86조)와 특별한 인적공제(동 제79조~제82조)가 있다. 기초적인 인적공제 중 배우자공제와 부양공제는 개인단위주의 아래에서 가족관계를 배려하는 조치로서 이미 언급하였다(→ 7-4-4).

▶ 그 밖의 소득공제는 특별한 지출을 한 경우와 특별한 손실을 입은 경우에 이용할 수 있다(동 제72조~제78조). 사회보험료 공제는 국민연금과 후생연금의 보험료를 지급한 경우 등에 이루어지는 공제로서(동 제74조 제2항) 각종 소득공제 중에서도 거시적으로 봤을 때 과세 베이스를 감소시키는 최대항목이다.

(14%)의 적용 등을 제시한다(102-103면, 108-111면).

(3) 이 쟁점에 관한 우리나라의 논문들은 대체로 자본소득 중에서 부동산 양도소득 등을 제외하고 '금융소득'을 일원화하여 독자적인 범주를 설정하는 방향을 제시하고 있으며, 앞 각주에서 살펴본 정부의 세제개편 방안도 마찬가지이다. 앞서 본문에서 언급된 2004년 6월 일본 세제조사회 금융위원회 '금융소득과세의 일체화에 대한 답신{答申}'과 유사한 방향성을 가진다고 볼 수 있다. 반면에 북유럽 국가 등의 이원적 소득세제는 대체로 금융소득뿐만 아니라 부동산 양도차익 등도 자본소득의 범주에 함께 포함시키고 있다. 북유럽 국가 등의 이원적 소득세의 범주(소득분류) 설정에 대해서는 국중호·김진수, "이원적 소득세의 입장에서 본 금융소득과세의 구축방향", 세무학연구 24(2), 한국세무학회(2007), 47면(표1) 참조.

도표 8-5 ┃ 소득공제의 종류

기초적인 인적공제	기초공제(제86조), 배우자공제(제83조), 배우자특별공제(제83조의2), 부양공제(제84조)
특별한 인적공제	장애인공제(제79조), 과부{寡婦·寡夫}공제(제81조), 근로학생공제(제82조)
그 밖의 소득공제	잡손공제(제72조), 의료비공제(제73조), 사회보험료공제(제74조), 소규모기업공제{共済} 등 부과금공제(제75조), 생명보험료공제(제76조), 지진보험료공제(제77조), 기부금공제(제78조)

8-3-2 기초공제

기초공제는 거주자라면 누구나 어떤 각종소득을 얻고 있는지를 불문하고 주어진다. 明治20{1887}년의 소득세법 창설 시부터 제2차 세계대전까지는 면세점 방식(소득이 일정액 이하의 경우에 소득세를 부과하지 않는다는 룰)을 취하고 있었다. 이것이 昭和22{1947}년의 개정에서 기초공제로 변경되고 소득금액에서 법정금액을 공제하는 방식이 되었다. 그 후 기초공제의 금액은 서서히 증액되었지만 소득의 크고 작음에 상관없이 정액을 계속 공제하였다. 예를 들어 平成30{2018}년 개정 직전에는 38만 엔의 정액을 소득금액에서 공제하도록 되어 있었다.[13]

누진세율하에서 정액의 소득공제는 고소득자에게 유리하다. 이것을 세액공제와 비교하여 나타내보자. 현재 10%와 20%의 세율단계를 가지는 초과누진세율을 상정한다.

먼저 40만 엔의 소득공제는, 20% 세율의 적용이 있는 사람에게 있어서 8만 엔의 세액경감효과를 가지고, 10% 세율의 적용이 있는 사람에게 있어서 4만 엔의 세액경감효과를 가진다. 즉 고소득자의 경우가 저소득자보다도 더 많은 소득세가 경감되니 그만큼 유리하다(도표 8-6).

다른 한편 6만 엔의 세액공제가 가져오는 세액경감효과는 적용세율이 10%이건 20%이건 똑같이 6만 엔이다. 그런 의미에서 저소득자와 고소득자 각각이 얻는 혜택은 동등하다.

이렇게 누진세율하에서 정액의 소득공제는 정액의 세액공제에 비해 고소득자에게 유리한 결과를 가져온다.

이 결과를 피하기 위해 외국에서는 다음과 같은 제도고안이 이루어지고 있다.

---

13) 한국: 거주자 본인에 대한 기본공제액은 정액 150만 원이다(소득세법 제50조 제1항 제1호).

도표 8-6 ┃ 소득공제의 세액경감효과

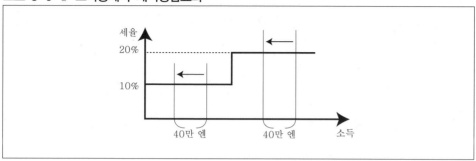

▶ 제로세율(독일, 프랑스)   과세소득의 일부에 제로세율을 적용한다.

▶ 세액공제(캐나다)   일정한 소득금액에 최저세율을 곱한 금액을 세액공제한다.

▶ 소득공제의 체감·소실(미국, 영국)   소득공제액에 상한을 설정하고 소득증가에 따라 공제액을 체감·소실{遞減·消失}시킨다.

일본에서는 소득공제의 방식을 유지하면서, 平成30{2018}년도 개정에서 소득재분배 기능을 강화하기 위해 소득공제액을 체감·소실하는 방식을 가미하였다(所稅 제86조).

8-3-3 특별한 인적공제

특별한 인적공제 중 장애인공제와 과부공제는 「본래 인적공제를 보충해서 추가적인 비용 등을 참작하는 것」이라고 자리매김되는 것으로, 昭和42{1967}년도 세제개정에서 세액공제로부터 소득공제로 전환되었다[「세제조사회 昭和41(1966)년 12월 중간답신」 제2.2 (2)イ 〔1966년〕].[14] 이 답신은 「세제 간소화의 취지에 부합한다는 의미에서도 이 기회에 소득공제 방식으로 통일하는 것이 바람직하다」라고 서술하고 있다. 추가적인 비용 상당 액의 공제가 소득개념에 비추어 필요한 것이라고 생각한다면, 소득공제방식의 채용에도 나름의 이유가 있었다고 할 수 있다. 하지만 그러한 비용이 공제대상이 아닌 소비지출 이라고 생각된다면, 이러한 조치들은 오히려 사회보장제도의 일환으로서 자리매김해야 하는 것이 되며 세액공제 방식이 어울린다.

이렇게 사회보장 프로그램의 일부로서 생각할 경우에는 세액공제 방식에 장점이 있다 고 인정된다. 다만 세액공제 방식에도 부족한 점이 있다. 왜냐하면 세액공제를 이용할

---

14) 한국: 소득세법 제51조(추가공제)는 기본공제에 더하여 '70세 이상인 사람(경로우대자)', 일정한 범위의 '장애인'과 '여성', '한부모' 등에 대한 추가적인 소득공제를 규정하고 있다. 기본공제(소득세법 제50조) 와 추가공제(소득세법 제51조)를 합하여 '인적공제'라 한다(소득세법 제51조 제3항).

수 있는 것은 어디까지나 소득세를 납부하는 사람에 한정되기 때문이다. 충분히 큰 소
득을 벌어들이지 못하는 가난한 사람에게는 혜택이 미치지 않는다. 이에 따라서 '급부가
붙는 세액공제'에 의하여 '공제액이 소득세액을 웃도는 경우에는 다 공제하지 못한 금액
을 현금으로 급부한다'는 제안이 등장하였다.[15]

Column 8-3 과부{寡婦(寡夫)}공제

당초의 제도는 모자가정을 염두에 두고 「과부{寡婦}」만을 대상으로 하였다. 昭和56
{1981}년의 세제개정에서 부자가정을 위해 「과부{寡夫}」를 대상에 추가하였다. 이것이 현
재의 소득세법 제81조가 되었다. 부양친족이 있고 합계소득금액이 500만 엔 이하인 자를
주된 대상으로 하고 있다(所税 제2조 제1항 제30호·제31호). 일본변호사연합회의 「『과부
공제』 규정의 개정을 요구하는 의견서」(2014년)는 비혼인 모자세대를 염두에 두고 「과부」
의 정의를 변경하여, 혼인이력이 없는 한부모 가정에도 적용해야 한다고 하고 있다.

8-3-4 그 밖의 소득공제

그 밖의 소득공제로서 잡손공제와 의료비공제를 살펴보자. 둘 다 1949년 샤우프 권고
를 받아들여 일본법에 도입된 것이며 소득개념과 밀접한 관계가 있다.

(1) 잡손공제

어떤 사람의 자산에 경제적 손해가 생긴 경우, 사이먼즈의 정식으로부터 보면 재산권
의 가치가 감소한 만큼 소득이 줄어든다고 생각하는 것이 자연스럽다. 이에 대하여 현
행법은 다음과 같은 경위에서 잡손공제(所税 제72조)를 인정하고 있다.

잡손공제가 도입되기 이전에는 '재해에 의해 납세자가 현저히 자력을 상실하여 납세
가 곤란하다고 인정되는 경우에 정부가 소득세를 경감·면제할 수 있다'고 하는 규정이
있었다. 그러나 여기에는 차별대우가 이루어질 우려가 있고, 특별한 고려를 요청하여 납
세자가 세무서에 진정{陳情}하는 방식을 취해야 한다. 따라서 일정기준 이하의 소규모의
것은 대상에서 제외한 후 법정요건을 충족하면 공제하는 것으로 하였다. 이렇게 현행법

---

15) 한국: 이른바 '음(陰)의 소득세[또는 부(負)의 소득세, 소극(消極)소득세, negative income tax]' 논의
와 관련, 근로장려세제(조세특례제한법 제100조의2~제100조의13) 및 자녀장려세제(조세특례제한법 제
100조의27~제100조의31)가 도입되어 있다.

의 기원은 재해 시의 감면규정을 한걸음 전개시킨 것이다. 이러한 연혁을 받아들여 「재해·도난·횡령」과 같은 경우에 대해서만 인정하고 있다.

또한 잡손공제는 '생활에 통상 필요하지 않은 자산'과 '재해피해를 입은 사업용 자산'에는 적용되지 않는다(所稅 제72조 제1항 주서{柱書}16) 첫 번째 괄호). 이 중 사업용 자산의 손실에 대해서는 Chapter 10에서 언급하는 필요경비공제의 문제가 된다(所稅 제51조).17)

(2) 의료비공제

어떤 사람이 부상을 입고 입원하여 고액의 의료비를 지출했다고 하자. 사이먼즈의 정식을 그대로 적용시키면 치료비 지출은 의료서비스를 소비하기 위한 지출이다. 따라서 공제할 수 없음에 틀림없다.

그럼에도 불구하고 의료비공제(所稅 제73조)를 인정하는 이유로는 다음과 같은 것들이 있다.

▶ 샤우프 권고는 「납세자의 지불능력(ability to pay)에 중대한 지장을 초래하기」 때문에 공제를 인정해 주어야 한다고 했다. 담세력의 관념에 호소하는 논의이다.

▶ 미국의 조세법학자인 윌리엄 앤드류즈는 1972년 유명한 논문 「이상적 소득세에서의 인적공제」에서 의료비는 사이먼즈의 정식에서 말하는 소비에 해당하지 않는다고 논하였다[William D. Andrews, Personal Deductions in an Ideal Income Tax, 86, Harvard Law Reveiw 309(1972)]. 그렇게 되면 소득개념으로부터 보더라도 공제가 당연한 것이 된다.

▶ 의료서비스의 구입에 대한 보조금이라는 논의도 있을 수 있다. 그 경우 고소득자를 유리하게 취급하지 않기 위해서는 소득공제보다도 세액공제가 바람직한 것이 될 것이다.18)

---

16) '주서[柱書(はしらがき)]'라 함은 각호의 규정이 있는 조문의 '각호 외의 부분', 즉 본문에 해당하는 규정을 의미한다. 우리나라 법률에서는 이를 통상 '각호 외의 부분'으로 표현하나, 이 번역서에서는 '주서'라는 용어를 그대로 사용하기로 한다.

17) 일본 소득세법상의 잡손공제에 대해서는 뒤에서 다시 검토가 이루어지는데, 우리나라 소득세법상으로는 여기에 대응하는 제도는 없다.

18) 일본 소득세법 제73조(의료비공제)는 '거주자 본인 또는 본인과 생계를 함께하는 배우자 기타 친족'의 의료비를 지출한 경우 일정한 범위에서 '총소득금액, 퇴직소득금액, 산림소득금액'으로부터 '소득공제'를 해주는 규정이다.
한국: 소득세법 제59조의4(특별세액공제) 제2항은 '거주자(근로소득자) 본인을 포함한 기본공제대상자'(소득세법 제50조 제1항)를 위한 의료비지출에 '세액공제'를 허용한다.

Column 8-4 기부금과 소득세

거주자가 특정기부금을 지출하면 기부금공제를 이용할 수 있다(所税 제78조 제1항). 특정기부금이란 ① 중앙정부와 지방자치단체에 대한 기부금, ② 공익사단법인 등에 대한 기부금으로서 재무대신이 지정하는 것(지정기부금), ③ 일본적십자회와 공익사단법인 등의 특정공익증진법인에 대한 기부금으로서 해당 법인의 주된 목적인 업무와 관련이 있는 것을 말한다.[19] 기부금공제의 입법정책론상의 근거는 (가) 기부를 행하는 개인에 대한 정확한 소득의 계측(소득개념에 기초한 설명), (나) 공공재 제공을 촉진하기 위한 보상 내지 유인(후생경제학적 설명), (다) 다양한 가치나 선호를 반영하기 위한 다원적인 조직에 대한 지급의 존중(다원주의에 의한 설명)으로 정리할 수 있다. 참조, 増井良啓「所得税法からみた日本の官と民——寄付金控除を素材として」江頭憲治郎＝増井良啓編『融ける境 超える法(3)市場と組織』(東京大学出版会, 2005년).

8-3-5 과세최저한

(1) 과세최저한의 의의

소득세의 '과세최저한'은 '그 수준 이하에서는 과세되지 않고 그 수준을 넘으면 과세가 시작되는 급여수입의 수준'을 가리키는 지표이다. 납세의무자의 대부분이 급여소득자이기 때문에 급여소득을 벌어들이는 세대를 염두에 두고 계산한다. 과세최저한은 각종 공제액을 쌓아올려 결정되기 때문에 세대구성에 따라 상이한 금액이 된다.

지금 어느 4인 가족에서 부부의 한쪽만이 급여를 벌어들이고 있고, 아이가 19세와 13세라고 하자. 이 경우 가족의 생계를 지탱하는 급여소득자는 법정의 급여소득공제(所税 제28조 제3항. → 10-1-4)와 더불어 사회보험료공제(동 제74조), 배우자공제(동 제83조), 부양공제(동 제84조), 부양공제의 할증분인 특정부양공제(동조 제1항 괄호)를 이용할 수 있다. 이것들을 모두 더한 금액은 2017년 1월 현재 285.4만 엔이다. 즉 이 사람은 어느 해에 285.4만 엔을 넘는 급료를 벌고서야 소득세의 납세의무를 지게 된다.[20]

---

19) 한국: 기부금공제를 소득공제 항목으로 정하고 있는 일본과 달리, 우리나라는 세액공제로 규정하고 있다(소득세법 제59조의4 제4항). 다만 사업소득자에 대해서는 필요경비공제가 적용되고, 사업소득과 사업소득이 아닌 소득이 모두 있는 경우에는 어느 쪽의 공제를 받을 것인지 선택이 가능하다(즉 사업소득의 필요경비에 산입한 부분은 세액공제가 불가능함. 소득세법 제59조의4 제4항, 제34조).

20) 한국: 소득세법 제129조 제3항의 위임에 따른 소득세법 시행령 제189조 제1항 [별표2]는 원천징수의 편의를 도모하기 위하여 '근로소득 간이세액표'를 마련해놓고 있다. '근로소득 간이세액표'는 '소득세법 규정에 의한 근로소득공제, 기본공제, 일부 특별소득공제 및 특별세액공제(위 [별표2]의 제1항 참조),

또한 지방세법이 기초적인 인적공제의 금액을 소득세법보다 낮게 설정하고 있기 때문에 개인주민세의 과세최저한은 소득세보다도 낮은 수준으로 되어 있다.

(2) 기능

소득세에서 과세최저한은 다음의 기능을 한다[岡村忠生「所得税改革と課税最低限」税経通信 54권 12호(1999년) 17면, 24면].

▶ 세율구조의 일부로서 제로세율 단계를 설정한다. 법 제도상으로는 각종 소득공제를 쌓아올린 숫자이지만, 소득에 0%의 세율을 적용한 것과 같은 결과가 된다[→ 7-4-2 (2)].

▶ 세무집행상의 이유에서 납세자수를 제한한다.

과세최저한의 수준을 어떻게 설정하는지는 소득세의 과세 베이스의 크기를 결정하며 동시에 소득세의 누진구조에 영향을 미친다. 그만큼 중요한 개념이지만 맹점도 있다. 예를 들어 원천분리과세의 대상이 되는 소득에 대해서는 과세최저한 이하의 급여밖에 벌어들이지 못하는 사람이더라도 확실히 소득세가 붙는다. 이것을 잊게 할 위험이 있다.

8-4 누진세율

8-4-1 누진세율의 현황

1980년대 중반 이후 OECD 가맹국들은 일제히 세제개정을 추진하여 소득세의 누진세율을 완화하였다. 미국의 레이건 정권은 11%에서 50%까지 14단계의 누진세율을 일거에 15%와 28%의 2단계로 하였다. 영국의 대처 정권은 최고세율을 83%에서 60%로 낮추었다. 이렇게 누진세율을 완화하고 동시에 과세 베이스를 확장시키는 개혁은 각국 세제개혁의 조류가 되었다.

일본도 昭和62{1987}년과 63{1988}년의 발본적 세제개혁에 의하여 10.5%부터 70%까지 15단계의 소득세 누진세율을 10%부터 50%까지 5단계로 변경하였다(→ 3-5-1). 최고세율을 낮추고 세율의 등급단계를 줄인 것이다. 그뿐만 아니라 세율의 적용 폭을 확

연금보험료공제, 근로소득세액공제 및 세율'을 반영하여 근로소득자에 대한 원천징수세액을 계산한다. 여기에 따르면 본문과 같이 3인의 부양가족이 있는 근로소득자(4인 가구)에게 적용되는 이른바 '과세최저한'은 월 급여 189만 원(연 급여 2,268만 원)이다(2020년 현재 기준).

대시켜 소득의 상승에 따른 세율의 상승빈도를 감소시켰다. 당시 중견소득자 계층은 라이프 스테이지에 따라 봉급이 올라가면 바로 세율단계가 올라가기 때문에 세율누적에 따른 부담감[21]을 가지고 있었다. 또한 소득수준이 대폭 상승하여 소득분포가 평준화되었고, 대부분의 납세자가 특정 범위의 소득계층에 집중되었다. 그래서 「소득과세에 요구되는 소득재분배의 요청도 충분히 배려하고 있으므로, 대다수의 납세자가 집중되는 소득계층에 대해서는 과감히 누진구조를 완화해도 좋다」라고 여겨진 것이다[세제조사회 「세제의 발본적 재검토에 관한 답신〔1986년 10월〕」 26면].

더 나아가 1990년대에는 경기대책을 위한 소득세 감세를 거듭 반복하였다. 平成6{1994}년의 개정에서 소득세율 20%가 적용되는 과세소득 범위의 상한을 대폭 인상하였다. 平成9{1997}년의 세제개정에서 최고세율을 37%까지 낮추면서 지방주민세 13%와 합쳐 50%가 되었다. 그 후 지방에 대한 세원이양에 따라 지방주민세를 정률 10%의 플랫세율로 하고 중앙정부의 소득세는 5%, 10%, 20%, 23%, 33%, 40%의 6단계의 등급을 가지는 초과누진세율이 되었다. 그 후 平成25{2013}년도 세제개정에서 최고세율을 45%로 하였다(所稅 제89조 제1항).[22]

재무성 주세국이 平成28{2016}년도 예산 베이스로 추계한 바에 따르면, 소득세를 납세하는 사람 중 84%가 10% 이하의 세율적용에 그치고 있다.

---

21) 원서의 서술은 "負担累增感"(부담누증감)인데, 본문과 같이 '세율누적에 따른 부담감'으로 의역하였다.
22) 부록 일본 조세법령의 해당 조문 참조. 일본 소득세법상 소득세율의 변화추이에 대해서는 일본 재무성 홈페이지의 자료 "所得稅の稅率の推移"(https://www.mof.go.jp/tax_policy/summary/income/033.htm) 참조(접속일: 2020. 8. 28.).
   한국: ① 과거 우리나라도 종합소득 과세표준에 대하여 최고 70%의 세율을 적용한 바 있으나[구 소득세법(1979. 12. 28. 법률 제3175호로 개정되기 전의 것) 제70조 참조], 이후 점차로 인하하였고, 현재는 종합소득 과세표준에 대해서 6%부터 42%의 7단계 누진구조 세율을 적용하고 있으며, 퇴직소득에 대한 세율도 기본적으로 동일하다(소득세법 제55조). 여기에 앞서 살펴본 지방소득세가 덧붙게 된다. 한편 양도소득세의 세율구조는 별도이다(소득세법 제104조). 우리나라의 소득세율 변천의 자세한 추이에 대해서는 국회예산정책처(경제분석실 세제분석과), 앞의 책(2017 조세의 이해와 쟁점 – ② 소득세), 4–7면 참조.
   ② 참고로 과거 소득세법상의 최고세율은 70%이나, 한국전쟁이라고 하는 특수한 상황 속에서 전비(戰費) 마련을 위한 특별세율이 운영된 적이 있었다. 즉 1950. 11. 30. 법률 제154호로 제정된 '조세임시증징법'은 당시 소득세법상의 '특별소득 제1종 을(비영업대금의 이자 및 일시소득)'의 소득금액 1,000만원 초과 부분에 대하여 85%의 세율을 적용한 바 있고(조세임시증징법은 1954. 3. 31. 법률 제324호로 폐지됨), 1951. 1. 1. 법률 제188호로 제정된 '조세특례법'은 부동산소득과 사업소득 등에 대하여 최대 75%의 세율을 적용한 바 있다(조세특례법은 1954. 3. 31. 법률 제323호로 폐지됨). 자세한 내용은 조세임시증징법과 조세특례법을 참조.

8-4-2 부의 분배와의 관계

현대사회에 있어서의 자유와 평등에 대해 생각하는 사람에게 있어서 소득세의 누진세율은 흥미와 관심을 지극히 돋우는 주제이다. 우리들이 자유로운 경제활동을 하는 것을 전제로 하면서 평화리에 누진적인 소득세를 납부하는 것으로써, 소득과 부의 분배에서의 일정한 정도의 평등을 확보할 수 있기 때문이다. 그만큼 누진세율에 대해서 한쪽에서는 기대도 크지만 다른 한쪽에서는 비판도 강하다. 논쟁의 대상이 되기도 하며, 윤리적·철학적으로 논의가 풍요로운 영역이다.

바로 그렇기 때문에 다음과 같은 점들을 강조해 두고 싶다.

▶ 비례세율이 벤치마크라는 것은 환상이다. 우리들은 무의식적으로 비례세율이 출발점이라고 믿어버리는 일이 많다. 그래서 누진세율은 벤치마크로부터 괴리되어 있고 특유의 정당화 근거를 필요로 한다고 생각하기 쉽다. 그러나 비례세율이 의거해야 할 표준형이라는 것에 미적 직감 이상의 근거는 없다. 사람들이 자산을 보유하고 소득을 번다. 이에 대해 비례세율로 소득세를 부과함으로써 세후의 자산보유 상황이 생긴다. 문제는 그 분배상황이 정의에 부합하는가이다. 소득세가 비례세율을 채용하면 그걸로 논증책임을 다한 것이 되지는 않는다. 정의의 여신 앞에서의 입증책임은 어느 세율구조도 동등하게 져야 하는 것이다.

▶ 누진세율은 재분배를 위한 유력한 수단이지만 유일한 수단인 것은 아니다. 현재 2명의 개인으로 구성된 사회를 상정해 보자. 리치{rich} 씨는 금융자산을 많이 가지고 있다. 푸어{poor} 씨는 금융자산을 전혀 가지고 있지 않다. 이때 금융소득을 포함한 자본소득을 전부 과세 베이스에 넣어서 과세하면 비례세율로 과세해도 재분배에 기여한다. 반대로 누진세율이라고 하더라도 금융소득을 비과세로 하고 노동소득에만 과세하고 있다면 재분배에는 도움이 되지 않는다. 이렇게 소득세가 어느 정도 재분배 효과를 가지는지는 세율만을 문제로 해서는 충분하지 않다. 과세 베이스가 어느 정도 포괄적인지, 그 사회에서 자산보유 상태가 어떻게 되어 있는지, 과세에 따라 사람들의 행동이 어떻게 변하는지 등을 생각할 필요가 있다.

소득세의 누진세율은 부의 분배라는 결과에 작용하는 갖가지 요소의 일부분에 지나지 않는다. 세제에 한정해서 보더라도 소득세에 그치지 않고 유산에도 과세할지, 스톡{stock}의 보유에 과세할지와 같은 점들이 결정적이다. 재정을 전체적으로 보면 사회보장과 각종 정부지출의 형태가 중요하다. 넓은 시야에서 관찰하는 것이 불가피하다(→ 2-3-2).

✅ 이 장에서 배운 것

▸ 일본의 소득세는 종합과세의 방침{建前}을 취하면서 여러 곳에서 분리과세를 채용하고 있다.
▸ 소득세법은 소득을 10종류의 각종소득으로 구분하고 있다.
▸ 소득공제는 인적공제와 그 밖의 공제로 크게 구분이 가능하다.
▸ 1980년대 중반 이후 누진세율 구조가 완화되어 왔다.

🔍 찾아보자

▸ 소득을 왜 분류하는 것일까?
→ 岡村忠生 「所得分類論」 金子宏編著 『二訂版所得税の理論と課題』(税務経理協会, 2001년) 45면
▸ 저출산·고령화가 진행되는 가운데, 각종 공제는 어떻게 재검토해야 하는가?
→ 金子宏 「所得税制の構造改革——少子·高齢化社会と各種控除の見直し」 同 『租税法理論の形成と解明(上)』 [有斐閣, 2010년 〔初出 2004년〕] 570면
▸ 잡손공제의 성격은 어떻게 이해해야 하는가?
→ 佐藤英明 「雑損控除制度——その性格づけ」 日税研論集 47호(2001년) 29면

Chapter 9

수입금액

📖 **이 장의 테마**

▶ 수입금액 ▶ 과세이연 ▶ 실현원칙 ▶ 채무의 취급 ▶ 발생주의 ▶ 조세지출

9-1 소득금액의 계산의 통칙으로서의 소득세법 제36조

소득세법은 비영주자 이외의 거주자의 「모든 소득」에 소득세를 부과한다(所税 제5조 제1항 제1호). 이 소득은 포괄적으로 구성되어 있으며(→ 6-1), 비과세규정(동 제9조)의 적용이 없는 한, 원칙적으로 모든 경제적 이득이 과세소득이 된다.

거주자에게 부과하는 소득세의 과세표준은 10종류의 각종소득별로 계산한다(所税 제21조 제1항 제1호). 각종소득의 금액의 산정은, 수입금액에서 필요경비 등을 공제하여 계산한다. 이 수입금액에 관한 통칙이 소득세법 제36조이다.

소득세법 제36조는 그 자체로 읽는 보람이 있는 규정이다. 예를 들어 현물소득이 과세의 대상이 되는 것은(→ 6-2) 동조 제1항의 괄호가 「금전 이외의 것{物} 또는 권리 기타 경제적 이익」으로 수입하는 경우를 명시하고 있다는 점에서 근거규정을 찾을 수 있다.

하지만 더욱 재미있는 것은 규정의 배후에 있는 기본적인 생각이다. 특히 시간이라는 요소에 주목해 보면 소득세법 전체를 관통하는 구조가 보일 것이다.

Column 9-1 수입금액과 총수입금액

소득세법 제36조 제1항은 수입금액과 총수입금액을 나누어 쓰고 있다. 이것은 다음의 각 종소득에 대응한다.

▶ 「수입금액」이 쓰인 것: 이자소득(所税 제23조 제2항), 배당소득(동 제24조 제2항), 급여소득(동 제28조 제2항), 퇴직소득(동 제30조 제2항), 잡소득(공적연금 등. 동 제35조 제2항 제1호)

▶ 「총수입금액」이 쓰인 것: 부동산소득(所税 제26조 제2항), 사업소득(동 제27조 제2항), 산림소득(동 제32조 제2항), 양도소득(동 제33조 제3항), 일시소득(동 제34조 제2항), 잡소득(동 제35조 제2항 제2호).

통람하면, 대개는 필요경비의 공제를 인정하고 있는 것에 총수입금액이라는 용어를 쓰고 있다.[1] 본서의 설명에서는 양자를 특별히 구별하지 않고 간단히 '수입금액'이라고 한다.

9-2 소득개념과 시간

9-2-1 현금흐름{cash flow}세와 포괄적 소득세

(1) 1년 후에 현금을 받을 권리

소득세에 있어서 시간은 중요한 의미를 가진다. 이를 이해하는 최초의 단서로서 다음 거래에 대해 생각해 보자. 예를 들어 어떤 사람이 제1년도 말에 「1년 후에 현금 110을 받을 권리」를 취득했다고 하자. 권리를 취득하는 것은 제1년도 말이지만, 실제로 현금을 받는 것은 제2년도 말이 된다(도표 9-1). 화폐단위를 생략하고 이자율을 10%로 한다.

---

1) 한국: 소득세법은 각종소득별 수입금액을 가리키는 용어에 관하여, 이자소득(소득세법 제16조 제2항), 배당소득(제17조 제3항), 사업소득(소득세법 제19조 제2항), 기타소득(소득세법 제21조 제2항), 양도소득(소득세법 제95조 제1항)에 대해서는 '총수입급액'이라는 용어를 쓰고 있고, 근로소득에 대해서는 소득세법 제20조 제1항 각호 소득의 합계액이라는 의미에서 '총급여액(소득세법 제20조 제2항)'이라는 용어를, 연금소득에 대해서는 소득세법 제20조의3 제1항 각호 소득의 합계액이라는 의미에서 '총연금액(소득세법 제20조의3 제3항)'이라는 용어를 쓰고 있다. 즉 필요경비공제의 가능 여부에 따라서 수입금액을 가리키는 말에 차이를 두지는 않고 있다.

도표 9-1 ▌ 현금흐름

	제1년	제2년
현금	0	110

이 때 소득은 언제 얼마나 생기는 것일까. 독자 중에는 「현금을 받는 것이 1년 후이니 1년 뒤 110의 소득이 생긴다」라고 답하는 사람이 있을지도 모른다. 이것은 현금의 움직임에 따른 대답이다. 여기서 현금의 수령이나 지급을 과세 베이스로 하는 조세를 '현금흐름세'라고 한다면, 현금흐름세하에서는 현금을 받는 1년 후에 110이 과세대상이 된다.

(2) 포괄적 소득세에 따른 소득계상

그러나 포괄적으로 소득개념을 구성할 경우에는 위의 답은 근본부터 크게 잘못된 것이다. 사이먼즈의 정식에 따라서 포괄적으로 소득개념을 정의하는 조세를 「포괄적 소득세」라고 부르자. 포괄적 소득세하에서는 각 연도분의 소비액과 축적액의 합을 계측한다. 이 사람이 소비를 하지 않는다면 재산권 축적의 가치변화, 즉 순자산의 증감만 보면 된다.

우선 제1년도에 있어서 권리를 취득하는 것으로서 재산권의 축적은 얼마나 증가하는가. 문제는 제2년도 말에 현금 110을 받을 수 있는 권리의 가치가 제1년도 말에 얼마인가 하는 점이다. 이 문제에 답하기 위해서는 장래가치(future value)를 현재가치(present value)로 환산할 필요가 있다. 이 예에서는 이자율이 10%이므로 해당 권리의 제1년도 말에 있어서의 현재가치는 100이다(=110/1.1). 따라서 이 사람의 재산권의 축적은 100만큼 늘어난 것이 되어 제1년도분의 소득은 100이다.

다음으로 제2년도에 재산권의 축적은 어떻게 변하는가. 이 사람은 제2년도 말에 현금 110을 받는 동시에 현금을 받을 권리가 소멸된다. 이것을 빼면 10만큼 증가하는 것이 된다(=110-100). 따라서 제2년도분의 소득은 10이 된다. 같은 것을 뒤집어 말하면 이자율 10%에 상당하는 만큼 재산권의 가치가 증가했다는 것이다.

이렇게 포괄적 소득세하에서는, 제1년도분에 100, 제2년도분에 10만큼 각각 소득을 계상하는 것이 올바르다(도표 9-2).

도표 9-2 ▎ 포괄적 소득세에 따른 소득계상

	제1년	제2년
소득	100	10

이 결과는 현금흐름세의 경우와 다르다. 현금흐름세하에서, 과세되는 금액을 제1년도 말에 있어서의 현재가치로 환산하면 100이다(＝110/1.1). 이에 비해 포괄적 소득세의 경우, 과세되는 금액을 제1년도 말에 있어서의 현재가치로 환산하면 109.0909……이다 (＝100＋10/1.1). 즉 포괄적 소득세는 현금흐름세보다 더 큰 금액을 과세의 대상으로 하는 것이다.

(3) 소득세는 운용이익을 과세의 대상으로 한다.

이상의 예로부터 알 수 있듯이 포괄적 소득에 과세하는 것은 현금흐름에 따라 과세하는 것과 다르다. 현금이 드나든 시점이 아니라 권리가 발생한 시점에 소득으로 과세하는 것이다.

그리고 이것이 소득세와 시간의 밀접한 관계를 이해하는 열쇠이다. 제2년도에 110을 과세의 대상으로 하는 현금흐름세의 경제효과는, 현재가치로 환산해 보면 제1년도에 100을 과세의 대상으로 하는 것과 등가이다. 이에 주목하면 과세 베이스의 크기를 다음과 같이 비교할 수 있다(도표 9-3).

도표 9-3 ▎ 현금흐름세와 포괄적 소득세의 비교

	제1년도	제2년도
현금흐름세(현재가치로 환산)	100	0
포괄적 소득세	100	10

도표 9-3은 소득세의 성질을 잘 표현하고 있다. 즉 포괄적 소득세는 원본 100을 운용하여 제2년도에 발생하는 수익 10에 상당하는 부분을 과세대상으로 삼는 것이다. 이처럼 소득세는 원본 운용이익에 대해 과세한다. 바꿔 말하면 '시간의 경과에 따라서 산출되는 수익을 과세의 대상으로 삼는 것'이 소득세이다(→ 11-1-2).

9-2-2 과세를 이연하는 것의 의미

(1) 과세의 타이밍

언제 과세할 것인가. 이것은 과세 타이밍의 문제이다. 과세의 타이밍은 소득세에 있어서 결정적으로 중요한 문제이다.

이에 대해서는 「지금 과세하지 않더라도 나중에 과세하면 결국 세수를 확보할 수 있지 않은가, 뭐가 그렇게 중요한가」하는 의문이 생길 수 있다. 따라서 과세를 이연하는 것이 대체 무엇을 의미하는지를 보아두자.

'과세시기를 1년 늦추는 것'은 '납세자가 국고에서 1년 치 무이자 대출을 받는 것'과 같다. 그리고 이 점에 대해서는 다음의 정리{定理}가 알려져 있다. 즉 「과세이연은 '소득을 즉시 과세하고, 그 소득으로부터 생기는 수익을 비과세하는 것'과 경제적으로 등가이다」라는 정리이다. 이 정리는 수익률과 세율이 일정하다는 조건하에서 타당하다.

(2) 과세이연과 수익 비과세

예를 들어 '세전 수익률 10%, 세율 50%'의 간단한 2기 모델을 생각해 보자(도표 9−4).

시나리오 1은 소득세를 매년 꼬박꼬박 과세하는 경우이다. 제1년도에 100의 소득을 벌어들이면 50의 조세가 부과되어 세후 50이 된다. 제2년도에는 이것이 증식되어 55가 되고, 수익분 5에 대한 조세가 2.5이므로 세후 52.5가 남는다.

시나리오 2는 과세이연의 경우이다. 제1년도에 100의 소득을 올리고 과세를 이연하면 세후 100이 된다. 제2년도에는 110으로 증식되지만, 그 시점에서 한 번에 과세하므로 세액은 55가 되어 세후로는 55가 남게 된다.

시나리오 3은 소득을 즉시 과세하고 그 소득에서 생기는 수익을 비과세하는 경우이다. 제1년도에 100의 소득을 벌면 50의 조세가 부과되어 세후 50이 된다. 이것이 제2년도에는 55로 증식되지만, 제2년도에는 수익 비과세이기 때문에 55가 그대로 남아있다.

도표 9-4 ┃ 과세이연과 수익 비과세

	시나리오 1		시나리오 2		시나리오 3	
	제1년도	제2년도	제1년도	제2년도	제1년도	제2년도
세전	100	55	100	110	100	55
세금	50	2.5	0	55	50	0
세후	50	52.5	100	55	50	55

이 예에서 제2년도의 세후 결과에 주목해 보자. 시나리오 2처럼 과세를 이연하는 경우에는 55이다. 시나리오 3처럼 소득을 즉시 과세하고 그 소득에서 생기는 수익을 비과세하는 경우에도 55이다. 즉 시나리오 2와 시나리오 3은 경제적으로 보면 등가이다. 그리고 이 예는 복수년도에 걸쳐서 수식의 형태로 일반화할 수 있다.

이상을 정리하면, 과세를 이연하는 것은 '일정한 조건하에서 수익을 비과세하는 효과'를 갖는 것이다. 시간의 경과에 따라서 창출되는 수익을 과세의 대상에서 제외하는 것과 같다.

(3) 제도적인 측면

더 나아가 제도적인 측면에서도 언제 소득을 계상하는지에 따라 납부세액에 차이가 생긴다. 소득세법은 누진세율이나 과세최저한을 두고 있다(→ Chapter 8). 이런 구조 아래에서는 다른 소득이 많이 있는 연도분에 추가로 소득을 계상하는지 소득이 없는 연도분에 계상하는지에 따라 그 사람이 납부해야 할 세액이 달라진다. 납세자로서는 사업이 흑자라 높은 세율이 적용되는 해에 소득을 계상하는 것보다 사업이 적자인 해에 계상하는 것이 유리하다.

9-3 실현원칙

9-3-1 실현원칙이란

(1) 미실현의 이득

보유주식의 가격상승 이익과 같이 아직 실현되지 않은 이득을 미실현의 이득(unrealized gains)이라 한다. 사이먼즈의 정식에서는 미실현이득이라고 하더라도 그것이 발생한 연도분의 소득으로서 과세대상에 포함시킨다. 반대로 미실현의 손실은 손실이 발생한 연도분에 있어서 소득의 마이너스 요인으로 셈한다(→ 6-1).

이에 대하여 실정제도로서의 소득세법은 소득이 실현된 시점에서 처음으로 과세한다. 실현원칙(realization principle)을 채택하고 있는 것이다. 예를 들어 주식의 상승이익은 주식을 양도한 시점에서 과세한다(所税 제33조). 이를 포괄적 소득세에 있어서의 취급과 비교해 보면, 주식에 대해 발생한 미실현이득에 대해서는 실현시점까지 과세를 이연하고 있는 셈이 된다.

(2) 실현원칙을 지지하는 실질적인 이유

소득세법이 실현원칙을 채용하는 이유는 극히 실제적인 두 가지 이유에서이다.

▶ 자산의 금전평가가 곤란하다. 양도해서 값이 매겨지지 않고 단지 보유하는 것만으로는 자산의 시가를 알기 어렵다.

▶ 납세자금 마련이 어렵다. 자산이 현금화되지 않은 단계에서 시세차익에 과세하면 납세자는 납세자금을 짜내야만 한다.

이들은 모두 심원한 철학에 의한 것이라기보다는 사람들의 생활편의에 따른 실질적인 이유이다. 이런 이유로 이루어진 것을 원칙이라고 부르는 것은 이론에 대해 결벽이 있는 사람으로서는 견디기 어려운 일인지도 모른다. 그러나 조세법의 여러 원칙에는 실제 편의에 기인한 것도 꽤 많다. 여기에서도 실현원칙이라는 호칭을 유지하기로 한다. 같은 말을 실현주의라고도 한다.

일본국 헌법에는 실현원칙을 주창하는 규정은 없다. 실현된 이득만을 소득세의 대상으로 할 것인지 아니면 미실현의 이득을 소득세의 대상으로 할 것인지 여부는 입법정책의 문제이다. 1970년대에 일·미 비교를 통해서 이것을 논증한 것이 카네코 히로시{金子宏} 교수의 저명한 논문이다. 카네코 교수의 논문은,

「소득세법……이 미실현의 이득을 과세대상에서 제외하는 것은 실질적 편의의 고려, 전통적 회계관행의 영향 등에 의한 것이며, 실현된 이득만이 소득이라고 하는 카테고리컬한 생각에 따른 것은 아니다」

라고 논했다[金子宏「租税法における所得概念の構成」同『所得概念の研究』〔有斐閣, 1995년(初出 1975년)〕 1면, 66면].

(3) 소득세법 제36조 제1항의 해석론

카네코 교수의 논문은 나아가 소득세법의 해석론으로서,「수입{收入}」이라는 단어의 통상적인 의미로 보아 소득세법이 원칙적으로 실현된 이득만을 대상으로 한다고 해석했다.

「소득세법은, 어느 소득에 대해서나, 그 금액을 수입금액 또는 총수입금액으로 규정하여(제23조 내지 제35조), 말하자면 소득을 『수입』(receipt)의 형태로 파악하고 있다. 수입이라는 말을 통상의 용법에 따라서 경제가치의 외부로부터의 유입으로 이해하는 한, 소득세법은 원칙적으로 수입이라고 하는 형태로 실현된 이득만을 과세의 대상으로 하고, '미실현의 이익=보유자산의 가치증가 이익'은 과세의 대상에서 제외하고 있다」

라고 하고 있다(위 논문 74면).

이것을 소득금액의 통칙으로서의 소득세법 제36조를 끌어들여 말하자면, 제1항이
「그 해에 있어서 수입해야 할 금액」이 각종소득의 수입금액이 된다고 규정하고 있으므
로, 외부로부터의 경제가치의 유입이 없는 시점에서는 아직 수입금액은 없다고 해석하
는 것이 된다.

9-3-2 실현원칙의 한계

(1) 과세 타이밍의 조작

소득세법이 실현원칙을 채용하는 결과로 인하여 다양한 문제가 생긴다. 그중 하나가
납세자가 임의로 과세의 타이밍을 조작할 수 있다는 것이다. 어떤 사람이 A주식과 B주
식을 보유하고 있었다고 하자. A주식은 오르고 B주식은 하락세를 보이고 있다. 이때 양
도차익만 계상하고 싶다면 A주식을 팔고 되산다. 양도손실만 계상하고 싶으면 B주식을
팔고 되산다. 거래 전후의 이 사람의 경제적 지위에 변화는 없다.

원래 포괄적 소득세하에서라면, 주식의 매매 유무에 관계없이 어느 연도분의 이 사람
의 순자산의 증감을 측정하기 때문에, A주식의 상승분과 B주식의 하락분은 모두 계산
되고 있을 것이다. 그러나 실현원칙을 채용하는 현행 소득세법 아래에서는 자산을 양도
할 때까지는 미실현의 이득이나 미실현의 손실을 고려하지 않는다. 그래서 납세자가 선
택적으로 양도한 부분만 양도차익이나 양도손실의 형태로 계상할 수 있게 된다. 다른
소득과의 관계로 흑자가 전망되는 해에는 B주식에 대해 양도손실을 계상해 손익통산을
할 수 있고, 적자인 해에는 A주식에 대해 양도차익을 계상해 손익통산을 할 수 있다. 실
현원칙을 이용하여 과세의 타이밍을 조작할 수 있는 것이다.

이 문제에 대한 전면적인 해결책은 실현원칙을 폐기하고 시가를 기준으로 과세 베이
스를 측정하는 방식으로 전환하는 것이다. 실제로 법인세 분야에서는 2000년 세제개정
이후 매매목적 유가증권에 대해 그러한 방식을 취하고 있다(法稅 제61조의3).[2] 소득세가

---

[2] 일본 법인세법 제61조의3 제1항, 제2항은 법인이 보유한 매매목적의 유가증권(단기적인 가격변동에 의
한 차익을 얻을 목적으로 취득한 유가증권)의 평가에 대해서, 시가법을 적용하여 그 평가차익 또는 평
가차손을 각각 익금과 손금에 산입하도록 규정하고 있다(부록 일본 조세법령 참조).
한국: 법인이 보유하고 있는 주식등과 채권의 평가는 원가법(총평균법과 이동평균법 중 법인이 신고한
방법. 채권의 경우는 개별법도 가능)에 의하도록 하고 있다(다만 '투자회사등이 보유한 자본시장과 금
융투자업에 관한 법률 제9조 제20항에 따른 집합투자재산'의 경우 등 일부의 경우만 시가법을 적용한
다). 법인세법 제42조 제1항 제2호, 법인세법 시행령 제73조 제2호, 법인세법 제42조 제2항, 법인세법
시행령 제75조 참조. 즉 일본 법인세법과 같이 법인이 매매목적으로 보유한 유가증권에 대하여 일반적
으로 시가법을 적용하도록 하지는 않는다.

실현원칙을 채용하는 실질적 이유를 9-3-1 (2)에서 배운 독자는 이 경우에 대해 실현원칙에서 벗어나는 것이 왜 가능했는지 의아해 할 것이다. 의문을 해결하기 위해서는 매매목적으로 유가증권을 사고파는 회사의 활동을 생각해 보면 된다.

▶ 금전평가의 어려움에 대해서는, 많은 경우 상장주식 등을 대상으로 하기 때문에 시장의 시세에 의한 평가가 가능하다.

▶ 납세자금의 확보에 대해서는, 유가증권의 트레이딩을 하는 회사는 여러 거래를 동시에 하고 있으므로 납세자금의 마련이 어렵지 않다.

나아가 회계기준이 정비되어 왔기 때문에, 법인세법에 있어서는 실현원칙을 채용하는 실질적인 이유를 뒤집을 만한 조건이 갖춰져 있었다. 이에 비해 소득세법에서는 그러한 조건의 정비가 없으며 실현원칙의 틀 내에 머무르고 있다.

(2) 간주양도

실현원칙으로부터 생기는 문제에 대처하기 위한 규정이 소득세법에는 몇 가지 존재한다. 예를 들어 소득세법 제59조는 과세이연을 방지하기 위한 규정이다.

이 규정의 유래는 샤우프 권고로 거슬러 올라간다. 샤우프 권고는 다음과 같이 무기한의 과세이연을 방지할 것을 제안했다[『シャウプ使節団日本税制報告書』〔日本税理士会連合会出版局, 1979년〕196면, 부록 B의 D].

「증가한 소득에 대한 엄격한 과세이론에 따르면, 납세자 자산의 시장가치의 1년 내 증가액은 매년 이를 사정{査定}하여 과세해야 한다. 그러나 이것이 어려우므로, 실제로는 이러한 소득은 납세자가 그 자산을 매각하여 소득을 현금 또는 다른 유통형태로 환가했을 때에 한하여 과세해야 하는 것으로 되어 있다.」

즉 포괄적 소득세라면 미실현의 이득에도 과세세하는 것이지만, 실제로는 그것이 곤란하기 때문에 환가한 시점에 과세하는 것이다. 샤우프 권고는 더 나아가, 다음과 같이 의견을 말한다.

「이 환가가 적당한 기간 내에 이루어지는 한, 과세는 단지 시기를 약간 늦춘 것일 뿐 기본원칙을 전혀 해치지 않는다. 그러나 자산소득에 대한 과세를 무제한으로 이연하면 납세자는 본래라면 물어야 할 세금부담의 상당부분을 면할 수 있기 때문에, 무제한의 이연을 방지할 필요가 있다.」

이것은 과세를 무제한으로 이연할 수는 없다는 사고방식이다. 그리고 이 생각을 토대로 하여 다음의 방식을 제안한다. 즉

「이것을 방지하는 가장 중요한 방법 중 하나는, 자산이 증여 또는 상속으로 처분된 경

우에 그 증가를 계산하여 이를 증여자 또는 피상속인의 소득에 산입하도록 하는 것이다」
라는 것이다.

이렇게 昭和25{1950}년에는 증여·유증·상속 모두에 대해, 자산을 시가로 양도한 것
으로 간주하는 규정을 마련했다. 이것이 「간주양도」 규정의 원형이다. 그런데 그 후 적
용범위가 서서히 좁혀져 갔다. 즉 昭和27{1952}년에 상속이 제외되었다. 昭和37{1962}
년에는 납세자의 선택에 의해 과세이연이 가능해졌다. 昭和40{1965}년에는 「상속(한정승
인에 관련된 것에 한한다)」이 적용대상으로 부활했고, 昭和48{1973}년에 거의 현행규정과
같아졌다. 모든 증여가 아닌 법인에 대한 증여에 한해서만 적용대상으로 하는 등, 현재
의 소득세법 제59조 제1항의 적용범위는 昭和25{1950}년 당시보다 한정적이다.[3)]

예를 들어 X 씨가 자신이 소유하고 있던 카루이자와의 별장을 주식회사 Y사에 증여
했다고 하자. 이때 제1호의 「증여(법인에 대한 것에 한한다)」에 해당하기 때문에, 이 별장
을 시가로 양도한 것으로 간주하여 양도소득액을 계산한다. 증여했을 뿐이지 전혀 대가
를 받지 않았는데도 시가로 양도한 것으로 간주하여, 별장에 시세차익이 있으면 그것을
과세대상으로 삼는 것이다.

이에 비해 X 씨가 같은 별장을 개인 Z 씨에게 증여한 경우에는 이 규정의 적용범위
에서 벗어난다. 제1호의 「증여(법인에 대한 것에 한한다)」라는 요건은 명확하게 개인에 대
한 증여를 제외했기 때문이다. 그 결과로서 X 씨에게 양도손익은 발생하지 않는다.

이 규정의 전신{前身}규정의 적용이 다투어진 사건에서, 최고재판소는 다음과 같이
판시했다[最判 昭和43(1968). 10. 31. 訟月 14권 12호 1442면(에노모토가{榎本家} 사건)].

「양도소득에 대한 과세는……자산의 가격상승으로 인해 그 자산의 소유자에게 귀속
되는 증가이익을 소득으로 해서, 그 자산이 소유자의 지배를 떠나 다른 곳으로 이전
하는 것을 기회로, 이것을 청산하여 과세한다는 취지」
라고 해석한다. 그리고
「대가를 수반하지 않는 자산의 이전에 있어서도, 그 자산에 대해 이미 생긴 증가이익
은 이전 당시의 자산의 시가에 비추어 구체적으로 파악할 수 있는 것이기 때문에,
……그 이전 시기의 위 증가이익을 과세의 대상으로 하는 것이 타당하며, 자산의 증
여, 유증의 경우에도 위 자산의 증가이익은 실현된 것으로 보고 이를 전기{前記} 양도
소득과 동일하게 취급해야 한다」

---

3) 한국: 우리 소득세법상으로는 증여·상속·유증이 있는 경우 무한한 과세이연을 방지하기 위하여 양도
   소득이 발생한 것으로 간주하는 규정은 존재하지 않는다. 법인이 증여를 받은 경우는 증여받은 법인의
   법인세 문제가 된다.

라고 했다.4)

판시의 논리는 '(α)「이미 생긴 증가이익」을 「이전 당시의 자산의 시가에 비추어 구체적으로 파악할 수 있」으므로, (β) 대가를 수반하는 양도와 동일하게 취급할 수 있다'는 것으로 정리할 수 있다. α로부터 β의 결론을 도출해낼 때에는 '무기한의 이연을 방지해야 한다'는 입법취지를 보완하며 읽는 것이 좋을 듯하다. 실제로 최고재판소는 인용부분과 이어지는 부분에서 「무상이나 저액의 대가에 의한 양도를 구실삼아 자산의 양도소득과세를 회피하려고 하는 경향을 방지한다」는 관점에서 보더라도 이 규정이 타당하다고 판시하고 있다.

Column 9-2 개인 양수인의 입장

X 씨가 Z 씨에게 별장을 증여할 경우에 X의 수중에서 발생한 양도손익에 대한 과세는 이연된다. 그렇다면 별장의 증여를 받은 Z의 과세관계는 어떻게 될까. 이 점에 대해서 Z는 이 별장을 「계속……소유하고 있던 것으로 간주」된다(所税 제60조 제1항 제1호). 그러므로 X가 본래 1억 엔에 그 별장을 샀고, 증여 시의 시가가 3억 엔이라고 한다면, Z가 후에 이 별장을 팔았을 때 Z와 X의 입장이 뒤바뀌면서, 1억 엔에 취득한 별장을 판 것으로서 양도소득의 금액을 계산한다(→ 18-3-2).

(3) 실현원칙과 과세권으로부터의 이탈

일본에 사는 동안 가격이 오른 주식이라도 외국으로 이주하여 일본에서는 비거주자가 된 후에 양도하면 일본에서는 원칙적으로 과세되지 않는다. 이주처의 세제가 캐피탈 게인{capital gain}에 과세하지 않는 경우에는 일본뿐 아니라 해당 외국에서도 과세되지 않는다[東京高判 平成20(2008). 2. 28. 判タ 1278호 163면 (유니맷 사건)]. 여기에 대항하여, 국외전출 시에 유가증권 등을 시가로 양도한 것으로 간주하는 규정이 마련되어 있다(所税 제60조의2).

또 상기 (2)에서 본 것처럼 소득세법 제59조는 개인 간의 증여를 간주양도의 적용대상에서 제외한다. 따라서 거주자가 비거주자에게 주식을 증여하면 주식상승이익이 청산되지 않은 상태로 일본의 과세권을 이탈해 버린다. 그래서 거주자가 가지는 유가증권

---

4) 위 판례는 바로 이어지는 문장에서 "그렇다면, 위 규정은 결코 소득이 없는 곳에 과세소득의 존재를 의제하는 것이 아니고, 또한 이른바 응능부담의 원칙을 무시한 것이라고도 말하기 어렵다."라고 설시하고 있다.

등이 증여에 의하여 비거주자에게 이전되었을 경우에 증여 시의 시가로 양도된 것으로 간주하는 규정을 두고 있다(所税 제60조의3).[5]

9-3-3 양도소득이라고 하는 카테고리

실현원칙은 소득구분에도 구조적인 영향을 미치고 있다.

소득세법상의 소득구분에는 두 가지 '분리의 축'이 있다.

▶ 소득을 낳는 원자산에 착안한 구분. 예를 들면 국채의 리턴은 이자소득이 되며, 주식의 리턴은 배당소득이 된다.

▶ 실현원칙에서 유래하는 구분. 예를 들면 주식의 상승이익이나 하락손실은 양도 시에 양도소득으로서 과세의 대상에 포함시킨다.

이 두 가지의 축이 교착하는 결과, 토탈 리턴{total return}을 보면 약간 이상한 결과가 나온다. 주식을 소유하고 있는 사람이 있다고 하자. 그 사람이 배당을 100 받는다. 동시에 배당락으로 인해 주가가 하락한다. 얼마나 내려갈지는 상황에 따라 다르지만 여기서는 100이 내려갔다고 하자. 이 때 이 사람의 포괄적 소득은 0이다. 100의 현금을 받았지만 주식의 자산가치가 100만큼 떨어졌기 때문이다. 그러나 현행 소득세법하에서는 100이 현금 유입된 형태로 「실현」되었다고 보아 배당소득에 과세한다. 한편, 주가의 가격 하락분 100에 대해서는 「미실현」이기 때문에 공제를 연기한다. 즉 배당이라고 하는 인컴 게인{income gain}만을 발췌해서 과세하고, 미실현인 캐피털 로스{capital loss}의 인식을 연기한다.[6] 이처럼 배당소득과 양도소득은 과세 타이밍에 따라 구분되는 것이다.

이에 비해 만약에 실현원칙을 폐기하여 미실현이득도 그 해 소득으로 과세대상에 포함시키는 것으로 해 보자. 그렇다면 양도소득이라는 유형을 독립적으로 생각할 필요는 없어진다. 매년 자산의 시가를 재평가해서 과세를 하므로 시가와 장부가의 차이가 생기지 않는다. 그러므로 양도한 시점에서 미실현이득을 청산하여 과세할 필요가 원칙적으로 존재하지 않는다. 그렇게 되면 주식에 대해 배당소득과 양도소득의 구별을 없앨 수 있다. 나아가 Chapter 12에서 배우듯 법인세라는 세목을 소멸시키는 것조차 시야에 들어온다.

하지만 개인소득세에서 실현원칙을 전면 폐기하는 일은 없을 것이다. 시가평가의 어

---

5) 이상의 내용과 관련하여, 부록 일본 조세법령의 일본 소득세법 제60조의2 및 제60조의3 참조.

6) 앞서 살펴본 것과 같이 일본 조세특별조치법 제37조의12의2는 상장주식의 평가손익이 아니라 양도차손이 발생한 경우 이를 배당소득 등과 손익통산하는 것을 허용할 뿐이므로, 가격이 하락했다고 하더라도 주식을 처분하지 않는 한 배당소득과의 손익통산은 이루어지지 않는다.

려움과 납세자금 확보라는 실질적인 문제가 있기 때문이다. 우리의 현실세계에서는 실현원칙을 채택하는 것이 필요하며 따라서 양도소득이라는 카테고리도 남는다.

9-4 채무의 취급

9-4-1 채무면제이익

과세 타이밍과의 관계에서 수입금액에 대해 생각할 때, 흥미로운 문제를 야기하는 것이 채무의 취급이다.

우선 차입금은 소득이 아니다. 차입과 함께 채무가 생기기 때문이다. 어떤 사람이 은행에서 1억 엔을 빌렸다고 하면, 1억 엔의 원본을 수수한 연도분에 있어서, 장래 변제할 채무 1억 엔 상당액을 1억 엔이라고 하는 액면 금액 그대로 예측 계상한다. 장래를 내다보고 지금 계상해 두는 것이다. 그렇게 함으로써 들어온 현금 1억 엔은 지금 자유롭게 사용할 수 있음에도 불구하고 순자산(재산권의 축적 부분)의 증가가 없다고 취급한다.

같은 것을 반대로 생각해 보면, 원본의 변제는 공제할 수 없다. 변제하는 동시에 채무가 그만큼 감소하여 순자산에 변화가 생기지 않기 때문이다.

그렇다면 채무의 면제를 받았을 때는 어떨까. 원래 1억 엔의 차입금이 소득에서 제외된 것은 차주(借主)가 1억 엔의 원본을 변제할 의무를 지고 있었기 때문이다. 이에 비해 채무가 탕감되면 차주는 더 이상 변제를 하지 않아도 되므로 이 전제가 무너진다. 차주는 현금 1억 엔을 받았는데도 소득에서는 제외된 셈이다. 그래서 채무가 면제될 때 1억 엔을 과세대상에 포함시키는 것이 논리적이다.

이렇게 생각하면 채무면제이익은 면제를 받은 연도분의 소득으로 계상하게 된다. 소득세법 제36조 제1항 괄호는 「경제적 이익으로서 수입하는 경우에는 그……경제적 이익의 가액」을 그 해에 있어서 수입해야 할 금액으로 하고 있다. 따라서 위의 예에서도 면제된 연도분의 수입금액에 1억 엔을 계상해야 할 것이다. 국세청 통달도 「외상매입금이나 그 밖의 채무의 면제를 받았을 경우에 있어서 그 면제를 받은 금액 또는 자기의 채무를 타인이 부담했을 경우에 있어서 해당 부담금액에 상당하는 이익」이 소득세법 제36조 제1항 괄호 안에서 규정하는 경제적 이익에 포함된다고 해석하고 있다[所基通 36 - 15 (5)].[7]

---

7) 한국: 채무면제이익은 원칙적으로 증여세 과세대상이다(상속세 및 증여세법 제36조 참조). 다만 사업과

이상이 현행 과세 룰이다. 곰곰이 생각해 보면, 장래에 1억 엔을 갚는다고 하는 채무의 현재가치는 1억 엔보다 작을 것이다. 그런데도 1억 엔을 그대로 차입 시의 채무 항목으로서 예측 계상하는 것이 현행 룰이다.

참고로 입법정책으로서는 현행 과세 룰과 완전히 다른 방법도 있을 수 있다. 그것은 차입금을 수입금액으로 계상하는 방법이다. 현금이 들어왔다는 사실만으로 수입금액으로 다루는 것이다. 반면에 원본의 변제액은 변제할 때마다 소득으로부터 공제한다. 이것이 현금흐름형의 과세 베이스이다. 이 경우에는 채무의 면제를 받아도 채무면제이익을 과세 베이스에 넣지 않는 것이 논리적이다. 소득세법은 이러한 발상을 취하지 않고, 차입 시에 채무를 예측 계상하고, 채무면제 시의 채무면제이익을 수입금액으로 한다.

Column 9-3 개인사업의 재생{再生}[7]과 채무면제이익

국세청 통달은 平成26{2014}년까지 '자력을 상실하여 채무를 변제하는 것이 현저하게 곤란할 경우'는 수입금액에 산입하지 않는 것으로 취급해 왔다(구 所基通 36-17). 개인사업의 재생이 문제가 된 사안에서 이러한 취급을 긍정한 재판례도 있었다[大阪地判 平成 24(2012). 2. 28. 訟月 58권 11호 3913면]. 平成26{2014}년 세제개정으로 '재생계획인가 결정 등에 의해 면제를 받은 경제적 이익'은 수입금액에 산입하지 않게 되었다(所税 제44 조의2).[9] 참조, 佐藤英明 「家族の経済的危機と所得税制」 金子宏監修 『現代租税法講座 (2)家族・社会』(日本評論社, 2017년) 143면.

관련하여 채무의 면제를 받은 경우는 사업소득의 총수입금액에 산입한다(소득세법 제24조, 소득세법 시행령 제51조 제3항 제4호 참조). 이 점에 관해서는 윤지현, "채무면제 등에 관한 상속세 및 증여세법 제36조의 해석론 소고(小考)", 조세법연구 25(1), 한국세법학회(2019), 74면 참조.
　한편 윤지현, 위 논문(채무면제 등에 관한 상속세 및 증여세법 제36조의 해석론 소고)이 75면 각주 18번에서 본 번역서의 원저자 増井良啓 교수의 논문[増井良啓, "債務免除益をめぐる所得税法上のいくつかの解釈問題(上)(下)", ジュリスト 1315호(上, 192-199면), 1317호(下, 268-273면), 有斐閣 (2006). 두 편으로 나누어져 있으나 이어지는 내용으로 하나의 논문] 내용을 인용하여 설명하고 있듯 이[인용하고 있는 부분은 위 논문(下)의 272면임], 일본 세법상으로도 채무면제가 그것이 이루어진 상황과 무관하게 항상 소득과세의 대상으로 해석되는 것은 아니다. 본문의 사례와 같이 개인이 법인인 은행으로부터의 1억 엔의 차입금 채무를 면제받은 경우는 소득과세의 문제가 되나, 같은 사례에서 채권자를 자연인으로 바꾸어 개인이 개인으로부터 채무의 면제를 받은 경우에는 증여세 과세(일본 상속세법 제8조, 부록 일본 조세법령 참조)의 문제가 된다고 한다. 増井良啓, 위 논문[債務免除益をめぐる所得税法上のいくつかの解釈問題(上)], 197면.
8) 일본 민사재생법(民事再生法)상의 재생을 말하는 것으로, 우리법상의 용어로 '회생'에 해당한다.
9) 부록 일본 조세법령 참조
　한국: 앞서 살펴본 것처럼 채무면제이익은 원칙적으로 증여세 과세대상이므로(상속세 및 증여세법 제36조), 회생계획인가결정으로 인하여 채무가 감소되면(채무자 회생 및 파산에 관한 법률 제242조, 제

9-4-2 위법소득

위법소득의 문제도 채무의 취급과 밀접하게 연관되어 있다.

위법소득에 대한 과세취급은 역사적으로 변화해 왔다. 昭和20년대{1945년~1954년}에 문제가 된 것은 경제통제법규 위반의 소득이었다. 昭和23{1948}년 및 昭和26{1951}년의 국세청 통달은 '사법상 유효하게 보유할 수 있는지'를 기준으로 하여 수입금액에 대한 계상을 판정하고 있었다. 그 후 국세청의 해석이 서서히 변화하여, 昭和44{1969}년에는 상기 昭和26{1951}년 통달을 삭제했다.

그리고 최고재판소는 이자제한법{利息制限法}상의 제한을 초과하는 이자가 실제로 수수된 경우에는 「수입해야 할 금액」에 해당한다고 판시했다[最判 昭和46(1971). 11. 9. 民集 25권 8호 1120면(이자제한법 위반 이자 사건)]. 제한초과 부분을 잔존원본에 충당한다는 민사판례와의 관계에서, '제한초과 이자를 받아도 원본회수에 지나지 않는 것(그러므로 소득이 아닌 것)이 아닌가'하는 의문에 대해서는 아래와 같이 판시하고 있다. 즉,

「과세의 대상이 되는 소득을 구성하는지 아닌지는 반드시 그 법률적 성질에 따라서 결정되는 것은 아니다. 당사자 사이에 있어서 약정상의 이자 · 손해금으로서 수수되었는데, 대주{貸主}가 해당 제한초과 부분을 원본에 충당된 것으로서 처리하지 않고 여전히 종전과 같이 원본이 잔존하는 것으로서 다루고 있는 이상, 제한초과 부분도 포함하여 실제로 수수된 약정상의 이자 · 손해금의 전부가 대주의 소득으로서 과세의 대상이 되는 것이라고 해야 한다.」

같은 판결은 미수이자에 대해서는 비록 약정의 이행기가 도래해도 「수입해야 할 금액」에 해당되지 않는다고 했다. 그 이유는 '제한초과 이자는 수입실현의 개연성이 있다고 할 수 없다'는 것이었다.

이 판결의 의의는 위법소득에 대해 '사법상 유효하게 보유할 수 있는지' 여부와 관계 없이 '경제적으로 관리 · 지배하고 있으면 소득을 구성한다'고 판결했다는 점이다.[10]

251조 등 참조) 증여세 과세대상에 해당한다. 이 경우 일본의 경우와 같이 '회생계획인가결정에 따라서 면제를 받은 경제적 이익을 과세대상에서 제외한다'는 규정은 존재하지 않는다. 그런데 상속세 및 증여세법 제4조의2 제5항은 '채무면제 등을 받은 수증자에게 증여세 납부능력이 없다고 인정되는 일정한 경우에는 그에 상당하는 증여세의 전부 또는 일부를 면제한다'는 취지로 규정하고 있으므로, 회생계획인가결정이 이루어진 경우 여기에 해당할 가능성이 높을 것이다[이러한 취지의 국세청 유권해석이 존재함. 국세법령정보시스템, 질의회신, 상증 · 서면인터넷방문상담4팀 - 3079(2006. 9. 7.) 참조].

한편, 사업과 관련된 채무면제이익은 앞서 살펴본 것처럼 사업소득의 총수입금액에 산입되는 것이고, 소득세법상으로는 상속세 및 증여세법과 같은 감면규정이 존재하지 않는다. 다만 채무면제이익이 이월결손금의 보전에 충당된 경우는 총수입금액에 산입하지 않는다(소득세법 제26조 제2항).

10) 한국: 위법소득에 관한 대법원 판례(대법원 2015. 7. 16. 선고 2014두5514 전원합의체 판결)의 주요

이러한 취급은 은행으로부터 차입을 하는 경우에 대한 취급과 비슷하지만 다르다고 할 수 있다. 차입금원본을 받은 경우에는 채무를 예측 계상하는 결과 소득으로 계상되지는 않았다. 이에 비해 이자제한법 위반의 초과이자를 받은 경우에는 수수한 연도분의 수입금액으로 계상하는 것이다. 반면 초과이자를 상대방에게 반환하는 경우에는, 경정청구에 의해 수수한 연도분으로 거슬러 올라가서 수입금액이 없었던 것으로서 소득을 다시 계산한다거나(所稅 제152조, 所稅令 제274조), 해당 연도분의 필요경비로서 공제하는 (所稅 제37조) 조정이 필요하다. 이처럼 위법소득에 대한 취급은 과세 타이밍의 측면에서 보면 차입금의 취급과 인접하는 문제이다.

위법활동에서 생기는 이득을 수입금액으로 본다면 소득세법이 위법행위를 시인하는 것 아닌가. 이런 의문을 가진 사람이 있을지도 모른다. 그러나 소득세법은 도덕성에 대해서는 중립적이며 소득의 크기를 담담히 계측하고 있을 뿐이다. 이렇게 생각하지 않으면 절차면에서도 지장이 생긴다. 위법소득에 대해 개인에게 신고의무가 있다고 한다면 신고의무의 내용에 따라서는 자신에게 불리한 진술(憲 제38조)을 강요당한다는 비판을 벗어날 수 없다. 이 비판에 대한 답변으로서는 '신고서에는 단순히 잡수입이 있었다는 내용을 적으면 되며, 그 내용에 대해 세무직원이 질문했을 때는 묵비할 수 있다'고 해석해야 한다. 소득세는 범죄조사를 위해 있는 것이 아니다.

판시사항을 인용해보면 다음과 같다[사실관계를 살펴보면, 「재건축정비사업조합의 조합장인 원고가 재건축상가의 일반분양분을 매수하려는 자로부터 5,000만 원을, 재건축아파트의 관리업체 선정 대가로 3,800만 원을 각각 교부받았고, 이에 대하여 특정범죄가중처벌등에관한법률위반(뇌물)죄로 기소되어 처벌받으면서 그 합계액 8,800만 원에 대한 추징을 포함한 판결을 선고받은 후, 이 판결이 확정되자 추징금을 모두 납부한 사안」임].

"과세소득은 경제적 측면에서 보아 현실로 이득을 지배·관리하면서 이를 향수하고 있어 담세력이 있다고 판단되면 족하고 그 소득을 얻게 된 원인관계에 대한 법률적 평가가 반드시 적법·유효하여야 하는 것은 아니다. 이러한 점에서 구 소득세법(2008. 12. 26. 법률 제9270호로 개정되기 전의 것, 이하 같다) 제21조 제1항은 '뇌물'(제23호), '알선수재 및 배임수재에 의하여 받는 금품'(제24호)을 기타소득의 하나로 정하고 있다.", "위법소득의 지배·관리라는 과세요건이 충족됨으로써 일단 납세의무가 성립하였다고 하더라도 그 후 몰수나 추징과 같은 위법소득에 내재되어 있던 경제적 이익의 상실가능성이 현실화되는 후발적 사유가 발생하여 소득이 실현되지 아니하는 것으로 확정됨으로써 당초 성립하였던 납세의무가 전제를 잃게 되었다면, 특별한 사정이 없는 한 납세자는 국세기본법 제45조의2 제2항 등이 규정한 후발적 경정청구를 하여 납세의무의 부담에서 벗어날 수 있다. 그리고 이러한 후발적 경정청구 사유가 존재함에도 과세관청이 당초에 위법소득에 관한 납세의무가 성립하였던 적이 있음을 이유로 과세처분을 하였다면 이러한 과세처분은 위법하므로 납세자는 항고소송을 통해 취소를 구할 수 있다."

위 판결에 대한 평석으로는 이진석, "위법소득과 몰수·추징", 대법원판례해설 106호, 법원도서관(2016), 170면 이하(특히 일본을 포함한 외국에서의 위법소득에 관한 법리 소개에 대해서는 178-180면).

9-5 발생주의

9-5-1 현금주의와 발생주의

일반적으로 소득과세의 타이밍으로서는 현금주의와 발생주의가 있다. 현금주의는 실제로 캐시{cash}를 취득한 때를 기준으로 한다. 발생주의는 소득이 발생했을 때를 기준으로 한다.

소득세법 제36조 제1항은 「그 해에 있어서 수입해야 할 금액」이라고 규정하고 있으므로 발생주의가 원칙이다. 이에 대한 예외로서 현금주의를 인정하는 경우가 있다. 동조 제3항에서는 무기명 공사채의 이자 등에 대하여 「그 해에 있어서 지급을 받은」이라고 규정해 현금주의를 취하고 있다. 또한 소득세법 제67조는 청색신고서를 제출하는 일정한 소규모 사업자에 대해서 현금주의에 따라 수입금액과 필요경비를 계상하는 것을 인정하고 있다.11)

9-5-2 사례로 생각하기

(1) 최고재판소의 태도

발생주의에 있어서의 수입계상 시기의 판정기준에 대해서, 최고재판소는 두 가지 기준을 구분해서 사용한다. 정리하자면, '수입의 기초가 되는 권리의 확정'을 기준으로 하는 경우와 '수입에 대한 관리지배'를 기준으로 하는 경우가 있다. 개념의 상호관계를 도식화해 두자(도표 9-5).

---

11) 한국: 소득세법 제24조 제1항은 거주자의 각 소득에 대한 총수입금액(총급여액과 총연금액을 포함)에 관하여 "해당 과세기간에 수입하였거나 수입할 금액"이라고 규정하여 현금주의와 발생주의에 따른 문구를 모두 넣고 있다. 소득세법 제39조 제6항은 총수입금액의 귀속시기 등에 관하여 대통령령으로 정하도록 위임하고 있고, 소득세법 시행령 제45조~제50조의2에서 총수입금액의 종류별 수입시기를 정하고 있다. 이를 살펴보면 각종소득별로 많은 경우에 현금주의가 채택되어 있으며, 본문과 관련해서 살펴보면 일정한 무기명 채권에서 발생하는 이자에 대해서도 현금주의가 채택되어 있다(소득세법 시행령 제45조 제2호).

도표 9-5 ┃ 개념의 상호관계

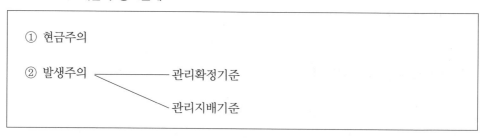

(2) 권리확정기준과 그 한계

最判 昭和49(1974). 3. 8. 民集 28권 2호 186면(잡소득대손분 부당이득반환청구 사건)은 권리확정의 시점을 수입계상의 기준으로 하는 취지와 그 한계를 판시했다.

이 사건에서는 昭和28{1953}년 중에 대출금으로부터 46만 엔 남짓의 이자 · 지연손해금이 발생한다는 약정이 있었다. 그 후 昭和36{1971}년에 이자 · 손해금 채권을 포기하는 것을 내용으로 한 소송상의 화해가 성립했다. 대주인 납세자는 이 46만여 엔은 昭和28{1953}년분의 과세소득이 아니라고 주장했다. 최고재판소는 결론적으로 이 주장을 시인했으나, 그 과정에서 다음과 같이 판시했다.

「〔소득세〕 법은, 현실의 수입이 없어도, 그 수입의 원인이 되는 권리가 확정적으로 발생했을 경우에는, 그 시점에서 소득의 실현이 있던 것으로서 그 권리발생의 시기가 속하는 연도의 과세소득을 계산한다고 하는 방침{建前}(이른바 권리확정주의)을 채용하고 있다.」

여기서 「이른바 권리확정주의」라고 하는 것이 위에서 설명한 권리확정시를 기준으로 하는 생각이다. 그리고 그 취지는 「항상 현금수입 시점까지 과세할 수 없다고 하면 납세자의 자의를 허용하는 것이 되어 과세의 공평을 기대하기 어렵기 때문에, 징세정책상의 기술적 견지에서 수입해야 할 권리가 확정되었을 때를 파악해 과세하는 것으로 한 것」이라고 한다. 현금주의라면 납세자의 자의적인 타이밍 조작을 허용해버릴 여지가 있기 때문에 권리확정시를 기준으로 하지만, 그것은 어디까지나 「징세정책상의 기술적 견지」에 의한 것이라는 것이다. 이러한 취지에 대한 이해로부터 권리확정주의의 한계가 도출된다. 즉, 「권리확정주의 아래에서 금전채권의 확정적 발생시기를 기준으로 하여 소득세를 부과하는 것은, 실질적으로는 이른바 미필소득{未必所得}에 대한 조세의 전납적{前納的} 성격을 가진 것이므로, 그 후에 위 과세대상이었던 채권이 대손에 의해 회수불능이 되는 것과 같은 사태가 생긴 경우에는, 앞의 과세는 그 전제를 잃어 결과적으로

소득이 없는데 과세한 것으로서 당연히 이에 대한 어떠한 시정이 요구된다고 할 수 있다. 그것은 소득세의 부과징수에 대해서 권리확정주의를 취하는 것의 반면으로서의 요청이라고 말하지 않을 수 없다.」

이와 같이 최고재판소는 권리확정기준의 취지를 명확히 하고, 거기서부터 납세자의 구제를 도출해내고 있다. 현행법에는 소급해서 소득이 없었던 것으로 하여 세액을 반환하기 위한 규정이 마련되어 있다(所稅 제64조 제1항·제152조).[12]

(3) 관리지배기준

最判 昭和53(1978). 2. 24. 民集 32권 1호 43면(센다이 집세 증액청구 사건)은 권리가 확정되기 전이라도 수수한 금원에 대한 현실의 관리지배를 기준으로 하여 수입금액을 계상하는 것을 허용했다.

임대료 증액을 둘러싼 민사분쟁에서 昭和37{1962}년에 대주[13]가 항소심에서 승소해 가집행선언에 따라 昭和37{1962}년에 959만여 엔, 昭和38{1963}년에 710만여 엔의 지급을 받았다. 그 후 昭和40{1965}년에 상고심에서 대주승소의 판결이 확정되었다. 세무서장이 昭和37{1962}년과 昭和38{1963}년의 대주의 수입금액을 경정해서 이것이 다투어졌다. 최고재판소는 결론적으로 경정이 적법하다고 했다. 최고재판소는 우선, 권리확정이 昭和40{1965}년이라고 한다.

「임대료 증액청구로 인한 증액임대료 채권에 대해서는, 그것이 임차인에 의해 다투어

---

12) ① 본문에서 인용된 最判 昭和49(1974). 3. 8. 民集 28권 2호 186면(잡소득대손분 부당이득반환청구 사건) 판결과 이에 대한 金子宏 교수의 평석을 소개·검토한 문헌으로 엄선근, "권리확정주의와 후발적 사유에 의한 경정청구의 관계에 관한 연구: 대법원 판례에 대한 검토와 대안을 중심으로", 가천대학교 경영학 박사학위논문(2017), 90-96면 참조.
  ② 일본 소득세법 제64조 제1항은 '(총)수입금액의 전부나 일부를 회수할 수 없게 된 경우 또는 반환해야 하는 경우에, 그 부분의 금액을 소득금액의 계산상 없었던 것으로 간주한다'는 취지의 규정이고, 일본 소득세법 제152조는 위 제64조 제1항의 경우를 포함하여 일정한 경우에 일본 국세기본법 제23조에 의한 경정청구를 허용하는 규정이다(부록 일본 조세법령 참조).
  한국: ① 우리 판례도 '권리확정주의' 개념을 수용하고 있다. '권리확정주의'라는 용어를 명시적으로 사용한 판례는 14-3-1 부분의 각주에서 인용하므로 참조.
  ② 본문의 일본 판례사안에서와 같은 '비영업대금의 이익'에 대한 수익의 귀속시기는 원칙적으로 '약정에 의한 이자지급일'이다(소득세법 제39조 제6항, 소득세법 시행령 제45조 제9호의2 참조). 한편 우리 소득세법은 '비영업대금의 이익'의 소득귀속시기가 도래한 이후에 사후적으로 대손이 발생한 경우에 대해서, 위에서 본 일본 소득세법 제64조 제1항, 제152조와 같은 명문의 구제규정을 두고 있지는 않다. 다만 최근의 판례(대법원 2014. 1. 29. 선고 2013두18810 판결 및 대법원 2018. 5. 15. 선고 2018두30471 판결)는 이와 같은 경우에도 후발적 경정청구를 허용하고 있다. 이 점 및 이러한 구제를 허용할 경우에 있어서 권리확정주의와의 관계에 대해서는 뒤의 10-5-2 (4) 부분의 각주 참조.
13) 원서의 표현 '대주(貸主)'를 그대로 사용하였다. 맥락상 차임 등의 지급을 구하는 임대인을 의미한다.

진 경우에는, 원칙적으로 그 채권의 존재를 인정하는 재판이 확정되었을 때에 그 권리가 확정된다.」

그러나 다음의 논리에 의하여, 수입금액의 계상시기는 현실적으로 금원을 수수한 昭和37{1962}년과 昭和38{1963}년이더라도 무방하다고 한다.

「소득세법이 이른바 권리확정주의를 채용한 것은, 항상 현금수입 시점까지 과세할 수 없다고 하면, 납세자의 자의를 허용하는 것이 되어 과세의 공평을 기대하기 어렵기 때문에, 징세 정책상의 기술적 견지로부터 수입의 원인이 되는 권리가 확정된 시기에 과세하는 것으로 한 것이라는 점을 감안하면, 증액임대료 채권 또는 해약 후의 임대료 상당의 손해배상청구권에 대해 계쟁중이라 하더라도,[14] 이것에 관해서는 금원의 수수로써 소득의 실현이 있었다고 볼 수 있는 상태가 생겼을 때에는 그 시기가 속하는 연도분의 수입금액으로서 소득을 계산해야 하는 것이 당연하며, 이 이치는 가집행선언에 근거한 급부로서 금원을 취득했을 경우에 대해서도 마찬가지이다.」

위 판례는 권리확정주의 취지에 대한 이해로부터 '금원을 수수하여 관리지배하고 있는 시점'에서의 수입금액 계상을 허용하고 있다.[15]

---

14) 이 판례의 사실관계를 살펴보면, 사안의 원고가 임차인을 상대로 차임증액의 의사표시를 하고 이를 근거로 차임지급을 구하는 소를 제기하였고, 이어서 차임미지급을 이유로 한 계약해지의 의사표시를 한 후에 이를 원인으로 한 명도 및 차임상당의 손해금의 지급을 구하는 소도 제기하였으며(각 소 제기가 이루어진 것은 1957년임), 이러한 민사사건에서 임대인 원고가 승소하여 본문에서 언급된 바와 같은 가집행선고부 판결을 받은 것이다. 따라서 원고가 1962년, 1963년에 수령한 본문의 금액은, 해당 연도(1962, 1963년)에 발생한 것이 아니라 과거에 발생한 연체차임 및 계약해제 후 차임상당의 손해배상금을 받은 것으로, 차임증액청구의 의사표시에 의하여 증액된 부분이 포함된 것이다(해당 판결의 '본건의 경과' 부분을 참조).

15) 한국: 자산 임대로 인한 사업소득의 수입시기를 정하고 있는 것은 소득세법 제39조 제6항, 소득세법 시행령 제48조 제10호의4이다. 여기에 따르면 '계약 등에 따라서 차임의 지급일이 정해져있는 경우'는 '그 정해진 날'이 수입시기가 되고(가목), '지급일이 정해져있지 아니한 경우'는 '지급을 받은 날'이 수입시기가 되며(나목), '임대차계약에 관한 쟁송에서의 판결·화해 등으로 인하여 그 소유자 등이 받게 되는 지난 시기의 차임과 그 지연손해금 등(미지급임대료 제외)'에 대해서는 '그 판결·화해 등이 있은 날'이 수입시기가 된다(다목).
② 한편 이자소득의 수입시기에 관한 대법원 2011. 6. 24. 선고 2008두20871 판결은, 가집행선고부 판결에 기하여 대여원리금을 실제 수령한 경우, 판결이 확정되기 전이라도 "이자소득에 대한 관리·지배와 이자소득의 객관화 정도" 등을 고려할 때 과세할 수 있다는 태도를 취하고 있다. 관련 판례평석으로 김석환, "권리확정주의에 의한 이자소득의 귀속시기", 대법원판례해설 88호, 법원도서관(2011), 11면 이하(특히 본문의 최고재판소 판례를 포함하여 일본에서의 논의를 소개한 부분으로 25－27면) 참조.
③ 본문의 일본 판례사안(센다이 집세 증액청구 사건)의 경우 우리나라 소득세법하에서라면 어떠한 판단이 이루어질까. 위 일본 판례사안은 차임증감청구권의 존부와 계약해지의 적법여부가 다투어지는 사안으로, 단순하게 미지급 임대료의 이행을 구하는 사건이라고 보기는 힘들다. 여기서 위 소득세법 시행령 규정상의 '그 판결·화해 등이 있은 날'이라 함은 판결의 경우 원칙적으로 '그 판결이 확정된 날'로 해석해야 할 것이나(이러한 취지의 하급심 판결로 수원지방법원 2020. 5. 7. 2019구합61916 판결 참조.

Column 9-4 숨은 융자

어떤 사람이 토지를 10억 엔에 팔았지만, 실제로 대금지급을 받는 것은 1년 후로 하기로 하여, 1년 후에 11억 엔을 받았다고 하자. 이 경우 10억 엔을 1년간 융자한다고 하는 명시적인 소비대차계약은 없지만, 경제적으로 보면 대금지급을 연기함으로써 '숨은 융자'를 실시한 것과 같다. 이 생각을 밀고 나가면 제2년도에 이자상당분인 1억 엔을 수입금액으로 계상해야 하는 것이 아닌가 하는 점이 문제가 된다.

9-6 조세지출(租稅支出)

소득세법을 살펴보면 이론적으로는 소득에 해당하는데도 과세하지 않는 것이 있다. 그 구체적인 예는 굉장히 많다.

▶ 장애인이 소액예금에서 이자를 받는 경우, 일정한 요건을 충족하는 것은 비과세이다(所稅 제10조).

▶ 종업원 프린지 베니핏은 현물소득이지만, 현실에서는 과세되지 않는 것이 많다(→ 6-2-2).

▶ 미실현의 이득은 실현될 때까지 과세를 이연한다. 그리고 과세이연은 일정한 조건 하에서 수익분을 비과세하는 것과 등가이다(→ 9-2-2).

이렇게 포괄적 소득을 원에 비유한다면, 소득세법이 과세대상으로 삼는 실정법상의 소득은 군데군데 침식되고 있는 셈이다. 과세 베이스의 침식(tax base erosion)이다(도표 9-6).

항소심에서 소 취하로 종결됨), 위 대법원 판례의 취지에 따르면 민사판결에 따라서 가집행이 이루어진 경우에는 그와 같이 가집행이 이루어진 때(위 일본 판례사안에서는 1962년과 1963년)에 수입계상이 이루어질 여지가 크다고 보인다.

도표 9-6 ▌ 과세 베이스의 침식

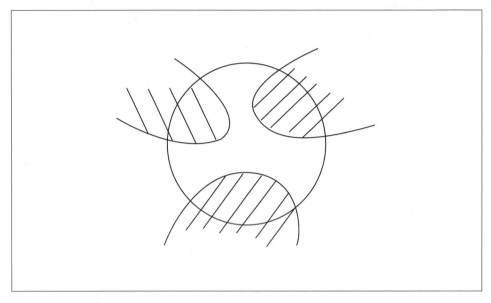

소득의 개념으로부터 생각하면 과세의 대상이 되어야 하지만 과세의 대상에서 제외된다. 이것은 그만큼 조세를 면제하고 있다는 것을 의미한다. 세제를 통한 보조금 지출이라는 의미에서 이를 「조세지출(tax expenditure)」이라고 한다. 조세세출{租稅歲出}이라고 말하기도 한다. 여기서 '지출'이라고 해도, 실제로 나라가 보조금을 주는 것을 의미하는 것이 아니라 '본래 징수해야 할 조세를 징수하지 않는다'는 의미이다.

물론 어느 범위의 것이 이론상 본래의 소득인지는 쉽게 정해지지 않는다. 장애인 소액예금이자 비과세는 분명히 특별조치라 할 수 있지만, 미실현이득의 취급은 특별조치라기보다는 현실적으로 어쩔 수 없는 선택이라고 할 수 있다.

하지만 다음은 확실하다. 소득의 범위에 대해 소득세법이 규정한 것만이 장엄한 진리를 보여주고 있는 것은 아니다. 현행법상 과세소득 범위의 타당성은 이론적 벤치마크에 비추어 검증해야 한다. 제도를 평가하기 위한 기준은 제도 속에서 나오는 것이 아니다. 그것은 이론에서 나오는 것이다.

☑ 이 장에서 배운 것

▸ 과세이연은 일정 조건하에서 수익 비과세와 등가이다.

▸ 실현원칙을 뒷받침하고 있는 현실적인 이유는 '금전평가와 납세자금 확보의 어려움'에 있다.

▸ 차입금은 소득이 아니다.

▸ 수입금액을 계상해야 할 시기에 관한 원칙으로서 현금주의와 발생주의가 있다.

🔍 찾아보자

▸ 과세이연을 혜택이라고 판단하는 것에는 어떠한 전제가 있는가?

　→ 神山弘行 「課税繰延の再考察」 金子宏編 『租税法の基本問題』 (有斐閣, 2007년) 247면

▸ 배당과 주식양도손익은 어떠한 관계에 있는가?

　→ 小塚真啓 『税法上の配当概念の展開と課題』 (成文堂, 2016년)

▸ 채무면제이익은 왜 소득이 되는가?

　→ 増井良啓 「債務免除益をめぐる所得税法上のいくつかの解釈問題(上)」 ジュリ 1315호 (2006년) 192면

비용공제

▶ 소득세법과 비용공제 ▶ 필요경비 ▶ 비용공제의 타이밍 ▶ 차입금이자 ▶ 손실

10-1 소득세법과 비용공제

10-1-1 각종소득과의 관계에서 정해지는 비용공제

소득세법은 10종류의 각종소득별로 각종소득의 금액의 계산방법을 정하고 있다. 그렇기 때문에 소득을 얻기 위한 「밑천」에 상당하는 부분을 제외할 수 있는지 없는지에 대해서도, 어느 유형의 소득인가에 따라서 적용해야 하는 룰이 달라진다(→ 6-4-1).

10종류의 각종소득에 대해서 비용공제의 각도에서 소득금액의 계산방법을 비교한 것이 도표 10-1이다. 이로부터 알 수 있듯이, 각종소득 중에는 필요경비나 취득비의 공제를 원래부터 인정하고 있지 않은 유형도 있다.

도표 10-1 ▍ 각종소득에 있어서의 비용공제[1)]

제23조	이자소득	공제 없음
제24조	배당소득	부채이자의 공제
제26조	부동산소득	필요경비의 공제(→ 제37조 제1항)
제27조	사업소득	필요경비의 공제(→ 제37조 제1항)
제28조	급여소득	급여소득공제, 특정지출공제(→ 제57조의2)
제30조	퇴직소득	퇴직소득공제
제32조	산림소득	필요경비의 공제(→ 제37조2항)
제33조	양도소득	취득비의 공제(→ 제38조), 양도비용의 공제, 특별공제
제34조	일시소득	직접필요지출 등의 공제, 특별공제
제35조	잡소득: 공적연금 등	공적연금 등 공제
제35조	잡소득: 그 외	필요경비의 공제(→ 제37조 제1항)

10-1-2 필요경비와 취득비를 횡단적으로 이해하기

(1) 제37조와 제38조

10가지 각종소득 중 필요경비를 공제할 수 있는 유형은 부동산소득, 사업소득, 산림소득, 잡소득이다. 어느 유형에 대해서나 계산방법을 정하는 규정은 총수입금액으로부터 「필요경비」를 공제한다고 표현한다(所税 제26조 제2항·제27조 제2항·제32조 제3항·제35조 제2항 제2호). 그리고 이들의 계산에 공통되는 룰을 정하는 것이 소득세법 제37조이다.

이에 비해 양도소득금액의 계산은 총수입금액으로부터 「취득비」와 양도비용을 공제한다는 구성을 취하고 있다(所税 제33조 제3항).[2)] 이 취득비에 관한 룰이 소득세법 제38

---

1) 한국: 본문에 대응하는 소득세법 규정을 살펴보면 다음과 같다.

제16조	이자소득	공제 없음
제17조	배당소득	공제 없음
제19조	사업소득	필요경비공제(제27조 등)
제20조	근로소득	근로소득공제(제47조), 특별소득공제(제52조)
제20조의3	연금소득	연금소득공제(제47조의2)
제21조	기타소득	필요경비공제(제37조)
제22조	퇴직소득	퇴직소득공제(제48조)
제95조	양도소득	필요경비공제(취득가액, 양도비 등. 제97조, 제97조의2), 장기보유특별공제(제95조)

2) 한국: 양도소득에 대해서도 '필요경비'라는 표현을 쓰고 있고, '필요경비'에는 '취득가액'과 '자본적 지출액', '양도비 등'이 포함된다. 소득세법 제97조(양도소득의 필요경비 계산) 참조.

조이다.

이상을 정리한 것이 도표 10-2이다. 수입금액에 관한 제36조가 10종류의 모든 각종소득에 관한 통칙이었던 것에 비해(→ 9-1), 제37조와 제38조는 특정한 각종소득에 대응하고 있다.

도표 10-2 ┃ 각종소득의 금액 계산에 대응하는 통칙

제37조(필요경비)	부동산소득, 사업소득, 산림소득, 잡소득
제38조(취득비)	양도소득

(2) 필요경비와 취득비의 비교

소득을 얻기 위한 투하자본을 공제한다고 하는 통일적인 시점으로부터 보면, ① 필요경비의 공제와 ② 취득비의 공제는 주로 공제 타이밍과의 관계에서 구별할 수 있다.

▶ ① 필요경비의 공제. 어떤 사람이 라면가게를 운영해 사업소득을 벌고 있었다고 하자. 이 경우 지출한 원재료와 인건비 등의 제비용은, 그 연도분의 총수입금액 가득{稼得}에 대응하는 범위에서 지출 시가 속하는 연도분의 필요경비로서 공제할 수 있다.

▶ ② 취득비의 공제. 다른 사람이 10년 전에 별장을 대금 1억 엔에 사서 올해 3억 엔에 팔아 양도소득을 얻었다고 하자. 이 경우 별장구매를 위해서 1억 엔을 지출한 것은 10년 전이다. 그러나 이것을 취득비로서 공제하는 것은 어디까지나 별장을 양도하는 올해의 양도소득금액의 계산에서이다. 올해 소득세와의 관계에서 총 3억 엔의 총수입금액에서 1억 엔의 취득비를 빼고, 추가로 양도비용 등을 공제해 양도소득 금액을 계산한다. 이처럼 양도소득에 대해서는 양도할 때까지 과세를 이연하기 위해, 취득비 공제시기도 양도 시까지 연기한다.

필요경비와 취득비가 밀접하게 관련되는 것으로 인하여, 상호조정을 위한 룰이 존재한다. 라면가게를 운영하는 사람이 점포를 스스로 보유해 사업에 사용하고 있었다고 하자. 이 경우「감가상각」의 메커니즘(→ 10-3)에 의해 점포 취득비의 일부를 매년의 사업소득의 계산상 필요경비로서 공제한다. 그리고 그렇게 공제한 금액만큼 취득비를 감액한다(所税 제38조 제2항).3) 취득비가 작아지면 나중에 점포를 양도할 때 그만큼 양도소득의 금액이 증가한다. 이렇게 해서 점포를 사는데 들어간「밑천」의 부분을 사업소득의

---

3) 한국: 소득세법 제97조 제3항

필요경비와 양도소득 취득비 사이에 할당하고 있는 셈이다. 이 조정규정은 언뜻 보면 기술적이지만, 필요경비와 취득비가 뿌리 깊은 곳에서 연결되어 있다는 것을 나타내고 있다.

(3) 적용이 없는 경우에 대해 먼저 한마디

필요경비와 취득비에 대해 보기 전에, 필요경비공제를 전혀 인정하지 않는 이자소득 (→ 10−1−3)과 법정의 개산경비공제를 인정하는 급여소득(→ 10−1−4)에 대해서 각각 한 가지씩 언급해 두고자 한다. 왜냐하면 이 두 가지에서 원천징수에 많이 의존하는 일본법의 특징이 뚜렷이 나타나 있기 때문이다.

10−1−3 비용공제를 허용하지 않는 예: 이자소득

(1) 이자소득의 의의

이자소득이란 공사채의 이자, 예금·저금의 이자, 합동운용신탁이나 공사채투자신탁 등의 수익의 분배에 관련되는 소득을 말한다(所税 제23조 제1항). 전형적인 것이 예금·저금의 이자로서, 금융기관이 불특정 다수의 사람으로부터 금전의 입금을 받아 정형적·계속적·집단적으로 이자를 지급하는 데에 그 경제적 특성이 있다.

일본의 가계(개인기업 포함)가 보유한 금융자산은 平成29{2017}년 말에 1,880조 엔이었다. 현금·예금이 그 절반 이상을 차지하고 있어 OECD 가맹국의 표준과 비교하면 지극히 높은 비율이다. 이렇게 이자소득이라는 유형은 일본 가계금융자산의 대본{大本}에서 생기는 리턴을 대상으로 하고 있다.

(2) 이자소득 금액의 계산방법

이자소득의 금액은 「그 해 중의 이자 등의 수입금액」으로 규정되어 있어서(所税 제23조 제2항) 필요경비의 공제를 전혀 허용하지 않고 있다.

필요경비공제를 인정하지 않는 이유는 다음과 같이 설명되고 있다[注解所得税法研究会 編『注解所得税法〔5訂版〕』〔大蔵財務協会, 2011년〕270면].

▶ 이자소득의 필요경비는 만약 있었다고 해도 보통 크지 않다.

▶ 다른 곳에서 빌려 저금하는 일은 보통은 하지 않는다.

▶ 예금·저금 등에 대해서는 대손의 리스크도 별로 없다.

(3) 원천분리과세와의 관계

필요경비공제를 허용하지 않는 것은 이자소득의 과세방식과 불가분적으로 연결되어 있다. 예금·저금의 이자에 대해서는 수입금액에 대해 국세·지방세를 합해 20%의 원천징수를 실시하고, 게다가 그것만으로 과세관계를 종료한다(원천분리과세. → 7-2-22).[4]

이제 만약 현행법과 달리 이자소득에 대해 필요경비를 공제하기로 했다면, 예금·저금 이자의 수령자가 각자 확정신고를 실시해 얼마나 경비가 들었는지 신고해야 한다. 실액에 의한 필요경비공제를 인정하지 않는다는 것은 이러한 신고의 번거로움을 생략한다는 것을 의미하고 있는 것이다.

10-1-4 법정개산{概算}공제를 원칙으로 하는 예: 급여소득

(1) 급여소득의 의의

급여소득이란 봉급이나 급료, 임금, 세비, 상여, 이러한 성질을 가진 급여에 관련된 소득을 말한다(所稅 제28조 제1항). 전형적인 예가 봉급생활자의 급료로서, 그 경제적 성질은 노동에 대한 대가이다.

급여소득의 원천징수세액은 소득세수의 가장 큰 부분이다. 국세청 통계에 따르면 平成28{2016}년도의 수치로 10조 3,920억 엔이었다. 급여소득의 원천징수세액만으로 모든 원천징수세 합계액의 6할이 넘는다.

(2) 급여소득의 금액의 계산방법

급여소득의 금액은 '그 해 중의 급여 등의 수입금액에서 급여소득공제액을 공제한 잔액'이다(所稅 제28조 제2항).

급여소득공제액은 법으로 규정되어 있으며 급여 등의 수입금액의 크기에 따라 정해진다(所稅 제28조 제3항). 급여 등의 수입금액이 300만 엔인 경우, 급여소득공제액은 98만 엔이다(동항 제2호). 어떻게 계산하는가 하면, 급여수입 중 처음의 180만 엔의 40%에서 10만 엔을 공제한 금액(=62만 엔)에, 나머지 120만 엔의 30%(=36만 엔)를 더하면 합계액이 98만 엔이 된다. 수입금액이 증가함에 따라 수입에 대한 비율이 체감되며, 수입금액 850만 엔에서 상한에 이른다.

---

4) 한국: 예금에 대한 이자소득의 원천징수세율은 국세와 지방세를 합하여 15.4%가 된다(소득세법 제129조 제1항 제1호 라목, 지방세법 제103조의13 참조).

(3) 급여소득공제와 특정지출공제

明治20{1887}년에 소득세를 창설했을 때, 급여소득에 대해서는 아무런 공제 없이 「바로 그 금액으로서」 소득으로 하였다. 급여소득공제의 원형은 大正2{1913}년의 세제개정으로 봉급·급료·수당·세비에 대해서 수입 예산연액의 10%를 공제한 것으로부터 시작된다. 당시 공제의 취지는 주로 '다른 소득과의 부담력에서의 차이'에 근거한 것으로 알려져 있으며, 필요경비공제의 필요성은 부수적인 것에 불과했다.

이에 대해 근무에 따른 필요경비를 개산적{概算的}으로 공제한다고 하는 취지를 전면적으로 드러낸 것은 昭和24{1949}년의 샤우프 권고이다. 샤우프 권고는 당시의 근로공제의 근거로서 다음 네 가지 사항을 들었다.

▶ 개인의 근로연수 소모에 대한 일종의 감가상각을 인정함

▶ 근로에 따른 노력 및 여가희생에 대한 포상임

▶ 근로에 수반하는 경비에 대해 행정상의 이유로 특별한 공제를 인정하는 것은, 그것이 많은 경우 보통의 생활비와 거의 구별되지 않아 불가능하기 때문에, 근로공제는 여분의 경비[5]에 대한 개산적인 공제임

▶ 급여소득은 그 밖의 소득에 비해 상대적으로 보다 정확하게 세법의 적용을 받는데, 근로공제는 이를 상쇄하는 작용을 함

이 중 제3의 근거는 '근무비용의 개산공제'라는 취지와 다를 바 없다. 샤우프 권고는 제4의 근거를 강하게 배척함과 동시에, 제1의 근거와 제2의 근거에 대해서는 소득의 대부분이 개인의 노력에 의해서 얻을 수 있는 범위에서 농업소득이나 중소상업소득에 대해서도 마찬가지라고 했다.

급여소득공제를 어떻게 설정할 것인가에 대해서, 사회적으로 큰 영향을 미친 사건이 昭和40{1965}년부터 昭和60{1985}년에 걸쳐서 다투어진 '봉급생활자 세금 소송'이다[最大判 昭和60(1985). 3. 27. 民集 39권 2호 247면 (오오시마{大嶋} 소송)]. 도시샤{同志社}대학 상학부의 교수였던 오오시마 타다시{大嶋正} 씨는 전부터 급여소득자(봉급생활자)의 소득세의 공평성에 대한 의문을 가지고 있었다. 주요 의문은 봉급생활자들이 사업소득을 버는 자영업자나 농가와 달리 필요경비의 실액을 공제할 수 없다는 점이었다. 그래서 봉급생활자에 대한 소득세의 불공평성을 널리 일반에 호소하기 위해 소를 제기하기로 하고, 소득세법이 헌법 제14조의 평등원칙에 위반된다고 주장하며 최고재판소에 이르기까지 다퉜던 것이다.[6] 덧붙여 소제기 후 昭和40년대 전반{1960년대 후반}에는 급여소득공

---

5) 보통의 생활비 이상으로 들어가는 경비

제가 인상되었으며, 나아가 昭和49{1974}년의 다나카 카쿠에이{田中角栄} 내각에 의한 「2조 엔 감세」에 의해 급여소득공제는 큰 폭으로 확충되었다.

최고재판소는 결론적으로 헌법 제14조 위반 주장을 받아들이지 않았다. 이 과정에서 「급여소득공제에는 근로소득자의 근무에 수반되는 필요경비를 개산적으로 공제한다는 취지가 포함되어 있음이 명백하다」라고 서술한 다음, 근로소득공제의 입법목적과 그 합리성을 자세히 검토했다. 그리고 급여소득에 관한 필요경비에 대해 개산공제의 제도를 마련한 입법목적에 대하여 다음과 같이 판시하여 이 입법목적은 정당하다고 했다.

「급여소득자는 사업소득자 등과 달리 자기의 계산과 위험하에 업무를 수행하는 자가 아니라, 사용자가 정하는 바에 따라 역무를 제공하고 제공한 역무의 대가로서 사용자로부터 받는 급부를 그 수입으로 하는 자인바, 그 급부의 금액은 미리 정하는 바에 따라 대체로 일정액 확정되어 있고, 직장에서 근무상 필요한 시설, 기구, 비품 등과 관련된 비용의 부류는 사용자가 부담하는 것이 통례이며, 급여소득자가 근무와 관련하여 비용을 지출했을 경우에도 각자의 성격 기타 주관적 사정이 반영되어 지출형태, 금액이 다르므로 수입금액과의 관련성이 간접적이고 또한 불명확할 수밖에 없고, 필요경비와 가사상의 경비 또는 이것과 관련된 경비와의 명료한 구분이 어려운 것이 일반적이다. 더욱이 급여소득자는 그 수가 방대하기 때문에, 각자의 신고에 근거해 필요

---

6) 이해를 돕기 위하여 이 판례에 대하여 보충·설명한다.

(1) 이 사안의 원고는 대학교수로 1964년에 급여소득과 잡소득이 발생하여 당시 소득세법에 따른 확정신고를 해야 하나 확정신고를 하지 아니하고, 이에 대하여 세무서장의 소득세 결정 및 무신고가산세 부과처분이 이루어지자 취소소송을 제기하였고, 소송에서는 급여소득에 관한 당시 소득세법 각 규정들(제9조 제1항 제5호, 제11조의6, 7, 9, 10, 제12조, 제13조, 제38조, 제40조)이 일본국 헌법 제14조 위반으로 무효이므로, 위헌무효인 규정에 근거한 이 사건 과세처분 역시 위법이라는 취지로 주장하였다[위 본문 판결의 제1심 판결인 京都地判 昭和49(1974). 5. 30. 昭和41年(行ウ)10号의 '당사자의 주장' 부분].

(2) 제1심과 원심은 과세의 근거가 된 위 당시 소득세법 규정들이 합헌이라는 취지로 판단하였고(제1심 청구기각, 제2심 항소기각), 원고의 상고대리인은 상고심에서 다음과 같은 점을 지적하며 위헌이라는 취지로 주장하였다(아래 ①, ②, ③은 본문 판결 중 원고 상고대리인의 주장요지 부분을 그대로 인용한 것으로 "" 따옴표 등 인용부호는 생략함).

① 소득세법은, 사업소득 등의 금액계산에 대하여 사업소득자 등이 그 해의 수입금액을 얻기 위해 실제로 소요된 금액에 의한 필요경비의 실액공제를 인정하고 있음에도 불구하고, 급여소득의 금액계산은 급여소득자가 그 해 중의 수입금액을 얻기 위해 실제로 소요된 금액에 의한 필요경비의 실액공제를 인정하지 않고, 그 금액을 현저하게 밑도는 액수의 급여소득공제를 인정함에 머물고 있다.

② 소득세법은, 신고납세방식에 따른 사업소득 등의 소득포착률에 비해 급여소득의 포착률이 매우 높아지는 구조로 되어있어, 급여소득자에게 부당하게 소득세의 부담을 전가시키고 있다.

③ 소득세법은, 합리적인 이유가 없는 각종 조세 우대조치가 강구되어 있는 사업소득자 등과 비교할 때, 급여소득자에게 과중한 소득세의 부담을 지우는 것이다.

(3) 그러나 최고재판소는 본문과 같이 합헌이라는 취지로 상고기각판결을 선고한 사안이다.

경비의 금액을 개별적으로 인정해 실액공제를 실시하는 것 혹은 개산공제와 선택적으로 실액공제를 실시하는 것은 기술적으로 그리고 양적으로 상당한 곤란을 초래하며 나아가 조세징수비용의 증가를 피할 수 없고, 세무집행상 적지 않은 혼란을 낳는 것이 염려된다. 또한 각자의 주관적 사정이나 입증기술의 교졸{巧拙}에 의해서 오히려 조세부담의 불공평을 초래할 가능성도 없지 않다.」

이 사건을 하나의 계기로, 昭和62{1987}년 9월의 세제개정은 특정지출공제를 창설했다. 이로 인해 봉급생활자도 실액으로 필요경비를 공제할 가능성이 열렸다. 봉급생활자의 특정지출이 급여소득공제액의 절반을 넘는 경우, 그 초과액 공제를 실액으로 인정하고 있다(所税 제57조의2).7)

(4) 원천징수와 연말정산

급여소득의 금액 계산방법은 원천징수제도와 밀접한 관련이 있다. 즉 급여소득공제액은 법정 산식으로 결정되며, 급여 등의 수입금액만 정해지면 다른 데이터 없이 계산할 수 있다. 이렇게 해서 수입에 따라 급여소득의 금액이 정해지므로 원천징수해야 할 세액을 용이하게 산정할 수 있다. 개산으로 비용공제를 실시하는 방법은 원천징수와 궁합이 좋다.

이것에 정밀한 원천징수의 구조가 연결된다. 급여소득자는 스스로의 인적상황에 따라 공제대상 배우자가 있는지, 부양친족이 몇 명 있는지, 사회보험료 공제의 대상이 되는 보험료를 얼마나 내는지 등의 사실에 대해서, 급여지급자를 경유하여 관할 세무서장에게 상세한 데이터를 신고한다(所税 제194조 이하). 이 데이터에 따라 매달 원천징수해야 할 금액은 급여소득자의 인적상황을 정확하게 반영하는 금액으로 설정된다(동 제183조 이하). 또한 1년을 통틀어 계산한 경우 본래의 소득세액과의 사이에서 과부족이 생기는 경우에는 연말조정에 의해 원천징수방식의 틀 내에서 본래의 소득세액에 맞춘다(동 제190조 이하).8)

---

7) 여기서 '특정지출'이라 함은 통근에 필요한 교통비용, 전근에 소요된 비용, 직무수행에 직접 필요한 자격취득을 위해 지출한 비용, 일정한 범위 내에서 직무와 관련이 있는 서적이나 근무에 필요한 의류구입에 소요된 비용 등을 의미한다(부록 일본 조세법령의 일본 소득세법 제57조의2 제2항 참조).
  한국: 소득세법은 근로소득자가 실제로 지출한 비용에 대해서 소득을 공제해 주지는 않고 있다. 즉 소득세법 제52조는 근로소득자를 위한 '특별소득공제'를 규정하고 있으나, 이것은 근로자가 업무와 관련하여 지출한 실비를 공제해 주는 것을 내용으로 하고 있지 않다.
  '근로소득공제(개산공제)', '인적공제(기본공제, 추가공제)'와 위 특별소득공제가 함께 합쳐져서 근로소득자에 대한 '면세점'의 기능을 수행한다. 이창희, 앞의 책(세법강의), 422-424면 참조.
8) 한국: 소득세법 제137조 이하

이처럼 법정개산공제는 정밀한 원천징수 및 연말조정과 맞물려 있다. 그 때문에 급여소득자의 대부분은 스스로 신고하지 않아도 과세관계가 종료된다(所税 제121조 제1항).9) 말하자면 세계에서 으뜸가는 신고불필요세제가 되어 있는 것이다.10)

Column 10-1 프린지 베니핏과 근무비용

昭和41{1966}년 세제개정에서 비과세규정이 생기기 전에 최고재판소는 통근정기권의 구입대금이 급여소득의 수입금액에 해당한다고 판단했다[最判 昭和37(1962). 8. 10. 民集 16권 8호 1749면(통근정기권 사건)]. 이 사안에서는 노동자의 통근비를 회사가 부담한다는 취지의 노동조건에 따라 회사가 노동자에 대해 매월 통근용 정기승차권 또는 그 구입대금 상당액의 금액을 지급하고 있었다. 최고재판소는「근로자가 근로자라고 하는 지위에 근거하여 사용자로부터 받는 급부는 모두 제9조 제5호(현행법 제28조 제1항에 해당)의 급여소득을 구성하는 수입이라고 해석해야 하며, 통근정기권 또는 그 구입대금의 지급을 급여가 아니라고 해석해야 할 근거는 없다」라고 판시했던 것이다. 그 후 일정한 통근수당이 비과세가 되었다(所税 제9조 제1항 제5호).11) 또한 특정지출공제의 대상인 통근비에서 '급여 등의 지급자로부터 보전되는 부분으로 소득세가 부과되지 않는 부분'은 명문으로 제외되어 있다(所税 제57조의2 제2항 주서의 괄호).

---

9) 한국: 소득세법 제73조. 앞서 4-2-2 (3) 부분의 각주에서 살펴본 바 있다.
10) 한편 일본에서는 종래 확정신고 및 연말조정(연말정산)이 서류에 손으로 기입하는 방식으로 이루어지는 것이 보통이었다. 지출한 공제항목에 대한 영수증 등도 원본을 직접 첨부해야 하는 등 이 작업은 매우 번거롭다. 따라서 규모가 있는 기업체의 경우는 연말조정을 대행해주는 회사에 용역을 주어 직원들의 번거로움을 덜어주기도 한다.
　다만 앞서 살펴본 '마이넘버 제도'에 따른 마이넘버 카드를 부여받은 경우, 또는 세무서에 출석하여 세무직원에 의한 신분확인을 통해 'e-tax'용 ID와 비밀번호를 부여받은 경우 등에는(개인납세자 기준), '국세전자신고·납세시스템'('e-tax' 시스템, https://www.e-tax.nta.go.jp)을 이용하여 전자적 방법에 의한 확정신고 등이 가능한데[일본 'e-tax' 시스템의 안내사항 "e-Tax利用の簡便化の概要について" (https://www.e-tax.nta.go.jp/kanbenka/index.htm) 참조], 2019년도를 기준으로 한 소득세 신고의 약 59.9%가 'e-tax'를 통하여 이루어지는 등[일본 'e-tax' 시스템의 자료 "令和元年度におけるe-Tax の利用状況等について"(https://www.e-tax.nta.go.jp/topics/0208pressrelease.pdf) 참조] 일본에서도 전자적 방법에 의한 세금의 신고가 보편화되어 가는 추세로 보인다.
　다만 대부분의 급여소득자(근로소득자)와 관련된 연말조정(연말정산)의 본격적인 전자화는 2020. 10. 부터 비로소 이루어지며[일본 국세청의 안내사항 "令和2年分からの年末調整手続の電子化について" (https://www.nta.go.jp/users/gensen/nenmatsu/pdf/0020005-071_01.pdf) 참조], 이 시점에서 일본 국세청이 연말조정(연말정산)을 위한 스프트웨어를 무상으로 제공하고, 이를 통하여 각종 공제항목의 증명서 등을 전자 데이터 형태로 제출하는 것이 가능해진다[일본 국세청의 홍보자료 "年末調整手続 の電子化について"(https://www.nta.go.jp/publication/pamph/koho/campaign/r2/Jan/06.htm) 참조](이상 이 각주의 각 사이트 접속일: 2020. 8. 28.).
11) 한국: 급여의 일부를 '통근 교통비' 등의 명목으로 받았다고 하여 비과세가 되는 제도는 존재하지 않는다. 소득세법 제12조 제3호 자목은 "대통령령으로 정하는 실비변상적 성질의 급여"를 비과세로 정하고 있는데, 그 위임을 받은 소득세법 시행령 제12조는 통근에 소요되는 교통비를 비과세항목으로 정하고 있지 않다.

10-2 필요경비

10-2-1 소득세법 제37조 제1항 읽기

(1) 조문의 구조

소득세법 제37조 제1항은 필요경비에 산입해야 할 금액에 대해 다음과 같이 규정하고 있다.

「그 연도분의 부동산소득의 금액, 사업소득의 금액 또는 잡소득의 금액 〔중략〕 의 계산상 필요경비에 산입해야 할 금액은, 별도의 규정이 있는 것을 제외하고, 이들 소득의 총수입금액에 관련된 매출원가 기타 해당 총수입금액을 얻기 위하여 직접 소요된 비용의 금액 및 그 해에 있어서의 판매비, 일반관리비 기타 이들 소득을 발생시키는 업무에 관하여 생긴 비용(상각비 이외의 비용으로서 그 해에 있어서 채무가 확정되지 않은 것을 제외한다)의 금액으로 한다.」[12]

▶ 「그 연도분의」라든가 「그 해에 있어서의」라는 문구에서 읽을 수 있듯이, 이 규정은 어느 특정 연도분의 소득금액을 산정하는데 있어서 필요경비에 산입해야 할 금액을 정하고 있다. 즉 이 규정은 ① 애초에 공제 가능한 경비에 해당하는 것인가 하는 문제와 ② 어느 연도분에 공제할 수 있는가 하는 문제(타이밍의 문제) 양쪽 모두에 대한 룰을 보여주고 있는 것이 된다.

▶ 제37조 제1항의 이 규정은 「부동산소득의 금액, 사업소득의 금액 또는 잡소득의 금액」의 계산상 적용된다. 위의 인용에서 「〔중략〕」의 부분은 다음 두 가지 사항에 대해 제37조 제1항의 적용을 제외하고 있다. 첫 번째는 「사업소득의 금액 또는 잡소득의 금액 중 산림의 벌채 또는 양도에 관련된 것」이다. 산림의 벌채나 양도에 관련된 이들 소득에 대해서는 산림소득에 관련된 필요경비(所稅 제32조 제3항)에 대해서와 같은 룰이 마련되어 있다(동 제37조 제2항). 적용이 제외되는 두 번째는 「잡소득의 금액 중 제35조 제3항(공적연금 등의 정의)에 규정된 공적연금 등에 관련된 것」이다. 공적연금 등에 대해서는 수입금액으로부터 법정의 공적연금 등 공제액을

---

12) 한국: 소득세법 제27조(사업소득의 필요경비 계산), 제37조(기타소득의 필요경비 계산)가 여기에 대응하는 규정이다. 과거 소득세법 제27조는 기타소득의 필요경비에 대해서도 함께 규정하고 있었으나 (2010. 12. 27. 법률 제10408호로 개정되기 전의 것), 현행 제27조는 사업소득의 필요경비에 대해서만 규정하고 있다.

공제하는 것이 규정되어 있어(동 제35조 제2항 제1호), 필요경비의 공제를 허용하고 있지 않다.[13]

▶ 제37조 제1항의 통칙에 대한 「별도의 규정」으로서 많은 규정들이 있다. 소득세법 제2편 중에서는 제2장 제2절 제4관에 중요한 규정이 집중되어 있다.[14] 제37조 제1항의 내용을 뒤집어 확인한 것 같은 것도 포함되어 있지만, 일람에 편리하도록 소득세법의 목차를 이용해 관련 조문을 정리해둔다(도표 10-3).

도표 10-3 ▌ 필요경비에 관한 「별도의 규정」의 예

필요경비의 통칙	「별도의 규정」의 예(제2편 제2장 제2절 제4관 중)
제37조 제1항	제1목 가사관련비, 조세공과 등(제45조·제46조)
	제2목 자산의 평가 및 상각비(제47조~제50조)
	제3목 자산손실(제51조)
	제4목 충당금{引当金}(제52조~제54조)
	제5목 친족이 사업에서 받는 대가(제56조·제57조)

(2) 룰의 연혁

소득세법 제37조 제1항이 현행법의 형태가 된 것은 昭和40{1965}년 전문개정에 의한 것이다. 昭和62{1987}년에 공적연금 등에 관련된 잡소득을 제외하는 규정이 괄호에 추가된 것 외에는 규정의 본체 부분에 변경은 없다. 원형을 찾아가보면 明治20{1887}년의 소득세법 창설 시에 이르게 된다. 明治32{1899}년 소득세법은 「제3종 소득은 총수입금액에서 필요의 경비를 공제한 예산연액에 의한다」라고 규정했다(제4조 제1항 제3호). 이에 따라 「소득세법 제4조 제1항 제3호에 의하여 총수입금액에서 공제해야 할 것은 종묘{種苗}, 잠종{蠶種}, 비료의 구매비, 가축 기타 사육료, 구입품의 원가, 원료품의 대가, 장소·물건의 수선비, 그 차입료, 장소·물건 또는 업무에 관련된 공과{公課}, 고용인의 급료 기타 수입을 얻는데 필요한 경비에 한한다」라고 규정되었다[所得稅法施行規則(明治 32{1899}년 3월 30일 칙령 제78호) 제1조]. 수입을 얻기 위해 필요한 경비에 한한다고 규정하여, 제한적으로 공제의 범위를 정하고 있었던 것이다. 이 규정에 이어 단서는 「가사

---

13) 한국: 우리나라에서는 소득구분으로서의 산림소득은 폐지된 상태이며(2006. 12. 30. 법률 제8144호 소득세법 개정으로 2007. 1. 1.부터 폐지), 연금소득은 기타소득의 일부가 아니라 별도의 소득항목으로 규정되어 있다(소득세법 제20조의3). 따라서 본문의 일본 소득세법과 같은 제외규정은 필요하지 않다.
14) 일본 소득세법 제2편 제2장 제2절 제4관의 제목은 '필요경비 등의 계산'이다. 여기에 대응하는 한국 소득세법 규정은 제2장 제3절 제2관 '필요경비' 부분 즉 제27조 내지 제37조이다.

상의 비용 및 이와 관련된 것은 이를 공제하지 않는다」라고 규정하고 있었다(동 규칙 제1조 단서).

그 후 필요경비로서 공제가 가능한 범위는 확대의 역사를 밟아 왔다. 우선 쇼와{昭和} 초기에 행정취급이 정비되었다. 昭和15{1940}년 소득세법은 「수입을 얻는데 필요한 부채의 이자」를 필요경비의 예시에 덧붙였다(제10조). 제2차 세계대전 후 사업자들 사이에 기장{記帳} 관행이 보급되어 정확한 이익계산을 할 수 있는 환경이 조성되면서 공제의 범위가 확대되었다. 샤우프 권고를 받은 昭和25{1950}년의 세제개정은 감가상각의 방법이나 재고자산의 평가 등에 관한 룰을 정비했다. 그 이후에도 사업전종자{事業專從者} 공제15)16)나 각종 충당금을 허용하는 등 필요경비의 범위는 서서히 늘어났다. 昭和37{1962}년의 개정에서는 사업용 고정자산의 손실을 필요경비에 포함시켰으며, 또한 사업을 폐지한 후에 생긴 필요경비를 사업폐지의 연도분 또는 그 전년도분의 필요경비에 산입하는 것을 허용했다. 이들을 전문개정에 의해서 법률에 도입한 것이 昭和40{1965}년 법이다.

(3) 세후 비용

어떤 지출에 대해 필요경비공제를 인정하면 그 지출에 관한 세후의 비용에 영향을 준다. 예를 들어 어떤 개인사업자가 출장을 위해 10만 엔을 지출했다고 하자. 이 10만 엔이라고 하는 숫자는 소득세를 고려하지 않은 숫자다. 그리고 10만 엔을 필요경비에 산입하면 사업소득의 금액 계산상 10만 엔만큼의 소득의 금액이 줄어든다. 적용세율이 30%였다면 소득세액은 3만 엔만큼 줄어든다. 여기서 이 소득세액 감소분을 감안했을

---

15) 일본 소득세법 제56조(사업으로부터 대가를 받는 친족이 있는 경우의 필요경비 특례)는 '납세자인 거주자와 생계를 같이하는 배우자 기타 생계를 같이하는 친족이, 거주자가 경영하는 사업(부동산소득, 사업소득, 산림소득을 발생시키는 사업)에 종사하거나 기타 사유로 사업으로부터의 대가를 지급받은 경우에는, 그 금액을 거주자의 부동산소득, 사업소득, 산림소득의 금액계산에 있어서 필요경비에 산입하지 않는다'고 규정하고 있다.

　이러한 원칙에 대하여 일본 소득세법 제57조(사업에 전종하는 친족이 있는 경우의 필요경비 특례 등)는 거주자와 생계를 같이하는 배우자 기타 친족이 '오로지 그 거주자가 경영하는 사업에 종사'하면서 급여를 수령한 경우에는, "근무에 종사한 기간, 근무의 성질과 제공의 정도, 사업의 종류와 규모, 그 사업과 동종·유사규모의 사업에서 지급되는 급여의 상황 등" 여러 가지 요소를 고려하여 "근무의 대가로서 상당하다고 인정되는 것"에 한하여 일정한 범위 내에서 필요경비공제를 인정한다. 이를 '사업전종자 공제'라고 한다.

16) 한국: 사업소득자가 지출한 '종업원의 급여'(소득세법 시행령 제55조 제1항 제6호)의 수령자가 배우자 기타 친족이라고 해서 필요경비 산입을 원칙적으로 부정하지는 않는다. 다만 사업소득자의 배우자 기타 친족이 실제로 종업원으로서 근무를 하지 않았거나, 일부 근무한 사실이 있다고 하더라도 근로에 대한 대가로서 수령한 것으로 보기 어렵다고 판단되는 경우의 지출은 물론 필요경비 해당성이 부인될 수 있다.

경우, 출장에 드는 세후의 비용은 7만 엔이라는 계산에 이른다.

이와 같이 필요경비공제가 가능한 만큼 세 효과가 작용하기 때문에 '그 사람이 실질적으로 부담하는 부분이 되는 비용'이 싸진다. 세액감소 효과의 크기는 적용세율에 따라서 달라진다. 적용세율이 10%라면 1만 엔밖에 줄어들지 않지만, 적용세율이 40%라면 4만 엔이나 줄어든다(도표 10-4).

도표 10-4 ▌ 세후의 비용

지출액	소득의 감소액	적용세율	세 효과	세후의 비용
10만 엔	△10만 엔	10%	△1만 엔	9만 엔
		40%	△4만 엔	6만 엔

10-2-2 공제 가능한 경비와 공제 불가능한 지출의 구별

(1) 업무와의 관련성

소득세법 제37조 제1항은 '필요경비에 산입해야 하는 금액'에 대해서, 별도의 규정이 있는 것을 제외하고는 「총수입금액을 얻기 위하여 직접 소요된 비용의 금액」 및 「소득을 발생시키는 업무에 관하여 생긴 비용의 금액」이라고 한다. 후자의 문언에 의해서 필요경비에 해당하려면 '업무와의 관련성'이 필요하게 된다.

(2) 가사비

이것의 반면으로 가사상의 경비(가사비)는 필요경비에 산입하지 않는다(所税 제45조 제1항 제1호).[17]

필요경비와 가사비를 구별하는 것은 明治32{1899}년 법부터 명확하게 취급되어 온 룰이다. 개인사업자는 사업에 의해 소득을 얻는 활동을 하는 동시에 가정생활을 영위하며 소비활동을 하고 있다. 그 사람이 교통비를 지출했다거나 하는 경우, 단골손님에게 영업활동을 하기 위해 든 택시비 등 「업무에 관하여 생긴」 것이라면 사업소득의 계산상 필요경비로 공제해도 된다. 그러나 휴일에 아이와 놀러 다니기 위한 택시비 등은 업무에 관해 생긴 것이 아니라 어디까지나 「가사상의 경비」이므로 필요경비로 공제해서는 안 된다. 가사비에 해당하는 것은 '소득을 벌어들이기 위한 투하자본'이 아니라 '벌어들

---

17) 한국: 소득세법 제33조 제1항 제5호

인 소득의 소비'이므로 공제하지 않는 것이다.

필요경비와 가사비의 구별은 사람의 생활에서 사업영역과 가사영역을 구별하는 발상에 근거하고 있다(→ 6-3-3).

(3) 가사관련비

사람의 경제생활은 반드시 항상 사업영역과 가사영역 중 어느 하나로 분명하게 구분되는 것은 아니다. 그 때문에 양쪽 모두에 관계되는 지출을 하는 경우의 취급이 문제가된다. 이 점에 대해 소득세법 제45조 제1항 제1호는 가사비에 「관련된 지출로서 정령으로 정하는 것」(가사관련비)은 필요경비에 산입하지 않는다는 취지를 정하고 있다.

이에 따라 정령은 ① 「가사상의 경비에 관련된 경비의 주된 부분이 부동산소득, 사업소득, 산림소득 또는 잡소득을 발생시키는 업무의 수행상 필요하며」, 또한 ② 「그 필요한 부분을 명확히 구분할 수 있는 경우」에 해당하는 경비는 필요경비에 산입할 수 있다고 규정하고 있다(所税令 제96조 제1호). 문리상 ①과 ②는 「또한」으로 연결되어 있어 필요경비로 공제되기 위한 요건으로서는 양쪽 모두를 만족시킬 필요가 있다. 다만 국세청통달은, ①의 판단기준은 '해당 지출금액이 업무의 수행상 필요한 부분의 50%를 넘는지' 여부에 따라 판정하도록 하고 있으며, 50% 이하라도 ②가 충족되는 부분은 필요경비에 산입해도 된다고 하고 있다(所基通 45-2).

또한 청색신고서를 제출하는 경우에는 ①의 요건은 불필요하며, 「거래기록 등에 근거하여……업무의 수행상 직접 필요하였다는 것이 명백한 부분」의 금액에 상당하는 경비를 필요경비에 산입할 수 있다(所税令 제96조 제2호).[18]

---

18) 한국: 소득세법 제33조 제1항 제5호의 위임에 따른 소득세법 시행령 제61조 참조. 조문상 필요경비 불산입을 위해서는 '가사와 관련된 지출이라는 것이 확인될 것'을 요구하고 있다.
　　특이한 점으로 소득세법 시행령 제61조 제1항 제2호는 '사업용 자산의 합계가액이 부채액에 미달하는 경우에 그 미달하는 만큼의 부채의 지급이자'를 가사관련 경비로 보아 필요경비에 산입하지 않도록 규정하고 있다(세부적 금액은 위임에 따라서 소득세법 시행규칙 제27조로 정함). 그러나 이와 관련해서 아래에 인용하는 대법원 1989. 4. 11. 선고 88누6054 판결을 참조(괄호의 현행법령은 역자가 넣은 것임). "사업용 자산의 합계액이 부채의 합계액에 미달하여 그 차액상당인 초과인출금이 생기는 것은 사업으로 인한 결손 등 사업과 관련하여 부채가 증가한 경우도 있고 소득세법 제48조 제12호, 같은 법 시행령 제101조(현행 소득세법 제33조 제1항 제13호, 소득세법 시행령 제78조) 소정의 사업과 관련 없는 경비로 인하여 부채가 증가한 경우도 있으며 가사와 관련하여 인출하여 초과인출금이 생기는 수도 있는데, 초과인출금이 발생한 근거를 따져 보지고 않고 소득세법 기본통칙 3-10-11(48)(현행 소득세법 시행규칙 제27조) 소정의 산식에 의하여 산출된 금액을 모두 가사관련경비로 의제하는 것은 실질과세의 원칙에 위반될 뿐만 아니라 합리성이나 타당성도 없으며 법령의 근거 없이 가사관련경비의 존재와 범위에 관한 과세요건을 규정한 결과가 되므로 그 기본통칙은 효력이 없다."

10-2-3 필요경비공제의 제한

(1) 소득세법 제45조

소득세법 제45조는 일정한 지출에 대해 이를 필요경비에 산입하지 않는다는 내용을 규정하고 있다.

▶ 제1항　위에서 본 가사비·가사관련비를 비롯하여 총 12개의 각호를 열거한다. 이것들은 한정적 열거로 여겨진다.

▶ 제2항　UN 부패방지조약에 따라 平成18{2006}년 개정에서 부가되었다.

▶ 제3항　이것은 정확하게 말하면 필요경비 불산입 규정이 아니라, 일시소득의 금액의 계산상 「지출한 금액」(所稅 제34조 제2항)에 산입하지 않는 항목이다.

(2) 벌금과 소득세

소득세법 제45조의 취지를 이해하기 위해 제1항 중에서 제7호와 제2호를 비교해 보자. 제7호는 「벌금 및 과료{科料}……그리고 과태료[19]」를 필요경비 불산입 항목으로 규정한다.[20] 개인사업자가 배달 중에 교통사고를 내 벌금을 납부했다고 하자. 여기서 제37조 제1항의 업무관련성 기준만 따지면 이 벌금은 업무수행과 관련된 지출이므로 필요경비에 해당되는 것처럼 보이기도 한다. 그러나 필요경비공제를 허용하면 그만큼 세액이 경감되기 때문에 제재 효과가 줄어든다. 그래서 필요경비공제를 부정해서 세후 비용이 줄어들지 않게 한 것이다. 같은 사고방식은 제8호의 손해배상금(고의 또는 중과실에 의한 것)[21]이나 제2항의 뇌물[22]에도 해당한다.

이에 비해 제2호가 소득세를 열거[23]하고 있는 것은 다른 고려에 의한다. 단적으로 말하면 소득세를 필요경비에 산입하지 않는 것은 '과세표준의 정의방법에 따른 약속사항'이다. 동호는 현행 소득세법이 과세표준을 「세금포함」이라고 정의하고 있음을 반영하고 있는 것이다. 예를 들어 설명하자.

과세표준을 정의하는 방식에는 「세금포함(tax inclusive)」방식과 「세금제외(tax exclusive)」방식이 있다. 어떤 사람이 100만 엔의 급여를 벌어들이는 예를 생각해 보자. 세금포함 방식으로 과세표준을 정의해서 거기에 대해 50%의 세율을 적용하면, 실수령 급여는 50

---

19) 원서의 서술을 '과료(過料)'이나, 본문과 같이 '과태료'로 번역하였다.
20) 한국: 소득세법 제33조 제1항 제2호
21) 한국: 소득세법 제33조 제1항 제15호
22) 한국: 소득세법 제33조 제1항 제13호, 소득세법 시행령 제78조 제4호의2
23) 한국: 소득세법 제33조 제1항 제1호

만 엔이다. 이에 비해 세금제외 방식으로 과세표준을 정의해 같은 결과를 얻으려고 하면, 실수령액 50만 엔이 과세표준이 되고 이것에 대응하는 세율은 100%이다.

도표 10-5 ▌ 과세표준을 정의하는 방식

급여	100만 엔 → 「세금포함」 방식의 정의 → 대응하는 세율은 50%
세액	50만 엔
실수령	50만 엔 → 「세금제외」 방식의 정의 → 대응하는 세율은 100%

어떤 방식이라도 소득세액은 같다. 그러나 '외관상의 세율'은 '세금포함 방식'이라면 50%이지만 '세금제외 방식'이라면 100%이다. 현행 소득세법은 소득세액을 포함한 「세금포함」 형태로 과세표준과 세율을 정의하고 있다. 그래서 필요경비로 공제하지 않는 것이다.

덧붙여 제2호는 한정적 열거이다. 예를 들어 사업소득자가 사업용 점포에 대해 납부하는 고정자산세는 여기에 열거되어 있지 않으며 필요경비에 해당한다.

Column 10-2 소득세를 환급받으면?

소득세를 납부해도 필요경비에 산입하지 않는다(所税 제45조 제1항 제2호). 반대로 소득세의 환급을 받은 경우에도 수입금액으로 계상하지 않는다. 즉 소득세의 납세나 환급은 과세표준의 계산에 관계시키지 않는 것이다. 소득세법에는 환급금에 관한 명문 규정이 없지만,[24] 법인세법은 환급과 납부의 양쪽 모두에 대해 이 취급을 명확히 한다(法税 제26조·제38조). 또한 환급가산금(税通 제58조)은 수입금액에 산입한다.[25]

(3) 위법지출

해석론상 필요경비 해당성이 문제가 되어 온 항목으로서 위법지출이 있다. 위법지출이라는 단어는 다의적이며 여러 가지 형태를 포함하지만, 여기에서는 '위법한 행위에 관련된 지출을 넓게 가리키는 것'으로 해 두자.

비교법적으로는 벌금 등의 제재금과 함께 뇌물 등의 위법지출에 대해서 공제를 부정

---

24) 한국: 소득세법 제26조 제1항은 '소득세 환급금'의 총수입금액 불산입을 명시적으로 규정하고 있다.
25) 한국: 소득세법 제26조 제8항은 환급가산금을 총수입금액 불산입 항목으로 정하고 있어 일본과 다르다.

하는 제정법상의 규정을 두는 예가 많다. 미국 법원은 공서{公序}(public policy)에 반하는 지출의 공제를 불허한다는 취지의 판례법리를 발전시켰다.

일본의 소득세법상으로도 제37조의 해석에 의해 공서에 반하는 위법지출의 공제를 부정해야 한다는 학설이 나왔다. 위법지출의 형태에 따라 유형화하자는 생각도 있다.

소득세법 제37조와의 관계에 있어서의 위법지출의 필요경비 해당성에 대해서, 최고재판소의 판단은 아직 내려지지 않았다(법인세에 대해서는 16-2-3을 참조). 하급심의 판결로서 高松地判 昭和48(1973). 6. 28. 行集 24권 6·7호 511면(타카마츠시{高松市} 염전분양 사건)은 택건업법이 정하는 액수를 넘는 지출에 대해 다음과 같이 판시하여, 필요경비로서 공제를 인정했다. 판시하기를

「〔택건업법의〕 규정 취지는 부동산중개업자가 부동산거래에 있어서 대리 또는 중개행위에 의해 부당한 이익을 거두는 것을 금지하는 것으로 해석되며, 따라서 위 법률〔택건업법〕에 위반되는 보수계약의 사법{私法}상 효력 여부는 문제라고 하더라도, 현실적으로 위 법률 소정의 보수액 이상의 것이 지급된 경우에는, 소득세법상으로는 현실적으로 지급된 금액을 경비(보수의 지급을 받은 부동산중개업자는 소득)로 인정해야 하는 것이다.」

라고 한다.[26]

일반적으로 제37조 제1항의 해석론으로서 위법지출을 필요경비의 범위에서 제외시키는 데에는 문제가 많다. 첫째, 공서에 반하는 것을 제외한다는 문언상의 단서가 부족하다. 둘째, 제45조 제1항 제7호가 벌금·과료를 열거하여 필요경비 불산입으로 규정하고, 뇌물에 대해서는 일부러 제45조 제2항을 신설했다. 그 반대해석으로서 제45조에 열거된 것 이외에는 제37조의 요건을 충족하면 필요경비에 해당한다고 보는 것이 자연스럽다. 셋째, 필요경비에 해당하는지는 소득금액 측정의 문제이지 제재의 문제가 아니다. 위법소득을 수입으로 계상하는 것을 시인한다면(→ 9-4-2), 위법지출도 사업에 필요한 경비인 한 공제하는 것이 정합적{整合的}일 것이다.

---

26) 이해를 돕기 위하여 이 판결의 사안을 조금 더 자세히 설명하면 다음과 같다.

이 사안의 원고는 부동산을 처분하면서 중개업자에게 매도를 의뢰하였는데, 그 부동산중개에 대하여 지급한 보수를 양도소득 산정에 있어서의 필요경비로 인정받을 수 있는지 여부가 문제된 사건이다. 본건 거래 당시 시행되고 있던 택지건물거래업법(원저자는 본문에서 이를 줄여서 '택건업법'으로 서술하였음) 제17조 및 같은 법 시행세칙[1952년 카가와현(香川県) 규칙 제60호]에 따르면, 택지건물 거래업자(중개업자)가 택지 등 거래에 대하여 일방 당사자를 대리하여 받을 수 있는 보수액의 한도는 거래금액 1,000만 엔까지는 해당 거래금액의 6%로 규정되어 있었다(쟁점이 되는 본건 거래금액은 1,000만 엔 미만임). 그런데 원고가 중개업자에게 이를 초과하여 중개보수를 지급하였고, 피고 과세관청을 이를 초과하는 중개보수 부분은 양도소득 산정에 있어서 필요경비로 공제되어서는 안 된다는 취지로 과세처분을 한 사안이다. 그러나 본문의 판결은 이 부분도 필요경비로 공제되어야 한다는 취지로 판시한 것이다(해당 판결의 '5. 사업소득금액의 계산관계' 중 '필요경비' 부분 참조).

이렇게 말하면 정의감 강한 독자들 중에는 위법행위를 눈앞에 두고 가만히 두어도 좋은가라고 반박하는 사람이 나올지도 모른다. 그 기개는 좋다. 하지만 냉정하게 전체상을 파악할 필요가 있다. 위에 인용한 타카마츠 지방재판소{高松地裁} 판결의 사안에서는 택건업법의 보수규제에 위반된 지출이라는 점이 문제였다. 여기서 물어야 할 것은 택건업법의 입법목적을 달성하기 위해 소득세법상의 필요경비 불산입이라는 수단을 취하는 것이 유효하고 적절한지 여부이다. 이 점, 즉 '필요경비 불산입의 세 효과'는 적용세율에 따라 차이가 난다. 사업이 계속 적자인 사람에게는 전혀 불이익이 되지 않는 경우마저 있다. 필요경비에 대한 불산입이 합리적인 수단이라고 할 수는 없다. 법제도 전체의 균형과 행정과정의 현실을 주시하면, 필요경비 불산입이라는 수단은 그다지 현명한 방식이 아니다[増井良啓「社会工学的観点からみた違法支出論」税研 137호〔2008년〕15면].27)

---

27) 한국: ① 우리나라 소득세법 제27조 제1항은 사업소득의 필요경비에 관하여, 법인세법 제19조 제2항은 손금에 관하여 "일반적으로 인정는 통상적인 것"일 것을 요구하고 있다는 점에서 일본과는 규정이 다르다. 즉 일본 소득세법은 필요경비에 관하여(또한 법인세법은 손금에 관하여) 이러한 '통상성'에 관한 요구를 하고 있지 않고, 이로 인하여 본문과 같은 논리의 전개가 가능하다고 할 것이다. 필요경비에 관한 통상성의 요구는 1998. 12. 28. 법률 제5580호 소득세법 개정으로, 손금에 관한 통상성의 요구는 1998. 12. 28. 법률 제5581호 법인세법 개정으로 새롭게 추가가 된 것인데, 이러한 통상성에 대한 요구에 따라서 우리나라 판례는 기본적으로 위법지출의 필요경비(손금) 해당성을 부인하고 있다.
② 이 쟁점에 관한 대표적인 판례인 대법원 2009. 11. 12. 선고 2007두12422 판결을 살펴보면 다음과 같다(판례 원문의 괄호에 있던 구 법령의 표기는 역자가 생략함).
"법인세법 제19조 제2항은 원칙적으로 '손비는 그 법인의 사업과 관련하여 발생하거나 지출된 손실 또는 비용으로서 일반적으로 용인되는 통상적인 것이거나 수익과 직접 관련된 것으로 한다'고 규정하고 있는바, 여기에서 말하는 '일반적으로 용인되는 통상적'인 비용이라 함은 납세의무자와 같은 종류의 사업을 영위하는 다른 법인도 동일한 상황 아래에서는 지출하였을 것으로 인정되는 비용을 의미하고, 그러한 비용에 해당하는지 여부는 지출의 경위와 목적, 형태, 액수, 효과 등을 종합적으로 고려하여 객관적으로 판단하여야 할 것인데, 특별한 사정이 없는 한 사회질서에 위반하여 지출된 비용은 여기에서 제외된다고 할 것이다.", "법인이 사업을 위하여 지출한 비용 가운데 상대방이 사업에 관련 있는 자들이고 지출의 목적이 접대 등의 행위에 의하여 사업관계자들과의 사이에 친목을 두텁게 하여 거래관계의 원활한 진행을 도모하는 데 있는 것이라면 그 비용은 법인세법 제25조 제5항에서 말하는 접대비라고 할 것이나, 그 지출경위나 성질, 액수 등을 건전한 사회통념이나 상관행에 비추어 볼 때 상품 또는 제품의 판매에 직접 관련하여 정상적으로 소요되는 비용으로 인정되는 것이라면 이는 법인세법 제19조 제1항, 법인세법 시행령 제19조 제1호에서 손비로 인정하는 판매부대비용에 해당한다.", "원심은...(중략)...이 사건 인건비 및 차량지원비는 일반적으로 용인되는 통상적인 것으로서, 판매의 장려를 목적으로 거래처 영업지역의 특수사정 등을 감안하여 상대방 사업자에게 지급된 판매부대비용에 해당하므로, 이 사건 처분 중 이를 접대비로 보고 그 전부를 접대비 한도초과액으로서 손금불산입한 부분은 위법하다고 판단하였다.", "위와 같은 원심판단은 정당하고 거기에 상고이유에서 주장하는 법인세법 제19조 제2항 소정의 손비의 요건 및 판매부대비용 등에 관한 법리오해 등의 위법이 없다."
③ 위 판례에 대한 평석으로 조윤희, "법인세법 제19조 제2항 소정의 손비의 요건인 통상성의 의미와 판단 방법 및 접대비와 판매부대비용의 구별 기준", 대법원판례해설 82호, 법원도서관(2010), 235면 이하(일본에서의 논의가 소개된 부분으로 255-256면) 참조. 한편 대법원 2017. 10. 26. 선고 2017두51310 판결은 '통상성'을 결여하였음을 이유로 '파이프를 설치하는 시공업체가 동종업체들에게 지급한

Column 10-3 위법지출과 채무확정

谷口勢津夫 「違法支出論における債務確定主義の意義と機能」 立命館法学 352호(2013년) 265면은 위법지출 중 무효인 지출에 대해서는 「채무의 확정」(所税 제37조 제1항 제2괄호)이라고 하는 법정 요건에 해당하는 사실관계의 인정을 통해 그 필요경비성을 부정할 수 있다고 논한다.

10-2-4 세무집행과의 관계

법령의 해석론에서 현장의 실태론으로 화제를 돌리자. 소득세법 제37조 제1항의 필요경비공제는 실제로 들어간 경비를 실액으로 공제하는 것을 의미한다. 이러한 과세 룰을 원활히 집행하기 위해서는 개인사업자가 회계장부를 계속적으로 착실히 작성하며 수입에 대응하는 지출의 정확한 데이터가 검증 가능할 것이 전제가 된다.

청색신고제도는 그러한 전제조건을 갖추기 위한 환경정비의 의미를 가지고 있다(所税 제143조 이하). 더 나아가 昭和59{1984}년 세제개정에 있어서는, 사업소득이나 부동산소득, 산림소득을 발생시키는 업무를 하는 거주자는 전전년도 또는 전년도의 이들의 소득금액 합계액이 300만 엔을 넘는 경우 장부서류를 갖추어야만 한다고 규정되었다. 平成23{2011}년 12월의 세제개정에서는 소득금액을 불문하고 모든 개인 사업자에 대해서 기장의무를 확대하였다(동 제232조).[28]

납세환경의 정비에도 불구하고, 세무서가 모든 확정신고의 내용을 자세하게 체크하는 것은 사실상 불가능하다. 여기에서 사업소득자의 필요경비공제 실태가 너무 허술한 것 아니냐는 의문이 생긴다. 이 의문이 봉급생활자 세금소송의 원동력이 되었다(→ 10-1-4).

필요경비공제의 타당성을 장부서류에 의해 검증할 수 없을 경우, 세무서장은 각종소득의 금액을 추계하여 경정이나 결정을 할 수 있다(所税 제156조).[29] 이것을 추계과세라

입찰포기의 대가에 해당하는 담합사례금'의 손금산입을 부인하였다.

④ 또한 이 쟁점에 관하여 비교법적인 분석을 한 논문으로는 이준봉, "위법비용의 소득과세 방안에 관한 연구-한국·미국·독일·일본 입법례의 비교분석을 중심으로-", 조세학술논집 34(1), 한국국제조세협회(2018), 175면 이하(특히 일본의 입법례를 소개한 부분으로 194-198면) 참조.

⑤ 일본 판례 가운데에는 '가공경비를 조성하는데 협력한 회사 외부자에게 그 대가로 지급한 수수료'의 손금산입을 부정하는 근거로서 '공정처리기준'에 반하기 때문이라고 본 것이 있고, 본문 16-2-3 (1)에서 다루어진다.

28) 한국: 소득세법 제160조(장부의 비치·기록)
29) 한국: 소득세법 제80조(결정과 경정) 제3항

고 한다. 청색신고서에 관련된 연도분의 소득에 대해서는, 장부서류를 조사하여 '조사에 의해 금액의 계산에 잘못이 있다고 인정되는 경우'에 한해 경정할 수 있으며(동 제155조), 추계과세는 허용되지 않는다(동 제156조 괄호).[30)]

10-3 비용공제의 타이밍

10-3-1 비용과 수익의 대응

(1) 공제의 타이밍

어느 연도분에 비용공제가 가능한가. 이것이 비용공제 타이밍의 문제이다.

수입계상의 타이밍(→ 9−5)과 비용공제의 타이밍은 말하자면 '앞면과 뒷면'의 관계에 있다. 그 때문에 양자에 통용되는 타당한 원리가 존재한다. 한편으로 ① 수입계상을 늦추면, 과세가 이연되어 금전의 시간적 가치만큼 납세자에게 유리하다. 다른 한편으로 ② 비용공제가 빨라지면, 그만큼 빠른 연도분의 소득금액이 작아지기 때문에 과세가 이연된다. 이 관계를 이해하는 것이 학습의 열쇠이다(도표 10−6).

도표 10−6 ▌ 수입계상을 늦추는 것과 비용공제를 앞당기는 것

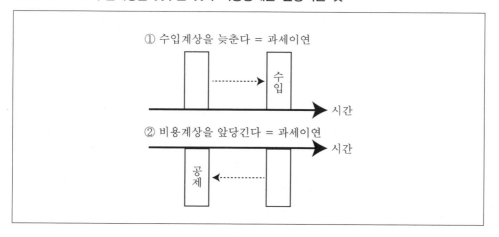

---

(2) 소득세법 제37조 제1항 다시 읽기

어느 연도분의 수입에 대응하는 범위에서 그 연도분의 비용으로서 계상한다. 이 사고 방식을 '비용수익 대응의 원칙'[31]이라고 한다.

소득세법 제37조 제1항의 규정은 비용수익 대응의 원칙을 다음과 같이 표현하고 있다.

먼저 수입과의 사이에서 개별대응(직접대응)하는 비용이 「총수입금액에 관련된 매출원가 기타 해당 총수입금액을 얻기 위하여 직접 소요된 비용의 금액」이다. 예를 들어 개인의 채소가게가 채소를 구입하여 파는 경우 채소의 구입원가는 매출금액에 직접 대응한다.

다른 한편으로, 일반대응(간접대응)의 관계에 있는 비용이 「그 해에 있어서의 판매비, 일반관리비 기타 이들 소득을 발생시키는 업무에 관하여 생긴 비용(……)의 금액」이다. 채소가게의 광고선전비나 운반비 등은 「판매비」에 해당하며, 종업원 급여나 광열비 등은 「일반관리비」에 해당한다. 이것들은 그 연도분의 수입금액과의 사이에 개별적인 대응관계는 없지만, 계속적으로 업무를 행하기 위해서 필요한 경비로서 일반적인 형태로 수입획득에 기여한다.

또한 타이밍과의 관계에서 중요한 것이 「(상각비 이외의 비용으로서 그 해에 있어서 채무가 확정되지 않은 것을 제외한다)」라고 하는 괄호이다. 이 괄호는 원칙적으로 그 해에 있어서 채무가 확정되지 않으면 필요경비로서 계상하지 않는다는 것을 의미하고 있다. 예외가 「상각비」로서, 감가상각자산의 상각비(所稅 제49조)나 이연자산의 상각비(동 제50조)는 채무의 확정을 기다리지 않고 법정 계산방법에 따라 필요경비에 산입한다.[32]

---

31) 아래 각주에서 살펴보는 것처럼 우리나라에서는 이를 통상 '수익비용 대응의 원칙'이라고 하나, 원서의 표현 "費用收益対応の原則"을 살려서 '비용수익 대응의 원칙'이라고 그대로 옮기기로 한다. 이하에서도 동일하다.

32) 한국: ① 하나의 조문에서 직접비용에 관한 수익비용 대응의 원칙과 간접비용에 관한 채무확정주의를 모두 규정하고 있는 일본 소득세법과 달리, 우리 소득세법은 제27조 제1항이 수익비용 대응의 원칙을, 제39조 제1항이 채무확정주의를 각각 규정하고 있는 것으로 해석된다. 김재승, "세법상 비용의 귀속시기", 조세법연구 20(1), 한국세법학회(2014), 84-85, 88-89면 참조(이 논문은 우리 세법상의 위 양자의 관계를 살펴보고 이에 관련된 비교법적 검토를 한 다음, 나아가 입법론적 개선방안을 제시하고 있다. 특히 일본 세법의 해당 내용을 소개한 부분으로 99-102면 참조). ② 한편 법인세법상으로는 직접비용에 관한 수익비용 대응의 원칙에 대한 명문의 규정은 없으나, 판례는 법인세법상으로도 양자의 구별을 인정한다. 16-3-1 부분의 각주 참조. ③ 본문의 '상각비'와 관련하여, 뒤에서 살펴보듯이 우리 세법상으로는 '이연자산의 상각비'는 폐지되었고 해당 내용은 감가상각비의 일부로 편입되어 있다.

(3) 자본적 지출

비용과 수익을 대응시킨다는 사고방식에 따라, 복수연도에 걸쳐 수익을 창출하는 지출에 대해서는 지출한 연도분에 전액을 공제하는 것이 아니라 시간의 경과에 따라 서서히 비용공제를 하게 된다(도표 10-7).

도표 10-7 ▌ 자본적 지출을 장래의 수익에 대응시킨다

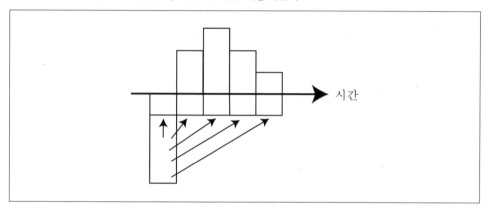

이와 같이 복수연도의 수익에 대응하는 지출을 자본적 지출(capital expenditure)이라고 한다. 「자본적」의 의미는 '지출한 해에 전액을 필요경비로서 계상하는 것이 아니라, 몇 년간에 걸쳐서 비용공제를 해 나간다'는 의미이다. 일본의 현행법에서는 소득세법 시행령 제181조가 자본적 지출에 대해 규정하고 있다. 즉 자산의 사용가능 기간이 늘어나는 경우(동조 제1호) 및 자산의 가액이 증가하는 경우(동조 제2호)이다. 이들 지출은 지출한 연도분의 필요경비에 전액을 산입하지 않는다. 바로 전액을 공제하는 대신 자산의 취득비에 포함시켜 두고(所稅令 제127조), 몇 년에 걸쳐서 상각해 나간다.[33] 장래의 연도분에 발생하는 수익에 대응시켜 서서히 비용공제를 하는 것이다.

---

[33] 즉 일본 소득세법 시행령 제181조(자본적 지출)는 본문과 같은 일정한 자본적 지출액을 필요경비에 산입하지 않는다고 규정하고 있고, 다시 일본 소득세법 시행령 제127조(자본적 지출의 취득가액 특례)는 제181조에 의해서 필요경비에 산입되지 않은 자본적 지출액을 자산의 취득가액으로 보아서 감가상각을 해 나간다는 취지로 규정하고 있다(부록 일본 조세법령 참조).
한국: 소득세법 시행령 제67조(즉시상각의 의제) 제1항은 사업자가 감가상각자산에 대한 자본적 지출액을 필요경비로 계상한 경우, 이를 감가상각한 것으로 보아 세법에 따른 감가상각 시부인의 계산을 다시 한다는 취지로 규정하고 있다. 일본 소득세법 시행령과 규정의 형태는 상이하나, 자본적 지출액에 대하여 즉시 필요경비공제를 인정하지 않고, 세법에 따른 감가상각을 실시한다는 취지는 동일하다.

10-3-2 감가상각자산의 상각비

(1) 소득세법상의 감가상각 방법

복수연도에 나누어 비용공제를 실시하는 대표적 예로서 감가상각자산의 상각비(所税 제49조)를 살펴보자. 사업소득을 염두에 둔다.34)

감가상각자산은 '업무에 사용되는 건물이나 기계 등의 자산으로서 상각을 해야 하는 것으로 정령으로 정하는 것'이다(所税 제2조 제1항 제19호). 사업소득자가 보유하는 자산의 일종이지만, 재고자산(동항 제16호)이나 유가증권(동항 제17호)과는 다르다. 또한 고정자산(동항 제18호) 중에서도 토지는 감가상각자산이 아니다.35)

감가상각의 방법은 정령에 위임되어 있다(所税 제49조 제2항, 所税令 제120조 이하). 어떤 사업소득자가 1,000만 엔으로 철근 콘크리트조의 건물을 구입해서 그것을 사무소로 사용했다고 하자. 이 건물과 관련한 감가상각비를 계산하기 위해서는 ① 상각방법, ② 취득가액, ③ 내용연수를 알 필요가 있다. 平成19{2007}년 4월 1일 이후에 취득했다고 하는 전제에서 관계법령을 적용하면, ① 건물의 상각방법은 정액법이고(所税令 제120조의2 제1항 제1호 ㅁ), ② 이 건물의 취득가액은 1,000만 엔이며(동 제126조 제1항 제1호), ③ 내용연수는 50년이다(동 제129조, 내용연수 성령 별표 제1). 따라서 내용연수인 50년에 걸쳐 매년 정액인 20만 엔이 상각비로서 필요경비에 산입된다(所税 제37조 제1항).36) 그만큼 자산의 취득비를 감액해 나간다(동 제38조 제2항).

---

34) 한국: 소득세법 제27조 제3항, 소득세법 시행령 제55조 제1항 제14호가 "사업용 고정자산의 감가상각비"를 공제 가능한 필요경비 항목으로 규정하고 있고, 다시 소득세법 제33조 제1항 제6호, 소득세법 시행령 제62조 이하가 감가상각 대상 고정자산과 감가상각비의 필요경비 산입방법 등에 관하여 자세하게 규정하고 있다.

35) 한국: 소득세법 시행령 제62조 제2항이 감가상각의 대상이 되는 사업용 고정자산 즉 '감가상각자산'에 대하여 규정하고 있다.

36) 한국: 본문과 같은 사안에 대하여 우리나라 규정에 따른 감가상각 처리를 살펴보면 다음과 같다.
① 건물에 대한 상각방법: 역시 정액법이며, 정률법 등을 선택할 수 없다(소득세법 시행령 제64조 제1항 제1호).
② 취득가액: 부대비용 등에 대한 자료가 없는 상황이므로 역시 매입가액인 1,000만 엔이 된다(소득세법 제39조 제2항, 소득세법 시행령 제89조).
③ 내용연수와 상각률: 이에 관하여 소득세법 시행령 제63조 제1항 제2호, 소득세법 시행규칙 제32조 제1항은 법인세법 시행규칙 제15조를 준용한다고 규정하고 있다. 법인세법 시행규칙 제15조 제3항, 별표 5에 따르면 철근 콘크리트조 건물의 기준내용연수는 40년(하한 30년, 상한 50년 범위 내에서 선택하여 신고한 내용연수로 처리하는 것이 가능)으로, 정액법에 따른 상각률은 매년 2.5%가 된다.
→ 결론적으로 기준내용연수에 따른다면(별도의 신고가 없다면 기준내용연수에 따름), 40년에 걸쳐 매년 25만 엔이 감가상각비로서 필요경비에 산입된다.

(2) 진정한 경제적 감가상각

투자활동에 대해서 중립적인 감가상각의 방법으로서 '진정한 경제적 감가상각'과 '취득 시 전액공제'가 알려져 있다.

우선 진정한 경제적 감가상각(true economic depreciation)의 예를 들어보자. 여기에 3년에 걸쳐서 각 해에 1000씩의 현금흐름을 가져오는 자산S가 있다고 하자(도표 10-8).

*세전 이자율은 10%.

*자산S의 가치는 현금흐름(cash flow)만으로 결정된다.

*자산S를 제1년도 초에 취득했고, 소득이 발생하는 것은 각 연도의 말이다.

도표 10-8 ▌ 자산S의 현재가치의 추이

	제1년도	제2년도	제3년도	합계
현금흐름	1000	1000	1000	
제1년도 초의 현재가치	909	826	751	2486
제2년도 초의 현재가치		909	826	1735
제3년도 초의 현재가치			909	909

이 때, 자산S의 현재가치는 제1년도 초에 2486, 제2년도 초에 1735, 제3년도 초에 909, 제3년도 말에 0이 된다. 따라서 자산S의 가치는, 제1년도 동안에 751(=2486-1735), 제2년도 동안에 826(=1735-909), 제3년도 동안에 909(=909-0)가 각각 감소한다. 이 감가분을 정확하게 반영한 금액을 각 연도분의 필요경비로서 공제하는 것이 진정한 경제적 감가상각이다.

진정한 경제적 감가상각을 정액법에 의하는 경우와 비교해 보자. 정액법은 매년 같은 금액을 공제한다(2486/3=829). 이에 비해 경제적 감가상각에서는 제1년도에 비용공제를 할 수 있는 금액이 상대적으로 감소하고 있다. 즉 비용공제가 늦어지고 있어서 그 만큼 납세자에게 불리하다. 반대로 말하면, 이 예에 대해 정액법을 적용하는 것은 진정한 경제적 감가상각을 적용하는 것에 비하여 납세자에게 유리한 것이다(도표 10-9).

도표 10-9 ▌ 경제적 감가상각과 정액법의 비교

	제1년도	제2년도	제3년도
경제적 감가상각	751	826	909
정액법	829	829	829

　경제적 감가상각은 현실의 세계에서는 실시할 수 없다. 왜냐하면 모든 자산에 대해 현재가치를 계측하는 것에는 막대한 비용이 들기 때문이다. 그래서 실무의 연구·고안에 의해 회계기준을 발달시켜, 일정한 합리적인 픽션에 근거해 룰을 정했다. 그것이 내용연수를 정하여 정액법이나 정률법으로 상각하는 방식이며 현행법이 이를 채택하고 있다.

(3) 취득 시 전액공제

　취득 시 전액공제(expensing)는 자본을 투하하여 자산을 취득한 해에 그 전액을 비용공제하는 방식이다.

　어떤 사업자가 100의 대금으로 기계를 구입했다고 하자. 이 때 세전 투자비용은 100이다. 이 기계를 사업활동에 이용함으로써 세전의 리턴을 400 얻었다고 하면, 이익은 300이고 이익률은 300%이다(도표 10-10).

도표 10-10 ▌ 취득 시 전액공제

	투자비용	리턴	이익	이익률
세전	100	400	300	300%
세	△40	160	120	
세후	60	240	180	300%

　여기서 세율 40%의 소득세를 도입한다. 더 나아가 투자에 충당한 금액을 첫 연도에 전액 상각하여 필요경비로서 공제할 수 있다고 한다. 이때 100의 투자액 전부를 필요경비로 공제하므로 다른 충분한 소득이 있으면 100만큼 소득이 줄어든다. 따라서 소득세액은 40만큼 감소한다. 이 세액감소 효과를 반영하여 세후 투자비용은 60(=100-40)이 된다. 리턴 400을 얻으면 400 전체가 소득으로서 과세가 된다. 이것은 이미 투자비용의 회수가 끝났기 때문이다. 따라서 리턴 400에 대해서 160의 소득세가 적용된다(=400×40%). 세후 리턴은 240, 이익은 180(=240-60), 이익률은 300%이다.

이처럼 취득 시 전액공제의 경우, 세전 이익률과 세후 이익률은 모두 300%로 같아진
다. 조세가 있으나 없으나 이익률에는 변함이 없다.

여기에는 소중한 교훈이 담겨 있다. 언제 공제하느냐에 따라 소득세를 부과하는 것의
경제효과가 전혀 달라진다는 것이다. 투자시점에서 바로 전액 공제해 주면, 그 투자에서
생기는 리턴에 나중에 풀로{fully} 과세하더라도, 처음부터 과세하지 않았을 때와 같은
이익률이 된다. 이는 곧 경제적으로 본 실효세율이 제로라는 것을 의미한다.

물론 정부와 납세자 사이에 환급하거나 징수하거나 하는 현금의 움직임은 있다. 하지
만 이 투자에 대해서 정부는 납세자의 이퀄·파트너{equal partner}이다. 따라서 과세가
투자행동에 대해서 중립적인 것이다.

덧붙여 이상의 것이 성립하려면 몇 가지 엄격한 조건이 충족될 필요가 있다. 세율이
일정하지 않고 세율을 낮출 경우, 실효세율은 마이너스가 된다. 반대로 세율을 올릴 경
우, 실효세율은 플러스가 된다. 그 밖에도 정부의 할인율과 납세자의 할인율이 다른 경
우에는 취득 시 전액공제와 투자수익 비과세는 등가가 아니라는 점이 지적되고 있다.

(4) 공제를 앞당기는 것의 경제효과

이상을 복습하기 위해 비용수익 대응의 원칙에 따른 통상의 비용공제의 방법과 비교
해 보자. 취득 시 전액공제의 예시에서는 제1년도 동안에 전액 비용공제를 모두 끝내버
렸다(도표 10-10). 하지만 수익을 계상하는 연도분에 비용공제를 대응시킨다는 사고방
식에서 보면 이는 공제의 타이밍이 너무 빠른 것이 된다. 같은 예시에서, 투자의 시점이
제1년도이며, 리턴을 얻는 것이 제2년도라면, 발생한 수익에 대응시켜 비용을 공제해야
할 적절한 타이밍은 어디까지나 제2년도이다(도표 10-11).

도표 10-11 ▌ 수익발생 시에 대응시킨 비용공제

	투자비용	리턴	이익	이익률
세전	100	400	300	300%
세	0	120		
세후	100	280	180	180%

도표 10-11의 경우, 투자를 한 제1년도에는 비용공제를 실시하지 않기 때문에 세액
감소 효과는 생기지 않는다. 제2년도에는 리턴 400이 생긴다. 100의 투하자본을 이용하
여 400을 벌고 있기 때문에 과세해야 할 소득은 300(=400-100)이며, 40%의 세율을 적

용하면 납부세액은 120이다. 따라서 세후 리턴은 280이다. 세후에서 보면 100의 투자비용을 들여 180의 이익을 얻고 있으므로 이익률은 180%이다.

이 도표 10-11을 도표 10-10과 비교해 보자. 주목해야 할 것은 두 표의 세후 이익률이다.

도표 10-11 180%

도표 10-10 300%

그 비율을 구하면

180%/300%=0.6

이 된다. 이것은 즉, 비용수익 대응의 원칙에 따라서 비용공제를 실시하면, 취득 시 전액공제의 방식을 취하는 경우에 비하여 세후의 이익률이 6할로 줄어든다는 것을 의미한다. 즉 40%로 과세되고 있다는 이야기에 다름없다. 공제를 지연시킴으로써 그 해에 발생한 소득에 과세하는 결과가 되는 것이다.

10-3-3 비용수익 대응과 시가주의

(1) 이연자산과 충당금

현행 소득세법은 비용공제 타이밍의 기본적 사고방식으로서 비용수익 대응의 원칙을 취하고 있다. 감가상각자산의 상각비에 관한 룰(所稅 제49조)은 그것을 구체화한 것이다. 그 밖에도 다음과 같은 규칙이 있다.

▶ 이연자산 상각비(所稅 제50조). 이연자산이란 업무에 관해 개인이 지출하는 비용 중 지출 효과가 그 지출일 이후 1년 이상에 걸쳐서 나타나는 것으로(동 제2조 제1항 제20호), 개업비, 개발비 등의 것이다(所稅令 제7조). 예를 들어 개업비를 지출하면 지출한 해에 전액을 필요경비로 하지 않고 5년간에 걸쳐 균등하게 상각한다(동 제137조 제1항 제1호).[37]

---

37) 한국: ① 구 소득세법 시행령(2001. 12. 31. 대통령령 제17456호로 개정되기 전의 것) 제96조(이연자산의 평가)는 '개업비(제1호)', '연구개발비(제2호)', '사용수익기부자산가액(제3호)'을 이연자산으로 규정하고(제1항), 구 법인세법 시행령(2001. 12. 31. 대통령령 제17457호로 개정되기 전의 것) 제77조 제2항이 정하는 바에 따라서 각각 5년(개업비, 연구개발비) 및 당해 자산의 사용수익기간(사용수익기부자산가액)에 걸쳐 균등액을 필요경비에 산입하도록 규정하고 있었다(제2항). 따라서 2002. 1. 1. 이전에 발생한 개업비에 대해서는 본문의 일본에서와 같은 설명이 그대로 타당하다.
② 그러나 소득세법 시행령이 2001. 12. 31. 대통령령 제17456호로 개정되면서(2002. 1. 1.부터 시행) 위 제96조를 삭제하였고(이연자산제도 폐지), 제62조 제2항을 개정하여 제2호에서 창업비(마목), 연구개발비(바목), 사용수익기부자산가액(사목)을 감가상각의 대상인 무형고정자산의 일환으로 규정하였다.

▶ 대손충당금(所税 제52조).[38] 사업의 거래처로부터 매매대금을 회수하지 못하면 채권의 대손손실이 생긴다(→ 10-5). 대손이 되는 것은 어디까지나 장래의 일이다. 하지만 경험칙상 대금의 일정 비율은 회수할 수 없다는 것을 미리 알 수 있다. 따라서 대손이 되는 것은 장래라고 하더라도, 신용거래에 수반하는 현재의 사업경비라고 봐서 합리적인 견적 금액을 현재의 충당금으로서 필요경비에 산입한다. 주의해야 할 점은, 이른바 '갈아입기 방식'[39]을 취하고 있어서, 어느 해에 충당금으로서 필요경비에 산입하면 다음 해에 동액을 총수입금액으로 계상한다는 것이다(동 제52조 제3항).[40]

(2) 시가주의의 관점

비용수익 대응의 원칙에는 다음과 같은 비판이 있다. 사이먼즈의 정식이 목표로 하고 있던 것처럼, 자산의 시가가 반영되도록 하는 공제의 방법이 올바르다고 하면, 전통적인 비용수익 대응의 원칙은 시가를 잘못 잡는 경우가 있기 때문이다.

예를 들어 대손충당금의 경우를 보자. 이것이 장래 손실에 대응해 현재의 자산감소를 정확하게 반영하고 있는 것이라면 포괄적 소득을 잘 측정할 수 있다. 그러나 현실적으로는 현재의 자산감소를 수반하지 않음에도 불구하고 충당금이 설정된다는 것이 알려져

---

③ 여기서 개정 전의 구 소득세법 시행령(2001. 12. 31. 대통령령 제17456호로 개정되기 전의 것) 제96조 제1호는 '개업비'를 "그 사업을 개시하기까지 개업준비를 위하여 지출한 비용"으로 규정하고 있었으나, 개정 이후의 소득세법 시행령 제62조 제2항 제2호 마목은 '창업비'에 관하여 "개업준비기간 중에 사업의 인가 또는 허가 등을 얻기 위하여 지출한 비용"이라고 규정하였다. 이에 따르면 사업의 인가나 허가를 얻기 위하여 지출한 비용이 아니라 그 외에 개업준비에 일반적으로 들어간 비용의 경우, 감가상각의 대상에 해당하지 않으므로 지출한 즉시 필요경비공제가 허용되는 것이다.

④ 이후 소득세법 시행령이 2002. 12. 30. 대통령령 제17825호로 개정되면서 '창업비' 항목도 삭제되었으며, 또한 기존의 '연구개발비' 항목이 '개발비' 항목으로 변경되어, 현행 소득세법 시행령 제62조 제2항 제2호는 종전의 이연자산에 대응하는 것으로 개발비(바목), 사용수익기부자산가액(사목)을 감가상각 대상 무형고정자산으로 규정하고 있다.

⑤ 결국 현행 법령상으로는, 본문에서와 같이 개업비를 지출한 경우 일본에서와 달리 지출한 해에 즉시 필요경비공제가 허용된다(법인세법 및 법인세법 시행령 상으로도 이상의 연혁에 관한 설명이 대체로 타당함).

38) 한국: 소득세법 제28조(대손충당금의 필요경비 계산)

39) 원서에는 본래 "洗替方式"라고 쓰여 있다. 洗替(洗い替え, あらいがえ)라는 단어는 ① 본래는 옷을 세탁하는 동안에 임시로 갈아입는 옷을 의미한다(일상 회화에서 흔하게 쓰이는 단어는 아님). 한편 ② 회계용어로서는 재고자산 등의 평가에 있어서의 저가법(정확하게는 저가법 중, 재고자산 등의 기말평가액이 취득원가보다 낮은 경우에 저감된 부분을 평가손실로 처리한 다음, 그 다음 회계연도 초에 평가손실 부분을 다시 회복시키는 방법)을 의미하기도 하며[森田哲彌·宮本匡章(編著), 会計学辞典(제5판), 中央経済社(2008), 6면] ③ '회계·세무 처리에 있어서 필요경비로 처리된 대손충당금 등을, 다시 다음 사업연도의 총수입금액에 계상해 넣는 것(환입)'의 의미로 사용되기도 한다[金子宏(編著), 税法用語事典(4정판), 税務経理協会(2000), 177면]. 여기에서는 ③의 의미로 사용되었는데, 이 단어에 정확히 대응하는 우리말이 존재하지 않는 것으로 보여 본문과 같이 '갈아입기 방식'으로 의역하였다.

40) 한국: 소득세법 제28조 제2항

있다[中里実 『金融取引と課税──金融革命下の租税法』〔有斐閣, 1998년(初出 1995년)〕 72면].

　예를 들어 금융업을 영위하는 개인사업자가 있다고 하자. 이 사람은 어느 연초에 10만 엔의 융자를 10개 실시했다. 이자율을 10%로 한다. 이때 적어도 1년 뒤 모두 110만 엔을 받으면 거래의 수지가 맞다. 여기서 대손확률이 10%라면 어떨까. 9개의 대출에서 회수되는 원본과 이자의 합계액으로 110만 엔을 얻을 수 있도록 이자율을 결정한다. 따라서 이자율은 최저 22.22%이다(정확히는 110÷9-100이지만 끝수를 생략한다).

　이 이하라면 거래로서 수지가 맞지 않는다. 즉 대손의 리스크를 포함시켜 이자율을 결정하는 것이 아니면, 원래부터 거래가 성립하지 않는다.

　이것이 경제 실태라고 한다면, 대출의 시점에서 대손 리스크를 포함시켜 이자율을 결정할 것이다. 그러므로 현재 시점에서의 자산감소는 없다. 그런데도 대출을 실시한 시점에서 충당금의 계상을 인정하는 것은 불합리하다. 1년 후에 10만 엔 분의 대손이 확정된 시점에서 필요경비로서 공제하면 충분하다. 1년 후의 소득계산은 이자 2.222만 엔 ×9-원본대손 10만 엔=9.999만 엔이다.

　이런 이유로 미국에서는 1986년 개정으로 대손충당금이 폐지되었다. 일본에서는 세제조사회의 「법인과세 소위원회 보고」(1996년 11월)에 따라 법인세법과 함께 소득세법에 대해서도 平成10{1998}년의 세제개정으로 충당금의 여러 제도가 크게 정리·축소되어, 대손충당금이 현재의 모습이 되었다(所税 제52조 제1항 제2항). 이렇게 전통적인 비용수익 대응원칙에 근거한 과세 룰이 변화해 왔다.

10-4 차입금이자

10-4-1 마이너스 소득으로서의 차입금이자

　차입금에 대해 발생하는 이자비용은 마이너스 소득이다. 다음의 예를 생각해 보자. 어떤 사람이 히말라야 등반을 떠나려 하고 있다. 이것은 개인적 소비다. 이 사람이 이 소비를 충당하는 방식으로서 두 가지 시나리오를 생각한다.

▶ 자기자금 시나리오. 은행계좌에서 100만 엔을 찾는다. 즉 자기자금을 이용하여 소비에 충당한다. 이때 소득은 제로이다.

▶ 차입금 시나리오. 은행예금은 그대로 두고, 그것과는 별도로 은행에서 100만 엔을 빌린다. 이 차입금을 이용해 소비에 충당한다. 제1년도 말에 빌렸다면, 제2년도 말

까지의 이 사람의 자산상황은 도표 10-12와 같다(△는 마이너스를 의미한다). 이자율은 10%로 하고, 빌려주는 경우나 빌리는 경우나 마찬가지라고 가정한다.

도표 10-12 ┃ 차입금 시나리오

	제1년도	제2년도
은행예금	100	110
차입금	△100	△110

차입금 시나리오에서, 은행예금이라는 플러스 자산에 대해 제2년도에 10만 엔의 이자수입이 발생한다. 동시에 제2년도에는 차입금이라고 하는 마이너스 자산에 대해서 이자를 지급할 의무가 발생해, 그 이자비용이 10만 엔이다. 제2년도분의 소득을 계산하는데 있어서 이자수입과 이자비용을 상쇄해야 비로소 소득금액이 제로가 된다.

이 예는 다음 사항을 함의한다. 즉 차입금에 관한 이자비용을 전액 공제해야 비로소 차입금 시나리오를 자기자금 시나리오와 동일하게 취급할 수 있다. 환언하면 자기자금으로 소비를 조달하는 경우와 동일하게 취급하기 위해서는, 이 사람의 소득계산상 차입금에 관한 이자비용을 공제할 필요가 있다.

여기서 독자들 중에는 「이 사람은 차입금을 이용해 개인적 소비를 하고 있다. 이 차입금에 관한 이자비용은 소비에 따른 것이니 공제해서는 안 되는 것 아니냐」고 반박하는 사람이 있을지도 모른다. 그러나 소득개념을 포괄적으로 구성하는 경우, 이자비용의 무제한 공제는 당연한 귀결이다. 부채에 대해 이자가 발생하는 것은 소비가 아니라, 새로 채무가 발생하는 부분만큼 순자산이 감소하는 것을 의미하기 때문이다[中里実『金融取引と課税──金融革命下の租税法』〔有斐閣, 1998년(初出 1987년)〕 147면].

10-4-2 차입금을 이용한 조세재정

(1) 조세재정

그러나 현실의 소득세제는 불완전하므로, 지급이자를 무제한으로 공제해 버리면 조세재정(tax arbitrage)이 가능해진다. 조세재정이란 과세가 무거운 쪽에서 가벼운 쪽으로 갈아타서 차익거래를 하는 것이다. 그 방식에는 여러 가지가 있으며 전형적인 예가 차입금을 이용한 비과세자산에 대한 투자이다. 이렇게 함으로써 한편으로 비과세소득을 얻으면서 다른 한편으로 이자비용을 공제할 수 있게 된다.

비과세소득을 가져오는 투자기회는 무수히 많다(→ 9-6). 이런 현실의 소득세제에서 차입금에 관한 이자비용을 무제한 공제해 주는 것을 인정하면 세수에 큰 구멍이 뚫린다. 또한 빚을 내서 비과세소득을 올리는 행동을 유발할 수 있으며, 공제를 이용할 수 있는 일부 사람들만 이득을 본다. 이 때문에 각국의 소득세제는 이자비용공제의 범위를 신중하게 설정하고 있다. 차입금을 이용한 조세재정에 대해서는 대항조치를 마련하는 것이 소득세제의 이른바 철칙이다.

(2) 어디에 문제가 있는가

다만 이치를 따져보면, 문제가 있다면 비과세 취급에 있는 것이지 이자비용의 공제 그 자체에 있는 것은 아니다.

예를 들어 어떤 사람에게 100의 은행예금이 있다고 하자(이하 화폐단위는 생략). 이 예금을 찾지 않고, 제1년도 말에 100을 차입하여, 그 100을 사용해 비과세자산을 구입했다고 한다. 제2년도 동안에 해당 비과세자산은 10의 소득을 창출하지만 비과세라고 한다. 이때 이 사람의 소득계산상 차입금에 관한 이자비용 10을 공제하는 것의 어디가 잘못된 것일까.

여기서 이자율이 10%라고 가정하면, 제2년도 말까지 이 사람의 자산상황은 도표 10-13과 같다.

도표 10-13 ▌ 차입금으로 비과세자산에 투자한다

	제1년도	제2년도
① 은행예금	100	110
② 차입금	△100	△110
③ 비과세자산	100	110

이 사람에게는 ① 은행예금으로 맡긴 100에 대해 이자수입이 10 발생한다. ② 차입금에 대해서 생기는 이자비용은 10이다. ③ 비과세자산에서 생기는 소득은 10이고 비과세이다. 여기서 ②의 부채이자공제를 허용하면 소득은 제로이다(=10-10+0). 이 결과는 은행예금을 찾아서 비과세자산을 구입하는 경우와 같다. 차입금에 관련된 이자비용을 공제해야 비로소 은행예금을 찾았을 경우와 같은 취급을 하게 되는 것이다.

이 예시의 함의를 일반화하자. 차입금에 관련된 이자비용의 공제는, 비과세소득을 가져오는 자산에 대한 투자기회를 자기자금을 가진 사람으로부터 차입능력이 있는 사람으로 확대시키는 것에 지나지 않는다. 자기자금을 찾아서 비과세자산을 사면 똑같이 비과세소득을 얻을 수 있다. 차입금으로 비과세자산을 샀을 경우에 이자비용의 공제를 인정해도 자기자금을 사용한 사람과 같은 취급을 받을 뿐이다. 즉 이자비용공제가 나쁜 게 아니라 특정자산에 비과세조치를 인정한 데 문제가 있다.

(3) 차입금을 이용한 조세재정에 대한 입법적 대응

이상의 분석으로부터 차입금을 이용한 조세재정에 대한 입법적 대응에 대해 다음과 같은 대략적인 지침을 얻을 수 있다.

먼저 비과세조치를 차입금을 이용하는 사람에 대해 널리 미치도록 해야 할 정당한 이유가 있는 경우가 있다. 예를 들어 특정한 정책목적을 위한 유도조치로서, 자기자금을 가진 사람에게만 한정해둘 이유가 없는 경우이다. 이 경우에는 이자비용의 공제를 허용해도 좋다.

이와 달리 그 비과세조치 자체가 바람직하지 않은 경우가 있다. 이러한 경우 1차적으로는 그 비과세조치를 폐지해야 한다. 그러나 어떠한 이유에 의해 폐지가 곤란하다면 차선책으로서 그 조치를 이용하기 위한 차입금에 대해 이자공제를 부정하는 것을 생각할 수 있다. 이것은 부분적인 해결일 뿐이다. 자기자금에 의한 범위에서는 여전히 이 조치를 이용할 수 있기 때문이다.

이것은 일종의 유형론이다. 이자비용에 머무르지 않고 비과세소득에 대응하는 비용공제에 대해 보다 넓게 응용할 수 있다. 그리고 그 앞에 '택스 셸터에 대한 규제를 어떻게 생각해야 할 것인가' 하는 과제가 기다리고 있다.

(4) 지렛대의 효과

차입금 고유의 문제로서는 「지렛대(leverage)」의 효과가 있다. 같은 예에서 차입금을 한번에 10배로 부풀려, 10배의 비과세자산에 투자했다고 하자. 그러면 비과세소득이 10배가 되고, 이자비용도 10배가 된다. 공제가 부풀어 오른 만큼 세무상의 적자를 인위적으로 만들어 소득세의 경감효과를 커지게 할 수 있다(도표 10-14). 차입금을 마치 「지렛대」와 같이 사용하는 것으로 10배의 힘을 발휘한다는 의미에서 이것을 「지렛대」의 효과라고 한다.

도표 10-14 ┃ 차입금을 10배로 늘린다

	Y1	Y2
① 은행예금	100	110
② 차입금	△1000	△1100
③ 비과세자산	1000	1100

이 예시에서 이자비용의 공제를 무제한 허용하면 이 사람의 소득은 마이너스 90이 된다. 왜냐하면 ① 은행예금에서 발생하는 이자수입이 10, ② 차입금에 관한 이자비용이 마이너스 100, ③ 비과세소득이 100이기 때문이다(10 − 100 + 0 = △90). 즉 지렛대 기법을 이용하면 인위적으로 적자를 낼 수 있다. 이는 차입금을 이용한 조세재정에서 가장 경계해야 할 점이다.

그러나 여기에서도 사태를 냉정하게 분석할 필요가 있다. 잘 보면 이러한 사태가 발생한 원인은 특정한 자산을 비과세 조치한 것에 있다. 따지자면 바로 세제에 구멍을 내고 있기 때문에 「지렛대」를 사용해서까지 비용을 줄이려는 행동이 발생하는 것이다.

10-4-3 소득세법과의 연계

(1) 각종소득별 산정

이상이 이론적 고찰이다. 실정제도로서의 소득세제는 조금 더 복잡하다. 각국의 세제는 소득을 얻는 활동에 관련된 이자비용의 공제를 원칙적으로 인정하면서도, 투자나 가사영역에 대한 이자공제에 대해서는 여러 가지 제한을 두는 사례가 많다. 일본법도 예외는 아니다.

현행 소득세법은 10종의 각종소득별로 소득금액을 산정한다. 그렇기 때문에 어느 각종소득이 문제가 되는가에 따라서 차입금에 관련된 이자비용의 공제여부와 타이밍은 달라진다.

예를 들어 급여소득과 관련해서는 차입금의 이자를 지급하더라도 이를 공제할 수 없다. 급여소득금액의 산정에 있어서는 법정개산공제로서의 급여소득공제만이 적용된다(所税 제28조 제2항). 예외적으로 실액공제할 수 있는 특정지출공제도 이자비용을 포함하지 않는다(동 제57조의2). 따라서 급여소득자가 돈을 빌려 히말라야 등반을 가더라도 현행소득세법상으로는 그 부채에 대한 지급이자를 공제할 수 없다.

이에 비해 부동산소득이나 사업소득, 잡소득과의 관계에서는, 업무와 관련된 차입금에 대해 생기는 이자비용은 원칙적으로 그것이 발생한 연도분의 필요경비로서 공제가능하다(所稅 제37조 제1항). 다만 가사비(동 제45조 제1항 제1호)에 해당하는 경우에는 필요경비에 산입하지 않는다. 그러므로 개인사업자가 은행에서 융자를 받아 사업의 운영자금에 충당하여 어느 연도에 발생한 부채의 이자를 지급하면 사업소득 계산상 필요경비로 공제할 수 있다. 하지만 이 대출이 자녀의 교육자금 때문이라면 이자비용은 가사비이므로 공제할 수 없다. 즉 필요경비로서 공제할 수 있는 유형의 각종소득의 계산에 있어서는 '업무와의 관련성(반대로 말하면 가사비 해당성)'을 판단할 필요가 있는 것이다.

(2) 차입금이자의 취득비 산입

양도소득과의 관계에서는 취득비에 대한 산입이 문제이다(所稅 제33조 제3항). 소득세법은 실현원칙을 채용하고 있기 때문에, 양도 시에 비로소 총수입금액을 계상하고, 자산을 취득하기 위한 지출도 지출 시가 아닌 양도 시에 취득비로서 공제한다. 각 연도에 계상할 수 있는 필요경비와 비교하면 본래부터 공제의 타이밍이 늦다(→ 10 - 1 - 22).

最判 平成4(1993). 7. 14. 民集 46권 5호 492면(미와다{三輪田} 사건)에서는 차입금이자를 취득비에 산입할 수 있는지가 문제가 되었다. 원고인 X 씨는 자신의 거주용으로 昭和46{1971}년 4월 16일에 본건 토지 · 건물을 매입하여 취득했고, 같은 해 6월 6일에 이를 자신의 거주에 사용하기 시작했다. X는 같은 해 4월 17일에 본건 토지 · 건물을 취득하기 위해 3,500만 엔을 연이율 9.2%로 차입해 昭和54{1979}년 8월 16일에 전액을 변제했다. 이 차입금 가운데 본건 토지 · 건물의 취득을 위해서 사용한 것은 3,000만 엔이며, 이 3,000만 엔에 대한 차입 후 본건 토지 · 건물을 자신의 거주에 사용하기까지의 기간(51일간)에 대응하는 이자의 금액은 38만 5,643엔이었다(도표 10 - 15).

도표 10-15 ▌ X 씨의 주택론{住宅 loan}

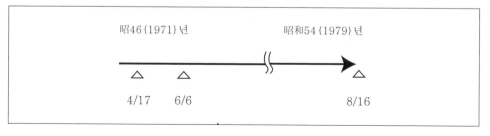

쟁점은 'X가 후에 본건 토지·건물을 양도했을 때, 양도소득의 취득비에 차입금의 이자가 포함되는지 여부'이다. 최고재판소는 부동산 사용개시일 이전의 기간에 대응하는 차입이자액 38만 5,643엔만이 취득비에 포함된다고 밝혔다. 그 논리는 2단구성이다. 우선 원칙적으로

「개인이 그 거주에 사용하기 위해 부동산을 취득할 때에는 대금 전부 또는 일부의 차입이 필요한 경우가 있으며, 이 경우에는 차입금이자의 지급이 필요하게 되는바, 일반적으로 차입금의 이자는 해당 부동산의 객관적 가격을 구성하는 금액에 해당하지 않으며, 또한 해당 부동산을 취득하기 위한 부수비용에 해당한다고 할 수도 없고, 오히려 개인이 다른 종류의 가사상의 필요로부터 자금을 빌리는 경우의 해당 차입금의 이자와 같이 해당 개인의 일상적인 생활비 내지 가사비일 뿐이라고 해야 한다. 그렇다면 위 차입금의 이자는, 원칙적으로, 거주용 부동산의 양도에 의한 양도소득금액의 계산상 소득세법 제38조 제1항의 『자산의 취득에 소요된 금액』에 해당하지 않는 것이라고 할 수밖에 없다」

라고 했다. 계속해서, 예외로서 다음과 같이 판시한다.

「그러나 위와 같은 차입 후 개인이 해당 부동산을 그 거주에 사용하기까지는 어느 정도의 기간이 필요한 것이 일반적이며, 따라서 해당 개인은 그 기간 중 해당 부동산을 사용하지 않으면서 이자를 지급할 수밖에 없는 점을 감안하면, '위 차입금의 이자 중 거주를 위해 해당 부동산의 사용을 개시하기까지의 기간에 대응하는 것'은 해당 부동산을 그 취득에 관련된 용도로 사용하는데 있어서 필요한 준비비용이라고 할 수 있으며, 해당 개인의 단순한 일상적인 생활비 내지 가사비로서 양도소득금액의 계산 범위 밖의 것이라고 하는 것은 적절하지 않고, 해당 부동산을 취득하기 위한 부수비용에 해당한다고 보아, 위에서 언급한 『자산의 취득에 소요된 금액』에 포함된다고 해석하는 것이 상당하다.」

최고재판소는 거주용 부동산의 취득을 위한 차입금이자는 원칙적으로 취득비에 산입되지 않는다고 한다. 그 다음에 더 나아가, 예외적으로 '사용개시까지의 기간에 대응하는 것'은 부수비용으로서 취득비에 포함된다고 한 것이다.

이것은 먼저 말한 이론적 고찰과 비교하면 결론은 같으나 원칙과 예외가 반대이다. 즉 이론적으로는 부채이자는 원칙적으로 모두 공제해야 하는 것이다. 하지만 거주용 부동산에서 생기는 귀속소득은 비과세이며 차입금이자의 공제를 허용하면 조세재정이 가능해진다. 그래서 '사용개시 후에 생기는 차입금이자의 취득비 산입을 부정하는 것'에 의하여 부분적으로 과세의 대상에 넣는다는 것이다[金子宏 「讓渡所得における『取得費』の意

義──若干の裁判例を素材として」同『課税単位及び讓渡所得の研究』〔有斐閣, 1996년(初出 1981
년)〕250면].[41]

(3) 각종소득과의 대응관계 등

어느 각종소득에 관하여 이자비용이 발생한 것인지를 결정하는 데는 몇 가지 방법이
있다.

▶ 트레이싱(tracing)법. 차입금의 용도를 제반 사정에 비추어 추적하여 사용처에 관련
    된 각종소득에 대응시킨다. 차입금을 이용해 사업용 건물을 구입하면 그 차입금이
    자는 사업소득에 대응하고, 거주용 가옥을 구입하면 비과세 귀속소득이나 양도소득
    에 대응한다고 본다. 말하자면 '자금에 꼬리표가 붙어있다'고 생각한다.

▶ 배부법{配賦法}. 차입금을 일정한 정식으로 각종소득에 할당하여 그 각종소득에 대
    하여 차입금이자를 대응시킨다. 여기에는 '자산, 부채 등의 비율로 안분하는 방식'
    과 '법정의 순번에 따라서 우선적으로 배정하는 방식'이 있다. 어느 방법이던지 금

---

41) 일본 소득세법 제33조 제3항은 양도소득금액 산정에 있어서 공제해야 할 필요경비에 관하여 "해당 소
   득의 기인(基因)이 된 자산의 취득비 및 그 자산의 양도에 소요된 비용의 합계액"으로, 제38조 제1항도
   그 취득비에 대하여 "그 자산의 취득에 소요된 금액 그리고 설비비 및 개량비 금액의 합계액으로" 포괄
   적으로 규정하고 있다. 따라서 앞서 살펴본 양도소득에 있어서의 '자산'의 범위와 마찬가지로 판례와 해
   석론으로 해결해야 할 문제이다[일본 소득세법 제48조 제3항과 그 위임에 따른 같은 법 시행령 제118
   조가 '양도대상인 유가증권의 취득비'에 대하여, 그 외에 일본 소득세법 시행령 제2편 제1장 제5절(자
   산의 양도에 관한 총수입금액 그리고 필요경비 및 취득비 계산의 특례, 제167조의7 이하)이 '교환에 의
   한 취득자산의 취득가액 등의 계산', '昭和27(1952)년 12월 31일 이전에 취득한 산림, 자산, 유가증권의
   취득비', '차지권 등이 설정된 경우의 양도소득에 관련된 취득비', '차지권의 전대에 관련된 취득비' 등
   특수한 경우에 대하여 각각 취득비 계산방법의 특례를 정하고 있는 정도에 그친다]. 양도소득금액 산정
   에 있어서의 취득비에 대해서는 金子宏, 앞의 책(租税法), 276−279면 참조.
   한국: ① 양도소득금액 산정에 있어서 공제대상이 되는 필요경비가 무엇인지에 관하여, 소득세법 제97
   조 제5항의 위임에 따른 소득세법 시행령 제163조가 매우 상세한 규정을 두고 있다. 소득세법 시행령
   제163조에 따르면 본문과 같이 '양도자산을 구입하기 위한 차입금에 대한 지급이자'는 필요경비공제의
   대상이 되는 '취득가액(취득에 든 실지거래가액)'으로 규정되어 있지 않다. 따라서 지급이자는 필요경비
   에 해당하지 않는다고 보아야 한다. 이창희, 앞의 책(세법강의), 492면 참조.
   ② 실무 역시 양도자산을 취득하기 위하여 차입을 한 경우, 그 차입금이자에 대한 필요경비공제를 부
   정한다. 양도자산인 건물의 건설자금 차입금이자에 관한 서울행정법원 2016. 10. 21. 선고 2015구단
   61231 판결[항소기각(서울고등법원 2017. 7. 6. 선고 2016누76697 판결, 차입금이자에 관한 부분은 제
   1심 판결을 그대로 인용함) 및 상고기각(대법원 2017. 12. 7. 2017두57653 판결, 심리불속행 기각)
   으로 확정] 및 광주지방법원 2019. 5. 2. 선고 2018구합12091 판결(그대로 확정)과, 양도자산인 토
   지를 취득하기 위한 차입금이자에 관한 수원지방법원 2018. 11. 7. 선고 2018구합1528 판결(그대로
   확정) 등 참조. 이 판결들은 그 논거로서 이자비용은 소득세법 시행령 제163조에 열거된 필요경비
   에 해당하지 않는 점, 양도자산을 취득하기 위하여 대출을 받은 사람에게 그 차입금이자 등을 필요
   경비로 공제해 준다면, 자신의 금원으로 양도자산을 취득한 사람에 비하여 유리해져 형평성에 문제
   가 생기는 점 등을 들고 있다.

전이 대체적(fungible)이라고 상정하고 있다. 쉽게 말하면 「돈에 색은 없다」라는 사고방식에 의하여 일정한 정식에 따라서 배부할 수밖에 없다고 생각하는 것이다.

현행 소득세법은 이자비용의 각종소득에 대한 대응관계를 어떻게 결정할지에 대해 명시적인 규정을 두지 않고 있다. 암묵적으로는 트레이싱법으로 부채이자공제의 가부를 생각하는 경우가 많은 것으로 생각된다. 위에서 인용한 최고재판소 판결도 차입금을 이용해 거주용 부동산을 취득했다는 사실에 착안해 양도소득에 대응한다고 보고 있다.[42]

Column 10-4 주택론 감세

주택론{住宅 loan}을 이용해 거주용 가옥을 취득하는 경우를 염두에 둔 특별세액공제가 마련되어 있다(租特 제41조~제41조의3의2).[43] 주택에서 생기는 귀속소득이 비과세인 것에 비추어 보더라도, 한발 더 들어간 자가보유 우대책이다. 昭和47{1972}년에 창설된 이래 장기간 존속하고 있는 결과, 이 조세우대조치를 포함시켜서 지가와 이율이 형성되어 있을 가능성이 높다. 이로 인한 세수감소는 平成27{2015}년도에 372억 엔에 이르렀다(国税庁第141回統計年報 186면).

---

42) 한국: 우리나라에서는 지급이자에 대하여 양도소득 필요경비공제가 인정되지 않으므로 본문과 동일한 문제는 생기지 않는다.

다만 앞서 살펴본 바와 같이 부동산임대소득의 경우 동일한 부동산임대소득에 대해서만 이월결손금공제가 허용되고 통상적인 사업소득 등 종합소득 과세표준에 대한 결손금공제가 허용되지 않는다(소득세법 제45조 제2항, 제3항 참조). 따라서 통상적인 사업소득과 부동산임대소득이 동시에 발생하는 사업자의 경우, 종합소득 과세표준 산정에 있어서 결손금공제가 가능한 통상의 사업소득의 결손금을 늘리기 위하여, 자신의 이자비용을 통상의 사업소득에서 공제받으려는 유인이 생길 수 있다. 사업소득과 기타소득이 동시에 발생하는 경우에도, 기타소득의 경우에는 결손금이 발생하더라도(마이너스가 되었다고 하더라도) 다른 소득에 대하여 결손금공제를 할 수 없고, 실제 발생한 필요경비와 무관하게 거주자가 받은 수입금액의 일정비율을 필요경비로 공제해 주는 제도가 있는 등(소득세법 제37조 제2항 제2호, 소득세법 시행령 제87조) 사업소득과 차이가 있으므로, 사업소득에서 공제받으려고 하는 유인이 생길 수 있다(구체적인 상황에 따라서 공제받으려 하는 유인이 생기는 쪽은 달라질 수도 있을 것이다). 이와 같은 경우 우리나라 소득세법에도 '배부법(配賦法)'에 따른 차입금이자 할당규정이 없으므로, '트레이싱(tracing)법'에 따라서 이자비용의 공제를 정해야 할 것이다(통상적인 사업소득과 부동산임대소득의 구분에 관해서는 뒤의 19-2-3 부분의 각주에서 상술함).

43) 한국: 소득세법 제52조 제5항, 제6항(특별소득공제 중 장기주택저당차입금에 대한 이자 상환액 근로소득공제), 조세특례제한법 제87조(주택청약종합저축 등에 대한 소득공제 등) 참조.

10-5 손실

10-5-1 이론과 제도

사이먼즈의 정식에 입각하여 말하자면, 자산의 멸실이나 훼손은 어느 기간 내의 축적부분의 감소이므로, 예외 없이 소득의 감액요소가 되어 소득의 마이너스 항목으로서 공제해야 하는 것이다.

이에 대하여 실정제도로서의 소득세법은 필요경비의 범위를 역사적으로 확대해 오는 가운데, 손실을 조금씩 공제의 대상에 포함시켜 왔다(→ 10-2-1). 그런 점에서 소득세법상 손실이라는 개념이 확실하게 한 덩어리로 뭉쳐 있는 것은 아니다. 소득구분의 영향을 받아 몇 가지 계보의 규정이 얽혀 있다.

Column 10-5 손실이라는 용어

소득세법은 문맥에 따라 「손실」이라는 동일한 용어에 다른 의미를 부여하고 있어 혼동하기 쉽다.

▶ 자산손실(所稅 제51조)의 「손실」. 자산에 생긴 경제적 가치의 감소로서 소득을 얻는데 공헌하지 않는 것을 가리킨다.
▶ 손익통산(所稅 제69조)에서의 「손실」. 사업소득 등의 계산상 총수입금액에서 필요경비를 뺀 결과 발생하는 마이너스 금액(적자)을 말한다.
입법기술상으로는 각각의 의미에 대응하는 다른 법령용어를 써야 할 것이다.[44]

10-5-2 손실에 관한 두 가지의 계보

(1) 필요경비의 계보와 소득공제의 계보

손실에 관한 현행 소득세법의 취급에는 2개의 계보가 있다(도표 10-16).

---

[44] 한국: ① 우리 소득세법은 일본 소득세법 제51조 제1항과 같이 사업용 고정자산에 관한 '손실'을 필요경비에 산입한다는 포괄적인 규정을 두고 있지 않다. 다만 뒤에서 살펴보는 바와 같이 소득세법 시행령 제55조 제1항 제15호가 '자산의 평가차손'이라는 용어를 사용하고 있고, 소득세법 제58조가 세액공제와 관련하여 '재해손실'이라는 용어를 쓰고 있다.
② 일본 소득세법 제69조에서의 '손실'에 대응하는 개념으로 우리나라 소득세법 제45조는 '결손금'이라는 용어를 사용하고 있다.

도표 10-16 ▎ 손실에 관한 2개의 계보

	근거규정	계산의 기초
필요경비	제51조(＝제37조의 「별도의 규정」)	취득비 베이스(所税令 제142조)
소득공제	제72조(잡손공제)	시가 베이스 또는 취득비 베이스 (所税令 제206조 제3항)

(2) 자산손실

제1계보는 필요경비로서 손실을 공제하는 것으로, 원자{原資}의 회수부분을 과세대상으로부터 제외시켜 순소득을 계측한다. 그 전형이 자산손실의 필요경비공제이다(所税 제51조). 소득세법 제51조는 필요경비에 관한 제37조가 언급하는 「별도의 규정」에 해당한다.

제51조의 적용대상은 사업용 고정자산(제1항), 사업수행상 생긴 채권의 대손(제2항), 산림(제3항), 업무용 자산(제4항) 등으로 모두 필요경비공제가 가능한 소득유형과 관련되어 있다. 또한 매장에 있는 상품과 같이 개인사업자의 재고자산에 대해 손실이 생긴다면 원가로 필요경비에 계상할 수 있다(所税 제37조 제1항).

여기서 제51조 제1항과 제4항을 비교해 보자. 양자를 나누는 키워드는 「사업」과 「업무」이다.

- ▶ 제1항은 사업에 사용되는[45] 고정자산, 즉 사업용 고정자산을 염두에 둔 규정이다. 사업용 고정자산에 대하여, 허물기[46]·제각{除却}·멸실·손괴 기타 사유에 의해 발생한 손실의 금액을 부동산소득·사업소득·산림소득의 필요경비에 산입한다. 한도액은 규정되어 있지 않다.
- ▶ 제4항은 부동산소득이나 잡소득을 발생시키는 업무에 사용되거나[47] 또는 이러한 소득의 기인{基因}이 되는 자산의 손실의 금액을, 그 연도분의 부동산소득 또는 잡소득 금액의 계산상 필요경비에 산입한다. 여기서 '업무'란 사업이라고 할 수 없는 규모의 일을 의미한다.[48] 한도액이 있어, 그 연도분의 부동산소득 또는 잡소득의

---

45) 이 부분의 원문은 "事業の用に供される"로, 직역하면 '사업에 쓰기 위해 내어놓아진', '사업의 용도에 제공되는'이 되나, 이를 본문과 같이 '사업에 사용되는'으로 의역하였다. 부록 일본 조세법령에서도 동일하게 번역하였다.

46) 일본 소득세법 제51조 제1항의 원문에는 "取りこわし(とりこわし)"로 되어 있는데, '(건물 등을) 철거·해체하거나 허는 것'을 의미한다. 본문에서는 '허물기'라는 단어를 사용하였다. 부록 일본 조세법령에서도 동일하게 번역하였다.

47) 이 부분의 원문은 "業務の用に供され(る)"로, 직역하면 '업무에 쓰기 위해 내어놓아진', '업무의 용도에 제공되는'이 되나, 이를 본문과 같이 '업무에 사용되는'의 취지로 의역하였다. 부록 일본 조세법령에서도 동일하게 번역하였다.

금액을 한도로 한다. 그 때문에 제4항의 적용에 의해 이러한 각종소득에 적자가 생기는 일은 없다.

제1항과 제4항의 대비를 통해 알 수 있듯이, 현행법의 소득구분이 자산손실의 취급에 영향을 미치고 있다. 사업영역에서 발생한 손실은 한도액 없이 필요경비공제가 인정된다. 그러나 사업이라고 할 수 없는 규모의 부동산임대 등에 대해서는 한도액을 마련해 적자의 발생을 막고 있는 것이다.

제51조의 적용효과로서 필요경비에 산입할 수 있는 금액은 취득비 베이스로 산정한다(所稅令 제142조). 예를 들어 취득비 30, 시가 100의 사업용 점포가 멸실되었을 경우, 필요경비로서 공제할 수 있는 것은 30이다. 시가 100이 아니라 취득비 30을 공제대상으로 하는 것은 제51조가 원자{原資}를 회수하기 위한 규정이기 때문이다.[49][50]

48) 일본 소득세법상 사업소득과 부동산소득의 구분을 어떻게 할 것인가에 대해서는 뒤의 '소득구분의 실천 (19-2-3)' 부분에서 보다 자세한 서술이 이루어지며, 우리 소득세법상 통상의 사업소득과 부동산임 대소득의 구분도 그때 함께 각주에서 살펴본다.
49) 한국: (1) 일본 소득세법 제51조와 관련된 우리 소득세법의 관계규정을 살펴보면 다음과 같다.
① (i) '자산의 평가차손'은 사업소득의 필요경비 산입항목으로 규정되어 있다(소득세법 제27조, 소득세법 시행령 제55조 제1항 제15호). 그러나 소득세법 제33조 제1항 제7호는 소득세법 제39조 제3항 단서 및 제4항 각호에 따른 자산을 제외한 자산의 평가차손을 필요경비 불산입 항목으로 정하여, 자산 평가차손의 필요경비 산입에 제약을 가하고 있다. (ii) 여기서 소득세법 제39조 제3항은 거주자가 보유하는 자산의 장부가액을 증액 또는 감액(평가)한 경우 그 평가를 원칙적으로 부인하면서, 다시 그 예외로 제4항에서 "파손·부패 등으로 정상가격에 판매할 수 없는 재고자산"(제1호)이나 "천재지변이나 그 밖에 대통령령으로 정하는 사유로 파손 또는 멸실된 유형자산"(제2호)에 해당하는 자산은 대통령령으로 정하는 방법에 따라 그 장부가액을 감액할 수 있는 것으로 규정하고 있다. (iii) 그 위임에 따른 소득세법 시행령 제96조 제1항은 위 '대통령령으로 정하는 방법'에 관하여 '감액한 가액을 해당 과세기간의 장부상 필요경비로 계상할 것(즉 결산조정사항)'을 규정하고 있으며, 제2항에서 위 '대통령령으로 정하는 사유'에 대하여 "화재, 법령에 따른 수용 등, 채굴 불능으로 인한 폐광"으로 규정하고 있다.
② "(사업자가) 매입한 상품·제품·부동산 또는 산림 중 재해로 인하여 멸실된 것"은 그 원가를 필요경비에 산입할 수 있다. 다만 장부상으로 그 원가를 재해가 발생한 과세기간의 필요경비에 산입해야만 세법상 필요경비로 인정을 받는 결산조정사항에 해당한다(소득세법 제27조, 소득세법 시행령 제55조 제1항 제18호).
③ 사업소득자는 대손금을 필요경비에 산입할 수 있다(소득세법 제27조, 소득세법 시행령 제55조 제1항 제16호, 제2항, 법인세법 시행령 제19조의2 제1항 제1호 내지 제5호, 제5호의2, 제6호, 제8호, 제9호, 제9호의2, 제10호, 제11호).
(2) 사업소득자의 고정자산에 손실이 발생한 경우로 문제를 한정시켜 보자면, 우리 소득세법상으로는 위 '천재지변, 화재, 수용, 폐광' 이외에, 고정자산에 다른 사유로 손실이 발생한 경우(즉 일본 소득세법 제51조 제1항이 정한 '허물기·제각·멸실·기타 사유'와 같이 보다 일반적인 경우들)에는 필요경비공제가 불가능한 것으로 해석될 여지가 있다[다만 "시설의 개체 또는 기술의 낙후로 생산설비의 일부를 폐기한 경우"에는 그 자산의 처분가액과 장부가액의 차액에 대한 필요경비 산입이 가능하다(소득세법 시행령 제67조 제6항 참조)]. 한편 법인세법도 소득세법과 거의 동일한 조문구조를 가지고 있으므로 같은 문제가 생긴다[뒤의 16-3-4 (1) 부분의 각주 참조].
(3) 이 쟁점에 관해서 한만수, "소득과세상 자산손실의 취급과 그 문제점에 관한 고찰", 조세법연구

15(3), 한국세법학회(2009), 289-290면은 사업용 자산이 재해가 아닌 예컨대 횡령이나 도난과 같은 사유로 멸실된 경우의 손실은, 법령상으로 필요경비 항목으로 열거되어 있지는 않지만(소득세법 시행령 제55조 제1항 참조), 필요경비 인정의 요건(사업관련성, 통상성)을 충족하는 이상 필요경비에 해당하는 것이 당연하다는 취지로 주장한다. 이 논문은 290면에서 이러한 취지의 판례로 대법원 1987. 3. 24. 선고 86누20 판결을 들고 있다. 이 판결의 해당 판시를 인용하면 다음과 같다.

"총수입액에 대응하는 필요경비를 계산함에 있어서 그 필요경비 중에 사업용 고정자산의 멸실 등으로 인한 특별손실이 포함되는 경우에는 그 특별손실은 경상손익과는 달리 멸실된 자산가액 자체가 아니라 멸실된 자산가액에서 손해배상이나 보험료등 그 자산가액을 직접 전보하는 대체수입액을 공제한 나머지 금액이라고 할 것이므로 사업용 고정자산의 멸실로 인하여 얻을 수 있는 손해배상금등 대체수입의 존부나 범위가 확정되지 아니하였다면 필요경비에 산입할 자산멸실로 인한 손실의 범위도 확정할 수 없다 하겠고 따라서 이와 같은 경우에는 그 자산의 멸실로 인한 손실을 당해년도의 필요경비에 계상할 수 없고 다만 그 손실이 확정되는 연도의 필요경비에 계상할 수 있을 뿐이라 할 것이다."

(4) 그런데 이 판례의 사실관계를 살펴보면, 사안에서 멸실된 사업용 고정자산은 수산업을 경영하는 원고(개인사업자)의 어선으로, 대한해협 근처에서 조업을 하다가 일본선박과 충돌하여 침몰한 사안인데, 원심(대구고등법원 1985. 11. 15. 선고 85구101)은 이를 '재해손실'이라고 파악하여 필요경비공제를 긍정하고 있어서, 도난이나 횡령 등으로 고정자산에 손실이 발생한 경우에까지 이 판례를 일반화할 수 있는지는 의문이다. 위 86누20 판결의 법리를 인용하고 있는 대법원 2001. 2. 9. 선고 98두16484 판결 역시 다른 회사 선박의 과실로 원고(법인) 소유 선박이 침몰·대파되는 등의 손실을 입은 경우 이를 '재해손실'로 보고 법인세법상 손금산입을 긍정한 사안이다.

(5) 한만수, 앞의 글(소득과세상 자산손실의 취급과 그 문제점에 관한 고찰)의 논지는, 타인의 불법행위에 의하여 사업용 자산에 물리적·가시적 손실이 발생한 경우(횡령, 도난 등)와 같이 '사업관련성, 통상성'의 요건을 갖춘 경우는, 그 자산 손실금액이 타인의 위법행위에 대한 손해배상채권으로 바뀐 다음에, 회수가 불가능하게 되면 대손금으로 처리될 것이므로 과세소득 계산상 당연히 비용으로 인정될 수 있다는 것이다(같은 글 287면 참조). 즉 이와 같은 계정인식은 기업회계에 따른 처리로서, 이를 바탕으로 '자산의 평가와 관련된 필요경비 산입을 일반적으로 공정·타당하다고 인정되는 기업회계에 따르도록' 한 소득세법 제39조 제5항에 비추어 필요경비로도 인식할 수 있다고 해석하는 취지로 이해된다. 그러나 이와 같이 해석할 경우 소득세법이 일반적으로 자산의 평가손익을 소득계산에 반영시키지 않도록 하면서(소득세법 제39조 제3항), 개별적으로 이를 허용하는 특별한 규정들을 둔 취지를 몰각시키는 문제가 생긴다. 법인세법도 고정자산의 손실에 관하여 소득세법과 거의 동일한 조문구조를 가지고 있으므로 같은 문제가 생긴다[16-3-4 (1) 부분의 각주 참조].

(6) 이상 살펴본 필요경비공제에 관한 설명과는 맥락을 달리하나, 소득세법 제58조(재해손실세액공제)는 '사업자'가 '천재지변이나 그 밖의 재해'로 인하여 '사업용 자산 등을 상실'하여 납세가 곤란하다고 인정되는 경우에는 일정한 범위 내에서 '세액공제'를 허용하고 있다.

(7) 한편, 사업용 고정자산에 손실이 발생한 경우가 아니라, '임원·종업원 등이 고용주(회사)의 자금을 횡령·편취한 경우'는 이와는 별개의 문제이다(뒤의 16-3-5 부분 참조).

50) 한편 일본 소득세법 제51조 제4항은 '잡소득'을 발생시키는 자산에 손실이 발생한 경우에도 필요경비공제를 허용하나, 우리나라 소득세법은 기타소득을 발생시키는 자산에 손실이 발생하더라도 필요경비공제를 허용하는 규정을 두고 있지 않다. 이와 관련해서 한만수, 앞의 글(소득과세상 자산손실의 취급과 그 문제점에 관한 고찰)은 306면 이하에서 사업소득이 아닌 예컨대 이자소득이나 기타소득을 발생시키는 자산에 '재해, 도난, 강취, 횡령, 손괴' 등에 따른 물리적·가시적 피해를 입는 경우 즉 "비사업용 자산의 물리적 멸실에 따른 손실액"에 대하여 필요경비공제를 허용하지 않는 것은 '소득과세의 기본원리에 반하며 위헌적'이라고 비판한다.

(3) 잡손공제

다음으로 제2계보를 보자. 그 중심에 있는 것이 잡손공제이다(所税 제72조). 잡손공제는 재해 시의 조세감면에 연혁을 두고 있으며, 현행법상으로는 총소득금액 등을 산정한 다음 단계에 있어서 소득공제의 하나로 자리매김되어 있다[→ 8-3-4 (1)]. 필요경비공제나 손익통산이 끝난 후의 단계의 이야기이다.

적용 요건으로서는 본인뿐만 아니라 '생계를 같이 하는 배우자나 친족이 가지는 자산'에 대해서도 적용이 가능하다. 반면 「재해, 도난, 횡령에 의한 손실」에 한하여 인정된다. 생활에 통상 필요하지 않은 자산이나, 재고자산, 자산손실의 대상이 되는 사업용 자산은 잡손공제의 대상에서 제외된다.

잡손공제에 있어서의 손실의 금액은 시가 베이스로 산정되어 왔다(所税슈 제206조 제3항). 예를 들어 취득비 30, 시가 100의 자택이 화재로 전부 타버렸을 때, 100이 잡손공제에 있어서의 손실의 금액이다. 平成26{2014}년의 개정으로, 재해 직전의 시가의 산출이 곤란한 케이스가 있는 것을 감안하여 취득비 베이스의 산정을 선택할 수 있게 하였다(동항 괄호). 손실의 금액 중 공제할 수 있는 것은, 재해관련 지출이 5만 엔 이하인 경우에 대해 말하면, 그 연도분의 총소득금액·퇴직소득금액·산림소득금액 합계액의 10분의 1에 상당하는 금액을 넘는 부분이다. 이것을 법령용어로 「잡손실의 금액」이라고 한다(所税 제2조 제1항 제26호).

소득세법 제72조에서 파생된 몇 가지 룰이 있다. 재해에 의한 손실은 자주 큰 금액에 이르며 게다가 그 해의 소득도 감소하는 일이 많기 때문에, 그 연도분만으로는 전액 공제할 수 없는 경우가 있다. 그러한 경우 3년간에 걸쳐서 잡손실의 금액을 이월해 공제할 수 있다(所税 제71조). 또한 잡손공제의 대상이 되지 않는 「생활에 통상 필요하지 않은 자산」의 손실은 그 연도분이나 다음 연도분의 양도소득금액 계산상 공제해야 할 금액으로 간주한다(동 제62조).51)52)

---

51) 일본 소득세법 제72조(잡손공제)는 '생활에 통상 필요한 자산'에 대하여 '재해, 도난, 횡령'에 의해 손실이 생긴 경우 일정한 범위 내에서 '총소득금액, 퇴직소득금액, 산림소득금액'으로부터 '소득공제'를 해주는 규정이고, 일본 소득세법 제62조(생활에 통상 필요하지 않은 자산의 재해에 의한 손실)는 '생활에 통상 필요하지 않은 자산'에 대하여 '재해, 도난, 횡령'에 의해 손실이 생긴 경우 양도소득금액 계산상 공제를 허용하는 규정이다. 이와 관련해서 일본 소득세법 시행령 제206조 제1항 제1호는, 일본 소득세법 제72조 제1항의 잡손공제의 대상이 되는 자산이 '주택·가재(家財) 등'을 의미한다는 취지로 규정하고 있으며, 일본 소득세법 시행령 제178조 제1항은, 일본 소득세법 제62조 제1항의 '생활에 통상 필요하지 않은 자산'에 대하여 '경주마, 거주에 사용하지 않는 가옥, 기타 취미, 오락, 보양, 감상 목적의 자산 등'으로 규정하고 있다(각각 부록 일본 조세법령 참조).
한국: 일본 소득세법과 달리 우리 소득세법은 사업소득자가 아닌 거주자의 생활용 자산 등에 '재해, 도난, 횡령' 등의 사고가 발생했을 때 특별히 공제를 허용해주는 규정을 두고 있지 않다.
52) '손실'에 관한 분문 (2), (3)의 주요 내용들을 우리 소득세법과 비교·정리해 보면 다음과 같다.

Column 10-6 잡손실의 금액

「잡손실의 금액」(所稅 제2조 제1항 제26호)은 잡손공제와 관련해 정의된 법령용어이다. 이것과 구별해야 할 것은 '잡소득의 계산상 총수입금액으로부터 필요경비를 공제한 금액이 적자가 되는 경우'이다(동 제35조 제2항).

(4) 손실계상의 타이밍

어느 연도분의 손실로서 계상할지는 대손손실(所稅 제51조 제2항)에 관하여 종종 문제가 된다. 여기에서는 손실이 생겼을 경우의 조정방법으로서 '과거의 연도분으로 거슬러 올라가는지 아닌지'를 봐 두자. 이 점에 대해서 소득세법은 ① 양도소득 등 한 번에 과세관계가 종료되는 상황과 ② 사업소득을 비롯하여 계속적·경상적인 상황을 구별하고 있다(도표 10-17).

도표 10-17 ┃ 소급적 조정과 현재연도 조정

① 제64조	소급적 조정 → 제152조로 경정청구
② 제51조	현재연도 조정

① 소급적 조정은 소득의 발생이 경상적이지 않은 경우에 적합하다. 예를 들어 소득세법 제64조 제1항은 「그 연도분의 각종소득의 금액」의 계산의 기초가 되는 수입금액을 회수하지 못하게 되었을 때, 회수 못하게 된 부분에 대응하는 금액을 없었던 것으로 간주한다. 즉 「그 연도분의」 소득금액 자체가 거슬러 올라가 없었던 것으로 간주하는 것이다. 일단 신고에 의해서 확정된 납세의무를 거슬러 조정하기 위한 절차로서는 경정청구에 의한다(所稅 제152조).

이에 비해 ② 손실이 발생한 그 연도분의 필요경비에 산입하는 것이 소득세법 제51조 제2항이다. 개인이 사업소득을 벌어들이는 경우에 그 태양(態樣)은 계속적이다. 그러므로

	일본 소득세법	한국 소득세법
사업용 자산	제51조 제1항	제39조 제4항 등(일본 소득세법에 비해 사유 한정)
사업용 자산 외의 소득을 발생시키는 자산	제51조 제4항 (잡소득, 부동산소득)	없음(기타소득 등을 발생시키는 자산의 손실에 대해서는 공제 인정 안 함. 부동산임대소득은 별도의 소득구분 없이 사업소득으로 분류)
생활용 자산	제72조(잡손공제)	없음
그 외의 자산	제62조	없음

과거의 연도분으로 소급하지 않고, 현재연도에 있어서의 필요경비에 산입한다. 예외적으로 사업을 폐지해 버린 후에 손실이 발생한 경우, 그대로는 공제가 불가능하기 때문에, 사업폐지의 날이 속하는 연도분 또는 그 전년도분의 필요경비에 산입한다(所稅 제63조).

이와 같이 소득세법은 경상적으로 발생하는 소득유형인지 아닌지를 기준으로 하여, ① 소급적 조정과 ② 현재연도 조정을 구분하고 있다. ①의 근거규정인 소득세법 제64조 제1항이 「사업소득의 금액을 제외한다」고 명확히 한 것은(동항 괄호) 이 생각에 근거한다.[53]

10-5-3 손실계상에 대한 제한조치

(1) 적자에 대한 경계

약간 시야를 넓혀서 소득계산상 발생하는 마이너스 금액(적자)을 보자. 적정한 비용공

---

53) 한국: 본문의 ①과 ②의 경우를 나누어서 우리 소득세법의 규정을 살펴본다.

(1) 먼저 본문 ②의 경우 즉 사업소득에서 발생하는 대손금의 경우를 살펴본다.

소득세법 시행령 제55조 제7항은 사업소득에 있어서의 대손금의 필요경비 산입시기에 관하여 법인세법 시행령 제19조의2 제3항 각호에 따르도록 정하고 있고, 법인세법 시행령 제19조의2 제3항 각호는 '해당 사유가 발생한 날이 속하는 사업연도(제1호)', '해당 사유가 발생하여 손비(필요경비)로 계상한 날이 속하는 사업연도(제2호)'로 각각 정하고 있다. 즉 사업소득과 관련하여 생긴 대손금의 경우는 필요경비 산입의 시기가 과거로 소급하지 않는다(다만 위 제2호에 해당하는 대손사유의 경우는 장부상으로 반영해야 하는 결산조정사항임).

(2) 문제는 본문의 ①의 경우이다. 우리 소득세법에는 일본 소득세법 제64조 제1항, 제152조와 같이 사업소득이 아닌 다른 소득과 관련하여 납세의무가 성립한 후에 그 수입을 이루는 금액을 회수하지 못하게 된 경우 이 부분을 없었던 것으로 보는 일반적인 규정 및 이 경우 경정청구를 허용하는 규정은 없다. 그러나 대법원 2014. 1. 29. 선고 2013두18810 판결 및 대법원 2018. 5. 15. 선고 2018두30471 판결은 이와 같은 경우에도 국세기본법 제45조의2 제2항 제5호, 국세기본법 시행령 제25조의2 제4호의 후발적 경정청구 사유에 해당한다고 해석한다. 대법원 2018. 5. 15. 선고 2018두30471 판결을 인용하면 아래와 같다.

"소득세법상 권리확정주의의 의의와 기능 및 한계 등에 비추어 볼 때 납세의무의 성립 후 소득의 원인이 된 채권이 채무자의 도산 등으로 회수불능이 되어 장래 그 소득이 실현될 가능성이 전혀 없음이 객관적으로 명백하게 되었다면, 이는 구 국세기본법 시행령 제25조의2 제2호에 준하는 사유로서 특별한 사정이 없는 한 같은 조 제4호가 규정한 후발적 경정청구사유에 해당한다고 봄이 타당하다."

(3) 이와 관련해서 엄선근, 앞의 글(권리확정주의와 후발적 사유에 의한 경정청구의 관계에 관한 연구: 대법원 판례에 대한 검토와 대안을 중심으로), 128, 186-188면은 이와 같이 경상적이지 않은 소득(1회성 소득)의 경우에 대해서도 명시적으로 후발적 경정청구가 가능하도록 규정하는 것이 바람직하다는 취지로 지적한다. 한편 이와 같이 이미 수입귀속시기가 지난 이후에 소급적인 구제를 허용해 줄 경우 판례상의 권리확정주의와의 관계가 문제되는데, 이 점에 대해서 엄선근, 앞의 글(권리확정주의와 후발적 사유에 의한 경정청구의 관계에 관한 연구: 대법원 판례에 대한 검토와 대안을 중심으로), 141-145면은 권리확정주의라는 용어가 가져올 수 있는 개념상의 혼란을 방지하기 위하여 "조세채무의 재확정"이라는 개념을 사용하여 이론적 구성을 할 필요가 있다는 취지로 주장한다.

제를 통하여 순소득을 과세대상으로 한다는 것은 소득세법의 기본적인 특질이다. 그러나 현실 사회는 그렇게 쉽지 않다. 과대하게 비용공제를 받거나, 법망의 허점을 이용하는 사례가 생긴다. 그 때문에 법제도 본연의 자세로서 적자의 계상에 대해서는 경계적인 태도를 취하게 된다.

(2) 부동산소득의 적자

예를 들면 부동산소득의 금액은 총수입금액으로부터 필요경비를 공제하고 계산한다. 그 결과로서 적자가 생기는 경우가 있으며, 게다가 그 적자는 다른 각종소득과 손익통산 할 수 있다.[54] 여기서 이 규정을 이용한 상품을 조성하는 사례가 생겼다[名古屋高判 平成17(2005). 10. 27. 稅資 255호 순호 10180 〔항공기 리스〕, 名古屋高判 平成19(2007). 3. 8. 稅資 257호 순호 10647 〔선박 리스〕].

그 조작에 대해서 아주 간단히 예를 들어 해설하자면, 선박이나 항공기 등의 감가상각 자산을 사들여 그것들을 대여한다. 그러면 「선박 또는 항공기」의 대여에 의한 소득은 부동산소득에 해당하므로 부동산소득의 계산상 감가상각비를 필요경비로서 공제할 수 있다.[55] 차입금을 이용하면 「지렛대」 효과를 이용하면서 부채이자비용도 공제할 수 있다. 이렇게 해서 적자를 발생시킨다. 게다가 조합의 법형식을 취하는 방법을 통해서 복수의 출자자가 적자를 계상할 수 있다.

이를 막기 위해 平成17{2005}년 세제개정에서 입법적으로 대응을 하였다. 즉 조합사업에 대해 수동적로만 관여하고 있는 개인조합원(「특정조합원」)에게 平成18{2006}년 이후 매년도의 조합사업에서 발생하는 부동산소득에 관련된 손실의 금액이 있을 경우에는, 그 손실액에 상당하는 금액은 부동산소득, 손익통산, 기타 소득세에 관한 법령의 적용에 있어서 발생하지 않았던 것으로 간주된다(租特 제41조의4의2). 즉 적자가 발생하지 않았다고 간주하는 방법으로 절세 메리트를 빼앗은 것이다(→ 5-3-2).[56]

---

54) 한국: 소득세법 제45조 제2항, 제3항이 부동산임대소득에서 발생한 결손금을 종합소득 과세표준 계산에 있어서 공제하는 것을 금지하고, 10년에 걸쳐 이월하여 부동산임대업의 소득금액에서 공제하는 것만을 허용한다는 점은 앞서 살펴본 바와 같다.

55) 한국: 선박·항공기 대여업으로 인한 소득은 부동산임대소득이 아닌 통상의 사업소득에 해당할 수 있을 뿐이다. 소득세법 제45조 제2항 참조.

56) 한국: 조합사업에 관한 손익분배 비율의 가장 등에 대한 우리나라 소득세법의 대응방안으로 소득세법 제43조(공동사업에 대한 소득금액 계산의 특례) 제3항, 소득세법 시행령 제100조(공동사업합산과세 등) 제2항 내지 제5항 참조. 다만 이 조항은 누진적 세율구조하에서, 보다 높은 세율이 적용되는 것을 면탈하려는 의도를 가진 '소득 나누기'에 대한 대응책으로서 특수관계인들 사이에서 이루어지는 공동사업의 실체를 인정하지 않으려 하는 규정이다. 이태로·한만수, 앞의 책(조세법강의), 387면. 즉 우리 소득세법은 조합사업에 있어서의 결손금에 대하여, 수동적으로 관여하는 조합원이 이를 필요경비에 산입

(3) 손익통산의 범위

적자에 대한 경계는 손익통산의 룰에도 나타난다.

소득세법 제69조 제1항은 부동산소득, 사업소득, 산림소득, 양도소득에 대해서만, 그로부터 적자가 발생했을 때 다른 각종소득과의 통산을 허용하고 있다.[57] 이 4개의 각종소득은 「후지산죠」[58]라는 애칭으로 불린다. 이에 비해 배당소득·일시소득·잡소득의 경우는 만일 마이너스가 되었다고 해도 다른 각종소득과 통산할 수 없다.[59] 이와 같이 어느 각종소득에 대해 적자가 생기더라도, 소득유형의 벽을 넘기 위해서는 제69조에 따라야만 한다(도표 10-18).

도표 10-18 ▌ 적자를 손익통산할 수 있는 각종소득

제69조	부동산 · 사업 · 산림 · 양도(= 후지산죠)
대상 외	배당 · 일시 · 잡

손익통산의 범위에는, 룰을 마련했을 당시에는 합리적이었지만 그 후의 법상태의 변화에 따라 재검토해 볼 만한 것도 있다.

예를 들면 昭和36(1961)년에 '배당소득의 계산상 발생한 적자'를 손익통산의 범위로부터 제외했을 당시, 주식양도차익은 원칙적으로 비과세였다. 차입금으로 주식을 사면, 거기서 생기는 부채이자는 과세되는 배당소득과 비과세되는 주식양도차익의 모두에 대응할 것이다. 그럼에도 불구하고 부채이자의 전액을 배당소득의 계산상 공제한 뒤, 다른

하는 것을 금지하고 있지는 않다.

　감가상각을 이용한 손익조작과 택스 셸터(tax shelter)에 관한 논의에 대해서는 이창희, 앞의 책(세법강의), 930-935면 참조.

57) 우리나라 소득세법이 일본 소득세법보다 이른바 '손익통산'의 범위가 더 좁다는 점은 앞서 살펴본 바 있다.

58) 일본어로 부동산소득, 사업소득, 산림소득, 양도소득의 각 앞 글자(不, 事, 山, 讓)의 한자발음이 '후', '지', '산', '죠'가 된다. 여기서 '富士山上(후지산의 꼭대기)'의 발음 역시 '후지산죠'가 되는 것을 활용한 언어유희이다.

59) 일본 소득세법상 배당소득과 관련된 부채이자의 공제에 대해서는, 부록 일본 조세법령의 일본 소득세법 제24조 제2항 참조.

한국: ① 일본과 달리 배당소득과 관련된 부채이자는 필요경비공제의 대상이 아니므로(소득세법 제17조) 배당소득이 마이너스가 될 수는 없다. ② 한편 기타소득에서 결손금이 발생하더라도(마이너스가 되었다고 하더라도) 종합소득 과세표준 산정에 있어서 이를 공제할 수 없는 점은 일본 소득세법상 일시소득·잡소득의 경우와 같다(소득세법 제45조).

각종소득과의 사이에서 손익통산을 허용하는 것은 정말 균형이 맞지 않았다. 이에 비해 현재는 주식양도차익이 과세대상이다. 금융소득과세가 일체화되는 가운데 손익통산의 범위에는 재검토의 여지가 있다.[60]

또한 소득세법은 양도소득금액의 계산상 발생하는 적자를 단기·장기의 구별을 불문하고 전액 손익통산의 대상으로 한다. 이것은 장기양도소득의 흑자 중 1/2만 총소득금액에 산입되는 것에 대비하면,[61] 「논리적으로 수미일관되지 않은 취급이다」라고 비판받아 왔다[金子宏 「キャピタル·ゲイン課税の改革――問題点の原理的検討」 同 『課税単位及び譲渡所得の研究』 〔有斐閣, 1996년(初出 1986년)〕 288면, 311면].[62]

(4) 소득세법에 있어서의 적자의 합리적인 통제

비용공제에 관한 학습을 정리함에 있어서, 소득세법에 대해 여태까지 배워온 것들을 떠올려보자. 현행법은 소득개념을 상당부분 포괄적으로 구성하고 있다. 그리고 수입금액에 대해서는 들어오는 경제가치를 측정하기 위한 규정을 두고 있었다(所税 제36조). 이에 비해 비용공제에 대해서는 필요경비(동 제37조), 취득비(동 제38조), 자산손실(동 제51조)과 같은 식으로 다른 규정이 있다. 이러한 규정방식은 각종소득별로 소득금액을 산정하는 구조를 반영한 것이었다. 어떤 각종소득에 대해 적자가 나더라도, 손익통산의 범위 내에서만 다른 각종소득과의 통산이 가능했다(동 제69조).

수입에 대해서는 넓게 과세대상에 포함시키고 있는데, 왜 비용에 대해서는 개별적으로 규정을 두며 나아가 손익통산을 제한하는가. 단적인 대답은, 소득세가 공공재의 재원조달을 위해서 세수를 확보하기 위하여 존재한다는 것이다. 보다 분석적인 대답으로서는, 수입에 대해 비과세나 과세이연의 취급이 이루어지는 경우, 공제를 무제한으로 완화시키면, 거래비용이 허용되는 한 얼마든지 조세재정이 가능해져버린다는 점을 들 수 있다. 즉 조세재정을 규제하기 위한 도구로서 소득세법 제69조나 그 전제인 소득구분이

---

60) 한국: 앞서 본 것처럼 일본과 달리 배당소득과 관련된 부채이자는 필요경비공제의 대상이 아니므로, 본문의 논의는 우리나라에는 해당하지 않는다. 다만 우리나라도 '금융소득과세의 일체화'가 진전된다면 본문과 같은 논의가 필요해질 수 있다.

61) 일본 소득세법상 단기·장기 양도소득의 구분은 보유기간 5년을 기준으로 한다(일본 소득세법 제33조 제3항, 제22조 제2항 참조). 그 외에 단기·장기 양도소득 계산에 있어서의 양도차손 공제 및 통산방법 등에 대해서는 金子宏, 앞의 책(租税法), 275면 이하 참조.
한국: 양도소득금액 계산상의 장기보유특별공제는 보유기간 최소 3년 이상인 경우를 대상으로 하고, 이후 보유기간이 15년에 이를 때까지 공제율이 체증하며(공제율 6%~30%), 1세대 1주택에 대해서는 가중된 공제율이 적용된다(소득세법 제95조 제2항 참조).

62) 한국: 양도소득금액 계산상 발생한 결손금은 종합소득 과세표준에서 공제할 수 없다는 점은 앞서 살펴보았다(소득세법 제102조 제1항 참조).

기능한다는 것이다.

이러한 기능적 관점을 이해하면 '조세재정을 방지하는 수법으로서 현행법의 방식이 적절한가', '보다 합리적인 룰이 있는 것은 아닌가'와 같은 한걸음 앞의 검토과제가 보일 것이다.

☑ 이 장에서 배운 것

▶ 각종소득 중에서는 필요경비공제를 허용하지 않는 것이 있다.

▶ '필요경비로서 공제가 가능한 비용'과 '공제가 불가능한 지출'은 구별해야 한다.

▶ '비용공제의 타이밍'은 '수익계상의 시기'에 대응시킨다.

▶ 차입금이자의 공제를 무제한으로 허용하면 조세재정으로 이어진다.

▶ 소득세법은 손실의 계상을 경계한다.

🔍 찾아보자

▶ 필요경비의 공제는 일본법에서 어떻게 전개되어 왔는가?

→ 碓井光明 「所得税における必要経費」租税法研究 3호(1975년) 63면, 碓井光明 「所得税における必要経費をめぐる若干の問題──立法および裁判例・裁決例の動向に着目して」 金子宏編 『租税法の基本問題』(有斐閣, 2007년) 329면

▶ 소득개념과 시간은 어떠한 관계에 있는가?

→ 中里実 「所得概念と時間──課税のタイミングの観点から」 金子宏編 『所得課税の研究』 (有斐閣, 1991년) 129면

▶ 소득세하에서 절세상품의 규제는 성공할 것인가?

→ 岡村忠生 「タックス・シェルターの構造とその規制」 法学論叢 136권 4・5・6호(1995년) 269면

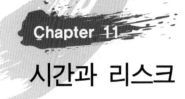

시간과 리스크

Chapter 11

📖 이 장의 테마

▶ 지출세 ▶ 리스크에 대한 보수 ▶ 리스크 테이킹 ▶ 완전환급

11-1 소득세와 지출세의 과세 베이스

11-1-1 지출세의 구상

(1) 용어의 정리

사이먼즈의 정식은 개인소득을 「소비에 있어서 행사된 권리의 시장가치(C)」와 「그 기간의 시작과 끝 사이의 재산권 축적의 가치의 변화(ΔA)」의 합으로 산정하고 있다(→ 6-1-2). 줄여서 말하면 '소비(C)와 순자산의 증감(ΔA)의 합'이 그 기간의 소득금액이 되는 것이다.

여기서 순자산의 증감을 과세 베이스에서 제외하면, 남는 것은 소비뿐이다. 이 개인소비를 과세 베이스로 하여 개인에 대해 누진세율로 과세하는 것이 소비형 소득개념에 의거한 지출세(expenditure tax)의 구상이다.

지출세는 소비를 하는 개인을 납세의무자로 한다. 그렇기 때문에 어느 연도분의 개인소비의 크기에 따라서 누진세율이나 인적공제를 마련할 수 있다. 이른바 직접세이다. 이것과 구별해야 하는 것은 소비세법상의 소비세이다. 소비세의 납세의무자는 어디까지나 사업자이지 소비자가 아니다. 그러므로 소비자의 경제상황이나 인적상황을 감안해 제도를 설계하는 경우에 소비세법은 적합하지 않다.

덧붙여 문헌에 따라서는, 위에서 본 직접세로서의 지출세를 소비세라고 부르는 예도 있다. 여기에서는 소비세법상의 소비세와 구별하는 의미로 지출세라고 부른다.

(2) 지출세 구상의 배경

바람직한 과세 베이스로서 소비를 지지하는 생각은 꽤 오래 전부터 존재했다. 하지만 지출세 구상이 세제개혁의 유력한 지침으로서 주목을 받게 된 것은 20세기 후반의 일이다. 경제선진국을 중심으로 소득세의 비중이 커지고 소득세가 안고 있는 문제점들을 실감하면서, 소득세에 대한 대체방안으로서 지출세 구상에 대한 관심이 커졌다.

소득세하에서, 순자산의 증감을 매년 제대로 계측해 과세의 대상에 포함시키는 것은 꽤 어려우며, 미실현의 이득이나 감가상각 등의 취급에 대해서 복잡한 과세 룰이 필요하다. 게다가 순자산의 증가에 과세하는 것은, 자본축적에 대하여 악영향을 준다고 비판받았다. 특히 높은 인플레이션의 시기에는 명목가치로 본 순자산의 증가분이 실질가치로 보는 경우보다 크게 계측되며, 결과적으로 원자{原資}를 잠식하는 과세가 생기기 십상이다. 따라서 소득이 아닌 소비를 과세 베이스로 함으로써 순자산의 증감에 대한 과세의 문제점을 해소하는 방안이 진지하게 검토되었다.

지출세에 주목하는 것에는 인구동태에 대한 대응이라는 측면도 있다. 요즈음 사람들의 통상적인 생애주기{life cycle}를 생각하면, 미성년기에 부양을 받고, 현역세대에 일해서 소득을 벌며, 은퇴 후 저축한 것을 찾아서 소비한다. 그런 의미에서 소득을 과세 베이스로 하면 현역세대의 부담이 상대적으로 늘어난다. 이에 비해 소비를 과세 베이스로 하면 생애에 걸쳐 부담이 평준화된다. 그래서 저출산·고령화가 급속히 진행되는 사회에서는, 소득세를 지출세로 전환하는 것으로서, 은퇴세대가 상대적으로 보다 많은 것을 부담하는 방식으로 변경할 수 있는 것이다. 소득세에서 지출세로의 이행(transition)은 전환 시에 보유하고 있는 부에 대한 과세(정확히는 그 부를 찾아서 소비하는 것에 대한 과세)를 의미하는 것이다.

11-1-2 지출세 설계

(1) 현금흐름형

지출세의 디자인에는 두 가지 방식이 있다. 현재 유산과 증여가 존재하지 않고, 어떤 사람이 평생 벌어들이는 소득이 평생의 소비와 같다는 전제를 두고, 지출세 설계를 예를 들어 설명해 보자.

첫째는 고전적인 현금흐름{cash flow}형으로, 자금유입 합계액에서 비소비적 자금유출 합계액을 공제한 잔액을 과세 베이스로 한다. 예를 들어 은행예금으로 100만 엔을 맡기면, 과세 베이스를 100만 엔만큼 감액한다. 은행예금에서 100만 엔을 인출하면, 과세 베이스를 100만 엔만큼 증액한다. 은행예금을 주식투자에 충당해도 자산의 축적처가 바뀌었을 뿐 소비는 되지 않았기 때문에 과세 베이스에 변동은 없다. 차입금도 자금유입으로서 플러스로 카운트하고, 그 변제는 자금유출로서 마이너스로 카운트한다. 이 방식을 포괄적 소득과의 관계에서 보자면, 재산권의 축적에 충당했던 부분을 제외하고 소비에 쓴 돈이 남는다($C = Y - \Delta A$).

현금흐름형 지출세하에서는 축적부분에는 과세가 되지 않는다. 다음의 예로 생각해 보자. 어떤 사람이 제1년도에 100만 엔을 벌어들여서 전액을 예금했다고 하자. 이자율이 10%여서 제2년도에 예금계좌에 이자가 10만 엔 생겼다. 제2년도에 원본 100만 엔과 이자 10만 엔을 합해 110만 엔을 출금해서 전액을 소비에 충당했다.

이 때 각 해의 과세 베이스는 어떻게 되는가(도표 11−1). 제1년도에는 번 돈 100만 엔의 자금이 유입되지만, 같은 금액을 예금하여 자금이 유출되었기 때문에 제1년도에 과세대상이 되는 금액은 제로이다. 제2년도에는 원본과 이자를 구별하지 않고 110만 엔의 자금유입이 있다. 이 110만 엔은 소비지출에 썼으므로 공제할 수 없다. 따라서 제2년도에 과세대상이 되는 금액은 110만 엔이다.

도표 11−1 ▎ 현금흐름형

제1년도	제2년도
0엔	110만 엔

이 예에서는 제1년도에 100만 엔을 벌었으나 소비하지 않고 예금했기 때문에 과세를 미룬다. 소비를 실시한 제2년도에 예금에서 인출한 110만 엔을 전액 과세한다. 이와 같이 납세자로서는 급여를 벌어들인 해가 아닌 나중에, 즉 후불(post−payment) 방식에 의해서 소비를 과세 베이스로 하는 세금을 납세하게 된다(→ 9−2−1).

현금흐름형 지출세를 실시하기 위해서는 많은 집행상의 문제가 있다. 무엇보다 개개인의 자산상황(저축 및 차입)에 관한 정보를 납세자와 세무서가 관리할 필요가 있다. 그러자면 금융기관 등이 완전하게 거래기록을 관리하면서 정보를 세무서에 제공해야 한다. 또한 납세자는 신고납세방식에 따라 한 해의 자금유입과 비소비적 자금유출을 바탕으로 과세 베이스를 계산해야 한다. 즉 급여나 이자의 지급자가 원천징수를 하고 있으면 그것으로서 충분해지는 상황과 비교하면 적정한 집행을 위해서 필요한 것이 훨씬 많아지는 것이다. 게다가 내구소비재를 구입한 경우와 같이, 몇 년에 걸쳐 소비가 계속되는 경우의 취급도 문제가 된다.

(2) 수익 비과세형{收益非課稅型}

이러한 문제점의 개선을 가능하게 하는 방법이 제2의 방법인 수익 비과세형이다. 이것은 처음에 과세해 두었다가, 자산에서 생기는 수익을 비과세 취급한다. '일정한 조건 하에서, 수익 비과세가 과세이연과 경제적으로 등치가 된다'는 성질을 이용한 것이다. 소비를 하는 해보다도 전에 납세하므로 '전납식 혹은 선불(pre-payment)방식의 소비과세'라고도 말한다.

예를 들어 어떤 사람이 제1년도에 100만 엔의 급여를 받았다고 하자. 세율을 50%로 하고, 세전 이자율 10%로 한다. 이 사람은 제1년도에는 100만 엔의 급여 전액에 대해서 과세되어 세후에는 50만 엔 남는다. 이것을 은행계좌에 맡기면, 제2년도에는 이자 5만 엔이 발생해 원본과 이자를 합쳐 55만 엔이다. 이 이자 5만 엔을 비과세로 취급한다면, 제2년도에는 세후에 55만 엔이 남는다.

이 경우 각 해의 과세 베이스는, 제1년도에 100만 엔, 제2년에 0엔이다(도표 11-2). 다시 말하지만 여기서 제2년도에 0엔이 되는 것은, 이자 5만 엔이 비과세로 과세의 대상이 되지 않기 때문이다.

도표 11-2 ▌ 수익 비과세형

제1년도	제2년도
100만 엔	0엔

여기서 이 수익 비과세형을 (1)에서 본 현금흐름형과 비교하면, 양자는 경제적으로 등가이다. 이자율을 10%라고 가정하고 있기 때문에, 제1년도의 100만 엔은 제2년도에 있어서의 장래가치로 환산하면 110만 엔과 같다. 반대로 제2년도의 110만 엔은 제1년도에 있어서의 현재가치로 환산하면 100만 엔과 같다. 그러므로 현금흐름형 대신 수익

비과세형에 따라서 지출세의 과세 베이스를 설계할 수 있다(도표 11-3).

도표 11-3 ▌ 현금흐름형과 수익 비과세형

	제1년도	제2년도
현금흐름형	0	110만 엔
수익 비과세형	100만 엔	0

이 점을 밝혀낸 것이 하버드대 앤드류즈 교수의 1974년 논문이었다[William D. Andrews, A Consumption-Type or Cash Flow Personal Income Tax, 87 Harvard Law Review 1113(1974)]. 이 논문이 나올 때까지 지출세는 오랫동안 현실적으로는 집행이 불가능하다고 여겨져 왔다. 이에 비해 수익 비과세형은 저축이나 차입에 관한 관리가 불필요해지므로 납세협력비용이 크게 절감된다. 통상적인 소득세를 약간 수정하고 비과세 계좌를 마련하는 것으로, 지출세와 같은 결과를 얻는 것이 가능해진다. 이리하여 이 논문은 학설상 지출세 구상의 르네상스를 가져왔다.

11-1-3 하이브리드로서의 현실의 소득세제

(1) 양극단에 있는 포괄적 소득세와 지출세

포괄적으로 구성한 소득은 '어느 기간 동안의 소비(C)와 순자산의 증감(ΔA)의 합'으로서 계측된다. 이에 비해 지출세의 과세 베이스는 '어느 기간 동안의 개인소비'만을 파악한다.

이처럼 포괄적 소득세와 지출세는 과세 베이스의 모습에 대한 양극단을 보여준다. 본서에서는 포괄적으로 구성한 소득의 개념을 소득세제를 검토하기 위한 분석 도구(지적인 의미에서의 「척도」)로 이용해 왔다. 지출세의 과세 베이스는 소비에 착안함으로써 또 하나의 벤치마크가 된다.

(2) 현행 소득세제를 하이브리드로 평가하는 이유

그렇다면 포괄적 소득과 개인소비라는 이론적 양극단에서, 현행 소득세제는 어디에 자리 잡고 있는가. 한마디로 표현하자면 그것은 '포괄적 소득세와 지출세의 하이브리드'인 셈이다. 포괄적 소득으로부터 괴리되어, 지출세와 「혼혈」이 되어 있기 때문이다(→ 6-1).

지금까지 소득세에 대해 배워 온 것을 복습하자. 실현원칙하에서, 미실현의 이득에 대해서는 과세를 이연한다. 은행예금의 이자 중에는 일정한 요건하에 비과세인 것이 있다. 감가상각이 가속되어 경제적 감가상각보다 빨리 공제를 허용하기도 한다. 이들은 모두 포괄적 소득이라는 척도에서 벗어난 예다. 조세특별조치를 포함한 전체 소득세제하에서 축적부분이 벌레 먹듯이 조금씩 비과세로 되어 있기 때문에, 하이브리드라고 자리매김이 되는 것이다.

(3) 기업연금의 예

포괄적 소득으로부터의 괴리는 무수히 존재한다. 지금까지 언급하지 않았던 것 중 비교적 중요한 예가 기업연금의 취급이다. 기업연금에는 몇 가지 시스템이 있는데, 확정급부{確定給付} 기업연금[1]의 예로 생각해 보자.

일반적으로 기업연금에 대해 소득과세가 문제가 되는 포인트는, ① 갹출(납입) 시, ② 운용 시, ③ 수령 시이다. 그리고 일본의 소득세제의 현상{現狀}은 모든 단계에 있어 실질적으로 비과세 취급에 가까운 상태이다.

지금 어떤 회사가 확정급부 기업연금을 시행하고 있으며, 사업주로서 부담금을 지출했다고 해 보자. 이 경우 ① 회사가 종업원을 위해서 지출한 부담금은 종업원의 급여소득의 수입금액에 산입하지 않는다(所税令 제64조 제1항 제2호). 종업원의 입장에서 보면 급여소득의 수입금액이 되는 경제적 이익(所税 제36조 제1항)을 얻고 있다고 볼 수 있을지 모르지만, 명시적으로 규정을 두어 과세하지 않기로 한 것이다.[2]

---

1) 한국: 연금은 크게 '공적연금', '퇴직연금', '개인연금'으로 나누어지는데, 여기서 '퇴직연금' 중 '근로자가 받을 급여의 수준이 사전에 결정되어 있고, 그 적립금의 운용에 관해서는 사용자의 책임하에 두는 것 (추가납입 없음)'을 '확정급여형 퇴직연금(근로자퇴직급여 보장법 제2조 제8호)', '사용자가 부담하여야 할 부담금이 사전에 결정되어 있고, 그 적립금의 운용에 대하여 근로자가 관여하는 것(추가납입 허용)' 을 '확정기여형 퇴직연금(근로자퇴직급여 보장법 제2조 제9호)'이라 하며, 사용자는 위 두 퇴직연금 제도 및 퇴직금제도의 총 3가지 퇴직급여제도 중에서 하나 이상의 제도를 설정해야 한다(근로자퇴직급여 보장법 제4조 제1항).

   일본의 '확정급부 기업연금'은 우리나라의 '확정급여형 퇴직연금'에 대응하는 것이고, '확정기여형 퇴직연금'에 대응하는 것은 일본법상으로 '확정거출연금(確定拠出年金)'이라 한다. 양자가 '근로자퇴직급여 보장법'이라고 하는 하나의 법률로 규율되는 우리나라와 달리, 일본의 경우 전자는 '확정급부기업연금법 (確定給付企業年金法)'으로, 후자는 '확정거출연금법(確定拠出年金法)'으로 각각 규율된다. 일본의 퇴직 연금제도에 대한 소개로는 김진수·김재진, 퇴직연금 과세제도에 관한 연구, 한국조세연구원(2007), 87 면 이하 참조.

2) 한국: ① 사용자 부담금에 대하여 구 소득세법(2013. 1. 1. 법률 제11611호로 개정되기 전의 것) 제12 조 제3호 너목은 근로소득 비과세대상으로 정하고 있었고, 현재는 소득세법 제20조 제3항의 위임에 따른 소득세법 시행령 제38조 제2항이 같은 취지의 규정을 두고 있다. ② 사용자 부담금은 또한 사용자의 비용으로 인정된다(법인세법 시행령 제44조의2, 소득세법 시행령 제55조 제1항 제10호의2호 참조).

② 부담금을 모아 국채나 주식 등에 투자해 운용하는 단계에서, 「퇴직연금 등 적립금에 대한 법인세」가 마련되어 있지만(法稅 제83조 이하), 과세하지 않는 것으로 되어 있다(租特 제68조의4). 또한 기업연금기금이 지급을 받는 이자나 배당에 대해서, 원천소득세는 부과되지 않는다(所稅 제11조). 즉 운용단계도 비과세이다.3)

③ 종업원이 급부를 받는 경우에는, 일시금지급이나 연금지급을 선택할 수 있다. 먼저 일시금으로 받으면 퇴직소득으로 구분되어(所稅 제31조 제3호), 꽤 고액의 퇴직소득공제를 이용할 수 있다(동 제30조 제3항). 퇴직소득공제액을 공제한 잔액의 반액만이 과세되고(동조 제2항), 게다가 다른 각종소득으로부터 분리해 누진세율의 적용을 완화하고 있다(동 제22조 제3항, 제89조 제1항).4) 한편, 연금지급으로 받으면 공적연금 등의 잡소득으로서(동 제35조 제3항 제3호) 공적연금 등 공제(동조 제4항)를 이용할 수 있다.5) 이 결과 일시금지급이든 연금지급이든 과세되는 금액이 상당부분 감소하거나 아예 과세가 되지 않는다.6)

이 예시로부터 알 수 있는 점은 ① 갹출(납입), ② 운용, ③ 수령의 어느 단계에서도 실질적으로는 비과세(exempt)에 가까워지고 있다는 것이다. 이것이 기업연금에 관한 일본 소득세제의 모습이다. 3개의 단계의 머리글자를 취하면 EEE이다.7)

상세한 내용은 이창희, 앞의 책(세법강의), 865－867면; 이태로·한만수, 앞의 책(조세법강의), 539－540면 참조.

③ 한편 근로자의 추가납입이 없는 확정급여형과 달리, 확정기여형 퇴직연금제도는 사용자의 부담금 이외에 근로자의 추가납입이 가능하고(근로자퇴직급여 보장법 제20조 제2항), 이에 따라 근로자가 퇴직연금계좌(소득세법 시행령 제40조의2 제1항 제2호 가목)에 추가로 납입한 금액은 일정한 범위 내에서 세액공제의 대상이 된다(소득세법 제59조의3).

3) 한국: 퇴직연금의 운용단계에 대해서는 명시적인 규정은 없으나 과세하지 않는 것이 실무이다. 이창희, 앞의 책(세법강의), 433－434면. 이 시점에서는 과세하지 않다가, 지급이 이루어지는 시점에 가서 비로소 과세하는 방법으로 과세이연이 이루어지는데, 이를 통하여 퇴직연금수령자의 실질적인 소득을 늘리고자 하는 취지를 가진다. 김진수·김재진, 앞의 책(퇴직연금 과세제도에 관한 연구), 한국조세연구원(2007), 53면.

4) 한국: 일시금의 형태로 수령하는 경우(연금외수령), 역시 소득세법상 퇴직소득으로 분류가 되면서(소득세법 제22조 제1항 제2호), 퇴직소득공제가 적용되고(소득세법 제48조), 종합소득과는 별도로 과세가 이루어진다(소득세법 제4조 제1항).

다만 확정기여형 퇴직연금제도의 적용을 받는 근로자가 퇴직연금계좌에 추가로 납입한 부분(사용자 부담부분이 아닌 임의로 납입한 부분)은 연금외수령을 하면 기타소득으로 과세된다(소득세법 제21조 제1항 제21호). 이창희, 앞의 책(세법강의), 437면.

5) 한국: 연금의 형태로 수령하는 경우(연금수령), 소득세법상 연금소득으로 분류가 되면서(소득세법 제20조의3), 연금소득공제의 적용을 받고(소득세법 제47조의2), 종합소득 과세표준에 합산되나(소득세법 제4조 제1항), 연금소득이 일정금액 이하인 경우에는 분리과세의 적용이 가능하다(소득세법 제14조 제3항 제9호, 이와 달리 공적연금의 경우는 분리과세의 적용이 없음).

6) 한국: 일본과 마찬가지로 연금수령이건 연금외수령이건 근로소득과세에 비하여 소득공제나 세율적용 등에 있어서 한결 유리해진다.

이에 비해 포괄적 소득세에 충실한 과세모델이라면, ① 갹출(납입) 시나 ③ 수령 시의 어느 하나의 단계에서 과세하고, 더 나아가 ② 운용 시에 매년 과세를 실시한다. 과세(taxable)의 머리글자를 조합하면, TTE나 ETT이다. 이것과 비교하면, T가 어디에도 없다는 점에서 일본의 기업연금 과세는 포괄적 소득세로부터 괴리되어 있는 것이다(도표 11-4).

도표 11-4 ▌ 기업연금의 과세모델

	① 갹출(납입) 시	② 운용 시	③ 수령 시
포괄적 소득세(선불)	Taxable	Taxable	Exempt
포괄적 소득세(후불)	Exempt	Taxable	Taxable
현행법의 실질적인 모습	Exempt	Exempt	거의 Exempt

Column 11-1 기업연금과세의 개혁론

저출산·고령화가 진행되는 가운데 연금제도의 개혁이 급선무가 되었고, 이에 따라 연금 과세의 개혁이 강하게 요구되고 있다. 이 중 기업연금에 관하여, 학설 중에는 일본판 적격 개인연금감정(JIRA){適格個人年金勘定}을 마련하여 급여·퇴직일시금·기업연금을 중립적으로 취급할 것을 제안하는 것이 있다[佐藤英明 「退職所得·企業年金と所得税——JIRA に関する研究ノート」 日税研論集 57호 〔2006년〕 63면].

(4) 덧붙이는 말

세 가지 점을 덧붙여두자.

▶ 상속과 증여의 취급. 생애소득은 생애소비와 동일하다고는 단정할 수 없다. 저축의 일부는 생전에 소비되지 않고 상속이나 증여의 형태로 다른 개인에게 이전된다. 따라서 상속이나 증여로 인해 자산이 이전될 경우 '이전원'[8]과 '이전처'[9] 모두 어떻게 취급할 것인지가 문제가 된다. 이 점에 관해서, 현행법에서는 '이전원'인 개인에 대

---

7) 한국: 우리나라의 기업연금 과세제도는 EET형으로 평가된다. 이창희, 앞의 책(세법강의), 433면 이하. 다만 앞서 살펴본 것처럼 수령단계에서 실제 세액이 감소한다는 점은 일본과 마찬가지이다. 김진수·김재진, 앞의 책(퇴직연금 과세제도에 관한 연구), 52면은 근로자가 납입하는 부분에 대해서 일부 과세가 이루어진다는 관점에서 TEE형과 EET형이 혼합된 유형이라고 평가한다.

8) 원서는 "移転元". 소득이 이전해 가기 전에 귀속하고 있었던 사람을 의미한다.

9) 원서는 "移転先". 소득이 이전해 가서 새롭게 귀속하고 있는 사람을 의미한다.

해서 공제를 인정하지 않고, '이전처'인 개인을 소득세가 아닌 상속세·증여세의 대상으로 하고 있다(所稅 제9조 제1항 제16호. → Column 7-2).

▶ 귀속소득. 소득세법은 귀속소득에 대해 원칙적으로 과세하지 않는다(→ 6-3). 이것은 소비측정의 문제이다. 따라서 포괄적 소득세하에서와 지출세하에서 모두 문제가 된다.

▶ 소득구분. 소득세법은 10종류의 각종소득마다 소득금액을 계산하며, 손익통산을 부분적으로 허용하고 있다. 분류소득세의 요소가 잔존하고 있는 것으로, 포괄적 소득세나 지출세가 개인마다 '하나의 과세 베이스'를 염두에 둔다는 관점에서 보면 다소 이질적인 요소가 있다(→ 8-2).

11-1-4 포트폴리오의 재편성

(1) 자본소득의 내용

물적자산으로부터 생기는 소득이 자본소득이다. 자본소득의 예로는 은행예금의 이자와 지가상승의 이익 등이 있다. 포괄적 소득세는 이런 자본소득을 과세 베이스에 포함시킨다.

자본소득에는 여러 요소가 있다.

▶ 금전의 시간적 가치(time value of money). 이것은 리스크가 없는{risk-free} 이자로서, 금전의 시간적 가치에 상당하는 것이다. 현재의 소비를 장래로 연기하는 것에 대해 지급된다.

▶ 리스크에 대한 보수(return to risk, risk premium). 이것은 리스크를 취하는 것에 대한 리턴이다. 어느 사업에 투자하는 경우, 성공하면 이익이 크지만 실패하면 손해를 본다고 하자. 이 경우에 투자 리턴 안에는 금전의 시간적 가치뿐 아니라 리스크 테이킹에 대한 보수 부분이 포함된다.

▶ 그 밖의 초과수익(infra-marginal return, economic rent). 이는 희소한 무형자산과 인적자본에서 발생하는 초과 리턴이다. 천재적인 야구선수나 카리스마적 지휘자가 벌어들이는 소득에는 이 부분이 꽤 있다. 인적자본에서 생기는 경우라고 해도, 여기서는 자본소득의 일부로 본다.

이에 대하여 자본소득을 명목가치로 계측하면 인플레이션 이득이 포함되어 버린다. 여기서는 논의를 쉽게 하기 위해 인플레이션 조정을 한 후의 실질 베이스로 자본소득의 내용을 생각하여, 그 구성요소로서 위의 3가지가 있다고 보기로 하자.

Column 11-2　뱅크먼 교수 등의 발견

　스탠포드 대학의 뱅크먼 교수 등은 미국의 이자율을 역사적으로 분석한 결과, 인플레이션 이득이 많은 부분을 차지하고 있어 순수한 금전의 시간적 가치의 부분은 지극히 작다는 점을 밝혔다[Joseph Bankman and Thomas Griffith, Is the Debate Between an Income Tax and a Consumption Tax a Debate About Risk? Does It Matter?, 47 Tax Law Review 377(1992)]. 일본에서도 공사채의 명목이율이 10%인 시기도 있었지만, 인플레이션 조정을 실시하면 숫자는 보다 작아진다.

(2) 리스크에 대한 보수

　납세자가 포트폴리오를 바꿀 수 있는 경우, 소득세하에서도 리스크에 대한 보수 부분에 대해 과세가 미치지 않는다. 다음의 예로 생각해 보자[David Weisbach, The (Non)Taxation of Risk, 58 Tax Law Review 1(2004) at 8-11]. 화폐단위는 생략한다.

　먼저 과세가 없는 세계라고 생각해 보자. A 씨가 동전을 던져 100을 건다. 앞면이면 100을 얻고, 뒷면이면 100을 손해 본다. 왜 내기를 하는가의 이유는 상관없다. A 씨는 이 특정 패턴에서의 리스크와 리턴의 관계를 알고 싶어 한다고 하자.

　여기서 세율 50%의 포괄적 소득세를 도입한다. 거기에 이 소득세는 「완전환급」(→ 11-2-1)의 구조를 취하고 있어, 적자가 난 해에 적자금액에 대응하는 세액을 환급해주는 것이라고 하자. 이 경우 동전이 앞면이라면, 100 중 50%가 정부의 세수가 되어, A 씨에게는 세후에 50이 실수익으로서 남는다. 동전이 뒷면이라면, A 씨는 100을 잃지만, 소득이 100만큼 줄면서 소득세를 50 환급받는다. 때문에 동전이 뒷면일 경우, A 씨는 세후에 50의 손해, 정부도 50의 손해를 본다.

　이 때 A 씨는 판돈을 두 배로 늘리는 것으로서 과세가 없는 세상에서와 똑같은 포지션을 얻을 수 있다. 즉 A 씨의 몫은 세후로 보았을 때, 동전이 앞면이면 100을 얻고 동전이 뒷면이면 100을 잃는 것이다. 정부의 몫도 마찬가지로 동전이 앞면이면 100을 얻고, 동전이 뒷면이라면 100을 잃는다.

　이 경우 정부는 리스크를 안게 된다. 정부는 이 리스크를 없앨 수 있다. 그러기 위해서는 A 씨와 반대쪽에 돈을 걸면 된다. 즉 동전의 뒷면이 나오면 100을 얻고, 앞면이 나오면 100을 지급하는 도박을 하면 되는 것이다. 그렇다면 이 도박의 상대방이 되는 것은 누구인가. 그것은 A 씨이다. 왜냐하면 과세로 인해 A 씨는 판돈을 두 배로 늘릴 필요가 있었기 때문이다. 이렇게 A 씨가 앞면에 걸어 판돈을 100만큼 늘리고, 이 증액

부분은 정부가 뒷면에 거는 100과 딱 상쇄되는 것이 된다.

결과적으로 어떤 일이 일어나고 있는가. 분명히 과세는 이루어지고 있으며 A 씨와 정부 사이에 납세와 환급이 생기고 있다. 그러나 납세자가 포트폴리오를 바꾸는 것으로, 세후를 기준으로, A 씨는 과세가 없는 세계에 있어서의 경우와 같은 실수입금액을 확보할 수 있다. 즉 포트폴리오의 재편성에 의해서 과세하지 않았던 것과 같은 경제적 결과가 나타난다. 이 예를 일람으로 한 것이 도표 11-5이다.

도표 11-5 ┃ A 씨와 정부의 이득표

	과세 없음	50%의 소득세(완전환급)
A 씨		
앞면	100	200 − 100(세) = 100
뒷면	−100	−200 + 100(절세분) = −100
정부		
앞면	0	100(세) − 100(도박에서 잃은 돈) = 0
뒷면	0	−100(환급) + 100(도박에서 딴 돈) = 0

이 예에서는 세율이 50%이지만, 30%일 때도 40%일 때도 같은 현상이 일어난다. A 씨가 거는 금액을 조정하면 될 뿐이다.

위의 시나리오는 기대수익률이 제로일 경우였다. 하지만 기대수익률을 플러스로 해도 성립한다. 또한 도박의 페이오프{pay off} 구조를 바꿔도 그렇다. 즉 일반화가 가능하다.

(3) 소득세와 지출세의 대비

위 직감적인 수치 사례에서 알 수 있는 것은 다음의 점이다. 즉 리스크에 대한 보수 부분에 대해서는 당사자가 포트폴리오를 재편성함으로써 소득세의 과세가 미치지 않게 된다. 이에 비해 초과수익부분에는 과세가 미친다. 왜냐하면 포트폴리오를 바꿔 투자를 늘리려고 해도, 같은 만큼의 높은 수익률을 가져오는 자산을 추가적으로 늘릴 수 없기 때문이다.

이상의 결과를 정리한 것이 도표 11-6이다. 이런 관계가 성립될 경우, 소득세와 지출세는 표면상으로는 전혀 다른 과세 베이스를 채용하는 것 같지만, 실제 경제효과는 크게 다르지 않다. 위의 (1)에서 말했듯이 금전의 시간적 가치를 의미하는 '리스크가 없는{risk-free} 이자'는 그다지 크지 않기 때문이다. 이처럼 과세에 따라 사람들의 행동이 달라지는 점을 감안하면, 과세 룰의 의미는 겉보기와는 사뭇 다르게 된다.

도표 11-6 ▌ 포괄적 소득세와 지출세의 대비

	노동소득	리스크 없는 이자	리스크에 대한 보수	초과수익
포괄적 소득세	과세	과세	비과세	과세
지출세	과세	비과세	비과세	과세

11-2 적자와 리스크 테이킹{risk taking}

11-2-1 완전환급 아래에서의 적자의 취급

(1) 완전환급의 의의

투자나 사업에는 리스크가 따른다. 사람들은 이러한 리스크를 포함시켜 행동한다. 이 리스크 테이킹에 소득세는 크게 영향을 미친다.

여기서 열쇠가 되는 것이 적자에 대한 취급이다. 소득세는 플러스의 소득이 생겼을 때에 과세한다. 소득이 100이면 세율 20%로 소득세 20을 내야 한다. 그러면 마이너스 소득, 즉 적자가 나면 어떻게 해야 할까. 흑자와 적자를 대칭적{symmetrical}으로 취급하려면 마이너스 100의 소득이 생기면 그 적자가 발생한 해에 소득세 20을 환급하는 것을 생각할 수 있다. 이러한 취급을 '완전환급'이라고 한다.

(2) 완전환급과 리스크 테이킹

완전환급은 일정한 조건하에서 리스크 테이킹에 대해 중립적인 결과를 초래한다. 이 것을 예시하자. 지금 어느 프로젝트가 반반의 확률로 성공하거나 실패하는 것이라고 하자. 세전의 리턴으로서 100의 흑자를 가져오든지, 혹은 60의 적자를 가져오든지 둘 중 하나라고 한다. 여기에서도 화폐단위는 생략한다(도표 11-7).

도표 11-7 ┃ 세전의 리턴

성공	실패
+100	-60

이 때 이 프로젝트에서 발생하는 리턴의 기대치는 20이다.

$$100 \times 1/2 - 60 \times 1/2 = 20$$

이 프로젝트는 플러스의 리턴을 가져온다. 그러므로 하는 것이 바람직하다.

여기서 세율 50%의 소득세를 도입한다. 이 소득세가 적자를 어떻게 다루느냐에 따라 두 가지 시나리오를 상정하자.

▸ 시나리오 1: 소득세가 적자를 전혀 고려하지 않는 경우
▸ 시나리오 2: 소득세가 적자가 생긴 해에 완전환급을 하는 경우

(3) 시나리오 1

적자가 발생해도 소득계산상 무시하고 버린다. 이 경우 세후의 리턴은, 성공하면 50, 실패하면 -60이다(도표 11-8).

도표 11-8 ┃ 적자를 무시하는 소득세 아래에서의 리턴

	성공	실패
세전	+100	-60
소득세	50	0
세후	50	-60

각각이 반반의 확률로 발생하므로, 이 프로젝트의 세후 리턴의 기대치는 -5이다.

$$50 \times 1/2 - 60 \times 1/2 = -5$$

기대치가 마이너스 값이라는 것은 프로젝트에 투자하는 사람이 손해를 본다는 것을 의미한다. 그러므로 이 프로젝트는 행하지 않는 것이 좋게 된다. 소득세하에서 적자를 무시해버리면, 세전 기대치 계산상으로는 행해야 할 사업을 행하지 않는 편이 좋게 된다. 즉 소득세가 리스크 테이킹을 억압하는 것이다.

(4) 시나리오 2

적자가 발생한 해에 소득세가 완전환급을 실시한다. 이 경우 세후의 이득계산은 크게 달라진다. 사업이 실패했을 경우에는 정부로부터 30의 세금이 환급되어, 세후의 리턴이 −30이 된다(도표 11−9).

도표 11-9 ▌ 완전환급을 실시하는 소득세 아래에서의 리턴

	성공	실패
세전	+100	−60
소득세	50	−30
세후	50	−30

각각이 반반의 확률로 발생하므로, 이 프로젝트의 세후 리턴의 기대치는 10이 된다.

$$50 \times 1/2 - 30 \times 1/2 = 10$$

이 때 기대치는 플러스의 값이다. 그러므로 납세자로서는 이 프로젝트를 하는 것이 좋다.

주의해야 할 것은, 정부의 세수 기대치도 10이라는 점이다. 즉 세전 20의 리턴을 납세자와 정부가 각각 10씩 나누고 있다. 성공했을 때의 몫도 반반이고, 실패했을 때의 부담비율도 반반이다. 이와 같이 적자가 난 해에 완전히 세액을 환급하면, 소득세는 리스크 테이킹에 대해서 중립적이 된다.

Column 11-3 행동경제학과 조세법

현실에서는, 개인은 최적의 선택을 할 수 없으며(한정합리성), 장래의 현상에 리스크가 있을 때에 기대효용을 최대화하는 의사결정을 하는 것도 아니다. 이런 점을 담은 조세법 분석이 진행되고 있다. 참조, 神山弘行「租税法と『法の経済分析』――行動経済学による新たな理解の可能性」金子宏編『租税法の発展』(有斐閣, 2010년) 315면, 同「租税法と行動経済学――法政策形成への応用とその課題」金子宏監修『現代租税法講座(1)理論・歴史』(日本評論社, 2017년) 269면.

11-2-2 소득세법상의 적자의 취급

(1) 완전환급을 채용할 수 없는 실질적 이유

소득세법은 완전환급을 허용하지 않는다. 흑자와 적자를 비대칭적으로 취급하고 있다. 여기에는 몇 가지 이유가 있다.

첫째, 실현원칙과의 관계이다. 실현원칙하에서는 납세자가 과세의 타이밍을 상당한 정도로 조작할 수 있다. 그러므로 완전환급을 허용하면 일찍 손해를 봐서 적자를 내는 행동을 유발할 수 있다.

둘째, 누진세율의 존재다. 위의 예는 비례세율을 전제로 하여 60의 적자에 대해 30의 세금을 환급했다. 하지만 누진세율하에서는 적자가 났을 때 몇 %의 세율을 적용하느냐의 문제가 있다. 그 방법에 따라서는 완전환급이 리스크 테이킹에 대해 중립적인 결과를 가져오지 않는 경우가 있다.

셋째, 소득의 포착이 불완전할 가능성이다. 적자 속에는 '필요경비의 과대계상'이라든지 '수입금액의 파악 누락에 의한 부분'이 섞여 있을 가능성이 있다. 그런 경우에 무제한 환급을 허용하면 소득세는 납세자에게 있어 '현금지급기'가 되고 만다.

이러한 이유에 의해 제도론으로서 완전환급을 허용하는 것은 현실적이지 않다[増井良啓 「所得税法上の純損失に関する一考察」 日税研論集 47호 〔2001년〕 65면, 86면].

(2) 순손실의 이월공제 및 순손실의 소급에 의한 환급청구

이 점에 관해서 소득세법은 '순손실에 대한 이월과 소급[10]'이라는 대처를 강구하고 있다. 이월이나 소급을 행하는 취지로서는 '복수기간을 통틀어 과세를 평준화하기 위한 것'이라고 설명되고 있다. 즉 소득사업의 성과를 측정하기 위해서는 그 해만 보는 것이 아니라 전후 연도와의 관계에서 평준화해야 한다는 생각이다. 특히 누진세율과 관련해서 평준화하는 것에 실익이 있다.

이월이나 소급 제도를 소득세법에 도입하는 계기가 된 것은 昭和24{1949}년의 샤우프 권고이다. 샤우프 권고는 「개인에 대해서 소득액 변동이 가져오는 불합리는, 일시소득 또는 일시손실의 차년도 이후에 대한 평준화를 인정함으로써 어느 정도 완화된다」며 무기한 이월공제와 2년 치 소급을 권고했다(7장 c). 실제로 도입된 것은 3년 치 이월

---

10) 원서에 쓰인 표현은 일본 소득세법상의 용어와 동일한 "繰戻し(くりもどし)"로 사전적 의미로는 '되돌리기'가 되나, 문맥상 결손금을 이미 지나간 과세연도에 거슬러 올라가 사용하는 것이라는 의미로 쓰이고 있으므로 '소급'으로 의역하였다.

과 1년 치 소급으로, 그 후 절차요건을 완화하거나 '재해피해를 입은 사업용 자산'을 대상으로 하거나 하는 식으로 수정되어 현행법에 이르고 있다.

현행법상 '순손실의 이월공제'의 근거규정은 소득세법 제70조이다. 순손실의 금액은 3년간 이월되며, 이월된 해의 총소득금액·퇴직소득금액·산림소득금액에서 공제한다(所稅 제70조 제1항). 여기서 말하는 '순손실의 금액'이란 각종소득의 금액을 산정하여 소득세법 제69조의 손익통산 룰을 적용한 결과로서 생기는 적자금액이다(동 제2조 제1항 제25호). 절차요건으로서, 순손실이 발생한 연도분의 소득세에 대해 청색신고서를 제출할 필요가 있다(동 제70조 제1항 제1괄호). 장부서류를 요구하는 것으로 순손실의 금액의 정확성을 확보하려는 것이다. 이에 비해 재고자산이나 사업용 자산에 재해에 의한 손해를 입었을 경우에는, 청색신고서의 제출을 요건으로 하지 않고 3년간의 이월이 인정된다(동조 제2항 제2호). 어느 경우든지 간에 확정신고서를 연속해서 제출한 경우에 한하여 순손실의 이월공제가 가능하다(동조 제4항).

이에 대하여 '순손실의 소급에 의한 환급청구'의 근거규정은 소득세법 제140조부터 제142조의 규정이다. 순손실이 발생하기 이전 해에 일단 납세한 소득세액을 환급하는 것이기 때문에 요건이 더욱 엄격해진다. 순손실이 생겨 환급청구를 하는 해(所稅 제140조 제1항)와 이미 납세한 전년도(동조 제4항)의 양쪽 모두에 대하여 청색신고서를 제출할 필요가 있다. 덧붙여 순손실의 소급환급의 계산의 기초가 된 순손실의 금액은, 이월공제의 대상에서 제외되기 때문에 중복해서는 이용할 수 없다(동 제70조 제1항 제2괄호).11)

순손실의 이월공제와 순손실의 소급에 의한 환급청구는 전후의 해에 플러스의 총소득금액 등이 있을 때에 비로소 효과가 있다. 그런 의미에서 플러스 소득이 없어도 환급한다고 하는 이론상의 완전환급의 사고방식과는 다르다.

☑ 이 장에서 배운 것

▶ 현실의 소득세제는 포괄적 소득세와 지출세의 하이브리드이다.
▶ 순손실의 이월·소급은 평준화조치로 자리매김이 된다.

---

11) 한국: 이월결손금 공제는 해당 이월결손금이 발생한 해부터 10년간 허용된다(소득세법 제45조 제3항). 우리 소득세법상 결손금 소급공제세액 환급신청은 일본 소득세법과 마찬가지로 1년 치 소급만 허용되나, 일정한 중소기업을 경영하는 거주자로 그 요건이 제한된다[소득세법 제85조의2(중소기업의 결손금 소급공제에 따른 환급)].

찾아보자

- ▶ 소득세는 공평성의 관점에서 옹호할 수 있는가?
  - → 藤谷武史「所得税の理論的根拠の再検討」金子宏編『租税法の基本問題』(有斐閣, 2007년) 272면
- ▶ 인플레이션이라고 하는 「척도의 변동」에 소득세는 어떻게 대응해야 하는가?
  - → 神山弘行「物価変動と租税に関する一考察——インフレ・インデックスの観点から」金子 宏編『租税法の基本問題』(有斐閣, 2007년) 296면
- ▶ 평준화조치는 필요한가?
  - → 増井良啓「累進所得税の平準化」税研 144호(2009년) 68면

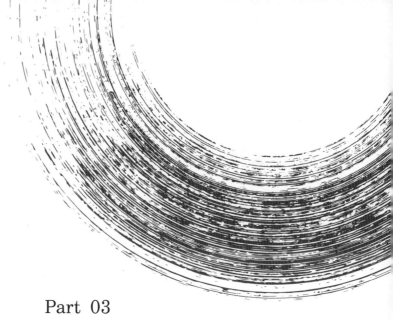

Part 03

법인세

Part 03에서는 회사의 사업운영을 중심으로 하여 법인세의 기초를 배운다. 「법인화」를 비롯한 폐쇄적 동족회사에 특유한 문제로부터 상장회사의 활동에 수반하여 생기는 문제까지, 일본의 경제사회에서 일어나고 있는 것들에 대하여 법인세의 각도에서 접근하는 것이 된다.

우선 Chapter 12에서는 소득세를 보완하기 위하여 법인세가 필요하게 된다는 것을 파악한다. Chapter 13에서는 법인세의 납세의무자를 검토한다. 그리고 Chapter 14에서 법인소득이 '주주의 관점에서 생기는 리턴'으로서 정의되어 있다는 것을 파악한다. 현행법상 법인의 과세소득은 익금의 금액에서 손금의 금액을 공제하여 계산한다. 따라서 Chapter 15에서는 익금의 금액에 대하여, Chapter 16에서는 손금의 금액에 대하여 각각 주요한 점을 설명한다. 마지막으로 Chapter 17에서 동족회사에 관한 특례를 검토한다.

Chapter 12

법인세의 기초

📖 이 장의 테마

> ▶ 법인세의 성질 ▶ 법인세법의 구성

12-1 법인세의 성질

12-1-1 왜 법인소득에 과세를 하는가

(1) 법인세의 중요한 지위

현재의 일본에 있어서 법인세는 정부의 주요한 세원으로서 기간세{基幹稅}에 해당한다. 기업으로서도 거래를 함에 있어 일상적으로 문제가 될 뿐만 아니라, 경우에 따라서는 사활의 문제이기도 하다. 게다가 제2차 세계대전 이후 꽤 장기간에 걸쳐 이러한 상황이 이어져 왔다.

이만큼 법인세의 존재가 큰 의미를 차지함에도 불구하고, 법인소득에 과세를 하는 이유에 대해서는 견해가 갈리고 있다. 이에 우선 법인세의 성질을 검토한다. 한편, 본장에서 「법인」이라 함은 주식회사를 염두에 두기로 한다.

(2) 법인에게는 독자적인 「담세력」이 있는가

왜 법인소득에 과세를 하는 것일까. 이 논제에 대하여 대학의 교실에서 논의할 때에,

법인에게 독자적인 「담세력」이 있기 때문이라는 의견을 자주 듣는다.

솔직히 말하자면 이러한 의견에는 꽤나 문제가 있다. 우선 여기에서 말하는 「담세력」의 의미부터가 문제가 있다. 만약 그곳에 자금이 모여 있기 때문이라는 가벼운 생각으로 사용하고 있는 것이라면, 은행계좌 마저도 「담세력」이 있는 것이 되어 버리고 만다. 하지만 은행계좌에 「담세력」이 있기 때문에 은행계좌세를 만들자고 하는 사람은 없을 것이다.

어쩌면 위의 의견은 개인소득에 관한 논의를 법인에 평행 이동시켜, 법인의 「담세력」을 소득의 크기에 의해서 측정하려고 하는 것일지도 모른다. 하지만 법인의 「담세력」이라는 단어로 '소비할 수 있는 능력'을 표현하려는 것이라면 그것은 명백히 틀렸다. 법인에게는 효용이나 소비를 상정할 수 없기 때문이다. 바나나를 먹고, 골프를 치러가는 것은 육체를 가진 개인이다. 법인은 먹는 것도 걷는 것도 할 수 없다.

(3) 회사의 소득에 대해 누진세율을 적용한다면……

사람들이 회사를 설립하면 법인격이 부여된다. 회사 자체에 권리능력을 부여함으로써 법률관계의 처리가 간명해 진다. 그렇지만 법인격이 부여되어 있다고 하더라도, 회사를 자연인과 완전히 동일시 해버린다면 이상한 결과가 나오게 된다.

하나의 예로써, 회사의 소득에 대하여 누진세율(→ 8-4)을 적용한 경우의 결과를 생각해 보자. 이러한 조치는 사람들 사이의 부를 재분배함에 있어서 과연 의미가 있는 것일까.

다음의 예를 생각해 보자(도표 12-1). A사는 큰 이익을 내고 있는 회사이다. A사의 개인주주는 빈곤하고, 종업원들은 변변찮은 처지인 와중에 우수한 인재를 채용하고 있다. 이에 반해 B사는 많은 이익을 내지는 못하는 회사이다. B사의 개인주주는 풍족하며, 직원들은 자산가들뿐이다. 이러한 상황에서 회사가 벌어들이는 소득의 크기에 따라 누진세율을 적용하는 것은 사람들 간의 부의 재분배에 도움이 될 것인가. 각사의 이해관계자들의 자산상황을 본다면 도움이 되지 않는다고 판단하는 것이 자연스럽다.

도표 12-1 ▌ 돈을 잘 버는 회사와 그렇지 않은 회사

이해관계자 Poor	이해관계자 Rich
A사	B사

교실에서 이러한 예를 들면, 거의 정해진 듯이 다음과 같은 반론이 펼쳐진다. 확실히 도표 12-1과 같은 상황이 있을지도 모른다. 하지만 역으로 A사의 이해관계자가 풍족하고, B사의 이해관계자가 빈곤한 상황도 있을 수 있지는 않을까. 그러한 상황에서는 회사소득의 크기에 따라 누진세율을 적용하는 것이 어느 정도 재분배에 도움이 되는 점이 있다는 것이다.

이러한 반론이 일고의 가치도 없는 것은 아니다. 부의 분배상황에 대한 법인세의 영향은 실증적으로 검토되어야 하기 때문이다.

그렇지만 위와 같이 반론을 펼치는 사람은 다음의 가능성에 대해서는 어떻게 생각할까. 회사는 합병을 하거나 분할을 할 수 있다. A사의 소득이 B사 소득의 2배인 경우, 이는 B사 규모의 사업부문 2개를 합쳐 2배의 소득을 계상하고 있는 것일 뿐인지도 모른다. 반대로 A사를 사업부문별로 분할하여 2개의 법인으로 만든다면, 작은 소득을 가지는 B사가 2개 생기게 된다. 즉 아무리 「담세력」이 있다고 우겨봐야 회사는 인위적으로 만들어낼 수 있는 존재이다. 이러한 점에서 육체를 가진 개인과는 완전히 다르다.

더욱 중요한 것은 이러한 반론 자체가 '회사의 이해관계자'에 초점을 두고 있고 '회사 자체'에 초점을 두고 있지 않다는 점이다. 법인세를 국가에 납부하는 것은 회사임에도 불구하고, 경제적 효과가 어떻게 이해관계자에게 미치는지를 문제로 삼고 있다. 이는 이미 법인에게 고유한 「담세력」이 있다는 사고로부터 동떨어져 있다.

회사는 사업수행을 위한 법적 장치이며 그 자체에 「담세력」이 있는 것은 아니다. 따라서 회사의 소득에 누진세율을 적용하는 것은 사람들 사이에서 부를 재분배하기 위한 효과적인 방법이 아니다. 개인 간 재산분포상황의 불평등이 문제라면 누진세율은 개인에 대해 적용되어야 한다. 그렇지 않다면 결국 「가려운 곳에 손이 닿지 않는다」는 상황이 되어 버리고 만다.

(4) 방법론적 개인주의

위의 논의에 포함되어 있는 사고방식을 일반화해 보자. 법인세에 한하지 않고 대체로 조세를 「부담」하는 것은 개인이다. 확실히 법인세는 법인이 국가에 납부한다. 하지만 법인기업의 가격설정이나 임금·이윤의 분배 나아가서는 생산활동에 영향을 미치는 것으로서, 거래처나 노동자, 주주 등에게 전가된다. 최종적으로 「부담」이 귀착하는 곳은 효용을 가지는 주체 즉 개인일 수밖에 없다.

12-1-2 보완세로서의 법인세

(1) 개인소득세의 보완

법인세를 '개인소득세의 보완세'로 보는 관점은 법인소득에 과세를 함에 있어서 보다 설득력 있는 근거를 제공한다.

이러한 사고방식은 개인소득세의 존재에서부터 출발한다. 개인소득의 개념을 보다 넓은 의미로 생각한다면, 미실현이익도 소득에 포함된다(→ 6-1). 이 구성하에서 주식의 가치상승분 만큼 개인주주의 순자산이 증가하므로, 원칙적으로 그러한 가치상승이 있던 해에 과세해야 한다. 하지만 현행제도는 실현원칙을 채용하고 있어 미실현이익은 실현되기까지는 과세하지 않는다(→ 9-3). 주식을 양도하거나 배당을 받거나 할 때까지는 개인주주에 대한 과세를 뒤로 미루고 있다.

개인주주에 대한 소득세가 실현원칙을 채용하고 있는 가운데, 회사에 대한 과세가 존재하지 않는다면, 이른바 「법인화」[1]가 유리하게 된다(도표 12-2). 여기서 「법인화」란 개인사업이 회사형태를 취하는 것을 말한다.

도표 12-2 ┃ 법인화와 개인단계의 과세

개인기업 형태	개인단계의 소득세가 매년 부과됨
회사기업 형태	개인주주단계의 소득세는 이연 가능

예를 들어 어떤 사람이 빵집을 운영하는 경우를 생각해 보자.

▶ 개인기업의 형태를 취한다면, 빵집의 사업으로부터 생기는 사업소득에 대해 매년 소득세가 부과된다.

▶ 빵집사업을 현물출자함으로써 「법인화」하여, 회사기업의 형태로 같은 사업을 운영한다면, 사업으로부터 생기는 손익은 회사의 것이 된다. 즉 손익이 회사에 인적으로 귀속하게(→ 7-3) 되고 개인주주의 손익이 되지 않는다. 이에 따라 개인주주에게는 주식을 양도하거나 배당을 받거나 하는 시점까지 소득세가 부과되지 않는다. 달리 말하면, 회사가 벌어들인 이익을 내부에 유보하고 있는 한 개인주주에 대한 과세가 이연될 수 있다.

---

1) 원서의 표현은 본래 "法人成り(ほうじんなり)"로, 직역하면 '법인 되기' 정도가 되나, 본문의 맥락을 감안하여 '법인화(法人化)'로 의역하였다. 이하 동일이다.

이렇게 함으로써 회사단계에서의 과세가 없는 상태에서는 개인기업 형태 보다 회사기업 형태가 유리하게 된다. 모두가 회사형태를 취하여 개인단계의 과세를 이연한다면 소득세에 거대한 구멍(loophole)이 생기게 된다. 따라서 이를 방지하기 위하여 회사가 벌어들이는 소득에 과세한다. 그것이 법인세라고 생각하는 것이다.

역사적으로는 이와 같은 설명에 부합하는 바가 있다. 明治32{1899}년에 상법이 준칙주의를 채용하여 회사의 설립이 용이하게 되었다. 이와 동시에 회사의 소득에 대한 과세가 시작되었다(→ 3-2). 시대가 바뀌어 昭和24{1949}년에는 샤우프 권고가 다음과 같이 개인사업과 법인사업에 대한 중립적인 취급이 필요하다고 하였다.

「근본적으로 법인은 주어진 사업을 수행하기 위하여 만들어진 개인의 집단이다. 법인이 부당하게 커지지 않고, 또한 법인이 법령에 적당한 주의를 기울이며 운영된다는 것을 전제로 한다면, 애초에 개인에게 법인형태를 이용하도록 장려할 이유도 없는 한편, 개인을 위협하여 법인형태를 이용하지 않도록 할 이유도 없는 것이다. 따라서 일반적으로 '개인기업 형태에 의한 사업보다도 법인형태에 의한 사업에 매우 무거운 세금을 부과하는 것'은 적절하지 않다. 또한 그 반대도 역시 적절하지 않다.」

이와 같이 개인소득세의 존재를 전제로 한다면, 이를 보완하기 위하여 회사의 소득에 과세하는 것이 필요해 진다. 회사단계에서 과세를 하는 것의 의의는 개인소득세를 보완하기 위한 일종의 징수 메커니즘인 것이다.

나아가 위의 예는 회사와 개인주주의 관계를 염두에 두고 있다. 이에 대해 회사에 법인주주가 존재하는 경우에는 그 법인주주에 개인주주가 존재하는 한 위와 같을 것이다.

(2) 3개의 편향(bias)

소득세를 보완하기 위해 회사단계에서 법인세를 부과한다. 그렇게 함으로써 빠져나갈 구멍을 막을 수 있다. 하지만 회사에 법인세를 부과하고 나아가 개인주주에게도 소득세를 부과하는 방식은 몇 가지 편향을 초래한다(도표 12-3).

도표 12-3 ▌ 법인세가 초래하는 편향

① 사업형태에 대한 편향(개인인가 법인인가)
② 배당정책에 대한 편향(배당할 것인가 내부에 유보할 것인가)
③ 자금조달에 대한 편향(신주발행인가 차입금인가)

▶ 개인사업과 법인사업 사이에는 유·불리가 생긴다. 개인사업의 경우 소득을 얻는 시점에서 소득세의 적용세율로 부과된다. 법인화하게 되면 소득을 얻는 시점에서 법인세의 적용세율로 부과되지만, 개인주주는 배당을 받을 때까지 과세를 이연할 수 있다. 즉 개인주주에게 과세되는 시점은 배당을 받을 때이고, 게다가 그 적용세율은 소득세율에 의하게 된다. 이러한 관계로 인하여 적용세율과 이자율에 따라 세금공제 후 실수령액의 크기에 차이가 생기게 된다. 이에 따라 개인사업과 법인사업 중 어느 한 쪽이 유리하거나 불리하게 되는 것이다. 나아가 주식의 양도손익에 대한 개인주주단계의 과세를 고려한다면, 이와 같은 유·불리의 관계는 보다 복잡하게 된다.

▶ 회사의 배당정책에 편향이 생기게 된다. 회사가 이익을 얻게 되면 그 시점에 법인세가 부과된다. '법인세 상당분을 공제한 금액 중 얼마만큼을 주주에게 분배해야 하는가'가 배당정책의 문제이다. 이 배당정책에 세제가 영향을 미친다. 한편 법인세를 공제한 후 자금을 내부유보하게 된다면, 그 시점에서는 개인주주에 소득세가 부과되지 않는다. 이와는 반대로 내부유보를 하지 않고 개인주주에게 배당을 하게 된다면, 즉각 개인주주에게 소득세가 부과된다. 양자의 차이는 대부분의 경우 주주단계의 과세 타이밍의 차이이다. 하지만 전자의 경우, 개인주주는 배당을 받는 대신에 가치가 상승한 주식을 양도하여 보다 유리한 과세취급을 받을 가능성이 있다. 회사가 현금으로 배당하는 대신에 주주로부터 자기주식을 취득하고 대가를 지급하는 형태, 즉 '개인주주가 회사에 대하여 본인이 소유하고 있는 그 회사의 주식을 파는 것'도 가능하다. 이들 취급이 불균일하기 때문에 주주에 대한 배당정책에 세제가 편향을 불러일으키는 것이다.

▶ 회사의 자금조달 방법에 왜곡이 생긴다. 회사의 경영진이 신규투자를 하기 위해 자금을 조달하는 상황을 생각해 보자. 경영진에게는 몇 가지 선택지가 있다. 예를 들어 신주발행에 의해 개인주주로부터 자금을 조달하는 방법을 선택하였다고 해 보자. 이러한 경우 투자가 성공하여 수익이 생긴다면 회사단계에서 법인세가 부과되고, 주주에게 배당한 시점에서 또 소득세가 부과되게 된다. 이에 비해 개인대주(貸主)로부터의 차입금에 의해 자금을 조달하는 방법을 선택한다면 어떨까. 회사는 대주에게 지급할 이자를 자신의 소득에서 비용으로 공제할 수 있고, 회사단계에서는 과세되지 않게 된다. 개인대주에게는 대여금의 수취이자에 대하여 소득세가 부과된다. 이와 같이 신주발행의 경우와 차입금의 경우 사이에 납세의무자나 세목이 달라져, 세금공제 후 실수령액에 차이가 생기게 된다. 세제로 인하여 유·불리가 생기게

되는 것이다. 또한 이와 같은 불균등은 내부유보에 의한 자금조달과의 관계에서도 존재한다.

(3) 소득세와 법인세의 통합

이와 같은 편향을 없애기 위해서 소득세와 법인세의 관계를 상호 조정하는 것이 각국의 정책과제가 되었다. 이것이 소득세와 법인세의 통합(integration)의 문제이다. 통합의 방식에는 완전통합과 부분통합이 있다.

▶ 완전통합. 회사의 소득을 배당에 충당하는지 내부유보를 하는지에 관계없이 모든 주주에게 귀속하는 것으로 취급한다. 주주는 지분비율에 따라 자신에게 귀속하는 손익에 대하여 과세를 받는다. 민법상의 조합에 대한 과세방식과 같기 때문에 이를 '조합방식'이라 한다. 손익이 회사를 통과하여 주주에게 귀속된다는 의미로서 '패스 쓰루(pass through)'[2]라고 하기도 한다. 완전통합을 하는 경우 원리적으로 법인세는 불필요하게 되며, 존치한다고 하더라도 개인주주의 소득세를 회사단계에서 원천징수하기 위한 장치가 된다. 조합방식은 주주구성이 다수이고 변동되는 경우, 복층적인 투자구조를 취하는 경우, 주주상호간의 우선순위관계가 복잡한 경우 등에 제대로 대응하기 어렵다.[3]

▶ 부분통합. 부분통합 방식은 회사가 벌어들인 소득 중 배당에 충당한 부분에만 소득세와의 상호조정을 한다. 여기에는 ① 회사단계에서 조정하는 방식, ② 주주단계에서 조정하는 방식, ③ ①과 ②를 조합한 방식이 있다.

　① 회사단계에서 조정하는 방식의 전형적인 예로서 지급배당금 손금산입 방식이 있다. 회사가 배당으로서 지급한 금액을 회사의 소득산정상 손금에 산입한다(공제한다). 그 결과 배당으로서 지급된 부분이 회사단계에서 과세대상으로부터 제

---

2) 이처럼 법인 등의 entity를 투과하여 과세가 이루어진다는 의미에서의 'pass through 과세'를 우리나라에서는 통상 "도관과세(導管課稅)"라고 한다. 예컨대 윤지현, "동업기업 세제 도입에 따른 기업형태별 적절한 과세방안에 관한 연구: 기업형태 선택에 관한 조세중립성의 측면을 중심으로", 조세법연구 14(2), 한국세법학회(2008), 19면 참조.

3) 일본은 전통적으로 소득세 및 법인세 기본통달을 통해 상법상 익명조합과 민법상 조합에 대해서만 'pass through 과세'(도관과세)를 해왔으며, 우리나라와 달리 동업기업 과세제도를 도입하지 않고, 여전히 법인격의 유무에 따라 다른 과세를 하는 방식(즉 법인격이 인정되면 법인세, 인정되지 않으면 소득세)을 유지하고 있다. 임동원, "동업기업과세제도에 대한 연구", 한양대학교 법학 박사학위논문 (2014), 99－108면 및 본문 13－3－2 참조. 본문에서 도관과세를 '조합방식'이라고 지칭하는 이유는 조합과세에 대한 일본 조세법의 이러한 태도에 기인한다.

한국: 조세특례제한법 개정(2007. 12. 31. 법률 제8827호)으로 제100조의14 내지 제100조의26이 신설되면서 도관과세 방식의 동업기업 과세제도가 도입되었다. 그 적용대상에 대해서는 임동원, 앞의 글(동업기업과세제도에 대한 연구), 111면 이하 참조.

외되고, 따라 주주단계에서 과세된다. 지급액에 한해 회사가 아닌 주주단계에서 과세된다는 의미에서 '페이 쓰루(pay through)'라고 하기도 한다.[4]

② 주주단계에서 조정하는 방식의 예로서 수입배당세액공제[5] 방식이나 임퓨테이션(imputation) 방식이 있다. 수입배당세액공제 방식은 일본의 소득세법이 채용하고 있는 방식이다(→ 12-1-3). 임퓨테이션 방식은 이보다 정교한 방법이다.

(4) 임퓨테이션 방식

임퓨테이션 방식을 수치로써 예를 들어 소개한다(도표 12-4).

도표 12-4 ┃ 임퓨테이션 방식의 수치 예

법인소득	100
법인세	30
지급배당	70
개인주주의 소득세	$(70+30) \times 40\% - 30 = 10$
실수령	60

지금 법인소득에 적용되는 세율이 30%이고, 개인소득에 적용되는 세율이 40%라고 가정해 보자. 어떤 회사가 100의 소득을 벌어들인다고 한다면, 법인세는 30이 부과된다. 이 법인세를 납부한 다음에 개인주주에게 배당할 수 있는 최대의 금액은 70이 된다. 여기에서 이 회사가 70을 배당으로서 개인주주에게 지급한다고 해 보자. 이때에 개인주주 단계에서 소득세를 계산함에 있어서 다음과 같은 조정을 한다.

---

4) 또한 일본 조세특별조치법은, 「자산의 유동화에 관한 법률」에 규정된 '특정목적회사'와 「투자신탁 및 투자법인에 관한 법률」에 규정된 '투자법인'의 경우, 지급한 배당금액에 대하여 일정한 요건을 갖춘 경우 손금산입을 허용하는 'pay through' 방식의 이중과세 조정제도를 규정하고 있다[일본 조세특별조치법 제67조의14(특정목적회사에 관련된 과세의 특례), 제67조의15(투자법인에 관련된 과세의 특례)]. 여기에 대응하여 이들 회사로부터 수입한 배당금액에 대해서는 배당세액공제가 배제된다[일본 조세특별조치법 제9조(배당공제의 특례) 제1항 제6호, 제7호].
한국: 투자의 매개체 역할을 하는 유동화전문회사 등에 대해서 역시 배당금 손금산입 방식이 도입되어 있다[법인세법 제51조의2(유동화전문회사 등에 대한 소득공제)]. 배당금 손금산입 방식의 적용을 받은 유동화전문회사 등으로부터 수입한 배당금액에 대해서는 마찬가지로 배당세액공제가 배제된다(소득세법 제17조 제3항 제4호, 소득세법 시행령 제27조의3).
5) 원문의 서술은 "受取配当税額控除"(수취배당세액공제)이나, 우리 세법상 '수입배당금'이라는 용어가 사용되므로 본문과 같이 '수입배당세액공제'로 번역하였다. 이하에서도 같다.

즉 수취한 배당금액 70에 회사가 납부한 법인세액 30을 가산(gross – up)하여, 100에 대하여 세율 40%를 적용한다. 여기에서 회사가 납부한 법인세액 30을 세액공제한다. 이에 따라 개인주주가 납부해야 할 소득세액은 10이 된다.

독자들 중에는 왜 일단 가산한 다음에 세액공제를 하는지 의아하게 여기는 분도 있을지 모른다. 사실은 여기에 이 방식의 '키포인트'가 있다. 임퓨테이션(imputation)이라는 말에는 '본래 회사의 것이지만 제도상 주주에 귀속하는 것으로 본다'는 의미가 있다. 위의 예에서 본다면, 100의 소득을 얻는 것도, 30의 법인세를 납부하는 것도 회사이다. 이를 개인주주의 것으로 보아 계산하는 것이다. 따라서 개인주주의 소득세를 계산하는 과정에서 실제 수취한 배당금액 70에 법인세액 30을 가산하여 100을 베이스로 해서 세율을 적용한다. 나아가 30은 이미 납부한 세액이기 때문에 세액공제를 한다. 이와 같이 일단 가산한 다음에 세액공제를 함으로써 개인주주 자신이 소득을 얻는 경우에 가까워지도록 하고 있다.

이 예에서도 회사가 납부한 법인세액이 30, 개인주주가 납부한 소득세액이 10이다. 합계하면 40이 된다. 이 결과는 같은 사업을 개인사업 형태로 운영하여 100의 소득에 개인세율 40%를 적용하는 경우와 같다. 이렇게 하여 임퓨테이션 방식은 배당에 충당한 부분에 대하여 소득세와 법인세를 통합할 수 있다.[6]

Column 12-1 유럽에서의 임퓨테이션 방식의 쇠퇴

임퓨테이션 방식은 1970년대 이후 영국, 독일, 프랑스 등에서 연달아 채용되어 세제개혁의 조류가 되었다. 하지만 외국법인이나 외국주주의 취급에 대한 편향{bias}을 없앨 수 없었다. 이 때문에 1990년대 후반 이후 유럽사법재판소가 이를 EU조약 위반으로 판단하였고, 이에 따라 EU 각국은 정밀한 임퓨테이션 방식을 폐지하고, 조잡하고 간소한 방식으로 전환하였다.

(5) 배당 「이중과세」

소득세와 법인세를 완전하게 통합한 국가는 없다. 실제로는 특히 통합을 위하여 특별

---

6) 한국: 우리나라의 배당세액공제는 본문의 '임퓨테이션 방식'에 해당한다. 다만 법인세율을 10%로 가정하고 gross – up 및 세액공제를 하기 때문에(소득세법 제56조, 제17조 제3항 참조), 완전한 이중과세의 조정이 이루어지지는 않는다. 또한 종합과세되는 배당소득에 대해서만 적용되며, 분리과세 부분에는 뒤에서 살펴보는 바와 같이 배당세액공제의 적용이 배제된다.

한 제도를 두지 않는 예나, 배당에 대하여 부분통합을 하지만 그 정도가 불충분한 예(후술하는 일본 등)가 있다. 이와 같은 세제 아래에서는 회사가 주주에 대하여 배당을 지급하면 추가적인 과세가 생긴다. 소득을 얻은 회사에서 1번, 배당을 받은 개인주주에게서 다시 1번이라는 의미에서, 이를 배당「이중과세」라고 한다.

Column 12-2 배당 퍼즐

「이중과세」가 된다는 것을 알고 있음에도 불구하고 회사는 어째서 배당을 지급하는 것일까. 이에 대해서는 예전에 액면주식이 존재했던 시기[7] 일본기업의 배당정책 관행은 '액면에 대하여 일정한 배당률을 확보할 수 있는지 없는지'가 기업의 실적에 관한 신호를 보내는 {signaling} 수단이 되어 있었기 때문이라는 가능성이 지적되고 있다. 참조, 国枝繁樹「コーポレート・ファイナンスと税制」フィナンシャル・レビュー 69호(2003년) 4면, 13면.

12-1-3 일본의 제도

(1) 수입배당세액공제 방식의 배당공제

그렇다면 일본의 제도는 어떻게 되어 있을까. 明治32{1899}년에 법인소득에 과세를 개시하면서부터 개인주주과세와의 조정방법은 변천을 이루어왔다. 결국 昭和63{1988}년에 개인주주단계에서 조정하는 방법이 취해져 현행법에 이르고 있다. 개인주주 단계에서 수입배당에 대해 세액공제를 하는 방법이다(所税 제92조). 이를 배당공제라고 한다.

배당공제의 산정방식은 몇 가지 경우로 나뉘어 법정되어 있다. 개인주주가 회사로부터 잉여금의 배당을 수취하는 경우에 대해서 말하자면 배당소득금액의 10%이다(所税 제92조 제1항 제1호). 이 금액을 개인주주의 해당 연도분의 소득세액으로부터 세액공제한다(동항 주서{柱書}). 공제해야 하는 금액이 해당 연도분의 소득세액을 초과하는 경우에는

---

7) 일본에서는 2005년 회사법 제정[平成17(2005)년 7월 26일 호외 법률 제86호(부칙 제1조와 정령에 따라서 2006년 5월 1일부터 시행됨)] 이전에 상법에서 회사제도가 규율되던 시기에, 상법 제199조에서 "회사는 액면주식 혹은 무액면주식 또는 그 양쪽을 발행할 수 있다."라고 규정하여 액면주식과 무액면주식을 모두 인정하고, 제202조에서 '액면주식 주금액의 균일성'을 요구하면서(제1항), '액면주식의 발행가액이 권면액을 밑돌 수 없다'는 취지로 규정하고 있었다(제2항). 그러나 2001년 상법 개정으로[平成13(2001)년 6월 29일 호외 법률 제79호] 제199조, 제202조 등을 삭제하면서 액면주식제도를 폐지하고 무액면주식제도로 일원화하였다. 본분의 서술은 이러한 상법개정 이전에 일본에서 액면주식제도가 존재하던 시기를 의미한다. 일본 상법상 액면주식제도의 폐지에 대해서는 神田秀樹, 会社法(제21판), 弘文堂(2019), 66-67면 참조.

해당 연도분의 소득세액까지만 공제할 수 있다(동조 제2항 제2문).

(2) 배당공제의 수치를 통한 예시

배당공제의 방식을 수치를 통한 예시로서 설명하면 다음과 같다(도표 12-5).

도표 12-5 ┃ 배당공제의 수치를 통한 예시

법인소득	100
법인세	30
지급배당	70
주주의 소득세	$70 \times 40\% - 7 = 21$
실수령	49

지금 법인세율이 30%이고, 개인주주에 적용되는 세율이 40%인 경우를 가정해 보자. 주식회사가 100의 이익을 얻어 30의 법인세를 납부하고, 남은 70을 개인주주에 배당한다. 개인주주의 단계에서 70이 배당소득(所稅 제24조 제1항)으로서 소득세의 대상이 되고, 40%의 세율을 적용하여 28이 된다. 여기에서 배당공제를 한다. 배당공제 금액은 배당금액 70의 10%, 즉 7이 된다.[8] 따라서 배당공제를 하고 나면 개인주주의 소득세액은 21이 된다.

위의 예에서 법인세액이 30, 소득세액이 21이므로, 이를 합치면 51이 된다. 같은 사업을 개인사업 형식으로 운영한다고 하면, 100의 개인소득에 40%의 세액 40%가 적용되어 소득세액 40만 지출하면 되었다. 법인형태를 취함으로써 납세액이 증가한 것이다. 이는 소득세와 법인세의 통합의 정도가 충분하지 않다는 것을 의미한다.

(3) 조세특별조치법에 의한 수정

이상의 수치를 통한 예시는 소득세법상의 배당공제가 그대로 적용되는 경우의 이야기이다. 소득세법의 방침(建前)에 의한다면, 배당소득을 다른 각종소득과 종합하고 누진세율을 적용하여 그 결과 산정된 소득세액에서 배당공제를 한다. 하지만 실제로는 조세특별조치법에 의해 여러 가지 수정이 가해지고 있다.

---

8) 일본 소득세법상 배당세액공제의 비율에 대해서는 일본 소득세법 제92조(부록 일본 조세법령) 참조. 그 연도분의 과세총소득금액이 1,000만 엔 이하인 경우는, 원칙적으로 배당소득 금액의 10%이다.

예를 들어 대주주(주식총수의 3% 이상을 가지는 사람)에 대한 배당 이외의 상장주식의 배당에 대해서는, 개인주주는 이를 다른 소득으로부터 분리하여 신고하고 15%의 세율을 적용받는 것을 선택할 수 있다(租特 제8조의4 제1항, 지방세를 합치면 20%, 地稅 제71조의28). 또한 1회에 지급받아야 할 배당이 소액인 경우 등 몇 가지의 경우에는 개인주주는 신고가 불필요하고(租特 제8조의5), 배당을 지급하는 때에 원천징수만으로 과세관계가 종료된다(동 제9조의3, 地稅 제71조의31). 그리고 이러한 경우에는 배당공제의 적용이 배제되어 있다(租特 제8조의4 제1항 주서{柱書} 후단·제8조의5 제1항 주서{柱書}). 이런 식으로 배당공제의 적용범위는 실제로는 한정되어 있다.9)

상기의 조세특별조치가 있기 때문에, 개인주주가 수취하는 배당에 적용되는 세율은 소득세의 누진세율하에서 적용되는 세율보다도 낮아지는 경우가 많다. 그 결과 그다지 제대로 된 통합방식이라고는 할 수 없지만, 결과적으로 배당에 관련된 법인세와 소득세의 합계가 무거워지지 않는 경우들이 있다.

12-2 법인세법의 구성

12-2-1 다섯 편으로 구성된 법인세법

법인세법은 총 다섯 편으로 구성된다(도표 12-6). 이 중 제2편 「내국법인의 법인세」가 이제부터 학습할 중심적인 내용이다. 제3편 「외국법인의 법인세」는 외국 금융기관이 일본에 지점을 두고 활동하는 경우의 과세관계와 같은 국제과세의 문제를 공부하는데 있어서 중요하게 다루어진다.

---

9) 한국: 배당소득을 지급하는 자에게는 소득세 원천징수의무가 있고(소득세법 제127조 제1항 제2호), 분리과세되는 배당소득에 대해서는 역시 원천징수로 과세관계가 종료되면서(소득세법 제14조 제3항 제6호), 배당세액공제가 배제된다(소득세법 제56조 제4항). 배당소득에 대한 원천징수세율은 통상적인 경우 14%이고(소득세법 제129조 제1항 제2호 나목), 지방세를 합치면 15.4%가 된다(지방세법 제103조의13).

한편 원천징수된 배당소득이 종합과세가 아닌 분리과세 대상인지 여부는, 일본과 같이 '배당을 지급하는 회사가 상장회사인지', '배당을 지급받는 개인주주가 대주주인지'에 따라서 정해지는 것이 아니라, 이자소득과 배당소득의 합계액이 2,000만 원 이내의 범위에 있는지 여부에 따라서 결정된다(소득세법 제14조 제3항 제6호).

도표 12-6 ▮ 법인세법의 구성[10]

제1편 총칙

제2편 내국법인의 법인세

제3편 외국법인의 법인세

제4편 잡칙

제5편 벌칙

12-2-2 3개의 「법인세」

법인세법 제2편에는 다섯 개의 장이 있다(도표 12-7).

도표 12-7 ▮ 법인세법 제2편의 구성[11]

제1장	각 사업연도의 소득에 대한 법인세
제1장의2	각 연결사업연도의 연결소득에 대한 법인세
제2장	퇴직연금 등 적립금에 대한 법인세

---

10) 한국: 법인세법의 구성

제1장	총칙
제2장	내국법인의 각 사업연도의 소득에 대한 법인세
제2장의2	삭제
제2장의3	각 연결사업연도의 소득에 대한 법인세
제3장	내국법인의 청산소득에 대한 법인세
제4장	외국법인의 각 사업연도의 소득에 대한 법인세
제5장	삭제
제6장	보칙
제7장	벌칙
부칙	

11) 한국: 대응하는 법인세법 제2장의 구성을 살펴보면 다음과 같다.

제1절	과세표준과 그 계산
제2절	세액의 계산
제3절	신고 및 납부
제4절	결정·경정 및 징수

제3장	청색신고
제4장	경정 및 결정

제1장부터 제2장까지의 표제에 주목하길 바란다. 여기에서 파악할 수 있듯이 현행 법인세법상 「법인세」에는 세 가지가 있다. 처음의 「각 사업연도의 소득에 대한 법인세」가 우리들이 통상 「법인세」라고 부르고 있는 것이다. 본서의 주안점은 여기에 있다.

이에 대하여 「각 연결사업연도의 연결소득에 대한 법인세」는 연결납세제도의 이용을 선택한 그룹기업을 위한 제도로서 2002년 7월의 세제개정으로 도입되었다. 「퇴직연금 등 적립금에 대한 법인세」는 기업연금의 운용 시의 과세이지만, 동결되어 있다(租特 제68조의4).

12-2-3 각 사업연도의 소득에 대한 법인세

(1) 과세표준, 세액, 신고납부

법인세법 제2편 제1장 「각 사업연도의 소득에 대한 법인세」에는 3개의 절이 있다(도표 12-8). 과세표준을 계산하여(제1절), 세액을 계산한 다음에(제2절), 신고·납부·환급을 행하는(제3절) 순으로 구성되어 있다.

도표 12-8 ▌법인세법 제2편 제1장의 구성(초록)[12]

제1절 과세표준 및 계산
　제1관 과세표준(제21조)
　제2관 각 사업연도의 소득금액의 계산의 통칙(제22조)

---

12) 한국: 대응하는 법인세법 제2장(내국법인의 각 사업연도의 소득에 대한 법인세)의 제1절부터 제4절의 구성을 보다 자세히 살펴보면 다음과 같다(일부 삭제된 조문이 존재함).

제1절 과세표준과 그 계산
　제1관 통칙(제13조~제14조)
　제2관 익금의 계산(제15조~제18조의3)
　제3관 손금의 계산(제19조~제28조)
　제4관 준비금 및 충당금의 손금산입(제29조~제39조)

(2) 학습대상의 선정

과세표준은 과세 베이스를 수량화한 것으로서 「각 사업연도의 소득금액」이 여기에 해당한다(法稅 제21조). 각 사업연도의 소득금액은 「익금의 금액」에서 「손금의 금액」을 공제한 금액이다(동 제22조 제1항). 이에 따라 익금의 금액과 손금의 금액을 어떻게 계산할 것인지가 법인세를 배우는데 있어서 가장 기본적인 사항이 된다.

본서에서는 다루고 있지 않지만, 법인세법에서 급속히 규정이 정비되어 그 중요성이 커지고 있는 영역이 있다. 그것은 제1절 제5관에 포함된 금융상품의 과세에 관한 룰이라던가, 제1절 제6관에 들어있는 조직재편성에 대한 과세 룰 등이다.

(3) 세액의 계산 - 기본세율과 경감세율

도표 12-8로 돌아가 제2편 제1장 제2절 「세액의 계산」 부분을 보아 주기 바란다. 법인세액은 각 사업연도의 소득금액에 세율을 적용하고 거기에서 얼마간의 세액공제를 하여 계산한다.

법인세의 세율을 어느 수준으로 설정하는지는 기업활동에 큰 영향을 끼친다(→ Column 1-4). 그만큼 그때그때의 경제상황이나 국제적인 동향에 기초하여 종합적인 판단을 필요로 한다. 각국의 법인세율은 점차 낮아지고 있는 추세이다. 일본에서도 법인세의 기본세율은 1980년대 중반에는 43.3%였지만, 1980년대 말부터는 점차 낮아져, 1990년대에는 30%대가 되었고, 2011년에는 25.5%가 되었다. 2018년도 현재의 법인세의 기본세율은 23.2%이다(法税 제66조 제1항).[13] 지방세를 합쳐도 30%를 밑돌고 있다.

한편 중소법인을 위한 경감세율이 있다(法税 제66조 제2항, 租特 제42조의3의2). 예를 들어 주식회사의 자본금의 금액이 1억 엔 이하라면 중소법인에 해당하여, 각 사업연도의 소득금액 중 연간 800만 엔 이하의 금액에 대하여 15%의 경감세율을 적용한다. 이 경감세율은 중소기업에 대한 정책적 고려에 따른 것이다. 그러나 앞에서 말하였듯이(→ 12-1-1), 누진세율을 적용하는 것이 법인과세에는 적당하지 않다. 이 때문에 기본세율

---

13) 부록 일본 조세법령의 해당 조문 참조. 일본 법인세법상 법인세율의 변화추이에 대해서는 일본 재무성 홈페이지의 자료 "法人税率の推移"(https://www.mof.go.jp/tax_policy/summary/corporation/082.pdf) 참조(접속일: 2020. 8. 28.).
   한국: ① 우리나라 법인세법상의 과거 최고세율을 살펴보면 1951-1953년에 일반법인의 소득금액 1,000만 원 초과 부분에 대하여 45%의 세율이 적용된 적이 있고(1954. 3. 31. 법률 제320호로 개정되기 전의 법인세법 제16조. 특별법인에 대해서는 같은 법 제39조에 의해서 보다 감경된 세율이 적용됨), 1968-1971년에 일반법인의 과세표준 500만 원 초과부분에 대하여 45%의 세율이 적용된 바 있다(1971. 12. 28. 법률 제2316호로 개정되기 전의 법인세법 제22조 제1항. 공개·비영리법인에 대해서는 같은 법 제22조 제2항~제4항에 따라서 보다 감경된 세율이 적용됨).
   ② 이후 세율이 점차 낮아져 현재는 과세표준을 기준으로 2억 원 이하 부분에 대해서는 10%, 2억 원 초과 200억 원 이하 부분에 대해서는 20%, 200억 원 초과 3,000억 원 이하 부분에 대해서는 22%, 3,000억 원 초과 부분에 대해서는 25%의 세율이 각각 적용된다(법인세법 제55조 제1항). 법인지방소득세의 세율은 누진과세구간에 따라서 법인세법상 세율의 10%로 설정되어 있으며(지방세법 제103조의20 제1항), 개인지방소득세와 마찬가지로 지방자치단체가 가감할 수 있다(지방세법 제103조의20 제2항). 우리나라의 법인세율 변천의 자세한 추이에 대해서는 국회예산정책처(경제분석실 세제분석과), 2017 조세의 이해와 쟁점-③ 법인세, 국회예산정책처(2017), 9-11면 참조.
   ③ 참고로 과거 법인세법상의 최고세율은 45%이나, 소득세율과 마찬가지로 한국전쟁이라고 하는 특수한 상황 속에서 전비(戰費) 마련을 위한 특별 법인세율이 운영된 적이 있었다. 즉 1951. 1. 1. 법률 제188호로 제정된 '조세특례법' 제36조는 소득금액 1억 원을 초과하는 부분에 대하여 75%의 세율을 적용한 바 있다(1952. 12. 27. 법률 제260호로 조세특례법이 개정되면서 최고 법인세율은 70%가 되었고, 이후 조세특례법은 1954. 3. 31. 법률 제323호로 폐지됨).

과 경감세율의 격차를 축소하자는 제안이 있었던 적도 있지만[세제조사회 「법인세 소위원회 보고」〔1996년 11월〕第1章−2(2)], 현실에서는 그렇게 되어 있지 않다.[14]

소득세와 법인세의 세율에 격차가 있으면 사업형태의 선택에 세제가 영향을 미친다. 예를 들어 소득세의 최고세율은 45%이고(所稅 제89조), 법인세의 기본세율은 23.2%이다. 최고세율을 적용받는 개인사업자의 형태와 비교하였을 때, 법인형태로 사업을 운영하여 얻은 소득을 배당 없이 내부유보한다면 20포인트의 세율격차의 혜택을 향수(享受)할 수 있다. 물론 지방세를 고려할 필요가 있고, 어찌 되었든 생기게 될 주주단계의 과세도 감안할 필요는 있을 것이다. 그러나 이와 같은 예만으로도 법인세의 세율수준을 설정하는 경우에 소득세율과의 관계가 중요한 고려요소라는 것을 알 수 있다.

(4) 세액의 계산 − 세액공제

법인세액 계산의 최종단계는 세액공제이다. 현행 법인세법에는 소득세액공제(法稅 제68조)와 외국세액공제(동 제69조) 등이 있다. 조세특별조치법은 조세유인조치로서 연구개발세제 등 몇 가지의 특별한 세액공제를 두고 있다.[15]

이 가운데 소득세액을 법인세액에서 공제하는 메커니즘을 예를 들어 설명한다. 일본 국내에 본점이 있는 A주식회사가 은행예금 이자의 지급을 받는다고 해 보자(도표 12−9).

도표 12−9 ▌ 소득세액의 공제

이 경우 이자를 지급하는 은행이 그 지급을 함에 있어 소득세를 원천징수한다. 주의하여야 할 점은 원천징수에 대해 규율하고 있는 것은 소득세법이라는 것이다. 따라서

---

14) 한국: 조세특례제한법 제2장 제1절(중소기업에 대한 조세특례, 제4조~제8조의3)이 중소기업에 대한 투자세액공제, 특별세액감면 등의 특례를 규정하고 있다. 그중 2016년도를 기준으로 한 중소기업 특별세액감면 신고의 규모를 살펴보면, 172,771개 중소기업으로부터 8,670억 2,900만 원에 이르고 있다. 2017 국세통계연보, 국세청(2017), 해당 부분(8−3−9, 중소기업 특별세액감면 신고 현황)에서 인용.
15) 한국: 조세특례제한법 제2장 제2절(연구 및 인력개발에 대한 조세특례, 제9조~제19조) 참조.

원천징수와의 관계에서 회사도 소득세의 납세의무를 지고 있다. 위 예에서 보면, 내국법인(A사)이 국내에 있어서 지급을 받는 예금이자의 금액이 소득세의 과세표준이 되고(所税 제174조), 세율은 15%가 된다(동 제175조). 원천징수 절차로서 국내에서 지급을 하는 은행이 소득세를 징수하고(동 제212조 제3항), 그 세율도 15%가 된다(동 제213조).[16]

이렇게 하여 부과된 소득세의 금액을 A사의 법인세액에서 공제한다(法税 제68조 제1항). 이것이 '소득세액공제'로서 앞에서 원천징수의 형태로 납부한 금액을 A사가 법인세액에서 빼는 방법으로 정산하는 것이다. 만약 공제를 미처 하지 못한 금액이 생겼다면 그 금액을 신고서에 기입하여(동 제74조 제1항 제3호) 세무서장으로부터 환급받는다(법 제78조 제1항).

Column 12-3　지방법인2세

법인주민세와 법인사업세는 지방자치단체의 세입원으로서, 平成28{2016}년 결산액으로 7조 253억 엔에 이른다. 이를 '지방법인2세'[17]라 한다. 지방법인2세는 대도시권에 그 세수가 편재되어 있기 때문에 이러한 편재를 시정하기 위해서 각종의 조치가 취해져 왔다. 2014년 개정에서 지방법인세를 창설하여, 이를 지방교부세의 기초자금으로 하여 재정능력이 약한 지방단체에 교부하도록 하였다. 참조, 諸富徹「税制改正大綱を評価する : 財政学の観点から」税研 175호(2014년) 34면.[18]

---

16) 일본 소득세법상으로, 내국법인에 대하여 이자소득이나 배당소득 등이 지급된 경우 내국법인은 '소득세' 납부의무를 부담한다(일본 소득세법 제174조).
　　한국: 내국법인은 이자나 배당을 수취하더라도 '법인세' 납부의무를 진다(소득세법에 의해서는 원천징수한 소득세를 납부할 의무를 질뿐이다. 소득세법 제2조 제2항 제3호). 이에 따라서 내국법인에게 이자소득이나 투자신탁의 이익 등을 지급하는 자는 '법인세'의 원천징수의무를 진다(즉 일본과 달리 법인세법도 원천징수를 규율하고 있다. 법인세법 제73조, 제73조의2). 다만, 내국법인에게 배당소득을 지급하는 경우에 대해서는 법인세 원천징수의무가 없고, 지급명세서 제출의무가 존재한다(법인세법 제120조).
17) 원문은 "地方法人二税"로, 본문과 같이 '지방법인2세'로 직역하였다.
18) 일본 재무성 홈페이지에서 '지방법인세안'의 '개요'를 살펴보면, "지역 간 세원의 편재성을 시정하고, 재정력 격차의 축소를 도모하는 것을 목적으로 하여, 법인주민세 법인세할의 세율을 인하하는 것에 맞추어, 지방교부세의 재원을 확보하기 위한 지방법인세(국세)를 창설한다."라고 그 목적과 취지를 밝히고 있다[일본 재무성 홈페이지의 자료 "地方法人税法案"(https://www.mof.go.jp/about_mof/bills/186diet/ch260204g.htm), 접속일: 2020. 8. 28.]. 즉 기존의 법인주민세 법인세할을 폐지하지 않고 세율을 인하하면서, 그 대신에 지방법인세를 창설한 것이다. 현행 일본 지방법인세법 제10조(세율) 제1항은 "지방법인세의 액은, 각 과세사업연도의 과세표준법인세액에 100분의 10.3의 세율을 곱하여 계산한 금액으로 한다."라고 정하고 있다[본래의 세율은 4.4%였으나, 2019. 10. 1. 이후에 개시된 과세사업연도부터 10.3%로 인상되었고, 이에 맞추어 법인주민세 법인세할의 세율을 5.9% 더 인하하였다. 일본 국세청 홈페이지의 자료 "地方法人税の税率の改正のお知らせ"(https://www.nta.go.jp/publication/pamph/hojin/chihou_hojin/01.htm), 접속일: 2020. 8. 28.].

☑️ 이 장에서 배운 것

> ▸ 법인세는 개인소득세를 보완하기 위하여 필요하다.
>
> ▸ 1990년대 이후 법인세율은 점점 낮아져 왔다.

🔍 찾아보자

> ▸ 법인세에는 독립적인 과세근거가 있는 것일까?
>   → 岡村忠生 「法人課税の意味」 同編 『新しい法人税法』 (有斐閣, 2007년) 1면
> ▸ 샤우프 권고에 이르기까지 법인소득 과세는 어떠한 발자취를 남겨 왔는가?
>   → 高橋祐介 「法人所得税の勃興と隆盛」 法時 90권 2호(2018년) 9면

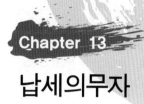

Chapter 13

납세의무자

📖 이 장의 테마

▶ 내국법인과 외국법인 ▶ 다양한 사업조직

13-1 역사적 전개

13-1-1 회사의 소득에 대한 과세

일본의 소득세제가 걸어온 길을 더듬어보면, 100년 이상 계속하여 다양한 사업조직을 어떻게 다루어야 할지에 대한 문제가 존재해왔다.

明治23{1890}년에 구 상법을 제정하기 전까지는 개별적인 법률을 만들거나 관청이나 지방장관이 개별적으로 특허를 주는 식으로 회사를 설립하였다. 구 상법은 면허주의를 채용하여 합명회사·합자회사·주식회사의 세 가지의 회사를 인정하였다. 明治32{1899}년에는 신 상법을 제정하여, 준칙주의하에서 일정한 요건을 충족하고 있다면 회사를 설립할 수 있게 되었다.

회사의 설립이 용이하게 됨과 동시에 회사의 소득에 대한 과세가 시작되었다(→ 3-2). 즉 明治32{1899}년 소득세법에 의해 법인의 소득에 대해 2.5%의 과세가 개시되었다. 당시의 소득세법은 현재의 법과는 달리, 소득세법에 「제1종 소득세」가 있어 법인의 소득에 대해서도 소득세법으로 과세를 하고 있었다. 또한 당시에는 개인주주가 받는 배당에 대해서는 과세되지 않았다.

초기의 룰은 회사를 구별하여 서로 다른 과세취급을 하고 있었다. 大正2{1913}년 개정에서는 甲(합명회사, 합자회사, 주주 20인 이하의 주식회사)과 乙(주주 21인 이상의 주식회사)을 구별하여, 甲에 대해서는 초과누진세율을, 乙에 대해서는 비례세율을 적용하였다. 다만 이러한 룰이 적용된 시기는 비교적 짧고, 이미 大正9{1920}년에는 배당「이중과세」(→ 12-1-2)가 개시됨과 함께, 법인의 초과소득이나 유보소득에 대해서 누진세율로 과세하는 방식으로 바뀌었다. 그 후 昭和13{1938}년에 유한회사법이 만들어졌으며, 유한회사가 법인소득세의 납세의무자로 추가되었다.

昭和15{1940}년에는 법인세법이 소득세법으로부터 독립하였다(→ 3-3). 이에 따라 '개인에 대해서는 소득세를 법인에 대해서는 법인세를 부과한다'는 이분법적인 방식이 확립되었다. 이러한 법전체계가 현재까지 이어져오고 있다.

13-1-2 회사 외의 조직형태에 관한 과세 룰의 전개

개인＝소득세, 법인＝법인세라는 이분법적인 방식하에서 다양한 조직형태에 관한 과세 룰이 전개되었다. 공익법인 등이나 '인격이 없는 사단'[1] 등에 대해서는 20세기 후반이 되어 수익사업을 하는 경우에 한해 법인세의 과세대상이 되었다. 신탁이나 조합에 대한 입법은 이보다 더욱 늦은 시기에 이루어졌다.

▶ 공익법인 등. 공익법인 등에 대해서는 제2차 세계대전 후에 이르기까지 비과세의 시대가 계속되었다. 昭和20{1945}년에 수익사업을 영위하는 종교법인에 대한 과세가 시작되었다. 그리고 昭和25{1950}년에는 공익법인 등에 대해서도 일반적으로 수익사업과세가 개시되었다. 이러한 원형{原型}은 현행법에서도 계속되고 있다.

▶ 조합. 昭和25{1950}년부터 昭和28{1953}년에 걸친 시기, 보전경제회{保全経済会}라는 익명조합형태의 불법금융이 횡행하여, 이익의 분배에 대하여 입법으로 원천징수의무를 부과하게 되었다. 하지만 익명조합이나 임의조합에 대해 정면으로 과세하는 룰을 입법화한 적은 없었고, 현재에 이르기까지 소득산정의 일반규정을 약간의 통달을 통해서 운용하고 있다.[2]

---

1) 우리 세법에서는 '법인이 아닌 사단'이라는 용어가 사용되나(국세기본법 제13조 등 참조), 일본 세법에서는 여기에 대응하는 개념으로서 "인격이 없는 사단(人格のない社団)"이라는 용어가 사용되고 있고, 엄밀하게 일본 세법상으로는 '인격이 없는 사단'과 '법인이 아닌 사단'은 다른 개념이므로(부록 일본 조세법령의 일본 법인세법 제2조 제8호 참조), 번역서에서도 직역하여 '인격이 없는 사단'이라는 용어를 그대로 사용하기로 한다.

▶ 인격이 없는 사단 등. 昭和32{1957}년에 「인격이 없는 사단 등」을 법인세의 납부의 무자에 포함시켜, 그 수익사업소득에 과세를 하기 시작하였다.[3]

▶ 신탁. 大正11{1922}년에 신탁법이 도입되었고, 이에 대응하여 세제가 개정되었다. 이에 비해 신탁소득에 대하여 법인세를 과세하기 시작한 것은 시대가 한참 흐른 平成11{1999}년의 일이었다. 이후 신탁법이 전면 개정되었고, 平成19{2007}년에는 '법인과세신탁'의 인수를 하는 자에게 법인세를 부과하게 되었다.[4]

13-2 현행 법인세법상의 납세의무자

13-2-1 통계 데이터

(1) 법인수와 소득금액

도표 13-1은 최신 국세청통계연보에서 일본의 법인수와 소득금액을 인용한 것이다. 숫자는 平成28{2016}년 4월 1일부터 平成29{2017}년 3월 31일 사이에 종료한 사업연도 분에 해당한다.[5]

---

2) 앞의 12-1-2 (3) 부분 및 그 각주 참조.

3) 일본 법인세법 제3조는 인격이 없는 사단 등을 법인으로 간주하여 법인세법을 적용하도록 규정하고 있고, 제7조에서 다시 수익사업에 한정하여 과세한다는 취지로 규정하고 있다(부록 일본 조세법령 참조). 한국: 국세기본법이 "법인이 아닌 사단, 재단, 그 밖의 단체"(법인 아닌 단체) 중 '일정한 요건을 갖춘 것으로서 그 수익을 구성원에게 분배하지 아니하는 것' 등을 법인으로 보아 세법을 적용하도록 규정하고 있고('법인으로 보는 단체', 국세기본법 제13조 참조), 법인세법 제2조 제2호 다목은 위 국세기본법 규정에 따라 '법인으로 보는 단체'를 '비영리내국법인'의 하나로 규정하고 있다. 이러한 단체에 대해서는 법인세법 제4조 제1항, 제3항에 따라서 수익사업에 대하여 법인세 과세가 이루어진다.
   일본 법인세법과 달리, 우리나라 세법상으로는 법인이 아닌 단체를 법인으로 보기 위해서는 일정한 요건이 요구되며(국세기본법 제13조), 요건을 갖추지 못하여 법인으로 의제되지 않는 경우에는 소득세법이 적용된다(소득세법 제2조 제3항). 이 부분의 해석론과 일본 법인세법과의 비교 등에 대해서는 김중곤, "비법인사단의 세법상 제문제", 사법논집 33집, 법원도서관(2001), 654-658면 및 이중교, "세법상 법인격 없는 단체의 고찰", 특별법연구 14권, 사법발전재단(2017), 267-271, 283-285면 참조.

4) '법인과세신탁'에 대해서는 부록 일본 조세법령의 일본 법인세법 제2조 제29호의2 참조. '법인과세신탁'을 포함하여 일본의 신탁세제를 소개한 문헌으로는 한원식, "신탁소득의 납세의무자에 대한 연구", 조세법연구 19(2), 한국세법학회(2013), 259-263면 참조.

5) 한국: 도표 13-1에 대응하는 우리나라의 자료는 2017 국세통계연보, 국세청(2017)의 해당 부분 참조. 번역서에 따로 옮기지는 않기로 한다.
   다만 총 신고법인수와 결산서상 당기순이익, 당기순손실의 금액만 살펴보면 다음과 같다(2016년 기준).
   ① 총 신고 법인수: 645,061
   ② 결산서상 당기순이익: 법인수 421,387 / 당기순이익 251,282,558백만 원

도표 13-1의 좌측 란은 크게 내국법인과 외국법인으로 나뉜다.

▶ 내국법인이란 '국내에 본점 또는 주된 사무소를 가지는 법인'을 말한다(法税 제2조 제3호).[6] 내국법인은 소득의 원천이 국내에 있는지 국외에 있는지에 상관없이 전 세계에서 얻은 소득에 과세된다(동 제4조 제1항·제5조).

▶ 외국법인은 '내국법인 외의 법인'이다(法税 제4조 제4호).[7] 국내의 원천소득에 대하 여 납세의무를 진다(동조 제3항·제9조).

이와 같이 내국법인에 해당하는지 외국법인에 해당하는지에 따라 과세관계에 큰 차이 가 생기게 된다.[8] 이하에서는 내국법인에 대하여 살펴보도록 한다.

(2) '대표선수'로서의 보통법인

도표 13-1에서 알 수 있듯이 보통법인이 압도적 다수를 점하고 있다. 이 중에서도 「회사 등」이 법인수와 소득금액 어느 면을 보더라도 다른 법인형태를 압도하고 있다. 회사야말로 법인세에 있어 가장 중요한 납세의무자에 해당한다. 회사에 비해 그 수는 적지만, 의료법인이 보통법인에 포함된다는 점도 파악해 두자.

내국법인에는 보통법인 외에 4개의 형태가 있다. 즉 도표 13-1에 기재되어 있는 것 으로 위에서부터 순서대로 '인격이 없는 사단 등', '협동조합 등', '공익법인 등'이다. 한 편 도표 13-1에 나와 있지 않은 것으로 '공공법인'이 있다. 공공법인의 예로는 지방자 치단체나 독립행정법인, 국립대학법인 등이 있다(法税 제2조 제5호·별표1). 공공법인은 법인세의 납세의무를 지지 않기 때문에(동 제4조 제2항) 여기에 실려 있지 않은 것이다.

(3) 조직별·자본금 액수별 법인수

내역을 조금 더 구체적으로 살펴보자. 도표 13-2는 平成28{2016}년의 국세청 회사 표본조사에서 인용한 것이다.

---

③ 결산서상 당기순손실: 법인수 223,674 / 당기순손실 -113,904,903백만 원
　위 2017 국세통계연보의 해당 부분(8-1-2, 법인세 신고 현황 II)에서 인용.
6) 한국: 우리 법인세법은 "본점, 주사무소 또는 사업의 실질적 관리장소가 국내에 있는 법인"을 '내국법 인'이라고 하고 있다(법인세법 제2조 제1호).
7) 한국: 우리 법인세법은 "본점 또는 주사무소가 외국에 있는 단체(사업의 실질적 관리장소가 국내에 있 지 아니하는 경우만 해당한다)로서 대통령령으로 정하는 기준에 해당하는 법인"을 '외국법인'이라고 하 고 있다(법인세법 제2조 제3호).
8) 한국: 역시 내국법인에 대해서는 전세계소득에 대해서, 외국법인에 대해서는 국내원천소득에 대해서 과 세가 이루어진다(법인세법 제4조 제1항, 제4항 참조).

도표 13-1 ▌ 법인수 등의 상황

구분	신고법인수 (단위: 사)	사업연도수 합계	소득금액 이익 사업연도수	소득금액 이익 금액 (단위: 백만 엔)	결손 사업연도수	결손 금액 (단위: 백만 엔)
보통법인 국내법인 회사 등	2,630,504	2,651,997	862,444	49,060,611	1,789,553	10,016,715
그중 특정목적 회사	1,028	1,292	615	1,306	677	110,085
기업조합	1,464	1,481	480	2,468	1,001	2,595
의료법인	51,602	51,852	26,447	772,598	25,405	278,386
소계	2,683,570	2,705,330	889,371	49,835,677	1,815,959	10,297,697
인격이 없는 사단	18,843	18,910	11,804	17,981	7,106	10,790
협동조합 등 농업협동조합 및 등 연합회	3,027	3,064	1,920	490,661	1,144	20,964
소비생활협동조합 및 등 연합회	613	620	328	133,090	292	11,307
중소기업 등 협동조합 및 등 연합회 (기업조합은 제외)	14,121	14,230	7,944	67,686	6,286	19,354
어업생산조합, 어업협동조합 및 등 연합회	1,914	1,920	932	18,778	988	3,960
삼림조합 및 등 연합회	2,923	2,935	1,296	8,455	1,639	2,150
기타	20,815	20,916	11,964	628,042	8,952	40,796
소계	43,413	43,685	24,384	1,346,712	19,301	98,531
공익법인 등	52,206	52,403	22,341	226,969	30,062	189,175
외국법인	5,346	5,422	2,909	568,389	2,513	70,282
소계	2,803,378	2,825,750	950,809	51,995,728	1,874,941	10,666,474
연결법인	1,663	1,681	1,063	10,929,116	618	1,331,295
합계	2,805,041	2,827,431	951,872	62,924,843	1,875,559	11,997,769

조사대상 등: 「(1) 현 사업연도분의 과세상황」 가운데, 법정 사업연도분에 대하여 표기하였었다.

(주) 1 「신고법인수」는 「확정신고가 있었던 사업연도수를 접어단위로 접어한 건수」를 나타내고 있다. 나아가 연결신고를 행한 법인은 1그룹을 1사로서 집계하고 있다.

2 「사업연도수 합계」는 「청산확정분을 제외한 법정 사업연도분에 관한 확정신고 전수」를 나타내고 있다. 나아가 청산확정분도 포함한 사업연도수 합계는 286만 1000건이다.

도표 13-2 ┃ 조직별 · 자본금 액수별 법인수9)

구분	조직구분10)					계	구성비
	주식회사	합명 회사	합자 회사	합동 회사	기타		
자본금							
1,000만 엔 이하	2,162,354	3,616	16,459	65,444	46,162	2,294,035	(85.9)
1,000만 엔 초과 1억 엔 이하	337,015	174	581	500	16,842	355,112	(13.3)
1억 엔 초과 10억 엔 이하	15,829	3	–	86	793	16,711	(0.6)
10억 엔 초과	5,625	1	2	15	532	6,175	(0.2)
계	2,520,823	3,794	17,042	66,045	64,329	2,672,033	(100)
구성비	94.3	0.2	0.6	2.5	2.4	100	

도표 13-2에서 알 수 있듯이 조직별 법인수의 94.3%가 주식회사이다. 자본금을 보더라도 그 규모가 큰 것은 대부분이 주식회사이다. 따라서 법인세를 배우는 입장에서는 주식회사를 염두에 두고 학습하는 것이 현실적이라고 할 수 있다.

---

9) 한국: 도표 13-2와 같은 시기인 2016년도의 우리나라 법인세 신고법인수 645,061 중 조직별 법인수를 살펴보면 다음과 같다(주식회사는 전체의 약 94.8%).
① 주식회사 611,641 ② 유한회사 29,279 ③ 합자회사 3,318 ④ 합명회사 823
2017 국세통계연보, 국세청(2017)의 해당 부분(8-1-2, 법인세 신고 현황 II)에서 인용.

10) 일본 회사법 제2조 제1호는 '회사'의 의의에 대하여 "주식회사, 합명회사, 합자회사 또는 합동회사"를 의미한다고 규정하고 있는데, 이 중 특히 '합동회사(合同會社)'는 우리 상법에 등장하지 않는 개념이다. 합동회사는 2005년 일본의 회사법 제정 시에, 기존 일본 구 상법상의 '유한회사'에 대신하여 규정된 회사의 종류로서, '합명회사, 합자회사'와 함께 일본 회사법상의 '지분회사(持分會社)'의 하나이나(일본 회사법 제575조 제1항), '합명회사, 합자회사'의 경우와 달리 합동회사의 사원은 무한책임을 지지 아니하고 유한책임만을 지는 것을 그 특징으로 한다(일본 회사법 제576조 제4항, 제580조 제2항). 같은 유한책임만을 지는 주식회사의 경우는 불특정다수인이 참가하는 것을 전제로 하고 있어 그들의 이익을 법률적으로 두텁게 보호할 필요가 있으나, 합동회사의 경우는 '정관자치의 원칙'에 입각하여 회사에 참여한 당사자들 스스로가 자신들의 이해를 반영한 최적의 상황을 설정하도록 하면서도, 그 사원들이 유한책임만을 지도록 하기 위해 창설된 회사 유형으로서, 미국의 각 주(州)법에 규정되어 있는 LLC(Limited Liability Company)를 그 모델로 하는 개념이다. 이러한 합동회사는 주식회사에 비하여 설립시의 요건 기타 규제가 간소화되어 있다. 이상 일본의 합동회사에 대한 설명은 宍戶善一 외 6인(神田秀樹 책임편집), 会社法コンメンタール14──持分会社, 商社法務(2014), 19-21면(宍戶善一 집필부분) 참조.

Column 13-1 법인세의 과세단위

　법인세법은 원칙적으로 개별법인 단위로 규율을 하고 있다. 즉 과세소득이나 세액의 계산은 개별 단체법인{單體法人}마다 이루어진다. 이에 대하여 平成14{2002}년 세제개정은 연결납세제도를 도입하였다. 이는 법인세의 과세단위를 법인 그룹에까지 확장하여 모회사와 그 모회사의 100% 자회사를 일체로서 세액을 계산하는 것을 의미한다. 그 적용은 기업의 선택사항이다.11) 나아가 平成22{2010}년도 세제개정은 완전지배관계에 있는 그룹법인 사이에서의 거래에 대하여 과세를 이연하는 등의 조치를 강구하였다(→ Column 16-3).

13-2-2 과세 룰의 기본

(1) 과세 베이스와 기본세율의 횡단적 비교

　도표 13-3은 보통법인, 인격이 없는 사단 등, 협동조합 등, 공익법인 등 각각에 대하여 과세 베이스와 기본세율을 일람한 것이다.

도표 13-3 ▐ 내국법인에 관한 과세 룰의 기본

	보통법인	인격이 없는 사단 등	협동조합 등	공익법인 등
과세 베이스	모든 소득	수익사업소득	모든 소득	수익사업소득
기본세율	23.2%	23.2%	19%	19% (일반사단법인 등은 제외)
비고			사업분량배당 등의 손금산입	간주기부금

▶ 보통법인의 과세 베이스에 대해서는 주식회사에 관한 룰을 염두에 두고 Chapter 13 이하에서 배운다.
▶ 인격이 없는 사단 등과 공익법인 등은 모두 수익사업에서 생기는 소득에 대해서만 과세한다.

---

11) 한국: 법인세법상 연결납세제도는 법인세법이 2008. 12. 26. 법률 제9267호로 개정되면서 도입되어 2010. 1. 1.부터 시행되었으며, 그 적용여부는 역시 선택사항이다(법인세법 제76조의8 내지 22 참조).

▶ 협동조합 등은 생협이나 농협 등과 같은 것을 의미한다(法税 제2조 제7호·별표3). 과세 베이스에 대한 특칙이 있어서, 사업을 이용한 분량에 따라서 조합원에게 분배하는 금액을 손금에 산입한다(동 제60조의2).[12]

(2) 인격이 없는 사단 등

인격이 없는 사단 등이란 '법인 아닌 사단 또는 재단으로서 대표자 또는 관리인의 정함이 있는 것'을 말한다(法税 제2조 제8호). 인격이 없는 사단 등은 이를 법인으로 보고, 그 수익사업에 대하여 법인세를 부과한다(동 제3조·제4조 제1항).[13] 기본세율은 보통법인과 동일하고(동 제66조 제1항), 연간 800만 엔 이하의 금액에 대하여는 경감세율이 적용된다(동조 제2항).[14]

인격이 없는 사단 등은 개인사업과는 다른 취급을 받는다. 개인이 사업을 수행하는 경우 소득세의 대상이 되지만, 인격이 없는 사단 등의 수익사업소득은 법인세의 대상이 된다. 여기서 '인격이 없는 사단 등에 해당하는지 여부'에 대한 판단기준이 문제 된다. 재판례는 '민사실체법상의 권리능력 없는 사단의 개념을 차용한 것으로, 민사실체법과 동일한 의미로 해석해야 한다'고 하고 있다[福岡高判 平成2(1990). 7. 18. 判時 1395호 34면(다단계사기 사건)].[15][16]

---

12) 한국: 조세특례제한법이 농업협동조합, 소비자생활협동조합 등 각종 조합법인 등에 대하여 별도의 세율(9%, 12%)과 익금불산입 등에 관한 과세특례를 정하고 있으며, 현재 2020. 12. 31.까지의 일몰법 형태로 규정되어 있다[조세특례제한법 제72조(조합법인 등에 대한 법인세 과세특례)].

13) 한국: 일본 법인세법과 달리, 우리나라 세법상으로는 법인이 아닌 단체가 법인으로 의제되기 위해서는 일정한 요건이 요구되며(국세기본법 제13조), 요건을 갖추지 못하여 법인으로 의제되지 않는 경우에는 소득세법이 적용된다는 점(소득세법 제2조 제3항)은 앞서 13-1-2 부분의 각주에서 살펴보았다.

14) 한국: 법인이 아닌 단체로서 법인으로 보는 경우에 대해서도 통상의 법인과 동일한 세율이 적용된다.

15) 원서는 이 판결의 제목을 "ネズミ講 事件"으로 적고 있는데, 이것은 일본에서 다단계사기(피라미드형 사기) 조직을 '鼠講(ネズミ講)'라고 칭하기 때문이다. 이해를 돕기 위하여 판결의 사안을 소개한다. 다만 분량관계상 Chapter 13의 말미에 별도로 삽입하며, 문제가 된 모든 과세처분을 서술하지 않고 쟁점만을 소개한다.

16) 한국: 앞서 살펴본 것처럼 '법인이 아닌 단체'는 다시 국세기본법 제13조가 요구하는 요건에 해당해야만 세법상 법인으로 보게 된다는 점에서 일본과 다르다.
　　여기서 국세기본법 제13조의 적용을 검토함에 있어서는, 먼저 최소한 '법인이 아닌 단체'에 해당해야 하는데, 이 점에 대해서 국세기본법 제13조가 특별한 규정을 두지 않고 있으므로, 본문과 마찬가지로 민법상 권리능력 없는 사단·재단에 해당하는지 여부가 '법인이 아닌 단체'의 판정기준이 될 수 있을 것이다. 그렇다면 '민법상 권리능력 없는 사단·재단으로서, 국세기본법 제13조가 추가적으로 요구하는 요건에 해당하지 않는 것'이 소득세 납세의무를 지는 것으로 해석할 수 있다(보다 정확히는, 이 경우 '구성원들에게 이익분배를 하지 않는 경우(비영리단체)'는 그 단체 자체를 거주자로 보아 소득세가 과세되고, '구성원들에게 이익분배를 하는 경우(영리단체)'라면 그 구성원들 각자를 납세의무자로 하여 각 구성원들에게 분배가 이루어지는 소득금액에 소득세가 과세된다. 소득세법 제2조 제3항, 대법원 2012. 1. 27. 선고 2010두5950 판결 참조).

나아가 인격이 없는 사단 등에 해당하면 법인세법 이외의 조세법률과의 관계에서도 차이가 생긴다. 예를 들어 소득세법상 인격이 없는 사단 등은 법인으로 간주된다(所税 제4조). 따라서 법인과 동일하게, 지급을 받으면 원천징수의 대상이 되고, 지급을 행하면 원천징수의무를 진다(→ 7-2).

(3) 공익법인 등

법인세법상, 공익법인 등은 별표에 열거되어 있고(法税 제2조 제6호, 별표2), 종교법인이나 학교법인 등을 포함한다. 공익법인 등은 수익사업을 영위하는 경우에 한하여 납세의무를 진다(동 제4조 제1항 단서). 또한 일반사단법인 등을 제외하고는 세율이 경감된다(동 제66조 제3항).[17] 나아가 수익사업에 속하는 자산을 가지고 수익사업 이외의 사업을 위하여 지출을 한 경우에는 이를 기부금으로 보는 규정이 있다(동 제37조 제5항. → 16-4-3).

수익사업은 「판매업, 제조업 기타 정령으로 정하는 사업으로서, 계속해서 사업장을 설치하여 이루어지는 것」(法税 제2조 제13호)으로 정의되어 있다. 법률의 위임을 받아 정령이 34종의 사업을 열거하고 있다(法税令 제5조 제1항). 최고재판소는 수익사업과세의 취지를 「동종의 사업을 행하는 그 외의 내국법인과의 경쟁조건의 평등을 꾀하고, 과세의 공평을 확보한다」는 점에서 찾고 있다[最判 平成20(2008). 9. 12. 訟月 55권 7호 2681면 (반려동물 장례식업 사건)].[18]

---

17) 한국: ① 비영리내국법인의 수익사업에 대해서도 통상의 법인과 동일한 세율이 적용된다. 과거 조세감면규제법에서는 비교적 광범위하게 '공공법인'에 대하여 낮은 세율이 적용되었으나, 그 범위가 점차 축소되다가 조세감면규제법이 조세특례제한법으로 개정되면서(1998. 12. 28. 법률 제5584호, 1999. 1. 1. 시행) '공공법인'에 대한 과세특례는 사라졌으며, 이후 일정한 조합법인 등에 대해서만 낮은 세율의 과세특례가 적용되고 있다. 따라서 조합법인 등에 해당하지 않는 한 모든 과세대상 법인에 대해서는 같은 세율이 적용되는 것이다. 조세특례제한법 제72조 및 앞서 본 13-2-2 (1) 부분의 각주 참조.
② 비영리법인, 공공법인 등에 대한 법인세율의 변화에 대해서는 국회예산정책처(경제분석실 세제분석과), 앞의 책(2017 조세의 이해와 쟁점-③ 법인세), 10-11면 참조.
③ 다만 법인세법은 비영리내국법인의 이자소득 및 자산양도소득에 대한 특례규정을 두고 있다[법인세법 제62조(비영리내국법인의 이자소득에 대한 신고 특례), 제62조의2(비영리내국법인의 자산양도소득에 대한 신고 특례)].

18) ① 즉 공인법인 등의 수익사업에 대하여 과세하는 이유는, 동종사업을 하는 영리법인을 과세상 보다 불리한 조건에 처하지 않도록 하기 위함이나, '수익사업'에 관한 일본 법인세법 시행령 제5조(수익사업의 범위)는 한정적 열거이므로, 설령 영리사업이라고 하더라도 여기에 규정되어 있지 아니한 것은 과세대상이 되지 않는다. 金子宏, 앞의 책(租税法), 455면.
② 일본 법인세법 시행령 제5조 제1항이 정하는 '수익사업'의 범위에 관한 판결로 東京高判 平成28 (2016). 10. 25. 平成28年(行コ)161号가 있는데, 제1심인 東京地判 平成28(2016) 3. 29. 平成26年(行ウ)190号와 같은 취지로 판시하였으며, 항소심 판결이 그대로 확정되었다. 이해에 참고가 될 수 있는 제1심 판결의 주요 부분을 인용해보면 다음과 같다(참고로 이 사안의 원고는 일본 '특정비영리활동촉진법' 제2조 제2항에 따른 '특정비영리활동법인'이다).

공익법인에 대한 제도개혁에 따라 과세 룰이 새롭게 바뀌었다. 민법은 明治29{1896}년 제정 이래 공익법인의 설립을 주무장관의 허가에 의하도록 하였다(구 민법 제34조). 이를 平成18{2006}년에는 2단계 구조로 변경하였다. 1단계로, 영리를 목적으로 하지 않는 일반사단법인 · 일반재단법인은 준칙주의에 의해 설립할 수 있다(일반법인법19) 제22조 · 제

"공익법인 등이 영위하는 사업에 대하여, 동항(법인세법 시행령 제5조 제1항)의 규정으로부터 이탈하여 일반 영리기업이 행하는 사업과 경합하는지 여부를 고려하여 수익사업에 해당하는지 여부를 판단하는 것은, 법인세법 및 법인세법 시행령이 예정하고 있는 바가 아닌 것이 분명하고, 과세공평의 관점에서도 상당하지 않다고 할 것이다.", "원고는 '노숙자(홈리스) 등 지원 사업'이 자신의 주된 사업이고, 본건 건물임대 사업은 노숙자 등 지원 사업에 부수하여 또는 이것과 일체로 이루어지는 것으로서, 본건 건물임대 사업만을 뽑아내어 수익사업으로 인정할 수는 없다'는 취지로 주장하고 있다. 그러나 위에서 검토한 바와 같이, 법인세법 및 동법 시행령은 공익법인 등이 실시하는 사업이 수익사업에 해당하는지 여부에 대하여 동법 시행령 제5조 제1항이 정하는 사업[특게사업(特揭事業)]에 해당하는지 여부에 따라 판단하는 것으로 정하고 있고, 법인세법 기타 관계법령을 통람하더라도 공익법인 등이 실시하는 다른 사업과의 실질적인 관련성의 정도를 감안해야 한다는 취지의 규정은 발견되지 않는다. 그러한 이상 본건 건물임대 사업이 노숙자 등 지원 사업과 밀접하게 관련되어 있다고 하더라도 수익사업인 부동산임대사업에 해당하지 않는다고 할 수는 없다. 또한 동 시행령 제6조의 규정내용에 비추어보더라도, 공익법인 등은 자신이 시행하는 사업 중 수익사업(특게사업)에 해당하는 것에 대해서는, 이것을 특히 구분하여 경리하는 것이 당연히 예정되어 있다고 해야 한다. 따라서 원고의 상기 주장은 채용할 수 없다."
③ '부동산임대업(不動産貸付業)'은 일본 법인세법 시행령 제5조 제1항 제5호가 수익사업으로 열거하고 있는 것으로, 위 판결의 취지는 공익법인 등이 수행하는 사업이 일본 법인세법 시행령 제5조 제1항 각호가 열거한 사업에 해당하면 그대로 수익사업에 해당하는 것이고, 본래의 비영리활동과의 관련성을 감안할 필요가 없다는 것이다.
한국: ① 비영리내국법인의 경우 수익사업에 대하여 법인세를 과세하는 것으로 정하고 있고(법인세법 제4조 제1항, 제3항), 비영리외국법인의 경우 국내원천소득 중 수익사업에 대하여 법인세를 과세한다(법인세법 제4조 제4항, 제5항). 일본 법인세법 제2조 제13호, 법인세법 시행령 제5조 제1항이 수익사업의 범위를 스스로가 한정적으로 열거하고 있는데 비하여, 우리 법인세법 제4조 제3항 제1호는 수익사업의 범위에 관하여 '제조업, 건설업, 도 · 소매업 등 통계청장이 정하는 한국표준사업분류에 따른 사업'으로 정하여, 포괄적으로 통계청장의 고시에 맡기는 방식을 취하고, 다시 법인세법 시행령 제3조 제1항이 일정한 사업을 제외하는 방식을 취하고 있다(그 외 수익사업의 자세한 범위에 대해서는 법인세법 제4조 제3항 각호 참조).
② 수익사업의 범위에 관하여 한국표준산업분류를 통해 포괄적으로 규정하는 체계는 법인세법 및 법인세법 시행령이 전부개정(1998. 12. 28. 법률 제5581호 및 1998. 12. 13. 대통령령 제15970호)되기 전에도 마찬가지로(전부개정 전 법인세법 제1조 및 법인세법 시행령 제2조 참조), 전부개정 이전에 대법원은 "어느 사업이 수익사업에 해당하는지의 여부를 가림에 있어 그 사업에서 얻는 수익이 당해 법인의 고유목적을 달성하기 위한 것인지의 여부 등 목적사업과의 관련성을 고려할 것은 아니나 그 사업이 수익사업에 해당하려면 적어도 그 사업자체가 수익성을 가진 것이거나 수익을 목적으로 영위한 것이어야 할 것이다."라고 판시하여(대법원 1996. 6. 14. 선고 95누14435 판결), 사업의 목적보다는 사업자체의 성질을 통해 수익사업에 해당하는지를 판단해야 한다는 태도를 취한 바 있다. 같은 맥락의 판례로 수익사업을 통하여 수입(임대료)을 얻었다면, 그 수입을 사용한 용도가 비영리법인 본래의 공익적 목적을 위한 것이라고 해도 여전히 과세대상인 수익사업에 해당한다는 것이 있다(대법원 1976. 4. 13. 선고 75누173 판결).
19) '一般社團法人及び一般財團法人に關する法律(일반사단법인 및 일반재단법인에 관한 법률)'을 의미한다. 원서에서는 이 법을 "一般法人"으로 표기했으나, 본문과 같이 '일반법인법'으로 표기한다.

163조). 2단계로, 공익목적사업을 행하는 일반사단법인·일반재단법인은 '공익인정'을 받음으로써 공익사단법인·공익재단법인이 된다(공익법인법[20] 제4조).[21]

平成20{2008}년 세제개정은 일반사단법인·일반재단법인 중 비영리형법인{非營利型法人}(法稅 제2조 제9호의2)에 해당하는 것을 '공익법인 등'으로 한 다음(별표2), 공익사단법인·공익재단법인에 대해서 아래와 같은 룰을 두었다. '공익목적사업'을 증진시킴과 더불어 공익목적사업 이외의 수익사업에 대해서는 민간 영리사업과 동등하게 취급하기 위한 개정이다.

▶ 수익사업의 범위에서 일정한 공익목적사업을 제외하였다(法稅 제2조 제13호, 法稅令 제5조 제2항). 이에 따라 공익목적사업을 영위하더라도 법인세가 부과되지 않는다.

▶ 공익사단법인·공익재단법인이 수익사업에 속하는 자산으로부터 공익목적사업을 위하여 지출한 금액은, 50%까지 손금에 산입한다(法稅 제37조 제5항, 法稅令 제73조 제1항 제3호). 50% 상당액을 초과하는 경우라고 하더라도, 공익목적사업의 실시를 위하여 필요한 금액까지는 손금에 산입한다(法稅令 제73조의2).[22]

▶ 공익사단법인·공익재단법인의 수익사업에 대하여, 보통법인과 같은 세율로 과세한다(法稅 제66조 제1항·제2항). 따라서 공익목적사업 이외의 수익사업을 영위하면, 민간 영리사업과 동등한 세율이 적용된다.

Column 13-2 사업조직의 다양화와 소득과세

다양한 사업조직을 세제상 어떻게 취급할 것인지는 중요한 문제에 해당한다. 일본에서도 21세기 초엽에 이러한 문제가 큰 관심을 받았다. 개인인가 법인인가 하는 단순한 이분법으로부터의 탈피가 제창되었고[佐藤英明 「新しい組織体と税制」 フィナンシャル·レビュー 65호 〔2002년〕 93면], 조세법학회에서 조합·투자매체·금융중개기관에 관한 연구가 보고되었다[租税法学会編 『組織形態の多様化と所得課税』 租税法研究 30호 〔2002년〕]. 이를 전

---

20) '公益社団法人及び公益財団法人の認定等に関する法律(공익사단법인 및 공익재단법인의 인정 등에 관한 법률)'을 의미한다. 원서에서는 이 법을 "公益法人"으로 표기했으나, 본문과 같이 '공익법인법'으로 표기한다.

21) 일본의 공익법인 등에 관한 법제개혁을 소개하고 이를 바탕으로 우리나라의 법인제도에 대해서 입법적 개선안을 제안하는 논문으로 최성경, "일본의 공익법인제도 개혁－「공익사단법인 및 공익재단법인의 인정 등에 관한 법률」을 중심으로", 민사법학 41호, 한국민사법학회(2008), 535면 이하 참조.
    한국: 비영리법인·공익법인의 설립에 대하여 허가주의를 취하고 있다. 민법 제32조, 공익법인의 설립·운영에 관한 법률 제4조 참조.

22) **한국:** 법인세법 제29조(비영리내국법인의 고유목적사업준비금의 손금산입) 및 그 특칙인 조세특례제한법 제74조(고유목적사업준비금의 손금산입특례) 참조.

개하여 법인세를 출자자과세의 한 형식으로서 파악하는 연구도 등장하였다[吉村政穂「出資者課税──『法人税』という課税方式(1)~(4·完)」法協 120권 1호 1면, 3호 508면, 5호 877면, 7호 1339면〔2003년〕]. 그 후에도 많은 논문이 발표되고 있다. 조직법과 조세법의 접점에 있는 흥미로운 영역이다.

13-3 입법론의 전망

13-3-1 법인세 납세의무자에 들어가는 범위

입법론으로서 법인세의 납세의무자의 범위는 어떻게 구성해야 할까. 이와 같은 문제를 생각함에 있어서 「법인이기 때문에 법인세를 부과한다」라는 형식논리로서는 한계가 있다. 일본의 법인세법은 이미 「법인」 이외의 것도 과세의 대상으로 삼고 있기 때문이다. 인격이 없는 사단 등은 법인으로 보아 과세하고 있고, 법인과세신탁의 수탁자는 법인세의 납세의무를 진다.

물론 법인 이외의 것에 대하여 과세하고 있다고 하더라도, 법인에 착안하여 법인세의 납세의무자를 구성하고 있다는 사실은 변하지 않는다. 실제 일본의 현행법은, 원칙적으로 빠짐없이, 법인격이 있는 주체를 법인세의 납세의무자에 넣고 있다. 예를 들어 합명회사는 보통법인으로서 법인세의 납세의무자로 되어 있다.

하지만 합명회사는 법인격이라는 옷을 한 꺼풀 벗으면 민법상의 임의조합과 같은 구조를 가지고 있다. 회사법의 제정에 따라 약간의 규정을 정비하기는 하였지만, 이전에는 합명회사의 내부관계는 민법상의 조합규정을 준용하였다(구 상법 제68조). 현재에도 사원의 손익분배의 비율에 관한 규정은 조합의 그것과 아주 흡사하다(会社 제622조, 民 제674조). 합명회사의 사원은 회사의 채권자에 대해 무한책임을 지고 있어(会社 제580조), 조합원의 무한책임과 크게 다르지 않다. 이러한 사정은 합자회사와 익명조합의 관계에 대해서도 들어맞는다(商 제542조). 그렇다고 한다면 법인세법은 단순히 겉모양에 착안하여 합명회사나 합자회사를 법인세의 대상으로 인정한 것에 지나지 않는다.[23]

비교법적으로 보았을 때 결코 일본의 방법이 당연한 것이라고는 할 수 없다. 독일, 프랑스에서는 합명회사나 합자회사에 상당하는 사업조직은 법인세의 납세의무자로 하고

---

23) 한국: 합명회사와 합자회사는 법인세 납세의무자에 해당하나, 앞서 살펴본 동업기업 과세제도의 적용대상이 된다[조세특례제한법 제100조의15(적용범위) 참조].

있지 않다. 이것만으로는 법인격에 착안하지 않은 예가 되지는 않지만, 세제가 사법{私法}상의 구성에서 벗어나 한 발짝 더 나아간 국가도 있다. 미국이 바로 그러한 예이다. 미국 연방소득세제는 오랜 기간의 시행착오를 거친 결과, 일정한 경우를 제외하고는, 법인소득세의 대상으로 할 것인지 개인소득세의 대상으로 할 것인지를 납세자의 선택에 맡기고 있다(이른바 Check The Box 규제).

'법인세의 납세의무자를 제도상 어떻게 구성할 것인가'라는 식으로 문제를 설정하게 되면, '법인격의 형식적인 유무'를 기준으로 하는 것이 당연한 것처럼 보이게 된다. 하지만 본래 문제가 되고 있는 것은 '개인소득세를 보완하는 장치로서 어떠한 사업체를 납세의무자로 하는 것이 입법론적으로 적절한지'에 대해서이다.

이 문제에 대해서는, 과세 룰의 집행가능성을 염두에 두고, 조직과 구성원 사이의 경제적 관계나 다른 유사한 기능을 가지는 조직과의 균형을 고려해서 판단해야 한다. 세무집행과의 관계에서는, 조세채권의 징수가 이루어지는 명의인과 납세의무자가 일치하지 않는 경우 집행에 소요되는 비용이 높아지게 된다. 이와 같은 배경에서 법인격을 가지는 주체에 착안하여 납세의무자를 정해왔던 것일지도 모른다. 하지만 만약에 그렇다고 하더라도, 이와 같은 사정은 국세징수법의 관점에서 대책을 강구하여 보완해야 할 문제이고, 법인세의 납세의무자의 범위를 조정함은 사리에 맞지 않다.

이상에서 살펴본 바는 법인세를 개인소득세의 보완세로 보는 입장의 입론이다. 법인세의 성질에 대해서 이와 달리 이론가설{理論假說}을 채용하게 된다면, 한층 더 다른 입론이 가능하게 된다[渕圭吾「法人税の納税義務者」金子宏編『租税法の基本問題』〔有斐閣, 2007년〕 418면]. '과세시스템을 기능하도록 하기 위한 정보축적의 장'으로 법인을 파악하여, 그곳에서부터 법인세의 존재이유를 논하는 견해도 있다[渡辺智之「『法人実在説』の再構成——取引費用と法人税」ジュリ 1349호〔2008년〕 118면]. 쉽게 설명하면 '회계장부가 있는 곳을 과세 포인트로 한다'는 것이다. 이렇게 하여 법인세의 납세의무자를 어떻게 구성할지는 법인세의 성질론으로 이어지게 된다.

13-3-2 구성원의 권리의무관계에 의거한 과세 룰의 정비

주식회사에 대해서는 출자·분배·청산·조직재편성과 같은 주주＝회사 사이 거래의 여러 국면에 대응하여 꽤나 정밀한 룰이 정비되어 있다. 이에 비하여 지분회사24)나 공

---

24) 앞의 13-2-1 (3) 부분의 각주에서 살펴본 것처럼, 일본 회사법상 '지분회사(持分社)'라 함은 '합명회사, 합자회사, 합동회사'의 3가지 회사를 총칭하는 말이다(일본 회사법 제575조 제1항).

익법인 등에 관한 과세 룰은 충분히 정치하게 규정되어 있지는 않다. 뿐만 아니라 조합 과세에 관한 일본법의 규정은 놀랄 정도로 발달되어 있지 않다. 몇 가지의 조세특별조 치가 있기는 하지만, 근간이 되는 부분에 대해서는 통달에서 약간의 해석지침을 제시하 고 있음에 그치고 있다(所基通 36·37 共−19 이하, 法基通 14−1−1 이하).[25]

어떠한 점이 문제가 될지를 다음과 같은 예로서 상상해 보자. 예를 들어 철수와 영희 가 조합계약을 체결하여 공동사업을 영위한다고 해 보자. 철수는 현금 1억 엔을 출자하 였고, 영희는 시가 1억 엔의 甲토지를 출자하였다. 손익분배의 비율은 2분의 1씩으로 정하였다. 수년간 공동사업을 영위한 결과, 조합재산은 현금 1억 엔과 시가 1억 2,000만 엔의 甲토지가 되었다. 이 시점에서 조합을 해산하여, 철수와 영희는 각각 현금 5,000만 엔과 甲토지의 공유지분 2분의 1씩을 잔여재산으로서 받았다.

일본법에서는 이와 같은 조합과세를 염두에 둔 개별적인 법령에 흠결이 있어 일반규 정의 해석론으로 처리해야만 한다. 게다가 선례로 볼만한 재판례가 부족하다. 그 결과 아래와 같은 논점에 대하여 그 해석론이 갈리고 있다.[26]

▶ 출자 시에 영희는 얼마에 甲토지를 양도한 것이 되는가

▶ 운영 시에 공동사업으로부터 생겨난 손익은 철수와 영희의 수중에서 어떻게 과세되 는가

▶ 해산 시에 甲토지의 가격상승에 따른 이익에 대해서는 누구에게 과세할 것인가

▶ 만약 해산 시에 과세하지 않는다고 한다면, 어느 시점에 과세할 것인가

탁상에서 떠올릴 수 있는 간단한 예에서조차 형편이 이와 같다. 법관계가 불안정하기 짝이 없다. 조합이 다른 조합의 조합원이 되어 몇 번이나 투자를 거듭하는 경우나, 조합 원 상호간의 권리의무관계가 계약상 보다 복잡하게 되어있는 경우 등에는 어떻게 해야 할 것인가. 이러한 문제들은 해결이 곤란하다는 것이 명백하여, 입법적 대응이 필요하다 는 점이 많은 학자들로부터 지적되어 왔다.

이러한 문제들은 정도의 차가 있기는 하지만, 조합뿐만 아니라, 신탁, 지분회사, 의료 법인과 같은 다양한 사업조직에 대해서도 산더미 같이 쌓여 있다. 문제의 심각성을 실

25) 앞의 12−1−2 (3) 부분의 각주에서 살펴본 바 있다.

26) 한국: 동업기업이 아닌 조합과세에 관하여 기본규정이 되는 것은 소득세법 제43조(공동사업에 대한 소득 금액 계산의 특례), 제87조(공동사업장에 대한 특례)이고, 역시 세부 쟁점들은 해석론에 맡겨져 있다. 본 문에서 제시된 논점들을 비롯하여 조합과세에 관한 우리나라 세법의 해석론 및 판례·행정해석 등을 다 룬 문헌으로 윤병철, "組合課稅에 관한 判例硏究(출자, 지분양도 및 노무제공과 관련하여)", 조세법연구 8(1), 한국세법학회(2002), 84면 이하(일본의 판례를 소개하고 문제점을 분석한 부분으로는 109−113 면); 이준규·이은상, "조합과세의 문제점과 개선방안", 세무학연구 18(1), 한국세무학회(2001), 195면 이 하 참조.

감해 보길 바란다. 대응의 기본적 방침으로서는 각각의 사업조직에 대해서 이해관계자 (stake holders)가 어떠한 권리의무를 가지고 있는지를 정밀하게 조사하여, 그 구조에 비추어 세제를 구축해나가는 것이 좋을 듯하다[增井良啓「多様な事業組織をめぐる税制上の問題点」フィナンシャル・レビュー 69호〔2003년〕95면].

Column 13-3 마크 존슨의 고군분투

1954년 미국 내국세입법전 '파트너십 과세 룰'의 입법 전야에는, 입법의 합리화에 온 힘을 쏟은 한 사람의 열의와 노력이 있었다. 마크 존슨{Mark H. Johnson}은 1935년에 뉴욕대학 로스쿨을 졸업하고, 법률실무에 종사함과 동시에 집필활동을 이어나갔다. 1949년에는 미국법조협회(American Bar Association)에, 1951년에는 미국법률협회(American Law Institute)에 파트너십 세제를 제안하였다. 그리고 1954년 내국세입법전의 입안에 전력을 다하였다. 이러한 마크 존슨의 삶은 법형성의 문에 서있는 일본의 우리들에게 있어 많은 교훈을 주고 있다.

☑ 이 장에서 배운 것

▶ 보통법인 외에도 인격이 없는 사단 등, 협동조합 등, 공익법인 등이 법인세의 납세의무자로 되어 있다.
▶ 다양한 사업조직에 대한 과세의 중요성이 증대되고 있다.

🔍 찾아보자

▶ 바람직한 사업체과세의 모습은 어떠한 것인가?
 → 高橋祐介「事業体課税論」岡村忠生編『新しい法人税法』(有斐閣, 2007년) 61면
▶ 공익세제란 무엇인가?
 → 田中啓之「共益と租税」金子宏監修『現代租税法講座(2)家族・社会』(日本評論社, 2017년) 273면

福岡高判 平成2(1990). 7. 18. 判時 1395호 34면(다단계사기 사건)

사실관계와 관련판결

이 사안은 본문에 언급된 '다단계사기 사건' 판결[福岡高判 平成2(1990). 7. 18. 昭和59(行コ)4호, 이하 이 각주에서 '제2판결']과 같은 날 동일한 재판부(후쿠오카 고등재판소 제4민사부)에 의해서 선고된 관련판결[福岡高判 平成2(1990). 7. 18. 昭和59(行コ)3호, 이하 이 각주에서 '제1판결']을 함께 살펴보는 것이 도움이 된다. 제1판결의 원고는 '천하일가회·제일상호경제연구소(天下一家の会·第一相互経済研究所. '天下一家' 즉 '천하가 모두 한 가족'이라는 사상을 표방하면서 회원 상호간의 상호부조와 복지를 위한 사업을 운영한다는 외양을 내세운 다음, 신규가입을 원하는 회원은 기존회원에게 소정의 가입비를 증여하도록 하고, 이를 받은 기존회원은 원고에게 그중 일정한 금액을 송금하며, 다시 회원으로 가입한 신규회원은 새로운 회원을 모집하도록 하는 전형적인 피라미드형 조직)'라는 단체(이하 이 각주에서 '본회')로서 그 대표자는 '우치무라(内村, 본회의 실질적인 운영자로서 대표자를 자처하는 사람)'라고 하는 이름의 개인이며, 제2판결의 원고는 위 우치무라이다(정확히는 우치무라의 파산으로 인하여 파산관재인이 소송승계인이 되었으나 이러한 사정은 생략한다).

제1판결의 피고 과세관청은, 본회가 '입회희망자와 기존의 선배회원 사이의 금전의 수수를 매개하고 수령한 금원'에 관해서, "(이것은) 그 매개에 대한 비용 및 보수의 성질을 가지며 그 매개행위를 반복·계속하고 있으므로, 본회의 사업활동은 일본 법인세법 제2조 13호에서 정하는 '수익사업' 중 동법 시행령 제5조 제1항 제17호에 규정된 '주선업'에 해당한다."라고 보아서(제1판결의 제1심 판결 중 '당사자의 주장'의 '청구원인' 부분) 법인세 경정처분을 하였고, 이에 대해서 본회는 자신의 활동은 '주선업'에 해당하지 않는다는 취지로 그 취소를 구하는 소를 제기하였으나, 이러한 소 제기에 대하여 제1심인 쿠마모토 지방재판소(熊本地裁)는, 본회가 인격이 없는 사단으로서의 요건을 갖추지 못하고 있다고 보아 소송상 당사자능력 결여를 이유로 소를 각하하였다[熊本地判 昭和59(1984). 2. 27. 昭和53年(行ウ)6号 등]. 여기에 피고 과세관청이 항소, 원고 본회는 부대항소를 하였으며(이하 판결의 인용에 있어서 괄호는 역자가 편의상 넣은 것임), 이에 대한 항소심 판결이 제1판결이다.

한편 본회를 발족시키고 이를 주재하게 된 우치무라는 자신의 일정 재산을 본회에 증여하였는데, 제2판결의 피고 과세관청은 이러한 증여에 대하여 원고 우치무라에게 일본 소득세법 제59조 제1항의 '간주양도' 규정을 적용하여 양도소득세 부과처분을 하였다[일본 소득세법상 '간주양도'에 대하서는 9-3-2 (2) 참조]. 이에 대해서 우치무라는 「본회는 자신(우치무라)과 별개의 단체로 볼 수 없고 동일시해야 할 '동체이명(同體異名)'의 것이므로, 이를 인격이 없는 사단으로 볼 수 없고, 따라서 자신(우치무라)이 본회에 자산을 증여했다고 볼 수도 없으므로 '간주양도' 규정을 적용하여 이루어진 양도소득세 부과처분은 위법하다」는 취지로 주장하며 그 취소를 구하는 소를 제기하였다(제2판결의 제1심 판결 중 '당사자의 주장'의 '청구원인' 부분). 이러한 소 제기에 대하여 제1심인 구마모토 지방재판소는 역시 "본회의 회원자격 상실·취득에 관한 정관의 규정이 일의적이지 아니하고, 또한 본건 다른 연쇄조직과의 관계도 불명료한데다가, (이 점에 대해서는) 본회의 임원 상호간에도 통일된 견해가 존재하지 않고, 또한 그 운영에 대해서도 명료한 기준이 없으므로, 본회의 구성원의 범위를 객관적으로 명확히 하는 것이 불가능한바, 따라서 본회를 그 비구성원으로부터 구별된 구성원의 집단인 단체로 파악하는 것을 불가능하다고 하지 않을 수 없다."라고 판시하고, 이어서 "본회는 인격이 없는 사단의 성립요건 적용의 기본적 출발점 그 자체가 결여되어 있으므로, 나머지 성립요건에 대하여 판단을 더할 필요 없이 '인격이 없는 사단'으로서 평가할 여지가 없다."라고 판단하여 쟁점 소득세 부과처분을 취소하였다[熊本地判 昭和59(1984). 2. 27. 昭和53年(行ウ)7号].

항소심 판결

제1, 2판결의 판시 중 본문의 설명과 관련된 것은 "위 세법에서 말하는 '인격이 없는 사단'이라고 하는 개념은, 본래 '권리능력 없는 사단'으로 인식되는 민사실체법상의 개념을 차용한 것으로, 납세주체를 이와 같은 사단개념에 준거하여 포착하는 이상, 민사실체법상의 사단성 개념에 어느 정도 구속되는 것은 어쩔 수 없는 일이다.", "세법상 인격이 없는 사단으로서 과세의 객체가 될 수 있는가 아닌가도 실체법상의 문제이기는 하나, 그 사단성이 긍정되는 것이 전제이고, 그 판단에 있어서는, 법적 안정성의 관점에서 볼 때에도 사단성의 개념은 민사실체법과 일의적으로 해석하는 것이 상당하다."라는 부분이다.

이러한 전제하에 제1, 2판결은 "본회는 우치무라가 사회적 비난을 회피하여 그 사업을 장래에 유지·계속하고, 또한 자신에 대한 과세대책 등을 꾀하려는 의도하에, 실태는 개인사업인데도 불구하고 인격이 없는 사단이라고 하는 형식을 빌려 가장한 동체이명(同體異名)의 것"이라고 판시하고, '우치무라와 별개의 인격을 가진 단체라고 평가할 수는 없다'는 취지로 판단하며, 본회가 제기한 소를 각하하고, 우치무라에 대한 소득세 부과처분을 취소한 제1심 판결들을 모두 유지하였다(신의칙 위반의 주장 등도 모두 배척하였으며, 항소기각판결이 그대로 확정됨).

기타사항

그 외에 제1판결의 항소심에서 피고 과세관청은 다음과 같은 주장을 한 바 있다.

"법인세·증여세 경정처분 취소소송에 있어서 본회의 당사자능력을 부정하는 것은, 과세신고를 한 본회의 구제를 봉쇄하는 것이 되고, 이러한 해석은 경청처분 등이 과세객체를 결여한 것으로서 당연무효라는 전체에 설 때에 비로소 허용되는 것인데, 과세신고를 한 것은 본회 자신이라는 점에 비추어 보면 무효라고 할 수는 없으므로, 본회의 취소소송 제기 자체는 허용되어야 한다."

이러한 의문이 생길 법도 하나, 제1판결의 응답은 다음과 같았다.

"법인세 과세신고가 본회 명의로 이루어져 있다는 점은 그 주장과 같으나, 본회에 대하여 이루어진 경정처분 등이 명백하고 중대한 하자가 있는 것으로서 당연히 무효라고 할 수 있는가는 별론으로 하고, 본건 소를 제기한 당사자가 '권리능력 없는 사단'으로서 본회(원고)라는 것은 명확하며, 본회는 실체상 권리능력을 결여한 것으로 우치무라 개인이라고 평가되는바, 본회 자신의 구제에 관해서는 고려할 필요가 없는 것이므로, 이 점에 관한 항소인(피고)의 주장도 채용할 수 없다."

법인소득의 의의

14-1 법인소득이란

14-1-1 각 사업연도의 소득금액

법인세법은 법인세의 과세표준을 「각 사업연도의 소득금액」으로 부르고 있다(法税 제 21조). 사업연도란 '법인의 재산·손익의 계산단위가 되는 기간으로, 법령 또는 정관 등에서 정하는 것'을 말한다(동 제13조 제1항).[1] 예를 들어 어느 회사가 4월 1일에서부 터 이듬해 3월 31일까지를 사업연도로 정하고 있는 경우, 그 기간에 생겨난 소득금액이 「각 사업연도의 소득금액」이 된다.

내국법인의 각 사업연도의 소득금액은 해당 사업연도의 익금에서 손금을 공제한 금액 이다(法税 제22조 제1항).[2] 익금에 대해서는 법인세법 제22조 제2항에서 정하고 있고, 손 금에 대해서는 동조 제3항에서 정하고 있다.[3] 익금과 손금의 계산은 일반적으로 공정·타 당하다고 인정되는 회계기준에 따른다(동조 제4항). 이와 같은 손익계산과 구별되는 것이 '자본 등 거래'(동조 제5항)로부터 생기는 자금을 주고받는 것이다.[4]

---

1) 한국: 법인세법 제6조(사업연도) 제1항
2) 한국: 법인세법 제14조(각 사업연도의 소득) 제1항
3) 한국: 법인세법 제15조(익금의 범위), 제19조(손금의 범위)

14-1-2 주주의 관점에서 생기는 리턴

(1) '손익거래'와 '자본 등 거래'의 준별

현행 법인세의 과세표준은 '주주의 관점에서 생기는 리턴'을 기준으로 하여 구성되어 있다. 이하에서는 이를 구체적으로 설명한다.

회사는 이해관계자(stake holders)의 연결점이다. 회사의 이해관계자는 주주(shareholders) 뿐만 아니라, 회사에 자금을 융자해주는 은행이나 사채권자(社債權者), 회사에서 일하는 종업원, 회사에 토지를 임대하여 주는 지주, 회사에 상품이나 서비스를 제공하는 거래처 등 다양하다.

지금 어느 회사가 사업활동을 해서 100의 수익을 벌어, 은행에 이자로 10을, 종업원에게는 임금으로 20을, 지주에게는 토지임대료로 10을, 거래처에 구입대금으로 30을 지급한다고 하자(도표 14-1).

도표 14-1 ┃ 회사와 이해관계자의 거래

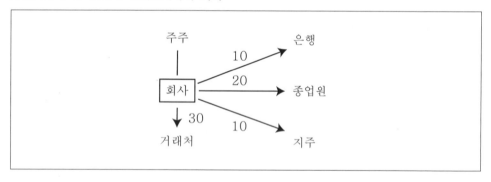

이때 회사가 얻는 수익 100에서 각각의 이해관계자에 지급하는 이자·임금·토지임대료·구입대금의 합계 70(=10+20+10+30)을 빼고 남은 이익 30이 법인소득의 기초가된다. 여기에서 수익에 상당하는 것이 익금이고, 지급이자나 임금을 비롯한 비용 등에 상당하는 것이 손금이다. 이러한 익금에서 손금을 공제한 금액을 법인소득으로 하여 법인세의 과세 베이스로 삼고 있다.

여기에서 중요한 것은 주주와 회사의 관계를 특별한 것으로 보고 있다는 점이다. 즉

---

4) 한국: 법인세법 제17조(자본거래로 인한 수익의 익금불산입), 제20조(자본거래 등으로 인한 손비의 손금불산입)

법인세법은 ① '주주'와 ② '주주 이외의 이해관계자'를 구별하고 있다. 그런 다음에 ① '주주·회사 사이의 거래'와 ② '주주 이외의 이해관계자·회사 사이의 거래'를 준별한다. 이와 같은 구분에 따라 전자를 '자본 등 거래'라고 부르고 후자를 '손익거래'라고 부르며 완전히 다른 취급을 하고 있다. 법인세법 제22조 제2항과 제3항 제3호가 「자본 등 거래 이외의 거래에 관련된 것」이라고 정하고 있는 것은 이러한 준별에 기초한다.

(2) 「밑천」과 「벌이」

이 부분은 매우 중요하기 때문에 같은 내용을 반복해서 설명해 두도록 한다. 출발점은 '회사는 주주의 것'이라는 관점으로, 회사에게는 주주야말로 '자신의 오너'이고 '자기자본의 출연자'라는 전제에서 시작한다. 예를 들어 주주가 1000을 출자하였는데, 회사가 사업활동을 한 결과 1030으로 증가하였다고 하자. 이러한 경우 주주의 입장에서 보았을 때 「벌이」에 해당하는 것은 30이다. 그렇다면 위의 전제로부터 도출되는 것은 30이 법인세의 과세 베이스가 된다는 것이다.

이 예에서 회사가 주주로부터 1000의 출자를 받은 시점에서는, 이 1000은 어디까지나 오너가 지출한 「밑천」에 상당하기 때문에 손익거래와 구별하여 법인세의 과세 베이스에서 제외한다. 또한 회사가 30의 「벌이」 부분에 대한 법인세를 납부하고 잔여부분을 주주에게 배당하더라도, 이미 회사단계에서 과세가 이루어진 이익을 자기자본의 지출자에게 반환하는 것에 그치기 때문에 법인세의 과세 베이스에서 공제하지 않는다. 즉 '주주로부터 출자를 받는 것'이나 '법인세 납부 후의 배당금 지급'은 '자본 등 거래'로서 취급되어 회사의 손익계산에는 영향을 미치지 않는 것이다.

14-1-3 소득세법과의 비교

(1) 총수입금액과 익금

법인세법의 과세표준에 관한 규정을 소득세법의 과세표준에 관한 규정과 비교해 보자.

소득세법 제36조 제1항은 「총수입금액」에 산입해야 할 금액을 「그 해에 있어서 수입해야 할 금액……으로 한다」라고 규정하고 있다. 여기에 상당하는 규정이 법인세법 제22조 제2항으로, 「익금」에 산입해야 할 금액을 「자산의 판매, 유상 또는 무상에 의한 자산의 양도 또는 역무의 제공, 무상에 의한 자산의 양수 기타의 거래……에 관련된 수익의 금액」으로 정하고 있다.

여기에서 무상거래에 관한 규정방식의 차이에 유의하길 바란다. 소득세법 제36조 제1

항은 「수입해야 할 금액」 즉 들어오는 것에 초점을 맞추고 있다. 그렇다고 한다면 어떠한 사람이 무상으로 자산을 양도하는 경우, 수입해야 할 금액은 0이 되어야 한다. 이에 대한 '별도의 규정'으로서 일정한 상속·증여·저가양도에 대하여 소득세법 제59조의 간주양도 규정이 마련되어 있다(→ 9-3-2). 이에 비해 법인세법 제22조 제2항은 '무상에 의한 자산양도'나 '무상에 의한 역무의 제공'을 익금을 발생시키는 거래로서 명시하고 있다.[5]

(2) 필요경비와 손금의 금액

소득세법 제37조 제1항은 「필요경비」에 산입해야 할 금액을 「총수입금액에 관련된 매출원가 기타……총수입금액을 얻기 위하여 직접 소요된 비용의 금액 및 이들 소득을 발생시키는 업무에 관하여 생긴 비용……의 금액」으로 규정하고 있다. 이에 비하여 법인세법 제22조 제3항은 「손금」에 산입해야 할 금액을 ① 「매출원가, 완성공사원가 기타 이들에 준하는 원가의 금액」, ② 「판매비, 일반관리비 기타 비용……의 금액」, ③ 「손실의 금액으로서 자본 등 거래 이외의 거래에 관련된 것」으로 정하고 있다.

양자를 비교해 보면 손실에 관한 규정방식이 상당히 다르다. 소득세법 제37조 제1항은 손실에 대해서 명기하지 않고 있고, 「별도의 규정」으로서 소득세법 제51조가 존재한다(→ 10-5). 이에 비해 법인세법 제22조 제3항 제3호는 「손실의 금액」을 손금의 한 항목으로서 명시하고 있다.[6]

(3) 주요한 차이점

도표 14-2는 개인소득과 법인소득에 관한 법률의 규정방식의 주요한 차이점을 비교한 것이다.

---

5) 한국: ① 우리 소득세법은 일본 소득세법의 '간주양도'에 해당하는 제도를 두고 있지 않다는 점은 앞서 9-3-2 (2) 부분의 각주에서 살펴보았다.
　② 또한 법인세법상으로도 '무상에 의한 자산양도'나 '무상에 의한 역무의 제공'을 일반적으로 익금에 산입하는 규정은 두고 있지 않다. 이 점에 대해서는 15-2-1 (1) 부분의 각주 참조.
6) 한국: 소득세법 제27조 제1항은 '손실'에 대해서 명시하고 있지 않은데 비하여, 법인세법 제19조 제1항, 제2항은 일정한 '손실'이 손금에 해당함을 명시하고 있다. 일본 소득세법 제51조에 대응하는 우리 소득세법의 체계는 앞서 10-5-2 (2) 부분의 각주를 통해 살펴보았다.

도표 14-2 ▌ 개인소득과 법인소득의 대략적인 비교

	개인소득	법인소득
소득구분	10종류의 구분이 있음	구분 없음
가사비	필요경비 불산입의 규정이 있음	가사비에 관한 규정 없음
자본 등 거래	없음	있음

▶ 소득구분. 소득세법에서는 10종류의 '각종소득'마다 소득금액을 계산한다(→ 8-2). 법인세법에서는 원칙적으로 그러한 구분 없이 '하나의 소득'을 계산한다.

▶ 가사비. 개인은 사업주체와 소비주체 두 개의 얼굴을 가지고 있기 때문에, 소득세법에는 가사비의 필요경비 불산입 규정이 존재한다(所税 제45조 제1항 제1호. → 10-2-3). 회사는 소비주체가 아니기에, 법인세법상 손금불산입의 여러 규정에 가사비라는 항목은 존재하지 않는다.

▶ 자본 등 거래. 개인에게 있어서 자신은 자신이므로, 회사의 주주와 같은 존재를 상정할 수 없다. 따라서 소득세법상 개인소득을 산정함에 있어서 '자본 등 거래'를 '손익거래'와 준별하는 식의 규정은 두고 있지 않다. 이에 비해 법인세의 과세 베이스는 '손익거래'와 '자본 등 거래'의 준별을 전제로 하고 있다.

이외에도 여러 가지 차이가 존재한다. 예를 들어 개인소득은 역년{曆年} 단위로(즉 1월 1일부터 12월 31일까지의 기간을 기준으로 하여) 산정한다. 이 때문에 소득세법은 어느 「연도분의」 소득이라는 표현을 사용하고 있다. 이에 비해 법인소득은 법령이나 정관에서 정한 '사업연도'를 시간적 단위로 산정하므로, 회사에 따라 개시·종료의 시점이 다르기도 하다.7)

Column 14-1 법인소득의 귀속

법인세법에도 소득세법과 같이(→ 7-3) 소득의 인적귀속에 관한 통칙이 존재한다(法税 제11조). 외국자회사에서 발생한 손익의 귀속주체가 다투어진 최고재판소 판결의 보충의견{補足意見}은 「법인은 법률에 의하여 손익이 귀속해야 할 주체로서 설립이 인정된 것으로, 그 사업으로서 이루어진 활동에 관련된 손익은, 특수한 사정이 없는 한, 법률상 그 법인에

7) 한국: 동일하게 소득세의 과세기간은 매년 1. 1.부터 12. 31.까지로 정해져 있고(소득세법 제5조 제1항), 법인세의 사업연도는 법령이나 정관 등에서 정하는 것으로 되어 있다(법인세법 제6조).

귀속하는 것으로 인정해야 할 것이다」라고 하고 있다[最判 平成19(2007). 9. 28. 民集 61
권 6호 2486면(소키기선{双揮汽船} 사건)].8)

---

8) 본문의 서술은 최고재판소의 담당 재판부인 제2소법정 재판장 古田佑紀의 보충의견이다. 이해를 돕기
   위하여 본문 판례의 사실관계를 살펴보고 그 판결이유의 주요 부분을 인용하면 다음과 같다('사실관계'
   부분은 해당 판결이 설시한 사실관계 부분을 정리한 것임).
   사실관계: 이 사안의 원고는 해운업을 운영하는 회사로, 파나마공화국에 설립한 자신의 자회사인 T사
   (실제 사명은 생략함)에서 발생한 결손금을 모회사인 원고 자신에 대한 손금에 산입하여 1994. 8. 1.부
   터 1997. 7. 31까지의 3개 사업연도에 대한 법인세 등 신고를 하였으나, 피고 과세관청은 이러한 손금
   산입을 부정하여 법인세 경정처분 등을 하였고, 이에 대하여 원고가 불복의 소를 제기한 사안이다. 피
   고 과세관청의 경정사유는, 원고가 행한 손금산입은 당시의 조세특별조치법 제66조의6[내국법인이 주
   식 등의 100분의 50을 초과하는 지분을 보유한 외국자회사로서, 그 외국에서의 조세부담이 국내(일본)
   에 비하여 현저히 적고, 또한 그 외국자회사가 각 사업연도에 있어서 「적용대상 유보금액(각 사업연도
   의 '미처분소득금액'으로부터 유보한 것으로서 소정의 조정을 거친 후의 금액)」을 보유하고 있는 경우
   에는, 그 '적용대상 유보금액' 중 모회사인 내국법인이 보유하고 있는 지분에 대응하는 금액을 그 내국
   법인의 익금에 산입하도록 하는 취지의 조항]에 따라서 허용되는 사항이 아니라는 것이었다.
   주요 판결이유: "동조 제1항(조세특별조치법 제66조의6 제1항)의 규정은 내국법인이 법인의 소득 등에
   대한 조세의 부담이 없거나 매우 낮은 국가 또는 지역에 자회사를 설립하여 경제활동을 하고, 해당 자
   회사의 소득을 유보함으로써 우리나라(일본)의 조세를 회피하려고 하는 사례가 발생함에 따라, 과세요
   건을 명확히 하고 과세집행면에서의 안정성을 확보하면서, 이 같은 사례에 대처하여 조세부담의 실질
   적인 공평을 도모하는 것을 목적으로 하여, 일정한 요건을 충족하는 외국회사를 특정외국자회사 등으
   로 규정하고, 이것이 '적용대상유보금액'을 가지는 경우에는 그 내국법인이 보유하는 주식 등에 대응하
   여 산출된 일정금액을 내국법인의 소득계산상 익금에 산입하기로 한 것이다. 다른 한편으로, 특정외국
   자회사 등에 생긴 결손금액은 법인세법 제22조 제3항에 의하여 내국법인의 손금에 산입되지 않는 것이
   명백하다. 이상에 비추어 보면, 조세특별조치법 제66조의6 제2항 제2호는 위와 같이 특정외국자회사
   등의 유보소득에 대해 내국법인의 익금에 산입해야 할 것으로 정한 것과의 균형 등을 고려하여 해당
   특정외국자회사 등에 발생한 결손금액에 대해 그 미처분소득금액의 계산상 5년간 이월공제를 인정한
   것으로 해석된다. 그렇다면 내국법인에 관련된 특정외국자회사 등에 결손이 발생한 경우에는, 이것을
   다음 사업연도 이후의 해당 특정외국자회사 등의 미처분소득금액 산정에 있어서 5년을 한도로 이월공
   제하는 것이 인정되는 것에 그치는 것이라고 해야 하고, 해당 특정외국자회사 등의 소득에 대하여 동조
   제1항의 규정에 의해 해당 특정외국자회사 등에 관련된 내국법인에 대하여 위 익금산입이 이루어진다
   는 점을 들어서, 해당 내국법인의 소득을 계산함에 있어서 위 결손금액을 손금에 산입할 수 있다고 해
   석할 수는 없다고 해야 한다.", "원심이 적법하게 확정한 사실관계에 의하면, T사(원고의 자회사)는 본
   건 각 사업연도에 있어서 원고에 관련된 특정외국자회사 등에 해당하는 것으로, 본점 소재지에 영업소
   를 가지고 있지 않고, 그 사업의 관리, 지배 및 운영은 원고가 실시하고 있어, 조세특별조치법 제66조
   의6 제3항 소정의 요건은 충족하지 않으나, 다른 한편 파나마 선적의 선박을 소유하고, 원고로부터 자
   금을 조달한 후 스스로 선박 발주자로서 조선계약을 체결한 것 이외에도, 이러한 선박의 용선에 따른
   수익을 올리고, 선원을 고용하는 등으로 지출도 하는 등 원고 회사와는 별도의 법인으로 독자적인 활동
   을 하고 있었다는 것이다. 그렇다면 본건에 있어서는 원고에 손익이 귀속하는 것으로 인정해야 할 만한
   사정이 없다는 것이 명백한바, 본건 각 사업연도에 있어서는 T사에 손익이 귀속하고, 결손금이 발생하였
   다고 해야 할 것이어서, 원고의 소득금액을 산정함에 있어서 T사의 결손금액을 손금에 산입할 수 없다."

14-2 기업회계와의 관계

14-2-1 법인세법 제22조 제4항 읽기

법인세의 과세표준을 측정하기 위해서는 회사가 정확한 회계자료에 기초하여 장부에 기록을 남길 필요가 있다. 기장기술{記帳技術}에 관해서는 부기실무{簿記實務}의 축적이 이루어지면서 회사의 경리에 종사하는 사람들이 습숙{習熟}해온 '기업회계원칙'이 있다. 기업회계원칙이 손익계산을 통하여 명확히 하고자 하는 바인 '기업의 경영성적'은 '당기순이익'이고, 이는 대략적으로 말하면 '주주의 관점에서 본 리턴'에 가깝다.

이를 배경으로 하여 법인세법 제22조 제4항은 「일반적으로 공정·타당하다고 인정되는 회계처리기준」에 따라 손익을 산정한다는 취지를 정하고 있다.9) 이 규정은 昭和 42{1967}년에 법인세법 간소화의 일환으로 도입되었다. 그 배경에는 「가능한 한 과세소득의 계산을 계속성을 중시하는 기업의 자주적 판단에 기초한 적정한 회계처리에 맡긴다」라는 인식이 있었다[대장성 기업회계심의회 중간보고 「사법{私法}과 기업회계와의 조정에 관한 의견서」〔1966년 10월〕]. 덧붙이면 회사법상으로도 주식회사의 회계는 「일반적으로 공정·타당하다고 인정되는 기업회계의 관행에 따른다」라고 되어 있기 때문에(会社 제431조),10) 법인세법과 회사법은 모두 기업회계에 의존하고 있는 것이 된다.

법인세법 제22조 제4항에서 말하는 「일반적으로 공정·타당하다고 인정되는 회계처리 기준」에는 기업회계원칙·동 주해{註解}, 기업회계기준위원회가 책정한 기업회계기준, 중소기업의 회계에 관한 지침, 수익인식에 관한 회계기준, 회사법이나 금융상품거래법의 계산규정 등과 같이 명문화되어 있는 것뿐만 아니라, 확립된 회계관행이 포함된다. 이러한 회계기준은 시대와 함께 변화하는 것으로, 반드시 언제나 공정·타당하다고 단정할 수는 없다. 「일반적으로 공정·타당하다고 인정된다」라고 할 수 있을지는 법인세법의 해석문제로서 음미할 필요가 있다(→ 14-3-1).

나아가 平成30{2018}년 개정에서 법인세법 제22조 제4항에는 「별도의 규정이 있는 것을 제외하고」라는 문구가 삽입되었다. 법인세의 확정신고는 확정된 결산에 기초하여 행한다(法税 제74조).11)

---

9) 한국: 법인세법 제43조(기업회계기준과 관행의 적용) 참조.
10) 한국: 상법 제446조의2(회계의 원칙) 참조.
11) 부록 일본 조세법령의 일본 법인세법 제74조 참조.
　　한국: 일본 법인세법 제74조 제1항에 대응하는 우리 법인세법 제60조 제1항이 '확정된 결산에 기초하

14-2-2 「별도의 규정」의 집합체로서의 법인세법의 규정

이와 같은 계산구조를 채용한 결과, 법인세법은 과세소득에 관하여 자족적으로 정하고 있는 것이 아니라, 기업회계에 준거하면서 필요에 따라서 「별도의 규정」을 두는 구조로 되어 있다. 익금과 손금에 관한 법인세법의 규정은 반드시 모든 것을 망라하고 있지는 않다. 오히려 기업회계의 토대 위에 서서 그것을 수정하거나 확인하거나 하는 규정이 점재{點在}하고 있다. 신고절차에서도 실무상 기업회계의 당기이익에서 출발하여, 법인세법상 필요한 항목에 대해 가산 내지 감산을 함에 의해 소득금액을 도출하는 방식을 취하고 있다(法税規 별표4).

그렇다면 법인세법은 어째서 과세소득의 산정에 대해 자족적·망라적인 규정을 두는 것이 아니라 기업회계에 준거하는 것으로 하였을까. 이는 그렇게 함으로써 기업의 수고를 줄일 수 있고 회계처리의 번잡함을 해소할 수 있기 때문이다.

과세소득의 산정에 있어 기업회계와의 조화를 어디까지 꾀할 것인지는 입법정책의 문제이다. 한편으로는 과세소득과 기업이익에는 유사성이 있고, 기업의 내부거래에 경리 기준을 부과하는 것에 의해 자의성을 배제할 수 있으며, 이중의 수고를 덜고 회계처리의 번잡함을 해소할 수 있다. 반면에 법인세법·회사법·기업회계원칙은 각각 고유의 목적과 기능을 가지기 때문에 법인세법 고유의 취급도 필요하게 된다.

이러한 양자의 균형을 감안하여 1996년 세제조사회는

「법인세의 과세소득은 앞으로도 상법·기업회계원칙에 따른 회계처리에 기초하여 산정함을 기본으로 하면서도, 적정한 과세를 행한다는 관점에서 필요에 따라 상법·기업회계원칙의 회계처리와 상이한 취급을 함이 적절하다고 생각된다」

라고 하였다[세제조사회 법인과세 소위원회 보고서 〔1996년 11월〕]. 그리고 平成10{1998}년의 세제개정에서 법인세의 과세대상에 관한 법인세법의 규정이 큰 폭으로 개정되었고 기업회계와의 괴리가 생기기 시작하였다.12)

여'라는 표현을 사용하고 있지는 않으나, 법인세법 제60조 제2항이 첨부를 요구하는 서류와 그 서식 등을 근거로 우리 법인세법상으로도 역시 '확정결산의 원칙'이 채용되어 있다고 해석된다. 이태로·한만수, 앞의 책(조세법강의), 657-658면 참조.

12) 한국: 뒤(14-2-4)에서 서술되는 결산조정사항(손금경리)의 문제를 포함하여, 우리나라 세법에서의 이 쟁점을 검토한 문헌으로 이준봉, "기업회계기준과 세법의 조화방안", 조세법연구 11(1), 한국세법학회(2005), 26면 이하(특히 기업회계기준과 세법 사이의 관계가 변천해온 흐름에 대해서는 28-29면, 구체적 차이점에 대해서는 34-40면) 참조.

14-2-3 경영자의 인센티브

기업회계와 과세소득의 관계를 둘러싼 입법정책을 생각함에 있어서 중요한 점이 '경영자의 인센티브에 끼치는 영향'이다.

다음의 예로 생각해 보자. A사는 도쿄증권거래소 제1부에 상장한 회사로, 투자자에게 정보를 개시함과 동시에 세무서에 법인세 신고를 해야 한다. 이 때 기업회계상의 이익 산정방식과 법인세법상의 과세소득산정방식을 일치시키는 것은 A사의 경영자에게 이하와 같은 영향을 끼친다(도표 14-3).13)

도표 14-3 ┃ A사의 정보개시

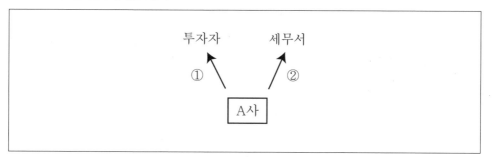

▶ 먼저 A사는 금융상품거래법에 의하여 ① 투자자에 대하여 기업실적의 정보를 개시하여야 한다. 여기서 사용되는 것이 기업회계이다. 이러한 경우에 경영자로서는 사업실적이 좋아 이익을 크게 내고 있다고 표시하는 것이 유리하다.

▶ 다른 한편으로 A사는 법인세법에 의하여 ② 세무서에 법인세 확정신고를 해야 한다. 과세소득의 산정이 문제가 되는 것은 이러한 경우이다. 경영자로서는 과세소득을 적게 신고하여 법인세액을 줄이려고 생각할 것이다.

이와 같이 ①과 ②에는 서로 역방향으로 작용하는 인센티브가 존재한다. 따라서 양자를 갖추는 것으로서 경영자의 행동에 일정한 제약이 걸리게 된다.14)

---

13) 이 점에 관해서는 이준봉, 앞의 글(기업회계기준과 세법의 조화방안), 40-42면 참조.

14) 이 문장의 원문은 "両者をそろえておくことで, 経営者の行動に一定のしばりがかかることになる。"이다. 여기서 '그ろえる(揃える)'라는 동사의 번역이 문제가 될 수 있는데, '일치시키다, 같게 하다', '가지런하게 정돈(정리)하다' 등의 의미를 가진다. 이 문장은 '재무회계상 이익과 세무상 이익을 일치시킨다'는 의미로는 보이지 않고(이러한 학술상의 주장도 존재함), '재무회계상의 이익과 세법상의 이익을 각각 정리하여 보고하도록 하는 방법으로 경영자가 양자의 차이를 크게 하는 것을 견제한다'는 의미로 이해된다. 따라서 본문과 같이 번역하였다.

14-2-4 역기준 현상

기업회계와 과세 룰을 일치시키는 것에는 부작용도 있다. 과세 룰이 기업회계에 따라
야 함에도 불구하고, 역으로 과세 룰이 기업회계상의 취급에 영향을 주는 경우가 있다.
예를 들어 법인세법상 감가상각비를 손금에 산입하기 위해서는 손금경리를 하여야 한
다(法稅 제31조 제1항). 손금경리란 '확정된 결산에 있어서 비용 또는 손실로서 경리하는
것'을 말한다(동 제2조 제1항 제25호). 기업회계상으로도 비용으로서 경리해야 비로소 법
인세법상 감가상각비를 손금에 산입할 수 있다. 이렇게 해서 기업회계에 준거하고 있다
고 하여도 현실에서는 오히려 과세 룰이 기업회계에 영향을 끼치는 현상이 생긴다. 이
와 같은 현상을 이른바 「역기준 현상」이라 한다.[15]

14-3 과세의 타이밍

14-3-1 원칙 – 법인세법 제22조 제4항

손익계산의 기초가 되는 수익·원가·비용·손실의 금액은 「일반적으로 공정·타당하
다고 인정되는 회계처리기준」에 따라 계산한다(法稅 제22조 제4항). 이에 따라 어떤 수익
을 어느 사업연도에 계상해야 하는지에 대해서는 일반적으로 공정·타당하다고 인정되
는 회계처리 기준에 따른다. 원가·비용·손실을 어느 사업연도에 계상할지에 대해서도
같다. 다만 비용에 대해서는 법률에 명문규정이 있어 「채무가 확정되지 않은 것은 제외」
하도록 되어 있다(동조 제3항 제2호 괄호).

최고재판소는 '권리확정'이라는 기준으로 과세의 타이밍을 규율하고 있다(→ 9-5). 最
判 平成5(1993). 11. 25. 民集 47권 9호 5278면(오오타케무역{大竹貿易} 사건)은 법인세법
제22조 제4항의 해석으로서,

> 「수익은 그 수익의 실현이 있었던 때, 즉 그 수입해야 할 권리가 확정된 때가 속하는
> 연도의 익금으로 계상해야 할 것으로 생각된다」

라고 판시하였다. 또한

---

15) 한국: 법인세법 제23조(감가상각비의 손금불산입) 제1항도 감가상각비를 결산조정사항으로 정하고 있
다. 결산확정단계에서 감가상각을 장부상 비용으로 계상하지 않으면 손금산입을 할 수 없으므로, 이러
한 경우는 마찬가지로 '역기준 현상'이 생기게 된다.

「권리의 실현이 미확정임에도 불구하고 이를 수익으로 계상하거나, 이미 확정된 수입해야 할 권리를 현금의 회수를 가지고 수익으로 계상하는 등의 회계처리는, 일반적으로 공정·타당하다고 인정되는 회계처리기준에 적합하다고 보기 어렵다」

라고 서술하고 있다.[16)]

이 사건에서는 수출거래에 관련된 수익의 계상시기가 다투어졌다. 납세자가 수출상품을 선적하여 운송인으로부터 선하증권을 발행받은 다음, 상품대금을 회수하기 위하여 환어음을 발행하여, 여기에 선하증권 기타 선적서류를 첨부하고, 이른바 화환(貨換)어음의 형태로 은행에 매각하였다.

납세자는 '환어음을 은행에 매각한 날'을 기준으로 하여 수익을 계상하고, 법인세를 신고하였다. 이에 대하여 관할 세무서장은 '선적일'을 기준으로 하여 수익을 계상해야한다는 취지로 이를 경정하는 처분을 하였다. 포인트는 '어떤 기준을 취하는가에 따라 수익계상의 타이밍이 달라진다'는 점이다(도표 14-4).

---

16) 한국: ① 법인세법 제40조(손익의 귀속사업연도) 제1항은 익금과 손금의 귀속사업연도에 대하여 "익금과 손금이 확정된 날이 속하는 사업연도"라고 정하고 있어, 손금뿐만 아니라 익금에 대해서도 권리의 확정을 기준으로 귀속시기를 정한다는 취지로 규정하고 있고, 자세한 사항은 동조 제2항의 위임에 따라서 법인세법 시행령 제68조 내지 제71조가 정하고 있다[이처럼 구체적으로 열거된 규정에 따라서 귀속시기를 정할 수 없는 경우에는, "일반적으로 공정·타당한 회계관행으로 받아들여지는 기업회계기준"에 따라서 정한다는 취지의 판례로 대법원 1992. 10. 23. 선고 92누2936, 2943(병합) 판결 참조].
② '권리확정주의'라는 용어를 명시적으로 사용한 대법원 2003. 12. 26. 선고 2001두7176 판결을 인용하면 다음과 같다.
"권리확정주의란 소득의 원인이 되는 권리의 확정시기와 소득의 실현시기와의 사이에 시간적 간격이 있는 경우에는 과세상 소득이 실현된 때가 아닌 권리가 발생한 때를 기준으로 하여 그 때 소득이 있는 것으로 보고 당해연도의 소득을 산정하는 방식으로, 실질적으로는 불확실한 소득에 대하여 장래 그것이 실현될 것을 전제로 하여 미리 과세하는 것을 허용하는 것으로 납세자의 자의에 의하여 과세연도의 소득이 좌우되는 것을 방지하고자 하는 데 그 의의가 있는 것이며, 이와 같은 과세대상 소득이 발생하였다고 하기 위하여는 소득이 현실적으로 실현되었을 것까지는 필요 없다고 하더라도 소득이 발생할 권리가 그 실현의 가능성에 있어 상당히 높은 정도로 성숙, 확정되어야 하고, 따라서 그 권리가 이런 정도에 이르지 아니하고 단지 성립한 것에 불과한 단계로서는 소득의 발생이 있다고 할 수 없으며, 여기서 소득이 발생할 권리가 성숙, 확정되었는지 여부는 일률적으로 말할 수 없고 개개의 구체적인 권리의 성질과 내용 및 법률상·사실상의 여러 사항을 종합적으로 고려하여 결정하여야 하는 것"이다.
③ 통설과 판례는 위와 같은 법인세법 제40조 제1항 및 소득세법 제39조 제1항을 근거로 우리 법인세법과 소득세법이 수익에 관해서도 '권리확정주의'를 취한 것으로 이해하나, 그 문제점을 지적하는 견해들의 정리에 대해서 엄선근, 앞의 글(권리확정주의와 후발적 사유에 의한 경정청구의 관계에 관한 연구: 대법원 판례에 대한 검토와 대안을 중심으로), 107-113면 참조.

도표 14-4 ▮ 선적일 기준과 환어음 매각일 기준

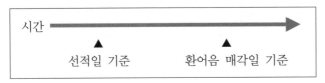

최고재판소의 법정의견{法廷意見}[17]은 다음과 같은 이유로 선적일 기준이 합리적이라고 하였다. 법률적으로 본다면 매수인에게 선하증권을 제공하였을 때에 대금청구권의 행사가 가능하게 된다. 하지만 「오늘날의 수출거래에 있어서는 이미 상품의 선적 시점에 매매계약에 기한 매수인의 인도의무 이행은 실질적으로 완료되었다고 보기」 때문에, 선적 시점에 매매계약에 기한 대금청구권이 확정된다. 그렇다면 선적일 기준은 합리적이라고 할 수 있고, 「일반적으로 공정·타당하다고 인정되는 회계처리기준」에 적합하다고 보아야 한다는 것이다.

법정의견{法廷意見}은 나아가 다음과 같은 이유로 납세자가 주장하는 환어음 매각일 기준을 배척하였다. 즉 환어음의 매각을 '선하증권을 담보로 한 환어음의 매매'로 본다면, 이는 이미 확정된 매매대금채권을 회수하는 것이 된다. 그렇다면 환어음 매각일 기준은 채권의 현금화 시점까지 수익계상을 연기하는 것이다. 수익계상 시기를 인위적으로 조작할 여지를 만든다는 점에서 「일반적으로 공정·타당하다고 인정되는 회계처리기준」에 적합하지 않다는 것이다.

이 판결에는 2명의 재판관에 의한 반대의견도 존재한다.[18] 이렇게 최고재판소 재판관들의 의견이 갈릴 정도로, 무엇이 공정·타당한 회계처리기준인지 판단한다는 것은 미묘하고도 어려운 문제이다.

나아가 平成30{2018}년 개정으로 자산의 판매 등에 관련된 수익의 익금산입시기에 대한 규정을 신설하였다(法稅 제22조의2. → 15-1-3).

---

17) 이 판결을 한 재판부 즉 최고재판소 제1소법정(最高裁判所 第1小法廷)의 다수의견을 의미한다.
18) 이 사건의 담당 재판부는 일본 최고재판소 제1소법정으로, 구성원인 5명의 재판관 중 3명이 다수의견(상고기각)을, 나머지 2명의 재판관이 각각 소수의견(원심판결 파기)을 개진하였다. 우리나라 대법원과 달리 일본 최고재판소는 소법정 역시 의견이 분립된 상태로 판결을 낼 수가 있고, 이 경우 소수의견도 표시된다는 점은 앞서 5-1 (3) 부분의 각주에서 살펴보았다.

14-3-2 별도의 규정

과세의 타이밍에 관하여 「별도의 규정」이 있는 경우에는 그에 의한다(法稅 제22조 제2항~제4항). 예를 들어 '리스양도'에 대하여 '할부지급기준'[19]으로 손익계상을 인정하는 규정(동 제63조)[20]이나, 공사도급에 대하여 '공사진행기준'으로 손익계상을 인정하는 규정(동 제64조)[21]이 있다.

특기할만한 「별도의 규정」으로서, 平成12{2000}년 개정에서 일정한 금융자산에 대해서 시가평가를 행하는 규정을 도입한 것이 있다. 이때까지는 파생금융상품(Derivative)에 대하여 결제 시까지 손익을 인식하지 않는 것을 이용하여 회사는 과세의 타이밍을 조정할 수 있었다. 이에 대처하기 위하여 시가평가에 기초한 과세를 도입한 것이다.[22] 또한

---

19) 원서의 서술은 "延払基準"으로, 본문과 같이 '할부지급기준'으로 의역하였다.

20) ① 본문의 '리스양도'라 함은 리스거래의 대상이 되는 자산의 소유권을 제3자에게 양도하는 상황이 아니라, 「리스거래의 대상이 되는 자산을 대여하는 자(일본 법인세법은 '임대인'이라 함)가 리스이용자(일본 법인세법은 '임차인'이라 함)에게 인도하는 것」을 의미한다. '리스양도'에 대해서는 부록 일본 조세법령의 일본 법인세법 제63조, 제64조의2 참조. ② '할부지급기준(延払基準)'이 구체적으로 무엇인지에 대해서는 일본 법인세법 시행령 제124조가 정하고 있다.
한국: 기업회계기준에 따른 금융리스자산은 리스이용자의 감가상각자산으로, 그 외의 리스자산은 리스회사의 감가상각자산으로 보고(법인세법 시행령 제24조 제5항), 리스료에 관한 손익귀속시기는 기업회계기준에 따르는 것으로 규정하고 있다(법인세법 시행규칙 제35조 제1항). 이에 대해서는 개정된 국제회계기준과 맞지 않는다는 지적이 있다. 임승순, 앞의 책(조세법), 656-657면.

21) 한국: 법인세법 시행령 제69조(용역제공 등에 의한 손익의 귀속사업연도) 참조.

22) 부록 일본 조세법령의 일본 법인세법 제61조의5 참조.
한국: (1) 우리 법인세법은 파생금융상품에 대해서 특별히 시가평가를 가능케 하는 규정을 두고 있지 않으므로, 파생금융상품의 거래에 대해서는 본문의 개정 전 일본 세법에 대한 설명과 마찬가지로 권리의무확정주의에 따라서 원칙적으로 결제시점에 손익을 인식하는 것으로 해석된다(다만 '통화선도 등'에 관해서는 별도로 법인세법 시행령 제73조 제4호, 제5호, 제76조 규정이 있음). 이상신·오준석, "기본 파생상품 과세에 관한 연구", 조세법연구 11(2), 한국세법학회(2005), 211-214면; 이태로·한만수, 앞의 책(조세법강의), 259-261면(특히 260면의 각주 1 참조). 차액결제방식에 의한 파생금융상품 거래의 손익귀속시기에 대해서는 법인세법 시행령 제71조 제6항이 "그 거래에서 정하는 대금결제일이 속하는 사업연도"로 명시적으로 정하고 있다.
(2) 법인세법상 파생금융상품의 손익귀속시기에 관하여 참고할 수 있는 판례로, '주가지수연계 예금상품'과 관련된 금융비용에 대한 대법원 2014. 4. 10. 선고 2013두25344 판결 참조[사실관계와 판시를 인용해 보면, ① 원고(시중은행)가 가입자에게 만기에 이르러 원금과 함께 일정한 방식에 의하여 산출되는 이율(0~14% 사이임)에 따른 이자를 지급하되, 가입기간 중 '코스피200 주가지수'가 1회라도 가입일 대비 20% 이상 상승하게 되면 그 이자율이 14%로 고정되는 구조를 가진 '주가지수연계 예금상품'에 관하여(다만 가입자와 상품에 따라서 구체적인 이자율에는 약간의 차이가 있음), 실제로 만기일 전에 코스피200 주가지수가 가입일보다 20% 이상 상승한 시점이 존재하여 이자율이 14%로 고정되면서 가입자에게 "주가지수에 연계하여 (추가적인) 이자를 지급받을 권리"가 발생하였는데, ② 원고가 만기 도래 전의 사업연도에 이 부분을 회계처리(결산)를 함에 있어서 이자비용으로 보았으나, 세무신고에 있어서는 손금계상을 하지 않은 사안에서(만기에 이르러 손금으로 처리해야 하는 것으로 판단), ③ 장

'헤지{hedge} 처리'라고 하는 것으로, 헤지{hedge} 거래의 대상과 수단에 대하여 손익계
상시기를 일치시키는 룰을 도입하였다. 그 외에도 유가증권의 양도손익에 관한 규정을
정비하는 등 금융거래과세에 관한 룰을 정비하였다.

시가평가하에서는 대상자산의 보유기간 중에 가격상승·가격하락이 있었던 시점에 그
사업연도의 익금·손금으로서 계상한다. 시가평가에 기초한 이와 같은 과세는 실현원칙
의 예외로서 어디까지나 한정적인 범위에서 인정되고 있다.

그 적절한 예가 매매목적 유가증권이다(法稅 제61조의3 제1항 제1호). 매매목적 유가증
권과 같이 단기적인 가격의 변동을 이용하여 이익을 얻을 목적으로 취득한 유가증권이
라면, 가격변동에 의해 생긴 평가이익이나 평가손실을 소득산정에 반영하는 것이 실태
에 부합한다. 증권거래소의 시세 등으로부터 금전평가가 가능한 경우도 많고, 전담자를
두고 있을 정도의 회사라면 납세자금의 마련도 수월할 것이다. 그래서 시가에 의해 평
가이익이나 평가손실을 계상하는 것으로 하고 있다(동조 제2항).[23] 어느 사업연도에 평
가이익을 계상하면, 다음의 사업연도에 같은 금액을 손금에 산입한다(동조 제4항, 法稅令
제119조의 15). 반대로 어느 사업연도에 평가손실을 계상하면, 다음 사업연도에 같은 금
액을 익금에 산입한다.

이에 비하여 매매목적 외 유가증권은 시가평가의 대상이 되지 않는다(法稅 제61조의3
제1항 제2호). 마찬가지로 다른 대부분의 자산에 대해서는 평가이익을 익금으로 계상하
지 않고(동 제25조 제1항), 평가손실을 손금으로 계상하지도 않는다(동 제33조 제1항). 미
실현의 평가손익은 과세소득의 계산에 반영시키지 않는 것이다. 만약 자회사주식이나
토지 등에 대하여 시가평가의 대상을 확대한다면 '어떻게 금전평가할 것인지', '납세자금
을 어떻게 확보할 것인지'와 같은 것들이 해결 곤란한 문제점이 되어 모두가 곤란한 상
황에 빠지게 될 것이다. 그렇기 때문에 실현원칙을 유지할 수밖에 없다.[24]

부상 이자비용으로 계상한 금액이 '정기예금의 현재가치와 명목가치의 차이에 대한 현재가치할인차금
상각액(장기금전대차거래에 있어서 발생하는 장기채무에 대한 현재가치할인차금 상각액)'에 해당하는
것에 불과하다고 본 원심의 판단을 수긍하고, 이를 손금불산입한 원고의 세무조정이 타당하다고 본 사
례임]. 이 판례에 대한 분석으로는 이창희, 앞의 책(세법강의), 901−904면 참조.

(3) 한편 소득세법상으로는 그 소득분류에 관하여 논의가 있었으나, 2014. 12. 23. 법률 제12852호로
소득세법 제94조 제1항 제5호가 신설되면서 일정한 파생금융상품의 거래로 인한 소득을 양도소득으로
과세하고 있다(부칙에 따라서 2016. 1. 1.부터 시행). 소득세법상 양도소득으로 과세되는 경우, 그 소득
의 귀속시기도 원칙적으로 계약의 이행일(대금결제일)로 보아야 할 것이다(소득세법 제98조 참조). 손
영철, "파생상품 이익의 소득구분과 수입시기에 관한 연구", 조세법연구 21(2), 한국세법학회(2015),
60−66면 참조.

23) 한국: 일본 법인세법과 달리, 우리 법인세법 및 법인세법 시행령은 매매목적 유가증권에 대하여 일반적
으로 시가법을 적용하지는 않는다는 점은 앞서 9−3−2 (1) 부분에서 각주를 통해 살펴보았다.

24) 한국: ① 법인세법 제18조(평가이익 등의 익금불산입) 제1호, 제22조(자산의 평가손실의 손금불산입)

그렇다고 하여도 시가평가의 대상은 점점 확대되고 있다. 平成19{2007}년 개정에서는 단기매매상품(단기적인 가격의 변동을 이용하여 이익을 얻을 목적으로 취득한 금·은·백은 그 외의 자산)을 보유하는 경우에 대하여, 시가평가에 기초하여 손익을 계상하도록 하였다 (法稅 제61조).

Column 14-2 유가증권의 공매도

유가증권을 보유하지 않은 채 이를 매도하고, 그 후에 그 유가증권과 같은 종목의 유가 증권을 다시 사들여 결제하는 방식의 거래를 유가증권의 공매도라 한다(法稅 제61조의2 제 20항). 예를 들어 빌린 주식을 100에 팔았는데 주가가 하락하였다고 하자. 10에 다시 사들 여 빌린 주식을 반환하면, 90의 양도차익이 생긴다. 반대로 가격상승 국면에서는 양도손실 이 생긴다. 내국법인이 유가증권 공매도를 하였을 경우에 사업연도 종료 시에 결제되지 않 은 것이 있을 때에는, 그 시점에 결제를 한 것으로 보아 산출한 '간주결제손익액'을 익금 또 는 손금에 산입한다(동 제61조의4 제1항).[25]

는 역시 자산의 평가이익 또는 평가손실을 일반적으로 손익에 반영하지 않는다고 규정하고 있으므로, 법으로 특별히 규정된 바가 아닌 한(법인세법 제42조 참조) 자산 평가손익을 소득계산에 반영시킬 수 없다. 그렇다면 '일반적으로 공정·타당하다고 인정되는 기업회계기준'이 해당 자산의 평가손익을 매년 인식하도록 하고 있는 경우에도 세법에 규정된 바가 없는 한 이를 항상 부인해야 한다는 결론이 되는 데, 이는 앞서 살펴본 법인세법 제43조와 충돌하는 측면이 있다.

② 여기서 이창희, 앞의 책(세법강의), 963-964면은 법인세법 제43조를 우선시켜야 한다고 해석하고, 이와 관련해서는 다음의 대법원 2017. 12. 22. 선고 2014두44847 판결이 참고가 된다[원고들이 보험회 사의 주식을 특수관계에 있는 자들에게 부당하게 저가양도한 것인지가 쟁점이 되었는데, 양도대상인 주식의 가치산정에 있어서 해당 보험회사가 지급한 '신계약비'의 손익귀속시기와 관련하여 세법상 권리 의무확정주의와 기업회계기준(보험업회계처리준칙)의 관계가 문제가 된 사안임].

"기업회계기준상의 손익의 귀속에 관한 규정이 세법의 개별 규정에 명시되어 있지 않다는 이유만으로 곧바로 권리의무확정주의에 반한다고 단정할 수는 없고, 특정 기업회계기준의 도입 경위와 성격, 관련 된 과세실무 관행과 합리성, 수익비용대응 등 일반적인 회계원칙과의 관계, 과세소득의 자의적 조작 가 능성, 연관된 세법 규정의 내용과 체계 등을 종합적으로 고려하여, 구 법인세법 제43조에 따라 내국법 인의 각 사업연도 소득금액계산에 적용될 수 있는 '기업회계의 기준이나 관행'에 해당하는지를 판단하 여야 한다."

이 판례에 대한 평석으로는 정재희, "기업회계존중 원칙과 권리의무확정주의의 관계(신계약비 사건)", 대법원판례해설 114호, 법원도서관(2018), 148면 이하 참조.

③ 일반적으로 자산의 평가손익을 소득계산상 부인하도록 한 규정과, 자산의 평가방법 등에 관하여 기 업회계기준에 따르도록 한 규정의 충돌문제는, 앞서 소득세법 부분에서도 등장한 바 있다[10-5-2 (2) 부분의 각주 참조].

25) 한국: 본문과 같이 빌린 주식의 시가가 100에서 10으로 하락한 상태에서 이를 처분하지 않고 기말을 맞 이한 경우, 기업회계상으로는 기말에 90의 수익(매도유가증권 평가이익)을 인식하는 것이 가능하다[재 무보고에 관한 실무의견서 2004-4, 유가증권 대차거래의 회계처리, 금융감독원(2004. 11. 8.) 참조].

14-4 자본 등 거래

14-4-1 법인세법 제22조 제5항

회사가 주주로부터 출자를 받거나, 회사가 법인세 납부 후 이익을 주주에게 분배하거나 하더라도, 그 회사의 손익계산에는 이를 반영시키지 않는다. 이와 같이 '자본 등 거래'를 '손익거래'로부터 준별하는 것은 법인세의 과세 베이스가 '주주의 관점에서 본 리턴'으로 구성되어 있기 때문이다.[26]

법인세법 제22조 제5항에 의하면 자본 등 거래란 ① 「법인의 자본금 등의 금액의 증가 또는 감소를 발생시키는 거래」, ② 「법인이 행하는 이익 또는 잉여금의 분배」 및 ③ 「잔여재산의 분배 또는 인도」를 말한다. ①의 「자본금 등의 금액」이란 「법인이 주주 등으로부터 출자를 받은 금액으로서 정령으로 정하는 금액」을 의미한다(法税 제2조 제16호).

이러한 규정들에서 「자본금」이나 「잉여금」의 개념은 회사법상의 개념을 차용하고 있다(会社 제445조 · 제446조. → 5-2). 「이익의 분배」에서 말하는 「이익」도 지분회사의 이익배당(동 제621조)을 염두에 둔 용어이다.

14-4-2 순자산의 부{部}

자본 등 거래를 생각하는데 있어서 중요한 계정항목이 「자본금 등의 금액」(法税 제2조 제16호)과 「이익적립금액」(동조 제18호)이다. 회사법 제정에 따른 平成18{2006}년 세제개정 전에는 양자를 합쳐 「자본의 부{部}」라고 통칭하고 있었다. 회사법 제정 후, 기업회계상으로는 이를 「순자산의 부{部}」로 표시하게 되었다. 그리고 平成18{2006}년 개정에 따라 「자본금 등의 금액」과 「이익적립금액」의 큰 틀만을 법인세법의 정의규정에 두고, 그 내용을 정령에 위임하도록 하였다(法税令 제8조 · 제9조).

그러나 법인세법 및 법인세법 시행령상으로는 이러한 경우 특별히 시가법을 통해 차입한 유가증권의 평가이익을 소득계산에 반영시키도록 하는 규정이 없으므로, 사업연도 말을 기준으로 익금산입이 이루어지지 않고 결제시점에 비로소 손익의 인식이 이루어지는 것으로 해석해야 할 것이다(법인세법 시행령 제68조 제1항 제3호 참조). 즉 파생금융상품 일반의 손익귀속시기에 대해서와 마찬가지이다. 이상 신·오준석, 앞의 글(기본파생상품 과세에 관한 연구), 211-214면; 이태로·한만수, 앞의 책(조세법강의), 259-261면 참조.

26) 한국: 법인세법 제17조(자본거래로 인한 수익의 익금불산입), 제20조(자본거래 등으로 인한 손비의 손금불산입) 참조.

▶ 자본금 등의 금액은 주주로부터 출자받은 「밑천」의 부분에 상당한다. 그리고 '회사와 주주 사이의 거래로부터는 손익이 생기게 하지 않는다'는 입법정책상의 기본결정에 기초하여 이 부분의 증감은 회사의 손익계산에 반영시키지 않는다.

▶ 이익적립금액은 법인세를 납부한 후 회사의 내부에 유보해 두고 있는 금액에 상당한다. 달리 말하면 '회사단계에서는 법인세가 이미 과세되었지만, 아직 주주단계에서는 배당으로서 과세되지 않은 부분'을 이른다.[27]

14-4-3 자본 등 거래에 관한 수치를 통한 예시

(1) 시작하며

이상의 내용을 주식회사 C와 그 회사의 개인주주 S 씨 사이의 거래로 예를 들어보자. 여기에서 등장하는 규정이 법인세법 시행령 제8조와 제9조이다. 이들은 출자와 감자, 자기주식의 취득과 양도, 합병과 분할 등 회사법상의 각종 거래를 포섭한다. 둘 다 장대한 수준의 규정이지만, 전제적으로는 다음과 같은 구성으로 되어 있다(法税令 제8조 제1항 주서{柱書}·제9조 제1항 주서{柱書}).

▶ 제8조 제1항 제1호부터 제12호까지 가산사유, 제13호 이하가 감산사유.

▶ 제9조 제1항 제1호부터 제7호까지 가산사유, 제8호 이하가 감산사유.

(2) 금전출자

S가 C사에 1억 엔의 금전출자를 행하면, C사의 법인세 과세관계는 어떻게 되는 것일까. 이러한 출자는 C사의 법인세와의 관계에서 자본 등 거래에 해당한다. C사의 「자본금 등의 금액」은 1억 엔만큼 증가한다. 1억 엔 가운데, 「자본금」에 편입된 부분은 「자본금」에 직접 기입되고(法税令 제8조 제1항 주서{柱書}), 그 이외의 부분은 「주식……의 발행……을 한 경우……에 납입된 금전의 금액……에서 그 발행에 의하여 증가한 자본금의 금액……을 감산한 금액」으로서 가산된다(동항 제1호).

---

27) '이익적립금액'을 규정한 일본 법인세법 제2조 제18호, 법인세법 시행령 제9조(부록 일본 조세법령) 참조. 한국: 우리 법인세법은 일본 법인세법상의 '이익적립금액'에 해당하는 개념을 두고 있지 않다. 일본 법인세법상의 '이익적립금액'에 대하여 설명한 문헌으로 임상엽, "의제배당 과세의 구조에 대한 비판적 검토-청산분배를 중심으로-", 조세와 법 11(1), 서울시립대학교 법학연구소(2018), 167면 참조.

(3) 잉여금의 배당

그렇다면 C사가 S에게 100만 엔의 잉여금의 배당을 행한 경우는 어떨까.

이 역시 C사의 법인세와의 관계에서 자본 등 거래에 해당한다. 이러한 거래는 「이익적립금액」의 감산요인이다. 규정의 적용관계로는 이 100만 엔 가운데 「잉여금의 배당 (……자본잉여금의 감소에 수반하는 것……을 제외한다)」에 해당하는 부분이 이익적립금액을 감소시킨다(法稅令 제9조 제1항 제8호). 이 규정의 괄호에서 이익적립금액의 감산항목으로부터 제외되어 있는 「자본잉여금의 감소에 수반하는 것」은 「자본금 등의 금액」과 「이익적립금액」의 감산요인이 된다(동 제8조 제1항 제16호·제9조 제1항 제11호).

이 경우 개인주주 S의 소득세 과세에 대해서는 Chapter 20에서 후술한다.

(4) 정리

이와 같이 회사의 손익계산과는 관계가 없는 지점에서 자본 등의 거래와 관련된 조문의 적용이 필요하게 된다. 각 사업연도의 소득계산이 표면의 세계라고 한다면, 그 뒷면의 세계가 「순자산의 부{部}」의 계산이다. 말하자면 컴퓨터의 OS가 우리들이 의식하지 못하는 곳에서 항상 작동하고 있듯이, 주주와의 관계에서 거래가 있을 때마다 「자본금 등의 금액」이나 「이익적립금액」을 가산·감산하여 기록해 나가는 것이다.

이익적립금액으로 회사 단계에서 법인세의 기과세{旣課稅} 금액을 측정해 두는 것에는 입법정책론상 애초에 어떠한 의미가 있는 것일까. 첫째로 이익적립금액을 재원{原資}으로 하여 나중에 개인주주에게 배당한 경우, 주주단계에서 배당소득으로 과세하고 배당공제를 해준다는 의미를 가진다(→ 12-1-2). 즉 회사단계의 법인세와 개인주주단계의 소득세의 관계를 잇는 역할을 하는 것이다. 잉여금의 배당이나 「의제배당」의 계산이 이익적립금액의 계산과 연동하고 있는 것(→ Chapter 20)은 이와 같은 관점과 정합적이다.[28]

이러한 이야기야말로 본격적인 의미에 있어서의 회사의 과세, 즉 주주＝회사 간 거래의 과세에 대한 입구라고 할 수 있다. 이러한 계정처리를 해 두는 것으로서, 나중에 회사가 합병하거나 분할하거나 한 경우에 손익계산에 반영시키지 않았던 자금의 주고받음을 정확하게 승계할 수 있다.

---

28) 뒤의 Chapter 20에서 서술되는 바와 같이, 일본 소득세법은 '회사의 해산' 등이 있는 경우, 그와 관련된 소득 전부를 배당소득으로만 과세하는 우리 소득세법과 달리, 배당소득(의제배당)에 해당하는 부분과 양도소득에 해당하는 부분을 구분하여 과세하는 시스템을 취하고 있다. 여기서 배당소득에 해당하는 부분을 계산(할당)을 하는 과정에서 '이익적립금액'의 개념이 사용된다. 본문의 서술은 이러한 '이익적립금액'의 기능을 설명하고 있는 것이다.

Column 14-3 통계로 본 법인세의 과세 베이스[29]

국세청의 平成28{2016}년도분 회사 표본조사에 의하면, 거시적으로 본 법인세의 과세 베이스는 다음의 수치를 나타내고 있다.

① 영업수익금액은 1,450조 8,100억 엔이고, 이 중 이익계상법인의 영업수익금액은 1,144조 4,408억 엔, 소득금액은 59조 4,612억 엔으로, 영업수익금액에 대한 소득금액의 비율(소득률)은 5.2%.

② 이익계상법인의 익금처분 내역은 사내유보 51.1%, 지급배당 25.9%, 법인세액 등 13.4%, 기타 사외유출 9.6%.

③ 법인세액은 10조 4,676억 엔. 또한 소득세액공제는 3조 1,733억 엔, 외국세액공제는 5,104억 엔.

④ 이월결손금의 당기공제액은 7조 5,951억 엔, 익기이월액은 68조 4,167억 엔.

⑤ 교제비 등의 지출액은 3조 6,270억 엔으로, 영업수익금액 10만 엔당 교제비 등은 250엔.

⑥ 기부금의 지출금액은 1조 1,229억 엔으로, 영업수익금액 10만 엔당 기부금은 77엔.

⑦ 대손충당금의 기말잔액은 2조 1,944억 엔.

⑧ 당기 발생분 감가상각비의 손금산입액은 38조 4,583억 엔으로, 손금산입 한도액에 대한 손금산입의 비율은 93.6%.

이 가운데 ②는 '법인세를 납부한 후, 회사가 내부유보를 하는 부분과 배당지급에 충당하는 부분의 비율이 실제로 어떻게 되어 있는지'를 나타내는 숫자이다(→ 도표 12-3). ③을 보면 소득세액공제가 상당히 큰 금액이 된다는 사실을 알 수 있다[→ 12-2-3 (4)]. ④부터 ⑧까지는 손금의 주요항목의 크기를 나타낸다. Chapter 16에서 각 항목에 대해 배운 후에, 다시 한 번 숫자의 크기를 느껴보길 바란다.

☑ 이 장에서 배운 것

▸ 법인소득은 '주주의 관점에서 생기는 리턴'을 기준으로 하여 구성되어 있다.

▸ 손익은 「일반적으로 공정·타당하다고 인정되는 회계처리기준」에 따라 계산한다.

▸ '자본 등 거래'가 회사의 과세에 있어서 중요하다.

---

29) 한국: Column 14-3에 대응하는 우리나라의 자료는 2017 국세통계연보, 국세청(2017)의 각 해당 부분을 통대 대체로 비교가 가능하다. 번역서에 따로 옮기지는 않기로 한다.

🔍 **찾아보자**

▶ 현행법상 법인소득의 구성은 어떠한 입법정책론에 기초하고 있는가?

→ 增井良啓「法人税の課税ベース」金子宏編『租税法の基本問題』(有斐閣, 2007년) 476면

▶ 법인세 과세 베이스의 구성에는 어떠한 선택지가 있는가?

→ 神山弘行「法人課税とリスク──法人課税改革案における課税ベースを題材に」金子宏 ほか編『租税法と市場』(有斐閣, 2014년) 321면

Chapter 15

익금의 금액

> ▸ 법인세법 제22조 제2항   ▸ 무상거래와 법인세   ▸ 수입배당의 익금불산입

15-1 법인세법 제22조 제2항

15-1-1 익금과 수익

법인세법 제22조 제2항은 익금에 산입할 금액에 관한 기본규정이다. 「익금」이라고 하는 법령용어는 昭和40{1965}년의 법인세법 전문개정 시부터 변하지 않았다. 그 이전에는 明治32{1899}년에 법인소득에 대한 과세가 시작된 때부터 계속하여 「총익금」이라고 하여 왔다.

이에 비해 「수익」이란 애초부터 기업회계의 용어이다. 손익계산서에서의 표시는 매출, 영업외수익(수취이자, 유가증권이자, 수입배당금, 매입할인 기타 금융상의 수익, 유가증권처분익, 유가증권평가이익, 투자부동산 임대료 등), 특별이익(전기오류수정이익, 고정자산처분이익, 부{負}의 영업권 발생이익 기타의 항목)으로 분류된다(財務規則 제3장).[1]

---

[1] "財務規則(재무규칙)"이란 내각부령(內閣府令)인 '財務諸表等の用語, 樣式及び作成方法に関する規則(재무제표 등의 용어, 양식 및 작성방법에 관한 규칙)'을 의미하며, 손익계산서(재무규칙 제3장)에 관련된 용어들에 관한 원서의 일본식 한자기재를 본문과 같이 우리나라식 용어로 번역하였다.

　법인세법 제22조의 적용관계를 예를 들어 설명한다. 어떤 회사가 이전에 토지를 1억 엔에 매입하였다. 이 토지의 취득가액(장부가액)은 1억 엔이다. 그 후 토지의 가치가 상승하여 어느 사업연도에 3억 엔에 매각했다고 해 보자. 이 경우 토지(고정자산)를 유상으로 양도하였기 때문에, 해당 양도에 의해 생긴 양도가액의 총액인 3억 엔을 매각수익으로 해서 해당 사업연도의 익금으로 계상하게 된다(法稅 제22조 제2항).

　주의해야 할 점은 익금계상에 대응하여 손금도 계상한다는 것이다. 즉 수익에 관련된 원가로서 토지의 취득가액(장부가액) 1억 엔을 익금계상과 동일한 사업연도의 손금에 산입한다(法稅 제22조 제3항 제1호). 이런 식으로 익금 3억 엔에서 손금 1억 엔을 제하여, 해당 사업연도의 소득금액으로서 2억 엔이 과세의 대상이 된다(동조 제1항). 손금의 의의에 대해서는 Chapter 15에서 배우지만, 익금과 손금의 양면을 합쳐 생각하는 습관을 들이길 바란다.

　나아가 위와 같은 계산과정에서 문제가 되는 각 사업연도의 수익의 금액이나 원가의 금액은, 별도의 규정이 있는 것을 제외하고, 일반적으로 공정·타당하다고 인정되는 회계처리기준에 따라 계산한다(法稅 제22조 제4항. → 14-2).

15-1-2 규정의 구조

법인세법 제22조 제2항을 정독하면 다음과 같은 것을 알 수 있다.

▶「자본 등 거래」로부터는 익금이 생기지 않는다.

▶「거래」에 관련된 수익의 금액을 익금에 산입한다. 이와 같은 「거래」의 전형적인 예로서 「자산의 판매」가 있다.

▶「유상 또는 무상에 의한 자산의 양도 또는 역무의 제공」에 관련된 수익의 금액을 익금에 산입한다. 접속사 「또는」이 있기 때문에, 이 부분의 규정은 총 4가지의 경우를 정하고 있는 것이 된다.

▶「무상에 의한 자산의 양수」에 관련된 수익의 금액을 익금에 산입한다. 이것이 이른바 수증이익[2]에 해당한다.

▶「별도의 규정」이 있는 경우에는 그에 따라서 익금을 계산한다.

　이하에서는 「무상에 의한 자산양도 또는 역무의 제공」과 「무상에 의한 자산의 양수」를 합쳐서 '무상거래'라고 한다.

---

　2) 이 부분의 원문은 조문에서 사용되는 용어와 동일하게 "受贈益" 즉 '수증익'이나, 이를 자연스럽게 '수증이익'으로 번역하였다. 이하 동일하다(부록 일본 조세법령에서도 마찬가지로 번역함).

15-1-3 법인세법 제22조의2

기업회계기준위원회에 의한 「수익인식에 관한 회계기준」(기업회계기준 제29호)의 공표에 따라, 平成30{2018}년 개정에서 법인세법 제22조의2를 신설하였다. 동조는 「자산의 판매 혹은 양도 또는 역무의 제공」을 「자산의 판매 등」이라 부르고, 「자산의 판매 등」에 관련된 수익에 대하여 제22조 제2항을 보충하는 규정을 두고 있다.

▶ 자산의 판매 등에 관련된 수익계상의 시기에 대해서 원칙적으로 '목적물의 인도일 또는 역무의 제공일이 속하는 사업연도'의 익금으로 한다(法稅 제22조의2 제1항). 그럼에도 불구하고 일반적으로 공정·타당하다고 인정되는 회계처리기준에 따라 이에 근접한 날이 속하는 사업연도의 확정된 결산의 수익으로 경리한 경우에는 그 사업연도의 익금으로 한다(동조 제2항).[3]

▶ 자산의 판매 등에 관련된 수익으로서 익금에 계상하는 금액은 「판매 혹은 양도를 한 자산의 인도 시의 가액」 또는 「제공한 역무에 대하여 통상적으로 받아야 할 대가의 금액」에 상당하는 금액으로 한다(동조 제4항). 이러한 경우에 있어서 인도 시의 가액 또는 통상적으로 받아야 할 대가의 금액은, 대손 또는 환매의 가능성이 있는 경우에도 '그 가능성이 없는 것으로 상정한 경우의 금액'으로 한다(동조 제5항).[4]

법인세법 제22조의2의 이러한 규정들은 종래의 취급을 법령상 명확하게 한 것으로 설명되고 있다. 이러한 규정들이 명확하게 정해지기 전부터, 최고재판소는 법인세법 제22조 제2항의 해석으로서 무상거래에 대한 판단을 제시해 왔다(→ 15-2-1, 15-2-2). 법인세법 제22조의2 제4항은 무상거래 가운데 「무상에 의한 자산의 양도 또는 역무의 제공」에 대하여 '자산의 인도 시의 가액 또는 역무의 통상대가'를 익금에 산입한다는 사실을 명시함으로써, 종래의 최고재판소의 해석을 채용하였다고 하는 의미를 가진다. 다음에 볼 「무상에 의한 자산의 양도」와 「무상에 의한 역무의 제공」의 취급에 대해서는, 앞으로는 법인세법 제22조의2라는 근거규정의 존재에 유의해야 할 필요가 있다.

---

3) 먼저 부록 일본 조세법령의 일본 법인세법 제22조의2 참조.
  한국: 자산의 판매에 대해서는 법인세법 시행령 제68조(자산의 판매손익 등의 귀속사업연도)가, 용역의 제공에 대해서는 법인세법 시행령 제69조(용역제공 등에 의한 손익의 귀속사업연도)가 각각 귀속사업연도를 정하고 있다. 해당 조문을 참조.
4) 한국: 개별적인 자산의 판매에 대하여 법인세법 시행령 제11조(수익의 범위) 제2호는 '자산의 양도금액'을 수익으로 정하고 있다. 재고자산의 판매나 용역제공의 경우는 같은 조 제1호의 '사업수익금액(사업활동으로 인하여 발생한 매출액)'이 여기에 해당한다.

15-2 무상거래에 관한 규정

15-2-1 무상에 의한 자산의 양도

(1) 미실현 자본이득(capital gain)의 청산

법인세법 제22조 제2항은 '무상에 의한 자산양도에 의해서도 수익이 생긴다'는 취지를 정하고 있다. 이 규정이 입법화되기 전부터 최고재판소는 「미계상자산의 사외유출은 그러한 유출의 한도에 있어서 숨겨져 있던 자산가치를 실현하는 것이다」라고 하여, 반대급부의 유무에 상관없이 적정한 가액에 의한 총익금계상이 필요하다고 하였다[最判 昭和41(1966). 6. 24 民集 20권 5호 1146면(상호{相互}택시 사건)].

현행법의 위 규정의 취지에 대하여 최고재판소는,

「이 규정은 법인이 자산을 타인에게 양도하는 경우에는, 그 양도가 대금의 수입 기타 자산의 증가를 불러일으키는 반대급부를 동반하지 않는 경우라고 하더라도, 양도 시에 자산의 적정한 가액에 상당하는 수익이 있다고 인식해야만 한다는 것을 명백히 하고 있다고 해석된다」

라고 판시하고 있다[最判 平成7(1995). 12. 19. 民集 49권 10호 3121면(난세이통상{南西通商} 사건)]. 여기에서는 '회사로부터 사외에 자산이 유출되는 단계에서, 미실현 자본이득을 청산하여 과세한다'는 사고방식을 읽어낼 수 있다.

다만 위의 난세이통상 사건은 최고재판소가 법인세법 제22조 제2항의 「유상……에 의한 자산의 양도」의 규정을 적용한 것으로, 무상거래에 관한 규정을 적용한 것은 아니다. 사안은 어떤 회사가 그 대표이사에게 거래은행의 주식을 저가로 양도한 것이었다. 이 회사는 주식의 장부가액과 같은 금액의 대가를 얻었기에, 주식양도의 양도가액에서 양도원가를 제하면 과세소득이 나오지 않는 것으로 신고하였다. 이에 대하여 최고재판소는 자산의 저가양도는 유상에 의한 자산양도에 해당한다고 자리매김한 다음, '반대급부가 자산의 시가에 비추어 저가인 경우에도 양도 시의 적정가액을 익금으로 계상해야 한다'고 판단하였다. 그렇게 하지 않으면 「무상양도의 경우와의 사이에 공평성을 훼손하게 된다」는 것이다. 즉 무상양도에 대한 규정에서 출발하여, 규정의 취지를 근거로 저가양도에 대해서도 같은 취급을 하도록 확장하였다. 그렇게 함으로써

「자산의 저가양도가 이루어진 경우에는, 양도 시의 해당 자산의 적정한 가액이 법인세법 제22조 제2항에서 말하는 '자산의 양도에 관련된 수익의 금액'에 해당한다고 해

석하는 것이 상당하다」
라는 결론을 이끌어내고 있다.5)

5) 한국: (1) 우리 법인세법은 무상에 의한 자산의 양도나 용역의 제공에 관한 일반적인 익금산입 규정을 두고 있지 않고, 본문의 '난세이통상' 사건과 같은 사안에 대응하기 위해서 부당행위계산의 부인이라는 별개의 체계를 두고 있다[법인세법 제52조(부당행위계산의 부인), 법인세법 시행령 제88조(부당행위계산의 유형 등), 제89조(시가의 범위 등) 참조].
(2) 우리 법인세법은 자산의 무산양도에 관한 일반적인 익금산입 규정을 두고 있지 않으나, 이 점과 관련해서는 아래에 인용하는 대법원 1993. 5. 25. 선고 92누18320 판결을 참조할 필요가 있다(괄호 부분은 역자가 삽입함).
"법인이 타인에게 자산을 무상으로 양도하거나 혹은 시가보다 현저하게 낮은 가액으로 양도함으로써 법인세법 소정의 기부금의 요건에 해당되는 경우에 있어, 위 거래로 인하여 상대방이 취득한 자산가액이나 그에 상응한 법인자산의 감소액은 자산의 시가상당액으로서 비록 법인이 당해 자산의 시가와 장부가액과의 차액을 기업경리상 손비로 계상하지 않았다고 하더라도 세법상은 일단 그 차액 상당의 수익이 법인에 실현됨과 동시에 그 수익을 상대방에게 제공함에 따른 손실이 발생한 것으로 관념하여 그 손실을 기부금으로 보게 되는 것이라 할 것이다.", "기부금을 금전 이외의 자산으로 제공한 경우에 당해 자산의 가액을 이를 제공한 때의 시가에 의하도록 한 법인세법시행령 제41조 제1항 본문(현행 법인세법 시행령 제36조에 대응)의 규정은 바로 위와 같은 내용을 규정하고 있는 것으로 해석된다."
(3) 위 판례의 원심인 부산고등법원 1992. 10. 28. 선고 91구4287 판결의 사실관계를 인용해 보면, 원고가 소외 A에게 435,000,000원에 매도한 부동산에 관하여, 피고 과세관청이 감정결과를 바탕으로 시가를 758,963,400원이라고 보고, 그 차액인 323,963,400원(=758,963,400원-435,000,000원)을 당시의 구 법인세법(1988. 12. 26. 법률 제4020호로 개정되기 전의 것, 이하 이 각주에서 '구 법인세법') 제18조, 구 법인세법 시행령(1993. 12. 31. 대통령령 제14080호로 개정되기 전의 것, 이하 이 각주에서 '구 법인세법 시행령') 제40조 제1항 제2호에 의하여 기부금으로 보아서 이를 손금불산입하고 법인세 경정처분을 하였다가, 이후 당초 감정가액에서 30% 차감한 531,274,380원을 정상가액으로 보고(위 구 법인세법 시행령 규정 참조), 그 차액인 96,274,380원(=531,274,380원-435,000,000원)을 기부금으로 보아 감액경정을 사안이다.
   이 사안에서 원고는 「① 자신이 양도차액을 장부상 손금(비용)으로 처리하지 않았는데도 피고가 손금불산입하는 것이나, ② 구 법인세법 제18조 제1항이 '비지정기부금을 손금에 산입하지 아니한다'는 취지로만 규정하고 있음에도 불구하고, 이를 익금산입하는 것은 위법하다」는 취지로 주장했으나, 위 원심판결은 「① 위 기부금에 관한 법인세법 및 법인세법 시행령 규정은, '시가와 양도가액의 차액 중 증여 또는 무상제공의 실질을 가진 부분'을 기부금으로 간주하는 규정으로서, 해당 법인이 양도차액을 장부상 손금(비용)으로 처리하였는지 여부와는 무관하고, ② 증거를 살펴보면 피고 과세관청이 양도차액(실제 양도금액과 감정평가액의 차액)을 익금에 산입한 것으로 인정되는데, 손금불산입과 익금산입은 실질상 차이가 없으므로 손금불산입이 아닌 익금산입으로 처리했다고 해서 위법하다고 볼 수 없다」는 취지로 판시하였다(위 판결의 이유 중 2. 주장과 판단의 '넷째' 부분).
(4) 이창희, 앞의 책(세법강의), 512-514면은 위 판례에 따른 해석론이 손익조작의 방지라는 측면에서 결과적으로 타당하고, 법인세법 제15조(익금의 범위), 제19조(손금의 범위)의 해석상 가능한 범위 내에 있는 것이라고 평가한다.
(5) 한편 위 판례의 판시 중 "당해 자산의 시가와 장부가액과의 차액"이 기부금이 된다는 부분의 논리는, 예컨대 취득가액(장부가액) 1억인 물건을 시가 3억이 된 시점에서 무상양도한 경우, 기부금을 그 차액인 2억으로 보아서, 이 액수를 익금에 산입하고, 또한 이 액수를 기준으로 손금산입이 허용되지 않는 것은 손금불산입(또는 익금산입)으로 처리하여 소득금액에 가산한다는 것이다. 그런데 16-4-3 (6) 부분에서 서술되듯이, 일본 법인세법상으로는 이러한 경우 3억을 기준으로 기부금의 손금산입 여부를 따진다고 한다(해당 부분 참조).

平成30{2018}년 개정으로 신설된 법인세법 제22조의2 제4항은 수익계상액을 「자산의 인도 시에 있어서의 가액」으로 명기하였다.

(2) 적정가액의 인정, 손금처리와의 관계, 상대방에 대한 과세

회사가 무상에 의한 자산양도를 하면 수많은 과세관계가 발생한다. 아래에서 3가지의 주의해야 할 점을 지적해 두고자 한다.

▶ 동종의 자산이 공개시장에서 유통되고 있는 경우를 제외하고는, 자산의 적정한 가격이 얼마인지는 정하기가 어렵다.

▶ 손금 측의 처리가 필요하다. 예를 들어 A주식회사가 이전에 1억 엔에 토지를 매입하였고, 이 토지가 시가 3억 엔으로 가격이 상승하였다. A사가 이 토지를 임원인 B에게 무상으로 양도하였다고 해 보자. 여기에서 회사법상의 문제는 논외로 한다. 이러한 경우 A사의 소득산정상 익금으로 적정시가 3억 엔을 계상하고, 원가 1억 엔을 손금으로 계상하는 것까지는 3억 엔을 대가로 하는 유상양도의 경우와 같다. 무상양도의 경우에는 이에 더하여, 3억 엔의 가치가 있는 자산이 유출되기 때문에 그만큼을 손금에 산입할 수 있는지가 문제가 된다. 이에 대해서는 임원급여의 손금불산입 규정(法稅 제34조)이 적용되어 손금에 산입할 수 없다. 결과적으로 익금 측과 손금 측을 합쳐 보면, 2억 엔의 소득이 과세의 대상이 된다. 이 점은 Chapter 16에서 배울 것을 앞서 보고 있는 것이므로 나중에 복습하길 바란다.

▶ 무상거래 상대방의 과세관계는 어떻게 될까. 위의 예에서 임원 B는 토지라는 현물을 수입하고 있다(所稅 제36조 제1항). 사실관계에 따라 다르기는 하지만, 임원급여로서 급여소득에 해당할 가능성이 있고(동 제28조), 그렇게 된다면 원천징수를 할 필요가 있다.

(3) 현물분배

A주식회사가 주주총회의 특별결의를 거쳐(슘社 제454조 제4항·제309조 제2항 제10호), 주주에 대하여 금전 이외의 재산을 분배하였다고 하자.6) 법인세법의 적용상 이러한 거래는 손익거래의 측면과 자본 등 거래의 측면이 혼합되어 있다. 이 점에 대해 법인세법

---

(6) 이와 같이 장부가액과 시가의 차액부분을 익금에 산입하는 것에 관한 근거론 및 부당행위계산의 부인과의 관계 등에 대해서는 임승순, "법인세법 시행령 제40조 제1항 제2호의 효력 및 같은 규정 소정의 저가양도시 시가와 장부가액과의 차액을 손금부인할 수 있는지 여부", 대법원판례해설 19-2호, 법원행정처(1993), 208면 이하 참조(위 판례에 대한 평석임).

6) 한국: 상법 제462조의4(현물배당) 참조.

제22조의2 제6항은 '금전 이외의 자산에 의한 잉여금의 분배로서의 자산의 양도에 관련된 수익의 금액'을 「무상에 의한 자산의 양도에 관련된 수익의 금액」에 포함되는 것으로 정하고 있다. 따라서 A사는 해당 자산의 인도 시의 가액을 익금에 산입하여야 한다. 자산의 미실현손익을 분배 시에 회사단계에서 청산과세하는 것이다.[7] 이에 대한 '별도의 규정'인 법인세법 제62조의5 제3항은 적격현물분배(法税 제2조 제12호의15) 또는 적격주식분배(동조 제12호의15의3)에 의한 자산의 이전에 대하여 '장부가액에 의한 양도를 한 것'으로서 A사의 소득금액을 산정하고 있다.

15-2-2 무상에 의한 역무의 제공

(1) 익금계상의 근거

법인세법 제22조 제2항은 무상에 의한 역무의 제공으로부터도 수익이 발생한다고 정하고 있다. 그리고 법인세법 제22조의2 제4항은 수익계상액을 「그 제공을 한 역무에 대하여 통상 얻을 수 있는 대가의 금액」으로 하고 있다. 여기에서 말하는 역무의 제공은 인적역무의 제공뿐만 아니라 자금의 융자 등을 포함한다. 예를 들어 회사가 무이자로 융자를 받았다면 적정한 이자 상당액을 익금에 산입한다.

그렇다면 왜 무상으로 역무를 제공하는 경우에 익금으로 계상하는 것일까. 하급심판결 중에 그 실마리를 제공하는 판결이 있다[大阪高判 昭和53(1988). 3. 30. 高民集 31권 1호 63면(시미즈소우{清水惣} 사건)]. 즉 오사카 고등재판소{大阪高裁}는 다음과 같이 설명하고 있다.

▶ 2단계설. 「자산의 무상양도, 역무의 무상제공은 실질적으로 보았을 때, 자산의 유상양도, 역무의 유상제공에 의하여 얻은 대가를 무상으로 급부한 것과 같다」라고 하며, 이를 수익발생의 사유로서 규정한 것이라고 설명한다.

▶ 동일가치이전설. 무이자 융자의 경우에 '통상의 이자 상당액이 대주로부터 차주에

---

7) 한국: ① 이창희, 앞의 책(세법강의), 585면은 현물배당 시의 시가차익에 관하여 우리 법인세법상 명문의 규정은 없으나, 법인이 자산을 무상양도하는 경우 과세하는 것과의 균형상[앞의 15−2−1 (1) 부분의 각주 참조] 현물배당의 경우도 양도차익(장부가액과 시가의 차액)을 법인의 소득에 포함시켜야 한다고 한다. ② 신기선, "개정상법과 세무문제−주식 및 배당제도를 중심으로", 조세법연구 18(1), 한국세법학회(2012), 385면 역시 (i) 현물배당은 회사의 재산을 처분하여 수령한 금전을 주주에게 배당하는 것과 마찬가지의 실질을 가지고 있고, (ii) 법인세법과 동법 시행령이 법인의 해산에 있어서의 청산소득에 관하여, 환가처분 전에 분배한 경우(즉 현물로 분배하는 경우) 분배자산에 대한 시가평가를 통한 과세규정을 두고 있다는 점(법인세법 제79조 제1항, 법인세법 시행령 제121조 제2항 제2호)을 근거로, 그 처분손익(장부가액과 시가의 차액)에 대한 과세가 이루어져야 한다고 주장한다.

게 이전하는 것'을 가지고 대주 측의 수익발생의 근거로 삼는 견해이다.

나아가 오사카 고등재판소는 이자 상당액의 「이익을 포기하는 것을 수긍하게 할 만한 무엇인가의 합리적인 경제적 목적 등」이 인정되는 경우에는 익금계상을 하지 않는다고도 서술하고 있다.

역무의 제공에 대해서는 자산의 양도와는 달리 '미실현 자본이득{capital gain}의 청산'이라는 관점을 관철시키기 어렵다. 오사카 고등재판소의 상기의 설명은 이 점을 깊이 고민한 것으로, 자산양도와 역무의 제공 양자에 모두 통용된다. 물론 독자 중에는 왜 2단계의 거래를 의제하는 것인지, 어째서 경제적 가치를 잃은 측인 법인에 익금을 계상하는 것인지, 두 견해 상호간의 관계는 어떻게 되는 것인지와 같은 의문을 가지는 사람이 있어도 이상하지 않다. 설명 자체는 일단 이해가 된다고 하더라도, 애초에 무엇을 위하여 그러한 설명을 하는 것인지가 근본적인 문제이다.

(2) 기능으로부터 바라본 고찰

구체적인 사안에 입각하여 익금계상이 어떠한 기능을 가지는지 관찰해 보자. 위의 시미즈소우{清水惣} 사건에서는 모회사가 자회사에게 무이자로 융자를 해주었다. 그 결과 이자 상당액의 경제적 가치가 모회사로부터 자회사에 이전되었고, 관련회사 사이에 소득이 대체[8]되었다.

보다 일반적으로는 흑자회사로부터 적자회사로 소득이 대체되면, 그룹 전체로 본 법인세액이 감소한다. 이를 방치해 두게 되면 관련회사 간에 인위적으로 무상거래를 하는 방법으로 매우 손쉽게 법인세를 감소시킬 수 있게 되어 버린다. 무이자 융자를 행한 측의 회사에 익금을 계상하는 것은 이와 같은 소득대체를 방지하고 세액감소를 억제하는 기능을 가진다.

이러한 기능에 주목한다면 무상으로 역무를 제공하는 경우에 적정한 대가 상당액을 익금으로 계상해야 하는 이유는 '소득대체의 방지'에 있다고 할 수 있다. 이러한 설명은 법인세법 제22조 제2항이 대상으로 하고 있는 모든 경우를 커버하고 있는 것은 아니지만, 관련회사 간 거래라는 국면에서의 근거가 될 수 있다. 회사가 임원이나 지배주주에게 무상으로 역무제공을 하는 경우 등 다른 국면에 대해서도 어떠한 기능이 있을지 관찰하여, 불비가 있는 경우에는 어떠한 입법적 대응이 필요할지 생각해나가야 할 것이다.

---

8) 원서의 서술은 "振り替える"로, 사전적으로 대응하는 단어인 '대체'로 번역하였다. 본문에서는 모회사의 소득금액이 줄어들고 그 대신에 자회사의 소득금액이 늘어나는 상황, 즉 소득금액이 이전하는 상황을 의미한다.

관련회사 간의 소득대체에 대한 대처로서 현행법에는 철저하지 못한 면이 있다. 무이자 융자를 행하면 대주 측의 법인소득 산정에 있어서, 이자 상당액을 익금으로 계상하고, 상실한 이자 상당액을 「기부금」이라는 손금항목으로 한다. 법인세법상 기부금의 개념은 매우 넓은데, '경제적 이익의 무상공여'를 포함하고 있기 때문이다(法税 제37조 제7항). 기부금에 해당한다면 원칙적으로 손금불산입이 되지만, 손금산입 한도액이 자본금 등의 금액이나 소득금액을 기초로 해서 기계적으로 정해지기 때문에(동조 제1항), 소득대체에 따른 법인세액 감소에 대해서 반드시 유효한 대처라고 하기는 어렵다.[9]

또한 적정한 이자 상당액에 대한 금전평가의 방법을 명시하는 규정이 흠결되어 있고, 차주 측 과세와 사이의 정합성 확보에도 문제가 있다. 平成22{2010}년 세제개정으로 완전지배관계에 있는 회사그룹 내의 거래에 대해 특칙을 두었다(法税 제37조 제2항·제25조의2). 이러한 점에 대해서는 나중에 기부금에 대해서 배울 때에 다시 언급하는 것으로 한다(→ 16-4-3).

15-2-3 무상에 의한 자산의 양수

(1) 자산과 역무의 대비

법인세법 제22조 제2항은 '무상에 의한 자산의 양수에 관련된 수익'을 익금에 산입해야 할 금액으로 정하고 있다. 예를 들어 어떤 회사가 독지가로부터 시가 1억 엔의 토지를 증여받았다고 했을 때, 1억 엔을 익금으로 계상한다.

이에 비해 무상에 의해 역무를 제공받은 경우는 규정되어 있지 않다. 그 이유로서 '지

---

9) 한국: ① 우리 법인세법은 본문과 같은 관련회사 간 소득대체 사안에 대하여 부당행위계산의 부인으로 대응하고 있다. 법인세법 제52조(부당행위계산의 부인), 법인세법 시행령 제88조(부당행위계산의 유형 등) 제1항 제6호 참조.
② 부당행위계산의 부인에 해당하지 않는 일반적인 무상의 역무제공 등의 경우, 앞서 본 무상에 의한 자산양도와 마찬가지로 그 시가상당액(일본 법인세법 제22조의2 제4항이 규정하는 '통상 얻을 수 있는 대가의 금액')을 기부금으로 보아 익금산입(손금불산입)할 수 있을 것인지가 문제가 되는데, 일본과 달리 우리 법인세법 제24조(기부금의 손금불산입), 법인세법 시행령 제35조(기부금의 범위), 제36조(기부금의 가액 등)를 살펴보면 기부금의 범위에 대하여 '금품' 또는 '금전 외의 자산'을 그 대상으로 상정하고 있으므로, 우리나라 세법상으로는 기부금으로 볼 수 없다. 이창희, 앞의 책(세법강의), 968면 참조.
③ 이와 관련하여 '법인이 자신과 특수관계가 없는 다른 법인에게 시중금리보다 낮은 이자율에 금전을 빌려준 경우'에 있어서 '시중금리에 따른 이자와 실제 대여한 낮은 이율에 따른 이자의 차액상당' 부분이 기부금에 해당하지 않는다고 본 국세청 유권해석이 존재한다. 국세법령정보시스템, 질의회신(법인세, 법인46012-254, 1998. 2. 2.) 참조. 반면에 법인세법 기본통칙 24-35…1【부동산을 무상 또는 저가임대시기부금 의제】은 '법인이 특수관계가 없는 자에게 사업관련성 없이 부동산을 무상이나 저가에 임대한 경우 이를 기부금으로 의제한다'는 취지로 정하고 있으나 그 근거를 찾기 힘들다.

출해야 할 비용이 감소하여 그만큼 과세소득이 증가하였기 때문에 익금으로 계상할 필요가 없다'고 설명되어 왔다.10)

이상이 기본적인 규정이다. 이에 대한 '별도의 규정'으로서 '완전지배관계(法稅 제2조 제12호의7의6)가 있는 다른 내국법인으로부터 받은 수증이익의 금액'은 익금에 산입하지 않는다(法稅 제25조의2 제1항). 흥미로운 점은 이 규정에서는 「경제적인 이익의 무상공여」를 수증이익의 금액에 포함시키고 있다는 것이다(동조 제2항).

(2) 유상에 의한 자산의 양수

약간 헷갈리기 쉬운 부분에 대해서 보충·설명한다.

회사가 시가 3억 엔의 토지를 현금 3억 엔의 대가를 지불하고 취득해도 익금이 생기는 것은 아니다. 적정대가에 의한 매매계약에 기초하여 수중에 있던 현금이 토지로 바뀐 것일 뿐이다. 이 토지의 취득가액(장부가액)은 3억 엔이 되고, 나중에 이 토지를 매각하는 사업연도에 원가 3억 엔이 손금에 산입된다.

이에 비해, 같은 예에서 회사가 현금 1억 엔의 대가를 지불한 경우에는, 시가보다도 낮은 대가로 양수한 것으로 2억 엔만큼의 이득을 본 것이 된다. 따라서 수증이익이 2억 엔 계상된다.

Column 15-1 수증이익 계상에 관한 조문 다루기10)

한 회사가 시가 3억 엔의 토지를 현금 1억 엔의 대가를 지불하고 취득하였다. 이 경우 수증이익을 2억 엔 계상하기 위한 '조문 다루기'로서, 우선 '토지의 가액 가운데 2억 엔에 상당하는 부분을 무상으로 양수하였다'는 구성을 생각해 볼 수 있다. 하지만 이 구성에는 난점이 있다. 유상으로 매매계약을 체결하고 있음에도 「무상」으로 바꾸어 읽어도 좋은 것일까. 또한 위에서 서술한 난세이통상 사건 최고재판소 판결이 저가양도를 「유상」 거래로 해석한 것과 균형적인 해석이 가능한 것일까. 이와 같은 난점에 비추어 보면, 오히려 '기타의 「거래」에 관련된 수익의 금액'12)이 수증이익 2억 엔이 된다고 하는 처리가 공정·타당한 회계처리기준(法稅 제22조 제4항)의 내용으로서 도출된다고 해석해야 할 것이다.

---

10) 한국: 법인세법 시행령 제11조(수익의 범위)는 "무상으로 받은 자산의 가액"은 수익으로 정하고 있으나(제5호), 무상으로 용역을 제공받은 경우는 규정하고 있지 않다.
11) 원서의 서술은 '조문 조작(操作)'이나, '조문 다루기'로 적절히 의역하였다.
12) 부록 일본 조세법령의 일본 법인세법 제22조 제2항 참조. '무상에 의한 자산의 양수' 다음에 나오는 '기타의 거래'를 의미하는 것으로, 바로 아래의 15-2-4에서 다루어지는 것이다.

15-2-4 기타의 거래

법인세법 제22조 제2항은 '유상거래, 무상거래 기타의 「거래」에 관련된 수익의 금액'을 익금으로 하고 있다.

여기에서 「거래에 관련된 수익의 금액」으로 규정하고 있다는 점에서, 법인세법은 원칙적으로 실현된 이익만이 소득이라는 관점(실현원칙)을 채용하여, 미실현의 이득을 과세의 대상으로부터 제외하고 있다고 해석된다. 이러한 관점은 자산의 평가이익을 익금불산입으로 하는 규정에도 나타나 있다(法税 제25조). 다만 예외적으로 매매목적 유가증권(동 제61조의 3) 등에 대하여 미실현의 이득에 과세하는 예가 있다(→ 14-3-2).

법인세법 제22조 제2항에서 말하는 「거래」에 해당하는지가 문제가 된 사건이 있다[最判 平成18(2006). 1. 24. 訟月 53권 10호 2946면(오우분샤{オウブンシャ} 홀딩스 사건)].

내국법인인 X사가 100% 출자 자회사인 A사를 네덜란드에 설립하였다. A사가 그 기발행주식[13] 총수의 15배의 신주를 X사의 관련회사인 B사에 현저하게 유리한 가액으로 발행하였다. 이에 따라서 X사의 A사에 대한 지분비율은 100%에서 6.25%로 감소하였고, B사의 지분비율은 93.75%가 되었다. 이에 따라 A사 주식에 표상되어 있던 A사의 자산가치의 상당부분이 B사로 이전되었다. 이러한 신주발행은 X사, A사, B사, E재단(X사와 B사의 공통주주)의 각 임원들의 의사가 상통하여 행해진 것이었다. X사와 B사 사이에 합의가 있다는 사실인정은 항소심 단계에서 확정되었다.

이러한 사실관계하에서, 최고재판소는 X사가 보유하는 A사 주식에 표상된 자산가치의 이전은 법인세법 제22조 제2항에서 말하는 「거래」에 해당한다고 판단하였다. 이와 같은 자산가치가 B사와의 합의에 기초하여 B사로 이전된 것이고, 「X사의 지배력이 미치지 않는 외적요인에 의해 생겨난 것이 아니라, X에 의해 의도되고 또한 B사에 의해 양해된 사항이 실현된 것이라고 할 수 있다」는 것이다.

이와 같은 법인주주 사이의 자산가치 이전은 A사가 네덜란드 법인이기 때문에 특별히 가능하였던 것이 아니라, 일본 회사법하에서도 일어날 수 있다. 만약 이 판결이 신주의 유리한 발행 일반에 미친다고 생각한다면, 법인주주의 지분이 희석되는 경우에 대해서도 폭넓게 익금계상이 요구된다고 보아야 하므로, 과세가 비즈니스에 대한 제약이 될지도 모른다. 판결이 적용되는 범위를 보다 좁게 보아, 주주 사이의 합의가 인정되는 한정적인 사례에 그친다고 이해함이 온당할 것이다.[14]

---

13) 원서의 서술은 "発行済株式"으로 '발행된 주식'을 의미하는데, 이것을 본문과 같이 '기(既)발행주식'으로 번역하였다. 이하 및 부록 일본 조세법령에 있어서도 '기발행주식'으로 번역하였다.

15-3 별도의 규정

15-3-1 익금의 계산에 관한 「별도의 규정」

법인세법 제22조 제2항은 익금에 관한 기본규정이고, 수많은 「별도의 규정」이 존재한다. 도표 15-1은 법인세법 제2편 제1장 제1절 제3관에 속하는 「별도의 규정」을 조문별로 일람한 것이다. 이 가운데 제22조의2는 제22조 제2항을 보충하는 조금 일반적인 규정이지만, 조문 배열의 관계상 여기에 넣어 두었다.

도표 15-1 ▌ 법인세법 제2편 제1장 제1절 제3관[15]

제22조의2	수익
제23조	수입배당 등의 익금불산입
제23조의2	외국자회사로부터 받은 배당 등의 익금불산입
제24조	배당 등의 금액으로 의제하는 금액
제25조	자산의 평가이익의 익금불산입 등

---

14) ① 주의해야 할 것은, 본문 일본 판례의 사실관계를 살펴보면 원고는 수익을 얻은 당사자인 B사가 아니라 X사라는 점이다. 즉 피고 과세관청은 'X사가 보유하고 있는 A사(사업소나 종업원이 없는 이른바 페이퍼 컴퍼니임) 주식의 자산가치 중, 위 신주발행에 의해서 X사로부터 B사에게 이전된 부분'을 원고 X사의 B사에 대한 기부금으로 보고 법인세 증액경정처분을 한 것이다(위 판결의 '사안의 개요' 부분). 앞서 살펴본 것처럼, '경제적 이익의 무상공여'를 기부금의 대상에 포함시키고 있는 일본 법인세법과 달리, 우리 법인세법과 법인세법 시행령은 기부금의 범위에 대해서 '금품' 또는 '금전 이외의 자산의 양도'를 그 대상으로 상정하고 있으므로, 본문의 일본 판례사안의 경우 우리나라 법인세법상으로는 'X사가 보유하고 있는 A사 주식의 자산가치 중 위 신주발행에 의해서 X사로부터 B사에 이전된 부분'을 X사에 대하여 익금산입(손금불산입)하기는 어렵다고 보인다. 즉 판례(대법원 1993. 5. 25. 선고 92누18320 판결)는 자산의 무상양도에 있어서 미계상자산(시가와 장부가액과의 차액부분)이 소득으로서 실현되었다고 보는 근거를 법인세법의 기부금에 관한 규정과 관련시켜 찾고 있는데, 이 논리를 적용시켜 보자면 X사가 B사에 직접 교부한 금품 기타 자산(기부금)이 존재하지 않기 때문이다.
② 이러한 경우 X사에 대한 우리나라 과세관청 대응으로는 부당행위계산의 부인 규정의 적용을 검토해 볼 수 있고[법인세법 제52조(부당행위계산의 부인), 법인세법 시행령 제88조(부당행위계산의 유형 등) 제1항 제8호의2 참조], 사실관계에 따라서 여기에 해당한다고 판정되는 경우 B사가 분여받은 이익은 그 수익에 해당한다(법인세법 시행령 제11조 제8호).

15) 한국: 대응하는 법인세법 제2장 제1절 제2관(익금의 계산)의 구성을 살펴보면 다음과 같다.

제15조	익금의 범위
제16조	배당금 또는 분배금의 의제

제25조의2	완전지배관계에 있는 다른 내국법인으로부터 받은 수증이익의 익금불산입
제26조	환급금 등의 익금불산입
제27조	'중간신고에 있어서의 소급[16]에 의한 환급'에 관련된 재해손실결손금의 익금산입

이에 더하여 익금과 손금 양자에 걸친 「별도의 규정」도 많이 있다. 예를 들어 유가증권의 양도손익에 관한 규정은 원가를 뺀 순 양도차익을 계산하는 구조로 되어 있다. 즉 유가증권의 양도에 관련된 대가금액과 원가금액의 차액을 구하여, 양도차익액이 있다면 익금에 산입하고, 양도손실액이 있다면 손금에 산입한다(法税 제61조의2 제1항).[17]

조직재편성에 따른 자산·부채의 이전도 익금과 손금 모두와 관계가 있는 「별도의 규정」에 해당한다. 예를 들어 합병이나 분할에 따라 자산·부채를 이전한 경우에는, 원칙적으로 시가로 양도한 것으로서 양도차익액을 익금에 산입하고, 양도손실액을 손금에 산입한다(法税 제62조).[18] 예외적으로 일정한 적격요건을 충족하는 합병이나 분할에 의해 자산·부채를 이전한 경우에는 장부가액에 의해 승계나 양도한 것으로서 소득금액을 계산한다(동 제62조의2·제62조의3).[19]

조세특별조치법에도 각종의 「별도의 규정」이 존재한다. 예를 들면 '국외관련자와의 거래'에 대하여, 그러한 거래를 '독립기업 간의 가격으로 이루어진 것'으로 보아 법인세법 규정을 적용하는 이전가격세제가 있다(租特 제66조의4).[20]

제17조	자본거래로 인한 수익의 익금불산입
제18조	평가이익 등의 익금불산입
제18조의2	내국법인 수입배당금액의 익금불산입
제18조의3	지주회사 수입배당금액의 익금불산입

16) 앞서 11-2-2 (2) 부분의 각주에서 본 바와 같이 '繰戻し(くりもどし)'를 '소급'으로 의역하였다.
17) 한국: 우리 법인세법은 유가증권의 평가에 관하여 원가법을 취하고 있고[이 점은 앞서 9-3-2 (1) 부분의 각주에서 살펴보았다], 처분 시에도 처분의 대가와 원가(장부가액)의 차이가 처분손익이 된다. 다른 자산을 처분한 경우도 장부가액이 기준이 된다(법인세법 시행령 제19조 제2호, 토지 등에 대해서 법인세법 제55조의2 제6항 참조).
18) 한국: 법인세법 제44조(합병 시 피합병법인에 대한 과세), 제46조(분할 시 분할법인등에 대한 과세) 등 참조.
19) 한국: 법인세법 제44조의3(적격합병 시 합병법인에 대한 과세특례), 제46조의3(적격분할 시 분할신설법인등에 대한 과세특례) 참조.
20) 한국: 우리나라는 이전가격세제를 조세특례제한법이 아니라 '국제조세조정에 관한 법률'이라는 별도의 법률을 통해 규율한다.

15-3-2 수입배당의 익금불산입

(1) 법인세법 제23조

　　익금의 계산에 관한 「별도의 규정」의 한 예로서, 수입배당을 익금에 불산입한다는 규정을 보자(法稅 제23조). 법인의 주식보유에 영향을 미치는 중요한 규정으로, 법인세의 구조를 이해함에 있어 빼놓을 수 없는 규정이다.

　　이하의 예에서 C사와 D사는 모두 주식회사이고, 일본 국내에 본점이 있는 내국법인이다. 또한 잉여금의 배당은 이익잉여금을 재원{原資}으로 하는 것이며, 자본잉여금의 감소에 수반하는 것은 아니라고 한다. 나아가 C사와 D사는 연결납세제도를 선택하고 있지 않다.

(2) 제1항의 예시를 통한 이해

　　우선 법인세법 제23조 제1항의 경우를 살펴본다. 주식보유비율을 기준으로 하여 다음과 같이 모자회사관계를 상정해 보자(도표 15-2).

도표 15-2 ▌ 법인 간 배당의 예

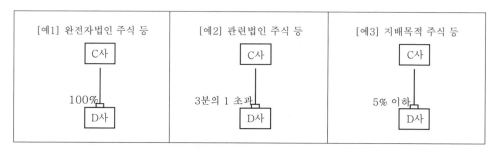

[예1] C사는 3년 전부터 계속하여 D사의 기발행주식 총수의 100%를 보유하고 있다. C사가 D사로부터 받는 잉여금의 배당은, C사의 익금에 산입되는 것일까.

전액이 익금에 산입되지 않는다(法稅 제23조 제1항). 규정의 적용관계는 다음과 같다. C사가 보유하는 D주는 '완전자법인 주식 등'에 해당한다(동조 제5항, 法稅令 제22조의2). 이에 따라 법인세법 제23조 제1항 주서{柱書}의 제2괄호는 적용되지 않고, 주서 본문이 정하는 대로 전액이 익금에 산입되지 않는다.

이 예에서는 D사는 C사의 완전자회사이면서 회사그룹의 일원이기도 하다. D사는 자신이 얻은 소득에 대해 법인세를 납부하고, 법인세 납부 후의 이익으로부터 잉여금을 배당한다. 이를 받은 C사의 단계에서 다시 법인세를 과세한다면 같은 그룹 안에서 법인세의 과세가 중복된다. 수입배당의 익금불산입 규정은 이와 같이 중복과세를 배제하는 의미를 가진다.

여기에서 주식보유비율을 변화시켜 보자.

[예2] 같은 예로, C사가 D사의 기발행주식 총수의 35%를 가지고 있는 경우, 차이가 발생하는 것일까. 기발행주식 총수의 10%를 가지고 있는 경우는 어떨까.

35% 보유의 경우, '관련법인 주식 등'에 해당하여(法稅 제23조 제6항, 法稅令 제22조의3), 역시 전액이 익금불산입이 된다(法稅 제23조 제1항). 이에 비해 10% 보유의 경우, 법인세법 제23조 제1항 주서 제2괄호에서 말하는 「어느 것에도 해당하지 않는 주식 등」으로서 잉여금의 배당액 가운데 50%만이 익금에 산입되지 않는다.

[예3] 같은 예로, C사가 D사의 기발행주식 총수의 5%를 가지고 있는 경우는 어떨까.

5% 보유의 경우, '비지배목적 주식 등'에 해당하여(法稅 제23조 제7항), 법인세법 제23조 제1항 주서 제2괄호에 따라서 20%만이 익금불산입이 된다.[21]

昭和25{1950}년에 수입배당이 익금불산입으로 규정되었던 당시에는 주식보유비율을 따지지 않고, 전액이 익금불산입으로 되어 있었다. 이에 대하여 보유기준에 의한 구별이 도입된 것은 昭和63{1988}년 12월의 '발본세제개혁'에 의한 것이다. 이에 앞서 세제조사

---

21) 이상은 일본 법인세법 제23조의 내용으로(부록 일본 조세법령 참조), 조문구조가 다소 복잡하여 이해를 돕기 위해 이를 정리해 보면 다음과 같다.

	주식 등의 보유 비율	익금불산입 비율
완전자법인 주식 등	100%	100%
관련법인 주식 등	3분의 1 초과 100% 미만	100% (이것만 부채이자공제 적용)
어느 것에도 해당하지 않는 주식 등	5% 초과 3분의 1 이하	50%
비지배목적 주식 등	5% 이하	20%

회 「세제의 발본적 재검토에 관한 답신{答申}」(1986년 10월)은 다음과 같이 서술하며 모자회사간배당과 그 이외의 배당의 차이를 강조하고 있었다.

「모자회사간의 배당과 같이, 기업지배적인 관계에 기초한 이른바 '동일기업의 내부거래'로 여겨지는 것에 대해서는, 만일 이를 과세한다면 사업을 자회사형태로 경영하는 것보다도 사업부문의 확장이나 지점의 설치 등에 의하는 편이 세제상 유리하게 되어, 기업의 수직적 통합을 촉구하는 것이 되는 등, 기업의 경영형태의 선택 등에 대하여 법인세제가 비중립적인 효과를 가지는 폐해가 생길 우려가 있다. 이에 비해 이와 같은 관계를 가지지 않는 법인의 주식은 일종의 투자물건으로서의 성격이 있는바, 기업의 자산선택의 실태 등에 비추어 본다면, 법인이 투자대상으로서 보유하는 주식에 관련된 배당까지 익금불산입을 할 필요는 없다고 생각된다.」

즉 「기업지배적인 관계」에 있는 경우와 「일종의 투자물건」으로서 보유하는 경우를 구별하자는 것이다. 이에 따라 발본적 세제개정에서는 소유비율 25% 미만의 주식에 관련된 수입배당의 익금불산입 비율이 80%로 감축되었다. 이후 연결납세제도를 도입한 平成14{2002}년 7월의 개정에서는 익금불산입 비율을 50%로 인하하였다. 나아가 平成27{2015}년 개정에서 세율인하를 위한 재원확보 때문에, 구분을 4개로 하고 익금불산입으로 하는 범위를 감축하여 현행법에 이르고 있다.22) '관련법인 주식 등'을 구분 짓는 '3분의 1 초과'라는 기준은 회사의 정관변경 등에 필요한 특별결의의 성립을 단독으로 저지할 수 있게 되는 회사법의 기준을 참고로 하고 있다. 나아가 법인세법 제23조 제1항의 규정을 적용하기 위해서는 확정신고서, 수정신고서 또는 경정청구서에 기재할 필요가 있다(法稅 제23조 제8항).23)

(3) 기준일 전후의 매매에 따른 제한

법인세법 제23조 제1항에 대한 제한조치의 하나로서, 제2항의 규정을 예를 통하여 설명한다.

[예4] C사가 배당 직전에 D주를 사서 배당 직후에 전부 팔아버린 경우, C사의 수입

---

22) 한국: 우리 법인세법도 같은 취지의 수입배당금 익금불산입 제도를 두고 있다. 우리 법인세법상 수입배당금액 익금불산입률에 대해서는 법인세법 제18조의2(내국법인 수입배당금액의 익금불산입) 제1항 참조. 피출자법인에 대한 출자비율에 따라, 주권상장법인과 그 외의 법인에 대하여 각각 3단계 구조(30%, 50%, 100%)로 되어 있다. 지주회사에 대해서는 법인세법 제18조의3(지주회사 수입배당금액의 익금불산입 특례) 제1항 참조.

23) 한국: 수입배당금 익금불산입을 적용하려는 법인은 과세표준 등의 신고와 함께 '수입배당금액명세서'를 첨부하여 세무서장에게 제출하여야 한다[법인세법 시행령 제17조의2(내국법인 수입배당금액의 익금불산입) 제5항, 제17조의3(지주회사 수입배당금액의 익금불산입 특례) 제7항].

배당은 익금불산입이 되는 것일까.

C사가 받는 배당의 원본인 주식을, 그 배당의 지급기준일 이전 1개월 이내에 취득하고, 또한 해당 주식 또는 해당 주식과 같은 종목의 주식을 해당기준일 후 2개월 이내에 양도한 경우, 익금불산입 규정을 적용하지 않는다(法税 제 23조 제2항). 즉 익금에 산입하게 된다. 정령에서는 대상이 되는 주식의 수를 계산하기 위한 세칙을 규정하고 있다(法税令 제19조).

이러한 룰의 원형은 昭和28{1953}년에 도입되었다. 당시 개인의 유가증권 양도차익은 원칙적으로 소득세가 과세되지 않았다. 그 때문에 ① 배당의 계산기간의 끝에 이르러 주가가 기대배당액을 포함한 가격으로 상승한 시점을 가늠하여, 개인주주가 다른 법인([예4]의 C사)에게 매각하면, 주식 양도차익은 비과세가 된다. ② 이러한 주식을 사들인 C사가 배당을 받으면, C사의 법인세에 있어서 그러한 수입배당은 익금불산입이 된다. ③ 배당 확정 후에 개인주주가 C사로부터 주식을 되사게 되면, 주가가 「배당락」에 의해 하락한 만큼 C사는 법인소득세 계산상 주식의 양도손실을 계상할 수 있다. 이렇게 하여 당사자가 현금을 손에 쥐게 됨에도 과세되지 않을 뿐만 아니라, 법인소득의 계산상으로는 양도손실마저 계상할 수 있게 되는 등의 '플래닝'이 가능하였다. 이러한 폐해를 인식하여 그 대책으로서 ②에 대해서는 C사에 대한 익금불산입 규정의 적용대상에서 '단기매매에 수반하는 주식에 관련된 배당'을 제외하였다. ②와 ③을 결합한 방식은 「배당과세면제(dividend-stripping)」라고 불리며 각국의 법인세법에서도 그 대응책을 강구하고 있다.[24]

그 이후 昭和40{1965}년 전문개정 즈음에서는 거의 현행규정의 형태가 되었고, 세부적인 개정을 거쳐 현재에 이르고 있다. 또한 ①에 대해서는 昭和63{1988}년 발본세제개혁 이후, 개인의 주식양도차익은 소득세의 대상이 되었다(→ 3-5-1).

(4) 부채의 이자와의 관계

법인세법 제23조 제4항은 부채이자가 있는 경우에 익금불산입이 되는 금액을 제한하는 규정이다. 이 규정이 조세재정{租税裁定}을 방지하는 작용을 한다는 것을 다음의 예로 살펴보자(도표 15-3).

---

24) 한국: 법인세법 제18조의2 제2항, 제18조의3 제2항 참조.

도표 15-3 ┃ 부채의 이자

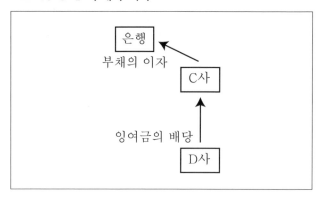

[예5] C사가 은행으로부터 차입하여 D주식을 구입하였고, 은행에 대해 부채의 이자를 지급하고 있다. C사가 D사로부터 받은 잉여금의 배당 가운데 익금불산입이 되는 금액은 어느 범위에서 감액할 것인가.

'관련법인 주식 등'에 대하여 수취한 배당에 대해서는 '그 배당의 금액에서, 부채이자의 금액 가운데 해당 '관련법인 주식 등'에 관련된 부분의 금액을 공제한 금액'이 익금불산입이 된다(法稅 제23조 제4항).25)

부채의 이자에 준하는 것도 이 규정의 대상이 된다(法稅 제23조 제4항 괄호, 法稅令 제21조).26) 또한 부채이자의 금액 가운데 '관련법인 주식 등'에 관한 부분을 계산하기 위하여, 법인주주의 총자산에 대한 보유주식의 비율에 따라서 계산하는 취지의 세칙이 정령

---

25) 부록 일본 조세법령 참조.
　　한국: 법인세법 제18조의2 제1항, 제18조의3 제1항 참조. 이에 대해서는 이태로·한만수, 앞의 책(조세법강의), 484–486면, 488면의 설명이 자세함.
26) 한국: 이와 관련하여 대법원 2017. 7. 11. 선고 2015두49115 판결 참조. 주요 부분을 인용하면 다음과 같다(괄호는 역자가 넣은 것임).
　　"이 사건 법률조항[(2007. 12. 31. 법률 제8831호로 개정되기 전의 것) 제18조의3 제1항]에서의 차입금의 이자는 민법상 금전소비대차계약에 따른 채무의 이자나 출자주식과 개별적인 관련성을 갖는 차용금에 한정된다고 할 수 없고, 원칙적으로 구 법인세법 시행령(2010. 12. 30. 대통령령 제22577호로 개정되기 전의 것) 제19조 제7호에서 손비의 한 항목으로 규정한 '차입금 이자'를 의미한다고 보아야 한다.", "금융회사가 예금계약 등에 근거하여 고객으로부터 예금을 맡아 관리하면서 지출하는 예수금 이자는 예금 유치에 따른 영업비용이므로 차입금 이자와 동일시할 수 없고, 회계상으로도 전혀 다른 계정에 해당한다. 이에 반하여 금융회사가 환매조건부 채권매도, 매출어음 할인, 금융채의 발행, 신탁계정으로부터 자금차입 등 그 밖에 다양한 방식으로 타인으로부터 그 목적사업을 위한 운영자금을 조달하면서 지출하는 비용들은 금융회사가 아닌 일반 기업들의 경우와 마찬가지로 구 법인세법 시행령 제19조 제7호의 차입금 이자로 보아야 하므로 다른 법인세법령에 의해 손금불산입된 경우가 아닌 이상 이 사건 법률조항에서의 차입금 이자에서 제외될 수 없다."

에 있다(法税令 제22조).[27]

부채이자에 관한 제한조치의 원형은 昭和25{1950}년의 샤우프 세제에서 수입배당이 처음으로 익금불산입이 되었던 당시부터 존재하였다. 한편으로는 수입배당이 익금에 산입되지 않으면서, 다른 한편으로는 지급된 부채이자가 손금에 산입된다면, 익금 측과 손금 측의 불일치가 생기게 된다. 그렇게 된다면 조세재정이 가능하게 되어(→ 10-4), 차입금을 이용한 주식취득을 촉진시키는 결과를 초래한다.

이에 대처하기 위하여 부채이자 분만큼 수입배당 익금불산입의 대상을 감액하도록 하였다. 이러한 원리는 현재에도 통용되고 있으며, 익금 측과 손금 측을 대칭적으로 취급함으로써 조세재정을 방지하려 하고 있다.

즉 '관련법인 주식 등'에 관련된 배당은 그 전액이 익금불산입이기 때문에, 부채이자의 금액 가운데 '관련법인 주식 등'에 관련된 부분 전액을 익금불산입의 대상으로부터 제외한다.

이에 비해 '완전자법인 주식 등'에 관련된 배당에 대해서는 부채이자의 금액을 공제하지 않고, 전액을 익금불산입으로 하고 있다. 얼핏 보면 대칭적인 취급이 무너지고 있는 것처럼 보인다. 하지만 이러한 룰의 배경에는 완전모회사와 완전자회사를 합쳐 하나의 그룹으로 취급한다는 인식이 존재한다. 平成22{2010}년 세제개정이 이른바 '그룹법인 단체{單體}과세제도'를 도입하는 와중에, 연결납세제도를 선택하지 않은 100% 지배관계에 있는 법인 간의 배당에 대하여, 부채이자에 관하여 종래 존재하였던 익금불산입 대상으로부터의 제외조치를 폐지하였다. 이러한 개정의 취지에 대해서는 자본과 관계된 거래 등에 관한 세제연구회의 「논점 정리」(2009년 7월)가 아래와 같이 설명하고 있다.

「현재 연결납세제도에 있어서의 수입배당 익금불산입제도에 대해서는 부채이자공제가 불필요하다고 되어 있는데, 그룹법인 단체{單體}과세제도에 있어서도, 그룹의 자법인으로부터의 수입배당에 관련된 부채이자공제에 대해서는, 그룹 내의 자금조달에 대해서 중립성을 확보한다는 관점이나, 100% 지배관계에 있는 자법인으로부터의 배당은 간접적으로 행해지는 사업으로부터의 자금이전으로 판단된다는 점에서, 이는 불필요하다고 생각된다.」

나아가 주식보유비율에 의한 4개의 구분 가운데, '비지배목적 주식 등' 및 '완전자법인 주식 등·관련법인 주식 등·비지배목적 주식 등의 어느 것에도 해당되지 않는 주식 등'

---

27) 한국: 본문의 사항에 대해서는, 피출자법인(자회사)에 출자한 금액이 해당 법인의 자산총액 중에서 차지하는 비율 등을 고려하여 법인세법 시행령이 정하고 있다. 법인세법 시행령 제17조의2 제3항, 제17조의3 제5항 참조.

에 대해서도 익금불산입 금액에서 부채이자 금액을 공제할 필요가 없다. 平成27{2015}
년도 개정에 있어서, 익금불산입 비율이 감축됨에 따라 부채이자 금액이 손금이 되는
것에 의한 영향이 저감된 점이나, 제도의 간소화 필요성 등을 감안하여[『平成27年度改正
税法のすべて』〔大蔵財務協会, 2015년〕 344면], '관련법인 주식 등'에 관련된 공제를 제외
하고, 종래의 익금불산입 금액의 감액조치를 폐지하였기 때문이다. 이러한 경우에는 예
외적으로 대칭적인 취급이 이루어지지 않고 있으며, 조세재정이 가능하게 되어 있다.[28]

(5) 정리

이상 익금의 의의에 관한 「별도의 규정」의 한 예로서 수입배당 익금불산입의 규정을
살펴보았다. 정리해 보면 아래와 같다.

▶ 법인세법 제23조는 회사그룹 내에서의 다중과세를 피하기 위한 조치이다.
▶ 주식보유비율에 따라서 익금불산입 비율이 변화한다.
▶ 배당기준일 전후의 매매에 대처하는 규정과, 부채이자공제를 이용한 조세재정{租稅
裁定}을 방지하는 규정이 존재한다.

이것만으로도 상당히 많은 양에 해당한다. 그렇지만 세칙까지는 구체적으로 살펴보지
않았고, 배당과 표리관계에 있는 주식양도손익에 대해서도 거의 다루지 않았다. 법인세
법 제23조 제3항의 규정에 대해서도 생략하였다. 나아가 '자회사의 자금조달 방법으로
서 주식과 부채 중 어느 것을 선택할 것인가'의 시점에서 보다 거시적으로 제23조의 룰
을 평가하는 것이 중요하다.

독자들은 언뜻 보기에는 테크니컬하게 보이는 법인세법의 규정이 무엇을 위해 존재
하는지, 입법취지를 곰곰이 생각해 보길 바란다. 수입배당 익금불산입의 규정은 배당에
따른 주가의 변동을 염두에 두고 있다. 이와 같이 각각의 규정이 대상으로 삼고 있는
각종 거래의 배경에는 어떠한 경제법칙이 작용하고 있는가를 알게 된다면 기쁜 일이다.
법인세의 학습에는 여러 가지 재미있는 면이 있지만, 이 점이 그러한 한 요소라는 점에

---

28) 일본 법인세법 제23조 제4항(부록 일본 조세법령)을 살펴보면, 익금불산입 금액의 감액조치 대상은 '관
   련법인 주식 등'으로 한정되어 있다.
   한국: 우리 법인세법은 수입배당금 익금불산입의 부채이자공제에 관하여, 개정된 일본 법인세법처럼
   법인 간의 관계에 따라서 부채이자공제를 배제하지는 않는다. 다만 법인세법 시행령 제17조의3 제4항
   은 지주회사의 수입배당금 익금불산입 산정에서 공제할 부채이자에 관하여 "금융지주회사법에 따른 금
   융지주회사가 차입할 때의 이자율보다 높은 이자율로 자회사에 대여한 금액에 상당하는 차입금의 이
   자"를 배제하고 있다. 이것은 법인세법 시행령이 2007. 2. 28. 대통령령 제19891호로 개정되면서 들어
   간 내용인데, 이에 대해서는 "금융지주회사는 자금을 차입하여 자회사에 대여하는 자금지원업무를 금
   융지주회사법에 따라 고유업무로 수행하는 점을 감안"(즉 이것이 본래 영업활동의 일환인 점을 감안)
   한 것이 그 개정취지라고 한다. 2006 간추린 개정세법, 재정경제부(2007), 151면에서 인용.

는 의심의 여지가 없다.

Column 15-3 법인세배당과 자본이득{capital gain}

　일본의 법인세법은 수입배당을 익금불산입으로 하면서, 주식양도손익은 전부 과세 베이스에 산입하고 있다. 배당이라는 인컴게인{income gain}과 주식양도손익이라는 자본이득{capital gain}에 대해서 다른 취급을 하고 있는 것이다. 이 때문에 법인주주는 비과세로 배당을 수취하고 배당락이 된 주식을 양도함으로써 양도손실을 실현할 수 있다[→ 9-3-3〔개인주의 경우〕, Chapter 22〔의제배당의 경우〕]. 법인세법 제23조 제2항은 이에 대한 부분적인 대처이다. 전면적인 대응으로서는 일정한 보유비율 이상의 그룹자회사주식에 관한 주식양도손익을 과세 베이스에서 제외하는 것을 생각해볼 수 있다. 이를 자본참가면세(participation exemption)라고 하며, 독일·프랑스·네덜란드 등에 그러한 예가 있다. 역으로 수입배당을 익금불산입으로 함과 동시에 배당의 기반이 된 보유주식의 장부가액을 익금불산입 금액만큼 감액하는[→ 18-2〔과세이연 기술로서의 압축형〕] 방법도 이론적 가능성으로서는 생각해볼 수 있다.

☑ 이 장에서 배운 것

▶ 익금의 금액에 관한 기본규정은 법인세법 제22조 제2항이다.
▶ 법인세법 제22조 제2항은 무상거래로부터도 익금의 금액이 발생한다는 취지를 규정하고 있다.
▶「별도의 규정」의 한 예로서 수입배당 익금불산입 규정이 존재한다.

🔍 찾아보자

▶ 법인세법 제22조 제2항의 무상거래에 관한 규정은 '회사그룹의 거래에 대한 과세'에 해당하는바, 이는 어떠한 역할을 하는가?
　→ 増井良啓『結合企業課税の理論』(東京大学出版会, 2002년)

Chapter 16

손금의 금액

📖 **이 장의 테마**

> ▶ 법인세법 제22조 제3항 ▶ 이익분배와의 구별 ▶ 원가 · 비용 · 손실
> ▶ 임원급여 ▶ 기부금 ▶ 교제비 등 ▶ 이월결손금

16-1 법인세법 제22조 제3항 읽기

16-1-1 규정의 구조

법인세법 제22조 제3항은 손금에 관한 기본 규정이다. 이를 정독해 보면 다음을 알수 있다.[1)]

▶ 「자본 등 거래」로부터는 손금이 발생하지 않는다. 제3호가 「자본 등 거래 이외의 거래에 관련된 것」이라고 명기하고 있다.

▶ 제3항 각호를 살펴보길 바란다.

   * 제1호는 원가에 해당하며, 그 사업연도의 수익에 대응하는 「매출원가, 완성공사 원가 기타 이들에 준하는 원가의 금액」이 손금에 산입된다.

   * 제2호는 비용에 해당하며, 그 사업연도의 「판매비, 일반관리비 기타 비용의 금액」이 손금에 산입된다. 다만 상각비 이외의 비용으로서, 해당 사업연도 종료일까지 채무가 확정되지 않은 것은 제외한다.

---

1) 한국: 대응하는 규정인 법인세법 제19조(손금의 범위), 법인세법 시행령 제19조(손비의 범위) 참조.

     * 제3호는 손실에 해당하며, 사업연도의 「손실의 금액」이 손금에 산입된다.

     * 위 각호에 열거된 금액은, 별도의 규정이 있는 것을 제외하고, 공정·타당한 회계 처리기준에 따라 계산한다(法稅 제22조 제4항).

▶ 「별도의 규정」이 있는 경우에는 그에 따른다. 예를 들면 임원급여의 손금불산입(法稅 제34조), 기부금의 손금불산입(동 제37조), 부정행위 등에 관련된 비용 등의 손금불산입(동 제55조), 교제비 등의 손금불산입(租特 제61조의 4), 결손금의 이월(法稅 제57)과 같은 규정이 있다.

16-1-2 입법정책론상의 의의

(1) 주주의 관점에서 생기는 리턴

손금산입을 초래하는 거래의 범위는 법인세의 과세 베이스를 어떻게 구성할 것인가 하는 입법정책론과 밀접한 관계가 있다. 즉 현행 법인세의 과세 베이스는 '주주의 관점에서 본 리턴'을 기준으로 구성되어 있다(→ 14-1-2). 이를 실정법상 표현하는 것이 법인세법 제22조에 해당하며, 주주와 회사 사이의 일정한 자금의 왕래를 '자본 등 거래'로서 한데 묶어 손익거래와 구별하고 있다. 이에 따라 주주에 대한 이익분배는 자본 등 거래가 되어 손금에 산입하지 않는 것이다.

이것의 의미를 다양한 각도에서 설명하도록 한다.

(2) 부채와 주식의 구별

우선 부채(debt)와 주식(equity)의 구별이라는 각도에서 보자. 주식회사가 사업에 필요한 자금을 조달함에 있어서 부채에 의하는 경우와 주식에 의하는 경우를 비교하도록 한다(도표 16-1).

도표 16-1 ▌ 부채와 주식

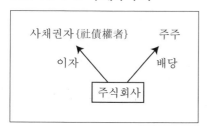

▶ 부채에 의하는 경우는, 요컨대 타인으로부터 자금을 빌리는 것으로서, 구체적으로는 사채를 발행하거나 은행으로부터 융자를 받는 방식으로 이루어진다. 이러한 경우 회사가 자금의 대주에게 지급해야 하는 부채이자는 법인소득의 산정상 비용으로서 손금에 산입할 수 있다. 이자비용 상당액은 손금산입에 의해 법인세의 과세 베이스로부터 제외되기 때문에, 회사단계에서 법인세가 부과되지 않는 것이 된다.

▶ 주식에 의하는 경우는, 주주가 되는 자로부터 납입을 받아 자금을 확보한다. 회사가 사업활동을 하여 이익을 벌어들이고 주주에 대해 잉여금을 배당하는 경우, 법인세를 납부한 후의 세후이익으로부터 배당한다. 지급배당은 손금에 산입하지 않는 것으로, 손금에 산입할 수 있는 지출과는 구별된다.

이와 같이 부채의 이자는 손금에 산입할 수 있지만, 주식과 관련된 배당은 손금에 산입할 수 없다. 이 또한 법인세의 과세 베이스가 '주주의 관점에서 본 리턴'으로 구성되어 있기 때문이다. 기본적인 입법정책을 충실하게 반영하고 있는 것이며, 논리적으로 맥락이 통하고 있다. 하지만 그 귀결로서 회사의 자금조달 방법에 대해 법인세가 편향{bias}을 초래하게 된다(→ 12-1-2).

법인세 개혁론 중에는 입법정책의 이러한 기초를 수정하여 부채와 주식에 대한 취급을 같게 하려는 것이 있다. 그중 한 가지는 배당에 대한 취급과 동일하게 부채이자에 대해서도 손금산입을 부정하자는 것이다. 예를 들면 미국 재무성은 1992년에 포괄적 사업소득세(Comprehensive Business Income Tax: CBIT)라는 이름하에 그와 같은 청사진을 그렸다. 또 하나의 방법은 역으로 법인의 자기자본에 대하여 시장금리 상당분까지 손금산입을 인정하는 것이다(Allowance for Corporate Equity: ACE). 이 방법에 의하면 '주식 자금조달에 의한 투자리턴'에서 '시장금리 상당분의 통상수익'이 과세제외됨으로써, 초과이익만이 과세되는 것이 된다. 벨기에의 2008년 개정이 이러한 예로서 보고되어 있다.

일본법은 그렇게까지 근본적인 개혁을 하고 있지는 않으나, 보다 개별적으로 이자비용의 공제에 의한 과세 베이스의 감소에 대처하기 위한 규정을 두고 있다. 예를 들면 과대지급이자{過大支払利子}세제는 '관련자 순지급이자 등'{関連者純支払利子等}의 액수가 조정소득금액의 50%를 초과하는 부분을 손금불산입으로 한다(租特 제66조의5의2).[2] 또

---

2) 부록 일본 조세법령 참조. '과대지급이자세제'는 일본의 2012년 세제개정에서 도입된 것으로, 金子宏, 앞의 책(租税法), 611면에서 그 취지에 대한 설명을 인용하면 다음과 같다.
    "법인이 국외관련자(외국모회사, 외국자회사 등)로부터의 차입금에 대하여, 소득금액에 비해 과대한 이자를 지급하고, 이를 손금에 산입하여 과세 베이스를 압축하는(줄이는) 방법으로 조세회피를 꾀하는 예가 증가하고 있다고 이야기된다. 지급이자가 과대하더라도, 이율이 독립당사자 간의 이율인 경우에는 이전가격세제를 적용하여 회피를 방지할 수 없고, 국외지배주주 등에 대한 부채의 평균잔액이 국외지배주주 등의 자본지분의 3배를 넘지 않는 한, 과소자본세제를 적용하여 문제를 해결할 수도 없다.",

한 조세재정을 방지하려는 관점에서 수입배당 익금불산입의 대상금액에서 부채이자의 금액을 공제한다(法稅 제23조 제4항. → 15-3-2).

(3) 보다 넓은 이해관계자{stake holders}와의 관계

다음은 '주주'와 '그 이외의 이해관계자'의 구별이라는 각도에서 보자. 회사의 이해관계자에는 주주나 사채권자{社債權者} 이외에도 종업원이나 지주, 거래처와 같은 다양한 주체가 존재한다(도표 16-2).

도표 16-2 ▌ 회사와 이해관계자의 거래

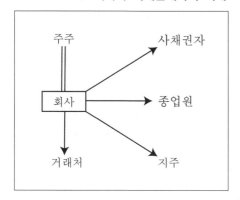

회사는 다양한 이해관계자에 대하여 지급을 행한다. 그리고 부채의 이자비용뿐만 아니라 종업원에 대한 보수나 지주에 대한 임차료 등이 손익거래로서 손금에 산입된다. 이에 대하여 회사와 주주 사이의 거래는 '자본 등 거래'로 한데 묶여 다른 것과는 달리 취급된다. 반복해서 말하지만, 이 점도 현행법이 '주주의 관점에서 본 리턴'을 기준으로 하여 법인세의 과세 베이스를 구성하고 있기 때문이다.

입법정책론상으로는 현행법과는 다른 과세 베이스의 구성방식이 있을 수 있다. 법인세의 과세 베이스를 넓혀 간다면, 이자비용 상당액에 그치지 않고 보수나 임차료 등도

"이 문제에 대처하기 위하여 平成24(2012)년 개정에서 개별적 부인규정으로서 과대한 지급이자의 손금 산입을 제한하는 제도가 도입되었다. 이 문제는 BEPS 프로젝트에도 '행동계획 4'로서 언급되어 있다."

그 자세한 입법배경과 법령상의 주요 개념들에 대한 설명 및 적용제외 등에 대해서는 金子宏, 租稅法(제23판), 有斐閣(2019), 611-617면 참조.

한국: 같은 취지를 가진 규정으로 국제조세조정에 관한 법률 제15조의2(소득 대비 과다이자비용의 손금 불산입) 참조. 이 조항의 입법배경, '조정소득금액'의 개념, OECD 모델조약과의 상충문제 등에 대해서는 이창희, 국제조세법(제2판), 박영사(2020), 627-629면 참조.

포함될 수 있다. 즉 일정한 부가가치를 과세 베이스로 하는 구성이다.

일본의 현행법에서도 도도부현{都道府県}이 부과하는 법인사업세에 대하여 외형표준과세의 부가가치할{附加價値割}이 존재한다. 이러한 과세 베이스는 단년도{單年度}의 손익에 더하여 보수급여액·순지급이자·순지급임차료를 포함한다(地税 제72조의14). 법인기업의 부가가치 가운데 인건비가 차지하는 비율은 매우 크기 때문에, 보수급여액을 포함시킴으로써 과세 베이스는 큰 폭으로 확대된다. 다만 외형표준과세의 적용대상은 자본금이 1억 엔을 초과하는 법인에 한정되어 있다(동 제72조의2 제1항 제1호).

(4) 정리

이처럼 회사단계에서 손금에 산입할 수 있는 거래의 범위는 '회사를 둘러싼 다양한 이해관계자 가운데 누구의 관점에서 본 것을 기준으로 과세 베이스를 구성할 것인가'라고 하는 입법정책과 밀접한 관계에 있다.

주의해 두었으면 하는 점은 회사단계에서 손금불산입으로 하면서 회사로부터 지급을 받는 자의 단계에서 과세의 대상에 포함시키면, 회사에서 1회, 지급을 받는 자에게서 1회라는 의미에서 「이중과세」의 문제가 발생하게 된다는 것이다. 이는 회사가 개인주주에게 잉여금을 배당하는 경우에, 회사단계에서 법인세가 부과되고, 개인주주 단계에서 소득세가 부과되는 것과 비슷하다(→ 12−1−2). 즉 주주와의 관계에서 문제가 되는 것이 사채권자{社債權者}나 종업원 등 다른 이해관계자와의 사이에서도 문제가 될 수 있는 것이다.

16-2 자본 등 거래와의 구별

16-2-1 법인세법 제22조 제3항과 제5항의 적용범위

자본 등 거래(法税 제22조 제5항)로부터는 손금이 발생하지 않는다(동조 제3항 제3호). 따라서 자본금 등의 금액의 감소를 발생시키는 거래나 이익 또는 잉여금의 분배, 잔여재산의 분배를 하더라도 손금에 산입하지 않는다.

국세청 통달은, 여기에서 말하는 이익 또는 잉여금의 분배에는, 법인이 잉여금 또는 이익처분에 의해 배당 또는 분배를 한 것뿐만 아니라 「주주 등에 대하여 출자자의 지위에 기초하여 공여한 일체의 경제적인 이익을 포함한다」고 해석하고 있다(法基通 1−5−4). 이것은 「출자자의 지위에 기초하여 공여한」이라는 정식{定式}의 포섭방식에 따라서는 상당히 넓은 범위를 아우를 수 있다.

예를 들어 어떤 회사의 개인주주가 종업원으로서의 지위에서 역무를 제공하고 그 대가로서 회사로부터 급여를 받는다고 해 보자. 이는 종업원으로서의 지위에 기초하여 회사가 급여를 지급한 것으로서 출자자의 지위에 기초하여 공여한 것이 아니기 때문에, 자본 등 거래에 해당하지 않고 회사의 법인세 산정상 손금에 산입할 수 있을 것이다.

이와 달리 회사의 지배권을 가지는 개인주주가 실제로는 역무를 제공하고 있지 않음에도 불구하고 급여 명목으로 다액의 자금을 받고 있다고 해 보자. 이러한 경우 출자자의 지위에 기초하여 공여한 것으로서 자본 등 거래에 해당할 가능성이 있다. 실제로 이 통달에 관한 어느 해설은

「정규 배당결의를 거치지 않고 부외로 잉여금의 배당을 하는 등 특정한 주주에 대해서만 특별히 이익을 주는 것과 같은 행위는, 이른바『숨은 잉여금의 처분』에 해당하는 것으로, 여기에서 말하는 이익 또는 잉여금의 분배에는 이와 같은 것도 포함되어 있는 것이다.」

라고 하고 있다[小原一博編著『8訂版 法人税基本通達逐条解説』〔税務研究会出版局, 2016년〕72면]. 즉「숨은」잉여금의 분배의 경우에도「출자자의 지위에 기초하여 공여」되는 것인 한 자본 등 거래에 해당한다고 해석함으로써, 해당 거래로부터 손금이 발생하지 않는다는 결론을 도출하는 것이다. 이러한 해석은 법인세 과세 베이스의 침식을 방지하는 것으로, 그 반면에 납세자에게는 불리하게 작용한다.

16-2-2 주주우대금{株主優待金}의 취급

(1) 두 가지의 이유

「주주 등에 대하여 출자자의 지위에 기초하여 공여한 일체의 경제적 이익」이라는 정식{定式}의 원형은 최고재판소 대법정 판결에서 찾아 볼 수 있다[最大判 昭和43(1968). 11. 13. 民集 22권 12호 2449면(토코상사{東光商事} 사건)]. 사안은 昭和40{1965}년 전문개정 전의 법인세법과 관련된 것으로, 이른바 '주주상호금융의 주주우대금'을 손금에 산입할 수 있는지 여부가 다투어졌다.

주주상호금융이란 융자를 위하여 고안된 장치이다. 주식을 매수하여 주주가 된 사람은 소유한 주식 액면금액의 3배까지의 금액을 융자받을 수 있었다. 융자를 희망하지 않는 주주에 대해서는 미리 약정된 일정한 이율에 따라서 산출된 금액을 X주식회사가 지급하였다. 이것이 바로 주주우대금으로, X사의 법인소득 산정상 주주우대금을 손금으로

서 취급할 수 있는지 여부가 문제되었다.

최고재판소는 이 주주우대금을 손금불산입으로 판단하였다. 그 이유로서 두 가지를 들고 있다.

▶ 이유 1 – 배당에 해당함. 다음 판시부분이다.

「본건 주주우대금은 실질적으로는 주주가 납입한 주금에 대하여 지급되는 것과 다를 바가 없다고 할 수 있다. 그리고 회사로부터 주주의 지위에 있는 자에 대하여 주주의 지위에 기초하여 이루어지는 금전적 급부는, 설령 X에게 이익이 되지 않고, 동시에 주주총회의 결의를 거치지 않은 위법이 있다고 하더라도, 법인세법상 그 성질은 배당 이외의 것일 수는 없는 것으로, 이를 X의 손금에 산입하는 것은 허용되지 않는다」라고 하였다.

▶ 이유 2 – 지출이 법률상 금지되어 있음. 즉,

「사업경비의 지출자체가 법률상 금지되어 있는 등의 경우에는, 적어도 법인세법상의 취급에 있어서는 손금에 산입하는 것은 허용되지 않는다」라고 일반론을 설시한 다음에, 「회사의 결산기에 있어서의 이익의 유무에 관계없이 약정된 이율에 따라서 산출된 금원을 정기적으로 지급한다」라는 것은 「법률상 허용되지 않는 것이므로……손금에 산입하는 것은 허용되지 않는다」라고 하였다.

최고재판소는 「이상, 어떠한 관점에서 보더라도」 본건 주주우대금을 손금불산입으로 판단한 원심판결은 결론에 있어서 정당하다고 하였다. 이 때문에 두 가지 이유 가운데 어느 쪽이 결론을 이끌어냄에 있어 결정적인 것이었는지는 법정의견{法廷意見}의 판시만으로는 확실하지 않다.

(2) 의견의 분포상황

토코상사 사건의 대법정 판결에는 오쿠노 켄이치{奧野健一} 재판관의 반대의견과 마츠다 지로{松田二郎} 재판관의 의견이 부기되었다.

오쿠노{奧野} 재판관의 반대의견의 핵심은, 주주우대금은 「은행 등의 금융기관이 예금자에 대해 지급하는 이자와 같은 성질을 가진다」는 인식에 있다. 이자를 지급한 것이라면 손금산입은 당연한 것으로, 법정의견이 제1이유로 주주우대금이 「배당 이외의 것일 수는 없는 것」이라고 판시한 것과 인식을 전혀 달리하고 있다. 오쿠노 재판관의 반대의견은 나아가 법정의견의 제2이유에도 반대하고 있다.

이에 비해 마츠다{松田} 재판관의 의견은 결론적으로는 법정의견과 같이 주주우대금의 손금산입을 인정하지 않는다. 그러나 그 이유는 법정의견의 제1이유에 의거하고 있는 것으로, 이 점에서 오쿠노 재판관의 반대의견에 찬성할 수 없다고 서술하고 있다. 주목해야 할 점은 법정의견의 제2이유에 대해서는 오쿠노 재판관의 반대의견과 같이 의문을 표명하고 있다는 것이다.

이상의 의견분포를 일람해 두자(도표 16-3).

도표 16-3 ▌ 토코상사 사건의 의견분포

법정의견 {法廷意見}[3]	제1이유: 배당이기 때문에 손금불산입	제2이유: 법률상 금지되어 있기 때문에 손금불산입
오쿠노 반대의견	반대	반대
마츠다 의견	찬성	의문

(3) 주주우대금의 성질결정

이와 같이 의견이 갈리게 된 한 가지 이유는 주주우대금의 성질결정이 어렵기 때문이었다.

이전에 주주상호금융이 문제가 되었던 다른 사건에서 최고재판소는 주주우대금이 소득세법 상의 이익배당에 해당하지 않는다고 판단하고 있었다[最判 昭和35(1960). 10. 7. 民集 14권 12호 2420면(스즈야금융{鈴や金融} 주식회사 사건)]. 이 사건에서는 주주우대금을 받은 개인주주 측의 소득세 문제를 다루고 있다.[4] 그러므로 형식적으로 보자면 昭和35

---

3) 이 판결을 한 최고재판소 대법정(最高裁判所 大法廷)의 다수의견을 의미한다.

4) 이 판결은 최고재판소 제2소법정의 판결로 관여 재판관 4인의 의견이 일치하였다. 흥미로운 것은 본문에서 앞서 언급된 토코상사 사건 판결[最大判 昭和43(1968). 11. 13. 民集 22권 12호 2449면]에서 반대의견을 개진한 오쿠노 켄이치(奥野健一) 재판관이 1960년의 스즈야금융{鈴や金融} 주식회사 사건 판결 당시 제2소법정의 구성원이었다는 점이다. 당시 제2소법정의 구성원이었던 다른 3명의 재판관(재판장 小谷勝重, 藤田八郎, 池田克)은 1968년 토코상사 사건 판결이 이루어질 시점에는 퇴직한 상태였다. 본문의 이해를 돕기 위하여 '스즈야금융{鈴や金融} 주식회사 사건' 판결이유의 주요 부분을 인용하면 다음과 같다(괄호는 역자가 추가한 것임).

"소득세법상의 이익배당은 반드시 상법의 규정에 따라 적법하게 이루어진 것에 한정되는 것이 아니라, 상법이 규제의 대상으로 하고 상법의 관점에서는 부적법하다고 여겨지는 배당, 예를 들면 '문어배당(蛸配当, 배당가능 재원이 없는 상태에서 회사의 외형을 위하여 배당하는 것), 주주평등의 원칙에 위배되는 배당' 등(이들은 당시 일본 상법 제290조, 제293조에 의하여 각각 금지사항임)도 소득세법상의 이익배당에는 포함되는 것으로 해석해야 한다는 것은 소론과 같다. 그러나 원심이 확정한 사실에 따르면, 본건 주주우대금은 손익계산상 이익의 유무에 관계없이 지급되는 것으로서, 주금액(株金額)의 출자에 대한 이익금으로서 지급되는 것이라고 단정하기 어렵고, 전기(前記) 거래사회에 있어서의 이익배당과 동일한 성격의 것이라고는 바로 인정하기 어렵다. 그렇다면 위 우대금은 소득세법상의 잡소득에 해당하는지 여부, 또 그 전부 혹은 일부가 법인소득의 계산상 익금으로 인정되는지 여부는 별론으로 하고,

{1960}년의 판결이 주주우대금을 지급한 회사의 법인세 문제를 다룬 昭和43{1968}년의 대법정 판결과 모순된다고까지는 할 수 없을 것이다. 세목이나 납세자가 다르기 때문이다. 그렇다고는 하지만 대법정 판결의 제1이유는 주주우대금은 「배당 이외의 것일 수는 없는 것」이라고 딱 잘라 말하고 있어 개인주주에게 있어서 이익배당이 아니라는 昭和35{1960}년의 판결과는 정합적이라고 보기는 어렵다.

그렇다면 대법정은 주주우대금의 일부분이 이익배당이고, 일부분은 이자비용에 해당한다는 이원적 구성을 채용할 수는 없었던 것일까. 이론적으로는 가능하였겠지만 현실적으로 지급된 금액 가운데 어느 부분이 배당이고 어느 부분이 이자인지 판단하기란 간단하지 않다. 그리고 손금불산입이 납세자에게 불리한 결과를 가져온다는 점을 생각해본다면, 구체적으로 어느 정도의 금액이 이익처분이고 어느 정도의 금액이 이자비용이었는지가 구별되지 않는다면, 결국 그 전부에 대해 손금산입을 인정해야 했을 것이다. 이러한 점 때문에 대법정 판결의 제1이유는 주주우대금의 성질은 배당이라고 딱 잘라 결론을 내리며 이원적 구성을 취하지 않았던 것이다.

(4) 그 후의 재판례

그 이후 같은 납세자가 다른 사업연도에 대해 같은 소송을 제기하였고, 최고재판소는 다시 한 번 주주우대금의 손금산입을 부정하였다[最判 昭和45(1970). 7. 16. 判時 602호 47면]. 그 논거로서 昭和43{1968}년 대법정 판결의 제1이유를 들어 「그 성질은 배당 이외의 것일 수는 없는 것으로, 이를 X의 손금에 산입하는 것은 허용되지 않는다」라고 판시하고 있다. 즉 선행하는 昭和43{1968}년 대법정 판결이 두 가지 이유를 나열하였지만, 2년 후의 소법정 판결은 제1이유만을 선택적으로 채용한 것이다. 이 후속판결은 마츠다지로{松田二郎} 재판관이 속하는 소법정에 의한 것이었다.

16-2-3 은폐 · 가장행위에 소요되는 비용

(1) 공정처리기준

위에서 보았듯이 주주우대금이 손금불산입이 된다는 결론을 도출함에 있어, 최고재판

소득세법 제9조 제2호에서 말하는 이익배당에는 해당하지 않으며, 따라서 원고는 이에 대하여 동법 제37조에 기한 원천징수의무를 부담하지 않는다고 해석해야 한다.
　위와 같은 취지의 결론을 취한 원판결은 결국 정당하고, 소론은 '위와 다른 독자의 견해 아래에 원판결을 공격하는 것으로서, 모두 채용할 수 없다.″

소 대법정은 '배당에 해당한다'는 이유와 '지출이 법률상 금지되어 있다'는 이유를 들고 있다.

이에 비해 법인세법 제22조 제4항의 공정처리 기준을 근거로 손금불산입으로 하는 접근법을 취한 형사사건이 있다[最決 平成6(1994). 9. 16. 刑集 48권 6호 357면(주식회사 SVC 사건)].

쟁점은 회사가 지출한 수수료를 손금에 산입할 수 있는지 여부였다. 부동산매매를 목적으로 하는 주식회사 X는 소득을 은닉하는 수단으로서, 사외의 협력자에게 가공의 토지조성공사에 관한 견적서 및 청구서를 제출시켜, 이들 서면을 이용하여 2개 사업연도 총액 약 2억 8,464만 엔의 가공조성비를 계상하여 원가를 계산하고 손금에 산입하여 법인세 확정신고를 하고, 상기의 협력자에게 합계 1,900만 엔을 지급하였다(「본건 수수료」). X가 소득을 은닉하였다는 이유로 법인세법위반죄[5]로 기소되었다. X가 본건 수수료는 손금으로서 소득에서 공제되어야 한다고 다툰 것이 본건이다.

주의해야 할 점은 손금산입의 가부가 문제된 것은 어디까지나 본건 수수료에 대해서이고, 가공조성비에 대해서가 아니라는 것이다. 본건의 가공조성비가 손금에 산입되지 못한다는 점에는 의문의 여지가 없다. X는 조성비 명목으로 수표로 지급을 한 다음에 수수료를 뺀 잔액을 현금으로 반환받아, 지출하지 않은 것을 마치 지출한 것처럼 공작하였던 것에 지나지 않는다. 따라서 조성비인 것처럼 가장하여 토지의 매입가격을 실제보다 부풀리려 한 부분에 대해서는 단적으로 말하면 지출사실이 없었다고 하면 손금산입은 부정된다.

문제는 실제 지급한 1,900만 엔의 본건 수수료에 대해서이다. 최고재판소는 다음과 같이 판시하여 손금산입을 부정하였다.

「위의 수수료는 가공의 경비를 계상하는 회계처리에 협력한 것에 대한 대가로서 지출된 것으로, 공정처리기준에 반하는 처리에 의하여 법인세를 면탈하기 위한 비용이라고 보아야 하므로, 이와 같은 지출을 비용 또는 손실로서 손금에 산입하는 회계처리 또한 공정처리기준에 따른 것이라고 볼 수는 없다.」

최고재판소가 본건 수수료에 대해 손금산입을 부정하는 조문상의 근거를 찾는다면, 이는 공정처리기준에 의거할 것을 정하고 있는 법인세법 제22조 제4항일 것이다.[6] 이 판

---

5) 앞서 4-2-3 부분에서 각주를 통해 살펴본 것처럼, '조세범 처벌법'이라는 별도의 법률을 두고 있는 우리나라와 달리, 일본은 개별세법에서 조세포탈행위에 대한 처벌규정을 두고 있다. 참고로 법인세법 위반의 벌칙규정은 일본 법인세법 제159조 내지 제163조이다.

6) 앞서 10-2-3 (3) '위법지출' 부분에서 각주를 통해 살펴본 것처럼, 우리나라 법인세법과 달리 일본 법인세법은 손금의 요건으로서 '통상적인 것일 것'을 별도로 요구하고 있지 않다. 우리나라에서 같은

결의 논리구조는 '가공의 조성비 계상이 공정처리기준에 반하기 때문에, 그것을 위한 협력대가인 본건 수수료의 손금산입 역시 공정처리기준에 반한다'는 것이었다. 그렇다고는 하지만 昭和42{1967}년에 동항을 도입한 것은 법인세법 간소화의 일환으로, 기업의 자주적 판단에 기초한 적정한 회계처리에 맡긴다는 것이 당초의 입법취지였다(→ 14-2).

(2) 원심판결과의 비교

이와 달리 원심은 몇 가지 다른 이유를 덧붙이며 손금불산입의 결론을 도출하였다[東京高判 昭和63(1988). 11. 28. 判時 1309호 148면]. 즉 본건 수수료가 법인세법 제22조 제3항 각호에서 말하는 원가·비용·손실의 어디에도 해당하지 않는다는 취지로 논증한 다음에, 본건 수수료는 「실질적으로는 동법〔법인세법〕위반의 공범자 사이의 이익분배에 상당한다」라고 하면서, 본건 수수료를 손금에 산입하는 것은 공정한 회계관행이라고는 할 수 없다고 서술하였다.

이 가운데 「실질적으로는 공범자 사이의 이익분배에 상당한다」는 부분은 최고재판소의 판시에서는 발견되지 않는다. 최고재판소는 어디까지나 법인세법 제22조 제4항의 공정처리기준으로부터 결론을 도출하고 있어서 이와 같은 설시는 필요하지 않았을 것이다. 그러나 만약 정말로 「공범자 사이의 이익분배」에 해당한다는 것이 증거에 의해 뒷받침된다면 법인세법상으로는 자본 등 거래에 해당하여 손금불산입이 될 듯하다.

이것을 뒤집어 말하면, 주식회사 SVC 사건을 처리함에 있어 최고재판소는 '「숨은 이익분배」이기 때문에 손금불산입이다'라는 이유를 채용하지 않았다는 것이 된다. 토코상사 사건 최고재판소 대법정이 판시한 제1이유(배당에 해당한다는 이유)의 논리전개 방식을 선택하지 않은 것이다.

(3) 선례와의 관계

위에서 보았듯이 토코상사 사건 최고재판소 대법정의 이유 중에는 「사업경비의 지출자체가 법률상 금지되어 있는 등의 경우에는……손금에 산입하는 것이 허용되지 않는다」라는 대목이 있었다(제2이유). 그렇다면 이러한 대목은 본건 수수료의 손금산입 가부를 결정함에 있어 적절한 선례로서 원용할 수 있었을까.

아마도 그렇지 않았을 것으로 생각된다. 왜냐하면 첫째로, 본건 수수료는 아무리 탈세공작을 위한 비용이라고는 하더라도 그 지출자체를 금지하는 법률상의 규정은 존재하

사안이 발생하였다면 법인세법 제19조 제2항이 손금에 대하여 요구하는 '통상성'의 결여를 이유로 손금산입이 부정되었을 것이다.

지 않았기 때문이다. 또한 둘째로 대법정의 두 가지의 이유 가운데 어느 쪽이 결정적인 근거로 작용하였는지는 확실하지 않을 뿐만 아니라, 후속의 소법정 판결은 제1이유(배당에 해당한다는 이유)에 의해 결론을 도출하였기 때문이다.

(4) 법인세법 제55조 제1항의 제정

주식회사 SVC 사건에 대한 최고재판소 결정으로부터 10년 이상이 경과한 후, 입법적 대응이 이루어졌다. 즉 UN 부패방지조약의 국내법제상 담보조치로서 平成18{2006}년도 개정에서 뇌물 등의 손금불산입이 명문으로 규정되었다(法稅 제55조 제5항).[7] 이에 맞추어 은폐·가장행위에 소요되는 비용 및 은폐·가장행위에 의해 발생하는 손실에 대해 이들을 모두 손금불산입으로 하는 규정이 마련되었다(동조 제1항). 그러므로 만약 주식회사 SVC 사건과 동일한 사건이 현재 발생했다고 한다면 「은폐·가장행위에 소요되는 비용」을 손금불산입으로 하는 이 규정이 적용되어 본건 수수료와 같은 지출은 손금에 산입되지 않는 것이 된다.[8]

그러나 은폐·가장행위에 소요되는 비용 이외의 위법지출 일반으로 시야를 넓혀보면, 그러한 손금산입의 가부라고 하는 더욱 큰 문제에 대해 법인세법 제55조 제1항은 명시적인 규정을 두고 있지 않다. 위법지출에는 다양한 형태가 있다고 했을 때, 주식회사 SVC 사건에 관한 최고재판소 결정의 적용범위는 은폐·가장행위에 소요되는 비용에만 미치고 있어, 그 이외의 위법지출에는 미치지 않는다고 해석하는 것도 가능하다(→ 10-2-3). 다만 법인세법 제55조 제1항 규정의 성질에 대해 입안담당자는 '기존의 룰을 명확하게 하기 위한 확인규정'이라고 해석하여 「위법지출의 한 형태인 뇌물의 손금불산입을 명확히 할 경우, 반사적으로 그 이외의 위법지출, 특히 은폐·가장행위에 소요되는 비용 등의 손금산입이 허용된다는 해석으로 이어질 수 있다는 점도 우려되고 있기 때문에, 특히 법인세법 자체를 부정하는 지출인 은폐·가장행위에 소요되는 비용 등에 대해

---

7) 부록 일본 조세법령의 일본 법인세법 제55조 참조.
   한국: 법인세법 제27조(업무와 관련 없는 비용의 손금불산입) 제2호, 법인세법 시행령 제50조(업무와 관련이 없는 지출) 제1항 제4호 참조.

8) 한국: ① 앞 각주의 법인세법 및 법인세법 시행령 규정이 '은폐·가장행위'와 관련된 비용을 개별적인 손금불산입 항목으로 규정하고 있지는 않다. 그러나 앞서 살펴본 것처럼, 주식회사 SVC 사건에서와 같은 탈세공작을 위한 지출은 여전히 '위법지출'로서 '통상성'의 요건을 결여하여 손금에 해당하지 않는다고 보아야 할 것이다.
   ② 이와 관련하여 아래에 인용하는 대법원 2015. 1. 15. 선고 2012두7608 판결을 참조.
   "의약품 도매상이 약국 등 개설자에게 의약품 판매촉진의 목적으로 이른바 '리베이트'라고 불리는 금전을 지급하는 것은 약사법 등 관계 법령이 이를 명시적으로 금지하고 있지 않더라도 사회질서에 위반하여 지출된 것에 해당하여 그 비용은 손금에 산입할 수 없다고 보아야 할 것이다."

서는……손금불산입에 해당하는 것을 명확히 하는 정비를 하게 되었습니다」라고 하고 있다[『平成18年版改正税法のすべて』〔大蔵財務協会, 2006년〕 351면].

법인세법 제55조에 대해서 세 가지 점을 보충·설명한다.

▶ 내국법인이 은폐·가장행위에 의하여 그 납부해야 할 법인세 이외의 조세의 부담을 감소시키거나 또는 감소시키려고 하는 경우에 대해서 제1항의 규정이 준용된다(法税 제55조 제2항).

▶ 손금불산입이 되는 뇌물에 대해서 법률의 문언은 「뇌물……에 해당할」9) 금액이라고 정하고 있다(法税 제55조 제5항). 이는 형사절차에서 실제로 뇌물로서 인정되는 것을 필요로 하지 않고, 뇌물에 「해당할」 것이라면 손금불산입이 된다는 취지이다.

▶ 납세자가 사실을 은폐 또는 가장하고, 은폐 또는 가장한 것에 기초하여 납세신고서를 제출한 경우에는, 증차세액〔增差税額〕에 대하여 35%에 상당하는 중가산세가 부가된다(税通 제68조 제1항).

16-3 법인세법 제22조 제3항 각호

16-3-1 손금산입의 시기

법인세법 제22조 제3항은 해당 사업연도와의 관계에서 손금을 규정하고 있다. 조문의 문언을 종합적으로 살펴보면, 동항 주서〔柱書〕는 각 사업연도의 소득금액 계산상, 해당 사업연도의 손금을 다음과 같은 금액으로 하고 있다

▶ 제1호는 '「해당 사업연도의 수익에 관련된」 원가의 금액'이라고 정하고 있다. 수익과의 사이에서 개별대응(직접대응)하는 유형에 해당한다.

▶ 제2호는 '「해당 사업연도의」 비용의 금액'이라고 정하고 있다. 판매비나 일반관리비와 같이 수익과의 사이에서 일반대응(간접대응)하는 유형에 해당한다.

▶ 제3호는 '「해당 사업연도의」 손실의 금액'이라고 규정하고 있다.

이와 같이 제22조 제3항 각호가 문제로 삼고 있는 것은 '해당 사업연도의 손금에 산입할 수 있는지' 여부이다. 그 때문에 각호의 적용에 있어서는 손금산입의 타이밍을 의

---

9) 원문의 서술은 "賄賂……に当たるべき"로, '당위'를 나타내는 표현으로서 '뇌물에 해당한다고 해야 할', '뇌물에 해당해야 할' 등의 여러 번역이 가능하나, 본문과 같이 '해당할'로 번역하였다. 부록 일본 조세법령의 해당 조문도 이와 같이 번역하였다.

식할 필요가 있다. 해당 사업연도의 손금에 산입할 수 없다고 하더라도, 다른 사업연도의 손금에 산입할 수 있는 경우는 많다.

제1호와 제2호의 기초로서 '비용수익 대응의 원칙'이 존재한다. 어느 사업연도의 수익에 대응하는 범위에서 그 사업연도의 비용을 계상한다. 이 원칙에 대해서는 소득세법의 필요경비에 대해 배울 때에 이미 한번 다루었다(→ 10-3-1). 소득세법 제37조와 공통된 점을 의식하면서 여기에서는 법인세법의 규정에 따라서 살펴보도록 한다.10)

16-3-2 원가

(1) 매출원가, 완성공사원가 기타 이들에 준하는 원가의 금액

법인세법 제22조 제3항 제1호는 해당 사업연도의 수익에 관련된 「매출원가, 완성공사원가 기타 이들에 준하는 원가의 금액」이라고 규정하고 있다. 「매출원가」는 해당 사업연도의 매출액에 직접 대응하는 비용이다. 건설업에서는 매출액 대신에 '완성공사액{完成工事高}'이라고 하기에 이에 대응하는 비용을 「완성공사원가」라고 한다. 「이들에 준하는 원가」는 매출원가·완성공사원가와 같은 성격을 가지는 것을 말하며, 예를 들면 고정자산을 양도하는 경우의 양도원가가 그러한 예 중 하나이다.

---

10) 한국: 이른바 간접비용에 관한 '채무확정주의'는 법인세법 제40조 제1항에서 근거를 찾을 수 있으나, 법인세법상 이른바 직접비용에 관한 '수익비용 대응의 원칙'에 대해서는 명문의 규정이 없고 이 점은 앞서 살펴본 소득세법과 다르나[10-3-1 (2) 부분의 각주 참조], 판례는 법인세법 시행령의 개별적 규정 등을 근거로 양자의 구별을 인정한다[김재승, 앞의 글(세법상 비용의 귀속시기), 88-89면; 이창희, 앞의 책(세법강의), 775-776면; 이태로·한만수, 앞의 책(조세법강의), 568-569면 참조]. 이와 관련하여 아래에서 인용하는 대법원 2009. 8. 20. 선고 2007두1439 판결 참조.
"법인세법 제40조 제1항은 '내국법인의 각 사업연도의 익금과 손금의 귀속사업연도는 그 익금과 손금이 확정된 날이 속하는 사업연도로 한다'고, 제2항은 '제1항의 규정에 의한 익금과 손금의 귀속사업연도의 범위 등에 관하여 필요한 사항은 대통령령으로 정한다'고 각 규정하고 있고, 법인세법 시행령 제68조 제1항 제1호는 '상품(부동산을 제외한다)·제품 또는 기타의 생산품의 판매로 인한 익금 및 손금의 귀속사업연도는 그 상품 등을 인도한 날이 속하는 사업연도로 한다'고 규정하고 있는바, 상품의 판매로 인한 수익은 상품을 판매함으로써 비로소 발생하는 것이므로, 법인이 상품 매입을 위하여 선급금을 지급하였으나 그 선급금 상당의 상품을 공급받지 못하였다면 당해 상품의 판매로 인한 수익의 발생을 상정할 수 없고, 따라서 그 수익에 대응하는 비용인 매입가액 또한 발생할 여지가 없다.", "원심판결 이유에 의하면, 원심은 원고가 2002 사업연도에 소외 1 주식회사에게 의류매입을 위하여 선급금을 지급하였다고 하더라도 선급금 244,000,000원에 상당하는 의류를 공급받지 못한 이상 원고의 2002 사업연도 소득금액을 계산함에 있어서 위 선급금 상당액을 손금에 산입할 수 없다고 판단하였는바, 관계 법령 및 앞서 본 법리에 비추어 살펴보면 원심의 위와 같은 판단은 정당하고, 거기에 상고이유에서 주장하는 바와 같은 수익비용대응의 원칙에 관한 법리오해 등의 위법이 없다."

(2) 재고자산의 평가

어느 사업연도의 수익에 관련된 매출원가를 산정함에 있어서는, 해당 사업연도에 재고자산이 얼마만큼 팔렸는지를 정할 필요가 있다. 그러기 위해서는 기초에 어느 정도 재고가 있고, 기말에 재고가 어느 정도 남아있는지를 알면 된다. 따라서 해당 사업연도 종료 시에 보유하고 있는 재고자산(「기말재고자산」)의 가액을 평가한다. 재고자산의 평가방법은 정령에 위임되어 있다(法税 제29조).

도표 16-4는 정령으로 정하고 있는 재고자산 평가방법의 리스트이다. 크게 원가법과 저가법으로 나뉜다. 원가법은 재고자산의 취득가액을 기초로 하여 기말재고자산을 평가하는 방법이다. 예를 들어 선입선출법은 기말재고자산을 그 종류·품질·형태로 구별하여 '각각에 대해 먼저 취득한 것이 먼저 팔린 것'이라는 가정하에 '나중에 취득한 것이 재고로서 남아있는 것'으로 보아, 그렇게 간주된 재고자산의 취득가액을 가지고 기말재고자산의 평가액으로 하는 방법이다(法税令 제28조 제1항 제1호 ㅁ). 내국법인은 관할 세무서장의 승인을 받은 경우에는 도표 16-4의 방법 이외의 평가방법을 선정하는 것도 가능하다(동 제28조의2).

도표 16-4 ┃ 재고자산의 평가방법(法税令 제28조 제1항)[11]

원가법	개별법, 선입선출법, 총평균법, 이동평균법, 최종구입원가법, 매가환원법{賣價還元法}
저가법	

재고자산의 평가방법은 내국법인이 경영하는 사업의 종류마다, 또한 상품·제품·반제품·조립품·주요원재료·보조원재료 기타 재고자산의 구분마다 선정하여야 한다(法税令 제29조 제1항).[12]

재고자산의 취득가액은 도표 16-5의 요령으로 산정한다(法税令 제32조 제1항).

---

11) 한국: 법인세법 시행령 제74조(재고자산의 평가) 제1항 참조. 원가법(개별법, 선입선출법, 후입선출법, 총평균법, 이동평균법, 매출가격환원법)과 저가법을 규정하고 있다.
12) 한국: 법인세법 시행령 제74조 제2항 참조.

도표 16-5 ▎ 재고자산의 취득가액(法税令 제32조 제1항)[13]

구입한 재고자산	해당 자산의 구입대가와 해당 자산을 소비하거나 판매하는 데에 직접 소요된 비용의 합계액
자기{自己}의 제조, 채굴, 채취, 재배, 양식 기타 이에 준하는 행위(「제조 등」)에 관련된 재고 자산	해당 자산의 제조 등에 소요된 원재료비·노무비·경비의 금액과 해당 자산을 소비하거나 판매하는 데에 직접 소요된 비용의 합계액
위에 규정된 방법 이외의 방법에 의해 취득한 재고자산	그 취득 시에 있어서 해당 자산의 취득에 통상적으로 소요되는 가액과 해당 자산을 소비하거나 판매하는 데에 직접 소요된 비용의 합계액

(3) 원가의 견적

법인세법 제22조 제3항 제1호는 '원가의 금액'이 확정될 것을 명문으로는 요구하고 있지 않다. 따라서 '원가가 될 비용의 금액이 미확정인 경우에, 금액의 견적을 내어 손금에 산입할 수 있는지' 여부가 해석론상 문제가 된다. 이 점에 대해서 최고재판소는 적정한 견적금액을 제1호의 매출원가로서 손금에 산입하는 것을 인정하고 있다[最判 平成 16(2004). 10. 29. 刑集 58권 7호 697면(우시쿠시{牛久市} 매출원가 견적 사건)].

이 사건에서는 X사가 토지를 구입하여 조성한 다음 택지로 판매하였는데, 그 토지의 매출원가를 손금에 산입할 수 있는지 여부가 다투어졌다. 이 개발행위에는 이바라키현 {茨城県} 지사의 허가가 필요하였다. 이를 위하여 X사는 도시계획법상의 동의권을 가지는 우시쿠시{牛久市}와 협의하였다. 우시쿠시는 X사에 대해 배수로를 정비하도록 지도하였고, X사는 이를 받아들였다. X사는 우시쿠시의 동의를 얻어 이바라키현 지사로부터 개발허가를 받았다. X사는 배수로의 공사비용을 1억 4,668만 엔으로 견적을 내고, 해당 사업연도의 토지의 판매수익에 관련된 매출원가로서 손금에 산입하여 확정신고를 하였다. 검사는 X사가 가공조성비의 계상 등에 의해 허위과소신고를 하여 법인세를 면탈하였다고 보아 법인세법의 벌칙규정을 적용하여 X사를 기소하였다. 이 법인세법위반 사건에서는 위의 손금산입 가부가 쟁점이 되었다.

제1심 및 항소심은 손금산입을 부정하였지만, 최고재판소는 원판결을 파기·환송하였다. 최고재판소는 사실관계에 대하여, X사가

「가까운 장래에 상기비용을 지출하리라는 것이 상당한 정도로 확실히 예상되었고, 같

---

13) 한국: 법인세법 시행령 제72조(자산의 취득가액 등) 참조.

은 날 〔해당 사업연도 종료일〕 의 현황에 의해 그 금액을 적정히 견적 낼 수 있었다」
라고 하였다. 그리고

「이와 같은 사정이 있는 경우에는 해당 사업연도 종료일이 되기까지 해당 비용에 관
한 채무가 확정되지 않았더라도, 상기의 견적금액을 법인세법 제22조 제3항 제1호에
서 말하는『해당 사업연도의 수익에 관련된 매출원가』의 금액으로서 해당 사업연도
의 손금에 산입할 수 있다」

라고 판시하였다.[14]

본건은 법인세법 위반의 형사사건이다. 그러나 같은 쟁점이 과세처분 취소소송에서
다투어졌다고 하더라도, 해당 사업연도의 매출원가로서 손금산입이 가능한지의 쟁점에
대해서 같은 판단을 하였을 것이다. 국세청 통달도 원가가 될 비용의 금액의 전부 또는
일부가 사업연도 종료일이 되기까지 확정되어 있지 않은 경우에는, 같은 날의 현황에
의해 적정하게 견적 낸 금액으로 하도록 하고 있다(法基通 2-2-1).

16-3-3 비용

(1) 판매비, 일반관리비 기타 비용의 금액

법인세법 제22조 제3항 제2호는 「해당 사업연도의 판매비, 일반관리비 기타 비용
(……)의 금액」이라고 정하고 있다. 여기에서 말하는 「판매비, 일반관리비」는 비용의 예
시이다(→ 10-3-1). 기업회계상 판매비·일반관리비의 범위는 넓어서, 회사의 판매 및
일반관리업무에 관하여 발생한 일체의 비용을 가리킨다(財務規則 제84조). 예를 들면 도
표 16-6과 같은 것들이다(동 가이드라인 84).[15]

---

14) ① 이 판례사안의 사실관계를 살펴보면(해당 판결의 이 쟁점에 관한 '사실관계의 개요' 부분), 토지의
    판매로 인한 수익금액의 귀속시기와 1억 4,668만 엔의 공사비용을 매출원가로 보아서 손금에 산입시킨
    사업연도는 동일하다(1986. 10. 1.부터 1987. 9. 30.까지의 사업연도로, 토지의 판매는 1987. 6.이었고,
    공사비용의 견적이 산출된 것은 1987. 9.이었음). 통상적인 공사도급의 경우는 일본 법인세법 제64조가
    그 손익귀속시기를 정하고 있으나, 이 사안에서는 공사비용을 판매대상인 토지의 매출원가의 일부로
    보아서 수익비용 대응의 원칙(비용수익 대응의 원칙, 일본 법인세법 제22조 제3항 제1호)이 적용된 것
    이다.
    ② 흥미로운 점은 이 사안에서 실제로는 공사가 시행되지 않았고, 따라서 공사비용이 지출되지도 않았
    다는 것이다. 즉 우시쿠시(牛久市)는 1988년부터 3년에 걸쳐서 공사를 시행할 계획이었으나, 주민들의
    반대운동이 일어나는 것을 염려하여 이를 진행하지 않았고, 이에 따라서 X사도 공사비용을 부담하지
    않았다. 그럼에도 불구하고 최고재판소는 "우시쿠시는 도시계획법상의 동의권을 배경으로 X사에 대하
    여 본건 개수공사를 시행하도록 요구한 것으로, X사는 사실상 그 비용을 지출하지 않을 수가 없는 입
    장에 있었던 점" 및 본문에 언급된 논거들을 들어 X사의 손금산입을 긍정하였다.
15) 한국: 이와 관련된 국제회계기준과 일반기업회계기준을 살펴보면 다음과 같다.

도표 16-6 ▌ 판매비 · 일반관리비의 예

> ▶ 판매수수료, 포장비, 운반비, 광고선전비, 견본비, 보관비, 납입시험비
> ▶ 판매 및 일반관리업무에 종사하는 임원, 종업원의 급료, 임금, 수당, 상여, 복리후생비
> ▶ 판매 및 일반관리부문 관계의 교제비, 여비, 교통비, 통신비, 광열비 및 소모품비
> ▶ 조세공과, 감가상각비, 수선비, 보험료, 부동산임차료, 영업권의 상각비

이러한 비용은 공정·타당한 회계처리기준에 따라서 원칙적으로 손금에 산입한다(法稅 제22조 제4항). 다만 법인세법에는 많은 「별도의 규정」이 있다. 그중에는 손금산입의 시기를 규율하는 것[예: 감가상각비에 관한 규정〔동 제31조〕]이나 손금산입을 제한하는 것[예: 임원급여의 손금불산입 규정〔동 제34조〕] 등이 있다. 조세특별조치법에도 교제비에 관한 규정(租特 제61조의4)과 같이 손금산입을 제한하는 규정이 있다.

(2) 채무의 확정

법인세법 제22조 제3항 제2호 괄호는 「(상각비 이외의 비용으로서 해당 사업연도 종료일까지 채무가 확정되지 않은 것을 제외한다)」라고 규정하고 있다. 상각비 이외의 비용에 대해 채무의 확정을 요구하고 있는 것이다.

채무의 확정이 있다고 하기 위해서는 ① 채무가 성립되어 있을 것, ② 해당 채무에 기하여 구체적인 급부를 해야 할 원인이 되는 사실이 발생하여 있을 것, ③ 금액을 합리적으로 산정할 수 있는 채무일 것이라는 세 가지 요건을 충족할 필요가 있다. 이러한 세 가지 요건은 재판례에 의해 확인되어[山口地判 昭和56(1981). 11. 5. 行集 32권 11호 1916면(주식회사 KM 사건) 등], 국세청 통달도 이를 답습하고 있다(法基通 2－2－12).

---

① '한국채택국제회계기준－재무보고를 위한 개념체계(한국회계기준원 회계기준위원회 2011. 7. 22. 의결)'는 수익과 비용의 대응에 관한 항목(4.50 및 4.51)을 두고 있으나, 무엇이 간접비용에 해당하는가에 대한 내용은 두고 있지 않다.

② 일반기업회계기준－제2장 재무제표의 작성과 표시 I(한국회계기준원 회계기준위원회 2018. 9. 21. 의결)

실(실무지침)2.47: "판매비와 관리비는 상품과 용역의 판매활동 또는 기업의 관리와 유지에서 발생하는 비용으로 급여(임원급여, 급료, 임금 및 제수당을 포함한다), 퇴직급여, 해고급여, 복리후생비, 임차료, 접대비, 감가상각비, 무형자산상각비, 세금과공과, 광고선전비, 연구비, 경상개발비, 대손상각비 등 매출원가에 속하지 아니하는 모든 영업비용을 포함하며, 당해 비용을 표시하는 적절한 항목으로 구분한다...(하략)"

(3) 상각비

법인세법 제22조 제3항 제2호 괄호는 「상각비 이외의 비용으로」라고 규정하고 있기 때문에, 상각비에 대해서는 채무의 확정을 기다리지 않고 손금산입이 인정된다.

법인세법은 감가상각자산과 이연자산에 대해서 상각비의 계산 및 상각의 방법을 정하고 있다(法稅 제31조·제32조). 이들 모두 복수의 사업연도에 걸쳐 생기는 수익에 대응시켜서, 비용공제의 타이밍을 분할하여 복수사업연도에 할당하고 있다(→ 10-3-2).

감가상각자산에 대해서는, 손금경리(法稅 제2조 제25호)를 한 범위 내에서 '정령으로 정하는 상각방법 중에서 내국법인이 해당 자산에 대해 선정한 상각의 방법에 기초한 상각한도액에 이르기까지의 금액'을 상각비로서 손금에 산입한다(동 제31조 제1항).[16] 감가상각자산이란 「건물, 구축물, 기계 및 장치, 선박, 차량 및 운반도구, 공구, 기구 및 비품, 광업권 기타 자산으로서 상각해야 할 것으로 정령으로 정하는 것」을 말한다(동 제2조 제23호, 法稅令 제13조).[17] 예를 들어 어떤 회사가 건물을 취득하여 사업에 이용하였다고 하자. 이러한 경우 平成19{2007}년 4월 1일 이후에 취득한 건물에 대해서는 정액법에 의해 상각한도액을 계산한다(法稅令 제48조의2 제1항 제1호 ㅁ).[18] 다른 예로서 어떤 회사가 다른 회사의 사업부문을 매수하여 영업권을 계상하였다고 하자. 이 경우 영업권은 무형고정자산으로서 감가상각자산에 해당하고(동 제13조 제8호 ル), 정액법에 의해 5년간 균등하게 상각한다(동 제48조의 제1항 제4호).[19] 몇 년간에 걸쳐 상각할지에 대해서는 「감가상각자산의 내용(耐用)연수 등에 관한 성령(省令)」이 감가상각자산의 종류마다 각각 정하고 있다.

이연자산에 대해서는, 손금경리를 한 금액 가운데 '그 이연자산에 관련된 지출의 효과가 미치는 기간을 기초로 하여 정령으로 정하는 바에 따라서 계산한 상각한도액에 이르기까지의 금액'을 상각비로서 손금에 산입한다(法稅 제32조 제1항). 이연자산이라 함은 「법인이 지출하는 비용 중 지출의 효과가 그 지출일 이후 1년 이상에 미치는 것으로서

---

16) '손금경리'를 요구한다는 것은 결산조정사항을 의미한다는 점은 앞서 14-2-4에서 이미 언급되었다.
　　한국: 법인세법 제23조(감가상각비의 손금불산입) 제1항은 역시 감가상각비의 손금산입을 결산조정사항으로 정하면서, 상각범위액을 초과하는 금액을 손금불산입하도록 하고 있다. 같은 조 제2항은 한국채택국제회계기준을 적용하는 기업에 대한 감가상각 특례를 규정하고 있다.

17) 한국: 법인세법 시행령 제24조(감가상각자산의 범위) 참조.

18) 한국: 건물에 대해서는 역시 정액법이 적용된다[법인세법 시행령 제26조(상각범위액의 계산) 제1항 제1호].

19) 한국: 영업권에 대해서 정액법이 적용되고(법인세법 시행령 제26조 제1항 제1호), 상각기간 역시 동일하게 5년이다[법인세법 시행령 제26조의3(기준감가상각비의 계산) 제2항 제1호, 법인세법 시행규칙 제13조의2 [별표3]].

정령으로 정하는 것」을 말한다(동 제2조 제24호, 法税令 제14조). 창립비, 개업비, 개발비, 주식교부비, 사채{社債} 등의 발행비에 대해서는 '그 전액'이 상각한도액이 된다(法税令 제64조 제1항 제1호). 그 이외의 이연자산에 대해서는 '지출의 효과가 미치는 기간의 월수로 나누어 계산한 금액에 해당 사업연도의 월수를 곱하여 계산한 금액'이 상각한도액이 된다(동항 제2호).[20]

(4) 소액 감가상각자산

기업의 사무부담을 배려하여 감가상각제도를 간소화·합리화하는 취지에서 소액 감가상각자산에 대해서는 즉시 손금산입이 인정되고 있다. 즉 내국법인이 그 사업에 사용한 감가상각자산으로 사용가능기간이 1년 미만인 것, 또는 취득가액이 10만 엔 미만인 것을 보유하고 있는 경우에는 손금경리한 금액을 손금에 산입한다(法税令 제133조).[21]

취득가액이 10만 엔 미만인지는 감가상각자산마다 판단한다. 최고재판소는 간이휴대전화{PHS} 사업의 엔트런스 회선 이용권에 대하여, '1회선에 관한 권리 한 개를 1단위로서 거래하고 있어, 1회선에 관한 권리 한 개라고 하더라도 용도에 따라 본래의 기능을 발휘할 수 있다'는 사실관계를 바탕으로, '1회선에 관한 권리 한 개'를 하나의 감가상각자산으로 보는 것이 상당하다고 판단하였다[最判 平成20(2008). 9. 16. 民集 62권 8호 2089면(NTT 도코모 사건)].[22]

---

20) '창립비, 개업비, 개발비, 주식교부비, 사채{社債} 등의 발행비'의 경우 '그 전액'이 상각한도액이 된다는 것은 이른바 '임의상각'이 허용되어, 예컨대 그 지출이 이루어진 첫 해에 전액을 상각할 수도 있다는 것을 의미한다(손금경리 필요). 다른 이연자산과 달리 '임의상각'이 허용되는 이연자산을 (시행령에 열거되어 있는 이연자산이라는 의미에서) '게명이연자산(揭名繰延資産)'이라 한다. 金子宏, 앞의 책(租税法), 390-391면.
   한국: 앞서 소득세법 부분[10-3-3 (1)]에서 각주를 통해 살펴본 것과 대체로 같은 경위를 거쳐, 법인세법 시행령도 이연자산의 상각비에 관한 규정을 삭제하였고, 현행 법인세법 시행령 제24조 제1항 제2호는 종전의 이연자산에 대응하는 것으로 개발비(바목), 사용수익기부자산가액(사목)을 감가상각 대상 무형자산으로 규정하고 있다.
21) 한국: 같은 취지를 가진 법인세법 시행령 제31조(즉시상각 의제) 제4항 참조. 거래단위별로 100만 원 이하일 것이 요구되며, 역시 손금경리(손비계상) 사항이다.
22) 이해를 돕기 위하여 본문 일본 판례의 사실관계 등을 간단하게 살펴본다('사실관계' 부분은 본문 일본 판례의 '원심이 확정한 사실관계의 개요' 부분을 정리한 것임).
   사실관계: 사안의 원고는, '간이휴대전화(PHS) 연결장치, 전화망 등의 기능과 데이터베이스'를 보유하고 있는 제1종 전기통신사업자인 NTT의 통신망을 이용하여 PHS 서비스를 제공하는 영업을 하는 사업자였다. 원고의 PHS 사업은 'NTT 망 의존형 방식'이었는데, 이 방식에 의할 때는 음성 등의 정보가 ① PHS 단말기→ ② (무선통신을 통해) 원고의 특정 기지국→ ③ NTT의 PHS 접속장치→ ④ NTT 전화망→ ⑤ 고정전화기의 순으로 송신된다. 사안에서 문제가 된 '엔트런스 회선'이라는 것은 ② 원고의 특정 기지국과 ③ NTT의 PHS 접속장치를 상호 연결해주는 회선으로서, 원고는 '엔트런스 회선'의 설치비용을 부담하여, '원고의 특정 기지국의 송수신지역 내에서 자사의 PHS 단말기를 사용하는 사람으로

취득가액이 20만 엔 미만인 감가상각자산에 대해서는, 일괄하여 3년간 상각하는 방법
을 선택할 수 있다(法稅令 제133조의2).[23]

Column 16-1 미국 트럼프 세제개혁과 감가상각

2017년 12월에 미국연방의회에서 Tax Cuts and Jobs Act가 성립하였다. 연방 법인소득
세에 대해서는 ① 세율을 35%에서 21%로 인하하고, ② 설비에 대한 자본적 지출을 내용연
수에 따른 감가상각 대신에 취득 시 전액공제[expensing → 10-3-2(3)]로 하며, ③ 부
채이자의 비용공제를 금리·세금·상각전이익(EBITDA: Earnings Before Interest, Taxes,
Depreciation, and Amortization)의 30%까지로 제한하였다. ①에 의한 감세가 거대하기
때문에, 이를 보완하기 위해 마련한 것이 위의 ③과 '연구개발비용을 즉시공제가 아닌 감가
상각비공제로 변경하는 것'이다. 국제과세의 개혁에 발맞추어, 법인과세의 베이스가 소득보
다도 소비에 가까워지고, 다른 나라들이 부가가치세에 의해 소비에 과세하는 와중에, 미국
은 '법인의 영역에서 실시되는 소비세'로 이행해 나가고 있다고 평가되고 있다(Mihir A.
Desai, "Tax Reform, Round One", Harvard Magazine, May-June 2018).

하여금, NTT의 네트워크 시스템을 이용한 전화통신역무를 제공받을 수 있도록 하는 권리'인 '엔트런스
회선 이용권'을 취득한다. 즉 '엔트런스 회선 이용권'이란 결국 'PHS 사업자가 자기의 사업을 위하여
NTT의 전화네트워크 시스템을 이용할 수 있는 권리'를 의미한다. 이 '엔트런스 회선 이용권' 1개의 가
격은 7만 2,800엔이었는데, 원고는 영업양수 과정에서 합계 15만 3,178개의 회선을 보유하여, 그 양수
가격은 총액 111억 5,135만 8,400엔이 되었다.
피고의 주장과 본문 최고재판소 판결의 판단: 피고는 상고심에서 "감가상각자산은 법인의 사업에 있어
서 수익을 산출하는 원천으로서 기능을 발휘하는 것을 그 본질적 요소로 하는바, 본건 권리(엔트런스
회선 이용권) 1개를 가지고서는 원고의 PHS 사업에 있어서 수익을 산출하는 원천으로서는 기능을 발
휘하는 것이 불가능하다."라는 취지로도 주장하였으나(해당 판결 중 피고의 주장 취지를 설시한 부분을
인용함), 최고재판소는 본문과 같이 '엔트런스 회선 이용권' 1개를 하나의 감가상각자산으로 보아 소액
감가상각 규정을 적용하는 것을 긍정하였다.
한국: 법인세법 시행령 제31조 제4항은 일본 법인세법 시행령 제133조와 달리 "그 고유업무의 성질상
대량으로 보유하는 자산"(제1호)을 소액자산의 즉시감가상각 대상에서 제외하고 있다. 따라서 위 일본
판례사안의 '엔트런스 회선 이용권' 비록 '독립적으로 사업에 직접 사용할 수 있는 것'이라고 하더라도
(법인세법 시행령 제31조 제5항), PHS 사업자의 업무 성질상 대량으로 보유해야 하는 것이기 때문에
즉시감가상각 대상자산에 해당하지 않는다고 보아야 할 것이다.
23) **한국:** 법인세법 시행령 제31조 제4항의 즉시감가상각 이외에, 일본 법인세법 시행령 제133조의2와 유
사한 감가상각 규정은 별도로 두고 있지 않다.

16-3-4 손실

(1) 손실의 금액

법인세법 제22조 제3항 제3호는 「해당 사업연도의 손실의 금액으로서 자본 등 거래 이외의 거래에 관련된 것」이라고 정하고 있다. 손실이란 자산의 감소로서 수익가득(收益稼得)에 공헌하지 않는 것을 말한다. 예를 들어 회사의 공장에 화재가 발생하여 기계설비가 멸실된 경우 등이다. 손실은 비용과는 다르다. 비용은 수익을 벌어들이는 데에 필요한 지출이기 때문이다. 그렇다고 해도 제2호의 비용과 제3호의 손실 중 어디에 해당하더라도 해당 사업연도의 손금에 산입되는 것에는 차이가 없다.

법인세법 제22조 제3항 제3호와 밀접한 관계에 있는 것이 자산의 평가손실에 관한 제33조의 규정이다. 법인이 자산의 평가를 변경하여 그 장부가액을 감액하여도, 원칙적으로 그 사업연도의 소득금액 계산상 손금에는 산입할 수 없다(法税 제33조 제1항). 예외적으로 ① 재해에 의한 현저한 손상에 의하여 자산의 시가가 장부가액을 밑돌게 되었을 경우(동조 제2항),[24] ② 회사갱생법에 의한 갱생계획인가결정에 의한 경우(동조 제3항),

---

24) 일본 법인세법 제33조 제2항은 "재해에 의한 현저한 손상에 의하여 해당 자산의 가액이 그 장부가액을 밑돌게 된 때 기타 정령으로 정하는 사실이 발생한 경우"에는, 손금경리에 의해 장부가액을 감액한 때에는 자산의 평가손실을 손금산입할 수 있다고 규정하고, 그 위임을 받은 일본 법인세법 시행령 제68조 제1항은 '재고자산, 유가증권, 고정자산, 이연자산'을 자산의 평가손실에 관한 손금산입 대상자산으로 정하면서 각 자산별로 '손금에 산입할 수 있는 사실'이 무엇인지를 정하고 있다(자세한 내용은 부록 일본 조세법령 참조).

한국: 우리 법인세법 시행령이 '이연자산'의 개념을 폐지했다는 점은 이미 살펴보았다[앞의 10-3-3 (1) 부분의 각주 참조]. 그 외에 '고정자산, 재고자산, 유가증권'의 자산 평가손실의 취급에 대해서, 일본 법인세법 및 법인세법 시행령의 내용과 비교하기 위해 살펴보면 다음과 같다.

(1) 원가주의(원칙): '자산의 평가차손'은 손금항목으로 규정되어 있다(법인세법 제19조, 법인세법 시행령 제19조 제9호). 그러나 법인세법 제22조는 법인세법 제42조 제2항 및 제3항에 따른 평가로 인하여 발생하는 평가손실을 제외한 자산의 평가손실을 손금불산입 항목으로 정하여, 자산 평가차손의 손금산입에 제약을 가하고 있다. 여기서 법인세법 제42조 제1항은 내국법인이 보유하는 자산의 장부가액을 증액 또는 감액(평가)한 경우 그 평가를 원칙적으로 부인하고 있다.

(2) 고정자산: ① 위 (1)에도 불구하고, 법인세법 제42조 제3항 제2호는 "유형자산으로서 천재지변·화재 등 대통령령으로 정하는 사유로 파손되거나 멸실된 것"에 해당하는 자산은 대통령령으로 정하는 방법에 따라 그 장부가액을 감액할 수 있는 것으로 규정하고 있고, 그 위임에 따른 법인세법 시행령 제78조 제3항은 위 '대통령령으로 정하는 방법'에 관하여 '시가에 따라 평가하여 감액한 가액을 해당하는 사업연도에 있어서의 손비로 계상할 것(즉 결산조정사항)'으로 규정하고 있으며(제2호), 같은 조 제1항에서 위 '대통령령으로 정하는 사유'에 대하여 "천재지변 또는 화재, 법령에 따른 수용 등, 채굴예정량의 채진으로 인한 폐광"으로 규정하고 있다.

② 한편 (i) 법인세법 시행령 제31조 제7항은 "시설의 개체 또는 기술의 낙후로 인하여 생산설비의 일부를 폐기한 경우", 당해 자산의 장부가액(여기서 1,000원을 공제)을 손금에 산입할 수 있도록 규정하고 있고, (ii) 같은 조 제8항은 '감가상각자산이 진부화·물리적 손상 등에 의해 시가가 급락하여 이를

③ 민사재생법에 의한 재생계획인가결정에 의한 경우(동조 제4항) 등에는 손금산입이 인정된다.[25]

(2) 대손손실

손실계상의 가부가 이따금 다투어지는 것이 채권의 대손이다. 이에 대한 판단기준을 최고재판소는 다음과 같이 정식화{定式化}하고 있다[最判 平成16(2004). 12. 24. 民集 58권 9호 2637면(흥업은행{興銀} 사건)].

「법인의 각 사업연도의 소득금액 계산에 있어서, 금전채권의 대손손실을 법인세법 제22조 제3항 제3호에서 말하는 『해당 사업연도의 손실의 금액』으로서 해당 사업연도의 손금에 산입하기 위해서는, 해당 금전채권의 전액이 회수불능일 것을 요한다고 해석된다. 그리고 그 전액이 회수불능인 것은 객관적으로 명백하여야 하지만, 이는 채무자의 자산상황, 지불능력 등 채무자 측의 사정뿐만 아니라, 채권회수에 필요한 노

기업회계기준에 따라 손상차손으로 계상한 경우(위 ①에 따른 경우를 제외)', 이를 감가상각비로서 계상한 것으로 보아 손금불산입하도록 정하고 있다.

③ 이와 관련해서 소득세법상 사업용 고정자산 평가손실의 필요경비 산입의 문제에 대해서는 10-5-2 (2) 부분의 각주에서 살펴본 바 있다.

(3) 재고자산: ① 법인세법 제42조 제1항 단서는 "재고자산 등 대통령령으로 정하는 자산과 부채의 평가"(제2호)를 원가주의의 예외로 정하고 있고, 그 위임을 받은 법인세법 시행령 제73조 제1호, 제74조 제1항은 재고자산(제품 및 상품, 반제품 및 재공품, 원재료, 저장품)의 평가에 관하여 원가법과 저가법(원가법과 시가법 중 낮은 것을 평가액으로 하는 방법) 중 선택이 가능하도록 정하고 있다.

② 이와 별도로, 법인세법 제42조 제3항 제1호는 "재고자산으로서 파손·부패 등의 사유로 정상가격으로 판매할 수 없는 것"에 해당하는 자산은 대통령령으로 정하는 방법에 따라 그 장부가액을 감액할 수 있는 것으로 규정하고 있고, 그 위임에 따른 법인세법 시행령 제78조 제3항은 위 '대통령령으로 정하는 방법'에 관하여 '시가에 따라 평가하여 감액한 가액을 해당하는 사업연도에 있어서의 손비로 계상할 것(즉 결산조정사항)'으로 규정하고 있다(제1호).

(4) 유가증권: ① 우리 법인세법 시행령은 유가증권에 대해서는 원칙적으로 원가법을 적용하고 시가법을 적용하지 않는다는 점은 이미 살펴보았다[9-3-2 (1) 부분의 각주].

② 다만 내국법인이 보유한 일정한 주식(법인세법 시행령 제78조 제2항)을 발행한 법인이 (i) 부도가 발생한 경우, (ii) 회생계획인가결정을 받은 경우, (iii) '기업구조조정 촉진법'에 의한 부실징후기업이 된 경우, (iv) 파산한 경우에는, 그 시가로 감액한 금액을 해당 사업연도의 손비로 계상한 경우 이를 손금에 산입할 수 있다(법인세법 제42조 제3항 제3호, 법인세법 시행령 제78조 제3항 제3호, 제4호).

25) 한국: ① 우리 법인세법은 내국법인 자신에 대한 회생계획인가결정이 있다고 해서 그 보유자산의 평가손실을 손금에 산입할 수 있다는 취지의 규정을 두고 있지는 않다. ② 앞 각주에서 살펴본 법인세법 제42조 제3항 제3호는 내국법인 자신에게 회생계획인가결정 등이 있는 경우에 대한 규정이 아니라, 내국법인이 주식을 보유하고 있는 경우 그 발행법인에 회생계획인가결정 등이 있는 경우에 대한 규정이다. ③ 또한 법인세법 제19조의2 제1항, 법인세법 시행령 제19조의2 제1항 제5호 역시 '내국법인에 대한 회생계획인가결정이 있는 경우, 그 보유자산의 평가손실을 손금에 산입하도록' 하는 규정이 아니라, '내국법인이 보유하고 있는 채권의 채무자인 회사에 대하여 회생계획인가결정 등이 있는 경우, 그 채권에 대한 대손금을 손금처리할 수 있도록' 하는 규정이다.

력, 채권액과 추심비용과의 비교형량, 채권회수를 강행함에 따라 생기는 다른 채권자
와의 알력 등에 의한 경영적 손실 등과 같은 채권자 측의 사정, 경제적 환경 등도 함
께 고려하여, 사회통념에 따라 종합적으로 판단하여야 한다.」

이에 대하여 세 가지 코멘트를 덧붙인다.

▶ 최고재판소가 손금산입을 위해 「전액이 회수불능일 것을 요한다」라고 한 이유는 어
디에 있는 것일까. 이는 법인세법 제33조와의 정합성에서 찾는 것이 가능하다. 즉
제33조 제1항은 자산의 평가손실을 원칙적으로 손금불산입으로 하고, 제2항에서 예
외적으로 재해에 의한 현저한 손상 등의 경우에 손금산입을 인정하고 있다. 그리고
당시의 제2항은 「예금, 대여금, 외상매출금 기타의 채권」을 명문으로 제외하고 있
었다. 이러한 와중에 채권액 가운데 일부분에 대해 회수불능에 의한 손금산입을 인
정한다면, 평가손실의 손금산입을 인정한 것과 결과적으로 같게 되어 제33조의 취
지에 반하게 되어 버린다. 그렇기 때문에 전액의 회수불능을 요하는 것이다.[26]

▶ 전액이 회수불능인 것이 「객관적으로 명백하여야 한다」라고 한 이유는 인정의 확실
성 때문일 것이다. 전액이 회수불능인 것이 객관적으로 명백한지 여부를 판단함에
있어, 최고재판소는 ① 채무자 측의 사정(예시로서 채무자의 자산상황, 지불능력 등) ②
채권자 측의 사정(예시로서 채권회수에 필요한 노력, 채권액과 추심비용과의 비교형량, 채
권회수를 강행하는 것에 따라 생기는 다른 채권자와의 알력 등에 의한 경영적 손실 등), ③
경제적 환경 등과 같은 고려요소를 들고 있다. 여기에서 ② 채권자 측의 사정으로
서 「채권회수에 필요한 노력, 채권액과 추심비용과의 비교형량」을 고려요소에 포함
시키는 것은 종래의 과세실무에서도 행해져 왔다[法基通 9-6-3 (2)]. 또한 「채권회
수를 강행함에 따라 생기는 다른 채권자와의 알력에 의한 경영적 손실 등」을 고려

26) 한국: ① 우리 법인세법 제19조의2(대손금의 손금불산입)는 일정한 경우 "회수할 수 없는 채권의 금
액"(대손금)의 손금산입을 명문으로 허용하고 있다. 한편 그 위임에 따른 법인세법 시행령 제19조의2
(대손금의 손금불산입) 제1항은 제1호 내지 제13호에서 대손금의 손금산입이 허용되는 경우를 정하고
있는데, 그 사유를 살펴보면 반드시 '전부 회수불능'의 경우로 한정되지는 않고 있다(예컨대 제10호 등).
② 판례는 위 대손사유를 한정적 열거로 해석하고 있다. 즉 대법원 1998. 10. 27. 선고 98두10509 판
결은 "(대손처리에 관한 규정인 구 소득세법 시행령 및 구 소득세법 시행규칙의 규정은) 대손처리의
대상이 되는 회수불능의 채권을 예시적으로 규정한 것이 아니라 한정적으로 규정하는 취지로 해석함이
상당하고, 따라서 소멸시효가 아직 완성되지 아니한 수표 또는 어음상의 채권이 대손금에 해당하기 위
하여는, 채무자의 파산 등에 의하여 그 필요경비로 산입하는 연도에 당해 채권의 회수불능의 사실이 객
관적으로 확정되거나 또는 그 수표 또는 어음의 부도발생일로부터 기산하여 적어도 6월이 경과하여야
한다고 할 것이다."라고 판시하였다(괄호처리는 역자가 하였음).
　이창희, 앞의 책(세법강의), 861-862면; 이태로·한만수, 앞의 책(조세법강의), 518-519면은 이와
달리, 법인세법 시행령 제19조의2 제1항 제1호 내지 제13호의 대손사유는 예시적으로 보아야 하므로,
채권의 회수불능이 입증된다면 여기에 해당하지 않더라도 손금산입이 허용되어야 한다고 해석한다.

요소에 넣는 것 또한 종래의 과세실무가 취해왔던 것의 연장선으로 볼 수 있다(동 9-4-1).[27]

▶ 최고재판소의 판단기준은 「사회통념에 따라 종합적으로 판단」한다는 것이다. 이와 대조적인 것이, 항소심 판결의 판단기준이었다. 항소심은, 채권자인 은행(납세자)이 「모체 은행으로서 사회적, 도의적으로 보아 본건 채권을 행사하기 어려운 상황이 발생한 와중이었다고 하더라도, 본건 채권이 법적으로 비모체금융기관의 채권에 비해 후순위라고는 할 수 없다」라고 하며 손금산입을 부정하였다.

흥업은행{興銀} 사건의 최고재판소 판결이 내려진 다음, 平成21{2009}년도 세제개정에 의해 평가손실의 계상대상에서 제외되어 있던 「예금, 대부금, 외상매출금 기타의 채권」이 계상대상에 추가되었다(法稅 제33조 제2항). 대손손실의 계상을 위해서 전액의 회수불능을 요구하는 이유가 법인세법 제33조와의 정합성에 있다고 한다면, 이 개정에 의해 최고재판소 판례의 선례적 의의에 변화가 생겨, 부분대손에 의한 손금산입이 해석론상 가능하게 된 것은 아닌지 문제가 된다. 즉 예를 들어 3억 엔의 채권 가운데 2억 엔 부분에 대손이 발생하였다고 한다면, 2억 엔 만큼의 손금산입을 인정하여야 한다는 것이다.

그러나 입안담당자는 「기업회계상 기본적으로 평가손실로서 손금경리의 대상이 되지 않는 금전채권 등에 대해서까지 이번의 개정에 의해 세무상 평가손실의 계상대상이 되는 자산의 범위가 확대되는 것은 아니다」라고 해설하고 있다[『平成21年版改正稅法のすべて』〔大藏財務協会, 2009년 207면)]. 국세청 통달도 「법인이 보유한 금전채권은 법 제33조 제2항(자산의 평가변경에 의한 평가손실의 손금산입)의 평가변경의 대상이 되지 않음에 유의해야 한다」라고 하고 있다(法基通 9-1-3의2).

---

27) 한국: 채권 회수불능의 명백성과 관련해서는 아래에 인용하는 대법원 1990. 11. 27. 선고 90누3072 판결 참조(법인세법 시행령은 구 법령으로, 괄호는 역자가 넣은 것임).
"법인세법 시행령 제21조 제1호(채무자의 파산, 강제집행, 형의 집행 또는 사업의 폐지로 인하여 회수할 수 없는 채권) 또는 제2호(채무자의 사망·실종·행방불명으로 인하여 회수할 수 없는 채권)에 의하여 손금에 산입하는 대손금은 그 대손금의 요건을 갖춘 사실이 객관적으로 밝혀지면 족하고 법원의 강제집행불능조서 등의 구비서류가 갖추어져야 하는 것은 아니며, 또 외상매출금 등 채권의 경우에 그 회수불능이 명백하게 되어 대손이 발생했다고 회계상 인식을 하면 당해 사업연도의 손금에 산입할 수 있는 것이지 대손처리를 위하여 그 채권에 대하여 소멸시효까지 경과하여 법적으로도 그 채권이 존재하지 않게 되는 것까지 요구되는 것은 아니라 할 것"이다. 한편, 이 판례는 법인세법 시행령 제19조의2 제1항 제1호 내지 제13호의 사유를 예시적인 것으로 해석하고 있다고 볼 여지가 있어서, 앞 각주의 대법원 1998. 10. 27. 선고 98두10509 판결과 배치되는 측면이 있다.

(3) 다른 경우와의 비교

대손손실과 비교하는 의미에서 이와 관련된 두 가지의 점을 살펴보자.

▶ 대손충당금. 실제로 대손이 발생하기 이전의 단계에서 대손의 예상금액을 충당금으로서 손금산입하는 것이 인정되어 왔다(法稅 제52조). 平成23{2011}년 12월의 개정에서는 대손충당금 편입액의 손금산입을 중소법인, 은행·보험회사 등 및 일정한 금전채권을 보유한 법인에 한정하였다.[28] 대손충당금의 계상을 인정하는 취지는 비용수익 대응의 원칙에 있다. 장래의 손실이라고 하더라도, 해당연도의 수익에 대응하고, 발생이 확실하게 예상되며, 금액의 정확한 견적이 가능한 경우, 해당연도의 손금에 산입하는 것이다. 구체적으로는 ① 재생계획인가결정 등의 사유에 의해 대손손실이 예상되는 개별평가금전채권에 대하여, 추심이나 변제의 전망이 없다고 인정되는 금액을 손금에 산입한다(동조 제1항, 法稅令 제96조 제1항). ② 개별평가금전채권 이외의 일괄평가금전채권에 대하여, 과거 3년간의 대손실적률을 기초로 하여 산정한 대손예상액을 손금에 산입한다(法稅 제52조 제2항, 法稅令 제96조 제2항).[29] 어느 사업연도에 대손충당금으로서 손금에 산입한 경우, 다음 사업연도에 같은 금액을 익금에 산입한다(갈아입기 방식).[30] ③ '갈아입기 방식'을 취한다는 점에서 대손충당금의 계상은 부분대손의 손금산입을 인정하는 것과 효과를 달리한다.

▶ 금전채권의 양도에 의한 양도손실의 손금산입. 예를 들어 어떤 회사가 3억 엔의 금전채권을 가지고 있었는데, 차주의 자산상황이 악화되어 회수하기 어려운 상황이 되었기 때문에, 제3자에게 이 채권을 양도하여 1억 엔의 대가를 얻었다고 해 보자. 양도 시의 금전채권의 적정한 시가가 1억 엔이었다고 한다면, 이러한 경우 회사의 법인소득 산정상 익금으로 1억 엔, 금전채권의 원가로 3억 엔이 계상된다. 달리 말하면 해당 사업연도의 2억 엔 분의 양도손실을 계상할 수 있다는 것이다. 그렇다면 이러한 취급은 부분대손을 인정하는 것과 어느 점이 다른 것일까. 먼저 제3자에게 금전채권을 양도하는 것에 의해 채권자는 그 채권을 포기하게 된다. 따라서 그 기

---

28) 한국: 법인세법 제34조(대손충당금의 손금산입) 참조. 우리나라 법인세법 제34조는 일본 법인세법 제52조 제1항과 같이 대손충당금의 손금산입이 가능한 내국법인의 종류를 한정하지는 않고 있다. 다만 법인세법 시행령 제61조 제2항 단서는 일정한 금융기관 등에 대해서 손금산입이 가능한 대손충당금의 금액을 다르게 정하고 있다.

29) 한국: 대손충당금 설정대상 채권의 범위와 설정한도액의 산정방법 등에 대해서는 법인세법 시행령 제61조(대손충당금의 손금산입) 참조.

30) 한국: 법인세법 제34조 제3항 참조. '갈아입기 방식'이라는 번역에 대해서는 앞의 10-3-3 (1) 부분의 각주 참조.

회에 손실을 계상한다. 반면에 부분대손의 계상이 문제가 되는 경우에는 채권자는 여전히 금전채권을 보유하고 있는 상태이다. 현시점에서 적정시가를 금전으로 평가한다면 1억 엔까지 하락해 있다고 하더라도, 장래에 차주가 재기하여 3억 엔 전부를 변제할 가능성이 남아 있다. 이와 같은 차이가 있다. 이상을 정리해 본다면, 금전채권의 회수가 곤란한 경우, 손금산입의 대표적인 수단으로서 도표 16-7에서 나타내고 있는 방법들이 있다.

도표 16-7 ▌ 금전채권의 회수곤란과 손금산입을 위한 대표적인 수단

대손충당금의 설정	법인세법 제52조
대손손실의 계상	법인세법 제22조 제3항 제3호
금전채권의 양도에 의한 양도손실의 계상	법인세법 제22조 제2항 · 제3항 제1호

16-3-5 손실과 손해배상청구권의 동시처리[31]

(1) 익금과 손금 양면을 아울러 생각하기

구체적인 거래에 대해 법인세법을 적용할 때에는 익금과 손금의 양면을 아울러 생각해 보는 편이 유익하다(→ 15-1). 그러한 전형적인 예가 회사의 자산을 횡령이나 사기에 의해 잃게 되는 경우이다.

이러한 경우 회사의 법인소득 산정상 ① 손실의 손금계상 타이밍과 ② 가해자에 대한 손해배상청구권의 익금계상 타이밍이 문제가 된다. 나아가 일단 손해배상청구권이 계상되었다고 하더라도 가해자가 무자력인 경우도 많기 때문에, ③ 전액이 회수불능이라고 하여 대손을 계상하는 경우도 있을 수 있다. 요컨대, 익금과 손금의 계상시기가 복합적인 형태로 문제가 되는 것이다.

(2) 昭和43{1968}년 최고재판소 판결

예전에 최고재판소는 횡령에 의한 피해가 문제가 된 사안에서, 손실과 손해배상청구권을 각각 손금과 익금으로 '동시에 계상하는 것'[32]을 인정하였다[最判 昭和43(1968). 10.

---

31) 원서의 표현은 "両建て(りょうだて)"로, '매도주문과 매수주문을 모두 넣어 그 효과가 상쇄되도록 만드는 것'을 의미하는 단어이나, 이것을 문맥에 맞추어 '동시처리'로 의역하였다.

32) 원서의 이 부분 서술은 "同時両建て"이나, 앞 각주에서 살펴본 '両建て'의 의미를 감안하여 본문과 같

17. 訟月 14권 12호 1437면(다이에이{大栄} 플라스틱 주식회사 사건)]. 이 사건에서는 회사의 회계담당임원이자 대표이사인 사람이 3개 사업연도에 걸쳐 업무상의 보관금을 누차 착복하면서 이를 경비로 가장하여 계상하였다. 과세관청은 가장한 회사경비의 손금산입을 부정함과 동시에 이와 같은 금액을 해당 임원에 대한 가지급금으로 경정하는 처분을 하였다. 가지급금이라고 하는 처리는 '회사가 해당 임원에 대하여, 착복된 보관금과 같은 금액의 채권을 가지고 있다'고 구성하는 것이다.

이 사안에 대하여 최고재판소는 ① 횡령행위에 의해 입은 손해를 손금으로 계상하고, ② 이에 대응하는 손해배상청구권을 익금으로 계상한 것과 같은 결과가 되는 것으로서, 경정처분을 적법하다고 하였다. 일반론 부분에서 다음과 같이 판시하고 있다.

「횡령행위에 의해 법인이 입은 손해가 그 법인의 자산을 감소시킨 것이므로, 위 손해가 발생한 사업연도의 손금을 구성하는 것은 명백하다고 할 수 있고, 다른 한편으로는 횡령한 자에 대해 법인이 그 받은 손해에 상당하는 금액의 손해배상청구권을 취득하는 것인 이상, 그것이 법인이 자산을 증가시킨 것으로서 같은 사업연도의 익금을 구성한다는 점에 대해서도 의문의 여지가 없다.」

이렇게 하여 ① 손실을 손금계상하고, ② 손해배상청구권을 익금계상하게 되면 해당 사업연도의 과세소득의 변동은 없게 된다. 그렇기 때문에 가장된 경비를 손금산입 대상으로부터 제외하고, 착복액을 가지급금으로 처리한 과세관청의 경정처분과 같은 결과가 되는 것이다. 이 판결은 손해배상청구권의 익금계상 시기에 대해 일반적인 판정기준을 적극적으로 정립하고 있는 것은 아니다. 또한 횡령에 의한 손실계상에 연동하여 반드시 손해배상청구권의 익금계상을 요한다는 일반론을 선언한 것으로 이해해야 할지, 그렇지 않으면 해당 사안에 관한 판단에 그치는 것일지, 엄밀히 말하면 그 해석이 갈릴 여지가 있었다.

(3) 昭和54{1979}년 도쿄 고등재판소 판결

실제로 그 후의 재판례에서는 ① 사기에 의한 손실의 손금계상 시기와 ② 손해배상청구권의 익금계상 시기를 각각 독립하여 판단한 것이 등장했다[東京高判 昭和54(1979). 10. 30. 判夕 407호 114면(일본종합물산 사건)]. 택지조성분양 등을 업으로 하는 회사 X가 昭和48{1973}년 7월 31일에 토지의 매도인 B에게 계약금 명목으로 4,000만 엔의 수표 1장을 교부하였지만, 이는 소외 C의 사기에 이용된 것이었다. C는 사기죄로 기소되어 후에 유죄판결을 받았다. B와 C는 무자력이었다. X는 사기의 피해사실이 명확하게 되었다고 생각하여, 昭和48{1973}년 4월 1일부터 昭和49{1974}년 3월 31일까지인 본건 계쟁사업

이 '동시에 계상하는 것'으로 의역하였다. 이하에서도 '同時両建て'는 '동시계상'으로 의역한다.

연도에 대한 법인세 확정신고를 함에 있어서 4,000만 엔을 손금으로 계상하였다.

도쿄 고등재판소는 ① 손실계상의 판단기준으로 권리확정주의가 타당하다는 취지를 밝힌 다음, 「권리의 발생·의무의 확정이 구체적이고 또한 사회통념에 비추어 명확하다고 여겨지면 족하다」라고 판시하고, 사기의 피해사실 및 피해액이 본건 계쟁사업연도의 최종일이 되기까지 구체적으로 확정되었고, 사회통념에 비추어 명확해졌다고 판단하였다. 과세관청은 형사판결 또는 민사판결이 확정될 필요가 있다고 주장하였지만, 법원은 이를 배척한 것이다.

나아가 ①과 ②의 동시계상{同時両建て}의 여부에 대해서는 이하와 같이 각각의 계상시기를 독립하여 판정한다고 하였다.

「익금·손금 각각의 항목에 대해 금액을 명확하게 하여 계상해야 한다고 하는 제도 본래의 취지에 비추어 본다면, 수익 및 손실은 그것이 동일한 원인에 의해 생겨난 것이라고 하더라도 각각 독립하여 확정되어야 하는 것이 원칙이고, 따라서 양자는 서로의 확정을 기다려야지만 해당 사업연도에 확정될 수 있는 관계에 서는 것은 아니다.」

그리고 본건에서 ② X의 가해자들에 대한 손해배상청구권이 본건 계쟁사업연도 중에 익금으로서 확정되지 않았다고 보아서, 본건 계쟁사업연도의 익금계상은 필요하지 않다고 하였다. 덧붙여 X는 昭和51{1976}년 화해에 의해 800만 엔을, 昭和52{1977}년 채권양도에 의해 1,400만 엔을 각각 수령하였다. 고등재판소는 이들에 대해서는 「그 시기가 속하는 사업연도에 익금으로 계상하면 족하다」라고 지적하고 있다. '손해배상청구권은 막연한 형태로 발생한 것이지만, 화해나 채권양도에 의하여 그 금액이 확정되었다'는 취지일 것이다.

그 후 종업원에 의한 횡령 사안에 대해서, 다이에이{大栄} 플라스틱 주식회사 사건에 관한 상기 昭和43{1968}년도 고등재판소 판결을 참고하여, ① 손실의 계상과 같은 사업연도에 ② 손해배상청구권을 익금으로 계상해야 한다고 한 재판례가 있다[大阪高判 平成 13(2001). 7. 26. 判夕 1072호 136면].

(4) 平成21{2009}년 고등재판소 판결

최근의 재판례는 종업원의 사기 사안에 대해서, ② 익금계상의 기준에 대해 일반론을 제시하고, ③ 대손손실의 가능성에 대해 한걸음 나아간 판시를 하고 있다[東京高判 平成 21(2009). 2. 18. 訟月 56권 5호 1644면(일본미장{日本美装} 주식회사 사건)]. 이 사건에서는 경리부장이 회사의 금원 1억 8,815만 엔 정도를 사취{詐取}하여 이를 은폐하기 위해 외주비가 발생한 것처럼 가장하였기 때문에, 회사의 법인세 확정신고에 있어서 가공의 외주비가 손금으로서 계상되어 있었다. 세무서장에 의한 경정처분에 대해, 회사는 가공외주비는 이를 계상한 사업연도의 손금에서 공제되고, ① 사취된 가공외주비 상당의 손해액은 같은 사업연도의 손금에 산입되지만, ② 가해자에 대한 손해배상청구권의 금액은 익금에 산입할 필요가 없다고 주장하며 다투었다. 이에 대해 국가는 ② 손해배상청구권의 금액은 손해를 손금에 산입하는 사업연도와 같은 사업연도의 익금에 산입해야 한다고 주장하였다.

　도쿄 고등재판소는 통상적으로는 ①과 ②의 동시계상{同時両建て}이 원칙이라고 하면서도, ① 불법행위에 의한 손실은 계상하지만 ② 손해배상청구권은 계상하지 않는 취급도 허용되는 경우가 있다고 설시하고, ② 익금계상의 판정기준으로는 「통상인을 기준으로 하여, 권리(손해배상청구권)의 존재 · 내용 등을 파악할 수 없고, 권리행사를 기대할 수 없다고 할 수 있는 객관적인 사정이 있었는지 여부」라는 일반적인 기준을 제시하고 있다. 약간 길어지지만 중요한 판시부분이기에 그대로 인용한다.

「본건과 같은 불법행위에 의한 손해배상청구권에 대해서는 일반적으로 손실이 발생한 때에는 손해배상청구권도 발생 · 확정되기 때문에, 이들을 동시에 손금과 익금으로 계상하는 것이 원칙이라고 생각된다(불법행위에 의한 손실의 발생과 손해배상청구권의 발생 · 확정은 이른바 표리관계에 있다고 할 수 있다).」

「그렇다고 하더라도 본건과 같은 불법행위에 의한 손해배상청구권에 대해서는, 예를 들어 가해자를 아는 것이 곤란하다든가, 권리내용을 파악하는 것이 곤란하기 때문에, 즉각적인 권리행사(권리의 실현)를 기대하기 어려운 사정이 있을 수 있다. 이와 같은 경우에는 권리(손해배상청구권)가 법적으로는 발생하였다고 볼 수 있지만, 아직 권리실현의 가능성을 객관적으로 인식하는 것이 가능하다고는 할 수 없기 때문에, 해당 사업연도의 익금으로 계상해야 한다고는 할 수 없다……. 이와 같은 경우에는 해당 사업연도에 손실에 대해서는 손금으로 계상하지만, 손해배상청구권은 익금으로 계상하지 않는 것이 허용된다…….

　다만, 이 판단은 조세부담의 공평이나 법적 안정성의 관점에서 보았을 때 객관적으로 이루어져야 하기 때문에, 통상인을 기준으로 하여 권리(손해배상청구권)의 존재 · 내용 등을 파악할 수 없고, 권리행사를 기대할 수 없다고 볼만한 객관적인 사정이 있었는지의 관점에서 판단해나가야 할 것이다. 불법행위가 행해진 시점이 속하는 사업연도 당시 내지는 납세신고 시에 납세자가 어떠한 인식을 하고 있었는지(납세자의 주관)를 문제로 삼아서는 안 된다.」

이러한 일반론에 기초하여 도쿄 고등재판소는 해당 사안에서 「통상인을 기준으로 하여 권리(손해배상청구권)의 존재·내용 등을 파악할 수 없고, 권리행사를 기대하기 어려운 것과 같은 객관적인 사정이 있었다」고는 할 수 없다고 하여, ② 손해배상청구권의 해당 사업연도 익금계상을 긍정하였다.

도쿄 고등재판소는 한발 더 나아가 ③ 손해배상청구권이 전액 회수불능이어서 대손손실에 해당할 가능성에 대해서 다음과 같이 판시하고 있다.

「다만 손해배상청구권이 그 취득 당시부터 전액 회수불능인 것이 객관적으로 명백하다고 한다면, 이를 대손손실로 취급하여 법인세법 제22조 제3항 제3호에서 말하는 해당 사업연도의 손실의 금액으로서 손금에 산입하는 것이 허용되어야 한다[전게 最高裁 昭和43{1968}. 10. 17. 判決(다이에이{大栄} 플라스틱 주식회사 사건). 또한 最高裁 平成16 {2004}. 12. 24. 第二小法廷判決 民集 58권 9호 2637면(흥업은행{興銀} 사건) 참조]. 또한 취득 당시에는 그렇다고 할 수 없었다고 하더라도 그 후 그렇게 되었을 경우에는, 그 시점이 속하는 사업연도의 손금에 산입하는 것이 허용되어야 할 것이다.

물론 위와 같이 대손손실로서 손금에 산입하기 위해서는 전액 회수불능인 것이 객관적으로 명백할 필요가 있는바[전게 最高裁 平成16(2004). 12. 24. 判決], 이 전액 회수불능인 것이 객관적으로 명백한지 여부는 채무자의 자산·부채의 상황, 지불능력, 신용상황, 해당 채권의 금액, 채권자가 채용한 추심수단·방법, 추심에 대한 채무자의 태도·대응 등 제반 사정을 종합하여 판단해야 할 것이다.」

도쿄 고등재판소는 이러한 일반론을 본건에 적용하여, 손해배상청구권이 전액 회수불능인 것이 객관적으로 명백하다고는 할 수 없다고 판단하였고, 대손손실로서의 손금산입을 부정하였다.

(5) 정리

이와 같이 회사의 자산을 횡령이나 사기에 의해 잃게 된 경우, ① 손실의 손금계상 시기와 ② 손해배상청구권의 익금계상 시기, ③ 손해배상청구권에 관련된 대손손실의 손금계상 시기를 검토할 필요가 있다.33)

---

33) 한국: (1) 우리 법인세법 제67조는 법인세 과세표준의 신고·결정 또는 경정이 있는 경우에는, 기업회계와 세무회계의 차이를 조정하고, 동시에 해당 금액의 귀속자를 밝혀서 소득과세를 하기 위한 '소득처분' 제도를 두고 있는데, 이 소득처분 제도는 외국의 세법에서 유례를 찾기 힘든 한국 특유의 것이다[임승순, 앞의 책(조세법), 750면. 이어서 비교법적 검토에 대하여 임승순, 앞의 책(조세법), 751-752, 756-757면 참조. 우리나라의 '소득처분' 제도는 뒤의 16-4-4 (3) 부분의 각주에서 일본 법인세법상 '용도불명금'의 처리와 비교하면서 다시 언급한다]. 이 소득처분 제도로 인하여, 우리나라에서는 '회사의 임원이나 사용인이 회사의 자금을 횡령한 경우, 이를 사외유출되었다고 보아 해당 임원·사용인에 대한 상여로 소득처분을 할 수 있는지 여부'가 쟁점이 되고 있다. 대표적 판례인 대법원 2004. 4. 9. 선

재판례 사안에서는 가해자가 제3자인 경우와 회사의 임원이나 종업원인 경우가 있었다. 제3자로부터 지급을 받은 손해배상금에 대해서는, 국세청 통달이 ②의 익금계상 시기에 대하여 실제로 지급을 받은 날이 속하는 사업연도의 익금계상을 허용하고 있다(法通 2-1-43).

고 2002두9254 판결을 인용하면 다음과 같다(이 판례와 그 하급심을 통해 사실관계를 살펴보면, 「외국계 기업인 원고의 전임 대표이사였던 甲이 원고의 할인매장 부지를 취득함에 있어서, 원고의 전임 부사장이었던 A, 아르헨티나인인 B 등과 공모하여, 거래대상인 토지의 실제 취득가액의 50%에 달하는 금원을 과대계상하여 이를 토지가액에 포함시켜 지급된 것으로 회계처리를 하고, 그 차액 상당의 금원을 인출한 다음 그 일부를 스위스의 은행계좌 등으로 유출시켜 횡령한 사안」이다).

"법인의 대표이사 또는 실질적 경영자 등이 그의 지위를 이용하여 법인의 수익을 사외에 유출시켜 자신에게 귀속시킨 금원 가운데 법인의 사업을 위하여 사용된 것이 분명하지 아니한 것은 특별한 사정이 없는 한 상여 내지 임시적 급여로서 근로소득에 해당한다 할 것이나, 한편 법인의 피용자의 지위에 있는 자가 법인의 업무와는 무관하게 개인적 이익을 위해 법인의 자금을 횡령하는 등 불법행위를 함으로써 법인이 그 자에 대하여 그로 인한 손해배상채권 등을 취득하는 경우에는 그 금원 상당액이 곧바로 사외유출된 것으로 볼 수는 없고, 해당 법인이나 그 실질적 경영자 등의 사전 또는 사후의 묵인, 채권 회수포기 등 법인이 그에 대한 손해배상채권을 회수하지 않겠다는 의사를 객관적으로 나타낸 것으로 볼 수 있는 등의 사정이 있는 경우에만 사외유출로 보아 이를 그 자에 대한 상여로서 소득처분할 수 있다 할 것이며, 대표이사의 직위에 있는 자라 하더라도 그 실질상 피용자의 지위에 있는 경우에는 이와 마찬가지로 보아야 할 것이다."

(2) 판례는 회사의 자금을 횡령한 사람이 ① 주주 겸 대표자 등 '실질적 경영자'인 경우와 ② 그렇지 아니한 피용자에 불과한 경우를 나누고 있다. 먼저 ①의 경우는 해당 금액을 손금불산입하면서 사외유출로 보아 소득처분을 하고, 따라서 횡령을 한 사람에게 근로소득세가 과세되고 회사에는 이에 대한 원천징수의무가 생기나, ②의 경우에는 피해회사가 손해배상청구권을 보유하고 있는 것이므로 사외유출이 아닌 사내유보로 처리하고, 실제로 손해배상청구권의 회수가 이루어지면 그 금액 상당분은 사내유보에서 추인하여 차감하며, 회수할 수 없음이 객관적으로 입증되면 그 시점에 대손금으로 처리한다. 즉 ①의 경우는 "애당초 회수를 전제로 하여 이루어진 것이 아니"므로 손해배상청구권의 발생여부와 대손이 되었는지 여부를 애초부터 따지지 않는 것이다(이상 위 판결 및 그 원심인 대전고법 2002. 8. 29. 선고 2001누1893 판결 참조 및 인용).

(3) 이 쟁점을 분석한 논문으로 윤지현, "대표이사가 회사 재산을 횡령한 경우 상여로 소득처분할 수 있는 요건에 관한 고찰", 특별법연구 8권, 박영사(2006), 642면 이하 참조(특히 본문의 '손금과 익금의 동시계상' 문제에 관한 일본의 판례가 언급된 부분으로 669면 참조). 이 논문은 특히 위 (2) ①의 경우 (i) 실질적 경영자의 횡령 시 이를 사외유출로 보게 되면 피해자인 회사가 소득세 원천징수의무를 지게 되는바 이는 현실적으로 가혹한 경우가 존재하고(경영진이 교체된 경우 등)(644-645면), (ii) 횡령을 한 실질적 경영자에 대해서는 피해자인 회사가 손해배상청구권을 가지게 되고(따라서 실질적 경영자는 채무를 부담) 실제로 반환이 이루어지는 경우가 있음에도 불구하고, 언제나 횡령자에게 소득이 발생한다고 보는 논리에는 무리가 있다는 취지로 지적하고(656-660면), 위 (2) ②의 논리구조[기본적으로 사내유보, 채권회수포기 등 특별한 사정(회사 측의 '추인')이 있는 경우 사외유출, 후에 회수불가가 확정되는 경우는 대손으로 손금산입을 허용]가 '실질적 경영자'가 아닌 피용자에 한정될 이유는 없다는 취지로 주장한다(676-684면).

(4) 이상의 내용을 일본에서의 본문의 해석론과 비교해 보면, ① 일본의 경우는 우리 판례와 같이 '실질적 경영자'와 '실질적 경영자가 아닌 피용자'의 경우를 나누고 있지 않다는 점에서 차이를 보이고 있으며(또한 소득처분 제도가 없음), ② 일본의 해석론은 대체로 우리 판례상의 '실질적 경영자가 아닌 피용자'에 대한 법리와 유사하다는 것을 알 수 있다.

16-4 별도의 규정

16-4-1 손금의 계상에 관한 「별도의 규정」

법인세법 제22조 제3항은 손금의 금액에 관한 기본규정으로, 이에 대해서는 많은 「별도의 규정」이 존재한다. 도표 16-8은 법인세법 제2편 제1장 제1절 제4관에 속하는 「별도의 규정」을 일람한 것이다.

도표 16-8 ▌ 법인세법 제2편 제1장 제1절 제4관[34]의 일람[35]

제1목	자산의 평가 및 상각비(제29조~제32조)
제2목	자산의 평가손실(제33조)
제3목	임원의 급여 등(제34조~제36조)
제4목	기부금(제37조)
제5목	조세공과 등(제38조~제41조의2)
제6목	압축기장(제42조~제51조)
제7목	대손충당금(제52조·제53조)
제7목의2	양도제한부주식{讓渡制限付株式}을 대가로 하는 비용 등(제54조·제54조의2)
제7목의3	부정행위 등에 관련된 비용(제55조·제56조)
제8목	이월결손금(57조~제59조)
제9목	계약자배당 등(제60조·제60조의2)
제10목	특정주주 등에 의해 지배된 결손 등 법인의 자산의 양도 등 손실액(제60조의3)

이들 중 이미 살펴본 것이 재고자산의 매출원가의 계산(法税 제29조), 감가상각자산의 상각비의 계산(동 제31조), 이연자산의 상각비의 계산(동 제32조), 자산 평가손실의 손금불산입(동 제33조), 대손충당금(동 제52조), 부정행위 등에 관련된 비용 등의 손금불산입(동 55조)이다. 여기에서는 그 이외의 대표적인 손금항목으로서 다음의 네 가지를 살펴보도록 한다.

▶ 임원급여(法税 제34조)

▶ 기부금(法税 제37조)

---

34) 일본 법인세법 제2편 제1장 제1절 제4관의 표제는 '損金の額の計算(손금의 금액의 계산)'이다.
35) 한국: 여기에 대응하는 우리나라 조항은 대체로 법인세법 제2장 제3관(손금의 계산), 제4관(준비금 및 충당금의 손금산입)에 존재한다.

▶ 교제비 등(租特 제61조의4)

▶ 이월결손금(法税 제57조)

16-4-2 임원급여

(1) 平成18{2006}년도 세제개정

법인세법에는 昭和40{1965}년 전문개정부터 平成18{2006}년도 세제개정까지 임원{役員}상여를 손금불산입으로 하는 규정이 있었다. 그 배경이 된 것이 「임원상여는 회사가 비용을 공제한 다음에 남은 이익을 처분한 것이다」라는 사고방식이었다. 이익의 처분은 '자본 등 거래'에 해당하여 손금에 산입할 수 없기 때문에, 이러한 인식하에서는 임원상여는 그 전액을 손금불산입으로 해야 한다. 그리고 임원의 보수나 퇴직금에 대해서도 '지나치게 고액인 부분'36)에 대해서는 손금산입을 제한하는 등의 규정이 존재하였다. 회사의 이익을 임원보수 등의 형태로 바꾸어 지급하게 된다면, 이른바 「숨은 이익처분」에 대해 손금산입이 가능하게 되어 버린다. 이에 대항하여 법인세의 과세 베이스를 방어하고 있었다.

임원상여의 손금불산입 규정을 중핵으로 하는 이들 룰의 취지는, 「임원급여 지급의 자의성을 배제하는 것이 적정한 과세를 실현한다는 관점에 불가결」 하기 때문에, 「법인단계에서 손금산입되는 임원급여의 범위를 직무집행의 대가로서 적절하다고 여겨지는 범위 내로 한정하려는 것」이었다[『平成18年版改正税法のすべて』〔大蔵財務協会, 2006년〕 323면].

회사법의 제정에 발맞추어, 임원상여는 직무집행의 대가의 성질을 가지는 한 보수와 같은 규제를 받도록 하였다. 회사법은 이사의 보수를 정관 또는 주주총회의 결의로 정하도록 하는 등(会社 제361조), 아전인수행위37)의 폐해를 방지하기 위한 룰을 두고 있다. 기업회계상으로도 임원상여는 발생한 기간의 비용으로서 처리하도록 되어 있다. 이 기회를 빌려 平成18{2006}년도 세제개정은 상기의 취지를 답습해 가면서, 종래의 법인세 규정을 일신하였다. 개정 후의 법인세법 제34조는 종래의 임원상여나 임원보수, 임원퇴직금 등을 일괄하여 「임원급여」로 부르며 손금산입의 가부를 규정화하였다.

---

36) 원서의 서술은 조문의 표현에 따라서 "不相当に高額の部分" 즉 '불상당하게 고액인 부분'으로, 이를 본문과 같이 '지나치게 고액인 부분'으로 의역하였다. 이하 동일하다(부록 일본 조세법령에서도 마찬가지로 번역함).

37) 원서의 서술은 "お手盛り"로, '자기가 먹을 음식을 자신의 그릇에 담는 것'을 의미하고, 관용적으로 '자신에게 유리하게 판을 짜는 것'을 의미한다. 본문에서는 문맥상 '이사 스스로가 자신에게 유리하도록 고액의 보수를 설정하는 것'을 의미하게 되는데, 이것을 '아전인수행위'로 의역하였다.

(2) 법인세법 제34조의 개요

법인세법 제34조는 일정한 임원급여를 손금불산입으로 하고 있다.[38] 여기에 「임원
{役員}」이란 「법인의 이사{取締役}[39], 집행임원{執行役}, 회계참여, 감사역{監査役}[40],
이사{理事}, 감사{監事} 및 청산인 그리고 이들 이외의 자로서 법인의 경영에 종사하고
있는 자 가운데 정령으로 정하는 자」를 말한다(法税 제2조 제15호, 法税令 제7조).[41][42] 임
원「급여」는 넓은 개념으로, 상여나 퇴직급여는 물론 채무면제에 의한 이익, 기타 경제
적 이익을 포함한다(法税 제34조 제4항).

법인세법 제34조는 제22조 제3항에 대한 「별도의 규정」이다. 따라서 제34조 제1항부
터 제3항까지의 손금불산입 규정이 적용되지 않는 경우, 임원급여는 제22조 제3항 제2
호의 비용으로서 그것이 발생한 사업연도의 손금에 산입된다.

법인세법 제34조 제1항부터 제3항까지의 개요는 도표 16-9와 같다

도표 16-9 ┃ 법인세법 제34조 제1항~제3항의 개요

제1항	① 정기동액{定期同額}급여, ② 사전확정신고급여 ③ 이익연동{利益連動}급여, 이외에는 손금불산입
제2항	'지나치게 고액인 부분'의 손금불산입
제3항	은폐·가장경리에 의해 지급한 임원급여의 손금불산입

---

38) 한국: 대응하는 규정인 법인세법 제26조(과다경비 등의 손금불산입), 법인세법 시행령 제43조(상여금
    등의 손금불산입), 제44조(퇴직급여의 손금불산입) 참조.
39) 일본어에서는 영리법인의 이사를 '取締役(とりしまりやく)', 공익법인 등의 이사를 '理事(りじ)'라고 칭
    한다. 즉 '取締役'은 회사의 업무집행기관이고(일본 회사법 제348조), '理事'는 공익법인 등의 업무집행
    기관이다(일본 '일반사단법인 및 일반재단법인에 관한 법률' 제76조). 우리나라에서는 모두 '이사'라고
    칭하기 때문에 번역서에서도 '取締役'를 '이사'로 번역하였다.
40) 감사역(監査役)은 회사의 이사(取締役)의 직무집행을 감사(監査)하는 임원이고(일본 회사법 제381조),
    감사(監事)는 공익법인 등의 이사(理事)의 직무집행을 감사(監査)하는 임원이다(일본 '일반사단법인 및
    일반재단법인에 관한 법률' 제99조).
41) '이사(取締役), 회계참여(会計参与), 감사역(監査役)'은 회사의 '임원(役員)'에 해당하고[일본 회사법 제
    329조(선임) 참조], '이사(理事), 감사(監事), 회계감사인(会計監査人)'을 공익법인 등의 '임원(役員)' 등
    에 해당한다[일본 '일반사단법인 및 일반재단법인에 관한 법률' 제111조(임원 등의 일반사단법인에 대
    한 손해배상책임) 참조]. 본문의 법인세법 규정은 영리회사와 공익법인 등의 임원을 아울러서 규정하고
    있는 것이다.
42) 한국: '임원'의 범위를 정하고 있는 법인세법 시행령 제40조 제1항 참조.

각 항의 우선순위에 유의하길 바란다. 제1항 주서{桂書}의 괄호에 의해서, 제1항에서 말하는 「급여」에서 제3항이 적용되는 것은 제외된다. 즉 제3항이 제1항에 우선하여 적용된다. 또한 제2항 괄호는 제1항 또는 제3항의 적용이 있는 것을 제외하고 있기 때문에, 제2항은 제1항과 제3항 보다 후순위로 적용된다. 결국 제3항→ 제1항→ 제2항의 순서로 적용되게 된다.

같은 내용을 달리 말해 보면, 우선 은폐·가장경리에 의해 임원에게 지급한 급여는 제1항, 제2항과 관계없이 제3항에 의해 전액이 손금불산입이 된다. 다음으로 은폐·가장이 없는 경우에도 제1항에 의해 원칙적으로 손금불산입이 되지만, 여기에는 제1항 각호의 예외가 규정되어 있다. 마지막으로 제3항이나 제1항의 적용에 의해 손금불산입이 되는 것은 면했다고 하더라도, 제2항에 의해 지나치게 고액인 부분이 손금불산입이 된다. 이리하여 제3항→ 제1항→ 제2항의 순서로, 3중으로 손금산입을 막고 있다.

제2항에서 말하는 「지나치게 고액인 부분의 금액」의 산정방법은 정령에 위임되어 있다. 도표 16-10은 그 개요이다(法稅令 제70조).[43]

---

43) 부록 일본 조세법령 참조.

한국: (1) 법인세법 시행령 제43조 제2항은 "법인이 임원에게 지급하는 상여금 중 정관·주주총회·사원총회 또는 이사회의 결의에 의하여 결정된 급여지급기준에 의하여 지급하는 금액을 초과하여 지급한 경우"에 대하여, 제3항은 "지배주주 등(특수관계에 있는 자를 포함)인 임원 또는 직원에게 정당한 사유 없이 동일직위에 있는 다른 임원 또는 직원에게 지급하는 금액을 초과하여 보수를 지급한 경우"에 대하여 이를 각각 손금불산입하도록 규정하고 있다. 즉 본문의 일본 법인세법 규정과 달리, 위 법인세법 시행령의 각 규정에 해당하지 않는 한 '지나치게 고액'이라는 이유만으로는 손금불산입을 할 수 있는 근거규정을 문리상으로는 찾아볼 수 없다.

(2) 그러나 대법원 2017. 9. 21. 선고 2015두60884 판결은 다음과 같이 판시하고 있다(괄호는 역자가 넣음). "(법인이 임원에게 지급하는) 보수가 법인의 영업이익에서 차지하는 비중과 규모, 해당 법인 내 다른 임원들 또는 동종업계 임원들의 보수와의 현저한 격차 유무, 정기적·계속적으로 지급될 가능성, 보수의 증감 추이 및 법인의 영업이익 변동과의 연관성, 다른 주주들에 대한 배당금 지급 여부, 법인의 소득을 부당하게 감소시키려는 주관적 의도 등 제반 사정을 종합적으로 고려할 때, 해당 보수가 임원의 직무집행에 대한 정상적인 대가라기보다는 주로 법인에 유보된 이익을 분여하기 위하여 대외적으로 보수의 형식을 취한 것에 불과하다면, 이는 이익처분으로서 손금불산입 대상이 되는 상여금과 그 실질이 동일하므로 법인세법 시행령 제43조에 따라 손금에 산입할 수 없다고 보아야 한다."

(3) 위 판례에 대한 평석으로 황남석, "과다한 임원 보수의 손금불산입-대법원 2017. 9. 21. 선고 2015두60884 판결-", 법조 726호, 법조협회(2017), 574면 이하 참조. 이 평석은 ① 위 판례의 결론에는 찬성하지만, 법인세법 시행령 제43조 제1항을 적용법조로 한 것(위 판례는 항을 특정하고는 있지 않으나, 맥락상 제1항을 근거로 한 것으로 해석됨)에는 반대하면서(586-588면), ② 손금불산입의 근거조문으로, 오히려 일반규정인 법인세법 제19조 제1항, 제2항, 제20조 제1호 및 국세기본법 제14조 제2항 등을 들었어야 한다는 취지로 주장하고(590-594면), ③ 나아가 이와 같이 일반규정들을 적용할 경우 조세법률주의에 저촉될 우려가 있으므로, 본문의 일본 법인세법과 같이 보수·상여금의 손금불산입에 관한 통합적 규정을 둘 필요가 있다는 취지로 주장한다(595-596면).

도표 16-10 ▌「지나치게 고액인 부분의 금액으로서 정령으로 정하는 금액」의 산정방법

법인세법 시행령 제70조 제1호 (퇴직급여 이외의 급여)	イ와 ロ 가운데 더 큰 금액 イ (실질기준) 해당 임원의 직무내용, 그 내국법인의 수익 및 그 사용인에 대한 급여의 지급상황, 동종의 사업을 영위하는 유사규모의 법인의 임원급여 지급상황 등에 비추어, 해당 임원의 직무에 대한 대가로서 상당하다고 인정되는 금액을 넘는 경우에, 그 넘는 부분의 금액 ロ (형식기준) 정관의 규정 또는 주주총회의 결의에 의하여 임원에 대한 급여로서 지급할 수 있는 금액의 한도액 등을 넘는 경우에, 그 넘는 부분의 금액
법인세법 시행령 제70조 제2호 (퇴직급여)	퇴직한 임원이 그 내국법인의 업무에 종사한 기간, 그 퇴직의 사정, 그 내국법인과 동종의 사업을 영위하는 유사규모의 법인의 임원퇴직급여 지급상황 등에 비추어, 그 퇴직한 임원에 대한 퇴직급여로서 상당하다고 인정되는 금액을 넘는 경우에, 그 넘는 부분의 금액
법인세법 시행령 제70조 제3호 (사용인겸무임원의 사용인으로서의 직무에 대한 상여)	다른 사용인에 대한 상여의 지급시기와 다른 시기에 지급한 것의 금액

(3) 법인세법 제34조 제1항 읽기

법인세법 제34조 제1항의 규정은 약간 복잡하게 표현되어 있다. 애초에 제1항의 대상에서 제외되는 것이 '퇴직급여이지만 실적연동급여(法稅 제34조 제5항)에는 해당하지 않는 것', '사용인으로서의 직무를 겸하는 임원(동조 제6항, 사용인겸무임원)에 대해 지급하는 해당 직무에 대한 급여', '제3항의 적용이 있는 것'이다(동조 제1항 주서{柱書}의 괄호).

이들을 제외한 임원의 급여가 원칙적으로 손금불산입이 된다(法稅 제34조 제1항 주서{柱書}). 예외로서 '정기동액급여', '사전확정신고급여', '실적연동급여'가 법정되어 있다(동항 각호). 그렇기 때문에 손금산입을 바라는 납세자로서는 이들 중 어딘가에 해당하도록 노력하게 된다.

지엽적인 부분은 생략하고 각호의 골자를 설명해 보면 다음과 같다.

▶ '정기동액급여'는 지급시기가 1개월 이내인 일정기간마다 지급하는 급여(정기급여)로서, 각 지급시기의 지급액이 같은 금액인 것이다(法稅 제34조 제1항 제1호). 원천징수세나 사회보험료를 공제한 실수령액이 같은 금액인 경우에는, 그 정기급여의 각

지급시기의 지급액은 같은 금액인 것으로 간주한다(法稅令 제69조 제2항). 임원급여
가 직무집행의 대가로서 상당한지 여부를 실질적으로 판단하기란 꽤나 어려운 문제
이다. 그렇기 때문에 平成18{2006}년 개정 전부터 외형적인 급여형태에 착안하여
정기적으로 정액을 지급하는 급여를 '임원보수'라고 하여 임시적으로 지급하는 '임
원상여'와 구별하여 왔다. 개정 후의 정기동액급여는 개정 전의 임원보수에 대응한
다. 이는 제34조 제1항과의 관계에서는 손금불산입 규정의 예외가 되지만, 종래와
마찬가지로 지나치게 고액인 부분이 있다면 그 부분은 손금불산입이 된다(동조 제2
항). 「기타 이에 준하는 것으로서 정령으로 정하는 급여」도 정기동액급여로 정해져
있고, 이에 대해서는 (4)에서 예를 들어가며 설명하도록 한다.

▶ '사전신고급여'는 임원의 직무에 대해 소정의 시기에 확정액의 금전을 지급한다는
취지를 사전에 정한 것에 근거하여 지급하는 급여(정기동액급여나 이익연동급여에 해
당하지 않는 것)로서, 신고기한까지 소정의 사항을 기재한 서류를 세무서장에게 신
고하여야 한다(法稅 제34조 제1항 제2호 イ). 비동족회사의 금전급여로 비상근임원에
게 지급하는 것은 자의적인 소득조작의 위험이 적기 때문에 신고할 필요는 없다.
신고기한은 주주총회에서 임원의 직무에 대해 소정의 시기에 확정액을 지급한다는
취지를 정하는 결의를 한 날로부터 1개월이 경과한 날이다(法稅令 제69조 제4항 제1
호). 임시개정사유{臨時改正事由}가 발생한 경우에는 사유가 발생한 날로부터 1개월
이 경과한 날까지 신고하여야 한다(동항 제2호). 사전신고를 요구하는 취지는 사전
에 정한 것을 그대로 따르게 함으로써 임원급여의 지급시기나 지급액에 대한 자의
성을 배제하게 하기 위함이다. 확정수의 주식·신주예약권을 교부하는 경우도 손금
불산입의 예외가 된다(法稅 제34조 제1항 제2호 ロ, ハ).

▶ 제3호의 '실적연동급여'는 내국법인이 업무집행임원에 대해 지급하는 실적연동급여
(法稅 제34조 제5항)로서, 도표 16-11에 열거된 요건을 충족시키는 것이다(동조 제1
항 제3호). 이러한 요건은 지급의 투명성·적정성을 확보하기 위한 것이다. 예를 들
어 '업무집행임원에 대한 실적연동급여로서 상한의 정함이 없는 것'은 도표 16-11
우측 상단의 (1) 「확정액을 한도로 하고 있는」이라는 요건을 충족하지 못한다. 그
러한 급여는 회사이익의 많고 적음에 따라 지급액이 사후적으로 변동하기 때문에
정기동액급여나 사전신고급여에도 해당하지 아니하여, 결국 전액이 손금불산입이
된다. 平成18{2006}년도 개정 전에는 회사의 실적에 연동하여 임원급여의 지급액을
사후적으로 정하는 것을 허용하면 회사의 과세소득을 쉽게 조작할 여지를 줄 수 있
다는 관점에서, 임원에 대한 실적연동형보수의 손금산입을 전혀 인정하지 않았었다.

도표 16-11 ┃ 실적연동급여에 관한 제34조 제1항 제3호의 요건

제3호 イ	산정방법이 직무집행기간 개시 후의 이익·주가·매출액의 상황을 나타내는 지표를 기초로 한 객관적인 것일 것. 다음의 요건을 충족하는 경우에 한한다. (1) 확정된 금액 또는 확정된 수를 한도로 한 것으로, 다른 업무집행임원에 대해 지급하는 실적연동급여에 관련된 산정방법과 같을 것 (2) 정령으로 정하는 날까지 보수위원회의 결정 기타 정령으로 정하는 적정한 절차를 거칠 것 (3) 산정방법의 내용이 지체 없이 유가증권보고서 등에 개시될 것
제3호 ロ	기타 정령으로 정하는 요건(法税令 제69조 제17항)

(4) 조문을 읽고 이해하는 훈련

법인세법 제34조의 규정을 읽는 연습을 해 보자. 아래는 모두 은폐·가장경리에 의한 지급(동조 제3항)이 아닌 것으로 한다.

[예1] 사업연도의 중간에 임원에 대한 정기급여의 금액을 개정하는 경우, 정기동액급여에 해당할 것인가.

다음의 경우에 대하여, 개정 전의 각 지급시기의 지급액 및 개정 후의 각 지급시기의 지급액이 각각 같은 금액이라면, 「기타 이에 준하는 것으로서 정령으로 정하는 급여」로서 정기동액급여에 해당한다(法税 제34조 제1항 제1호, 法税令 제69조 제1항 제1호). 즉 회계기간 개시일로부터 3개월이 경과한 날까지의 정기급여액의 개정(法税令 제69조 제1항 제1호 イ), 임원직제상 지위의 변경이나 직무내용의 중대한 변경에 따른 임시개정사유에 의한 정기급여액의 개정(동호 ロ), 실적악화 개정사유에 의한 정기급여의 감액(동호 ハ)이 그것이다.

[예2] 회사가 임원에 대해 동계{冬季}상여 500만 엔, 하계{夏季}상여 500만 엔의 지급을 예정하여 사전신고를 하였다. 동계상여는 신고대로 500만 엔을 지급하였지만, 하계상여는 실적악화에 의해 임시주주총회 결의로 250만 엔으로 감액하여 지급하였다. 사전신고급여(法税 제34조 제1항 제2호)에 해당하지 않아 손금불산입이 되는 것은 하계상여 250만 엔뿐인 것일까.

재판례는 이와 같은 사례에서 동계상여와 하계상여 전액이 손금불산입이 된다고 하였다[東京地判 平成24(2012). 10. 9. 訟月 59권 12호 3182면(산와크리에이션{三和クリエーション} 주식회사 사건)]. 즉 「하나의 직무집행기간 중에 수회에 걸쳐 지급이 이루어진 경우, 해당 임원급여의 지급이 사전에 관할 세무서장에게 신고한 그대로 이루어졌는지 여부

는, 특별한 사정이 없는 한, 개개의 지급이 이루어질 때마다 판단하여야 하는 것이 아니라, 해당 직무집행기간 전 기간을 1개의 단위로서 판단해야 하는 것」으로, 이 사례의 하계상여와 같이 1회라도 사전에 정한 그대로 지급이 이루어지지 않은 경우에는, 임원상여의 지급은 그 전체가 사전에 정한 그대로 지급이 이루어지지 않은 것으로 보아야 한다고 하였다. 그 이유로서 ① 주주총회 결의의 취지는, 전 직무집행기간의 직무집행에 대한 대가로서 일체적으로 급여를 정한 것으로 보아야 한다는 점, ② 개개의 지급이 이루어질 때마다 판단한다면, 사전에 수회에 걸쳐 지급할 것을 정한 다음, 실제로 지급할 때에 사전에 정한 그대로 지급을 할지 여부를 선택하는 방법으로 회사가 원하는 만큼 손금의 금액을 정하게 되는 등의 폐해가 생길 수 있다는 점을 들고 있다.

[예3] 회사가 임원에 대해 '지나치게 고액의 퇴직급여'를 지급한 경우, 이를 손금에 산입할 수 있을 것인가.

퇴직급여는 급여에 포함되지만, 제34조 제1항은 적용되지 않는다(동항 주서{柱書}의 괄호). 동조 제2항이 적용되어 「지나치게 고액인 부분의 금액」이 손금불산입이 된다(法稅슈 제70조). 소송에 이르게 된 경우에 지나치게 고액인 부분의 금액이 구체적으로 얼마인지에 대한 주장·입증은 손금산입을 부정하는 과세처분을 한 세무서장 측에서 이를 행할 책임이 있다.

[예4] 사용인으로서의 직무를 겸하는 임원(사용인겸무임원)에게 해당 직무에 대한 급여를 과대하게 지급한 경우, 손금에 산입할 수 있을 것인가.

사용인겸무임원에 대한 급여에는 '임원으로서의 직무에 대한 부분'과 '사용인으로서의 직무에 대한 부분'이 있다. 후자의 사용인 부분의 급여는 제34조 제1항의 적용대상에서 제외되어 있다(동항 주서{柱書}의 괄호). 동조 제2항이 적용되어 「지나치게 고액인 부분의 금액」이 손금불산입이 된다(동항, 法稅슈 제70조). 여기서 사용인겸무임원이란, 임원 중에서 부장, 과장, 기타 법인의 사용인으로서의 직제상 지위를 가지고, 상시 사용인으로서의 직무에 종사하는 자를 말한다(法稅 제34조 제6항). 다만 사장, 이사장, 기타 정령으로 정하는 자(대표이사나 부사장 등. 法稅슈 제71조)는 제외한다.

(5) 임원 개인의 소득세와의 관계

임원급여의 취급은 회사의 법인세에서의 손금에 대해서뿐만 아니라, 임원 개인의 소득세에 대해서도 문제가 된다. 예를 들어 회사가 임원에 대해 정기동액급여를 지급하면, 임원의 급여소득이 되어(所稅 제28조), 이에 연동하여 급여를 지급하는 회사가 원천징수를 행한다(동 제183조). 회사가 임원에 대한 지급을 급여로서 취급하지 않았으나 실제로는 그러한 지급이 급여로 인정되는 경우에도 원천징수를 할 필요가 있다. 그렇기 때문에 임원급여를 둘러싼 재판례에서는 회사 법인세의 손금불산입에 더하여 급여소득에 대한 원천징수가 자주 문제가 된다.

또한 임원급여에 대해서는 법인단계에서 비용을 계상하여 손금에 산입하고, 개인단계에서는 급여소득공제를 이용할 수 있다. 특히 오너인 임원에 의한 지배의 정도가 강한 1인 회사에서는 오너 임원이 사실상 스스로 임원급여의 결정권을 가지고 있어, 과세소득의 조작이 용이하다. 그렇기에 平成18{2006}년 세제개정에서는 그러한 1인 회사가 오너인 임원에게 지급하는 급여에 대해, 임원의 급여소득공제에 상당하는 부분을 회사단계에서 손금불산입하도록 하였다(法稅 제35조). 그러나 중소기업을 중심으로 이러한 규정에 대한 비판이 거세져, 平成22{2010}년도 세제개정에서 폐지되었다. 또한 平成24{2012}년도 세제개정 이후, 그 해의 급여 등의 수입금액이 일정액을 초과하는 경우 급여소득공제액에 상한을 두고 있다(所稅 제28조 제3항 제5호. → 10-1-4).

(6) 과대한 사용인급여의 손금불산입

임원급여의 손금불산입 조치만이 존재하는 상태에서는, 임원이 그 친족 등을 회사의 사용인으로 해서 회사로부터 급여를 지급받도록 하여 회사의 과세소득을 줄일 수 있다. 더욱이 친족 간에 개인소득이 분산되므로, 각자가 급여소득공제나 인적공제를 이용하는 방법으로 누진세율구조 아래에서 비교적 낮은 세율의 적용을 받게 된다.

여기에 대항하여 과대한 사용인급여를 손금불산입으로 하는 규정이 있다. 즉 임원과 「특수한 관계가 있는 사용인」에 대해 지급하는 급여 가운데 「지나치게 고액인 부분의 금액」은 손금에 산입하지 않는다(法稅 제36조).[44] 문언에서 명확하게 드러나 있듯이, 임원과 특수한 관계가 없는 사용인에 대한 급여는 이 규정의 적용을 받지 않는다. 여기에서 「특수한 관계가 있는 사용인」이란 친족이나 사실상의 배우자, 이러한 자와 생계를 같이 하는 자 등을 말한다(法稅令 제72조). 「지나치게 고액인 부분의 금액」은 직무의 내용, 회사의 수익이나 다른 사용인에 대한 급여지급 상황, 유사회사의 사용인급여 상황 등에 비추어, 직무에 대한 대가로서 상당하다고 인정되는 금액을 초과하는 금액을 말한다(동 제72조의2).

예를 들어 주식회사 C(내국법인)가 그 회사의 임원 D의 남편인 E에 대해 사용인급여를 300만 엔 지급하였다고 하자. 그중 200만 엔이 E의 직무대가로서 지나치게 고액인 부분이라고 해 보자. 이러한 경우 C사의 법인세 과세소득의 계산상 200만 엔이 손금불

---

44) 한국: 앞서 각주에서 살펴본 법인세법 시행령 제43조 제3항 참조.

산입이 된다(法税 제36조). 이 경우 E는 급여소득을 얻고 있지만(所税 제28조), 그 수입금액은 어디까지나 300만 엔이다. 지나치게 고액인 부분을 손금에 산입하지 않는 규정은, C사의 법인세 과세소득의 계산과의 관계에서 효과를 가질 뿐, E의 소득세의 수입금액의 산정에 영향을 미치지 않기 때문이다. 따라서 급여를 지급하는 C사가 원천징수를 행할 시에 원천징수의 대상이 되는 금액도 300만 엔이 된다.

Column 16-2 경영자 보수의 바람직한 모습

경영자 보수의 바람직한 모습을 모색함으로써, 경영자의 장기적인 인센티브를 고양하고, 회사의 지배구조를 개선하는 것이 과제가 되고 있다. '임원에게 주식을 지급하는 방식의 보수'45)에 대한 세제상의 취급이 문제가 되고 있는데, 예를 들어 스톡옵션에 대해서는 적정하다고 인정되는 연간 행사가격의 상한(1,200만 엔. 조세특별조치법 제29조의2)이 지나치게 낮다는 지적을 받고 있다.46) 한편 회사가 개인으로부터 역무의 제공을 받고 그 대가로서 스톡옵션을 부여하는 경우에, 그러한 역무의 제공에 관한 비용을 손금에 산입하는 시기는 '개인의 급여소득의 수입금액에 산입해야 할 사유가 발생한 날이 속하는 사업연도'이다(法税 제54조의2).47) 참조, 佐藤修二 「人的資本の拠出者に対する課税」 金子宏監修 『現代租税法講座(3)企業・市場』(日本評論社, 2017년) 71면.

---

45) 원서의 서술은 "エクイティ報酬"(equity 보수)이나, 본문과 같이 '임원에게 주식을 지급하는 방식의 보수'로 의역하였다.

46) 일본 조세특별조치법 제29조의2는 일정한 요건을 갖춘 이른바 '세제적격 스톡옵션(신주예약권)'의 경우, 이를 행사한 임직원 등에게 행사시점에는 그 경제적 이익(권리행사가액과 주식시가의 차액)에 대하여 급여소득으로 과세하지 않고, 주식의 양도시점에 이르러 모두(권리행사가액과 양도가액의 차액) 양도소득으로서 과세하도록 하는 과세이연 규정이다(또한 15%의 신고분리과세 소득세율이 적용됨). 이 경우 세제적격의 혜택을 받기 위한 연간 권리행사가액의 상한이 1,200만 엔으로 정해져 있다(일본 조세특별조치법 제29조의2 제1항 제2호). 樫田明, 今井慶一郎, 木下直人(共編), 申告所得税・源泉所得税 関係租税特別措置法通達逐条解説(2018년도판), 大蔵財務協会(2018), 413－415면; 金子宏, 앞의 책(租税法), 245－246, 404면 참조.
한국: 유사한 규정으로 조세특례제한법 제16조의4(벤처기업 주식매수선택권 행사이익에 대한 과세특례) 참조. 본문의 서술과 관련된 부분을 살펴보면, 같은 조 제1항 제2호는 '주식매수선택권의 행사일 2년 전의 날이 속하는 과세기간부터 행사일이 속하는 과세기간에 이르기까지의 행사가액의 합계'가 '5억 원' 이하일 것으로 그 요건을 정하고 있다.

47) 여기서 손금산입의 시기인 '개인의 급여소득의 수입금액에 산입해야 할 사유가 발생한 날이 속하는 사업연도'라 함은, 이를 부여받은 임직원이 스톡옵션(신주예약권)에 대한 권리를 행사한 날이 속하는 사업연도를 의미한다(비적격 스톡옵션의 경우). 渡辺裕泰, ファイナンス課税(제2판), 有斐閣(2012), 72면.
한국: ① 소득세법상 스톡옵션(주식매수선택권)을 행사한 시점을 귀속시기로 보아서 행사차익에 대한 소득과세가 이루어지므로(대법원 2006. 10. 13. 선고 2005두11203 판결 및 그 하급심 참조, 자기주식 교부형 사례임), 법인세법상 손금산입 시기도 여기에 맞추어 역시 임직원이 스톡옵션을 행사한 시기로

16-4-3 기부금

(1) 법인세법 제37조의 개요

기부금에 관한 법인세법의 과세 룰에는 '상냥한 얼굴'과 '삼엄한 얼굴'이 있다. '상냥한 얼굴'은 공익목적을 위한 자선기부에 대한 취급이 대표적이다. 기부금의 손금산입을 인정하는 것에 의하여 기업의 사회공헌활동을 후원하는 것이다. 실제로 기부금에 관한 법인세법의 규정은 기업 필랜스로피{philanthropy} 세제의 중요한 요소이다[增井良啓 「法人による公益活動支援と税制——企業フィランソロピーをめぐって」 租税法研究 35호 〔2007년〕 52면].

'삼엄한 얼굴'은 손금산입을 제한한다는 측면이다. 손금산입 제한의 대상이 되는 기부금의 개념이 지극히 넓다는 점이 납세자에게 불리한 결과를 가져오는 장치로서 작용한다. 기부금, 거출금{拠出金}, 위문금 기타 어떠한 명칭을 가지는지를 불문하고, 내국법인에 의한 금전 기타 자산의 증여 혹은 경제적인 이익의 무상제공이 그 대상이 된다(法税 제37조 제7항).[48] 이른바 '무상으로 나가는 것'이 광의로 기부금으로 불리며 손금산입규제의 대상이 되는 것이다. 그렇기 때문에 회사가 일정한 지출을 비용으로서 손금에 산입하여 신고하는 경우, 세무직원에 의한 조사 결과 그러한 지출이 기부금으로 인정되면,

---

해석된다. 윤지현, "주식매수선택권 행사가 신주(新株) 발행 법인에 미치는 세법상 법률효과-손금(損金) 발생여부를 중심으로", 서울대학교 法學 51(2), 서울대학교 법학연구소(2010), 169-170면; 이창희, 앞의 책(세법강의), 573-574면 참조. 대법원도 차액보상형 스톡옵션의 행사와 관련된 손금산입의 시기가 문제된 사안에서, 실제 스톡옵션이 행사되어 임직원들에게 보전액이 지급된 사업연도의 손금에 산입되어야 한다는 취지로 판단하였다[대법원 2017. 10. 12. 선고 2017두169 판결. 사업양도가 이루어진 경우에는, 실제 지급된 보전액뿐만 아니라, 주식매수선택권을 부여한 연도의 '주식보상비용(장기미지급비용)'으로 장부상 잡혀있던 나머지 부분도 손금산입이 이루어지는 것이 타당하다는 취지로 판시함]. ② 한편 손금산입이 가능한 차액보상형이나 자기주식교부형과 달리, '신주발행형' 스톡옵션의 경우는 본래 우리 법인세법상 손금산입을 할 수 없다고 해석되었다[서울행정법원 2018. 12. 7. 선고 2018구합57636 판결(청구기각), 서울고등법원 2019. 11. 6. 선고 2019누31589 판결(항소기각), 대법원 2020. 3. 26. 2019두60813 판결(심리불속행 기각) 참조]. 다만 현행 법인세법 시행령 제19조 제19호의2 가목 2)는 일정한 경우 '신주발행형 스톡옵션에서 그 신주의 실제 매수가액과 시가 사이의 차액'에 대하여 손금산입을 허용하는 규정을 두고 있다. ③ 스톡옵션의 소득구분에 대해서는 뒤의 19-2-2에서 다시 다루어진다.

48) 한국: 법인세법 제24조(기부금의 손금불산입), 법인세법 시행령 제35조(기부금의 범위), 제36조(기부금의 가액 등)를 살펴보면 기부금의 범위에 대하여 '금품' 또는 '금전 이외의 자산'을 그 대상으로 상정하고 있어서 일본 법인세법에 비하여 그 범위가 좁다는 점은 앞서 각주를 통하여 살펴보았다[15-2-2 (2) 부분의 각주 참조]. 본문의 '상냥한 얼굴'의 측면에 착안하여 기부금의 인정범위를 일부 확대해야 한다는 취지의 논문으로 김갑순·정지선·임규진, "세법상 기부금 출연대상 범위의 확대 방안에 관한 연구-용역 기부의 기부금 인정 및 가치 산정 방안을 중심으로-", 조세법연구 16(1), 한국세법학회(2010), 75면 이하(특히 일본 세법의 기부금 인정범위를 정리한 부분으로 95-97면) 참조.

손금에 산입되지 않아 회사의 과세소득이 증가하는 경우가 많다. 이 때문에 '기부금과세' 등으로 불리기도 한다.

상냥한 얼굴과 삼엄한 얼굴은 법인세법 제37조의 구조에 반영되어 있다. 도표 16-12는 동조 제1항에서 부터 제6항까지를 개관한 것이다. 대략적으로 말하면 제1항과 제2항이 광의의 기부금에 대한 규정이고(삼엄한 얼굴), 제3항에서 부터 제6항까지가 공익목적을 위한 기부금에 대한 규정이다(상냥한 얼굴). 덧붙여 현행 법인세법 제37조는 「기부금{寄附金}」이라고 표기하고 있는데, 平成10{1998}년 개정 전에는 「기부금{寄付金}」이라고 표기하던 시기가 있었다.49)50)

도표 16-12 ▌ 법인세법 제37조 제1항~제6항

제1항	일반기부금: 한도액을 초과하는 부분 금액의 손금불산입
제2항	완전지배관계에 있는 내국법인에 대한 기부금: 전액이 손금불산입
제3항	국가·지방자치단체에 대한 기부금, 지정기부금: 전액이 손금산입
제4항	특정공익증진법인51)에 대한 기부금: 일반기부금과 별도의 기준에 따른 한도액
제5항	공익법인 등의 간주기부금
제6항	특정공익신탁의 신탁재산으로 하기 위하여 지출한 금전

---

49) 한국: 법인세법 제24조 제2항은 기부금을 ① 법정기부금, ② 지정기부금, ③ 그 외의 기부금(비지정기부금)으로 분류하고, ① 법정기부금에 대해서는 '기준소득금액－결손금'의 50%를 손금산입 한도액으로, ② 지정기부금에 대해서는 '기준소득금액－결손금－법정기부금 손금산입액'의 10%(일정한 사회적 기업에 대해서는 20%)를 각각 손금산입 한도액으로 정하고 있으며, ③ 그 외의 비지정기부금에 대해서는 전액을 손금불산입으로 정하고 있다.

50) **일본과의 비교:** 한국·일본 양국 법인세법상 기부금의 처리를 비교해 보면 다음과 같은 주요 차이점이 보인다.

① 일본의 경우는 '국가·지방자치단체에 대한 기부금' 이외에는 별도의 법정기부금에 해당하는 개념이 없고, '국가·지방자치단체에 대한 기부금'과 '지정기부금' 전액에 대해서 손금산입이 가능한데 비하여(일본 법인세법 제37조 제3항), 우리나라의 경우는 국가·지방자치단체 등에 대한 기부금이라고 하더라도 법정기부금 손금산입 한도의 제한을 받게 되고, 또한 지정기부금에도 법정기부금보다 가중된 손금산입한도 제한이 있다.

② 일본의 경우는 '일반기부금'에 대해서도 일정 범위에서 손금산입이 가능하나(일본 법인세법 제37조 제1항), 우리나라의 경우는 비지정기부금에 해당하게 되면 그 전액이 손금불산입이 된다.

③ 우리 법인세법상으로는 일본 법인세법 제37조 제4항에 규정된 '특정공익증진법인에 대한 기부금'의 개념은 별도로 존재하지 않으며, 여기에 대응하는 기부금 수령처는 법정기부금 또는 지정기부금의 어느 한쪽으로 분류될 여지가 있을 뿐이다.

51) '특정공익증진법인'이란 '공익의 증진에 현저하게 기여하는 특정 법인'의 약어이다. 일본 법인세법 제37조 제4항 및 그 위임에 따른 일본 법인세법 시행령 제77조 참조(부록 일본 조세법령).

(2) 공익목적을 위한 기부금

조문의 규정과는 순서를 반대로 하여 우선 공익목적을 위한 기부금에 대하여 살펴본다.

▶ 국가·지방자치단체에 대한 기부금은 전액이 손금에 산입된다(法稅 제37조 제3항 제1호). 예를 들어 동일본대지진에 관련된 의연금의 경우를 보면, 국가나 지방자치단체에 대해 직접 기부한 의연금뿐만 아니라, 일본 적십자사의「동일본대지진 의연금」계좌에 직접 기부한 의연금이나 신문·방송 등의 보도기관에 대해 직접 기부한 의연금으로서, 최종적으로 국가 또는 지방자치단체에 출연되는 것이 이에 해당한다.

▶ 재무대신의 지정에 의한 지정기부금도 전액 손금에 산입된다(法稅 제37조 제3항 제2호). 지정은 고시{告示}에 의한다(동조 제11항).

▶ 특정공익증진법인에 대한 기부금에 대해서는 일반기부금과는 별도의 기준으로 손금산입 한도액이 설정되어 있어, 그 한도 내에서는 손금에 산입될 여지가 크다(法稅 제27조 제4항). 예를 들면 공익인정을 받은 공익재단법인에 대한 기부금이 이에 해당한다.

▶ 공익법인 등은 수익사업으로부터 생기는 소득에 대해서만 과세된다(→ 13 - 2 - 2). 공익법인 등이 그 수익사업에 속하는 자산으로부터 수익사업 이외의 사업을 위하여 지출한 금액은 기부금으로 간주된다(「간주기부금」. 法稅 제37조 제5항). 예를 들어 공익재단법인의 경우, 해당 사업연도의 소득금액 가운데 50%가 손금산입 한도액이 된다(法稅令 제73조 제1항 제3호).

▶ 특정공익신탁의 신탁재산으로 하기 위하여 지출한 금액은 기부금으로 간주되어, 특정공익증진법인에 대한 기부금과 동일한 손금산입 한도액이 적용된다(法稅 제37조 제6항).

▶ 인정{認定} NPO 법인에 대한 기부금에 대해서는 특정공익증진법인에 대한 기부금과 동일한 한도액을 설정하고 있고, 인정 NPO 법인의 간주기부금에 대해서도 규정이 있다(租特 제66조의11의2).

(3) 법인세법 제37조 제1항과 제2항

기부금이 법인의 수익을 창출하기 위해 필요한 비용이라고 말할 수 있을지 여부를 판단하기란 쉽지 않다. 법인세법 제37조 제1항은 자본금 등의 금액 또는 소득금액을 기초로 하여 기계적으로 계산한 금액을 가지고 손금산입 한도액으로 하고, 그 한도액을 초과하는 금액을 손금불산입으로 하고 있다. 예를 들어 1월 1일부터 12월 31일까지를 사

업연도로 하는 주식회사의 경우, 해당 사업연도 말에 자본금 등의 금액이 1,000만 엔이
고 해당 사업연도의 소득금액이 100만 엔인 경우, 손금산입 한도액은 다음의 계산에 의
해 1만 2,500엔이 된다(法税令 제73조 제1항 제1호).

$$(1,000만\ 엔 \times 0.0025 + 100만\ 엔 \times 0.025) \div 4 = 1.25만\ 엔[52]$$

이에 비해 완전지배관계(法税 제2조 제12호의7의6)에 있는 다른 내국법인에 대해 지출
한 기부금은 그 전액이 손금불산입이 된다(동 제37조 제2항). 이는 기부금을 받은 내국법
인의 수증이익이 익금불산입이 되는 것(동 제25조의2)에 대응하는 것으로, '100% 그룹
내의 법인 간 기부에 대해서 그룹 전체적으로 과세관계가 생기지 않도록 한다'는 사고
방식에 기초한다(→ Column 13-1).

(4) 기부금과 다른 인접비용의 구별

기부금에서 「광고·선전 및 견본품의 비용 기타 이들과 유사한 비용 그리고 교제비,
접대비 및 복리후생비로 취급되어야 할 것」은 제외된다(法税 제37조 제7항 괄호). 예를 들
어 광고선전비나 복리후생비로 지출된 것은 법인세법 제22조 제3항 제2호의 비용으로
서 손금산입이 가능하게 된다. 교제비로 지출된 것은 16-4-4에서 후술하듯이 손금산
입이 제한된다(租特 제61조의4).

기부금과 다른 인접비용을 구별하기 위해서는 구체적인 사실인정이 필요하다. 예를
들어 관련회사에 대한 매출에누리에 대하여, 청구서의 목적기재 및 금액에 의한 사실인
정을 통하여 그 관련회사의 결손금을 전보하기 위해 이루어진 것이라고 보아 기부금에
해당한다고 판단한 재판례가 있다[東京高判 平成4(1992). 9. 24. 行集 43권 8=9호 1181면
(타이요우물산{太洋物産} 매출에누리 사건)].[53]

또한 자회사를 정리하기 위해서 하는 채권포기는, '그 채권포기를 하지 않으면 앞으로
보다 큰 손실을 입을 것이 사회통념상 명백하다고 인정되기 때문에 어쩔 수 없이 채권
을 포기하기에 이른 경우' 등 상당한 이유가 있다고 인정되는 때에는 기부금에 해당하
지 않는다는 것이 국세청 통달의 입장이다(法基通 9-4-1). 이와 같이 포기한 채권의 전

---

52) **한국**: 이처럼 일본의 경우 '일반기부금'도 일정 범위에서 손금산입이 가능하다. 반면에 앞서 살펴본 바
와 같이, 우리나라의 경우 비지정기부금에 해당하면 전액이 손금불산입이 된다.

53) 고등재판소 판결이기는 하나, '경제적 이익의 무상공여' 역시 기부금에 해당함을 규정하고 있는 일본 법
인세법(제37조 제7항)의 해석상, 기부금 인정의 요건과 한계를 보여주는 사례로서 매우 흥미로우며, 관
련 판례평석 역시 10편이 넘는다. 본문의 판결에 대한 이해를 돕기 위해 그 사실관계와 해당 판시 등을
소개한다. 다만 인용되는 분량이 상당하므로 Chapter 16의 말미에 별도로 삽입한다.

액이 회수불능인 것이 객관적으로 명백한 경우, 그 채권의 금액은 대손손실로서 손금에 산입될 수 있을 것이다[最判 平成16(2004). 12. 24. 民集 58권 9호 2637면(홍업은행{興銀} 사건). → 16-3-4].

(5) 기부금 금액의 인정

다른 인접비용이나 손실에 해당하지 않는 경우에 기부금의 금액을 구체적으로 어떻게 계산하는지 관련규정을 종합하여 살펴보도록 한다.

예를 들어 내국법인이 시가 3억 엔의 자산을 양도한 경우, 그 양도의 대가가 1억 엔이라면 기부금의 금액은 얼마가 되는 것일까. 경제적으로 본다면 3억 엔 상당의 자산이 유출되고 있음에도 1억 엔의 대가밖에 수중에 들어오지 않아 그 차액만큼을 상대방에게 주고 있는 형국이 된다. 따라서 시가와 대가의 차액 2억 엔 가운데 「실질적으로 증여……를 한 것으로 인정되는 금액」이 기부금의 금액에 포함된다(法稅 제37조 제8항). 또한 이러한 예에서는 자산의 시가가 3억 엔인 것을 주어진 여건으로 이야기를 하였지만, 실제의 거래에 규정을 적용하는 경우에는 자산의 적정시가를 금전으로 평가함에는 어려움이 수반된다. 자산의 미실현손익의 취급에 대해서는 바로 다음의 (6)에서 서술하도록 한다.

내국법인이 1억 엔의 금전을 증여한 경우, 기부금의 금액을 인정하는 룰은 제37조의 어느 항에 규정되어 있을까. 그것은 자산의 저가양도에 대해 정하고 있는 제8항이 아니라, 제7항에서 이를 규정하고 있다. 즉 기부금의 금액은 「금전……의 증여……를 한 경우에 있어서의 해당 금전의 금액」이라고 규정되어 있다. 이 예에서는 1억 엔의 금전을 증여한 것이기 때문에 광고선전비 등의 비용에 해당하지 않는 한 기부금은 1억 엔이 된다.

그렇다면 내국법인이 시가 2억 엔의 자산을 구입하면서 그 구입대가로서 3억 엔의 금전을 지급한 경우 기부금의 금액은 어떻게 인정되는 것일까. 구입 시 자산의 적정시가가 2억 엔이라는 점에는 의문의 여지가 없다고 가정한다. 이 거래를 경제적으로 관찰해 보면, 2억 엔 상당의 자산이 유입되고 3억 엔 상당의 금전이 유출되기 때문에 그 차액만큼의 경제적 가치가 상대방에게 이전되고 있다. 따라서 이러한 차액 1억 엔에 대해 「금전……의 증여……를 한 경우」에 해당한다고 할 수 있다면, 1억 엔을 기부금의 금액으로 인정할 수 있게 된다(法稅 제37조 제7항).

문제는 당사자가 매매계약을 체결하고 있는 경우에, 그 대가의 일부에 대해 「증여를 한 경우」로 볼 수 있는가 하는 것이다. 재판례 중에는 부탄가스를 고가로 구입한 사안에 대하여, 지급대가 가운데 적정가격을 초과하는 부분을 증여와 동일시하여 기부금으로 판단한 것이 있다[福岡高判 平成11(1999). 2. 17. 訟月 46권 10호 3878면 (오오이타가스{大分瓦斯} 주식회사 사건)].[54] 또한 국제거래가 문제가 되었던 사안에서, 제37조 제7항에서 말하는 기부금이란 「민법상의 증여에 한하지 않고, 경제적으로 보아 증여와 동일시 할 수 있는 금전 기타 자산의 양도 또는 경제적 이익의 공여를 말한다」라고 해석하여, 그것은 대가 없이 다른 자에게 이전하는 경우로서 「그 행위에 통상적인 경제거래라고 인정될 만한 합리적인 이유가 존재하지 않는 것을 가리킨다」라고 한 것이 있다[東京地判 平成21(2009). 7. 29. 判時 2055호 47면(F1 오토레이스 사건)].

(6) 법인세법 제22조 제2항과의 관계

법인세법 제37조의 손금산입 제한규정은 동법 제22조 제2항의 무상거래에 관한 규정과 동시에 적용되는 경우가 있다.

예를 들어 내국법인인 S주식회사가 모회사인 P회사에 대해 시가 3억 엔의 토지를 증여하였다고 해 보자. S사와 P사 간에는 완전지배관계가 없는 것으로 한다. 또한 숨은 「잉여금의 처분」에도 해당하지 않는다고 가정한다(→ 16-2-1). 이 경우 광고선전비 등의 인접비용에 해당하지 않는다면 기부금의 금액은 3억 엔이 되고(法税 제37조 제7항), S의 과세소득의 산정상 한도액을 초과하는 부분이 손금불산입이 된다(동조 제1항). 여기까지는 현금 3억 엔을 증여하는 경우와 같다.

그런데 토지를 증여한 경우에는, 현금의 증여에서 한발 더 나아가 토지의 미실현손익을 어떻게 취급할 것인지가 문제가 된다. 법인세법 제22조 제2항은 무상에 의한 자산양도로부터도 익금이 생긴다고 하고 있는바, 최고재판소는 이 규정의 취지는 「반대급부를 동반하지 않는 것이라고 하더라도, 양도 시에 적정한 가액에 상당하는 수익이 있다고 인식해야 한다」는 것을 명확히 한 것이라고 해석하고 있다[最判 平成7(1995). 12. 19. 民集 49권 10호 3121면(난세이통상{南西通商} 사건) → 15-2].

따라서 이러한 예에서도 S사는 토지의 증여에 따라 시가 3억 엔 상당의 금액을 익금으로 계상하게 된다(法税 제22조 제2항). 이때 이 토지의 장부가액이 1억 엔이었다고 한다면, 1억 엔이 원가로서 손금으로 계상되기 때문에(동조 제3항 제1호), 이를 공제한 2억 엔의 미실현이익이 과세대상이 된다(토지의 장부가액이 5억 엔이었다고 한다면, 원가는 5억 엔이 되어 2억 엔의 미실손실이 실현된다).

---

54) 한국: 법인세법 제24조 제1항, 법인세법 시행령 제35조 참조. 만약 우리나라에서 본문에 등장한 사례에서와 같이 내국법인이 특수관계인이 아닌 자로부터 시가 2억 엔의 자산을 3억 엔에 구입하였다면, 위 규정에 의해서 4천만 엔[=3억 엔-(2억 엔×130%)]이 "실질적으로 증여한 것으로 인정되는 금액"(법인세법 제24조 제1항)으로서 기부금에 해당하는 것이 된다.

이렇게 S사와의 관계에서는 ① 기부금 3억 엔에 대해 한도액을 초과하는 부분의 손금불산입, ② 무상거래에 관한 규정에 의한 3억 엔의 익금계상, ③ 원가의 손금산입이 복합적으로 문제가 된다. 나아가 상대방인 P사는 ④ 3억 엔의 수증이익이 익금에 산입된다(法稅 제22조 제2항). 위의 4가지의 일이 동시에 일어나고 있어 약간 복잡하기에 도표 16-13에 정리해둔다.55)

도표 16-13 ▌ S사의 P사에 대한 토지 증여

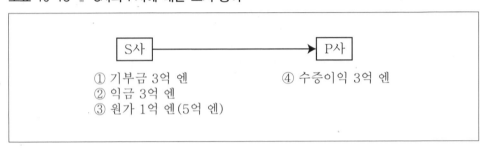

상기의 4가지 단계를 합쳐 S사와 P사에 대한 과세를 이해해 보면, ①의 기부금 인정에 의해 S사는 순자산의 감소분을 공제할 수 없고, ④에 의해 P사의 수증이익이 과세소득에 산입된다. 여기에 ②③이 더해지므로 S사에게는 미실현손익이 과세대상이 된다.

이러한 예에서 알 수 있듯이 무상거래를 행하면 복수의 당사자 사이에서 몇 번이나 과세되어 하나의 거래로부터 생기는 합계세액이 과대하게 될 가능성이 있다. 실제 재판례 중에도 관련법인 사이에 토지를 저가로 전전 양도한 사안에서, 이러한 단계들을 합친 결과 몇 번이나 과세되는 것이 문제가 된 사안이 있다[大阪高判 昭和59(1984). 6. 29. 行集 35권 6호 822면(PL농장 사건)].56)

---

55) 한국: ① 15-2-1 (1)의 각주에서 살펴본 바 있는 문제이다. 즉 대법원 1993. 5. 25. 선고 92누18320 판결은 본문과 같은 경우에 시가와 장부가액의 차액인 2억 엔을 익금에 산입하고, 같은 2억 엔이 기부금이 되어 이를 기준으로 기부금의 손금산입 한도를 따진다고 한다. 일본 법인세법상 기부금의 처리에 대하여 본문과 같은 설명이 이루어지는 것은 일본 법인세법 제22조 제2항이 무상에 의한 자산양도로 인하여 익금이 발생하는 것으로 규정하고 있기 때문으로 보이는데(본문의 ② 부분), 이 경우에도 원가 1억 엔 부분은 기부금과 무관하게 손금산입이 이루어지므로(본문의 ③ 부분) 우리 판례의 논리에 따를 때와 결과적으로 차이는 없다고 보인다.
② 한편 여기서 일본 법인세법상의 '일반기부금'과 달리(일본 법인세법 제37조 제1항, 일본 법인세법 시행령 제73조 참조), 우리 법인세법상 비지정기부금의 경우 전액 손금불산입이 된다(법인세법 제24조 제2항).
56) 역시 고등재판소 판결이기는 하나, 사법상 복수의 계약에 의한 토지거래를 경제적 실질에 따라서 세법상으로는 하나의 무상양도로 본 사안으로 매우 흥미롭다. 또한 관련 판례평석이 10편 가량에 이르고

나아가 위의 예와는 달리, P사가 S사와의 사이에서 완전지배관계가 있는 경우에는 ①
S사는 3억 엔 전액이 손금불산입이 되고(法稅 제37조 제2항), ④ P사의 수증이익은 익금
불산입이 된다(동 제25조의2). 100% 그룹 내의 기부에 의해서는 그룹 전체로 보아 과세
관계가 발생하지 않도록 하는 것이다. 더 나아가 같은 관점에 기초하여, 100% 그룹 내
의 법인 간의 자산양도에 대해서 과세를 이연하는 룰이 마련되어 있다. 통상의 법인과
세 룰 아래에서는 위에서 본 바와 같이 S사에 ②③의 과세가 적용된다. 따라서 일정한
양도손익조정자산에 대하여, 양도차익이 있다면 같은 금액을 손금에 산입하고, 양도손
실이 있다면 같은 금액을 익금에 산입하는 방법으로 해당 사업연도의 S사의 과세소득에
영향이 없도록 하고 있다(동 제61조의13 제1항). 이는 어디까지나 과세시기를 이연하는
조치로서, 토지를 양수한 P사가 나중에 토지를 전매하는 등의 사유가 발생하였을 경우
S사는 이연된 양도차익이나 양도손실을 그 사업연도에 계상한다(동조 제2항). 완전지배
관계가 있는 경우에 적용되는 이러한 과세 룰은 平成22{2010}년도 세제개정에서 도입되
었다[渡辺徹也 「法人間における資産等の移転」 金子宏監修 『現代租税法講座(3)企業・市場』〔日
本評論社, 2017년〕 169면].[57]

16-4-4 교제비 등

(1) 교제비 등의 손금산입 제한

제2차 세계대전 후, 자본축적의 촉진을 기하기 위하여 각종의 조세특례조치가 강구되

있다. 이해를 돕기 위하여 이 판결의 사실관계와 판시사항을 소개한다. 다만 사실관계가 복잡하므로,
Chapter 16의 말미에 별도로 삽입한다.

57) 이 부분에 서술된 내용을 우리나라와 비교해 본다.
일본: 일본 법인세법상으로는 ① 완전지배관계에 있는 법인들 사이에서 기부금을 공여하더라도 손익반
영을 하지 않는다. 예컨대 A사가 자신의 100% 자회사인 B사에게 1억 원을 기부한 경우에는, A사에 대
해서는 1억 원을 손금산입하지 않고(일본 법인세법 제37조 제2항), B사에 대해서도 1억 원을 익금에
산입하지 않는다(일본 법인세법 제25조의2). 마치 회사 내부에서 자금이 이동한 것처럼 다룬다.
또한 ② 완전지배관계에 있는 회사들이 일정한 자산의 양도・양수를 한 경우에도 과세하지 않고 처
분 시까지 과세를 이연하는 규정이 존재한다. 예컨대 C사가 장부가액 1억 원인 토지를 자신의 100%
자회사인 D사에게 1억 2,000만원에 팔았다고 하면, C사에 대해서 그 차액 2,000만 원에 대해서 과세
가 이루어져야 할 것이나 이때 과세하지 않고, 추후에 D사가 해당 토지에 대한 양도 등을 하게 되면
그때에 가서 C사에 대해서 과세가 이루어진다(일본 법인세법 제61조의13 제1항, 제2항). 이상 부록 일
본 조세법령 참조.
한국: 법인세법상 이러한 제도는 존재하지 않는다. 따라서 위 ①의 경우는 B사에 대해서 1억 원이 익
금에 산입되어야 하고, ②의 경우 C사에 대해서는 D사에 매도한 시점을 기준으로 2,000만 원이 익금
에 산입되어야 한다(다만 완전지배관계에 있는 회사들이 연결납세제도의 적용을 받는 경우는 세액에
있어서 위 일본의 경우와 유사한 효과를 거둘 수 있음).

었다. 昭和29{1954}년에는 「법인의 교제비 낭비를 억제하고, 경제발전에 이바지 한다」는 목적으로 교제비 등58)의 손금산입을 제한하는 것으로 하였다[임시세제조사회 「昭和31 {1956}년 임시세제조사회 답신」〔1956년〕제2부 각론 135면]. 그 후 몇 번이나 기한이 연장되었고, 사소한 개정을 거쳐 현행의 조세특별조치법 제61조의4의 규정에 이르고 있다. 시기에 따라 조문번호가 이동하였기 때문에 재판례를 읽을 때에는 주의하여야 한다.

손금불산입이 되는 금액은 자본금의 크기에 따라 다르다.

▶ 자본금의 금액이 1억 엔을 넘는 법인의 경우, 전액(租特 제61조의4 제1항).

▶ 자본금의 금액이 1억 엔 이하인 회사의 경우, 정액공제한도액(1년에 800만 엔)을 넘는 부분의 금액(제2항 제2호).

다만 접대음식비(제4항 주서{柱書} 후단) 금액의 50%까지는 자본금의 크기와 상관없이 손금불산입의 대상 외이다.

만약 조세특별조치법 제61조의4가 존재하지 않았다면, 교제비 등은 회사의 사업에 관계된 지출의 범위에서 비용으로서 손금에 산입될 수 있을 것이다(法税 제22조 제3항 제2호). 그러한 의미에서 조세특별조치법 제61조의4의 규정은 창설적인 규정으로 볼 수 있다.59)60)

---

58) 한국: 법인세법은 여기에 대응하는 손금항목을 '접대비'라 한다[법인세법 제25조(접대비의 손금불산입) 참조].

59) 한국: ① 먼저 법인세법 제25조 제2항은 원칙적으로, 내국법인이 1회 지출한 접대비로서 경조금의 경우 20만 원, 그 외의 경우는 1만 원을 초과하는 금액으로(법인세법 시행령 제41조 제1항), 신용카드나 현금영수증, 세금계산서 등의 증빙자료를 구비하지 못하고 있는 경우에 대해서 일률적으로 손금불산입으로 한다.

② 위 ①에 따라서 손금불산입이 되는 접대비를 제외하고는, 법인세법 제25조 제4항이 규정한 '기본한도금액(1,200만 원)'과 '수입금액별 한도액'을 더한 금액의 범위 내에서 접대비의 손금산입이 가능하다. 다만 중소기업의 경우는 기본한도금액이 3배 증가하며(법인세법 제25조 제4항 제1호 참조), 부동산임대업을 주된 사업으로 하는 일정한 내국법인의 경우는 손금산입 한도액이 본래의 50%로 감축된다(법인세법 제25조 제5항).

60) 일본과의 비교: 한국·일본 양국의 접대비의 손금산입 제한을 비교해 보면 다음과 같은 주요 차이점이 보인다.

① 일본 조세특별조치법에 의하면 자본금이 1억 엔을 넘는 법인의 경우 (접대음식비가 아닌) 교제비 등의 전액이 손금불산입이 되나(일본 조세특별조치법 제61조의4 제1항), 우리 법인세법은 내국법인의 규모가 아무리 크더라도 일정한 범위 내에서는 접대비의 손금산입이 가능하도록 하고 있고, 수입금액이 클수록 접대비의 손금산입 한도도 증가한다.

② 일본 조세특별조치법은 '접대음식비'에 대해서는 자본금의 규모나 손금산입 한도액과 무관하게 50%를 손금에 산입할 수 있도록 하나(일본 조세특별조치법 제61조의4 제1항, 제4항), 우리 법인세법은 '접대음식비'라고 해서 특별히 손금산입을 가능하게 하는 규정을 두지 않고 있다.

③ 일본 조세특별조치법은 법인의 교제비 등에 대한 손금산입만을 제한하고 사업소득자에 대해서는 특별한 제한을 두지 않고 있으나, 다음 각주에서 살펴보듯이 우리 소득세법은 사업소득자의 접대비 필요경비 산입 역시 제한하고 있다.

나아가 이 규정은 개인사업자가 교제비 등을 지출하는 경우에는 적용되지 않는다. 그
러한 경우, 소득세의 필요경비에 관한 소득세법 제37조 제1항의 요건에 비추어 비용공
제가 가능할지 여부를 판단하게 된다(→ 10-2).[61]

Column 16-3 그룹 단위의 규율

자본금의 금액이 1억 엔 이하인 회사가 지출하는 교제비 등이라도, 자본금이 5억 엔 이상
인 회사와의 사이에 완전지배관계가 있는 경우에는 전액이 손금불산입이 된다(租特 제61조
의4 제2항 주서{柱書} 제3괄호). 이는 단체{單體}로는 자본금의 금액이 작은 법인이라도,
자본금의 금액이 큰 법인의 산하에 있는 경우에는 그룹 단위로 판단하여 대법인과 같은 취급
을 한다는 취지이다. 이러한 취급은 平成22{2010}년 개정에서 도입된 것으로, 이때 법인세
의 경감세율(法税 제66조 제6항)이나, 대손충당금의 법정편입률(동 제52조 제1항 제1호
イ), 결손금의 소급환급 정지조치의 부적용(→ 16-4-5)에 대해서도 같은 규율을 두었다.

(2) 교제비 등의 의의

교제비 등이란 「교제비, 접대비, 기밀비 기타의 비용으로서, 법인이 그 거래처, 매입
처 기타 사업에 관계가 있는 자 등에 대한 접대, 향응제공[62], 위로{慰安}, 증답{贈答} 기
타 이들과 유사한 행위……를 위하여 지출하는 것」을 의미한다(租特 제61조의4 제4항 주
서{柱書} 전단).[63]

이 규정의 해석에 대하여 재판례는 상이한 경향을 보이고 있다.

---

61) 한국: 소득세법 제35조(접대비의 필요경비 불산입)는 법인세법 제25조에 대응하여 사업소득자의 접대
비 필요경비 산입을 제한하는 규정을 두고 있다.

62) 원서의 서술은 조문에 기재된 대로 "供応"이나, 본문과 같이 '향응제공'으로 번역하였다. 이하 동일하다
(부록 일본 조세법령에서도 마찬가지로 번역함).

63) 한국: 법인세법 제25조 제1항은 "'접대비'란 접대, 교제, 사례 또는 그 밖에 어떠한 명목이든 상관없이
이와 유사한 목적으로 지출한 비용으로서 내국법인이 직접 또는 간접적으로 업무와 관련이 있는 자와
업무를 원활하게 진행하기 위하여 지출한 금액을 말한다."라고 규정하고 있다. 본문의 일본 조세특별조
치법 규정과 유사한 위 법인세법 규정에 따른 접대비 포섭의 문제점을 지적하고 대응방안으로서의 입
법론을 제시한 논문으로 김현동, "세법상 접대비 규제의 본질", 조세법연구 21(3), 한국세법학회(2015),
259면 이하 참조(특히 입법연혁에 대해서 263-264면). 이 논문은 현행규정에 따를 때에는 '접대비와
기타 유사비용을 구별하는 것'이 용이하지 않고(270-281면), '사적 소비의 성격과 접대비의 성질을 모
두 가지는 지출'에 대하여 어느 범위에서 손금산입을 허용할 것인지 정하는 것도 매우 어렵다는 점 등
을 지적하고(283-292면), 미국 내국세입법이 접대비를 규정한 방식처럼 매우 세부적이고 구체적으로
규정을 두어 접대비에 포섭되는 현상을 최대한 좁게 만들고, 여기에 해당하게 되면 영국 세법의 방식과
같이 전액 손금불산입하는 방법이 타당하다는 취지로 주장한다(293-300면).

▶ '2요건설'로 불리는 경향의 재판례는 다음의 두 가지 요건을 위 규정으로부터 도출
해내고 있다[東京高判 平成5(1993). 6. 28. 行集 44권 6=7호 506면(아라이상사 자동차옥
션{荒井商事オートオークション} 사건)].64) ① '지출의 상대방'이 사업에 관계가 있는

---

64) 본문의 판결에 대한 이해를 돕기 위해 그 사실관계와 판시를 살펴보면 다음과 같다('사실관계' 부분은
본문 판결의 제1심 판결 중 '사안의 개요' 부분을 인용하면서 일부 정보를 추가하여 정리한 것임. "" 따
옴표 등의 인용표시는 생략함).

사실관계: 원고[아라이상사(荒井商事) 주식회사]는 중고자동차 경매를 개최하는 회사로서, 본건 계쟁
사업연도(1987. 10. 1.부터 1988. 9. 30.까지)에 개최한 '관동 중앙 자동차 옥션(경매)'에서 '추첨행사'를
실시하여 참가자들에게 경품(가전제품 등)을 제공하였는데, 이 추첨행사의 경품구입에 들어간 비용
320만 8,616엔(본건 비용)을 '지급장려금' 명목으로 계쟁 사업연도의 손금에 산입하여 법인세 확정신고
를 하였다. 이에 대하여 피고 과세관청은 본건 비용이 '지급장려금'이 아니라 '교제비 등'에 해당한다는
이유로 손금산입을 부정하는 취지의 경정처분을 하였고, 원고는 본건 비용이 피고 과세관청의 주장과
같이 '교제비 등'이 아니라 '지급장려금, 판매촉진비 또는 광고선전비' 등에 해당하는 것이라는 취지로
주장하며 그 취소를 구하는 소를 제기하였다.

제1심 판결: 본문 판결의 제1심인 橫浜地判 平成4(1992). 9. 30. 平成3年(行ウ)25号는 다음과 같은 이
유에서 본건 비용이 교제비 등에 해당한다는 이유로 손금불산입을 한 피고 과세관청의 경정처분이 타
당하다고 보았다.

"조세특별조치법 제62조 제3항[현행 조세특별조치법 제61조의4 제4항(역자가 추가)]은 '교제비 등은
교제비, 접대비, 기밀비 기타의 비용으로서, 법인이 해당 거래처, 구입처, 기타 사업에 관계있는 자 등
에 대한 접대, 향응제공(供応), 위로, 증답 및 기타 이들과 유사한 행위를 위해 지출하는 것(오로지 종
업원의 위로를 위해 행해지는 운동회, 연예회, 여행 등을 위해 통상 소요되는 비용 기타 정령으로 정하
는 비용을 제외한다)을 말한다'고 규정하고 있고, 또한 교제비 등이 일반적으로 그 지출의 상대방 및
지출의 목적을 보았을 때, 거래처와의 친목을 도모하여 거래관계의 원활한 진행을 꾀하기 위한 지출인
것으로 이해되고 있으므로, 그 요건은 ① 지출의 상대방이 사업에 관계가 있는 자일 것, ② 지출의 목
적이 그와 같은 상대방에 대한 접대, 향응제공(供応), 위로, 증답 기타 이들과 유사한 행위를 위한 것일
것이라고 해야 한다."

"본건 비용이 교제비 등에 해당하는지 여부를 검토해 보건대, 첫째, 본건 자동차 옥션의 회원이 되기
위해서는 앞서 살펴본 바와 같이, '중고자동차취급고물허가증을 가진 사람이거나 본건 자동차 옥션의
회원계약을 체결한 업자로서, 본건 자동차 옥션에 참가를 승인받은 자' 또는 '본건 자동차 옥션이 특별
히 인정한 자'일 것이 요구되므로, 본건 비용 지출의 상대방이 원고의 '사업에 관계가 있는 자'에 한정
되어 있는 것은 명백하다.

둘째, 본건 비용은 추첨행사에서 경품의 교부, 환언하면 본건 회원에 대한 증답 기타 이들과 유사한
행위를 위해 지출된 것이며, 또한 원고의 주장에 의하면, 본건 추첨행사의 개최는 이러한 방법을 통해
휴면상태 또는 그것에 가까운 회원을 경매장에 다수 방문하도록 하여 밤늦게까지 경매에 참여하도록
하는 것을 도모하였다는 것이기 때문에, 그것은 단적으로 말하여 거래처 등 사업관계자에 대한 증답 기
타 이에 유사한 행위를 통해 친목을 도모하여 거래관계의 원활한 진행을 꾀하기 위해 지출된 것이라고
해야 한다.

따라서 본건 비용은 앞서 언급한 교제비 등에 해당하기 위한 2개의 요건을 충족시키고 있어 교제비
등에 해당한다."

제1심은 이와 같이 판단한 후, '본건 비용이 지급장려금, 판매촉진비 또는 광고선전비에 해당한다'는
원고의 주장과, '교제비 등의 손금불산입에 관하여 회사의 자본금의 규모를 기준으로 다른 취급을 하고
있는 당시의 조세특별조치법 제62조(현행 조세특별조치법 제61조의4)가 일본국 헌법 제14조 제1항(평
등의 원칙)에 위배되어 위헌'이라는 취지의 원고의 주장 역시 모두 배척하였다.

자일 것, ② 지출의 목적이 그와 같은 상대방에 대한 접대, 향응제공{供応}, 위로, 증답 기타 이들과 유사한 행위를 위한 것일 것.

▶ '3요건설'로 불리는 경향의 재판례는 「행위를 위하여」라는 문언을 더욱 분해해서 '목적'과 '행위형태'를 별도의 기준으로 하여, 다음과 같은 3개의 요건을 도출한다 [東京高判 平成15(2003). 9. 9. 高民集 56권 3호 1면(반유제약{萬有製薬} 사건)].[65] 즉 ①

본문 고등재판소 판결 및 상고심 판결: 본문의 항소심 판결은 위와 같은 제1심 판결을 일부 수정하는 것 이외에는 그대로 인용하여 원고의 항소를 기각하였으며, 원고가 다시 상고하였으나 역시 상고기각 판결로 확정되었다[最判 平成10(1998). 1. 22. 平成5年(行ツ)167号].

[65] 최고재판소 판결에는 이르지 않았으나(상고 없이 확정됨), 관련 판례평석이 30편에 가까운 접대비에 관한 '리딩 케이스'의 하나이다. 이해를 돕기 위해 그 사실관계와 판결이유의 주요부분을 인용하면 다음과 같다('사실관계' 부분은 해당 판결의 '사안의 개요' 부분에서 그대로 인용한 것으로 "" 따옴표 등의 인용부호는 생략함).

사실관계: 원고는 자신의 의약품을 판매하고 있는 대학병원의 의사 등으로부터 그들이 발표하는 의학논문이 해외의 잡지에 게재되도록 하기 위한 영문번역에 관하여 영문첨삭의 의뢰를 받아서 이를 미국의 첨삭업자 2개사에 외주를 주고 있었다(본건 영문첨삭). 원고는 의사 등으로부터 국내업자의 평균적인 영문첨삭 요금을 징수하고 있었으나, 외주업자에게는 그 3배 이상의 요금을 지불하고 그 차액을 부담하고 있었는데, 그 금액은 2004년 3월기(3月期, 2003년 4월 1일부터 2004년 3월 31일까지의 사업연도)에 1억 4,513만 엔, 2005년 3월기에 1억 1,169만 엔, 2006년 3월기에 1억 7,506만 엔에 달하고 있었다(본건 부담액). 피고 과세관청은 영문첨삭을 의뢰한 의사 등이 원고의 '사업에 관계가 있는 자'에 해당하고 본건 부담액의 지출목적이 의사 등에 대한 접대 등에 있기 때문에 본건 부담액은 교제비에 해당한다고 보아서, 조세특별조치법의 규정에 의하여 이를 손금에 산입하지 아니하고 위 3개 사업연도의 원고의 법인세에 대한 경정처분을 하였다. 본건에서 원고는 본건 부담액이 교제비가 아니라 손금산입이 허용되는 기부금이라는 취지로 주장하였으며, 아울러 경정통지서에 이유부기가 이루어지지 않은 위법이 있다는 취지로 주장하며 위 경정처분의 취소를 구하였다.

본문 고등재판소 판결: "해당 지출이 「교제비 등」에 해당하기 위해서는, ① 「지출의 상대방」이 사업에 관련이 있는 자 등이고, ② 「지출의 목적」이 사업관계자 등과의 사이에 친목도모를 하여 거래관계의 원활한 진행을 꾀하기 위함일 것과 함께, ③ 「행위의 형태」가 접대, 향응·제공(供応), 위로, 증답 기타 이들과 유사한 행위일 것의 3요건을 충족시킬 필요가 있다고 해석된다.

그리고 '지출의 목적'이 접대 등을 위한 것인지 여부에 대해서는, 해당 지출의 동기, 금액, 형태, 효과 등의 구체적 사적을 종합적으로 판단하여 결정해야 한다. 또한 접대, 향응제공{供応}, 위로, 증답 기타 이들과 유사한 행위라면, 그 이상으로 '지출금액이 고액일 것'이나 '그 지출이 불필요 혹은 과대할 것'까지는 필요하지 않다."

"연구자들의 논문이 적절한 영문첨삭지도를 받은 것에 의하여 권위가 있는 잡지에 게재되어 그 연구자들의 명성이 높아지게 되면, 나아가 해당 연구자의 지휘향상이나 수입증대를 가져오는 경우도 있음은 분명하다. 또한 연구자들 중에는 논문의 발표를 통해 그러한 목적을 노리는 사람이 없다고는 단정할 수 없다. 그러나 그러한 연구자가 일반적이라고는 인정하기 어렵고, 본건 영문첨삭을 받은 논문 중에 세계의 주요한 의학잡지에 게재된 것은 그중 극히 일부라는 것은 전술한 바와 같다. 그렇다면 본건 영문첨삭이 연구자들의 명예욕 등의 충족에 결부되어 있는 면이 있다고 하더라도 그 정도는 희박한 것이고, 이것을 가지고 본건 영문첨삭의 차액부담이 직접 연구자들의 환심을 사고, 그 욕망을 충족시키는 행위라고 할 수는 없다."

"이상과 같이, 본건 영문첨삭의 차액부담은, 통상의 접대, 향응제공{供応}, 위로, 증답 등과는 달리, 그 자체가 직접 상대방의 환심을 살 수 있는 성질의 행위가 아니라, 오히려 학술장려의 의미가 강한 점,

'지출의 상대방'이 사업에 관계가 있는 자일 것에 더하여, ② '지출의 목적'이 사업 관계자 등과의 사이에 친목도모를 하여 거래관계의 원활한 진행을 꾀하기 위함일 것, ③ '행위의 형태'가 접대, 향응제공{供応}, 위로, 증답 기타 이들과 유사한 행위일 것.[66]

교제비 등의 범위에서 다음과 같은 것은 제외되어 있다.[67]

▶ 오로지 종업원의 위로를 위해 행해지는 운동회, 연예회{演藝會}, 여행 등을 위하여 통상적으로 소요되는 비용(租特 제61조의4 제4항 제1호).

▶ 음식{飲食} 기타 이와 유사한 행위를 위하여 소요되는 비용(오로지 그 회사의 임원·종업원 또는 이들의 친족에 대한 접대나 향응제공{供応} 등을 위하여 지출한 것은 제외한다. 이를 「음식비」라 한다)으로서 1인당 5,000엔 이하의 비용(동항 제2호).

▶ 기타 정령으로 정하는 비용(동항 제3호. 달력이나 수첩의 제공이나 회의에 관련된 음식물

그 구체적 태양 등으로부터 보아도 금전의 증답과 같게 볼 수 있는 성질의 것이 아니고, 또한 연구자들의 명예욕 등의 충족에 결부된 면도 희박한 점 등에 비추어 보면, 교제비 등에 해당하기 위한 요건인 「접대, 향응제공{供応}, 위로, 증답 기타 이들과 유사한 행위」를 어느 정도 폭넓게 해석한다고 하더라도, 본건 영문첨삭의 차액부담이 여기에 해당한다고 보는 것은 곤란하다."

66) 한국: 법인의 지출이 접대비에 해당하는지 여부에 대한 판단기준을 제시하는 대표적인 판례들을 인용해 본다.
① 대법원 1993. 9. 14. 선고 92누16249 판결(예식장을 경영하는 원고가 예식장 이용 고객들에게 '개당 20,000원 상당의 벽시계'를 증정한 사안에서, 벽시계 구입대금이 접대비인지 여부가 문제가 된 사안임. 해당 벽시계 구입대금은 접대비가 아닌 광고선전비에 해당한다고 판단함)
"법인이 사업을 위하여 지출한 비용 가운데 상대방이 사업에 관련있는 자들이고 지출의 목적이 접대 등의 행위에 의하여 사업관계자들과의 사이에 친목을 두텁게 하여 거래관계의 원활한 진행을 도모하는데 있다면 접대비라고 할 것이나, 지출의 상대방이 불특정다수인이고 지출의 목적이 구매의욕을 자극하는데 있다면 광고선전비라고 할 것이다."
② 대법원 2012. 9. 27. 선고 2010두14329 판결(공사 수급인인 원고가 도급계약상의 특약사항인 공상처리비 부담약정에 따라 공사현장에서 산업재해를 입은 근로자의 사고보상비 등을 지급한 사안에서, 이것이 '본래 지급의무가 없는 것인데도 불구하고, 약정에 따라서 비용지급을 하고 자신의 채권을 포기한 것'으로서 접대비인지 여부가 문제가 된 사안임. 대법원은 이를 접대비로 본 원심을 위법하다고 판시함)
"법인이 사업을 위하여 지출한 비용 가운데 상대방이 사업에 관련있는 사람들이고 지출의 목적이 접대 등의 행위에 의하여 사업관계자들과의 사이에 친목을 두텁게 하여 거래관계의 원활한 진행을 도모하는데 있는 것이라면 그 비용은 접대비라고 할 것이지만, 법인이 수익과 직접 관련하여 지출한 비용은 섣불리 이를 접대비로 단정하여서는 아니 된다."
위 ②판례에 대한 평석으로 정석종, "법인이 사업을 위하여 지출한 비용이 법인세법상 '접대비'인지 판단하는 기준", 대법원판례해설 93호, 법원도서관(2013), 1118면 이하 참조.
67) 한국: 접대비에서 제외되는 것을 정하고 있는 조문으로는 법인세법 시행령 제40조(접대비의 범위) 참조. 그중 제1항은 '접대비의 지출 상대방'에 주목하여, 해당 지출이 법인의 거래상대방이 아닌 자에게 이루어진 경우 '사업관련성'이 인정되지 않는다고 보아 접대비 해당성을 부정하는 규정으로, 이를 본래 부담했어야 할 임직원에 대한 이익의 분여로 다루어진다. 이태로·한만수, 앞의 책(조세법강의), 537면.

의 제공에 통상적으로 소요되는 비용 등, 租特令 제37조의5 제2항).[68]

예를 들어 어떤 회사가 종업원에게 위로여행을 보내주기 위하여 비용을 지출하였다고 하자. 이는 「오로지 종업원의 위로를 위하여 행해진……여행 등을 위하여 통상적으로 소요되는 비용」에 해당하므로, 교제비 등으로부터 제외되어 교제비 등에 관한 손금산입 규제의 적용을 받지 않는다. 복리후생비로 본다면 비용으로서 손금산입을 할 수 있다(法稅 제22조 제3항 제2호).

그렇다면 이러한 경우 종업원의 소득세 과세관계는 어떻게 되는 것일까. 회사로부터 위로여행의 비용보조를 받은 종업원 개인에게 문제가 되는 것은 프린지 베니핏{fringe benefits}에 대한 과세문제이다(→ 6-2-2). 이는 「통상 소요되는 비용」의 범위에 그치는 한 현실적으로는 과세되지 않는 것으로 생각해도 대체로 무방하다.

(3) 용도불명금과 용도은닉금[69]

교제비 등과 관련하여 용도불명금과 용도은닉금에 대해 살펴보도록 한다.

▶ 용도불명금. 국세청 통달에 의하면 「법인이 교제비, 기밀비, 접대비 등의 명목으로 지출한 금전으로 그 용도가 명확하지 않은 것은 손금에 산입하지 않는다」라고 하고 있다(法基通 9-7-20). 과세관청이 보았을 때 손금산입을 기초지우는 사실이 인정되지 않는 경우에는 손금에 산입하지 않는다는 것을 명확히 선언한 것이라고 볼 수 있다. 세무조사 시점에서는 용도가 명확하지 않았으나 이후에 재판과정에서 용도가 명확하게 드러난 경우에는, 그 비용의 성질에 따라 손금산입의 가부를 결정하면 된다. 손금산입을 부정하는 논거는 증거법상의 비용지출사실에 관한 증명책임이나 증거제출책임과의 관계 속에서 찾을 수밖에 없다.[70]

---

68) 한국: 법인세법 기본통칙 25-0…4 【회의비와 접대비 등의 구분】 제1항은 "정상적인 업무를 수행하기 위하여 지출하는 회의비로서 사내 또는 통상회의가 개최되는 장소에서 제공하는 다과 및 음식물 등의 가액 중 사회통념상 인정될 수 있는 범위내의 금액"을 '통상회의비'로서 손금에 산입하도록 하고 있다.

69) 본래 원서의 서술은 "使途不明金"(사도불명금)과 "使途秘匿金"(사도비닉금)이나, 본문과 같이 '용도불명금'과 '용도은닉금'으로 각각 의역하였다.

70) ① 일본에서의 조세소송에 관한 증명책임에 관련된 학설은 매우 다채롭게 주장되고 있으며, (재)판례들의 태도도 모두 일치하고 있는 것은 아니다. 조세소송에서의 증명책임에 관한 일본의 학설과 (재)판례를 정리한 문헌으로 岩﨑政明, "実額課税・推計課税の取消訴訟における立証責任", 租税法の要件事実 (法科大学院要件事実教育研究所報第9号)(伊藤滋夫 編), 日本評論社(2011), 185-205면 참조. 여기에 따르면 일본의 판례와 소송실무에 있어서의 다수설은 과세요건사실에 관한 증명책임은 피고에게 있다는 취지의 '피고귀속설'을 취하고 있으나(187-189면), 요건사실에 따라서 원고와 피고에게 각각 귀속시켜야 한다는 '원·피고 분배설'도 지지를 얻고 있으며, 이를 따르는 하급심 판결도 상당수 보인다 (189-193면). 본문의 서술은 '필요경비·손금의 지출과 관련된 사실 등 공제항목에 대해서는 원고가 증명책임을 부담한다'는 취지의 '원·피고 분배설'의 태도에 입각한 것이라고 할 수 있다(위 글의

▶ 용도은닉금의 지출이란, 법인이 행한 금전의 지출 가운데 상당한 이유 없이 상대방의 성명 등을 해당 법인의 장부서류에 기재하지 않은 것을 말한다(租特 제62조 제2항). 용도은닉금의 지출금액에 대한 40%의 금액이 통상의 법인세에 추가되어 과세된다(동조 제1항).[71] 용도은닉금은 위의 용도불명금으로서 손금불산입이 되기 때문에, 지방세를 포함하면 지출금액의 거의 대부분에 상당하는 세액이 발생한다. 게다가 용도은닉금에 해당하는 경우에는 은폐·가장행위에도 해당할 가능성이 있기 때문에, 이러한 경우에는 중가산세도 부과된다(稅通 제68조). 용도은닉금에 대한 중과조치가 도입된 것은 平成5{1993}년의 일이다. 이러한 중과조치의 도입은 '제네콘 부정 사건'[72]을 계기로 기업의 용도불명금이 불법후원금이나 뇌물 등 부정자금의 온상이 되고 있다는 사회적 비판이 거세져, 과세강화 조치로 이어지게 된 결과이다.

189-191면 참조).

② 일본 법인세법상의 '용도불명금'을 우리 법인세법상의 '소득처분' 제도와 비교·소개한 문헌으로 조인호, "소득처분에 의한 의제소득과 현실귀속 소득", 특별법연구 6권, 박영사(2001), 272-275면 참조. 이 문헌은「일본 법인세법의 해석상, 어떤 지출이 단순히 용도불명금이라고 판단되는 경우는 이를 손금불산입하는 것에 머무르지만, 더욱이 '임원(役員)상여'에 해당하는 경우는 그 임원의 소득금액에 해당 금액을 더하고 법인에 대해서는 이와 관련된 소득세의 원천징수의무가 부과되는데, 여기서 '임원에게 실제로 해당 소득의 귀속이 이루어졌다는 점'은 피고가 증명해야 할 사실관계이나, 일본의 일부 하급심 판결은 일정한 간접증거가 제시된 경우 '일응의 입증'이 이루어졌다고 보아서 원고 측에 '입증의 필요'를 돌리고 있다」는 취지로 설명한다(273-274면). 여기서 '용도불명금이 실제로 임원에게 귀속되었다는 점'은 어디까지나 피고가 증명해야 할 사실인정의 문제라는 점에서, 사외유출된 소득의 귀속이 불분명한 경우 대표자에게 귀속된 것으로 소득을 의제하는 우리나라의 소득처분 제도(법인세법 시행령 제106조 제1항 제1호 단서)와는 차이를 보인다고 할 것이다(조인호, 앞의 글, 274면 참조). 한편 '일응의 입증'을 통해서 일정한 경우 '입증의 필요'를 원고에게 돌리는 일본 하급심 판결의 해석론도 '원·피고 분배설'의 일종으로 분류되기도 한다. 岩﨑政明, 앞의 글(実額課税·推計課税の取消訴訟における立証責任), 191면 참조.

71) 한국: 법인이 지출한 금액의 사용처가 불명이라는 이유만으로 법인세액을 할증하는 규정은 존재하지 않는다.

72) '제네콘(ゼネコン)'이라 함은 'General Contractor'를 칭하는 일본식 외래어로, 토목·건축공사 등을 원청으로서 발주하는 종합건설회사를 의미한다. 본문의 '제네콘 부정 사건'이라 함은 1993년에 종합건설회사들이 국회의원, 현지사, 시장 등에게 공공사업의 입찰, 공정거래위원회에 의한 고발조치 등과 관련하여 금품을 공여한 것이 적발되어 도쿄지검 특수부에 의한 대규모 수사로 이어졌고, 국회의원과 현지사(2명), 시장 등을 포함한 32인이 기소되어, 2008년에 이르러 전원의 유죄가 확정(공판 중 사망한 현지사 1명 제외)된 일련의 비리사건을 말한다[해당 국회의원은 건설대신(建設大臣) 등을 역임한 유력한 정치인임]. 東京地判 平成9(1997). 10. 1. 平成6(刑わ)509号 등; 東京高判 平成13(2001). 4. 25. 平成10(う)360号; 最判 平成15(2003). 1. 14. 平成13(あ)884号 각 판결 및「えぐり出された談合構造 ゼネコン汚職事件の経過」, 아사히(朝日) 신문, 1993. 12. 8.자, 석간 5면;「鹿島元副社長ら有罪判決確定へ ゼネコン汚職」, 같은 신문, 2008. 12. 27.자, 조간 29면; 일본 중의원 홈페이지의 "第一五一回国会, 決議第四号"(http://www.shugiin.go.jp/internet/itdb_gian.nsf/html/gian/honbun/ketsugian/g15117004.htm)(접속일: 2020. 8. 28.) 참조.

16-4-5 이월결손금

(1) 법인세법에 있어서의 적자의 취급

결손금액이란 '각 사업연도의 소득금액의 계산상 해당 사업연도의 손금이 해당 사업연도의 익금을 넘는 경우 그 넘는 부분의 금액'을 말한다(法稅 제2조 제19호). 알기 쉽게 말하면 적자를 말한다. 결손금액을 보유하는 회사는 각 사업연도의 익금보다도 손금이 더 큰 상황에 있는 것에 지나지 않는다. 따라서 파산절차 개시결정의 요건인 「지급불능」(파산법 제15조)의 상태에 있는 것은 아니다.

결손금액이 발생한 경우에는 법인세법상 이월공제와 소급환급[73] 조치가 마련되어 있다.

▶ 이월공제. 예를 들어 제1년도에 결손금액이 발생하고, 제2년도에 플러스의 소득금액이 발생한 경우, 제1년도의 결손금액을 제2년도에 이월하여 손금으로 계상할 수 있다(法稅 제57조 제1항). 이를 결손금의 이월공제라 한다.

▶ 소급환급. 제1년도에 플러스의 소득금액이 발생하여 법인세를 납부하였는데, 제2년도에 결손금액이 발생한 경우, 이미 납부한 법인세액의 환급을 청구할 수 있다(法稅 제80조 제1항). 이를 결손금의 소급환급이라고 한다. 다만 여기에는 각종 요건이 부가되어 있고, 심각한 재정상황을 고려하여 현재 그 적용범위는 일정한 중소기업 등에 한정되어 있다(租特 제66조의13).[74]

이와 같이 플러스의 소득금액을 계상하면 법인세를 납부하여야 하는데, 결손금이 생겼을 경우에는 그 결손금액에 대응하는 법인세액 상당분을 즉각 완전히 환급받을 수 있는 것은 아니다. 법인세법은 흑자와 적자를 비대칭적으로 취급하고 있는 것이다. 이는 소득세법의 적자취급에 대해 배운 부분에서 설명한 것과 같은 이유에서이다(→ 11-2-2).

소득세법상 순손실의 이월공제나 소급환급을 행하는 취지는 '복수의 기간을 통한 과세의 평준화(averaging)'를 위해서라는 이해가 일반적이다. 마찬가지로 법인세법상의 결손금의 이월공제와 소급환급의 취지는 '사업연도라는 시간적인 구분을 넘어 소득금액의 변동을 평준화하려는 것'에 있다.

---

73) '소급' 부분의 원서의 표현은 "繰戻(くりもどし)"로 사전적 의미로는 '되돌리기'가 되나, 소득세법 부분 [11-2-2 (2)]의 각주에서 밝힌 바와 같은 이유에서 역시 '소급'으로 번역하였다.

74) 일본 법인세법 제80조 제1항은 1년 치의 소급환급만을 허용하고 있다(부록 일본 조세법령 참조).
  한국: 법인세법상 결손금 소급공제세액 환급신청은, 역시 1년 치 소급만 허용되며, 중소기업에 해당하는 내국기업에 대해서만 허용된다[법인세법 제72조(중소기업의 결손금 소급공제에 따른 환급) 참조]. 소득세법 부분에서 살펴본 바와 동일하다[11-2-2 (2) 부분의 각주 참조].

(2) 법인세법 제57조 제1항 읽기

결손금의 이월에 관한 기본규정이 법인세법 제57조 제1항이다. 내국법인은 각 사업연도 개시일 전 10년 이내에 개시한 사업연도에서 발생한 결손금액을 손금의 금액에 산입한다(法稅 제57조 제1항 본문).75) 과거의 사업연도 결손금액을 당기로 이월하여, 문제가 되고 있는 사업연도의 손금으로 하는 것이다.

제1항 본문에는 괄호가 존재한다.

▶ 괄호의 전단부분은 '이미 이월한 결손금으로서 손금에 산입한 금액'을 손금산입의 대상에서 제외하고 있다. 예를 들어 제1년도에 결손금액 100, 제2년도에 소득금액 40, 제3년도에 소득금액 70이 발생한 경우를 생각해 보자. 이러한 경우 100을 제2년도로 이월하면 40은 이미 이용되었기 때문에, 제3년도에 손금에 산입할 수 있는 것은 남은 60뿐이다.

▶ 괄호의 후단부분은 법인세법 제80조의 '소급환급의 대상이 된 금액'을 제외하고 있다. 이 또한 결손금의 이중공제를 방지한다는 의미를 가진다. 위와 같은 예에서, 제0년도에 80의 소득금액이 있었던 경우를 생각해 보자. 이러한 경우, 제0년도의 흑자 80과 상계하여 이미 사용한 결손금액은 이월공제를 시킬 수 없고, 남은 20만을 제2년도로 이월하여 손금에 산입할 수 있다.

제1항 단서에서는 결손금액 공제 전 소득금액의 50%가 공제한도액으로 규정되어 있다(法稅 제57조 제1항 단서). 법인세율 인하에 따른 재원 확보조치의 하나이다. 중소법인 등에 대해서는 공제한도액이 100%로 규정되어 있다(동조 제11항).76)

(3) 이월결손금에 관한 제 규정

平成13{2001}년 3월의 조직재편세제 정비, 平成14{2002}년의 연결납세제도 도입, 平成18{2006}년 3월의 주식교환·주식이전에 관한 개정, 平成23{2011}년 3월의 자본에 관계된 거래 등에 관한 세제의 재검토 등에 의해 이월결손금에 관한 법인세법의 규정은 전체적으로 복잡한 모양새를 갖추게 되었다(도표 16-14).

---

75) 한국: 역시 결손금의 이월은 10년으로 한정된다(법인세법 제13조 제1항 제1호 참조).
76) 한국: 이월결손금 공제의 한도는 각 사업연도 소득금액의 60%이고, 일정한 중소기업과 회생계획을 이행 중인 기업 등에 대해서는 100%로 규정되어 있다(법인세법 제13조 제1항, 법인세법 시행령 제10조 제1항 참조).

도표 16-14 ┃ 법인세법 제57조~제59조의 개관

제57조	청색신고서를 제출한 사업연도의 결손금의 이월
제57조의2	특정주주 등에 의해 지배되는 결손법인의 결손금 이월의 적용부정
제58조	청색신고서를 제출하지 않은 사업연도의 재해에 의한 손실금의 이월
제59조	회사갱생 등에 의한 채무면제 등이 있는 경우의 결손금의 손금산입

昭和40{1965}년 전문개정 전의 구법하에서, 최고재판소는 특별한 규정이 없는 한 합병법인은 피합병법인의 이월결손금을 승계할 수 없다고 판시하였다[最判 昭和43(1968). 5. 2. 民集 22권 5호 1067면(유키타전선{行田電線} 주식회사 사건)]. 그 후 平成13{2001}년 개정에서 적격합병에 해당하는 경우에는 피합병법인의 미처리 결손금액을 합병법인의 결손금액으로 보아 이월공제를 할 수 있게 되었다(法税 제57조 제2항). 적격합병에 해당하기 위해서는 몇 가지의 요건을 충족할 필요가 있다(동 제2조 제12호의8). 이러한 요건을 충족하지 못하는 경우 昭和43{1968}년 판결의 적용에 따라 이월결손금을 승계할 수 없다.[77]

적격합병에는 크게 구별하면 '기업그룹 내의 적격합병(法税 제2조 제12호의8 イ, ロ)'과 '공동으로 사업을 경영하기 위한 적격합병(동호 ハ)'이 있고, 전자는 후자보다 요건이 완화되어 있다.[78] 그렇기 때문에 전자에 대한 미처리 결손금액의 인계를 무제한으로 인정하게 되면, 예를 들어 대규모 법인이 미처리 결손금액을 보유하는 그룹 외의 소규모의 법인을 매수하여 완전자회사로 만든 다음에 해당 법인과의 적격합병을 행하는 방법으로, 해당 법인의 미처리 결손금액이 부당하게 이용될 우려가 있다. 이를 방지하기 위해, 기업그룹 내의 적격합병이 이루어진 사업연도 개시일로부터 5년 전의 날 이후에 특정자본관계가 발생한 경우에는, 「해당 적격합병 등이 공동으로 사업을 경영하기 위한 적격

---

77) ① 일본 법인세법을 살펴보면 제57조 제1항에서 이월결손금을 규정하고, 바로 이어서 동조 제2항에서 적격합병에 있어서의 이월결손금 승계에 관한 규정이 등장하며(부록 일본 조세법령 참조), 그 외에 회사의 합병과 분할에 있어서의 다른 과세문제들은 제2편 제1장 제1절 제6관(조직재편성에 관련된 소득금액의 계산) 제62조 이하에 별도로 규정되어 있다.

② 반면에 우리 법인세법을 살펴보면 이월결손금에 대해서는 제13조(과세표준) 제1항에 일반적인 내용이 규정되어 있고, 적격합병에 있어서의 이월결손금 승계와 그 제한 등에 대해서는 제2장 제1절 제6관(합병 및 분할 등에 관한 특례) 제44조 이하에서 회사의 합병과 분할에 있어서의 다른 과세문제들과 함께 규정이 되어 있다.

③ 본문에서 일본 법인세법 제57조 제1항에 대한 설명이 이루어진 다음에 바로 적격합병에 있어서의 이월결손금 승계에 대한 설명이 나오는 것은 이러한 일본 법인세법상의 조문 편제에 기인한다.

78) 부록 일본 조세법령의 일본 법인세법 제2조 제12호의8 참조.

합병 등으로서 정령으로 정하는 것」(간주공동사업 요건)에 해당하는 경우를 제외하고는, 특정자본관계가 발생한 날이 속하는 사업연도 전의 각 사업연도에 생긴 결손금액 등을 이어받을 수 없도록 하고 있다(法稅 제57조 제3항).[79]

이와 같이 간주공동사업 요건을 충족한다면 미처리 결손금액의 인계가 가능하게 된다. 간주공동사업 요건을 살펴보면, '쌍방 법인의 사업이 합병 전후로 계속되고 있고, 합병 후에는 공동으로 사업을 경영하고 있다고 볼 수 있을지'를, ① 사업규모 등으로부터 판정하도록 하는 것(法稅令 제112조 제3항 제1호부터 제4호까지에 규정된 요건)과 ② 쌍방 법인의 특정임원이 적격합병 후에 합병법인의 특정임원으로 취임하는 것이 예상된다는 사정으로부터 판정하도록 하는 것(동항 제1호 및 제5호)이 있다.[80] ②의 요건의 취지에 대하여 最判 平成28(2016). 2. 29. 民集 70권 2호 242면(야후 사건)은 「(法稅令 제112조 제3항) 제2호부터 제4호까지의 사업규모 요건 등이 충족되지 않은 경우라도, 합병법인과 피합병법인의 특정임원이 합병 후에 함께 합병법인의 특정임원으로 취임하는 것이라면, 쌍방 법인의 경영 중추를 계속적·실질적으로 맡아 왔던 자가 공동으로 합병 후의 사업에 참가하는 것이 되어, 경영의 측면에서 보아 합병 후에도 공동으로 사업이 경영되고 있다고 불 수 있기 때문에, 동항 제2호부터 제4호까지의 요건 대신에 동항 제5호의 요건(특정임원인계 요건)을 충족하면 족하다고 해석된다」라고 판시하고 있다. 그리고 해당 사안에 대해 법인세법 제132조의2를 적용하여 미처리 결손금액의 인계를 부정하였다.

---

79) 한국: ① 우리 법인세법상으로도 완전한 자회사(100% 지분 보유)와 합병이 이루어지거나 완전한 자회사 상호간 합병이 이루어지는 경우에는 적격합병의 요건이 완화되어 있는데[법인세법 제44조(합병 시 피합병법인에 대한 과세) 제3항 참조], 이와 관련해서 '대규모 그룹법인이 결손금을 이용하기 위하여 그룹 외의 소규모 법인을 미리 매수해 두는 경우'를 방지하기 위한 규정인 일본 법인세법 제57조 제3항에 대응하는 특별한 규정은 없다.
② 피합병법인이 보유하던 이월결손금을 이용하여 합병법인의 법인세액을 줄이려고 하는 의도의 합병을 방지하기 위한 조치로서, 우리 법인세법은 합병법인이 승계한 피합병법인의 결손금은, "피합병법인으로부터 승계받은 사업에서 발생한 소득금액의 범위에서"만 합병법인의 과세표준 계산 시 공제할 수 있도록 하고 있고[법인세법 제45조(합병 시 이월결손금 등 공제 제한) 제2항], 또한 통상적인 적격합병 이후 일정한 기간 내에 사업활동이나 주식보유의 계속이 유지되지 않는 등 특정한 사유(사업의 폐지, 주식의 처분, 근로자 수의 하락)가 발생한 경우(적격합병의 요건이 사후적으로 충족되지 않는 경우들)에는 승계받은 결손금 중 공제한 금액 등을 익금에 산입하도록 하는 등의 조치를 취하고 있다(법인세법 제44조의3 제3항). 이 점과 관련해서는 이창희, "합병 기타 기업결합의 과세문제", 조세학술논집 26(2), 한국국제조세협회(2010), 126-128, 132-135면; 이태로·한만수, 앞의 책(조세법강의), 730-732, 735면 참조.
80) 여기서 ①과 ②의 요건은 선택적 관계(or)에 있는 것으로, 둘 중 어느 하나의 요건을 충족하면 '간주공동사업 요건'에 해당하게 된다. 일본 법인세법 시행령 제112조 제3항 참조.

Column 16-4 사업재생과 과세

　사업재생에 따른 채무소멸이익은 원칙대로 익금에 산입되지만(法税 제22조 제2항), 통상적으로는 손금산입이 인정되지 않는 기한만료의 결손금을 포함한 설립 이래의 결손금액과 통산이 가능하다(동 제59조).[81] 즉 회사갱생법이나 민사재생법 등의 대상이 되는 법적정리나, 사적정리 가이드라인이나 사업재생 ADR의 절차를 이용한 사적정리 등, 이른바 사업재생의 국면에서는 회사가 순조롭게 운영되고 있는 평시의 규율과는 전혀 다른 과세 룰이 마련되어 있다. 사업재생의 조기화·M&A화·시장화의 조류하에서 이러한 것이 가지는 의미를 검토한 연구로서, 참조, 長戶貴之 『事業再生と課税──コーポレート・ファイナンスと法政策論の日米比較』(東京大学出版会, 2017년).

☑ 이 장에서 배운 것

▶ 손금에 관한 기본규정은 법인세법 제22조 제3항이다.
▶ 손금산입이 가능한 항목은 이익분배와 구별된다.
▶ 법인세법 제22조 제3항은 원가·비용·손실에 대해 정하고 있다.
▶ 중요한 「별도의 규정」으로서 임원급여, 기부금, 교제비 등, 이월결손금에 관한 것이 있다.

🔍 찾아보자

▶ 손금에 산입할 수 있는 것과 산입할 수 없는 것을 나누는 기준은 무엇인가?
　→ 碓井光明 「法人税における損金算入の制限──損金性理論の基礎的考察」 金子宏編 『所得課税の研究』(有斐閣, 1991년) 289면
▶ 손금의 산입시기는 어떻게 되어 있으며, 어떻게 되어야 하는가?
　→ 一高龍司 「損金の算入時期に関する基本的な考察──費用を中心に」 金子宏監修 『現代租税法講座(3)企業·市場』(日本評論社, 2017년) 135면

---

81) 한국: ① 회생계획인가결정 등에 의한 채무면제이익도 익금에 산입된다[법인세법 시행령 제11조(수익의 범위) 제6호 참조]. ② 그런데 법인세법 제18조 제6호는 '채무의 면제 또는 소멸 등으로 인한 부채의 감소액 중 이월결손금을 보전하는데 충당한 금액'에 대해서 익금불산입 항목으로 정하고 있으므로, 이월결손금이 존재하는 경우 채무면제이익은 여기에 충당이 되는데, 여기서 해당 이월결손금을 10년 이내에 발생한 것으로 한정하는 규정이 없는 이상(법인세법 시행령 제16조 참조), 10년이 경과한 이월결손금과 사이에서도 충당이 일어나 익금불산입이 된다고 해석된다. 이창희, 앞의 책(세법강의), 984면. ③ 그 외에 조세특례제한법 제44조(재무구조개선계획 등에 따른 기업의 채무면제익에 대한 과세특례)는 내국법인이 회생계획인가결정 등으로 인하여 금융채권자로부터 채무의 일부를 면제받은 경우 등에 대한 익금산입의 특례를 규정하고 있다.

東京高判 平成4(1992). 9. 24. 行集 43권 8=9호 1181면
[타이요우물산(太洋物産) 매출에누리 사건]

배경사실[82]

이 사안의 원고는 철강, 화학, 섬유, 기계 등 여러 분야의 영업을 하고 있는 주식회사이고, 원고로부터 매출에누리를 받은 T제강(製鋼, 실제 사명은 생략함)은 봉강(棒鋼) 제조업을 영위하는 주식회사로서, 원고와 T제강은 동족회사의 관계('동족회사'에 대해서는 Chapter 17을 참조)에 있다(T제강의 주주구성을 살펴보면, T제강 주식의 44%를 원고가 소유하고 있었으며, 그 외에도 주식의 50.3%를 원고의 대표이사와 그 친족을 비롯한 관계자들이 소유하고 있었음). T제강이 봉강제조를 함에 있어서 원료로 사용되는 '빌릿(billet)'은, 외형적으로는 이를 원고가 거래처로부터 구입한 다음 다시 T제강에 매각하는 형태를 취하고 있었으나, 실제로 원고의 역할은 어음발행 통하여 대금지급을 담보하는 정도에 불과하였고, 원고가 T제강에 이를 판매하는 가격도 구입가격 그대로인 것으로, 실질적으로는 T제강이 구입처와 직접 거래하여 구입하는 것이었다.

1970년대 후반부터 1980년대 중반에 이르기까지 생산량 과잉과 엔고현상 등에 의하여 일본 철강산업의 불황이 심해졌으며, 이 사건에서 문제가 되는 1986년에는 T제강의 생산제품인 봉강의 가격 자체가 크게 떨어지면서, 심지어 제품을 생산원가보다도 낮은 가격에 판매해야 하는 상황까지 도래하였다. 이로 인하여 같은 해에 상당한 수준의 적자가 예상되는 상태였다.

제1심 판결

위 고등재판소 판결의 제1심 판결인 東京地判 平成3(1991). 11. 7. 昭和63(行ウ)213号는, 위와 같은 배경사실 아래에서, 다음과 같은 이유에서 원고의 T제강에 대한 매출에누리가 사실은 기부금에 해당한다는 취지로 판시하였다.

"예컨대 법인이 제3자에 대하여 채권의 포기 등을 하는 경우라고 하더라도, 그 채권의 회수가 가능한데도 이것을 포기하는 것이 아니라, 그 회수가 불가능하기 때문에 이를 포기하는 경우나, 또 법인이 제3자를 위하여 손실을 부담하는 경우라고 하더라도, 그 부담을 하지 않으면 거꾸로 더 큰 손실을 입는 것이 명백하기 때문에 어쩔 수 없이 그 부담을 지는 등의 경우는, 실질적으로 보면 이에 따라서 상대방에게 경제적 이익을 무

---

82) 이 부분은 본문 판결[타이요우물산(太洋物産) 매출에누리 사건]의 제1심 판결 중 '원고와 T제강의 관계 등' 부분을 자본금·주식수·소재지 등 세부정보를 빼고 정리한 것임.

상으로 공여한 것이라고는 할 수 없는바, 이를 기부금으로서 취급하는 것은 상당하지 않다고 생각된다."

(그러나) "T제강에 대한 원고의 본건 매출에누리는 위와 같이 T제강에 거액의 적자발생이 예상되는 것에 대한 구제 수단으로 이루어지게 된 것이고(증인 A의 증언), 이에 따라 우선 1986. 7. 31.자로 원고가 T제강 앞으로 발행한 청구서(서증)에 '매출에누리(T제강 6月 적자에 대한 원조)'라는 기재가 되어 있으며, 위 빌릿(billet) 매출액 중 1억 2,900만 엔(이것은 앞서 본 T제강의 1986. 6. 30. 현재 잔액시산표상 결손금 1억 2,976만 엔의 100만 엔 미만의 부분을 제외한 금액과 딱 맞아떨어지는 금액이다)에 대해 에누리가 이루어졌고, 이어 같은 해 8. 31.자로 원고가 T제강 앞으로 발행한 청구서(서증)에 '매출에누리(T제강 7月 적자에 대한 원조)'라는 기재가 되어 있으며, 위 빌릿(billet) 매출액 중 9,300만 엔(이것은 앞서 본 T제강의 1986. 7. 31. 현재 잔액시산표상 결손금 9,320만 엔의 100만 엔 미만의 부분을 제외한 금액과 딱 맞아떨어지는 금액이다)에 대해 에누리가 이루어졌다."

"위와 같은 사실관계에 비추어 보면, 본건 매출에누리는, 위와 같이 실적이 악화되어 있었던 T제강에 대한 원조조치로서 이루어진, 원고에 의한 이익의 무상공여의 성질을 가지는 것이라고 해야 하고, 따라서 법인세법 제37조 소정의 기부금에 해당한다고 하지 않을 수 없다."

본문 고등재판소 판결

본문 고등재판소 판결은 원고가 T제강에 대하여 할인한 금액이 매출에누리가 아니라 기부금에 해당한다는 제1심의 판단을 지지하여 원고의 항소를 기각하였다(그대로 확정됨). 항소심 판결은 제1심 판결을 인용하면서 이유 중 일부를 수정하였는데, 수정한 설시를 살펴보면 다음과 같다.

"법인이 채권의 포기 등을 한 경우에도, 예외적으로 실질적인 관점에서 보면 경제적 이익의 무상공여가 아닌 경우가 있을 수도 있음은 전술 한 바와 같다. 그러나 원심 증인 A, B의 각 증언에 의하면, 본건 매출에누리가 이루어질 당시 T제강의 실적은 악화되고 있었지만, 도산이나 해산이 임박하였다는 것과 같은 위기상황에 이르렀다고까지는 인정되지 않고, 위 실적악화에 따라 원고 회사의 경영·신용에도 중대한 지장이 생길 것으로 우려되는 상황에 있었던 점은 엿볼 수 있지만, 본건 전체 증거에 의하면 그 당시 본건 매출에누리를 실시하지 않으면 원고의 사활에 관계되는 정도의 경영·신용상의 위기에 빠지게 되는 긴박한 위험이 분명히 존재했다고까지는 도저히 인정할 수 없으며, 또한 본건 매출에누리에 경제거래로서 충분히 수긍할 수 있는 합리적인 이유가 있었다고는 인정되지 않는다."

大阪高判 昭和59(1984). 6. 29. 行集 35권 6호 822면(PL농장 사건)

사실관계[83]

① A주식회사, 원고, B주식회사는 모두 그 주주, 임원의 일부를 같이하는 것으로, 'PL 교단'이 실질적으로 지배하는 회사였다. 위 3개 회사의 1970년 3월 당시의 대표이사는 C였으나, C는 위 3개 회사의 경영 전부를 甲과 乙에게 맡기고 있었다.

② 1970년 3월 31일 시점에 있어서의 본건 토지의 시가(어떠한 제한물권이나 부담도 없고, 매매함에 있어서 특별한 약정도 없는 경우의 가액)는 6억 188만 890엔(평당 3,000엔)이었다.

③ 甲과 乙은 본건 토지의 가액이 위와 같이 고가임을 알고. 이를 A주식회사로부터 원고에게, 이어서 B주식회사에게, 다시 킨키(近畿)일본철도주식회사에게 순차적으로 고가에 매각할 것을 계획하였다. 그 목적은 'A주식회사뿐만 아니라, 다른 2개 회사(원고, B주식회사)의 이월결손금도 소멸시킨다', 'A주식회사가 킨키일본철도 주식회사에 시가로 직접 본건 토지를 매각하는 경우에 납부해야 할 법인세액과 비교했을 때, 같은 회사가 납부해야 할 법인세액뿐만 아니라, 위 3개 회사(A주식회사, 원고, B주식회사) 전체가 납부해야 할 법인세액을 함께 감소시켜, 전체적으로 법인세 납부를 회피한다'고 하는 2개의 점에 있었다.

④ 원고는 1970년 3월 31일 A주식회사로부터 그 소유인 본건 토지를 1억 7,348만 8,535엔(평당 869엔)에 매수하고, 즉시 이를 B주식회사에게 2억 2,622만 4,395엔에 매각하였다. 나아가 B주식회사는 같은 해 9월 킨키일본철도 주식회사에 대하여 본건 토지의 일부를 매각하였다.

⑤ 위 ④의 매매는 위 ③의 목적에 따른 것인바, 순차 매매되는 것이 조건이었고, 원고에게 있어서는 'A주식회사로부터 본건 토지를 매수한 후에, 이것을 즉시 위 ④의 가액에 B주식회사에게 매각한다'는 것이 A주식회사와의 매매계약 내용의 일부가 되어 있었다. 가령 원고가 위 전매약속을 승낙하지 않으면, 원고는 본건 토지를 매수하는 것이 불가능하였다.

　이러한 사실관계 하에서, 피고 과세관청은 ⓐ 본건 토지의 시가 6억 188만 890엔과 원고의 매수가격과의 차액인 4억 2,839만 2,355엔이 원고가 A주식회사로부터 '실질적으

로 증여를 받은 금액'(당시 일본 법인세법 제37조 제6항)에 해당하고, ⓑ 본건 토지의 시가 6억 188만 890엔과 원고의 매각가격인 2억 2,622만 4,395엔의 차액인 3억 7,565만 6,495엔은 원고가 매수인 B주식회사에게 '실질적으로 증여한 금액'(당시 일본 법인세법 제37조 제6항)에 해당한다고 보아[해당 판결의 피고(피항소인)의 주장 부분에서 인용] 법인세 경정처분 및 과소신고가산세 결정처분을 하였다.

본문 고등재판소 판결의 판시

이와 같이 피고 과세관청은 ⓐ '원고가 본건 토지를 A주식회사로부터 매수한 부분'과, ⓑ '다시 원고가 본건 토지를 B주식회사에 매각한 부분' 모두에 대하여, 당시 일본 법인세법 제37조 제6항을 적용하여 과세처분을 하였으나, 본문 판결은 ⓑ 부분의 경우는 실질적으로 매각차익이 존재하지 않고, ⓐ 부분에서 원고가 얻은 이익도 본건 토지의 시가 6억 188만 890엔과 원고의 매수가격과의 차액인 4억 2,839만 2,355엔이 아니라, B주식회사에 대한 전매예정 가격인 2억 2,622만 4,395엔과 매수가격인 1억 7,348만 8,535엔의 차액인 5,273만 5,860엔(=2억 2,622만 4,395엔－1억 7,348만 8,535엔)이라고 판단하였다. 원고는 바로 이 액수(5,273만 5,860엔)에 기초하여 본건 토지의 거래와 관련된 자신의 법인세액 신고를 하였기 때문에, 이 거래와 관련된 과세처분은 모두 취소되었다(제1심 판결을 취소하면서 과세처분을 취소하였으며, 항소심 판결이 그대로 확정됨). 다음에서 주요 판결이유를 인용한다(참고로 당시 일본 법인세법 제37조 제6항은 저가양도를 규정하고 있는 현행 일본 법인세법 제37조 제8항에 해당한다).

ⓐ **부분**: "위에서 인정된 사실관계에 따르면, 원고는 본건 토지의 매수에 의하여, 전매하기로 구속되어 있는 가액 2억 2,622만 4,395엔 상당액의 수익을 얻고, 동시에 매수가격 1억 7,348만 8,535엔 상당액의 원가가 소요되었는바, 수익의 금액은 이를 상회하지는 않는다고 해야 한다(즉 피고 과세관청의 주장과 같이 본건 토지의 시가인 6억 188만 890엔이 수익이 될 수는 없고, 수익은 어디까지나 전매예정 가격인 2억 2,622만 4,395엔을 넘어설 수 없으며, 여기에서 다시 매수가격 1억 7,348만 8,535엔이 원가로서 감안되어야 한다는 취지이다. 역자가 추가한 괄호임). 피고는 시가 6억 188만 890엔과 위 매수가격과의 차액 4억 2,839만 2,355엔이 원고가 A주식회사로부터 실질적으로 증여를 받은 금액(법인세법 제37조 제6항)이라고 주장한다. 그러나 위에서 말하는 시가는 어떤 특약도 없는 경우의 시가인바, 위 주장은 위 매매계약에 전기(前記)와 같은 전매특약이 있다는 것을 무시하고 있는 것이므로 이를 채용할 수는 없다(나아가 원고의 매수에 따르는 법인세법상의 취급은, 동법

제37조 제6항의 문제가 아니라, 제22조 제2항의 문제이다).

법인세법 제22조 제2항의 수익의 금액을 판단함에 있어서, 그 수익이 계약에 의하여 발생한 경우에는, 법에 특별한 규정이 없는 한, 특약도 포함한 전체 계약내용에 따라서 수익의 금액을 정해야 하는 것이다. 만약 그 계약내용 중에 민법 등에서 정함이 없는 특별한 약정의 부분이 있는데 이를 전부 생략해서 수익의 금액을 판단하는 경우에는, 실질적으로는 수익이 없는데도 불구하고 과세가 이루어지거나, 혹은 실질적으로는 수익이 있는데도 과세가 이루어지지 않는다고 하는 불합리한 결과에 이르게 될 것이다."

"피고는, 위 전매특약은 '조세회피의 목적으로 자의적으로 정해진 가액으로, 관련회사 간 내부적 결정에 의하여 이루어진 것'이므로, 이를 인정하면 조세회피의 의도대로 되어 버려 현저하게 불합리하다고 주장한다. 그러나 조세회피의 목적으로 이루어진 거래행위라고 하더라도, 어느 한도에서 이것을 부인할 수 있는지는 법의 명문의 규정, 조세법의 일반원칙이나 해석에 따라서 이루어져야 할 것으로, 조세회피행위라는 이유만으로 그 효과를 부정할 수는 없다."

"위와 같이 해석한다고 하더라도, A주식회사는, 원고와 B주식회사 양자에 대하여, 합쳐서 어떠한 특약도 존재하지 않는 경우의 본건 부동산의 시가와 원고에 대한 매각가격과의 차액을 증여하고 있는 것으로 취급되어, 그 차액부분은 손금에 산입되지 않는 것이 되므로(법인세법 제37조 제6항), 피고가 주장하는 바와 같이 조세회피의 의도대로 되어 버리는 것은 아니다."

ⓑ 부분: "전기 사실관계에 따르면, 원고의 본건 토지의 매각에 따른 수익, 원가는 어느 것이나 2억 2,622만 4,395엔이고, 매각차익은 존재하지 않는다고 해석된다.

피고는 '본건 토지의 전기 시가와 B주식회사에 대한 매각금액과의 차액'은 원고가 같은 회사에 실질적으로 증여한 것이라고 주장한다. 그러나 원고가 본건 토지에 대하여 보유하고 있던 이익·가치는 전기와 같이 2억 2,622만 4,395엔에 지나지 않았으므로, 원고는 이것을 넘는 금액의 이익을 다른 자에게 증여를 통하여 주는 것이 가능할 리가 없다. 다만 B주식회사는 본건 토지를 취득하여 위 금액을 넘는 이득을 얻고 있으나, 그 넘는 부분의 이익을 원고로부터 주어진 것이라고 평가할 수는 없고, A주식회사로부터 그 전매특약에 의하여 주어진 것이라고 평가해야 한다.

'저가양도가 이루어진 경우에는, 그 차액부분에도 수익이 있고, 그것이 양수인에게 실질적으로 증여된 것'으로 규정하는 법인세법 제22조 제2항, 37조 제6항은, '양수인이 양도가액보다 고가에 양도가 가능한데, 경제인으로서는 불합리하게 그것보다 저가에 양도한 경우'에 적용되는 것으로, 양도가액보다 고가에 양도가 가능한 이익·권리·지위를 보유하고 있지 않았던 경우에는, 보다 고가에 양도하지 않았다고 하더라도, 이를 자기가 보유하고 있던 바를 부당하게 낮은 가격에 양도한 경우로 보아서 동법 제37조 제6항을 적용할 수는 없다."

결론 부분: "그렇다면 원고의 본건 토지의 매수 및 매각에 관하여 본건 사업연도의 익금에 산입해야 할 수익의 금액은 4억 5,244만 8,790엔(=2억 2,622만 4,395엔+2억 2,622만 4,395엔. 역자가 추가한 괄호임), 손금에 산입해야 할 원가의 금액은 3억 9,971만 2,930엔(=1억 7,348만 8,535엔+2억 2,622만 4,395엔. 역자가 추가한 괄호임)이고, 이 점에 한정한 차익금은 원고가 신고한 것과 동일한 5,273만 5,860엔이 된다. 달리 원고에게 확정신고액 이상의 소득이 있다는 주장·입증이 없으므로, 피고의 본건 경정처분과 과소신고가산세 결정처분은 취소되어야 한다."

Chapter 17

동족회사

📖 이 장의 테마

▶ 법인화   ▶ 동족회사   ▶ 특별세율   ▶ 행위계산의 부인   ▶ 중소기업세제

17-1 법인화의 메커니즘

소득세법상 '법인화'에 의해 납세자는 다음과 같은 메리트를 가진다.

▶ 소득분산에 의한 누진과세의 회피. 개인사업자의 경우 사업소득자가 가족구성원에게 지급하는 대가는 원칙적으로 필요경비에 산입할 수 없기 때문에(所税 제56조. → 7-4-4), 사업주 한명에 소득이 집중되어 누진세율의 적용대상이 된다(다만, 예외로서 동 제57조). 이에 비해 법인사업의 형태를 취하여 가족구성원을 법인의 종업원으로 하면, 법인소득 산정상 인건비를 손금에 산입할 수 있다. 게다가 가족구성원에게 급여소득을 분산시킬 수 있기 때문에, 각 구성원은 각자 급여소득공제나 인적공제를 이용하여 누진세율하에서 비교적 낮은 세율의 적용을 향수{享受}할 수 있다.

▶ 내부유보에 의한 세율격차의 이용. 소득세율보다도 법인세율이 낮은 경우, 위와는 반대로 사업성과를 법인의 내부에 유보하는 것이 그 연도의 절세책이 된다. 이야기를 간단히 하기 위해서 국세에 한정하여 수치를 들어본다면, 소득세의 최고세율은 45%이고(所税 제89조 제1항), 법인세의 기본세율은 23.2%이다(法税 제66조 제1항). 이것만으로도 20% 이상 격차가 존재하고, 중소법인의 과세소득에는 경감세율의 적

용부분도 있다(동 제2항). 역사적으로는 소득세법의 최고세율이 현재보다도 높아서 (→ 8-4-1), 세율격차가 과거에는 지금보다도 더욱 큰 시기도 있었다.

다만 이상의 이야기는 어디까지나 그 연도에 한하는 것으로, 납세자의 종합적인 득실을 정확하게 분석하기 위해서는 법인이 얻은 사업이익을 나중에 개인 주주에게 배당하거나 개인주주가 주식을 양도하거나 하는 경우의 과세를 고려할 필요가 있다.

이와 같이 법인화에는 소득과세상의 메리트가 있는 경우가 많다. 이는 절세목적으로 개인기업이 법인화를 하여 소규모 회사가 다수 출현하게 되는 배경이 되어 왔다. 나아가 시야를 더욱 넓혀보면, 상속대책으로서 법인화를 이용하는 측면도 무시할 수 없다. 왜냐하면 개인사업주에게는 반드시 수명이 있어 후계자에게 사업을 승계시킬 때에 상속세의 문제가 발생하기 때문이다. 점포나 공장을 개인소유로 하는 것이 아니라 회사의 소유로 하여, 원래의 사업주는 회사의 주식을 보유해 둔다. 이에 의해 상속대상 재산은 주식으로 전환되고, 주식에 관한 평가방법에 따라 금전평가 된다. 이른바 사업승계세제에 의해 상속세의 납세유예나 면제의 제도를 이용하는 것도 가능하다. 이와 같이 법인화에는 소득세·법인세·상속세와 같은 주요한 세금관계만을 보더라도 많은 요인이 영향을 미친다.

17-2 동족회사란

17-2-1 동족회사의 압도적 비중

법인화의 결과로서 설립된 회사는 소수의 주주가 지배하고 있는 경우가 많다. 이와 같은 회사를 법인세법은 '동족회사{同族會社}'라고 부르며, 몇 가지의 특칙을 두고 있다.

동족회사의 정의는 바로 다음에 보도록 하고, 우선 법인수의 내역을 확인하여 동족회사의 비중이 매우 크다는 사실을 머릿속에 담아두도록 하자(도표 17-1).

도표 17-1 ┃ 법인수의 내역(단체법인{單體法人})

구분	동족-비동족 구분			계
	특정동족회사	동족회사	비동족회사	
(자본금)				
100만 엔 이하	1	323,646	17,938	341,585
100만 엔 초과	—	55,792	2,474	58,266
200만 엔　〃	—	1,142,909	16,058	1,158,967

500만 엔 〃	2	705,364	25,753	731,119
1,000만 엔 〃	−	139,082	9,838	148,920
2,000만 엔 〃	−	138,145	11,891	150,036
5,000만 엔 〃	17	45,739	4,090	49,846
1억 엔 〃	3,977	6,854	2,215	13,046
5억 엔 〃	308	885	487	1,680
10억 엔 〃	303	1,838	1,046	3,187
50억 엔 〃	34	397	328	759
100억 엔 〃	32	482	555	1,069
계	4,674	2,561,133	92,673	2,658,480

출전: 국세청 平成28{2016}년 회사표본조사 결과

도표 17-1로부터 두 가지 사실을 알 수 있다.

▶ 일본 법인의 대부분이 동족회사이다.

▶ 동족회사 중에는 자본금이 많은 회사도 있지만, 자본금이 적은 회사의 수가 압도적
으로 많다.

17-2-2 '주주에 의한 지배'에 착안한 동족회사의 정의

동족회사에 해당하기 위한 요건의 포인트는 '주주 3인 이하가 회사 주식의 50%를 초과하여 보유하는 것'이다. 주식회사의 경우라면, 회사의 주주 3인 이하가 그 회사의 기발행주식 총수의 50%를 초과하는 수의 주식을 보유하는 경우 그 회사는 동족회사에 해당한다(法税 제2조 제10호). 한편 회사가 자기의 주식을 보유하고 있는 경우에 그 회사는 여기서 말하는 주주에 포함되지 않는다. 다른 한편으로, 주주와 「특수한 관계」에 있는 개인 및 법인이 보유하는 주식을 다 합쳐 50%를 초과하는 경우에는 동족회사에 해당한다.

여기에서 말하는 「특수한 관계」는 법령용어로서, 주주의 친족이나 사용인(法税令 제4조 제1항), 공통의 주주에 의해 지배되고 있는 회사(동조 제2항) 등이 그 예이다. 후술하듯이 동족회사에 해당하게 되면 과세상 불리한 취급을 받는 경우가 많다. 그렇기 때문에 불리한 취급을 피하기 위하여 납세자로서는 동족회사의 요건을 충족하지 않으려고 다양한 노력을 하게 된다. 예를 들어 자기 혼자 회사의 주식을 보유하면 50%를 초과하게 되는 상황에서, 친인척에게 보유시키거나, 자신이 지배하는 특정회사에 보유시키거나 함으로써 50%의 기준을 잠탈하는 것이다. 이를 허용하지 않기 위하여 「특수한 관계」에 있는

개인이나 법인을 넓게 그물로 건지는 형태로 동족회사를 정의하고 있는 것이다.

동족회사의 정의규정은 「주주 등」이라는 법령용어를 사용하고 있다(法税 제2조 제10호). 주주 등이란, '주주' 또는 '합명회사, 합자회사 혹은 합동회사의 사원', '기타 법인의 출자자'를 말한다(동조 제14호). 주식회사뿐만 아니라 지분회사 또한 동족회사에 해당할 수 있다.

동족회사의 정의에서 말하는 「기타 정령으로 정하는 경우」(法税 제2조 제10호)란, 의결권 총수의 50%를 초과하는 수를 보유하는 경우나, 지분회사의 사원총수의 절반을 넘는 수를 점하는 경우를 말한다(法税令 제4조 제5항).[1]

17-2-3 동족회사의 특칙

법인세법은 동족회사에 대하여 몇 가지의 특칙을 두고 있다.

▶ 특별세율(→ 17-3).
▶ 동족회사의 행위계산부인 규정(→ 17-4).

---

1) 한국: ① 우리나라 현행 법인세법상으로는 일본 법인세법의 '동족회사'에 대응하는 개념은 존재하지 않는다. 즉 소수의 지배적 주주가 법인을 장악하고 있다는 이유로 일본 법인세법과 같이 특별세율을 부과한다거나[본문 17-3 특정동족회사의 특별세율. 우리나라 조세특례제한법 제100조의32(투자·상생협력 촉진을 위한 과세특례)는 미환류소득에 대한 추가 법인세를 규정하고 있으나, 이것은 소수의 지배적 주주가 법인을 장악하는 경우에 대한 견제조치는 아니다], 그 거래행위나 계산의 실질을 부인하거나(본문 17-4 동족회사의 행위계산부인 규정) 하는 규정은 없다.
② 이것은 우리 법인세법 제정 당시(1949. 11. 7. 법률 제62호)에는 일본 법인세법의 동족회사 제도를 참고하여 동족회사에 대한 특별세율(제17조)과 행위계산부인의 규정(제33조)을 두었으나, 그 이후 '동족회사'에만 한정되어 있던 행위계산부인 규정의 적용대상이 비공개법인(1960. 12. 30. 법률 제571조로 개정된 법인세법 제33조 참조)을 거쳐 통상적인 법인(1961. 12. 8. 법률 제823호로 폐지·제정된 법인세법 제18조 참조)까지 넓어지고, 적용대상이 되는 법인의 거래 상대방도 '주주 등 출자자'에서부터 출자와는 직접 관계가 없는 기타 특수관계인의 경우까지 확대되는 등 변천해 온 결과이다(현행법과 거의 유사한 형태가 된 것은 1998. 12. 28. 법률 제5581호로 개정된 법인세법 및 1998. 12. 31. 대통령령 제15970호로 개정된 법인세법 시행령부터임). 오윤, "부당행위계산 부인규정상 '부당성' 판단에 관한 소고-자산의 저가양도를 중심으로-", 조세법연구 22(1), 한국세법학회(2016), 109-113면 참조.
다만 일본 법인세법상 동족회사의 행위계산부인 규정은 여전히 우리 법인세법상 '부당행위계산의 부인(법인세법 제52조, 법인세법 시행령 제88조 내지 제90조)'과 비교할 만한 점이 있으므로 각주를 통해 후술한다.

17-3 특정동족회사의 특별세율

일정한 동족회사가 이익을 내부유보하면, 통상의 법인세에 더하여 특별세율로 법인세를 부과한다(法稅 제67조). 이것이 바로 특정동족회사의 특별세율이다. '유보금과세'라고도 한다.

이러한 규정의 연혁은 大正12{1923}년으로 거슬러 올라간다. 당시 개인주주가 개인단계에서의 초과누진세율을 면하기 위하여, 일가족의 자산을 출자하여 동족보전회사{同族保全会社}를 설립하고 이익이 있더라도 배당하지 않았다. 이에 대처하기 위하여 내부유보분에 과세를 하였다. 이러한 규정이 점차 발전하여 현행법에 이르게 되었다.

법인세법 제67조의 취지는 내부유보기간 중의 운용이익이 상대적으로 낮은 세율로 과세되는 현상에 대처하려는 것이다. 과세의 대상이 되는 것은 각 사업연도의 유보금액(동조 제3항) 가운데, 유보공제액(동조 제5항)을 초과하는 부분의 금액이다. 이러한 금액에 대하여 10%, 15%, 20%의 3단계로 구성된 초과누진세율로 과세한다(동조 제1항). 개인주주와의 세율격차를 상쇄하기 위해서 소득세의 누진세율과의 관계에서 특별세율의 세율단계를 설정하고 있는 것이다. 이러한 세율단계는 소득세의 누진세율구조나 과세최저한의 개정에 발맞추어 부단히 재검토해나갈 필요가 있을 것이다.

특별세율의 적용대상은 「특정동족회사」이다(法稅 제67조 제1항 괄호). 주식회사의 경우에 대해서 살펴보면, 그 정의의 골자는 다음과 같다.[2]

▶ 피지배회사일 것, 즉 주주 1인이 기발행주식 총수의 50%를 초과하여 보유할 것(法稅 제67조 제2항)
▶ 피지배회사에 해당하는지의 판정 기초가 된 주주 가운데 피지배회사가 아닌 법인주주가 있는 경우에는, 해당 법인을 제외하여도 여전히 피지배회사에 해당할 것
▶ 자본금의 금액이 1억 엔 이하인 회사의 경우에는, 대법인{大法人}과의 사이에 해당 대법인에 의한 완전지배관계가 있는 보통법인 등(法稅 제66조 제6항 제2호·제3호)에 한함
▶ 청산 중인 회사는 제외됨

이 중 세 번째는 平成19{2007}년 세제개정에서 자본금 1억 엔 초과의 회사를 제외함에 따른 것이다. 이러한 조치에 의해 특별세율의 적용범위는 현저하게 축소되었다.

---

2) 특정동족회사의 특별세율에 대한 일본 법인세법 제67조 및 '대법인(大法人)'의 개념에 대한 일본 법인세법 제66조 제6항 제2호 참조(부록 일본 조세법령).

17-4 동족회사의 행위계산부인 규정

17-4-1 의의와 연혁

(1) 의의

세무서장은 동족회사에 관한 법인세의 경정 또는 결정을 하는 경우에 있어서, 그 동족회사의 행위 또는 계산으로서, 이를 용인했을 경우에는 법인세의 부담을 부당하게 감소시키는 결과가 된다고 인정되는 것이 있을 때에는, 그 행위 또는 계산에도 불구하고, 세무서장이 인정하는 바에 따라서 그 법인에 관련된 법인세의 과세표준 또는 결손금액 또는 법인세의 금액을 계산할 수 있다(法稅 제132조 제1항). 이 규정을 '동족회사의 행위계산부인 규정'이라 한다. 내국법인이 동족회사에 해당하는지 여부에 대한 판정은, 행위 또는 계산이 있었던 때의 현황에 의한다(동조 제2항).

동족회사는 소수의 주주의 지배하에 있기 때문에, 이해관계자 간에 견제효과가 작용하기 어렵고, 지배적 주주의 「아전인수행위」[3]에 의한 거래나 경리가 이루어지기 쉽다. 그렇기에 동족회사의 행위계산을 부인하는 권한을 세무서장에게 부여한 것이다.[4]

(2) 연혁

동족회사의 행위계산부인 규정은 大正12{1923}년에 처음 도입되었다. 키요나가{淸永} 교수의 연구에 의하면, 昭和시대{1926~1989년} 첫 무렵이 되어서야 이 규정의 성격을 조세회피에 대한 부인규정으로 인식하는 사고방식이 출현하였다[淸永敬次「税法における 同族会社の行為計算の否認規定」同『租税回避の研究』〔ミネルヴァ書房, 1995년(初出 1962년)〕 307면, 325면]. 즉 우회적인 행위에 의해 부당하게 과세요건의 충족을 면하는 행위가 있

---

3) 원서의 서술은 "お手盛り"로, 앞서 16-4-2 (1) 부분의 각주에서 서술한 것과 같은 맥락에서 이것을 '아전인수행위'로 의역하였다.

4) 부록 일본 조세법령의 일본 법인세법 제132조 참조.
한국: 우리 법인세법상 부당행위계산의 부인 규정은 '특수관계인'과의 거래로 인한 경우에 적용된다(법인세법 제52조 제1항). 즉 우리 현행 법인세법은 일본 법인세법의 동족회사 규정과 같이 법인의 주주 구성에 따른 '법인 자체의 속성'에는 법률효과를 주고 있지 않고, 누구와 거래를 했느냐 하는 '거래 상대방과의 관계'에 법률효과를 주고 있다. '특수관계인'의 개념에 대하여 법인세법 제2조 제12호는 "법인과 경제적 연관관계 또는 경영지배관계 등 대통령령으로 정하는 관계에 있는 자"라고 정하고 있고, 그 위임을 받은 법인세법 시행령 제2조 제5항이 이를 구체화하고 있다. 여기에는 '주주, 출자자'(제2호)뿐만 아니라, '법인의 경영에 사실상 영향력을 행사하는 자'(제1호), '법인의 임직원'(제3호) 등도 포함된다.

는 경우에 과세요건을 충족한 것으로 취급하는 규정으로 인식되었다.

그 후 昭和15{1940}년에는 「동족회사의 행위 또는 계산으로서 법인세 포탈의 목적이 있다고 인정되는 것이 있을 경우에는, 그 행위 또는 계산에도 불구하고, 정부는 그 인정하는 바에 따라서 소득금액 및 자본금액을 계산할 수 있다」5)라고 규정되었다(昭和15 {1940}년 法税 제34조).

제2차 세계대전 후, 昭和22{1947}년의 세제개정에서는 부인의 요건을 「법인세를 면할 목적이 있다고 인정되는 것이 있을 경우」로 개정하였다(昭和22{1947}년 法税 제34조). 「법인세를 면할 목적」이라는 문구에도 불구하고, 납세자에게 세금을 면할 의사가 있는 경우에 한하여 행위계산의 부인이 가능하다는 해석은 취하지 않았고, 납세자의 의사 여하에 불구하고 부담이 감소한다는 결과의 발생을 문제 삼고 있었다[清永敬次 「税法における同族会社の行為計算の否認に関する戦後の判例」 法学論叢 74권 2호 〔1963년〕 1면, 6면].

나아가 샤우프 권고를 받아들인 昭和25{1950}년의 세제개정에서 현재와 같이 「법인세의 부담을 부당하게 감소시키는 결과가 된다고 인정되는 것이 있을 때」라는 문언이 되었다. 같은 해에 공개된 당시의 법인세 기본통달 제355는 동족회사 부인규정의 적용례로서 종래의 판례나 실무에서 드러난 사례를 정리하여 과대출자, 고가매입, 저가양도, 기부금, 무수익자산, 과대급여 등의 부인유형을 기술하였다.

(3) 법인세법 제132조 이외의 행위계산부인 규정

동족회사의 행위계산을 부인하는 규정은 법인세법 제132조 외에, 소득세법 제157조나 상속세법 제64조에도 존재한다. 소득세법 제157조6)의 적용이 다투어진 유명한 사건이 파칭코 헤이와{パチンコ平和} 사건이다. 최고재판소는 무이자융자를 한 개인의 수입금액에 적정한 이자액을 가산할 수 있다고 전제한 다음, 가산세에 관한 판단을 내리고 있다[最判 平成16(2004). 7. 20. 訟月 51권 8호 2126면(파칭코 헤이와{パチンコ平和} 사건)].7)

---

5) 참고로 원서에 서술된 조문의 원문은 다음과 같다.
　"同族会社ノ行為又ハ計算ニシテ法人税逋脱ノ目的アリト認メラルルモノアル場合ニ於テハ其ノ行為又ハ計算ニ拘ラズ政府ハ其ノ認ムル所ニ依リ所得金額及資本金額ヲ計算スルコトヲ得"

6) 부록 일본 조세법령 참조. 한편 우리 소득세법에도 부당행위계산의 부인이 규정되어 있는데[소득세법 제41조(부당행위계산), 제101조(양도소득의 부당행위계산) 참조], 일본 소득세법 제157조는 어디까지나 '동족회사 등의 행위 또는 계산'을 용인할 경우 주주 기타 특수관계자의 소득세 부담을 부당히 감소시키는 경우 이를 부인할 수 있도록 규정하고 있는 것이라는 점에서, 동족회사의 개념을 전제로 하지 않고 '친족관계' 또는 '경제적 연관관계' 등이 있는 특수관계인과의 사이의 거래에 대하여 적용되는 우리 소득세법상의 부당행위계산 부인 규정과는 차이를 보인다(소득세법 시행령 제98조 제1항, 국세기본법 시행령 제1조의2 제1항, 제2항, 제3항 제1호 참조).

7) 이 판결은 일본의 동족회사 행위계산부인의 법리뿐만 아니라 가산세에 관한 일본 판례의 태도를 살펴

또한 최근 같은 종류의 행위계산부인 규정이 동족회사에 그치지 않고 조직재편세제나 연결납세제도와의 관계에서도 도입되어 있다(法税 제132조의2·제132조의3).

Column 17-1 야후 사건

最判 平成28(2016). 2. 29. 民集 70권 2호 242면(야후 사건)은 법인세법 제132조의2의 해석으로서 다음과 같이 판시하였다[最判 平成28(2016). 2. 29. 民集 70권 2호 470면 (IDCF 사건)도 같은 취지].[8]

「조직재편성은 그 형태나 방법이 복잡·다양하기 때문에, 이를 이용한 교묘한 조세회피 행위가 이루어지기 쉽고, 조세회피의 수단으로서 남용될 우려가 있다는 점에서, 법인세법 제132조의2는 조세부담의 공평을 유지하기 위하여, 조직재편성에 있어서 법인세 부담을 부당하게 감소시키는 결과가 된다고 인정되는 행위 또는 계산이 행해진 경우에는 이를 정당한 행위 또는 계산으로 고쳐서 법인세의 경정 또는 결정을 행할 권한을 세무서장에게 인정한 것으로 해석되며, 이는 조직재편성에 관련된 조세회피를 포괄적으로 방지하는 규정으로서 마련된 것이다. 이와 같은 동조의 취지 및 목적으로부터 본다면, 동조에서 말하는 『법인세의 부담을 부당하게 감소시키는 결과가 된다고 인정되는 것』이란 '법인의 행위 또는 계산이 조직재편성에 관한 세제(이하 「조직재편세제」라 한다)에 관한 각 규정을 조세회피의 수단으로 남용함에 의하여 법인세의 부담을 감소시키는 것'을 의미한다고 해석해야 하고, 그 남용 유무의 판단을 함에 있어서는 ① 해당 법인의 행위 또는 계산이 통상적이라면 상정되지 않는 조직재편성의 절차나 방법에 의한 것이거나, 실제와는 괴리가 있는 형식을 만들어내는 등 부자연스러운 것인지 여부, ② 조세부담의 감소 이외에 그와 같은 행위 또는 계산을 행하는 것에 합리적인 이유가 되는 사업목적 기타의 사유가 존재하는지 여부 등의 사정을 고려한 다음, '해당 행위 또는 계산이 조직재편성을 이용하여 조세부담을 감소시키는 것을 의도한 것으로서, 조직재편성세제에 관한 각 규정 본래의 취지 및 목적으로부터 일탈하는 행태로 그 적용을 받거나 면탈하는 것으로 인정되는지 여부'라는 관점에서 판단함이 상당하다.」

볼 수 있어서 비교법적 가치가 높은 판례이다. 이해를 돕기 위해 그 사실관계와 해당 판시를 최대한 그대로 인용하도록 한다. 다만 인용되는 분량이 상당하므로 Chapter 17의 말미에 별도로 삽입한다. 일본 법인세법 제132조의2는 부록 일본 조세법령 참조.

8) 본문 판례(야후 사건)는 동족회사의 행위계산부인 규정에 관한 대표적인 판례로, 관련 판례평석만 60편 이상에 이르는 '리딩 케이스'이다. 따라서 이해를 돕기 위하여 판례의 사실관계를 그대로 소개하고, 본문에 실려 있지 않은 법리적 판단부분 역시 인용한다. 다만 사실관계가 복잡하므로, 역시 Chapter 17의 말미에 별도로 삽입한다.

17-4-2 일반적 적용기준

(1) 조문의 문언

법인세법 제132조 제1항은 법인세의 부담을 「부당하게 감소」시키는 결과가 된다고 인정되는 행위계산에 적용된다.

(2) 헌법 제84조와의 관계

「부당하게 감소」시킨다는 것은 폭넓은 개념이다. 그렇기 때문에 과세요건의 명확성을 결여한 것이 아닌가하는 점이 문제된다. 과세요건의 명확성에 대해 정면으로 판시하고 있는 것은 아니지만, 최고재판소는 다음과 같이 판시하여 이 규정이 헌법 제84조에 위반되지 않는다고 하고 있다[最判 昭和53(1978). 4. 21. 訟月 24권 8호 1694면(히카리라쿠엔료칸{光楽園旅館} 사건)].

「법인세법 제132조의 취지·목적에 비추어 보면, 위 규정은 원심이 판시하고 있듯이 객관적·합리적인 기준에 따라 동족회사의 행위계산을 부인할 권한을 세무서장에게 주고 있는 것으로 해석할 수 있으므로, 위 규정이 세무서장에게 포괄적·일반적인 백지형태의 과세처분권한을 주고 있다는 것을 전제로 한 청구인의 위헌주장은 받아들일 수 없다.」

(3) 순수한 경제인의 행위로서의 합리성

그렇다면 위 판시에서 말하는 「원심이 판시하고 있는 객관적·합리적인 기준」이란 어떠한 기준일까. 대응하는 원심[札幌高判 昭和51(1976). 1. 13. 訟月 22권 3호 756면]의 판시부분은 다음과 같다.

「행위계산부인 규정이, 납세자가 선택한 행위계산이 실재하고 사법상 유효한 것이라고 하더라도, 이른바 조세부담공평의 원칙의 견지에서 이를 부정하여 통상 있을 법한 법률관계를 상정하여, 이렇게 상정된 별도의 법률관계로 세법을 적용하려 하는 것임에 비추어 본다면, 위의 『법인세의 부담을 부당하게 감소시키는 결과가 된다고 인정되는』지 여부는, 오로지 경제적·실질적 견지에서 해당 행위계산이 순수한 경제인의 행위로서 불합리·부자연스러운 것으로 인정되는지 여부를 기준으로 하여 판단하여야 한다고 해석된다.」

삿포로 고등재판소의 이 판시부분은 「순수한 경제인의 행위로서 불합리·부자연」스러운지 여부라는 기준을 채용하고 있다. 이러한 기준은 예전부터 동족회사의 행위계산을 부인함에 있어서 판단기준으로서 사용되어 왔다. 예를 들어 현행법과 같은 형태의 조문이 되기 이전인 昭和15{1940}년 법 당시에 문제가 되었던 유명한 사건에서는 「비동족회사에서는 통상 있을 수 없는 행위계산」이라는 제1심의 적용기준[東京地判 昭和26(1951). 4. 23. 民集 12권 8호 1266면 참조]을 부정하고, 항소심은 「세금포탈의 목적을 빼고 보았을 때, 순수한 경제인이 선택한 행위형태로서 불합리한」 행위계산이라는 적용기준을 제시하고 있다[東京高判 昭和26(1951). 12. 20. 民集 12권 8호 1271면 참조). 다만 해당 사건의 상고심에서 최고재판소 자신은 적용기준을 명시적으로 정립하지 않고 있다[最判 昭和33 (1958). 5. 29. 民集 12권 8호 1254면(메이지물산{明治物産} 주식회사 사건)].

그 후 福岡高宮崎支判 昭和55(1980). 9. 29. 行集 31권 9호 1982면(남일본고압콘크리트 주식회사 사건)도 「오로지 경제적·실질적 견지에서 법인의 행위·계산이 경제인의 행위로서 불합리·부자연스러운 것이라고 인정되는지 여부를 기준으로 하여 판단해야 한다」라는 적용기준을 제시하였다. 최고재판소는 이러한 기준을 언급하지 않은 채 원고의 상고를 기각하였다[最判 昭和59(1984). 10. 25. 集民 143호 75면].

보다 최근에 東京高判 平成27(2015). 3. 25. 訟月 61권 11호 1995면(일본IBM 사건)은 법인세법 제132조 제1항의 적용요건에 대해 다음과 같이 판시하며, 해당 사안에 대한 동항의 적용을 부정하였다.

「법인세법 제132조 제1항의 취지에 비추어 본다면, 동족회사의 행위 또는 계산이 동항에서 말하는 『이를 용인했을 경우에는 법인세의 부담을 부당하게 감소시키는 결과가 된다고 인정되는 것』인지 여부는, 오로지 경제적·실질적 견지에서 해당 행위 또는 계산이 순수한 경제인의 행위로서 불합리·부자연스러운 것이라고 인정되는지 여부를 객관적·합리적인 기준에 따라 판단하여야 한다고 해석된다[最高裁 昭和53(1978). 4. 21. 第二小法廷判決·訟務月報 24권 8호 1694면(……), 最高裁 昭和59(1984). 10. 25. 第一小法廷判決 集民 143호 75면 참조]. 그리고 동항이 동족회사와 비동족회사 사이의 조세부담의 공평을 유지한다는 취지를 가진다는 점에 비추어 본다면, '해당 행위 또는 계산이 순수한 경제인의 행위로서 불합리·부자연스러운 것 즉 경제적 합리성을 흠결하는 경우'에는, '독립·대등하며 상호간에 특수관계가 없는 당사자 사이에 통상적으로 이루어지는 거래(독립당사자 간의 통상적인 거래)와 다른 경우'가 포함된다고 해석함이 상당하며, 이와 같은 거래에 해당하는지 여부에 대해서는 개별·구체적인 사안에 입각하여 검토를 요한다고 할 것이다.」9)

───────────

9) 이해를 돕기 위하여 본문 판결(일본IBM 사건)의 사실관계와 판결이유의 주요부분을 살펴보면 다음과 같다(청구인용 취지의 제1심판결이 유지된 사안임. '사실관계' 부분은 본문 판결의 '사안의 개요' 부분에

최고재판소에서 국가의 상고수리신청이 수리되지 않았기 때문에[最決 平成28(2016). 2. 18. 税資 266호 순호 12802],[10] 법인세법 제132조 제1항의 적용요건에 관한 최고재판소의

서 그대로 인용한 것으로 "" 따옴표 등의 인용부호는 생략함).

사실관계: 미국IBM의 100% 자회사이며 외국법인인 미국WT가 그 전체 지분을 취득한 원고(내국법인인 동족회사)는 2002년 4월 미국WT로부터 일본IBM의 기발행주식 전부(153만 3470주)를 대금 1조 9,500억 엔에 구입하고(본건 주식구입), 그 후 2002년 12월, 2003년 12월과 2005년 12월 3차례에 걸쳐 같은 주식의 일부를 일본IBM에게 대금총액 약 4,298억 엔(1주당 양도가액은 본건 주식구입의 취득가액과 동일)에 양도하였다(본건 각 양도).

원고는 2002년 12월기(12月期, 2002년 1월 1일부터 2002년 12월 31일까지의 사업연도), 2003년 12월기 및 2005년 12월기(본건 각 양도사업연도)의 법인세에 대하여, 본건 각 양도에 의해 일본IBM으로부터 교부받은 양도대금에서 의제배당금액을 공제한 금액을 양도대가의 금액으로 하여, 이것과 양도비용과의 차액을 본건 각 양도에 관련된 양도손실금액(총액 약 3,995억 엔)으로 본건 각 양도 사업연도의 소득금액 계산상 손금에 각각 산입하여 결손금이 있다는 취지로 확정신고를 하였다. 또한 원고는 2008년 1월 1일 연결납세 승인을 받아, 같은 해 12월 연결기 법인세에 대하여, 원고의 본건 각 양도사업연도의 결손금을 포함한 결손금을 익기에 이월하는 연결결손금으로서 확정신고를 했는데, 처분 행정청이 법인세법 제132조 제1항의 규정을 적용하여 본건 각 양도에 관련된 위의 양도손실금액을 본건 각 양도사업연도의 소득금액 계산상 손금에 산입하는 것을 부인하는 취지의 경정처분(본건 각 양도사업연도 경정처분)을 각각 함과 동시에, 이를 전제로 하여 ① 2004년 12월기, 2006년 12월기, 2007년 12월기 그리고 2008년 12월 연결기의 각 법인세 경정처분, ② 2009년 12월 연결기 및 2011년 12월 연결기의 각 법인세 경정처분 및 각 과소신고가산세의 부과결정처분 그리고 2010년 12월 연결기 법인세의 경정청구에 대해 경정해야 할 이유가 없다는 취지의 통지처분을 각각 하였다.

본건은 원고가 피고(국가)에 대하여, 처분행정청이 한 본건 각 양도사업연도 경정처분은 법인세법 제132조 제1항의 적용요건을 충족시키지 않고 이루어진 위법한 것이며, 나아가 본건 각 경정처분 등이 위법하다고 주장하며, 이들의 취소를 구하는 사안이다.

주요 판결이유: "본건 각 양도와 그 이외의 본건 일련의 행위는, 그 주체(본건 각 양도는 원고와 일본IBM, 미국WT에 의한 원고의 지분취득은 미국WT와 미국 딜로이트, 본건 증자, 본건 융자 및 본건 주식구입은 미국WT와 원고이다), 시기(본건 각 양도는 2002년, 2003년 및 2005년의 각 12월, 미국WT에 의한 원고의 지분취득은 2002년 2월, 본건 증자, 본건 융자 및 본건 주식구입은 같은 해 4월이다) 및 내용이 다르고, 위에서 살펴본 바와 같이, 본건 세액압축이라고 하는 공통목적의 실현을 위하여 일체적으로 이루어졌다고 하는 피고의 주장사실도 인정할 수 없는 이상, 본건 일련의 행위에 대하여 전체적으로 경제적 합리성을 결여했는지 여부를 판단하는 것은 상당하다고 할 수 없다.

그렇다면 처분 행정청이 법인세법 제132조 제1항에 기초하여 본건 각 양도를 부인한 것이 적법한지 여부는, 본건 각 양도 그 자체로서 경제적 합리성을 결여한 것으로 인정할 수 있는지 여부에 따라서 판단해야 한다."

"이상과 같이, 본건 각 양도가 본건 세액압축의 실현을 위해, 그 이외의 본건 일련의 행위(미국WT에 의한 원고의 지분취득, 본건 증자, 본건 융자, 본건 주식구입)와 일체적으로 이루어졌다고 하는 피고의 주장은 채용할 수 없으므로, '본건 일련의 행위는 독립당사자 간의 통상적인 거래와 달리 전체적으로 경제적 합리성을 결여한 것으로, 본건 일련의 행위를 구성하는 본건 각 양도를 용인했을 경우에는 원고의 법인세 부담을 「부당하게」 감소시키는 결과가 된다'고 하는 피고의 주장은 인정할 수 없다. 그렇다면 본건 각 양도에 관련된 양도손실액이 본건 각 양도사업연도에 있어서의 원고의 소득금액의 계산상 손금에 산입되어 결손금액이 생겨 법인세의 부담을 감소시킨 것을 가지고, 법인세법 제132조 제1항에서 말하는 「부당」한 것이라고 평가할 수는 없다고 해야 한다."

10) 일본 민사소송법상 상고이유는, 판결이 헌법에 위반된 경우 또는 법률에 따르지 않고 판결법원이 구성된 경우를 비롯하여 중대한 절차위반이 있는 경우 등으로 사유가 매우 한정되어 있다(일본 민사소송법

일반론은 제시되지 않았다. 최고재판소는 그 후, 법인세법 제132조의2에 대한 적용기준을 제시하였다[→ Column 17-1. 참조, 太田洋「関連企業間取引の税務否認を巡る近時の裁判例」金子宏監修 『現代租税法講座(3)企業·市場』〔日本評論社, 2017년〕239면].[11][12]

제312조). 다만 최고재판소가 상고법원인 경우에는, 그 외에도 "최고재판소 판례와 상반된 판단이 있는 사건, 기타 법령의 해석에 관한 중요한 사항을 포함하는 사건"에 대하여 상고심으로서의 판단을 구하는 '상고수리신청'을 할 수 있으나(일본 민사소송법 제318조 제1항), 최고재판소는 사건에 '중요한 사항'이 포함되어 있다고 판단되지 않는 경우에는 불수리결정을 할 수 있으며[高田裕成·三木浩一·山本克己·山本和彦(編集), 注釈民事訴訟法(제5권), 有斐閣(2015), 322-323면(勅使川原和彦 집필부분)], 그 상고수리신청의 이유 중에 중요하지 않은 것은 이를 배제할 수도 있다(일본 민사소송법 제318조 제3항). 본문 최고재판소 판결은 이 사안이 민사소송법 제318조 제1항에 따라 수리해야 할 사안에 해당하지 않는다고 보아 불수리결정을 한 것이다[일본 행정사건소송법 제7조는 "행정사건소송에 관하여, 이 법률에 정함이 없는 사항에 대해서는, 민사소송의 예에 의한다."라고 규정하고 있고, 상소에 대해서는 특별한 규정을 두지 않고 있다. 따라서 일본 행정소송에 있어서 상소에 관해서는 민사소송법에 규정된 바에 의한다. 宇賀克也, 行政法概説II-行政救済法(제6판), 有斐閣(2018), 285면 참조].

11) 한국: '경제인의 행위로서의 합리성'을 부당행위계산부인에 관한 판단기준으로 제시하고 있는 대법원 2010. 10. 28. 선고 2008두15541 판결을 인용하면 다음과 같다.

"법인세법 제52조에 정한 부당행위계산부인이란 법인이 특수관계에 있는 자와의 거래에 있어 정상적인 경제인의 합리적인 방법에 의하지 아니하고 구 법인세법 시행령 제88조 제1항 각 호에 열거된 여러 거래형태를 빙자하여 남용함으로써 조세부담을 부당하게 회피하거나 경감시켰다고 하는 경우에 과세권자가 이를 부인하고 법령에 정하는 방법에 의하여 객관적이고 타당하다고 보이는 소득이 있는 것으로 의제하는 제도로서, 경제인의 입장에서 볼 때 부자연스럽고 불합리한 행위계산을 함으로 인하여 경제적 합리성을 무시하였다고 인정되는 경우에 한하여 적용되는 것이고, 경제적 합리성의 유무에 대한 판단은 거래행위의 여러 사정을 구체적으로 고려하여 과연 그 거래행위가 건전한 사회통념이나 상관행에 비추어 경제적 합리성을 결한 비정상적인 것인지의 여부에 따라 판단하되, 비특수관계자 간의 거래가격, 거래 당시의 특별한 사정 등도 고려하여야 한다.", "법인이 특수관계자로부터 지급받아야 할 채권의 회수를 정당한 사유 없이 지연시키는 것은 실질적으로 그 채권 상당액이 의무이행기 내에 전부 회수되었다가 다시 가지급된 것과 같은 효과를 가져온다...(중략)... 그와 같은 채권의 회수지연이 건전한 사회통념이나 상관행에 비추어 경제적 합리성이 결여되어 조세의 부담을 부당하게 감소시킨 것으로 인정되는 경우에는 법인세법 제52조, 구 법인세법 시행령 제88조 제1항 제6호에 준하는 행위로서 같은 항 제9호의 규정에 의한 부당행위계산부인에 의하여 그에 대한 인정이자가 익금에 산입된다."

12) 한국: (1) 법인세법 제52조 제1항은 내국법인의 행위 또는 소득금액의 계산이 특수관계인과의 거래로 인하여 조세의 부담을 '부당하게 감소'시키는 경우 적용되도록 규정하고 있고, 같은 조 제2항은 제1항을 적용함에 있어서는 "건전한 사회 통념 및 상거래 관행과 특수관계인이 아닌 자 간의 정상적인 거래에서 적용되거나 적용될 것으로 판단되는 가격(시가)을 기준으로 한다."라고 규정하고 있다. 즉 법인세법은 국제조세조정에 관한 법률에 따른 '정상가격(동법 제2조 제1항 제10호)'과는 다른 '시가'의 개념을 기준으로 부당행위계산부인 규정에서의 '정상적인 거래'에 해당하는지 여부를 판단하도록 하고 있다. 입법연혁을 바탕으로 한 양 개념의 관계와 국제거래 사건에서의 적용상 우선순위에 관한 판시로는 대법원 2015. 9. 10. 선고 2013두6862 판결 참조.

(2) 본문의 東京高裁 平成27(2015). 3. 25. 판결(일본IBM 사건)은 "독립당사자 간의 통상적인 거래"의 개념을 동족회사 행위계산부인 규정의 해석에 있어서 포함시키고 있다. 그러나 우리 법인세법 제52조 제2항은 일본 법인세법 제132조와 달리, 이처럼 별도의 구체적인 기준(시가)을 제시하고 있기 때문에, 부당행위계산의 부인을 판단함에 있어서 이 개념이 직접적으로 사용될 여지는 없다.

(3) 유호림·안창남, "법인세법상 부당행위계산부인제도의 합리적 개선방안", 조세연구 제16권 제4집,

17-4-3 적용효과

(1) 조문의 문언

법인세법 제132조 제1항의 적용효과는 세무서장이 인정하는 바에 따라서 그 법인에 관계된 「법인세의 과세표준 혹은 결손금 또는 법인세의 금액을 계산한다」는 것이다.

(2) 사업연도와의 관계

세무서장이 과세표준 등의 계산을 다시 하게 되는 사업연도는, 행위계산이 이루어진 사업연도 보다 나중이 되는 경우도 있다.

최고재판소는 이와 같은 경우에 대해, 법인세법 제132조 제1항의 전신{前身}규정의 적용을 긍정하고 있다[最判 昭和52(1977). 7. 12. 訟月 23권 8호 1523면(야마비시부동산{山菱不動産} 주식회사 사건)]. 사안에서는 동족회사 X가 경영부진 상태의 관련회사를 위하여 채무인수를 하였는데, 이후의 사업연도에서 원본과 이자를 아울러 채무면제하였다. X가 채무면제에 의한 대손손실을 손금으로 계상하여 신고하였고, 세무서장은 이 후속 사업연도의 대손에 대한 손금산입을 부정하여 이를 경정하는 처분을 하였다(도표 17 − 2).

한국조세연구포럼(2016), 253면 이하는 현행 부당행위계산부인 제도에 대하여, ① 법인세법상 부당행위계산부인 규정은 '시가'를, 국제조세조정에 관한 법률상 이전가격에 관한 규정은 '정상가격'의 개념을 각각 제시하고 있으나, 양자 모두 "합리적 경제인의 거래가격"에 기반을 둔 개념으로 서로 다르게 규정할 이론적인 근거가 약하고(256 − 257면), 보다 구체적으로 ② '시가'를 구체화하고 있는 법인세법 시행령 제89조 제1항은 "해당 거래와 '유사한 상황'에서 해당 법인이 특수관계인 외의 불특정다수인과 계속적으로 거래한 가격 또는 특수관계인이 아닌 제3자간에 '일반적으로 거래된 가격'"을 제시하고 있으나, 여기서 '유사', '일반적'과 같은 개념은 그 분명하지 않은 적용범위로 인하여 조세법률주의의 한 내용인 과세요건 명확주의에 위배될 소지가 있으며(275면), ③ 시가를 과세관청이 일방적으로 산정하도록 하고 있고 또한 시가와 관련된 분쟁이 생긴 경우 이를 해소할 절차규정도 없는 등의 문제점들이 있다는 취지로 지적하고(275 − 277면), 이에 대한 입법론으로서 ① 과세관청의 자의적인 시가결정을 억제하기 위하여 "시가 사전합의 제도"를 제정하고(277 − 278면), ② 부당행위계산부인 규정이 적용되는 경우에는 납세자의 실제 거래가격과 과세관청이 처분을 함에 있어서 적용한 시가 사이에 차이가 생기게 되는데, 이로 인한 이중과세를 방지하기 위하여 부당행위계산부인 규정의 적용을 받은 납세자의 거래상대방에 대하여 과세표준 및 세액을 조정해 주는 "대응조정"을 인정하는 방향으로 제도개선을 할 필요가 있다고 주장한다(278 − 279면).

도표 17-2 ▌ 사업연도와의 관계

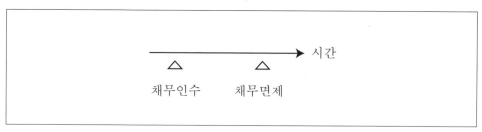

최고재판소는 우선 관련회사에 대한 당초의 채무인수가 부인의 대상이 된다고 하였다. 「어느 회사와 다른 회사가 모두 동일한 개인이 지배하는 동족회사이고, 일방이 타방에 대해 무이자 내지는 통상의 금융거래보다 현저하게 낮은 이율의 이자로 금전을 대여한 경우에는, 특별한 사정이 없는 한, '그 대부가 무이자 내지는 현저하게 낮은 이율이라는 점'을 동족회사의 행위 또는 계산 부인의 규정[본건의 경우 법인세법 (昭和40{1965}년 법률 제34호로 개정되기 전의 것) 제30조]에 따라 부인할 수 있다고 해석된다.」

그리고 이를 이유로 하여, 나중의 채무면제에 의한 대손손실의 계상을 행위계산부인 규정에 따라 부인할 수 있다고 하였다. 그 판시는 다음과 같다.

「위의 대부를 한 회사가 실제로는 동족회사이기 때문에 무이자 내지는 현저하게 낮은 이율의 이자로 대부한 것임에도 불구하고, 회사의 손익계산상으로는 세무실무상 행해지고 있는 이른바 인정이자의 취급에 준하여, 통상의 금융거래와 같은 정도의 이자를 미수이자로서 익금으로 계상하고 그 후의 사업연도에 이를 대손손실로서 손금으로 계상한 경우에는, 위의 대손처리는 동족회사이기 때문에 이루어진 부자연·불합리한 조세부담의 부당회피행위로서 동족회사의 행위계산부인 규정에 따라 이를 부인할 수 있다.」

(3) 원천징수소득세와의 관계

규정의 문언으로부터 보아 명백하듯이, 법인세법 제132조 제1항의 적용은 그 법인에 관련된 법인세의 계산을 변경하는 결과를 초래할 뿐, 원천징수소득세의 과세관계에는 영향을 미치지 않는다.

최고재판소도 이 결론을 승인하고 있다[最判 昭和48(1973). 12. 14. 訟月 20권 6호 146면 (주식회사 츠카모토상점{塚本商店} 사건)]. 이 사건에서는 동족회사 X가, 그 회사의 대표이사 A가 소유하는 甲토지 위에 乙건물을 소유하고 있었다. 甲토지와 乙건물이 일괄하여 소외 B에게 양도되었고, 양도대금으로 X가 약 2,238만 엔, A가 약 5,224만 엔을 각각 수령하였다. 비율로 하면 3대 7이 되는데, 乙건물의 가치를 무시하고 X의 차지권{借地權}[13) 비율을 30%로 한 것이었다(도표 17-3).

도표 17-3 ┃ 원천징수소득세와의 관계

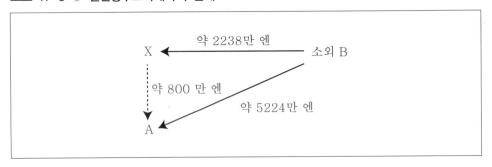

이에 대하여 세무서장은 X에 대해 다음과 같은 처분을 하였다.

▸ 법인세 증액경정처분. 부근의 거래가격으로부터 보아 X의 차지권 비율은 적어도 40%로, 乙건물의 가격도 양도대금에 포함되어 있기 때문에 X는 약 3,039만 엔을 받았어야 하는 것이므로, 법인세법 제132조를 적용하여 실제로 받은 2,238만 엔과의 차액인 약 800만 엔을 X의 소득금액에 가산한다.

▸ 소득세 원천징수의 납세고지. A가 토지양도대금으로 받은 5,224만 엔 가운데 약 800만 엔에 상당하는 금액은 A가 X로부터 받은 임원상여에 해당하는 것으로, X가 A에게 지급한 급여에 대해 소득세의 원천징수의무를 부담한다고 보아서, X에 대하여 원천징수의 납세고지를 하였다.

그런데 경정처분의 이유부기가 불충분하였기 때문에 세무서장은 법인세 증액경정처분을 취소한 다음, 이유부기를 보완하여 거의 같은 내용의 경정처분을 하였다. 이와 같은 사실관계하에서 소득세 원천징수의 납세고지의 적법성을 다툰 것이 본건이다.[14)

---

13) 일본 차지차가법(借地借家法)상의 '차지권'에 대해서는 뒤의 Column 19-1의 각주에서 설명한다.

14) 한국: (1) 원천징수세액에 대한 납세고지와 소득금액변동통지

① 원천징수세액에 대한 납세고지는 자동확정방식으로 확정된 소득세에 대한 징수처분으로서의 성질을 갖지만, 납세고지(징수처분)에 대한 행정소송을 통하여 그 전제를 이루는 원천징수의무에 대해서도 다툴 수 있다는 것이 판례의 태도였다(대법원 1974. 10. 8. 선고 74다1254 판결). 여기서 종래에 원친징수의무자는 원천징수세액을 납부하지 않고 이 원천징수세액에 대한 납세고지(징수처분)를 기다려

최고재판소는 다음과 같이 판시하며 '법인세 경정처분이 취소된 경우라도, X로부터의 A에 대한 임원상여에 관한 원천징수소득세에는 영향을 미치지 않는다'고 하였다.

「법인세법 제132조에 따른 동족회사 등의 행위계산부인은, 해당 법인세와의 관계에서만 부인된 행위계산에 대신하여 과세관청이 적정하다고 인정하는 바에 따라 과세를 한다는 것으로서, 애초에 실제로 이루어진 행위계산 그 자체에 실체적 변동을 가져오는 것은 아니다. 따라서 본건 법인세에 관한 원심판시 제1차 경정처분에서 X의 행위계산이 부인되어 그 부인된 금액이 X로부터의 A에 대한 임원상여로서 X의 익금에 산입된다고 하여도, A에 대한 소득세와의 관계에서는 어떠한 영향을 미치는 것은 아니고, 동인의 소득세에 관하여 이루어진 원심판시 징수처분〔A의 임원상여에 관한 원천징수소득세의 납세고지처분〕은 위의 제1차 경정처분과는 관계없이, 소득세법에 의해 법률상 당연히 확정된 원천징수의무의 대하여 그 이행을 구하는 것으로 해석하여야 한다. 그러므로 위 경정처분의 취소에 따라 소득세법상의 원천징수의무의 범위가 좌우되는 것은 아니라 할 것이므로, 위 〔경정처분의〕 취소는 본건 징수처분의 효력에 영향을 미치지 않는다.」

<hr>

여기에 항고소송을 제기하는 방법으로 불복해야 했다[이 점에 대해서는 소순무·윤지현, 조세소송(개정 9판), 영화조세통람(2018), 227면 참조].
② 그러나 이러한 방법은 가산세부과와 형사처벌의 위험을 부담해야 하는 것이고, 반대로 원천징수의무자가 징수세액을 납부한 상태에서는 납세고지가 나오지 않을 것이므로 다툴 수 있는 처분이 존재하지 않는다. 또한 본문 사례와 같이 원천징수의무자가 징수해야 할 소득세액에 변동이 있는 경우, 우리 나라에서는 소득처분에 따른 소득금액변동통지가 이루어지는데[소득세법 시행령 제192조 제1항, 앞의 16-3-5 (5) 부분의 각주에서 살펴본 바와 같이 소득처분제도는 우리나라 세법상 특유의 제도로 일본에는 존재하지 않는다], 소득금액변동통지가 이루어지면 소득처분의 대상자에게 실제로 소득이 있었는지를 묻지 않고, 그 지급이 의제되는 날(소득금액변동통지가 이루어진 날)에 소득이 발생했다고 보게 된다(대법원 1992. 7. 14. 선고 92누4048 판결). 그럼에도 불구하고 종래에는 이 소득금액변동통지에 처분성을 인정하지 않았으나[따라서 위 ①과 같이 납세고지(징수처분)에 대하여 항고소송을 제기하는 방법으로 불복방법이 한정되었던 것임], 위와 같은 문제점 등을 고려하며 변경된 대법원 전원합의체 판결은 '소득금액변동통지는 그 자체로 행정처분이므로 원천징수의무자는 이를 대상으로 하여 불복할 수 있다'는 태도를 취하였다(대법원 2006. 4. 20. 선고 2002두1878 전원합의체 판결).
③ 소득금액변동통지의 처분성을 인정한 이후의 판례는, 소득금액변동통지가 선행된 징수처분에 대한 항고소송에서는 소득세의 납세의무를 다툴 수 없다고 판시하고 있다(대법원 2012. 1. 26. 선고 2009두14439 판결).
(2) 법인세 경정처분이 취소된 경우
　본문의 일본 판례사안과 같은 경우, 우리나라에서는 소득세법 시행령 제192조 제1항에 따라서 원천징수의무자인 X에 대하여 소득금액변동통지가 이루어질 것이다. 소득금액변동통지도 그 자체로 하나의 행정처분이므로, 법인세 경정처분에 대해서만 다투고 소득금액변동통지에 대해서는 항고소송을 제기하지 아니하였다면 제소기간의 도과로 더 이상 다투지 못하게 되고, 법인세 경정처분만이 취소되었다면 소득금액변동통지는 여전히 유효하다고 보아야 할 것이다.

(4) 사법상의 거래와의 관계

상기 (3)의 최고재판소 판결은 「애초에 실제로 이루어진 행위계산 그 자체에 실체적 변동을 가져오는 것은 아니」라고 하고 있다. 이와 같이 법인세법 제132조 제1항의 적용은 사법(私法)상 거래의 효과에 영향을 미치지 않는다. 사법상의 거래는 그대로 유효함을 전제로 하여 법인세의 계산상 과세표준이나 세액을 변경하여 경정이나 결정의 처분을 할 권한을 주는 것에 그친다.

나아가 현실의 경제적 거래에서 세무서장의 경정처분이 있은 후에 당사자가 계약을 해제하거나 손해배상청구를 하는 경우가 있을 수 있다. 그러나 그것은 이 규정의 적용 효과가 아니라, 당사자가 사적자치의 범위에서 새롭게 법률관계를 발생시키는 것에 지나지 않는다.

(5) 대응적 조정

平成18(2006)년 개정에서는 법인세법 제132조 제3항을 신설하였다. 그 입법취지는 다음과 같이 설명되고 있다[『平成18年版改正税法のすべて』〔大蔵財務協会, 2006年〕374면, 밑줄은 저자에 의함].

「소득세법 제157조나 상속세법 제64조의 규정의 적용에 의한 소득세, 상속세 또는 증여세의 증액계산이 이루어질 때에, 반사적으로 법인세의 과세소득 등을 감소시키는 계산을 행할 권한이 세무서장에게 법률상 수권되어 있는지는 명확하지 않습니다. 이와 같은 상황하에서는 납세자의 편의성이 훼손되는 한편, 예를 들어 <u>법인의 수익 전부를 그 주주 등의 소득으로서 계산하는 방법에 의한 조세회피적인 『법인화』에 대응</u>함에 있어서, 그 집행에 지장을 줄 수 있다고 생각됩니다. 따라서 회사법 제정을 계기로 『법인화』의 증가가 예견되는 상황이기도 한 점을 감안하여, 소득세법 및 상속세법의 적용관계를 명확히 하는 조치로서, 소득세법 제157조나 상속세법 제64조의 규정의 적용에 의한 소득세, 상속세 및 증여세의 증액계산이 이루어지는 경우에, 세무서장에게 법인세의 반사적인 계산처리를 행할 권한이 있다는 것을 명문화하는 것으로 되었습니다.」

밑줄 부분은 다음과 같은 예를 상정하고 있는 것으로 생각된다(도표 17-4).

도표 17-4 ┃ 대응적 조정의 예

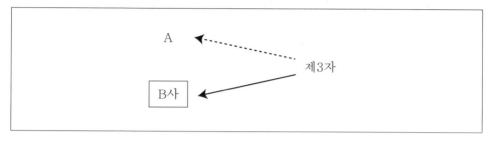

예를 들어 오너인 주주 A가 동족회사 B에게 소득을 이전시켜 A의 소득세 부담을 부당하게 감소시키는 결과가 되는 것으로 인정된다고 해 보자. 여기서 세무서장이 A의 소득세와의 관계에서 소득세법 제157조 제1항을 적용하여, B사의 수익으로 신고된 금액을 A의 사업소득의 총수입금액으로서 계산하였다고 하자. 이때에 동항의 적용효과는 어디까지나 A의 소득세와의 관계에서밖에 의미를 가지지 않는다. 이에 따라 B사의 법인세와의 관계에서는 여전히 같은 금액이 익금에 산입되어 있는 상태가 된다. 그 결과 A에게 소득세, B사에게 법인세라는 방식으로 '더블 펀치'를 가하는 것이 된다. 그렇기에 A에 대한 소득세의 증액계산이 이루어지는 경우에, B사의 법인세에 대한 「반사적인 계산처리」로서 세무서장이 감액경정처분을 하는 것이다.

이와 같은 「반사적인 계산처리」는 종래부터 학설이 대응적 조정이라는 명칭으로 검토하여 왔던 것이다. 경제적 이중과세를 방지하기 위한 조치로서 긍정적으로 평가할 수 있다. 그렇다고 해도 법인세법 제132조 제3항의 문언은 단순히 제1항의 규정을 준용한다고 하는 무미건조한 것이다. 처음으로 법문을 접하는 사람은 그 취지를 파악하기 어렵고, 모처럼의 입법취지가 충분히 명확한 형태로 조문화되어 있지 않아 아쉬운 점이 있다. 대응적 조정으로서의 감액경정처분을 의미한다는 것을 명확히 하는 것, 한걸음 더나아가 납세자의 절차보장을 확보하는 것 등이 입법적 과제라고 생각된다.

법인세법 제132조 제3항과 동일한 규정은 소득세법 제157조 제3항이나 상속세법 제64조 제3항에도 규정되어 있다.[15]

---

[15] 부록 일본 조세법령의 일본 법인세법 제132조 제3항 및 일본 소득세법 제157조 제3항 참조.
　　한국: 우리나라에서도 부당행위계산부인에 대한 대응적 조정 규정을 신설할 필요가 있다는 주장이 제기되고 있다는 점은 앞서 살펴보았다. 유호림·안창남, 앞의 글(법인세법상 부당행위계산부인제도의 합리적 개선방안), 278－279면 참조. 또한 이태로·한만수, 앞의 책(조세법강의), 615－617면 참조.

17-5 동족회사와 중소기업세제

이상 동족회사에 대한 특례로서 특별세율과 행위계산부인 규정을 개관하였다. 이들 모두 납세자를 불리하게 취급하는 조치이다.

이에 비하여 중소기업에 대해서는 경제활동의 견인차로서 혁신을 주도하는 긍정적인 역할이 기대되는 바도 많다. 이것이 이른바 '중소기업세제'로서의 각종의 조세우대조치에 대한 근거 중 하나이다. 지금까지 배워 온 내용 중에도 법인세의 경감세율(法税 제66조 제1항)이나 교제비 등의 손금산입(租特 제61조의4) 등 자본금이 적은 회사를 유리하게 취급하는 과세 룰이 있었다.

동족회사의 특례와 중소기업세제는 개념적으로 반드시 일치하는 것은 아니다[佐藤英明 「わが国における『中小企業税制』の意義と展望」 租税法研究 38호 〔2010년〕 65면, 81면 각주 (5)]. 그렇지만 양자의 적용대상이 되는 회사의 범위는 상당부분 중첩되는 면이 있다. 같은 회사에 대해 불리한 취급과 유리한 취급이라는 상이한 방향성을 가지는 룰이 동시에 병존하고 있는 것이다.

Column 17-2 중소기업의 과세 베이스

오너 주주가 경영하는 소규모의 회사를 상상해 보길 바란다. 오너는 과세소득을 얻는 방법을 상당한 정도로 자유롭게 정할 수 있다. 자신에게 지급할 급여액을 적게 함으로써 회사의 이익을 늘릴 수 있고, 이를 배당에 충당함으로써 배당소득을 늘릴 수도 있다. 따라서 만약 급여와 배당에 대한 과세가 극단적으로 상이한 상태라면, 오너가 보수를 얻는 방법에 대해 세제가 영향을 주고 있는 것이 된다. 이러한 예에서 알 수 있듯이, 소규모사업으로부터 생기는 소득에는 노동에 대한 리턴과 자본에 대한 리턴이 혼재되어 있다[Institute for Fiscal Studies, Tax by Design — The Mirrlees Review(Oxford University Press, 2011) 451].

☑ 이 장에서 배운 것

▶ 일본 회사의 대부분이 동족회사이다.
▶ 특정동족회사의 유보금에는 특별세율이 적용된다.
▶ 동족회사의 행위계산에 대해서는 세무서장에게 이를 부인할 권한을 주고 있다.

찾아보자

▶ 동족회사의 행위계산부인 규정은 어떻게 적용되어 왔는가?
   → 清永敬次『租税回避の研究』(ミネルヴァ書房, 1995년)
▶ 중소기업의 오너는 어떠한 절세유인을 가지는가?
   → 田近栄治＝八塩裕之「中小企業課税の新展開――資本と労働間の所得移転にどう対応す
     べきか」フィナンシャル・レビュー 127호(2016년) 96면

最判 平成16(2004). 7. 20. 訟月 51권 8호 2126면
[파칭코 헤이와(パチンコ平和) 사건]

사실관계16)

① 본건은 원고(피상고인)가 그 대부분의 출자지분을 보유하는 유한회사에 대하여 무이자로 금전을 대여한 것에 대하여, 피고(상고인)가 소득세법[平成13{2001}년 법률 제6호로 개정되기 전의 것] 제157조의 규정(본건 규정)을 적용하여 이자상당분의 잡소득이 있는 것으로서 平成1{1989}년도부터 3개 연도분에 대한 소득세 증액경정 및 이에 관련된 과소신고가산세 부과결정을 하였고, 이에 대하여 원고가 이자상당분을 상기 경정 전 세액계산의 기초로 삼지 않았던 점에 대해서 국세통칙법 제65조 제4항에서 말하는 정당한 이유가 있다는 등의 주장을 하며, 상기 각 부과결정의 취소를 구하는 사안이다.

② 유한회사 나카지마 흥산(中島興産, 이하 '나카지마 흥산')은 1988년 11월에 설립된 법인세법상의 동족회사이며, 원고는 1988년 12월 말을 기준으로 그 자본금의 98%에 해당하는 출자지분을 보유하고 있었고, 1992년 8월 나카지마 흥산의 해산에 이르기까지 그 대표자인 이사였다.

③ 원고는 점두시장(店頭市場)17) 등록종목인 '주식회사 헤이와(平和)'의 기발행주식 총수 5,888만 주 중 4,325만 2,000주를 보유하고 있었으나, 1989년 3월 10일 나카지마 흥산에 대하여, 5개의 증권회사를 통한 장외거래의 방식으로, 그중 3,000만 주(본건 주식)를 대금 3,450억 엔에 매각했다.

④ 원고는 위 대금정산일인 같은 달 15일, 4개의 은행에서 3,455억 2,200만 엔을 연리 3.375%에 차입하여, 나카지마 흥산에게, 그중 3,455억 2,177만 5,000엔을 변제기 및 이

---

16) ①은 해당 판결의 서두 부분을 그대로 인용한 것이고, ②부터 ⑥까지는 해당 판결의 '원심이 적법하게 확정한 사실관계' 부분에서 그대로 인용한 것으로 "" 따옴표 등의 인용부호는 생략하며, ⑦은 '원심이 적법하게 확정한 사실관계' 부분의 내용 일부를 축약·정리한 것임.
  참고로 이 사건의 원고(피상고인)는 나카지마 켄키치(中島健吉)라는 이름의 개인으로, 1921년 충청북도에서 출생하여, 19세에 일본으로 건너가 후에 귀화한 한국계이다. 일본으로 건너가기 전에 '만주철도'에서 근무한 경력이 있다고 한다. 『「平和」の中島会長"パチンコ王"の節税対策. 業界内でも疑問』, 산케이(産経) 신문, 1992. 11. 30.자, 東京朝刊·第一社会 참조. 또한 이 판결의 특이한 사항으로는 원고의 상고심 소송대리인 중 한명으로 민사소송법학에서 유명한 新堂幸司 전 東京大学 교수가 이름을 올리고 있다는 점을 들 수 있다.

17) 점두시장(店頭市場)이라 함은 일종의 비상장주식의 거래시장을 의미하는 것이다. 증권거래소와 같이 일정한 조직체를 이루고 있는 시장은 아니며, 매도인과 매수인이 직접 가격절충을 하여 거래가 이루어진다. 財団法人 日本証券経済研究所(編), 現代証券事典(신판), 日本経済新聞社(1992), 130면.

자를 정하지 않고 담보를 설정하지도 않은 상태로 대여하였다(본건 대출).

나카지마 흥산은 같은 날 위 각 증권회사에 대하여 위 대금 3,450억 엔과 수수료 5억 2,177만 5,000엔을 지급하였고, 위 증권회사들은 같은 날 원고에게 위 대금에서 수수료 5억 2,106만 2,500엔 및 유가증권거래세 18억 9,750만 엔을 공제한 잔액 3,425억 8,143만 7,500엔을 지급하였다. 원고는 같은 날 위 각 은행에 대해 위 차입금 3,455억 2,200만 엔 및 이에 대한 이자 3,194만 9,149엔을 지급하였다.

그 결과 본건 대출은 무이자, 무기한의 상태로 남게 되었다.

⑤ 나카지마 흥산은 수익의 대부분이 본건 주식의 배당수입이며, 실질적인 영업활동을 하고 있지 않았다.

⑥ 원고의 고문 세무사 등 세무담당자는 '과세당국이 개인으로부터 법인에 대하여 이루어지는 무이자 대출에 대하여 소득세를 부과하지 않는다는 견해를 취하고 있다'고 해석하고 있었기 때문에, 이에 따라서 원고의 1989년분부터 1991년분까지의 소득세는 잡소득을 0엔으로 하여 신고가 이루어졌지만, 피고 과세관청은 1992년 6월 18일 소득세법 본건 규정을 적용하여 본건 대출에 의해 원고에게 이자 상당분에 관한 잡소득이 발생하였다고 인정하여, 위 각 연도분의 소득세 증액경정을 함과 동시에, 이에 따른 과소신고가산세 부과결정을 하였다.

⑦ 이와 관련하여 '회사가 대표자로부터 운영자금을 무이자로 빌린 경우 대표자 개인에게 소득세가 과세되지 않는다'는 원고에게 유리한 취지로 기술된 다수의 전문적 정보가 존재한다[해당 판결이 언급하고 있는 정보·자료들을 인용하면, 「전·현직 도쿄 국세국 세무상담실장이 편집한 "1983년판 세무상담 사례집", 도쿄 국세국 직접세부장이 감수, 같은 국 법인세과장이 편집한 "답변사례에 의한 법인세 질의응답집(1980년 3월 발행)" 및 "1984년판 답변사례에 의한 법인세 질의응답집", 조세전문가들로 구성된 '주해 소득세법 연구회'가 "회계저널 1975년 9월호"에 실은 견해표명」 등임. 이하 '본건 각 해설서']. 반면에 원고에게 불리하게 작용할 수 있는 하급심 재판례도 존재하는 상황이었다.

본문 최고재판소 판결의 판시

본문 최고재판소 판결은 다음과 같이 판시하며, 피고 과세관청의 각 과소신고가산세 부과처분이 적법하다고 보아 원심판결을 파기하고 항소를 기각하였다(파기·자판).

"본건 규정은, 동족 회사의 경우는 그 지배주주 또는 사원의 소득세 부담을 부당하게 감소시키는 행위 또는 계산이 이루어지기 쉬움에 비추어, 조세부담의 공평을 유지하기 위해, 주주 또는 사원의 소득세 부담을 부당하게 감소시키는 결과가 된다고 인정되는 행위 또는 계산이 이루어진 경우에, 이를 정상적인 행위 또는 계산으로 고쳐서 해당 주주 또는 사원에 관련된 소득세의 경정 또는 결정을 할 권한을 세무서장에게 인정한 것이다. 이러한 규정의 취지·내용으로부터 보면, 주주 또는 사원으로부터 동족회사에 대하여 이루어진 금전의 무이자 대출에 본건 규정의 적용이 있는지에 대해서는, 해당 대출의 목적, 금액, 기간 등 대출조건, 무이자로 한 이유 등을 감안하여 개별·구체적인 사안에 입각한 검토를 요한다고 해야 한다. 그리고 위 사실관계 등에 의하면, 본건 대출은 3,455억 엔을 넘는 고액의 금원을 무이자, 무기한, 무담보로 대출한 것이며, 원고가 경영책임을 다하기 위해 실행하였다는 등의 사정도 인정하기 어려우므로, 불합리·부자연스러운 경제활동이라고 하는 수밖에 없고, 세무에 종사하는 자로서는 본건 규정의 적용 여부에 대해서 위의 관점에 입각하여 충분한 검토를 했어야만 한다.

한편, 본건 각 해설서는 그 체재 등을 살펴보면, 세무에 종사하는 사람으로서 그 기술에 과세당국의 견해가 반영되어 있다고 파악하더라도 어쩔 수 없는 측면이 있다. 그러나 그 내용은 '대표자 개인으로부터 기업에 대한 운영자금의 무이자 대출 일반에 대한 것'으로서, 별도의 규정이 있는 것을 제외한다고 하는 유보가 있거나, 실적악화로 인하여 자금융통에 궁한 회사를 위해 대표자 개인이 운영자금 500만 엔을 무이자로 대출한 사례에 대한 것으로, 이러한 경우 대표자 개인에게 소득세법 제36조 제1항에서 규정하는 수입해야 할 금액이 없다는 취지를 설명하는 것인바, 대표자의 경영책임의 관점에서 해당 무이자 대출에 사회적·경제적으로 상당한 이유가 있다는 것을 전제로 하는 기술이라고 할 수 있으므로, 불합리·부자연스러운 경제활동으로서 본건 규정의 적용이 긍정되는 본건 대출과는 사안을 달리한다고 해야 한다. 그리고 당시의 재판례 등에 비추어 보면, 원고의 고문 세무사 등 세무담당자의 입장에서도 본건 대출에 본건 규정이 적용될 가능성이 있음을 의심했어야 마땅하다고 할 수 있다.

그렇다면 위 이자 상당분을 경정 전의 세액계산의 기초로 하지 않은 것에 대하여, 국세통칙법 제65조 제4항에서 말하는 정당한 이유가 있었다고는 인정할 수 없다."

最判 平成28(2016). 2. 29. 民集 70권 2호 242면(야후 사건)

사실관계[18]

① 원고는 정보처리서비스업 및 정보제공서비스업 등을 목적으로 하는 주식회사이며, 사안에서 문제가 되는 본건 합병 당시 이노우에 마사히로(井上雅博)는 대표이사 사장(代表取締役社長)을, 손 마사요시(孫正義)는 이사 회장(取締役会長)을 맡고 있었다. 또한 원고의 의결권 소유비율은 소프트뱅크가 약 42.1%, 미국 Yahoo! Inc.가 약 34.9%, 기타 주주가 약 23.0%였다.

소프트뱅크는 일본 국내외 기업의 주식 등을 취득함으로써 해당 회사의 사업활동을 지배·관리하는 것을 목적으로 하는 주식회사이며, 본건 합병 당시 손 마사요시는 그 대표이사 사장(代表取締役社長)을, 이노우에는 그 이사(取締役)를 맡고 있었다.

② 소프트뱅크는 2005년 2월 영국의 기업으로부터 IDCS의 기발행주식 전부를 취득하고, 같은 회사를 완전자회사로 만들었다. IDCS는 정보통신사업용 시설의 유지·관리 및 운영 등을 목적으로 하는 주식회사이며, 같은 해 5월에 통신사업을 분할하여 매각하는 등 데이터 센터(서버관련 설비를 수용하고 있는 시설을 말한다) 관련 사업에 특화하여 사업을 하고 있었다.

IDCS는 2002년 3월기(3月期, 2001년 4월 1일부터 2002년 3월 31일까지의 사업연도)부터 2006년 3월기까지 결손금이 발생하여 2008년 3월 31일 시점에서 그 미처리 결손금이 합계 약 666억 엔에 달하였던바, IDCS의 이익은 2007년 3월기 이후 매년 20억 엔 정도로, 위 미처리 결손금을 상각하는 데에는 상당한 기간이 소요될 것으로 전망되었다. 한편 본건에서 문제가 되는 것은 위 미처리 결손금 중 2003년 3월기부터 2006년 3월기까지 발생한 542억 6,826만 2,894엔(본건 결손금)이다.

③ IDCS는 2008년 3월경 자신이 운영하는 데이터 센터에 관련된 설비투자 자금의 조달과 소프트뱅크에 대한 재정적 기여를 목적으로 IDCS를 분할하여 신설회사의 주식을 공개하는 등의 방안을 검토했지만, 소프트뱅크의 담당부서는 이 방안으로는 IDCS의 미처리 결손금 전부를 손금산입 등에 의해 처리할 수 없다고 전망되는 점 등을 고려하여, 그 대안으로서 같은 해 10월경까지 '사업양도 안'과 '분사화(分社化) 안'을 작성하였다. 이러한 방안에서는 IDCS의 미처리 결손금 중 2002년 3월기에 발생한 약 124억 엔은 법인세

---

18) 해당 최고재판소 판결의 '원심이 적법하게 확정한 사실관계 등의 개요' 부분을 그대로 인용한 것으로 "" 따옴표 등의 인용부호는 생략함. 참고로 이 사안의 원고는 '야후 주식회사(ヤフー株式会社)'이다.

법(2010년 법률 제6호로 개정되기 전의 것, 이하 이 각주에서 '법인세법') 제57조 제2항에서 말하는 7년 이내의 사업연도에서 발생한 미처리 결손금에 해당하지 않는 점을 고려하여 사업양도 또는 비적격합병에 의해 처리하고, 그 이외의 것은 IDCS와 소프트뱅크의 다른 자회사와의 적격합병에 의해 처리하는 것으로 되었는데, 이러한 방안에 의하면 IDCS가 가진 미처리 결손금을 전부 처리하는 것이 가능하였다.

④ 손 마사요시는 2008년 10월 중순 IDCS에 관한 위의 각 방안에 대해 보고를 받고, IDCS를 소프트뱅크의 다른 자회사가 아닌 원고에게 매각하여 합병시키는 것이 적절하다고 생각하였다. 그래서 손 마사요시는 같은 달 27일 이노우에 등 원고의 상근이사에게 원고에 의한 IDCS의 인수를 제안하고, 더 나아가 소프트뱅크는 같은 해 11월 21일 원고에게 서면으로 원고가 IDCS를 700억 엔에 매수하는 등 다음의 <1>부터 <4>까지의 순서로 조직재편성을 행할 것을 제안(본건 제안)하였다.

본건 제안에 있어서 조직재편성 순서는 네 단계로 구성되어 있으며, 그 개요는 '<1> IDCS가 신설분할에 의하여 장부가액 34억 엔의 신회사를 설립한다. <2> IDCS가 원고에게 신회사의 기발행주식 전부를 174억 엔에 양도하고, IDCS는 신회사의 주식 양도차익 140억 엔을 2002년 3월기분 및 2003년 3월기분의 미처리 결손금의 일부와 상계한다. <3> 소프트뱅크가 원고에게 IDCS의 기발행주식 전부를 700억 엔(세무상 자산 200억 엔, 사업자산 326억 엔 및 현금 174억 엔의 합계액)에 양도한다. <4> 원고가 2009년 3월 31일까지 IDCS를 흡수합병하고 IDCS의 미처리 결손금의 잔액을 승계하여 원고의 사업수익과 상계한다'는 것이었다. 여기서 위 <3>의 '세무상 자산 200억 엔'이라는 것은 본건 제안에서 원고가 IDCS로부터 인계할 것으로 상정되어 있던 미처리 결손금의 잔액 약 500억 엔에 세율 40%를 곱하여 산출된 것이다.

⑤ 손 마사요시는 2008년 11월 27일 이노우에에게 IDCS의 이사 부사장으로 취임하도록 요청하였고 이노우에는 이를 승낙했다. 또한 손 마사요시가 같은 해 12월 10일경 IDCS의 대표 이사인 신토 유타카(真藤豊)에게 본건 제안을 실행하려는 뜻을 알리자, 신토는 이를 승낙함과 동시에 이노우에가 IDCS의 이사 부사장에 취임하는 것에 대해서도 승낙하였다. 그리고 이노우에는 같은 달 26일 IDCS의 주주총회 결의 및 이사회 결의를 거쳐 IDCS의 이사 부사장으로 선임되었다(본건 부사장 취임).

손 마사요시가 이노우에에게 위의 취임요청을 할 당시, 소프트뱅크 및 원고에게 있어서는 IDCS와 원고와의 사이에서 법인세법 시행령(2010년 정령 제51호로 개정되기 전의 것, 이하 이 각주에서 '법인세법 시행령') 제112조 제7항 제2호의 '사업규모 요건'을 충족시키는 것이 불가능하였기 때문에(예를 들어 2008년 3월 31일 현재 원고의 매출액은 IDCS의 20배 이상이었다), 본건 매수 및 본건 합병에 의해 원고가 IDCS로부터 본건 결손금을 인계하기 위해서는 본건 합병에서 '특정임원인계 요건'을 충족시킬 필요가 있다고 인식되고 있었으며, 손 마사요시에게도 소프트뱅크의 재무부장으로부터 그 취지가 전해졌다. 또한 소프트뱅크의 담당자가 원고의 담당자에게 쓴 같은 해 12월 10일의 이메일에는 "세무구조상의 이유로 이노우에 CEO 혹은 카지카와(梶川) CFO가 IDC의 이사로 들어갈 필요가 있다고 합니다. 그 건을 포함한 몇 가지 문제에 대해 상담을 드리고 싶습니다."라고 기재되어 있으며, 원고의 담당자가 소프트뱅크의 담당자에게 보낸 같은 달 17일의 이메일에는 "IDC 이사 취임과 관련해서, 당사 CEO 이노우에가 취임하는 방향으로 진행했으면 합니다."라고 기재되어 있었다.

한편, 당시 신토를 포함한 종래의 IDCS 임원들이 본건 합병 후 원고의 특정임원이 될 사업상의 필요성은 없다고 판단되고 있었으며, 이노우에 외의 IDCS의 특정임원이 본건 합병 후에 원고의 특정임원에 취임하는 것은 예정되어 있지 않았다.

⑥ 이노우에는 본건 부사장 취임 후 2009년 1월 7일에 신토 등과 IDCS의 향후 사업방침에 대하여 회의하며, 원고와 그 자회사 및 IDCS와의 협력 가능성을 검토하도록 지시하기도 하고, 같은 달 21일에 개최된 IDCS 이사회에 참석하여 IDCS의 중기계획에 관한 의안 등의 심의에 참여하여 의결권을 행사하기도 하였다. 또한 이노우에는 본건 매수 후 같은 해 2월 26일 신토 등과 회의를 하였는데, 여기서 IDCS의 설비투자 계획의 방침에 대한 지시와, 원고의 자회사와 IDCS 사이의 업무제휴 결정 등이 이루어졌다. 그러나 이노우에는 IDCS의 대표권을 가지지 않는 비상근 이사였던 데다가 IDCS 사업에 관해 구체적인 권한을 동반한 전임 담당업무를 가지고 있지 않았고, IDCS에서 임원보수를 수령하고 있지 않았다.

⑦ IDCS는 2009년 1월 7일 데이터 센터의 영업·판매 및 상품개발에 관련된 사업에 관한 권리의무를 신설분할에 의해 새롭게 설립하는 회사에 승계시키고자 하는 취지의 신설분할 계획을 작성하고, 같은 달 21일에 개최한 이사회에서 신설회사의 성립 날짜를 같은 해 2월 2일로 하기로 결정했다. 그리고 이날 주식회사 IDC 프론티어(같은 해 4월 1일에 변경될 때까지의 상호는 소프트뱅크 IDC 주식회사. 이하 'IDCF')가 위 분할에 의해 설립되어 IDCS의 이사가 IDCF의 이사에도 취임하고 IDCS의 직원도 모두 IDCF에 고용되었다.

⑧ 원고는 2009년 2월 19일에 개최된 이사회에서, IDCS로부터 IDCF의 기발행주식 전부를 115억 엔에 매수할 것, 그리고 소프트뱅크로부터 IDCS의 기발행주식 전부를 450억 엔에 매수할 것을 결정했다. 또한 동 이사회에서는, '매수가격이 합계 565억 엔이지

만, 실제 매수가격은 450억 엔이며, 위 115억 엔은 단기간 내에 원고에게 돌아간다는 것'이 확인되었다.

⑨ IDCS는 2009년 2월 19일 원고와의 사이에서, 그 보유하는 IDCF의 기발행주식 전부를 원고에게 115억 엔에 양도하는 내용의 주식양도계약을 체결하고, 같은 달 20일 이를 원고에게 양도하였다.

⑩ 소프트뱅크는 2009년 2월 23일 원고와의 사이에서, 그 보유하는 IDCS의 기발행주식 전부를 원고에게 450억 엔에 양도하는 내용의 주식양도계약을 체결하고, 같은 달 24일 이를 원고에게 양도하였다(본건 매수). 이에 따라 IDCS는 원고의 완전자회사가 되어 양자 간에 '특정자본관계'가 생겼다.

⑪ 원고는 2009년 2월 25일에 개최된 이사회에서, IDCS와의 합병을 결정하고 이날 IDCS와의 사이에서 '원고가 IDCS의 권리의무 전부를 승계하고, IDCS는 합병 후 해산한다'는 내용의 합병계약을 체결하였다. 그리고 같은 해 3월 30일 위 합병계약에 근거하여 원고와 IDCS와의 본건 합병의 효력이 발생하였다. 또한 본건 합병은 법인세법 제2조 제12호의8 イ의 적격합병에 해당하는 것이다.

　이노우에를 제외한 IDCS의 이사는 모두 본건합병에 따라 이사를 퇴임하고, 본건 합병에 즈음하여 원고의 이사에는 취임하지 않았다.

⑫ 원고는, 2009년 6월 30일 본건 합병 시점에 원고의 대표이사 사장이었던 이노우에가 IDCS의 이사 부사장으로 취임하였으므로 본건 합병은 법인세법 시행령 제112조 제7항 제5호의 '특정임원인계 요건'을 충족하고 있고, 동항 제1호의 '사업관련성 요건'도 충족하고 있다고 보아서, 법인세법 제57조 제3항의 '간주공동사업 요건'에 해당한다고 판단하여, 동조 제2항에 기초하여 본건 결손금을 원고의 결손금으로 간주하고 동조 제1항에 기초해 이를 손금에 산입하여 본건 사업연도의 법인세 확정신고를 하였다.

⑬ 이에 대해 아자부(麻布) 세무서장은 본건 부사장 취임을 포함한 원고의 일련의 행위는, '특정임원인계 요건'을 형식적으로 충족시키는 방법으로 본건 결손금을 원고의 결손금으로 간주되도록 하는 등의 목적을 가진 이상한 행위 내지는 변칙적인 행위이며, 이를 용인했을 경우에는 법인세 부담을 부당하게 감소시키는 결과가 되는 것으로 인정된다고 판단하여, 법인세법 제132조의2에 근거하여 본건 결손금을 원고의 결손금으로 간주하지 않고 원고의 본건 사업연도에 관련된 소득금액을 계산하여, 본건 경정처분 등을 하였다.

본문 최고재판소 판결의 판시

본문 최고재판소 판결은 다음과 같이 판시하며(본문에 인용된 판시의 다음 부분들임) 피고 과세관청의 경정처분이 적법하다고 보아 항소를 기각한 원심판결을 유지하였다(상고기각).

"조직재편세제의 기본적인 사고방식은, 실태에 부합하는 과세를 한다는 관점에서, 원칙적으로 조직개편으로 이전되는 자산 등(이전자산 등)에 대해 그 양도손익의 계상을 요구하면서, 이전자산 등에 대한 지배가 계속되는 경우에는 그 양도손익의 계상을 이연하여 종전의 과세관계를 계속시킨다는 것이다. 이러한 사고방식으로부터, '조직재편성에 의한 자산 등의 이전이 형식과 실질 모두에 있어서 그 자산 등을 처분하는 것일 경우(비적격조직재편성)'에는 그 이전자산 등을 시가에 의해 양도한 것으로 하고, 양도차익 또는 양도손실이 생긴 경우 이들을 손금 또는 익금에 산입해야 하나(법인세법 제62조 등), 다른 한편 '그 이전이 형식일 뿐이고 실질에 있어서는 아직 그 자산 등을 보유하고 있다고 볼수 있는 경우(적격조직재편성)'에는 그 이전자산 등에 대하여 장부가액에 의한 인계를 한 것으로 하고(법인세법 제62조의2 등), 양도손익은 모두 생기지 않는 것으로 하고 있다."

"이들 사정에 비추어 보면, 이노우에는 IDCS에 있어서 '경영의 중추를 계속적이고 실질적으로 담당해 온 자'라고 하는 시행령 제112조 제7항 제5호의 '특정임원인계 요건'이 상정하고 있는 '특정임원'의 실질을 구비하고 있었다고는 할 수 없고, 본건 부사장 취임은 본건 합병 후에 이노우가 원고의 대표이사 사장의 지위에 머물러있는 것만으로 상기 요건이 충족되도록 기도한 것으로, 상기요건의 외형으로서 실태와는 괴리된 것을 만들어 내는 명백하게 부자연스러운 것이라고 해야 한다."

"이상을 종합하면, 본건 부사장의 취임은, '조직재편성을 이용하여 조세부담을 감소시키는 것을 의도한 것'으로서, '적격합병에 있어서의 미처리결손금의 인계를 정하고 있는 법인세법 제57조 제2항, 간주공동사업 요건에 해당하지 않는 적격합병에 대하여 동항의 예외를 정하고 있는 동조 제3항 및 특정임원인계 요건을 정하고 있는 시행령 제112조 제7항 제6호의 본래의 취지 및 목적을 일탈하는 방식으로 그 적용을 받거나 면탈하는 것'으로 인정된다고 해야 한다.

그렇다면, 본건 부사장의 취임은, 조직재편성세제에 관련된 상기 각 규정을 조세회피의 수단으로서 남용하는 것에 의하여 법인세의 부담을 감소시키는 것으로서, 법인세법 제132조의2에서 말하는 「법인세의 부담을 부당하게 감소시키는 결과가 된다고 인정되는 것」에 해당한다고 해석하는 것이 상당하다. 소론의 점에 관한 원심의 판단은 이상의 취지를 말한 것으로서 시인할 수 있다."

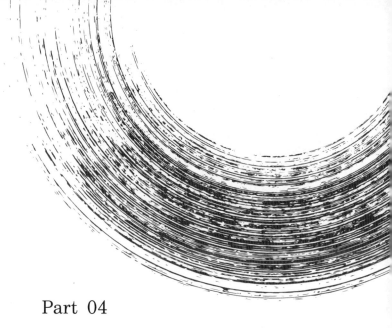

Part 04

전 개

Part 04에서는 본서에서 지금까지 배운 지식을 횡단적으로 복습하고 유기적으로 조합해 보면서, 더욱 한발 나아간 논의를 전개하고자 한다.

우선 Chapter 18에서는 소득세법과 법인세법이 공통적으로 사용하고 있는 중요한 입법기술인 과세이연에 세 가지의 유형이 있다는 점을 살펴본다. Chapter 19에서는 소득세에서 자주 문제가 되는 소득구분에 관하여 실천을 위한 힌트를 제공한다. Chapter 20에서는 의제배당을 단순한 예시를 통해 이해하고, 왜 그러한 룰이 규정되어 있는지를 생각한다. Chapter 21에서는 상속세와의 관계를 의식하면서 소득세에 있어서의 상속에 대한 취급을 검토한다. 마지막 Chapter 22에서는 소득과세가 경제거래에 미치는 영향을 거시적 관점에서 고찰하기 위하여 택스플래닝의 이론을 소개한다.

Chapter 18

과세이연의 3종류

> ▶ 취득비   ▶ 압축형   ▶ 인계형   ▶ 치환형

18-1 과세 타이밍을 조절하는 요소인 취득비

18-1-1 과세를 이연하는 입법기술의 「형{型}」[1]

소득과세에 있어서 과세 타이밍은 중요한 요소이다. 이 장에서는 과세를 이연하기 위한 입법기술로서의 전형적인 세 가지 형{型}을 예시를 통해 이해한다.

이하의 서술에서는 정령의 규정을 조금 상세히 인용한다. 그 목적은 상세한 룰의 암기에 있는 것이 아니라, 현행법에 나타난 「형{型}」의 이해에 있다. 기본형{基本型}을 이해함으로써 다른 과세 룰을 운용하거나 장래의 세제개정에 대응하거나 하는 것으로 연결된다. 독자 여러분이 그것을 위한 기본을 몸에 익힐 것을 기대하고 있는 것이다.

---

1) 여기서는 한자 '形'이 아닌 '型'이 사용되고 있다. 일본어에서 '形(けい)'이 사용되는 경우는 그 모양새 (shape)를 중시하는 어감이 되고, '型(かた)'이 사용되는 경우는 그 종류·유형(type)을 중시하는 어감의 단어가 된다. 원서에서도 '形'이 아닌 '型'이 사용되고 있는 것은 후자의 감각·의미를 나타내기 위함이다. 이러한 어감을 전달하기 위하여 이 Chapter의 각종 「型」을 번역함에 있어서 그 한자(型)를 병기한다.

18-1-2 취득비의 개념

소득과세를 이연할 경우, 이연된 손익을 장래의 연도에서 과세대상으로 취급하기 위한 조절기능을 수행하는 것이 취득비(cost base)의 개념이다. 이 개념은 미국법에서는 기준가격(basis)으로 불리는 것으로 소득과세 룰을 운용하는 데 있어서 가장 중요한 것 중하나이다.

일본 소득세법에서 취득비에 대해 정하는 것은 제38조이다. 제38조는 제37조와 함께원자{原資}의 회수를 위한 규정으로 여겨진다. 원자{原資}에 상당하는 부분은 소득의 범위에서 제외한다(→ 6-4). 이 사고방식을 소득세법상 필요경비(所税 제37조)와 취득비(동 제38조)로서 제도화하고 있다.

18-1-3 소득세법 제37조와 제38조 비교하기

일반적으로 보다 이른 해에 비용공제를 실시하는 것(=소득계상을 그 이후의 해로 미루는 것)은 과세가 이연되어 납세자에게 유리하다. 공제의 타이밍이라는 관점에서 소득세법 제37조와 제38조를 비교하자(→ 10-1-2).

▶ 제37조 제1항은 어느 연도분의 수입과 대응관계에 있는 비용을 해당 연도분의 필요경비로서 공제한다. 비용공제 타이밍에 관한 현행법의 룰은 '비용의 계상시기를 수익의 계상시기에 대응시키는 것'이다. 예를 들어 개인사업자가 종업원에게 급여를 지급하면 업무와 관련해 생긴 인건비가 되어 그 연도분의 필요경비로서 공제한다. 수익과 대응하는 범위에서 지출한 해에 즉시 공제할 수 있다.

▶ 제38조 제1항은 양도소득금액의 계산에 있어서 공제하는 취득비에 대해 규정한다. 예를 들어 어떤 사람이 제1년도에 토지를 구입하기 위해 100을 지출해 그 토지를 보유하고 있었는데 제5년도에 120에 팔았다고 하자. 이 경우 양도소득을 계상하는 것은 제5년도이며, 총수입금액 120에서 취득비 100을 공제하고 양도비용이나 특별공제액을 뺀 금액이 과세의 대상이 된다(所税 제33조 제3항). 토지를 취득하기 위해 100을 지출하는 것은 제1년도이지만, 소득산정에 있어서는 제5년도에 처음으로 공제가 인정된다. 즉 캐피털 게인{capital gain}이 실현되어 양도소득으로서 과세되는 시점이 되어서야 비로소 취득비를 공제한다.

이처럼 취득비의 공제시기는 자산 취득에 소요된 비용의 지출 시점보다 뒤에 나타난다. 양도가 속하는 연도분에 비로소 공제할 수 있는 것이다. 적용조문은 다르지만, 동일한 시간적 구조는 법인세법에서도 존재한다. 예를 들어 회사가 토지를 양도하는 경우, 토지의 구입원가는 양도가 이루어진 사업연도가 되어서야 비로소 손금에 산입한다(法稅 제22조 제3항 제1호).

18-1-4 과세를 이연하는 기술로서의 취득비 조정

취득비는 양도소득 과세가 이루어지는 연도분에 공제할 수 있다. 이것과 맞추어 과세를 이연하는 경우에는 취득비를 조정한다. 이 취득비 조정의 전형적인 형{型}으로서 세 가지의 유형을 살펴보자.

▶ 소득세법 제42조(국고보조금 등)   취득비의 압축(所稅令 제90조)
▶ 소득세법 제60조(개인 간 증여 등)   전주{前主}의 취득비를 인계한다
▶ 소득세법 제58조(교환)   양도자산으로부터 취득자산으로 취득비를
치환한다(所稅令 제168조)

18-2 소득세법 제42조 - 압축형{壓縮型}

소득세법 제42조는 취득비를 압축하는 형{型}이다.

예를 들어 어떤 사람이 고정자산의 취득이나 개량에 충당하기 위해 국고보조금 100을 받아 그 해에 그 국고보조금을 교부받은 목적에 적합한 고정자산 S를 취득했다고 하자. 이 경우 이 사람에게는 100의 소득이 존재한다. 그러나 국가로서는 국고보조금을 지출하면서 여기에 과세하면 보조의 효과가 감쇄된다. 따라서 이러한 경우에는 100의 보조금 가운데 고정자산의 취득 또는 개량에 충당한 부분의 금액에 상당하는 금액은 그 사람의 각종소득의 금액 계산상 총수입금액에 산입하지 않는다(所稅 제42조 제1항).

여기서 취득 시의 자산S의 시가가 100이며, S를 취득하기 위해서 국고보조금 100의 전액을 이용했다는 예를 생각하자. 이 경우 S의 취득비를 어떻게 계산할지는 정령에 위임되어 있다(所稅 제42조 제5항). 위임을 받은 정령의 규정은 이하와 같이 정하고 있다(所稅令 제90조 제1호. 밑줄은 저자에 의함).

「소득세법 제42조 제1항에 규정된 국고보조금 등에 의하여 취득했거나 개량한 고정자산에 대해서는, 그 고정자산의 취득에 소요된 금액……또는 개량비의 금액에 상당하는 금액에서 동항의 규정에 의하여 총수입금액에 산입되지 않는 금액에 상당하는

<u>금액을 공제한</u> 금액으로 취득했거나 개량한 것으로 간주한다.」

이 규정에 위 예시를 적용하면, 총수입금액에 산입되지 않는 금액 100을 공제한 금액으로 취득한 것으로 보아 취득비를 계산한다. 이 결과 자산S의 취득비는 0이 된다.

따라서 자산S가 '양도소득의 기인{基因}이 되는 고정자산[2]이고 이 사람이 자산S를 장래에 양도했다고 하면, 양도소득금액의 계산에 있어서 총수입금액으로부터 공제해야 하는 취득비는 0이 된다. 양도한 연도분에 있어서 이번에는 말하자면 '뿌리부터' 과세되는 것이 되어, 100에 상당하는 금액이 소득이 되어 돌아온다(도표 18-1).

도표 18-1 ┃ 취득비 압축의 이미지

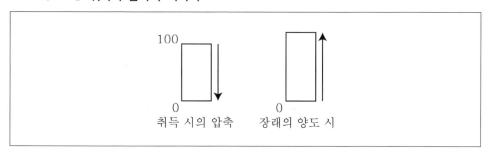

자산S가 감가상각자산이며 여러 해에 걸쳐 사업소득을 창출하는 데 도움을 준다고 해도 이야기의 큰 줄거리는 같다. S의 취득가액이 100이었다고 하면, 내용연수의 기간 동안 100을 기초로 한 상각비를 필요경비로서 공제할 수 있었을 것이다. 그러나 취득가액이 압축되어 0이 되었기 때문에 결국 상각비의 필요경비공제를 할 수 없게 된다. 그만큼 여러 해에 걸쳐 소득이 크게 계상된다.

이 예에서는 취득비의 압축이라는 법기술을 이용함으로써 과세가 이연되고 있다. 보조금의 지급을 받은 연도분에 총수입금액을 0으로 하는 점만을 관찰하면, 언뜻 보기에 영구히 비과세되어 버리는 것처럼 보인다. 그러나 그렇지 않다. 취득비를 압축해 놓음으로써 후의 연도분에 공제하는 금액이 줄어들어 그만큼 소득이 크게 계상된다. 장래에 과세가 미치도록 하여 과세를 이연하는 룰이다.[3]

---

2) 일본 소득세법 제38조 제2항은 취득비 공제를 해야 할 양도소득의 과세대상이 되는 자산에 대하여 "讓渡所得の基因となる資産" 즉 '양도소득의 기인(基因)이 되는 자산'이라고 표현하고 있다(일본 소득세법 제33조 제3항도 같은 취지로 표현. 부록 일본 조세법령 참조). 본문의 서술은 이러한 조문상의 표현에 바탕을 둔 것으로, 반대로 '양도소득의 기인이 되는 자산'이 아닌 자산은 양도하더라도 애초에 양도소득세가 부과되지 않으므로 취득비 공제의 문제가 생기지 않는다.

3) 한국: ① 국고보조금으로 취득한 고정자산에 대하여 같은 취지로 과세이연을 규정하고 있는 소득세법

같은 입법기술은 소득세법뿐만 아니라 법인세법에서도 쓰인다. 법인세법에서는 압축기장이라고 해서, 국고보조금의 금액 범위 내에서 고정자산의 장부가액을 손금경리에 의해 감액하는 방식을 취하고 있다(法税 제42조 제1항).[4]

18-3 소득세법 제60조——인계형{引繼型}

18-3-1 양도소득금액의 계산

소득세법은 실현원칙을 채용하고 있다. 그러므로 자산가격의 상승차익이나 하락차손은 양도 시에 과세의 대상이 된다(→ 9-3). 이를 나타내는 원칙적 규정이 소득세법 제33조이다. 제33조 제3항에 규정된 양도소득금액의 계산에 있어서 제36조와 제38조가 작동한다(도표 18-2).

도표 18-2 ▌ 양도소득금액의 계산규정

원칙적 규정	특칙
제33조——제36조(총수입금액) 제38조(취득비)	제59조 · 제60조

제32조(국고보조금으로 취득한 사업용 자산가액의 필요경비 계산), 소득세법 시행령 제60조(고정자산의 취득에 소요된 국고보조금의 필요경비계산) 참조. ② 수령한 국고보조금 등을 필요경비에 산입함에 있어서는, 감가상각자산에 대해서는 '일시상각충당금', 그 외의 자산에 대해서는 '압축기장충당금'이라는 계정과목으로 장부상 필요경비 계상을 할 것이 요구된다(소득세법 시행령 제60조 제1항). 일본 소득세법과 달리 결산조정사항으로 규정되어 있고, 아래 각주에서 살펴보는 법인세법 시행령과 달리 소득세법 시행령에는 신고조정을 허용하는 특례규정도 존재하지 않는다. 그러나 조세심판원의 결정(2016. 3. 25.자 조심2015전5121)을 근거로, 세무실무상 개인사업자의 경우도 신고조정에 의한 일시상각충당금의 설정이 가능한 것으로 처리되고 있다. ③ 일시상각충당금은 매년 감가상각비와 상계되어 줄어들다가 자산의 처분이 이루어지는 해에 그 잔액이 익금에 산입된다(소득세법 시행령 제60조 제2항).

4) 한국: ① 같은 취지로 과세이연을 규정하고 있는 법인세법 제36조(국고보조금등으로 취득한 사업용자산가액의 손금산입), 법인세법 시행령 제64조(국고보조금 등의 손금산입) 참조. ② 역시 수령한 국고보조금 등에 상당하는 금액을 손금에 산입함에 있어서는, 감가상각 자산에 대해서는 '일시상각충당금', 그 외의 자산에 대해서는 '압축기장충당금'이라는 계정과목으로 장부상 손금경리를 할 것이 요구되나(법인세법 시행령 제64조 제2항, 제3항), 특례규정에 따라 신고조정 역시 허용되고 있다(법인세법 시행령 제98조 제2항). ③ 일시상각충당금은 매년 감가상각비와 상계되어 줄어들다가 자산의 처분이 이루어지는 해에 그 잔액이 익금에 산입되고, 압축기장충당금은 자산의 처분이 이루어지는 해에 전액이 입금에 산입된다(법인세법 시행령 제64조 제4항).

여기서 검토하는 소득세법 제60조는 제59조와 대응관계를 이루고 있으며, 모두 위의 원칙적 규정에 대한 특칙이다. 제59조는 간주양도 규정으로 본래 무한한 과세이연을 방지하기 위해서 도입되었다(→ 9-3-2). 예를 들어 가격이 오른 자산을 어떤 사람이 회사에 증여했다고 하자. 증여이기 때문에 대가를 얻은 것은 아니다. 그러나 이 특칙이 있기 때문에 이 사람은 해당 자산을 시가로 양도한 것으로 간주된다(所税 제59조 제1항 제1호). 즉 자산의 시가 상당액을 총수입금액으로 양도소득을 계산하며, 동시에 이 자산의 취득비를 공제한다.

이것을 반대로 구성한 것이 제60조이다. 쉽게 이해하기 어려운 규정이지만 조세법의 학습에 있어서 매우 중요하다. 이해의 열쇠는 다음의 대응관계다.

▶ 간주양도 과세를 하면 → 취득비는 시가이다
▶ 과세를 이연하면 → 취득비를 인계한다

18-3-2 소득세법 제60조의 작동방식

(1) 예시

가격이 오른 자산이 상속에 의해 이전되는 예를 생각해 보자.

예를 들어 A 씨가 제1년도에 토지를 100에 취득했는데, 제5년도에 A의 사망에 의해 상속이 이루어져, 유일한 상속인인 B 씨가 이 토지를 상속에 의해 취득했다고 하자. 상속발생 시의 해당 토지의 시가는 120이다(도표 18-3).

도표 18-3 ▌ 소득세법 제60조의 예시를 통한 이해

```
          취득        상속        양도
         ──────→A씨──────→B씨──────→
         100     시가 120     130
```

(2) A의 소득세

먼저 A의 소득세 과세관계를 살펴보자.

소득세법 제59조 제1항 제1호는 「상속(한정승인과 관련된 것에 한정한다)」에 의하여 자산의 이전이 있었을 경우에 시가로 양도한 것으로 간주하고 있다. 여기서 한정승인의

유무에 따라 경우를 나누어 본다.

▶ B가 한정승인을 했을 경우. A는 시가 120에 해당 토지를 양도한 것으로 간주되어 A에게 양도소득이 발생한다. 양도소득금액의 계산상 총수입금액은 120, 취득비는 100이 된다. 또한 A의 소득세 신고나 납부는 사망한 A를 대신해 상속인인 B가 한다(所税 제125조·제129조).

▶ B가 한정승인을 하지 않은 경우. A에게 양도소득은 발생하지 않는다. A의 단계에서 과세하지 않는 것은 영원히 비과세하겠다는 의미는 아니다. 어디까지나 나중으로 과세를 이연한다는 뜻이다.

(3) B의 소득세

그렇다면 B의 소득세 과세관계는 어떻게 되는가. 지금 제7년도에 B가 이 토지를 130에 제3자에게 양도했다고 하자. 그러면 B에게는 그 연도분의 양도소득이 발생한다. 이 양도소득금액의 계산상 토지의 취득비가 얼마가 되는지가 문제이다. 취득비는「그 자산의 취득에 소요된 금액」과「설비비 및 개량비의 금액」의 합계액이다(所税 제38조 제1항). 여기서 B는 설비비나 개량비를 지출하지 않은 것으로 한다. 그렇다면 문제는「그 자산의 취득에 소요된 금액」을 어떻게 산정할 것인가이다.

이 점에 대해「별도의 규정」으로서 제60조의 규정이 있다. 즉 B에게 있어서의 이 토지의 취득비는 A가 위의 어느 쪽으로 취급을 받는지에 따라 다음과 같이 된다(所税 제60조).

▶ 상속개시 시에 A에게 양도소득의 과세가 이루어진 경우. B는 상속 시의 시가로 자산을 취득한 것으로 간주된다(所税 제60조 제2항). 즉 B는 이 토지를 120에 취득한 것으로 간주된다. 따라서 제7년도에 있어서의 B의 양도소득의 계산상「그 자산의 취득에 소요된 금액」(동 제38조 제1항)은 120이다. 이 예에서는 설비비나 개량비가 들지 않았기 때문에 취득비는 120이 된다. 또한 제5년도부터 보유하고 있었던 것이 된다.

▶ 상속개시 시에 A에게 양도소득의 과세가 이루어지지 않은 경우. B는 계속 이 토지를 소유하고 있던 것으로 간주된다(所税 제60조 제1항 제1호). 그 의미는 마치 B가 A로 변하여 쭉 이 토지를 소유하고 있던 것처럼 해서 취득비나 보유기간을 판정한다는 것이다. 구체적으로는 제7년도에 있어서의 B의 양도소득의 계산상 이 토지의 취득비에 대해서는 A의 100을 인계 즉 이어받아서「그 자산의 취득에 소요된 금액」을 산정한다. 보유기간도 제1년도부터 계속 소유하고 있었던 것이 되어, 자산의 취득일 이후 5년을 초과하여 이루어진 양도로 취급된다(동 제33조 제3항 제2호).

18-3-3 양도인의 과세유무에 대응하는 취득비의 조정

위의 예를 일반화하면 다음과 같은 대응관계가 된다.

▸ A에 대한 간주양도 과세 → B의 취득비는 시가로 한다

▸ A단계에서의 과세이연 → B의 취득비는 A의 그것을 인계한다

이렇게 소득세법 제60조 제1항은 양도인의 취득비를 양수인에게 인계시킴으로써, 미래 영원히 비과세하는 것이 아니라 과세를 이연한다. 이른바 취득비의 인계형{引繼型}을 체현하는 규정이다.[5]

덧붙여 이 예의 B에게는 취득한 재산에 대해 상속세가 부과될 가능성이 있다. 상속으로 인해 재산을 취득한 개인은 상속세의 납세의무를 지기 때문이다. 다만 유산에 관한 기초공제는 상당히 많다(相税 제15조). 상속에 의해 취득한 재산은 소득세와의 관계에서는 비과세이다(所税 제9조 제1항 제16호). 이 점에 대해서는 나중에 Chapter 21에서 자세히 살펴본다.

Column 18-1 골프회원권 증여 사건

소득세법 제60조의 적용이 있는 경우의 취득비 산정에 관하여, 최고재판소는 개인 간 증여의 경우 '증여자로부터 인계한 금액'에 더하여 '수증자가 증여자로부터 자산을 취득하기 위해 들어간 부수비용의 금액'을 「자산의 취득에 소요된 금액」에 포함시키고 있다[最判 平

---

5) 부록 일본 조세법령의 일본 법인세법 제59조, 제60조 참조.

한국: ① 앞서 9-3-2 (2) 부분의 각주에서 살펴보았듯이, 우리 소득세법에는 일본 소득세법 제59조와 같은 간주양도 규정이 존재하지 않는다. 즉 무한한 과세이연의 방지를 위하여 일정한 사건을 계기로 양도소득이 발생한 것으로 간주해야 한다는 사고방식에 따른 조문이 없으므로, 위의 사례에서 '상속개시 시에 A에게 양도소득의 과세가 이루어진 경우'에 해당하는 사안이 발생하지 않는다.

② 이러한 사고의 연장선상에서 일본 소득세법 제60조 제1항과 같은 인계형(引繼型) 과세규정도 존재하지 않는다. 상속에 의하여 취득한 자산을 다시 양도한 경우에 있어서의 자산의 취득가액은, 한정승인 여부와 관계없이 상속개시 당시의 시가이다(소득세법 시행령 제163조 제9항 참조). 따라서 위 사례에서 B가 토지를 제3자에게 양도하는 경우에 그 취득가액은 언제나 120이다.

위 ①, ②는 증여의 경우에도 마찬가지이며, 이 쟁점과 관련해서는 윤지현, "소득세법 제101조 제2항의 해석에 관하여", 조세법연구 14(3), 한국세법학회(2008), 13-16면 참조.

③ 다만 소득세법 제97조의2(양도소득의 필요경비 계산 특례)는 '배우자나 직계존비속으로부터 증여받은 일정한 자산을 5년 이내에 양도하는 경우의 취득가액은, 그 배우자 또는 직계존비속이 취득한 가액으로 한다'는 취지의 특례규정을 두고 있으나, '이는 증여재산 공제 등을 이용하여 전체적으로 양도소득세액을 줄이려는 행위에 대처하기 위하여, 양도자산에 축적되어 있는 자본이득 부분에 대해 수증자에게 과세하려는 규정'으로, 일본의 '인계형(引繼型)' 과세규정과는 그 입법의 배경이 다르다. 윤지현, 앞의 글(소득세법 제101조 제2항의 해석에 관하여), 37-41면 참조.

成17(2005). 2. 1. 訟月 52권 3호 1034면(골프회원권 증여 사건)].⁶⁾

18-4 소득세법 제58조──치환형{置換型}

18-4-1 교환에 대한 소득세의 원칙적 과세관계

고정자산의 교환이 있는 경우의 과세이연의 방식은 이상의 경우들과 달리, 양도자산의 취득비를 취득자산의 그것으로 치환한다. 이 치환하는 형{型}을 체현하고 있는 것이

---

6) 이해를 돕기 위하여 본문 판례의 사실관계를 살펴보고 판결이유의 주요부분을 인용하면 다음과 같다 (원고승소 취지로 파기하고 자판함. '사실관계' 부분은 해당 판결이 설시하고 있는 '원심이 확정한 사실 관계의 개요' 부분을 정리한 것임).

  사실관계: 이 사안의 원고는 1993. 7. 1. 부친으로부터 골프회원권(부친이 1988. 11. 18. 1,200만 엔에 발급받아 취득, 본건 회원권)을 증여받는 과정에서 골프클럽 회사 측에 '명의개서 수수료' 명목으로 82만 4,000엔(본건 수수료)을 지급하였는데, 1997. 4. 3. 이 골프회원권을 제3자(법인)에게 100만 엔에 양도하였다. 원고는 본건 회원권의 양도에 관련된 양도소득금액(본건 양도소득금액)의 계산에 있어서, 일본 소득세법 제33조 제3항 제2호 소정의 장기양도소득의 손실금액(1997년도분)이 1,182만 4,000엔 [=1,200만 엔+82만 4,000엔(이 둘의 합계 1,282만 4,000엔이 자산의 취득비)−100만 엔(총수입금액)]이라고 보아서 그 해의 총소득금액을 3,296만 9,202엔으로 신고하였으나[앞서 8−2−1 (2) 부분의 각주에서 살펴본 바와 같이, 우리 소득세법과 달리 일본 소득세법은 일정한 양도소득과 다른 소득의 손익통산을 허용하고 있음에 주의. 그 통산결과가 3,296만 9,202엔이 된 것임], 피고 과세관청은 본건 수수료 82만 4,000엔을 양도소득 계산에 있어서의 자산의 취득비로 인정할 수 없다고 보아서, 이 부분을 제외하여 총소득금액을 3,379만 3,202엔(=3,296만 9,202엔+82만 4,000엔)으로 증액하는 경정(본건 경정) 및 과소신고가산세 부과결정(본건 부과결정)을 한 사안이다.

  주요 판결이유: "소득세법 제60조 제1항 규정의 본지는 자산가격의 증가이익에 대한 과세이연에 있기 때문에, 이 규정은 수증자의 양도소득금액의 계산에 있어서 '수증자의 자산 보유기간에 관련된 자산가격 증가이익에 증여자의 자산 보유기간에 관련된 자산가격 증가이익을 합한 것'을 초과하여 소득으로 파악하는 것을 예정하고 있지 않다고 해야 한다. 그리고 수증자가 증여자로부터 자산을 취득하기 위해 들어간 부수비용의 금액은, 수증자의 자산 보유기간에 관련된 자산가격 증가이익의 계산에서 있어서의 「자산의 취득에 소요된 금액」(법인세법 제38조 제1항)으로서 수입금액에서 공제할 성질의 것이다. 그렇다면 상기 부수비용의 금액은 법인세법 제60조 제1항에 기초하여 이루어지는 양도소득금액의 계산에 있어서의 「자산의 취득에 소요된 금액」에 해당한다고 해석해야 한다."

  "전기 사실관계에 의하면, 본건 수수료는 원고가 본건 회원권을 취득하기 위해 들어간 부수비용에 해당하는 것이고, 원고의 본건 회원권의 보유기간에 관련된 자산가격 증가이익의 계산에 있어서의 「자산의 취득에 소요된 금액」으로서 수입금액에서 공제되어야 할 성질의 것이라고 할 수 있다. 따라서 본건 양도소득금액은, 본건 수수료가 「자산의 취득에 소요된 금액」에 해당하는 것으로서 이를 계산해야 한다. 그렇다면 원고의 1997년 소득세에 대해서는, 종합과세의 대상이 되는 장기양도소득의 금액계산상 생긴 손실금액이 1,182만 4,000엔이고, 총소득금액이 3,296만 9,202엔이라고 할 것이므로, 본건 경정 중 이 총소득금액을 넘는 부분 및 본건 부과결정은 위법하다."

소득세법 제58조이다. 제58조도 양도소득금액의 계산에 관한 원칙적 규정(所税 제33조·제36조·제38조)에 대한 특칙이다.

이야기의 순서상, 우선 제58조의 적용이 없는 경우에 원칙적 규정 아래에서 어떻게 되는지를 보아 두자. 지금 철수와 영희가 고정자산을 등가로 교환했다고 하자. 철수가 甲자산(양도자산)을 양도하고 그 대가로서 乙자산(취득자산)을 양수한다(도표 18-4). 논제와의 관계상 철수의 소득세 과세관계로 이야기를 좁힌다. 또한 甲자산은 '양도소득의 기인{基因}이 되는 자산'인 것으로 한다. 취득비를 생각할 때 설비비나 개량비의 지출은 없는 것으로 한다.

도표 18-4 ┃ 등가교환의 예

이 경우 철수에게는 甲자산을 양도하는 것으로써 양도소득이 생긴다(所税 제33조 제1항). 그렇다면 총수입금액은 얼마인가. 철수는 甲자산의 양도와 동시에 그 대가로 乙자산을 받는다. 이것은 현물로 수입하는 예이다(→ 6-2). 따라서 대가로서 취득하는 乙자산의 시가가 총수입금액이 된다(동 제36조 제1항). 거기에서 철수가 甲자산을 취득하기 위해서 소요된 금액(동 제38조 제1항), 양도에 소요된 비용, 특별공제액을 공제하면, 양도소득금액을 산정할 수 있다(동 제33조 제3항).[7]

이 교환에 의해 철수는 乙자산을 취득한다. 그렇다면 철수가 장래에 乙자산을 양도하는 경우, 乙자산의 취득비는 얼마로 계산해야 하는가. 이것은 乙자산의 「취득에 소요된 금액」(所税 제38조 제1항)이다. 철수가 乙자산을 취득한 것은 甲자산의 양도에 대한 대가

---

7) 한국: 본문 사례와 같은 통상적인 교환의 경우는, 동일하게 乙자산의 시가가 수입금액 또는 익금이 되는 것이고, 여기에서 甲자산의 취득가액 또는 장부가액(소득세법 제97조, 법인세법 제19조 제1항, 법인세법 시행령 제19조 제2호, 법인세법 제55조의2 제6항) 등을 차감하여 양도소득금액이 산정된다. 아래에 인용하는 대법원 2011. 7. 28. 선고 2008두5650 판결 참조.
"자산의 교환으로 발생하는 수익으로서 익금에 산입하여야 할 '자산의 양도금액'은 특별한 사정이 없는 한 교환으로 취득하는 자산의 취득 당시의 시가에 의하고, 그 대가의 일부로 현금을 수령한 경우에는 이를 합산하여야 할 것이다."

이다. 따라서 乙자산의 취득에 소요된 금액은 처분한 甲자산의 시가에 상당하는 금액이 된다. 만일 甲자산의 시가가 1억 엔이었다면, 乙자산의 「취득에 소요된 금액」은 1억 엔이다. 현물에 대한 대가이기 때문에 다소 이해하기 어려울지도 모르지만, 현금 1억 엔으로 乙자산을 구입했을 경우와 비교해 보면, 현금인 경우와 같은 논리로 「취득에 소요된 금액」을 측정하고 있는 것을 이해할 수 있을 것이다.

이 예시의 거래는 등가교환이며, 甲자산의 시가와 乙자산의 시가는 일치한다. 결국 철수는 교환이 이루어진 연도분에 시가 상당액의 대가를 받고 甲자산을 양도한 것으로서 양도소득 과세가 이루어진다. 또한 취득한 乙자산의 취득가액도 그것과 같은 시가가 된다. 이것이 특칙 없이 생각한 원칙적인 과세관계이다.

18-4-2 소득세법 제58조의 작동방식 · 기본편

다음으로 소득세법 제58조의 과세이연 규정을 고려해 보자. 제58조는 昭和34{1959}년에 종래의 취급을 정령으로 법문화하였고, 昭和40{1965}년 전문개정으로 소득세법에 편입시킨 것이다. 「자산의 교환에 의해 소득이 실현되었다고 보는 것은 문제가 있다고 여겨질 수도 있」기 때문에 조세특별조치법이 아닌 소득세법 본법에 규정하여, 교환 전의 자산을 「계속 가지고 있는 것과 같게 봐야 할 경우」에는 「소득의 실현이 없었던 것처럼 과세이연을 허용한다」라고 하는 사고방식에서 「동일종류, 동일용도의 자산 간 교환」에 한하여 특례를 인정했다[세제조사회 「소득세법 및 법인세법의 정비에 관한 답신」〔1963년〕 54면].[8] 본장의 논제와의 관계상, 이하 과세이연을 위한 취득비를 어떻게 조정하는 지에 대해 본다.

과세이연의 방식으로서 제58조는 양도자산의 취득비를 취득자산의 취득비로 치환한다. 위와 같은 예로 생각해 보자. 지금 甲자산과 乙자산의 교환 시의 시가가 동일하다고 한다. 제58조 제1항에는 그 밖에도 '1년 이상의 보유'라든가 '동종자산 간의 교환'이라든가 '취득자산을 양도자산의 양도 직전의 용도와 동일한 용도로 사용할 것'과 같은 적용요건이 있다. 이것들이 모두 충족된 것으로 하자.

이 경우 철수의 양도소득 계산에 있어서 제58조 제1항의 적용효과는 「양도가 없었던 것으로 간주한다」는 것이다. 즉 제33조의 적용은 없으며 그 해에 있어서의 양도소득도

---

8) 한국: ① 법인세법 제50조(교환으로 인한 자산양도차익 상당액의 손금산입), 법인세법 시행령 제86조(교환으로 인한 자산양도차익의 상당액의 손금산입)가 같은 취지의 과세이연 규정에 해당한다. 교환대상을 "(서로) 동일한 종류의 사업용 자산"으로 한정하고 있고, 쌍방 2년 이상 자신의 사업에 직접 사용하던 자산이어야 하며, 일정한 종류의 사업은 적용대상에서 제외되어 있다. ② 그러나 소득세법상으로는 여기에 대응하는 과세이연 규정이 존재하지 않는다.

발생하지 않는다.9)

철수가 새롭게 취득하는 乙자산의 취득비에 대해서는 원래 보유하고 있던 甲자산의 취득비를 치환하여 계산한다(所税 제58조 제5항, 所税令 제168조 주서{柱書} 제1문). 만약 철수가 甲자산을 30에 취득했다면, 이것을 乙자산의 취득비로 한다. 이 치환에 의해서 철수가 장래에 乙자산을 양도한 시점에서 甲자산의 보유기간 중에 발생한 미실현손익을 과세의 대상으로 할 수 있게 된다. 미래에 영구히 비과세하는 것이 아니라 과세이연을 달성하려고 하는 것이다.10) 또한 乙자산의 보유기간에 대해서는 철수가 甲자산을 취득했을 때부터 계속 소유하고 있던 것으로 간주해 판정한다(所税令 제168조 주서{柱書} 제2문).

같은 입법기술은 법인세법에서도 사용되고 있다(法税 제50조). 법인세법에서는 교환에 의해 취득한 자산의 장부가액을 손금경리에 의해 감액하고, 감액한 금액에 상당하는 금액을 손금에 산입한다.11) 이렇게 함으로써 과세를 이연시킨다.

18-4-3 소득세법 제58조의 작동방식 · 응용편

(1) 교환차금{交換差金}이 있는 경우

취득비 치환형{置換型}의 기본을 이해하기 위해서는 이상으로 충분하다. 하지만 현실의 세계에서는 위의 예에서 가정한 것과 같은 등가교환이 아닌 경우도 있다. 양도자산과 취득자산 사이에 시가의 차이가 있으면 그것을 보충하는 것으로서 교환차금을 수수하기도 한다.

그런 경우라도 교환차금의 액수가 20% 이하의 범위에 있으면 과세를 이연할 수 있다. 소득세법의 조문상으로는 「교환 시에 있어서의 취득자산과 양도자산의 가액의 차액이 이들 자산의 가액 중 큰 가액의 100분의 20에 상당하는 금액을 넘는 경우」에는 제58조 제1항의 이연규정의 적용이 없다고 정해져 있다(所税 제58조 제2항). 그 외의 경우에는 반대해석에 의해 이연이 가능하다.12)

9) 한국: 법인세법 제50조 제1항은 '양도차익 상당액'을 '손금에 산입'할 수 있다고 규정하고 있어서, 일본 소득세법 제58조 제1항과 표현상 차이가 있으나 과세이연이 이루어지는 법률효과는 동일하다.

10) 한국: 본문과 같은 사안이 법인세법 제50조의 규정에 의한 과세이연이 이루어지는 경우라면(철수와 영희에게 법인세법 제50조가 적용된다고 보는 경우), 역시 철수가 후에 乙자산을 처분하는 경우의 그 취득가액은, 甲자산의 취득가액(장부가액)이 그대로 이어진다고 보아야 한다. 이창희, 앞의 책(세법강의), 945면 참조.

11) 한국: 법인세법 시행령 제86조 제5항, 제64조 제3항 역시 교환 시 양도차익에 상당하는 금액을 자산별로 일시상각충당금 또는 압축기장충당금으로 장부상 계상할 것을 요구하고 있다. 다만 법인세법 시행령 제98조 제2항은 일시상각충당금 또는 압축기장충당금에 대한 신고조정도 허용하고 있다.

12) 일본 법인세법 제50조 제2항 역시 교환차금에 관하여 일본 소득세법 제58조 제2항과 같은 취지로 규정

그래서 소득세법 시행령에 교환차금이 수수될 경우를 상정한 취득비 계산 룰이 정해져 있다(所稅 제58조 제5항, 所稅슈 제168조 제1호, 제2호). 한발 더 나아간 응용편이지만 도표 18-4의 사례를 약간 수정한 예시를 통해 이해해 보자. 철수와 영희 사이에서 甲자산과 乙자산이 교환되었지만, 위의 사례와는 달리 등가교환이 아니라고 하자. 여기에서도 마찬가지로 철수의 양도소득금액 산정에 주목한다. 또한 철수는 원래 甲자산을 30에 취득했다고 하자. 그리고 甲자산의 양도에 소요된 비용은 0이었다고 한다.

(2) 교환차금의 교부

교환 시 甲자산의 시가는 80이고 乙자산의 시가는 90이기 때문에, 철수가 영희에게 교환차금으로 현금 10을 함께 교부한 경우는 어떻게 되는가(도표 18-5).

도표 18-5 ┃ 교환차금의 교부

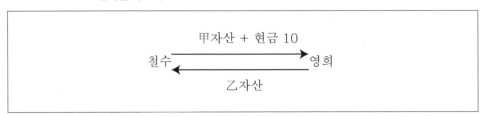

이 경우 취득자산(乙)의 가액과 양도자산(甲)의 가액의 차액 10이 乙자산 가액의 20% 상당액 이하이기 때문에 과세이연의 적용요건을 충족시킬 수 있다(所稅 제58조 제2항). 그리고 보유기간 1년 이상 등의 법정의 적용요건을 충족시킨 경우에는 양도가 없었던 것으로 된다(동조 제1항).[13]

문제는 양도가 없었던 것으로 여겨지는 경우에 있어서, 철수가 취득하는 乙자산의 취

하고 있다(부록 일본 조세법령 참조).

13) 한국: 법인세법 시행령 제86조 제4항은 교환차금이 있는 경우에도 과세이연이 일어나도록 규정하고 있다. 이 규정이 적용되는 것을 전제로(즉 철수와 영희에게 법인세법 제50조가 적용되는 것을 전제로), 본문의 사례와 같이 철수의 甲자산의 취득가액이 30이고, 교환시점의 甲자산의 시가는 80, 乙자산의 시가는 90이며, 철수가 영희에게 교환차금으로 10을 지급한 사례라면, 철수의 양도차익은 본래 50(= 乙자산의 시가 90-甲자산의 취득가액 30-교환차금 10)이 된다. 그런데 위 법인세법 시행령 규정은 "손금에 산입하는 양도차익에 상당하는 금액"을, "교환취득자산의 가액"(제1호)에서 "현금으로 대가의 일부를 지급한 경우 그 금액 및 사업용 자산의 장부가액"(제2호)을 차감하여 산정하도록 정하고 있다. 따라서 손금산입의 대상이 되는 금액도 역시 50(= 乙자산의 시가 90-甲자산의 취득가액 30-교환차금 10)으로, 위 양도차익 전액이 된다. 이 50을 법인세법 시행령 제86조 제5항, 제64조 제3항 내지 제5항에 따라서 일시상각충당금 또는 압축기장충당금으로 처리하게 된다.

득비의 계산방법이다. 이 점에 관해 정령은 「양도자산과 함께 교환차금 등을 교부해 취득자산을 취득했을 경우」에 대해서, 「양도자산의 취득비에 그 교환차금 등의 금액을 가산한 금액」으로 취득자산을 취득한 것으로 간주하고 있다(所税 제58조 제5항, 所税令 제168조 제2호). 이 룰을 사례에 대입하면, 甲자산의 취득비 30에 교환차금 10을 가산한 40이 乙자산의 취득비가 된다. 요컨대 철수가 교환 시에 취득하기 위해 교부한 10은, 甲자산으로부터 치환된 30과 함께 장래의 소득계산을 함에 있어서 원자{原資}의 회수를 위해서 공제하는 것이다.14)

(3) 교환차금의 취득

교환 시의 甲자산의 시가가 100이고 乙자산의 시가가 90이기 때문에, 철수가 영희로부터 교환차금으로 현금 10을 취득한 경우는 어떻게 되는가(도표 18-6).

도표 18-6 ▌ 교환차금의 취득

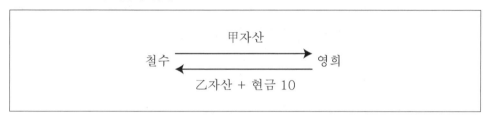

도표 18-6의 경우, 철수가 취득하는 10에 대응하는 부분은 「양도가 없었던 것으로 간주한다」는 룰의 적용대상에서 제외된다(所税 제58조 제1항 주서{柱書}의 마지막 괄호). 그렇다면 이 부분에 대하여 원칙적 규정이 적용되어 양도가 있었던 것이 되며(동 제33조 제1항), 양도소득금액의 계산상 총수입금액 10이 계상된다(동조 제3항). 교환 시에 그 총수입금액으로부터 공제해야 하는 취득비는 후술하는 이유에 의해 3이다.

그렇다면 철수가 취득한 乙자산의 취득비는 어떻게 계산되는가. 이 점에 대해 정령은 「취득자산과 함께 교환차금 등……을 취득한 경우」에 대해서 「양도자산의 법 제38조 제1항 또는 제2항……의 규정에 의한 취득비……에, 그 취득자산의 가액과 그 교환차금 등의 금액의 합계액 중에서 그 취득자산의 가액이 차지하는 비율을 곱하여 계산한 금액」

---

14) 한국: 역시 본문과 같은 사례에서 철수가 추후에 乙자산을 처분하는 경우에 있어서의 그 취득가액은, 甲자산의 취득가액(장부가액) 30에 교환차금 10을 더한 40이라고 보아야 한다. 이창희, 앞의 책(세법강의), 945면 참조.

을 취득자산의 취득에 소요된 금액으로 간주하고 있다(所税 제58조 제5항, 所税令 제168조 제1호). 이것을 계산식으로 나타낸 것이 도표 18-7이다.

도표 18-7 ▌ 所税令 제168조 제1호의 계산식

> (양도자산의 취득비)×(취득자산의 가액)÷(취득자산의 가액과 교환차금 등의 금액의 합계액)

이 계산식을 사례에 적용하면 철수에게 적용되는 乙자산의 취득비는 27이 된다(27 = 30 × 90 ÷ 100).

여기서 乙자산의 취득비가 27이라는 것에 주목하자. 27은 30에서 3을 뺀 숫자이다. 즉 교환시점에 3을 취득비로서 공제가 끝난 것이라고 전제하고, 甲자산의 취득비 30 가운데 아직 공제되지 않은 27을 乙자산의 취득으로 치환한 것이다.

여기서 반대로, 철수가 甲자산을 교환한 시점에서 계상하는 양도소득금액의 계산상, 총수입금액 10으로부터 공제해야 할 취득비는 3이 된다. 즉 철수가 원래 甲자산을 취득하기 위해서 소요되었던 비용 30 가운데, 그 1/10이 취득비로서 공제된다. 나머지 27은 乙자산의 취득비가 되어 철수가 장래에 乙자산을 양도하는 시점에 비로소 공제의 대상이 된다.[15]

(4) 취득자산을 취득하기 위해서 소요된 경비가 있는 경우

또한 교환 시에 철수가 乙자산(취득자산)을 취득하기 위하여 소요된 경비가 있는 경우, 甲자산(양도자산)의 취득비에 그 경비금액을 가산한다(所税令 제168조 제3호). 중개수수료, 주선료 기타 양도와 취득 중 어느 쪽에 관련된 비용인지 분명하지 않은 것이 있을 때에는, 해당 비용의 50%씩을 각각의 비용으로 하는 것이 실무상 취급이다(所基通 58-10).

---

15) 부록 일본 조세법령의 일본 소득세법 시행령 제168조 참조.
　　한국: ① 법인세법 시행령 제86조 제4항에 본문의 사례(도표 18-6)를 대입해 보면(역시 철수와 영희에게 법인세법 제50조가 적용되는 것을 전제로), 전체 양도차익 70(=乙자산의 시가 90+교환차금 10-甲자산의 장부가액 30) 중에서 교환차금 10 부분에 대해서는 철수에게 즉시 과세되고, 나머지 60 부분은 과세이연이 된다. 이 과세이연된 부분에 대해서는 앞서 살펴본 것처럼 법인세법 시행령 제86조 제5항에 의해서 법인세법 시행령 제64조 제3항 내지 제5항이 준용된다. ② 철수가 추후에 乙자산을 처분하는 경우에 있어서의 그 취득가액은 30(=甲자산의 취득가액 30+과세되는 양도차익 10-교환차금 10)이 된다. ③ 즉 본문에서 다루고 있는 일본 소득세법 시행령 제168조 제1호와 같은 교환에 있어서 자산 취득가액의 계산에 관한 특별한 규정이 존재하지 않는다. 이상 이창희, 앞의 책(세법강의), 945-946면 참조.

18-5 전망

이상 과세이연의 세 가지 형{型}과 그 각각에 있어서의 취득비의 조정방법을 살펴보았다. 이들은 기본적인 형{型}이다. 등산에 비유하자면, 휴일에 당일치기로 산에 가는 레벨이라고 할까. 여기까지 실력이 붙었으면 잘한 것이다. 이 앞에는 아름다운 알프스의 전망이 펼쳐져 있다. 예를 들면 다음과 같은 것들이다.

▶ 주식교환 등에 따른 개인주주단계의 과세이연(所稅 제57조의4)
▶ 조직재편성에 따른 법인주주단계의 과세이연(法稅 제61조의2 이하)
▶ 조직재편성에 따른 법인단계의 과세이연(法稅 제62조 이하)
▶ 그룹 내 자산양도에 따른 법인단계의 과세이연(法稅 제61조의13)
▶ 거주용 재산의 교체 등 장기양도소득 과세의 특례(租特 제36조의2 이하)
▶ 특정 사업용 자산의 교체 등 양도소득 과세의 특례(租特 제37조 이하)

이들 규정은 '과세이연에 따라서 취득비를 조정하는 방식'의 입법기술을 여러 곳에서 구사하고 있는 것이다[岡村忠生 「法人税制における課税関係の継続について——圧縮記帳からグループ法人税制へ」 日本租税研究協会 『抜本的税制改革と国際課税の課題』〔日本租税研究協会, 2011년〕 167면, 阿部雪子 『資産の交換・買換えの課税理論』〔中央経済社, 2017년〕].

☑ 이 장에서 배운 것

▶ 과세이연을 위한 입법기술로서 취득비의 압축·인계·치환의 룰이 있다.

🔍 찾아보자

▶ 자산가격의 상승차익은 언제 과세에 적합한 상태가 되는가?
→ 浅妻章如 「値上がり益課税適状の時期——所得税法58条・法人税法50条の交換特例をきっかけに」 金子宏編 『租税法の基本問題』 (有斐閣, 2007년) 377면

Chapter 19

소득구분의 실천

▶ 각종소득   ▶ 소득구분의 기준   ▶ 소득종류의 전환

19-1 소득을 구분한다

19-1-1 소득구분의 필요성

소득세법은 소득을 10종류의 각종소득으로 구분하여, 각종소득별로 소득의 금액을 계산하는 것으로 정하고 있다(所税 제21조 제1항 제1호). 그렇기 때문에 개인이 경제활동을 해서 소득이 발생하면, 그것이 각종소득 중 어느 것에 해당하는지를 결정할 필요가 있다. 이 작업을 소득구분 또는 소득분류라고 한다(→ 8-2-1).[1]

소득구분은 실익을 동반하는 실천적인 작업이다. 각종소득 중 어느 것으로 구분하는가에 따라 실액으로 필요경비를 공제할 수 있는지(→ 10-1-1), 적자가 발생했을 경우에 다른 각종소득과의 사이에 손익통산이 가능한지(→ 10-5-3) 등에 차이가 있다. 또한 과세방법도 어느 소득에 해당하는가에 따라 달라진다.

이 장에서는 소득구분을 실천하기 위한 힌트를 제공한다.

---

[1] 한국과 일본 소득세법상 소득구분·손익통산의 차이에 대해서는 앞서 8-2-1 (2) 부분의 각주에서 살펴본 바 있다.

19-1-2 예비적인 사항

본론에 들어가기 전에 두 가지 정도 예비적인 사항을 짚어 두고자 한다.

▶ 개인소득은 크게 근로소득과 자본소득으로 구분된다(→ Column 8−2). 이것을 소득세법상의 각종소득에 대응시킨 것이 도표 19−1이다. 단 각종소득 중에는 근로소득과 자본소득 중 어느 하나로 완전히 나누어지지 않는 것도 있다. 예를 들어 사업소득은 개인의 노동과 자본이 결합된 소득유형이다.

도표 19-1 ┃ 노동소득과 자본소득

		대응하는 각종소득
노동소득		급여소득, 퇴직소득
자본소득	실물자산으로부터 생기는 것	부동산소득
	금융자산으로부터 생기는 것	이자소득, 배당소득

▶ 각종소득의 법률상 정의는 조금 더 복잡하다. 10종류나 있으므로 약간 끈기가 필요하지만, 우선은 소득세법 제23조부터 제35조까지의 조문을 잘 읽어 두자. 그 후에 각각의 전형적인 예를 이미지화할 수 있도록 해 두면 좋다. 예를 들면 전형적인 이자소득으로는 은행계좌에 맡겨둔 예금·저금의 이자가 있다(所稅 제23조 제1항). 조문을 제대로 읽어보면 친구에게 빌려준 돈의 이자 등은 일상용어로서는 이자라고 하지만 소득세법상의 이자소득에는 해당하지 않음을 금방 알 수 있다.[2]

---

2) 부록 일본 조세법령의 일본 소득세법 제23조 참조.
　한국: 소득세법 제16조(이자소득), 소득세법 시행령 제26조(이자소득의 범위) 참조. 일본 소득세법 제23조에 비해서 우리 소득세법은 이자소득의 범위를 넓게 정하고 있다. 예컨대 소득세법 제16조 제1항 제11호, 소득세법 시행령 제26조 제3항에 의해서 "금전의 대여를 사업목적으로 하지 아니하는 자가 일시적·우발적으로 금전을 대여함에 따라 지급받는 이자 또는 수수료 등" 즉 "비영업대금(非營業貸金)의 이익"도 이자소득으로서 과세되며, 소득세법 제16조 제1항 제12호는 '각호에 열거된 소득과 유사한 소득으로서 금전의 사용대가로서의 성격이 있는 것' 역시 이자소득에 포함시키고 있다.
　그렇다면 일본에서는 일본 소득세법 제23조에서 정하는 한정된 범위의 것 이외의 이자에 대한 소득은 어떻게 과세가 이루어지는가. 사업이 아닌 금전대여로 인한 이자에 대한 소득은 '잡소득'으로 분류가 된다. 뒤의 19−2−1 및 金子宏, 앞의 책(租稅法), 302면 참조.

19-2 구분을 위한 기준

19-2-1 조문상의 우선순위

각종소득을 정의하는 소득세법의 규정에는 다른 각종소득과의 관계를 명시하는 것이 있다. 예를 들어 잡소득은 다른 9개의 각종소득 중 어느 것에도 해당하지 않는 소득으로 정의되어 있다(所稅 제35조 제1항). 따라서 다른 각종소득에 해당하는지의 판정을 먼저 해서, 해당하지 않는다고 판정된 경우에 비로소 잡소득으로 구분된다. 예를 들어 개인이 친구에게 빌려준 이자는 이자소득에 해당하지 않는 것은 물론이고(그 개인이 대금업자로서의 사업의 일환으로서 친구에게 돈을 빌려줬다거나 하는 현실적이지 않은 경우를 제외하면), 다른 각종소득에도 해당되지 않으니 결과적으로는 잡소득으로 구분된다.

이외에도 소득구분의 우선순위를 명시하는 규정이 몇 가지 있다(도표 19-2).

도표 19-2 ┃ 소득구분의 우선순위를 정하는 소득세법의 규정3)

제26조 제1항 제3괄호 → 사업소득 또는 양도소득에 해당하는 것을 부동산소득에서 제외한다 제27조 제1항 괄호

---

3) 한국: 우리 소득세법상 소득구분의 우선순위와 관련된 규정들을 살펴보면 다음과 같다.
　① 소득세법 제19조(사업소득) 제1항 제20호는 '복식부기의무자가 일정한 사업용 유형자산을 양도함으로써 발생하는 소득'을 사업소득으로 정하면서, 다만 "소득세법 제94조 제1항 제1호에 따른 양도소득에 해당하는 경우"(토지 또는 건물에 대한 양도소득)는 제외하도록 규정하고 있다.
　② 소득세법 제20조(근로소득) 제1항 제4호는 "퇴직함으로써 받는 소득으로서 퇴직소득에 속하지 아니하는 소득"이 근로소득에 해당한다고 규정하고 있다.
　③ 소득세법 제20조 제1항 제5호는 "종업원등 또는 대학의 교직원이 지급받는 직무발명보상금"을 근로소득으로 정하면서, 다만 "소득세법 제21조 제1항 제22호의2에 따른 직무발명보상금"("종업원등 또는 대학의 교직원이 퇴직한 후에 지급받는 직무발명보상금", 기타소득)은 제외하도록 규정하고 있다.
　④ 소득세법 제21조(기타소득)는 기타소득을 "이자소득·배당소득·사업소득·근로소득·연금소득·퇴직소득 및 양도소득 외의 소득으로서 다음 각 호에서 규정하는 것"으로 정하고 있다.
　⑤ 소득세법 제94조(양도소득의 범위) 제1항 제5호는 "대통령령으로 정하는 파생상품 등의 거래 또는 행위로 발생하는 소득"을 양도소득으로 정하면서, 다만 "소득세법 제16조 제1항 제13호, 제17조 제1항 제10호에 따른 파생상품의 거래 또는 행위로부터의 이익"(각각 이자소득, 배당소득임)은 제외하도록 규정하고 있다.
　⑥ 그 외에 사업소득 내에서 부동산임대소득과 통상의 사업소득의 관계에 대해서 아래 19-2-3 부분의 각주 참조.

> → 산림소득 또는 양도소득에 해당하는 것을 사업소득에서 제외한다
>
> 제33조 제2항 제1호
> → 재고자산의 양도에 의한 소득(제2조 제1항 제16호에 의해 사업소득이다), 준재고
>   자산의 양도에 의한 소득, 기타 영리를 목적으로 계속적으로 이루어지는 자산의
>   양도에 의한 소득을 양도소득에 포함시키지 않는 것으로 한다
>
> 제33조 제2항 제2호
> → 산림의 벌채 또는 양도에 의한 소득을 양도소득에 포함시키지 않는 것으로 한다
>
> 제34조 제1항
> → 이자소득으로부터 양도소득에 이르기까지의 각종소득을 일시소득에서 제외한다
>
> 제35조 제1항
> → 이자소득으로부터 일시소득에 이르기까지의 어느 것에도 해당하지 않는 소득을
>   잡소득으로 한다

19-2-2 급여소득과 다른 소득의 구분

급여소득이란 「봉급, 급료, 임금, 세비 및 상여 그리고 이들과 같은 성질을 가지는 급여」에 관련된 소득을 말한다(所税 제28조 제1항). 이 문구로 보아 편의점에서 아르바이트로 버는 임금과 같은 전형적 사례가 급여소득으로 구분되는 것은 분명하다. 그러나 「이들과 같은 성질을 가지는 급여」에 해당하는지에 대한 판단 기준은 반드시 분명하지는 않다. 또한 다른 각종소득과 사이에서의 우선순위가 명시되어 있는 것도 아니다. 따라서 급여소득과 다른 각종소득을 어떻게 구분할 것인지가 문제가 된다. 급여소득에 해당하면 급여소득공제라고 하는 법정의 개산공제가 적용되고, 연말조정을 동반하는 정밀한 원천징수의 대상이 된다(→ 10-1-4).

급여소득과 사업소득의 구분이 문제가 된 '리딩 케이스'가 最判 昭和56(1981). 4. 24. 民集 35권 3호 672면(변호사 고문료 사건)이다. 최고재판소는 업무나 노무, 소득의 구체적 형태에 따라 고찰할 필요가 있다고 하면서, 판단에 있어서의 '일응의 기준'[4]으로서 급여소득이란 「고용계약 또는 이와 유사한 원인에 기초하여 사용자의 지휘명령에 복종하여 제공한 노무의 대가로서 사용자로부터 받는 급부」를 말한다고 하는 판단기준을 제

---

4) '일응(一応)'이라는 일본어 단어는 우리말에는 없는 단어이나, 본문의 판례를 그대로 전달하고자 하는 의미에서 번역서에서도 그대로 사용하였다. '일응의 기준'을 본문의 문맥에 맞추어 의역하면 '확정적이지는 않고 잠정적이나, 일단 유용하게 사용될 수 있는 기준' 정도가 된다.

시했다. 그리고 급여소득으로 구분하는데 있어서는 특히 「급여지급자로부터 어떠한 공간적·시간적인 구속을 받는 형태로 계속적 내지 단속적으로 노무 또는 역무의 제공이 있고, 그 대가로서 지급된 것인지 여부」를 중시해야 한다고 했다. 이들 기준은 후속의 많은 사건에서 인용되고 또 참조되고 있다. 이 사건에서는 변호사가 여러 회사의 고문으로서 얻은 고문료 수입의 소득구분이 문제가 되었다. 이 업무의 형태가 자기의 계산과 위험으로 독립해서 계속적으로 영위하는 변호사 업무의 한 형태에 지나지 않는다고 보아, 최고재판소는 해당 고문료 수입은 급여소득이 아니라 사업소득에 해당한다고 결론짓고 있다.5)6)

---

5) 이 사건의 원고는 자신이 고문회사로부터 수령한 고문 수수료가 급여소득에 해당한다는 취지로 상고를 하였으나, 최고재판소는 사업소득에 해당한다는 취지의 피고 과세관청의 처분이 타당하다고 본 사안이다. 이해를 돕기 위하여 판결의 주요부분을 인용하면 다음과 같다(상고심에서 다른 쟁점도 다루어졌으나 소개를 생략함).

"무릇 업무수행 내지 노무의 제공으로부터 발생하는 소득이 소득세법상의 사업소득과 급여소득 중에 어디에 해당하는지를 판단함에 있어서는, 조세부담의 공평을 도모하기 위해 소득을 사업소득과 급여소득 등으로 분류하고 그 유형에 따라 과세를 규정한 소득세법의 취지·목적에 비추어, 해당 업무 내지 노무 및 소득의 태양 등을 고찰해야 한다. 따라서 변호사의 고문료에 대해서도 이를 일반적·추상적으로 사업소득 또는 급여소득 중 어느 하나로 분류할 것이 아니라, 그 고문업무의 구체적인 태양에 따라 그 법적성격을 판단해야 한다. 이 경우, 판단의 '일응의 기준'으로서 양자를 다음과 같이 구별하는 것이 상당하다. 즉 '사업소득'이라 함은 '자기의 계산과 위험으로 독립해서 영위되고, 영리성·유상성을 가지며, 또한 반복·계속하여 수행하려는 의사와 사회적 지위가 객관적으로 인정되는 업무로부터 생기는 소득'을 말하고, 이에 대하여 '급여소득'이라 함은 '고용계약 또는 이에 유사한 원인에 기초하여 사용자의 지휘명령에 복종하여 제공한 노무의 대가로서 사용자로부터 받는 급부'를 말한다. 또한 급여소득에 대해서는, 특히 '급여지급자로부터 어떠한 공간적, 시간적인 구속을 받는 형태로 계속적 내지 단속적으로 노무 또는 역무의 제공이 있고, 그 대가로서 지급된 것인지 여부'가 중시되어야 한다.

이것을 본건에 대하여 살펴보면…(중략)… 위 고문계약에는 근무시간, 근무장소에 대한 정함이 없고, 그 계약은 그 무렵 상시 수개 회사와의 사이에 체결되어 있어서 특정한 회사의 업무에 정시전종(定時專從)하는 등의 각별한 구속을 받는 것이 아니며, 그 계약의 실시상황은, 전기(前記) 각 회사에 있어서 많은 경우 전화에 의하고, 때로는 위 각사의 담당자가 원고의 사무소에 방문하여 수시로 법률문제 등에 대한 의견을 구하기도 하며, 원고는 그때마다 그 사무소에서 많은 경우 전화에 의하고, 때로는 동 사무소에 방문한 위 담당자에 대하여 오로지 구두로 위 법률상담 등에 응하여 의견을 말했다는 것으로, 원고 쪽에서 위 각사를 방문하는 일은 전혀 없었으며, 위 상담횟수는 회사에 따라 다르나, 월 2, 3회 정도이거나 반년에 1회, 1년에 1회 정도인 경우도 있었다. 위 각사들은 어느 회사나 본건 고문료를 변호사의 업무에 관한 보수에 해당하는 것으로서 매월 정시에 정액을 그 10%의 소득세를 원천징수한 다음 원고에게 지급하고 있었는데, 위 고문료로부터 건강보험법, 후생연금보험법 등에 의한 보험료를 원천공제하지 않았고, 원고에 대하여 하기(夏期)수당, 연말수당, 상여 등과 같은 것을 일체 지급하고 있지 않았는바, 따라서 고용계약을 전제로 하는 급여로서 다루고 있지 않았다. 위 사실관계하에서, 본건 고문계약에 기초하여 원고가 수행한 업무의 태양은, 원고가 자기의 계산과 위험으로 독립하여 계속적으로 영위한 변호사 업무의 한 형태에 지나지 않는 것이라고 해야 하고, 전기(前記) 판단기준에 비추어 보면 위 업무에 의하여 생긴 본건 고문료 수입은 소득세법상 급여소득이 아니라 사업소득에 해당한다고 인정하는 것이 상당하다. 이와 같은 취지의 원심판단은 정당하고, 원심판결에는 소론과 같은 위법이 없다."

6) 한국: 사업소득과 기타소득의 구분이 문제가 된 사안이기는 하나, 위 일본 판례와 비교하여 살펴보기에

급여소득과 퇴직소득은 모두 '노동에 대한 리턴'이며 서로 근접한 소득유형이다. 最判 昭和58(1973). 9. 9. 民集 37권 7호 962면(5년 퇴직 사건)은 퇴직소득의 정의에서 말하는 「퇴직수당, 일시은급{一時恩給}, 기타 퇴직에 의하여 일시적으로 받는 급여」(所稅 제30조 제1항)에 해당하기 위해서는 「① 퇴직 즉 근무관계의 종료라는 사실에 의해 비로소 지급될 것, ② 종래의 계속적인 근무에 대한 보상 내지 그간의 노무에 대한 대가의 일부에 대한 후불로서의 성질을 가질 것, ③ 일시금으로 지급될 것」의 요건을 충족시킬 필요가 있다고 판시했다. 이들 해석기준은 문리에서 어렵지 않게 이끌어 낼 수 있는 것으로, 기억해 둘만하다. 이 사건의 사실관계에서는 종전의 고용계약이 그대로 계속되고 있어 '① 근무관계의 종료'라는 요건을 충족시키지 못함에 따라, 최고재판소는 퇴직금 명목으로 지급된 돈이 퇴직소득이 아닌 급여소득에 해당한다고 결론지었다.[7][8]

적합한 우리나라 판례로 다음의 대법원 2017. 7. 11. 선고 2017두36885 판결을 인용한다(「변호사인 원고가 약 4년에 걸쳐서 11개의 파산법인에 대하여 파산관재인으로서의 업무를 처리하고 그 보수로 925,908,900원을 수령한 사안」에서, 이것이 사업소득에 해당한다고 판시한 원심의 판단을 지지한 사안임).

"소득세법에서 규정하는 사업소득은 영리를 목적으로 독립된 지위에서 계속·반복적으로 하는 사회적 활동인 사업에서 발생하는 소득을 뜻한다. 어떠한 소득이 사업소득에 해당하는지 아니면 일시소득인 기타소득에 해당하는지는 그 소득이 발생한 납세의무자의 활동 내용, 기간, 횟수, 태양 그 밖에 활동 전후의 모든 사정을 고려하여 그것이 수익을 목적으로 하고 있는지, 계속성·반복성이 있는지 등을 사회통념에 따라 판단하여야 한다."

이와 관련하여 일본 판례도 변호사가 파산관재인으로서의 업무를 수행하고 받은 보수를 사업소득으로 분류하고 있다고 한다. 金子宏, 앞의 책(租稅法), 240면.

7) 이 판례의 사실관계를 살펴보면, 근속기간 만 5년마다 퇴직금을 지급하도록 되어 있는 원고 회사의 내부규정에 따라서 종업원에게 퇴직금 명목으로 지급된 금원이 문제가 된 사안으로, 5년의 근속기간이 경과하여 퇴직금을 수령한 종업원의 경우도 재입사 절차를 거치지 않고 기존과 동일한 근로조건하에서 계속해서 근무를 하고 있었다. 이러한 사실관계하에서, 본문의 법리를 바탕으로 소득세법상의 퇴직급여에 해당하지 않고 급여소득인 상여에 해당한다고 판단한 사안이다.

8) 한국: ① 소득세법 제22조 제1항을 살펴보면 제1호-"공적연금 관련법에 따라 받는 일시금", 제2호-"사용자 부담금을 기초로 하여 현실적인 퇴직을 원인으로 지급받는 소득", 제3호-"그 밖에 제1, 2호와 유사한 소득으로서 대통령령으로 정하는 소득"(예컨대 소득세법 시행령 제42조의2 제4항 제2호가 정하는 과학기술발전장려금 등)이 퇴직소득에 해당한다고 규정하고 있다.

② 근로소득과의 구분에 있어서, 퇴직소득에 해당하기 위해서는 '현실적인 퇴직'이 있어야 하나 법령이나 판례상 그 구별기준이 뚜렷하게 제시되고 있지는 않다[이창희, 앞의 책(세법강의), 429면 참조]. 이 점에 관해서 이태로·한만수, 앞의 책(조세법강의), 317면을 인용하면 "어떤 사람이 종전에 제공하던 것과 같은 성질의 역무를 계속 제공하더라도, 고용관계에서 다른 법률관계로의 전환, 역무의 수령주체의 변경, 역무제공의 상시성의 상실 등이 발생한 경우"에는 '현실적인 퇴직'으로 볼 수 있다고 한다.

③ 한편 앞서 본 바와 같이 소득세법 제20조 제1항 제4호는 "퇴직함으로써 받는 소득으로서 퇴직소득에 속하지 아니하는 소득"이 근로소득에 해당한다고 규정하고 있으며(예컨대 소득세법 시행령 제38조 제1항 제13호는 '법인세법 시행령 제44조 제4항에 따라서 일정한 한도를 초과하여 손금에 삽입되지 않는 임원퇴직급여'를 퇴직소득이 아닌 근로소득에 포함시키고 있음), 소득세법 시행령 제43조(퇴직판정의 특례)는 퇴직으로 보지 않을 수 있는 경우(제1항)와 퇴직으로 보는 경우(제2항)에 대한 규정을 두고 있고, 소득세법 기본통칙 22-0…1은 '현실적인 퇴직'에 해당하는 경우와 해당하지 않는 경우에 대한

급여소득인가 일시소득인가가 다투어진 것이 最判 平成17(2005). 1. 25. 民集 59권 1호 64면(스톡옵션 사건)이다. 이 사건에서는 외국모회사 A가 완전자회사 B의 대표이사에게 부여한 스톡옵션에 관하여, 대표이사가 이것을 행사해 얻은 행사이익의 소득구분이 쟁점이 되었다. 사용자인 B사로부터 받은 급부가 아니기 때문에, 변호사 고문료 사건의 상기 기준이 「사용자로부터 받는 급부」라고 판시했던 것과의 관계가 문제가 된다. 이점에 대해 최고재판소는, A사가 B사의 임원 인사권 등의 실권을 쥐고 있고, A사는 대표이사가 직무를 수행하고 있기 때문에 스톡옵션을 부여한 것으로서, 행사이익이 '직무수행의 대가로서의 성질을 가지는 경제적 이익'에 해당한다고 판단하고, 해당 행사이익은 「고용계약 또는 이것과 비슷한 원인에 기초하여 제공된 비독립적인 노무의 대가로서 급부된 것」으로서 급여소득에 해당한다고 판시하였다.9) 급여소득에 해당하는 이상, 일시소득의 정의상 일시소득에는 해당하지 않는다.

해석상의 예시를 들고 있다.

9) 한국: (1) 「미국법인 A의 한국지점(영업소) 대표로 근무하던 원고가, 그 미국법인의 모회사(A회사 발행주식의 90% 이상을 보유하고 있는 미국법인)로부터 부여받은 스톡옵션(주식매수선택권)의 행사이익에 대하여, 원고는 그 행사이익이 과세대상인 소득이 아니라고 보아서 그 과세표준 및 세액에 관한 신고·납부를 하지 않았으나, 피고 과세관청은 근로소득에 해당한다고 보아 소득금액을 경정하고 종합소득세 부과처분을 한 사안」에서, 위 행사이익은 "원고가 미국법인 A에 제공한 근로와 일정한 상관관계 내지 경제적 합리성에 기한 대가관계가 있다."(해당 대법원 판결의 원심인용)라고 보아서 근로소득에 해당한다고 판시한 원심의 판단을 지지한 대법원 2007. 10. 25. 선고 2007두1941 판결 참조. 소득세법 시행령이 2002. 12. 30. 대통령령 제17825호로 개정되면서 제38조 제1항 제17호가 신설되어 '법인의 임원·종업원이 해당 법인 또는 해당 법인과 특수관계에 있는 법인으로부터 부여받은 주식매수선택권을 해당 법인 등에서 근무하는 기간 중에 행사함으로써 얻은 이익' 역시 명시적으로 근로소득에 포함되었으나(현재도 같은 취지로 규정되어 있음), 이 판례사안에서 원고가 주식매수선택권을 행사한 시점은 1998년부터 2001년까지로 위 규정이 신설되기 이전이었다.

(2) 위 판례에 대한 평석으로는 윤지현, "子會社의 任職員이 外國法人인 母會社로부터 받은 株式買受選擇權과 관련된 所得課稅의 方法-대법원 2007. 10. 25. 선고 2007두1941 판결-", 서울대학교 法學 49(4), 서울대학교 법학연구소(2008), 732면 이하(특히 본문의 일본 판례를 소개한 부분으로 749-750면) 참조. 이 평석은 ① 스톡옵션을 과세한다는 명확한 규정이 없다고 하더라도, '스톡옵션을 행사한 시점'을 귀속시기로 하여 '근로소득'으로서 과세하는 것이 해석상 타당하며, ② 고용계약상의 사용자와 스톡옵션의 부여자가 다르다고 하더라도 '근로의 제공으로 인하여 받는 것'(당시 소득세법 제20조 제1항 제1호 가목)에 해당하는 이상 이러한 소득의 구분이 달라진다고 볼 수는 없다는 취지로 서술하여 판례의 태도에 찬성하고(이상 758-761면), ③ 다만, 이 판결은 이러한 스톡옵션의 행사차익에 대하여 당시의 '을종 근로소득'(현행 소득세법 제127조 제1항 제4호 각목에 따라서 원천징수의 대상에서 제외되는 근로소득)으로 과세하는 기존의 과세실무를 추인하고 있는데, 경제적 측면에서는 '외국 모회사가 국내 자회사에 급여에 해당하는 금원을 지급한 다음 다시 임직원에게 급여를 지급하는 것'과 마찬가지라고 할 수 있고, 스톡옵션에 대한 행사차익의 경우는 국내 자회사에게 그 원천징수의무를 부담시키는 것이 불가능하다거나 지나치게 무거운 부담이라고 보기는 어렵기 때문에, 이 부분 판시에는 찬동하기 어렵다는 취지로 서술하고 있다(761-766면).

19-2-3 사업소득과 다른 소득의 구분

사업소득이란 「농업, 어업, 제조업, 도매업, 소매업, 서비스업 기타 사업으로서 정령으로 정하는 것으로부터 발생하는 소득」을 말한다(所稅 제27조 제1항). 정령은 농업부터 서비스업까지 열거한 다음, 기타 「대가를 얻고 계속적으로 행하는 사업」이라는 정의를 두고 있다(所稅令 제63조 제12호). 사업소득은 소득계산상 실액의 필요경비공제가 가능하며 확정신고가 필요하다.

사업소득의 의의에 대해 참조해야 할 일반론을 제시한 것이 상술한 最判 昭和56 (1981). 4. 24. [변호사 고문료 사건]이다. 판단에 있어서의 '일응의 기준'으로써 최고재판소가 정식화(定式化) 한 바에 따르면, 사업소득이란 「자기의 계산과 위험으로 독립해서 영위되고, 영리성ㆍ유상성을 가지며, 또한 반복ㆍ계속하여 수행하려는 의사와 사회적 지위가 객관적으로 인정되는 업무로부터 생기는 소득」을 말한다. 자기의 계산과 위험, 독립성, 영리성과 유상성, 반복ㆍ계속하여 수행할 의사와 사회적 지위 같은 요소가 객관적으로 인정되는지를 살펴서 사업소득에 해당하는가를 판정하게 된다.[10] 전형적인 예로 개인이 영업허가를 받아 채소가게를 운영하는 경우를 이미지화하면 된다.

사업소득과 부동산소득의 구분은 상당히 세세한 판단이 필요하다. 예를 들어 개인이 여관 영업을 하는 경우, 고객에게 방을 이용하게 하지만, 주안점은 어디까지나 숙박에 수반하는 서비스의 제공에 있다. 그 때문에 부동산소득이 아닌 사업소득으로 구분한다.

한층 더 세세하게 들어가 보면, 사업소득과 부동산소득의 상호관계에 대해서 법령은 약간 순환적으로 정하고 있다. 먼저 정령은 사업소득에 관하여 부동산의 대여업을 사업의 범위에서 제외하고 있다(所稅令 제63조). 한편 부동산의 대여에 의한 소득이라고 하더라도, 사업소득에 해당하는 것은 부동산소득으로부터 제외된다(所稅 제26조 제1항 제3괄호). 예를 들어 '부동산업자가 판매의 목적으로 취득한 토지ㆍ건물 등의 부동산을 일시적으로 빌려줘서 얻는 소득'은 부동산업으로부터 발생하는 '사업소득'에 해당한다(所基通 26-7).[11]

---

10) 한국: 사업소득의 의의에 대하여, 앞서 19-2-2 부분의 각주에서 살펴본 대법원 2017. 7. 11. 선고 2017두36885 판결 참조.

11) 부록 일본 조세법령의 일본 소득세법 시행령 제63조 및 일본 소득세법 제26조 제1항 참조. 일본 소득세법상 부동산소득과 사업소득을 어떻게 구분할 것인가에 대해서 조금 더 이해를 돕기 위하여, 金子宏, 앞의 책(租稅法), 237면의 서술을 인용한다(" 따옴표는 역자가 추가함).
"부동산소득의 범위에 대해서 문제가 되는 것은 사업소득과의 한계이다. 부동산소득도 사업소득도 그 계산방법이 동일하고, 또 양자 모두 청색신고가 인정된다. 그러나 조세특별조치법상 다른 취급을 받는 경우가 있기 때문에, 어떤 소득이 어느 쪽에 들어가는가는 납세자의 이해에 관계되는 바가 크다. 이 점에 대해서는 '부동산소득은 자산성 소득'이고, '사업소득은 자산근로 결합소득'이라는 관점에서, 부동산을 빌려주는 것이 사업으로서 이루어지고 있는 경우라고 하더라도 '인적 역무가 수반되지 않는 경우나 사업소득과 양도소득의 구분에 대해서, 사업소득의 정의는 양도소득에 해당하는 것을 제외하고 있다(所稅 제27조 제1항). 예를 들어 개인이 요식업을 영위할 때, 요식업이라는 본업에서 얻는 소득은 사업소득이지만 점포의 양도에 의한 소득은 양도소득이다. 이것은 다음과 같은 전형적인 예를 이미지화하면 직감적으로 이해할 수 있을 것이다. 먼저 레스토랑을 운영해서 소득을 얻기 위해서는 노동과 자본 양쪽 모두의 요소를 투입하는 것이 필요하며, 계속적인 활동이 필요하다. 이것은 사업소득의 전형이다. 한편 점포의 양도는 1회 한정이다. 그에 따라 자산가격의 상승이익을 현금화한다. 이것은 양도소득의 전형이다.12)

인적 역무가 부수적인 것에 지나지 않는 경우[예컨대, 셋방(貸間)임대업·선박임대업]'에는 그것에서 생기는 소득은 사업소득이 아니라 부동산소득이라고 해석해야 한다."

즉 부동산임대로 인한 소득이라고 할지라도 '인적 역무'가 수반되는 경우는 우선 사업소득으로 분류해야 한다는 것이다.

한국: ① 앞서 살펴본 것처럼[10-4-3 (3) 부분의 각주] 종합소득 과세표준의 산정에 있어서 결손금 공제가 허용되는 통상의 사업소득과 결손금공제가 허용되지 않는 부동산임대소득의 구분이 문제가 될 수 있다. 여기서 소득세법 제45조 제2항의 부동산임대소득에 관한 각호의 규정은 구 소득세법(2009. 12. 31. 법률 제9897호로 개정되기 전의 것, 이하 이 각주에서 '구 소득세법') 제18조의 부동산임대소득에 관한 각호의 규정과 거의 동일하게 되어 있는데, 구 소득세법 제18조의 부동산임대소득과 제19조의 사업소득의 구분에 관해서는 '사업으로서 부동산임대를 하는 경우'에도 이를 사업소득이 아닌 부동산임대소득으로 분류하는 것이 타당하다고 보아야 한다. 이 점에 대해서는 조일영, "부동산임대업자가 그 사업장인 건물이 수용 또는 양도됨으로 인하여 사업시행자로부터 임대사업 폐지에 따른 영업손실보상 명목으로 지급받은 보상금이 소득세법상 사업소득인지, 아니면 양도소득 또는 부동산임대소득인지 여부", 대법원판례해설 76호, 법원도서관(2008), 239-241면 참조.

② 구 소득세법의 해석과 관련하여 일본의 위 해석론과 상이한 결론이 나오는 이유는, 조문의 구성체계가 일본 소득세법과 다르기 때문이다. 즉 본문과 같이, 일본 소득세법 제26조 제1항은 부동산소득에 대하여 '부동산 등을 빌려주는 것(대여, 貸付け)에 의한 소득'이라고 규정하면서 제3괄호에서 사업소득이나 양도소득에 해당하는 것은 제외하도록 규정하고 있어, 부동산임대로 인한 소득이라도 '인적 역무'를 기준으로 사업소득에 해당하는지를 먼저 판단하여, 사업소득에 해당하는 것으로 판정되는 경우 이를 우선적으로 사업소득에 포함시킨다고 하는 해석이 가능하다(그렇다면 일본 소득세법 시행령 제63조에서 말하는 '부동산임대업'은 이와 같이 우선 사업소득에 포함된 것을 제외한 것을 의미한다고 해석할 수 있을 것이다). 반면에 우리나라 구 소득세법 제19조 제1항 제11호는 사업소득의 하나로 '부동산업'을 규정하면서 괄호에서 '부동산임대에 해당하는 사업을 제외한다'고만 규정하고 있어, 사업으로서 부동산임대업을 하더라도 이를 우선적으로 부동산임대업으로 분류하도록 규정하고 있었다.

③ 현행 소득세법 제19조 제1항 제12호는, '부동산임대업'이 소득구분의 하나로서 폐지되면서, 구 소득세법 제19조 제1항 제11호의 괄호와 같은 규정을 두고 있지 아니하나, 구 소득세법 규정에 대한 위의 연혁적·비교법적 검토는 양자의 구분에 대한 참고가 될 수 있을 것으로 보인다.

12) 한국: ① 19-2-1 부분의 각주에서 살펴본 바와 같이, 소득세법 제19조 제1항 제20호는 '복식부기의무자가 차량·운반구 등 일정한 사업용 유형자산을 양도함으로써 발생하는 소득'을 사업소득으로 정하면서, 다만 사업용이라고 하더라도 토지·건물의 양도로 인한 소득은 양도소득에 해당한다는 취지로 규정하고 있다.

② 결국 그 외에 사업소득과 양도소득의 구분은 해석론에 맡겨져 있는데, 이에 관해서는 대법원 2013. 2. 28. 선고 2010두29192 판결을 인용한다[원고가 1991년~2002년 사이에 부동산 매수·매도를 6번에 걸쳐서 한 사안이 사업소득에 해당하는지 여부가 문제가 된 사건이다. 원고의 매수·매도방식을 보면

이것을 충분히 이미지화할 수 있다면, 재고자산(所税 제2조 제1항 제16호)의 양도로 인한 소득이 양도소득에 포함되지 않는 것(동 33조 제2항 제1호)도 이해할 수 있을 것이다.13) 예를 들어 야채가게를 영위하는 개인이 가게의 상품인 야채를 판매해 얻는 소득은 양도소득에 포함되지 않으며 사업소득으로 구분된다.

사안에 따라서는 양도소득의 기인{基因}이 되는 자산을 보유하고 있는 동안에 그것이 재고자산으로 전환되는 경우가 있다. 예를 들어 오랜 세월 보유하고 있던 토지를 택지로 조성하여 양도하는 경우, 그 양도차익 중에는 택지조성에 착수하기 전에 잠재적으로 발생한 자산가격의 상승이익과 그 외의 부분이 포함되어 있다. 전자는 양도소득이고 후자는 사업소득이라 한 재판례가 있다[松山地判 平成3(1991). 4. 18. 訟月 37권 12호 2205면 (카와노에시 이지야마{川之江市井地山} 조성지 사건)]. 이런 사고방식을 이중이득법{二重利得法}이라 한다.

사업소득과 잡소득의 구분은, 잡소득의 계산상 생기는 적자가 손익통산 대상이 아닌 점(所税 제69조 제1항)으로 인하여 종종 문제가 된다. 구분을 위한 절차로는 상술한 변호사 고문료 사건이 제시하는 여러 요소를 객관적으로 살펴서 사업소득에 해당하는지를 우선 판정하고, 사업소득에 해당하지 않으면 잡소득이다. 이것은 사회통념에 비추어 종합적 판단이 필요한 작업이다.14) 재판에 이른 사건도 많다. 예를 들면 상품선물거래로부터 생긴 손실을 잡소득의 계산상 발생한 손실이라고 보아서 손익통산을 부정한 사례가 있다[名古屋地判 昭和60(1985). 4. 26 行集 36권 4호 589면(회사 이사 상품선물거래 사건)].15)

대개 토지를 먼저 매수하고, 그 토지 위에 상가건물을 건축한 다음, 부동산임대업의 사업자등록을 하고 실제로 3개월 내지 1년 6개월가량 임대업을 영위하다가 이를 다시 매도하였다. 이러한 사실관계하에서 「원고의 이 사건 부동산 등 양도행위로 인한 소득은 '부동산매매업'의 일환으로 발생한 것으로서 사업소득에 해당한다」고 판시한 원심의 판단을 지지한 사안이다].

"부동산의 양도행위가 '부동산매매업'의 일환으로 이루어져 부가가치세의 과세대상이 되는지 여부 또는 그로 인한 소득이 사업소득에 해당하는지 여부는 양도인의 부동산 취득 및 보유현황, 조성의 유무, 양도의 규모, 횟수, 태양, 상대방 등에 비추어 그 양도가 사업활동으로 볼 수 있을 정도의 계속성과 반복성이 있는지 등을 고려하여 사회통념에 따라 판단하여야 하고, 그 판단을 할 때에는 단지 당해 양도 부동산에 대한 것뿐만 아니라, 양도인이 보유하는 부동산 전반에 걸쳐 당해 양도가 이루어진 시기의 전후를 통한 모든 사정을 참작하여야 한다. 그리고 구 부가가치세법 시행규칙(2008. 4. 22. 기획재정부령 제12호로 개정되기 전의 것, 이하 같다) 제1조 제2항은 부동산매매업으로 볼 수 있는 경우를 예시적으로 규정한 것에 불과하여 그 부동산 거래가 전체적으로 사업목적하에 계속성과 반복성을 가지고 이루어진 이상 위 규정상의 판매횟수에 미달하는 거래가 발생하였다고 하더라도 그 과세기간 중에 있은 거래의 사업성이 부정되는 것이 아니다."

13) 일본 소득세법상 양도소득의 과세대상에 대해서는 앞의 7-4-4 (5) 부분의 각주 참조.
14) 한국: 사업소득과 기타소득의 구분에 관하여, 19-2-2 부분의 각주에서 살펴본 대법원 2017. 7. 11. 선고 2017두36885 판결 역시 최종적으로는 '사회통념'에 따라서 판단해야 한다는 취지로 판시하고 있다.
15) 한국: 파생금융상품 과세의 소득구분과 귀속시기에 대해서는 앞의 14-3-2 부분의 각주 참조.

Column 19-1 차지권{借地權} 설정의 대가

차지권[16] 설정의 대가는, 대지가격의 2분의 1을 넘는 경우에는 부동산소득이 아닌 양도소득으로 구분된다(所税 제33조 제1항 괄호, 所税令 제79조 제1항). 이 룰은 昭和34 {1959}년의 소득세법 개정으로 마련되었다. 당시 토지임대차에 있어서의 권리금 수수 관행이 널리 일반화되면서 그 액수도 점차 높아졌고, 차지차가법 등으로 인한 차지인 보호와 맞물려 토지 소유자들은 차지권의 양도승인과 기간갱신을 사실상 거부할 수 없게 되었다. 이러한 상황을 배경으로, 最判 昭和45(1970). 10. 23. 民集 24권 11호 1617면(산요 메리야스 토지임차 사건)은 昭和33{1958}년에 토지 소유자인 납세자가 차지인으로부터 받은 권리금에 대해서, 일정 금액은 소유권의 권능의 일부를 양도한 대가로서의 성질을 가진다고 하여 양도소득에 해당될 가능성이 있다고 판시했다. 환송심의 심리결과, 해당 사안에 대해서는 부동산소득이 되었다. 한편 양도소득으로 구분하는 효과로서, 보유기간이 장기에 걸친 경우에는 장기양도소득으로서의 평준화 조치를 이용할 수 있다(所税 제22조 제2항 제2호).

19-2-4 잡소득이라고 하는 잔여 카테고리

앞서 19-2-1에서 말했듯이 잡소득은 다른 9가지 각종소득 중 어느 것에도 해당되지 않는 잔여 카테고리이다. 그래서 잡다한 것이 포함되지만 크게는 다음 3가지로 나눠볼 수 있다.

▶ 공적연금 등(所税 제35조 제3항). 이에 대해서는 독립된 각종소득으로 해야 한다는 입법론이 제시되고 있다(→ 8-2-3). 국민연금제도나 기업연금제도에 근거해 지급되는 연금은 공적연금 등으로 분류되고, 일시금으로 지급되면 퇴직소득으로 간주된다(동 제31조).

▶ 금융상품 관계의 잡소득. 법률의 정의로부터는 읽어내기 어려우나, 이자소득이나 배당소득에 해당하지 않고, 양도소득에도 해당하지 않는 금융상품의 리턴이 결과적으로 잡소득으로 구분된다.

---

16) 일본은 민법에 대한 특별법으로서 차지차가법(借地借家法)을 두고 있다. 일본 차지차가법상 '차지권(借地權)'이라 함은 "건물의 소유를 목적으로 하는 지상권 또는 임차권"을 말한다(일본 차지차가법 제2조 제1호). 차지권의 존속기간은 최소 30년이고(일본 차지차가법 제3조, 제9조), 차지권의 존속기간이 만료된 경우에도 차지권자가 계약의 갱신을 청구하면 종전과 동일한 조건으로 계약이 갱신된 것으로 간주된다(일본 차지차가법 제5조 제1항 본문). 다만 차지권설정자는 이에 대하여 지체 없이 이의를 제기할 수 있으나(일본 차지차가법 제5조 제1항 단서), 이러한 이의제기는 쌍방이 토지사용을 필요로 하는 사정 기타 정황들을 고려하여 판단하게 되는 '정당한 사유'가 있는 경우에만 가능하므로(일본 차지차가법 제6조), 차지권이 임차권이라고 할지라도 그 법적 위상은 통상의 임차권보다 월등하게 강력하다.

▶ 그 밖의 잡소득. 이상의 2개를 제외한 진짜 잔여부분이다.

10가지 각종소득 가운데 이자소득 내지 양도소득 이외의 다른 소득이 일시소득이나 잡소득에 해당한다. 그 일시소득에도 해당하지 않는 것이 잡소득이다. 다른 각종소득에 대한 해당성이 우선한다는 의미로, 일시소득과 잡소득은 '부비상{Booby Prize}'[17]과 '최하위'와 같은 것이다.[18]

일시소득과 잡소득의 구분이 다투어진 것이 最判 平成27(2015). 3. 10. 刑集 69권 2호 434면(낙첨마권 사건)이다. 종래부터 경마의 당첨 배당금은 일시소득으로 취급하는 것이 국세청의 태도였다. 최고재판소는 일시소득의 정의가 「영리를 목적으로 하는 계속적 행위로부터 생긴 소득」을 제외하고 있다는 점(所税 제34조 제1항)에 관하여, 여기에 해당하는지 여부는 「문리에 비추어 행위의 기간, 횟수, 빈도 그 밖의 양상, 이익발생 규모, 기간 그 밖의 상황 등의 사정을 종합 고려하여 판단한다」는 판단기준을 제시했다. 이를 바탕으로 해당 사안에 대해서는, 납세자가 「마권을 자동적으로 구입하는 소프트웨어를 사용해, 독자적인 조건설정과 계산식에 근거하여 인터넷을 통해 장기간에 걸쳐서 여러 번 그리고 빈번하게 개개의 마권의 적중에 구애되지 않는 망라적인 구입을 하여, 마권의 당첨 배당금을 얻는 방법으로 다액의 이익을 상시적으로 올렸는바, 일련의 마권의 구입이 일체{一體}의 경제활동의 실태를 가졌다고 할 수 있다」라고 하여, 일시소득이 아닌 잡소득으로 구분했다. 그리고 당첨되지 않은 마권을 포함한 모든 구입대금의 비용이 잡소득의 필요경비에 해당한다고 판단했다[참조, 高橋祐介 「判例クローズアップ」 法教 421호 〔2015년〕 42면]. 그 후 最判 平成29(2017). 12. 15. 裁時 1690호 8면은 경마예상 소프트웨어를 사용하지 않은 사안에 대해서도 잡소득이라고 판시하였다. 국세청은 통달을 개정하여 이러한 사안에 한하여 잡소득에 해당한다는 취급을 제시하고 있다[所基通 34−1 (2) (주)1].[19]

Column 19-2 가상통화의 매각이익

平成29{2017}년 12월 1일자 국세청 개인과세과정보 제4호 「가상통화에 관한 소득의 계산방법 등에 대하여(정보)」는 비트코인을 비롯한 가상통화를 매각 또는 사용함으로써 발생하는 이익에 대해서는, 사업소득 등 각종소득의 기인{基因}이 되는 행위에 부수하여 발생

---

17) 운동경기에서 꼴찌에서 2위를 한 사람에게 주는 상. 본문의 맥락상 '잡소득'이 '최하위'이고, 그보다 선순위인 '일시소득'이 '부비상'에 해당한다.

18) 한국: 우리 소득세법상으로도 과거 '일시소득'과 '잡소득'이라는 소득구분이 존재한 적이 있었으나, 현행 소득세법은 다른 소득구분에 해당하지 않는 소득을 '기타소득(제21조)'으로 분류하고 있다. 연혁적 내용은 앞의 6−1−3 부분의 각주 참조.

19) 한국: 소득세법 제21조(기타소득) 제1항 제4호 참조.

하는 경우를 제외하고, 원칙적으로 잡소득으로 구분하여 확정신고가 필요한 것으로 하였으며, 손익의 구체적인 계산방법을 정리하였다.[20]

19-3 소득종류의 전환

어느 소득에 해당하는지를 알면 소득금액을 계산할 수 있으며 과세방법을 특정할 수 있으므로 얼마나 소득세가 부과될지 알 수 있다. 그러면 다음 단계로서 다른 종류의 소득이라면 어떻게 될지를 생각할 수 있다. 이렇게 해서 납세자에게는 상대적으로 보다 가볍게 과세되는 소득유형으로 소득종류를 전환하고자 하는 인센티브가 생겨난다. 이러한 택스 플래닝을 어떻게 분석할 것인가에 대해서는 다른 장에서 서술한다(→ Chapter 22). 여기서는 가볍게 과세되는 소득종류로 전환되는 경우뿐 아니라, 여러 가지 경우에 소득의 종류가 역동적으로 전환될 가능성이 있다는 것을 예를 들어 설명한다.

근로소득에서 자본소득으로의 전환은, 기업이 임원이나 종업원을 위해 준비하는 보수 패키지 안에 포함되는 경우가 있다. 예를 들어 어떤 회사가 종업원에 대해 노무의 대가로서 그 회사의 주식을 주었다고 하자. 이 자체는 종업원 프린지 베니핏으로서(→ 6-2-2) 급여소득에 해당할 것이다. 동시에 이 종업원은 회사의 주주가 되기 때문에 이후 잉여금의 배당을 받거나 주식을 매각하여 양도차익을 실현할 수 있다. 회사의 실적이 좋아지면 주가가 오르기 때문에 종업원으로서는 제대로 일해서 자신도 주주로서 득을 보자는 인센티브가 생긴다. 이 예에서는 급여소득으로부터 주식과 관련된 배당소득

---

20) 2019년 일본 소득세법 개정에서, 가상화폐의 양도로 인한 손익이 '잡소득'에 해당한다는 것을 전제로 소득세법 제48조의2가 새롭게 규정되었다(부록 일본 조세법령 참조). 그 위임을 받은 일본 소득세법 시행령 제119조의2 이하가 세부사항을 정하고 있다.

　한국: 현재 가상화폐의 과세방안에 대한 연구가 활발하다. 가상화폐의 매각이익에 대한 소득과세에 한정시켜 논의를 살펴보면, ① 우선 계속·반복적이고 영리목적으로 가상화폐 거래를 하여 소득을 올린 경우는 사업소득으로 보아야 할 것이나, 그렇지 아니한 경우는 가상화폐의 양도가 양도소득의 과세대상으로 열거되어 있지 아니한 이상 양도소득으로 과세하는 것은 불가능하다고 보아야 할 것이다. 홍도현·김병일, "가상통화에 대한 과세문제(비트코인을 중심으로)", 조세연구 15(1), 한국조세연구포럼(2015), 132-133면. ② 사업소득에 해당하지 않는 경우에는 현행법상 기타소득(소득세법 제21조 제1항 제7호)으로 보아서 과세를 할 여지가 있다는 견해로 조근형, "디지털통화 과세제도에 관한 연구-가상화폐를 중심으로-", 강남대학교 세무학 박사학위논문(2018), 165면. ③ 가상화폐의 매각이익에 대하여 양도소득으로 과세하는 것이 입법적으로 타당하다는 전제 아래, 구체적인 입법방안과 양도소득 금액의 계산방법 등을 제시한 문헌으로는 김병일, "가상통화 과세를 위한 입법론적 고찰-양도소득세를 중심으로-", 법조 732호, 법조협회(2018), 224면 이하 참조.

또는 양도소득으로의 전환이 일어나고 있다.

자본소득 내부에서도 소득전환이 일어난다. 토지의 양도소득(실물자산으로부터 생기는 것)으로부터 주식의 양도소득(금융자산으로부터 생기는 것)으로의 전환은 여러 가지 경우에 생긴다. 예를 들어 개인이 소유한 토지로서 소유기간이 5년 이하인 것을 양도하면, 다른 소득으로부터 분리되어 '과세단기양도소득금액'의 30%의 소득세가 부과된다(租特 제32조 제1항). 여기서 토지의 단기양도만을 대상으로 하게 되면, 보유자산이 주로 토지인 회사가 발행하는 주식을 양도하는 것으로 그 조치의 적용을 면하는 것이 가능해진다. 그렇기 때문에 그러한 주식의 양도에 대해서도 일정한 요건 아래에서 같은 룰을 준용하고 있다(동조 제2항).21)

금융상품에서 나오는 리턴에 대해서는, 주식과 부채의 구별문제가 금융공학의 진전에 따라 극복 가능하게 되어, 배당소득과 이자소득의 구별 자체가 시대에 맞지 않는 것이 되고 있다. 금융소득과세의 일체화(→ 8-2-3)는 이런 맥락에서 이해할 수 있다. 조세특별조치법에서는 사람들의 투자행위에 대한 과세의 중립성을 확보하기 위하여 소득세법상의 각종 소득구분에 관계없이 동일하게 취급을 하고 있는 경우도 많다. 예를 들어 거주자가 상장주식 등을 양도했을 경우 주식의 양도에 관련된 사업소득·양도소득·잡소득에 대해서는, 다른 소득과 구분하여 소득금액을 계산해 15%의 비례세율로 소득세를 부과한다(→ Column 20-1).

Column 19-3 부동산 화체주식{不動産 化體株式}22)의 양도

국제과세에서도 소득종류의 전환은 자주 문제가 된다. 예를 들어 부동산은 소재지국과의 연결성이 강하다는 이유에서, 소재지국이 부동산의 양도차익에 대해 과세권을 행사하는 룰을 둔다. 이를 면하기 위해 부동산을 보유한 회사를 만들어 주식을 양도하는 것을 예상할 수 있다. 여기서 일정한 부동산 관련 법인의 주식을 양도함으로써 발생하는 소득을 부동산의 양도에 의한 소득과 같게 취급하여 부동산 소재지국이 과세하도록 하는 룰이 있다(法税 제138조 제1항 제3호, 法税令 제178조 제1항 제5호).23)

---

21) 부록 일본 조세법령의 일본 조세특별조치법 제32조 제1항, 제2항 참조.
22) 이 부분은 원서의 서술 "不動産化体株式"(부동산 화체주식)을 그대로 직역해 놓은 것이다. 여기서 화체(化体, 化體)라는 말은 우리말에 없는 단어인데, '추상적인 권리·개념 등이 물질적·현실적으로 구현되는 것'을 의미한다
23) 한국: 같은 취지의 규정으로 법인세법 제93조(외국법인의 국내원천소득) 제7호 나목 참조.

19-4 전망

사람의 경제활동에는 거의 무한한 다양성이 있기 때문에 소득구분 작업에도 끝이 없다. 더구나 현실의 사안은 미묘한 포섭을 필요로 하는 경우가 적지 않다.

그러나 몇 가지 기본을 알아두면 현실의 사례에 대응할 때 당황하지 않을 것이다. 각종소득의 정의규정을 잘 읽고, 판례가 제시하는 구분의 기준을 잘 살펴 사안에 적용한다. 어느 특정의 각종소득으로 구분함으로써 어떠한 법적 효과가 생길지(필요경비의 실액공제를 할 수 있는지, 적자를 손익통산의 대상으로 할 수 있을지 여부)를 생각하여, 안정감이 있는 결과가 나오는지를 검토한다. 이런 작업들을 반복하면서 조금씩 소득구분에 관한 지리감각이 잡힐 것이다.

연습의 소재는 충분하다. 본장에서 인용한 재판례에 대하여 판례교재 등에서 사실관계를 자세히 읽어보면, 숙련된 법관이 어떻게 포섭하고 있는지를 추체험(追體驗)할 수 있다. 본장에서 다루지 않은 각종소득에 대해서도 여러 재판례가 있다. 과거 사례에 대해 국세청이 어떻게 판단해 왔는지는 소득세 기본통달 23-1부터 23~25共-12까지에 집적되어 있어서 이를 한번 읽어볼 가치가 있다.

☑ 이 장에서 배운 것

▸ 소득은 10가지 각종소득으로 구분할 필요가 있다.
▸ 소득구분의 기준에 대해서는, 각종소득의 정의규정에 단서가 있거나 판례가 기준을 제시하기도 한다.
▸ 소득의 종류는 역동적으로 전환될 가능성이 있다.

🔍 찾아보자

▸ 급여소득의 의의와 범위에 대해서 재판례는 어떠한 판단을 제시해 왔는가?
  → 佐藤英明 「給与所得の意義と範囲をめぐる諸問題」 金子宏編 『租税法の基本問題』 (有斐閣, 2007년) 397면
▸ 토지를 양도했을 경우의 소득은 어떻게 구분해야 하는가?
  → 金子宏 「讓渡所得の意義と範囲——二重利得法の提案を含めて」 同 『課税単位及び讓渡所得の研究』 [有斐閣, 1996년 〔初出 1978년~1980년〕] 113면

의제배당의 예시를 통한 이해

📖 이 장의 테마

▶ 의제배당 ▶ 배당소득과 양도소득 ▶ 원자{原資}부분과 이익부분

20-1 의제배당을 이미지화하다

20-1-1 들어가며

의제배당에 관한 과세 룰은 소득세와 법인세의 상호관계를 보여주는 흥미로운 소재이다. 본장에서는 의제배당의 기초를 단순한 예시를 통해 이해하고, 왜 그러한 룰이 있는지를 생각해본다. 가장 전형적인 사업조직인 주식회사를 기준으로 설명하며, 기술의 간략화를 위해 주식회사를 그냥 「회사」라 한다.

지금까지 배워온 것과 관련해서 말하자면, '배당소득과 양도소득의 구분에 실현원칙이 관계된다는 것'(→ 9-3-3), '법인세법이 손익거래와 자본 등 거래를 준별하고 있다는 것'(→ 14-4), '과세이연의 기술로서 취득비의 조정이 이루어진다는 것'(→ Chapter 18)을 본장에서 한발 더 나아가 전개하는 것이 된다.

20-1-2 배당으로 간주하는 금액의 양도소득으로부터의 선취

(1) 해산에 의한 잔여재산의 분배

먼저 다음의 예를 이미지화해 보자. 어떤 사람이 회사를 설립해 그 주주가 되었고, 회사 사업이 성공하면서 수년간 상당한 실적을 올렸다. 그리고 이번에 그 회사를 청산하여 해산했다고 하자. 그 사이 주주의 변동은 없다.

해산에 의해 이 회사는 잔여재산을 분배한다(會社 제504조). 이것을 개인주주의 입장에서 보면 이 사람은 회사로부터 잔여재산의 분배를 받게 된다.

그렇다면 이 잔여재산의 분배에 대하여 개인주주에게 소득세를 과세하는 룰로서 어떠한 방식이 있을 수 있을까. 떠오르는 대로라도 좋으니 소득구분 등을 조금 생각해봤으면 한다.

우선 다음과 같은 가능성이 떠오를 것이다.

▶ 전액을 배당소득으로 취급한다. '잔여재산의 분배도 주주로서의 지위를 바탕으로 공여를 받은 것'이라고 생각하여 배당소득이라 하는 것이다. 이렇게 취급하게 되면 잔여재산 분배액이 총수입금액이 되고, (만약 부채이자가 있을 경우에는) 부채이자공제를 해서 배당소득금액을 산정하게 된다.[1] 그러나 이 방식으로는 개인주주가 회사설립 단계에서 출자한 금액 등 '본래 원자{原資}의 회수에 지나지 않는 부분'의 공제(→ 6-4)를 할 수 없게 되어 버린다.

▶ 전액을 양도소득으로 취급한다. '개인주주는 보유하고 있던 주식과 상환으로 잔여재산의 분배를 받는 것'이라고 생각하여 자산양도에 의한 소득으로 한다. 이렇게 취급하게 되면 잔여재산의 분배액이 총수입금액이 되고, 출자한 금액 등을 주식의 취득비로서 공제하여 양도소득금액을 산정한다. 그러므로 주주가 출자한 금액 등 원자{原資}의 회수에 상당하는 부분을 과세 베이스에서 제외할 수 있다. 다만 분배받은 금액 가운데 회사의 이익적립금이 포함되어 있더라도, 개인주주 단계에서 배당소득으로서 과세가 이루어지지 않는 것이 된다.

어떠한가. 어느 가능성도 논리적으로는 성립될 것 같지만, 일장일단이라는 느낌이 들 것이다.

---

1) 한국: 앞서 10-5-3 (3) 부분의 각주에서 살펴본 것처럼 우리 소득세법상으로는 배당소득에 대한 부채이자공제는 허용되지 않는다.

(2) 현행법의 해결

이 점에 관한 현행법의 해결책은 ① 일부를 배당소득으로 간주하고, ② 나머지를 양도소득으로 한다는 것이다.

①이 의제배당의 룰이다(所稅 제25조 제1항 제4호). 개인주주의 소득세 산정에 있어서 배당으로 간주되는 금액은 회사의 '순자산의 부{部}'의 계산과 연동하도록 되어 있다. 즉 잔여재산의 분배에 의해 교부를 받은 금전의 금액 또는 금전 이외의 자산의 가액(이하「교부금전 등의 금액」이라 한다)에서, '회사의「자본금 등의 금액」가운데 지급의 기인{基因}이 된 주식에 대응하는 부분의 금액을 넘는 부분'을 잉여금의 배당으로 간주한다(동항 주서{柱書}).「자본금 등의 금액」은 주주로부터 회사에 대해 출자가 이루어진「밑천」의 부분에 상당하기 때문에(→ 14-4-2), 잔여재산의 분배액 가운데「자본금 등의 금액」을 넘는 부분만을 법인단계에서 벌어들인 사업성과로 보아 이것을 배당으로 간주하고 있다.

②는 배당으로 간주된 금액을 제외한 나머지 금액에 대한 양도소득 과세다. 양도소득의 계산은 총수입금액으로부터 취득비 등을 공제하는 것이 기본이다(所稅 제33조 제3항). 주식의 양도에 대해서는 조세특별조치법이 분리과세 특례를 마련하고 있으며(租特 제37조의 10), 해산에 의한 잔여재산의 분배로서 받는 '교부금전 등의 금액'을 양도소득 등의 수입금액으로 보고 있다(동조 제3항 제4호). 여기서 중요한 것이 양도소득 등의 수입금액으로 보는 금액에서 의제배당의 금액을 제외하고 있다는 점이다(동항 주서{柱書}의 괄호). 즉 배당으로 간주된 금액을 제외한 나머지 금액이 양도소득의 계산상 총수입금액에 산입된다. 상장주식에 대해서도 마찬가지이다(동 제37조의11 제3항).

이와 같이 현행법은 '회사의 해산에 의한 잔여재산의 분배라고 하는 하나의 거래'를 법정된 룰에 의해 '2개의 각종소득'으로 분해한다. 즉 ① 우선 일부를 배당으로 간주해 배당소득이 되는 금액을 선취한 다음, ② 잔여금액을 양도소득의 총수입금액으로 하는 구조로 되어 있다. 그리고 ②의 개인주주의 양도소득 계산에 있어서, 이 잔여금액에서 주식의 취득비 등을 공제한다. 취득비에 관한 자료를 근거로 주주가 주식에 투자한 원본을 공제하여 과세가 미치지 않도록 하고 있다.[2]

---

2) 이상 본문에 언급된 조문들에 대해서는 부록 일본 조세법령 참조.
　　한국: ① 소득세법 제17조(배당소득) 제1항 제3호, 제2항 제3호 참조. 법인이 해산하는 경우 배당으로 간주되는 금액의 산정은 "해산한 법인의 주주·사원·출자자 또는 구성원이 그 법인의 해산으로 인한 잔여재산의 분배로 취득하는 금전이나 그 밖의 재산의 가액"에서 "해당 주식·출자 또는 자본을 취득하기 위하여 사용된 금액"을 공제하여 산정하도록 규정하고 있으며, 양도소득으로는 과세하지 않는다.
　　② 즉 우리 소득세법의 법인해산에 관한 주주과세의 방식은, 본문에서 설명된 일본의 경우와 같이 우선 일부(유보소득 부분)를 배당소득으로 과세하고 나머지를 양도소득으로 나누어 과세하는 것이 아니라,

(3) 정리

현행법의 해결책은 꽤 복잡하다. 이야기를 복잡하게 하는 요인은 ① 하나의 거래에서 배당소득과 양도소득이 발생한다는 점, ② 배당으로 간주되는 금액의 계산이 회사 측의 「자본금 등의 금액」과의 관계에서 결정된다는 점, ③ 배당으로 간주된 금액을 양도소득의 총수입금액에서 제외한다는 점, 그리고 ④ 더 나아가 양도소득의 계산상 주식의 취득비를 공제한다는 점이다. 한번 읽은 것만으로는 이해하기 어려웠다면 다시 읽고 각각의 포인트를 확인해 보길 바란다.

잘 확인한 독자라면 왜 이러한 룰을 두고 있는지 자연스레 알 수 있을 것이다. '회사단계에서 법인세의 납부가 이루어졌으며, 주주단계에서 아직 배당소득으로 과세하지 않은 금액'을 우선 배당으로 간주한다. 그리고 잔여금액을 양도소득으로 구분하여 주식의 취득비 공제를 적용함으로써, '주주가 출자한 원자(原資)부분'에 과세가 미치지 않도록 한다. 대체로 이러한 생각이 의제배당에 관한 과세 룰의 배경에 있는 것이다.

(4) 보론: 법인주주의 경우

법인주주에 대해서도 의제배당의 룰이 있다(法稅 제24조).3) 배당으로 간주된 금액은

배당소득으로만 과세하는 시스템이다. 우리나라와 같이 배당소득으로만 과세하는 시스템이나 미국과 같이 양도소득으로만 과세하는 시스템 모두에 문제가 있으며, 일본과 같이 "배당과 주식양도의 결합"으로 취급하는 것이 입법론상 타당하다는 논지의 논문으로 임상엽, 앞의 글(의제배당 과세의 구조에 대한 비판적 검토-청산분배를 중심으로-), 155면 이하[특히 일본법의 "2단계 모형"(즉 "배당과 주식양도의 결합")에 따라서 배당소득과 양도소득을 나누는 방식에 대한 기본적인 설명으로 187-191면] 참조.

③ 이러한 현행법상의 의제배당 제도에 대하여, 배당소득으로 보아 과세가 이루어지면서도 납입자본이 아니라 '취득가액'을 공제하는 방식을 취하는 것은 논리에 맞지 않다는 비판이 제기되고 있다. 마영민, "기업의 해산과 세법", 조세법연구 11(2), 한국세법학회(2005), 103-104면; 이창희, 앞의 책(세법강의), 605, 615-616면; 임승순, 앞의 책(조세법강의), 444-445면.

④ 한편 판례는 소득세법 제17조 제2항 제1호의 의제배당이 문제된 사안에서, 배당소득으로만 과세하는 방식이 위헌이 아니라고 판시하고 있다. 아래에 인용하는 2010. 10. 28. 선고 2008두19628 판결 참조. "구 소득세법(2006. 12. 30. 법률 제8144호로 개정되기 전의 것) 제17조 제2항 제1호가 규정하고 있는 의제배당소득, 즉 주식의 소각 또는 자본의 감소로 인하여 주주가 받은 재산의 가액에서 그 주주가 당해 주식을 취득하기 위하여 소요된 금액을 초과하는 금액 중에는 기업경영의 성과인 잉여금 중 사외에 유출되지 않고 법정적립금, 이익준비금 기타 임의적립금 등의 형식으로 사내에 유보된 이익뿐만 아니라 유보된 이익과 무관한 당해 주식의 보유기간 중의 가치증가분도 포함되어 있을 수 있으나, 위 법률조항이 이를 별도로 구분하지 않고 모두 배당소득으로 과세하고 있는 것은 입법정책의 문제라 할 것이고, 그 밖에 의제배당소득의 입법 취지, 조세징수의 효율성이라는 공익적인 측면 등에 비추어 보면 위 법률조항이 입법자의 합리적 재량의 범위를 일탈하였다고 볼 수 없어 그로써 조세평등주의를 규정한 헌법 제11조에 위반된다거나 재산권보장을 규정한 헌법 제23조에 위반된다고 볼 수 없다."

3) 한국: 법인세법 제16조(배당금 또는 분배금의 의제)

주식양도의 대가에서 공제한다(동 제61조의2 제1항 제1호 괄호). 잔여금액에서 주식의 장부가액을 공제하여(동조 제18항) 주식의 양도손익을 계산한다. 이처럼 의제배당 부분을 선취하고 그 나머지를 양도손익으로 하는 구조는 개인주주의 경우와 같다(도표 20-1).

도표 20-1 ▌ 개인주주와 법인주주

	개인주주	법인주주
배당으로 보는 근거규정	所稅 제25조	法稅 제24조
주식의 양도손익에 관한 규정	租特 제37조의10 · 제37조의11	法稅 제61조의2

법인주주의 경우 배당으로 간주되면, 수입배당이 익금불산입이 되는 범위에서 납세자에게 유리해진다(→ 15-3-2). 이것은 개인주주에게는 없는 효과이다. 따라서 똑같이 회사로부터의 의제배당이라고 하더라도 개인주주와 법인주주의 이해관계는 다르게 된다.[4]

20-2 당신의 배당은 스트레이트, 아니면 의제?

20-2-1 배당소득의 정의

(1) 잉여금의 배당

배당소득의 정의 자체에서도 의제배당이 되는 부분과는 분절되는 모습이 보인다.

소득세법 제24조 제1항은 배당소득을 정의하면서 '각종 사업체로부터 받는 분배'를 들고 있다. 그 전형이 주식회사로부터 받는 「잉여금의 배당」이다. 동항 괄호는 거기에서 다음의 것을 제외하고 있다.

---

[4] 한국: ① 법인세법 제18조의2(내국법인 수입배당금액의 익금불산입) 역시 의제배당을 수입배당금 익금불산입의 대상에 포함시키고 있으며, ② 한편 의제배당에 대해서도 대체로 소득세법상 배당세액공제가 적용된다(소득세법 제17조 제3항, 제56조 참조). ③ 우리 소득세법이 일정한 유형의 의제배당에 대해서 배당세액공제를 제한 없이 허용하는 방식을 비판하고, 적정한 배당세액공제의 적용범위를 제시(유보이익 부분으로 한정)하는 논문으로 김의석, "의제배당과세에 있어서 적정 배당세액공제", 조세법연구 22(1), 한국세법학회(2016), 73면 이하 참조.

▶「자본잉여금의 감소에 수반하는 것」

▶ 분할형분할에 의한 것

▶ 주식분배

이것들은 모두 통상적인 배당소득의 정의에서는 제외되지만, 별도로 의제배당 과세 룰의 대상이 된다[所税 제25조 제1항 제2호〔분할형분할〕, 제3호〔주식분배〕, 제4호 괄호〔잉여금의 배당으로서「자본잉여금의 감소에 수반하는 것」〕].5) 이 중「자본잉여금의 감소에 수반하는 것」에 대해 바로 뒤의 20 – 2 – 2에서 서술한다.

(2) 회사계산규칙과의 관계

「자본잉여금」이라는 용어는 소득세법이 정의하고 있는 용어가 아니라 '회사계산규칙'6)에 나오는 용어이다. 회사법의 계산에서는 회사의 '순자산의 부〔部〕'는 주주자본, 평가・환산 차액 등, 신주식예약권으로 구분된다(会社計算 제76조 제1항 제1호). 이 중 주주자본은 자본금, 신주신청증거금, 자본잉여금, 이익잉여금, 자기주식, 자기주식신청증거금으로 구분된다(동조 제2항). 소득세법 제24조 제1항은 회사계산규칙의 이 구분을 전제로「자본잉여금의 감소에 수반하는 것」을 제외하고 있다.

이러한 용어들에 대해서는 법인세법상의 용어와의 관계에서도 대략적인 대응관계를 알아 두면 좋다. 기본으로서는 주주자본 중 이익잉여금 이외의 부분이「자본금 등의 금액」(法税 제2조 제16호)에 상당하고, 이익잉여금이「이익적립금액」(동조 제18호)에 상당한다.

다시 회사 계산규칙으로 이야기를 돌리면, 자본잉여금과 이익잉여금은 나아가 다음과 같이 구분된다(会社計算 제76조 제4항・제5항).

▶ 자본잉여금 → 자본준비금, 그 외의 자본잉여금

▶ 이익잉여금 → 이익준비금, 그 외의 이익잉여금

그리고「그 외의 자본잉여금」과「그 외의 이익잉여금」의 합계액이 주주에 대한 분배가능금액을 계산하는 출발점이 된다(会社 제446조 제1호, 会社計算 제149조).

---

5) 일본 소득세법 제24조(배당소득)는 배당소득을 규정하고 있고, 이와 별도로 제25조(배당 등으로 간주하는 금액)에서 의제배당을 규정하고 있다. 본문은 이를 설명한 것이다. 부록 일본 조세법령 참조.
한국: 하나의 조문[소득세법 제17조(배당소득)]에서 통상적인 배당 등과 의제배당을 모두 규율하고 있으며, 개념정의상 의제배당도 배당소득에 포함된다.
6) 일본 '회사계산규칙(会社計算規則)'은 일본 회사법에 근거하여 제정된 법무성령(法務省令)이다. 원서에서는 괄호 내 표기를 위한 약칭으로 "会社計算"을 사용하였고, 번역서에서도 괄호 내에서 이 약칭으로 표기한다.

(3) 수치를 통한 예시

이상을 바탕으로, 잉여금의 배당이 통상적인 배당소득에 해당하는 경우를 예시를 통해 이해해 본다.

예를 들어 회사가 개인주주에게 100만 엔의 잉여금 배당을 하였는데, 그것이 「그 외의 이익잉여금」을 재원{原資}으로 하는 것이었다고 하자. 이것은 「자본잉여금의 감소에 수반하는 것」이 아니므로, 문제없이 개인주주 측의 배당소득에 해당하여 100만 엔 전액이 배당소득의 수입금액에 산입된다(所稅 제24조 제2항).

회사 측에서 보면 「잉여금의 분배」는 자본 등 거래로서(法稅 제22조 제5항), 손익계산에 반영시키지 않는다. 회사의 이익적립금액을 100만 엔만큼 감산한다(法稅令 제9조 제1항 제8호).

Column 20-1 배당소득과세의 특례

개인주주의 배당소득 과세에 대해서는 조세특별조치법이 몇 가지 특례를 마련하고 있다. 특히 중요한 것을 열거한다.

▶ 상장주식 등에 관련된 배당소득에 대하여, 선택적으로 15%의 신고분리과세(租特 제8조의4. 지방세를 합쳐서 20%. 地稅 제71조의28)

▶ 소액배당이나, 대주주에 대한 것 이외의 상장주식 등의 배당에 대하여, 확정신고를 불필요하게 하는 제도(租特 제8조의5)

▶ 신고분리과세를 선택하지 않고, 확정신고 불필요제도의 적용을 선택하지 않은 경우, 소득세법의 본칙에 따라 종합과세

어느 것에 대해서나 배당을 지급하는 자에게는 원천징수의무가 있다(所稅 제181조 제2항·제182조, 租特 제9조의3의2).

20-2-2 잉여금의 배당으로서 「자본잉여금의 감소에 수반하는 것」

(1) 원자{原資}부분과 이익부분

소득세법 제25조 제1항 제4호는 의제배당의 발생사유로 「해당 법인의 자본환급」을 꼽는다. 그 내용의 하나가 「주식에 관련된 잉여금의 배당(자본잉여금의 감소에 수반하는 것에 한한다)」이다. 분할형분할에 의한 것과 주식분배에 의한 것에 대해서는 별도로 제2

호와 제3호에 규정이 있기 때문에, 그들 이외의 것이라고 규정하고 있다. 따라서 분할형 분할이나 주식분배에 의한 것 이외로, 회사가 개인주주에게 100만 엔의 잉여금을 배당했는데 그것이 「자본잉여금의 감소에 수반하는 것」이었다면, 제4호의 규정이 적용되며 100만 엔 중 배당으로 간주하는 부분이 생긴다.

이 예에서는 100만 엔 전액을 배당소득의 수입금액으로 하는 것이 아니라, 굳이 법정 계산식에 따라 일정한 금액을 산정하여 이것을 배당으로 본다. 그 이유는 다음과 같은 점에 있다. 회사법은 자본금이나 자본준비금을 감액해 주주에게 분배하는 경우에도, '그 외의 자본잉여금'으로 일단 전환하여 잉여금의 배당을 하도록 하고 있다. 이 때문에 잉여금의 배당으로서 「자본잉여금의 감소에 수반하는 것」에는, '회사가 주주로부터 출자받은 원자{原資}부분'과 '회사가 사업성과로 벌어들인 이익부분'이 혼재되어 있다. 따라서 소득세법은 이익부분에 상당하는 금액 즉 '회사가 법인세를 이미 납부한 유보이익으로 이루어진 부분'을 분리해 배당으로 간주하는 것이다.

(2) 프로라타{pro-rata} 계산[7]

이를 위한 법정의 계산식이, '잉여금의 배당으로서 교부를 받은 교부금전 등의 금액'을 '자본금 등의 금액'과 '이익적립금액'의 비율로 안분하는 방법, 이른바 '프로라타 계산'이다.

즉 소득세법 제25조 제1항 주서{柱書}는 '교부금전 등의 금액의 합계액'이 해당 법인의 「자본금 등의 금액……중 그 교부의 기인{基因}이 된 해당 법인의 주식……에 대응하는 부분의 금액을 넘을」 때에, 그 넘는 금액을 배당으로 간주하고 있다.

여기에서 말하는 「대응하는 부분의 금액」은 다음과 같이 계산한다(所税令 제61조 제2항 제4호).

$$\text{자본금 등의 금액} \times \frac{\text{ㅁ 자본잉여금의 감소액}}{\text{ㅓ 순자산 장부가액}} \times \frac{\text{보유주식수}}{\text{주식의 총수}}$$

---

7) 아래에 나오는 일본 소득세법 시행령 제61조 제2항 제4호는 부록의 일본 조세법령 참조.
   한국: 앞서 20-1-2 (2) 부분의 각주에서 살펴본 바와 같이, 우리 소득세법은 의제배당을 규율함에 있어서 주주가 출자한 부분과 회사가 사업성과로서 벌어들인 유보이익 부분을 구분하여 과세하지 않는다. 따라서 우리나라 세법에서는, 이하 Chapter 20에 등장하는 '프로라타 계산' 등 배당소득과 양도소득을 구분하기 위한 논리는 어떤 종류의 의제배당이 문제가 되건 필요하지 않으며, 앞서 14-4-2 부분의 각주에서 언급한 것처럼 일본 법인세법상의 '이익적립금액'에 해당하는 개념 역시 두지 않고 있다.

(3) 수치를 통한 예시

예를 들어 환급 직전에 회사의 자본금 등의 금액이 600, 이익적립금액이 200, 순자산 장부가액이 800이었다고 하자. 이 회사가 '그 외의 자본잉여금'으로부터, 주식 보유비율 100%인 개인주주에 대해서 '100의 잉여금 배당'을 현금으로 실시한다(도표 20-2).

도표 20-2 ┃ 의제배당의 예

순자산 800	이익적립금액	200
	자본금 등의 금액	600

여기서 상기 「대응하는 부분의 금액」은 75이다(=600×100÷800×100%). 그러므로 배당으로 간주되는 금액은, 교부금전 등의 금액 100 가운데 75를 넘는 금액, 즉 25이다. 이 예에서는 원자{原資}에 상당하는 부분이 75이며, 이익에 상당하는 부분이 25라고 보고, 25를 배당으로 간주하고 있다. 자본금 등의 금액과 이익적립금액의 비율이 3대 1이므로, 이 비율에 따라 교부금전 등의 가액 100을 3대 1로 안분하고 있는 것이다.

이와 같이 소득세법은 개인주주의 소득과세에 있어서 배당으로 간주하는 금액을 계산하기 위하여 회사의 '순자산의 부{部}'에 있어서의 「자본금 등의 금액」을 참조한다. 그렇게 함으로써 '회사가 벌어들인 이익부분'을 '주주로부터 출자받은 원자{原資}부분'과 구별하여, 분리한 이익부분을 개인주주단계에서 배당으로 과세한다. 이와 같이 예를 통하여 살펴보면 계산식의 논리를 알 수 있을 것이다.

위의 예에서 교부금전 등의 가액 100 중에서, 우선 25가 배당으로 되면, 남은 75가 양도소득 등의 수입금액으로 간주된다(租特 제37조의10 제3항 제4호·제37조의11 제3항). 개인주주가 양도소득 등의 금액을 계산함에 있어서는 주식의 취득비를 공제할 수 있다.

회사 측에서는 잉여금의 분배는 자본 등 거래로서(法稅 제22조 제5항), 손익계산과는 관계가 없다. 자본금 등의 금액을 75만큼 감산하고(法稅令 제8조 제1항 제18호), 이익적립금액을 25만큼 감산한다(동 제9조 제1항 제12호). 이것을 도표 20-3으로 직감적으로 이미지화한다면, 도표 20-2의 오른쪽 절반을 세로로 잘라, 100의 교부금전 등 중 '자본금 등의 금액에 대응하는 부분 75'와 '이익적립금액에 대응하는 부분 25'가 사외로 나갔다고 간주하는 것이 된다.

도표 20-3 ┃ 세로로 자른다

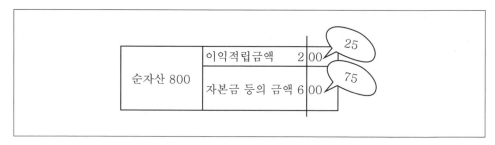

20-3 여러 가지의 의제배당

(1) 소득세법 제25조 제1항 각호

회사의 일생을 보면, 설립부터 운영을 거쳐 해산에 이르기까지 주주와의 사이에서 거의 상시적으로 금전이나 금전 이외의 자산의 교환이 이루어진다. 합병이나 분할 등의 조직재편성에 의해 어느 회사의 사업이 다른 회사에 승계되는 경우도 마찬가지이다. 이와 같은 주주＝회사 간 거래 중, 회사로부터 주주에 대해 분배가 이루어지는 국면에서 의제배당이 자주 문제가 된다.

이리하여 소득세법 제25조 제1항은 잉여금의 배당(자본잉여금의 감소에 수반하는 것)이나 해산에 의한 잔여재산의 분배(제4호)뿐만이 아니라, 다음과 같은 경우를 의제배당의 대상으로 하고 있다.

  ▶ 합병(제1호)
  ▶ 분할형분할(제2호)
  ▶ 주식분배(제3호)
  ▶ 자기주식의 취득(제5호)
  ▶ 출자의 소각 등(제6호)
  ▶ 조직변경(제7호)

여기에서는 자기주식의 취득에 관한 제5호의 규정을 살펴보자. 회사가 자기의 주식을 취득하는 다양한 경우 중에서도, 주주와의 합의에 의한 자기주식의 취득(會社 제156조~제165조)은 주주에 대한 재산분배의 수단으로서 널리 이용되고 있다. 이른바 자사주 매입이다.

(2) 자기주식의 취득

소득세법 제25조 제1항 제5호는 의제배당을 발생시키는 사유로서 「해당 법인의 자기주식……의 취득」을 규정하고 있다. 금고주{金庫株}가 된 자기주식에는 의결권도 없고 배당청구권도 잔여재산청구권도 없으니 회사로서는 단순한 휴지조각이 아닐 수 없다. 자사주 매입은 '회사가 자기 자신의 일부를 관념적으로 해체하여 개인주주에게 분배하는 이미지'로 이해할 수 있을 것이다. 여기서 원자{原資}부분과 이익부분을 분리한다.

배당으로 간주하는 금액의 계산식은 종류주마다 계산하도록 정해져 있다. 1종류의 주식을 발행하고 있는 회사에 대해서는, 주식에 「대응하는 부분의 금액」을 다음과 같이 계산한다(所稅令 제61조 제2항 제6호 イ). 동호가 말하는 「자기주식」은 「자기의 주식」과 같은 의미이다.

$$\text{자본금 등의 금액} \times \frac{\text{보유주식수}}{\text{기발행주식의 총수}}$$

그리고 주주가 대가로서 받은 금액 가운데, 이 식으로 계산한 「대응하는 부분의 금액」을 넘는 금액을 배당으로 간주한다. 배당으로 간주된 금액은 개인주주의 양도소득의 계산상 제외(租特 제37조의10 제3항 주서{柱書}의 괄호)되어, 잔여금액이 총수입금액이 된다(동항 제5호). 상장주식 양도손익의 계산에 대해서도 같다(동 제37조의11 제3항).

회사 측에서는 자기주식의 취득은 자본 등 거래이며 손익계산과 관련이 없다. 상기 계산식에 따른 「대응하는 부분의 금액」만큼 자본금 등의 금액을 감산하고(法稅令 제8조 제1항 제20호), 배당으로 간주한 금액만큼 이익적립금액을 감산한다(동 제9조 제1항 제14호).

(3) 시장거래 등의 예외

다만 소득세법 제25조 제1항 제5호는 그 괄호에서 다음의 것을 의제배당의 발생사유에서 제외한다.

① 금융상품거래소가 개설한 시장에서의 구입을 통한 취득 기타 정령으로 정하는 취득
② 소득세법 제57조의4 제3항 제1호부터 제3호까지에 기재된 주식의 동항에 해당하는 경우에 있어서의 취득

①에서 「정령으로 규정하는 취득」은 금융상품거래소가 개설한 시장에서의 구입 외에, 점두시장8) 등록종목으로 등록된 주식의 점두시장 매매에 의한 구입이나, 사업의 전부양수, 1주 미만의 끝수에 상당하는 부분의 대가로서의 금전의 교부 등이다(所稅令 제61조 제1항). 이들 취득에 해당할 경우 회사가 주주에게 지급하는 대가 중 배당으로 간주하는 금액은 없으므로 원천징수의무도 발생하지 않는다. 회사가 시장거래에서 자기주식을 취득했고 그 상대방이 개인주주인 경우, 개인주주는 양도대가의 전액을 양도소득의 총수입금액에 산입하고(租特 제37조의10 제3항 제5호 괄호, 제37조의11 제3항), 주식의 취득비를 공제한다.

②가 참조하고 있는 소득세법 제57조의4는 양도가 없는 것으로 간주하여 양도소득의 과세를 이연하는 규정이다(→ 18-5). 구체적으로는 취득청구권부 주식에 관련된 청구권의 행사(所稅 제57조의4 제3항 제1호), 취득조항부 주식의 취득사유의 발생(동항 제2호), 전부취득조항부 종류주식의 취득결의(동항 제3호)에 대한 것이다. 이 경우 배당으로 간주하지 않을 뿐만 아니라 양도소득의 과세도 이연한다.

Column 20-2 이른바 「제2항 의제배당」의 폐지

平成13{2001}년의 세제개정으로 폐지될 때까지, 회사가 이익적립금액을 자본에 전입할 경우, 그 전입금 중 주주의 보유주식에 대응하는 금액은 배당으로 간주하고 있었다[渋谷雅弘 「自己株式の取得とみなし配当課税」 租税法研究 25호 〔1997년〕 14면]. 옛 소득세법 제25조 제2항에 이 룰이 있었기 때문에 이것을 「제2항 의제배당」이라고 불렀다. 이것은 주주에게 현금의 유입이 없어도 배당소득 과세를 실시하는 것으로 미실현소득에 대한 과세의 예였다. 최고재판소는 이것이 헌법 제29조나 제84조에 위반되지 않는다고 하였다[最判 昭和57(1982). 12. 21. 訟月 29권 8호 1632면]. 제2항 의제배당이 폐지된 지금은, 회사가 준비금이나 잉여금을 자본에 넣으면 동액이 자본금 등의 금액의 감산항목이 되며, 주식양도 시점까지 과세가 이연된다.9)

---

8) 앞서 17-4-1 (3)에서 언급된 最判 平成16(2004). 7. 20. 訟月 51권 8호 2126면[파칭코 헤이와(パチンコ平和) 사건, Chapter 17의 말미] 판결을 살펴보면서 등장한 바 있는 일종의 비상장주식 거래시장이다.
9) 일본에서의 이른바 '제2항 의제배당'의 폐지과정에서의 논의에 대해서는 이준규·김진수, "무상주식에 대한 의제배당과세제도의 고찰", 조세법연구 11(2), 한국세법학회(2005), 211-212면 참조.

20-4 전망

본장에서는 소득세법 제25조 제1항의 잉여금의 배당(제4호 전단), 잔여재산의 분배(제4호 후단), 자기주식의 취득(제5호)을 소재로, 의제배당의 기초를 예시를 통해 이해했다. 다룬 소재는 한정되어 있다. 그러나 이들에 대한 의제배당의 메커니즘을 이해할 수 있으면 다른 경우에 응용할 수 있다.

의제배당을 학습하는 것은 조직재편성에 관련된 보다 복잡한 거래의 분석에 도움이 되고, 나아가서 여기에 그치지 않는다. 현행법은 통상적인 배당소득의 산정에 있어서, 부채이자공제를 제외하고는 주주가 투하한 원자{原資}부분의 회수를 인정하지 않는다(所稅 제24조 제2항). 이 과세 룰이 '소득개념에 있어서의 투하자본의 회수'라고 하는 테마(→ 6-4-2)와 관련해 어떠한 의미를 가지는가. 이러한 점을 생각하는 계기가 되기도 한다.

☑ 이 장에서 배운 것

▶ 소득세법은 주주=회사 간 거래에 대하여 일정 금액을 배당으로 간주하는 룰을 두고 있다.
▶ 배당으로 간주한 후의 잔여금액이 주식에 관련된 양도소득의 총수입금액이 된다.

🔍 찾아보자

▶ 의제배당의 과세 룰은 무엇 때문에 있는가?
 → 渡辺徹也 『スタンダード法人税法』(弘文堂, 2018년) 187면
▶ 자본잉여금 배당은 투자자에게 환영받는가?
 → 櫻田譲 『税務行動分析』(北海道大学出版会, 2018년) 201면

Chapter 21

소득세와 상속

21-1 상속에 의한 재산의 취득

자연인은 각자의 생애주기{life cycle}를 거쳐서 반드시 죽음을 맞이한다. 이렇게 상속이 발생하면 상속법의 룰에 따라 피상속인으로부터 상속인이나 수유자에게 재산이 이전된다. 여기서 상속이나 유증에 의한 재산의 취득을 과세상 어떻게 취급할 것인지가 문제이다. 이하 서술을 단순화하기 위해 상속에 대해서만 이야기를 진행한다.[1]

---

1) ① 본 Chapter를 읽는데 있어서의 기초로서 일본의 상속세율과 상속재산에 대한 기초공제 등을 참고해 두면 도움이 된다. 이 점에 대해서는 부록 일본 조세법령의 일본 상속세법 제15조, 제16조 참조[다만 일본 상속법상의 상속세율과 상속재산에 대한 기초공제 등은 역사적으로 변해 왔다. 그 변천에 대해서는 일본 재무성 홈페이지의 "相続税の改正に関する資料"(https://www.mof.go.jp/tax_policy/summary/property/ e02.htm) 참조(접속일: 2020. 8. 28.). 따라서 뒤에서 살펴보는 '생명보험연금 이중과세 사건'의 경우 피상속인 유지(雄治) 씨의 사망일이 2002. 10. 28.이므로, 현재의 상속세율이 아닌 과거의 상속세율과 기초공제 등이 적용된다].

② 여기서 일본의 상속세율을 파악함에 있어서는, 우리나라의 상속세제는 피상속인의 상속재산을 기준으로 세율이 적용되는 이른바 '유산세' 방식을 취하고 있는데 비하여, 일본은 각각의 상속인이 취득하는 유산을 기준으로 세율이 적용되는 '유산취득세' 방식을 취하고 있다는 점(일본 상속세법 제16조 참조)도 염두에 둘 필요가 있다. 유산세, 유산취득세의 개념과 그 이론적 배경, 장단점 등에 대해서는 이창희, 앞의 책(세법강의), 1102−1104면; 이태로·한만수, 앞의 책(조세법강의), 768−769면; 임승순, 앞의 책(조세법), 843−845면 참조.

상속에 의하여 취득한 소득에는 소득세를 부과하지 않는다(所税 제9조 제1항 제16호). 그 대신 상속세가 부과된다(부과되는 경우가 있다). 상속으로 재산을 취득한 자가 납세의 무자가 되어(相税 제1조의3), 취득재산의 과세가격을 기초로 계산한 금액에 대해서(동 제 11조), 상속세를 신고·납부한다(동 제27조, 제33조). 단 대부분의 경우 상속이 발생해도 실제로는 상속세의 납세의무는 발생하지 않는다. 국세청 통계에 의하면, 2016년 중에 사망한 사람(피상속인)이 약 131만 명 있다고 하며, 이 중 상속세의 과세대상이 된 피상 속인의 수는 약 10만 6,000명으로, 과세비율은 8.1%였다[국세청 「平成28{2016}년분의 상 속세 신고상황에 대하여」〔2017년 12월]].2) 90% 이상이 과세대상이 되지 않는 이유는 유 산에 대해서 비교적 고액의 기초공제가 적용되거나(동 제15조), 배우자에 대해서 상속세 액이 경감되거나(동 제19조의2) 하기 때문이다. 소득세법 제9조 제1항 제16호의 문언에 서 명백히 알 수 있듯이, 상속세 납세의무가 발생하는지에 관계없이 상속에 의해 취득 한 소득은 소득세법상 비과세이다.3)

소득세법 제9조 제1항 제16호의 기원은 昭和22{1947}년으로 거슬러 올라간다. 제2차 세계대전까지 소득개념은 제한적으로 구성되었으며, 昭和22{1947}년 전문개정 전 소득 세법은 「영리의 사업에 속하지 않는 일시소득」 내지는 「영리를 목적으로 하는 계속적 행위로부터 발생하지 않은 일시소득」은 원칙적으로 과세대상이 아니라고 했었다. 이에 대해 昭和22{1947}년 개정에서 일시소득을 과세대상에 포함시킬 때에 「증여, 유증 또는 상속에 의하여 취득한 것」에 소득세를 부과하지 않는다고 규정되었다(所税 제6조 제5호). 昭和25{1950}년 개정으로 상속세법상 간주상속재산이 되는 경우를 괄호에 추가하였고 (동조 제7호), 이것이 昭和40{1965}년의 전문개정에서 소득세법 제9조의 비과세소득 규 정에 계승되었다. 그 후 호수의 변동을 거쳐 현행규정에 이르고 있다.

소득의 개념을 포괄적으로 구성하면, 상속에 의한 재산의 취득은 취득자의 재산권 축 적의 가치를 증가시키기 때문에 소득에 포함된다(→ 6-1). 만약 현행법과 달리 상속에 의해서 취득한 것을 비과세소득으로 하는 규정이 소득세법에 없었다면, 그 금액은 일시 소득의 총수입금액에 산입될 것이다. 이와 같이 생각한다면, 원래는 소득세의 과세대상 이 되어야 할 것에 대하여 소득세의 대상에서 제외한 다음, 다른 세목을 마련하여 상속 세를 부과하고 있다는 것이 된다.4)

---

2) 한국: 본문과 동일한 2016년을 기준으로, 우리나라의 피상속인(사망자) 수는 283,877명이고, 그중 상속 세의 과세대상이 된 피상속인의 수는 7,393명이다. 2017 국세통계연보, 국세청(2017), 해당 부분 (6-2-3, 과세유형별 상속세 결정 현황)에서 인용.

3) 한국: 본문의 일본 소득세법 규정과 달리, 비과세소득을 정하고 있는 소득세법 제12조에서 상속·증여 에 의하여 취득한 재산을 비과세소득으로 한다는 취지의 규정을 두고 있지는 않다.

Column 21-1 유산의 동기

　부모는 왜 유산을 남기는 것일까. 유산동기(bequest motive)에 대해서는 경제학상으로 몇 가지의 사고방식이 있다[国枝繁樹 「相続税·贈与税の理論」 フィナンシャル·レビュー 65호 〔2002년〕 108면].
▸ 우발적 유산동기 → 스스로의 장래를 위해서 준비하고 있던 저축이 우발적으로 유산으로서 남겨진다.
▸ 이타적 유산동기 → 자식의 행복을 생각해서 유산을 남긴다. 자식의 효용 증가가 부모의 효용을 증가시킨다.
▸ 증여의 기쁨 → 이타적 유산동기와 달리, 자식에게 유산을 남기는 것 자체로부터 부모 자신이 효용을 얻는다.
▸ 전략적 유산동기 → 자식에게 자신을 돌보게 하려고 유산을 남긴다. 부모의 효용은 자녀에 의한 케어의 수준에 좌우된다.

21-2 상속전후의 소득세

　소득세 아래에서는 시간의 경과에 따라 산출되는 수익이 과세의 대상이 된다(→9-2). 예를 들어 어떤 사람이 제1년도에 급여소득을 벌면 소득세가 부과된다. 이 사람이 소득세액을 뺀 나머지 금액을 제2년도 초에 은행예금에 넣어 제2년도 중에 이자소득이 생기면 소득세가 더 부과된다.

　이것은 상속이 개재하는 경우에도 변하지 않는다. 지금 A 씨가 사망하여 A의 재산에 속한 일체의 권리의무를 B 씨가 상속에 의해 승계했다고 하자(民 제896조).

　우선 주목하고 싶은 것은 B 씨의 소득세이다. B가 상속으로 취득한 것은 비과세소득으로 여겨진다(所税 제9조 제1항 제16호). 그러나 그 후 B가 상속받은 재산을 은행예금에 넣어 새롭게 이자가 발생하면 이자소득으로 과세된다. 이 경우 상속으로 취득한 원본과 상속 후에 생기는 이자를 따로 취급한다. 비과세가 되는 것은 어디까지나 「상속에 의해 취득」한 것이며, 상속 후에 생기는 이자는 「상속에 의해 취득」한 것이 아니기 때문이다.

---

4) '기타소득'에 해당하는 항목을 열거하고 있는 우리 소득세법 제21조와 달리('상속으로 인하여 취득한 재산은 열거되어 있지 아니함), 일본 소득세법 제34조의 '일시소득'은 규정방식이 포괄적이며 또한 열거하는 방식을 취하고 있지도 않다(부록 일본 조세법령 참조). 본문의 서술은 이러한 맥락에서 이해할 수 있다.

B가 상속에 의해 부동산을 취득해 상속 후에 그 부동산을 빌려줘서 부동산소득을 벌어들이는 경우에도 같은 논리에 해당된다.

같은 예에서, 이번에는 A 씨의 소득세를 눈여겨보자. A 씨가 생전에 매년 소득을 벌어들였더라면 소득이 발생할 때마다 매년 소득세를 납부했을 것이다. 따라서 평생 축적한 유산의 금액은 소득세 공제 후의 것이다. 예외는 상속개시 시점에서의 미납부 소득세인데, 이에 대해서도 상속인에 의한 납부가 예정되어 있다. 즉 'A에게 부과되어야 하는, 또는 A가 납부하거나 A로부터 징수되어야 하는 국세'를 내야 할 의무는 상속인인 B가 승계한다(税通 제5조 제1항).5) 그리고 A의 소득세액이 얼마인지에 대해 B가 확정신고를 하고(所稅 제124조, 제125조),6) 납부해야 할 세액이 있을 때는 B가 이를 납부한다(동 제129조).7)

이와 같이 운용이익에 매년 과세한다고 하는 소득세의 구조는 상속의 전후를 불문하고 기본적으로 타당하다. 상속에 의해서 납세의무자는 교체되지만, 상속 후의 운용이익은 상속인의 수중에서 소득세의 과세대상이 되고, 상속 전의 운용이익은 원칙적으로 피상속인의 수중에서 소득세의 과세대상이 된다.

또한 위의 예에서 B가 납부해야 하는 상속세에 대해서 덧붙이고자 한다. 상속세 과세가액에서는 공조·공과의 금액을 포함한 피상속인의 채무가 공제된다(相稅 제13조 제1항 제1호). 공제해야 할 공조·공과의 금액은, 피상속인의 사망 시에 채무가 확정되어 있는 것 외에, 피상속인의 사망 후 상속세 납세의무자가 납부하였거나 또는 징수된 피상속인의 소득에 대한 소득세액을 포함한다(동 제14조 제2항, 相稅令 제3조 제1호). 그러므로 A로부터 소득세 납부의무를 승계한 B가 소득세를 납부하면, 그 금액은 상속세 과세가액에서 채무공제된다.8)9)

---

5) 한국: 국세기본법 제24조(상속으로 인한 납세의무의 승계) 참조.
6) 한국: 소득세법 제74조(과세표준확정신고의 특례), 제118조(준용규정) 제1항 참조.
7) 한국: 소득세법 제76조(확정신고납부), 제111조(확정신고납부) 참조.
8) 한국: 상속세 및 증여세법 제14조(상속재산의 가액에서 빼는 공과금 등) 제1항 제1호, 상속세 및 증여세법 시행령 제9조(공과금 및 장례비용) 제1항 참조.
9) 이상 언급된 일본 국세통칙법 제5조 제1항, 일본 소득세법 제124조, 제125조, 제129조, 일본 상속세법 제13조 제1항 제1호, 제14조 제2항에 대해서는 부록 일본 조세법령 참조.

21-3 생명보험연금 이중과세 사건

21-3-1 문제의 상황

(1) 개관

소득세법 제9조 제1항 제16호의 해석적용이 다투어진 유명한 사건이 最判 平成22 (2010). 7. 6. 民集 64권 5호 1277면(생명보험연금 이중과세 사건)이다. 이하 본장에서는 이 최고재판소 판결을 「본 판결」이라고 한다. 이 사건의 당시에는 같은 규정이 제15호에 있었지만, 현행법의 호수인 제16호로 표기한다.

사실관계는 부부 사이의 상속에 관련된 것이다(도표 21-1). 유지{雄治} 씨는 생명보험 연금의 보험계약자겸 피보험자이며, 보험료를 부담하고 있었다. 배우자인 히사요{久代} 씨가 보험금 수취인이자 본건 원고이다. 유지 씨가 사망하자, 히사요 씨는 상속에 의해 제일생명으로부터 연금수급권을 취득했다(「본건 연금수급권」). 문제가 된 것은, 이 것에 근거해 히사요 씨가 받은 제1회의 연금(「본건 연금」)이 「상속……에 의하여 취득한 것」(所稅 제9조 제1항 제16호)으로서 비과세소득에 해당하는지 여부이다.

도표 21-1 ┃ 생명보험연금 이중과세 사건의 당사자

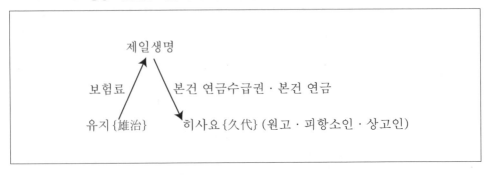

(2) 간주상속재산

'사망보험금'은 히사요 씨가 스스로 고유의 권리로서 취득하는 것으로, 유지 씨로부터 승계 취득하는 것은 아니다. 상속세법은 이를 상속재산으로 보고 상속세 과세대상에 포함시킨다(相稅 제3조 제1항 제1호, 간주상속재산).[10]

'본건 연금수급권'은 상속개시 시의 잔존기간이 10년으로, 당시 상속세법 제24조에 따라 60%로 법정평가가 되었다. 230만 엔씩 10회 지급되는데, 그 총액 2,300만 엔의 6할인 1,380만 엔이 상속세의 과세대상이 되었다.

이 1,380만 엔이라고 하는 법정평가는 상당히 낮은 수준이었다. 만약 연금지급이 아닌 일시금지급을 선택했다면, 2,059만 엔 정도를 받을 수 있는 약정이었다. 본 판결 직전의 平成22{2010}년 세제개정에 의해, 정기금채권의 평가액은 일반적으로 인상되었다 (相税 제24조). 본건 연금수급권의 경우도 개정법에 의하면 적어도 일시금 청구액인 약 2,059만 엔으로 평가되는 상황이었다.

(3) 일시금지급과 연금지급

본건에서 문제가 된 것은 본건 연금수급권을 상속에 의해 취득한 히사요 씨가 제1회 연금지급으로 받은 본건 연금에 대해서 그 소득세의 과세가 어떻게 되는가이다. 문제 상황을 이해하는데 있어서 중요한 것은, 본건과 같은 연금지급의 경우와 일시금지급을 받은 경우에 대하여 지극히 다른 과세방법이 취해져 왔다는 사실이다(도표 21-2).

도표 21-2 ▌ 일시금지급과 연금지급

일시금지급 → 일시금에 대한 상속세 연금지급 → 연금수급권에 대한 상속세 + 연금에 대한 소득세

먼저 일시금지급의 경우, 확립된 과세실무는 일시금에 상속세를 부과할 뿐이다. 이 방식은 사실상 보험차액이익을 소득세의 과세대상에서 제외하는 효과를 갖는다. 이것은 본건의 배경을 이해하는데 있어서 매우 중요하므로 조금 부연해 두고자 한다. 상속세법 상 사망보험금은 상속재산으로 간주되고 있어 상속세의 과세대상이다. 그러나 소득세법 상 사망보험금이 일단 유지 씨에게 귀속된 것으로 간주하는 규정은 존재하지 않는다. 여기서 만일 현행법과 달리, 유지 씨의 사망 시에 포지션을 재평가하여 청산하는 소득과세 룰을 채용하고 있다면, 우선 보험차액이익에 대하여 유지 씨에게 소득세가 부과

---

10) '본 판결'의 제1심 판결[長崎地判 平成18(2006). 11. 7. 平成17年(行ウ)6号]을 통해 사실관계를 살펴보면, 히사요(久代)씨가 보험회사로부터 지급받은 '사망보험금'은 4,000만 엔이었으며, 이 부분은 상속과세의 대상이 되는 것으로서 특별히 문제가 되지 않았다. 문제가 되는 것은 이와 별도로 특약에 따라서 지급되는 '본건 연금수급권' 부분이다.
한국: 상속세 및 증여세법 제8조(상속재산으로 보는 보험금) 참조.

될 것이다. 거기에 더하여 히사요 씨에 대해서는 상속에 의해 취득한 것으로 간주되는 일시금이 상속세의 과세대상이 되어, 그것은 소득세법 제9조 제1항 제16호에 의해 소득세의 과세대상에서 제외된다. 현행법은 이러한 소득과세 룰을 채용하지 않고, 피상속인에 대한 소득과세를 한 단계 생략하고 있다. 그만큼 일시금지급이 유리하게 취급된다. 본건에서도 이러한 취급이 암묵적인 전제로 되어 있다. 본 판결 이후에도 이 점에 대해서는 세제개정이 없는 상태로 현재에 이르고 있다.

반면 연금지급의 경우, 본 판결에 이르기까지의 과세실무는 법정평가된 연금수급권의 금액을 상속세의 과세대상으로 하는 동시에, 이것과는 별도로 매년 받는 연금에 대해서도 소득세의 과세대상으로 하고 있었다. 일시금지급에 대한 유리한 취급과 비교하면, 연금지급의 경우에 대해서는 상속세에 더해서 매년 소득세가 부과된다는 점에 그 특징이 있다.

나가사키{長崎} 세무서장은 이러한 취급을 본건 연금에 적용하여, 230만 엔을 잡소득의 총수입금액으로 보고, 납입보험료를 기초로 계산한 필요경비 9만 2,000엔을 공제했다.11) 제일생명도 이 방식을 전제로 원천징수를 하였다. 원고인 히사요 씨는 이 소득세의 과세를 다투며 본건 연금이 비과세소득에 해당한다고 주장한 것이다.12)

---

11) 이 필요경비가 산출된 산식에 대해서는 '본 판결'의 제1심 판결[長崎地判 平成18(2006). 11. 7. 平成17年(行ウ)6号] 중 '원고의 확정신고 및 본건 경정처분 등의 경위 イ' 부분 참조.

12) ① 우리 세법상으로는 본문의 '본 판결' 사안과 같이 피상속인이 보험계약자이고(동시에 피보험자), 상속인이 수익자인 생명보험에 대하여, 피상속인의 사망으로 상속인이 생명보험금을 수령하게 된 경우, 일시금지급의 경우뿐만 아니라 연금지급이 이루어진다고 하더라도 상속세의 과세가 문제될 뿐, 소득세가 과세되지는 않는 것이 과세실무이다. 생명보험금의 연금지급은 연금소득(소득세법 제20조의3)에도 해당하지 않고 기타소득으로 열거된 사항(소득세법 제21조 제1항 각호 참조)에도 해당하지 않아서 소득과세의 근거가 없기 때문이다. 따라서 '본 판결'에서와 같이, 상속인이 연금지급을 선택한 경우 정확한 소득세 과세대상을 산출하기 위한 정치한 논리전개는 우리 세법상으로는 필요하지 않다.

② 반면에 일본 소득세법 제35조(잡소득) 제1항은 "잡소득이란, 이자소득, 배당소득, 부동산소득, 사업소득, 급여소득, 퇴직소득, 산림소득, 양도소득 및 일시소득의 어느 것에도 해당하지 않는 소득을 말한다."라고 규정하고 있고, 그 제2항에서도 '공적연금 등의 수입금액' 외에는 특별하게 무엇이 잡소득에 해당하는지 규정을 두고 있지 않다[이와 관련해서 金子宏, 앞의 책(租税法), 302면은 "(공적연금 등을 제외한) 기타의 잡소득이라 함은, 이자소득으로부터 공적연금 등에 이르기까지의 어느 것에도 해당하지 않는 소득으로, 다른 종류의 소득과 같은 통일적인 표지가 없고, 적극적으로 정의하는 것은 불가능하다."라고 서술하고 있고, 이어서 잡소득에 해당하는 것으로 해석되는 사안들을 예시하고 있다]. 따라서 잡소득에 포함되는 소득의 범위는 해석에 맡겨진 문제인데, '본 판결' 사안에서와 같은 생명보험금의 연금수령에 대해서는 1968년의 일본 국세청 통달 "昭和43(1968)년 3월 4일, 官審(所)2, 官審(資)9「家族収入保険の保険金に対する課税について」"에 의해서 소득과세가 이루어져 왔다고 한다. '본 판결'의 제1심 판결[長崎地判 平成18(2006). 11. 7. 平成17年(行ウ)6号] 중 '상속세법 및 소득세법의 규정, 과세실무 등 ウ' 부분 및 山本守之, "年金として支給される保険金の課税関係——平成22年7月6日最高裁判所判決を検証する", 税務弘報 58권 10호, 中央経済社(2010), 108-109면(해당 면에는 위 일본 국세청 통달의 원문이 인용되어 있음) 참조.

Column 21-2 생명보험연금 이중과세 사건의 사회적 반향

제1심 판결은 전액이 비과세소득이라고 하였고, 항소심 판결은 제1심과 달리 전액이 과세소득이라고 했기 때문에, 최고재판소의 판단이 주목되었다. 최고재판소는 기존 과세실무를 날카롭게 비판하며 파기·자판했다. 나가사키(長崎)에서의 본인소송을 세무사가 지원해 최고재판소에 이르렀다는 드라마틱한 스토리 등으로 인해 각종 언론에서 거론되었다. 소송의 경과를 정리한 책도 간행되어 있다[江﨑鶴男『長崎年金二重課税事件 間違ごぅとっとは正さんといかんたい!』(清文社, 2010년)].

21-3-2 본 판결의 논리

본 판결은 연금지급의 경우에 관한 종래의 과세실무를 뒤집었다. 그럼 그 논리는 어떠한 것이었을까.

본 판결은 먼저 소득세법 제9조 제1항 제16호의 취지를 검토하여 그것은 「상속세 또는 증여세의 과세대상이 되는 경제적 가치에 대해서는 소득세를 부과하지 않는 것으로 하여, 동일한 경제적 가치에 대한 상속세 또는 증여세와 소득세의 이중과세를 배제한 것이다」라고 판시했다. 이 판시부분의 키워드는 「상속세……의 과세대상이 되는 경제적 가치」이다. 이에 대해 원심은 소득세법 제9조 제1항 제16호의 「취득한 것으로 간주되는 것」은 간주상속재산을 의미한다고 보고, 비과세되는 것은 기본권뿐이며, 지분권에 근거하여 매년 지급이 이루어지는 연금지급액은 그 전액이 비과세규정의 대상이 아니라고 하였다(民集 64권 5호 1327면). 본 판결은 원심의 이러한 해석을 배척하고, 소득세법 제9조 제1항 주서(柱書)가 「다음에 기재된 소득에 대해서는」이라고 규정하고 있기 때문에, 재산 자체가 아니라 '재산의 취득에 의해 그 자에게 귀속되는 소득'이 비과세가 되는 것이라고 하였다. 한편 본 판결이 말하는 「경제적 가치」는 후속의 판시부분에서 알 수 있듯이, 상속세법 제24조 제1항의 법정평가액을 의미한다.

본 판결은 계속해서 다음과 같이 판시하여, 「상속세의 과세대상이 되는 경제적 가치」

③ 참고로 우리 소득세법상 생명보험금의 납입금은 소득공제가 이루어지는 '연금보험료'에 해당하지 않으나(소득세법 제51조의3 참조. 소득세법 제59조의4 제1항 제2호, 소득세법 시행령 제118조의4 제2항 제1호에 따라서 근로소득자의 경우 일정한 범위에서 세액공제의 적용이 가능함), 일본 소득세법제 76조(생명보험료 공제) 제1항은 생명보험계약 등에 관련된 보험료나 부담금의 지급액이 있는 경우에, 일정한 범위 내에서, 이를 납입한 거주자의 그 연도분의 총소득금액, 퇴직소득금액 또는 산림소득금액에서 공제하도록 규정하고 있다(부록 일본 조세법령 참조).

와 동일한 것으로서 비과세가 되는 것이 「연금의 각 지급액 가운데……현재가치에 상당하는 부분」, 즉 「장래에 걸쳐서 받아야 할 연금의 금액을 피상속인 사망 시의 현재가치로 바꾼 금액의 합계액」이라는 판정기준을 제시하였다.

「연금으로 지급을 받는 상기 보험금(연금수급권) 중 유기(有期) 정기금채권에 해당하는 것에 대해서는, 동항(相稅 제24조 제1항) 제1호의 규정에 의해, 그 잔존기간에 따라 그 잔존기간에 받아야 할 연금의 총액에 동호 소정의 비율을 곱해서 계산한 금액이 해당 연금수급권의 가액으로서 상속세의 과세대상이 되는바, 이 가액은 해당 연금수급권의 취득 시에 있어서의 시가[동법 〔상속세법〕 제22조], 즉 장래에 걸쳐 받아야 할 연금의 금액을 피상속인 사망 시의 현재가치로 바꾼 금액의 합계액에 상당하며, 그 가액과 상기 잔존기간에 받아야 할 연금의 총액과의 차액은, 해당 각 연금의 상기 현재가치를 각각 원본으로 한 경우의 운용이익의 합계액에 상당하는 것으로서 규정된 것으로 해석된다. 따라서 이들 연금의 각 지급액 중 상기 현재가치에 상당하는 부분은 상속세의 과세대상이 되는 경제적 가치와 동일하다고 할 수 있으므로, 소득세법 제9조 제1항 제15호 〔현행 제16호〕 에 의해 소득세의 과세대상이 아니라고 해야 한다.」

제1심 판결이 연금지급액 전액을 비과세소득으로 본 것과 달리, 본 판결은 어디까지나 「현재가치에 상당하는 부분」이 비과세라고 하고 있다. 이 논리에 따르면 반대로 '운용이익에 상당하는 부분'은 과세소득에 해당하는 것이 된다.

이상의 판정기준을 본건의 사실관계에 적용하여, 본 판결은 본건 연금에 대해서는 「피상속인의 사망일을 지급일로 하는 제1회 연금이므로, 그 지급액과 피상속인 사망 시의 현재가치가 일치한다」며 그 전액이 비과세소득이라고 결론지었다.

21-3-3 본 판결의 적용범위

(1) 정부의 대응

본 판결이 내려진 다음날인 平成22{2010}년 7월 7일에 노다(野田) 재무대신으로부터, 해석 변경에 의해 과거 5년분의 소득세에 대해 경정청구를 기다려 감액경정할 것, 5년을 넘는 부분에 대해 제도상의 대응이 필요한지 검토할 것, 생명보험 이외로 상속한 금융상품에 대해 정부 세제조사회에서 논의할 것이 방침으로서 제시되었다. 같은 해 8월 6일 생명보험협회가 재무성 대신관방심의관과 국세청 과세부장 앞으로 '요망서'를 제출하여, 과세취급의 변경과 원천징수에 대하여 납세자와 보험회사가 알기 쉽게 간소화해 주기를 희망한다고 요청하였다. 같은 해 10월 1일 재무성과 국세청이, 과거 5년분에 대한 해석을 변경하여 환급조치를 취하고, 平成12{2000}년분부터 平成16{2004}년분까지의 구제에 대해 특별환급조치를 강구하는 것을 검토하겠다고 밝혔다. 같은 달 20일에 개정 소득세법 시행령이 공포·시행되었고 법령해석 통달도 개정되어, 平成17{2005}년분부터 平成21{2009}년분까지의 환급절차가 개시되었다. 그 후 平成23{2011}년도 세제개정에서 조세특별조치법을 개정하여 平成12{2000}년 이후 平成16{2004}년까지에 대한 특별환급금 지급제도를 창설하였다(租特 제97조의2). 동시에 경정청구 기간을 연장하고, 특별환급금의 청구와 함께 平成17{2005}년분부터 平成21{2009}년분까지에 대해 경정청구가 가능하도록 했다(동 제41조의20의2).

이렇게 본 판결의 결론을 받아들이는 방향으로 입법부와 행정부가 대응하였다. 그 때에 문제가 된 것이 본 판결의 적용범위이다.

(2) 운용이익 상당부분의 취급

판례의 논리로는 운용이익 상당부분이 과세소득이 된다. 그렇다면 운용이익을 상속개시 다음해 이후에 어떻게 할당할 것인가. 반대로 말하면, 각 연도에 지급이 이루어지는 금액에 대해 비과세인 부분을 어떻게 배분할 것인가.

이 점에 대해서, 경제적 감가상각과 유사한 방법, 할인채수정법, 정액법 등 몇 개의 방식이 검토되었다. 결국 비과세부분이 매년 정액으로 감소해 가는 계단형 방식이 채용되었다(所税令 제185조). 계단형 방식에서는 첫 회 지급분에 대해 운용이익 해당액을 0으로 할 수 있기 때문에 본 판결의 결론과 맞아 떨어진다. 본건처럼 상속세법 제24조의 법정평가 개정 전에 개시된 상속에 대해서는, 총액 2,300만 엔 가운데 1,380만 엔이 상속세의 과세대상이 되기 때문에, 잔여의 920만 엔이 운용이익으로서 다음해 이후의 각 연도에 할당된다. 이에 대하여 법정평가가 인상된 후에 개시된 상속에 대하여 수치를 통한 예시를 이미지화하면, 총액 2,300만 엔 가운데, 일시금지급을 청구할 수 있는 2,059만 엔 정도가 상속세의 과세대상이 되고, 나머지 240만 엔 정도가 운용이익으로서 매년 배분된다.

소득세법 시행령 제185조는 본건과 같은 확정연금뿐만 아니라, 종신연금이나 유기{有期}연금 등에 대해서도 계산 룰을 마련했다. 또한 연금지급 방법이 본건과 같은 정액인 경우뿐만 아니라, 체증형이나 체감형인 경우에 대해서도 규정을 두고 있다. 연금 지급기간의 장단과는 상관없이 적용할 수 있도록 되어 있다. 보험수리{保險數理}의 지견을 활용하면서 집행비용의 절감을 도모한 제도설계이다. 손해보험연금에 대해서도 같은 개정이 이루어졌다(所税令 제186조).

(3) 정기금 이외의 상속재산

정기금 이외의 상속재산에 대해서, 소득세법 제9조 제1항 제16호에 의해 비과세소득에 해당하는 부분이 있는가.

이 점에 대해서 平成22{2010}년 10월 22일에 정부 세제조사회에서 「『최고재판결 연구회』보고서~『생보연금』 최고재판결의 적용범위 및 관련된 논점에 대하여」가 제시되었다(https://www.cao.go.jp/zei-cho/history/2009-2012/gijiroku/zeicho/2010/__icsFiles/afieldfile/2010/11/24/22zen8kai6.pdf). 이 보고서는 본 판결이 상속세법 제24조의 해석을 축으로 전개되고 있는 것을 감안하여, 그 직접적인 적용범위는 동조에 의해 평가가 이루어지는 상속재산이라고 이해한다. 그 다음에 그 이외의 상속재산에 대해서 다음과 같이 정리하였다.

① 토지·주식, 무체재산권, 신탁수익권에서 발생하는 장래수입에 대하여. 종전처럼 소득세의 대상으로 하면 되므로 대응은 불필요하다.

② 토지·주식 등의 가격상승 이익에 대하여. 토지·주식을 상속하면 상속세는 그 시가에 대해 과세된다. 또한 피상속인의 취득비가 소득세법 제60조에 의하여 상속인에게 인계되어, 상속 후에 상속인이 해당 토지·주식을 양도한 경우에는, 취득비로부터의 가격상승 이익에 대해 양도소득세가 부과된다. 이 결과는 소득세법 제60조가 예정하고 있는 것이다.

③ 정기예금의 이자, 배당기대권에 대하여. 만기 전의 정기예금을 상속받은 경우, '기간이 이미 경과한 이자분'에 대해 상속세와 원천소득세의 이중과세가 문제가 되지만, 원천소득세분을 공제한 잔액을 상속세의 과세 베이스로 하고 있으므로 반드시 소득세법 제9조 제1항 제16호에 저촉한다고 할 수 없다. '배당기준일과 주주총회 사이에 상속이 개시되는 경우'의 '배당기대권에 대한 상속세'와 '배당에 대한 원천소득세'에 대해서도 마찬가지다. 다만 이것들이 소득세법의 비과세소득에 해당하지 않는다는 것을 확인하는 의미에서 소득세법 제60조와 같이 명문의 규정을 두어야 할 필요가 있다.

이상의 정리 가운데, ①은 21-2에서 서술한 것을 살펴보면 쉽게 이해할 수 있을 것이다. ②에 대해서는 후에 하급심 재판례에서 같은 판단이 내려졌으며[東京高判 平成25(2013). 11. 21. 税資 263호 순호 12339, 東京高判 平成26(2014). 3. 27. 税資 264호 순호 12443], 모두 최고재판소의 상고수리신청 불수리에 의해 확정되었다. ③에 대해서는 平成23{2011}년 6월의 세제개정에서 소득세법 제67조의4를 마련했다. 나아가 하급심 재판례는 '청산절차 종료 전의 주식을 상속했을 경우에 해당 주식에 대해 상속세를 부과하는 것'과 '청산 후에 생기는 잔여재산 분배금에 대해서 의제배당 과세를 하는 것'이 소득세법 제9조 제1항 제16호에 의해서 금지되는 이중과세에 해당하지 않는다고 하고 있다[大阪高判 平成28(2016). 1. 12. 재판소 홈페이지].

Column 21-3 원천징수와의 관계

본 판결은 '연금이 소득세의 과세대상이 되는지의 여부에 관계없이 연금지급자에게 원천징수의무가 있다'고 판시했다. 제일생명의 원천징수가 옳았다고 판단함으로써 납세의무자가 국가에 대해 직접 환급을 구하는 것을 긍정한 것이다. '히사요 씨가 제일생명에 민사상 청구를 하고, 다시 제일생명이 국가와 별도로 싸운다'고 하는 방식을 취하도록 하지 않은 것이다. 특단의 이유를 제시하지 않았는데, 급여소득에 관한 선례[最判 平成4(1992). 2. 18. 民集 46권 2호 77면]와의 관계가 문제가 될 여지가 있었다. 이 점에 대해서, 平成23{2011}년 6월 세제개정이 입법조치를 강구하여 본건과 같은 상속 등 생명보험연금의 지급은 일반적으로 원천징수가 필요하지 않은 것으로 하였다(所税 제209조 제2호, 所税令 제326조 제6항). 수급자의 확정신고로 절차를 일원화한 것이며, 이를 뒷받침하기 위해서 지급자가 제출하는 지급조서의 범위가 확충되었다(所税規 제86조 제2항).

21-4 전망

본 판결은 소득개념의 기본과 관련된다. 그 파급력을 받아들이는 작업은 앞으로 계속될 것이다.

본 판결의 논리에서는, 각 연도에 지급되는 연금 가운데 비과세소득에 해당하는 것은 상속개시 시의 현재가치로 상속세의 과세대상이 되고 있는 1,380만 엔뿐이다. 나머지 920만 엔은 운용이익으로서 모두 과세의 대상이 된다. 이것은 유지 씨가 납입을 마친 보험료는 공제하지 않고, 상속개시 시점에서 과세관계를 리셋하여, 히사요 씨의 관점에서 본 운용이익 부분을 전액 소득세의 과세대상으로 하는 것을 의미한다. 그 후에도 최고재판소는 생명보험 보험금의 소득과세가 문제가 된 다른 사건에서, 보험료를 공제하기 위해서는 「개인이 스스로 부담하여 지출한」 것이어야 한다고 명확하게 판시했다[最判 平成24(2012). 1. 13. 民集 66권 1호 1면(역하프{逆ハーフ} 택스플랜 사건)]. 이에 대하여

개정 후의 법령은 보험료를 필요경비로서 공제한 후의 금액을 과세대상으로 한다(所稅令 제185조 제1항 제9호·제2항 주서{柱書} 제2문). 이는 본 판결 이전부터의 과세실무를 답습하고 있는 것으로 본 판결과는 사고방식이 다르다.

본 판결은 소득세법 제9조 제1항 제16호의 해석을 제시하는 가운데, 소득세와 상속세의 관계에 관한 실정법의 구조를 다른 측면에서 고찰하여, 기존의 과세실무가 암묵적으로 전제로 해 왔던 「문제를 보는 시각」의 재검토를 촉구했다. 사안의 해결을 크게 보면, 일시금지급의 취급을 주어진 여건으로 보고, 연금지급의 취급을 거기에 맞추는 판단을 내린 것이다. 사법부의 검토가 여기까지 도달한 이상, 생명보험금의 일시금지급에 관한 확립된 과세취급을 다시 입법론으로서 재검토하는 것도 코앞까지 와 있다. 그러한 재검토를 하려면 '사람의 죽음을 조세법상 어떻게 바라볼 것인가'라는 근원적인 과제에 대처할 필요가 있다.

☑ 이 장에서 배운 것

▸ 상속에 의한 재산의 취득은 소득세의 비과세소득이 된다.
▸ 원본과 운용이익은 구별된다.

🔍 찾아보자

▸ 현재가치는 어떻게 구할 수 있을까?
  → ハウェル·ジャクソンほか〔神田秀樹=草野耕一訳〕『数理法務概論』(有斐閣, 2014년) 209면
▸ 생명보험의 과세는 향후 어떻게 해야 하는가?
  → 辻美枝「年金·保険と租税」日税研論集 72호(2017년) 211면

택스 플래닝의 이론

22-1 서술의 목표

22-1-1 택스 플래닝이란

택스 플래닝(tax planning)이란 직역하면 '조세계획'으로, 과세관계가 어떻게 되는가를 생각해서 거래의 방법을 계획하는 것을 의미한다. 의역하면 '세무전략'이 된다.

택스 플래닝의 목표는 세후이익 극대화에 있다. 이에 비하여 납부세액의 최소화를 목표로 하는 것은 잘못된 전략이다. 왜냐하면 아무리 세금을 줄여도 수중에 이익이 남지 않으면 의미가 없기 때문이다.

이처럼 택스 플래닝 이야기는 우선 손실과 이득의 계산에서부터 시작한다. 사람에 따라서는 그 자체로 끝날지도 모른다. 하지만 그것만으로 끝나지 않는 데에 진정한 묘미가 있다.

22-1-2 바람직한 세제의 기본방향을 말하다

어떤 과세 룰이 누군가에게 손실이나 이득을 가져오면, 그것을 안 사람들의 행동이 바뀐다. 즉 과세가 의사결정에 작용한다. 그 결과 경제에 여러 가지 영향을 미친다. 이 것을 분석함으로써 과세 룰에 내재하는 결함을 발견하여 시정조치를 제안할 수 있다. 즉 택스 플래닝의 이론에 접하는 것은, 바람직한 세제 본연의 모습에 대해 이야기하는 데 있어서 불가피한 단계인 것이다.

이 점에 대해서는 오해하는 사람이 많다. 독자 중에도 택스 플래닝이라는 표제를 보고 과세 룰의 빠져나갈 구멍(loophole)을 이용하는 「절세기술의 이것저것」의 해설을 예상하는 사람이 있지 않을까. 본장의 의도는 그런 점에 있지 않다.

22-2 세후이익의 계측

22-2-1 세전이익에 대한 영향

세후이익은 세전이익에서 납부세액을 뺀 것이다.

$$세후이익 = 세전이익 - 조세$$

이 식의 우변은 과세 룰의 영향을 받는다. 바꾸어 말하면, 플래닝에 있어서는 납세액이 어떻게 되는지뿐만 아니라, 세전이익이 어떻게 되는지도 검토해야 한다.

여기서 열쇠가 되는 것이 조세재정(tax arbitrage)이다. 조세재정에 대해서는 헌법 제14조와의 관계에서 수평적 공평에 대해 언급했을 때 개략을 배웠다(→ 2-2). 거기에서 설명한 것처럼, 과세 룰의 존재를 내다보고 사람들의 행동이 바뀌면, 원래의 세전이익에 영향을 미친다. 시장의 「보이지 않는 손」이 세후 수익률을 균등화하는 결과, 예를 들면 과세채는 비과세채에 비해 세전이율이 높아지지 않으면 구매자가 나타나지 않는다. 이렇게 해서 조세재정에 의해서 세전 수익률이 변화한다.

22-2-2 조세 이외의 비용

세전이익은 수입에서 비용을 공제한 것이다. 따라서 위의 식은 다음과 같이 전개할 수 있다.

$$세후이익 = 수입 - 비용 - 조세$$

여기서 알 수 있듯이, 조세뿐만 아니라 조세 이외의 비용도 고려하여 세후이익의 최대화를 목표로 할 필요가 있다. 만일 10만큼 절세하기 위해 15의 비조세비용이 든다면 세후이익을 최대화할 수 없다. 예를 들어 플래닝을 위한 조언을 받기 위해 전문가에게 지급하는 보수가 높은 경우이다.

조세 이외의 비용의 예를 법인세 분야에서 하나 들어보자. 예를 들어 회사가 자금조달을 할 때 신주발행에 의하면 주주에게 지급하는 배당은 손금에 산입할 수 없다. 차입금에 의하면 지급이자는 손금에 산입할 수 있다. 따라서 가급적 차입금에 의존해 자금을 조달해야 법인세의 과세 베이스가 줄어든다.

여기서 회사의 법인세에만 주목하면 자기자본을 가급적 줄이고 차입금에 의존하는 것이 득책인 것처럼 보인다. 하지만 빚이 많아지면서 재무상황이 악화돼 높은 이자가 아니면 자금을 빌려주지도 않을지 모른다. 이자지급에 의해 자금융통이 어려워지고 도산 리스크가 높아진다. 그렇다면 그러한 비조세비용이 존재하는 한도에서 신주발행을 선택하는 것이 합리적일 것이다. 이와 같이 조세 이외의 여러 가지 비용의 증대가 과소자본에 대한 브레이크가 될 가능성이 있다.

22-2-3 조세를 비용으로 보는 발상

두 가지 점에 유의하자.

▶ 이상의 서술은 회사의 법인세만으로 시야를 한정하여 조세비용을 파악한 것이다. 본래는 회사뿐만 아니라 주주나 회사의 채권자 측의 조세비용도 아울러 생각할 필요가 있다. 택스 플래닝에는 폭넓은 배려가 필요하다. 복수연도에 걸쳐 과세관계를 분석하거나 거래의 상대방이 어떻게 과세되는지를 생각하거나 하는 것이 필요하다.

▶ 이상의 틀은 조세를 '사업이나 투자를 위한 비용'으로 보고 있다. 이는 '정부의 공공재 제공에 따른 수익{受益}'과 '조세를 납세한다는 부담'과의 관계를 끊겠다는 발상이다. 조세의 특징이 수수료와 달리 강제적이면서 직접적인 대가가 없다는 점에 있다는 것(→ 1-2)을 솔직하게 반영한다. 그러나 그 결과 개별주체의 의사결정으로서는 합리적이더라도, 사회 전체에서 본 집단적 의사결정으로서는 좋지 못한 점이 나타날 수 있다(→ 22-5).

22-2-4 택스 클라이언텔

조세재정에 의해 세후 수익률의 균형이 잡힌 상태에서는 어떤 일이 일어날까.

과세채와 비과세채의 예로 생각해 보자. 세후 수익률이 균형을 이룰 경우, 세전 수익률에는 큰 차이가 있다. 따라서 투자자는 자신의 입장에 따라 어느 쪽으로 투자하는 것이 유리한지를 생각하게 된다. 예를 들어 비과세단체는 비과세채가 아닌 과세채를 사려고 할 것이다. 이 단체는 인적으로 비과세이기 때문에 과세채에 투자하면 높은 수익률을 고스란히 누릴 수 있다. 이렇게 같은 타입의 투자자가 같은 종류의 투자에 집중한다. 이것을 택스 클라이언텔(tax clientele)이라 한다. 클라이언텔은 고객, 단골 등의 의미로, 요컨대 특정의 투자에 특정의 고객이 붙는다는 현상이다(→ Column 2-2).

이것을 이미지화하기 쉽도록 Chapter 2에서 사용했던 수치를 통한 예시를 아래와 같이 하나로 정리해 두자(→ 도표 2-1과 2-2).

도표 22-1 ▌ 수치를 통한 예시의 정리

	과세채	비과세채
세전	10% → 16%	10% → 8%
세후	5% → 8%	10% → 8%

도표 22-1에서는 화살표의 왼쪽이 원래의 수익률을 나타내며, 오른쪽이 균형 후의 수익률을 나타내고 있다. 과세가 없는 경우의 수익률은 어느 채권이라도 10%였다. 반면 세율 50%의 소득세를 도입하면 과세채의 세후 수익률은 5%다. 그 결과 조세재정이 발생하여 세후 수익률이 8%라는 점에서 균형을 이루었다고 할 수 있다. 이 균형 상태에서 세전 수익률을 비교하면, 과세채는 16%가 아니면 매입자가 나타나지 않으며, 비과세채는 8%라도 매입자가 나타나는 상태이다.

균형 후의 상태에 있어서 과세채와 비과세채 중 어느 쪽에 투자하는 것이 유리할지는 투자자의 한계세율(marginal tax rate)에 의해 결정된다. 한계세율이란 추가적인 과세소득을 얻을 경우에 납부하게 되는 세율이다. 풀어 말하자면 한 단위만큼 여분으로 소득이 늘어났을 때 그 한계적으로 늘어난 부분에 대해 적용되는 세율을 말한다.

한계세율은 법정세율과 일치한다고는 단정할 수 없다. 예를 들어 법정세율이 50%라고 하더라도, 순손실의 금액을 과거의 연도분에서 이월시킬 수 있는 사업소득자가 추가적으로 약간의 소득을 얻은 경우, 그 늘어난 부분에는 소득세가 부과되지 않는다. 그 경우의 한계 세율은 0%이다. 이런 식으로 현실의 세계에서는 투자자마다 한계세율에 차이가 나는 것이 보통이다.

투자자들은 저마다 다른 한계세율에 직면하면서 투자판단을 한다. 도표 22−1의 예에 있어서 한계세율이 50%인 사람은 과세채와 비과세채의 어느 쪽에 투자해도 세후 수익률은 같다. 이에 비해 한계세율이 50%보다 작은 사람은 과세채에 투자하는 것이 세후로 보아 이득이다. 한계세율이 50%를 넘는 사람은 비과세채에 투자하는 것이 세후로 보아 유리하다.

이렇게 해서 투자자들이 세후이익을 극대화하려면 자신이 직면한 한계세율이 얼마인지 의식할 필요가 있다. 또한 상황이 바뀌면 한계세율도 변화하기 때문에 장래의 포지션이 어떻게 될지도 주의할 필요가 있다.

22-3 숄즈의 식

22-3-1 식의 제시

세상에 투자기회는 어마어마하게 많으며 적용되는 과세 룰도 천차만별이다. 이러한 가운데 전형적인 저축상품에 대하여 세후이익의 계산식을 나타낸 것이 '숄즈의 식'이다 [Myron S. Scholes et al., Taxes and Business Strategy, A Planning Approach(Prentice Hall, Fifth Edition 2015)].

도표 22−2를 보자. R이 세전 수익률, n이 투자기간, t가 통상세율, tc가 경감세율이다. 왼쪽 위의 란에 「저축의 매체」라고 쓰여 있는 것은 'Savings Vehicle'의 번역으로, 저축을 위한 여러 구조이다. 출발점에서 1단위의 투자를 실시한다는 상정하에 식이 만들어져 있으며, 이는 과세가 이루어진 자기자금으로부터 마련하고 있다고 한다. 이 상정은 도표 22−2의 Ⅵ을 이해하는데 특히 중요하다.

도표 22-2 ∥ 숄즈의 식

저축의 매체	원본 공제	과세의 타이밍	세율	세후 리턴
I	×	매년	통상	$[1+R(1-t)]^n$
II	×	이연	통상	$(1+R)^n(1-t)+t$
III	×	매년	경감	$[1+R(1-tc)]^n$
IV	×	이연	경감	$(1+R)^n(1-tc)+tc$
V	×	비과세	비과세	$(1+R)^n$
VI	○	이연	통상	$[1/(1-t)]\times(1+R)^n(1-t)$ 혹은 $(1+R)^n$

22-3-2 예금형과 이연형

(1) I 예금형

I 에 대해서는 은행예금에 대한 통상의 과세 룰을 떠올려보길 바란다. 은행계좌에 예금을 맡겼을 때 맡긴 원본은 소득산정상 공제할 수 없다. 이자가 붙으면 t의 통상세율로 매년 과세된다. 그러므로 1단위의 원본을 맡기면 1년 후에는 세후의 이자가 수중에 남아서 총 $1+R(1-t)$이 된다. 즉 세후 이자율 $R(1-t)$로 증식해 간다.

그러므로 n년 후에 세후로 수중에 남는 것은

$$[1+R(1-t)]^n$$

이다. 이것이 투자 시에 투자 원본을 공제하지 않으며, 나아가 매년 이자에 과세해 나가는 경우의 세후이익의 계산방법이다. 소득세의 기본형이며 아무런 혜택이 없다.

(2) II 이연형

II는 과세를 이연하는 경우이다. 원본을 맡겼을 때 공제하지 않는 점이나 이자분이 통상세율로 과세되는 점은 SV I과 같다. SV I과 다른 점은 과세의 시기가 이연된다는 점에 있다. 즉 매년 이자가 붙는 시점에 과세하는 것이 아니라, 마지막에 예금을 인출하는 시점에서 이자분에 처음으로 과세된다.

이 경우의 세후 리턴은 다음과 같이 계산한다. 1단위의 투자가 n년 동안 세금 없이 증식된다. 마지막 해에 순수익분이 통상세율 t로 과세된다. 따라서 세후 리턴은 이하의 식으로 나타낼 수 있다.

$$(1+R)^n - t[(1+R)^n - 1] = (1+R)^n(1-t) + t$$

Ⅲ과 Ⅳ는 이들과 같은 것을 경감세율 tc로 과세하는 경우에 대해 계산한 식이다.

22-3-3 비과세형과 원본 공제형

(1) Ⅴ 비과세형

Ⅴ는 비과세형이다. 비과세이기 때문에 매년 세전 수익률 R로 증식되어 나간다. 숫자를 넣어 계산해 보면 금방 알 수 있지만, Ⅴ는 Ⅰ부터 Ⅳ까지의 어느 것보다도 수중에 남는 금액이 커진다.

(2) Ⅵ 원본 공제형

Ⅵ은 원본 공제형이다. 다른 것과 달리 원본 공제의 란에 ○표시가 있다. 즉 예금 원본을 맡긴 연도분에 있어서, 맡긴 원본의 금액을 과세소득으로부터 공제해 계산한다. 위의 22-3-1의 말미에서 주의를 환기해 둔 것처럼, 도표 22-2에서는 '과세가 끝난 자기자금을 가지고 1단위의 투자를 한다'는 상정하에 식이 만들어졌다. 그래서 다른 시나리오와 마찬가지로 과세가 끝난 자기자금 1단위로부터 출발하도록 숫자를 맞추기 위해서는 단위를 되돌려 놓을 필요가 있다.

그것을 위한 계산방법은 다음과 같다. 지금 원본을 1엔 맡긴다고 한다. 세율이 20%라고 하면, 소득이 1엔만큼 줄어드는 것으로 세금은 0.2엔만큼 줄어든다. 그렇기 때문에 투자자의 입장에서 가져가는 것은 1엔-0.2엔=0.8엔이다. 바꾸어 말하면, 1엔의 자금을 준비하면 투자자는 1엔÷(1-0.2)의 투자를 하는 것이 가능하다. 이것이 세율 20%의 예시이다. 이것을 일반화한다. 도표 22-2에서는 통상세율을 t로 하고 있기 때문에, 초기 투자에 충당할 수 있는 금액은 다른 과세 룰의 경우에 대해서 1단위라고 하면, Ⅵ의 경우에 대해서는 $[1/(1-t)]$가 된다.

이 금액을 출발점으로 하여 n년 후의 세후 리턴을 계산한다. 과세가 만기까지 이연되기 때문에 세전 수익률 R로 매년 증식되어 간다. 예금이 만기가 되면, 처음에 원본을 공제했기 때문에, 이자 부분뿐만 아니라 리턴의 전액이 원본 부분을 포함하여 뿌리부터 과세된다. 따라서

$$[1/(1-t)] \times (1+R)^n (1-t)$$

가 된다.

(3) V와 VI의 비교

'원본을 맡겼을 때의 통상세율 t'와 '만기에 과세될 때의 통상세율 t'가 같다면, VI은 결과적으로 V와 같아질 것이다. 즉 원본 공제형인 VI은 세율이 일정하면 비과세형인 V와 동일한 결과가 된다.

원본 공제형이 비과세형과 동일한 결과가 된다는 점은 실은 감가상각의 이론에 대해 배운 바와 같다(→ 10-3-2). 감가상각자산에 대해 즉시 전액공제(expensing)로 취급을 하는 예가 바로 VI에 대응한다. 나아가 지출세의 설계에서 언급했던 것을(→ 11-1-2) 표현을 바꾸어 반복하고 있는 것이기도 하다. 현금흐름형이 VI에 대응하고, 수익 비과세형이 V에 대응한다.

22-3-4 정리

이상 은행예금과 같은 금융상품을 염두에 두고, 6개의 과세 룰 아래에서 세후이익이 어떻게 계산되는지를 보았다. 투자자들이 세후이익을 최대화하려면 이를 주시하면서 의사결정을 하면 된다. 그런 의미에서 숄즈의 식은 택스 플래닝의 출발점이다.

어떠한가. 수식이 나온 것을 가지고 알레르기 반응을 일으키지 않았으면 한다. 식 자체는 중학교 수준으로 신기한 기교가 나온 것이 아니다. 지금까지 일상 언어와 수치를 통한 예시로 설명해온 것과 동일한 내용을 조금 더 일반적으로 서술하고 있을 뿐이다.

Column 22-1 | NISA

주식이나 투자신탁 등 금융상품에 개인이 투자한 경우, 통상적으로 매각이익이나 배당 등에 20%의 소득세가 과세된다. 이에 대해 NISA는 매년 120만 엔의 범위 내에서 구입한 이러한 금융상품으로부터 얻는 소득을 비과세로 하는 제도이다(租特 제9조의8, 제37조의14). 영국의 제도설계를 모델로 한 '일본판 ISA(Nippon Individual Savings Account)'로서 이를 NISA라고 한다. 금융청의 통계에 의하면, 2017년 12월 말 시점의 계좌 수는 1099만 1969계좌였다. 그 밖에도 미성년자를 대상으로 한 '쥬니어 NISA'나, 소액에 의한 장기

분산투자를 대상으로 한 '적립 NISA'가 마련되어 있다.1)

22-4 조세재정의 수법

22-4-1 재정의 수법

조세재정은 소득세뿐만 아니라 모든 조세에 대하여 문제가 된다. 예를 들어 상속세에 대해서도 상속재산의 거래가액과 과세용 재산평가액 사이에 괴리가 있을 경우 그 불일치를 이용할 수 있다.

세제개정에 수반하는 룰의 이행{移行}을 포착한 재정행동도 있다. 예를 들어 소비세 세율인상이 발표되면 증세 전에 물건을 사두려는 수요가 커진다. 가벼운 과세에서 무거운 과세로 이행하는 시간차를 이용해, 가벼운 과세가 이루어지는 사이에 거래가 집중된다. 이것도 조세재정의 하나이다.

소득세에 대해서 말하면 본서에서 배워 온 것의 대부분이 연관되어 있다. 예를 들어 어느 소득이 사업소득으로 구분되면 누진세율이 그대로 적용되지만, 장기양도소득으로 구분되면 반액 과세가 된다. 혹은 소득의 인적귀속을 변경해 가족 구성원들 중 고소득 자의 소득에서 저소득자의 소득으로 바꾼다. 이와 같이 조세재정의 수법에는 과세 룰을 보는 사람의 상상력에 따라서 얼마든지 예시가 추가될 수 있다.

22-4-2 스트래들{straddle}의 예시

(1) 과세의 타이밍

여기에서는 실현원칙의 복습을 겸해서 과세의 타이밍을 변경하는 예를 살펴보자.

예를 들어 개인투자자 노무라 씨가 A주를 1주 보유하고 있다고 하자. A주의 현재 시가는 100이다. 노무라 씨는 A주식을 1주 보유한 채, 증권회사로부터 A주를 1주 빌려서 공매도한다.

---

1) 한국: 한국형 ISA를 규정한 조세특례제한법 제91조의18(개인종합자산관리계좌에 대한 과세특례) 참조.

(2) 주가 하락

이 예에서 주가가 80으로 내려갔을 경우에 노무라 씨의 포지션은 어떻게 될까.

먼저 보유주식은 100에서 80으로 하락하여 미실현손실 20이 있다. 이것이 '롱 포지션 {long position}'이다.

한편 주식을 빌려서 공매도를 했다. 즉 100의 가격에 팔았다. 증권사에 A주를 돌려줄 때에는 시장에서 80에 사서 그것으로 갚으면 된다. 그러므로 A주의 가격인하에 의해서 20만큼 이익이 생긴다. 이것이 '숏 포지션{short position}'이다.

여기서 공매도는 통상의 주식매매와는 반대의 순서로 손익을 계산하게 된다. 통상적으로는 먼저 80에 사서 후에 100에 판다. 공매도의 경우 순서가 역전되어 먼저 100에 팔고 나중에 80에 사기 때문에 복잡하지만, 20의 이익이 발생하고 있는 것은 같다.

도표 22-3은 노무라 씨의 포지션을 일람한 것이다. 「빌린 주식」의 숫자에 △을 매긴 것은 마이너스를 의미한다.

도표 22-3의 ①을 보아 주었으면 한다. 롱과 숏의 양쪽 모두를 함께 보면, 롱이 마이너스 20 숏이 플러스 20으로, 경제적으로 보면 서로 정확히 상쇄되어 100의 가치를 유지하고 있다. 즉 A주의 가격변동을 헤지{hedge}하고 있다.

도표 22-3 ▌ 노무라 씨의 포지션

			① 80으로 하락	② 120으로 상승
롱	보유주식	100	80	120
숏	공매도	100	100	100
	빌린 주식△	100	△80	△120

(3) 주가 상승

그렇다면 같은 예에서 주가가 120으로 오른 경우는 어떠한가.

도표 22-3의 ②를 보아 주었으면 한다. 주가가 120으로 오르면 보유주식에서는 20의 미실현이익이 발생한다. 공매도 쪽에서는 100에 팔고 120에 사니까 20의 미실현손실이 발생한다. 그래서 롱과 숏을 모두 합치면 포지션으로서는 100의 가치를 유지하고 있는 셈이 된다.

(4) 실현원칙의 한계

그렇다면 이 예에서 노무라 씨의 소득은 언제 얼마나 과세해야 하는가.

노무라 씨는 A주라고 하는 동일한 자산을 롱 포지션과 숏 포지션에서 동시에 보유하고 있다. 즉 이 예는 스트래들(straddle)이다. 스트래들에 의해, 경제적으로 보면 노무라 씨는 A주의 가치를 100으로 확정하고, 그 후의 가격변동의 리스크를 배제하는데 성공한다.

실현원칙하에서는 노무라 씨의 과세는 다음과 같다.

▶ 가격이 하락한 경우. 노무라 씨가 보유주식을 매각해 롱 포지션을 청산하여 미실현 손실 20을 실현한다. 그리고 A주를 구입하여 롱 포지션을 복원한다. 한편 숏 포지션은 그대로 유지한다. 그러면 리스크 없이 과세만 이연된다.

▶ 가격이 상승한 경우. A주를 120에 사서 증권회사에 되돌려 주면 20의 손실이 확정 되어 숏 포지션을 청산할 수 있다. 그 후에 한 번 더 공매도를 실시해 숏 포지션을 복원한다. 한편 롱 포지션은 그대로 유지한다. 이렇게 하면 리스크를 부담하지 않고 과세만 이연된다.

이렇게 하여 실현원칙하에서는 납세자가 리스크를 부담하지 않고 과세의 타이밍을 이연하는 것이 가능해진다. 그래서 입법론으로서는 실현원칙에 대한 예외를 인정하여, 공매도 시점에서 100의 총수입금액이 확정된 것으로 과세하는 것을 검토해야 한다. 이 예시와 달리, 개인이 아니라 회사가 매매목적 유가증권을 보유하고 있는 경우에는 시가로 재평가한다(所税 제61조의3. → 14-3-2). 실현원칙을 폐기하고 있는 것으로 과세이연은 일어나지 않는다.

금융공학의 발전에 따라 타이밍을 변경하거나 소득분류 및 소득원천을 변경하는 것이 점점 쉬워지고 있다. 이러한 가운데 금융소득에 대해 어떻게 과세할 것인지가 큰 도전 과제가 되었다.

22-4-3 OFA와 CBA

(1) OFA

조세재정에는 두 가지가 있다. 첫 번째는 OFA(organizational-form arbitrage)이다. 이 것은 과세상 유리하게 취급되는 자산을 롱 포지션으로 갖고, 과세상 불리하게 다루어지는 자산을 숏 포지션으로 보유함으로써 차익을 버는 수법이다.

예를 들어 세전 수익률이 같음에도 불구하고 세후 수익률이 다른 경우를 생각해 보

자. 도표 22-2의 식을 예로 들면, I 보다 V가 세후 수익률이 높다. 이 때 I을 숏 포지션으로 갖고 V를 롱 포지션으로 가질 수 있으면 차익을 벌 수 있다. 예를 들어 세전 이자율 R로 차입을 해서 그 자금으로 비과세채권{非課稅債券}을 산다. 여기서 차입을 해서 매년 이자를 지급하는 것은 I을 숏 포지션으로 갖는 것과 같다. 비과세채권을 사는 것은 V를 롱 포지션으로 갖는 것과 같다. 즉 차입금을 이용해 비과세자산을 사는 수법은 OFA의 전형적인 예이다.

도표 22-3에서 본 노무라 씨의 스트래들도 OFA의 일종으로 볼 수 있다. 같은 주식을 롱과 숏으로 보유한다. 실현원칙 아래에서, 롱의 미실현이익에는 과세가 되지 않고 숏의 미실현손실은 실현시킬 수 있다. 즉 과세가 유리한 쪽을 롱으로 갖고 불리한 쪽을 숏으로 갖는 것이다.

(2) CBA

두 번째는 CBA(clientele-based arbitrage)이다. 이것은 세전 수익률이 달라 내재적 조세[2]가 존재할 경우에 이뤄진다. 납세자는 자신이 어느 택스 클라이언텔에 속하느냐에 따라서 플래닝 방식을 생각한다. 즉 자신이 직면한 한계세율에 따라 다음의 전략을 취한다.

예를 들어 도표 22-1의 예로 말하자면, 시장에서 조정이 일어난 결과, 과세채가 세전 16%의 수익률을 가져오고, 비과세채가 세전 8%의 수익률을 가져오고 있다. 이 때 어떤 전략이 있는가 하는 이야기이다(도표 22-4).

도표 22-4 ▌ 균형이 이루어진 후의 도표 22-1

	과세채	비과세채
세전	16%	8%
세후	8%	8%

지금 어느 회사가 직면하고 있는 한계세율이 80%라고 하자. 이 회사가 과세채를 발행하여 100을 조달해서 그 100으로 비과세채를 산다(도표 22-5). 이것은 과세채를 숏 포지션으로 갖고 비과세채를 롱 포지션으로 갖는 것이다.

---

2) 역시 원서의 표현은 "黙示の税"(묵시적 세금)이나 본문과 같이 의역하였다. 앞서 본 2-2-2 (3) 참조.

도표 22-5 ┃ CBA의 수치를 통한 예시

	과세채의 이자지급	비과세채의 이자수취
세전	△16	8
세	△12.8	0
세후	△3.2	8

이 때 과세채에 대해서 이자지급 16을 소득에서 공제할 수 있다. 따라서 $16 \times 80\% =$ 12.8만큼 세금이 감소한다. 세후로 보면 손실이 되고 있는 것은 3.2뿐이다.

비과세채는 어떠한가. 비과세채 100을 보유하면 8의 이자를 받을 수 있고, 그것은 비과세이기 때문에 세후로 8이 남는다.

따라서 양쪽을 합하면 세후로 보아 4.8만큼 이득을 본다. 즉 이 회사는 재정에 의해 차익을 벌 수 있다.

이 예에서 이 회사의 한계세율이 50%라면, 과세채의 이자지급이 세후 △8이 되고, 손실도 이익도 없다. 한계세율이 50%보다 작으면 오히려 손실을 본다. 그 경우에는 반대의 포지션을 취하여 비과세채를 발행하고 그 자금으로 과세채를 구입함으로써 조세재정을 할 수 있다.

22-4-4 조세재정에 대한 마찰

이상은 사태를 단순화하여 설명하고 있으며, 택스 플래닝에 따른 제반 비용을 포함시키지 않고 있다. 현실의 세계에서는 조세재정에는 마찰(friction)이 따른다. 과세 룰 중에는 입안 담당자가 특별히 의도하지 않은 채 결과적으로 조세재정에 제동을 거는 것이 있어서 사람들의 재정행동을 방해하는 경우가 있다. 또한 22-2-2에서 본 것처럼 비조세비용이 들어 현실적으로 재정이 일어나지 않을 수도 있다.

22-5 전망―정책과 윤리

현행세제에는 다양한 '선긋기'가 있다. 예를 들어 과세소득과 비과세소득의 구별, 실현원칙 아래에서의 과세 타이밍, 소득의 원천이나 돈벌이의 실태에 따른 소득구분, 법인형태와 비법인형태의 차이 등이다. 그리고 한 쪽은 무겁게 과세되고 다른 쪽은 가볍게 과세되는 현상이 여기저기서 발생한다. 따라서 과세 룰을 아는 것으로서, 어떻게 하면 무겁게(가볍게) 과세되는지를 잘 알 수 있다.

법의 분야에만 국한된 것은 아니지만 지식에는 빛과 그림자의 양면이 있다. 사회 전체를 위해 유익한 사용법도 취할 수 있고, 자신만의 이익을 위해 사용할 수도 있다. 자기애에 입각한 행동이 반드시 나쁜 것은 아니지만, 다른 사람에게 폐를 끼치는 경우도 있을 수 있을 것이다. 그리고 과세 룰에 관한 지식을 얻은 사람의 택스 플래닝에 의해 사회 전체의 후생이 저하되는 일이 있을지도 모른다.

그러나 그렇다고 해서, 사람들이 그런 지식을 배우면 안 된다는 법은 없을 것이다. 과세 룰에 관한 지식을 일정한 그룹 사이에서의 비밀로 해둔다고 해서 해악이 되지 않을 것이라는 등의 보장은 어디에도 없다. 게다가 우리의 자유로운 사회에 있어서 정보의 전파는 억지로 막을 수 없다. 더욱이 민주주의 사회에서 조세는 주권자인 국민이 공동의 비용으로서 스스로 부담해야 할 것이며, 그에 관한 지식을 폭넓게 공유하는 것은 당연한 일이다.

현행법에 '선긋기'나 '빠져나갈 구멍'이 존재하고, 그것들에 관한 지식의 보급에 메리트와 디메리트의 쌍방이 있다면, 오히려 그러한 상태를 정면으로 마주 봐야 한다. 즉 왜 빠져나갈 구멍이 생기는지, 빠져나갈 구멍으로 인해 누가 득을 보고 누가 손해를 보는지, 허점을 막기 위해서는 어떠한 방식이 있는지를 분석하는 것이다. 이러한 점을 검토함으로써 어떻게 하면 바람직한 과세 룰을 만들어 갈 수 있을지를 생각할 수 있다.

이렇게 해서 택스 플래닝 이론은 바람직한 조세정책(tax policy)을 이야기하는 것으로 이어진다. 택스 플래닝을 학습자의 자기이익만을 위한 계산기술에 머무르게 하지 않기 위해서는, 조세에 종사하는 전문가(공직과 민간을 불문한다)의 윤리에 관한 연구와 연계하는 것이 필요할 것이다.

Column 22-2 조세전문가의 윤리

조세를 전문으로 하는 법조(tax lawyer)의 영역이 넓은 미국에서는, 조세실무에 있어서의 윤리(ethics)의 중요성이 널리 인식되어 왔다. 한 대표적인 사례집은 컴플라이언스, 세무조사와 쟁송, 플래닝과 조언, 조세정책의 형성 등 4가지 핵심업무에 관하여 발생하는 윤리상의 문제점을 상세히 서술하고 있다. 참조, 增井良啓 「書評 Bernard Wolfman, Deborah H. Schenk, and Diane Ring, Ethical Problems in Federal Tax Practice, 4th Edition (Aspen Publishers, 2008)」 ソフトロー―研究 19호(2012년) 85면.

☑ 이 장에서 배운 것

- ▶ 택스 플래닝의 목표는 세후이익 최대화에 있다.
- ▶ 조세재정에 의하여 세전이익이 바뀐다.
- ▶ 택스 플래닝의 이론은 바람직한 조세정책의 탐구로 이어진다.

🔍 찾아보자

- ▶ 택스 플래닝이란 무엇인가?
  - → 渡辺智之 『税務戦略入門——タックス・プランニングの基本と事例』(東洋経済新報社, 2005년)
- ▶ 회사의 경영자는 회사 소득세제도와의 관계에서 주주이익의 최대화를 추구해야 하는가?
  - → 草野耕一 『株主の利益に反する経営の適法性と持続可能性——会社が築く豊かで住みよい社会』(有斐閣, 2018년) 119면

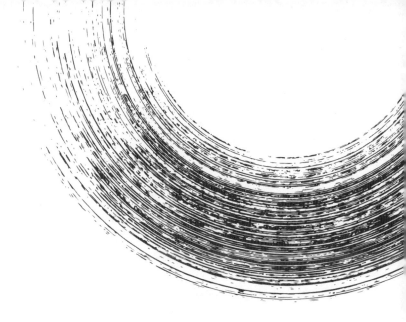

부록: 일본 조세법령

국세통칙법

소득세법

소득세법 시행령

법인세법

법인세법 시행령

상속세법

조세특별조치법

일본 조세법령

일러두기

1. 조문의 제목

일본 법령의 제목은 본래 조문번호의 앞에 표기되어 있으나, 여기에서는 조문번호 다음에 ( ) 괄호의 형태로 표기하였다. 다만 조문 자체에는 제목이 없는 경우도 있는데, 이 경우는 그 조문이 속해있는 목차가 사실상 그 조문의 제목 역할을 하고 있거나(예컨대 법인세법 제4조, 제22조의2, 제52조, 제55조, 제61조 등), 그 조문의 앞에 등장하는 조문의 제목이 해당 조문의 제목 역할을 하고 있으므로(예컨대 상속세법 제8조), 역시 괄호의 형태로 조문번호 다음에 이를 표기하여 이해를 돕기로 한다.

2. 번역상 표현의 일관성 등

일본 조세법령에서 특정한 표현이 반복적으로 사용되는 경우, 일관성을 위하여 번역과정에서도 대체로 동일하게 표현하고자 노력하였다. 예컨대 ① 일본어 표현 'に係る'는 이것을 '에 관련된', '에 관계된', '에 관한', '에 대한' 등으로 번역할 수 있을 것이나, 모두 '에 관련된'으로 번역하였고, ② 'につき'는 이것을 '에 대하여', '에 관하여' 등으로 번역할 수 있을 것이나, 거의 대체로 '에 대하여'로 번역하였으며, ③ '場合において'는 이것을 '경우에 있어서', '경우에', '경우' 등으로 번역할 수 있을 것이나, 대체로 '경우에 있어서'로 번역하였고, ④ '者'는 '자', '사람' 등으로 번역할 수 있을 것이나, 모두 '자'로 번역하였으며, ⑤ 'に基づいて'는 '에 기초하여', '에 근거하여', '에 기반을 두고' 등으로 번역할 수 있을 것이나, 거의 대체로 '에 기초하여'로 번역하였다('を基礎として'는 '를 기초로 하여'로 번역하여 이와 구분된다). 한편, ⑥ 'については'는 문맥에 따라서 '에 대해서는' 또는 '에 관해서는'으로 번역하였다.

나아가 본문의 번역과는 달리 가능하면 직역을 선택하였다. '일관된 표현'과 '직역'을 통하여 한국어로 번역된 조문을 보면 일본어가 가능한 독자의 경우 일본어 원문을 유추할 수 있는 효과를 기대하였다. 따라서 한국어상으로는 다소 어색해지는 경우도 생기는바 독자들의 이해를 부탁드린다.

3. 기타 유의점

① 일본의 법령에서는 3개 이상의 사항이 '선택관계(or)'에 있을 때, 보다 큰 그룹에 '又は'를, 작은 그룹에 '若しくは'를 사용하는데, 여기서 '又は'는 모두 '또는'으로, '若しくは'는 모두 '혹은'으로 각각 구분하여 번역하였다. 이러한 맥락에서 '又は'를 모두 '또는'으로 번역함으로 인하여 한국어에서는 이것이 필요하지 않은 경우에도 사용되어 다소 어색하게 느껴지는 경우가 있으나, 번역의 정확성을 기하기 위하여 이를 그대로 두었다.[1]

---

1) 예컨대 '所得税の徵收をされた又はされるべき場合において'의 경우 '소득세가 징수되었거나 징수되어야 할 경우에 있어서'로 번역하는 것이 자연스러울 수 있으나, '소득세가 징수되었거나 또는 징수되어야 할 경우에 있어서'로 '又は'를 살려서 직역하였다.

② 또한 일본의 법령에서는 3개 이상의 사항이 '병렬관계(and, as well as)'에 있을 때, 보다 큰 그룹에 '並びに'를, 작은 그룹에 '及び'를 사용하는데, 여기서 '並びに'는 '그리고'로, '及び'는 '및'으로 각각 구분하여 번역하였다.

③ 일본 조세법령의 원문 많은 곳에서 수치를 나타내는 표현으로서 '額(액)'이 사용되고 있다 (예컨대 '資本金等の額'). 우리나라 세법 조문에서도 '額(액)'이 사용되는 경우는 있으나, 어감상 다소 어색하다고 생각되어 '額(액)'을 대체로 '금액'으로 번역하였다(예컨대 '資本金等の額'은 '자본금 등의 액'으로 번역하지 않고 '자본금 등의 금액'으로 번역하였다). 이로 인하여 본래 일본 조세법령에서 '金額(금액)'이라는 표현을 쓴 경우와 '額(액)'이라는 표현을 쓴 경우가 모두 '금액'으로 번역되는 문제가 생기나, 의미상 동일하므로 이해에 있어서의 문제는 없다. 다만 '益金の額(익금의 액)'과 '損金の額(손금의 액)', '資本剰余金の額(자본잉여금의 액)'은 조문번역에서는 단순히 '익금'과 '손금', '자본잉여금'으로만 번역하였다(번역서 본문에서는 '익금의 액'과 '손금의 액'으로 직역하기도 하였다).

④ '당위'를 나타내는 '~(す)べき'는 '할'로 번역하지 않고 '해야 할' 또는 '해야 하는'으로 번역하였다. 예컨대 '収入金額とすべき金額又は総収入金額に算入すべき金額'은 '수입금액으로 <u>해야 할</u> 금액 또는 총수입금액에 산입<u>해야 할</u> 금액'으로 번역하였다. 다만 '해야 할'로 번역할 경우 번역상의 표현이 지나치게 어색해지는 경우는 문맥에 따라서 적절하게 번역하였다(예컨대 '当たるべき'는 '해당할'로 번역하였고, '通常得べき対価の額'는 '통상 얻을 수 있는 대가의 금액'으로 번역하였다).

⑤ '~해야 한다'라는 '의무'를 나타내는 일본어 표현은 '~(し)なければならない'이다. 이것이 법조문에서도 의무를 나타내는 경우에 사용되고 있는데, 이것을 단순히 '~해야 한다'라고 번역할 경우에는 '당위'를 나타내는 표현으로서 역시 '해야 할', '해야 하는(한다)'으로 번역되는 위 ④의 '~(す)べき'와 구분이 되지 않는다. 따라서 '의무'를 나타내는 '~(し)なければならない'는 '~하지 않으면 안 된다'로 직역하였다.

⑥ 일본 조세법령의 원문에는 지시하고자 하는 사항의 특정을 위한 '当該'라는 표현이 자주 등장하는데, 이것을 '당해'라고 직역하지 않고 모두 '해당'이라고 번역하였다. 이로 인하여 본래 일본 조세법령에서 '~に該当する' 즉 '~에 해당한다'라는 표현을 쓴 경우도 동일하게 '해당'으로 번역되는 문제가 생기나, 문맥상 이해에 있어서의 문제는 없다.

⑦ 조문의 각호 이하의 '목'에 해당하는 항목을 나타내는 표기로서 우리나라 조문에서는 '가나다라…'가 사용된다. 일본어에서는 각호 이하의 '목'에 나타나는 항목을 표기하기 위하여 'イロハニホヘトチリ…'가 사용된다. 이것을 번역하면서 '가나다라…'로 표기하게 되면 오히려 혼동되는 경우가 생길 수 있다고 생각되어서 'イロハニホヘトチリ…'의 일본어 표기를 그대로 유지하였다.

⑧ 정확한 의미의 전달을 위하여 한자의 병기가 필요하다고 생각되는 경우는, 본문에서와 마찬가지로 { } 괄호를 사용하여 우리나라식 또는 일본식 한자를 병기하였다.

⑨ 일본 조세법령은 대괄호, 소괄호의 구분이 없이 모두 ( ) 괄호만 사용한다. 그러나 조문을 번역함에 있어서는 대괄호를 [ ]로, 그 안의 소괄호를 ( )로 표현하였다. 드물게 3중괄호가 사용되는 조문이 있는데, 이 경우는 가장 작은 괄호를 < >로 표현하였다. 즉 [(< >)]의 구조가 된다.

국세통칙법

제정 : 昭和37{1962}년 4월 2일 호외 법률 제66호
최종개정 : 平成31{2019}년 3월 29일 호외 법률 제6호

제2조(정의)
<제1호부터 제10호까지의 규정 중 제5호 이외에 생략>
　5. 납세자 : 국세에 관한 법률의 규정에 의하여 국세(원천징수 등에 의한 국세를 제외한다)를
　　납부할 의무가 있는 자[국세징수법(昭和34{1959}년 법률 제147호)에 규정된 제2차 납세의
　　무자 및 국세의 보증인을 제외한다] 및 원천징수 등에 의한 국세를 징수하여 국가에 납부
　　하지 않으면 안 되는 자를 말한다.

제5조(상속에 의한 국세납부의무의 승계)
① 상속(포괄유증을 포함한다. 이하 동일함)이 있는 경우에는, 상속인(포괄수유자를 포함한다. 이
하 동일함) 또는 민법(明治29{1896}년 법률 제89호) 제951조(상속재산법인의 성립)의 법인은,
그 피상속인(포괄유증자를 포함한다. 이하 동일함)에게 부과되어야 하는, 또는 그 피상속인이 납
부하거나 혹은 징수되어야 하는 국세[그 체납처분비를 포함한다. 다음 장, 제3장 제1절(국세의 납
부), 제6장(부대세{附帶稅}), 제7장 제1절(국세의 경정, 결정 등의 기간제한), 제7장의2(국세의
조사) 및 제11장(범칙사건의 조사 및 처분)을 제외하고, 이하 동일함]를 납부할 의무를 승계한다.
이 경우에 있어서, 상속인이 한정승인을 한 때에는, 그 상속인은, 상속에 의하여 얻은 재산의 한
도에 있어서만 그 국세를 납부할 책임을 진다.
② 전항 전단의 경우에 있어서, 상속인이 2인 이상 있는 때에는, 각 상속인이 동항 전단의 규정에
의하여 승계하는 국세의 금액은, 동항의 국세의 금액을 민법 제900조부터 902조까지(법정상속분
·대습상속인의 상속분·유언에 의한 상속분의 지정)의 규정에 의한 그 상속분에 따라서 안분하
여 계산한 금액으로 한다.
③ 전항의 경우에 있어서, 상속인 중 상속에 의하여 얻은 재산의 가액이 동항의 규정에 의하여
계산한 국세의 금액을 넘는 자가 있는 때에는, 그 상속인은, 그 넘는 가액을 한도로 하여, 다른
상속인이 전 2항의 규정에 의하여 승계하는 국세를 납부할 책임을 진다.

제65조(과소신고가산세)
① 기한내신고서(환급청구신고서를 포함한다. 제3항에서 동일함)가 제출되었을 경우(기한후신고
서가 제출된 경우에 있어서, 다음 조 제1항 단서 또는 제7항의 규정의 적용이 있는 경우를 포함
한다)에 있어서, 수정신고서의 제출 또는 경정이 있었던 때에는, 해당 납세자에 대하여, 그 수정
신고 또는 경정에 기초하여 제35조 제2항(기한후신고 등에 의한 납부)의 규정에 따라서 납부해야
할 세액에 100분의 10의 비율(수정신고서의 제출이, 그 신고에 관련된 국세에 관한 조사에 의하
여 해당 국세에 관하여 경정이 이루어질 것이라는 것을 미리 고지받아 행한 것이 아닌 경우에는,

100분의 5의 비율)을 곱하여 계산한 금액에 상당하는 과소신고가산세를 부과한다.

② 전항의 규정에 해당하는 경우(제5항의 규정의 적용이 있는 경우를 제외한다)에 있어서, 전항에 규정된 납부해야 할 세액(동항의 수정신고 또는 경정 전에 해당 수정신고 또는 경정에 관련된 국세에 관하여 수정신고서의 제출 또는 경정이 있었던 때에는, 그 국세에 관련된 누적증차세액을 가산한 금액)이 그 국세에 관련된 기한 내 신고세액에 상당하는 금액과 50만 엔 중 더 큰 금액을 넘을 때에는, 동항의 과소신고가산세의 금액은, 동항의 규정에도 불구하고, 동항의 규정에 따라서 계산한 금액에, 그 넘는 부분에 상당하는 세액(동항에 규정된 납부해야 할 세액이 해당 넘는 부분에 상당하는 세액에 미치지 않을 때에는, 해당 납부해야 할 세액)에 100분의 5의 비율을 곱하여 계산한 금액을 가산한 금액으로 한다.

<제3항 생략>

④ 다음의 각호에 기재된 경우에는, 제1항 또는 제2항에 규정된 납부해야 할 세액에서 해당 각호에서 정하는 세액으로서 정령으로 정하는 바에 따라서 계산한 금액을 공제하여, 이들 항의 규정을 적용한다.

　1. 제1항 또는 제2항에 규정된 납부해야 할 세액의 계산의 기초가 된 사실 중 그 수정신고 또는 경정 전의 세액(환급금의 금액에 상당하는 세액을 포함한다)의 계산의 기초가 되지 않았던 것에 대하여 정당한 이유가 있다고 인정되는 것이 있는 경우 : 그 정당한 이유가 있다고 인정되는 사실에 기초한 세액

　2. 제1항의 수정신고 또는 경정 전에 해당 수정신고 또는 경정에 관련된 국세에 대하여 기한 내신고서의 제출에 의하여 납부해야 할 세액을 감소시키는 경정 기타 이와 유사한 것으로서 정령으로 정하는 경정(경정청구에 근거한 경정을 제외한다)이 있었던 경우 : 해당 기한 내신고서에 관련된 세액(환급금의 금액에 상당하는 세액을 포함한다)에 이르기까지의 세액

⑤ 제1항의 규정은, 수정신고서의 제출이, 그 신고에 관련된 국세에 관한 조사에 의하여 해당 국세에 관하여 경정이 이루어진다는 것을 미리 고지받아 행한 것이 아닌 경우에 있어서, 그 신고에 관련된 국세에 관한 조사에 관련된 제74조의9 제1항 제4호 및 제5호(납세의무자에 대한 조사의 사전통지 등)에 기재된 사항 기타 정령으로 정하는 사항의 통지(다음 조 제6항에서는 「조사통지」라 한다)가 있기 전에 행해진 것인 때에는, 적용하지 않는다.

제98조(재결)

① 심사청구가 법정기간 경과 후에 이루어진 경우 기타 부적법한 경우에는, 국세불복심판소장은 재결로 해당 심사청구를 각하한다.

② 심사청구에 이유가 없는 경우에는, 국세불복심판소장은 재결로 해당 심사청구를 기각한다.

③ 심사청구에 이유가 있는 경우에는, 국세불복심판소장은 재결로 해당 심사청구에 관련된 처분의 전부 혹은 일부를 취소 또는 변경한다. 다만, 심사청구인에게 불이익하게 해당 처분을 변경할 수 없다.

④ 국세불복심판소장은, 재결을 하는 경우[제92조(심리절차를 거치지 않고 하는 각하재결)의 규정에 의하여 해당 심사청구를 각하하는 경우를 제외한다]에는, 담당심판관 및 참가심판관의 의결

에 기초하여 이를 행하지 않으면 안 된다.

제99조(국세청장관의 법령해석과 다른 해석 등에 의한 재결)

① 국세불복심판소장은, 국세청장관이 발령한 통달에 제시되어 있는 법령의 해석과 다른 해석에 의하여 재결을 할 때, 또는 다른 국세에 관한 처분을 행함에 있어서 법령해석의 중요한 선례가 된다고 인정되는 재결을 할 때에는, 미리 그 의견을 국세청장관에게 통지하지 않으면 안 된다.
② 국세청장관은, 전항의 통지가 있었던 경우에 있어서, 국세불복심판소장의 의견이 심사청구인의 주장을 인용하는 것이고, 또한 국세청장관이 해당 의견이 상당하다고 인정하는 경우를 제외하고, 국세불복심판소장과 공동으로 해당 의견에 대하여 국세심의회에 자문하지 않으면 안 된다.
③ 국세불복심판소장은, 전항의 규정에 의하여 국세청장관과 국세심의회에 자문한 경우에는, 해당 국세심의회의 의결에 기초하여 재결을 하지 않으면 안 된다.

제101조(재결의 방식 등)

① 재결은, 아래에 기재된 사항을 기재하여, 국세불복심판소장이 기명날인한 재결서에 의하여 하지 않으면 안 된다.
   1. 주문
   2. 사실의 개요
   3. 심리관계인의 주장의 요지
   4. 이유
② 제84조 제8항(결정의 절차 등)의 규정은, 전항의 재결에 대하여 준용한다.
③ 재결은, 심사청구인[해당 심사청구가 처분의 상대방 이외의 자가 한 것인 경우에 있어서의 제98조 제3항(재결)의 규정에 의한 재결인 경우에는, 심사청구인 및 처분의 상대방]에게 재결서의 등본이 송달된 때에 그 효력이 발생한다.
④ 국세불복심판소장은, 재결서 등본을 참가인 및 원처분청[제75조 제2항(제1호에 관련된 부분에 한한다)(국세에 관한 처분에 대한 불복신청)에 규정된 처분에 관련된 심사청구에 있어서는, 해당 처분에 관련된 세무서장을 포함한다]에 송부하지 않으면 안 된다.

제102조(재결의 구속력)

① 재결은, 관계 행정청을 구속한다.
② 신청 혹은 청구에 기초하여 행한 처분이 절차의 위법 혹은 부당함을 이유로 재결로 취소되거나, 또는 신청 혹은 청구를 각하 혹은 기각한 처분이 재결로 취소된 경우에는, 해당 처분에 관련된 행정기관의 장은, 재결의 취지에 따라서 새로이 신청 또는 청구에 대한 처분을 하지 않으면 안 된다.
③ 국세에 관한 법률에 기초하여 공시된 처분이 재결로 취소 또는 변경된 경우에는, 해당 처분에 관한 행정기관의 장은, 해당 처분이 취소 또는 변경된 취지를 공시하지 않으면 안 된다.
④ 국세에 관한 법률에 기초하여 처분의 상대방 이외의 제109조 제1항(참가인)에 규정된 이해관

계인에게 통지된 처분이 재결로 취소 또는 변경된 경우에는, 해당 처분에 관련된 행정기관의 장은, 그 통지를 받은 자(심사청구인 및 참가인을 제외한다)에게 해당 처분이 취소 또는 변경된 취지를 통지하지 않으면 안 된다.

제115조(불복신청의 전치 등)

① 국세에 관한 법률에 기초한 처분[제80조 제3항(행정불복심사법과의 관계)에 규정된 처분을 제외한다. 이하 이 절에서 동일함]으로서 불복신청을 할 수 있는 것의 취소를 구하는 소는, 심사청구에 대한 재결을 거친 후가 아니면 제기할 수 없다. 다만, 다음 각호의 어느 하나에 해당하는 경우에는 그러하지 아니하다.

　　1. 국세불복심판소장 또는 국세청장관에 대하여 심사청구가 이루어진 날의 다음 날부터 기산하여 3개월을 경과하여도 재결이 없는 때
　　2. 경정결정 등의 취소를 구하는 소를 제기한 자가, 그 소송계속 중에 해당 경정결정 등에 관련된 국세의 과세표준 등 또는 세액 등에 대하여 이루어진 다른 경정결정 등의 취소를 구하려고 하는 때
　　3. 심사청구에 대한 재결을 거치는 것에 의하여 발생하는 현저한 손해를 피하기 위하여 긴급한 필요가 있을 때, 기타 그 재결을 거치지 않는 것에 대하여 정당한 이유가 있을 때

② 국세에 관한 법률에 기초한 처분에 대하여 이루어진 재조사청구 또는 심사청구에 대하여 결정 또는 재결을 한 자는, 그 결정 또는 재결을 한 때에 그 처분에 대한 소송이 계속 중인 경우에는, 그 재조사결정서 또는 재결서의 등본을 그 소송이 계속 중인 법원에 송부하는 것으로 한다.

제155조(간접국세 이외의 국세에 관한 범칙사건 등에 관한 고발)

해당 직원은, 아래에 기재된 범칙사건의 조사에 의하여 범칙이 있었다고 사료되는 때에는, 검사에게 고발하지 않으면 안 된다.

　　1. 간접국세 이외의 국세에 관한 범칙사건
　　2. 신고납세방식에 의한 간접국세에 관한 범칙사건[주세법 제55조 제1항 또는 제3항(벌칙)의 죄 기타 정령으로 정하는 죄에 관련된 사건에 한한다]

제156조(간접국세에 관한 범칙사건에 대한 보고 등)

① 국세국 또는 세무서의 해당 직원은, 간접국세에 관한 범칙사건(전조 제2호에 기재된 범칙사건을 제외한다. 이하 동일함)의 조사를 마친 때에는, 그 조사결과를 관할 국세국장 또는 관할 세무서장에게 보고하지 않으면 안 된다. 다만, 다음 각호의 어느 하나에 해당하는 경우에 있어서는, 즉시 검사에게 고발하지 않으면 안 된다.

　　1. 범칙혐의자의 거소가 분명하지 않은 때
　　2. 범칙혐의자가 도주할 우려가 있는 때
　　3. 증거가 되리라고 인정되는 것을 인멸할 우려가 있는 때

② 국세청의 해당 직원은, 간접국세에 관한 범칙사건의 조사를 마친 때에는, 그 조사결과를 관할

국세국장 또는 세무서장에게 통보하지 않으면 안 된다. 다만, 전항 각호의 어느 하나에 해당하는 경우에 있어서는, 즉시 검사에게 고발하지 않으면 안 된다.

제157조(간접국세에 관한 범칙사건에 대한 통고처분 등)

① 국세국장 또는 세무서장은, 간접국세에 관한 범칙사건의 조사에 의하여 범칙의 심증을 얻은 때에는, 그 이유를 명시하여, 벌금에 상당하는 금액, 몰수에 해당하는 물건, 추징금에 상당하는 금액 그리고 서류의 송달 그리고 압수물건 또는 기록명령부압수물건{記録命令付差押物件}의 운반 및 보관에 소요된 비용을 지정한 장소에 납부해야 한다는 취지를 서면에 의하여 통고하지 않으면 안 된다. 이 경우에 있어서, 몰수에 해당하는 물건에 대해서는, 납부의 신청{納付の申出}만을 하도록 하는 취지를 통고할 수 있다.

② 전항의 경우에 있어서, 다음 각호의 어느 하나에 해당한다고 인정되는 때에는, 동항의 규정에도 불구하고, 국세국장 또는 세무서장은, 즉시 검사에게 고발하지 않으면 안 된다.
  1. 정상{情狀}이 징역형에 처해야 할 것인 때
  2. 범칙자가 통고의 취지를 이행할 자력이 없는 때

③ 제1항의 규정에 의한 통고에 계산의 틀림, 오기 기타 이들과 유사한 명백한 잘못이 있는 때에는, 국세국장 또는 세무서장은 범칙자가 해당 통고의 취지를 이행하거나, 또는 전항 혹은 다음 조의 규정에 의하여 고발할 때까지의 사이에, 직권으로, 해당 통고를 경정할 수 있다.

④ 제1항의 규정에 의하여 통고가 있었던 때에는, 공소시효는 그 진행이 정지되고, 범칙자가 해당 통고를 받은 날의 다음 날부터 기산하여 20일이 경과한 때부터 그 진행을 시작한다.

⑤ 범칙자는, 제1항의 통고의 취지(제3항의 규정에 의하여 경정에 있었던 경우에는, 해당 경정 후의 통고의 취지. 다음 항 및 다음 조 제1항에서 동일함)를 이행한 경우에 있어서는, 동일 사건으로 공소를 제기당하지 않는다.

⑥ 범칙자는, 제1항 후단의 통고의 취지를 이행한 경우에 있어서, 몰수에 해당하는 물건을 소지하는 때에는, 공매 기타 필요한 처분이 이루어질 때까지 이를 보관할 의무를 진다. 다만, 그 보관에 소요되는 비용은 청구할 수 없다.

제158조(간접국세에 관한 범칙사건에 대한 통고처분의 불이행)

① 범칙자가 전조 제1항의 통고(전조 제3항의 규정에 의한 경정이 있었던 경우에는, 해당 경정. 이하 이 조에서 「통고 등」이라 한다)를 받은 경우에 있어서, 해당 통고 등을 받은 날의 다음 날부터 기산하여 20일 이내에 해당 통고의 취지를 이행하지 않은 때에는, 국세국장 또는 세무서장은, 검사에게 고발하지 않으면 안 된다. 다만, 해당 기간을 경과하였더라도 고발 전에 이행한 때에는 그러하지 아니하다.

② 범칙자의 거소가 분명하지 않기 때문에, 혹은 범칙자가 통고 등에 관련된 서류의 수령을 거절하였기 때문에, 또는 기타 사유에 의하여 통고 등을 할 수 없는 때에는, 전항과 마찬가지로 한다.

제159조(검사에 대한 인계)

① 간접국세에 관한 범칙사건은, 제156조 제1항 단서(간접국세에 관한 범칙사건에 대한 보고 등)의 규정에 의한 국세국 혹은 세무서의 해당 직원의 고발, 동조 제2항 단서의 규정에 의한 국세청의 해당 직원의 고발 또는 제57조 제2항(간접국세에 관한 법칙사건에 관한 통고처분 등) 혹은 전조의 규정에 의한 국세국 혹은 세무서장의 고발을 기다려 논한다.

② 제155조(간접국세 이외의 국세에 관한 범칙사건 등에 대한 고발)의 규정에 의한 고발 또는 전항의 고발은 서면으로서 행하며, 제152조 각항(조서의 작성)에 규정된 조서를 첨부하여, 영치물건, 압수물건 또는 기록명령부압수물건{記錄命令付差押物件}이 있는 경우에는 이것을 영치목록, 압수목록 또는 기록명령부압수목록{記錄命令付差押目錄}과 함께 검사에게 인계하지 않으면 안 된다.

③ 전항의 영치물건, 압수물건 또는 기록명령부압수물건이 제144조 제1항(영치물건 등의 처치)의 규정에 의한 보관에 관련된 것인 경우에는, 동항의 보관증으로서 인계함과 동시에 그 취지를 동항의 규정에 의하여 해당 물건을 보관시킨 자에게 통지하지 않으면 안 된다.

④ 전 2항의 규정에 따라서 영치물건, 압수물건 또는 기록명령부압수물건이 인계된 때에는, 해당 물건은 형사소송법(昭和23{1948}년 법률 제131호)의 규정에 의하여 검사에 의하여 압수된 것으로로 간주한다.

⑤ 제1항의 고발은 취소할 수 없다.

소득세법

제정 : 昭和40{1965}년 3월 31일 호외 법률 제33호
최종개정 : 슈和1{2019}년 6월 7일 호외 법률 제28호

제2조(정의)
① 이 법률에 있어서, 아래 각호에 기재된 용어의 정의는, 해당 각호에서 정하는 바에 따른다.
<제1호부터 제48호까지의 규정 중에서 책 본문과 관련되지 않은 부분 생략>

3. 거주자 : 국내에 주소를 가지거나, 또는 현재까지 계속해서 1년 이상 거소를 가진 개인을 말한다.

4. 비영주자 : 거주자 중, 일본국적을 가지고 있지 않으며, 또한 과거 10년 이내에 국내에 주소 또는 거소를 가지고 있던 기간의 합계가 5년 이하인 개인을 말한다.

5. 비거주자 : 거주자 이외의 개인을 말한다.

8. 인격이 없는 사단 등 : 법인이 아닌 사단 또는 재단으로서 대표자 또는 관리인의 정함이 있는 것을 말한다.

10. 예저금 : 예금 및 저금(이들에 준하는 것으로서 정령으로 정하는 것을 포함한다)을 말한다.

16. 재고자산 : 사업소득을 발생시키는 사업에 관련된 상품, 제품, 반제품, 재공품, 원재료 기타 자산[유가증권, 제48조의2 제1항(가상통화의 양도원가 등의 계산 및 그 평가방법)에 규정된 가상통화 및 산림을 제외한다]으로서, 재고조사를 해야 하는 것으로 정령으로 정하는 것을 말한다.

17. 유가증권 : 금융상품거래법 제2조 제1항에 규정된 유가증권 기타 이에 준하는 것으로서 정령으로 정하는 것을 말한다.

18. 고정자산 : 토지(토지 위에 존재하는 권리도 포함된다), 감가상각자산, 전화가입권 기타 자산(산림을 제외한다)으로서 정령으로 정하는 것을 말한다.

19. 감가상각자산 : 부동산소득 혹은 잡소득의 기인(基因)이 되는, 또는 부동산소득, 사업소득, 산림소득 혹은 잡소득을 발생시키는 업무용 건물, 구축물, 기계 및 장치, 선박, 차량 및 운반구, 공구, 기구 및 비품, 광업권 기타 자산으로서 상각을 해야 하는 것으로 정령으로 정하는 것을 말한다.

20. 이연자산 : 부동산소득, 사업소득, 산림소득 또는 잡소득을 발생시키는 업무에 관하여, 개인이 지출하는 비용 중 지출효과가 그 지출일 이후 1년 이상에 미치는 것으로서 정령으로 정하는 것을 말한다.

21. 각종소득 : 제2편 제2장 제2절 제1관(소득의 종류 및 각종소득의 금액)에 규정된 이자소득, 배당소득, 부동산소득, 사업소득, 급여소득, 퇴직소득, 산림소득, 양도소득, 일시소득 및 잡소득을 말한다.

22. 각종소득의 금액 : 제2편 제2장 제2절 제1관에 규정된 이자소득의 금액, 배당소득의 금액, 부동산소득의 금액, 사업소득의 금액, 급여소득의 금액, 퇴직소득의 금액, 산림소득의 금

액, 양도소득의 금액, 일시소득의 금액 및 잡소득의 금액을 말한다.

25. 순손실의 금액 : 제69조 제1항(손익통산)에 규정된 손실의 금액 중 동조의 규정을 적용하더라도 공제를 모두 할 수 없는 부분의 금액을 말한다.

26. 잡손실의 금액 : 제72조 제1항(잡손공제)에 규정된 손실의 금액의 합계액이 동항 각호에 기재된 경우의 구분에 따라서 해당 각호에 기재된 금액을 넘는 경우에 있어서의 그 넘는 부분의 금액을 말한다.

27. 재해 : 지진, 풍수피해, 화재 기타 정령으로 정하는 재해를 말한다.

30. 과부{寡婦} : 다음에 기재된 자를 말한다.

イ. 남편과 사별하거나, 혹은 남편과 이혼한 후 혼인을 하지 않은 자 또는 남편의 생사가 명확하지 않은 자로서 정령으로 정하는 자 중, 부양친족 기타 그 자와 생계를 같이하는 친족으로서 정령으로 정하는 자를 가지는 자

ロ. イ에 기재된 자 외에, 남편과 사별한 후 혼인하지 않은 자 또는 남편의 생사가 명확하지 않은 자로서 정령으로 정하는 자 중, 제70조(순손실의 이월공제) 및 제71조(순손실의 잡손공제)의 규정을 적용하지 않고 계산한 경우에 있어서의 제22조(과세표준)에 규정된 총소득금액, 퇴직소득금액 및 산림소득금액의 합계액(이하 이 조에서 「합계소득금액」이라 한다)이 500만 엔 이하인 자

31. 과부{寡夫} : 아내와 사별하거나, 혹은 아내와 이혼한 후 혼인하지 않은 자 또는 아내의 생사가 명백하지 않은 자로서 정령으로 정하는 자 중, 그 자와 생계를 같이하는 친족으로서 정령으로 정하는 자를 가지고, 또한 합계소득금액이 500만 엔 이하인 자를 말한다.

33. 동일생계배우자 : 거주자의 배우자로서 그 거주자와 생계를 같이 하는 자[제57조 제1항(사업에 전종하는 친족이 있는 경우의 필요경비의 특례 등)에 규정된 청색사업전종자에 해당하는 자로서 동항에 규정된 급여의 지급[1]을 받는 자 및 동조 제3항에 규정된 사업전종자에 해당하는 자(제33호의4에서 「청색사업전종자 등」이라 한다)를 제외한다] 중, 합계소득금액이 48만 엔 이하인 자를 말한다.

33의2. 공제대상배우자 : 동일생계배우자 중, 합계소득금액이 1,000만 엔 이하인 거주자의 배우자를 말한다.

33의3. 노인공제대상배우자 : 공제대상배우자 중. 연령이 70세 이상인 자를 말한다.

② 이 법률에 있어서, 「상속인」에는 포괄수유자를 포함하는 것으로 하고, 「피상속인」에는 포괄유증자를 포함하는 것으로 한다.

제5조(납세의무자)

① 거주자는 이 법률에 따라서 소득세를 납부할 의무가 있다.

② 비거주자는, 다음에 기재된 경우에는, 이 법률에 따라서 소득세를 납부할 의무가 있다.

1. 제61조 제1항(국내원천소득)에 규정된 국내원천소득(다음 호에서 「국내원천소득」이라 한

---

1) 이 부분의 원문은 "支払"로, 직역을 하면 '지불'이 되나, 우리나라 조세법령에서는 이 경우 '지급'이 사용되므로, 본문과 같이 '지급'으로 번역하였다. 이하에서도 동일하게 번역한다.

다)을 가질 때(동호에 기재된 경우를 제외한다)

　2. 그 인수를 행하는 법인과세신탁의 신탁자산에 귀속되는 내국법인과세소득[제174조 각호(내국법인에 관련된 소득세의 과세표준)에 기재된 이자 등, 배당 등, 급부보전금, 이자, 이익, 차익, 이익의 분배 또는 상금을 말한다. 이하 이 조에서 동일함]의 지급을 국내에서 받을 때 또는 해당 신탁재산에 귀속되는 외국법인과세소득(국내원천소득 중 제161조 제1항 제4호부터 제11호까지 또는 제13호부터 제16호까지에 기재된 것을 말한다. 이하 이 조에서 동일함)의 지급을 받을 때

③ 내국법인은, 국내에 있어서 내국법인과세소득의 지급을 받을 때 또는 그 인수를 행하는 법인과세신탁의 신탁재산에 귀속되는 외국법인과세소득의 지급을 받을 때에는, 이 법률에 따라서 소득세를 납부할 의무가 있다.

④ 외국법인은, 외국법인과세소득의 지급을 받을 때 또는 그 인수를 행하는 법인과세신탁의 신탁재산에 귀속되는 내국법인과세소득의 지급을 국내에 있어서 받을 때에는, 이 법률에 따라서 소득세를 납부할 의무가 있다.

제6조(원천징수의무자)

제28조 제1항(급여소득)에 규정된 급여 등의 지급을 하는 자 기타 제4편 제1장부터 제6장까지(원천징수)에 규정된 지급을 하는 자는, 이 법률에 따라서 그 지급에 관련된 금액에 대하여 원천징수를 할 의무가 있다.

제7조(과세소득의 범위)

① 소득세는, 다음의 각호에 기재된 자의 구분에 따라서 해당 각호에서 정하는 소득에 대하여 부과한다.

　1. 비영주자 이외의 거주자 : 모든 소득
　2. 비영주자 : 제95조 제1항(외국세액공제)에 규정된 국외원천소득(국외에 있는 유가증권의 양도에 의하여 발생하는 소득으로서 정령으로 정하는 것을 포함한다. 이하 이 호에서 「국외원천소득」이라 한다) 이외의 소득 및 국외원천소득으로서 국내에서 지급되거나 또는 국외로부터 송금된 것
　3. 비거주자 : 제164조 제1항 각호(비거주자에 대한 과세방법)에 기재된 비거주자의 구분에 따라서 각각 동항 각호 및 동조 제2항 각호에서 정하는 국내원천소득
　4. 내국법인 : 국내에서 지급되는 제174조 각호(내국법인에 관련된 소득세의 과세표준)에 기재된 이자 등, 배당 등, 급부보전금, 이자{利息}, 이익, 차익, 이익의 분배 및 상금
　5. 외국법인 : 제161조 제1항(국내원천소득)에 규정된 국내원천소득 중 동항 제4호부터 제11호까지 및 제13호부터 제16호까지에 기재된 것

② 전항 제2호에 기재된 소득의 범위에 관하여 필요한 사항은 정령으로 정한다.

제9조(비과세소득)

① 다음에 기재된 소득에 대해서는 소득세를 부과하지 않는다.

＜제1호부터 제18호까지의 규정 중에서 책 본문과 관련되지 않은 부분 생략＞

5. 급여소득을 가지는 자로서 통근하는 자(이하 이 호에서 「통근자」라 한다)가 그 통근에 필요한 교통기관의 이용 또는 교통용구{交通用具}의 사용을 위하여 지출하는 비용에 충당되는 것으로서 통상의 급여에 가산되어 받는 통근수당(이와 유사한 것을 포함한다) 중, 일반 통근자에게 통상적으로 필요하다고 인정되는 부분으로서 정령으로 정하는 것

6. 급여소득을 가지는 자가 그 사용자로부터 받는 금전 이외의 물건(경제적인 이익을 포함한다)으로 그 직무의 성질상 빠뜨릴 수 없는 것으로서 정령으로 정하는 것

9. 자기 또는 그 배우자 기타 친족이 생활에 사용하는 가구, 집기, 의복 기타 자산으로서 정령으로 정하는 것의 양도에 의한 소득

15. 학자금에 충당하기 위하여 급부되는 금품[급여 기타 대가의 성질을 가지는 것(급여소득을 가지는 자가 그 사용자로부터 받는 것의 경우에는, 통상의 급여에 가산하여 받는 것으로서 다음에 기재된 경우에 해당하는 것 이외의 것을 제외한다)을 제외한다] 및 부양의무자 상호간에 부양의무를 이행하기 위하여 급부되는 금품

    イ. 법인인 사용자로부터 해당 법인의 임원[법인세법 제2조 제15호(정의)에 규정된 임원을 말한다. ㅁ에서 동일함]의 학자금에 충당하기 위하여 급부되는 경우

    ㅁ. 법인인 사용자로부터 해당 법인의 사용인(해당 법인의 임원을 포함한다)의 배우자 기타 해당 사용인과 정령으로 정하는 특별한 관계가 있는 자의 학자금에 충당하기 위하여 급부되는 경우

    ハ. 개인인 사용자로부터 해당 개인이 경영하는 사업에 종사하는 해당 개인의 배우자 기타 친족(해당 개인과 생계를 같이 하는 자를 제외한다)의 학자금에 충당하기 위하여 급부되는 경우

    ニ. 개인인 사용자로부터 해당 개인의 사용인(해당 개인이 경영하는 사업에 종사하는 해당 개인의 배우자 기타 친족을 포함한다)의 배우자 기타 해당 사용인과 정령으로 정하는 특별한 관계가 있는 자(해당 개인과 생계를 같이 하는 해당 개인의 배우자 기타 친족에 해당하는 자를 제외한다)의 학자금에 충당하기 위하여 급부되는 경우

16. 상속, 유증 또는 개인으로부터의 증여에 의하여 취득하는 것[상속세법(昭和25{1950}년 법률 제73호)의 규정에 의하여 상속, 유증 또는 개인으로부터의 증여에 의하여 취득한 것으로 간주되는 것을 포함한다]

17. 보험업법(平成7{1995}년 법률 제105호) 제2조 제4항(정의)에 규정된 손해보험회사 또는 동조 제9항에 규정된 외국손해보험회사 등이 체결한 보험계약에 기초하여 지급받는 보험금 및 손해배상금(이들과 유사한 것을 포함한다)으로서, 심신에 가해진 손해 또는 돌발적인 사고에 의하여 자산에 가해진 손해에 기인{基因}하여 취득하는 것 기타 정령으로 정하는 것

② 다음에 기재된 금액은, 이 법률의 적용에 관해서는, 없는 것으로 간주한다.

1. 전항 제9호에 규정된 자산의 양도에 의한 수입금액이 그 자산의 제33조 제3항에 규정된 취득비 및 그 양도에 소요된 비용의 합계액(이하 이 항에 있어서 「취득비 등의 금액」이라 한다)에 미치지 않는 경우에 있어서의 그 부족액
2. 전항 제10호에 규정된 자산의 양도에 의한 수입금액이 그 자산의 취득비 등의 금액 또는 제32조 제3항(산림소득의 금액의 계산)에 규정된 필요경비에 미치지 않는 경우에 있어서의 그 부족액

제12조(실질소득자과세의 원칙)

자산 또는 사업으로부터 발생하는 수익이 법률상 귀속된다고 보이는 자가 단순한 명의인으로서 그 수익을 향수{享受}하지 않고, 그 자 이외의 자가 수익을 향수하는 경우에는, 그 수익은 이를 향수하는 자에게 귀속되는 것으로 하여 이 법률의 규정을 적용한다.

제21조(소득세액의 계산 순서)

① 거주자에 대하여 부과하는 소득세액은, 다음에서 정하는 순서에 따라서 계산한다.
1. 다음 장 제2절(각종소득의 금액 계산)의 규정에 의하여, 그 소득을 이자소득, 배당소득, 부동산소득, 사업소득, 급여소득, 퇴직소득, 산림소득, 양도소득, 일시소득 또는 잡소득으로 구분하여, 이들 소득별로 소득금액을 계산한다.
2. 전호의 소득금액을 기초로 하여, 다음 조 및 다음 장 제3절(손익통산 및 손실의 이월공제)의 규정에 따라서 동조에 규정된 총소득금액, 퇴직소득금액 및 산림소득금액을 계산한다.
3. 다음 장 제4절(소득공제)의 규정에 따라서 전호의 총소득금액, 퇴직소득금액 또는 산림소득금액에서 기초공제 기타의 공제를 하여 제89조 제2항(세율)에 규정된 과세총소득금액, 과세퇴직소득금액 또는 과세산림소득금액을 계산한다.
4. 전호의 과세총소득금액, 과세퇴직소득금액 또는 과세산림소득금액을 기초로 하여, 제3장 제1절(세율)의 규정에 따라서 소득세의 금액을 계산한다.
5. 제3장 제2절(세액공제)의 규정에 의하여 배당공제, 분배시조정외국세상당액공제 및 외국세액공제를 받는 경우에는, 전호의 소득세의 금액에 상당하는 금액에서 그 공제를 한 후의 금액을 소득세액으로 한다.
② 전항의 경우에 있어서, 거주자가 제4장(세액계산의 특례)의 규정에 해당하는 때에는, 그 자에 대하여 부과하는 소득세의 금액에 대해서는, 동장에서 정하는 바에 따른다.

제22조(과세표준)

① 거주자에 대하여 부과하는 소득세의 과세표준은, 총소득금액, 퇴직소득금액 및 산림소득금액으로 한다.
② 총소득금액은, 다음 절(각종소득의 금액 계산)의 규정에 따라서 계산한 다음에 기재된 금액의 합계액[제70조 제1항 혹은 제2항(순손실의 이월공제) 또는 제71조 제1항(잡손실의 이월공제)의 규정의 적용이 있는 경우에는, 그 적용 후의 금액]으로 한다.

1. 이자소득의 금액, 배당소득의 금액, 부동산소득의 금액, 사업소득의 금액, 급여소득의 금액, 양도소득의 금액[제33조 제3항 제1호(양도소득의 금액 계산)에 기재된 소득에 관련된 부분의 금액에 한한다] 및 잡소득 금액[이들 금액에 대하여 제69조(손익통산)의 규정의 적용이 있는 경우에는, 그 적용 후의 금액]의 합계액
2. 양도소득의 금액(제33조 제3항 제2호에 기재된 소득에 관련된 부분의 금액에 한한다) 및 일시소득의 금액(이들 금액에 대하여 제69조의 규정의 적용이 있는 경우에는, 그 적용 후의 금액)의 합계액의 2분의 1에 상당하는 금액

③ 퇴직소득금액 또는 산림소득금액은, 각각 다음 절의 규정에 따라서 계산한 퇴직소득의 금액 또는 산림소득의 금액(이들 금액에 대하여 제69조부터 제71조까지의 규정의 적용이 있는 경우에는, 그 적용 후의 금액)으로 한다.

제23조(이자소득)

① 이자소득이란, 공사채 및 예저금의 이자(공사채에서 원본에 관련된 부분과 이자에 관련된 부분으로 분리되어 각각 독립하여 거래되는 것 중, 해당 이자에 관련된 부분이었던 공사채에 관련된 부분을 제외한다) 그리고 합동운용신탁, 공사채투자신탁 및 공모공사채 등 운용투자신탁 수익의 분배(이하 이 조에서 「이자 등」이라 한다)에 관련된 소득을 말한다.
② 이자소득의 금액은, 그 해 중의 이자 등의 수입금액으로 한다.

제24조(배당소득)

① 배당소득이란, 법인[법인세법 제2조 제6호(정의)에 규정된 공익법인 등 및 인격이 없는 사단 등을 제외한다]으로부터 받는 잉여금의 배당[주식 또는 출자(공모공사채 등 운용투자신탁 이외의 공사채 등 운용투자신탁의 수익권 및 사채적 수익권(社債的受益權)을 포함한다. 다음 조에서 동일함)에 관련된 것에 한하는 것으로 하고, 자본잉여금의 감소에 수반하는 것 그리고 분할형분할(동법 제2조 제12호의9에 규정된 분할형분할을 말하며, 법인과세신탁에 관련된 신탁의 분할을 포함한다. 이하 이 항 및 다음 조에서 동일함)에 의한 것 및 주식분배(동법 제2조 제12호의15의2에 규정된 주식분배를 말한다. 이하 이 항 및 다음 조에서 동일함)를 제외한다], 이익의 배당[자산의 유동화에 관한 법률 제115조 제1항(중간배당)에 규정된 금전의 분배를 포함하고, 분할형분할에 의한 것 및 주식분배를 제외한다], 잉여금의 분배(출자에 관련된 것에 한한다), 투자신탁 및 투자법인에 관한 법률 제137조(금전의 분배)의 금전의 분배[출자총액 등의 감소에 수반하는 금전의 분배로서 재무성령으로 정하는 것(다음 조 제1항 제4호에서 「출자 등 감소 분배」라 한다)을 제외한다], 기금이자[보험업법 제55조 제1항(기금이자의 지급 등의 제한)에 규정된 기금이자를 말한다] 그리고 투자신탁(공사채투자신탁 및 공모공사채 등 운용투자신탁을 제외한다) 및 특정수익증권발행신탁의 수익의 분배(법인세법 제2조 제12호의15에 규정된 적격현물분배에 관련된 것을 제외한다. 이하 이 조에서 「배당 등」이라 한다)에 관련된 소득을 말한다.
② 배당소득의 금액은, 그 해 중의 배당 등의 수입금액으로 한다. 다만, 주식 기타 배당소득을 발생시키는 원본을 취득하기 위하여 소요된 부채의 이자(사업소득 또는 잡소득의 기인(基因)이 된

유가증권을 취득하기 위하여 소요된 부채의 이자를 제외한다. 이하 이 항에서 동일함)로 그 해 중에 지급하는 것이 있는 경우에는, 해당 수입금액에서, 그 지급하는 부채의 이자액 중 그 해에 있어서 그 원본을 가지고 있었던 기간에 대응하는 부분의 금액으로서 정령으로 정하는 바에 따라서 계산한 금액의 합계액을 공제한 금액으로 한다.

제25조(배당 등으로 간주하는 금액)

① 법인[법인세법 제2조 제6호(정의)에 규정된 공익법인 등 및 인격이 없는 사단 등을 제외한다. 이하 이 항에서 동일함]의 주주 등이 해당 법인의 다음에 기재된 사유에 의하여 금전 기타 자산의 교부를 받은 경우에 있어서, 그 금전의 금액 및 금전 이외 자산의 가액(동조 제12호의15에 규정된 적격현물분배에 관련된 자산의 경우에는, 해당 법인의 그 교부 직전의 해당 자산의 장부가액에 상당하는 금액)의 합계액이 해당 법인의 동조 제16호에 규정된 자본금 등의 금액 또는 동조 제17호의2에 규정된 연결개별자본금 등의 금액 중 그 교부의 기인{基因}이 된 해당 법인의 주식 또는 출자에 대응하는 부분의 금액을 넘을 때에는, 이 법률의 규정의 적용에 관해서는, 그 넘는 부분의 금액에 관련된 금전 기타 자산은, 전조 제1항에 규정된 잉여금의 배당, 이익의 배당, 잉여금의 분배 또는 금전의 분배로 간주한다.

  1. 해당 법인의 합병(법인과세신탁에 관련된 신탁의 병합을 포함하고, 법인세법 제2조 제12호의8에 규정된 적격합병을 제외한다)
  2. 해당 법인의 분할형분할(법인세법 제2조 제12호의12에 규정된 적격분할형분할을 제외한다)
  3. 해당 법인의 주식분배(법인세법 제2조 제12호의15의3에 규정된 적격주식분배를 제외한다)
  4. 해당 법인의 자본환급[주식에 관련된 잉여금의 배당(자본잉여금의 감소에 수반하는 것에 한한다) 중 분할형분할에 의한 것 및 주식분배 이외의 것 그리고 출자 등 감소 분배를 말한다] 또는 해당 법인의 해산에 의한 잔여재산의 분배
  5. 해당 법인의 자기의 주식 또는 출자의 취득[금융상품거래법 제2조 제16항(정의)에 규정된 금융상품거래소가 개설한 시장에서의 구입을 통한 취득 기타 정령으로 정하는 취득 및 제57조의4 제3항 제1호부터 제3호까지(주식교환 등에 관련된 양도소득 등의 특례)에 기재된 주식 또는 출자의 동항에 규정된 경우에 해당하는 경우에 있어서의 취득을 제외한다]
  6. 해당 법인의 출자소각(취득한 출자에 대하여 실시하는 것을 제외한다), 해당 법인의 출자환급, 해당 법인으로부터의 사원 기타 출자자의 퇴사 혹은 탈퇴에 의한 지분의 환급 또는 해당 법인의 주식 혹은 출자를 해당 법인이 취득하지 않고 소멸시키는 것
  7. 해당 법인의 조직변경(해당 조직변경 시에 해당 조직변경을 한 해당 법인의 주식 또는 출자 이외의 자산을 교부한 것에 한한다)

② 합병법인(법인세법 제2조 제12호에 규정된 합병법인을 말한다. 이하 이 항에서 동일함) 또는 분할법인(동조 제12호의2에 규정된 분할법인을 말한다. 이하 이 항에서 동일함)이 피합병법인(동조 제11호에 규정된 피합병법인을 말한다)의 주주 등 또는 해당 분할법인의 주주 등에 대하여 합병 또는 분할형분할에 의하여 주식(출자를 포함한다. 이하 이 항에서 동일함) 기타 자산의 교부를 하지 않은 경우에 있어서도, 해당 합병 또는 분할형분할이 합병법인 또는 분할승계법인(동조

제12호의3에 규정된 분할승계법인을 말한다. 이하 이 항에서 동일함)의 주식의 교부가 생략되었다고 인정되는 합병 또는 분할형분할로서 정령으로 정하는 것에 해당할 때에는, 정령으로 정하는 바에 따라서 이러한 주주 등이 해당 합병법인 또는 분할승계법인의 주식의 교부를 받은 것으로 간주하여 전항의 규정을 적용한다.

③ 제1항에 규정된 주식 또는 출자에 대응하는 부분의 금액의 계산방법 기타 전 2항의 규정의 적용에 관하여 필요한 사항은 정령으로 정한다.

제26조(부동산소득)

① 부동산소득이란, 부동산, 부동산 위에 존재하는 권리, 선박 또는 항공기(이하 이 항에서 「부동산 등」이라 한다)의 대여(지상권 또는 영소작권{永小作權}의 설정 기타 타인에게 부동산 등을 사용하게 하는 것을 포함한다)에 의한 소득(사업소득 또는 양도소득에 해당하는 것을 제외한다)을 말한다.

② 부동산소득의 금액은, 그 해 중의 부동산소득에 관련된 총수입금액에서 필요경비를 공제한 금액으로 한다.

제27조(사업소득)

① 사업소득이란, 농업, 어업, 제조업, 도매업, 소매업, 서비스업 기타 사업으로서 정령으로 정하는 것으로부터 발생하는 소득(산림소득 또는 양도소득에 해당하는 것을 제외한다)을 말한다.

② 사업소득의 금액은, 그 해 중의 사업소득에 관련된 총수입금액에서 필요경비를 공제한 금액으로 한다.

제28조(급여소득)

① 급여소득이란, 봉급, 급료, 임금, 세비 및 상여 그리고 이들과 같은 성질을 가지는 급여(이하 이 조에서 「급여 등」이라 한다)에 관련된 소득을 말한다.

② 급여소득의 금액은, 그 해 중의 급여 등의 수입금액에서 급여소득공제액을 공제한 잔액으로 한다.

③ 전항에 규정된 급여소득 공제액은, 다음의 각호에 기재된 경우의 구분에 따라서 해당 각호에서 정하는 금액으로 한다.
  1. 전항에 규정된 수입금액이 180만 엔 이하인 경우 : 해당 수입금액의 100분의 40에 상당하는 금액에서 10만 엔을 공제한 금액(해당 금액이 55만 엔에 미치지 않는 경우에는 55만 엔)
  2. 전항에 규정된 수입금액이 180만 엔을 넘고 360만 엔 이하인 경우 : 62만 엔과 해당 수입금액에서 180만 엔을 공제한 금액의 100분의 30에 상당하는 금액의 합계액
  3. 전항에 규정된 수입금액이 360만 엔을 넘고 660만 엔 이하인 경우 : 116만 엔과 해당 수입금액에서 360만 엔을 공제한 금액의 100분의 20에 상당하는 금액의 합계액
  4. 전항에 규정된 수입금액이 660만 엔을 넘고 850만 엔 이하인 경우 : 176만 엔과 해당 수입금액에서 660만 엔을 공제한 금액의 100분의 10에 상당하는 금액의 합계액

　5. 전항에 규정된 수입금액이 850만 엔을 넘는 경우 : 195만 엔

④ 그 해 중의 급여 등의 수입금액이 660만 엔 미만인 경우에는, 해당 급여 등에 관련된 급여소득의 금액은, 전 2항의 규정에도 불구하고, 해당 수입금액을 별표5의 급여 등의 금액으로 하고, 동표에 의하여 해당 금액에 따라서 구한 동표의 급여소득공제 후의 급여 등의 금액에 상당하는 금액으로 한다.

제30조(퇴직소득)

① 퇴직소득이란, 퇴직수당, 일시은급{一時恩給} 기타 퇴직에 의하여 일시에 받는 급여 및 이들과 같은 성질을 가지는 급여(이하 이 조에서 「퇴직수당 등」이라 한다)에 관련된 소득을 말한다.

② 퇴직소득의 금액은, 그 해 중의 퇴직수당 등의 수입금액에서 퇴직소득공제액을 공제한 잔액의 2분의 1에 상당하는 금액(해당 퇴직수당 등이 특정임원퇴직수당 등인 경우에는, 퇴직수당 등의 수입금액에서 퇴직소득공제액을 공제한 잔액에 상당하는 금액)으로 한다.

③ 전항에 규정된 퇴직소득공제액은, 다음의 각호에 기재된 경우의 구분에 따라서 해당 각호에서 정하는 금액으로 한다.

　1. 정령으로 정하는 근속연수(이하 이 항 및 제6항에서 「근속연수」라 한다)가 20년 이하인 경우 : 40만 엔에 해당 근속연수를 곱하여 계산한 금액

　2. 근속연수가 20년을 넘는 경우 : 800만 엔과 70만 엔에 해당 근속연수에서 20년을 공제한 연수를 곱하여 계산한 금액의 합계액

④ 제2항에 규정된 특정임원퇴직수당 등이란, 퇴직수당 등 중에서, 임원 등(아래에 기재된 자를 말한다)으로서 정령에서 정한 근속연수(이하 이 항 및 제6항에서는 「임원 등 근속연수」라 한다)가 5년 이하인 자가, 퇴직수당 등의 지급을 하는 자로부터 해당 임원 등 근속연수에 대응하는 퇴직수당 등으로서 지급을 받는 것을 말한다.

　1. 법인세법 제2조 제15호(정의)에 규정된 임원

　2. 국회의원 및 지방자치단체 의회의 의원

　3. 국가공무원 및 지방공무원

⑤ 다음의 각호에 기재된 경우에 해당할 때에는, 제2항에 규정된 퇴직소득공제액은, 제3항의 규정에도 불구하고, 해당 각호에서 정하는 금액으로 한다.

　1. 그 해의 전년 이전에 다른 퇴직수당 등의 지급을 받은 경우로서 정령으로 정하는 경우 : 제3항의 규정에 따라서 계산한 금액에서, 해당 다른 퇴직수당 등에 관하여 정령으로 정하는 바에 따라서 동항의 규정에 준하여 계산한 금액을 공제한 금액

　2. 제3항 및 전호의 규정에 따라서 계산한 금액이 80만 엔에 미치지 않는 경우(다음 호에 해당하는 경우를 제외한다) : 80만 엔

　3. 장애인이 된 것에 직접 기인{基因}하여 퇴직하였다고 인정되는 경우로서 정령으로 정하는 경우 : 제3항 및 제1호의 규정에 따라서 계산한 금액(해당 금액이 80만 엔에 미치지 않는 경우에는 80만 엔)에 100만 엔을 가산한 금액

⑥ 그 해 중에 제4항에 규정된 특정임원퇴직수당 등과 특정임원퇴직수당 등 이외의 퇴직수당 등

이 있으며, 해당 특정임원퇴직수당 등에 관련된 임원 등 근속연수와 특정임원퇴직수당 등 이외의 퇴직수당 등에 관련된 근속연수에 중복되는 기간이 있는 경우의 퇴직소득의 금액의 계산에 대해서는 정령으로 정한다.

제32조(산림소득)

① 산림소득이란, 산림의 벌채 또는 양도에 의한 소득을 말한다.

② 산림을 그 취득한 날 이후 5년 이내에 벌채 또는 양도한 것에 의한 소득은, 산림소득에 포함되지 않는 것으로 한다.

③ 산림소득의 금액은, 그 해 중의 산림소득에 관련된 총수입금액에서 필요경비를 공제하고, 그 잔액에서 산림소득의 특별공제액을 공제한 금액으로 한다.

④ 전항에 규정된 산림소득의 특별공제액은, 50만 엔(동항에 규정된 잔액이 50만 엔에 미치지 않는 경우에는 해당 잔액)으로 한다.

제33조(양도소득)

① 양도소득이란, 자산의 양도(건물 또는 구축물의 소유를 목적으로 하는 지상권 또는 임차권의 설정 기타 계약에 의하여 타인에게 토지를 장기간 사용하게 하는 행위로서 정령으로 정하는 것을 포함한다. 이하 이 조에서 동일함)에 의한 소득을 말한다.

② 다음에 기재된 소득은 양도소득에 포함되지 않는 것으로 한다.

  1. 재고자산(이에 준하는 자산으로서 정령으로 정하는 것을 포함한다)의 양도 기타 영리를 목적으로 계속적으로 행해지는 자산의 양도에 의한 소득

  2. 전호에 해당하는 것 외에, 산림의 벌채 또는 양도에 의한 소득

③ 양도소득의 금액은, 다음의 각호에 기재된 소득에 대하여, 각각 그 해 중의 해당 소득에 관련된 총수입금액에서 해당 소득의 기인{基因}이 된 자산의 취득비 및 그 자산의 양도에 소요된 비용의 금액의 합계액을 공제하고, 그 잔액의 합계액(해당 각호 중 어느 호에 기재된 소득에 관련된 총수입금액이 해당 소득의 기인{基因}이 된 자산의 취득비 및 그 자산의 양도에 소요된 비용의 금액의 합계액에 미치지 않는 경우에는, 그 부족액에 상당하는 금액을 다른 호에 기재된 소득에 관련된 잔액에서 공제한 금액. 이하 이 조에서 「양도차익{讓渡益}」이라 한다)에서 양도소득의 특별공제액을 공제한 금액으로 한다.

  1. 자산의 양도(전항의 규정에 해당하는 것을 제외한다. 다음 호에서 동일함)로서 그 자산의 취득일 이후 5년 이내에 이루어진 것에 의한 소득(정령으로 정하는 것을 제외한다)

  2. 자산의 양도에 의한 소득으로 전호에 기재된 소득 이외의 것

④ 전항에 규정된 양도소득의 특별공제액은, 50만 엔(양도차익이 50만 엔에 미치지 않는 경우에는 해당 양도차익)으로 한다.

⑤ 제3항의 규정에 의하여 양도차익에서 동항에 규정된 양도소득의 특별공제액을 공제하는 경우에는, 해당 양도차익 중에서 우선 동항 제1호에 기재된 소득에 관련된 부분의 금액에서 공제하는 것으로 한다.

제34조(일시소득)

① 일시소득이란, 이자소득, 배당소득, 부동산소득, 사업소득, 급여소득, 퇴직소득, 산림소득 및 양도소득 이외의 소득 중에서, 영리를 목적으로 하는 계속적 행위로부터 발생한 소득 이외의 일시적 소득으로, 노무 기타 역무 또는 자산양도의 대가로서의 성질을 가지지 않는 것을 말한다.

② 일시소득의 금액은, 그 해 중의 일시소득에 관련된 총수입금액에서 그 수입을 얻기 위하여 지출한 금액(그 수입을 발생시킨 행위를 하기 위하여, 또는 그 수입을 발생시킨 원인의 발생에 수반하여 직접 소요된 금액에 한한다)의 합계액을 공제하고, 그 잔액에서 일시소득의 특별공제액을 공제한 금액으로 한다.

③ 전항에 규정된 일시소득의 특별공제액은, 50만 엔(동항에 규정된 잔액이 50만 엔에 미치지 않는 경우에는 해당 잔액)으로 한다.

제35조(잡소득)

① 잡소득이란, 이자소득, 배당소득, 부동산소득, 사업소득, 급여소득, 퇴직소득, 산림소득, 양도소득 및 일시소득의 어느 것에도 해당하지 않는 소득을 말한다.

② 잡소득의 금액은, 다음의 각호에 기재된 금액의 합계액으로 한다.

　　1. 그 해 중의 공적연금 등의 수입금액에서 공적연금 등 공제액을 제외한 잔액

　　2. 그 해 중의 잡소득(공적연금 등에 관련된 것을 제외한다)에 관련된 총수입금액에서 필요경비를 공제한 금액

③ 전항에 규정된 공적연금 등이란, 다음에 기재된 연금을 말한다.

　　1. 제31조 제1호 및 제2호(퇴직수당 등으로 간주되는 일시금)에 규정된 법률의 규정에 기초한 연금 기타 동조 제1호 및 제2호에 규정된 제도에 기초한 연금(이와 유사한 급부를 포함한다. 제3호에서 동일함)으로서 정령으로 정하는 것

　　2. 은급(恩給)(일시은급을 제외한다) 및 과거의 근무에 기초하여 사용자였던 자로부터 지급되는 연금

　　3. 확정급부기업연금법의 규정에 기초하여 지급받는 연금[제31조 제3호에 규정된 규약에 기초하여 납부된 부담금(掛金) 중에서, 그 연금이 지급되는 동법 제25조 제1항(가입자)에 규정된 가입자(동항에 규정된 가입자였던 자를 포함한다)가 부담한 금액이 있는 경우에는, 그 연금액에서 그 부담한 금액 중 그 연금액에 대응하는 것으로서 정령으로 정하는 바에 따라서 계산한 금액을 공제한 금액에 상당하는 부분에 한한다] 기타 이와 유사한 연금으로서 정령으로 정하는 것

④ 제2항에 규정된 공적연금 등 공제액은, 다음의 각호에 기재된 경우의 구분에 따라서 해당 각호에서 정하는 금액으로 한다.

　　1. 그 해 중의 공적연금 등의 수입금액이 없는 것으로 계산한 경우에 있어서의 제2조 제1항 제30호(정의)에 규정된 합계소득금액(다음 호 및 제3호에서 「공적연금 등에 관련된 잡소득 이외의 합계소득금액」이라 한다)이 1,000만 엔 이하인 경우 : 다음에 기재된 금액의 합계액(해당 합계액이 60만 엔에 미치지 않는 경우에는 60만 엔)

   イ. 40만 엔

   ロ. 그 해 중의 공적연금 등의 수입금액에서 50만 엔을 공제한 잔액의 다음에 기재된 경우
     의 구분에 따라서 각각 다음에서 정하는 금액

     (1) 해당 잔액이 360만 엔 이하인 경우 : 해당 잔액의 100분의 25에 상당하는 금액

     (2) 해당 잔액이 360만 엔을 넘고 720만 엔 이하인 경우 : 90만 엔과 해당 잔액에서
       360만 엔을 공제한 금액의 100분의 15에 상당하는 금액의 합계액

     (3) 해당 잔액이 720만 엔을 넘고 950만 엔 이하인 경우 : 144만 엔과 해당 잔액에서
       720만 엔을 공제한 금액의 100분의 5에 상당하는 금액의 합계액

     (4) 해당 잔액이 950만 엔을 넘는 경우 : 155만 5,000엔

 2. 그 해 중의 공적연금 등에 관련된 잡소득 이외의 합계소득금액이 1,000만 엔을 넘고 2,000
   만 엔 이하인 경우 : 다음에 기재된 금액의 합계액(해당 합계액이 50만 엔에 미치지 않는
   경우에는 50만 엔)

   イ. 30만 엔

   ロ. 전호 ロ에 기재된 금액

 3. 그 해 중의 공적연금 등에 관련된 잡소득 이외의 합계소득금액이 2,000만 엔을 넘는 경우
   : 다음에 기재된 금액의 합계액(해당 합계액이 40만 엔에 미치지 않는 경우에는 40만 엔)

   イ. 20만 엔

   ロ. 제1호 ロ에 기재된 금액

제36조(수입금액)

① 그 연도분의 각종소득의 금액 계산상 수입금액으로 해야 할 금액 또는 총수입금액에 산입해야
할 금액은, 별도의 규정이 있는 것을 제외하고, 그 해에 있어서 수입해야 할 금액(금전 이외의 것
{物} 또는 권리 기타 경제적 이익으로서 수입하는 경우에는, 그 금전 이외의 것 또는 권리 기타
경제적 이익의 가액)으로 한다.

② 전항의 금전 이외의 것{物} 또는 권리 기타 경제적 이익의 가액은, 해당 물건 혹은 권리를 취
득하거나, 해당 이익을 향수{享受}할 때의 가액으로 한다.

③ 무기명공사채의 이자, 무기명주식[무기명의 공모공사채 등 운용투자신탁 이외의 공사채 등 운
용투자신탁의 수익증권 및 무기명의 사채적 수익권{社債的受益權}에 관련된 수익증권을 포함한
다. 제169조 제2호(분리과세에 관련된 소득세의 과세표준), 제224조 제1항 및 제2항(이자, 배당
등의 수령자의 고지) 그리고 제225조 제1항 및 제2항(지급조서 및 지급통지서)에 있어서 「무기명
주식 등」이라 한다]의 잉여금의 배당[제24조 제1항(배당소득)에 규정된 잉여금의 배당을 말한다]
또는 무기명의 대출신탁, 투자신탁 혹은 특정수익증권발행신탁의 수익증권에 관련된 수익의 분배
에 대해서는, 그 연도분의 이자소득의 금액 또는 배당소득의 금액의 계산상 수입금액으로 해야
할 금액은, 제1항의 규정에도 불구하고, 그 해에 있어서 지급을 받은 금액으로 한다.

제37조(필요경비)

① 그 연도분의 부동산소득의 금액, 사업소득의 금액 또는 잡소득의 금액[사업소득의 금액 및 잡소득의 금액 중 산림의 벌채 또는 양도에 관련된 것 그리고 잡소득의 금액 중 제35조 제3항(공적연금 등의 정의)에 규정된 공적연금 등에 관련된 것을 제외한다]의 계산상 필요경비에 산입해야 할 금액은, 별도의 규정이 있는 것을 제외하고, 이들 소득의 총수입금액에 관련된 매출원가 기타 해당 총수입금액을 얻기 위하여 직접 소요된 비용의 금액 및 그 해에 있어서의 판매비, 일반관리비 기타 이들 소득을 발생시키는 업무에 관하여 생긴 비용(상각비 이외의 비용으로서 그 해에 있어서 채무가 확정되지 않은 것을 제외한다)의 금액으로 한다.

② 산림에 관하여 그 연도분의 사업소득의 금액, 산림소득의 금액 또는 잡소득의 금액의 계산상 필요경비에 산입해야 할 금액은, 별도의 규정이 있는 것을 제외하고, 그 산림의 식림비{植林費}, 취득에 소요된 비용, 관리비, 벌채비 기타 그 산림의 육성 또는 양도에 소요된 비용(상각비 이외의 비용으로서 그 해에 있어서 채무가 확정되지 않은 것을 제외한다)의 금액으로 한다.

제38조(양도소득금액의 계산상 공제하는 취득비)

① 양도소득의 금액의 계산상 공제하는 자산의 취득비는, 별도의 규정이 있는 것을 제외하고, 그 자산의 취득에 소요된 금액 그리고 설비비 및 개량비 금액의 합계액으로 한다.

② 양도소득의 기인{基因}이 되는 자산이 가옥 기타 사용 또는 기간의 경과에 의하여 감가되는 자산인 경우에는, 전항에 규정된 자산의 취득비는, 동항에 규정된 합계액에 상당하는 금액에서, 그 취득일부터 양도일까지의 기간 중, 다음의 각호에 기재된 기간의 구분에 따라서 해당 각호에 기재된 금액의 합계액을 공제한 금액으로 한다.

   1. 그 자산이 부동산소득, 사업소득, 산림소득 또는 잡소득을 발생시키는 업무에 사용된 기간 : 제49조 제1항(감가상각자산의 상각비의 계산 및 그 상각방법)의 규정에 의하여 해당 기간 내의 날이 속하는 각 연도분의 부동산소득 금액, 사업소득 금액, 산림소득 금액 또는 잡소득 금액의 계산상 필요경비에 산입되는 그 자산의 상각비 금액의 누적액
   2. 전호에 기재된 기간 이외의 기간 : 제49조 제1항의 규정에 준하여 정령으로 정하는 바에 따라서 계산한 그 자산의 해당 기간에 관련된 감가금액

제39조(재고자산 등을 자가소비한 경우의 총수입금액 산입)

거주자가 재고자산(이에 준하는 자산으로서 정령으로 정하는 것을 포함한다)을 가사를 위하여 소비한 경우 또는 산림을 벌채하여 가사를 위하여 소비한 경우에는, 그 소비한 때에 있어서의 이들 자산의 가액에 상당하는 금액은, 그 자가 그 소비한 날이 속하는 연도분의 사업소득의 금액, 산림소득의 금액 또는 잡소득의 금액의 계산상 총수입금액에 산입한다.

제40조(재고자산을 증여한 경우 등의 총수입금액 산입)

① 다음의 각호에 기재된 사유에 의하여 거주자가 보유하는 재고자산(사업소득의 기인{基因}이 되는 산림 기타 재고자산에 준하는 자산으로서 정령으로 정하는 것을 포함한다. 이하 이 조에서

동일함)의 이전이 있었던 경우에는, 해당 각호에 기재된 금액에 상당하는 금액은, 그 자의 그 사유가 발생한 날이 속하는 연도분의 사업소득의 금액 또는 잡소득의 금액의 계산상 총수입금액에 산입한다.

1. 증여(상속인에 대한 증여로 피상속인인 증여자의 사망에 의하여 효력이 발생하는 것을 제외한다) 또는 유증(포괄유증 및 상속인에 대한 특정유증을 제외한다) : 해당 증여 또는 유증 시에 있어서의 그 재고자산 가액

2. 현저하게 낮은 가액의 대가에 의한 양도 : 해당 대가의 금액과 해당 양도 시에 있어서의 그 재고자산의 가액과의 차액 중 실질적으로 증여를 했다고 인정되는 금액

② 거주자가 전항 각호에 기재된 증여 혹은 유증 또는 양도에 의하여 취득한 재고자산을 양도한 경우에 있어서의 사업소득의 금액, 산림소득의 금액, 양도소득의 금액 또는 잡소득의 금액의 계산에 대해서는, 다음에서 정하는 바에 따른다.

1. 전항 제1호에 기재된 증여 또는 유증에 의하여 취득한 재고자산에 대해서는, 동호에 기재된 금액으로서 취득한 것으로 간주한다.

2. 전항 제2호에 기재된 양도에 의하여 취득한 재고자산에 대해서는, 해당 양도의 대가액과 동호에 기재된 금액의 합계액으로서 취득한 것으로 간주한다.

제42조(국고보조금 등의 총수입금액 불산입)

① 거주자가, 각 해에 있어서 고정자산(산림을 포함한다. 이하 이 조 및 다음 조에서 동일함)의 취득 또는 개량에 충당하기 위한 국가 또는 지방공공단체의 보조금 또는 급부금 기타 정령으로 정하는 이들에 준하는 것(이하 이 조 및 다음 조에서 「국고보조금 등」이라 한다)의 교부를 받아, 그 해에 있어서 그 국고보조금 등으로서 그 교부의 목적에 적합한 고정자산의 취득 또는 개량을 한 경우에는, 그 국고보조금 등의 반환을 필요로 하지 않는다는 것이 그 해 12월 31일(그 자가 해당 취득 또는 개량을 한 후 그 해의 도중에 사망 또는 출국을 한 경우에는, 그 사망 또는 출국을 한 때)까지 확정된 경우에 한하여, 그 국고보조금 등 중 그 고정자산의 취득 또는 개량에 충당한 부분의 금액에 상당하는 금액은, 그 자의 각종소득의 금액 계산상 총수입금액에 산입하지 않는다.

② 거주자가 각 해에 있어서 국고보조금 등의 교부에 대신하여 교부를 받는 고정자산을 취득했을 경우에는, 그 고정자산의 가액에 상당하는 금액은, 그 자의 각종소득의 금액 계산상 총수입금액에 산입하지 않는다.

③ 전 2항의 규정은, 확정신고서에 이들 규정의 적용을 받는 취지, 이들 규정에 의하여 총수입금액에 산입되지 않는 금액 기타 재무성령으로 정하는 사항의 기재가 있는 경우에 한하여 적용한다.

④ 세무서장은, 확정신고서가 제출되지 않은 경우 또는 전항의 기재가 없는 확정신고서가 제출된 경우에 있어서도, 그 제출이 되지 않은 것 또는 그 기재가 없는 것에 관하여 불가피한 사정이 있었다고 인정되는 때에는, 제1항 또는 제2항의 규정을 적용할 수 있다.

⑤ 제1항 또는 제2항의 규정의 적용을 받은 거주자가 국고보조금 등에 의하여 취득 혹은 개량한 고정자산 또는 그 취득한 동항에 규정된 고정자산에 대하여 실시해야 할 제49조 제1항(감가상각

자산의 상각비의 계산 및 그 상각방법)에 규정된 상각비의 계산 및 그 자가 그 고정자산을 양도한 경우에 있어서의 사업소득의 금액, 산림소득의 금액, 양도소득의 금액 또는 잡소득의 금액의 계산에 관하여 필요한 사항은 정령으로 정한다.

제44조의2(면책허가결정 등에 의하여 채무면제를 받은 경우의 경제적 이익의 총수입금액 불산입)
① 거주자가, 파산법(平成16{2004}년 법률 제75호) 제252조 제1항(면책허가결정의 요건 등)에 규정된 면책허가결정 또는 재생계획인가결정이 있는 경우 기타 자력을 상실하여 채무를 변제하는 것이 현저히 곤란한 경우에 그 보유하는 채무의 면제를 받은 때에는, 해당 면제에 의하여 받는 경제적 이익의 가액에 대해서는, 그 자의 각종소득의 금액 계산상 총수입금액에 산입하지 않는다.
② 전항의 경우에 있어서, 동항의 채무의 면제에 의하여 받는 경제적인 이익의 가액 중 동항의 거주자의 다음 각호에 기재하는 경우의 구분에 따라서 해당 각호에서 정하는 금액(제1호부터 제4호까지에서 정하는 금액의 경우에는 해당 경제적인 이익의 가액이 없는 것으로서 계산한 금액으로 하고, 제5호에서 정하는 금액의 경우에는 동항 규정의 적용이 없는 것으로서 총소득금액, 퇴직소득금액 및 산림소득금액을 계산한 경우에 있어서의 금액으로 한다)의 합계액에 상당하는 부분에 대해서는, 동항의 규정은 적용하지 않는다.
    1. 부동산소득을 발생시키는 업무에 관련된 채무의 면제를 받은 경우 : 해당 면제를 받은 날이 속하는 연도분의 부동산소득의 금액의 계산상 발생한 손실의 금액
    2. 사업소득을 발생시키는 사업에 관련된 채무의 면제를 받은 경우 : 해당 면제를 받은 날이 속하는 연도분의 사업소득의 금액의 계산상 발생한 손실의 금액
    3. 산림소득을 발생시키는 업무에 관련된 채무의 면제를 받은 경우 : 해당 면제를 받은 날이 속하는 연도분의 산림소득의 금액의 계산상 발생한 손실의 금액
    4. 잡소득을 발생시키는 업무에 관련된 채무의 면제를 받은 경우 : 해당 면제를 받은 날이 속하는 연도분의 잡소득의 금액의 계산상 발생한 손실의 금액
    5. 제70조 제1항 또는 제2항(순손실의 이월공제)의 규정에 의하여, 해당 채무의 면제를 받은 날이 속하는 연도분의 총소득금액, 퇴직소득금액 또는 산림소득금액의 계산상 공제하는 순손실의 금액이 있는 경우 : 해당 공제하는 순손실의 금액
③ 제1항의 규정은, 확정신고서에 동항 규정의 적용을 받는 취지, 동항의 규정에 의하여 총수입금액에 산입되지 않는 금액 기타 재무성령으로 정하는 사항의 기재가 있는 경우에 한하여 적용한다.
④ 세무서장은, 확정신고서가 제출되지 않은 경우 또는 전항의 기재가 없는 확정신고서가 제출된 경우에 있어서도, 그 제출이 되지 않은 것 또는 그 기재가 없는 것에 관하여 불가피한 사정이 있다고 인정되는 때에는, 제1항의 규정을 적용할 수 있다.

제45조(가사관련비 등의 필요경비 불산입 등)
① 거주자가 지출 또는 납부하는 다음에 기재된 것의 금액은, 그 자의 부동산소득의 금액, 사업소득의 금액, 산림소득의 금액 또는 잡소득의 금액의 계산상 필요경비에 산입하지 않는다.

1. 가사상의 경비 및 이에 관련된 경비로서 정령으로 정하는 것
2. 소득세[부동산소득, 사업소득 또는 산림소득을 발생시키는 사업을 행하는 거주자가 납부하는 제131조 제3항(확정신고세액의 연납에 관련된 이자세{利子稅}), 제136조(할부지급{延払}조건부 양도에 관련된 소득세액의 연납에 관련된 이자세), 제137조의2 제12항(국외전출을 하는 경우의 양도소득 등의 특례의 적용이 있는 경우의 납세유예에 관련된 이자세) 또는 제137조의3 제14항(증여 등에 의하여 비거주자에게 자산이 이전된 경우의 양도소득 등의 특례의 적용이 있는 경우의 납세유예에 관련된 이자세)의 규정에 의한 이자세로, 그 사업에 관한 이들 소득에 관련된 소득세의 금액에 대응하는 것으로서 정령으로 정하는 것을 제외한다]
3. 소득세 이외의 국세에 관련된 연체세, 과소신고가산세, 무신고가산세, 불납부가산세 및 중가산세 그리고 인지세법(昭和42{1967}년 법률 제23호)의 규정에 의한 과태세{過怠稅}
4. 지방세법(昭和25{1950}년 법률 제226호)의 규정에 의한 도부현민세{道府県民税} 및 시정촌민세{市町村民税}(도민세{都民税} 및 특별구민세{特別区民税}를 포함한다)
5. 지방세법의 규정에 의한 연체금, 과소신고가산금, 불신고가산금 및 중가산금
6. 전호에 기재된 것에 준하는 것으로서 정령으로 정하는 것
7. 벌금 및 과료{科料}(통고처분에 의한 벌금 또는 과료{科料}에 상당하는 것 및 외국 또는 그 지방자치단체가 부과하는 벌금 또는 과료{科料}에 상당하는 것을 포함한다) 그리고 과태료{過料}
8. 손해배상금(이와 유사한 것을 포함한다)으로서 정령으로 정하는 것
9. 국민생활안정긴급조치법(昭和48{1973}년 법률 제121호)의 규정에 의한 과징금 및 연체금
10. 사적독점의 금지 및 공정거래의 확보에 관한 법률(昭和22{1947}년 법률 제54호)의 규정에 의한 과징금 및 연체금(외국 혹은 그 지방자치단체 또는 국제기관이 납부를 명하는 이들과 유사한 것을 포함한다)
11. 금융상품거래법 제6장의2(과징금)의 규정에 의한 과징금 및 연체금
12. 공인회계사법(昭和23{1948}년 법률 제103호)의 규정에 의한 과징금 및 연체금
13. 부당경품류 및 부당표시 방지법(昭和37{1962}년 법률 134호)의 규정에 의한 과징금 및 연체금

② 거주자가 공여하는 형법(明治40{1907}년 법률 제45호) 제198조(증뢰{贈賄})에 규정된 뇌물{賄賂} 또는 부정경쟁방지법(平成5{1993}년 법률 제47호) 제18조 제1항(외국공무원 등에 대한 부정이익 공여 등의 금지)에 규정된 금전 기타 이익에 해당하는 금전의 금액 및 금전 이외의 물건{物} 또는 권리 기타 경제적인 이익의 가액(그 공여에 소요된 비용의 금액이 있는 경우에는, 그 비용의 금액을 가산한 금액)은, 그 자의 부동산소득의 금액, 사업소득의 금액, 산림소득의 금액 또는 잡소득의 금액의 계산상 필요경비에 산입하지 않는다.
③ 제1항 제2호부터 제8호까지에 기재된 것의 금액 또는 전항에 규정된 금전의 금액 및 금전 이외의 물건{物} 혹은 권리 기타 경제적 이익의 가액은, 제1항 또는 전항의 거주자의 일시소득의 금액의 계산상 지출한 금액에 산입하지 않는다.

제48조의2(암호자산의 양도원가 등의 계산 및 그 평가방법)

① 거주자의 암호자산[자금결제에 관한 법률(平成21{2009}년 법률 제59호) 제2조 제5항(정의)에 규정된 암호자산을 말한다. 이하 이 조에서 동일함]에 대하여 제37조 제1항(필요경비)의 규정에 의하여 그 자의 사업소득의 금액 및 잡소득의 남액의 계산상 필요경비에 산입할 금액을 계산하는 경우에 있어서의 그 산정의 기초가 되는 그 해 12월 31일에 있어서 보유하는 암호자산의 가액은, 그 자가 암호자산에 관하여 선정한 평가방법에 의하여 평가한 금액(평가방법을 선정하지 않은 경우 및 선정한 평가방법에 의하여 평가하지 않은 경우에는, 평가방법 중 정령으로 정하는 방법에 의하여 평가한 금액)으로 한다.

② 전항의 선정할 수 있는 평가방법의 종류, 그 선정의 절차 기타 암호자산의 평가에 관하여 필요한 사항은 정령으로 정한다.

제49조(감가상각자산의 상각비의 계산 및 그 상각방법)

① 거주자가 그 해 12월 31일에 있어서 보유하는 감가상각자산에 대하여 그 상각비로서 제37조(필요경비)의 규정에 의하여 그 자의 부동산소득의 금액, 사업소득의 금액, 산림소득의 금액 또는 잡소득의 금액의 계산상 필요경비에 산입하는 금액은, 그 취득을 한 날 및 그 종류의 구분에 따라서, 상각비가 매년 동일하게 되는 상각방법, 상각비가 매년 일정한 비율로 체감(遞減)하는 상각방법 기타 정령으로 정하는 상각방법 중에서, 그 자가 해당 자산에 대하여 선정한 상각방법(상각방법을 선정하지 않은 경우에는 상각방법 중 정령으로 정하는 방법)에 기초하여 정령으로 정하는 바에 따라서 계산한 금액으로 한다.

② 전항의 선정을 할 수 있는 상각방법의 특례, 상각방법의 선정절차, 상각비 계산의 기초가 되는 감가상각자산의 취득가액, 감가상각자산에 대하여 지출하는 금액 중 사용가능 기간을 연장시키는 부분 등에 대응하는 금액을 감가상각자산의 취득가액으로 하는 특례 기타 감가상각자산의 상각에 관하여 필요한 사항은 정령으로 정한다.

제50조(이연자산의 상각비의 계산 및 그 상각방법)

① 거주자의 그 해 12월 31일에 있어서의 이연자산에 대하여 그 상각비로서 제37조(필요경비)의 규정에 의하여 그 자의 부동산소득의 금액, 사업소득의 금액, 산림소득의 금액 또는 잡소득의 금액의 계산상 필요경비에 산입하는 금액은, 그 이연자산에 관련된 지출의 효과 및 기간을 기초로 하여 정령으로 정하는 바에 따라서 계산한 금액으로 한다.

② 전항에서 정한 것 외에, 이연자산의 상각에 관하여 필요한 사항은 정령으로 정한다.

제51조(자산손실의 필요경비 산입)

① 거주자가 영위하는 부동산소득, 사업소득 또는 산림소득을 발생시키는 사업에 사용되는 고정자산 기타 이에 준하는 자산으로서 정령으로 정하는 것에 대하여, 허물기, 제각, 멸실(해당 자산의 손괴에 의한 가치의 감소를 포함한다) 기타 사유에 의하여 생긴 손실의 금액(보험금, 손해배상금 기타 이들과 유사한 것에 의하여 보전되는 부분의 금액 및 자산의 양도에 의하여 또는 이에

관련하여 생긴 것을 제외한다)은, 그 자의 그 손실이 생긴 날이 속하는 연도분의 부동산소득의 금액, 사업소득의 금액 또는 산림소득의 금액의 계산상 필요경비에 산입한다.

② 거주자가 영위하는 부동산소득, 사업소득 또는 산림소득을 발생시키는 있는 사업에 대하여, 그 사업의 수행상 발생한 외상매출금, 대출금, 전도금{前渡金} 기타 이들에 준하는 채권의 대손 기타 정령으로 정하는 사유에 의하여 발생한 손실의 금액은, 그 자의 그 손실이 생긴 날이 속하는 연도분의 부동산소득의 금액, 사업소득의 금액 또는 산림소득의 금액 계산상 필요경비에 산입한다.

③ 재해 또는 도난 혹은 횡령에 의하여 거주자가 가진 산림에 대하여 발생한 손실의 금액(보험금, 손해배상금 기타 이들과 유사한 것에 의하여 보전되는 부분의 금액을 제외한다)은, 그 자의 그 손실이 생긴 날이 속하는 연도분의 사업소득의 금액 또는 산림소득의 금액의 계산상 필요경비에 산입한다.

④ 거주자의 부동산소득 혹은 잡소득을 발생시키는 업무에 사용되거나 또는 이들 소득의 기인{基因}이 되는 자산[산림 및 제62조 제1항(생활에 통상 필요하지 않은 자산의 재해에 의한 손실)에 규정된 자산을 제외한다]의 손실의 금액[보험금, 손해배상금 기타 이들과 유사한 것에 의하여 보전되는 부분의 금액, 자산의 양도에 의하여 또는 이와 관련하여 생긴 것 및 제1항 혹은 제2항 또는 제72조 제1항(잡손공제)에 규정된 것을 제외한다]은, 각각 그 자의 그 손실이 발생한 날이 속하는 연도분의 부동산소득의 금액 또는 잡소득의 금액(이 항의 규정을 적용하지 않고 계산한 이들 소득의 금액으로 한다)을 한도로 하여, 해당 연도분의 부동산소득의 금액 또는 잡소득의 금액의 계산상 필요경비에 산입한다.

⑤ 제1항 및 제2항에 규정된 손실의 금액의 계산에 관하여 필요한 사항은 정령으로 정한다.

제52조(대손충당금)

① 부동산소득, 사업소득 또는 산림소득을 발생시키는 사업을 영위하는 거주자가, 그 보유하는 외상매출금, 대출금, 전도금 기타 이에 준하는 금전채권으로서 해당 사업의 수행상 발생한 것(이하 이 항에서 「대금{貸金} 등」이라 한다) 중, 갱생계획인가결정에 기초하여 변제가 유예되거나 할부지급{賦払}에 의하여 변제되는 경우 기타 정령으로 정하는 사실이 발생한 것에 의하여 그 일부에 대하여 대손 기타 이와 유사한 사유에 의한 손실이 예상되는 것(해당 대금 등에 관련된 채무자에 대한 다른 대금 등이 있는 경우에는, 해당 다른 대금 등을 포함한다. 이하 이 항 및 다음 항에서 「개별평가대금{個別評價貸金} 등」이라 한다)의 그 손실예상액으로서, 각 해(사업의 전부를 양도하거나 폐지한 날에 속하는 해를 제외한다. 다음 항에서 동일함)에 있어서 대손충당금 계정에 편입된 금액에 대해서는, 해당 금액 중, 그 해 12월 31일(그 자가 해의 도중에 사망한 경우에는 그 사망 시. 다음 항에서 동일함)에 있어서 해당 개별평가대금 등의 추심 또는 변제의 가망이 없다고 인정되는 부분의 금액을 기초로 하여 정령으로 정하는 바에 따라서 계산한 금액에 이르기까지의 금액은, 그 자의 그 연도분의 부동산소득, 사업소득 또는 산림소득의 금액의 계산상 필요경비에 산입한다. 다만, 그 자가 사망한 경우에 있어서 그 상속인이 해당 사업을 승계하지 않은 때에는 그러하지 아니하다.

② 청색신고서를 제출하는 거주자로서 사업소득을 발생시키는 사업을 영위하는 자가, 그 보유하는 외상매출금, 대출금 기타 이들에 준하는 금전채권으로서 해당 사업의 수행상 발생한 것(개별평가대금 등을 제외한다. 이하 이 항에서 「일괄평가대금{一括評價貸金}」이라 한다)의 대손에 의한 손실의 예상액으로서, 각 해에 있어서 대손충당금 계정에 편입된 금액에 대해서는, 해당 금액 중, 그 해 12월 31일에 있어서 보유하는 일괄평가대금의 금액을 기초로 하여 정령으로 정하는 바에 따라서 계산한 금액에 이르기까지의 금액은, 그 자의 그 연도분의 사업소득의 금액 계산상 필요경비에 산입한다. 다만, 그 자가 사망한 경우에 있어서 그 상속인이 해당 사업을 승계하지 않은 때 기타 정령으로 정하는 경우는 그러하지 아니하다.

③ 전 2항의 규정에 의하여 그 편입을 한 연도분의 부동산소득의 금액, 사업소득의 금액 또는 산림소득의 금액의 계산상 필요경비에 산입된 대손충당금 계정금액은, 그 편입을 한 해의 다음 연도분의 부동산소득의 금액, 사업소득의 금액 또는 산림소득의 금액 계산상 총수입금액에 산입한다.

④ 제1항 및 제2항의 규정은, 확정신고서에 대손충당금 계정에 편입된 금액의 필요경비 산입에 관한 명세의 기재가 있는 경우에 한하여 적용한다.

⑤ 세무서장은, 전항의 기재가 없는 확정신고서가 제출된 경우에 있어서도, 그 기재가 없는 것에 관하여 불가피한 사정이 있다고 인정되는 때에는, 제1항 또는 제2항의 규정을 적용할 수 있다.

⑥ 제1항 또는 제2항에 규정된 거주자가 사망한 경우에 있어서, 이들 규정에 의하여 그 자의 사망일이 속하는 연도분의 부동산소득의 금액, 사업소득의 금액 또는 산림소득의 금액의 계산상 필요경비에 산입된 대손충당금 계정의 금액이 있을 때에 있어서의 해당 대손충당금 계정의 금액 처리에 관하여 필요한 사항은 정령으로 정한다.

제57조의2(급여소득자의 특정지출공제의 특례)

① 거주자가, 각 해에 있어서 특정지출을 한 경우에 있어서, 그 해 중의 특정지출의 금액의 합계액이 제28조 제2항(급여소득)에 규정된 급여소득공제액의 2분의 1에 상당하는 금액을 넘을 때에는, 그 연도분의 동항에 규정된 급여소득의 금액은, 동항 및 동조 제4항의 규정에도 불구하고, 동조 제2항의 잔액에서 그 넘는 부분의 금액을 공제한 금액으로 한다.

② 전항에 규정된 특정지출이란, 거주자의 다음에 기재된 지출[그 지출에 대하여 그 자에 관련된 제28조 제1항에 규정된 급여 등의 지급을 하는 자(이하 이 항에서 「급여 등의 지급자」라 한다)에 의하여 보전되는 부분이 있고, 또한 그 보전되는 부분에 대하여 소득세가 부과되지 않는 경우에 있어서 해당 보전되는 부분 및 그 지출에 대하여 고용보험법(昭和49{1974}년 법률 제116호) 제10조 제5항(실업 등 급부)에 규정된 교육훈련급부금, 모자 및 부자 그리고 과부{寡婦} 복지법(昭和39{1964}년 법률 제129호) 제31조 제1호(모자가정 자립지원 급부금)에 규정된 모자가정 자립지원 교육훈련급부금 또는 동법 제31조의10(부자가정 자립지원 급부금)에서 준용하는 동호에 규정된 부자가정 자립지원 교육훈련급부금이 지급되는 부분이 있는 경우에 있어서 해당 지급되는 부분을 제외한다]을 말한다.

1. 그 자의 통근을 위하여 필요한 교통기관의 이용 또는 교통용구{交通用具}의 사용을 위한 지출로서, 그 통근의 경로 및 방법이 그 자의 통근에 관련된 운임, 시간, 거리 기타 사정에

　　비추어 가장 경제적이고 합리적이라는 것이 재무성령으로 정하는 바에 따라서 급여 등의
　　지급자에 의하여 증명된 것 중, 일반 통근자에 대하여 통상 필요하다고 인정되는 부분으로
　　서 정령으로 정하는 지출

2. 근무하는 장소로부터 떨어져서 직무를 수행하기 위하여 직접 필요한 여행이라는 것이 재무
　 성령으로 정하는 바에 따라서 급여 등 지급자에 의하여 증명된 것으로서 통상 필요한 지출
　 로 정령으로 정하는 것

3. 전임{轉任}에 수반한다는 것이 재무성령으로 정하는 바에 따라서 급여 등의 지급자에 의하
　 여 증명이 된 전거{轉居}를 위하여 통상 필요하다고 인정되는 지출로서 정령으로 정하는 것

4. 직무의 수행에 직접 필요한 기술 또는 지식을 습득하는 것을 목적으로 하여 수강하는 연수
　 (사람의 자격을 취득하기 위한 것을 제외한다)인 것이 재무성령으로 정하는 바에 따라서
　 급여 등의 지급자에 의하여 증명이 된 것을 위한 지출

5. 사람의 자격을 취득하기 위한 지출로서, 그 지출이 그 자의 직무수행에 직접 필요하다는 것
　 이 재무성령으로 정하는 바에 따라서 급여 등의 지급자에 의하여 증명된 것

6. 전임{轉任}에 수반하여 생계를 같이 하는 배우자와의 별거가 통상적인 상태가 된 경우 기
　 타 이와 유사한 경우로서 정령으로 정하는 경우에 해당한다는 것이 재무성령으로 정하는
　 바에 의하여 급여 등의 지급자에 의하여 증명된 경우에 있어서의 그 자의 근무하는 장소
　 또는 거소와 그 배우자 기타 친족이 거주하는 장소와의 사이에서 그 자의 여행에 통상 소
　 요되는 지출로서 정령으로 정하는 것

7. 다음에 기재된 지출(해당 지출금액의 합계액이 65만 엔을 넘는 경우에는 65만 엔까지의 지
　 출에 한한다)로서, 그 지출이 그 자의 직무수행에 직접 필요하다는 것이 재무성령으로 정하
　 는 바에 의하여 급여 등의 지급자에 의하여 증명된 것

　　イ. 서적, 정기간행물 기타 도서로서 직무에 관련된 것으로 정령으로 정하는 것 및 제복,
　　　 사무복 기타 근무장소에서 착용할 필요가 있는 의복으로서 정령으로 정하는 것을 구입
　　　 하기 위한 지출

　　ロ. 교제비, 접대비 기타 비용으로서, 급여 등의 지급자의 거래처, 구입처 기타 직무상 관
　　　 계가 있는 자에 대한 접대, 향응제공{供応}, 증답{贈答} 기타 이들과 유사한 행위를
　　　 위한 지출

③ 제1항의 규정은, 확정신고서, 수정신고서 또는 경정청구서(다음 항에서 「신고서 등」이라 한
다)에 제1항의 규정의 적용을 받는 취지 및 동항에 규정된 특정지출금액의 합계액의 기재가 있
고, 또한 전항 각호에 기재된 각각의 특정지출에 관한 명세서 및 이들 각호에 규정된 증명서류의
첨부가 있는 경우에 한하여 적용한다.

④ 제1항의 규정의 적용을 받는 취지가 기재된 신고서 등을 제출하는 경우에는, 동항에 규정된
특정지출의 지출사실 및 지출한 금액을 증명하는 서류로서 정령으로 정하는 서류를 해당 신고서
등에 첨부하거나, 또는 해당 신고서 등의 제출 시에 제시하지 않으면 안 된다.

⑤ 전 3항에 규정된 것 외에, 제2항에 규정된 특정지출의 범위의 세목 기타 제1항의 규정의 적용
에 관하여 필요한 사항은 정령으로 정한다.

제58조(고정자산 교환의 경우의 양도소득의 특례)

① 거주자가, 각 해에 있어서, 1년 이상 가지고 있던 고정자산으로서 다음의 각호에 기재된 것을 각각 다른 자가 1년 이상 가지고 있던 고정자산으로서 해당 각호에 기재된 것(교환을 위하여 취득했다고 인정되는 것을 제외한다)과 교환하여, 그 교환에 의하여 취득한 해당 각호에 기재된 자산(이하 이 조에서 「취득자산」이라 한다)을 그 교환에 의하여 양도한 해당 각호에 기재된 자산(이하 이 조에서 「양도자산」이라 한다)의 양도 직전의 용도와 동일한 용도로 사용한 경우에는, 제33조(양도소득)의 규정의 적용에 관해서는, 해당 양도자산(취득자산과 함께 금전 기타 자산을 취득했을 경우에는, 해당 금액 및 금전 이외 자산의 가액에 상당하는 부분을 제외한다)의 양도가 없었던 것으로 간주한다.

1. 토지[건물 또는 구축물의 소유를 목적으로 하는 지상권 및 임차권 그리고 농지법(昭和27 {1952}년 법률 제229호) 제2조 제1항(정의)에 규정된 농지(동법 제43조 제1항<농작물재배 고도화시설에 관한 특례>의 규정에 의하여 농작물의 재배를 경작에 해당하는 것으로 간주하여 적용하는 동법 제2조 제1항에 규정된 농지를 포함한다)의 위에 존재하는 경작(동법 제43조 제1항의 규정에 의하여 경작에 해당하는 것으로 간주되는 농작물의 재배를 포함한다)에 관한 권리를 포함한다]
2. 건물(이에 부속하는 설비 및 구축물을 포함한다)
3. 기계 및 장치
4. 선박
5. 광업권(조광권(租鑛權) 및 채석권 기타 토석을 채굴 또는 채취할 권리를 포함한다)

② 전항의 규정은, 동항의 교환 시에 있어서의 취득자산과 양도자산의 가액의 차액이 이들 자산의 가액 중 큰 가액의 100분의 20에 상당하는 금액을 넘는 경우에는 적용하지 않는다.

③ 제1항의 규정은, 확정신고서에 동항 규정의 적용을 받는 취지, 취득자산 및 양도자산의 가액 기타 재무성령으로 정하는 사항의 기재가 있는 경우에 한하여 적용한다.

④ 세무서장은, 확정신고서가 제출되지 않은 경우 또는 전항의 기재가 없는 확정신고서가 제출된 경우에 있어서도, 그 제출이 되지 않은 것 또는 그 기재가 없는 것에 관하여 불가피한 사정이 있다고 인정되는 때에는, 제1항의 규정을 적용할 수 있다.

⑤ 제1항의 규정이 적용된 거주자가 취득자산에 대하여 실시해야 할 제49조 제1항(감가상각자산의 상각비의 계산 및 그 상각방법)에 규정된 상각비의 계산 및 그 자가 취득자산을 양도했을 경우에 있어서의 양도소득의 금액의 계산에 관하여 필요한 사항은 정령으로 정한다.

제59조(증여 등의 경우의 양도소득 등의 특례)

① 다음에 기재된 사유에 의하여 거주자가 보유하는 산림(사업소득의 기인(基因)이 되는 것을 제외한다) 또는 양도소득의 기인(基因)이 되는 자산의 이전이 있는 경우에는, 그 자의 산림소득의 금액, 양도소득의 금액 또는 잡소득의 금액의 계산에 대해서는, 그 사유가 발생한 때에, 그 때에 있어서의 가액에 상당하는 금액에 의하여, 이들 자산의 양도가 있었던 것으로 간주한다.

1. 증여(법인에 대한 것에 한한다) 또는 상속(한정승인에 관련된 것에 한한다) 혹은 유증(법인

에 대한 것 및 개인에 대한 포괄유증 중 한정승인에 관련된 것에 한한다)

2. 현저하게 낮은 가액의 대가로서 정령으로 정하는 금액에 의한 양도(법인에 대한 것에 한한다)

② 거주자가 전항에 규정된 자산을 개인에 대하여 동항 제2호에 규정된 대가의 금액에 의하여 양도한 경우에 있어서, 해당 대가의 금액이 해당 자산의 양도에 관련된 산림소득의 금액, 양도소득의 금액 또는 잡소득의 금액의 계산상 공제하는 필요경비 또는 취득비 및 양도에 소요된 비용의 합계액에 미치지 않을 때에는, 그 부족액은, 그 산림소득의 금액, 양도소득의 금액 또는 잡소득의 금액의 계산상 없었던 것으로 간주한다.

제60조(증여 등에 의하여 취득한 자산의 취득비 등)

① 거주자가 다음에 기재된 사유에 의하여 취득한 전조 제1항에 규정된 자산을 양도한 경우에 있어서의 사업소득의 금액, 산림소득의 금액, 양도소득의 금액 또는 잡소득의 금액의 계산에 대해서는, 그 자가 계속해서 이것을 소유하고 있었던 것으로 간주한다.

1. 증여, 상속(한정승인에 관련된 것을 제외한다) 또는 유증(포괄유증 중 한정승인에 관련된 것을 제외한다)
2. 전조 제2항의 규정에 해당하는 양도

② 거주자가 전조 제1항 제1호에 기재된 상속 또는 유증에 의하여 취득한 자산을 양도한 경우에 있어서의 사업소득의 금액, 산림소득의 금액, 양도소득의 금액 또는 잡소득의 금액의 계산에 대해서는, 그 자가 해당 자산을 그 취득 시의 가액에 상당하는 금액에 의하여 취득한 것으로 간주한다.

제60조의2(국외전출을 하는 경우의 양도소득 등의 특례)

① 국외전출(국내에 주소 및 거소를 가지지 않게 되는 것을 말한다. 이하 이 조에서 동일함)을 하는 거주자가, 그 국외전출 시에 있어서 유가증권 또는 제174조 제9호(내국법인에 관련된 소득세의 과세표준)에 규정된 익명조합계약의 출자지분[주식을 무상 또는 유리한 가격에 의하여 취득할 수 있는 권리를 표시하는 유가증권으로서 제161조 제1항(국내원천소득)에 규정된 국내원천소득을 발생시키는 것 기타 정령으로 정하는 유가증권을 제외한다. 이하 이 조부터 제60조4까지('외국전출시과세'의 규정의 적용을 받은 경우의 양도소득 등의 특례)에서 「유가증권 등」이라 한다]을 보유하는 경우에는, 그 자의 사업소득의 금액, 양도소득의 금액 또는 잡소득의 금액의 계산에 대해서는, 그 국외전출 시에, 다음의 각호에 기재된 경우의 구분에 따라서 해당 각호에서 정하는 금액에 의하여, 해당 유가증권 등의 양도가 있었던 것으로 간주한다.

1. 해당 국외전출을 하는 날이 속하는 연도분의 확정신고서의 제출 시까지 국세통칙법 제117조 제2항(납세관리인)의 규정에 의한 납세관리인의 신고를 한 경우, 동항의 규정에 의한 납세관리인의 신고를 하지 않고 해당 국외전출을 한 날 이후에 해당 연도분의 확정신고서를 제출하는 경우 또는 해당 연도분의 소득세에 대하여 결정이 이루어진 경우 : 해당 국외전출 시에 있어서의 해당 유가증권 등의 가액에 상당하는 금액
2. 전호에 기재된 경우 이외의 경우 : 해당 국외전출 예정일로부터 기산하여 3개월 전의 날(같

은 날 이후에 취득을 한 유가증권 등의 경우에는, 해당 취득 시)에 있어서의 해당 유가증권 등의 가액에 상당하는 금액

② 국외전출을 하는 거주자가, 그 국외전출 시에 있어서 결제를 하지 않은 금융상품거래법 제156조의24 제1항(면허 및 면허의 신청)에 규정된 신용거래 또는 발행일거래(유가증권이 발행되기 전에 그 유가증권의 매매를 행하는 거래로서 재무성령으로 정하는 거래를 말한다)(이하 이 조부터 제60조의4까지에서 「미결제 신용거래 등」이라 한다)에 관련된 계약을 체결한 경우에는, 그 자의 사업소득의 금액 또는 잡소득의 금액의 계산에 대해서는, 그 국외전출 시에, 다음의 각호에 기재된 경우의 구분에 따라서 해당 각호에서 정하는 금액의 이익의 금액 또는 손실의 금액이 생긴 것으로 간주한다.

　1. 전항 제1호에 기재된 경우 : 해당 국외전출 시에 해당 미결제 신용거래 등을 결제한 것으로 간주하여 재무성령으로 정하는 바에 따라서 산출한 이익의 금액 또는 손실의 금액에 상당하는 금액

　2. 전항 제2호에 기재된 경우 : 해당 국외전출의 예정일로부터 기산하여 3개월 전의 날(같은 날 이후에 계약체결을 한 미결제 신용거래 등의 경우에는, 해당 체결 시)에 해당 미결제 신용거래 등을 결제한 것으로 간주하여 재무정령으로 정하는 바에 따라서 산출한 이익의 금액 또는 손실의 금액에 상당하는 금액

③ 국외전출을 하는 거주자가, 그 국외전출 시에 있어서 결제하지 않은 금융상품거래법 제2조 제20항(정의)에 규정된 파생금융상품의 거래(이하 이 조부터 제60조의4까지에서 「미결제 파생금융상품의 거래」라 한다)에 관련된 계약을 체결한 경우에는, 그 자의 사업소득의 금액 또는 잡소득의 금액의 계산에 대해서는, 그 국외전출 시에, 다음의 각호에 기재된 경우의 구분에 따라서 해당 각호에서 정하는 금액의 이익의 금액 또는 손실의 금액이 생긴 것으로 간주한다.

　1. 제1항 제1호에 기재된 경우 : 해당 국외전출 시에 해당 미결제 파생금융상품의 거래를 결제한 것으로 간주하여 재무성령으로 정하는 바에 따라서 산출한 이익의 금액 또는 손실의 금액에 상당하는 금액

　2. 제1항 제2호에 기재된 경우 : 해당 국외전출의 예정일로부터 기산하여 3개월 전의 날(같은 날 이후에 계약체결을 한 미결제 파생금융상품의 거래의 경우에는, 해당 체결 시)에 해당 미결제 파생금융상품의 거래를 결제한 것으로 간주하여 재무성령으로 정하는 바에 따라서 산출한 이익의 금액 또는 손실의 금액에 상당하는 금액

<이하 생략>

제60조의3(증여 등에 의하여 비거주자에게 자산이 이전된 경우의 양도소득 등의 특례)

① 거주자가 보유하는 유가증권 등이 증여, 상속 또는 유증(이하 이 조에서 「증여 등」이라 한다)에 의하여 비거주자에게 이전된 경우에는, 그 거주자의 사업소득의 금액, 양도소득의 금액 또는 잡소득의 금액의 계산에 대해서는, 별도의 규정이 있는 것을 제외하고, 그 증여 등의 때에, 그 때에 있어서의 가격에 상당하는 금액에 의하여, 해당 유가증권 등의 양도가 있었던 것으로 간주한다.

② 거주자가 체결한 미결제 신용거래 등에 관련된 계약이 증여 등에 의하여 비거주자에게 이전된 경우에는, 그 거주자의 사업소득의 금액 또는 잡소득의 금액의 계산에 대해서는, 그 증여 등의 때에, 해당 미결제 신용거래 등을 결제한 것으로 간주하여 재무성령으로 정하는 바에 따라서 산출한 이익의 금액 또는 손실의 금액에 상당하는 금액이 발생한 것으로 간주한다.

③ 거주자가 체결한 미결제 파생금융상품의 거래에 관련된 계약이 증여 등에 의하여 비거주자에게 이전된 경우에는, 그 거주자의 사업소득의 금액 또는 잡소득의 금액의 계산에 대해서는, 그 증여 등의 때에, 해당 미결제 파생금융상품의 거래를 결제한 것으로 간주하여 재무성령으로 정하는 바에 따라서 산출한 이익의 금액 또는 손실의 금액에 상당하는 금액이 발생한 것으로 간주한다.

<이하 생략>

제62조(생활에 통상 필요하지 않은 자산의 재해에 의한 손실)

① 거주자가, 재해 또는 도난 혹은 횡령에 의하여, 생활에 통상 필요하지 않은 자산으로서 정령으로 정하는 것에 대하여 받은 손실의 금액(보험금, 손해배상금 기타 이들과 유사한 것에 의하여 보전되는 부분의 금액을 제외한다)은, 정령으로 정하는 바에 의하여, 그 자가 그 손실을 받은 날이 속하는 연도분 또는 그 다음 연도분의 양도소득의 금액의 계산상 공제해야 할 금액으로 간주한다.

② 전항에 규정된 손실의 금액의 계산에 관하여 필요한 사항은 정령으로 정한다.

제64조(자산의 양도대금이 회수불능이 된 경우 등의 소득계산의 특례)

① 그 연도분의 각종소득의 금액(사업소득의 금액을 제외한다. 이하 이 항에서 동일함)의 계산의 기초가 되는 수입금액 혹은 총수입금액(부동산소득 또는 산림소득을 발생시키는 사업에서 발생한 것을 제외한다. 이하 이 항에서 동일함)의 전부 혹은 일부를 회수할 수 없게 된 경우 또는 정령으로 정하는 사유에 의하여 해당 수입금액 혹은 총수입금액의 전부 혹은 일부를 반환해야 하는 경우에는, 정령으로 정하는 바에 따라서, 해당 각종소득의 금액의 합계액 중, 그 회수가 불가능해진 금액 또는 반환해야 하는 금액에 대응하는 부분의 금액은, 해당 각종소득의 금액 계산상 없었던 것으로 간주한다.

② 보증채무를 이행하기 위하여 자산[제33조 제2항 제1호(양도소득에 포함되지 않는 소득)의 규정에 해당하는 것을 제외한다]의 양도(동조 제1항에 규정된 정령으로 정하는 행위를 포함한다)가 있었던 경우에 있어서, 그 이행에 수반하는 구상권의 전부 또는 일부를 행사하지 못하게 된 때에는, 그 행사하지 못하게 된 금액(부동산소득의 금액, 사업소득의 금액 또는 산림소득의 금액의 계산상 필요경비에 산입되는 금액을 제외한다)을 전항에 규정된 회수가 불가능해진 금액으로 간주하여, 동항의 규정을 적용한다.

③ 전항의 규정은, 확정신고서, 수정신고서 또는 경정청구서에 동항 규정의 적용을 받는 취지의 기재가 있고, 또한 동항의 양도를 한 자산의 종류 기타 재무성령으로 정하는 사항을 기재한 서류의 첨부가 있는 경우에 한하여 적용한다.

제69조(손익통산)

① 총소득금액, 퇴직소득금액 또는 산림소득금액을 계산하는 경우에 있어서, 부동산소득의 금액, 사업소득의 금액, 산림소득의 금액 또는 양도소득의 금액의 계산상 발생한 손실의 금액이 있을 때에는, 정령으로 정하는 순서에 따라서, 이를 다른 각종소득의 금액에서 공제한다.

② 전항의 경우에 있어서, 동항에 규정된 손실의 금액 중 제62조 제1항(생활에 통상 필요하지 않은 자산의 재해에 의한 손실)에 규정된 자산에 관련된 소득의 금액(이하 이 항에서 「생활에 통상 필요하지 않은 자산에 관련된 소득금액」이라 한다)의 계산상 발생한 손실의 금액이 있을 때에는, 해당 손실의 금액 중 정령으로 정하는 것은 정령으로 정하는 바에 따라서 다른 생활에 통상 필요하지 않은 자산에 관련된 소득금액에서 공제하는 것으로 하며, 해당 정령으로 정하는 것 이외의 것 및 해당 공제를 하더라도 공제를 모두 할 수 없는 것은 발생하지 않았던 것으로 간주한다.

제70조(순손실의 이월공제)

① 확정신고서를 제출하는 거주자의 그 해의 전년 이전 3년 내의 각 해(그 연도분의 소득세에 대하여 청색신고서를 제출한 해에 한한다)에 있어서 발생한 순손실의 금액[이 항의 규정에 따라서 전년 이전에 있어서 공제된 것 및 제142조 제2항(순손실의 소급에 의한 환급)의 규정에 의하여 환급을 받아야 할 금액의 계산의 기초가 된 것을 제외한다]이 있는 경우에는, 해당 순손실의 금액에 상당하는 금액은, 정령으로 정하는 바에 따라서, 해당 확정신고서에 관련된 연도분의 총소득금액, 퇴직소득금액 또는 산림소득금액의 계산상 공제한다.

② 확정신고서를 제출하는 거주자의 그 해의 전년 이전 3년 내의 각 해에 있어서 발생한 순손실의 금액(전항 규정의 적용을 받는 것 및 제142조 제2항의 규정에 의하여 환급을 받아야 할 금액의 계산의 기초가 된 것을 제외한다) 중, 해당 각 해에 있어서 발생한 다음에 기재된 손실의 금액에 관련된 것으로서 정령으로 정하는 것이 있을 때에는, 해당 정령으로 정하는 순손실의 금액에 상당하는 금액은, 정령으로 정하는 바에 따라서, 해당 신고서에 관련된 연도분의 총소득금액, 퇴직소득금액 또는 산림소득금액의 계산상 공제한다.

   1. 변동소득금액의 계산상 발생한 손실의 금액
   2. 재해피해를 입은 사업용 자산의 손실의 금액

③ 전항 제2호에 기재된 재해피해를 입은 사업용 자산의 손실의 금액이란, 재고자산 또는 제51조 제1항 혹은 제3항(자산손실의 필요경비 산입)에 규정된 자산의 재해에 의한 손실의 금액(그 재해에 관련된 불가피한 지출로서 정령으로 정하는 것의 금액을 포함하고, 보험금, 손해배상금 기타 이들과 유사한 것에 의하여 보전되는 부분의 금액을 제외한다)으로서 전항 제1호에 기재된 손실의 금액에 해당하지 않는 것을 말한다.

④ 제1항 또는 제2항의 규정은, 이들 규정에 규정된 거주자가 순손실의 금액이 발생한 연도분의 소득세에 대하여 확정신고서를 제출하고, 또한 각각 그 후에 연속해서 확정신고서를 제출한 경우에 한하여 적용한다.

⑤ 제1항 및 제2항의 규정에 의한 공제는, 순손실의 이월공제라 한다.

제72조(잡손공제)

① 거주자 또는 그 자와 생계를 같이 하는 배우자 기타 친족으로서 정령으로 정하는 자가 보유하는 자산[제62조 제1항(생활에 통상 필요하지 않은 자산의 재해에 의한 손실) 및 제70조 제3항(재해피해를 입은 사업용 자산의 손실의 금액)에 규정된 자산을 제외한다]에 대하여 재해 또는 도난 혹은 횡령에 의한 손실이 생겼을 경우(그 재해 또는 도난 혹은 횡령과 관련하여 그 거주자가 정령으로 정하는 불가피한 지출을 한 경우를 포함한다)에 있어서, 그 해에 있어서의 해당 손실의 금액(해당 지출을 한 금액을 포함하고, 보험금, 손해배상금 기타 이들과 유사한 것에 의하여 보전되는 부분의 금액을 제외한다. 이하 이 항에서 「손실의 금액」이라 한다)의 합계액이 다음의 각호에 기재된 경우의 구분에 따라서 해당 각호에 기재된 금액을 넘을 때에는, 그 넘는 부분의 금액을, 그 거주자의 그 연도분의 총소득금액, 퇴직소득금액 또는 산림소득금액에서 공제한다.

1. 그 해에 있어서의 손실의 금액에 포함되는 재해관련 지출의 금액(손실의 금액 중 재해와 직접 관련하여 지출을 한 금액으로서 정령으로 정하는 금액을 말한다. 이하 이 항에서 동일함)이 5만 엔 이하인 경우(그 해에 있어서의 재해관련 지출의 금액이 없는 경우를 포함한다) : 그 거주자의 그 연도분의 총소득금액, 퇴직소득금액 및 산림소득금액의 합계액의 10분의 1에 상당하는 금액
2. 그 해에 있어서의 손실의 금액에 포함된 재해관련 지출의 금액이 5만 엔을 넘는 경우 : 그 해에 있어서의 손실의 금액의 합계액에서 재해관련 지출의 금액 중 5만 엔을 넘는 부분의 금액을 공제한 금액과 전호에 기재된 금액 중 낮은 금액
3. 그 해에 있어서의 손실의 금액이 모두 재해관련 지출의 금액인 경우 : 5만 엔과 제1호에 기재된 금액 중 낮은 금액

② 전항에 규정된 손실의 금액의 계산에 관하여 필요한 사항은 정령으로 정한다.

③ 제1항의 규정에 의한 공제는, 잡손공제라 한다.

제73조(의료비공제)

① 거주자가, 각 해에 있어서, 자기 또는 자기와 생계를 같이 하는 배우자 기타 친족에 관련된 의료비를 지급한 경우에 있어서, 그 해 중에 지급한 해당 의료비의 금액(보험금, 손해배상금 기타 이들과 유사한 것에 의하여 보전되는 부분의 금액을 제외한다)의 합계액이 그 거주자의 그 연도분의 총소득금액, 퇴직소득금액 및 산림소득금액의 합계액의 100분의 5에 상당하는 금액(해당 금액이 10만 엔을 넘는 경우에는 10만 엔)을 넘을 때에는, 그 넘는 부분의 금액(해당 금액이 200만 엔을 넘는 경우에는 200만 엔)을, 그 거주자의 그 연도분의 총소득금액, 퇴직소득금액 또는 산림소득금액에서 공제한다.

② 전항에 규정된 의료비란, 의사 또는 치과의사에 의한 진료 또는 치료, 치료 또는 요양에 필요한 의약품의 구입 기타 의료 또는 이에 관련된 인적 역무의 제공의 대가 중 통상적으로 필요하다고 인정되는 것으로서 정령으로 정하는 것을 말한다.

③ 제1항의 규정에 의한 공제는, 의료비공제라 한다.

제74조(사회보험료공제)

① 거주자가, 각 해에 있어서, 자기 또는 자기와 생계를 같이 하는 배우자 기타 친족이 부담해야 할 사회보험료를 지급한 경우 또는 그것이 급여에서 공제되는 경우에는, 그 지급한 금액 또는 그 공제되는 금액을, 그 거주자의 그 연도분의 총소득금액, 퇴직소득금액 또는 산림소득금액에서 공제한다.

② 전항에 규정된 사회보험료란, 다음에 기재된 것 기타 이들에 준하는 것으로서 정령으로 정하는 것[제9조 제1항 제7호(재근{在勤}수당의 비과세)에 기재된 급여에 관련된 것을 제외한다]을 말한다.

1. 건강보험법(大正11{1922}년 법률 제70호)의 규정에 의하여 피보험자로서 부담하는 건강보험의 보험료
2. 국민건강보험법(昭和33{1958}년 법률 제192호)의 규정에 의한 국민건강보험의 보험료 또는 지방세법의 규정에 의한 국민건강보험세
2의2. 고령자의 의료확보에 관한 법률(昭和57{1982}년 법률 제80호)의 규정에 의한 보험료
3. 개호보험법(平成9{1997}년 법률 제123호)의 규정에 의한 개호보험의 보험료
4. 노동보험의 보험료징수 등에 관한 법률(昭和44{1969}년 법률 제84호)의 규정에 의하여 고용보험의 피보험자로서 부담하는 노동보험료
5. 국민연금법의 규정에 의하여 피보험자로서 부담하는 국민연금의 보험료 및 국민연금기금의 가입원으로서 부담하는 부담금{掛金}
6. 독립행정법인 농업자{農業者}연금기금법의 규정에 의하여 피보험자로서 부담하는 농업자연금의 보험료
7. 후생연금보험법의 규정에 의하여 피보험자로서 부담하는 후생연금보험의 보험료
8. 선원보험법의 규정에 의하여 피보험자로서 부담하는 선원보험의 보험료
9. 국가공무원 공제조합법의 규정에 의한 부담금
10. 지방공무원 등 공제조합법의 규정에 의한 부담금(특별부담금을 포함한다)
11. 사립학교 교직원 공제법의 규정에 의하여 가입자로서 부담하는 부담금
12. 은급법{恩給法} 제59조(은급납금{恩給納金})(다른 법률에서 준용하는 경우를 포함한다)의 규정에 의한 납금{納金}

③ 제1항의 규정에 의한 공제는, 사회보험료공제라 한다.

제76조(생명보험료공제)

① 거주자가, 각 해에 있어서, 신{新}생명보험계약 등에 관련된 보험료 혹은 부담금{掛金}[제5항 제1호부터 제3호까지에 기재된 계약에 관련된 것의 경우에는 생존 또는 사망에 기인하여 일정액의 보험금, 공제금 기타 급부금(이하 이 조에서 「보험금 등」이라 한다)을 지급할 것을 약속하는 부분(제3항에 있어서 「생존사망부분」이라 한다)에 관련된 것 기타 정령으로 정하는 것에 한하는 것으로 하며, 다음 항에 규정된 개호의료보험료 및 제3항에 규정된 신개인연금보험료를 제외한다. 이하 이 항 및 다음 항에서 「신생명보험료」라 한다] 또는 구{舊}생명보험계약 등에 관련된

보험료 혹은 부담금(제3항에 규정된 구개인연금보험료 기타 정령으로 정하는 것을 제외한다. 이하 이 항에서 「구생명보험료」라 한다)을 지급한 경우에는, 다음의 각호에 기재된 경우의 구분에 따라서 해당 각호에서 정하는 금액을, 그 거주자의 그 연도분의 총소득금액, 퇴직소득금액 또는 산림소득금액에서 공제한다.

1. 신생명보험료를 지급한 경우(제3호에 기재된 경우를 제외한다) : 다음에 기재된 경우의 구분에 따라서 각각 다음에서 정하는 금액

   イ. 그 해 중에 지급한 신생명보험료 금액의 합계액[그 해에 있어서 신생명보험계약 등에 기초한 잉여금의 분배 혹은 일부환급금{割戻金}의 일부환급{割戻し}을 받거나, 또는 신생명보험계약 등에 기초하여 분배를 받는 잉여금 혹은 일부환급을 받는 일부환급금을 신생명보험료의 납입에 충당한 경우에는, 해당 잉여금 또는 일부환급금의 금액(신생명보험료에 관련된 부분의 금액으로서 정령으로 정하는 바에 따라서 계산한 금액에 한한다)을 공제한 잔액. 이하 이 호 및 제3호 イ에서 동일하다]이 2만 엔 이하인 경우 : 해당 합계액

   ロ. 그 해 중에 지급한 신생명보험료 금액의 합계액이 2만 엔을 넘고 4만 엔 이하인 경우 : 2만 엔과 해당 합계액에서 2만 엔을 공제한 금액의 2분의 1에 상당하는 금액의 합계액

   ハ. 그 해 중에 지급한 신생명보험료 금액의 합계액이 4만 엔을 넘고 8만 엔 이하인 경우 : 3만 엔과 해당 합계액에서 4만 엔을 공제한 금액의 4분의 1에 상당하는 금액의 합계액

   ニ. 그 해 중에 지급한 신생명보험료 금액의 합계액이 8만 엔을 넘는 경우 : 4만 엔

2. 구생명보험료를 지급한 경우(다음 호에 기재된 경우를 제외한다) : 다음에 기재된 경우의 구분에 따라서 각각 다음에서 정하는 금액

   イ. 그 해 중에 지급한 구생명보험료 금액의 합계액[그 해에 있어서 구생명보험계약 등에 기초한 잉여금의 분배 혹은 일부환급금{割戻金}의 일부환급{割戻し}을 받거나, 또는 구생명보험계약 등에 기초하여 분배를 받는 잉여금 혹은 일부환급을 받는 일부환급금을 구생명보험료의 납입에 충당한 경우에는, 해당 잉여금 또는 일부환급금의 금액(구생명보험료에 관련된 부분의 금액에 한한다)을 공제한 잔액. 이하 이 호 및 다음 호 ロ에서 동일하다]이 2만 5천 엔 이하인 경우 : 해당 합계액

   ロ. 그 해 중에 지급한 구생명보험료 금액의 합계액이 2만 5천 엔을 넘고 5만 엔 이하인 경우 : 2만 5천 엔과 해당 합계액에서 2만 5천 엔을 공제한 금액의 2분의 1에 상당하는 금액의 합계액

   ハ. 그 해 중에 지급한 구생명보험료 금액의 합계액이 5만 엔을 넘고 10만 엔 이하인 경우 : 3만 7,500엔과 해당 합계액에서 5만 엔을 공제한 금액의 4분의 1에 상당하는 금액의 합계액

   ニ. 그 해 중에 지급한 구생명보험료 금액의 합계액이 10만 엔을 넘는 경우 : 5만 엔

3. 신생명보험료 및 구생명보험료를 지급한 경우 : 그 지급한 다음에 기재된 보험료의 구분에 따라서 각각 다음에서 정하는 금액의 합계액(해당 합계액이 4만 엔을 넘는 경우에는, 4만 엔)

   イ. 신생명보험료 : 그 해 중에 지급한 신생명보험료 금액의 합계액의 전호 イ부터 ニ까지

　　　　에 기재된 경우의 구분에 따라서 각각 동호 イ부터 ニ까지에서 정하는 금액
　　　ㅁ. 구생명보험료 : 그 해 중에 지급한 구생명보험료 금액의 합계액의 전호 イ부터 ニ까지
　　　　에 기재된 경우의 구분에 따라서 각각 동호 イ부터 ニ까지에서 정하는 금액

＜제2, 3항 생략＞

④ 전 3항의 규정에 의하여 그 거주자의 그 연도분의 총소득금액, 퇴직소득금액 또는 산림소득금액에서 공제하는 금액의 합계액이 12만 엔을 넘는 경우에는, 이들 규정에 의하여 해당 거주자의 그 연도분 총소득금액, 퇴직소득금액 또는 산림금액에서 공제하는 금액은, 이들 규정에도 불구하고 12만 엔으로 한다.

⑤ 제1항에 규정된 신생명보험계약 등이란, 平成24{2012}년 1월 1일 이후에 체결한 다음에 기재된 계약(실효된 같은 날 전에 체결한 해당 계약이 같은 날 이후에 부활한 것을 제외한다. 이하 이 항에서 「신계약」이라 한다) 혹은 다른 보험계약(공제에 관련된 계약을 포함한다. 제7항 및 제8항에서 동일함)에 부대하여 체결한 신계약 또는 같은 날 이후에 확정급부기업연금법 제3조 제1항 제1호(확정급부 기업연금의 실시) 기타 정령으로 정하는 규정(다음 항에서 「승인규정」이라 한다)의 승인을 받은 제4호에 기재된 규약 혹은 동조 제1항 제2호 기타 정령으로 정하는 규정(다음 항에서 「인가규정」이라 한다)의 인가를 받은 동호에 규정된 기금(다음 항에서 「기금」이라 한다)의 제4호에 기재된 규약(이하 이 항 및 다음 항에서 「신규약」이라 총칭한다) 중, 이들 신계약 또는 신규약에 기초한 보험금 등의 수취인 모두를 그 보험료 혹은 부담금{掛金}의 납입을 하는 자 또는 그 배우자 기타 친족으로 하는 것을 말한다.

　1. 보험업법 제2조 제3항(정의)에 규정된 생명보험회사 또는 동조 제8항에 규정된 외국생명보험회사 등이 체결한 보험계약 중 생존 또는 사망에 기인하여 일정액의 보험금 등이 지급되는 것[보험기간이 5년에 미치지 않는 보험계약으로서 정령으로 정하는 것(다음 항에서 「특정보험계약」이라 한다) 및 해당 외국생명보험회사 등이 국외에서 체결한 것을 제외한다]

　2. 우정{郵政}민영화법 등의 시행에 수반하는 관계법률의 정비 등에 관한 법률(平成17{2005}년 법률 제102호) 제2조(법률의 폐지)의 규정에 의한 폐지 전의 간이생명보험법(昭和24{1949}년 법률 제68호) 제3조(정부보증)에 규정된 간이생명보험계약(다음 항 및 제7항에서 「구{舊}간이생명보험계약」이라 한다) 중 생존 또는 사망에 기인하여 일정액의 보험금 등이 지급되는 것

　3. 농업협동조합법(昭和22{1947}년 법률 제132호) 제10조 제1항 제10호(공제에 관한 시설)의 사업을 행하는 농업협동조합이 체결한 생명공제에 관련된 계약(공제기간이 5년에 미치지 않는 생명공제에 관련된 계약으로서 정령으로 정하는 것을 제외한다) 기타 정령으로 정하는 이와 유사한 공제에 관련된 계약(다음 항 및 제7항에서 「생명공제계약 등」이라 한다) 중 생존 또는 사망에 기인하여 일정액의 보험금 등이 지급되는 것

　4. 확정급부기업연금법 제3조 제1항에 규정된 확정급부 기업연금에 관련된 규약 또는 이와 유사한 퇴직연금에 관한 계약으로서 정령으로 정하는 것

⑥ 제1항에 규정된 구생명보험계약 등이란, 平成23{2011}년 12월 31일 이전에 체결한 다음에 기재된 계약(실효된 같은 날 이전에 체결한 해당 계약이 같은 날 이후에 부활한 것을 포함한다) 또

는 같은 날 이전에 승인규정의 승인을 받은 제5호에 기재된 규약 혹은 인가규정의 인가를 받은 기금의 동호에 기재된 규약(신규약을 제외한다) 중, 이들 계약 또는 규약에 기초한 보험금 등의 수취인 모두를 그 보험료 혹은 부담금{掛金}의 납입을 하는 자 또는 그 배우자 기타 친족으로 하는 것을 말한다.

1. 전항 제1호에 기재된 계약
2. 구간이생명보험계약
3. 생명공제계약 등
4. 전항 제1호에 규정된 생명보험회사 혹은 외국생명보험회사 등 또는 보험업법 제2조 제4항에 규정된 손해보험회사 혹은 동조 제9조에 규정된 외국손해보험회사 등이 체결한 질병 또는 신체상해 기타 이들과 유사한 사유에 기인하여 보험금 등이 지급되는 보험계약(제1호에 기재된 것, 보험금 등의 지급사유가 신체상해에만 기인하는 것으로 되어 있는 것, 특정보험계약, 해당 외국생명보험회사 등 또는 해당 외국손해보험회사 등이 국외에서 체결한 것 기타 정령으로 정하는 것을 제외한다) 중, 의료비 등 지급 사유에 기인하여 보험금 등이 지급되는 것
5. 전항 제4호에 기재된 규약 또는 계약

<제7, 8, 9항 생략>

⑩ 平成24{2012}년 1월 1일 이후에 제6항에 규정된 구생명보험계약 등 또는 전항에 규정된 구개인연금보험계약 등에 부대하여 제5항, 제7항 또는 제8항에 규정된 신계약을 체결한 경우에는, 해당 구생명보험계약 등 또는 구개인연금보험계약 등은, 같은 날 이후에 체결한 계약으로 간주하여, 제1항부터 제5항까지, 제7항 및 제8항의 규정을 적용한다.

⑪ 제1항부터 제4항까지의 규정에 의한 공제는, 생명보험료공제라 한다.

제83조(배우자공제)

① 거주자에게 공제대상 배우자가 있는 경우에는, 그 거주자의 그 연도분의 총소득금액, 퇴직소득금액 또는 산림소득금액에서 다음의 각호에 기재된 경우 구분에 따라서 해당 각호에서 정하는 금액을 공제한다.

1. 그 거주자의 제2조 제1항 제30호(정의)에 규정된 합계소득금액[이하 이 항, 다음 조 제1항 및 제86조 제1항(기초공제)에서 「합계소득금액」이라 한다]이 900만 엔 이하인 경우 : 38만 엔(그 공제대상 배우자가 노인 공제대상 배우자인 경우에는 48만 엔)
2. 그 거주자의 합계소득금액이 900만 엔을 넘고 950만 엔 이하인 경우 : 26만 엔(그 공제대상 배우자가 노인 공제대상 배우자인 경우에는 32만 엔)
3. 그 거주자의 합계소득금액이 950만 엔을 넘고 1,000만 엔 이하인 경우 : 13만 엔(그 공제대상 배우자가 노인 공제대상 배우자인 경우에는 16만 엔)

② 전항의 규정에 의한 공제는, 배우자공제라 한다.

제83조의2(배우자특별공제)

① 거주자가 생계를 같이 하는 배우자[제2조 제1항 제33호(정의)에 규정된 청색사업전종자 등을 제외하는 것으로 하고, 합계소득금액이 133만 엔 이하인 자에 한한다]로서 공제대상 배우자에 해당하지 않는 자(합계소득금액이 1,000만 엔 이하인 해당 거주자의 배우자에 한한다)를 가지는 경우에는, 그 거주자의 그 연도분의 총소득금액, 퇴직소득금액 또는 산림 소득금액에서 다음의 각 호에 기재된 경우의 구분에 따라서 해당 각 호에서 정하는 금액을 공제한다.

   1. 그 거주자의 합계소득금액이 900만 엔 이하인 경우 : 그 거주자의 배우자의 다음에 기재된 구분에 따라서 각각 다음에서 정하는 금액

   イ. 합계소득금액이 95만 엔 이하인 배우자 : 38만 엔

   ロ. 합계소득금액이 95만 엔을 넘고 130만 엔 이하인 배우자 : 38만 엔에서 그 배우자의 합계소득금액 중 93만 1엔을 넘는 부분의 금액(해당 넘는 부분의 금액이 5만 엔의 정수배{整數倍}의 금액에서 3만 엔을 공제한 금액이 아닐 때에는, 5만 엔의 정수배{整數倍}의 금액에서 3만 엔을 공제한 금액으로서 해당 넘는 부분의 금액에 미치지 않는 것 중 가장 많은 금액으로 한다)을 공제한 금액

   ハ. 합계소득금액이 130만 엔을 넘는 배우자 : 3만 엔

   2. 그 거주자의 합계소득금액이 900만 엔을 넘고 950만 엔 이하인 경우 : 그 거주자의 배우자의 전호 イ에서 ハ까지에 기재된 구분에 따라서 각각 동호 イ부터 ハ까지에서 정하는 금액의 3분의 2에 상당하는 금액(해당 금액에 1만 엔 미만의 끝수가 있는 경우에는, 이를 절상한 금액)

   3. 그 거주자의 합계소득금액이 950만 엔을 넘고 1000만 엔 이하인 경우 : 그 거주자의 배우자의 제1호 イ에서 ハ까지에 기재된 구분에 따라서 각각 동호 イ부터 ハ까지에서 정하는 금액의 3 분의 1에 상당하는 금액(해당 금액에 1만 엔 미만의 끝수가 있는 경우에는, 이를 절상한 금액)

② 전항의 규정은, 동항에 규정된 생계를 같이 하는 배우자가 다음에 기재된 경우에 해당할 때에는 적용하지 않는다.

   1. 해당 배우자가, 전항에 규정된 거주자로서 동항 규정의 적용을 받고 있는 경우

   2. 해당 배우자가, 급여소득자의 부양공제 등 신고서 또는 종된 급여{從たる給与}에 대한 부양공제 등 신고서에 기재된 원천공제대상배우자가 있는 거주자로서 제185조 제1항 제1호 혹은 제2호(상여 이외의 급여 등에 관련된 징수세액) 또는 제186조 제1항 제1호 혹은 제2항 제1호(상여에 관련된 징수세액)의 규정의 적용을 받고 있는 경우[해당 배우자가, 그 연도분의 소득세에 대하여, 제190조(연말조정) 규정의 적용을 받은 자인 경우 또는 확정신고서의 제출을 했거나, 혹은 결정을 받은 자인 경우를 제외한다]

   3. 해당 배우자가, 공적연금 등 수급자의 부양친족 등 신고서에 기재된 원천공제대상배우자가 있는 거주자로서 제203조의3 제1호부터 제3호까지(징수세액)의 규정의 적용을 받고 있는 경우(해당 배우자가 그 연도분의 소득세에 대하여 확정신고서의 제출을 했거나, 또는 결정을 받은 자인 경우를 제외한다)

③ 제1항의 규정에 의한 공제는, 배우자특별공제라 한다.

제84조(부양공제)

① 거주자에게 공제대상 부양친족이 있는 경우에는, 그 거주자의 그 연도분의 총소득금액, 퇴직소득금액 또는 산림소득금액에서, 그 공제대상 부양친족 1인당 38만 엔(그 자가 특정부양친족인 경우에는 63만 엔으로 하며, 그 자가 노인부양친족인 경우에는 48만 엔으로 한다)을 공제한다.
② 전항의 규정에 의한 공제는, 부양공제라 한다.

제86조(기초공제)

① 합계소득금액이 2,500만 엔 이하인 거주자에 대해서는, 그 자의 그 연도분의 총소득금액, 퇴직소득금액 또는 산림소득금액에서 다음의 각호에 기재된 구분에 따라서 해당 각호에서 정하는 금액을 공제한다.
  1. 그 거주자의 합계소득금액이 2,400만 엔 이하인 경우 : 48만 엔
  2. 그 거주자의 합계소득금액이 2,400만 엔을 넘고 2,450만 엔 이하인 경우 : 32만 엔
  3. 그 거주자의 합계소득금액이 2,450만 엔을 넘고 2,500만 엔 이하인 경우 : 16만 엔
② 전항의 규정에 의한 공제는, 기초공제라 한다.

제87조(소득공제의 순서)

① 잡손공제와 의료비공제, 사회보험료공제, 소규모기업공제 등 부담금{掛金}공제, 생명보험료공제, 지진보험료공제, 기부금공제, 장애인공제, 과부{寡婦(寡夫)}공제, 근로학생공제, 배우자공제, 배우자특별공제, 부양공제 또는 기초공제를 행하는 경우에는, 우선 잡손공제를 행하는 것으로 한다.
② 전항의 공제를 해야 할 금액은, 총소득금액, 산림소득금액 또는 퇴직소득금액에서 순차적으로 공제한다.

제89조(세율)

① 거주자에 대하여 부과하는 소득세의 금액은, 그 연도분의 과세총소득금액 또는 과세퇴직소득금액을 각각 다음 표의 상란에 기재된 금액으로 구분하여 각각의 금액에 동표 하란에 기재된 세율을 곱하여 계산한 금액을 합계한 금액과, 그 연도분의 과세산림소득금액의 5분의 1에 상당하는 금액을 동표 상란에 기재된 금액으로 구분하여 각각의 금액에 동표 하란에 기재된 세율을 곱하여 계산한 금액을 합계한 금액에 5를 곱하여 계산한 금액의 합계액으로 한다.

195만 엔 이하인 금액	100분의 5
195만 엔을 넘고 330만 엔 이하인 금액	100분의 10
330만 엔을 넘고 695만 엔 이하인 금액	100분의 20
695만 엔을 넘고 900만 엔 이하인 금액	100분의 23
900만 엔을 넘고 1,800만 엔 이하인 금액	100분의 33
1,800만 엔을 넘고 4,000만 엔 이하인 금액	100분의 40
4,000만 엔을 넘는 금액	100분의 45

② 과세총소득금액, 과세퇴직소득금액 또는 과세산림소득금액은, 각각 총소득금액, 퇴직소득금액 또는 산림소득금액에서 전장 제4절(소득공제)의 규정에 따라서 공제를 한 잔액으로 한다.

제92조(배당공제)

① 거주자가 잉여금의 배당[제24조 제1항(배당소득)에 규정된 잉여금의 배당을 말한다. 이하 이 조에서 동일함], 이익의 배당(동항에 규정된 이익의 배당을 말한다. 이하 이 조에서 동일함), 잉여금의 분배(동항에 규정된 잉여금의 분배를 말한다. 이하 이 조에서 동일함), 금전의 분배(동항에 규정된 금전의 분배를 말한다. 이하 이 조에서 동일함) 또는 증권투자신탁의 수익의 분배[제9조 제1항 제11호(원본의 환급에 관련된 수익분배의 비과세)에 기재된 것을 포함하지 않는다. 이하 이 조에서 동일함]에 관련된 배당소득[외국법인으로부터 받는 이들 금액에 관련된 것(외국법인의 국내에 있는 영업소, 사무소 기타 이들에 준하는 것에 신탁된 증권투자신탁의 수익의 분배에 관련된 것을 제외한다)을 제외한다. 이하 이 조에서 동일함]을 가지는 경우에는, 그 거주자의 그 연도분의 소득세액[전절(세율)의 규정에 의한 소득세의 금액을 말한다. 이하 이 조에서 동일함]에서, 다음의 각호에 기재된 경우의 구분에 따라서 해당 각호에서 정하는 금액을 공제한다.

1. 그 연도분의 과세총소득금액이 1,000만 엔 이하인 경우 : 다음에 기재된 배당소득의 구분에 따라서 각각 다음에서 정하는 금액의 합계액

   イ. 잉여금의 배당, 이익의 배당, 잉여금의 분배 및 금전의 분배(이하 이 항에서 「잉여금의 배당 등」이라 한다)에 관련된 배당소득 : 해당 배당소득의 금액에 100분의 10을 곱하여 계산한 금액

   ロ. 증권투자신탁의 수익의 분배에 관련된 배당소득 : 해당 배당소득의 금액에 100분의 5를 곱하여 계산한 금액

2. 그 연도분의 과세총소득금액이 1,000만 엔을 넘고, 또한 해당 과세총소득금액에서 증권투자신탁의 수익의 분배에 관련된 배당소득의 금액을 공제한 금액이 1,000만 엔 이하인 경우 : 다음에 기재된 배당소득의 구분에 따라서 각각 다음에서 정하는 금액의 합계액

   イ. 잉여금의 배당 등에 관련된 배당소득 : 해당 배당소득의 금액에 100분의 10을 곱하여 계산한 금액

   ロ. 증권투자신탁의 수익의 분배에 관련된 배당소득 : 해당 배당소득의 금액 중, 해당 과세총소득금액에서 1,000만 엔을 공제한 금액에 상당하는 금액에 대해서는 100분의 2.5를, 기타 금액에 대해서는 100분의 5를 각각 곱하여 계산한 금액의 합계액

3. 전 2호에 기재된 경우 이외의 경우 : 다음에 기재된 배당소득의 구분에 따라서 각각 다음에서 정하는 금액의 합계액

   イ. 잉여금의 배당 등에 관련된 배당소득 : 해당 배당소득의 금액 중, 해당 과세총소득금액에서 1,000만 엔과 ロ에 기재된 배당소득의 금액의 합계액을 공제한 금액에 이르기까지의 금액에 대해서는 100분의 5를, 기타 금액에 대해서는 100분의 10을 각각 곱하여 계산한 금액의 합계액

   ロ. 증권투자신탁의 수익의 분배에 관련된 배당소득 : 해당 배당소득의 금액에 100분의 2.5를 곱하여 계산한 금액

② 전항의 규정에 의하여 공제해야 할 금액은, 과세총소득금액에 관련된 소득세액, 과세산림소득금액에 관련된 소득세액 또는 과세퇴직소득금액에 관련된 소득세액에서 순차적으로 공제한다. 이

경우에 있어서, 해당 공제를 해야 할 금액이 그 연도분의 소득세액을 넘을 때에는, 해당 공제해야 할 금액은, 해당 소득세액에 상당하는 금액으로 한다.
③ 제1항의 규정에 의한 공제는, 배당공제라 한다.

제120조(확정소득신고)

① 거주자는, 그 연도분의 총소득금액, 퇴직소득금액 및 산림소득금액의 합계액이 제2장 제4절 (소득공제)의 규정에 의한 잡손공제 기타 공제의 금액의 합계액을 넘는 경우에 있어서, 해당 총소득금액, 퇴직소득금액 또는 산림소득금액에서 이들 공제의 금액을 제87조 제2항(소득공제의 순서)의 규정에 준하여 공제한 후의 금액을 각각 과세총소득금액, 과세퇴직소득금액 또는 과세산림소득금액으로 간주하여 제89조(세율)의 규정을 적용하여 계산했을 경우의 소득세 금액의 합계액이 배당공제의 금액을 넘을 때에는, 제123조 제1항(확정손실신고)의 규정에 따라서 신고서를 제출하는 경우를 제외하고, 제3기(그 해의 다음 해 2월 16일부터 3월 15일까지의 기간을 말한다. 이하 이 절에 있어서 동일함)에, 세무서장에 대하여, 다음에 기재된 사항을 기재한 신고서를 제출하지 않으면 안 된다. 이 경우에 있어서, 그 해에 있어서 지급을 받아야 할 제28조 제1항(급여소득)에 규정된 급여 등으로 제190조(연말조정)의 규정의 적용을 받은 것을 가지는 거주자가, 해당 신고서를 제출하는 때에는, 다음에 기재된 사항 중 재무성령으로 정하는 것에 대해서는, 재무성령으로 정하는 기재에 따를 수 있다.

1. 그 연도분의 총소득금액, 퇴직소득금액 및 산림소득금액 그리고 제2장 제4절의 규정에 의한 잡손공제 기타 공제금액 그리고 과세총소득금액, 과세퇴직소득금액 및 과세산림소득금액 또는 순손실의 금액
2. 제90조 제1항(변동소득 및 임시소득의 평균과세)의 규정의 적용을 받는 경우에는, 그 연도분의 변동소득의 금액 및 임시소득의 금액 그리고 동조 제3항에 규정된 평균과세 대상금액
3. 제1호에 기재된 과세총소득금액, 과세퇴직소득금액 및 과세산림소득금액에 대하여 제3장(세액의 계산)의 규정을 적용하여 계산한 소득세의 금액
4. 전호에 기재된 소득세의 금액 계산상 공제를 모두 할 수 없었던 외국세액공제의 금액이 있는 경우에는, 그 공제를 다 할 수 없었던 금액
5. 제1호에 기재된 총소득금액 혹은 퇴직소득금액 또는 순손실의 금액의 계산의 기초가 된 각종소득에 대하여 원천징수가 이루어진 또는 이루어져야 할 소득세의 금액[해당 소득세의 금액 중, 제127조 제1항부터 제3항까지(해의 중도에 출국을 하는 경우의 확정신고)의 규정에 의한 신고서를 제출한 것에 의하여, 또는 해당 신고서에 관련된 소득세에 대하여 경정 혹은 결정을 받은 것에 의하여 환급되는 금액 기타 정령으로 정하는 금액이 있는 경우에는, 해당 금액을 공제한 금액. 이하 이 항에서 「원천징수세액」이라 한다]이 있는 경우에는, 제3호에 기재된 소득세의 금액에서 그 원천징수세액을 공제한 금액
6. 전호에 기재된 금액의 계산상 공제를 모두 할 수 없었던 원천징수세액이 있는 경우에는, 그 공제를 다 할 수 없었던 금액
7. 그 연도분의 예납세액이 있는 경우에는, 제3호에 기재된 소득세의 금액(원천징수세액이 있

는 경우에는 제5호에 기재된 금액)에서 해당 예납세액을 공제한 금액

8. 전호에 기재된 금액의 계산상 공제를 모두 할 수 없었던 예납세액이 있는 경우에는, 그 공제를 다 할 수 없었던 금액

9. 제1호에 기재된 총소득금액의 계산의 기초가 된 각종 소득금액 중 양도소득의 금액, 일시소득의 금액, 잡소득의 금액, 잡소득에 해당하지 않는 변동소득의 금액 또는 잡소득에 해당하지 않는 임시소득의 금액이 있는 경우에는, 이들 금액 및 일시소득, 잡소득 또는 잡소득에 해당하지 않는 임시소득에 대하여 원천징수되었거나 또는 징수되어야 할 소득세의 금액

10. 그 해에 있어서 특별농업소득자였던 경우에는, 그 취지

11. 제1호부터 제9호까지에 기재된 금액의 계산의 기초 기타 재무성령으로 정하는 사항

② 전항 제7호 및 제8호에 규정된 예납세액이란, 다음에 기재된 세액의 합계액(해당 세액 중, 제127조 제1항부터 제3항까지의 규정에 의한 신고서를 제출한 것에 의하여, 또는 해당 신고서에 관련된 소득세에 대하여 경정 혹은 결정을 받은 것에 의하여 환급되는 금액이 있는 경우에는, 해당 금액을 공제한 금액)을 말한다.

1. 예정납세액

2. 그 해에 있어서 제127조 제1항의 규정에 해당하고, 제130조(출국의 경우의 확정신고에 의한 납부) 또는 국세통칙법 제35조 제2항(기한후신고 등에 의한 납부)의 규정에 의하여 납부한 또는 납부해야 할 소득세의 금액

③ 다음의 각호에 기재된 거주자가 제1항의 규정에 의한 신고서를 제출하는 경우에는, 정령으로 정하는 바에 따라서, 해당 각호에서 정하는 서류를 해당 신고서에 첨부하거나, 또는 해당 신고서를 제출할 때에 제시하지 않으면 안 된다.

1. 제1항의 규정에 의한 신고서에 잡손공제, 사회보험료공제[제74조 제2항 제5호(사회보험료공제)에 기재된 사회보험료에 관련된 것에 한한다], 소규모기업공제 등 부담금(掛金)공제, 생명보험료공제, 지진보험료공제 또는 기부금공제에 관한 사항의 기재를 하는 거주자 : 이들 공제를 받는 금액의 계산의 기초가 되는 금액 기타의 사항을 증명하는 서류

2. 제1항의 규정에 의한 신고서에, 제85조 제2항 또는 제3항(부양친족 등의 판정시기 등)의 규정에 의한 판정을 할 때의 현황에 있어서, 비거주자인 친족에 관련된 장애인공제, 배우자공제, 배우자특별공제 또는 부양공제에 관한 사항의 기재를 하는 거주자 : 이들 공제에 관련된 비거주자인 친족이 해당 거주자의 친족에 해당한다는 취지를 증명하는 서류 및 해당 비거주자인 친족이 해당 거주자와 생계를 같이 한다는 것을 명백하게 해주는 서류

3. 제1항의 규정에 의한 신고서에, 제2조 제1항 제32호 ㅁ 또는 ㅅ(정의)에 기재된 자에 관련된 근로학생공제에 관한 사항의 기재를 하는 거주자 : 이러한 자에 해당한다는 취지를 증명하는 서류

④ 제1항의 규정에 의한 신고서에 의료비공제에 관한 사항의 기재를 하는 거주자가 해당 신고서를 제출하는 경우에는, 다음에 기재된 서류를 해당 신고서에 첨부하지 않으면 안 된다.

1. 해당 신고서에 기재한 의료비공제를 받는 금액의 계산의 기초가 되는 제73조 제2항(의료비공제)에 규정된 의료비(다음 항에서 「의료비」라 한다)의 금액 기타 재무성령으로 정하는

사항(이하 이 항에서 「공제적용 의료비의 금액 등」이라 한다)이 기재되어 있는 명세서(다음 호에 기재된 서류가 해당 신고서에 첨부되었을 경우에 있어서의 해당 서류에 기재된 공제적용 의료비의 금액 등에 관련된 것을 제외한다)

2. 고령자의 의료확보에 관한 법률 제7조 제2항(정의)에 규정된 보험자 또는 동법 제48조(광역 연합의 설립)에 규정된 후기고령자 의료광역연합의 해당 거주자가 지급한 의료비의 금액을 통지하는 서류로서 재무성령으로 정하는 서류로, 공제적용 의료비의 금액 등의 기재가 있는 것

⑤ 세무서장은, 전항의 신고서 제출이 있었던 경우에 있어서, 필요하다고 인정되는 때에는, 해당 신고서를 제출한 자(이하 이 항에서 「의료비공제 적용자」라 한다)에 대하여, 해당 신고서에 관련된 확정신고기한[해당 신고서가 국세통칙법 제61조 제1항 제2호(연체세의 금액 계산의 기초가 되는 기간의 특례)에 규정된 환급청구 신고서인 경우에는, 해당 신고서가 제출된 날]의 다음 날부터 기산하여 5년이 경과하는 날[같은 날 전 6개월 이내에 동법 제23조 제1항(경정청구)의 규정에 의한 경정청구가 있었던 경우에는, 해당 경정청구가 있었던 날부터 6개월이 경과하는 날]까지의 사이에, 전항 제1호에 기재된 서류에 기재된 의료비에 대하여 이것을 영수한 자의 그 영수를 증명하는 서류의 제시 또는 제출을 요구할 수 있다. 이 경우에 있어서, 이 항 전단의 규정에 의한 요구가 있었던 때에는, 해당 의료비공제 적용자는 해당 서류를 제시 또는 제출하지 않으면 안 된다.

⑥ 그 해에 있어서 부동산소득, 사업소득 또는 산림소득을 발생시키는 업무를 행하는 거주자가 제1항의 규정에 의한 신고서를 제출하는 경우(해당 신고서가 청색신고서인 경우를 제외한다)에는, 재무성령으로 정하는 바에 따라서, 이들 소득에 관련된 그 해 중의 총수입금액 및 필요경비의 내용을 기재한 서류를 해당 신고서에 첨부하지 않으면 안 된다.

⑦ 그 해에 있어서 비영주자였던 기간이 있는 거주자가 제1항의 규정에 의한 신고서를 제출하는 경우에는, 그 자의 국적, 국내에 주소 또는 거소를 가지고 있던 기간 기타 재무성령으로 정하는 사항을 기재한 서류를 해당 신고서에 첨부하지 않으면 안 된다.

⑧ 제1항의 규정에 의하여 제출하는 신고서가 제138조 제1항(원천징수세액 등의 환급) 또는 제139조 제1항 혹은 제2항(예납세액의 환급)의 규정에 의한 환급을 받기 위한 것인 경우에 있어서의 제1항의 규정의 적용에 관해서는, 동항 중 「다음 해 2월 16일」이라고 되어 있는 것은, 「다음 해 1월 1일」로 한다.

제121조(확정소득신고를 필요로 하지 않는 경우)

① 그 해에 있어서 급여소득을 가지는 거주자로서, 그 해 중에 지급을 받아야 할 제28조 제1항(급여소득)에 규정된 급여 등(이하 이 항에서 「급여 등」이라 한다)의 금액이 2,000만 엔 이하인 자는, 다음 각호의 어느 하나에 해당하는 경우에는, 전조 제1항의 규정에도 불구하고, 그 연도분의 과세총소득금액 및 과세산림소득금액에 관련된 소득세에 대해서는, 동항의 규정에 의한 신고서를 제출할 필요가 없다. 다만, 부동산 기타 자산을 그 급여소득에 관련된 급여 등의 지급자의 사업에 사용하게 하고 그 대가의 지급을 받는 경우 기타 정령으로 정하는 경우는 그러하지 아니하다.

1. 하나의 급여 등의 지급자로부터 급여 등의 지급을 받고, 또한 해당 급여 등의 전부에 대하여 제183조(급여소득에 관련된 원천징수의무) 또는 제190조(연말조정)의 규정에 의한 소득세가 징수되었거나 또는 징수되어야 할 경우에 있어서, 그 연도분의 이자소득의 금액, 배당소득의 금액, 부동산소득의 금액, 사업소득의 금액, 산림소득의 금액, 양도소득의 금액, 일시소득의 금액 및 잡소득의 금액의 합계액(이하 이 항에서 「급여소득 및 퇴직소득 이외의 소득금액」이라 한다)이 20만 엔 이하인 때

2. 둘 이상의 급의 등의 지급자로부터 급여 등의 지급을 받고, 또한 해당 급여 등의 전부에 대하여 제183조 또는 제190조의 규정에 의한 소득세가 징수되었거나 또는 징수되어야 할 경우에 있어서, イ 또는 ロ에 해당할 때

   イ. 제195조 제1항(종된 급여{從たる給与}에 대한 부양공제 등 신고서)에 규정된 종된 급여 등의 지급자로부터 지급을 받는 그 연도분의 급여소득에 관련된 급여 등의 금액과 그 연도분의 급여소득 및 퇴직소득 이외의 소득금액의 합계액이 20만 엔 이하인 때

   ロ. イ에 해당하는 경우를 제외하고, 그 연도분의 급여소득에 관련된 급여 등의 금액이 150만 엔과 사회보험료공제의 금액, 소규모기업공제 등 부담금{掛金}공제의 금액, 생명보험료공제의 금액, 지진보험료공제의 금액, 장애인공제의 금액, 과부{寡婦(寡夫)}공제의 금액, 근로학생공제의 금액, 배우자공제의 금액, 배우자특별공제의 금액 및 부양공제의 금액의 합계액 이하이고, 또한 그 연도분의 급여소득 및 퇴직소득 이외의 소득금액이 20만 엔 이하인 때

② 그 해에 있어서 퇴직소득을 가지는 거주자는, 다음 각호의 어느 하나에 해당하는 경우에는, 전조 제1항의 규정에도 불구하고, 그 연도분의 과세퇴직소득금액에 관련된 소득세에 대해서는, 동항의 규정에 의한 신고서를 제출할 필요가 없다.

1. 그 연도분의 퇴직소득에 관련된 제30조 제1항(퇴직소득)에 규정된 퇴직수당 등(이하 이 항에서 「퇴직수당 등」이라 한다)의 전부에 대하여 제199조(퇴직소득에 관련된 원천징수의무) 및 제201조 제1항(퇴직소득에 관련된 원천징수세액)의 규정에 의한 소득세가 징수되었거나 또는 징수되어야 할 경우

2. 전호에 해당하는 경우를 제외하고, 그 연도분의 과세퇴직소득금액에 대하여 제89조(세율)의 규정을 적용하여 계산한 소득세의 금액이 그 연도분의 퇴직소득에 관련된 퇴직수당 등에 대하여 원천징수되었거나 또는 원천징수되어야 할 소득세의 금액 이하인 경우

③ 그 해에 있어서, 제35조 제3항(잡소득)에 규정된 공적연금 등(이하 이 조에서 「공적연금 등」이라 한다)에 관련된 잡소득을 가지는 거주자로서, 그 해 중의 공적연금 등의 수입금액이 400만 엔 이하인 자가, 그 공적연금 등의 전부[제203조의6(원천징수 등을 필요로 하지 않는 공적연금 등)의 규정의 적용을 받는 것을 제외한다]에 대하여 제203조의2(공적연금 등에 관련된 원천징수의무)의 규정에 의하여 소득세가 징수되었거나 또는 징수되어야 할 경우에 있어서, 그 연도분의 공적연금 등에 관련된 잡소득 이외의 소득금액(이자소득의 금액, 배당소득의 금액, 부동산소득의 금액, 사업소득의 금액, 급여소득의 금액, 산림소득의 금액, 양도소득의 금액, 일시소득의 금액 및 공적연금 등에 관련된 잡소득 이외의 잡소득의 금액의 합계액을 말한다)이 20만 엔 이하인 때에

는, 전조 제1항의 규정에도 불구하고, 그 연도분의 과세총소득금액 또는 과세산림소득금액에 관련된 소득세에 대해서는, 동항의 규정에 의한 신고서를 제출할 필요가 없다.

제124조(확정신고서를 제출해야 하는 자 등이 사망한 경우의 확정신고)
① 제120조 제1항(확정소득신고)의 규정에 의한 신고서를 제출해야 하는 거주자가 그 해의 다음 해 1월 1일부터 해당 신고서의 제출기한까지의 사이에 해당 신고서를 제출하지 않고 사망한 경우에는, 그 상속인은, 다음 항의 규정에 의한 신고서를 제출하는 경우를 제외하고, 정령으로 정하는 바에 따라서, 그 상속의 개시가 있었던 것을 안 날의 다음 날부터 4개월이 경과한 날의 전 날(같은 날 전에 해당 상속인이 출국을 하는 경우에는, 그 출국 시. 이하 이 조에서 동일함)까지, 세무서장에 대하여, 해당 신고서를 제출하지 않으면 안 된다.
② 전조 제1항의 규정에 의한 신고서를 제출할 수 있는 거주자가 그 해의 다음 해 1월 1일부터 해당 신고서의 제출기한까지의 사이에 해당 신고서를 제출하지 않고 사망한 경우에는, 그 상속인은, 정령으로 정하는 바에 따라서, 그 상속의 개시가 있었던 것을 안 날의 다음 날부터 4개월이 경과한 날의 전날까지, 세무서장에 대하여, 해당 신고서를 제출할 수 있다.

제125조(해의 중도에 사망한 경우의 확정신고)
① 거주자가 해의 중도에 사망한 경우에 있어서, 그 자가 그 연도분의 소득세에 대하여 제120조 제1항(확정소득신고)의 규정에 의한 신고서를 제출하지 않으면 안 되는 경우에 해당하는 때에는, 그 상속인은, 제3항의 규정에 의한 신고서를 제출하는 경우를 제외하고, 정령으로 정하는 바에 따라서, 그 상속의 개시가 있었던 것을 안 날의 다음 날부터 4개월이 경과한 날의 전날(같은 날 전에 해당 상속인이 출국을 하는 경우에는, 그 출국 시. 이하 이 조에서 동일함)까지, 세무서장에 대하여, 해당 소득세에 대하여 제120조 제1항 각호에 기재된 사항 기타 사항을 기재한 신고서를 제출하지 않으면 안 된다.
② 거주자가 해의 중도에 사망한 경우에 있어서, 그 자가 그 연도분의 소득세에 대하여 제122조 제1항 또는 제2항(환급 등을 받기 위한 신고)의 규정에 의한 신고서를 제출할 수 있는 경우에 해당하는 때에는, 그 상속인은, 전항의 규정에 의한 신고서를 제출해야 하는 경우 및 다음 항의 규정에 의한 신고서를 제출할 수 있는 경우를 제외하고, 정령으로 정하는 바에 따라서, 세무서장에 대하여, 해당 소득세에 대하여 제120조 제1항 각호에 기재된 사항 기타의 사항을 기재한 신고서를 제출할 수 있다.
③ 거주자가 해의 중도에 사망한 경우에 있어서, 그 자가 그 연도분의 소득세에 대하여 제123조 제1항(확정손실신고)의 규정에 의한 신고서를 제출할 수 있는 경우에 해당하는 때에는, 그 상속인은, 정령으로 정하는 바에 따라서, 그 상속의 개시가 있었던 것을 안 날의 다음 날부터 4개월이 경과한 날의 전날까지, 세무서장에 대하여, 해당 소득세에 대하여 동조 제2항 각호에 기재된 사항 기타의 사항을 기재한 신고서를 제출할 수 있다.
④ 제120조 제1항 후단의 규정은 제1항 또는 제2항의 규정에 의한 신고서의 기재사항에 대하여, 동조 제3항부터 제7항까지의 규정은 제3항의 규정에 의한 신고서의 제출에 대하여, 각각 준용한다.

⑤ 전조 제1항 또는 제2항의 규정은, 제1항의 규정에 의한 신고서를 제출해야 하는 자 또는 제3항의 규정에 의한 신고서를 제출할 수 있는 자가 이들 신고서의 제출기한 전에 이들 신고서를 제출하지 않고 사망한 경우에 대하여 각각 준용한다.

제129조(사망한 경우의 확정신고에 의한 납부)

제124조 제1항(확정신고서를 제출해야 하는 자가 사망한 경우의 확정신고)[제125조 제5항(해의 중도에 사망한 경우의 확정신고)에서 준용하는 경우를 포함한다] 또는 제125조 제1항의 규정에 해당하여 이들 규정에 규정된 신고서를 제출한 자는, 이들 신고서에 기재된 제120조 제1항 제3호(확정소득신고에 관련된 소득세액)에 규정된 금액이 있을 때에는, 이들 신고서의 제출기한까지, 해당 금액에 상당하는 소득세를 국세통칙법 제5조(상속에 의한 국세납부의무의 승계)에서 정하는 바에 따라서 국가에 납부하지 않으면 안 된다.

제140조(순손실의 소급에 의한 환급청구)

① 청색신고서를 제출하는 거주자는, 그 해에 있어서 발생한 순손실의 금액이 있는 경우에는, 해당 신고서의 제출과 동시에, 납세지의 관할 세무서장에 대하여, 제1호에 기재된 금액에서 제2호에 기재된 금액을 공제한 금액에 상당하는 소득세의 환급을 청구할 수 있다.

   1. 그 해의 전년도분의 과세총소득금액, 과세퇴직소득금액 및 과세산림소득금액에 대하여 제3장 제1절(세율)의 규정을 적용하여 계산한 소득세의 금액
   2. 그 해의 전년도분의 과세총소득금액, 과세퇴직소득금액 및 과세산림소득금액에서 해당 순손실의 금액의 전부 또는 일부를 공제한 금액에 대하여 제3장 제1절의 규정에 준하여 계산한 소득세의 금액

② 전항의 경우에 있어서, 동항에 규정된 공제한 금액에 상당하는 소득세의 금액이 그 해의 전년도분의 과세총소득금액, 과세퇴직소득금액 및 과세산림소득금액에 관련된 소득세의 금액(부대세{附帶稅}의 금액을 제외한다)을 넘을 때에는, 동항의 환급청구를 할 수 있는 금액은, 해당 소득세의 금액에 상당하는 금액을 한도로 한다.

③ 제1항 제2호에 기재된 금액을 계산하는 경우에 있어서, 동호의 과세총소득금액, 과세퇴직소득금액 또는 과세산림소득금액 중 어느 것부터 먼저 순손실의 금액을 공제할지 및 전년에 있어서 제90조(변동소득 및 임시소득의 평균과세)의 규정의 적용이 있었던 경우에 있어서 동조 제3항에 규정된 평균과세 대상금액과 과세총소득금액에서 해당 평균과세 대상금액을 공제한 금액 중 어느 것에서 먼저 순손실의 금액을 공제할지에 대해서는 정령으로 정한다.

④ 제1항의 규정은, 동항의 거주자가 그 해의 전년도분의 소득세에 대하여 청색신고서를 제출한 경우로서, 그 연도분의 청색신고서를 그 제출기한까지 제출한 경우(세무서장이 불가피한 사정이 있다고 인정하는 경우에는, 해당 신고서를 그 제출기한 후에 제출한 경우를 포함한다)에 한하여 적용한다.

⑤ 거주자에게 사업의 전부양도 또는 폐지 기타 이들에 준하는 사실로서 정령으로 정하는 것이 발생한 경우에 있어서, 해당 사실이 발생한 날이 속하는 해의 전년에 있어서 발생한 순손실의 금

액[제70조 제1항(순손실의 이월공제)의 규정에 의하여 같은 날이 속하는 해에 있어서 공제된 것 및 제142조 제2항(순손실의 소급에 의한 환급)의 규정에 의하여 환급을 받아야 할 금액의 계산의 기초가 된 것을 제외한다]이 있을 때에는, 그 자는, 같은 날이 속하는 해의 전년도분 및 전전년도 분의 소득세에 대하여 청색신고서를 제출한 경우에 한하여, 같은 날이 속하는 연도분의 소득세에 관련된 확정신고기한까지, 납세지의 관할 세무서장에 대하여, 해당 순손실의 금액에 대하여 제1 항부터 제3항까지의 규정에 준하여 정령으로 정하는 바에 따라서 계산한 금액에 상당하는 소득세 의 환급을 청구할 수 있다.

제143조(청색신고)

부동산소득, 사업소득 또는 산림소득을 발생시키는 업무를 행하는 거주자는, 납세지의 관할 세무 서장의 승인을 받은 경우에는, 확정신고서 및 해당 신고서에 관련된 수정신고서를 청색신고서에 의하여 제출할 수 있다.

제152조(각종소득의 금액에 이동{異同}이 생긴 경우의 경정청구의 특례)

확정신고서를 제출하거나, 또는 결정을 받은 거주자(그 상속인을 포함한다)는, 해당 신고서 또는 결정에 관련된 연도분의 각종소득의 금액에 대하여 제63조(사업을 폐지한 경우의 필요경비의 특 례) 또는 제64조(자산의 양도대금이 회수불능이 된 경우 등의 소득계산의 특례)에 규정된 사실 기타 이에 준하는 정령으로 정하는 사실이 생긴 것에 의하여, 국세통칙법 제23조 제1항 각호(경 정청구)의 사유가 발생한 때에는, 해당 사실이 발생한 날의 다음 날부터 2개월 이내에 한하여, 세 무서장에 대하여, 해당 신고서 또는 결정에 관련된 제120조 제1항 제1호 혹은 제3호부터 제8호 까지(확정소득신고서의 기재사항) 또는 제123조 제2항 제1호, 제5호, 제7호 혹은 제8호(확정손실 신고서의 기재사항)에 기재된 금액(해당 금액에 대하여 수정신고서의 제출 또는 경정이 있었던 경우에는, 그 신고 또는 경정 후의 금액)에 대하여, 동법 제23조 제1항의 규정에 의한 경정청구를 할 수 있다. 이 경우에 있어서는, 경정청구서에는, 동조 제3항에 규정된 사항 외에, 해당 사실이 발생한 날을 기재하지 않으면 안 된다.

제155조(청색신고서에 관련된 경정)

① 세무서장은, 거주자가 제출한 청색신고서에 관련된 연도분의 총소득금액, 퇴직소득금액 혹은 산림소득금액 또는 순손실의 금액의 경정을 하는 경우에는, 그 거주자의 장부서류를 조사하여, 그 조사에 의하여 이들 금액의 계산에 오류가 있다고 인정되는 경우에 한하여, 이를 행할 수 있 다. 다만, 다음에 기재된 경우에는, 그 장부서류를 조사하지 않고 그 경정을 하는 것을 방해하지 않는다.

   1. 그 경정이 부동산소득의 금액, 사업소득의 금액 및 산림소득의 금액 이외의 각종소득의 금 액 계산 또는 제69조부터 제71조까지(손익통산 및 손실의 이월공제)의 규정의 적용에 관하 여 오류가 있었던 것에만 기인하는 것인 경우

   2. 해당 신고서 및 이에 첨부된 서류에 기재된 사항에 의하여, 부동산소득의 금액, 사업소득의

금액 또는 산림소득의 금액의 계산이 이 법률의 규정에 따르지 않았다는 것 기타 그 계산
에 오류가 있다는 것이 분명한 경우

② 세무서장은, 거주자가 제출한 청색신고서에 관련된 연도분의 총소득금액, 퇴직소득금액 혹은
산림소득금액 또는 순손실의 금액의 경정(전항 제1호에 규정된 사유에만 기인하는 것을 제외한
다)을 하는 경우에는, 그 경정에 관련된 국세통칙법 제28조 제2항(경정통지서의 기재사항)에 규
정된 경정통지서에 그 경정의 이유를 부기하지 않으면 안 된다.

제156조(추계에 의한 경정 또는 결정)

세무서장은, 거주자에 관련된 소득세에 대하여 경정 또는 결정을 하는 경우에는, 그 자의 재산 혹
은 채무의 증감상황, 수입 혹은 지출의 상황 또는 생산량, 판매량 기타 취급량, 종업원수 기타 사
업의 규모에 의하여 그 자의 각 연도분의 각종 소득금액 또는 손실의 금액(그 자가 제출한 청색
신고서에 관련된 연도분의 부동산소득의 금액, 사업소득의 금액 및 산림소득의 금액 그리고 이들
금액의 계산상 발생한 손실의 금액을 제외한다)을 추계하여, 이를 할 수 있다.

제157조(동족회사 등의 행위 또는 계산의 부인 등)

① 세무서장은, 다음에 기재된 법인의 행위 또는 계산으로서, 이를 용인했을 경우에는 그 주주 등
인 거주자 또는 이와 정령으로 정하는 특수한 관계가 있는 거주자(그 법인의 주주 등인 비거주자
와 해당 특수한 관계가 있는 거주자를 포함한다. 제4항에서 동일함)의 소득세의 부담을 부당하게
감소시키는 결과가 된다고 인정되는 것이 있을 때에는, 그 거주자의 소득세에 관련된 경정 또는
결정을 함에 있어서, 그 행위 또는 계산에도 불구하고, 세무서장이 인정하는 바에 따라서, 그 거
주자의 각 연도분의 제120조 제1항 제1호 혹은 제3호부터 제8호까지(확정소득신고서의 기재사
항) 또는 제123조 제2항 제1호, 제3호, 제5호 혹은 제7호(확정손실신고서의 기재사항)에 기재된
금액을 계산할 수 있다.

　1. 법인세법 제2조 제10호(정의)에 규정된 동족회사
　2. イ에서 ハ까지의 모두에 해당하는 법인
　　イ. 3 이상의 지점, 공장 기타 사업소를 가진 것
　　ロ. 그 사업소의 2분의 1 이상에 해당하는 사업소에 대하여, 그 사업소의 소장, 주임 기타
　　　　그 사업소에 관련된 사업의 주재자 또는 해당 주재자의 친족 기타 해당 주재자와 정령
　　　　으로 정하는 특수한 관계가 있는 개인(이하 이 호에서 「소장 등」이라 한다)이 이전에
　　　　해당 사업소에 있어서 개인으로서 사업을 영위하던 사실이 있는 것
　　ハ. ロ에 규정된 사실이 있는 사업소의 소장 등이 보유하는 그 법인의 주식 또는 출자의
　　　　수 또는 금액의 합계액이 그 법인의 기발행주식[2] 또는 출자(그 법인이 보유하는 자기
　　　　의 주식 또는 출자를 제외한다)의 총수 또는 총액의 3분의 2 이상에 상당하는 것

② 전항의 경우에 있어서, 법인이 동항 각호에 기재된 법인에 해당하는지에 대한 판정은, 동항에

---

　2) 이 부분의 원문은 "発行済株式"으로 '발행된 주식'을 의미하는데, 이것을 '기(旣)발행주식'으로 번역하였
　　다. 이하 동일하며, 본문에서도 '기발행주식'으로 번역하였다.

규정된 행위 또는 계산의 사실이 있었던 때의 현황에 의한다.

③ 제1항의 규정은, 동항 각호에 기재된 법인의 행위 또는 계산에 대하여, 법인세법 제132조 제1항(동족회사 등의 행위 또는 계산의 부인) 혹은 상속세법 제64조 제1항(동족회사 등의 행위 또는 계산의 부인 등) 또는 지가세법{地価税法}(平成3{1991}년 법률 제69호) 제32조 제1항(동족회사 등의 행위 또는 계산의 부인 등)의 규정의 적용이 있었던 경우에 있어서의 제1항의 거주자의 소득세에 관련된 경정 또는 결정에 대하여 준용한다.

④ 세무서장은, 합병(법인과세신탁에 관련된 신탁의 병합을 포함한다), 분할(법인과세신탁에 관련된 신탁의 분할을 포함한다), 현물출자 혹은 법인세법 제2조 제12호의5의2에 규정된 현물분배 또는 동조 제12호의16에 규정된 주식교환 등 혹은 주식이전(이하 이 항에서 「합병 등」이라 한다)을 한 법인 또는 합병 등에 의하여 자산 및 부채의 이전을 받은 법인(해당 합병 등에 의하여 교부된 주식 또는 출자를 발행한 법인을 포함한다. 이하 이 항에서 동일함)의 행위 또는 계산으로서, 이를 용인했을 경우에는 해당 합병 등을 한 법인 혹은 해당 합병 등에 의하여 자산 및 부채의 이전을 받은 법인의 주주 등인 거주자 또는 이와 제1항에 규정된 특수한 관계가 있는 거주자의 소득세 부담을 부당하게 감소시키는 결과가 된다고 인정되는 것이 있을 때에는, 그 거주자의 소득세에 관한 경정 또는 결정을 함에 있어서, 그 행위 또는 계산에도 불구하고, 세무서장이 인정하는 바에 따라서, 그 거주자의 각 연도분의 제120조 제1항 제1호 혹은 제3호부터 제8호까지 또는 제123조 제2항 제1호, 제3호, 제5호 혹은 제7호에 기재된 금액을 계산할 수 있다.

제174조(내국법인에 관련된 소득세의 과세표준)

내국법인에 대하여 부과하는 소득세의 과세표준은, 그 내국법인이 국내에 있어서 지급을 받아야 할 다음에 기재된 것의 금액(제10호에 기재된 상금에 대해서는, 그 금액에서 정령으로 정하는 금액을 공제한 잔액)으로 한다.

1. 제23조 제1항(이자소득)에 규정된 이자 등
2. 제24조 제1항(배당소득)에 규정된 배당 등
   <중간 생략>
10. 마주{馬主}가 받는 경마의 상금으로서 정령으로 정하는 것

제175조(내국법인에 관련된 소득세의 세율)

내국법인에 대하여 부과하는 소득세의 금액은, 다음의 각호의 구분에 따라서 해당 각호에 기재된 금액으로 한다.

1. 전조 제1호에 기재된 이자 등 또는 동조 제3호부터 제8호까지에 기재된 급부보전금, 이자, 이익 혹은 차익 : 그 금액에 100분의 15의 세율을 곱하여 계산한 금액
2. 전조 제2호에 기재된 배당 등 또는 동조 제9호에 기재된 이익의 분배 : 그 금액에 100분의 20의 세율을 곱하여 계산한 금액
3. 전조 제10호에 기재된 상금 : 그 금액에서 정령으로 정하는 금액을 공제한 잔액에 100분의 10의 세율을 곱하여 계산한 금액

제190조(연말조정)

급여소득자의 부양공제 등 신고서를 제출한 거주자로서, 제1호에 규정된 그 해 중에 지급해야 할 것이 확정된 급여 등의 금액이 2,000만 엔 이하인 자에 대하여, 그 제출을 함에 있어서 경유한 급여 등의 지급자가 그 해 마지막에 급여 등의 지급을 하는 경우(그 거주자가 그 후 그 해 12월 31일까지의 사이에 해당 지급자 이외의 자에게 해당 신고서를 제출할 것으로 예상되는 경우를 제외한다)에 있어서, 동호에 기재된 소득세의 금액의 합계액이 그 해 마지막에 급여 등의 지급을 할 때의 현황에 의하여 계산한 제2호에 기재된 세액과 비교하여 과부족이 있을 때에는, 그 초과액은 그 해 마지막에 급여 등의 지급을 할 때에 징수해야 할 소득세에 충당시키고, 그 부족액은 그 해 마지막에 급여 등의 지급을 할 때에 징수하여 그 징수일이 속하는 달의 다음 달 10일까지 국가에 납부하지 않으면 안 된다.

1. 그 해 중에 그 거주자에 대하여 지급해야 할 것이 확정된 급여 등(그 거주자가 그 해에 있어서 다른 급여 등의 지급자를 경유하여 다른 급여소득자의 부양공제 등 신고서를 제출한 적이 있는 경우에는, 해당 다른 급여 등의 지급자가 그 해 중에 그 거주자에 대하여 지급해야 할 것이 확정된 급여 등으로 정령으로 정하는 것을 포함한다. 다음 호에서 동일함)에 대하여 제183조 제1항(원천징수의무)의 규정에 의하여 징수되었거나 또는 징수되어야 할 소득세의 금액의 합계액

2. 별표5에 의하여, 그 해 중에 그 거주자에 대하여 지급해야 할 것이 확정된 급여 등의 금액에 따라서 구한 동표의 급여소득공제 후의 급여 등의 금액에서 다음에 기재된 금액의 합계액을 공제한 금액(해당 금액에 1,000엔 미만의 끝수가 있을 때 또는 해당 금액의 전액이 1,000엔 미만 일 때에는, 그 끝수의 금액 또는 그 전액을 버린 금액)을 과세총소득금액으로 간주하여 제89조 제1항(세율)의 규정을 적용하여 계산한 경우의 세액

<이하 각목 생략>

제191조(과납액의 환급)

전조의 경우에 있어서, 동조에 규정된 초과액을 그 해 마지막에 급여 등의 지급을 함에 있어서 징수해야 할 소득세에 충당하고, 다 충당하지 못한 초과액(해당 초과액 중 아직 징수되지 않은 것이 있을 때에는, 그 징수되지 않은 부분의 금액에 상당하는 금액을 공제한 금액. 이하 이 조에서 「과납액」이라 한다)이 있을 때에는, 전조의 급여 등의 지급자는, 그 과납액을 환급한다.

제192조(부족액의 징수)

① 제190조(연말조정)의 경우에 있어서, 동조에 규정된 부족액을 그 해 마지막에 급여 등의 지급을 함에 있어서 징수하고, 다 징수하지 못한 부족액이 있을 때에는, 동조의 급여 등의 지급자는, 그 다음 해에 급여 등의 지급을 함에 있어서 순차적으로 이를 징수하여, 그 징수일이 속하는 달의 다음달 10일까지 이를 국가에 납부하지 않으면 안 된다.

<이하 생략>

제204조(원천징수의무)

① 거주자에 대하여 국내에 있어서 다음에 기재된 보수 혹은 요금, 계약금 또는 상금의 지급을 하는 자는, 그 지급을 함에 있어서, 그 보수 혹은 요금, 계약금 또는 상금에 대하여 소득세를 징수하여, 그 징수일이 속하는 달의 다음 달 10일까지 이를 국가에 납부하지 않으면 안 된다.

1. 원고, 삽화, 작곡, 레코드 녹음 또는 디자인의 보수, 방송사례금, 저작권(저작인접권을 포함한다) 또는 공업소유권의 사용료 및 강연료 그리고 이들과 유사한 것으로서 정령으로 정하는 보수 또는 요금

2. 변호사(외국법 사무변호사를 포함한다), 사법서사, 토지가옥 조사원, 공인회계사, 세무사, 사회보험 노무사, 변리사, 해사대리사{海事代理士}, 측량사, 건축사, 부동산 감정사, 기술사 기타 이들과 유사한 자로서 정령으로 정하는 자의 업무에 관한 보수 또는 요금

3. 사회보험진료보수지급기금법(昭和23{1948}년 법률 제129호)의 규정에 의하여 지급되는 진료 보수

4. 직업 야구선수, 직업 권투선수, 경마기수, 모델, 외교원{外交員}, 수금원, 전력량계 검침원 기타 이들과 유사한 자로서 정령으로 정하는 자의 업무에 관한 보수 또는 요금

5. 영화, 연극 기타 정령으로 정하는 예능 또는 라디오 방송 혹은 텔레비전 방송에 관련된 출연 혹은 연출(지휘, 감독 기타 정령으로 정하는 것을 포함한다) 또는 기획의 보수 또는 요금 기타 정령으로 정하는 연예인의 역무의 제공을 내용으로 하는 사업에 관련된 해당 역무의 제공에 관한 보수 또는 요금(이들 중 불특정다수인으로부터 받는 것을 제외한다)

6. 캬바레, 나이트클럽, 바 기타 이들과 유사한 시설에서 플로어에서 손님에게 춤을 추게 하거나 또는 손님에게 접대를 하여 유흥 혹은 먹고 마시게 하는 것으로서 손님을 응대하는 것을 업무로 하는 호스티스 기타의 자(이하 이 조에서 「호스티스 등」이라 한다)의 그 업무에 관한 보수 또는 요금

7. 역무의 제공을 약속하는 것에 의하여 일시에 취득하는 계약금으로서 정령으로 정하는 것

8. 광고·선전을 위한 상금 또는 마주{馬主}가 받는 경마의 상금으로서 정령으로 정하는 것

② 전항의 규정은, 다음에 기재된 것에 대해서는 적용하지 않는다.

1. 전항에 규정된 보수 혹은 요금, 계약금 또는 상금 중, 제28조 제1항(급여소득)에 규정된 급여 등(다음 호에서 「급여 등」이라 한다) 또는 제30조 제1항(퇴직소득)에 규정된 퇴직수당 등에 해당하는 것

2. 전항 제1호부터 제5호까지 그리고 제7호 및 제8호에 기재된 보수 혹은 요금, 계약금 또는 상금 중, 제183조 제1항(급여소득에 관련된 원천징수의무)의 규정에 의하여 급여 등에 대하여 소득세를 징수하여 납부해야 할 개인 이외의 개인으로부터 지급되는 것

3. 전항 제6호에 기재된 보수 또는 요금 중, 동호에 규정된 시설의 경영자(이하 이 조에서 「바 등의 경영자」라 한다) 이외의 자로부터 지급되는 것(바 등의 경영자를 통해서 지급되는 것을 제외한다)

③ 제1항 제6호에 기재된 보수 또는 요금 중, 손님으로부터 바 등의 경영자를 통해서 호스티스 등에게 지급되는 것이 있는 경우에는, 해당 보수 또는 요금에 대해서는, 해당 바 등의 경영자를

해당 보수 또는 요금에 관련된 동항에 규정된 지급을 하는 자로 간주하고, 해당 보수 또는 요금을 호스티스 등에게 교부한 때에 그 지급을 한 것으로 간주하여, 동항의 규정을 적용한다.

제205조(징수세액)

전조 제1항의 규정에 의하여 징수해야 할 소득세의 금액은, 다음의 각호의 구분에 따라서 해당 각호에 기재된 금액으로 한다.

1. 전조 제1항 제1호, 제2호, 제4호 혹은 제5호 또는 제7호에 기재된 보수 혹은 요금 또는 계약금(다음 호에 기재된 보수 및 요금을 제외한다) : 그 금액에 100분의 10(동일인에 대하여 1회에 지급되는 금액이 100만 엔을 넘는 경우에는, 그 넘는 부분의 금액에 대해서는 100분의 20)의 세율을 곱하여 계산한 금액

2. 전조 제1항 제2호에 기재된 사법서사, 토지가옥 조사원 혹은 해사대리사의 업무에 관한 보수 혹은 요금, 동항 제3호에 기재된 진료보수, 동항 제4호에 기재된 직업 권투선수, 외교원{外交員}, 수금원 혹은 전력량계 검침원의 업무에 관한 보수 혹은 요금, 동항 제6호에 기재된 보수 혹은 요금 또는 동항 제8호에 기재된 상금 : 그 금액(해당 상금이 금전 이외의 것으로 지급되는 경우에는, 그 지급 시에 있어서의 가액으로서 정령으로 정하는 바에 따라서 계산한 금액)에서 정령으로 정하는 금액을 공제한 잔액에 100분의 10의 세율을 곱하여 계산한 금액

소득세법 시행령

제정 : 昭和40{1965}년 3월 31일 호외 정령 제96호
최종개정 : 令和1{2019}년 6월 28일 호외 정령 제44호
(제1조에서 '소득세법'을 이하 '법'이라 한다고 규정하고 있음)

제7조(이연자산의 범위)

① 법 제2조 제1항 제20호(이연자산의 의의)에 규정된 정령으로 정하는 비용은, 개인이 지출하는 비용('자산의 취득에 소요된 금액'이 되어야 할 비용 및 선급비용을 제외한다) 중 다음에 기재된 것으로 한다.

1. 개업비(부동산소득, 사업소득 또는 산림소득을 발생시키는 사업을 개시할 때까지의 사이에 개업준비를 위하여 특별히 지출하는 비용을 말한다)

2. 개발비(새로운 기술 혹은 새로운 경영조직의 채용, 자원의 개발 또는 시장의 개척을 위하여 특별히 지출하는 비용을 말한다)

3. 전 2호에 기재된 것 외에, 다음에 기재된 비용으로서 지출의 효과가 그 지출일 이후 1년 이상에 미치는 것

   イ. 자기가 편익을 받는 공공시설 또는 공동시설의 설치 또는 개량을 위하여 지출하는 비용

   ロ. 자산을 임차 또는 사용하기 위하여 지출하는 권리금, 퇴거료, 기타 비용

   ハ. 역무의 제공을 받기 위하여 지출하는 권리금 기타 비용

   ニ. 제품 등의 광고·선전용 자산을 증여한 것에 의하여 발생하는 비용

   ホ. イ부터 ニ까지에 기재된 비용 외에, 자기가 편익을 얻기 위하여 지출하는 비용

② 전항에 규정된 선급비용이란, 개인이 일정한 계약에 기초하여 계속적으로 역무의 제공을 받기 위하여 지출하는 비용 중, 그 지출일이 속하는 해의 12월 31일(해의 중도에 사망 또는 출국을 한 경우에는, 그 사망 또는 출국 시)에 있어서 아직 제공을 받지 않은 역무에 대응하는 것을 말한다.

제30조(비과세로 취급되는 보험금, 손해배상금 등)

법 제9조 제1항 제17호(비과세소득)에 규정된 정령으로 정하는 보험금 및 손해배상금(이들과 유사한 것을 포함한다)은, 다음에 기재된 것 기타 이들과 유사한 것(이들의 금액 중에서 동호의 손해를 받은 자의 각종소득의 금액 계산상 필요경비에 산입되는 금액을 보전하기 위한 금액이 포함되어 있는 경우에는, 해당 금액을 공제한 금액에 상당하는 부분)으로 한다.

1. 손해보험계약[보험업법(平成7{1995}년 법률 제105호) 제2조 제4항(정의)에 규정된 손해보험회사 혹은 동조 제9항에 규정된 외국손해보험회사 등이 체결한 보험계약 또는 동조 제18항에 규정된 소액단기보험업자(이하 이 호에서 「소액단기보험업자」라 한다)가 체결한 이와 유사한 보험계약을 말한다. 이하 이 조에서 동일함]에 기초한 보험금, 생명보험계약(동법 제2조 제3항에 규정된 생명보험회사 혹은 동조 제8항에 규정된 외국생명보험회사 등이 체결한 보험계약 또는 소액단기보험업자가 체결한 이와 유사한 보험계약을 말한다. 이하 이

호에서 동일함) 또는 구{舊}간이생명보험계약[우정{郵政}민영화법 등의 시행에 수반하는 관계법률의 정비 등에 관한 법률(平成17{2005}년 법률 제102호) 제2조(법률의 폐지)의 규정에 의한 폐지 전의 간이생명보험법(昭和24{1949}년 법률 제68호) 제3조(정부보증)에 규정된 간이생명보험계약을 말한다]에 기초한 급부금 및 손해보험계약 또는 생명보험계약과 유사한 공제에 관련된 계약에 기초한 공제금으로서, 신체의 상해에 기인하여 지급을 받는 것 그리고 심신에 가해진 손해에 대하여 지급을 받는 위자료 기타 손해배상금(그 손해에 기인하여 근무 또는 업무에 종사하는 것이 불가능했던 것에 의한 급여 또는 수익의 보상으로서 받는 것을 포함한다)

2. 손해보험 계약에 기초한 보험금 및 손해보험계약과 유사한 공제에 관련된 계약에 기초한 공제금[전호에 해당하는 것 및 제184조 제4항(만기반환금 등의 의의)에 규정된 만기반환금 등 기타 이와 유사한 것을 제외한다]으로서 자산의 손해에 기인하여 지급을 받는 것 그리고 불법행위 기타 돌발적인 사고에 의하여 자산에 가해진 손해에 대하여 지급을 받는 손해배상금[이들 중 제94조(사업소득의 수입금액으로 취급되는 보험금 등)의 규정에 해당하는 것을 제외한다]

3. 심신 또는 자산에 가해진 손해에 대하여 지급을 받는 적절한 위로금(제94조의 규정에 해당하는 것 기타 역무의 대가로서의 성질을 가지는 것을 제외한다)

제61조(소유주식에 대응하는 자본금 등의 금액 또는 연결개별자본금 등의 금액의 계산방법 등)

<제1항 생략>

② 법 제25조 제1항에 규정된 주식 또는 출자에 대응하는 부분의 금액은, 동항에 규정된 사유의 다음의 각호에 기재된 구분에 따라서 해당 각호에서 정하는 금액으로 한다.

<제1호부터 제3호까지 생략>

4. 법 제25조 제1항 제4호에 기재된 자본환급 또는 해산에 의한 잔여재산의 분배(다음 호에 기재된 것을 제외한다. 이하 이 호에서 「환급 등」이라 한다) : 해당 환급 등을 시행한 법인의 해당 환급 등의 직전 자본금 등의 금액 또는 연결개별자본금 등의 금액(이하 이 호에서 「직전자본금액 등」이라 한다)에 イ에 기재된 금액 중에 ㅁ에 기재된 금액이 차지하는 비율(직전자본금액 등이 0 이하인 경우에는 0으로, 직전자본금액 등이 0을 넘고 イ에 기재된 금액이 0 이하인 경우 또는 직전자본금액 등이 0을 넘고 잔여재산 전부의 분배를 시행한 경우에는 1로 하고, 해당 비율에 소수점 이하 3단위 미만의 끝수가 있을 때에는 이를 절상한다)을 곱하여 계산한 금액을 해당 법인의 해당 환급 등에 관련된 주식의 총수로 나누어 계산한 금액에 동항에 규정된 주주 등이 해당 직전에 보유하고 있던 해당 법인의 해당 환급 등에 관련된 주식의 수를 곱하여 계산한 금액

　イ. 해당 환급 등을 제2호 イ의 분할형분할로 간주한 경우에 있어서의 동호 イ에 기재된 금액

　ㅁ. 해당 자본환급에 의하여 감소된 자본잉여금 또는 해당 해산에 의한 잔여재산의 분배에 의하여 교부한 금전의 금액 및 금전 이외 자산의 가액(법인세법 제2조 제12호의15에

규정된 적격현물분배에 관련된 자산의 경우에는, 그 교부 직전의 장부가액)의 합계액 (해당 감소된 자본잉여금 또는 해당 합계액이 イ에 기재된 금액을 넘는 경우에는, イ 에 기재된 금액)

＜제5호 생략＞

6. 법 제25조 제1항 제5호부터 제7호까지에 기재된 사유(이하 이 호에서「자기주식의 취득 등」 이라 한다) : 다음에 기재된 경우의 구분에 따라서 각각 다음에서 정하는 금액

　イ. 해당 자기주식의 취득 등을 한 법인이 한 가지 종류의 주식을 발행하던 법인(지분개수 ｛口数｝의 정함이 없는 출자를 발행하는 법인을 포함한다)인 경우 : 해당 법인의 해당 자기주식의 취득 등의 직전의 자본금 등의 금액 또는 연결개별자본금 등의 금액을 해 당 직전의 기발행주식 등의 총수로 나누어 계산한 금액에 법 제25조 제1항에 규정된 주주 등이 해당 직전에 가지고 있던 해당 법인의 해당 자기주식의 취득 등에 관련된 주식의 수를 곱하여 계산한 금액(해당 직전의 자본금 등의 금액 또는 연결개별자본금 등의 금액이 0 이하인 경우에는 0)

＜이하 생략＞

제63조(사업의 범위)

법 제27조 제1항(사업소득)에 규정된 정령으로 정하는 사업은, 다음에 기재된 사업(부동산임대업 또는 선박 혹은 항공기임대업에 해당하는 것을 제외한다)으로 한다.

1. 농업
2. 임업 및 수렵업
3. 어업 및 수산양식업
4. 광업(토석채취업을 포함한다)
5. 건설업
6. 제조업
7. 도매업 및 소매업(음식점업 및 요리점업을 포함한다)
8. 금융업 및 보험업
9. 부동산업
10. 운수통신업(창고업을 포함한다)
11. 의료보건업, 저술업 기타 서비스업
12. 전 각호에 기재된 것 외에 대가를 얻고 계속적으로 행하는 사업

제79조(자산의 양도로 간주되는 행위)

① 법 제33조 제1항(양도소득)에 규정된 정령으로 정하는 행위는, 건물 혹은 구축물의 소유를 목 적으로 하는 지상권 혹은 임차권(이하 이 조에서「차지권｛借地權｝」이라 한다) 또는 지역권[특별 고압가공전선의 가설, 특별고압지중전선 혹은 가스사업법 제2조 제12항(정의)에 규정된 가스사업 자가 공급하는 고압가스를 통과하는 도관의 부설, 비행장의 설치, 현수식｛懸垂式｝ 모노레일 혹은

과좌식{跨座式} 모노레일의 부설 또는 사방법{砂防法}(明治37{1897}년 법률 제29호) 제1조(정의)에 규정된 사방설비인 도류제{導流堤} 기타 재무성령으로 정하는 이와 유사한 것(제1호에서 「도류제(導流堤) 등」이라 한다)의 설치, 도시계획법(昭和43{1968}년 법률 제100호) 제4조 제14항(정의)에 규정된 공공시설의 설치 혹은 동법 제8조 제1항 제4호(지역지구)의 특정가구{街區} 내에 있어서의 건축물의 건축을 위하여 설정된 것으로서, 건조물의 설치를 제한하는 것에 한한다. 이하 이 조에서 동일함]의 설정(차지권에 관련된 토지의 전대 기타 타인에게 해당 토지를 사용하게 하는 행위를 포함한다. 이하 이 조에서 동일함) 중, 그 대가로서 지급을 받는 금액이 다음의 각호에 기재된 경우의 구분에 따라서 해당 각호에서 정하는 금액의 10분의 5에 상당하는 금액을 넘는 것으로 한다.

1. 해당 설정이 건물 혹은 구축물 전부의 소유를 목적으로 하는 차지권 또는 지역권의 설정인 경우(제3호에 기재된 경우를 제외한다) : 그 토지(차지권자의 경우에는 차지권. 다음 호에서 동일함)의 가액[해당 설정이, 지하 혹은 공간에 대하여 상하의 범위를 정한 차지권 혹은 지역권의 설정인 경우 또는 도류제{導流堤} 등 혹은 하천법(昭和39{1964}년 법률 제167호) 제6조 제1항 제3호(하천구역)에 규정된 유수지{遊水地} 기타 재무성령으로 정하는 이와 유사한 것의 설치를 목적으로 하는 지역권의 설정인 경우에는, 해당 가액의 2분의 1에 상당하는 금액]

2. 해당 설정이 건물 또는 구축물 일부의 소유를 목적으로 하는 차지권의 설정인 경우 : 그 토지의 가액에, 그 건물 또는 구축물의 바닥 면적(해당 대가의 금액이, 해당 건물 또는 구축물의 층 기타 이용의 효용이 다른 부분마다 그 다른 효용에 관련된 적정한 비율을 감안하여 산정된 경우에는, 해당 비율에 의한 조정 후의 바닥 면적. 이하 이 호에서 동일함) 중에 해당 차지권에 관련된 건물 또는 구축물 일부의 바닥 면적이 차지하는 비율을 곱하여 계산한 금액

3. 해당 설정이 시설 또는 공작물[대심도{大深度} 지하의 공공적 사용에 관한 특별 조치법(平成12{2000}년 법률 제87호) 제16조(사용인가의 요건)의 규정에 의하여 사용인가를 받은 사업(이하 이 호에서 「인가사업」이라 한다)과 일체적으로 시행되는 사업으로서 해당 인가사업에 관련된 동법 제14조 제2항 제2호(사용인가 신청서)의 사업계획서에 기재된 것에 의하여 설치된 것 중 재무성령으로 정하는 것에 한한다]의 전부의 소유를 목적으로 하는 지하에 대하여 상하의 범위를 정한 차지권의 설정인 경우 : 그 토지(차지권자의 경우에는 차지권)의 가액의 2분의 1에 상당하는 금액에, 그 토지(차지권자의 경우에는 차지권에 관련된 토지)의 지표로부터 동법 제2조 제1항 각호(정의)에 기재된 깊이 중 보다 깊은 쪽의 깊이(이하 이 호에서는 「대심도」라 한다)까지의 거리 중에 해당 차지권이 설정된 범위 중 가장 얕은 부분의 깊이로부터 해당 대심도(해당 차지권이 설정된 범위보다 깊은 지하이고 해당 대심도보다 얕은 지하에서 이미 지하에 대하여 상하의 범위를 정한 다른 차지권이 설정되어 있는 경우에는, 해당 다른 차지권의 범위 중 가장 얕은 부분의 깊이)까지의 거리가 차지하는 비율을 곱하여 계산한 금액

② 차지권에 관련된 토지를 타인에게 사용하게 하는 경우에 있어서, 그 토지의 사용에 의하여, 그

사용 직전에 있어서의 그 토지의 이용상황과 비교해서, 그 토지의 소유자 및 그 차지권자가 함께 그 토지의 이용이 제한되는 것이 된 때에는, 이 자들에 대해서는, 이 자들이 사용의 대가로서 지급을 받는 금액의 합계액을 전항에 규정된 지급을 받는 금액으로 간주하여, 동항의 규정을 적용한다.

③ 제1항의 규정의 적용에 관해서는, 차지권 또는 지역권 설정의 대가로서 지급을 받는 금액이 해당 설정에 의하여 지급을 받는 지대{地代} 연액의 20배에 상당하는 금액 이하인 경우에는, 해당 설정은, 동항의 행위에 해당하지 않는 것으로 추정한다.

제90조(국고보조금 등에 관련된 고정자산상각비의 계산 등)

법 제42조 제1항 또는 제2항(국고보조금 등의 총수입금액 불산입)의 규정의 적용을 받은 고정자산(산림을 포함한다. 이하 이 조 및 다음 조 제2항에서 동일함)에 대하여 실시해야 할 법 제49조 제1항(감가상각자산의 상각비의 계산 및 그 상각방법)에 규정된 상각비의 계산 및 그 고정자산의 양도가 있었던 경우에 있어서의 사업소득의 금액, 산림소득의 금액, 양도소득의 금액 또는 잡소득의 금액의 계산에 대해서는 다음에서 정하는 바에 따른다.

1. 법 제42조 제1항에 규정된 국고보조금 등에 의하여 취득했거나 개량한 고정자산에 대해서는, 그 고정자산의 취득에 소요된 금액(산림에 대해서는 식림비의 금액. 다음 호에서 동일함) 또는 개량비의 금액에 상당하는 금액에서 동항의 규정에 의하여 총수입금액에 산입되지 않는 금액에 상당하는 금액을 공제한 금액으로 취득했거나 개량한 것으로 간주한다.
2. 법 제42조 제2항에 규정된 고정자산에 대해서는, 그 고정자산의 취득에 소요된 금액은, 없는 것으로 간주한다.

제126조(감가상각자산의 취득가액)

① 감가상각자산의 제120조에서 제122조까지(감가상각자산의 상각방법)에 규정된 취득가액은, 별도의 규정이 있는 것을 제외하고, 다음의 각호에 기재된 자산의 구분에 따라서 해당 각호에 기재된 금액으로 한다.

1. 구입한 감가상각자산 : 다음에 기재된 금액의 합계액
   イ. 해당 자산의 구입대가[인수운임, 하역비, 운송보험료, 구입수수료, 관세(관세법 제2조 제1항 제4호의2<정의>에 규정된 부대세{附帶稅}를 제외한다) 기타 해당 자산의 구입을 위하여 소요된 비용이 있는 경우에는, 그 비용을 가산한 금액]
   ㅁ. 해당 자산을 업무에 사용하기 위하여[1] 직접 소요된 비용의 금액
2. 자기{自己}의 건설, 제작 또는 제조(이하 이 조에서 「건설 등」이라 한다)에 관련된 감가상각자산 : 다음에 기재된 금액의 합계액
   イ. 해당 자산의 건설 등을 위하여 소요된 원재료비, 노무비 및 경비의 금액

---

[1] 이 부분의 원문은 "業務の用に供するために"로, 직역하면 '업무의 용도로 내어 놓기 위하여', '업무용으로 제공하기 위하여'가 되나, 이를 본문과 같이 '업무에 사용하기 위하여'로 의역하였다. 이하에서도 동일하게 번역한다.

　　ㅁ. 해당 자산을 업무에 사용하기 위하여 직접 소요된 비용의 금액

3. 자기가 생육시킨 제6조 제9호 イ(생물)에 기재된 생물(이하 이 호에서 「우마{牛馬} 등」이
　라 한다) : 다음에 기재된 금액의 합계액

　　イ. 생육시키기 위하여 취득한 우마 등에 관련된 제1호 イ 혹은 제5호 イ에 기재된 금액
　　　또는 교배비 및 출산비의 금액 그리고 해당 취득한 우마 등의 생육을 위하여 소요된
　　　사료비, 노무비 및 경비의 금액

　　ㅁ. 생육시킨 우마 등을 업무에 사용하기 위하여 직접 소요된 비용의 금액

4. 자기가 성숙시킨 제6조 제9호 ㅁ 및 ハ에 기재된 생물(이하 이 호에서 「과수 등」이라 한
　다) : 다음에 기재된 금액의 합계액

　　イ. 성숙시키기 위하여 취득한 과수 등에 관련된 제1호 イ 혹은 다음 호 イ에 기재된 금액
　　　또는 종묘비의 금액 그리고 해당 취득한 과수 등의 성숙을 위하여 소요된 비료비, 노
　　　무비 및 경비의 금액

　　ㅁ. 성숙시킨 과수 등을 업무에 사용하기 위하여 직접 소요된 비용의 금액

5. 전 각호에 규정된 방법 이외 방법에 의하여 취득한 감가상각자산 : 다음에 기재된 금액의
　합계액

　　イ. 그 취득 시에 있어서의 해당 자산의 취득을 위하여 통상 소요되는 가액

　　ㅁ. 해당 자산을 업무에 사용하기 위하여 직접 소요된 비용의 금액

② 법 제60조 제1항 각호(증여 등에 의하여 취득한 자산의 취득비 등)에 기재된 사유에 의하여
취득한 감가상각자산[법 제40조 제1항 제1호(재고자산의 증여 등의 경우의 총수입금액 산입)의
규정의 적용이 있는 것을 제외한다]의 전항에 규정된 취득가액은, 해당 감가상각자산을 취득한
자가 계속해서 소유하던 것으로 간주한 경우에 있어서의 해당 감가상각자산의 이 조 및 다음 조
제2항의 규정에 의한 취득가액에 상당하는 금액으로 한다.

제127조(자본적 지출의 취득가액의 특례)

① 거주자가 보유하는 감가상각자산(다음 조의 규정에 해당하는 것을 제외한다. 이하 이 조에서
동일함)에 대하여 지출하는 금액 중 제181조(자본적 지출)의 규정에 의하여 그 지출일이 속하는
연도분의 부동산소득의 금액, 사업소득의 금액, 산림소득의 금액 또는 잡소득의 금액의 계산상
필요경비에 산입되지 않은 금액이 있는 경우에는, 해당 금액을 전조 제1항의 규정에 의한 취득가
액으로 하여, 그 보유하는 감가상각자산과 종류 및 내용연수(耐用年數)가 동일한 감가상각자산을
새롭게 취득한 것으로 한다.

② 전항에 규정된 경우에 있어서, 동항에 규정된 거주자가 보유하는 감가상각자산에 대하여 그
따라야 할 상각방법으로서 제120조 제1항(감가상각자산의 상각방법)에 규정된 상각방법을 채용
할 때에는, 전항의 규정에도 불구하고, 동항의 지출한 금액을 해당 감가상각자산의 전조의 규정
에 의한 취득가액에 가산할 수 있다.

③ 제1항에 규정된 경우에 있어서, 동항에 규정된 거주자가 보유하는 감가상각자산이 리스자산
[제120조의2 제2항 제4호(감가상각 산의 상각방법)에 규정된 리스자산을 말한다. 이하 이 항에서

동일함]일 때에는, 제1항의 규정에 의하여 새롭게 취득한 것으로 취급되는 감가상각자산은, 리스자산에 해당하는 것으로 한다. 이 경우에 있어서는, 해당 취득한 것으로 취급되는 감가상각자산의 동조 제2항 제7호에 규정된 리스기간은, 제1항의 지출한 금액의 지출일부터 해당 거주자가 보유하는 감가상각자산에 관련된 동호에 규정된 리스기간의 종료일까지의 기간으로 하여, 동조의 규정을 적용한다.

④ 거주자의 그 해의 전년도분의 소득세에 대하여 제1항에 규정된 필요경비에 산입되지 않은 금액이 있는 경우에 있어서, 동항에 규정된 거주자가 보유하는 감가상각자산(平成24{2012}년 3월 31일 이전에 취득한 자산을 제외한다. 이하 이 항에서「구{舊}감가상각자산」이라 한다) 및 제1항의 규정에 의하여 새롭게 취득한 것으로 취급되는 감가상각자산(이하 이 조에서「추가상각자산」이라 한다)에 대하여 그 따라야 할 상각방법으로서 정률법을 채용한 때에는, 동항의 규정에도 불구하고, 그 해의 1월 1일에 있어서, 같은 날에 있어서의 구감가상각자산의 전조의 규정에 의한 취득가액(이미 상각비로서 그 해의 전년도분 이전의 각 연도분의 부동산소득의 금액, 사업소득의 금액, 산림소득의 금액 또는 잡소득의 금액의 계산상 필요경비에 산입된 금액이 있는 경우에는, 해당 금액을 공제한 금액. 이하 이 조에서「취득가액 등」이라 한다)과 추가상각자산의 취득가액 등의 합계액을 전조 제1항의 규정에 의한 취득가액으로 하는 하나의 감가상각자산을, 새롭게 취득한 것으로 할 수 있다.

⑤ 거주자의 그 해의 전년도분의 소득세에 대하여 제1항에 규정된 필요경비에 산입되지 않은 금액이 있는 경우에 있어서, 해당 금액에 관련된 추가상각자산에 대하여, 그 따라야 할 상각방법으로서 정률법을 채용하고, 또한 전항의 규정의 적용을 받지 않을 때에는, 제1항 및 전항의 규정에도 불구하고, 그 해의 1월 1일에 있어서, 해당 적용을 받지 않는 추가상각자산 중 종류 및 내용연수가 동일한 것의 같은 날에 있어서의 취득가액 등의 합계액을 전조 제1항의 규정에 의한 취득가액으로 하는 하나의 감가상각자산을, 새롭게 취득한 것으로 할 수 있다.

제141조(필요경비에 산입되는 손실이 발생하는 사유)

법 제51조 제2항(자산손실의 필요경비 산입)에 규정된 정령으로 정하는 사유는, 다음에 기재된 사유로서 부동산소득, 사업소득 또는 산림소득을 발생시키는 사업의 수행상 발생한 것으로 한다.

1. 판매한 상품의 환입{返戾} 또는 가격인하(이들과 유사한 행위를 포함한다)에 의하여 수입금액이 감소하게 된 것
2. 보증채무의 이행에 수반하는 구상권의 전부 또는 일부를 행사하지 못하게 된 것
3. 부동산소득의 금액, 사업소득의 금액 혹은 산림소득의 금액의 계산의 기초가 된 사실 중에 포함되어 있던 무효인 행위에 의하여 발생한 경제적 성과가 그 행위가 무효라는 점에 기인하여 사라지거나, 또는 그 사실 중에 포함되어 있던 취소할 수 있는 행위가 취소된 것

제142조(필요경비에 산입되는 자산손실의 금액)

다음의 각호에 기재된 자산에 대하여 발생한 법 제51조 제1항, 제3항 또는 제4항(자산손실의 필요경비 산입)에 규정된 손실의 금액의 계산의 기초가 되는 그 자산의 가액은, 해당 각호에 기재

된 금액으로 한다.

1. 고정자산 : 해당 손실이 발생한 날에 그 자산의 양도가 있었던 것으로 간주하여 법 제38조 제1항 또는 제2항(양도소득의 금액의 계산상 공제하는 취득비)의 규정을 적용한 경우에 그 자산의 취득비가 되는 금액에 상당하는 금액

2. 산림 : 해당 손실이 발생한 날까지 지출한 그 산림의 식림비, 취득에 소요된 비용, 관리비 기타 그 산림의 육성에 소요된 비용의 금액

3. 이연자산 : 그 이연자산의 금액에서 그 상각비로서 법 제50조(이연자산의 상각비의 계산 및 그 상각방법)의 규정에 따라서 해당 손실이 발생한 날이 속하는 연도분 이전의 각 연도 분의 부동산소득의 금액, 사업소득의 금액, 산림소득의 금액 또는 잡소득의 금액의 계산상 필요경비에 산입되는 금액의 누적액을 공제한 금액

제168조(교환에 의한 취득자산의 취득가액 등의 계산)

법 제58조 제1항(고정자산을 교환하는 경우의 양도소득의 특례)의 규정의 적용을 받은 거주자가 동항에 규정된 취득자산(이하 이 조에서 「취득자산」이라 한다)에 대하여 실시해야 할 법 제49조 제1항(감가상각자산의 상각비의 계산 및 그 상각방법)에 규정된 상각비 금액의 계산 및 그 자가 그 취득자산을 양도한 경우에 있어서의 양도소득의 금액의 계산에 대해서는, 그 자가 그 취득자 산을 다음의 각호에 기재된 경우의 구분에 따라서 해당 각호에 기재된 금액으로서 취득한 것으로 간주한다. 이 경우에 있어서, 그 양도에 의한 소득이 법 제33조 제3항 각호(양도소득의 금액)에 기재된 소득의 어느 것에 해당하는지의 판정에 대해서는, 그 자가 그 취득자산을 법 제58조 제1 항에 규정된 양도자산(이하 이 조에서 「양도자산」이라 한다)을 취득했을 때부터 계속해서 소유하 고 있었던 것으로 간주한다.

1. 취득자산과 함께 교환차금 등(법 제58조 제1항에 규정된 교환 시에 있어서의 취득자산의 가액과 양도자산의 가액이 동등하지 않은 경우에 그 차액을 보충하기 위하여 교부되는 금 전 기타 자산을 말한다. 이하 이 조에서 동일함)을 취득한 경우 : 양도자산의 법 제38조 제 1항 또는 제2항(양도소득금액의 계산상 공제하는 취득비)의 규정에 의한 취득비[그 양도자 산이 법 제61조 제2항 또는 제3항(昭和27{1952}년 12월 31일 이전에 취득한 자산의 취득 비 등)의 규정에 해당하는 것인 경우에는, 이들 규정에 의한 취득비로 하고, 그 양도자산의 양도에 소요된 비용이 있는 경우에는, 이들 취득비에 그 비용을 가산한 금액으로 한다. 이 하 이 조에서 「취득비」라 한다]에, 그 취득자산의 가액과 그 교환차금 등의 금액의 합계액 중에서 그 취득자산의 가액이 차지하는 비율을 곱하여 계산한 금액

2. 양도자산과 함께 교환차금 등을 교부하여 취득자산을 취득한 경우 : 양도자산의 취득비에 그 교환차금 등의 금액을 가산한 금액

3. 취득자산을 취득하기 위하여 소요된 경비가 있는 경우 : 양도자산의 취득비(전 2호의 규정 의 적용이 있는 경우에는 이들 호에 기재된 금액)에 그 경비의 금액을 가산한 금액

제178조(생활에 통상 필요하지 않은 자산의 재해에 의한 손실액의 계산 등)

① 법 제62조 제1항(생활에 통상 필요하지 않은 자산의 재해에 의한 손실)에 규정된 정령으로 정하는 것은, 다음에 기재된 자산으로 한다.

1. 경주마(그 규모, 수익의 상황 기타 사정에 비추어 사업용으로 인정되는 것을 제외한다) 기타 사행적 행위의 수단인 동산

2. 통상 자기 및 자기와 생계를 같이하는 친족이 거주에 사용하지 않는 가옥으로서 주로 취미, 오락 또는 보양(保養)의 용도로 사용할 목적으로 소유하는 것 기타 주로 취미, 오락, 보양 또는 감상의 목적으로 소유하는 자산(전호 또는 다음 호에 기재된 동산을 제외한다)

3. 생활에 사용하는 동산으로서 제25조(양도소득에 대하여 비과세로 취급되는 생활용 동산의 범위)의 규정에 해당하지 않는 것

<이하 생략>

제181조(자본적 지출)

부동산 소득, 사업소득, 산림소득 또는 잡소득을 발생시키는 업무를 행하는 거주자가, 수리, 개량 기타 어느 명목으로 하는지를 불문하고, 그 업무에 사용하는 고정자산에 대하여 지출하는 금액으로서 다음에 기재된 금액에 해당하는 것(그 모두 해당하는 경우에는 그중 많은 금액)은, 그 자의 그 지출일이 속하는 연도분의 부동산소득의 금액, 사업소득의 금액, 산림소득의 금액 또는 잡소득의 금액의 계산상 필요경비에 산입하지 않는다.

1. 해당 지출하는 금액 중, 그 지출에 의하여, 해당 자산의 취득 시에 있어서 해당 자산에 대하여 통상의 관리 또는 수리를 하는 것으로 했을 경우에 예측되는 해당 자산의 사용가능기간을 연장시키는 부분에 대응하는 금액

2. 해당 지출하는 금액 중, 그 지출에 의하여, 해당 자산의 취득 시에 있어서 해당 자산에 대하여 통상의 관리 또는 수리를 하는 것으로 했을 경우에 예측되는 그 지출 시에 있어서의 해당 자산의 가액을 증가시키는 부분에 대응하는 금액

제206조(잡손공제의 대상이 되는 잡손실의 범위 등)

① 법 제72조 제1항(잡손공제)에 규정된 정령으로 정하는 불가피한 지출은, 다음에 기재된 지출로 한다.

1. 재해에 의하여 법 제72조 제1항에 규정된 자산(이하 이 항에서 「주택·가재{家財} 등」이라 한다)이 멸실, 손괴 또는 그 가치가 감소된 것에 의한 해당 주택·가재 등의 허물기 또는 제거를 위한 지출 기타 부수하는 지출

2. 재해에 의하여 주택·가재 등이 손괴 또는 그 가치가 감소되었을 경우 기타 재해에 의하여 해당 주택·가재 등을 사용하는 것이 곤란하게 된 경우에 있어서, 그 재해가 그친 날의 다음 날부터 1년이 경과한 날(대규모 재해의 경우 기타 불가피한 사정이 있는 경우에는 3년이 경과한 날)의 전날까지 행한, 다음에 기재된 지출 기타 이들과 유사한 지출

   イ. 재해에 의하여 생긴 토사 기타 장애물을 제거하기 위한 지출

ㅁ. 해당 주택·가재 등의 원상회복을 위한 지출(해당 재해에 의하여 발생한 해당 주택·가재 등의 제3항에 규정된 손실의 금액에 상당하는 부분의 지출을 제외한다. 제4호에서 동일함)

ハ. 해당 주택·가재 등의 손괴 또는 그 가치의 감소를 방지하기 위한 지출

3. 재해에 의하여 주택·가재 등에 대하여 실제로 피해가 발생하거나 또는 확실히 피해가 발생할 우려가 있다고 예상되는 경우에 있어서, 해당 주택·가재 등에 관련된 피해의 확대 또는 발생을 방지하기 위하여 긴급히 필요한 조치를 강구하기 위한 지출

4. 도난 또는 횡령에 의한 손실이 발생한 주택·가재 등의 원상회복을 위한 지출 기타 이들과 유사한 지출

② 법 제72조 제1항 제1호에 규정된 정령으로 정하는 금액은, 그 해에 있어서 행한 전항 제1호부터 제3호까지에 기재된 지출의 금액(보험금, 손해배상금 기타 이들과 유사한 것에 의하여 보전되는 부분의 금액을 제외한다)으로 한다.

③ 법 제72조 제1항의 규정을 적용하는 경우에는, 동항에 규정된 자산에 대하여 받은 손실의 금액은, 해당 손실이 발생한 때의 직전에 있어서의 그 자산의 가액[그 자산이 법 제38조 제2항(양도소득금액의 계산상 공제하는 취득비)에 규정된 자산인 경우에는, 해당 가액 또는 해당 손실이 발생한 날에 그 자산의 양도가 있었던 것으로 간주하여 동항의 규정(그 자산이 昭和27{1952}년 12월 31일 이전부터 계속해서 소유하고 있던 것인 경우에는, 법 제61조 제3항<昭和27{1952}년 12월 31일 이전에 취득한 자산의 취득비 등>의 규정)을 적용한 경우에 그 자산의 취득비가 되는 금액에 상당하는 금액]을 기초로 하여 계산하는 것으로 한다.

제322조(지급금액에서 공제하는 금액)

법 제205조 제2호(보수 또는 요금 등에 관련된 징수세액)에 규정된 정령으로 정하는 금액은, 다음 표의 상란에 기재된 보수 또는 요금의 구분에 따라서, 동표 중란에 기재된 금액에 대하여 동표 하란에 기재된 금액으로 한다.

법 제204조 제1항 제2호(보수, 요금 등에 관련된 원천징수의무)에 기재된 사법서사, 토지가옥 조사원 또는 해사대리사의 업무에 관한 보수 또는 요금	동일인에 대하여 1회에 지급되는 금액	1만 엔
법 제204조 제1항 제3호에 기재된 진료보수	동일인에 대하여 그 월분으로서 지급되는 금액	20만 엔
법 제204조 제1항 제4호에 기재된 직업 권투선수의 업무에 관한 보수	동일인에 대하여 1회에 지급되는 금액	5만 엔

법 제204조 제1항 제4호에 기재된 외교원{外交員}, 수금원 또는 전력량계 검침원의 업무에 관한 보수 또는 요금	동일인에 대하여 그 월 중에 지급되는 금액	12만 엔[해당 보수 또는 요금의 지급자가 해당 보수 또는 요금의 지급을 받는 자에 대하여 법 제28조 제1항(급여소득)에 규정된 급여 등의 지급을 하는 경우에는, 12만 엔에서 그 월 중에 지급되는 해당 급여 등의 금액을 공제한 금액]
법 제204조 제1항 제6호에 기재된 보수 또는 요금	동일인에 대하여 1회에 지급되는 금액	5,000엔에 해당 지급금액의 계산기간의 일수를 곱하여 계산한 금액(해당 보수 또는 요금의 지급자가 해당 보수 또는 요금의 지급을 받는 자에 대하여 법 제28조 제1항에 규정된 급여 등의 지급을 하는 경우에는, 해당 금액에서 해당 기간에 관련된 해당 급여 등의 금액을 공제한 금액)
법 제204조 제1항 제8호에 기재된 광고·선전을 위한 상금	동일인에 대하여 1회에 지급되는 금액	50만 엔
법 제24조 제1항 제8호에 기재된 마주가 받는 경마의 상금	동일인에 대하여 1회에 지급되는 금액	제298조 제1항(내국법인에 관련된 소득세의 과세표준)에 규정된 금액

법인세법

제정 : 昭和40{1965}년 3월 31일 호외 법률 제34호
최종개정 : 令和1{2019}년 6월 7일 호외 법률 제28호

제2조(정의)

이 법률에 있어서, 다음의 각호에 기재된 용어의 의의는, 해당 각호에서 정하는 바에 따른다.

<제1호부터 제44호까지의 규정 중에서 책 본문과 관련되지 않은 부분 생략>

1. 국내 : 이 법률의 시행지{施行地}를 말한다.
2. 국외 : 이 법률의 시행지 외의 지역을 말한다.
3. 내국법인 : 국내에 본점 혹은 주된 사무소를 가지는 법인을 말한다.
4. 외국법인 : 내국법인 이외의 법인을 말한다.
5. 공공법인 : 별표1에 기재된 법인을 말한다.
6. 공익법인 등 : 별표2에 기재된 법인을 말한다.
7. 협동조합 등 : 별표3에 기재된 법인을 말한다.
8. 인격이 없는 사단 등 : 법인이 아닌 사단 또는 재단으로서 대표자 또는 관리인의 정함이 있는 것을 말한다.
9. 보통법인 : 제5호부터 제7호까지에 기재된 법인 이외의 법인을 말하며, 인격이 없는 사단 등을 포함하지 않는다.
9의2. 비영리형법인 : 일반사단법인 또는 일반재단법인(공익사단법인 또는 공익재단법인을 제외한다) 중, 다음에 기재된 것을 말한다.
   イ. 그 행하는 사업에 의하여 이익을 얻는 것 또는 그 얻은 이익을 분배하는 것을 목적으로 하지 않는 법인이고 그 사업을 운영하기 위한 조직이 적정한 것으로서 정령으로 정하는 것
   ロ. 그 회원으로부터 받는 회비에 의하여 해당 회원의 공통된 이익을 도모하기 위한 사업을 행하는 법인이고 그 사업을 운영하기 위한 조직이 적정한 것으로서 정령으로 정하는 것
10. 동족회사 : 회사(투자법인을 포함한다. 이하 이 호에서 동일함)의 주주 등[그 회사가 자기의 주식(투자신탁 및 투자법인에 관한 법률<昭和26{1951}년 법률 제198호> 제2조 제14항<정의>에 규정된 투자지분{投資口}을 포함한다. 이하 동일함) 또는 출자를 보유하는 경우의 그 회사를 제외한다]의 세 명 이하 그리고 이들과 정령으로 정하는 특수한 관계가 있는 개인 및 법인이 그 회사의 기발행주식 또는 출자(그 회사가 보유하는 자기의 주식 또는 출자를 제외한다)의 총수 또는 총액의 100분의 50을 넘는 수 또는 금액의 주식 또는 출자를 보유하는 경우 기타 정령으로 정하는 경우의 그 회사를 말한다.
12의8. 적격합병 : 다음의 어느 하나에 해당하는 합병으로서 피합병법인의 주주 등에게 합병법인 또는 합병모법인(합병법인과의 사이에 해당 합병법인의 기발행주식 등의 전부를

직접 또는 간접적으로 보유하는 관계로서 정령으로 정하는 관계가 있는 법인을 말한다) 중 어느 하나의 법인의 주식 또는 출자 이외의 자산[해당 주주 등에 대한 잉여금의 배당 등(주식 또는 출자에 관련된 잉여금의 배당, 이익의 배당 또는 잉여금의 분배를 말한다)으로서 교부된 금전 기타 자산, 합병에 반대하는 해당 주주 등에 대한 그 매수청구에 기초한 대가로서 교부되는 금전 기타 자산 및 합병 직전에 있어서 합병법인이 피합병법인의 기발행주식 등의 총수 또는 총액의 3분의 2 이상에 상당하는 수 또는 금액의 주식 또는 출자를 보유하는 경우에 있어서의 해당 합병법인 이외의 주주 등에게 교부되는 금전 기타 자산을 제외한다]이 교부되지 않는 것을 말한다.

イ. 그 합병에 관련된 피합병법인과 합병법인[해당 합병이 법인을 설립하는 합병(이하 이 호에서 「신설합병」이라 한다)인 경우에 있어서는, 해당 피합병법인과 다른 피합병법인]과의 사이에 어느 한 쪽 법인에 의한 완전지배관계 기타 정령으로 정하는 관계가 있는 경우의 해당 합병

ロ. 그 합병에 관련된 피합병법인과 합병법인(해당 합병이 신설합병인 경우에 있어서는, 해당 피합병법인과 다른 피합병법인)과의 사이에 어느 한 쪽 법인에 의한 지배관계 기타 정령으로 정하는 관계가 있는 경우의 해당 합병 중, 다음에 기재된 요건의 전부에 해당하는 것

　(1) 해당 합병에 관련된 피합병법인의 해당 합병 직전의 종업원 중, 그 총수의 대략 100분의 80 이상에 상당하는 수의 자가 해당 합병 후에 해당 합병에 관련된 합병법인의 업무(해당 합병에 관련된 합병법인과의 사이에 완전지배관계가 있는 법인의 업무 그리고 해당 합병 후에 이루어지는 적격합병에 의하여 해당 피합병법인이 해당 합병 전에 행하는 주요한 업무가 해당 적격합병에 관련된 합병법인에 이전되는 것이 예상되는 경우에 있어서의 해당 적격합병에 관련된 합병법인 및 해당 적격합병에 관련된 합병법인과의 사이에 완전지배관계가 있는 법인의 업무를 포함한다)에 종사하는 것이 예상될 것.

　(2) 해당 합병에 관련된 피합병법인이 해당 합병 전에 행하는 주요한 사업이 해당 합병 후에 해당 합병에 관련된 합병법인(해당 합병에 관련된 합병법인과의 사이에 완전지배관계가 있는 법인 그리고 해당 합병 후에 이루어지는 적격합병에 의하여 해당 주요한 사업이 해당 적격합병에 관련된 합병법인에 이전되는 것이 예상되는 경우에 있어서의 해당 적격합병에 관련된 합병법인 및 해당 적격합병에 관련된 합병법인과의 사이에 완전지배관계가 있는 법인을 포함한다)에 있어서 계속해서 이루어지는 것이 예상될 것.

ハ. 그 합병에 관련된 피합병법인과 합병법인(해당 합병이 신설합병인 경우에 있어서는, 해당 피합병법인과 다른 피합병법인)이 공동으로 사업을 행하기 위한 합병으로서 정령으로 정하는 것

13. 수익사업 : 판매업, 제조업 기타 정령으로 정하는 사업으로서, 계속해서 사업장을 설치하여 이루어지는 것을 말한다.

14. 주주 등 : 주주 또는 합명회사, 합자회사 혹은 합동회사의 사원 기타 법인의 출자자를 말한다.

15. 임원 : 법인의 이사{取締役}, 집행임원{執行役}, 회계참여, 감사역{監査役}, 이사{理事}, 감사{監事}, 및 청산인 그리고 이들 이외의 자로서 법인의 경영에 종사하고 있는 자 중 정령으로 정하는 자를 말한다.

16. 자본금 등의 금액 : 법인[각 연결사업연도의 연결소득에 대한 법인세가 부과되는 연결사업연도의 연결법인(이하 이 조에서 「연결신고법인」이라 한다)을 제외한다]이 주주 등으로부터 출자를 받은 금액으로서 정령으로 정하는 금액을 말한다.

18. 이익적립금액 : 법인(연결신고법인을 제외한다)의 소득금액[제81조의18 제1항(연결법인세의 개별귀속액의 계산)에 규정된 개별소득금액을 포함한다]으로 유보하고 있는 금액으로서 정령으로 정하는 금액을 말한다.

19. 결손금액 : 각 사업연도의 소득금액의 계산상 해당 사업연도의 손금이 해당 사업연도의 익금을 넘는 경우 그 넘는 부분의 금액을 말한다.

21. 유가증권 : 금융상품거래법(昭和23{1948}년 법률 제25호) 제2조 제1항(정의)에 규정된 유가증권 기타 이에 준하는 것으로서 정령으로 정하는 것[자기가 보유하는 자기의 주식 또는 출자 및 제61조의5 제1항(파생금융상품 거래에 관련된 이익상당액 또는 손실상당액의 익금 또는 손금 산입 등)에 규정된 파생금융상품 거래에 관련된 것을 제외한다]을 말한다.

22. 고정자산 : 토지(토지 위에 존재하는 권리를 포함한다), 감가상각자산, 전화가입권 기타 자산으로서 정령으로 정하는 것을 말한다.

23. 감가상각자산 : 건물, 구축물, 기계 및 장치, 선박, 차량 및 운반도구, 공구, 기구 및 비품, 광업권 기타 자산으로서 상각해야 할 것으로 정령으로 정하는 것을 말한다.

24. 이연자산 : 법인이 지출하는 비용 중 지출의 효과가 그 지출일 이후 1년 이상에 미치는 것으로서 정령으로 정하는 것을 말한다.

25. 손금경리 : 법인이 그 확정된 결산에 있어서 비용 또는 손실로서 경리하는 것을 말한다.

29의2. 법인과세신탁 : 다음에 기재된 신탁[집단투자신탁 그리고 제12조 제4항 제1호(신탁재산에 속하는 자산 및 부채 그리고 신탁재산에 귀속되는 수익 및 비용의 귀속)에 규정된 퇴직연금 등 신탁 및 동항 제2호에 규정된 특정공익신탁 등을 제외한다]을 말한다.

イ. 수익권을 표시하는 증권을 발행하는 취지의 정함이 있는 신탁

ロ. 제12조 제1항에 규정된 수익자(동조 제2항의 규정에 의하여 동조 제1항에 규정된 수익자로 간주되는 자를 포함한다)가 존재하지 않는 신탁

ハ. 법인(공공법인 및 공익법익 등을 제외한다)이 위탁자가 되는 신탁(신탁재산에 속하는 자산만을 신탁하는 것을 제외한다)으로서, 다음에 기재된 요건의 어느 하나에 해당하는 것

    (1) 해당법인의 사업의 전부 또는 중요한 일부[그 양도에 대하여 해당 법인의 회사법(平成17{2005}년 법률 제86호) 제467조 제1항(제1호 또는 제2호에 관련된 부분에 한한다)(사업양도 등의 승인 등)의 주주총회의 결의(이에 준하는 것을 포함한

다)를 요하는 것에 한한다]를 신탁하고, 또한 그 신탁의 효력이 발생한 때에 있어서, 해당 법인의 주주 등이 취득하는 수익권의 그 신탁에 관련된 모든 수익권에 대한 비율이 100분의 50을 넘는 것으로서 정령으로 정하는 것에 해당할 것으로 예상되었던 것(그 신탁재산에 속하는 금전 이외의 자산의 종류가 대체로 동일한 경우로서 정령으로 정하는 경우를 제외한다)

(2) 그 신탁의 효력이 발생한 때 또는 그 존속기간(그 신탁행위에 있어서 정해진 존속기간을 말한다. (2)에서 동일함)의 정함의 변경의 효력이 발생한 때((2)에서 「효력발생시 등」이라 한다)에 있어서 해당 법인 또는 해당 법인과의 사이에 정령으로 정하는 특수한 관계가 있는 자((2) 및 (3)에서 「특수관계자」라 한다)가 수탁자이고, 또한 해당 효력발생시 등에 있어서 해당 효력발생시 등 이후의 그 존속기간이 20년을 넘는 것으로 되어 있던 것(해당 법인 또는 해당 법인의 특수관계자의 어느 쪽도 그 수탁자가 아니었던 경우에 있어서 해당 법인 또는 해당 법인의 특수관계자가 그 수탁자로 취임하게 되었고, 또한 그 취임 시에 있어서 그 때 이후의 그 존속기간이 20년을 넘는 것으로 되어 있었던 때를 포함하는 것으로 하고, 그 신탁재산의 성질상 그 신탁재산의 관리 또는 처분에 장기간을 요하는 경우로서 정령으로 정하는 경우를 제외한다)

(3) 그 신탁의 효력이 발생한 때에 있어서 해당 법인 또는 해당 법인의 특수관계자를 그 수탁자로, 해당 법인의 특수관계자를 그 수익자로 하고, 또한 그 때에 있어서 해당 특수관계자에 대한 수익분배비율의 변경이 가능한 경우로서 정령으로 정하는 경우에 해당한 것

ニ. 투자신탁 및 투자법인에 관한 법률 제2조 제3항에 규정된 투자신탁

ホ. 자산의 유동화에 관한 법률 제2조 제13항에 규정된 특정목적신탁

제3조(인격이 없는 사단 등에 대한 이 법률의 적용)

인격이 없는 사단 등은, 법인으로 간주하여 이 법률(별표2를 제외한다)의 규정을 적용한다.

제4조(납세의무자)

① 내국법인은, 이 법률에 따라서 법인세를 납부할 의무가 있다. 다만, 공익법인 등 또는 인격이 없는 사단 등 에 대해서는, 수익사업을 행하는 경우, 법인과세신탁의 인수를 행하는 경우 또는 제84조 제1항(퇴직연금 등 적립금의 금액의 계산)에 규정된 퇴직연금업무 등을 행하는 경우에 한한다.

② 공공법인은, 전항의 규정에도 불구하고, 법인세를 납부할 의무가 없다.

③ 외국법인은, 제138조 제1항(국내원천소득)에 규정된 국내원천소득을 가질 때(인격이 없는 사단 등의 경우에는, 해당 국내원천소득으로서 수익사업에서 발생하는 것을 가질 때에 한한다), 법인과세신탁의 인수를 행할 때 또는 제145조의3(외국법인에 관련된 퇴직연금 등 적립금의 금액의 계산)에 규정된 퇴직연금업무 등을 행할 때에는, 이 법률에 따라서 법인세를 납부할 의무가 있다.

④ 개인은, 법인과세신탁의 인수를 행할 때에는, 이 법률에 따라서 법인세를 납부할 의무가 있다.

제5조(내국법인의 과세소득의 범위)

내국법인에 대해서는, 각 사업연도(연결사업연도에 해당하는 기간을 제외한다)의 소득에 대하여, 각 사업연도의 소득에 대한 법인세를 부과한다.

제6조(연결법인의 과세소득의 범위)

연결모법인에 대해서는, 각 연결사업연도의 연결소득에 대하여, 각 연결사업연도의 연결소득에 대한 법인세를 부과한다.

제7조(내국공익법인 등의 비수익사업소득 등의 비과세)

내국법인인 공익법인 등 또는 인격이 없는 사단 등의 각 사업연도의 소득 중 수익사업으로부터 발생한 소득 이외의 소득에 대해서는, 제5조(내국법인의 과세소득의 범위)의 규정에도 불구하고, 각 사업연도의 소득에 대한 법인세를 부과하지 않는다.

제8조(퇴직연금업무 등을 실시하는 내국법인의 퇴직연금 등 적립금의 과세)

제84조 제1항(퇴직연금 등 적립금의 금액의 계산)에 규정된 퇴직연금업무 등을 실시하는 내국법인에 대해서는, 제5조(내국법인의 과세소득의 범위) 또는 제6조(연결법인의 과세소득의 범위)의 규정에 의하여 부과하는 법인세 외에, 각 사업연도의 퇴직연금 등 적립금에 대하여, 퇴직연금 등 적립금에 대한 법인세를 부과한다.

제9조(외국법인의 과세소득의 범위)

① 외국법인에 대해서는, 제141조 각호(과세표준)에 기재된 외국법인의 구분에 따라서 해당 각호에서 정하는 국내원천소득에 관련된 소득에 대하여, 각 사업연도의 소득에 대한 법인세를 부과한다.
② 외국법인(인격이 없는 사단 등에 한한다)의 전항에 규정된 국내원천소득에 관련된 소득 중 수익사업에서 발생한 소득 이외의 소득에 대해서는, 동항의 규정에도 불구하고, 각 사업연도의 소득에 대한 법인세를 부과하지 않는다.

제11조(실질소득자과세의 원칙)

자산 또는 사업으로부터 발생하는 수익이 법률상 귀속된다고 보이는 자가 단순한 명의인으로서 그 수익을 향수(享受)하지 않고, 그 자 이외의 자가 수익을 향수하는 경우에는, 그 수익은 이를 향수하는 법인에게 귀속되는 것으로서 이 법률의 규정을 적용한다.

제21조(각 사업연도의 소득에 대한 법인세의 과세표준)

내국법인에 대하여 부과하는 각 사업연도의 소득에 대한 법인세의 과세표준은, 각 사업연도의 소득금액으로 한다.

제22조(각 사업연도의 소득금액의 계산의 통칙)

① 내국법인의 각 사업연도의 소득금액은, 해당 사업연도의 익금에서 해당 사업연도의 손금을 공제한 금액으로 한다.

② 내국법인의 각 사업연도의 소득금액의 계산상 해당 사업연도의 익금에 산입해야 할 금액은, 별도의 규정이 있는 것을 제외하고, 자산의 판매, 유상 또는 무상에 의한 자산의 양도 또는 역무의 제공, 무상에 의한 자산의 양수 기타의 거래로서 자본 등 거래 이외의 것에 관련된 해당 사업연도의 수익의 금액으로 한다.

③ 내국법인의 각 사업연도의 소득금액의 계산상 해당 사업연도의 손금에 산입해야 할 금액은, 별도의 규정 있는 것을 제외하고, 다음에 기재된 금액으로 한다.

　1. 해당 사업연도의 수익에 관련된 매출원가, 완성공사원가 기타 이들에 준하는 원가의 금액
　2. 전호에 기재된 것 외에, 해당 사업연도의 판매비, 일반관리비 기타 비용(상각비 이외의 비용으로서 해당 사업연도 종료일까지 채무가 확정되지 않은 것을 제외한다)의 금액
　3. 해당 사업연도의 손실의 금액으로서 자본 등 거래 이외의 거래에 관련된 것

④ 제2항에 규정된 해당 사업연도의 수익의 금액 및 전항 각호에 기재된 금액은, 별도의 규정이 있는 것을 제외하고, 일반적으로 공정·타당하다고 인정되는 회계처리기준에 따라서 계산되는 것으로 한다.

⑤ 제2항 또는 제3항에 규정된 자본 등 거래란, 법인의 자본금 등의 금액의 증가 또는 감소를 발생시키는 거래 그리고 법인이 행하는 이익 또는 잉여금의 분배[자산의 유동화에 관한 법률 제115조 제1항(중간배당)에 규정된 금전의 분배를 포함한다] 및 잔여재산의 분배 또는 인도를 말한다.

제22조의2(수익의 금액)

① 내국법인의 자산의 판매 혹은 양도 또는 역무의 제공(이하 이 조에서 「자산의 판매 등」이라 한다)에 관련된 수익은, 별도의 규정(전조 제4항을 제외한다)이 있는 것을 제외하고, 그 자산의 판매 등에 관련된 목적물의 인도 또는 역무의 제공일이 속하는 사업연도의 소득금액의 계산상 익금에 산입한다.

② 내국법인이, 자산의 판매 등에 관련된 수익의 금액에 대하여 일반적으로 공정·타당하다고 인정되는 회계처리기준에 따라서 해당 자산의 판매 등에 관련된 계약의 효력이 발생하는 날 기타 전항에 규정된 날에 근접한 날이 속하는 사업연도의 확정된 결산에 있어서 수익으로서 경리한 경우에는, 동항의 규정에도 불구하고, 해당 자산의 판매 등에 관련된 수익의 금액은, 별도의 규정(전조 제4항을 제외한다)이 있는 것을 제외하고, 해당 사업연도의 소득금액의 계산상 익금에 산입한다.

③ 내국법인이 자산의 판매 등을 행한 경우(해당 자산의 판매 등에 관련된 수익에 대하여 일반적으로 공정·타당하다고 인정되는 회계처리기준에 따라서 제1항에 규정된 날 또는 전항에 규정된 근접한 날이 속하는 사업연도의 확정된 결산에 있어서 수익으로서 경리한 경우를 제외한다)에 있어서, 해당 자산의 판매 등에 관련된 동항에 규정된 근접한 날이 속하는 사업연도의 확정신고서에 해당 자산의 판매 등에 관련된 수익의 금액의 산입에 관한 신고의 기재가 있을 때에는, 그 금

액에 대하여 해당 사업연도의 확정된 결산에 있어서 수익으로서 경리한 것으로 간주하여, 동항의 규정을 적용한다.

④ 내국법인의 각 사업연도의 자산의 판매 등에 관련된 수익의 금액으로서 제1항 또는 제2항의 규정에 의하여 해당 사업연도의 소득금액의 계산상 익금에 산입하는 금액은, 별도의 규정(전조 제4항을 제외한다)이 있는 것을 제외하고, 그 판매 혹은 양도를 한 자산의 인도 시에 있어서의 가액 또는 그 제공을 한 역무에 대하여 통상 얻을 수 있는 대가의 금액에 상당하는 금액으로 한다.

⑤ 전항의 인도 시에 있어서의 가액 또는 통상 얻을 수 있는 대가의 금액은, 동항의 자산의 판매 등에 대하여 다음에 기재된 사실이 발생할 가능성이 있는 경우에 있어서도, 그 가능성이 없는 것으로 했을 경우에 있어서의 가액으로 한다.

1. 해당 자산의 판매 등의 대가의 금액에 관련된 금전채권의 대손

2. 해당 자산의 판매 등(자산의 판매 또는 양도에 한한다)에 관련된 자산의 환매[買戻し]

⑥ 전 각항 및 전조 제2항의 경우에는, 무상에 의한 자산의 양도에 관련된 수익의 금액은, 금전 이외의 자산에 의한 이익 또는 잉여금의 분배 및 잔여재산의 분배 또는 인도 기타 이들과 유사한 행위로서의 자산의 양도에 관련된 수익의 금액을 포함하는 것으로 한다.

⑦ 전 2항에 규정된 것 외에, 자산의 판매 등에 관련된 수익에 대하여 수정경리를 한 경우의 처리 기타 제1항부터 제4항까지의 규정의 적용에 관하여 필요한 사항은 정령으로 정한다.

제23조(수입배당 등의 익금불산입)

① 내국법인이 다음에 기재된 금액(제1호에 기재된 금액의 경우에는, 외국법인 혹은 공익법인 등 또는 인격이 없는 사단 등으로부터 받는 것 및 적격현물분배에 관련된 것을 제외한다. 이하 이 조에서「배당 등의 금액」이라 한다)을 받을 때에는, 그 배당 등의 금액[완전자법인 주식 등, 관련 법인 주식 등 및 비지배목적 주식 등의 어느 것에도 해당하지 않는 주식 등(주식 또는 출자를 말한다. 이하 이 조에서 동일함)에 관련된 배당 등의 금액의 경우에는 해당 배당 등의 금액의 100분의 50에 상당하는 금액으로 하고, 비지배목적 주식 등에 관련된 배당 등의 금액의 경우에는 해당 배당 등의 금액의 100분의 20에 상당하는 금액으로 한다]은, 그 내국법인의 각 사업연도의 소득금액의 계산상 익금에 산입하지 않는다.

1. 잉여금의 배당(주식 등에 관련된 것에 한하며, 자본잉여금의 감소에 수반하는 것 그리고 분할형분할에 의한 것 및 주식분배를 제외한다) 혹은 이익의 배당(분할형분할에 의한 것 및 주식분배를 제외한다) 또는 잉여금의 분배(출자에 관련된 것에 한한다)의 금액

2. 투자신탁 및 투자법인에 관한 법률 제137조(금전의 분배)의 금전의 분배[출자총액 등의 감소에 수반하는 금전의 분배로서 재무성령으로 정하는 것(제24조 제1항 제4호<배당 등의 금액으로 간주하는 금액>에서「출자 등 감소 분배」라 한다)을 제외한다]의 금액

3. 자산의 유동화에 관한 법률 제115조 제1항(중간배당)에 규정된 금전의 분배의 금액

② 전항의 규정은, 내국법인이 그 받는 배당 등의 금액(제24조 제1항의 규정에 의하여 그 내국법인이 받는 배당 등의 금액으로 간주되는 금액을 제외한다. 이하 이 항에서 동일함)의 원본인 주식 등을 그 배당 등의 금액의 지급에 관련된 기준일 이전 1개월 이내에 취득하고, 또한 해당 주

식 등 또는 해당 주식 등과 종목을 같이 하는 주식 등을 해당 기준일 후 2개월 이내에 양도한 경우에 있어서의 그 양도한 주식 등 중 정령으로 정하는 것의 배당 등의 금액에 대해서는 적용하지 않는다.

③ 제1항의 규정은, 내국법인이 그 받는 배당 등의 금액[제24조 제1항(제5호에 관련된 부분에 한한다)의 규정에 의하여 그 내국법인이 받는 배당 등의 금액으로 간주되는 금액에 한한다. 이하 이 항에서 동일함]의 원본인 주식 등으로서 그 배당 등의 금액이 발생하는 기인{基因}이 되는 동호에 기재된 사유가 발생하는 것이 예정되어 있는 것을 취득(적격합병 또는 적격분할형분할에 의한 인계를 포함한다)한 경우에 있어서의 그 취득을 한 주식 등에 관련된 배당 등의 금액[그 예정되어 있는 사유(제61조의2 제17항<유가증권의 양도차익 또는 양도손실의 익금 또는 손금 산입>의 규정의 적용이 있는 것을 제외한다)에 기인하는 것으로서 정령으로 정하는 것에 한한다]에 대해서는 적용하지 않는다.

④ 제1항의 경우에 있어서, 동항의 내국법인이 해당 사업연도에 있어서 지급하는 부채의 이자(이에 준하는 것으로서 정령으로 정하는 것을 포함하고, 해당 내국법인과의 사이에 연결완전지배관계가 있는 연결법인에게 지급하는 것을 제외한다)가 있을 때에는, 해당 내국법인이 받는 관련법인 주식 등에 관련된 배당 등의 금액에 대하여 동항의 규정에 의하여 해당 사업연도의 소득금액의 계산상 익금에 산입하지 않는 금액은, 동항의 규정에도 불구하고, 그 보유하는 관련법인 주식 등에 대하여 해당 사업연도에 있어서 받는 배당 등의 금액의 합계액에서 해당 부채의 이자금액 중 해당 관련법인 주식 등에 관련된 부분의 금액으로서 정령으로 정하는 바에 따라서 계산한 금액을 공제한 금액으로 한다.

⑤ 제1항에 규정된 완전자법인 주식 등이란, 배당 등의 금액의 계산기간 동안에 내국법인과의 사이에 완전지배관계가 있었던 다른 내국법인(공익법인 등 및 인격이 없는 사단 등을 제외한다)의 주식 등으로서 정령으로 정하는 것을 말한다.

⑥ 제1항 및 제4항에 규정된 관련법인 주식 등이란, 내국법인이 다른 내국법인(공익법인 등 및 인격이 없는 사단 등을 제외한다)의 기발행주식 또는 출자(해당 다른 내국법인이 보유하는 자기주식 등을 제외한다)의 총수 또는 총액의 3분의 1을 넘는 수 또는 금액의 주식 등을 보유하는 경우로서 정령으로 정하는 경우에 있어서의 해당 다른 내국법인의 주식 등(전항에 규정된 완전자법인 주식 등을 제외한다)을 말한다.

⑦ 제1항에 규정된 비지배목적 주식 등이란, 내국법인이 다른 내국법인(공익법인 등 및 인격이 없는 사단 등을 제외한다)의 기발행주식 또는 출자(해당 다른 내국법인이 보유하는 자기주식 등을 제외한다)의 총수 또는 총액의 100분의 5 이하에 상당하는 수 또는 금액의 주식 등을 보유하는 경우로서 정령으로 정하는 경우에 있어서의 해당 다른 내국법인의 주식 등(제5항에 규정된 완전자법인 주식 등을 제외한다)을 말한다.

⑧ 제1항의 규정은, 확정신고서, 수정신고서 또는 경정청구서에 익금에 산입되지 않는 배당 등의 금액 및 그 계산에 관한 명세를 기재한 서류의 첨부가 있는 경우에 한하여 적용한다. 이 경우에 있어서, 동항의 규정에 의하여 익금에 산입되지 않는 금액은, 해당 금액으로서 기재된 금액을 한도로 한다.

⑨ 적격합병, 적격분할, 적격현물출자 또는 적격현물분배에 의하여 주식 등의 이전이 이루어진 경우에 있어서의 제1항 및 제2항의 규정의 적용 기타 제1항부터 제7항까지의 규정의 적용에 관하여 필요한 사항은 정령으로 정한다.

제24조(배당 등의 금액으로 간주하는 금액)

① 법인(공익법인 등 및 인격이 없는 사단 등을 제외한다. 이하 이 조에서 동일함)의 주주 등인 내국법인이 해당 법인의 다음에 기재된 사유에 의하여 금전 기타 자산의 교부를 받은 경우에 있어서, 그 금전의 금액 및 금전 이외 자산의 가액(적격현물분배에 관련된 자산의 경우에는, 해당 법인의 그 교부 직전의 해당 자산의 장부가액에 상당하는 금액)의 합계액이 해당 법인의 자본금 등의 금액 또는 연결개별자본금 등의 금액 중 그 교부의 기인(基因)이 된 해당 법인의 주식 또는 출자에 대응하는 부분의 금액을 넘을 때에는, 이 법률의 규정의 적용에 관해서는, 그 넘는 부분의 금액은, 제23조 제1항 제1호 또는 제2호(수입배당 등의 익금불산입)에 기재된 금액으로 간주한다.
  1. 합병(적격합병을 제외한다)
  2. 분할형분할(적격분할형분할을 제외한다)
  3. 주식분배(적격주식분배를 제외한다)
  4. 자본환급[잉여금의 배당(자본잉여금의 감소에 수반하는 것에 한한다) 중 분할형분할에 의한 것 및 주식분배 이외의 것 그리고 출자 등 감소 분배를 말한다] 또는 해산에 의한 잔여재산의 분배
  5. 자기의 주식 또는 출자의 취득[금융상품거래법 제2조 제16항(정의)에 규정된 금융상품거래소가 개설한 시장에서의 구입을 통한 취득 기타 정령으로 정하는 취득 및 제61조의2 제14항 제1호부터 제3호까지(유가증권의 양도차익 또는 양도손실의 익금 또는 손금 산입)에 기재된 주식 또는 출자의 동항에 규정된 경우에 해당하는 경우에 있어서의 취득을 제외한다]
  6. 출자소각(취득한 출자에 대하여 실시하는 것을 제외한다), 출자환급, 사원 기타 법인의 출자자의 퇴사 또는 탈퇴에 의한 지분의 환급 기타 주식 또는 출자를 그 발행한 법인이 취득하지 않고 소멸시키는 것
  7. 조직변경(해당 조직변경을 함에 있어서 해당 조직변경을 한 법인의 주식 또는 출자 이외의 자산을 교부한 것에 한한다)

② 합병법인이 포합(抱合)주식[해당 합병법인이 합병 직전에 가지고 있던 피합병법인의 주식(출자를 포함한다. 이하 이 항 및 다음 항에서 동일함) 또는 피합병법인이 해당 합병 직전에 가지고 있던 다른 피합병법인의 주식을 말한다]에 대하여 해당 합병에 의한 주식 기타 자산의 교부를 하지 않은 경우에 있어서도, 정령으로 정하는 바에 의하여 해당 합병 법인이 해당 주식 기타 자산의 교부를 받은 것으로 간주하여 전항의 규정을 적용한다.

③ 합병법인 또는 분할법인이 피합병법인의 주주 등 또는 해당 분할법인의 주주 등에 대하여 합병 또는 분할형분할에 의하여 주식 기타 자산의 교부를 하지 않은 경우에 있어서도, 해당 합병 또는 분할형분할이 합병법인 또는 분할승계법인의 주식의 교부가 생략되었다고 인정되는 합병 또는 분할형분할로서 정령으로 정하는 것에 해당할 때에는, 정령으로 정하는 바에 의하여 이들

주주 등이 해당 합병법인 또는 분할승계법인의 주식의 교부를 받은 것으로 간주하여, 제1항의 규정을 적용한다.

④ 제1항에 규정된 주식 또는 출자에 대응하는 부분의 금액의 계산방법 기타 전 3항의 규정의 적용에 관하여 필요한 사항은 정령으로 정한다.

제25조(자산의 평가이익의 익금불산입 등)

① 내국법인이 그 보유하는 자산의 평가변경을 하여 그 장부가액을 증액한 경우에는, 그 증액한 부분의 금액은, 그 내국법인의 각 사업연도의 소득금액의 계산상 익금에 산입하지 않는다.

② 내국법인이 그 보유하는 자산에 대하여 갱생계획인가결정이 있는 것에 의하여 회사갱생법(平成14{2002}년 법률 제154호) 또는 금융기관 등의 갱생절차의 특례 등에 관한 법률(平成8{1996}년 법률 제95호)의 규정에 따라서 행하는 평가변경 기타 정령으로 정하는 평가변경을 하여 그 장부가액을 증액한 경우에는, 그 증액한 부분의 금액은, 전항의 규정에도 불구하고, 이러한 평가변경을 한 날이 속하는 사업연도의 소득금액의 계산상 익금에 산입한다.

③ 내국법인에 대하여 재생계획인가결정이 있는 경우 기타 이에 준하는 정령으로 정하는 사실이 발생한 경우에 있어서, 그 내국법인이 그 보유하는 자산의 가액에 대하여 정령으로 정하는 평정을 행한 때에는, 그 자산(평가이익의 계상에 적절하지 않은 것으로서 정령으로 정하는 것을 제외한다)의 평가이익의 금액으로서 정령으로 정하는 금액은, 제1항의 규정에도 불구하고, 이러한 사실이 발생한 날이 속하는 사업연도의 소득금액의 계산상 익금에 산입한다.

④ 제1항의 규정의 적용이 있는 경우에 있어서, 동항의 평가변경에 의하여 증액된 금액을 익금에 산입하지 않은 자산에 대해서는, 그 평가변경을 한 날이 속하는 사업연도 이후의 각 사업연도의 소득금액의 계산상, 해당 자산의 장부가액은, 그 증액이 되지 않은 것으로 간주한다.

⑤ 제3항의 규정은, 확정신고서에 동항에 규정된 평가이익의 금액으로서 정령으로 정하는 금액의 익금산입에 관한 명세(다음 항에서 「평가이익명세」라 한다)의 기재가 있고, 또한 재무성령으로 정하는 서류(다음 항에서 「평가이익 관계서류」라 한다)의 첨부가 있는 경우[제33조 제4항(자산의 평가손실의 손금불산입 등)에 규정된 자산에 대하여 동항에 규정된 평가손실의 금액으로서 정령으로 정하는 금액이 있는 경우(다음 항에서 「평가손실이 있는 경우」라 한다)에는, 동조 제7항에 규정된 평가손실명세(다음 항에서 「평가손실명세」라 한다)의 기재 및 동조 제7항에 규정된 평가손실 관계서류(다음 항에서 「평가손실 관계서류」라 한다)의 첨부가 있는 경우에 한한다]에 한하여 적용한다.

⑥ 세무서장은, 평가이익명세(평가손실이 있는 경우에는, 평가이익명세 또는 평가손실명세)의 기재 또는 평가이익 관계서류(평가손실이 있는 경우에는, 평가이익 관계서류 또는 평가손실 관계서류)의 첨부가 없는 확정신고서가 제출된 경우에 있어서도, 해당 기재 또는 해당 첨부가 없는 것에 관하여 불가피한 사정이 있다고 인정되는 때에는, 제3항의 규정을 적용할 수 있다.

⑦ 전 3항에 규정된 것 외에, 제1항부터 제3항까지의 규정의 적용에 관하여 필요한 사항은 정령으로 정한다.

제25조의2(수증이익)

① 내국법인이 각 사업연도에 있어서 해당 내국법인과의 사이에 완전지배관계(법인에 의한 완전지배관계에 한한다)가 있는 다른 내국법인으로부터 받은 수증이익{受贈益}의 금액[제37조(기부금의 손금불산입) 또는 제81조의6(연결사업연도에 있어서의 기부금의 손금불산입)의 규정을 적용하지 않는다고 했을 경우에 해당 다른 내국법인의 각 사업연도의 소득금액 또는 각 연결사업연도의 연결소득금액의 계산상 손금에 산입되는 제37조 제7항(제81조의6 제6항에서 준용하는 경우를 포함한다)에 규정된 기부금 금액에 대응하는 것에 한한다]은, 해당 내국법인의 각 사업연도의 소득금액의 계산상 익금에 산입하지 않는다.

② 전항에 규정된 수증이익의 금액은, 기부금, 거출금{拠出金}, 위문금{見舞金} 기타 어떠한 명목으로 이루어지는지를 불문하고, 내국법인이 금전 기타 자산 또는 경제적 이익의 증여 또는 무상의 공여(광고·선전 및 견본품의 비용 기타 이들과 유사한 비용 그리고 교제비, 접대비 및 복리후생비로 취급되어야 할 것을 제외한다. 다음 항에서 동일함)를 받은 경우에 있어서의 해당 금전의 금액 혹은 금전 이외의 자산의 그 증여 시에 있어서의 가액 또는 해당 경제적 이익의 그 공여 시에 있어서의 가액에 의하는 것으로 한다.

③ 내국법인이 자산의 양도 또는 경제적 이익의 공여를 받은 경우에 있어서, 그 양도 또는 공여의 대가의 금액이 해당 자산의 그 양도 시에 있어서의 가액 또는 해당 경제적 이익의 그 공여 시에 있어서의 가액에 비하여 낮을 때에는, 해당 대가의 금액과 해당 가액과의 차액 중 실질적으로 증여 또는 무상공여를 받았다고 인정되는 금액은, 전항의 수증이익의 금액에 포함되는 것으로 한다.

제31조(감가상각자산의 상각비의 계산 및 그 상각방법)

① 내국법인이 각 사업연도 종료 시에 있어서 보유하는 감가상각자산에 대하여 그 상각비로서 제22조 제3항(각 사업연도의 손금에 산입하는 금액)의 규정에 의하여 해당 사업연도의 소득금액의 계산상 손금에 산입하는 금액은, 그 내국법인이 해당 사업연도에 있어서 그 상각비로서 손금경리를 한 금액(이하 이 조에서 「손금경리금액」이라 한다) 중, 그 취득을 한 날 및 그 종류의 구분에 따라서, 상각비가 매년 동일하게 되는 상각방법, 상각비가 매년 일정한 비율로 체감{遞減}하는 상각방법 기타 정령으로 정하는 상각방법 중에서, 그 내국법인이 해당 자산에 대하여 선정한 상각방법(상각방법을 선정하지 않은 경우에는 상각방법 중 정령으로 정하는 방법)에 기초하여 정령으로 정하는 바에 따라서 계산한 금액(다음 항에서 「상각한도액」이라 한다)에 이르기까지의 금액으로 한다.

② 내국법인이, 적격분할, 적격현물출자 또는 적격현물분배(적격현물분배의 경우에는, 잔여재산의 전부의 분배를 제외한다. 이하 제4항까지에서 「적격분할 등」이라 한다)에 의하여 분할승계법인, 피현물출자법인 또는 피현물분배법인에 감가상각자산을 이전{移轉}하는 경우에 있어서, 해당 감가상각자산에 대하여 손금경리금액에 상당하는 금액을 비용으로 한 때에는, 해당 비용으로 한 금액(다음 항 및 제4항에서 「기중 손금경리금액」이라 한다) 중, 해당 감가상각자산에 대하여 해당 적격분할 등의 날의 전날을 사업연도 종료일로 했을 경우에 전항의 규정에 의하여 계산되는 상각한도액에 상당하는 금액에 이르기까지의 금액은, 해당 적격분할 등의 날이 속하는 사업연도

(제4항에서 「분할 등 사업연도」라 한다)의 소득금액의 계산상 손금에 산입한다.

③ 전항의 규정은, 동항의 내국법인이 적격분할 등의 날 이후 2개월 이내에 기중 손금경리금액 기타 재무성령으로 정하는 사항을 기재한 서류를 납세지의 관할 세무서장에게 제출한 경우에 한하여 적용한다.

④ 손금경리금액에는, 제1항의 감가상각자산에 대하여 동항의 내국법인이 상각비로서 손금경리를 한 사업연도(이하 이 항에서 「상각사업연도」라 한다) 전의 각 사업연도에 있어서의 해당 감가상각 자산에 관련된 손금경리금액[해당 감가상각자산이 적격합병 또는 적격현물분배(잔여재산의 전부의 분배에 한한다)에 의하여 피합병법인 또는 현물분배법인(이하 이 항에서 「피합병법인 등」이라 한다)으로부터 이전{移轉}을 받은 것인 경우에는 해당 피합병법인 등의 해당 적격합병일의 전날 또는 해당 잔여재산의 확정일이 속하는 사업연도 이전{以前}의 각 사업연도의 손금경리금액 중 해당 각 사업연도의 소득금액의 계산상 손금에 산입되지 않았던 금액을, 해당 감가상각자산이 적 격분할 등에 의하여 분할법인, 현물출자법인 또는 현물분배법인(이하 이 항에서 「분할법인 등」이라 한다)으로부터 이전{移轉}을 받은 것인 경우에 있어서는 해당 분할법인 등의 분할 등 사업연도 의 기중 손금경리금액으로서 장부에 기재한 금액 및 분할 등 사업연도 전의 각 사업연도의 손금경리금액 중 분할 등 사업연도 이전{以前}의 각 사업연도의 소득금액의 계산상 손금에 산입되지 않았던 금액을 포함한다. 이하 이 항에서 동일함] 중 해당 상각사업연도 전의 각 사업연도의 소득금액의 계산상 손금에 산입되지 않았던 금액을 포함하고, 기중 손금경리금액에는, 제2항의 내국법인의 분할 등 사업연도 전의 각 사업연도에 있어서의 동항의 감가상각자산에 관련된 손금경리금액 중 해당 각 사업연도의 소득금액의 계산상 손금에 산입되지 않았던 금액을 포함한다.

⑤ 전항의 경우에 있어서, 내국법인이 보유하는 감가상각자산[적격합병에 의하여 피합병법인으로부터 이전{移轉}을 받은 감가상각자산, 제61조의11 제1항(연결납세의 개시에 수반하는 자산의 시가평가손익)의 규정의 적용을 받은 동항에 규정된 시가평가자산에 해당하는 감가상각자산 기타 정령으로 정하는 감가상각자산에 한한다]에 대하여 그 가액으로 장부에 기재되어 있던 금액으로서 정령으로 정하는 금액이 해당 이전{移轉}의 직전에 해당 피합병법인의 장부에 기재되어 있던 금액, 동조 제1항의 규정의 적용을 받은 직후의 장부가액 기타 정령으로 정하는 금액에 미치지 않는 경우에는, 해당 미치지 않는 부분의 금액은, 정령으로 정하는 사업연도 전의 각 사업연도의 손금경리금액으로 간주한다.

⑥ 제1항의 선정을 할 수 있는 상각방법의 특례, 상각방법의 선정절차, 상각비 계산의 기초가 되는 감가상각자산의 취득가액, 감가상각자산에 대하여 지출하는 금액 중 사용가능기간을 연장시키는 부분 등에 대응하는 금액을 감가상각자산의 취득가액으로 하는 특례 기타 감가상각자산의 상각에 관하여 필요한 사항은 정령으로 정한다.

제32조(이연자산의 상각비의 계산 및 그 상각방법)
① 내국법인의 각 사업연도 종료 시의 이연자산에 대하여 그 상각비로서 제22조 제3항(각 사업연도의 손금에 산입하는 금액)의 규정에 의하여 해당 사업연도의 소득금액의 계산상 손금에 산입하는 금액은, 그 내국법인이 해당 사업연도에 있어서 그 상각비로서 손금경리를 한 금액(이하 이

조에서 「손금경리금액」이라 한다) 중, 그 이연자산에 관련된 지출의 효과 및 기간을 기초로 하여 정령으로 정하는 바에 따라서 계산한 금액(다음 항에서 「상각한도액」이라 한다)에 이르기까지의 금액으로 한다.

② 내국법인이, 적격분할, 적격현물출자 또는 적격현물분배(적격현물분배의 경우에는, 잔여재산의 전부의 분배를 제외한다. 이하 이 조에서 「적격분할 등」이라 한다)에 의하여 분할승계법인, 피현물출자법인 또는 피현물분배법인(이하 이 조에서 「분할승계법인 등」이라 한다)에 이연자산[해당 적격분할 등에 의하여 해당 분할승계법인 등에 이전하는 자산, 부채 또는 계약(제4항에서 「자산 등」이라 한다)과 관련을 가지는 것에 한한다]을 인계하는 경우에 있어서, 해당 이연자산에 대하여 손금경리금액에 상당하는 금액을 비용으로 한 때에는, 해당 비용으로 한 금액(다음 항 및 제6항에서 「기중 손금경리금액」이라 한다) 중, 해당 이연자산에 대하여 해당 적격분할 등의 날의 전날을 사업연도 종료일로 한 경우에 전항의 규정에 의하여 계산되는 상각한도액에 상당하는 금액에 이르기까지의 금액은, 해당 적격분할 등의 날이 속하는 사업연도(제6항에서 「분할 등 사업연도」라 한다)의 소득금액의 계산상 손금에 산입한다.

③ 전항의 규정은, 동항의 내국법인이 적격분할 등의 날 이후 2개월 이내에 기중 손금경리금액 기타 재무성령으로 정하는 사항을 기재한 서류를 납세지의 관할 세무서장에게 제출한 경우에 한하여 적용한다.

④ 내국법인이 적격합병, 적격분할, 적격현물출자 또는 적격현물분배(이하 이 항에서 「적격조직재편성」이라 한다)를 행한 경우에는, 다음의 각호에 기재된 적격조직재편성의 구분에 따라서 해당 각호에서 정하는 이연자산은, 해당 적격조직재편성 직전의 장부가액에 의하여 해당 적격조직재편성에 관련된 합병법인, 분할승계법인, 피현물출자법인 또는 피현물분배법인에 인계하는 것으로 한다.

  1. 적격합병 또는 적격현물분배(잔여재산의 전부의 분배에 한한다) : 해당 적격합병의 직전 또는 해당 적격현물분배에 관련된 잔여재산 확정 시의 이연자산
  2. 적격분할 등 : 다음에 기재된 이연자산
     イ. 해당 적격분할 등에 의하여 분할승계법인 등에 이전하는 자산 등과 밀접한 관련을 가지는 이연자산으로서 정령으로 정하는 것
     ロ. 해당 적격분할 등에 의하여 분할승계법인 등에 이전하는 자산 등과 관련을 가지는 이연자산 중 제2항의 규정의 적용을 받은 것(イ에 기재된 것을 제외한다)
     ハ. 해당 적격분할 등에 의하여 분할승계법인 등에 이전하는 자산 등과 관련을 가지는 이연자산(イ 및 ロ에 기재된 것을 제외한다)

⑤ 전항(제2호 ハ에 관련된 부분에 한한다)의 규정은, 동항의 내국법인이 적격분할 등의 날 이후 2개월 이내에 동항의 규정에 의하여 분할승계법인 등에 인계하는 것으로 되는 동호 ハ에 기재된 이연자산의 장부가액 기타 재무성령으로 정하는 사항을 기재한 서류를 납세지의 관할 세무서장에게 제출한 경우에 한하여 적용한다.

⑥ 손금경리금액에는, 제1항의 이연자산에 대하여 동항의 내국법인이 상각비로서 손금경리를 한 사업연도(이하 이 항에서 「상각사업연도」라 한다) 전의 각 사업연도에 있어서의 해당 이연자산에

관련된 손금경리금액[해당 이연자산이 적격합병 또는 적격현물분배(잔여재산의 전부의 분배에 한한다)에 의하여 피합병법인 또는 현물분배법인(이하 이 항에서 「피합병법인 등」이라 한다)으로부터 인계를 받은 것인 경우에는 해당 피합병법인 등의 해당 적격합병일의 전날 또는 해당 잔여재산의 확정일이 속하는 사업연도 이전의 각 사업연도의 손금경리금액 중 해당 각 사업연도의 소득금액의 계산상 손금에 산입되지 않았던 금액을, 해당 이연자산이 적격분할 등에 의하여 분할법인, 현물출자법인 또는 현물분배법인(이하 이 항에서 「분할법인 등」이라 한다)으로부터 인계를 받은 것인 경우에는 해당 분할법인 등의 분할 등 사업연도의 기중 손금경리금액으로서 장부에 기재한 금액 및 분할 등 사업연도 전의 각 사업연도의 손금경리금액 중 분할 등 사업연도 이전의 각 사업연도의 소득금액의 계산상 손금에 산입되지 않았던 금액을 포함한다. 이하 이 항에서 동일함] 중 해당 상각사업연도 전의 각 사업연도의 소득금액의 계산상 손금에 산입되지 않았던 금액을 포함하고, 기중 손금경리금액에는, 제2항의 내국법인의 분할 등 사업연도 전의 각 사업연도에 있어서의 동항의 이연자산에 관련된 손금경리금액 중 해당 각 사업연도의 소득금액의 계산상 손금에 산입되지 않았던 금액을 포함한다.

⑦ 전항의 경우에 있어서, 내국법인의 이연자산[적격합병에 의하여 피합병법인으로부터 인계를 받은 이연자산, 제61조의11 제1항(연결납세의 개시에 수반하는 자산의 시가평가손익)의 규정의 적용을 받은 동항에 규정된 시가평가자산에 해당하는 이연자산 기타 정령으로 정하는 이연자산에 한한다]에 대하여 그 가액으로 장부에 기재되어 있던 금액으로서 정령으로 정하는 금액이 해당 인계 직전에 해당 피합병법인의 장부에 기재되어 있던 금액, 동조 제1항의 규정의 적용을 받은 직후의 장부가액 기타 정령으로 정하는 금액에 미치지 않는 경우에는, 해당 미치지 않는 부분의 금액은, 정령으로 정하는 사업연도 전의 각 사업연도의 손금경리금액으로 간주한다.

⑧ 전 각항에서 정한 것 외에, 이연자산의 상각에 관하여 필요한 사항은 정령으로 정한다.

제33조(자산의 평가손실의 손금불산입 등)

① 내국법인이 그 보유하는 자산의 평가변경을 하여 그 장부가액을 감액한 경우에는, 그 감액한 부분의 금액은, 그 내국법인의 각 사업연도의 소득금액의 계산상 손금에 산입하지 않는다.

② 내국법인이 보유하는 자산에 대하여, 재해에 의한 현저한 손상에 의하여 해당 자산의 가액이 그 장부가액을 밑돌게 된 때 기타 정령으로 정하는 사실이 발생한 경우에 있어서, 그 내국법인이 해당 자산의 평가변경을 하여 손금경리에 의하여 그 장부가액을 감액한 때에는, 그 감액한 부분의 금액 중, 그 평가변경의 직전의 해당 자산의 장부가액과 그 평가변경을 한 날이 속하는 사업연도 종료 시에 있어서의 해당 자산의 가액과의 차액에 이르기까지의 금액은, 전항의 규정에도 불구하고, 그 평가변경을 한 날이 속하는 사업연도의 소득금액의 계산상 손금에 산입한다.

③ 내국법인이 그 보유하는 자산에 대하여 갱생계획인가결정이 있는 것에 의하여 회사갱생법 또는 금융기관 등의 갱생절차의 특례 등에 관한 법률의 규정에 따라서 행하는 평가변경을 하여 그 장부가액을 감액한 때에는, 그 감액한 부분의 금액은, 제1항의 규정에도 불구하고, 그 평가변경을 한 날이 속하는 사업연도의 소득금액의 계산상 손금에 산입한다.

④ 내국법인에 대하여 재생계획인가결정이 있는 경우 기타 이에 준하는 정령으로 정하는 사실이

발생한 경우에 있어서, 그 내국법인이 그 보유하는 자산의 평가에 대하여 정령으로 정하는 평정을 행한 때에는, 그 자산(평가손실의 계상에 적절하지 않는 것으로서 정령으로 정하는 것을 제외한다)의 평가손실의 금액으로서 정령으로 정하는 금액은, 제1항의 규정에도 불구하고, 이러한 사실이 발생한 날이 속하는 사업연도의 소득금액의 계산상 손금에 산입한다.

⑤ 전 3항의 내국법인이 이들 내국법인과의 사이에 완전지배관계가 있는 다른 내국법인으로서 정령으로 정하는 것의 주식 또는 출자를 가지는 경우에 있어서의 해당 주식 또는 출자에 대해서는, 이들 규정은 적용하지 않는다.

⑥ 제1항의 규정의 적용이 있었던 경우에 있어서, 동항의 평가변경에 의하여 감액된 금액을 손금에 산입하지 않은 자산에 대해서는, 그 평가변경을 한 날이 속하는 사업연도 이후의 각 사업연도의 소득금액의 계산상, 해당 자산의 장부가액은, 그 감액이 되지 않은 것으로 간주한다.

⑦ 제4항의 규정은, 확정신고서에 동항에 규정된 평가손실의 금액으로서 정령으로 정하는 금액의 손금산입에 관한 명세(다음 항에서 「평가손실명세」라 한다)의 기재가 있고, 또한 재무성령으로 정하는 서류(다음 항에서 「평가손실 관계서류」라 한다)의 첨부가 있는 경우[제25조 제3항(자산의 평가이익의 익금불산입 등)에 규정된 자산에 대하여 동항에 규정된 평가이익의 금액으로서 정령으로 정하는 금액이 있는 경우(다음 항에서 「평가이익이 있는 경우」라 한다)에는, 동조 제5항에 규정된 평가이익명세(다음 항에서 「평가이익명세」라 한다)의 기재 및 동조 제5항에 규정된 평가이익 관계서류(다음 항에서 「평가이익 관계서류」라 한다)의 첨부가 있는 경우에 한한다]에 한하여 적용한다.

⑧ 세무서장은, 평가손실명세(평가이익이 있는 경우에는, 평가손실명세 또는 평가이익명세)의 기재 또는 평가손실 관계서류(평가이익이 있는 경우에는, 평가손실 관계서류 또는 평가이익 관계서류)의 첨부가 없는 확정신고서가 제출된 경우에 있어서도, 해당 기재 또는 해당 첨부가 없는 것에 관하여 불가피한 사정이 있다고 인정되는 때에는, 제4항의 규정을 적용할 수 있다.

⑨ 전 3항에 규정된 것 외에, 제1항부터 제5항까지의 규정의 적용에 관하여 필요한 사항은 정령으로 정한다.

제34조(임원급여의 손금불산입)

① 내국법인이 그 임원에 대하여 지급하는 급여(퇴직급여로서 실적연동급여에 해당하지 않는 것, 사용인으로서의 직무를 가지는 임원에 대하여 지급하는 해당 직무에 대한 것 및 제3항의 규정의 적용이 있는 것을 제외한다. 이하 이 항에서 동일함) 중 다음에 기재된 급여의 어느 것에도 해당하지 않는 금액은, 그 내국법인의 각 사업연도의 소득금액의 계산상 손금에 산입하지 않는다.

   1. 그 지급시기가 1개월 이하의 일정한 기간인 급여(다음 호 ㅓ에서 「정기급여」라 한다)로서 해당 사업연도의 각 지급시기에 있어서의 지급액이 동액인 것 기타 이에 준하는 것으로서 정령으로 정하는 급여(동호에서 「정기동액급여」라 한다)

   2. 그 임원의 직무에 대하여 소정의 시기에, 확정된 금액의 금전 또는 확정된 수의 주식(출자를 포함한다. 이하 이 항 및 제5항에서 동일함) 혹은 신주예약권 혹은 확정된 금액의 금전채권에 관련된 제54조 제1항(양도제한부주식{譲渡制限付株式·讓渡制限附株式})을 대가로

하는 비용의 귀속사업연도의 특례)에 규정된 특정양도제한부주식 혹은 제54조의2 제1항(신
주예약권을 대가로 하는 비용의 귀속사업연도의 특례 등)에 규정된 특정신주예약권을 교부
하는 취지를 정한 것에 근거하여 지급하는 급여로서, 정기동액급여 및 실적연동급여의 어
느 것에도 해당하지 않는 것(해당 주식 혹은 해당 특정양도제한부주식에 관련된 제54조 제
1항에 규정된 승계양도제한부주식 또는 해당 신주예약권 혹은 해당 특정신주예약권에 관련
된 제54조의2 제1항에 규정된 승계신주예약권에 의한 급여를 포함하는 것으로 하고, 다음
에 기재된 경우에 해당하는 경우에는 각각 다음에서 정하는 요건을 충족하는 것에 한한다)

　イ. 그 급여가 정기급여를 지급하지 않는 임원에 대하여 지급하는 급여(동족회사에 해당하
지 않는 내국법인이 지급하는 급여로서 금전에 의한 것에 한한다) 이외의 급여(주식
또는 신주예약권에 의한 급여로서, 장래의 역무의 제공에 관련된 것으로서 정령으로
정하는 것을 제외한다)인 경우 : 정령으로 정하는 바에 따라서 납세지의 관할 세무서
장에게 그 정한 내용에 관한 신고를 한 것일 것

　ロ. 주식을 교부하는 경우 : 해당 주식이 시장가격이 있는 주식 또는 시장가격이 있는 주
식과 교환되는 주식(해당 내국법인 또는 관계법인이 발행한 것에 한한다. 다음 호에서
「적격주식」이라 한다)일 것

　ハ. 신주예약권을 교부하는 경우 : 해당 신주예약권이 그 행사에 의하여 시장가격이 있는
주식이 교부되는 신주예약권(해당 내국법인 또는 관계법인이 발행한 것에 한한다. 다
음 호에서 「적격신주예약권」이라 한다)일 것

3. 내국법인(동족회사의 경우에는, 동족회사 이외의 법인과의 사이에 해당 법인에 의한 완전
지배관계가 있는 것에 한한다)이 그 업무집행임원(업무를 집행하는 임원으로서 정령으로
정하는 자를 말한다. 이하 이 호에서 동일함)에 대하여 지급하는 실적연동급여(금전 이외의
자산이 교부되는 것인 경우에는, 적격주식 또는 적격신주예약권이 교부되는 경우에 한한
다)로서, 다음에 기재된 요건을 충족하는 것(다른 업무집행임원 전원에 대하여 다음에 기재
된 요건을 충족하는 실적연동급여를 지급하는 경우에 한한다)

　イ. 교부되는 금전의 금액 혹은 주식 혹은 신주예약권의 수 또는 교부되는 신주예약권의
수 중 무상으로 취득되거나 혹은 소멸하는 수의 산정방법이, 그 급여에 관련된 직무를
집행하는 기간의 개시일(イ에서 「직무집행기간 개시일」이라 한다) 이후에 종료되는
사업연도의 이익상황을 나타내는 지표[이익의 금액, 이익의 금액에 유가증권 보고서
(금융상품거래법 제24조 제1항<유가증권보고서의 제출>에 규정된 유가증권보고서
를 말한다. イ에서 동일함)에 기재되어야 할 사항에 의한 조정을 가한 지표 기타 이익
에 관한 지표로서 정령으로 정하는 것으로, 유가증권보고서에 기재되는 것에 한한다.
イ에서 동일함], 직무집행기간 개시일이 속하는 사업연도 개시일 이후의 소정의 기간
혹은 직무집행기간 개시일 이후의 소정의 날에 있어서의 주식의 시장가격의 상황을 나
타내는 지표(해당 내국법인 또는 해당 내국법인과의 사이에 완전지배관계가 있는 법인
의 주식의 시장가격 또는 그 평균치 기타 주식의 시장가격에 관한 지표로서 정령으로
정하는 것에 한한다. イ에서 동일함) 또는 직무집행기간 개시일 이후에 종료되는 사업

연도의 매출액의 상황을 나타내는 지표(매출액, 매출액에 유가증권 보고서에 기재되어야 할 사항에 의한 조정을 가한 지표 기타 매출액에 관한 지표로서 정령으로 정하는 것 중, 이익의 상황을 나타내는 지표 또는 주식의 시장가격의 상황을 나타내는 지표와 동시에 이용되는 것으로서, 유가증권보고서에 기재되는 것에 한한다)를 기초로 한 객관적인 것(다음에 기재된 요건을 총족하는 것에 한한다)일 것

  (1) 금전에 의한 급여의 경우에는 확정된 금액을, 주식 또는 신주예약권에 의한 급여의 경우에는 확정된 수를 각각 한도로 하는 것이고, 또한 다른 업무집행임원에 대하여 지급하는 실적연동급여에 관련된 산정방법과 같은 것일 것

  (2) 정령으로 정하는 날까지, 회사법 제404조 제3항(지명위원회 등의 권한 등)의 보수위원회[그 위원의 과반수가 해당 내국법인의 동법 제2조 제15호(정의)에 규정된 사외이사 중 직무의 독립성이 확보된 자로서 정령으로 정하는 자((2)에서 「독립사외이사」라 한다)인 것에 한하며, 해당 내국법인의 업무집행임원과 정령으로 정하는 특수한 관계가 있는 자가 그 위원인 것을 제외한다]가 결정(해당 보수위원회의 위원인 독립 사외이사 전원이 해당 결정에 관련된 해당 보수위원회의 결의에 찬성하는 경우에 있어서의 해당 결정에 한한다)을 할 것 기타 정령으로 정하는 적정한 절차를 거치는 것일 것

  (3) 그 내용이 (2)의 정령으로 정하는 적정한 절차가 종료된 날 이후 지체 없이 유가증권보고서에 기재될 것 기타 재무성령으로 정하는 방법에 의하여 개시될 것

   ㅁ. 기타 정령으로 정하는 요건

② 내국법인이 그 임원에 대하여 지급하는 급여(전항 또는 다음 항의 규정의 적용이 있는 것을 제외한다)의 금액 중 지나치게 고액인 부분의 금액으로서 정령으로 정하는 금액은, 그 내국법인의 각 사업연도의 소득금액의 계산상 손금에 산입하지 않는다.

③ 내국법인이, 사실을 은폐 또는 가장해서 경리를 하는 것에 의하여 그 임원에 대하여 지급하는 급여의 금액은, 그 내국법인의 각 사업연도의 소득금액의 계산상 손금에 산입하지 않는다.

④ 전 3항에 규정된 급여에는, 채무의 면제에 의한 이익 기타 경제적인 이익을 포함한다.

⑤ 제1항에 규정된 실적연동급여란, 이익의 상황을 나타내는 지표, 주식의 시장가격의 상황을 나타내는 지표 기타 동항의 내국법인 또는 해당 내국법인과의 사이에 지배관계가 있는 법인의 실적을 나타내는 지표를 기초로 하여 산정되는 금액 또는 수의 금전 또는 주식 혹은 신주예약권에 의한 급여 및 제54조 제1항에 규정된 특정양도제한부주식 혹은 승계양도제한부주식 또는 제54조의2 제1항에 규정된 특정신주예약권 혹은 승계신주예약권에 의한 급여로서 무상으로 취득되거나 소멸하는 주식 또는 신주예약권의 수가 역무의 제공기간 이외의 사유에 의하여 변동하는 것을 말한다.

⑥ 제1항에 규정된 사용인으로서의 직무를 가지는 임원이란, 임원(사장, 이사장 기타 정령으로 정하는 자를 제외한다) 중, 부장, 과장 기타 법인의 사용인으로서의 직제상의 지위를 가지고, 또한 상시 사용인으로서의 직무에 종사하는 자를 말한다.

⑦ 제1항 제2호 ㅁ 및 ハ에 규정된 관계법인이란, 동항의 내국법인과의 사이에 지배관계가 있는

법인으로서 정령으로 정하는 법인을 말한다.
⑧ 제4항부터 전항까지에서 규정된 것 외에, 제1항부터 제3항까지의 규정의 적용에 관하여 필요한 사항은 정령으로 정한다.

제36조(과대한 사용인급여의 손금불산입)
내국법인이 그 임원과 정령으로 정하는 특수한 관계가 있는 사용인에 대하여 지급하는 급여(채무의 면제에 의한 이익 기타 경제적인 이익을 포함한다)의 금액 중 지나치게 고액인 부분의 금액으로서 정령으로 정하는 금액은, 그 내국법인의 각 사업연도의 소득금액의 계산상 손금에 산입하지 않는다.

제37조(기부금의 손금불산입)
① 내국법인이 각 사업연도에 있어서 지출한 기부금의 금액(다음 항 규정의 적용을 받는 기부금의 금액을 제외한다)의 합계액 중, 그 내국법인의 해당 사업연도 종료 시의 자본금 등의 금액 또는 해당 사업연도의 소득금액을 기초로 하여 정령으로 정하는 바에 따라서 계산한 금액을 넘는 부분의 금액은, 해당 내국법인의 각 사업연도의 소득금액의 계산상 손금에 산입하지 않는다.
② 내국법인이 각 사업연도에 있어서 해당 내국법인과의 사이에 완전지배관계(법인에 의한 완전지배관계에 한한다)가 있는 다른 내국법인에 대하여 지출한 기부금의 금액[제25조의2(수증이익의 이익금불산입) 또는 제81조의3 제1항(제25조의2에 관련된 부분에 한한다)(개별익금액 또는 개별손금액의 익금 또는 손금 산입)의 규정을 적용하지 않는다고 했을 경우에 해당 다른 내국법인의 각 사업연도의 소득금액 또는 각 연결사업연도의 연결소득금액의 계산상 익금에 산입되는 제25조의2 제2항에 규정된 수증이익의 금액에 대응하는 것에 한한다]은, 해당 내국법인의 각 사업연도의 소득금액의 계산상 손금에 산입하지 않는다.
③ 제1항의 경우에 있어서, 동항에 규정된 기부금의 금액 중 다음의 각호에 기재된 기부금 금액이 있을 때에는, 해당 각호에 기재된 기부금의 금액의 합계액은, 동항에 규정된 기부금 금액의 합계액에 산입하지 않는다.
  1. 국가 또는 지방자치단체[항만법(昭和25{1950}년 법률 제218호)의 규정에 의한 항무국{港務局}을 포함한다]에 대한 기부금(그 기부를 한 자가 그 기부에 의하여 설치된 설비를 전속적으로 이용하는 경우 기타 특별한 이익이 그 기부를 한 자에게 미친다고 인정되는 것을 제외한다)의 금액
  2. 공익사단법인, 공익재단법인 기타 공익을 목적으로 하는 사업을 행하는 법인 또는 단체에 대한 기부금(해당 법인의 설립을 위한 기부금 기타 해당 법인의 설립 전에 있어서의 기부금으로서 정령으로 정하는 것을 포함한다) 중에서, 다음에 기재된 요건을 충족한다고 인정되는 것으로서 정령으로 정하는 바에 의하여 재무대신이 지정한 것의 금액
    イ. 널리 일반적으로 모집되는 것일 것
    ㅁ. 교육 또는 과학의 진흥, 문화의 향상, 사회복지에 대한 공헌 기타 공익의 증진에 기여하기 위한 지출로서 긴급을 요하는 것에 충당되는 것이 확실한 것일 것

④ 제1항의 경우에 있어서, 동항에 규정된 기부금의 금액 중에서, 공공법인, 공익법인 등(별표2에 기재된 일반사단법인 및 일반재단법인을 제외한다. 이하 이 항 및 다음 항에서 동일함) 기타 별도의 법률에 의하여 설립된 법인 중, 교육 또는 과학의 진흥, 문화의 향상, 사회복지에 대한 공헌 기타 공익의 증진에 현저하게 기여하는 것으로서 정령으로 정하는 것에 대한 해당 법인의 주된 목적인 업무에 관련된 기부금(전항 각호에 규정된 기부금에 해당하는 것을 제외한다)의 금액이 있을 때에는, 해당 기부금의 금액의 합계액(해당 합계액이 해당 사업연도 종료 시의 자본금 등의 금액 또는 해당 사업연도의 소득금액을 기초로 하여 정령으로 정하는 바에 따라서 계산한 금액을 넘는 경우에는, 해당 계산한 금액에 상당하는 금액)은, 제1항에 규정된 기부금의 금액의 합계액에 산입하지 않는다. 다만, 공익법인 등이 지출한 기부금의 금액에 대해서는 그러하지 아니하다.

⑤ 공익법인 등이 그 수익사업에 속하는 자산으로부터 그 수익사업 이외의 사업을 위하여 지출한 금액(공익사단법인 또는 공익재단법인의 경우에는, 그 수익사업에 속하는 자산으로부터 그 수익사업 이외의 사업으로서 공익에 관한 사업으로서 정령으로 정하는 사업에 해당하는 것을 위하여 지출한 금액)은, 그 수익사업에 관련된 기부금의 금액으로 간주하여 제1항의 규정을 적용한다.

⑥ 내국법인이 특정공익신탁[공익신탁에 관한 법률(大正11{1922}년 법률 제62호) 제1조(공익신탁)에 규정된 공익신탁으로서, 신탁의 종료 시에 있어서의 신탁재산이 그 신탁재산에 관련된 신탁의 위탁자에게 귀속되지 않는다는 점 및 그 신탁사무의 실시에 관하여 정령으로 정하는 요건을 만족한다는 점이 정령으로 정하는 바에 따라서 증명이 된 것을 말한다]의 신탁재산으로 하기 위하여 지출한 금전의 금액은, 기부금의 금액으로 간주하여 제1항, 제4항, 제9항 및 제10항의 규정을 적용한다. 이 경우에 있어서, 제4항 중 「」의 금액」이라고 되어 있는 것은, 「」의 금액(제6항에 규정된 특정공익신탁 중, 그 목적이 교육 또는 과학의 진흥, 문화의 향상, 사회복지에 대한 공헌 기타 공익의 증진에 현저하게 기여하는 것으로서 정령으로 정하는 것의 신탁재산으로 하기 위하여 지출한 금전의 금액을 포함한다)」으로 하고, 그 밖에 이 항의 규정의 적용을 받기 위한 절차에 관하여 필요한 사항은 정령으로 정한다.

⑦ 전 각항에 규정된 기부금의 금액은, 기부금, 거출금{拠出金}, 위문금{見舞金} 기타 어떠한 명목으로 하는지를 불문하고, 내국법인이 금전 기타 자산 또는 경제적인 이익의 증여 또는 무상의 공여(광고·선전 및 견본품의 비용 기타 이들과 유사한 비용 그리고 교제비, 접대비 및 복리후생비로 취급되어야 할 것을 제외한다. 다음 항에서 동일함)를 한 경우에 있어서의 해당 금전의 금액 혹은 금전 이외의 자산의 그 증여 시에 있어서의 가액 또는 해당 경제적인 이익의 그 공여 시에 있어서의 가액에 의하는 것으로 한다.

⑧ 내국법인이 자산의 양도 또는 경제적인 이익의 공여를 한 경우에 있어서, 그 양도 또는 공여의 대가의 금액이 해당 자산의 그 양도 시의 가액 또는 해당 경제적인 이익의 그 공여 시의 가액에 비하여 낮을 때에는, 해당 대가의 금액과 해당 가액과의 차액 중 실질적으로 증여 또는 무상공여를 한 것으로 인정되는 금액은, 전항의 기부금의 금액에 포함되는 것으로 한다.

⑨ 제3항의 규정은, 확정신고서, 수정신고서 또는 경정청구서에 제1항에 규정된 기부금의 금액의 합계액에 산입되지 않는 제3항 각호에 기재된 기부금의 금액 및 해당 기부금의 명세를 기재한 서류의 첨부가 있는 경우에 한하여, 제4항의 규정은, 확정신고서, 수정신고서 또는 경정청구서에 제

1항에 규정된 기부금의 금액의 합계액에 산입되지 않는 제4항에 규정된 기부금의 금액 및 해당 기부금의 명세를 기재한 서류의 첨부가 있고, 또한 해당 서류에 기재된 기부금이 동항에 규정된 기부금에 해당한다는 것을 증명하는 서류로서 재무성령으로 정하는 서류를 보존하고 있는 경우에 한하여 적용한다. 이 경우에 있어서, 제3항 또는 제4항의 규정에 의하여 제1항에 규정된 기부금의 금액의 합계액에 산입되지 않는 금액은, 해당 금액으로서 기재된 금액을 한도로 한다.

⑩ 세무서장은, 제4항의 규정에 의하여 제1항에 규정된 기부금의 금액의 합계액에 산입되지 않게 되는 금액의 전부 또는 일부에 대하여 전항에 규정된 재무성령으로 정하는 서류의 보존이 없는 경우에 있어서도, 그 서류의 보존이 없는 것에 관하여 불가피한 사정이 있다고 인정되는 때에는, 그 서류의 보존이 없었던 금액에 대하여 제4항의 규정을 적용할 수 있다.

⑪ 재무대신은, 제3항 제2호의 지정을 한 때에는 이를 고시한다.

⑫ 제5항부터 전항까지에서 규정된 것 외에, 제1항부터 제4항까지의 규정의 적용에 관하여 필요한 사항은 정령으로 정한다.

제38조(법인세액 등의 손금불산입)

① 내국법인이 납부하는 법인세(연체세, 과소신고가산세, 무신고가산세 및 중가산세를 제외한다. 이하 이 항에서 동일함)의 금액 및 지방법인세(연체세, 과소신고가산세, 무신고가산세 및 중가산세를 제외한다. 이하 이 항에서 동일함)의 금액은, 제1호부터 제3호까지에 기재된 법인세의 금액 및 제4호부터 제6호까지에 기재된 지방법인세의 금액을 제외하고, 그 내국법인의 각 사업연도의 소득금액의 계산상 손금에 산입하지 않는다.

1. 퇴직연금 등 적립금에 대한 법인세
2. 국세통칙법 제35조 제2항(신고납세방식에 의한 국세 등의 납부)의 규정에 의하여 납부해야 할 금액 중 동법 제19조 제4항 제3호 ハ(수정신고) 또는 제28조 제2항 제3호 ハ(경정 또는 결정의 절차)에 기재된 금액에 상당하는 법인세
3. 제75조 제7항(확정신고서 제출기한의 연장)[제75조의2 제8항 혹은 제10항(확정신고서 제출기한 연장의 특례), 제81조의23 제2항(연결확정신고서 제출기한의 연장) 또는 제81조의24 제3항 혹은 제6항(연결확정신고서 제출기한 연장의 특례)에서 준용하는 경우를 포함한다]의 규정에 의한 이자세
4. 제1호에 기재된 법인세에 관련된 지방법인세
5. 국세통칙법 제35조 제2항의 규정에 의하여 납부해야 할 금액 중 동법 제19조 제4항 제3호 ハ 또는 제28조 제2항 제3호 ハ에 기재된 금액에 상당하는 지방법인세
6. 지방법인세법 제19조 제5항(확정신고)에서 준용하는 제75조 제7항(제75조의2 제8항 혹은 제10항, 제81조의23 제2항 또는 제81조의24 제3항 혹은 제6항에서 준용하는 경우를 포함한다)의 규정에 의한 이자세

② 내국법인이 납부하는 다음에 기재된 것의 금액은, 그 내국법인의 각 사업연도의 소득금액의 계산상 손금에 산입하지 않는다.

1. 상속세법(昭和25{1950}년 법률 제73호) 제9조의4(수익자 등이 존재하지 않는 신탁 등의

특례), 제66조(인격이 없는 사단 또는 재단 등에 대한 과세) 또는 제66조의2(특정한 일반사단법인 등에 대한 과세)의 규정에 의한 증여세 및 상속세

2. 지방세법의 규정에 의한 도부현민세{道府県民税} 및 시정촌민세{市町村民税}(도민세{都民税}를 포함하는 것으로 하고, 퇴직연금 등 적립금에 대한 법인세에 관련된 것을 제외한다)

③ 내국법인이 다른 내국법인에게, 각 연결사업연도의 연결소득에 대한 법인세의 감소액으로서 해당 다른 내국법인에게 귀속되는 금액으로서 제81조의18 제1항(연결법인세의 개별귀속액 계산)의 규정에 의하여 계산되는 금액 혹은 지방법인세의 감소액으로서 해당 다른 내국법인에게 귀속되는 금액으로서 지방법인세법 제15조 제1항(연결법인의 지방법인세의 개별귀속액의 계산)의 규정에 의하여 계산되는 금액 또는 부대세{附帯税}(이자세를 제외한다. 다음 항에서 동일함)의 부담액의 감소액을 지급하는 경우에는, 그 지급하는 금액은, 해당 내국법인의 각 사업연도의 소득금액의 계산상 손금에 산입하지 않는다.

④ 전항의 다른 내국법인이 동항의 내국법인에게, 각 연결사업연도의 연결소득에 대한 법인세의 부담액으로서 해당 다른 내국법인에 귀속되는 금액으로서 제81조의18 제1항의 규정에 의하여 계산되는 금액 혹은 지방법인세의 부담액으로서 해당 다른 내국법인에게 귀속되는 금액으로서 지방법인세법 제15조 제1항의 규정에 의하여 계산되는 금액 또는 부대세{附帯税}의 부담액을 지급하는 경우에는, 그 지급하는 금액은, 해당 다른 내국법인의 각 사업연도의 소득금액의 계산상 손금에 산입하지 않는다.

제42조(국고보조금 등으로 취득한 고정자산 등의 압축금액의 손금산입)

① 내국법인(청산 중인 것을 제외한다. 이하 이 조에서 동일함)이, 각 사업연도에 있어서 고정자산의 취득 또는 개량에 충당하기 위한 국가 또는 지방자치단체의 보조금 또는 급부금 기타 정령으로 정하는 이들에 준하는 것(제44조까지에서 「국고보조금 등」이라 한다)의 교부를 받아 해당 사업연도에 있어서 그 국고보조금 등으로 그 교부의 목적에 적합한 고정자산의 취득 또는 개량을 한 경우(그 국고보조금 등의 반환을 필요로 하지 않는다는 것이 해당 사업연도 종료 시까지 확정되었을 경우에 한한다)에 있어서, 그 고정자산에 대하여, 그 취득 또는 개량에 충당한 국고보조금 등의 금액에 상당하는 금액(이하 이 항에서 「압축한도액」이라 한다)의 범위 내에서 그 장부가액을 손금경리에 의하여 감액하거나, 또는 그 압축한도액 이하의 금액을 해당 사업연도의 확정된 결산에 있어서 적립금으로 적립하는 방법(정령으로 정하는 방법을 포함한다)에 의하여 경리한 때에는, 그 감액 또는 경리한 금액에 상당하는 금액은, 해당 사업연도의 소득금액의 계산상 손금에 산입한다.

② 내국법인이, 각 사업연도에 있어서 국고보조금 등의 교부에 대신하여 교부를 받는 고정자산을 취득한 경우에 있어서, 그 고정자산에 대하여, 그 고정자산의 가액에 상당하는 금액(이하 이 항에서 「압축한도액」이라 한다)의 범위 내에서 그 장부가액을 손금경리에 의하여 감액하거나, 또는 그 압축한도액 이하의 금액을 해당 사업연도의 확정된 결산에 있어서 적립금으로 적립하는 방법(정령으로 정하는 방법을 포함한다)에 의하여 경리한 때에는, 그 감액 또는 경리한 금액에 상당하는 금액은, 해당 사업연도의 소득금액의 계산상 손금에 산입한다.

③ 전 2항의 규정은, 확정신고서에 이들 규정에 규정된 감액 또는 경리한 금액에 상당하는 금액의 손금산입에 관한 명세의 기재가 있는 경우에 한하여 적용한다.

④ 세무서장은, 전항의 기재가 없는 확정신고서가 제출된 경우에 있어서도, 그 기재가 없는 것에 관하여 불가피한 사정이 있다고 인정되는 때에는, 제1항 또는 제2항의 규정을 적용할 수 있다.

⑤ 내국법인이, 적격분할, 적격현물출자 또는 적격현물분배(이하 이 조에서 「적격분할 등」이라 한다)에 의하여 국고보조금 등(해당 적격분할 등의 날이 속하는 사업연도가 개시된 때부터 해당 적격분할 등의 직전까지의 기간 내에 교부를 받은 것에 한한다)으로 취득 또는 개량을 한 고정자산(해당 국고보조금 등의 교부의 목적에 적합한 것에 한한다. 이하 이 항에서 동일함)을 분할승계법인, 피현물출자법인 또는 피현물분배법인(다음 항에서 「분할승계법인 등」이라 한다)에게 이전하는 경우(해당 국고보조금 등의 반환을 필요로 하지 않는다는 것이 해당 직전 시까지 확정된 경우에 한한다)에 있어서, 해당 고정자산에 대하여, 그 취득 또는 개량에 충당한 국고보조금 등의 금액에 상당하는 금액의 범위 내에서 그 장부가액을 감액한 때에는, 해당 감액한 금액에 상당하는 금액은, 해당 사업연도의 소득금액의 계산상 손금에 산입한다.

<이하 생략>

제50조(교환에 의하여 취득한 자산의 압축금액의 손금산입)

① 내국법인(청산 중인 것을 제외한다. 이하 이 조에서 동일함)이, 각 사업연도에 있어서, 1년 이상 보유하고 있던 고정자산[해당 내국법인이 적격합병, 적격분할, 적격현물출자 또는 적격현물분배(이하 이 항 및 제7항에서 「적격조직재편성」이라 한다)에 의하여 피합병법인, 분할법인, 현물출자법인 또는 현물분배법인(이하 이 항 및 제7항에서 「피합병법인 등」이라 한다)으로부터 이전을 받은 것으로서, 해당 피합병법인 등과 해당 내국법인이 보유하고 있던 기간의 합계가 1년 이상인 것을 포함한다]으로서 다음의 각호에 기재된 것을 각각 다른 자가 1년 이상 보유하고 있던 고정자산(해당 다른 자가 적격조직재편성에 의하여 피합병법인 등으로부터 이전을 받은 것으로서, 해당 피합병법인 등과 해당 다른 자가 보유하고 있던 기간의 합계가 1년 이상인 것을 포함한다)으로서 해당 각호에 기재된 것(교환을 위하여 취득했다고 인정되는 것을 제외한다)과 교환하여, 그 교환에 의하여 취득한 해당 각호에 기재된 자산(이하 이 조에서 「취득자산」이라 한다)을 그 교환에 의하여 양도한 해당 각호에 기재된 자산(이하 이 조에서 「양도자산」이라 한다)의 양도 직전의 용도와 동일한 용도로 사용한 경우에 있어서, 그 취득자산에 대하여, 그 교환에 의하여 생긴 차익금으로서 정령으로 정하는 바에 따라서 계산한 금액의 범위 내에서 그 장부가액을 손금경리에 의하여 감액한 때에는, 그 감액한 금액에 상당하는 금액은, 해당 사업연도의 소득금액의 계산상 손금에 산입한다.

1. 토지[건물 또는 구축물의 소유를 목적으로 하는 지상권 및 임차권 그리고 농지법(昭和27{1952}년 법률 제229호) 제2조 제1항(정의)에 규정된 농지(동법 제43조 제1항<농작물재배 고도화시설에 관한 특례>의 규정에 의하여 농작물의 재배를 경작에 해당하는 것으로 간주하여 적용하는 동법 제2조 제1항에 규정된 농지를 포함한다)의 위에 존재하는 경작(동법 제43조 제1항의 규정에 의하여 경작에 해당하는 것으로 간주되는 농작물의 재배를 포

함한다)에 관한 권리를 포함한다]

2. 건물(이에 부속된 설비 및 구축물을 포함한다)

3. 기계 및 장치

4. 선박

5. 광업권(조광권 및 채석권 기타 토석을 채굴 또는 채취할 권리를 포함한다)

② 전항 및 제5항의 규정은, 이들 규정의 교환 시에 있어서의 취득자산의 가액과 양도자산의 가액의 차액이 이들 가액 중 보다 높은 가액의 100분의 20에 상당하는 금액을 넘는 경우에는 적용하지 않는다.

③ 제1항의 규정은, 확정신고서에 동항에 규정된 감액한 금액에 상당하는 금액의 손금산입에 관한 명세의 기재가 있는 경우에 한하여 적용한다.

④ 세무서장은, 전항의 기재가 없는 확정신고서가 제출된 경우에 있어서도, 그 기재가 없는 것에 관하여 불가피한 사정이 있다고 인정되는 때에는, 제1항의 규정을 적용할 수 있다.

<이하 생략>

제52조(대손충당금)

① 다음에 기재된 내국법인이, 그 보유하는 금전채권 중, 갱생계획인가결정에 기초하여 변제가 유예되거나 할부지급{賦払}에 의하여 변제되는 경우 기타 정령으로 정하는 사실이 발생한 것에 의하여 그 일부에 대하여 대손 기타 이와 유사한 사유에 의한 손실이 예상되는 것(해당 금전채권에 관련된 채무자에 대한 다른 금전채권이 있는 경우에는, 해당 다른 금전채권을 포함한다. 이하 이 조에서 「개별평가금전채권」이라 한다)의 그 손실예상액으로서, 각 사업연도[피합병법인의 적격합병에 해당하지 않는 합병일의 전날이 속하는 사업연도 및 잔여재산의 확정(그 잔여재산의 분배가 적격현물분배에 해당하지 않는 것에 한한다. 다음 항에서 동일함)일이 속하는 사업연도를 제외한다]에 있어서 손금경리에 의하여 대손충당금 계정에 편입된 금액에 대해서는, 해당 편입된 금액 중, 해당 사업연도 종료 시에 있어서 해당 개별평가금전채권의 추심 또는 변제의 가망이 없다고 인정되는 부분의 금액을 기초로 하여 정령으로 정하는 바에 따라서 계산한 금액(제5항에서 「개별대손준비금이월한도액」이라 한다)에 이르기까지의 금액은, 해당 사업연도의 소득금액의 계산상 손금에 산입한다.

　1. 해당 사업연도 종료 시에 있어서 다음에 기재된 법인에 해당하는 내국법인(해당 내국법인이 연결자법인인 경우에는, 해당 사업연도 종료 시에 있어서 해당 내국법인에 관련된 연결모법인이 다음에 기재된 법인에 해당하는 경우에 있어서의 해당 내국법인에 한한다)

　　イ. 보통법인(투자법인 및 특정목적회사를 제외한다) 중, 자본금의 금액 혹은 출자금의 금액이 1억 엔 이하인 것[제66조 제6항 제2호 또는 제3호(각 사업연도의 소득에 대한 법인세의 세율)에 기재된 법인에 해당하는 것을 제외한다] 또는 자본 혹은 출자를 가지지 않는 것

　　ロ. 공익법인 등 또는 협동조합 등

　　ハ. 인격이 없는 사단 등

2. 다음에 기재된 내국법인

 イ. 은행법(昭和56{1981}년 법률 제59호) 제2조 제1항(정의 등)에 규정된 은행

 ロ. 보험업법(平成7{1995}년 법률 제105호) 제2조 제2항(정의)에 규정된 보험회사

 ハ. イ 또는 ロ에 기재된 것에 준하는 것으로서 정령으로 정하는 내국법인

3. 제64조의2 제1항(리스거래에 관련된 소득금액의 계산)의 규정에 의하여 매매가 있었던 것으로 되는 동항에 규정된 리스자산의 대가의 금액에 관련된 금전채권을 가지는 내국법인 기타 금융에 관한 거래에 관련된 금전채권을 가지는 내국법인으로서 정령으로 정하는 내국법인(전 2호에 기재된 내국법인을 제외한다)

② 전항 각호에 기재된 내국법인이, 그 보유하는 외상매출금, 대출금 기타 이들에 준하는 금전채권(개별평가금전채권을 제외한다. 이하 이 조에서 「일괄평가금전채권」이라 한다)의 대손에 의한 손실예상액으로서, 각 사업연도(피합병법인의 적격합병에 해당하지 않는 합병일의 전날이 속하는 사업연도 및 잔여재산의 확정일이 속하는 사업연도를 제외한다)에 있어서 손금경리에 의하여 대손충당금 계정에 편입한 금액에 대해서는, 해당 편입된 금액 중, 해당 사업연도 종료 시에 있어서 보유하는 일괄평가금전채권의 금액 및 최근에 있어서의 외상매출금, 대출금 기타 이들에 준하는 금전채권의 대손에 의한 손실의 금액을 기초로 하여 정령으로 정하는 바에 따라서 계산한 금액(제6항에서 「일괄대손충당금이월한도액」이라 한다)에 이르기까지의 금액은, 해당 사업연도의 소득금액의 계산상 손금에 산입한다.

③ 전 2항의 규정은, 확정신고서에 이들 규정에 규정된 대손충당금 계정에 편입된 금액의 손금산입에 관한 명세의 기재가 있는 경우에 한하여 적용한다.

④ 세무서장은, 전항의 기재가 없는 확정신고서가 제출된 경우에 있어서도, 그 기재가 없는 것에 관하여 불가피한 사정이 있다고 인정되는 때에는, 제1항 및 제2항의 규정을 적용할 수 있다.

<이하 생략>

제54조의2(신주예약권을 대가로 하는 비용의 귀속사업연도의 특례 등)

① 내국법인이 개인으로부터 역무의 제공을 받는 경우에 있어서, 해당 역무의 제공에 관련된 비용에 대하여 양도제한부신주예약권{讓渡制限付新株予約權·讓渡制限附新株豫約權}(양도에 대한 제한 기타 조건이 부가된 신주예약권으로서 정령으로 정하는 것을 말한다. 이하 이 항에서 동일함)으로서 다음에 기재된 요건에 해당하는 것(이하 이 조에서 「특정신주예약권」이라 한다)이 교부되었을 때[합병, 분할, 주식교환 또는 주식이전(이하 이 항에서 「합병 등」이라 한다)을 함에 있어서 해당 합병 등에 관련된 피합병법인, 분할법인, 주식교환완전자법인 또는 주식이전완전자법인의 해당 특정신주예약권을 가지는 자에 대하여 교부되는 해당 합병 등에 관련된 합병법인, 분할승계법인, 주식교환완전모법인 또는 주식이전완전모법인의 양도제한부신주예약권(제3항 및 제4항에서 「승계신주예약권」이라 한다)이 교부되었을 때를 포함한다]에는, 해당 개인의 해당 역무의 제공에 대하여 소득세법 기타 소득세에 관한 법령의 규정에 의하여 해당 개인의 동법에 규정된 급여소득 기타 정령으로 정하는 소득금액에 관련된 수입금액으로 해야 할 금액 또는 총수입금액에 산입해야 할 금액을 발생시키는 사유(다음 항에서 「급여 등 과세사유」라 한다)가 발생한 날

에 해당 역무의 제공을 받은 것으로 하여, 이 법률의 규정을 적용한다.

1. 해당 양도제한부신주예약권과 상환으로서 이루어질 납입에 대신하여, 해당 역무의 제공에 대한 대가로서 해당 개인에게 발생하는 채권과 상계되는 것일 것
2. 전 호에 기재된 것 외에, 해당 양도제한부신주예약권이 실질적으로 해당 역무의 제공에 대한 대가로 인정되는 것일 것

② 전항에 규정된 경우에 있어서, 동항의 개인에게 있어서 동항의 역무의 제공에 대하여 급여 등 과세사유가 발생하지 않을 때에는, 해당 역무의 제공을 받는 내국법인의 해당 역무의 제공을 받은 것에 의한 비용의 금액 또는 해당 역무의 전부 혹은 일부의 제공을 받지 못한 것에 의한 손실의 금액은, 해당 내국법인의 각 사업연도의 소득금액의 계산상 손금에 산입하지 않는다.

③ 전항에 규정된 경우에 있어서, 특정신주예약권(승계신주예약권을 포함한다)이 소멸한 때에는, 해당 소멸에 의한 이익의 금액은, 이들 신주예약권을 발행한 법인의 각 사업연도의 소득금액의 계산상 익금에 산입하지 않는다.

④ 제1항의 개인으로부터 역무의 제공을 받는 내국법인은, 특정신주예약권의 1개당 교부 시의 가액, 교부수, 그 사업연도에 있어서 행사된 수 기타 해당 특정신주예약권 또는 승계신주예약권의 상황에 관한 명세서를 해당 사업연도의 확정신고서에 첨부하지 않으면 안 된다.

⑤ 내국법인이 신주예약권[투자신탁 및 투자법인에 관한 법률 제2조 제17항(정의)에 규정된 신투자지분{新投資口}예약권을 포함한다. 이하 이 항에서 동일함]을 발행하는 경우에 있어서, 그 신주예약권과 상환으로 납입되는 금액(금전의 납입에 대신하여 급부되는 금전 이외 자산의 가액 및 상계되는 채권의 금액을 포함한다. 이하 이 항에서 동일함)이 그 신주예약권의 그 발행 시의 가액에 미치지 않을 때(그 신주예약권을 무상으로 발행한 때를 포함한다), 또는 그 신주예약권과 상환으로 납입되는 금액이 그 신주예약권의 그 발행 시의 가액을 넘을 때에는, 그 미치지 않는 부분의 금액(그 신주예약권을 무상으로 발행한 경우에는 그 발행 시의 가액) 또는 그 넘는 부분의 금액에 상당하는 금액은, 그 내국법인의 각 사업연도의 소득금액의 계산상 손금 또는 익금에 산입하지 않는다.

⑥ 제4항에 규정된 것 외에, 제1항부터 제3항까지 또는 전항의 규정의 적용에 관하여 필요한 사항은 정령으로 정한다.

제55조(부정행위 등에 관련된 비용 등)

① 내국법인이, 그 소득금액 혹은 결손금액 또는 법인세의 금액의 계산의 기초가 되는 사실의 전부 또는 일부를 은폐 또는 가장하는 것(이하 이 항 및 다음 항에서 「은폐·가장행위」라 한다)에 의하여 그 법인세의 부담을 감소시키거나, 또는 감소시키려고 하는 경우에는, 해당 은폐·가장행위에 소요된 비용 또는 해당 은폐·가장행위에 의하여 발생하는 손실의 금액은, 그 내국법인의 각 사업연도의 소득금액의 계산상 손금에 산입하지 않는다.

② 전항의 규정은, 내국법인이 은폐·가장행위에 의하여 그 납부해야 할 법인세 이외의 조세의 부담을 감소시키거나, 또는 감소시키려고 하는 경우에 대하여 준용한다.

③ 내국법인이 납부하는 다음에 기재된 것의 금액은, 그 내국법인의 각 사업연도의 소득금액의

계산상 손금에 산입하지 않는다.

1. 국세에 관련된 연체세, 과소신고가산세, 무신고가산세, 불납부가산세 및 중가산세 그리고 인지세법(昭和42년{1967}년 법률 제23호)의 규정에 의한 과태세{過怠税}

2. 지방세법의 규정에 의한 연체금[동법 제65조(법인의 도부현민세{道府県民税}에 관련된 납부기한 연장의 경우의 연체금), 제72조의45의2(법인의 사업세에 관련된 납부기한 연장의 경우의 연체금) 또는 제327조(법인의 시정촌민세{市町村民税}에 관련된 납부기한 연장의 경우의 연체금)의 규정에 의하여 징수되는 것을 제외한다], 과소신고가산금, 불신고가산금 및 중가산금

3. 전 2호에 기재된 것에 준하는 것으로서 정령으로 정하는 것

④ 내국법인이 납부하는 다음에 기재된 것의 금액은, 그 내국법인의 각 사업연도의 소득금액의 계산상 손금에 산입하지 않는다.

1. 벌금 및 과료{科料}(통고처분에 의한 벌금 또는 과료{科料}에 상당하는 것 및 외국 또는 그 지방자치단체가 부과하는 벌금 또는 과료{科料}에 상당하는 것을 포함한다) 그리고 과태료{過料}

2. 국민생활안정긴급조치법(昭和48{1973}년 법률 제121호)의 규정에 의한 과징금 및 연체금

3. 사적독점의 금지 및 공정거래의 확보에 관한 법률(昭和22{1947}년 법률 제54호)의 규정에 의한 과징금 및 연체금(외국 혹은 그 지방자치단체 또는 국제기관이 납부를 명하는 이들과 유사한 것을 포함한다)

4. 금융상품거래법 제6장의2(과징금)의 규정에 의한 과징금 및 연체금

5. 공인회계사법(昭和23{1948}년 법률 제103호)의 규정에 의한 과징금 및 연체금

6. 부당경품류 및 부당표시 방지법(昭和37{1962}년 법률 134호)의 규정에 의한 과징금 및 연체금

⑤ 내국법인이 공여하는 형법(明治40{1907}년 법률 제45호) 제198조(증뢰{贈賄})에 규정된 뇌물{賄賂} 또는 부정경쟁방지법(平成5{1993}년 법률 제47호) 제18조 제1항(외국공무원 등에 대한 부정이익 공여 등의 금지)에 규정된 금전 기타 이익에 해당할 금전의 금액 및 금전 이외 자산의 가액 그리고 경제적인 이익의 금액의 합계액에 상당하는 비용 또는 손실의 금액(그 공여에 소요된 비용 또는 그 공여에 의하여 발생하는 손실의 금액을 포함한다)은, 그 내국법인의 각 사업연도의 소득금액의 계산상 손금에 산입하지 않는다.

제57조(청색신고서를 제출한 사업연도의 결손금의 이월)

① 내국법인의 각 사업연도 개시일 전 10년 이내에 개시된 사업연도에 있어서 발생한 결손금액[이 항의 규정에 의하여 해당 각 사업연도 전의 사업연도의 소득금액의 계산상 손금에 산입된 것 및 제80조(결손금의 소급에 의한 환급)의 규정에 의하여 환급을 받아야 할 금액의 계산의 기초가 된 것을 제외한다]이 있는 경우에는, 해당 결손금액에 상당하는 금액은, 해당 각 사업연도의 소득금액의 계산상 손금에 산입한다. 다만, 해당 결손금액에 상당하는 금액이, 해당 결손금액에 대하여 본문의 규정을 적용하지 않고, 또한 제59조 제2항(회사갱생 등에 의한 채무면제 등이 있는 경우의

결손금의 손금산입)(동항 제3호에 기재된 경우에 해당하는 경우를 제외한다), 동조 제3항 및 제62조의5 제5항(현물분배에 의한 자산의 양도)의 규정을 적용하지 않는 것으로서 계산했을 경우에 있어서의 해당 각 사업연도의 소득금액의 100분의 50에 상당하는 금액[해당 결손금액이 발생한 사업연도 전의 사업연도에 있어서 발생한 결손금액에 상당하는 금액으로서 본문 또는 제58조 제1항(청색신고서를 제출하지 않은 사업연도의 재해에 의한 손실금의 이월)의 규정에 의하여 해당 각 사업연도의 소득금액의 계산상 손금에 산입되는 것이 있는 경우에는, 해당 손금에 산입되는 금액을 공제한 금액]을 넘는 경우에는, 그 넘는 부분의 금액에 대해서는 그러하지 아니하다.

② 전항의 내국법인을 합병법인으로 하는 적격합병이 이루어진 경우 또는 해당 내국법인과의 사이에 완전지배관계[해당 내국법인에 의한 완전지배관계 또는 제2조 제12호의7의6(정의)에 규정된 상호관계에 한한다]가 있는 다른 내국법인으로서 해당 내국법인이 기발행주식 혹은 출자의 전부 혹은 일부를 보유하는 것의 잔여재산이 확정된 경우에 있어서, 해당 적격합병에 관련된 피합병법인 또는 해당 다른 내국법인(이하 이 항에서 「피합병법인 등」이라 한다)의 해당 적격합병일 전 10년 이내에 개시되었거나, 또는 해당 잔여재산의 확정일 다음 날 전 10년 이내에 개시된 각 사업연도(이하 이 항 및 다음 항에서 「전 10년 내 사업연도」라 한다)에 있어서 발생한 결손금액[해당 피합병법인 등이 해당 결손금액(이 항 및 제6항의 규정에 의하여 해당 피합병법인 등의 결손금액으로 간주되는 것을 포함하고, 제4항, 제5항 또는 제9항의 규정에 의하여 없는 것으로 된 것을 제외한다. 다음 항 및 제8항에서 동일함)이 발생한 전 10년 내 사업연도에 대하여 청색신고서인 확정신고서를 제출하였을 것 기타 정령으로 정하는 요건을 충족한 경우에 있어서의 해당 결손금액에 한하는 것으로 하고, 전항의 규정에 의하여 해당 피합병법인 등의 전 10년 내 사업연도의 소득금액의 계산상 손금에 산입된 것 및 제80조의 규정에 의하여 환급을 받아야 할 금액의 계산의 기초가 된 것을 제외한다. 이하 이 항에서 「미처리결손금액」이라 한다]이 있을 때에는, 해당 내국법인의 해당 적격합병일이 속하는 사업연도 또는 해당 잔여재산의 확정일 다음 날이 속하는 사업연도(이하 이 항에서 「합병 등 사업연도」라 한다) 이후의 각 사업연도에 있어서의 전항의 규정의 적용에 관해서는, 해당 전 10년 내 사업연도에 있어서 발생한 미처리결손금액[해당 다른 내국법인에 주주 등이 2 이상 있는 경우에는, 해당 미처리결손금액을 해당 다른 내국법인의 기발행주식 또는 출자(해당 다른 내국법인이 보유하는 자기의 주식 또는 출자를 제외한다)의 총수 또는 총액으로 나누어, 여기에 해당 내국법인이 보유하는 해당 다른 내국법인의 주식 또는 출자의 수 또는 금액을 곱하여 계산한 금액]은, 각각 해당 미처리결손금액이 발생한 전 10년 내 사업연도 개시일이 속하는 해당 내국법인의 각 사업연도(해당 내국법인의 합병 등 사업연도 개시일 이후에 개시된 해당 피합병법인 등의 해당 전 10년 내 사업연도에 있어서 발생한 미처리결손금액의 경우에는, 해당 합병 등 사업연도의 전 사업연도)에 있어서 발생한 결손금액으로 간주한다.

③ 전항의 적격합병에 관련된 피합병법인[동항의 내국법인(해당 내국법인이 해당 적격합병에 의하여 설립된 법인인 경우에 있어서는, 해당 적격합병에 관련된 다른 피합병법인. 이하 이 항에서 동일함)과의 사이에 지배관계가 있는 것에 한한다] 또는 전항의 잔여재산이 확정된 다른 내국법인(이하 이 항에서 「피합병법인 등」이라 한다)의 전항에 규정된 미처리결손금액에는, 해당 적격합병이 공동으로 사업을 수행하기 위한 합병으로서 정령으로 정하는 것에 해당하는 경우 또는 해

당 피합병법인 등과 동항의 내국법인과의 사이에 해당 내국법인의 해당 적격합병일이 속하는 사업연도 개시일(해당 적격합병이 법인을 설립하는 것인 경우에는, 해당 적격합병일)의 5년 전의 날 혹은 해당 잔여재산의 확정일 다음 날이 속하는 사업연도 개시일의 5년 전의 날, 해당 피합병법인 등의 설립일 혹은 해당 내국법인의 설립일 중 가장 늦은 날부터 계속하여 지배관계가 있는 경우로서 정령으로 정하는 경우의 어느 것에도 해당하지 않는 경우에는, 다음에 기재된 결손금액을 포함하지 않는 것으로 한다.

1. 해당 피합병법인 등의 지배관계사업연도(해당 피합병법인 등과 해당 내국법인과의 사이에 최후에 지배관계가 있는 것으로 된 날이 속하는 사업연도를 말한다. 다음 호에서 동일함) 전의 각 사업연도로서 전 10년 내 사업연도에 해당하는 사업연도에 있어서 발생한 결손금액(해당 피합병법인 등에 있어서 제1항의 규정에 의하여 전 10년 내 사업연도의 소득금액의 계산상 손금에 산입된 것 및 제80조의 규정에 의하여 환급을 받아야 할 금액의 계산의 기초가 된 것을 제외한다. 다음 호에서 동일함)
2. 해당 피합병법인 등의 지배관계사업연도 이후의 각 사업연도로서 전 10년 내 사업연도에 해당하는 사업연도에 있어서 발생한 결손금액 중 제62조의7 제2항(특정자산에 관련된 양도 등 손실금액의 손금불산입)에 규정된 특정자산양도 등 손실금액에 상당하는 금액으로 이루어진 부분의 금액으로서 정령으로 정하는 금액

<이하 생략>

제59조(회사갱생 등에 의한 채무면제 등이 있는 경우의 결손금의 손금산입)

① 내국법인에 대하여 갱생절차개시결정이 있는 경우에 있어서, 그 내국법인이 다음의 각호에 기재된 경우에 해당할 때에는, 그 해당하는 것으로 된 날이 속하는 사업연도(이하 이 항에서 「적용연도」라 한다) 전의 각 사업연도에 있어서 발생한 결손금액[연결사업연도에 있어서 발생한 제81조의18 제1항(연결법인세의 개별귀속액의 계산)에 규정된 개별결손금액(해당 연결사업연도에 연결결손금액이 발생한 경우에는, 해당 연결결손금액 중 해당 내국법인에 귀속되는 금액을 가산한 금액)을 포함한다]으로서 정령으로 정하는 것에 상당하는 금액 중 해당 각호에서 정하는 금액의 합계액에 이르기까지의 금액은, 해당 적용연도의 소득금액의 계산상 손금에 산입한다.

1. 해당 갱생절차개시결정이 있는 때에 있어서 그 내국법인에 대하여 정령으로 정하는 채권을 보유하는 자(해당 내국법인과의 사이에 연결완전지배관계가 있는 연결법인을 제외한다)로부터 해당 채권에 대하여 채무의 면제를 받은 경우(해당 채권이 채무의 면제 이외의 사유에 의하여 소멸한 경우로서 그 소멸한 채무에 관련된 이익의 금액이 발생하는 때를 포함한다) : 그 채무의 면제를 받은 금액(해당 이익의 금액을 포함한다)
2. 해당 갱생절차개시결정이 있는 것에 수반하여 그 내국법인의 임원 등(임원 혹은 주주 등인 자 또는 과거에 그러했던 자를 말하며, 해당 내국법인과의 사이에 연결완전지배관계가 있는 연결법인을 제외한다. 다음 항 제2호에서 동일함)으로부터 금전 기타 자산의 증여를 받은 경우 : 그 증여를 받은 금전의 금액 및 금전 이외 자산의 가액
3. 제25조 제2항(회사갱생법 또는 금융기관 등의 갱생절차의 특례 등에 관한 법률의 규정에

따라서 행하는 평가변경에 관련된 부분에 한한다. 이하 이 호에서 동일함)(자산의 평가이익의 손금불산입 등)에 규정된 평가변경을 한 경우 : 동항의 규정에 의하여 해당 적용연도의 소득금액의 계산상 익금에 산입되는 금액[제33조 제3항(자산의 평가손실의 손금불산입 등)의 규정에 의하여 해당 적용연도의 소득금액의 계산상 손금에 산입되는 금액이 있는 경우에는, 해당 익금에 산입되는 금액으로부터 해당 손금에 산입되는 금액을 공제한 금액]

② 내국법인에 대하여 재생절차개시결정이 있는 경우 기타 이에 준하는 정령으로 정하는 사실이 발생한 경우에 있어서, 그 내국법인이 다음의 각호에 기재된 경우에 해당할 때에는, 그 해당하게 된 날이 속하는 사업연도(제3호에 기재된 경우에 해당하는 경우에는, 그 해당하게 된 사업연도. 이하 이 항에서 「적용연도」라 한다) 전의 각 사업연도에 있어서 발생한 결손금액[연결사업연도에 있어서 발생한 제81조의18 제1항에 규정된 개별결손금액(해당 연결사업연도에 연결결손금액이 발생한 경우에는, 해당 연결결손금액 중 해당 내국법인에 귀속되는 금액을 가산한 금액)을 포함한다]으로서 정령으로 정하는 것에 상당하는 금액 중 해당 각호에서 정하는 금액의 합계액[해당 합계액이 이 항 및 제62조의5 제5항(현물분배에 의한 자산의 양도)(제3호에 기재된 경우에 해당하는 경우에는, 제57조 제1항<청색신고서를 제출한 사업연도의 결손금의 이월> 및 전조 제1항, 이 항 그리고 제62조의5 제5항)의 규정을 적용하지 않는 것으로 계산했을 경우에 있어서의 해당 적용연도의 소득금액을 넘는 경우에는, 그 넘는 부분의 금액을 공제한 금액]에 이르기까지의 금액은, 해당 적용연도의 소득금액의 계산상 손금에 산입한다.

1. 이들 사실이 발생한 때에 있어서 그 내국법인에 대하여 정령으로 정하는 채권을 보유하는 자(해당 내국법인과의 사이에 연결완전지배관계가 있는 연결법인을 제외한다)로부터 해당 채권에 대하여 채무의 면제를 받은 경우(해당 채권이 채무의 면제 이외의 사유에 의하여 소멸한 경우로서 그 소멸한 채무에 관련된 이익의 금액이 발생하는 때를 포함한다) : 그 채무의 면제를 받은 금액(해당 이익의 금액을 포함한다)

2. 이들 사실이 발생한 것에 수반하여 그 내국법인의 임원 등으로부터 금전 기타 자산의 증여를 받은 경우 : 그 증여를 받은 금전의 금액 및 금전 이외 자산의 가액

3. 제25조 제3항 또는 제33조 제4항의 규정의 적용을 받는 경우 : 제25조 제3항의 규정에 의하여 해당 적용연도의 소득금액의 계산상 익금에 산입되는 금액에서 제33조 제4항의 규정에 의하여 해당 적용연도의 소득금액의 계산상 손금에 산입되는 금액을 감산한 금액

③ 내국법인이 해산한 경우에 있어서, 잔여재산이 없는 것으로 예상되는 때에는, 그 청산 중에 종료되는 사업연도(전 2항의 규정의 적용을 받는 사업연도를 제외한다. 이하 이 항에서 「적용연도」라 한다) 전의 각 사업연도에 있어서 발생한 결손금액[연결사업연도에 있어서 발생한 제81조의18 제1항에 규정된 개별결손금액(해당 연결사업연도에 연결결손금액이 발생한 경우에는, 해당 연결결손금액 중 해당 내국법인에 귀속되는 금액을 가산한 금액)을 포함한다]을 기초로 하여 정령으로 정하는 바에 따라서 계산한 금액에 상당하는 금액(해당 상당하는 금액이 이 항 및 제62조의5 제5항의 규정을 적용하지 않는 것으로 계산했을 경우에 있어서의 해당 적용연도의 소득금액을 넘는 경우에는, 그 넘는 부분의 금액을 공제한 금액)은, 해당 적용연도 소득금액의 계산상 손금에 산입한다.

④ 전 3항의 규정은, 확정신고서, 수정신고서 또는 경정청구서에 이들 규정에 의하여 손금에 산입되는 금액의 계산에 관한 명세를 기재한 서류 및 갱생절차개시결정이 있는 것 혹은 재생절차개시결정이 있는 것 혹은 제2항에 규정된 정령으로 정하는 사실이 발생한 것을 증명하는 서류 또는 잔여재산이 없는 것으로 예상되는 것을 설명하는 서류 기타 재무성령으로 정하는 서류의 첨부가 있는 경우에 한하여 적용한다.

⑤ 세무서장은, 전항에 규정된 재무성령으로 정하는 서류의 첨부가 없는 확정신고서, 수정신고서 또는 경정청구서가 제출된 경우에 있어서도, 그 서류의 첨부가 없는 것에 관하여 불가피한 사정이 있다고 인정되는 때에는, 제1항부터 제3항까지의 규정을 적용할 수 있다.

제60조의2(협동조합 등의 사업분량배당 등의 손금산입)

협동조합 등이 각 사업연도의 결산의 확정 시에 그 지출해야 할 취지를 결의하는 다음에 기재된 금액은, 해당 사업연도의 소득의 금액의 계산상 손금에 산입한다.

1. 그 조합원 기타 구성원에 대하여 그 자가 해당 사업연도 중에 취급한 것{物}의 수량, 가액 기타 그 협동조합 등의 사업을 이용한 분량에 따라서 분배하는 금액
2. 그 조합원 기타 구성원에 대하여 그 자가 해당 사업연도 중에 그 협동조합 등의 사업에 종사한 정도에 따라서 분배하는 금액

제61조(단기매매상품 등의 양도손익 및 시가평가손익)

① 내국법인이 단기매매상품 등[단기적인 가격의 변동을 이용하여 이익을 얻을 목적으로 취득한 자산으로서 정령으로 정하는 것(유가증권을 제외한다) 및 자금결제에 관한 법률(平成21{2009}년 법률 제59호) 제2조 제5항(정의)에 규정된 가상통화(이하 이 조에서 「가상통화」라 한다)를 말한다. 이하 이 조에서 동일함]의 양도를 한 경우에는, 그 양도에 관련된 양도이익금액(제1호에 기재된 금액이 제2호에 기재된 금액을 넘는 경우에 있어서의 그 넘는 부분의 금액을 말한다) 또는 양도손실금액(동호에 기재된 금액이 제1호에 기재된 금액을 넘는 경우에 있어서의 그 넘는 부분의 금액을 말한다)은, 제62조부터 제62조의5까지(합병 등에 의한 자산의 양도)의 규정의 적용이 있는 경우를 제외하고, 그 양도에 관련된 계약을 한 날(그 양도가 잉여금의 배당 기타 재무성령으로 정하는 사유에 의한 것인 경우에는, 해당 잉여금의 배당의 효력이 발생하는 날 기타 재무성령으로 정하는 날)이 속하는 사업연도의 소득금액의 계산상 익금 또는 손금에 산입한다.

1. 그 단기매매상품 등의 양도 시에 있어서, 유상에 의한 그 단기매매상품 등의 양도에 의하여 통상 얻을 수 있는 대가의 금액
2. 그 단기매매상품 등의 양도에 관련된 원가의 금액[그 단기매매상품 등에 대하여 그 내국법인이 선정한 1단위당 장부가액의 산출방법에 의하여 산출한 금액(산출방법을 선정하지 않은 경우 또는 선정한 방법에 의하여 산출하지 않은 경우에는, 산출방법 중 정령으로 정하는 방법에 의하여 산출한 금액)에 그 양도를 한 단기매매상품 등의 수량을 곱하여 계산한 금액을 말한다]

② 내국법인이 사업연도 종료 시에 있어서 보유하는 단기매매상품 등(가상통화의 경우에는 활발

한 시장이 존재하는 가상통화로서 정령으로 정하는 것에 한한다. 이하 제4항까지에서 동일함)에 대해서는, 시가법[사업연도 종료 시에 있어서 보유하는 단기매매상품 등을 그 종류 또는 종목(이하 이 항에서 「종류 등」이라 한다)별로 구별하여, 그 종류 등이 같은 것에 대하여, 그 때에 있어서의 가액으로서 정령으로 정하는 바에 따라서 계산한 금액을 해당 단기매매상품 등의 그 때에 있어서의 평가액으로 하는 방법을 말한다]에 의하여 평가한 금액(다음 항에서 「시가평가금액」이라 한다)을 그 때에 있어서의 평가액으로 한다.

③ 내국법인이 사업연도 종료 시에 있어서 단기매매상품 등을 보유하는 경우(가상통화의 경우에는, 자기의 계산으로 보유하는 경우에 한한다)에는, 해당 단기매매상품 등에 관련된 평가이익[해당 단기매매상품 등의 시가평가금액이 해당 단기매매상품 등의 그 때에 있어서의 장부가액(이하 이 항에서 「기말장부가액」이라 한다)을 넘는 경우에 있어서의 그 넘는 부분의 금액을 말한다. 다음 항에서 동일함] 또는 평가손실(해당 단기매매상품 등의 기말장부가액이 해당 단기매매상품 등의 시가평가금액을 넘는 경우에 있어서의 그 넘는 부분의 금액을 말한다. 다음 항에서 동일함)은, 제25조 제1항(자산의 평가이익의 익금불산입 등) 또는 제33조 제1항(자산의 평가손실의 손금불산입 등)의 규정에도 불구하고, 해당 사업연도의 소득금액의 계산상 익금 또는 손금에 산입한다.
<이하 생략>

제61조의2(유가증권의 양도차익 또는 양도손실의 익금 또는 손금 산입)

① 내국법인이 유가증권의 양도를 한 경우에는, 그 양도에 관련된 양도이익금액(제1호에 기재된 금액이 제2호에 기재된 금액을 넘는 경우에 있어서의 그 넘는 부분의 금액을 말한다) 또는 양도손실금액(동호에 기재된 금액이 제1호에 기재된 금액을 넘는 경우에 있어서의 그 넘는 부분의 금액을 말한다)은, 제62조부터 제62조의5까지(합병 등에 의한 자산의 양도)의 규정의 적용이 있는 경우를 제외하고, 그 양도에 관련된 계약을 한 날(그 양도가 잉여금의 배당 기타 재무성령으로 정하는 사유에 의한 것인 경우에는, 해당 잉여금의 배당의 효력이 발생하는 날 기타 재무성령으로 정하는 날)이 속하는 사업연도의 소득금액의 계산상 익금 또는 손금에 산입한다.

  1. 그 유가증권의 양도 시에 있어서, 유상에 의한 그 유가증권의 양도에 의하여 통상 얻을 수 있는 대가의 금액[제24조 제1항(배당 등의 금액으로 간주하는 금액)의 규정에 의하여 제23조 제1항 제1호 또는 제2호(수입배당 등의 익금불산입)에 기재된 금액으로 간주되는 금액이 있는 경우에는, 그 간주되는 금액에 상당하는 금액을 공제한 금액]

  2. 그 유가증권의 양도에 관련된 원가의 금액[그 유가증권에 대하여 그 내국법인이 선정한 1단위당 장부가액의 산출방법에 의하여 산출한 금액(산출방법을 선정하지 않은 경우 또는 선정한 방법에 의하여 산출하지 않은 경우에는, 산출방법 중 정령으로 정하는 방법에 의하여 산출한 금액)에 그 양도를 한 유가증권의 수를 곱하여 계산한 금액을 말한다]

<이하 생략>

제61조의3(매매목적 유가증권의 평가이익 또는 평가손실의 익금 또는 손금 산입 등)

① 내국법인이 사업연도 종료 시에 있어서 보유하는 유가증권에 대해서는, 다음의 각호에 기재된 유가증권의 구분에 따라서 해당 각호에서 정하는 금액을 그 때에 있어서의 평가액으로 한다.

  1. 매매목적 유가증권(단기적인 가격의 변동을 이용하여 이익을 얻을 목적으로 취득한 유가증권으로서 정령으로 정하는 것을 말한다. 이하 제3항까지에서 동일함) : 해당 매매목적 유가증권을 시가법(사업연도 종료 시에 있어서 보유하는 유가증권을 종목별로 구별하여, 그 종목이 같은 것에 대하여, 그 때에 있어서의 가액으로서 정령으로 정하는 바에 따라서 계산한 금액을 해당 유가증권의 그 때에 있어서의 평가액으로 하는 방법을 말한다)에 의하여 평가한 금액(다음 항에서 「시가평가금액」이라 한다)

  2. 매매목적 외의 유가증권(매매목적 유가증권 이외의 유가증권을 말한다) : 해당 매매목적 외의 유가증권을 원가법[사업연도 종료 시에 있어서 보유하는 유가증권(이하 이 호에서 「기말보유 유가증권」이라 한다)에 대하여, 그 때에 있어서의 장부가액(상환기한 및 상환금액의 정함이 있는 유가증권의 경우에는, 정령으로 정하는 바에 따라서 해당 장부가액과 해당 상환금액과의 차액 중 해당 사업연도에 배분해야 할 금액을 가산 또는 감산한 금액)을 해당 기말보유 유가증권의 그 때에 있어서의 평가액으로 하는 방법을 말한다]에 의하여 평가한 금액

② 내국법인이 사업연도 종료 시에 있어서 매매목적 유가증권을 보유하는 경우에는, 해당 매매목적 유가증권에 관련된 평가이익[해당 매매목적 유가증권의 시가평가금액이 해당 매매목적 유가증권의 그 때에 있어서의 장부가액(이하 이 항에서 「기말장부가액」이라 한다)을 넘는 경우에 있어서의 그 넘는 부분의 금액을 말한다. 다음 항에서 동일함] 또는 평가손실(해당 매매목적 유가증권의 기말장부가액이 해당 매매목적 유가증권의 시가평가금액을 넘는 경우에 있어서의 그 넘는 부분의 금액을 말한다. 다음 항에서 동일함)은, 제25조 제1항(자산의 평가이익의 익금불산입) 또는 제33조 제1항(자산의 평가손실의 손금불산입)의 규정에도 불구하고, 해당 사업연도의 소득금액의 계산상 익금 또는 손금에 산입한다.

＜제3항 생략＞

④ 제2항에 규정된 평가이익 또는 평가손실의 다음 사업연도에 있어서의 처리 기타 전 3항의 규정의 적용에 관하여 필요한 사항은 정령으로 정한다.

제61조의4(유가증권의 공매도 등에 관련된 이익상당액 또는 손실상당액의 익금 또는 손금 산입 등)

① 내국법인이 제61조의2 제20항(유가증권의 양도차익 또는 양도손실의 익금 또는 손금 산입)에 규정된 유가증권의 공매도(다음 항에서 「유가증권의 공매도」라 한다), 동조 제21항에 규정된 신용거래(다음 항 및 제3항에서 「신용거래」라 한다), 동조 제21항에 규정된 발행일거래(다음 항 및 제3항에서 「발행일거래」라 한다) 또는 유가증권의 인수(새로 발행되는 유가증권의 취득신청의 권유 및 이미 발행된 유가증권의 판매신청 혹은 그 구입신청의 권유를 함에 있어서, 이들 유가증권을 취득시키는 것을 목적으로 하여 이들 유가증권의 전부 혹은 일부를 취득하는 것 또는 이들 유가증권의 전부 혹은 일부에 대하여 달리 이를 취득할 자가 없는 경우에 그 잔부를 취득하

는 것을 내용으로 하는 계약을 맺는 것을 말하며, 전조 제1항 제2호에 규정된 매매목적 유가증권의 취득을 목적으로 하는 것을 제외한다. 다음 항에서 동일함)를 행한 경우에 있어서, 이들 거래 중 사업연도 종료 시에 있어서 결제되지 않은 것이 있을 때에는, 그 때에 있어서 이들 거래를 결제한 것으로 간주하여 재무성령으로 정하는 바에 따라서 산출한 이익의 금액과 손실의 금액에 상당하는 금액(다음 항에서 간주결제손익액이라 한다)은, 해당 사업연도의 소득 금액 계산상 익금 또는 손금에 산입한다.

<제2, 3항 생략>

④ 제1항에 규정된 간주결제손익액의 다음 사업연도에 있어서의 처리 기타 전 3항의 규정의 적용에 관하여 필요한 사항은 정령으로 정한다.

제61조의5(파생금융상품의 거래에 관련된 이익상당액 또는 손실상당액의 익금 또는 손금 산입 등)

① 내국법인이 파생금융상품의 거래(금리, 통화의 가격, 상품의 가격 기타 지표의 수치로서 미리 당사자 사이에 약정된 수치와 장래의 일정한 시기에 있어서의 현실의 해당 지표의 수치와의 차이에 기초하여 산출되는 금전의 수수를 약속하는 거래 또는 이와 유사한 거래로서, 재무성령으로 정하는 것을 말한다. 이하 이 조에서 동일함)를 행한 경우에 있어서, 해당 파생금융상품의 거래 중 사업연도 종료 시에 있어서 결제되지 않은 것[제61조의8 제2항(선물외환계약 등에 의하여 엔 환산액을 확정시킨 외화표시거래의 환산)의 규정의 적용을 받는 경우에 있어서의 동항에 규정된 선물외환계약 등에 기초한 것 기타 재무성령으로 정하는 거래(다음 항에서 「환율예약거래 등」이라 한다)를 제외한다. 이하 이 항에서 「미결제 파생금융상품의 거래」라 한다]이 있을 때에는, 그 때에 있어서의 해당 미결제 파생금융상품의 거래를 결제한 것으로 간주하여 재무성령으로 정하는 바에 따라서 산출한 이익의 금액 또는 손실의 금액에 상당하는 금액(다음 항에서 「간주결제손익액」이라 한다)은, 해당 사업연도의 소득금액의 계산상 익금 또는 손금에 산입한다.

<제2항 생략>

③ 내국법인이 파생금융상품의 거래에 관련된 계약에 기초하여 금전 이외의 자산을 취득한 경우(다음 조 제1항의 규정의 적용을 받는 파생금융상품의 거래에 관련된 계약에 기초하여 해당 자산을 취득한 경우를 제외한다)에는, 그 취득 시에 있어서의 해당 자산의 가액과 그 취득의 기인{基因}이 된 파생금융상품의 거래에 관련된 계약에 기초하여 해당 자산을 취득하는 대가로서 지급한 금액과의 차액은, 해당 취득일이 속하는 사업연도의 소득금액의 계산상 익금 또는 손금에 산입한다.

④ 제1항에 규정된 간주결제손익액의 다음 사업연도에 있어서의 처리 기타 전 3항의 규정의 적용에 관하여 필요한 사항은 정령으로 정한다.

제61조의13(완전지배관계가 있는 법인 간 거래의 손익)

① 내국법인(보통법인 또는 협동조합 등에 한한다)이 그 보유하는 양도손익조정자산{讓渡損益調整資産}[고정자산, 토지(토지 위에 존재하는 권리를 포함하고, 고정자산에 해당하는 것을 제외한다), 유가증권, 금전채권 및 이연자산으로서 정령으로 정하는 것 이외의 것을 말한다. 이하 이 조에서 동일함]을 다른 내국법인(해당 내국법인과의 사이에 완전지배관계가 있는 보통법인 또는 협

동조합 등에 한한다)에게 양도한 경우에는, 해당 양도손익조정자산에 관련된 양도이익금액(그 양도에 관련된 수익의 금액이 원가의 금액을 넘는 경우에 있어서의 그 넘는 부분의 금액을 말한다. 이하 이 조에서 동일함) 또는 양도손실금액(그 양도에 관련된 원가의 금액이 수익의 금액을 넘는 경우에 있어서의 그 넘는 부분의 금액을 말한다. 이하 이 조에서 동일함)에 상당하는 금액은, 그 양도한 사업연도(그 양도가 적격합병에 해당하지 않는 합병에 의한 합병법인에 대한 이전인 경우에는, 다음 조 제2항에 규정된 최후사업연도)의 소득금액의 계산상 손금 또는 익금에 산입한다.

② 내국법인이 양도손익조정자산에 관련된 양도이익금액 또는 양도손실금액에 대하여 전항의 규정의 적용을 받은 경우에 있어서, 그 양도를 받은 법인(이하 이 조에서 「양수법인」이라 한다)에게 있어서 해당 양도손익조정자산의 양도, 상각, 평가변경, 대손, 제각 기타 정령으로 정하는 사유가 발생한 때에는, 해당 양도손익조정자산에 관련된 양도이익금액 또는 양도손실금액에 상당하는 금액은, 정령으로 정하는 바에 따라서, 해당 내국법인의 각 사업연도(해당 양도이익금액 또는 양도손실금액에 대하여 다음 항 또는 제4항의 규정의 적용을 받는 사업연도 이후의 사업연도를 제외한다)의 소득금액의 계산상 익금 또는 손금에 산입한다.

③ 내국법인이 양도손익조정자산에 관련된 양도이익금액 또는 양도손실금액에 대하여 제1항의 규정의 적용을 받은 경우(해당 양도손익조정자산의 적격합병에 해당하지 않는 합병에 의한 합병법인에 대한 이전에 의하여 동항 규정의 적용을 받은 경우를 제외한다)에 있어서, 해당 내국법인이 해당 양도손익조정자산에 관련된 양수법인과의 사이에 완전지배관계를 가지지 않게 된 때(다음에 기재된 사유에 기인하여 완전지배관계를 가지지 않게 된 경우를 제외한다)에는, 해당 양도손익조정자산에 관련된 양도이익금액 또는 양도손실금액에 상당하는 금액(그 가지지 않게 된 날의 전날이 속하는 사업연도 전의 각 사업연도의 소득금액 또는 각 연결사업연도의 연결소득금액의 계산상 익금 또는 손금에 산입된 금액을 제외한다)은, 해당 내국법인의 해당 전날이 속하는 사업연도의 소득금액의 계산상 익금 또는 손금에 산입한다.

1. 해당 내국법인의 적격합병[합병법인(법인을 설립하는 적격합병의 경우에는, 다른 피합병법인의 전부. 다음 호에서 동일함)이 해당 내국법인과의 사이에 완전지배관계가 있는 내국법인인 것에 한한다]에 의한 해산

2. 해당 양수법인의 적격합병(합병법인이 해당 양수법인과의 사이에 완전지배관계가 있는 내국법인인 것에 한한다)에 의한 해산

<이하 생략>

제63조(리스양도에 관련된 수익 및 비용의 귀속사업연도)

① 내국법인이, 제64조의2 제3항(리스거래에 관련된 소득금액의 계산)에 규정된 리스거래에 의한 동조 제1항에 규정된 리스자산의 인도(이하 이 조에서 「리스양도」라 한다)를 행한 경우에 있어서, 그 리스양도에 관련된 수익 및 비용에 대하여, 그 리스양도의 날이 속하는 사업연도 이후의 각 사업연도의 확정된 결산에 있어서 정령으로 정하는 할부지급기준{延払基準}의 방법에 의하여 경리한 때(해당 리스양도에 대하여 다음 항의 규정의 적용을 받는 경우를 제외한다)에는, 그 경리한 수익 및 비용은, 해당 각 사업연도의 소득금액의 계산상 익금 및 손금에 산입한다. 다만, 해

당 리스양도에 관련된 수익 및 비용에 대하여, 같은 날이 속하는 사업연도 후의 어느 사업연도의 확정된 결산에 있어서 해당 할부지급기준{延払基準}의 방법에 의하여 경리하지 않은 경우 또는 제3항 혹은 제4항의 규정의 적용을 받은 경우에는, 그 경리하지 않은 결산에 관련된 사업연도 후 또는 이들 규정의 적용을 받은 사업연도 후의 사업연도에 대해서는 그러하지 아니하다.

② 내국법인이 리스양도를 행한 경우에는, 그 대가의 금액을 정령으로 정하는 바에 따라서 이자{利息}에 상당하는 부분과 그 이외의 부분으로 구분한 경우에 있어서의 해당 리스양도의 날이 속하는 사업연도 이후의 각 사업연도의 수익의 금액 및 비용의 금액으로서 정령으로 정하는 금액은, 해당 각 사업연도의 소득금액의 계산상 익금 및 손금에 산입한다. 다만, 해당 리스양도에 관련된 수익의 금액 및 비용의 금액에 대하여, 해당 리스양도의 날이 속하는 사업연도 후의 어느 사업연도에 있어서 다음 항 또는 제4항의 규정의 적용을 받은 경우에는, 이들 규정의 적용을 받은 사업연도 후의 사업연도에 대해서는 그러하지 아니하다.

<이하 생략>

제64조(공사의 도급에 관련된 수익 및 비용의 귀속사업연도)

① 내국법인이, 장기 대규모 공사[공사(제조 및 소프트웨어의 개발을 포함한다. 이하 이 조에서 동일함) 중, 그 착수한 날로부터 해당 공사에 관련된 계약에 정해져 있는 목적물의 인도기일까지의 기간이 1년 이상일 것, 정령으로 정하는 대규모 공사일 것 기타 정령으로 정하는 요건에 해당하는 것을 말한다. 이하 이 조에서 동일함]의 도급을 한 때에는, 그 착수한 날이 속하는 사업연도로부터 그 목적물을 인도한 날이 속하는 사업연도의 전 사업연도까지의 각 사업연도의 소득금액의 계산상, 그 장기 대규모 공사의 도급에 관련된 수익의 금액 및 비용의 금액 중, 해당 각 사업연도의 수익의 금액 및 비용의 금액으로서 정령으로 정하는 공사진행기준의 방법에 따라서 계산한 금액을 익금 및 손금에 산입한다.

② 내국법인이, 공사[그 착수한 날이 속하는 사업연도(이하 이 항에서 「착공 사업연도」라 한다) 중에 그 목적물의 인도가 이루어지지 않는 것에 한하며, 장기 대규모 공사에 해당하는 것을 제외한다. 이하 이 조에서 동일함]의 도급을 한 경우에 있어서, 그 공사의 도급에 관련된 수익의 금액 및 비용의 금액에 대하여, 착공 사업연도로부터 그 공사의 목적물을 인도하는 날이 속하는 사업연도의 전 사업연도까지의 각 사업연도의 확정된 결산에 있어서 정령으로 정하는 공사진행기준의 방법에 따라서 경리한 때에는, 그 경리한 수익의 금액 및 비용의 금액은, 해당 각 사업연도의 소득금액의 계산상 익금 및 손금에 산입한다. 다만, 그 공사의 도급에 관련된 수익의 금액 및 비용의 금액에 대하여, 착공 사업연도 후 어느 사업연도의 확정된 결산에 있어서 해당 공사진행기준의 방법에 따라서 경리하지 않은 경우에는, 그 경리하지 않은 결산에 관련된 사업연도의 다음 사업연도 이후의 사업연도에 대해서는 그러하지 아니하다.

③ 적격합병, 적격분할 또는 적격현물출자가 이루어진 경우에 있어서의 장기 대규모 공사 또는 공사의 도급에 관련된 수익의 금액 및 비용의 금액의 처리에 대한 특례 기타 전 2항의 규정의 적용에 관하여 필요한 사항은 정령으로 정한다.

제64조의2(리스거래에 관련된 소득금액의 계산)

① 내국법인이 리스거래를 행한 경우에는, 그 리스거래의 목적이 되는 자산(이하 이 항에서 「리스자산」이라 한다)이 임대인으로부터 임차인에게 인도되는 때에 해당 리스자산의 매매가 있었던 것으로 하여, 해당 임대인 또는 임차인인 내국법인의 각 사업연도의 소득금액을 계산한다.

② 내국법인이 양수인으로부터 양도인에 대한 임대(리스거래에 해당하는 것에 한한다)를 조건으로 자산의 매매를 행한 경우에 있어서, 해당 자산의 종류, 해당 매매 및 임대에 이르기까지의 사정 기타 상황에 비추어, 이들 일련의 거래가 실질적으로 금전의 대차로 인정되는 때에는, 해당 자산의 매매는 없었던 것으로 하고, 또한 해당 양수인으로부터 해당 양도인에 대한 금전의 대부가 있었던 것으로 하여, 해당 양수인 또는 양도인인 내국법인의 각 사업연도의 소득금액을 계산한다.

③ 전 2항에 규정된 리스거래란, 자산의 임대차(소유권이 이전되지 않는 토지의 임대차 기타 정령으로 정하는 것을 제외한다)로서, 다음에 기재된 요건에 해당하는 것을 말한다.

　1. 해당 임대차에 관련된 계약이, 임대차 기간 중도에 있어서 그 해제가 불가능한 것일 것 또는 이에 준하는 것일 것

　2. 해당 임대차에 관련된 임차인이, 해당 임대차에 관련된 자산으로부터 발생하는 경제적인 이익을 실질적으로 향수{享受}할 수 있고, 또한 해당 자산의 사용에 수반하여 발생하는 비용을 실질적으로 부담해야 하는 것일 것

④ 전항 제2호의 자산의 사용에 수반하여 발생하는 비용을 실질적으로 부담해야 하는 것인지의 판정 기타 전 3항의 규정의 적용에 관하여 필요한 사항은 정령으로 정한다.

제66조(각 사업연도의 소득에 대한 법인세의 세율)

① 내국법인인 보통법인, 일반사단법인 등(별표2에 기재된 일반사단법인 및 일반재단법인 그리고 공익사단법인 및 공익재단법인을 말한다. 다음 항 및 제3항에서 동일함) 또는 인격이 없는 사단 등에 대하여 부과하는 각 사업연도의 소득에 대한 법인세의 금액은, 각 사업연도의 소득금액에 100분의 23.2의 세율을 곱하여 계산한 금액으로 한다.

② 전항의 경우에 있어서, 보통법인 중 각 사업연도 종료 시에 있어서 자본금의 금액 혹은 출자금의 금액이 1억 엔 이하인 것 혹은 자본 혹은 출자를 가지지 않는 것, 일반사단법인 등 또는 인격이 없는 사단 등의 각 사업연도의 소득금액 중 연 800만 엔 이하의 금액에 대해서는, 동항의 규정에도 불구하고, 100분의 19의 세율에 의한다.

③ 공익법인 등(일반사단법인 등을 제외한다) 또는 협동조합 등에 대하여 부과하는 각 사업연도의 소득에 대한 법인세의 금액은, 각 사업연도의 소득금액에 100분의 19의 세율을 곱하여 계산한 금액으로 한다.

④ 사업연도가 1년에 미치지 않는 법인에 대한 제2항의 규정의 적용에 관해서는, 동항 중 「연 800만 엔」이라고 되어 있는 것은, 「800만 엔을 12로 나누어, 이것에 해당 사업연도의 월수를 곱하여 계산한 금액」으로 한다.

⑤ 전항의 월수는 역법에 따라서 계산하고, 1개월에 미치지 않는 끝수가 발생한 때에는 이를 1개월로 한다.

⑥ 내국법인인 보통법인 중 각 사업연도 종료 시에 있어서 다음에 기재된 법인에 해당하는 것에 대해서는, 제2항의 규정은 적용하지 않는다.

1. 보험업법에 규정된 상호회사{相互會社}(다음 호 ㅁ에서 「상호회사」라 한다)

2. 대법인{大法人}(다음에 기재된 법인을 말한다. 이하 이 호 및 다음 호에서 동일함)과의 사이에 해당 대법인에 의한 완전지배관계가 있는 보통법인

　イ. 자본금의 금액 또는 출자금의 금액이 5억 엔 이상인 법인

　ㅁ. 상호회사(이에 준하는 것으로서 정령으로 정하는 것을 포함한다)

　ハ. 제4조의7(수탁법인 등에 관한 이 법률의 적용)에 규정된 수탁법인(제6호에서 「수탁법인」이라 한다)

3. 보통법인과의 사이에 완전지배관계가 있는 모든 대법인이 보유하는 주식 및 출자의 전부를 해당 모든 대법인 중 어느 하나의 법인이 가지는 것으로 간주한 경우에 있어서, 해당 어느 하나의 법인과 해당 보통법인과의 사이에 해당 어느 하나의 법인에 의한 완전지배관계가 있는 것이 되는 때의 해당 보통법인(전호에 기재된 법인을 제외한다)

4. 투자법인

5. 특정목적회사

6. 수탁법인

제67조(특정동족회사의 특별세율)

① 내국법인인 특정동족회사[피지배회사로서, 피지배회사에 해당하는지에 대한 판정의 기초가 된 주주 등 중에 피지배회사가 아닌 법인이 있는 경우에는, 해당 법인을 그 판정의 기초가 되는 주주 등으로부터 제외하여 판정하는 것으로 한 경우에 있어서도 피지배회사가 되는 것(자본금의 금액 또는 출자금의 금액이 1억 엔 이하인 것의 경우에는, 전조 제6항 제2호부터 제5호까지에 기재된 것에 한한다)을 말하며, 청산 중인 것을 제외한다. 이하 이 조에서 동일함]의 각 사업연도의 유보금액이 유보공제액을 넘는 경우에는, 그 특정동족회사에 대하여 부과하는 각 사업연도의 소득에 대한 법인세의 금액은, 전조 제1항 또는 제2항의 규정에도 불구하고, 이들 규정에 의하여 계산한 법인세의 금액에, 그 넘는 부분의 유보금액을 다음의 각호에 기재된 금액으로 구분하여 각각의 금액에 해당 각호에서 정하는 비율을 곱하여 계산한 금액의 합계액을 가산한 금액으로 한다.

1. 연 3,000만 엔 이하의 금액 : 100분의 10

2. 연 3,000만 엔을 넘고 연 1억 엔 이하의 금액 : 100분의 15

3. 연 1억 엔을 넘는 금액 : 100분의 20

② 전항에 규정된 피지배회사란, 회사(투자법인을 포함한다. 이하 이 항 및 제8항에서 동일함)의 주주 등(그 회사가 자기의 주식 또는 출자를 가지는 경우의 그 회사를 제외한다)의 일인{一人} 그리고 이와 정령으로 정하는 특수한 관계가 있는 개인 및 법인이 그 회사의 기발행주식 또는 출자(그 회사가 보유하는 자기의 주식 또는 출자를 제외한다)의 총수 또는 총액의 100분의 50을 넘는 수 또는 금액의 주식 또는 출자를 가지는 경우 기타 정령으로 정하는 경우의 그 회사를 말한다.

③ 제1항에 규정된 유보금액이란, 소득 등의 금액(제1호부터 제6호까지에 기재된 금액의 합계액

에서 제7호에 기재된 금액을 감산한 금액을 말한다. 제5항에서 동일함) 중 유보한 금액에서, 해당 사업연도의 소득금액에 대하여 전조 제1항 또는 제2항의 규정에 의하여 계산한 법인세의 금액과 해당 사업연도의 지방법인세법 제9조 제2항(과세표준)에 규정된 과세표준법인세액[동법 제6조 제1호(기준법인세액)에 규정된 기준법인세액에 관련된 것에 한한다]에 대하여 동법 제10조(세율)의 규정에 의하여 계산한 지방법인세의 금액을 합계한 금액[다음 조부터 제70조까지(세액공제) 그리고 동법 제12조(외국세액공제) 및 제13조(가장경리에 기초한 과대신고의 경우의 경정에 수반하는 지방법인세액의 공제)의 규정에 따라서 공제가 되어야 할 금액이 있는 경우에는 해당 금액을 공제한 금액] 그리고 해당 법인세의 금액에 관련된 지방세법의 규정에 의한 도부현민세{道府県民税} 및 시정촌민세{市町村民税}(도민세{都民税}를 포함한다)의 금액으로서 정령으로 정하는 바에 따라서 계산한 금액의 합계액을 공제한 금액을 말한다.

1. 해당 사업연도의 소득금액[제62조 제2항(합병 및 분할에 의한 자산 등의 시가에 의한 양도)에 규정된 마지막 사업연도의 경우에는, 동항에 규정된 자산 및 부채의 동항에 규정된 양도가 없는 것으로서 계산한 경우에 있어서의 소득금액]

2. 제23조(수입배당 등의 익금불산입)의 규정에 의하여 해당 사업연도의 소득금액의 계산상 익금에 산입되지 않았던 금액[연결법인인 특정동족회사가 다른 연결법인(해당 특정동족회사와의 사이에 연결완전지배관계가 있는 것에 한한다)으로부터 받는 동조 제1항에 규정된 배당 등의 금액에 관련된 것 중 정령으로 정하는 것을 제외한다]

3. 제23조의2(외국자회사로부터 받는 배당 등의 익금불산입)의 규정에 의하여 해당 사업연도의 소득금액의 계산상 익금에 산입되지 않았던 금액

4. 제25조의2 제1항(수증이익)의 규정에 의하여 해당 사업연도의 소득금액의 계산상 익금에 산입되지 않았던 금액

5. 제26조 제1항(환급금 등의 익금불산입)에 규정된 환급을 받거나 충당되는 금액(동항 제1호에 관련된 부분의 금액을 제외한다), 동조 제2항에 규정된 감액된 금액, 동조 제3항에 규정된 감액된 부분으로서 정령으로 정하는 금액, 그 수취하는 부대세{附帯税}(이자세를 제외한다. 이하 이 호에서 동일함)의 부담액 및 부대세{附帯税}의 부담액의 감소액 그리고 동조 제6항에 규정된 환급을 받는 금액

6. 제57조(청색신고서를 제출한 사업연도의 결손금의 이월), 제58조(청색신고서를 제출하지 않은 사업연도의 재해에 의한 손실금의 이월) 또는 제59조(회사갱생 등에 의한 채무면제 등이 있는 경우의 결손금의 손금산입)의 규정에 의하여 해당 사업연도의 소득금액의 계산상 손금에 산입된 금액

7. 제27조(중간신고에 있어서의 소급에 의한 환급에 관련된 재해손실결손금액의 익금산입)의 규정에 의하여 해당 사업연도의 소득금액의 계산상 익금에 산입된 금액

④ 특정동족회사의 전항에 규정된 유보한 금액의 계산에 대해서는, 해당 특정동족회사에 의한 잉여금의 배당 또는 이익의 배당[그 지급에 관련된 결의의 날이 그 지급에 관련된 기준일이 속하는 사업연도의 종료일 다음 날부터 해당 기준일이 속하는 사업연도에 관련된 결산의 확정일까지의 기간 내에 있는 것(정령으로 정하는 것을 제외한다)에 한한다]의 금액[해당 잉여금의 배당 또는

이익의 배당이 금전 이외의 자산에 의한 것인 경우에는, 해당 자산의 해당 기준일이 속하는 사업연도 종료 시에 있어서의 장부가액(해당 자산이 해당 기준일이 속하는 사업연도의 종료일 후에 취득한 것인 경우에 있어서는, 그 취득가액)에 상당하는 금액]은 해당 기준일이 속하는 사업연도에 지급된 것으로 하며, 해당 특정동족회사에 의한 금전의 분배[투자신탁 및 투자 법인에 관한 법률 제137조(금전의 분배)의 금전의 분배를 말한다]의 금액은 그 지급에 관련된 기준일이 속하는 사업연도에 지급된 것으로 한다.

⑤ 제1항에 규정된 유보공제액이란, 다음에 기재된 금액 중 가장 많은 금액을 말한다.

1. 해당 사업연도의 소득 등의 금액의 100분의 40에 상당하는 금액

2. 연 2,000만 엔

3. 해당 사업연도 종료 시에 있어서의 이익적립금액(해당 사업연도의 소득 등의 금액에 관련된 부분의 금액을 제외한다)이 그 때에 있어서의 자본금의 금액 또는 출자금의 금액의 100분의 25에 상당하는 금액에 미치지 않는 경우에 있어서의 그 미치지 않는 부분의 금액에 상당하는 금액

⑥ 사업연도가 1년에 미치지 않는 특정동족회사에 대한 제1항 및 전항의 규정의 적용에 관해서는, 제1항 중 「연 3,000만 엔」이라고 되어 있는 것은, 「3,000만 엔을 12로 나누어, 이에 해당 사업연도의 월수를 곱하여 계산한 금액」으로, 「연 1억 엔」이라고 되어 있는 것은, 「1억 엔을 12로 나누어, 이에 해당 사업연도의 월수를 곱하여 계산한 금액」으로, 전항 중 「연 2천만 엔」이라고 되어 있는 것은, 「2천만 엔을 12로 나누어, 이에 해당 사업연도의 월수를 곱하여 계산한 금액」으로 한다.

⑦ 전항의 월수는 역법에 따라서 계산하고, 1개월에 미치지 않는 끝수가 발생한 때에는 이를 1개월로 한다.

⑧ 제1항의 경우에 있어서, 회사가 동항의 특정동족회사에 해당하는지에 대한 판정은, 해당 회사의 해당 사업연도 종료 시의 현황에 의한다.

⑨ 제3항에 규정된 유보한 금액에서 제외하는 금액 기타 제1항부터 제5항까지의 규정의 적용에 관하여 필요한 사항은 정령으로 정한다.

제68조(소득세액공제)

① 내국법인이 각 사업연도에 있어서 소득세법 제174조 각호(내국법인에 관련된 소득세의 과세표준)에 규정된 이자 등, 배당 등, 급부보전금, 이자{利息}, 이익, 차익, 이익의 분배 또는 상금(다음 항에서 「이자 및 배당 등」이라 한다)의 지급을 받는 경우에는, 이들에 대하여 동법의 규정에 의하여 부과되는 소득세의 금액[해당 소득세의 금액에 관련된 제69조의2 제1항(분배 시 조정 외국세상당액의 공제)에 규정된 분배 시 조정 외국세상당액을 제외한다]은, 정령으로 정하는 바에 따라서, 해당 사업연도의 소득에 대한 법인세의 금액에서 공제한다.

② 전항의 규정은, 내국법인인 공익법인 등 또는 인격이 없는 사단 등이 지급을 받는 이자 및 배당 등으로 수익사업 이외의 사업 또는 이에 속하는 자산으로부터 발생하는 것에 대하여 부과되는 동항의 소득세의 금액에 대해서는 적용하지 않는다.

③ 제1항의 사업연도에 있어서 제72조 제1항 각호(가결산을 한 경우의 중간신고서의 기재사항 등)에 기재된 사항을 기재한 중간신고서의 제출에 의하여 제78조 제1항(소득세액 등의 환급) 또는 제133조 제1항(경정 등에 의한 소득세액 등의 환급)의 규정에 의한 환급금이 있는 경우[해당 사업연도가 제4조의5 제1항 또는 제2항(제4호 또는 제5호에 관련된 부분에 한한다)(연결납세의 승인의 취소 등)의 규정에 의하여 제4조의2(연결납세의무자)의 승인이 취소된 내국법인의 그 취소된 날의 전날이 속하는 사업연도인 경우에 있어서, 해당 사업연도 개시일이 속하는 제81조의20 제1항(가결산을 한 경우의 연결중간신고서의 기재사항 등)에 규정된 기간에 대하여 동항 각호에 기재된 사항을 기재한 연결중간신고서의 제출에 의하여 제81조의29 제1항(소득세액 등의 환급) 또는 제133조 제1항의 규정에 의한 환급금(이하 이 항에서 「연결환급금」이라 한다)이 있는 때를 포함한다]의 제1항의 소득세의 금액에는, 이들 환급금의 금액(연결환급금의 경우에는, 해당 연결 환급금의 금액 중 해당 내국법인에 귀속되는 금액으로서 정령으로 정하는 금액에 한한다)을 포함하지 않는 것으로 한다.
④ 제1항의 규정은, 확정신고서, 수정신고서 또는 경정청구서에 동항의 규정에 의한 공제를 받아야 할 금액 및 그 계산에 관한 명세를 기재한 서류의 첨부가 있는 경우에 한하여 적용한다. 이 경우에 있어서, 동항의 규정에 의한 공제가 되어야 할 금액은, 해당 금액으로서 기재된 금액을 한도로 한다.

제69조(외국세액공제)

① 내국법인이 각 사업연도에 있어서 외국법인세(외국의 법령에 의하여 부과되는 법인세에 상당하는 세금으로서 정령으로 정하는 것을 말한다. 이하 이 항 및 제13항에서 동일함)를 납부하게 되는 경우에는, 해당 사업연도의 소득금액에 대하여 제66조 제1항부터 제3항까지(각 사업연도의 소득에 대한 법인세의 세율)의 규정을 적용하여 계산한 금액 중 해당 사업연도의 국외소득금액(국외원천소득에 관련된 소득에 대해서만 각 사업연도의 소득에 대한 법인세를 부과하는 것으로 했을 경우에 과세표준이 되는 해당 사업연도의 소득금액에 상당하는 것으로서 정령으로 정하는 금액을 말한다)에 대응하는 것으로서 정령으로 정하는 바에 따라서 계산한 금액(이하 이 조에서 「공제한도액」이라 한다)을 한도로 하여, 그 외국법인세의 금액(그 소득에 대한 부담이 고율인 부분으로서 정령으로 정하는 외국법인세의 금액, 통상적으로 이루어지는 거래라고 인정되지 않는 것으로서 정령으로 정하는 거래에 기인하여 발생한 내국법인의 소득에 대하여 부과되는 외국법인세의 금액, 내국법인의 법인세에 관한 법령의 규정에 의하여 법인세가 부과되지 않는 금액을 과세표준으로 하여 외국법인세에 관한 법령에 의하여 부과되는 것으로서 정령으로 정하는 외국법인세의 금액 기타 정령으로 정하는 외국법인세의 금액을 제외한다. 이하 이 조에서 「공제대상 외국법인세의 금액」이라 한다)을 해당 사업연도의 소득에 대한 법인세의 금액에서 공제한다.
② 내국법인이 각 사업연도에 있어서 납부하게 되는 공제대상 외국법인세의 금액이 해당 사업연도의 공제한도액, 지방법인세 공제한도액으로서 정령으로 정하는 금액 및 지방세 공제한도액으로서 정령으로 정하는 금액의 합계액을 넘는 경우에 있어서, 전 3년 내의 사업연도(해당 사업연도 개시일 전 3년 이내에 개시된 각 사업연도를 말한다. 이하 이 조에서 동일함)의 공제한도액 중 해당 사업연도로 이월되는 부분으로서 정령으로 정하는 금액(이하 이 항 및 제16항에서 「이월공

제한도액」이라 한다)이 있을 때에는, 정령으로 정하는 바에 따라서, 그 이월공제한도액을 한도로 하여, 그 넘는 부분의 금액을 해당 사업연도의 소득에 대한 법인세의 금액에서 공제한다.

③ 내국법인이 각 사업연도에 있어서 납부하게 되는 공제대상 외국법인세의 금액이 해당 사업연도의 공제한도액에 미치지 않는 경우에 있어서, 그 전 3년 내의 사업연도에 있어서 납부하게 되었던 공제대상 외국법인세의 금액 중 해당 사업연도에 이월되는 부분으로서 정령으로 정하는 금액(이하 이 항 및 제16항에서 「이월공제대상외국법인세액」이라 한다)이 있을 때에는, 정령으로 정하는 바에 따라서, 해당 공제한도액에서 해당 사업연도에 있어서 납부하게 되는 공제대상 외국법인세의 금액을 공제한 잔액을 한도로 하여, 그 이월공제대상외국법인세액을 해당 사업연도의 소득에 대한 법인세의 금액에서 공제한다.

<이하 생략>

제74조(확정신고)

① 내국법인은, 각 사업연도 종료일의 다음 날부터 2개월 이내에, 세무서장에 대하여, 확정된 결산에 기초하여 다음에 기재된 사항을 기재한 신고서를 제출하지 않으면 안 된다.

1. 해당 사업연도의 과세표준인 소득금액 또는 결손금액
2. 전호에 기재된 소득금액에 대하여 전절(세액의 계산)의 규정을 적용하여 계산한 법인세의 금액
3. 제68조 및 제69조(소득세액 등의 공제)의 규정에 의하여 공제가 되어야 할 금액으로서 전호에 기재된 법인세의 금액의 계산상 공제를 모두 할 수 없었던 것이 있을 경우에는, 그 공제를 다 할 수 없었던 금액
4. 그 내국법인이 해당 사업연도에 대하여 중간신고서를 제출한 법인인 경우에는, 제2호에 기재된 법인세의 금액에서 해당 신고서에 관련된 중간납부액을 공제한 금액
5. 전호에 규정된 중간납부액에서 동호에 기재된 금액의 계산상 공제를 모두 할 수 없었던 것이 있을 경우에는, 그 공제를 다 할 수 없었던 금액
6. 전 각호에 기재된 금액의 계산의 기초 기타 재무성령으로 정하는 사항

② 청산 중인 내국법인에 대하여 그 잔여재산이 확정된 경우에는, 해당 내국법인의 해당 잔여재산의 확정일이 속하는 사업연도에 관련된 전항의 규정의 적용에 관해서는, 동항 중 「2개월 이내」라고 되어 있는 것은, 「1개월 이내(해당 다음 날부터 1개월 이내에 잔여재산의 마지막 분배 또는 인도가 이루어지는 경우에는, 그 이루어지는 날의 전날까지)」로 한다.

③ 제1항의 규정에 의한 신고서에는, 해당 사업연도의 대차대조표, 손익계산서 기타 재무성령으로 정하는 서류를 첨부하지 않으면 안 된다.

제80조(결손금의 소급에 의한 환급)

① 내국법인이 청색신고서인 확정신고서를 제출하는 사업연도에 있어서 발생한 결손금액이 있을 경우(제4항의 규정에 해당하는 경우를 제외한다)에는, 그 내국법인은, 해당 확정신고서의 제출과 동시에 납세지의 관할 세무서장에 대하여, 해당 결손금액에 관련된 사업연도(이하 이 조에서 「결

손사업연도」라 한다) 개시일 전 1년 이내에 개시된 어느 사업연도(결손사업연도가 다음의 각호에 기재된 사업연도에 해당하는 경우에는, 해당 각호에서 정하는 사업연도를 제외한다)의 소득에 대한 법인세의 금액[부대세{附帶稅}의 금액을 제외하고, 제68조(소득세액공제), 제69조(외국세액공제) 또는 제70조(가장경리에 기초한 과대신고의 경우의 경정에 수반하는 법인세액의 공제)의 규정에 의하여 공제된 금액이 있는 경우에는, 해당 금액을 가산한 금액으로 한다. 이하 이 조에서 동일함]에, 해당 어느 사업연도(이하 이 조에서 「환급소득사업연도」라 한다)의 소득금액 중에 차지하는 결손사업연도의 결손금액(제5항에서 준용하는 이 항의 규정에 의하여 해당 환급소득사업연도의 소득에 대한 법인세의 금액에 대하여 환급을 받는 금액의 계산의 기초로 하는 것 및 이 조의 규정에 의하여 다른 환급소득사업연도의 소득에 대한 법인세의 금액에 대하여 환급을 받는 금액의 계산의 기초로 하는 것을 제외한다. 제4항에서 동일함)에 상당하는 금액의 비율을 곱하여 계산한 금액에 상당하는 법인세의 환급을 청구할 수 있다.

1. 연결사업연도 후의 사업연도 : 해당 연결사업연도 전의 각 사업연도
2. 내국법인(연결자법인에 한한다)의 제57조 제9항 제1호(청색신고서를 제출한 사업연도의 결손금의 이월)에 규정된 최초 연결기간(이하 이 호에서 「최초 연결기간」이라 한다) 내에 해당 내국법인을 피합병법인으로 하는 합병(해당 내국법인과의 사이에 연결완전지배관계가 있는 다른 연결법인을 합병법인으로 하는 것에 한한다)이 이루어진 경우(해당 합병일이 해당 최초 연결기간의 개시일인 경우를 제외한다) 또는 해당 내국법인의 최초 연결기간 내에 해당 내국법인의 잔여재산이 확정된 경우(해당 잔여재산의 확정일이 해당 최초 연결기간의 종료일인 경우를 제외한다)의 해당 합병일의 전날 또는 해당 잔여재산의 확정일이 속하는 사업연도 : 해당 사업연도 전의 각 사업연도

<이하 생략>

제121조(청색신고)

① 내국법인은, 납세지의 관할 세무서장의 승인을 받은 경우에는, 다음에 기재된 신고서 및 이들 신고서에 관련된 수정신고서를 청색신고서에 의하여 제출할 수 있다.

1. 중간신고서
2. 확정신고서

② 전항의 승인을 받은 내국법인 또는 동항의 승인을 받지 않은 연결신고법인[제2조 제16호(정의)에 규정된 연결신고법인을 말한다. 다음 조 제1항에서 동일함]은, 다음에 기재된 신고서 및 이들 신고서에 관련된 수정신고서에 대하여, 청색신고서에 의하여 제출할 수 있다.

1. 퇴직연금 등 적립금 중간신고서
2. 퇴직연금 등 적립금 확정신고서

제132조(동족회사 등의 행위 또는 계산의 부인)

① 세무서장은, 다음에 기재된 법인에 관련된 법인세에 대하여 경정 또는 결정을 하는 경우에 있어서, 그 법인의 행위 또는 계산으로서, 이를 용인했을 경우에는 법인세의 부담을 부당하게 감소

시키는 결과가 된다고 인정되는 것이 있을 때에는, 그 행위 또는 계산에도 불구하고, 세무서장이 인정하는 바에 따라서, 그 법인에 관련된 법인세의 과세표준 혹은 결손금액 또는 법인세의 금액을 계산할 수 있다.

1. 내국법인인 동족회사
2. イ에서 ハ까지의 모두에 해당하는 내국법인
    イ. 3곳 이상의 지점, 공장 기타 사업소를 가질 것
    ロ. 그 사업소의 2분의 1 이상에 해당하는 사업소에 대하여, 그 사업소의 소장, 주임 기타 그 사업소에 관련된 사업의 주재자 또는 해당 주재자의 친족 기타 해당 주재자와 정령으로 정하는 특수한 관계가 있는 개인(이하 이 호에서 「소장 등」이라 한다)이 전에 해당 사업소에 있어서 개인으로서 사업을 영위하였던 사실이 있을 것
    ハ. ロ에 규정된 사실이 있는 사업소의 소장 등이 보유하는 그 내국법인의 주식 또는 출자의 수 또는 금액의 합계액이 그 내국법인의 기발행주식 또는 출자(그 내국법인이 보유하는 자기의 주식 또는 출자를 제외한다)의 총수 또는 총액의 3분의 2 이상에 상당할 것

② 전항의 경우에 있어서, 내국법인이 동항 각호에 기재된 법인에 해당하는지에 대한 판정은, 동항에 규정된 행위 또는 계산의 사실이 있었던 때의 현황에 의한다.

③ 제1항의 규정은, 동항에 규정된 경정 또는 결정을 하는 경우에 있어서, 동항 각호에 기재된 법인의 행위 또는 계산에 대하여, 소득세법 제157조 제1항(동족회사 등의 행위 또는 계산의 부인 등) 혹은 상속세법 제64조 제1항(동족회사 등의 행위 또는 계산의 부인 등) 또는 지가세법{地価税法}(平成3{1991}년 법률 제69호) 제32조 제1항(동족회사 등의 행위 또는 계산의 부인 등)의 규정의 적용이 있는 때에 대하여 준용한다.

제132조의2(조직재편성에 관련된 행위 또는 계산의 부인)

세무서장은, 합병, 분할, 현물출자 혹은 현물분배[제2조 제12호의5의2(정의)에 규정된 현물분배를 말한다] 또는 주식교환 등 혹은 주식이전(이하 이 조에서 「합병 등」이라 한다)에 관련된 다음에 기재된 법인의 법인세에 대하여 경정 또는 결정을 하는 경우에 있어서, 그 법인의 행위 또는 계산으로서, 이를 용인했을 경우에는 합병 등에 의하여 이전되는 자산 및 부채의 양도에 관련된 이익의 금액의 감소 또는 손실의 금액의 증가, 법인세의 금액에서 공제하는 금액의 증가, 제1호 또는 제2호에 기재된 법인의 주식(출자를 포함한다. 제2호에서 동일함)의 양도에 관련된 이익의 금액의 감소 또는 손실의 금액의 증가, 의제배당금액[제24조 제1항(배당 등의 금액으로 간주하는 금액)의 규정에 의하여 제23조 제1항 제1호 또는 제2호(수입배당 등의 익금불산입)에 기재된 금액으로 간주되는 금액을 말한다]의 감소 기타 사유에 의하여 법인세의 부담을 부당하게 감소시키는 결과가 된다고 인정되는 것이 있을 때에는, 그 행위 또는 계산에도 불구하고, 세무서장이 인정하는 바에 따라서, 그 법인에 관련된 법인세의 과세표준 혹은 결손금액 또는 법인세의 금액을 계산할 수 있다.

1. 합병 등을 한 법인 또는 합병 등에 의하여 자산 및 부채의 이전을 받은 법인
2. 합병 등에 의하여 교부된 주식을 발행한 법인(전호에 기재된 법인을 제외한다)
3. 전 2호에 기재된 법인의 주주 등인 법인(전 2호에 기재된 법인을 제외한다)

법인세법 시행령

제정 : 昭和40{1965}년 3월 31일 호외 정령 제97호
최종개정 : 令和1{2019}년 11월 1일 정령 제144호
(제1조에서 '법인세법'을 이하 '법'이라 한다고 규정하고 있음)

제4조(동족관계자의 범위)

① 법 제2조 제10호(동족회사의 의의)에 규정된 정령으로 정하는 특수한 관계가 있는 개인은, 다음에 기재된 자로 한다.

  1. 주주 등의 친족
  2. 주주 등과 혼인신고를 하지는 않았지만 사실상 혼인관계와 동일한 사정이 있는 자
  3. 주주 등(개인인 주주 등에 한한다. 다음 호에서 동일함)의 사용인
  4. 전 3호에 기재된 자 이외의 자로서 주주 등으로부터 받는 금전 기타 자산에 의하여 생계를 유지하고 있는 자
  5. 전 3호에 기재된 자와 생계를 같이하는 이들의 친족

② 법 제2조 제10호에 규정된 정령으로 정하는 특수한 관계가 있는 법인은, 다음에 기재된 회사로 한다.

  1. 동족회사인지에 대한 판정을 하려고 하는 회사(투자법인을 포함한다. 이하 이 조에서 동일함)의 주주 등[해당 회사가 자기의 주식(투자신탁 및 투자법인에 관한 법률<昭和26{1951}년 법률 제198호> 제2조 제14항<정의>에 규정된 투자지분{投資口}을 포함한다. 이하 동일함) 또는 출자를 보유하는 경우의 해당 회사를 제외한다. 이하 이 항 및 제4항에서 「판정회사 주주 등」이라 한다]의 1인(개인인 판정회사 주주 등에 대해서는, 그 1인 및 이와 전항에 규정된 특수한 관계가 있는 개인. 이하 이 항에서 동일함)이 다른 회사를 지배하고 있는 경우에 있어서의 해당 다른 회사
  2. 판정회사 주주 등의 1인 및 이와 전호에 규정된 특수한 관계가 있는 회사가 다른 회사를 지배하고 있는 경우에 있어서의 해당 다른 회사
  3. 판정회사 주주 등의 1인 및 이와 전 2호에 규정된 특수한 관계가 있는 회사가 다른 회사를 지배하고 있는 경우에 있어서의 해당 다른 회사

③ 전항 각호에 규정된 다른 회사를 지배하고 있는 경우란, 다음에 기재된 경우 중 어느 하나에 해당하는 경우를 말한다.

  1. 다른 회사의 기발행주식 또는 출자(그 보유하는 자기의 주식 또는 출자를 제외한다)의 총수 또는 총액의 100분의 50을 넘는 수 또는 금액의 주식 또는 출자를 보유하는 경우
  2. 다른 회사의 다음에 기재된 의결권 중 어느 하나에 대하여, 그 총수(해당 의결권을 행사할 수 없는 주주 등이 보유하는 해당 의결권의 수를 제외한다)의 100분의 50을 넘는 수를 보유하는 경우
      イ. 사업의 전부 혹은 중요한 부분의 양도, 해산, 계속, 합병, 분할, 주식교환, 주식이전 또

　　　는 현물출자에 관한 결의에 관련된 의결권

　　ㅁ. 임원의 선임 및 해임에 관한 결의에 관련된 의결권

　　ㅅ. 임원의 보수, 상여 기타 직무 집행의 대가로서 회사가 공여하는 재산상의 이익에 관한 사항에 대해서의 결의에 관련된 의결권

　　ㄴ. 잉여금의 배당 또는 이익의 배당에 관한 결의에 관련된 의결권

　3. 다른 회사의 주주 등[합명회사, 합자회사 또는 합동회사의 사원(해당 다른 회사가 업무를 집행하는 사원을 정한 경우에는, 업무를 집행하는 사원)에 한한다]의 총수의 반수를 넘는 수를 차지하는 경우

④ 동일한 개인 또는 법인(인격이 없는 사단 등을 포함한다. 이하 동일함)과 제2항에 규정된 특수한 관계가 있는 2 이상의 회사가 판정회사 주주 등인 경우에는, 그 2 이상의 회사는, 서로 동항에 규정된 특수한 관계가 있는 회사인 것으로 간주한다.

⑤ 법 제2조 제10호에 규정된 정령으로 정하는 경우는, 동호의 회사의 주주 등(그 회사가 자기의 주식 또는 출자를 가지는 경우의 그 회사를 제외한다)의 3인 이하 그리고 이들과 동호에 규정된 정령으로 정하는 특수한 관계가 있는 개인 및 법인이 그 회사의 제3항 제2호 ㅅ부터 ㄴ까지에 기재된 의결권의 어느 하나에 대하여 그 총수(해당 의결권을 행사할 수 없는 주주 등이 보유하는 해당 의결권의 수를 제외한다)의 100분의 50을 넘는 수를 가지는 경우 또는 그 회사의 주주 등[합명회사, 합자회사 또는 합동회사의 사원(그 회사가 업무를 집행하는 사원을 정한 경우에는, 업무를 집행하는 사원)에 한한다]의 총수의 반수를 넘는 수를 차지하는 경우로 한다.

⑥ 개인 또는 법인과의 사이에 해당 개인 또는 법인의 의사와 동일한 내용의 의결권을 행사하는 것에 동의하는 자가 있는 경우에는, 해당 자가 가지는 의결권은 해당 개인 또는 법인이 가지는 것으로 간주하고, 또한 해당 개인 또는 법인(해당 의결권에 관련된 회사의 주주 등인 경우를 제외한다)은 해당 의결권에 관련된 회사의 주주 등인 것으로 간주하여, 제3항 및 전항의 규정을 적용한다.

제4조의2(지배관계 및 완전지배관계)

① 법 제2조 제12호의7의5(정의)에 규정된 정령으로 정하는 관계는, 한 자{一の者}(그 자가 개인인 경우에는, 그 자 및 이와 전조 제1항에 규정된 특수한 관계가 있는 개인)가 법인의 기발행주식 등(동호에 규정된 기발행주식 등을 말한다. 이하 이 조에서 동일함)의 총수 또는 총액의 100분의 50을 넘는 수 또는 금액의 주식 또는 출자를 보유하는 경우에 있어서의 해당 한 자와 법인과의 사이의 관계(이하 이 항에서 「직접지배관계」라 한다)로 한다. 이 경우에 있어서, 해당 한 자 및 이와의 사이에 직접지배관계가 있는 1 혹은 2 이상의 법인 또는 해당 한 자와의 사이에 직접지배관계가 있는 1 혹은 2 이상의 법인이 다른 법인의 기발행주식 등의 총수 또는 총액의 100분의 50을 넘는 수 또는 금액의 주식 또는 출자를 보유하는 때에는, 해당 한 자는 해당 다른 법인의 기발행주식 등의 총수 또는 총액의 100분의 50을 넘는 수 또는 금액의 주식 또는 출자를 보유하는 것으로 간주한다.

② 법 제2조 제12호의7의6에 규정된 정령으로 정하는 관계는, 한 자{一の者}(그 자가 개인인 경

우에는, 그 자 및 이와 전조 제1항에 규정된 특수한 관계가 있는 개인)가 법인의 기발행주식 등[기발행주식(자기가 보유하는 자기주식을 제외한다)의 총수 중에서 다음에 기재된 주식의 수를 합계한 수가 차지하는 비율이 100분의 5에 미치지 않는 경우의 해당 주식을 제외한다. 이하 이 항에서 동일함]의 전부를 보유하는 경우에 있어서의 해당 한 자와 해당 법인과의 사이의 관계(이하 이 항에서 「직접완전지배관계」라 한다)로 한다. 이 경우에 있어서, 해당 한 자 및 이와의 사이에 직접완전지배관계가 있는 1 혹은 2 이상의 법인 또는 해당 한 자와의 사이에 직접완전지배관계가 있는 1 혹은 2 이상의 법인이 다른 법인의 기발행주식 등의 전부를 보유하는 때에는, 해당 한 자는 해당 다른 법인의 기발행주식 등의 전부를 보유하는 것으로 간주한다.

1. 해당 법인의 사용인이 조합원이 되어 있는 민법(明治29{1896}년 법률 제89호) 제667조 제1항(조합계약)에 규정된 조합계약(해당 법인이 발행하는 주식을 취득하는 것을 주된 목적으로 하는 것에 한한다)에 의한 조합(조합원이 되는 자가 해당 사용인으로 한정되어 있는 것에 한한다)의 해당 주된 목적에 따라서 취득된 해당 법인의 주식

2. 회사법(平成17{2005}년 법률 제86호) 제238조 제2항(모집사항의 결정)의 결의[동법 제239조 제1항(모집사항의 결정의 위임)의 결의에 의한 위임에 기초한 동항에 규정된 모집사항의 결정 및 동법 제240조 제1항(공개회사에 있어서의 모집사항 결정의 특칙)의 규정에 의한 이사회의 결의를 포함한다]에 의하여 해당 법인의 임원 또는 사용인(해당 임원 또는 사용인이었던 자 및 해당 자의 상속인을 포함한다. 이하 이 호에서 「임원 등」이라 한다)에게 부여된 신주예약권(다음에 기재된 권리를 포함한다)의 행사에 의하여 취득된 해당 법인의 주식(해당 임원 등이 보유하는 것에 한한다)

   イ. 상법 등의 일부를 개정하는 등의 법률(平成13{2001}년 법률 제79호) 제1조(상법의 일부개정)의 규정에 의한 개정 전의 상법(明治32{1899}년 법률 제48호) 제210조의2 제2항(이사 또는 사용인에게 양도하기 위한 자기주식의 취득)의 결의에 의하여 해당 법인의 임원 등에게 부여된 동항 제3호에 규정된 권리

   ロ. 상법 등의 일부를 개정하는 법률(平成13{2001}년 법률 제128호) 제1조(상법의 일부개정)의 규정에 의한 개정 전의 상법 제280조의19 제2항(이사 또는 사용인에 대한 신주인수권의 부여)의 결의에 의하여 해당 법인의 임원 등에게 부여된 동항에 규정된 신주의 인수권

   ハ. 회사법의 시행에 수반하는 관계법률의 정비 등에 관한 법률(平成17{2005}년 법률 제87호) 제64조(상법의 일부개정)의 규정에 의한 개정 전의 상법 제280조의21 제1항(신주예약권의 유리발행{有利發行}의 결의)의 결의에 의하여 해당 법인의 임원 등에게 부여된 신주예약권

제8조(자본금 등의 금액)

① 법 제2조 제16호(정의)에 규정된 정령으로 정하는 금액은, 동호에 규정된 법인의 자본금의 금액 또는 출자금의 금액과, 해당 사업연도 전의 각 사업연도[해당 법인의 해당 사업연도 전의 각 사업연도 중에 연결사업연도에 해당하는 사업연도가 있는 경우에는, 각 연결사업연도의 연결소득

에 대한 법인세가 부과되는 최종 연결사업연도(이하 이 항에서 「최종 연결사업연도」라 한다) 후의 각 사업연도에 한한다. 이하 이 항에서 「과거 사업연도」라 한다]의 제1호부터 제12호까지에 기재된 금액의 합계액에서 해당 법인의 과거 사업연도의 제13호부터 제22호까지에 기재된 금액의 합계액을 감산한 금액[해당 법인의 해당 사업연도 전의 각 사업연도 중에 연결사업연도에 해당하는 사업연도가 있는 경우에는, 최종 연결사업연도 종료 시에 있어서의 연결개별자본금 등의 금액(해당 종료 시에 있어서의 자본금의 금액 또는 출자금의 금액을 제외한다)을 가산한 금액]에, 해당 법인의 해당 사업연도 개시일 이후의 제1호부터 제12호까지에 기재된 금액을 가산하여, 여기에서 해당 법인의 같은 날 이후의 제13호부터 제22호까지에 기재된 금액을 감산한 금액의 합계액으로 한다.

1. 주식(출자를 포함한다. 이하 제10호까지에서 동일함)의 발행 또는 자기주식의 양도를 한 경우(다음에 기재된 경우를 제외한다)에 납입된 금전의 금액 및 급부를 받은 금전 이외 자산의 가액 기타 대가의 금액에 상당하는 금액에서 그 발행에 의하여 증가한 자본금의 금액 또는 출자금 금액(법인설립에 의한 주식발행의 경우에는, 그 설립 시에 있어서의 자본금의 금액 또는 출자금의 금액)을 감산한 금액

   <중간 생략>

20. 법 제24조 제1항 제5호부터 제7호까지에 기재된 사유(이하 이 호에서 「자기주식의 취득 등」이라 한다)에 의하여 금전 기타 자산을 교부한 경우의 취득자본금액[다음에 기재된 경우의 구분에 따라서 각각 다음에서 정하는 금액을 말하며, 해당 금액이 해당 자기주식의 취득 등에 의하여 교부한 금전의 금액 및 금전 이외 자산의 가액(적격현물분배에 관련된 자산의 경우에는, 그 교부 직전의 장부가액)의 합계액을 넘는 경우에는, 그 넘는 부분의 금액을 감산한 금액으로 한다]

   イ. 해당 자기주식의 취득 등을 한 법인이 한 가지 종류의 주식을 발행한 법인(지분개수 {口數}의 정함이 없는 출자를 발행하는 법인을 포함한다)인 경우 : 해당 법인의 해당 자기주식의 취득 등 직전의 자본금 등의 금액을 해당 직전의 기발행주식 또는 출자(자기가 보유하는 자기주식을 제외한다)의 총수(출자의 경우에는 총액)로 나누어, 이에 해당 자기주식의 취득 등에 관련된 주식의 수(출자의 경우에는 금액)를 곱하여 계산한 금액(해당 직전의 자본금 등의 금액이 0 이하인 경우에는 0)

   ロ. 해당 자기주식의 취득 등을 한 법인이 두 가지 이상 종류의 주식을 발행한 법인인 경우 : 해당 법인의 해당 자기주식의 취득 등 직전의 해당 자기주식의 취득 등에 관련된 주식과 동일한 종류의 주식에 관련된 종류자본금액을 해당 직전의 해당 종류의 주식(해당 법인이 해당 직전에 보유하고 있던 자기주식을 제외한다)의 총수로 나누어, 이에 해당 자기주식의 취득 등에 관련된 해당 종류의 주식의 수를 곱하여 계산한 금액(해당 직전의 해당 종류자본금액이 0 이하인 경우에는 0)

   <이하 생략>

제9조(이익적립금액)

① 법 제2조 제18호(정의)에 규정된 정령으로 정하는 금액은, 동호에 규정된 법인의 해당 사업연도 전의 각 사업연도[해당 법인의 해당 사업연도 전의 각 사업연도 중에 연결사업연도에 해당하는 사업연도가 있는 경우에는, 각 연결사업연도의 연결소득에 대한 법인세가 부과되는 최종 연결사업연도(이하 이 항에서 「최종 연결사업연도」라 한다) 후의 각 사업연도에 한한다. 이하 이 항에서 「과거 사업연도」라 한다]의 제1호부터 제7호까지에 기재된 금액의 합계액에서 해당 법인의 과거 사업연도의 제8호부터 제14호까지에 기재된 금액의 합계액을 감산한 금액(해당 법인의 해당 사업연도 전의 각 사업연도 중에 연결사업연도에 해당하는 사업연도가 있는 경우에는, 최종 연결사업연도 종료 시에 있어서의 연결개별이익적립금액을 가산한 금액)에, 해당 법인의 해당 사업연도 개시일 이후의 제1호부터 제7호까지에 기재된 금액을 가산하여, 여기에서 해당 법인의 같은 날 이후의 제8호부터 제14호까지에 기재된 금액을 감산한 금액으로 한다.

<중간 생략>

8. 잉여금의 배당(주식 또는 출자에 관련된 것에 한하며, 자본잉여금의 감소에 수반하는 것 및 분할형분할에 의한 것 및 주식분배를 제외한다) 혹은 이익의 배당(분할형분할에 의한 것 및 주식분배를 제외한다) 혹은 잉여금의 분배(출자에 관련된 것에 한한다), 투자신탁 및 투자법인에 관한 법률 제137조(금전의 분배)의 금전의 분배(법 제23조 제1항 제2호에 규정된 출자 등 감소 분배를 제외한다) 또는 자산의 유동화에 관한 법률(平成10{1998}년 법률 제105호) 제115조 제1항(중간배당)에 규정된 금전의 분배의 금액으로서 주주 등에게 교부하는 금전의 금액 및 금전 이외 자산의 가액(적격현물분배에 관련된 자산의 경우에는, 그 교부 직전의 장부가액)의 합계액(법 제24조 제1항의 규정에 의하여 법 제23조 제1항 제1호 또는 제2호에 기재된 금액으로 간주되는 금액을 제외한다)

<중간 생략>

14. 제8조 제1항 제20호에 규정된 합계액이 동호에 규정된 취득자본금액을 넘는 경우에 있어서의 그 넘는 부분의 금액

<이하 생략>

제64조(이연자산의 상각한도액)

① 법 제32조 제1항(이연자산의 상각비의 계산 및 그 상각방법)에 규정된 정령으로 정하는 바에 따라서 계산한 금액은, 다음의 각호에 기재된 이연자산의 구분에 따라서 해당 각호에서 정하는 금액으로 한다.

1. 제14조 제1항 제1호부터 제5호까지(이연자산의 범위)에 기재된 이연자산 : 그 이연자산의 금액[이미 행한 상각금액으로서 각 사업연도의 소득금액 또는 각 연결사업연도의 연결소득금액의 계산상 손금에 산입된 것(해당 이연자산이 적격합병, 적격분할, 적격현물출자 또는 적격현물분배에 의하여 피합병법인, 분할법인, 현물출자법인 또는 현물분배법인으로부터 인계를 받은 것인 경우에 있어서는, 이들 법인의 각 사업연도의 소득금액 또는 각 연결사업연도의 연결소득금액의 계산상 손금에 산입된 것을 포함한다)이 있는 경우에는, 해당 금액

을 공제한 금액]

2. 제14조 제1항 제6호에 기재된 이연자산 : 그 이연자산의 금액[해당 이연자산이 적격합병, 적격분할, 적격현물출자 또는 적격현물분배(이하 이 호 및 제3항에서 「적격조직재편성」이라 한다)에 의하여 피합병법인, 분할법인, 현물출자법인 또는 현물분배법인(이하 이 호 및 제3항에서 「피합병법인 등」이라 한다)으로부터 인계를 받은 것인 경우에 있어서는, 해당 피합병법인 등에 있어서의 이연자산의 금액]을 그 이연자산이 되는 비용의 지출의 효과가 미치는 기간의 월수로 나누어 계산한 금액에 해당 사업연도의 월수(해당 사업연도가 그 이연자산이 되는 비용을 지출하는 날이 속하는 사업연도인 경우에 있어서는 같은 날부터 해당 사업연도 종료일까지 기간의 월수로 하며, 적격조직재편성에 의하여 피합병법인 등으로부터 인계를 받은 날이 속하는 사업연도인 경우에 있어서는 해당 적격조직재편성의 날부터 해당 사업연도 종료일까지 기간의 월수로 한다)를 곱하여 계산한 금액

② 전항 제1호에 기재된 이연자산에 대하여 평가변경 등[제48조 제5항 제3호(감가상각자산의 상각방법)에 규정된 평가변경 등을 말한다. 이하 이 항 및 다음 항에서 동일함]이 이루어진 것에 의하여 그 장부가액이 감액된 경우에는, 해당 평가변경 등이 이루어진 사업연도 후의 각 사업연도[해당 평가변경 등이 기중 평가변경 등(동조 제5항 제4호에 규정된 기중 평가변경 등을 말한다. 이하 이 항 및 다음 항에서 동일함)인 경우에는, 해당 기중 평가변경 등이 이루어진 사업연도 이후의 각 사업연도]에 있어서의 해당 이연자산에 관련된 전항 제1호에 규정된 손금에 산입된 것에는, 해당 장부가액이 감액된 금액을 포함하는 것으로 한다.

③ 제1항 제2호에 기재된 이연자산에 대하여 평가변경 등이 이루어진 것에 의하여 그 장부가액이 증액되거나 감액되었을 경우에는, 해당 평가변경 등이 이루어진 사업연도 후의 각 사업연도(해당 평가변경 등이 기중 평가변경 등인 경우에는, 해당 기중 평가변경 등이 이루어진 사업연도 이후의 각 사업연도)에 있어서의 해당 이연자산에 관련된 동호에 규정된 나누어 계산한 금액은, 해당 평가변경 등 직후의 장부가액을 동호에 규정된 지출의 효과 및 기간 중 해당 평가변경 등이 이루어진 사업연도 종료일 후의 기간[해당 평가변경 등이 기중 평가변경 등인 경우에는, 해당 기중 평가변경 등이 이루어진 사업연도의 개시일(해당 사업연도가 그 이연자산이 되는 비용을 지출하는 날이 속하는 사업연도인 경우에 있어서는 같은 날로 하며, 적격조직재편성에 의하여 피합병법인 등으로부터 인계를 받은 날이 속하는 사업연도인 경우에 있어서는 해당 적격조직재편성의 날로 한다) 이후의 기간]의 월수로 나누어 계산한 금액으로 한다.

④ 제1항 및 전항의 월수는 역법에 따라서 계산하고, 1개월에 미치지 않는 끝수가 발생한 때에는 이를 1개월로 한다.

제68조(자산의 평가손실을 계상할 수 있는 사실)

① 법 제33조 제2항(특정한 사실이 발생한 경우의 자산의 평가손실의 손금산입)에 규정된 정령으로 정하는 사실은, 물손{物損} 등의 사실(다음의 각호에 기재된 자산의 구분에 따라서 해당 각호에서 정하는 사실로서, 해당 사실이 발생한 것에 의하여 해당 자산의 가액이 그 장부가액을 밑돌게 된 것을 말한다) 및 법적정리{法的整理}의 사실(갱생절차에 있어서의 평정이 이루어지는 것에

준하는 특별한 사실을 말한다)로 한다.

1. 재고자산 : 다음에 기재된 사실

　　イ. 해당 자산이 재해에 의하여 현저하게 손상됨

　　ロ. 해당 자산이 현저하게 진부화{陳腐化}함

　　ハ. イ 또는 ロ에 준하는 특별한 사실

2. 유가증권 : 다음에 기재된 사실

　　イ. 제119조의13 제1호부터 제3호까지(매매목적 유가증권의 시가평가금액)에 기재된 유가
　　증권[제119조의2 제2항 제2호(유가증권의 1단위당 장부가액의 산출방법)에 기재된 주
　　식 또는 출자에 해당하는 것을 제외한다]의 가액이 현저하게 저하됨

　　ロ. イ에 규정된 유가증권 이외의 유가증권에 대하여, 그 유가증권을 발행하는 법인의 자
　　산상태가 현저하게 악화되어, 그 가액이 현저하게 저하됨

　　ハ. ロ에 준하는 특별한 사실

3. 고정자산 : 다음에 기재된 사실

　　イ. 해당 자산이 재해에 의하여 현저하게 손상됨

　　ロ. 해당 자산이 1년 이상에 걸쳐서 유휴 상태임

　　ハ. 해당 자산을 그 본래의 용도로 사용할 수 없어서 다른 용도로 사용함

　　ニ. 해당 자산이 소재하는 장소의 상황이 현저하게 변화됨

　　ホ. イ부터 ニ까지에 준하는 특별한 사실

4. 이연자산[제14조 제1항 제6호(이연자산의 범위)에 기재된 것 중 다른 자가 보유하는 고정
자산을 이용하기 위하여 지출된 것에 한한다] : 다음에 기재된 사실

　　イ. 그 이연자산이 되는 비용의 지출대상이 된 고정자산에 대하여 전호 イ부터 ニ까지에
　　기재된 사실이 발생함

　　ロ. イ에 준하는 특별한 사실

② 내국법인이 보유하는 자산에 대하여 법 제33조 제2항에 규정된 정령으로 정하는 사실이 발생
하였고, 또한 해당 내국법인이 해당 자산의 평가변경을 하여 손금경리에 의하여 그 장부가액을
감액하는 경우에 있어서, 해당 내국법인이 해당 평가변경을 하는 사업연도에 대하여 동조 제4항
의 규정의 적용을 받을 때(해당 사실이 발생한 날 이후에 해당 적용에 관련된 다음 조 제2항 각
호에서 정하는 평정이 이루어지는 때에 한한다)에는, 해당 평가변경에 대해서는 법 제33조 제2항
의 규정은 적용하지 않는다. 이 경우에 있어서는, 해당 자산(동조 제4항에 규정된 자산에 해당하
지 않는 것에 한한다)은 동조 제4항에 규정된 자산으로 간주한다.

제70조(과대한 임원급여의 금액)

법 제34조 제2항(임원급여의 손금불산입)에 규정된 정령으로 정하는 금액은, 다음에 기재된 금액
의 합계액으로 한다.

1. 다음에 기재된 금액 중 많은 쪽의 금액

　　イ. 내국법인이 각 사업연도에 있어서 그 임원에 대하여 지급한 급여(법 제34조 제2항에

규정된 급여 중, 퇴직급여 이외의 것을 말한다. 이하 이 호에서 동일함)의 금액(제3호에 기재된 금액에 상당하는 금액을 제외한다)이, 해당 임원의 직무내용, 그 내국법인의 수익 및 그 사용인에 대한 급여의 지급상황, 그 내국법인과 동종의 사업을 영위하는 법인으로서 그 사업 규모가 유사한 것의 임원에 대한 급여의 지급상황 등에 비추어, 해당 임원의 직무에 대한 대가로서 상당하다고 인정되는 금액을 넘는 경우에 있어서의 그 넘는 부분의 금액(그 임원의 수가 2인 이상인 경우에는, 이들 임원에 관련된 해당 넘는 부분의 금액의 합계액)

ㅁ. 정관의 규정 또는 주주총회, 사원총회 혹은 이들에 준하는 것의 결의에 의하여 임원에 대한 급여로서 지급할 수 있는 금전의 금액의 한도액 혹은 산정방법 또는 금전 이외의 자산(ㅁ에서 「지급대상자산」이라 한다)의 내용(ㅁ에서 「한도액 등」이라 한다)을 정한 내국법인이, 각 사업연도에 있어서 그 임원(해당 한도액 등이 정해져 있는 급여의 지급대상이 되는 자에 한한다. ㅁ에서 동일함)에 대하여 지급한 급여의 금액[법 제34조 제6항에 규정된 사용인으로서의 직무를 가지는 임원(제3호에서 「사용인겸무임원」이라 한다)에 대하여 지급하는 급여 중 그 사용인으로서의 직무에 대한 것을 포함하지 않고 해당 한도액 등을 정한 내국법인에 대해서는, 해당 사업연도에 있어서 해당 직무에 대한 급여로서 지급한 금액(동호에 기재된 금액에 상당하는 금액을 제외한다) 중, 그 내국법인의 다른 사용인에 대한 급여의 지급상황 등에 비추어, 해당 직무에 대한 급여로서 상당하다고 인정되는 금액을 제외한다]의 합계액이 해당 사업연도에 관련된 해당 한도액 및 해당 산정방법에 의하여 산정된 금액 그리고 해당 지급대상자산(해당 사업연도에 지급된 것에 한한다)의 지급 시에 있어서의 가액[제71조의3 제1항(확정된 수의 주식을 교부하는 취지의 정함에 기초하여 지급하는 급여에 관련된 비용 등)에 규정된 확정수급여{確定数給與}의 경우에는, 동항에 규정된 교부결의 시의 가액]에 상당하는 금액의 합계액을 넘는 경우에 있어서의 그 넘는 부분의 금액(동호에 기재된 금액이 있는 경우에는, 해당 넘는 부분의 금액에서 동호에 기재된 금액에 상당하는 금액을 공제한 금액)

2. 내국법인이 각 사업연도에 있어서 그 퇴직한 임원에 대하여 지급한 퇴직급여(법 제34조 제1항 또는 제3항의 규정의 적용이 있는 것을 제외한다. 이하 이 호에서 동일함)의 금액이, 해당 임원이 그 내국법인의 업무에 종사한 기간, 그 퇴직의 사정, 그 내국법인과 동종의 사업을 영위하는 법인으로서 그 사업규모가 유사한 것의 임원에 대한 퇴직급여의 지급상황 등에 비추어, 그 퇴직한 임원에 대한 퇴직급여로서 상당하다고 인정되는 금액을 넘는 경우에 있어서의 그 넘는 부분의 금액

3. 사용인겸무임원의 사용인으로서의 직무에 대한 상여로서, 다른 사용인에 대한 상여의 지급시기와 다른 시기에 지급한 것의 금액

제72조의2(과대한 사용인급여의 금액)

법 제36조(과대한 사용인급여의 손금불산입)에 규정된 정령으로 정하는 금액은, 내국법인이 각 사업연도에 있어서 그 사용인에 대하여 지급한 급여의 금액이, 해당 사용인의 직무내용, 그 내국

법인의 수익 및 다른 사용인에 대한 급여의 지급상황, 그 내국법인과 동종의 사업을 영위하는 법인으로서 그 사업규모가 유사한 것의 사용인에 대한 급여의 지급상황 등에 비추어, 해당 사용인의 직무에 대한 대가로서 상당하다고 인정되는 금액(퇴직급여의 경우에는, 해당 사용인이 그 내국법인의 업무에 종사한 기간, 그 퇴직의 사정, 그 내국법인과 동종의 사업을 영위하는 법인으로서 그 사업규모가 유사한 것의 사용인에 대한 퇴직급여의 지급상황 등에 비추어, 그 퇴직한 사용인에 대한 퇴직급여로서 상당하다고 인정되는 금액)을 넘는 경우에 있어서의 그 넘는 부분의 금액으로 한다.

제73조(일반기부금의 손금산입 한도액)

① 법 제37조 제1항(기부금의 손금불산입)에 규정된 정령으로 정하는 바에 따라서 계산한 금액은, 다음의 각호에 기재된 내국법인의 구분에 따라서 해당 각호에서 정하는 금액으로 한다.

1. 보통법인, 협동조합 등 및 인격이 없는 사단 등(다음 호에 기재된 것을 제외한다) : 다음에 기재된 금액의 합계액의 4분의 1에 상당하는 금액

   イ. 해당 사업연도 종료 시의 자본금 등의 금액(해당 자본금 등의 금액이 0에 미치지 않는 경우에는 0)을 12로 나누어, 이에 해당 사업연도의 월수를 곱하여 계산한 금액의 1,000분의 2.5에 상당하는 금액

   ロ. 해당 사업연도의 소득금액의 100분의 2.5에 상당하는 금액

2. 보통법인, 협동조합 등 및 인격이 없는 사단 등 중 자본 또는 출자를 가지지 않는 것, 법 별표2에 기재된 일반사단법인 및 일반재단법인 그리고 재무성령으로 정하는 법인 : 해당 사업연도의 소득금액의 100분의 1.25에 상당하는 금액

3. 공익법인 등(법 별표2에 기재된 일반사단법인 및 일반재단법인 그리고 재무성령으로 정하는 법인을 제외한다. 이하 이 호에서 동일함) : 다음에 기재된 법인의 구분에 따라서 각각 다음에서 정하는 금액

   イ. 공익사단법인 또는 공익재단법인 : 해당 사업연도의 소득금액의 100분의 50에 상당하는 금액

   ロ. 사립학교법 제3조(정의)에 규정된 학교법인[동법 제64조 제4항(사립전수학교 등)의 규정에 의하여 설립된 법인으로서 학교교육법 제124조(전수학교)에 규정된 전수학교를 설치한 것을 포함한다], 사회복지법 제22조(정의)에 규정된 사회복지법인, 갱생보호사업법(平成7{1995}년 법률 제86호) 제2조 제6항(정의)에 규정된 갱생보호법인 또는 의료법 제42조의2 제1항(사회의료법인)에 규정된 사회의료법인 : 해당 사업연도의 소득금액의 100분의 50에 상당하는 금액(해당 금액이 연 200만 엔에 미치지 않는 경우에는 연 200만 엔)

   ハ. イ 또는 ロ에 기재된 법인 이외의 공익법인 등 : 해당 사업연도의 소득금액의 100분의 20에 상당하는 금액

② 전항 각호에 규정된 소득금액은, 다음에 기재된 규정을 적용하지 않고 계산한 경우에 있어서의 소득금액으로 한다.

    1. 법 제27조(중간신고에 있어서의 소급에 의한 환급에 관련된 재해손실결손금액의 익금산입)

    2. 법 제40조(법인세액에서 공제하는 소득세액의 손금불산입)

    3. 법 제41조(법인세액에서 공제하는 외국세액의 손금불산입)

<이하 각호 생략>

③ 제1항 각호에 규정된 소득금액은, 내국법인이 해당 사업연도에 있어서 지출한 법 제37조 제7항에 규정된 기부금 금액의 전액은 손금에 산입하지 않고 계산하는 것으로 한다.

④ 사업연도가 1년에 미치지 않는 법인에 대한 제1항 제3호 ㅁ의 규정의 적용에 관해서는, 동호 ㅁ 중 「연 200만 엔」이라고 되어 있는 것은, 「200만 엔을 12로 나누어, 이에 해당 사업연도의 월수를 곱하여 계산한 금액」으로 한다.

⑤ 제1항 및 전항의 월수는 역법에 따라서 계산하고, 1개월에 미치지 않는 끝수가 발생한 때에는 이를 버린다.

⑥ 내국법인이 제1항 각호에 기재된 법인의 어느 것에 해당하는지에 대한 판정은, 각 사업연도 종료 시의 현황에 의한다.

제73조의2(공익사단법인 또는 공익재단법인의 기부금의 손금산입 한도액의 특례)

① 공익사단법인 또는 공익재단법인의 각 사업연도에 있어서 법 제37조 제5항(기부금의 손금불산입)의 규정에 의하여 그 수익사업에 관련된 동항에 규정된 기부금의 금액으로 간주되는 금액(이하 이 항에서 「기부간주금액」이라 한다)이 있는 경우에 있어서, 해당 사업연도의 그 공익목적사업[공익사단법인 및 공익재단법인의 인정 등에 관한 법률 제2조 제4호(정의)에 규정된 공익목적사업을 말한다]의 실시를 위하여 필요한 금액으로서 재무성령으로 정하는 금액(해당 금액이 해당 기부간주금액을 넘는 경우에는, 해당 기부간주금액에 상당하는 금액. 이하 이 항에서 「공익법인 특별한도액」이라 한다)이 전조 제1항 제3호 イ에 규정된 금액을 넘을 때에는, 해당 사업연도의 동호 イ에서 정하는 금액은, 동호 イ의 규정에도 불구하고, 해당 공익법인 특별한도액에 상당하는 금액으로 한다.

② 전항의 규정은, 확정신고서, 수정신고서 또는 경정청구서에 동항에 규정된 재무성령으로 정하는 금액 및 그 계산에 관한 명세를 기재한 서류의 첨부가 있는 경우에 한하여 적용한다.

③ 제1항의 경우에 있어서, 법인이 공익사단법인 또는 공익재단법인에 해당하는지에 대한 판정은, 각 사업연도 종료 시의 현황에 의한다.

제77조(공익의 증진에 현저하게 기여하는 법인의 범위)

법 제37조 제4항(기부금의 손금불산입)에 규정된 정령으로 정하는 법인은, 다음에 기재된 법인으로 한다.

    1. 독립행정법인통칙법(平成11{1999}년 법률 제103호) 제2조 제1항(정의)에 규정된 독립행정법인

    1의2. 지방독립행정법인법(平成15{2003}년 법률 제118호) 제2조 제1항(정의)에 규정된 지방독립행정법인으로서 동법 제21조 제1호 또는 제3호부터 제6호까지(업무의 범위)에 기

재된 업무[동조 제3호에 기재된 업무의 경우에는 동호 チ에 기재된 사업의 경영에, 동조 제6호에 기재된 업무의 경우에는 지방독립행정법인법 시행령(平成15{2003}년 정령 제486호) 제6조 제1호 또는 제3호(공공적인 시설의 범위)에 기재된 시설의 설치 및 관리에, 각각 한하는 것으로 한다]를 주된 목적으로 하는 것

2. 자동차 안전운전센터, 일본 사법지원센터, 일본 사립학교 진흥·공제 사업단 및 일본 적십자사
3. 공익사단법인 및 공익재단법인
4. 사립학교법 제3조(정의)에 규정된 학교법인으로서 학교[학교교육법 제1조(정의)에 규정된 학교 및 취학 전의 아이에 관한 교육, 보육 등의 종합적인 제공의 추진에 관한 법률(平成 18{2006}년 법률 제77호) 제2조 제7항(정의)에 규정된 유보연휴형{幼保連携型} 인정 어린이집을 말한다. 이하 이 호에서 동일함]의 설치 혹은 학교 및 전수학교[학교교육법 제124조(전수학교)에 규정된 전수학교로서 재무성령으로 정하는 것을 말한다. 이하 이 호에서 동일함] 혹은 각종학교[학교교육법 제134조 제1항(각종학교)에 규정된 각종학교로서 재무성령으로 정하는 것을 말한다. 이하 이 호에서 동일함]의 설치를 주된 목적으로 하는 것 또는 사립학교법 제64조 제4항(사립전수학교 등)의 규정에 의하여 설립된 법인으로서 전수학교 혹은 각종학교의 설치를 주된 목적으로 하는 것
5. 사회복지법 제22조(정의)에 규정된 사회복지법인
6. 갱생보호사업법 제2조 제6항(정의)에 규정된 갱생보호법인

제77조의2(특정공익증진법인에 대한 기부금의 특별 손금산입 한도액)

① 법 제37조 제4항(기부금의 손금불산입)에 규정된 정령으로 정하는 바에 따라서 계산한 금액은, 다음의 각호에 기재된 내국법인의 구분에 따라서 해당 각호에서 정하는 금액으로 한다.
1. 보통법인, 협동조합 등 및 인격이 없는 사단 등(다음 호에 기재된 것을 제외한다) : 다음에 기재된 금액의 합계액의 2분의 1에 상당하는 금액
   イ. 해당 사업연도 종료 시에 있어서의 자본금 등의 금액(해당 자본금 등의 금액이 0에 미치지 않는 경우에는 0)을 12로 나누어, 이에 해당 사업연도의 월수를 곱하여 계산한 금액의 1,000분의 3.75에 상당하는 금액
   ㅁ. 해당 사업연도의 소득금액의 100분의 6.25에 상당하는 금액
2. 보통법인, 협동조합 등 및 인격이 없는 사단 등 중에서 자본 또는 출자를 가지지 않는 것, 법 별표2에 기재된 일반사단법인 및 일반재단법인 그리고 재무성령으로 정하는 법인 : 해당 사업연도의 소득금액의 100분의 6.25에 상당하는 금액
② 전항 각호에 규정된 소득금액은, 제73조 제2항 각호(일반기부금의 손금산입 한도액)에 기재된 규정을 적용하지 않고 계산한 경우의 소득금액으로 한다.
③ 제1항 각호에 규정된 소득금액은, 내국법인이 해당 사업연도에 있어서 지출한 법 제37조 제7항에 규정된 기부금 금액의 전액은 손금에 산입하지 않고 계산하는 것으로 한다.
④ 제1항의 월수는 역법에 따라서 계산하고, 1개월에 미치지 않는 끝수가 발생한 때에는 이를 버린다.

⑤ 내국법인이 제1항 각호에 기재된 법인 중 어느 것에 해당하는지에 대한 판정은, 각 사업연도 종료 시의 현황에 의한다.

제118조의4(단기매매상품 등의 범위)

법 제61조 제1항(단기매매상품 등의 양도손익 및 시가평가손익)에 규정된 정령으로 정하는 것은, 다음에 기재된 자산으로 한다.

　1. 내국법인이 취득한 금, 은, 백금 기타 자산 중, 시장에 있어서의 단기적인 가격변동 또는 시장 간의 가격차를 이용하여 이익을 얻을 목적(이하 이 호에서 「단기매매목적」이라 한다)으로 행하는 거래에만 오로지 종사하는 자가 단기매매목적으로 그 취득거래를 행한 것(이하 이 호에서 「전담자 매매상품」이라 한다) 및 그 취득일에 있어서 단기매매목적으로 취득한 것이라는 취지를 재무성령으로 정하는 바에 따라서 장부서류에 기재한 것(전담자 매매상품을 제외한다)

　2. 적격합병, 적격분할, 적격현물출자 또는 적격현물분배에 의하여 피합병법인, 분할법인, 현물출자법인 또는 현물분배법인(이하 이 호에서 「피합병법인 등」이라 한다)으로부터 이전을 받은 자산 중, 그 이전 직전에 해당 피합병법인 등에 있어서 전호에 기재된 자산으로 되어 있던 것

제132조(자본적 지출)

내국법인이, 수리, 개량 기타 어느 명목으로 하는지를 불문하고, 그 보유하는 고정자산에 대하여 지출하는 금액으로 다음에서 기재된 금액에 해당하는 것(그 모두에 해당하는 경우에는 그중 많은 금액)은, 그 내국법인의 그 지출일이 속하는 사업연도의 소득금액의 계산상 손금에 산입하지 않는다.

　1. 해당 지출하는 금액 중, 그 지출에 의하여, 해당 자산의 취득 시에 있어서 해당 자산에 대하여 통상의 관리 또는 수리를 하였다고 했을 경우에 예측되는 해당 자산의 사용가능기간을 연장시키는 부분에 대응하는 금액

　2. 해당 지출하는 금액 중, 그 지출에 의하여, 해당 자산의 취득 시에 있어서 해당 자산에 대하여 통상의 관리 또는 수리를 하였다고 했을 경우에 예측되는 그 지출 시에 있어서의 해당 자산의 가액을 증가시키는 부분에 대응하는 금액

제133조(소액 감가상각자산의 취득가액의 손금산입)

내국법인이 그 사업에 사용한 감가상각자산[제48조 제1항 제6호 및 제48조의2제1항 제6호(감가상각자산의 상각방법)에 기재된 것을 제외한다]으로서, 전조 제1호에 규정된 사용가능기간이 1년 미만인 것 또는 취득가액[제54조 제1항 각호(감가상각자산의 취득가액)의 규정에 의하여 계산한 가액을 말한다. 다음 조 제1항에서 동일함]이 10만 엔 미만인 것을 보유하는 경우에 있어서, 그 내국법인이 해당 자산의 해당 취득가액에 상당하는 금액에 대하여 그 사업에 사용한 날이 속하는 사업연도에 있어서 손금경리를 한 때에는, 그 손금경리를 한 금액은, 해당 사업연도의 소득금액의 계산상 손금에 산입한다.

상속세법

제정 : 昭和25{1950}년 3월 31일 호외 법률 제73호
최종개정 : 令和1{2019}년 5월 31일 호외 법률 제16호

제3조(상속 또는 유증에 의하여 취득한 것으로 간주하는 경우)

① 다음 각호의 어느 하나에 해당하는 경우에 있어서는, 해당 각호에 기재된 자가, 해당 각호에 기재된 재산을 상속 또는 유증에 의하여 취득한 것으로 간주한다. 이 경우에 있어서, 그 자가 상속인(상속을 포기한 자 및 상속권을 상실한 자를 포함하지 않는다. 제15조, 제16조, 제19조의2 제1항, 제19조의3 제1항, 제19조의4 제1항 및 제63조의 경우 그리고 「제15조 제2항에 규정된 상속인의 수」의 경우를 제외하고, 이하 동일함)인 때에는 해당 재산을 상속에 의하여 취득한 것으로 간주하고, 그 자가 상속인 이외의 자인 때에는 해당 재산을 유증에 의하여 취득한 것으로 간주한다.

1. 피상속인의 사망에 의하여 상속인 기타의 자가 생명보험계약[보험업법(平成7{1995}년 법률 제105호) 제2조 제3항(정의)에 규정된 생명보험회사와 체결한 보험계약(이와 유사한 공제에 관련된 계약을 포함한다. 이하 동일함) 기타 정령으로 정하는 계약을 말한다. 이하 동일함]의 보험금(공제금을 포함한다. 이하 동일함) 또는 손해보험계약(동조 제4항에 규정된 손해보험회사와 체결한 보험계약 기타 정령으로 정하는 계약을 말한다. 이하 동일함)의 보험금(우연한 사고에 기인하는 사망에 수반하여 지급되는 것에 한한다)을 취득한 경우에 있어서는, 해당 보험금수취인(공제금수취인을 포함한다. 이하 동일함)에 대하여, 해당 보험금(다음 호에 기재된 급여 및 제5호 또는 제6호에 기재된 권리에 해당하는 것을 제외한다) 중 피상속인이 부담한 보험료(공제부담금{掛金}을 포함한다. 이하 동일함) 금액의 해당 계약에 관련된 보험료로서 피상속인의 사망 시까지 납입된 것의 전액에 대한 비율에 상당하는 부분

2. 피상속인의 사망에 의하여 상속인 기타의 자가 해당 피상속인에게 지급되어야 했던 퇴직수당금, 공로금 기타 이들에 준하는 급여(정령으로 정하는 급부를 포함한다)로서 피상속인의 사망 후 3년 이내에 지급이 확정된 것의 지급을 받은 경우에 있어서는, 해당 급여의 지급을 받은 자에 대하여, 해당 급여

3. 상속개시 시에 있어서, 아직 보험사고(공제사고를 포함한다. 이하 동일함)가 발생하지 않은 생명보험계약(일정기간 내에 보험사고가 발생하지 않은 경우에 있어서 반환금 기타 이에 준하는 것의 지급이 없는 생명보험계약을 제외한다)으로서 피상속인이 보험료의 전부 또는 일부를 부담하고, 또한 피상속인 이외의 자가 해당 생명보험계약의 계약자인 것이 있는 경우에 있어서는, 해당 생명보험계약의 계약자에 대하여, 해당 계약에 관한 권리 중 피상속인이 부담한 보험료 금액의 해당 계약에 관련된 보험료로서 해당 상속개시 시까지 납입된 것의 전액에 대한 비율에 상당하는 부분

4. 상속개시 시에 있어서, 아직 정기금급부사유가 발생하지 않은 정기금급부계약(생명보험계

약을 제외한다)으로서 피상속인이 부담금{掛金} 또는 보험료의 전부 또는 일부를 부담하고, 또한 피상속인 이외의 자가 해당 정기금급부계약의 계약자인 것이 있는 경우에 있어서는, 해당 정기금급부계약의 계약자에 대하여, 해당 계약에 관한 권리 중 피상속인이 부담한 부담금 또는 보험료 금액의 해당 계약에 관련된 부담금 또는 보험료로서 해당 상속개시 시까지 납입된 것의 전액에 대한 비율에 상당하는 부분

5. 정기금급부계약에서 정기금수취인에 대하여 그 생존 중 또는 일정기간에 걸쳐서 정기금을 급부하고, 또한 그 자가 사망한 때에는 그 사망 후 유족 기타의 자에 대하여 정기금 또는 일시금을 급부하는 것에 기초하여 정기금수취인인 피상속인의 사망 후 상속인 기타의 자가 정기금수취인 또는 일시금수취인이 된 경우에 있어서는, 해당 정기금 수취인 또는 일시금 수취인이 된 자에 대하여, 해당 정기금급부계약에 관한 권리 중 피상속인이 부담한 부담금 또는 보험료 금액의 해당 계약에 관련된 부담금 또는 보험료로서 해당 상속개시 시까지 납입된 것의 전액에 대한 비율에 상당하는 부분

6. 피상속인의 사망에 의하여 상속인 기타의 자가 정기금(이에 관련된 일시금을 포함한다)에 관한 권리로서 계약에 기초한 것 이외의 것[은급법{恩給法}(大正12{1923}년 법률 제48호)의 규정에 의한 부조료{扶助料}에 관한 권리를 제외한다]을 취득한 경우에 있어서는, 해당 정기금에 관한 권리를 취득한 자에 대하여, 해당 정기금에 관한 권리(제2호에 기재된 급여에 해당하는 것을 제외한다)

② 전항 제1호 또는 제3호부터 제5호까지의 규정의 적용에 관해서는, 피상속인의 피상속인이 부담한 보험료 또는 부담금은, 피상속인이 부담한 보험료 또는 부담금으로 간주한다. 다만, 동항 제3호 또는 제4호의 규정에 의하여 해당 각호에 기재된 자가 해당 피상속인의 피상속인으로부터 해당 각호에 기재된 재산을 상속 또는 유증에 의하여 취득한 것으로 간주된 경우에 있어서는, 해당 피상속인의 피상속인이 부담한 보험료 또는 부담금에 대해서는 그러하지 아니하다.

③ 제1항 제3호 또는 제4호의 규정의 적용에 관해서는, 피상속인의 유언에 의하여 납입된 보험료 또는 부담금은, 피상속인이 부담한 보험료 또는 부담금으로 간주한다.

제8조(증여 또는 유증에 의하여 취득한 것으로 간주하는 경우)

대가를 지급하지 않고, 또는 현저하게 낮은 가액의 대가로 채무의 면제, 인수 또는 제3자를 위한 채무의 변제에 의한 이익을 받은 경우에는, 해당 채무의 면제, 인수 또는 변제가 있었던 때에 있어서, 해당 채무의 면제, 인수 또는 변제에 의한 이익을 받은 자가, 해당 채무의 면제, 인수 또는 변제에 관련된 채무의 금액에 상당하는 금액(대가의 지급이 있었던 경우에는, 그 가액을 공제한 금액)을 해당 채무의 면제, 인수 또는 변제를 한 자로부터 증여(해당 채무의 면제, 인수 또는 변제가 유언에 의하여 이루어진 경우에는 유증)에 의하여 취득한 것으로 간주한다. 다만, 해당 채무의 면제, 인수 또는 변제가 다음 각호의 어느 하나에 해당하는 경우에 있어서는, 그 증여 또는 유증에 의하여 취득하였다고 간주되는 금액 중 그 채무를 변제하는 것이 곤란한 부분의 금액에 대해서는 그러하지 아니하다.

1. 채무자가 자력을 상실하여 채무를 변제하는 것이 곤란한 경우에 있어서, 해당 채무의 전부

또는 일부의 면제를 받은 때
  2. 채무자가 자력을 상실하여 채무를 변제하는 것이 곤란한 경우에 있어서, 그 채무자의 부양
     의무자에 의하여 해당 채무의 전부 또는 일부의 인수 또는 변제가 이루어진 때

제11조의2(상속세의 과세가격)

① 상속 또는 유증에 의하여 재산을 취득한 자가 제1조의3 제1항 제1호 또는 제2호의 규정에 해
당하는 자인 경우에 있어서는, 그 자에 대해서는, 해당 상속 또는 유증에 의하여 취득한 재산의
가액의 합계액을 상속세의 과세가격으로 한다.

② 상속 또는 유증에 의하여 재산을 취득한 자가 제1조의3 제1항 제3호 또는 제4호의 규정에 해
당하는 자인 경우에 있어서는, 그 자에 대해서는, 해당 상속 또는 유증에 의하여 취득한 재산으로
서 이 법률의 시행지에 있는 것의 가액의 합계액을 상속세의 과세가격으로 한다.

제13조(채무공제)

① 상속 또는 유증(포괄유증 및 피상속인으로부터의 상속인에 대한 유증에 한한다. 이하 이 조에
서 동일함)에 의하여 재산을 취득한 자가 제1조의3 제1항 제1호 또는 제2호의 규정에 해당하는
자인 경우에 있어서는, 해당 상속 또는 유증에 의하여 취득한 재산에 대해서는, 과세가격에 산입
해야 할 가액은, 해당 재산의 가액에서 다음에 기재된 것의 금액 중 그 자의 부담에 속하는 부분
의 금액을 공제한 금액에 의한다.
  1. 피상속인의 채무로서 상속개시 시에 실제로 존재하는 것(공조·공과를 포함한다)
  2. 피상속인에 관련된 장례비용
  <이하 생략>

제14조(채무공제)

① 전조의 규정에 의하여 그 금액을 공제해야 할 채무는, 확실하다고 인정되는 것에 한한다.

② 전조의 규정에 의하여 그 금액을 공제해야 할 공조·공과의 금액은, 피상속인의 사망 시에 채
무가 확정되어 있는 것의 금액 외에, 피상속인에 관련된 소득세, 상속세, 증여세, 지가세, 재평가
세, 등록면허세, 자동차중량세, 소비세, 주세, 담배세, 휘발유세, 지방휘발유세, 석유가스세, 항공
기연료세, 석유석탄세 및 인지세 기타 공조·공과의 금액으로서 정령으로 정하는 것을 포함하는
것으로 한다.
  <이하 생략>

제15조(유산에 관련된 기초공제)

① 상속세의 총액을 계산하는 경우에 있어서는, 동일한 피상속인으로부터 상속 또는 유증에 의하
여 재산을 취득한 모든 자에 관련된 상속세의 과세가격(제19조의 규정의 적용이 있는 경우에는,
동조의 규정에 의하여 상속세의 과세가격으로 간주된 금액. 다음 조부터 제18조까지 및 제19조의
2에서 동일함)의 합계액에서, 3,000만 엔과 600만 엔에 해당 피상속인의 상속인의 수를 곱하여

계산한 금액의 합계액(이하 「유산에 관련된 기초공제액」이라 한다)을 공제한다.

② 전항의 상속인의 수는, 동항에 규정된 피상속인의 민법 제5편 제2장(상속인)의 규정에 의한 상속인의 수(해당 피상속인에게 양자가 있는 경우의 해당 상속인의 수에 산입하는 해당 피상속인의 양자의 수는, 다음의 각호에 기재된 경우의 구분에 따라서 해당 각호에서 정하는 양자의 수에 한하는 것으로 하고, 상속의 포기가 있는 경우에는, 그 포기가 없었던 것으로 했을 경우에 있어서의 상속인의 수로 한다)로 한다.

1. 해당 피상속인에게 실자(實子)가 있는 경우 또는 해당 피상속인에게 실자가 없고 양자의 수가 1인인 경우 : 1인
2. 해당 피상속인에게 실자가 없고 양자의 수가 2인 이상인 경우 : 2인

③ 전항의 적용에 관해서는, 다음에 기재된 자는 실자(實子)로 간주한다.

1. 민법 제817조의2 제1항(특별양자입양의 성립)에 규정된 특별양자입양에 의한 양자가 된 자, 해당 피상속인의 배우자의 실자로서 해당 피상속인의 양자가 된 자 기타 이들에 준하는 자로서 정령으로 정하는 자
2. 실자 혹은 양자 또는 그 직계비속이 상속개시 이전에 사망하거나, 또는 상속권을 상실하였기 때문에 민법 제5편 제2장의 규정에 의한 상속인(상속의 포기가 있는 경우에는, 그 포기가 없었던 것으로 했을 경우에 있어서의 상속인)이 된 그 자의 직계비속

제16조(상속세의 총액)

상속세의 총액은, 동일한 피상속인으로부터 상속 또는 유증에 의하여 재산을 취득한 모든 자에 관련된 상속세의 과세가격에 상당하는 금액의 합계액에서 그 유산에 관련된 기초공제액을 공제한 잔액을 해당 피상속인의 전조 제2항에 규정된 상속인의 수에 따라서 상속인이 민법 제900조(법정상속분) 및 제901조(대습상속인의 상속분)의 규정에 의한 상속분에 따라서 취득한 것으로 했을 경우에 있어서의 그 각 취득금액(해당 상속인이 한 명인 경우 또는 없는 경우에는, 해당 공제한 잔액)에 대하여 각각 그 금액을 다음 표의 상란에 기재된 금액으로 구분하여 각각의 금액에 동표의 하란에 기재된 세율을 곱하여 계산한 금액을 합계한 금액으로 한다.

1,000만 엔 이하인 금액	100분의 10
1,000만 엔을 넘고 3,000만 엔 이하인 금액	100분의 15
3,000만 엔을 넘고 5,000만 엔 이하인 금액	100분의 20
5,000만 엔을 넘고 1억 엔 이하인 금액	100분의 30
1억 엔을 넘고 2억 엔 이하인 금액	100분의 40
2억 엔을 넘고 3억 엔 이하인 금액	100분의 45
3억 엔을 넘고 6억 엔 이하인 금액	100분의 50
6억 엔을 넘는 금액	100분의 55

제21조(증여세의 과세)

증여세는, 이 절 및 다음 절에서 정하는 바에 따라서, 증여에 의하여 재산을 취득한 자에 관련된 증여세액으로서 계산한 금액에 의하여 부과한다.

제21조의3(증여세의 비과세재산)

① 다음에 기재된 재산의 가액은, 증여세의 과세가격에 산입하지 않는다.

1. 법인으로부터의 증여에 의하여 취득한 재산
2. 부양의무자 상호간에 있어서 생활비 또는 교육비에 충당하기 위해서 한 증여에 따라 취득한 재산 중 통상 필요하다고 인정되는 것
3. 종교, 자선, 학술 기타 공익을 목적으로 하는 사업을 하는 자로서 정령으로 정하는 자가 증여에 의하여 취득한 재산으로서 해당 공익을 목적으로 하는 사업에 사용할 것이 확실한 것

＜제4, 5, 6호 생략＞

② 제12조 제2항의 규정은, 전항 제3호에 기재된 재산에 대하여 준용한다.

제22조(평가의 원칙)

이 장에서 특별한 규정이 있는 것을 제외하고, 상속, 유증 또는 증여에 의하여 취득한 재산의 가액은, 해당 재산의 취득 시에 있어서의 시가에 의하고, 해당 재산의 가액에서 공제해야 할 채무의 금액은, 그 때의 현황에 의한다.

제24조(정기금에 관한 권리의 평가)

① 정기금급부계약에서 해당 계약에 관한 권리를 취득한 때에 있어서 정기금급부사유가 발생한 것에 관한 권리의 가액은, 다음의 각호에 기재된 정기금 또는 일시금의 구분에 따라서 해당 각호에서 정하는 금액에 의한다.

1. 유기{有期}정기금 : 다음에 기재된 금액 중 많은 쪽의 금액
   イ. 해당계약에 관한 권리를 취득한 때에 있어서 해당 계약을 해약한다고 했을 경우에 지급되어야 할 해약반환금{解約返戻金}의 금액
   ロ. 정기금에 대신하여 일시금으로 급부를 받을 수 있는 경우에는, 해당 계약에 관한 권리를 취득한 때에 있어서 해당 일시금의 급부를 받기로 했을 경우에 급부되어야 할 해당 일시금의 금액
   ハ. 해당 계약에 관한 권리를 취득한 때에 있어서의 해당 계약에 기초하여 정기금의 급부를 받아야 할 나머지 기간에 따라서, 해당 계약에 기초하여 급부를 받아야 할 금액의 1년당 평균액에, 해당 계약에 관련된 예정이율에 의한 복리연금현가율{複利年金現價率}(복리계산으로 연금현가를 산출하기 위한 비율로서 재무성령으로 정하는 것을 말한다. 제3호 ハ에서 동일함)을 곱하여 얻은 금액
2. 무기{無期}정기금 : 다음에 기재된 금액 중 많은 쪽의 금액
   イ. 해당계약에 관한 권리를 취득한 때에 있어서 해당 계약을 해약한다고 했을 경우에 지급되어야 할 해약반환금의 금액
   ロ. 정기금에 대신하여 일시금으로 급부를 받을 수 있는 경우에는, 해당 계약에 관한 권리를 취득한 때에 있어서 해당 일시금의 급부를 받기로 했을 경우에 급부되어야 할 해당 일시금의 금액

ハ. 해당 계약에 관한 권리를 취득한 때에 있어서의, 해당 계약에 기초하여 급부를 받아야 할 금액의 1년당 평균액을, 해당 계약에 관련된 예정이율로 나누어 얻은 금액

3. 종신정기금 : 다음에 기재된 금액 중 많은 쪽의 금액

イ. 해당 계약에 관한 권리를 취득한 때에 있어서 해당 계약을 해약한다고 했을 경우에 지급되어야 할 해약반환금의 금액

ロ. 정기금에 대신하여 일시금으로 급부를 받을 수 있는 경우에는, 해당 계약에 관한 권리를 취득한 때에 있어서 해당 일시금의 급부를 받기로 했을 경우에 급부되어야 할 해당 일시금의 금액

ハ. 해당 계약에 관한 권리를 취득한 때에 있어서의 그 목적이 된 자에 관련된 여명연수로서 정령으로 정하는 것에 따라서, 해당 계약에 기초하여 급부를 받아야 할 금액의 1년당 평균액에, 해당 계약에 관련된 예정이율에 의한 복리연금현가율을 곱하여 얻은 금액

4. 제3조 제1항 제5호에 규정된 일시금 : 그 급부금액

② 전항에 규정된 정기금급부계약에 관한 권리로서 동항 제3호의 규정의 적용을 받는 것에 대하여, 그 목적이 된 자가 해당 계약에 관한 권리를 취득한 후 제27조 제1항 또는 제28조 제1항에 규정된 신고서의 제출기한까지 사망하여, 그 사망에 의하여 그 급부가 종료된 경우에 있어서는, 해당 정기금급부계약에 관한 권리의 가액은, 동호의 규정에도 불구하고, 그 권리자가 해당계약에 관한 권리를 취득한 때 이후 급부를 받거나 받아야 할 금액(해당 권리자의 유족 기타 제3자가 해당 권리자의 사망에 의하여 급부를 받을 경우에는, 그 급부를 받았거나 또는 받아야 할 금액을 포함한다)에 의한다.

③ 제1항에 규정된 정기금급부계약에 관한 권리로서, 그 권리자에 대하여, 일정기간 그리고 그 목적이 된 자의 생존 중, 정기금을 급부하는 계약에 기초한 것의 가액은, 동항 제1호에 규정된 유기정기금으로서 산출한 금액 또는 동항 제3호에 규정된 종신정기금으로서 산출한 금액 중 적은 금액에 의한다.

④ 제1항에 규정된 정기금급부계약에 관한 권리로서, 그 목적이 된 자의 생존 중 정기금을 급부하고, 또한 그 자가 사망한 때에는 그 권리자 또는 그 유족 기타 제3자에 대하여 계속하여 정기금을 급부하는 계약에 기초한 것의 가액은, 동항 제1호에 규정된 유기정기금으로서 산출한 금액 또는 동항 제3호에 규정된 종신정기금으로서 산출한 금액 중 많은 금액에 의한다.

⑤ 전 각항의 규정은, 제3조 제1항 제6호에 규정된 정기금에 관한 권리로서 계약에 기초한 것 이외의 것의 가액의 평가에 대하여 준용한다.

조세특별조치법

제정 : 昭和32{1957}년 3월 31일 호외 법률 제26호
최종개정 : 令和1{2019}년 5월 31일 호외 법률 제16호

제3조(이자소득의 분리과세 등)

① 거주자 또는 항구적 시설{恒久的施設}[1]을 보유하는 비거주자가 平成28{2016}년 1월 1일 이후에 국내에 있어서 지급을 받아야 할 소득세법 제23조 제1항에 규정된 이자 등으로서 다음에 기재된 것 이외의 것[동법 제2조 제1항 제45호에 규정된 원천징수를 실시하지 않는 것으로서 정령으로 정하는 것(다음 조에서 「부적용 이자{不適用利子}」라 한다)을 제외한다. 이하 이 조에서 「일반이자 등」이라 한다]에 대해서는, 동법 제22조 및 제89조 그리고 제165조의 규정에도 불구하고, 다른 소득과 구분하여, 그 지급을 받아야 할 금액에 대하여 100분의 15의 세율을 적용하여 소득세를 부과한다.

1. 특정공사채(제37조의10 제2항 제7호에 기재된 공사채 중 제37조의11 제2항 제1호 또는 제5호부터 제14호까지에 기재된 것을 말한다. 제4호에서 동일함)의 이자

2. 공사채투자신탁으로서, 그 설정에 관련된 수익권의 모집이 공모[금융상품거래법(昭和23{1948}년 법률 제25호) 제2조 제3항에 규정된 취득권유 중 동항 제1호에 기재된 경우에 해당하는 것으로서 정령으로 정하는 것을 말한다]에 의하여 이루어진 것 또는 그 수익권이 제37조의11 제2항 제1호에 기재된 주식 등에 해당하는 것의 수익의 분배

3. 공모공사채 등 운용투자신탁의 수익의 분배

4. 특정공사채 이외의 공사채의 이자로서, 그 지급이 확정된 날(무기명 공사채의 이자에 대해서는, 그 지급을 한 날)에 있어서 그 자를 판정의 기초가 되는 주주로서 선정한 경우에 해당 공사채의 이자의 지급을 한 법인이 법인세법 제2조 제10호에 규정된 동족회사에 해당하게 된 때에 있어서의 해당 주주 기타 정령으로 정하는 자가 지급을 받는 것

② 전항의 규정은, 항구적 시설을 보유하는 비거주자가 지급을 받는 일반이자 등으로서, 소득세법 제164조 제1항 제1호 イ에 기재된 국내원천소득에 해당하지 않는 것에 대해서는 적용하지 않는다.

③ 일반이자 등의 지급을 받는 거주자 또는 항구적 시설을 보유하는 비거주자에 대한 소득세법 제93조 및 제165조의5의3의 규정의 적용에 관해서는, 동법 제93조 제1항 중 「의 수익의 분배」라고 되어 있는 것은, 「의 수익의 분배[일반이자 등(조세특별조치법<昭和32{1957}년 법률 제26호> 제3조 제1항<이자소득의 분리과세 등>의 규정의 적용을 받은 동항에 규정된 일반이자 등을 말한다. 이하 동일함)을 제외한다. 이하 이 항에서 동일함]」로, 「동항에」라고 되어 있는 것은, 「제176조 제3항에」로, 동법 제165조의5의3 제1항 중 「의 수익의 분배」라고 되어 있는 것은, 「의 수익의 분배(일반이자 등을 제외한다. 이하 이항에서 동일함)」로, 「동항에」라고 되어 있는 것은, 「동조 제3항에」로 한다.

---

1) '항구적 시설'은 'permanent establishment'로, 우리나라에서는 통상 '고정사업장'으로 번역된다. 이하에서도 '항구적 시설'로 직역하였다.

④ 平成28{2016}년 1월 1일 이후에 지급을 받아야 할 일반이자 등의 지급을 받는 거주자 또는 비거주자 및 그 지급을 하는 자 그리고 업무와 관련하여 타인을 위하여 명의인으로서 일반이자 등의 지급을 받는 자로부터 해당 일반이자 등의 지급을 받는 거주자 또는 비거주자 및 해당 명의인으로서 해당 일반이자 등의 지급을 받는 자에 대해서는, 소득세법 제224조, 제225조 제1항 및 제228조 제1항 그리고 다음 조 중 해당 일반이자 등에 관련된 부분의 규정은 적용하지 않는다.

제31조(장기양도소득 과세특례)

① 개인이, 그가 보유하는 토지 혹은 토지 위에 존재하는 권리(이하 제32조까지에서 「토지 등」이라 한다) 또는 건물 및 그 부속설비 혹은 구축물(이하 동조까지에서 「건물 등」이라 한다)로서, 그 해 1월 1일에 있어서 소유기간이 5년을 넘는 것의 양도[건물 또는 구축물의 소유를 목적으로 하는 지상권 또는 임차권의 설정 기타 계약에 의하여 타인(해당 개인이 비거주자인 경우의 소득세법 제161조 제1항 제1호에 규정된 사업장 등을 포함한다)에게 토지를 장기간 사용하게 하는 행위로서 정령으로 정하는 것(제33조부터 제37조의6까지, 제37조의8 및 제37조의9에서 「양도소득의 기인{基因}이 되는 부동산 등의 대여」라 한다)을 포함한다. 이하 제32조까지에서 동일함]를 한 경우에는, 해당 양도에 의한 양도소득에 대해서는, 동법 제22조 및 제89조 그리고 제165조의 규정에도 불구하고, 다른 소득과 구분하여, 그 해 중의 해당 양도에 관련된 양도소득의 금액(동법 제33조 제3항에 규정된 양도소득의 특별공제액을 공제하지 않고 계산한 금액으로 하고, 제32조 제1항에 규정된 단기양도소득의 금액의 계산상 발생한 손실의 금액이 있을 때에는, 동항 후단의 규정에도 불구하고, 해당 계산한 금액을 한도로 하여 해당 손실의 금액을 공제한 후의 금액으로 한다. 이하 이 항 및 제31조의4에 있어서 「장기양도소득의 금액」이라 한다)에 대하여, 장기양도소득의 금액(제3항 제3호의 규정에 의하여 대체된{読み替えられた} 동법 제72조부터 제87조까지의 규정의 적용이 있는 경우에는, 그 적용 후의 금액. 이하 제31조의3까지에서 「과세장기양도소득금액」이라 한다)의 100분의 15에 상당하는 금액에 상당하는 소득세를 부과한다. 이 경우에 있어서, 장기양도소득의 금액의 계산상 발생한 손실의 금액이 있을 때에는, 동법 기타 소득세에 관한 법령 규정의 적용에 관해서는, 해당 손실의 금액은 발생하지 않았던 것으로 간주한다.

② 전항에 규정된 소유기간이란, 해당 개인이 그 양도를 한 토지 등 또는 건물 등을 그 취득(건설을 포함한다)을 한 날의 다음 날부터 계속해서 소유하고 있던 기간으로서 정령으로 정하는 기간을 말한다.

<이하 생략>

제32조(단기양도소득의 과세특례)

① 개인이, 그 보유하는 토지 등 또는 건물 등으로서, 그 해 1월 1일에 있어서 제31조 제2항에 규정된 소유기간이 5년 이하인 것(그 해 중에 취득한 토지 등 또는 건물 등으로서 정령으로 정하는 것을 포함한다)의 양도를 한 경우에는, 해당 양도에 의한 양도소득에 대해서는, 소득세법 제22조 및 제89조 그리고 제165조의 규정에도 불구하고, 다른 소득과 구분하여, 그 해 중의 해당 양도에 관련된 양도소득의 금액(동법 제33조 제3항에 규정된 양도소득의 특별공제액을 공제하지 않고 계

산한 금액으로 하고, 제31조 제1항에 규정된 장기양도소득의 금액의 계산상 발생한 손실의 금액이 있을 때에는, 동항 후단의 규정에도 불구하고, 해당 계산한 금액을 한도로 하여 해당 손실의 금액을 공제한 후의 금액으로 한다. 이하 이 항에서 「단기양도소득의 금액」이라 한다)에 대하여, 과세단기양도소득금액[단기양도소득의 금액(제4항에서 준용하는 제31조 제3항 제3호의 규정에 의하여 대체된{読み替えられた} 동법 제72조부터 제87조까지의 규정의 적용이 있는 경우에는, 그 적용 후의 금액)을 말한다]의 100분의 30에 상당하는 금액에 상당하는 소득세를 부과한다. 이 경우에 있어서, 단기양도소득금액의 계산상 발생한 손실의 금액이 있을 때에는, 동법 기타 소득세에 관련된 법령의 규정의 적용에 관해서는, 해당 손실의 금액은 발생하지 않았던 것으로 간주한다.

② 전항의 규정은, 개인이, 그 보유하는 자산이 주로 토지 등인 법인이 발행하는 주식 또는 출자(해당 주식 또는 출자 중 다음에 기재된 출자, 투자지분{投資口} 또는 수익권에 해당하는 것을 제외한다. 이하 이 항에서 「주식 등」이라 한다)의 양도로서, 그 해 1월 1일에 있어서 전항에 규정된 소유기간이 5년 이하인 토지 등의 양도와 유사한 것으로서 정령으로 정하는 것을 한 경우에 있어서, 해당 양도에 의한 소득이, 사업 또는 사업에 사용하는 자산의 양도와 유사한 것으로서 정령으로 정하는 주식 등의 양도에 의한 소득에 해당하는 경우에 대하여 준용한다.

1. 자산의 유동화에 관한 법률 제2조 제3항에 규정된 특정목적회사로서, 제67조의14 제1항 제1호 ロ (1) 혹은 (2)에 기재된 것 또는 동호 ロ (3) 혹은 (4)에 기재된 것(동항 제2호 ニ에 규정된 동족회사에 해당하는 것을 제외한다)에 해당하는 것의 동법 제2조 제5항에 규정된 우선출자 및 동조 제6항에 규정된 특정출자

2. 투자신탁 및 투자법인에 관한 법률 제2조 제12항에 규정된 투자법인으로서, 제67조의15 제1항 제1호 ロ (1) 또는 (2)에 기재된 것(동항 제2호 ニ에 규정된 동족회사에 해당하는 것을 제외한다)에 해당하는 것의 동법 제2조 제14항에 규정된 투자지분{投資口}

3. 법인과세신탁 중 특정목적신탁으로서, 제68조의3의2 제1항 제1호 ロ에 기재된 요건에 해당하는 것(동항 제2호 イ에 규정된 동족회사에 해당하는 것을 제외한다)의 수익권

4. 법인과세신탁 중 법인세법 제2조 제29호의2 ニ에 기재된 투자신탁으로서, 제68조의3의3 제1항 제1호 ロ에 기재된 요건에 해당하는 것(동항 제2호 イ에 규정된 동족회사에 해당하는 것을 제외한다)의 수익권

③ 제28조의4 제3항 제1호부터 제3호까지에 기재된 토지 등의 양도에 해당한다는 것이 재무성령으로 정하는 바에 따라서 증명이 된 것에 관련된 제1항의 규정의 적용에 관해서는, 동항 중 「100분의 30」이라고 되어 있는 것은, 「100분의 15」로 한다.

<이하 생략>

제37조의10(일반주식 등에 관련된 양도소득 등의 과세특례)

① 거주자 또는 항구적 시설을 보유하는 비거주자가, 平成28{2016}년 1월 1일 이후에 일반주식 등(주식 등 중 다음 조 제2항에 규정된 상장주식 등 이외의 것을 말한다. 이하 이 조에서 동일함)의 양도[금융상품거래 법 제28조 제8항 제3호 イ에 기재된 거래(제37조의11의2 제2항에서 「유가증권 선물거래」라 한다)의 방법에 따라서 실시하는 것 그리고 법인의 자기의 주식 또는 출자의 제

3항 제5호에 규정된 취득 및 공사채매입의 방법에 의한 상환에 관련된 것을 제외한다. 이하 이 항 및 다음 조 제1항에서 동일함]를 한 경우에는, 해당 일반주식 등의 양도에 의한 사업소득, 양도소득 및 잡소득(소득세법 제41조의2의 규정에 해당하는 사업소득 및 잡소득 그리고 제32조 제2항의 규정에 해당하는 양도소득을 제외한다. 제3항 및 제4항에서 「일반주식 등에 관련된 양도소득 등」 이라 한다)에 대해서는, 동법 제22조 및 제89조 그리고 제165조의 규정에도 불구하고, 다른 소득과 구분하여, 그 해 중의 해당 일반주식 등의 양도에 관련된 사업소득의 금액, 양도소득의 금액 및 잡소득의 금액으로서 정령으로 정하는 바에 따라서 계산한 금액(이하 이 항에서 「일반주식 등에 관련된 양도소득 등의 금액」이라 한다)에 대하여, 일반주식 등에 관련된 과세양도소득 등의 금액 [일반주식 등에 관련된 양도소득 등의 금액(제6항 제5호의 규정에 의하여 대체된{読み替えられた} 동법 제72조부터 제87조까지의 규정의 적용이 있는 경우에는, 그 적용 후의 금액)을 말한다] 의 100분의 15에 상당하는 금액에 상당하는 소득세를 부과한다. 이 경우에 있어서, 일반주식 등에 관련된 양도소득 등 금액의 계산상 발생한 손실의 금액이 있을 때에는, 동법 기타 소득세에 관한 법령의 규정의 적용에 관해서는, 해당 손실의 금액은 발생하지 않았던 것으로 간주한다.

② 이 조에서 「주식 등」이란, 다음에 기재된 것(외국법인에 관련된 것을 포함하고, 골프장 기타 시설의 이용에 관한 권리와 유사한 것으로서 정령으로 정하는 주식 또는 출자자의 지분을 제외한다)을 말한다.

    1. 주식[주주 또는 투자주{投資主}(투자신탁 및 투자법인에 관한 법률 제2조 제16항에 규정된 투자주를 말한다)가 될 권리, 주식의 할당을 받을 권리, 신주예약권(동조 제17항에 규정된 신투자지분{新投資口}예약권을 포함한다. 이하 이 호에서 동일함) 및 신주예약권의 할당을 받을 권리를 포함한다]

    <중간 생략>

    4. 투자신탁의 수익권

    5. 특정수익증권발행신탁의 수익권

    6. 사채적 수익권{社債的受益權}

    7. 공사채[예금보험법(昭和46{1971}년 법률 제34호) 제2조 제2항 제5호에 규정된 장기신용은행채 등 기타 정령으로 정하는 것을 제외한다. 이하 이 관에서 동일함]

③ 일반주식 등을 보유하는 거주자 또는 항구적 시설을 보유하는 비거주자가, 해당 일반주식 등에 대하여 교부를 받는 다음에 기재된 금액(소득세법 제25조 제1항의 규정에 해당하는 부분의 금액을 제외한다. 다음 조 제3항에서 동일함) 및 정령으로 정하는 사유에 의하여 해당 일반주식 등에 대하여 교부를 받는 정령으로 정하는 금액은, 일반주식 등에 관련된 양도소득 등에 관련된 수입금액으로 간주하여, 동법 및 이 장의 규정을 적용한다.

    <제 1, 2, 3호 생략>

    4. 법인의 주주 등이 그 법인의 자본환급[주식에 관련된 잉여금의 배당(자본잉여금의 감소에 수반하는 것에 한한다) 중 법인세법 제2조 제12호의9에 규정된 분할형분할(법인과세신탁에 관련된 신탁의 분할을 포함한다)에 의한 것 및 동조 제12호의15의2에 규정된 주식분배 이외의 것 그리고 소득세법 제24조 제1항에 규정된 출자 등 감소분배를 말한다]에 의하여,

또는 그 법인의 해산에 의한 잔여재산의 분배로서 교부를 받는 금전의 금액 및 금전 이외 자산의 가액의 합계액

5. 법인의 주주 등이 그 법인의 자기의 주식 또는 출자의 취득[금융상품거래소(금융상품거래 법 제2조 제16항에 규정된 금융상품거래소를 말한다. 다음 조 제2항에서 동일함)가 개설한 시장에서의 구입을 통한 취득 기타 정령으로 정하는 취득 및 소득세법 제57조의4 제3항 제 1호부터 제3호까지에 기재된 주식 또는 출자의 동항에 규정된 경우에 해당하는 경우의 취 득을 제외한다]에 의하여 교부를 받는 금전의 금액 및 금전 이외 자산의 가액의 합계액
<이하 생략>

제37조의11(상장주식 등에 관련된 양도소득 등의 과세특례)

① 거주자 또는 항구적 시설을 보유하는 비거주자가, 平成28{2016}년 1월 1일 이후에 상장주식 등의 양도를 한 경우에는, 해당 상장주식 등의 양도에 의한 사업소득, 양도소득 및 잡소득(소득세 법 제41조의2의 규정에 해당하는 사업소득 및 잡소득 그리고 제32조 제2항의 규정에 해당하는 양도소득을 제외한다. 제3항 및 제4항에서 「상장주식 등에 관련된 양도소득 등」이라 한다)에 대 해서는, 동법 제22조 및 제89조 그리고 제165조의 규정에도 불구하고, 다른 소득과 구분하여, 그 해 중의 해당 상장주식 등의 양도에 관련된 사업소득의 금액, 양도소득의 금액 및 잡소득의 금액 으로서 정령으로 정하는 바에 따라서 계산한 금액(이하 이 항에서 「상장주식 등에 관련된 양도소 득 등의 금액」이라 한다)에 대하여, 상장주식 등에 관련된 과세양도소득 등의 금액[상장주식 등 에 관련된 양도소득 등의 금액(제6항에서 준용하는 전조 제6항 제5호의 규정에 의하여 대체된 {読み替えられた} 동법 제72조부터 제87조까지의 규정의 적용이 있는 경우에는, 그 적용 후의 금액)을 말한다]의 100분의 15에 상당하는 금액에 상당하는 소득세를 부과한다. 이 경우에 있어 서, 상장주식 등에 관련된 양도소득 등의 금액의 계산상 발생한 손실의 금액이 있을 때에는, 동법 기타 소득세에 관한 법령의 규정의 적용에 관해서는, 해당 손실의 금액은 발생하지 않았던 것으 로 간주한다.

② 이 조에서 「상장주식 등」이란, 주식 등(전조 제2항에 규정된 주식 등을 말한다. 제1호에서 동 일함) 중 다음에 기재된 것을 말한다.

1. 주식 등으로 금융상품거래소에 상장된 것 기타 이와 유사한 것으로서 정령으로 정하는 것
<중간 생략>
5. 국채 및 지방채
6. 외국 또는 그 지방자치단체가 발행하거나 보증하는 채권
<중간 생략>
10. 금융상품거래소(이와 유사한 것으로서 외국의 법령에 근거하여 설립된 것을 포함한다. 이 하 이 호에서 동일함)에서 해당 금융상품거래소의 규칙에 근거하여 공표된 공사채정보{公 社債情報}(일정한 기간 내에 발행하는 공사채의 종류 및 총액, 그 공사채 발행자의 재무 상황 및 사업내용 기타 해당 공사채 및 해당 발행자에 관하여 명확히 되어야 할 기본적인 정보를 말한다. 이하 이 호에서 동일함)에 기초하여 발행하는 공사채로서, 그 발행을 함에

있어서 작성되는 투자설명서{目論見書}에, 해당 공사채가 해당 공사채정보에 기초하여 발행되는 것이라는 취지의 기재가 있는 것

<중간 생략>

③ 상장주식 등을 보유하는 거주자 또는 항구적 시설을 보유하는 비거주자가, 해당 상장주식 등에 대하여 교부를 받는 전조 제3항 각호에 기재된 금액 및 동항에 규정된 정령으로 정하는 사유에 의하여 해당 상장주식 등에 대하여 교부를 받는 동항에 규정된 정령으로 정하는 금액은, 상장주식 등에 관련된 양도소득 등에 관련된 수입금액으로 간주하여, 소득세법 및 이 장의 규정을 적용한다.

<이하 생략>

제37조의12의2(상장주식 등에 관련된 양도손실의 손익통산 및 이월공제)

① 확정신고서[제9항(제37조의13의2 제10항에서 준용하는 경우를 포함한다)에서 준용하는 소득세법 제123조 제1항(동법 제166조에서 준용하는 경우를 포함한다)의 규정에·의한 신고서를 포함한다. 이하 이 조에서 동일함]를 제출하는 거주자 또는 항구적 시설을 보유하는 비거주자의 平成28{2016}년도분 이후의 각 연도분의 상장주식 등에 관련된 양도손실의 금액이 있는 경우에는, 제37조의11 제1항 후단의 규정에도 불구하고, 해당 상장주식 등에 관련된 양도손실의 금액은, 해당 확정신고서에 관련된 연도분의 제8조의4 제1항에 규정된 상장주식 등에 관련된 배당소득 등의 금액을 한도로 하여, 해당 연도분의 해당 상장주식 등에 관련된 배당소득 등의 금액의 계산상 공제한다.

<이하 생략>

제41조의4의2(특정조합원 등의 부동산소득에 관련된 손익통산 등의 특례)

① 특정조합원[조합계약을 체결한 조합원(이와 유사한 자로서 정령으로 정하는 자를 포함한다. 이하 이 항에서 동일함) 중, 조합사업에 관련된 중요한 재산의 처분 혹은 양수 또는 조합사업에 관련된 다액의 차재{借財}에 관한 업무집행의 결정에 관여하고, 또한 해당 업무 중 계약을 체결하기 위한 교섭 기타 중요한 부분을 스스로 집행하는 조합원 이외의 자를 말한다] 또는 특정수익자[소득세법 제13조 제1항에 규정된 신탁의 수익자(동조 제2항의 규정에 의하여 동조 제1항에 규정된 수익자로 간주되는 자를 포함한다)를 말한다]에 해당하는 개인이, 平成18{2006}년 이후의 각 해에 있어서, 조합사업 또는 신탁으로부터 발생하는 부동산소득을 가지는 경우에 있어서 그 연도분의 부동산소득의 금액의 계산상 해당 조합사업 또는 신탁에 의한 부동산소득의 손실의 금액으로서 정령으로 정하는 금액이 있을 때에는, 해당 손실의 금액에 상당하는 금액은, 동법 제26조 제2항 및 제69조 제1항의 규정 기타 소득세에 관한 법령의 규정의 적용에 관해서는, 발생하지 않았던 것으로 간주한다.

② 이 조에서 다음의 각호에 기재된 용어의 의의는 해당 각호에서 정하는 바에 의한다.

  1. 조합계약 : 민법 제667조 제1항에 규정된 조합계약 및 투자사업유한책임조합계약에 관한 법률 제3조 제1항에 규정된 투자사업유한책임조합계약 그리고 외국에 있어서의 이들과 유

사한 계약(정령으로 정하는 것을 포함한다)을 말한다.

2. 조합사업 : 각 조합계약에 기초하여 운영되는 사업을 말한다.

③ 전항에 규정된 것 외에, 제1항의 규정의 적용에 관하여 필요한 사항은 정령으로 정한다.

제61조의4(교제비 등의 손금불산입)

① 법인이 平成26{2014}년 4월 1일부터 平成32{2020}년 3월 31일까지의 사이에 개시되는 각 사업연도에 있어서 지출하는 교제비 등의 금액 중 접대음식비 금액의 100분의 50에 상당하는 금액을 넘는 부분의 금액은, 해당 사업연도의 소득금액의 계산상 손금에 산입하지 않는다.

② 전항의 경우에 있어서, 법인(투자신탁 및 투자법인에 관한 법률 제2조 제12항에 규정된 투자법인 및 자산의 유동화에 관한 법률 제2조 제3항에 규정된 특정목적회사를 제외한다) 중 해당 사업연도 종료일에 있어서의 자본금의 금액 또는 출자금의 금액(자본 또는 출자를 가지지 않는 법인 기타 정령으로 정하는 법인의 경우에는 정령으로 정하는 금액)이 1억 엔 이하인 것(보통법인 중 해당 사업연도 종료일에 있어서의 법인세법 제66조 제6항 제2호 또는 제3호에 기재된 법인에 해당하는 것을 제외한다)에 대해서는, 다음의 각호에 기재된 구분에 따라서 해당 각호에서 정하는 금액을, 전항에 규정된 넘는 부분의 금액으로 할 수 있다.

1. 전항의 교제비 등의 금액이 800만 엔에 해당 사업연도의 월수를 곱하고 이를 12로 나누어 계산한 금액(다음 호에서 「정액공제한도액」이라 한다) 이하인 경우 : 0

2. 전항의 교제비 등의 금액이 정액공제한도액을 넘는 경우 : 그 넘는 부분의 금액

③ 전항의 월수는 역법에 따라서 계산하고, 1개월에 미치지 않는 끝수가 발생한 때에는 이를 1개월로 한다.

④ 제1항에 규정된 교제비 등이란, 교제비, 접대비, 기밀비 기타의 비용으로서, 법인이, 그 거래처, 매입처 기타 사업에 관계가 있는 자 등에 대한 접대, 향응제공{供応}, 위로{慰安}, 증답{贈答} 기타 이들과 유사한 행위(이하 이 항에서 「접대 등」이라 한다)를 위하여 지출하는 것(다음에 기재된 비용 중 어느 하나에 해당하는 것을 제외한다)을 말하며, 제1항에 규정된 접대음식비란, 동항의 교제비 등 중 음식{飲食} 기타 이와 유사한 행위를 위하여 소요되는 비용(오로지 해당 법인의 법인세법 제2조 제15호에 규정된 임원 혹은 종업원 또는 이들의 친족에 대한 접대 등을 위하여 지출하는 것을 제외한다. 제2호에서 「음식비」라 한다)으로서, 그 취지가 재무성령이 정하는 바에 따라서 명확하게 된 것을 말한다.

1. 오로지 종업원의 위로{慰安}를 위하여 행해지는 운동회, 연예회{演藝會}, 여행 등을 위하여 통상 소요되는 비용

2. 음식비로서, 그 지출하는 금액을 기초로 하여 정령으로 정하는 바에 따라서 계산한 금액이 정령으로 정하는 금액 이하인 비용

3. 전 2호에 기재된 비용 외에 정령으로 정하는 비용

⑤ 제2항의 규정은, 확정신고서 등, 수정신고서 또는 경정청구서에 동항 제1호에 규정된 정액공제한도액의 계산에 관한 명세서의 첨부가 있는 경우에 한하여 적용한다.

⑥ 제4항 제2호의 규정은, 재무성령으로 정하는 서류를 보존하고 있는 경우에 한하여 적용한다.

제62조(용도은닉금의 지출이 있는 경우의 과세특례)

① 법인(법인세법 제2조 제5호에 규정된 공공법인을 제외한다. 이하 이 항에서 동일함)은, 그 용도은닉금{使途秘匿金}의 지출에 대하여 법인세를 납부할 의무가 있는 것으로 하며, 법인이 平成6{1994}년 4월 1일 이후에 용도은닉금의 지출을 한 경우에는, 해당 법인에 대하여 부과하는 각 사업연도의 소득에 대한 법인세는, 동법 제66조 제1항부터 제3항까지 그리고 제143조 제1항 및 제2항의 규정, 제42조의6 제5항, 제42조의9 제4항, 제42조의12의3 제5항, 제42조의12의4 제5항, 제62조의3 제1항 및 제9항, 제63조 제1항, 제67조의2 제1항 그리고 제68조 제1항의 규정 기타 법인세에 관한 법령의 규정에도 불구하고, 이들 규정에 의하여 계산한 법인세의 금액에, 해당 용도은닉금의 지출금액의 100분의 40의 비율을 곱하여 계산한 금액을 가산한 금액으로 한다.

② 전항에 규정된 용도은닉금의 지출이란, 법인이 한 금전의 지출(증여, 공여 기타 이들과 유사한 목적을 위하여 하는 금전 이외 자산의 인도를 포함한다. 이하 이 조에서 동일함) 중, 상당한 이유가 없고, 그 상대방의 성명 또는 명칭 및 주소 또는 소재지 그리고 그 사유(이하 이 조에서 「상대방의 성명 등」이라 한다)를 해당 법인의 장부서류에 기재하지 않은 것[자산의 양도 기타 거래대가의 지급으로서 이루어진 것(해당 지출에 관련된 금전 또는 금전 이외의 자산이 해당 거래의 대가로서 상당하다고 인정되는 것에 한한다)이 명백한 경우를 제외한다]을 말한다.

③ 세무서장은, 법인이 한 금전의 지출 중에서 그 상대방의 성명 등을 해당 법인의 장부서류에 기재하지 않은 것이 있는 경우에 있어서도, 그 기재를 하지 않은 것이 상대방의 성명 등을 은닉하기 위한 것이 아니라고 인정되는 때에는, 그 금전의 지출을 제1항에 규정된 용도은닉금의 지출에 포함시키지 않을 수 있다.

<이하 생략>

제66조의5의2(관련자 등에 관련된 지급이자 등의 손금불산입)

① 법인의 平成25{2013}년 4월 1일 이후에 개시되는 각 사업연도에 관련자 지급이자 등이 있는 경우에 있어서, 해당 법인의 해당 사업연도 관련자 지급이자 등 금액의 합계액에서 해당 사업연도의 공제대상수입이자 등 합계액을 공제한 잔액(이하 이 항 및 제4항 제1호에서 「관련자 순지급이자 등의 금액」이라 한다)이 해당 법인의 해당 사업연도의 조정소득금액(해당 관련자 순지급이자 등 금액과 비교하기 위한 기준으로 해야 할 소득으로서 정령으로 정하는 금액을 말한다)의 100분의 50에 상당하는 금액을 넘을 때에는, 해당 법인의 해당 사업연도의 관련자 지급이자 등 금액의 합계액 중 그 넘는 부분의 금액에 상당하는 금액은, 해당 법인의 해당 사업연도의 소득금액의 계산상 손금에 산입하지 않는다.

② 이 조에서 「관련자 지급이자 등 금액」이란, 법인의 관련자 등(다음에 기재된 자를 말한다. 이하 이 항, 제4항 제2호 및 제9항 제1호 ㅁ에서 동일함)에 대한 지급이자 등[그 지급하는 부채의 이자(이에 준하는 것으로서 정령으로 정하는 것을 포함한다) 기타 정령으로 정하는 비용 또는 손실을 말한다. 이하 이 조에서 동일함]의 금액(해당 법인과의 사이에 연결완전지배관계가 있는 연결법인에 대한 지급이자 등의 금액을 제외한다)으로서, 해당 관련자 등의 과세대상소득(해당 관련자 등이 개인 또는 법인의 어느 것에 해당하는지에 따라서, 각각 해당 관련자 등의 소득세 또

는 법인세의 과세표준이 되어야 할 소득으로서 정령으로 정하는 것을 말한다. 제4항 제2호에서
동일함)에 포함되지 않는 것 중, 특정채권 현선거래 등{特定債券現先取引等}(전조 제5항 제8호에
규정된 특정채권 현선거래 등을 말한다)에 관련된 것으로서 정령으로 정하는 금액 이외의 금액을
말한다.

1. 해당 법인과의 사이에 어느 한 쪽 법인이 다른 법인의 기발행주식 또는 출자(자기가 보유
하는 자기의 주식 또는 출자를 제외한다. 이하 이 호에서 「기발행주식 등」이라 한다)의 총
수 혹은 총액의 100분의 50 이상의 수 혹은 금액의 주식 혹은 출자를 직접 혹은 간접적으
로 보유하는 관계 기타 정령으로 정하는 특수한 관계 또는 개인이 해당 법인의 기발행주식
등의 총수 혹은 총액의 100분의 50 이상의 수 혹은 금액의 주식 혹은 출자를 직접 혹은 간
접적으로 보유하는 관계 기타 정령으로 정하는 특수한 관계가 있는 자
2. 해당 법인에 자금을 공여하는 자 및 해당 자금의 공여에 관계가 있는 자로서 정령으로 정
하는 자

③ 제1항에 규정된 공제대상 수입이자 등 합계액이란, 해당 법인의 해당 사업연도의 수입이자 등
[그 지급을 받는 이자(이에 준하는 것으로서 정령으로 정하는 것을 포함한다)를 말한다]의 금액
의 합계액을 해당 사업연도의 관련자 지급이자 등 금액의 합계액의 해당 사업연도의 지급이자 등
의 금액(전항에 규정된 정령으로 정하는 금액을 제외한다)의 합계액에 대한 비율로 안분한 금액
으로서 정령으로 정하는 금액을 말한다.

④ 제1항의 규정은, 다음의 어느 하나에 해당하는 경우에는 적용하지 않는다.

1. 해당 법인의 해당 사업연도의 관련자 순지급이자 등의 금액이 1,000만 엔 이하인 때
2. 해당 법인의 해당 사업연도의 관련자 순지급이자 등의 합계액이 해당 사업연도의 지급이자
등의 금액(해당 법인과의 사이에 연결완전지배관계가 있는 연결법인에 대한 지급이자 등의
금액 및 해당 법인에 관련된 관련자 등에 대한 지급이자 등의 금액으로서 해당 관련자 등
의 과세대상소득에 포함되는 것을 제외한다)의 합계액의 100분의 50 이하인 때

⑤ 전항의 규정은, 확정신고서 등에 동항 규정의 적용이 있다는 취지를 기재한 서면 및 그 계산
에 관한 명세서의 첨부가 있고, 또한 그 계산에 관한 서류를 보존하고 있는 경우에 한하여 적용
한다.

⑥ 세무서장은, 전항의 서면 혹은 명세서의 첨부가 없는 확정신고서 등이 제출되었거나 또는 동
항의 서류를 보존하고 있지 않은 경우에 있어서도, 그 첨부 또는 보존이 없는 것에 관하여 불가
피한 사정이 있다고 인정되는 때에는, 해당 서면 및 명세서 그리고 서류가 제출된 경우에 한하여,
제4항의 규정을 적용할 수 있다.

⑦ 내국법인의 해당 사업연도에 관련된 제1항에 규정된 넘는 부분의 금액이 해당 내국법인의 해
당 사업연도에 관련된 전조 제1항(동조 제2항의 규정에 의하여 대체되어{読み替えて} 적용하는
경우를 포함한다)에 규정된 넘는 부분에 대응하는 것으로서 정령으로 정하는 바에 따라서 계산한
금액 이하가 되는 경우에는, 제1항의 규정은 적용하지 않는다.

<이하 생략>

각주 참고문헌

[국내문헌]

〈단행본〉

김용구, 세계외교사, 서울대학교출판부(2006년)

김진수 · 김재진, 퇴직연금 과세제도에 관한 연구, 한국조세연구원(2007)

소순무 · 윤지현, 조세소송(개정9판), 영화조세통람(2018)

염재호 외 12인(현대일본학회), 일본행정론, 애플트리태일즈(2009)

이창희, 국제조세법(제2판), 박영사(2020)

이창희, 세법강의(제19판), 박영사(2019)

이태로 · 한만수, 조세법강의(신정13판), 박영사(2018)

임승순, 조세법(제19판), 박영사(2019)

황남석, 우리 법인세법의 성립과정 연구, 마인드탭(2017)

〈논문 등〉

국중호 · 김진수, "이원적 소득세의 입장에서 본 금융소득과세의 구축방향", 세무학연구 24(2), 한국세무학회(2007), 41 - 64면

김갑순 · 정지선 · 임규진, "세법상 기부금 출연대상 범위의 확대 방안에 관한 연구 - 용역 기부의 기부금 인정 및 가치 산정 방안을 중심으로 - ", 조세법연구 16(1), 한국세법학회 (2010), 75 - 113면

김병일, "가상통화 과세를 위한 입법론적 고찰 - 양도소득세를 중심으로 - ", 법조 732호, 법 조협회(2018), 224 - 266면.

김석환, "권리확정주의에 의한 이자소득의 귀속시기", 대법원판례해설 88호, 법원도서관 (2011), 11 - 44면

김의석, "의제배당과세에 있어서 적정 배당세액공제", 조세법연구 22(1), 한국세법학회 (2016), 73 - 105면

김재승, "세법상 비용의 귀속시기", 조세법연구 20(1), 한국세법학회(2014), 81 - 118면

김중곤, "비법인사단의 세법상 제문제", 사법논집 33집, 법원도서관(2001), 601 - 724면

김현동, "세법상 접대비 규제의 본질", 조세법연구 21(3), 한국세법학회(2015), 259 – 304면

마영민, "기업의 해산과 세법", 조세법연구 11(2), 한국세법학회(2005), 91 – 109면

손영철, "파생상품 이익의 소득구분과 수입시기에 관한 연구", 조세법연구 21(2), 한국세법학회(2015), 49 – 92면

송개동, "손해배상과 세법", 조세법연구 10(2), 한국세법학회(2004), 58 – 97면

신기선, "개정상법과 세무문제 – 주식 및 배당제도를 중심으로", 조세법연구 18(1), 한국세법학회(2012), 358면 – 396면

엄선근, "권리확정주의와 후발적 사유에 의한 경정청구의 관계에 관한 연구 : 대법원 판례에 대한 검토와 대안을 중심으로", 가천대학교 경영학 박사학위논문(2017)

오윤, "부당행위계산 부인규정상 '부당성' 판단에 관한 소고 – 자산의 저가양도를 중심으로 – ", 조세법연구 22(1), 한국세법학회(2016), 107 – 149면

오윤 · 문성훈, "금융자산거래 과세제도 개선방안 – 거래세와 소득세의 비교분석 – ", 조세법연구 21(1), 한국세법학회(2015), 77 – 116면

유호림 · 안창남, "법인세법상 부당행위계산부인제도의 합리적 개선방안", 조세연구 16(4), 한국조세연구포럼(2016), 253 – 285면

윤병철, "組合課稅에 관한 判例硏究(출자, 지분양도 및 노무제공과 관련하여)", 조세법연구 8(1), 한국세법학회(2002), 84 – 117면

윤지현, "대표이사가 회사 재산을 횡령한 경우 상여로 소득처분할 수 있는 요건에 관한 고찰", 특별법연구 8권, 박영사(2006), 642 – 689면

윤지현, "동업기업 세제 도입에 따른 기업형태별 적절한 과세방안에 관한 연구 : 기업형태 선택에 관한 조세중립성의 측면을 중심으로", 조세법연구 14(2), 한국세법학회(2008), 7 – 67면

윤지현, "소득세법에 따른 손해배상의 과세 방안에 관한 연구", 조세법연구 17(3), 한국세법학회(2011), 230 – 286면

윤지현, "소득세법 제101조 제2항의 해석에 관하여", 조세법연구 14(3), 한국세법학회(2008), 7 – 57면

윤지현, "子會社의 任職員이 外國法人인 母會社로부터 받은 株式買受選擇權과 관련된 所得課稅의 方法 – 대법원 2007. 10. 25. 선고 2007두1941 판결 – ", 서울대학교 法學 49(4), 서울대학교 법학연구소(2008), 732 – 771면

윤지현, "주식매수선택권 행사가 신주(新株) 발행 법인에 미치는 세법상 법률효과 – 손금(損金) 발생여부를 중심으로", 서울대학교 法學 51(2), 서울대학교 법학연구소(2010), 163 – 201면

윤지현, "채무면제 등에 관한 상속세 및 증여세법 제36조의 해석론 소고(小考)", 조세법연구 25(1), 한국세법학회(2019), 71 – 114면

이상신 · 오준석, "기본파생상품 과세에 관한 연구", 조세법연구 11(2), 한국세법학회(2005), 201 – 232면

이준규 · 김진수, "무상주식에 대한 의제배당과세제도의 고찰", 조세법연구 11(2), 한국세법학회(2005), 199－233면

이준규 · 이은상, "조합과세의 문제점과 개선방안", 세무학연구 18(1), 한국세무학회(2001), 195－212면

이준봉, "기업회계기준과 세법의 조화방안", 조세법연구 11(1), 한국세법학회(2005), 26－60면

이준봉, "위법비용의 소득과세 방안에 관한 연구－한국 · 미국 · 독일 · 일본 입법례의 비교분석을 중심으로－", 조세학술논집 34(1), 한국국제조세협회(2018), 175－234면

이중교, "세법상 법인격 없는 단체의 고찰", 특별법연구 14권, 사법발전재단(2017), 262－294면

이진석, "위법소득과 몰수 · 추징", 대법원판례해설 106호, 법원도서관(2016), 170－199면

이창희, "합병 기타 기업결합의 과세문제", 조세학술논집 26(2), 한국국제조세협회(2010), 91－146면

임동원, "동업기업과세제도에 대한 연구", 한양대학교 법학 박사학위논문(2014)

임상엽, "의제배당 과세의 구조에 대한 비판적 검토－청산분배를 중심으로－", 조세와 법 11(1), 서울시립대학교 법학연구소(2018), 155－202면

임승순, "법인세법시행령 제40조 제1항 제2호의 효력 및 같은 규정 소정의 저가양도시 시가와 장부가액과의 차액을 손금부인할 수 있는지 여부", 대법원판례해설 19－2호, 법원행정처(1993), 208－216면

임승순 · 정종화, "조세회피행위의 부인과 사실인정에 의한 부인", 조세법연구 18(3), 한국세법학회(2012), 704－739면

정석종, "법인이 사업을 위하여 지출한 비용이 법인세법상 '접대비'인지 판단하는 기준", 대법원판례해설 93호, 법원도서관(2013), 1118－1148면

정재희, "기업회계존중 원칙과 권리의무확정주의의 관계(신계약비 사건)", 대법원판례해설 114호, 법원도서관(2018), 148－174면

조근형, "디지털통화 과세제도에 관한 연구－가상화폐를 중심으로－", 강남대학교 세무학 박사학위논문(2018)

조윤희, "법인세법 제19조 제2항 소정의 손비의 요건인 통상성의 의미와 판단 방법 및 접대비와 판매부대비용의 구별 기준", 대법원판례해설 82호, 법원도서관(2010), 235－270면

조인호, "소득처분에 의한 의제소득과 현실귀속 소득", 특별법연구 6권, 박영사(2001), 251－290면

조일영, "부동산임대업자가 그 사업장인 건물이 수용 또는 양도됨으로 인하여 사업시행자로부터 임대사업 폐지에 따른 영업손실보상 명목으로 지급받은 보상금이 소득세법상 사업소득인지, 아니면 양도소득 또는 부동산임대소득인지 여부", 대법원판례해설 76호, 법원도서관(2008), 229－256면

최성경, "일본의 공익법인제도 개혁－「공익사단법인 및 공익재단법인의 인정 등에 관한 법률」을 중심으로", 민사법학 41호, 한국민사법학회(2008), 535－573면

최영렬, "所得稅法上 金融所得 課稅制度 改善方案에 관한 硏究", 한양대학교 법학 박사학위
　　논문(2011)

한만수, "소득과세상 자산손실의 취급과 그 문제점에 관한 고찰", 조세법연구 15(3), 한국세
　　법학회(2009), 279－319면

한원식, "신탁소득의 납세의무자에 대한 연구", 조세법연구 19(2), 한국세법학회(2013),
　　245－282면

홍도현·김병일, "가상통화에 대한 과세문제(비트코인을 중심으로)", 조세연구 15(1), 한국조
　　세연구포럼(2015), 113－143면

황남석, "과다한 임원 보수의 손금불산입－대법원 2017. 9. 21. 선고 2015두60884 판결－",
　　법조 726호, 법조협회(2017), 574－599면

황남석, "일본의 소득세법 제정과정에 관한 소고", 세무학연구 30(3), 한국세무학회(2013),
　　9－35면

〈통계자료, 간행물 등〉

2006 간추린 개정세법, 재정경제부(2007)

2017 국세통계연보, 국세청(2017)

2017 사법연감, 대법원(2017)

2018 사법연감, 대법원(2018)

2019 조세심판통계연보, 조세심판원(2019)

2019 행정안전통계연보, 행정안전부(2019)

국회예산정책처(경제분석실 세제분석과), 2017 조세의 이해와 쟁점－② 소득세, 국회예산정
　　책처(2017)

국회예산정책처(경제분석실 세제분석과), 2017 조세의 이해와 쟁점－③ 법인세, 국회예산정
　　책처(2017)

국세청, "2019년도 국정감사 업무현황보고", 국세청(2019. 10. 10.)

제8차 비상경제 중앙대책본부 회의 보도자료(별첨1), "금융투자 활성화 및 과세합리화를 위
　　한 금융세제 선진화 추진 방향", 관계부처 합동(2020. 6. 25.)

[일본문헌]

〈단행본 등〉

宇賀克也, 行政法概説II－行政救済法(제6판), 有斐閣(2018)

樫田明, 今井慶一郎, 木下直人(共編), 申告所得税・源泉所得税関係租税特別措置法通達逐条
　解説(2018年도판), 大蔵財務協会(2018)

金子宏(編著), 税法用語事典(4정판), 税務経理協会(2000)

金子宏, 租税法(제23판), 有斐閣(2019)

神田秀樹, 会社法(제21판), 弘文堂(2019)

黒坂昭一, Q&A 国税に関する不服申立制度の実務(2정판), 大蔵財務協会(2015)

財団法人 日本証券経済研究所(編), 現代証券事典(신판), 日本経済新聞社(1992)

宍戸善一 외 6인(神田秀樹 책임편집), 会社法コンメンタール14──持分会社, 商社法務(2014)

高田裕成・三木浩一・山本克己・山本和彦(編集), 注釈民事訴訟法(제5권), 有斐閣(2015)

塚尾敦嗣(編), 譲渡所得・山林所得・株式等の譲渡所得等関係租税特別措置法通達逐条解説
　(2020年 1월 개정판), 大蔵財務協会(2020)

日本税務大学校, 税大講本 所得税法(基礎編)(2020年도판), 国税庁(2020)

日本税務大学校, 税大講本 税法入門(2020年도판), 国税庁(2020)

南博方(原編著)・高橋滋・市村陽典・山本隆司(編集), 条解行政事件訴訟法(제4판), 弘文堂(2014)

森田哲彌・宮本匡章(編著), 会計学辞典(제5판), 中央経済社(2008)

渡辺裕泰, ファイナンス課税(제2판), 有斐閣(2012)

〈논문 등〉

伊川正樹, "譲渡所得の基因となる「資産」概念─増加益清算課税説の再考─", 名城法学 57
　권 1, 2호, 名城大学法学会(2007), 141－181면

岩﨑政明, "実額課税・推計課税の取消訴訟における立証責任", 租税法の要件事実(法科大学
　院要件事実教育研究所報第9号)(伊藤滋夫 編), 日本評論社(2011), 185－205면

舟橋明宏, "日本近世の行政事務とその経費", 税大ジャーナル 22호, 税務大学校(2013)

増井良啓, "債務免除益をめぐる所得税法上のいくつかの解釈問題(上)", ジュリスト 1315
　호, 有斐閣(2006), 192－199면

増井良啓, "債務免除益をめぐる所得税法上のいくつかの解釈問題(下)", ジュリスト 1317
　호, 有斐閣(2006), 268－273면

山本守之, "年金として支給される保険金の課税関係──平成22年7月6日最高裁判所判決を検
　証する", 税務弘報 58권 10호, 中央経済社(2010)

사항색인

판례색인

[고등재판소]

[지방재판소]

저자 약력

增井良啓(ますい・よしひろ)
東京大学 대학원 법학정치학연구과 교수
1987년 東京大学 법학부 졸업
東京大学 법학부 조수, 同 조교수를 거쳐 현직

주요 저서

『結合企業課税の理論』(東京大学出版会, 2002년)
『市場と組織〔融ける境 超える法③〕』(共編, 東京大学出版会, 2005년)
『国際租税法〔제4판〕』(共著, 東京大学出版会, 2019년)
『ケースブック租税法〔제5판〕』(共編著, 弘文堂, 2017년)

역자 약력

안좌진(安佐鎭)
서울대학교 법학부 졸업
서울대학교 대학원 법학 석사(조세법)
서울대학교 대학원 법학 박사과정(조세법)
일본 東京大学 대학원 법학정치학연구과 객원연구원(Visiting Research Scholar)

사법시험 제47회
사법연수원 제38기

육군 법무관
의정부지방법원 판사
서울행정법원 판사(조세전담부)
창원지방법원 통영지원 판사
부산고등법원(창원) 판사(행정부)
現 창원지방법원 판사

조세법입문

초판발행	2021년 2월 1일
지은이	增井良啓
옮긴이	안좌진
펴낸이	안종만 · 안상준
편 집	한두희
기획/마케팅	장규식
표지디자인	이미연
제 작	고철민 · 조영환

펴낸곳　　　(주) **박영시**
　　　　　　서울특별시 금천구 가산디지털2로 53, 210호(가산동, 한라시그마밸리)
　　　　　　등록 1959. 3. 11. 제300-1959-1호(倫)

전 화	02)733-6771
f a x	02)736-4818
e-mail	pys@pybook.co.kr
homepage	www.pybook.co.kr
ISBN	979-11-303-3691-6 93360

* 파본은 구입하신 곳에서 교환해 드립니다. 본서의 무단복제행위를 금합니다.
* 역자와 협의하여 인지첩부를 생략합니다.

정 가　　　40,000원